清末民初文獻叢刊

游歷日本圖經

（第一册）

［清］傅雲龍　撰

朝華出版社
BLOSSOM PRESS

圖書在版編目（CIP）數據

游歷日本圖經 ： 全5册 / （清） 傅雲龍撰. -- 北京 ：
朝華出版社， 2019.1
（清末民初文獻叢刊）
ISBN 978-7-5054-4376-1

Ⅰ. ①游… Ⅱ. ①傅… Ⅲ. ①游記－日本 Ⅳ.
①K931.39

中國版本圖書館CIP數據核字（2018）第250613號

游歷日本圖經（全五册）

作　　者　[清]傅雲龍

選題策劃　楊麗麗　尚論聰
責任編輯　韓麗群
特約編輯　齊　芳
責任印制　張文東　陸競贏
封面設計　劉敬偉

出版發行　朝華出版社
社　　址　北京市西城區百萬莊大街24號　　郵政編碼　100037
訂購電話　（010）68996618　68996050
傳　　真　（010）88415258（發行部）
聯系版權　j-yn@163.com
網　　址　http://zhcb.cipg.org.cn
印　　刷　藝堂印刷（天津）有限公司
經　　銷　全國新華書店
開　　本　880mm×1230mm　1/32　　字　　數　674千字
印　　張　70.25
版　　次　2019年1月第1版　2019年1月第1次印刷
裝　　別　精
書　　號　ISBN 978-7-5054-4376-1
定　　價　450.00元（全五册）

出版前言

中國自一八四〇年鴉片戰争以來，傳統的農業文明在西方的堅船利炮轟擊之下徹底被顛覆，有擔當的知識分子苦苦追尋，思索社會改革的途徑。從最初的『師夷長技以制夷』到『民主制度，天下之公理』（梁啓超語），他們發現要『强國富民』，首先要『開啓民智』，衹有民衆擁有了獨立思想和批判精神，國家纔能實現真正的强大。在此後一百年的時間裏（一八四〇—一九四九），思想者們從社會變革深入到國民性的改造，用每一部作品見證着中國近代化的遞變歷程。這是一個極其重要的時代，《清末民初文獻叢刊》正是收録了這一時期的作品，大部分書籍都是早期版本，有着極高的文獻研究價值。

清末的中國經歷了『三千年來未有之大變局』（李鴻章語），大清王朝面對西方列强的艦炮，表現得驚慌失措。尤其是鴉片戰争，使『天朝帝國萬世長存的迷信受到了致命的打擊，野蠻的、閉關自守的、與文明世界隔絶的狀態被打破了』（《馬克思恩格斯選集》）。一批士大夫知識分子，尤其是在歐美諸國擔任使臣或者游歷的知識分子最先覺醒，着眼于對西方國家的考察，進而反省本國政治制度的劣勢，可以視作『啓蒙』的端倪。如曾擔任駐英公使（兼任駐法公使）的郭嵩燾在《使西紀程》中以日記的形式記録了自己對歐西諸國的觀感，他在考察了英國的政治制度之後，發現英國政府官員收入超過三百磅者與普通老百姓一樣同等納税，他説：『此法誠善，然非民主之國，則勢有所不行。西洋所以享國長久，君民兼主國政故也。』他明確提出了『民主』，在國家的管理問題上，人民也有參與的權利。他在該書中所披露的西方政治、經濟、文化等領域優于大清帝國這一事實觸動了保守派的神經，立刻遭到保守派群起而攻之，進士何金壽彈劾他『有二心于英國，欲中國臣事之』，他家鄉湖南的民衆對他更是痛加詆毁，以至于滿城揭帖，誣蔑他『溝通洋人』，在這種群情洶洶的情況下，朝廷最後下旨將《使西紀程》毁版，從而使該書成了禁書。然而，書雖被毁版，却不能堵死民衆的傳播與閲讀的途徑，上海的《萬國公報》依舊連載該書，張佩綸曾説：『朝廷禁其書，而新聞紙接續刊刻，中外傳播如故也。』從某種意義上來説，啓蒙是時代的需要，盡管清政府發諭旨禁了該書，民衆乃至一些朝廷大員却依舊在私下閲讀，以便瞭解外部的世界。進步的社會是開放性的，任何企圖『閉關鎖國』的努力都意味着歷史的倒退，衹有開放，與整個世界文明保持同等的步伐，纔能實現真正的强國之夢。當大批知識分子走出閉鎖的國門，親歷了文明的洗禮之後，也就把啓蒙的智識帶回了中華大地。容閎的《西學東漸記》，梁啓超的《新大陸游記》，崔國因的《出使美日秘日記》等一大批作品介紹了海外諸國的政治、經濟、軍事、外交、文化。雖然這些作品在認識上仍然帶有時代的局限性，然而却是那時最爲珍貴的聲音。

另一方面，在學術上，中國文化母體内『經世致用』思想與資産階級思想相結合，也唤起了變革，以康有爲、梁啓超爲首的改良派試圖通過自上而下的革新以實現變革。康有爲的《新學僞經考》《孔子改制考》就是借經學之表論資産階級學説之裏的著作，康有爲的弟子梁啓超更是通過《新民説》一書提出國民性改造。與早期啓蒙者『師夷長技』的器物文明引進不同，梁啓超上升到形而上的精神領域，從文化心理上更加徹底地進行變革。梁氏是清朝末年到民國初年一個橋梁式的人物，被譽爲『輿論之驕子，天縱之文豪』，其影響力不但在學術領域，同時還在文學領域，他所倡導的「詩界革命」得到了譚嗣同、黄遵憲、丘逢甲等人的響應，黄遵憲的《日本雜事詩》，丘逢甲的《嶺雲海日樓詩鈔》都體現了這種主張。這一主張要求反映新的時代和新的思想，用「我手寫我口」（黄遵憲語）的方式直抒胸臆，對長期占詩壇主流的擬古主義、形式主義產生了巨大的衝擊，解放了寫作者的心靈和頭腦。

與社會變革同步的是早期對西方思想著作的翻譯，這裏面影響最大的是嚴復，他翻譯的《天演論》《社會通詮》等書直接孕育了民國一代的知識階層。魯迅、胡適等人在文章中都曾提到《天演論》對他們思想所產生的震撼。與嚴復略有不同的另一位翻譯家是林紓，他的譯作雖然參差不齊，但却在更細膩的心靈層次對讀者產生影響，許壽裳曾回憶，他和魯迅都熱衷于林譯的小説，如《巴黎茶花女遺事》《黑奴籲天録》《迦茵小傳》等作品。

辛亥革命之後，進步社會思潮成爲主流，比之清末思想啓蒙者「求存」的追求，民國以來的知識階層深入到了更加細微的肌理，一方面呼喚社會變革，另一方面進行點滴的建設，革命并不能使所有的一切一蹴而就，在更加深廣的領域，事物的改變是由微觀而宏觀。通俗地説，比之于革命，建設的意義更大。如《中國商業史》《中國教育史》《中國倫理學史》《中國哲學史大綱》《中國小説史略》等一大批作品都是進行系統的梳理與建設的理論作品。其中，以胡適和魯迅二人的影響最大，他們的作品一紙風靡，從而成爲新文化運動的主力人物。

《清末民初文獻叢刊》收録的文獻大致上可以分爲三個階段，其中龔自珍、張之洞、魏源、郭嵩燾、薛福成等人的作品可視爲『早期啓蒙』，康有爲、梁啓超、黄遵憲、嚴復、林紓等人的作品可視爲『中期啓蒙』，胡適、魯迅、蔡元培等人的作品可視爲『晚期啓蒙』。當然，這種劃分并非嚴格意義上的，大部分啓蒙思想者隨着時代的變化，其思想在不斷進步。縱觀整個近現代史，可以發現，要求變革不是在某一個領域，由某一類人發起和完成的，而是全社會的要求。變革，已經成爲全社會的共識。

從清末民初的文獻中，我們能够發現一種豐富性。這些作品涉及政治、經濟、軍事、教育、外交、宗教、心理、情感等方方面面，從内而外地净化着中國兩千年以來的封建積習。它不祇是對社會的改造，更是對人心靈的重塑；它首重國家社會之建設，同時亦重靈魂心智之唤醒；它是宏大的，也是微觀的；它是嚴肅莊重的，也是活潑靈動的；這些作品結構精巧，思想内容深刻，擁有濃厚的人文主義色彩，對推動社會主義建設，實現中國夢有重大意義，是近現代中國一百年來最宏富的智識與情感的寶藏。因此，整理這些文獻作品，無論是出于資料保存的目的，還是爲圖書館提供資料副本，都有不可估量的意義。

特定時代下的文獻，當它一旦形成（既指草擬，創作的完成，也指其成爲一個載體），就不可再複製了，也就意味着它將面對消亡。對于文獻資料而言，越接近歷史事件發生的時代記録，越具有研究價值。文獻本身具有不可再生性，它衹會消亡，而不會增多。盡管文獻本身的文字可以保留下來，并進行傳播，却失去了當時的時代氣息。當時的作品可能在技巧上，文字的成熟度上不及當代，但它所負載的信息，創作者的情感都反映了當時的歷史，也就是説，它具有不可替代的歷史意義。

影印的版本有三個特點，第一是擁有文獻的『原始性』；第二個特點是『未經改動的』；第三個特點是『歷史的原貌』。所謂『原始性』，也就是説，它是第一手資料，而非轉述的，回憶形成的；『未經改動的』，是指未被篡改、删節、挖補的；『歷史的原貌』是指在影印製作過程中，完全依照文獻的原來模樣……這樣製作出版的作品，無异延續了文獻的壽命。

近現代思想史上的一個最重大的思潮就是『開放』，從林則徐的『開眼看世界』到蔡元培的『兼容并包』，都是在倡導一種開放式的胸襟。而《清末民初文獻叢刊》最有魅力的部分就是『開放』這一主題，衹有融入到世界文明發展的進程中，中華文明纔能歷久彌新。

《清末民初文獻叢刊》編委會

二〇一七年四月十四日

凡例

一、《清末民初文獻叢刊》（以下簡稱『叢刊』）爲影印本，舉凡所用之底本，均爲該書之早期版本。有清末刊本，亦有民國印本。

二、《叢刊》均依底本影印，未予删改，僅代表作者個人觀點，不代表官方立場；原刊本有誤，不予校改，以保留文獻之原貌。

三、《叢刊》所用之底本，因時日久遠存在漫漶的情况，均進行了修復；底本闕文、印刷不清，均保留原貌。

四、爲讀者閲讀之便，《叢刊》中之舊底本目録未標記頁碼者，編了目次；原底本有頁碼和目録，未予重複編目。

五、爲保持文獻的原始風貌，影印本保留了原書書影（原書爲多册，則保留第一册書影）、扉頁等信息。所用底本無相應信息者，則不予妄添，以免錯訛。

目録

第一册

原刊本（清光緒十五年刊本）扉頁　一
游歷日本圖經叙　三
游歷日本圖經目録　五
游歷日本圖經一　日本天文　一三
游歷日本圖經二　日本地理一　三六
游歷日本圖經三　日本地理二　三七
游歷日本圖經四　日本地理三　一一九
游歷日本圖經五　日本地理　一九五
游歷日本圖經六　日本地理六　二五七
游歷日本圖經七　日本河渠志一　二八九

第二册

游歷日本圖經八　日本河渠志二　四八九
游歷日本圖經九　日本國紀　六一三
游歷日本圖經十　日本風俗　六五一

游歷日本圖經十一　日本食貨一　六九九
游歷日本圖經十二　日本食貨二　七四一
游歷日本圖經十三　日本食貨三　七七九
游歷日本圖經十四　日本食貨四　八〇九
游歷日本圖經十五　日本考工　八七五

第三册

游歷日本圖經十六　日本兵制　九一九
游歷日本圖經十七　日本職官　九六九
游歷日本圖經十八　日本外交　一〇〇七
游歷日本圖經十九　日本政事　一一六七
游歷日本圖經二十上　日本文學上　一二一五
游歷日本圖經二十下　日本文學下　一二四九
游歷日本圖經二十一　日本藝文志一　一二九五
游歷日本圖經二十二　日本藝文志二　一三一九

第四册

游歷日本圖經二十三　日本金石志一　一三六五
游歷日本圖經二十四　日本金石志二　一五五七

第五册

游歷日本圖經二十五上　日本金石志三上　一八四三
游歷日本圖經二十五下　日本金石志三下　一八六九
游歷日本圖經二十六　日本金石志四　一九三五
游歷日本圖經二十七　日本金石志五　一九四七
游歷日本圖經二十八　日本文徵一　一九七三
游歷日本圖經二十九　日本文徵二　二〇八三
游歷日本圖經三十　叙例　二二〇五
跋　二二二一

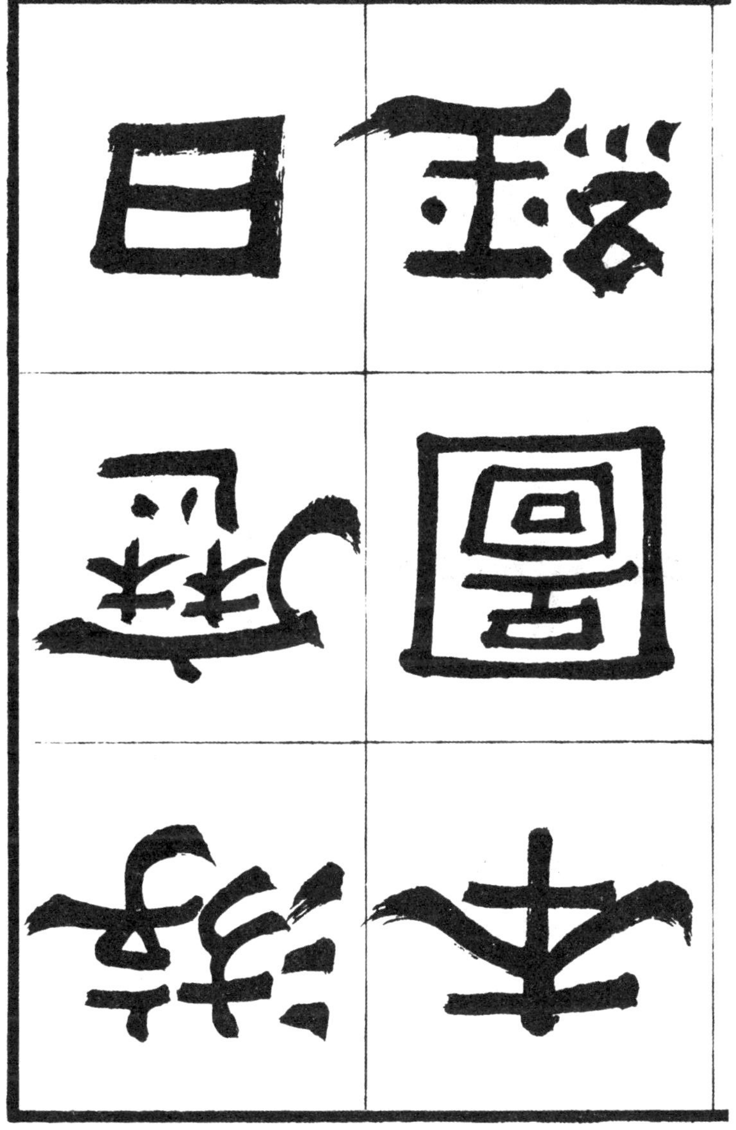

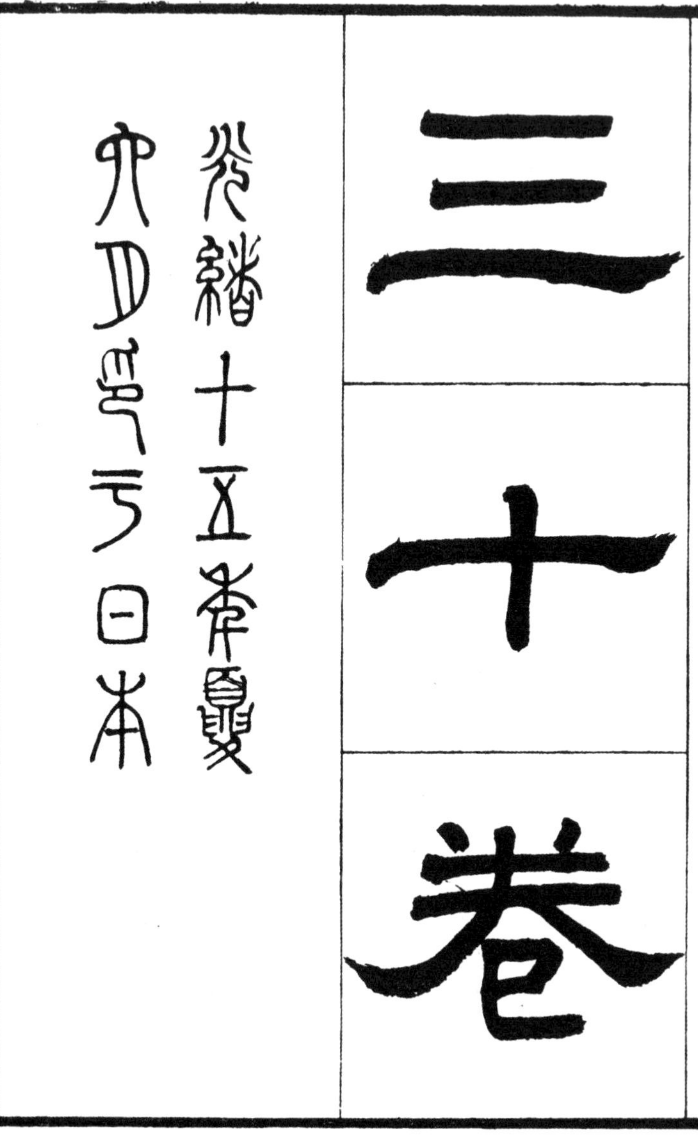
三十卷
光緒十五年夏

游歷日本圖經敍

處今日而談洋務非身之所履目之所擊不足以爲異身履目擊矣而或不能箸書箸書而或浮聞勦辭寡要尠實與不能施於政事皆君子所弗尚也鄒衍之談天也得海外九州形似惟其未嘗身履目擊故止於怪迂之變而已張騫雖鑿空能躬自應募傳至大宛大月氏大夏康居遂通西域三十六國之跡而傳聞大宛西旁國五六其言至今可覆驗衍之智豈出騫下哉而一則以供游談一則以開漢業成就各殊者見與不見之分也頗善其書葢表者史之要自遷固而降世多難言之此非好學深思不能德清傅楙元駕部博學多通精攷据往年纂順天府志爲表多至數十余也然以觀今日歐羅巴人之經國精粗巨細無不有表又益悟此即孟子條理之謂智者之事也楙元與顧比部少逸奉

命游歷其國有四先之以日本少逸措意新政楙元則兼及古事軼聞時

才六月成書二十六卷分目一百七十而表居十九屬艸稿未定又將有美利堅之行嗟乎余見懋元之游也舟行車息文酒談讌鉗紙槀筆叩擿不休夜則篝燈賡續指𤅢目眵勤亦至矣昔司馬子長二十而南游江淮上會稽探禹穴闚九疑浮沅湘北涉汶泗講業齊魯歷鄱嶧鄒薛彭城梁楚以歸奉使西征巴蜀略卭笮昆明反覲父於河洛之間始有史記之作今懋元足蹟遠過史公而學又足以經緯所見美之郊東西萬餘里輪車自金山七日行至紐約願益翔棭兹事利病歸爲

天子獻余即以此弁君書附贈言之誼可乎光緒十四年四月黎庶昌敘於日本東京使署

游歷日本圖經目錄

奏派游歷日本美利加秘魯巴西等國英日屬地加納大古巴知府用兵部郎中臣傅雲龍述

天文　　游歷日本圖經一

經緯表　中國日本月朔表　中國日本較時里差表　晴雨寒暑表

沿海氣候表　偏多風方向表　沿海偏盛風表　潮候表

地理一　　游歷日本圖經二

計里總圖（銅版本覆印鐵道電綫朱圖）　府縣廳分圖（銅版）

地理二　　游歷日本圖經三

疆域　四至八到表　沿革表

地理三　　游歷日本圖經四

府縣分疆表　郡邨繫國表　疆域險要　海道險要　港灣測深表

燈臺表　晝標表　民設舊燈明臺諸標表　暴風信號標表

地理四　游歷日本圖經五
國都表　宮室表　官署表　城市　府縣廳至東京里表　府縣廳孔
道支道表　北海道闢路表　商港繫年表　中外名港里表　聯約國
里表
地理五　游歷日本圖經六
島表　山表　大山表
河渠志一　游歷日本圖經七
水道
河渠志二　游歷日本圖經八
水道分合表　東京神奈川引用水道表　礦泉表　湖沼　瀑布
橋梁
國紀　游歷日本圖經九

世系表　權臣柄政年表　藩國表　游歷日本圖經十
風俗
人情　形體　族類　黨目　服飾　飲食　居處　俗禮　歌舞
歲時　方言
食貨一　游歷日本圖經十一
日本前代人口表　戶口表　北海道土人表　北海道屯田兵表　官
民地表　地租表　物產　動植大要表
食貨二　游歷日本圖經十二
貨幣表　造幣金銀料表　造幣機器表　貨幣鑄發表　貨幣出入表
紙幣表　通商物直增減表　中國出入日本物直表　出入物直繫
地表　八港稅關物直表　銀行表　民立銀行分類表
食貨三　游歷日本圖經十三

商賈數表　商標表　許嫥賣表　農表　蠶絲表　鹽滷表　茶表
酒表　糖表　淡巴菰工商表　舟表　車表　瓦斯燈表　漁獵表

食貨四　　游歷日本圖經十四

礦表　官礦表　官礦工表　官礦售數年表　官礦出入表　民礦金
屬非金屬表　民礦出入表　官民礦行合表　備荒表　保険表　博
物館博覽會共進會表　土木費表　國債表　歲計出入表　歲計比
較表

攷工　　游歷日本圖經十五

官工表　工器表　工直表　罪人工表　製度量衡工表　橫須賀造
船所表　鐵道費計里表　鐵道資本表　官立鐵道局費表　民立鐵
道會社費表　停車里數表　鐵道車數表　鐵道計入表　鐵道年表

兵制　　游歷日本圖經十六

兵制沿革　徵兵已未入伍表　徵兵分類表　徵兵志願表　徵兵身格表　徵兵本業表　陸軍分管表　陸軍人屬表　陸軍隊表　陸軍士卒生徒表　豫備後備士卒合表　豫備後備兵分數表　憲兵表　軍馬表　海軍人屬表　海軍士卒生徒表　兵船表　礮臺表

游歷日本圖經十七

職官

職官舊制　官制　官祿表　武官祿表　爵表　有位人表

游歷日本圖經十八

外交

中國交涉前事　往籍交際條目詩目坿　交際文　中外訂約通商年表　中國使臣表　別國使日本表　日本使別國表　中國流寓表　別國人在日本表　日本人在別國表　互受勳章員表

游歷日本圖經十九

政事

大事編年表　度量衡比較表　郵便表　電信局數綫路表　刑略

文學一　游歷日本圖經二十上

學派源流　日本文表（異字音學坿）

文學二　游歷日本圖經二十下

學校合表　己未入學表　小學校師弟子表　尋常中學校表　尋常師範學校表　專門學校表　高等女學校表　官立學校表　雜學校表　雜學校科表　幼稚園表　書籍館表　日本人留學別國計費表

公學費歲入表　公學費歲出表

藝文志一　游歷日本圖經二十一

藝文志二（坿中國逸藝文志）　游歷日本圖經二十二

金石志一　游歷日本圖經二十三

金石文一

金石志二　游歷日本圖經二十四

金石文二 坿錄一卷
金石志三
印志 刀劒志
金石志四
金石年表上
金石志五
金石年表下
文徵一
文徵二
敘例
自敘 凡例 媵例

游歷日本圖經二十五
游歷日本圖經二十六
游歷日本圖經二十七
游歷日本圖經二十八
游歷日本圖經二十九
游歷日本圖經三十

奏派游歷日本美利加秘魯巴西等國英日屬地加納大古巴知府用兵部郎中臣傅雲龍述

日本天文

經緯表

談日本經緯者輙襲陳言起經東京否則僅沿西說起經綠威揆之游歷紀載體有未安雲龍謹遵考成後編以黃赤大距北極高度爲立算樞紐我

大清京都北極出地三十九度五十五分北緯準此經度先起京都春秋例也次英吉利航海通例也次日本東京著所游國也其國緯綫起赤道北三十度五十八分四十五秒止四十五度三十一分二十五秒經綫起東京偏東十度止偏西十一度然如千島北緯五十一度東經十七度小笠原北緯二十六度有奇東經三度又難以四大島例之琉球別著述經緯表

	北極高度（度　十分　十秒）	距中國京都緯度（南北　十度　十分　十秒）	偏中國京都經度（東西　十度　十分　十秒）	偏英國綠威緯度（東　百十度　十分　十秒）	偏東京經度（東西　度　十分　十秒）
東京府	三五度四〇分四九秒	南　〇四度一四分一一秒	二三度一七分一二秒	一三九度四六分〇六秒	
京都府	三五度〇一分二〇秒	南　〇四度五三分四〇秒	一九度一六分〇六秒	一三五度四五分〇〇秒	西　四度〇二分〇〇秒
大坂府	三四度四〇分四〇秒	南　〇五度一四分二〇秒	一九度〇〇分〇六秒	一三五度二九分〇〇秒	西　四度一六分〇〇秒
神奈川縣	三五度二六分五三秒	南　〇四度二八分七〇秒	二三度一〇分〇六秒	一三九度三九分〇〇秒	西　〇度〇六分四三秒
兵庫縣	三四度四一分〇〇秒	南　〇五度一四分〇〇秒	一八度四五分〇六秒	一三五度一四分〇〇秒	西　四度三四分〇〇秒
長崎縣	三二度四五分三〇秒	南　〇七度〇九分三〇秒	一三度二三分〇六秒	一二九度五二分〇〇秒	西　九度五五分三〇秒
新潟縣	三七度五八分〇〇秒	南　〇一度五七分〇〇秒	二二度三四分〇六秒	一三九度〇三分〇〇秒	西　〇度四四分〇〇秒
埼玉縣	三五度四二分三〇秒	南　〇四度一二分三〇秒	二二度三三分一二秒	一三九度三九分三六秒	西　〇度〇六分三〇秒
羣馬縣	三六度二〇分〇〇秒	南　〇三度三五分〇〇秒	二三度一〇分四二秒	一三八度五九分〇六秒	西　〇度四七分〇〇秒
千葉縣	三五度三七分〇〇秒	南　〇四度一八分〇〇秒	二三度四一分一二秒	一四〇度一〇分〇六秒	東　〇度二四分〇〇秒
茨城縣	三六度〇七分〇〇秒	南　〇三度四八分〇〇秒	二三度四七分一二秒	一四〇度一六分〇六秒	東　〇度三〇分〇〇秒
櫪木縣	三六度二三分〇〇秒	南　〇三度三二分〇〇秒	二二度四七分一二秒	一三九度一六分〇六秒	西　〇度三〇分〇〇秒
奈良縣	三四度四一分〇〇秒	南　〇五度一四分〇〇秒	二二度二一分一二秒	一三八度五〇分〇六秒	西　〇度五六分〇〇秒

縣	1	2	3	4	5	6	7
三重縣	三四 四三 ○○	南	○五 一二 ○○	二三 ○○ 一二	一三九 二九 ○六	西	○ 一七 ○○
愛知縣	三五 一一 ○○	南	○四 四四 ○○	二三 二四 二二	一三八 五三 一六	西	○ 五二 五○
靜岡縣	三四 五九 ○○	南	○四 五六 ○○	二三 五三 四二	一三八 二二 三六	西	○ 二三 三○
山梨縣	三五 一五 ○○	南	○四 一五 ○○	二三 ○六 一二	一三八 三五 ○六	西	一 一一 ○○
滋賀縣	三五 五五 ○○	南	○四 五五 ○○	一九 二二 一二	一三五 五一 ○六	西	三 五五 ○○
岐阜縣	三五 二九 三○	南	○四 二九 三○	二○ 一五 四二	一三六 四四 三六	西	三 ○一 三○
長野縣	三六 四二 ○○	南	○三 四二 ○○	二一 二八 一二	一三七 五七 ○六	西	一 四九 ○○
福島縣	三七 一○ ○○	南	○二 一○ ○○	二三 五七 一二	一四○ 二六 ○六	東	○ 四○ ○○
宮城縣	三八 三八 ○○	南	○一 三八 ○○	二四 二○ 一二	一四○ 四九 ○六	東	一 ○三 ○○
岩手縣	三九 四四 ○○	南	○○ 一一 ○○	二四 四○ 一二	一四一 ○九 ○六	東	一 二三 ○○
青森縣	四○ 五四 ○○	北	○○ 五九 ○○	二四 ○九 一二	一四○ 三八 ○六	東	○ 五二 ○○
秋田縣	三九 四二 ○○	南	○○ 一三 ○○	二三 三九 一二	一四○ ○八 ○六	東	○ 二二 ○○
山形縣	三八 一九 ○○	南	○一 三六 ○○	二三 四八 一二	一四○ 一七 ○六	東	○ 三一 ○○
石川縣	三六 三三 一七	南	○三 二一 四三	二○ ○九 一二	一三六 三八 ○六	西	三 ○八 ○○
富山縣	三六 四一 ○○	南	○三 一四 ○○	二○ 四五 一二	一三七 一四 ○六	西	二 三三 ○○

福井縣	三五 三九○○	南	○四 一六○○	一九 三五一二	一三六 ○四○六	西	三 四二○○
島根縣	三五 二八○○	南	○四 二七○○	一六 四八一二	一三三 一七○六	西	六 二九○○
鳥取縣	三五 三○○○	南	○四 二九○○	一七 四七一二	一三四 一六○六	西	五 三○○○
岡山縣	三四 四○○○	南	○五 一五○○	一七 二五四二	一三三 五八三六	西	五 五一三○
廣島縣	三四 二四○○	南	○五 三一○○	一五 五八一二	一三二 二七○六	西	七 一九○○
山口縣	三四 一○○○	南	○五 四五○○	一五 五七一二	一三二 二六○六	西	七 二○○○
和歌山縣	三四 一四○○	南	○五 四一○○	一八 四○一二	一三五 ○九○六	西	四 三七○○
德島縣	三四 ○五○○	南	○五 五○○○	一八 ○三一二	一三四 三二○六	西	五 一四○○
高知縣	三三 三二○○	南	○六 二三○○	一七 一二一二	一三三 四一○六	西	六 ○五○○
愛媛縣	三三 ○五○○	南	○六 五○○○	一六 一四一二	一三二 四三○六	西	七 ○三○○
福岡縣	三三 三四○○	南	○六 二一○○	一三 四一一二	一三○ 一○○六	西	九 三六○○
大分縣	三三 一五○○	南	○六 四○○○	一五 ○六一二	一三一 三五○六	西	八 一一○○
佐賀縣	三三 一五三○	南	○六 三九三○	一三 四六四二	一三○ 一三三六	西	九 三二三○
熊本縣	三二 四八○○	南	○七 ○七○○	一四 一一四二	一三○ 四○三六	西	九 ○五三○
宮崎縣	三一 五六○○	南	○七 五九○○	一四 五一一二	一三一 二○○六	西	八 二六○○

鹿兒島縣	三一 三五〇〇	南	〇八 二〇〇〇	一四 〇三四二	一三〇 三二三六	西	〇九 一三三〇
北海道廳	四三 〇三五六	北	〇三 〇八五六	二四 五三一二	一四一 二二〇六	東	〇一 三六〇〇

中國日本月朔表

日本初用大古〔厤〕其識夏時自欽明十四年百濟國遣博士傳元嘉〔厤〕始時中國梁承聖二年也越百四十年有奇文武年間改儀鳳〔厤〕即唐麟德〔厤〕淳仁用大衍〔厤〕當唐〔玄〕宗時天安用五紀〔厤〕當大中十一年用長慶宣明〔厤〕最久凡八百年有奇當我

大淸康熙廿三年爲貞享元年改貞享〔厤〕即元授時〔厤〕也寳〔厤〕曰寳〔厤〕甲戌〔厤〕天保曰天保壬寅〔厤〕一在乾隆十六年一在道光十年其沿華〔厤〕非从朝鮮卽繇琉球或謂義和之子出於暘谷以國爲氏殆出日官其說近臆大倭卽今奈良縣大和

國其改日本實始唐時史籒非誣矣儻其國以精天算著而僅聞一賀氏學何歟明治以同治七年九月八日改元猶未改（厤）尋以西（厤）五年可省官祿二月遂于同治十一年十一月三日改爲明治六年一月一日以三百六十五日爲一年二月之日二十有八一三五七八十十二皆三十一餘則三十日四年閏一日卽周髀三百六十五日者三三百六十六日者一也紀日用七政法以日月火水木金土爲敍繫以日月曜火曜亦曰安息日日曜給假所謂禮拜日是也當中（厤）之房虛昴星四宿不董理之動滋轇轕述中國日本月朔表

	同治十二 癸酉	明治 六	十三 甲戌
正月	小	一	小
朔	辛己	廿九	乙己
二月	小	二	小
朔	庚戌	廿七	甲戌
三月	大	三	大
朔	己卯	廿八	癸卯
四月	小	四	小
朔	己酉	廿七	癸酉
五月	大	五	大
朔	戊寅	廿六	壬寅
六月	小 閏大	六 七	小
朔	戊申 丁丑	廿五 廿六	壬申
七月	大	八	大
朔	丁未	廿三	辛丑
八月	小	九	小
朔	丁丑	廿一	辛未
九月	大	十	大
朔	丙午	廿	庚子
十月	大	十一	大
朔	丙子	廿一	庚午
十一月	小	十二	大
朔	丙午	十九	庚子
十二月	大	一	小
朔	乙亥	十七	庚午

七	光緒元 乙亥	八	二 丙子	九	三 丁丑	十	四 戊寅	十一	五 己卯	十二	六 庚辰	十三	七 辛巳	十四
二	大	二	大	一	大	二	大	二	大	一	大	二	小	一
十六	己亥	五	癸巳	廿五	丁巳	十二	辛亥	二	乙巳	廿三	己巳	十	甲子	廿
三	小	三	大	二	大	三	大	三	大	二	小	三	大	二
十七	己巳	七	癸亥	廿四	丁亥	十四	辛己	四	乙亥	廿一	己亥	十一	癸巳	廿八
四	小	四	小	三	小	四	小	四	小 閏大	三四	大	四	小	三
十五	戊戌	五	癸巳	廿五	丁巳	十三	辛亥	三	乙巳 甲戌	廿三 廿三	戊辰	九	癸亥	卅
五	大	五	小	四	小	五	大	五	大	五	大	五	大	四
十五	丁卯	四	壬戌	廿三	丙戌	十二	庚辰	二	甲辰	廿一	戊戌	九	壬辰	廿八
六	小	六	大 閏小	五六	大	六	小	六	小	六	小	六	小	五
十三	丁酉	五	辛卯 辛酉	廿二 廿二	乙卯	十	庚戌	一	甲戌	廿	戊辰	八	壬戌	廿八
七	小	七	小	七	小	七	大	六	大	七	大	七	大	六
十三	丙寅	二	庚寅	廿	乙酉	十	己卯	卅	癸卯	十九	丁酉	七	辛卯	廿六
八	大	七	大	八	小	八	小	七	小	八	大	八	大 閏小	七八
十一	乙未	卅一	己未	十八	甲寅	八	己酉	卅	癸酉	十八	丁卯	六	辛酉 辛卯	廿六 廿五
九	小	八	小	九	大	九	小	八	小	九	小	九	大	九
十	乙丑	廿九	己丑	十七	癸未	六	戊寅	廿八	壬寅	十六	丁酉	五	庚申	廿三
十	大	九	大	十	小	十	大	九	大	十	大	十	大	十
九	甲午	廿九	戊午	十六	癸丑	六	丁未	廿六	辛未	十五	丙寅	四	庚寅	廿三
十一	大	十	大	十一	大	十一	小	十	小	十一	小	十一	小	十一
八	甲子	廿八	戊子	十五	壬午	四	丁丑	廿六	辛丑	十四	丙申	三	庚申	廿二
十二	大	十一	小	十二	小	十二	大	十一	大	十二	小	十二	大	十二
九	甲午	廿七	戊寅	十五	壬子	四	丙午	廿四	庚午	十三	乙丑	二	己丑	廿一
一	小	十二	大	一	大	一	小	十二	小	一	大	十二	小	一
九	子	廿七	丁亥	十六	辛巳	二	丙子	廿四	庚子	十二	甲午	卅一	己未	廿

中國日本較時里差表

八	壬午	小	戊子	大	丁巳	小	丁亥	大	丙辰	小	丙戌	大	乙卯	小	乙酉	大	甲寅	大	甲申	小	甲寅	大	癸未	大	癸丑
	十五	二	十八	三	十九	四	十八	五	十七	六	十六	七	十五	八	十四	九	十二	十	十二	十一	十一	十二	十	一	十
九	癸未	小	癸未	小	壬子	大	辛巳	小	辛亥	小	庚辰	大	己酉	小	戊酉	大	戊卯	大	戊申	大	戊寅	小	戊寅	小	丁未
	十六	二	八	三	九	四	七	五	七	六	五	七	四	八	三	九	四	十	四	十	卅一	十一	卅	十二	廿九
十	甲申	大	丙子	小	丁未	小	丙子	大	乙酉	小 閏小	乙亥 甲辰	大	癸酉	小	癸卯	大	壬申	大	壬寅	小	壬申	大	辛丑	大	辛未
	十七	一	廿七	二	廿六	三	廿六	四	廿四	五六	廿四 廿二	七	廿一	八	廿	九	十八	十	十八	十一	十七	十二	十六	一	十五
十一	乙酉	大	辛丑	小	辛未	小	庚子	大	己巳	小	己亥	小	戊辰	大	丁酉	小	丁卯	大	丙申	小	丙寅	大	乙未	大	乙丑
	十八	二	十四	三	十六	四	十四	五	十三	六	十二	七	十一	八	九	九	八	十	七	十一	六	十二	五	一	四
十二	丙戌	大	乙未	小	乙丑	大	甲午	大	癸丑	大	癸巳	小	癸亥	小	壬辰	大	辛酉	小	辛卯	小	庚申	小	庚寅	大	己未
	十九	二	三	三	五	四	三	五	三	六	二	七	二	七	卅一	八	廿九	九	廿八	十	廿七	十一	廿六	十二	廿五
十三	丁亥	大	己丑	小	己未	大	戊子	大 閏小	戊午 戊子	大	丁巳	小	丁亥	小	丙辰	大	乙酉	小	乙卯	大	甲申	小	甲寅	大	癸未
	二十	一	廿四	二	廿三	三	廿五	四五	廿三 廿三	六	廿一	七	廿一	八	十九	九	十七	十	十七	十一	十五	十二	十五	一	十四
十四	戊子	大	癸丑	小	癸未	大	壬子	大	壬午	小	壬子	大	辛巳	小	辛亥	小	庚辰	大	己酉	小	己卯	大	戊申	小	戊寅
	廿一	二	十二	三	十三	四	十一	五	十一	六	十	七	九	八	八	九	六	十	五	十一	四	十二	三	一	二

地體橢圓其動二一自轉晝夜而周一繞日凡三百六十五日六小時九分九秒有六而周曩聞人環地行順則多一周必多一日逆則少一周必少一日今游益信繇上海至日本逐日測時日出遞速十七分有奇然此即東西里差法周髀所謂東方日出西方夜半晝夜隨東西不同之故也日本效西以半時爲一時謂午正曰十二時雲龍仍以地支計時有初有正各得四刻刻十五分分六十秒日本東京午正當我

大清京都己正一刻十一分五十六秒繇此測彼自雲龍始述中國日本較時里差表

中華京都午正較	中國京都較	日本東京
東京未初三十三分四秒	後四刻三十三分四秒	
札幌未初三十九分三十四秒	後四刻三十九分三十四秒	後六分二十五秒
仙臺未初三十八分三十二秒	後四刻三十八分三十二秒	後四分二十八秒

函館未初三十六分五十六秒	後四刻三十六分五十六秒	後三分五十二秒
長崎午初十六分二十八秒	前五十三分三十二秒	前三十九分三十二秒
熊本午初十三分九秒	前五十六分五十一秒	前三十六分十三秒
廣島巳正五十六分三十九秒	前四刻三分二十一秒	前二十九分十三秒
兵庫巳正五十五分十三秒	前四刻四分三十七秒	前十八分二十七秒
大坂巳正四十四分二秒	前四刻十五分五十八秒	前十七分六秒
西京巳正四十分五十七秒	前四四刻十九分三秒	前十六分一秒
名古屋巳正三十八分三十四秒	前四刻廿一分二十六秒	前十一分二十八秒
新潟巳正二十九分四十七秒	前四刻三十分十三秒	前二分五十一秒

晴雨寒暖表

讀宋史已知日本四時寒暑大類中國今以遊歷知東西京與浙江江蘇畧似然南北互異東海道氣溫冬春間函嶺西海風強東多陸風畿內風少寒暄得平東山道霜早其岩代以北冬雪積春半漸融兩羽風力強甚動至撤屋北陸道寒時下冰點五六度而

熱逾九十度風強雪多山陰道寒暑俱強與北陸西似冬雪三四尺山陽道氣和風少與畿內相伯仲南海道暖非高處不積雪淡路夏賈以夜如呂宋夜市土佐圃蔬午槁夜蘇西海道暖多寒少其南炎威獨酷北海道寒非夏晝無着單袷冬雪封路人行簷下故屋簷獨寬五六月花木齊榮其晴雨寒暖固繇地氣而皆與空氣爲緣空氣之熱多自日光有受有散有水氣有電氣測厥壓力以風雨表日本人謂之晴雨計測厥溫度以寒暑表日本人謂之寒暖計雨降晴升暖漲寒縮其顯焉者又有露點器置庭中受露露入則器機起露多起益高視高出佛釐可測壓力視高出之度可測溫度亦夜測一法也英之佛釐當日本三釐三毫茲合日本十數年來氣候高低而平均之述晴雨寒暖表

	空氣壓力 最高 佛釐	空氣壓力 最低 佛釐	空氣壓力 平均	空氣溫度 最高 度	空氣溫度 最低 度	空氣溫度 平均
東京	七七五九	七三七九	七六一三	三三二	七八	一三四
西京	七七五四	七四二四	七六二〇	三四六	八一	一四二
大坂 堺	七七五三	七三二三	七六二一	三四八	四九	一四六
神奈川	七七五九	七三七九	七六一二	三三二	七八	一三三
兵庫	七七五三	七四二三	七六二〇	三四六	八一	一四二
長崎	七七四七	七四五一	七六二六	三三四	三六	一五六
新潟	七七五三	七四二六	七六一二	三四九	七二	一二一
埼玉	七七五五	七三八〇	七六一三	三三二	七八	一三四
羣馬	七七五九	七三八〇	七六一三	三三一	七九	一三四
千葉	七七五八	七三七九	七六一三	三三二	七八	一三四
茨城	七七五七	七三八〇	七六一四	三三二	七九	一三四
橡木	七七五八	七三七九	七六一三	三三二	七八	一三四
奈良	七七五四	七四二四	七六二	三四六	八一	一四二

三重	七七五三	七四二四	七六二一	三四六	八〇	一四二
愛知	七七五〇	七四三〇	七六一二	三三五	七〇	一四六
靜岡 濱松	七七四八	七四二六	七六一三	三三六	五二	一四六
同 沼津	七七五四	七四四三	七六〇八	三一一	八七	一四五
山梨	七七四八	七四二六	七六一三	三三一	七七	一四六
滋賀	七七五三	七四二三	七六二〇	三四五	七九	一四三
岐阜	七七五五	七四〇三	七六二一	三三一	九九	一三五
長野	七七五四	七四〇二	七六二一	三三〇	九八	一三五
福島	七七五三	七四二六	七六一二	三四九	七二	一二一
宮城	七七四九	七四五二	七六〇一	三二七	一六六	八八
岩手	七七五〇	七四五三	七六〇二	三二六	一六五	八八
青森	七七四九	七四五二	七六〇二	三二七	一六六	八八
秋田	七七五一	七四二四	七六〇八	三五〇	一五九	一〇八
山形	七七五一	七四二三	七六〇七	三五〇	一五八	一〇八
石川 金澤	七七四九	七三四六	七六一九	三四四	七四	一二八

富山	七七四八	七三四六	七六一八	三四三	七四	一二八
福井	七七四九	七三四六	七六一九	三四四	七四	一二八
島根	七七四八	七四六二	七六一三	二三六	五二	一四六
鳥取	七七五三	七四二三	七六二〇	三四六	八一	一四二
岡山	七七五二	七四四六	七六二三	三四八	六六	一四二
廣島	七七五三	七四四七	七六二三	三四七	六七	一四二
山口 下關	七七六五	七四七九	七六二八	三二七	二五	一四六
和歌山	七四七九	七三〇五	七六一九	三三六	四二	一四九
德島	七七五〇	七三九二	七六二一	三二八	四二	一五五
高知	七七五一	七三九三	七六二一	三二七	四一	一五五
愛媛	七七五〇	七三九二	七六二一	三二八	四二	一五五
福岡	七七四七	七四五一	七六二六	三三四	三七	一五六
大分	七七四八	七四五二	七六二六	三三五	三八	一五六
佐賀	七七四七	七四五一	七六二六	三三四	三七	一五六
熊本	七七四六	七四三九	七六二六	三五七	五四	一六四

宮崎	七七四七	七四三九	七六二六	三五七	五五	一六四
鹿兒島	七七四六	七四三九	七六二六	三五七	五四	一六四
北海道 札幌	七七四一	七四一八	七五九一	三一一	二五六	六五
同 函館	七七四九	七四四〇	七五九八	二八三	一八七	七九
同 根室	七七五二	七二六七	七五九一	二八七	二一一	四四

沿海氣候表

日本沿海之氣候視潮寒熱熱潮黑潮也凡海國熱潮所至氣候之暖因之日本夏季赤道下熱潮自九州沿日本島而東其北寒潮與遇从津輕峽入日本海既而熱潮入白令寒潮遂復至三陸東岸待熱潮勢殺乃離海岸總之北風起則熱潮退南風起則熱潮進其大略也小有異同山海形勢然也然或謂南風暖北風寒非也蓋風來赤道則暖黑道則寒日本在赤道北與中國同南風暖北風寒秘魯諸國之在赤道南者異矣寒暖繫日不繫南北地

續日動此亦一證也述沿海氣候表

月		品川燈臺	相州劔埼燈臺	豆州神子元島燈臺	志州安乘埼燈臺	紀州潮岬燈臺	神戶竿燈	隅州佐多岬燈臺	奥州金華山燈臺	奥州尻矢埼燈臺	函館燈船
一	風雨	二九、九五	二九、九七	三〇、一一、	三〇、〇〇	二九、八五	三〇、〇四	三〇、一九	二九、六四	二九、八五	二九、九〇
	寒暑	三七	四六	四三	四四	四五	三五	五一	四〇	三四	五六
	天氣	晴	晴	晴	晴	晴	晴	陰	晴	陰	雪
	風位	西北	北	北	西北	西	西	西	西	西	西北
	風力	輕	輕	軟	輕	輕	輕	輕	輕	烈	輕
二	風雨	三〇、〇七	三〇、三九、	三〇、二二	三〇、一五	二九、二九	三〇、二〇	三〇、二三	二九、八三	三〇、一三	三〇、二二
	寒暑	四〇	四五	四五	四五	四七	三八	五四	三八	三二	四九
	天氣	陰	晴	晴	晴	晴	晴	陰	晴	陰	雪
	風位	北	北	東北	西北	西北	西	西	西	西	西
	風力	輕	輕	軟	輕	輕	輕	輕	輕	烈	輕
三	風雨	三〇、一一	三〇、四〇	三〇、二三	三〇、一五	三〇、〇三	三〇、一八	三〇、二三	二九、九三	三〇、一八	三〇、二七
	寒暑	四三	四六	四七	四八	五一	四二	五五	四一	三五	四四
	天氣	陰	陰	陰	晴	晴	陰	晴	晴	陰	晴
	風位	北	北	東北	西北	北	東	西	西	西	北
	風力	輕	輕	輕	輕	輕	輕	輕	輕	軟	輕
四	風雨	三〇、〇三	三〇、一七	三〇、〇六	三〇、〇一	二九、九四	三〇、二二	三〇、一一	二九、八四	三〇、〇四	三〇、一一
	寒暑	五四	五四	五五	五八	五九	五五	六四	四七	四四	五二
	天氣	陰	晴	晴	雨	晴	晴	陰	晴	晴	陰
	風位	北	南	西南	西北	西北	東	西	西	西北	北
	風力	輕	輕	輕	輕	輕	輕	輕	輕	輕	輕

日	項										
五	風雨	三〇、〇四	三〇、〇二	二九、九五	三〇、〇〇	三〇、〇一	三〇、一七	三〇、〇八	二九、九七	五〇、〇〇	二九、九八
	寒暑	六六	六五	六四	六八	六七	六六	七一	五八	五三	五四
	天氣	陰	陰	陰	雨	雨	晴	陰	晴	晴	晴
	風位	南	南西	東北	北西	東	西	東	南西	西	南西
	風力	輕	輕	輕	輕	輕	輕	輕	輕	輕	輕
六	風雨	二九、九四	二九、七七	二九、七二	二九、八五	二九、九三	三〇、一一	三〇、〇三	二九、七九	二九、九八	二九、九一
	寒暑	七三	七一	七一	七三	七一	七四	七五	六四	六〇	五九
	天氣	陰	陰	雨	雨	陰	陰	陰	霧	晴	陰
	風位	南	北東	北東	南	東	南	東	南	南東	東
	風力	輕	輕	輕	輕	輕	輕	輕	輕	輕	輕
七	風雨	二九、八九	二九、六三	二九、六三	二九、八三	二九、九四	三〇、三〇	三〇、〇〇	二九•九六	二九、九七	二九、八八
	寒暑	七八	七六	七六	八二	七八	八二	八〇	七〇	六五	六三
	天氣	陰	晴	晴	晴	陰	晴	晴	晴	陰	陰
	風位	南	南西	南西	南東	東	南	東	北	東南	東
	風力	輕	輕	輕	輕	輕	輕	輕	輕	輕	輕
八	風雨	三〇、〇一	二九、五一	二九、五七	二九、八五	二九、九三	三〇、一五	三〇、〇一	三〇、〇一	二九、九七	二九、八八
	寒暑	八五	八一	八〇	八四	八二	七七	八三	七九	七三	六九
	天氣	晴	晴	晴	晴	晴	晴	晴	晴	陰	陰
	風位	南	南西	北東	南	東	南	南	南	南	北
	風力	輕	輕	輕	輕	輕	輕	輕	輕	輕	輕
九	風雨	三〇、〇五	二九、七〇	二九、六九	二九、九一	二九、九七	三〇、一九	三〇、〇五	三〇、〇五	三〇、〇八	三〇、〇三
	寒暑	七七	七三	七六	八〇	七八	七九	八〇	七四	七〇	六五
	天氣	陰	雨	陰	晴	晴	晴	晴	陰	陰	陰
	風位	北	南西	北東	東	東	東	東	北	南東	北

月	項										
	風力	輕	軟	軟	輕	輕	輕	輕	輕	軟	輕
十	風雨	三〇、〇八	二九、九六	二九、九四	三〇、〇一	三〇、〇一	三〇、二五	三〇、一六	三〇、一一	三〇、一〇	三〇、〇三
	寒暑	七四	六八	六七	六八	六八	六四	七三	六三	五八	五三
	天氣	陰	陰	晴	晴	晴	晴	晴	晴	陰	晴
	風位	北	北東	東	北西	北東	南	東	西	西	北
	風力	輕	輕	軟	輕	輕	輕	輕	輕	軟	輕
十一	風雨	三〇、〇六	三〇、〇九	三〇、〇五	三〇、〇六	三〇、〇二	三〇、一七	三〇、一九	三〇、〇八	三〇、一三	三〇、〇八
	寒暑	五五	六〇	五九	六〇	六一	五六	六六	五六	四九	四五
	天氣	晴	晴	晴	晴	晴	晴	晴	晴	雨	陰
	風位	北	北	北東	北西	北西	東	西	北西	北	北
	風力	輕	輕	軟	輕	輕	輕	輕	輕	軟	輕
十二	風雨	三〇、一一	三〇、三九	三〇、二四	三〇、一一	三〇、〇九	三〇、一一	三〇、一四	三〇、一三	三〇、二〇	三〇、一一
	寒暑	四一	五一	五一	四七	五二	四三	五八	四四	三四	三八
	天氣	晴	晴	晴	晴	晴	晴	陰	晴	雪	陰
	風位	北	北	北東	北西	北西	北西	北西	北西	北	西
	風力	輕	輕	軟	輕	輕	輕	輕	輕	軟	輕

偏多風方向表

測風方向以三百六十度四方居四之一爲九十度方分爲四曰北正北也微東曰北之東又少東曰北東又東北陽之東曰東北東餘可類推茲就日本之實測處述偏多風方向表

	北	北之東	北東	東北東	東	東南東	南東	南之東	南	南之西	南西	西南西	西	西北西	北西	北之西	最多
東京	二五	三六	五八	六九	四四	三九	八九	二八	八二	二七	一八	八	一五	三九	一六五	一六八	北之西
京都	七九	四五	一一〇	四一	四八	一八	三五	一〇	四〇	七九	一二四	四一	四九	四七	一五六	六四	北西
大坂	一〇五	一六	二一二	四五	九六	一一	二五	四	一七	七	一一一	三六	二三七	二五	一一一	三〇	西
大坂堺	四二	六九	二六	二九	七一	一八	一八	二二	二二	二四	八九	一四二	一一三	六八	一〇八	五一	西南西
長崎	二三二	三八	一一四	七	五九	一四	六八	八	五二	三	二三八	二〇	四五	五	九〇	二四	南西
新潟	一一八	二四	五九	二	二九	二五	二二九	一七	七三	四八	一二八	七八	一三一	一五	九三	一九	南東
靜岡濱松	一〇	二	九五	四三	二一四	三〇	五七	四	二五	二三	五八	三九	二六五	一二八	九九	一〇九	西
靜岡沼津	一六		八四	一二一	九一	八一	六七	三三	三五	四九	一五六	五二	五一	九五	五二	一六	南西
岐阜	二一四	三七	四二		一三	一	四七	三	一〇八	三八	九二	一四	一三六	一六	二二五	三〇	北西
宮古	二〇	一八	九二	九	八八	一	二二	二	一〇九	一七	二二五	九一	二三	六	四〇	一〇	南西
青森	一二三	一一	九	二七	七七	七八	七一	五一	六二	二四	四二	四八	一三三	一〇〇	九七	七五	西
秋田	六一	一〇	一〇	五	三五	七三	一四六	一七	一〇	二四	七二	二八	一〇〇	八五	二一一	三七	北西
石川金澤	三二	二一	九四	二九	一三二	四六	一〇七	二二	九五	四二	一一四	四〇	一一一	三二	二九	二四	東
廣島	四二一	一三	五六	三	三六		二九	一六	二〇七	一九	九四	五	一二七	三	四二	一三	北

纂喜廬所箸書

山口 下關	六九	三	八三	二四	一四三	二	三九	五	九	一	五八	一三	一三六	五	一一九	一三	東
和歌山	一三九	三七	一〇四	六〇	三一	二	一二	六	七二	三八	六〇	一五	五二	六七	九四	二三六	北之西
高知	八二	一六	七三	一五	一〇〇	八	二三	二一	一三三	六	二二	九	一八七	四四	二四五	二〇	北西
宮崎	九	一二〇	一五	六九	一〇	一六四	二二	四六	二	三九	九	一六四	四八	二四八	二三	九六	西北西
鹿兒島	一六三	一二	一〇七	六〇	一五一	一〇	四六	一四	七八	一〇	四三	一〇	七九	一二	二三	四四	北西
北海道 函館	二二三	一一	九	二七	七七	七八	七一	五一	六七	二四	四二	四八	一三三	一〇〇	九七	七五	西
北海道 札幌	七三	一二	三一	一六	五三	四三	一八一	一三四	一〇〇	二一	三八	一〇	四〇	三七	一九三	八二	北西
北海道 根室	七八	四〇	五〇	三二	三八	六三	八〇	六一	五七	七六	八七	五二	五八			五五	北西

沿海偏盛風表

海風以力言曰大以疾言曰暴以旋言曰颶颶一作颶以寒言曰颸氣與潮有兆視鍼沿海有避路視圖視經度日本海峽冬雨雪西北風偏盛四月當中國三月西風兼西南五月當中國四月南風而時變西南與東南居多九月當中國八月多晴而颱時起然不時之風往往而有述沿海偏盛風表

潮候表

月	中國	赤間關	長崎	佐多岬	潮岬	神子本	相摸岬	橫濱	日本內海 釣島	日本內海 鍋島	日本內海 兵庫神戸
一	十二	北及北西	偏北自北西至北東	北北西	北西	偏西	偏西偏東	偏北	北東	偏北	北西
二	正	北西	偏北自北西至北東	北北西	北西	北東偏北	偏北偏東	偏北	北東北	北西	北西
三	二	南及南東	北及北東	北西	北北西	北東	北北東	北	北東	自偏北北東至北西	北西
四	三	南東及東	偏北自東至北西	北西偏東	北東偏西	北東西	北北東南西	北偏南	北東南	北東西	北南南東
五	四	南東	東及北西	東北西	東北東	北東	北東北南南西	北北東南南西	北東	北東	自偏南東至西
六	五	東	東南南東北北西	東	北東東偏西	北東	北東北南南西	南南西	北東南西	東	自偏南東至西
七	六	南東及南	南南西	東西	北東西	西南西北東	南南西	南南西	北東南	東西無風	自偏南東至西
八	七	東	偏南自東至南西	東西	自南至西	南西	南	南	北東南	東無風	自偏南東至西
九	八	北北東東	北東	自北至東	偏北自北東至東	北東	北北東	北北東	東北東	偏北北東無風	東西
十	九	東	東北北西	自北至東	北北東	北東	北北東	北北東	北東	東	東
十一	十	偏北西	偏北自北東至北西	北北東	偏北自北東至北西	北東西	北東	北	一	無風	北北東
十二	十一	偏北西	北北東	偏北自東至北西	北西西	北東	北東	北	北東南西	北西	西北西

潮之消長視月潮之寒熱視風日本南西信風間黑潮溫度最大

者八十六度半時速力三海里合華里廿餘五月至九月平均度八十有二時中國六月至十月也四月至十月當中國五月至十一月熱寒水交黑潮減七度十度有差十一月至三月當中國十二月至四月日本海岸降六十三度寒潮迎北風力半時速力僅二海里日本寰瀛水路誌所謂親潮與熱潮方向相反則亦寒潮也堪察加海南東岸及千島列島南北海道東岸日本島東岸沿犬吠崎而南約華里六百有奇速力冬強逝潮候表

	紀州大島	志州御坐	豆州下田	陸中釜石	奥州青森	越前敦賀	佐渡小木	長州油谷	豐後佐賀關	己前口津	薩州山川	北海道函館
潮候時	六點五十分	六點十五分	五點二十分	三點五十分	二點五十八分	一點三十分	四點四十九分	十點二十五分	七點十一分	九點	七點三十二分	五點
大潮漲	五尺		六尺	五尺五寸	二尺五寸	二尺	一尺七寸五	二尺	五尺六寸	一丈二尺	九尺五寸	五尺七寸五
小潮漲	四尺							四尺	一尺			

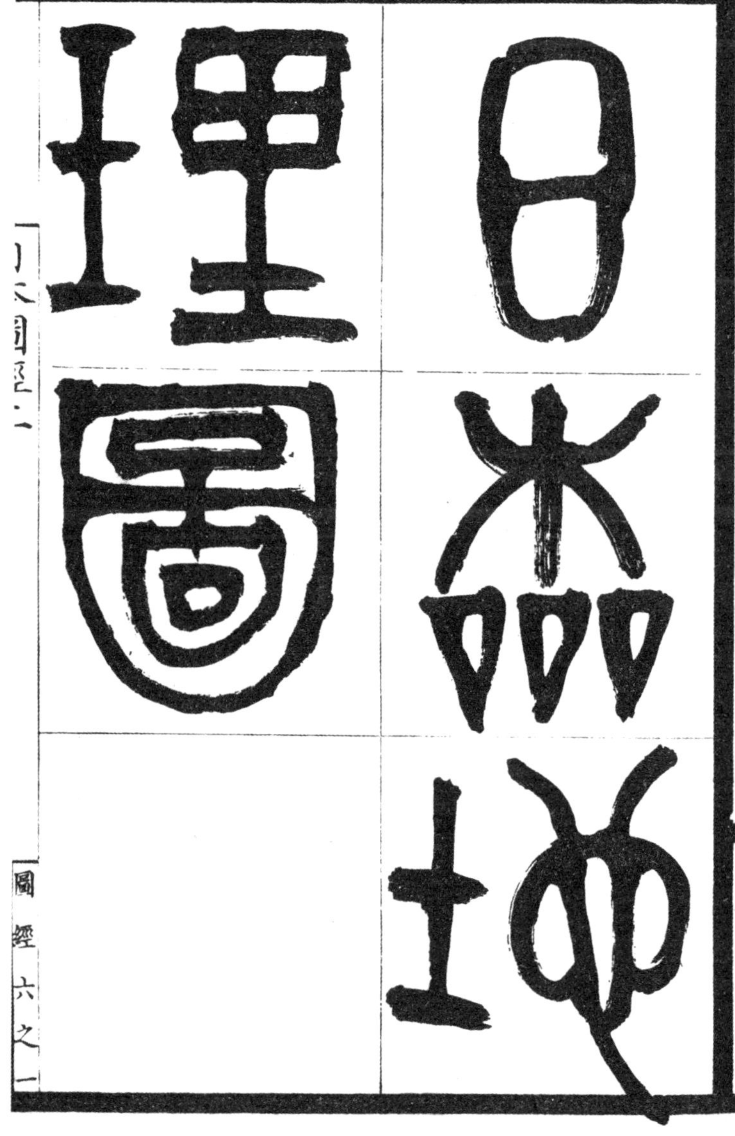

蓑喜廬所著書

游歷日本圖經二

日本地理一

奏派游歷日本美利加秘魯巴西等國英日屬地加納大古巴知府用兵部郎中臣傅雲龍述

地圖

粵稽神農以里計地尚矣（據帝王世紀）地圖權輿亦其時也（據春秋元命苞）周之地圖大司徒職方氏掌之欲知利害舍圖奚自而況日本為啓齒國歟茲繪計里總圖而以朱文重於其上者舊闢新拓之鐵道與夫海陸四出之電綫也琉球而外又繪府若縣若廳四十有二其香川一縣分自愛媛已在書垂成時矣故補繪之日本之圖非不求精然雜英文分合輒非一律此異其例述地圖

游歷日本圖經三

奏派游歷日本美利加秘魯巴西等國英日屬地加納大古巴知府用兵部郎中臣傅雲龍述

日本地理二

疆域

日本在中國東南其南曰薩峒馬即鹿兒島也與浙江溫臺直其西南與臺灣直其西北長崎之天堂二門兩島與浙江之定海江蘇之上海直對馬島近接朝鮮南竟亦中國東南行之一道也其北樺太島巳割入俄羅斯不惟千島之北羣島斷續與堪察加逼而與庫頁亦未嘗不相通其東南爲太平洋四至八到另有表輙依隋書倭地東高西下例併其形勢言之述疆域

東海道十五國小笠原島坿之沿北而東出北海者曰東山道十三國其北面北海者曰北陸道七國與東山道爲向背西南曰畿內五國亦稱五畿五畿之名見宋史匪自今始其西面北海者曰

山陰道八國面內海者曰山陽道八國山脈來自東北依厥陰陽而名南海道六國在畿內南四國亦在其中九州爲西海道九國又在其西壹岐對馬二島爲二國坿之北海道十一國其北竟也或稱關東八州指東海道之東六國及接東山道之二國言往時置二關於箱根碓氷故名或稱畿內曰上方稱東山道北之國曰東北稱北陸道曰北國稱山陰山陽曰中國皆俗稱云魏志謂倭地絕在海中洲島或絕或連信然故測量家於日本面積方里先計分測曰日本島俗評本州島者是亦稱中土東海東山北陸山陰山陽五道及畿內之國惟佐渡隱岐自爲一島餘則與南海之紀伊國同列此島面積十萬里有奇日本萬四千五百七十一曰佐渡島北陸道七國之一面積三百八十里有奇日本五十六曰隱島岐山陰道八國之一積面百四十里有里日本廿一曰淡路島南海道六國之一面

積二百里有奇日本三十一曰四國島南海道阿波讃岐伊豫土佐四國也面積七千三百里有奇日本千百八十曰九州島西海道九面積萬八千有奇日本千百八十曰壹岐島面積五十里有奇日本八曰對馬島同曰北海道面積三萬五千里有奇日本五千八十三千島三十一島北海道十一國之一面積六千八百里有奇日本千十一小笠原島十七島面積廿里有奇日本四餘詳四至八到表

其形勢國之在東海道者武藏如木葉東西長於南北安房北望之如鴨喙西尾東而尾昂上總南寬如凸字之半下總北寬如側杯日本之測量自此國始常陸如衣褁相摸如欹冑伊豆如巨鏃甲斐如瓜駿河如凹字遠江加箕三河畧方尾張如鳥張尾志摩形方伊勢北狹伊賀南北稍長附小笠原舊稱無人島在伊豆八丈島水程三更處合極小島凡八十有九在畿內者山城如櫛以

四山爲天然城故名大和南北較長如烏帽河内東西狹如圭諸河注内海而國在其間故名和泉南北較長如欹舟攝津西南受海如矩東山道近江南北圓而長有琵琶湖而近畿内故名美濃略如箑面飛驒橢員信濃向東略如凸字上野如海鷂魚接信濃處一頸突躍下野如甕而口南磐城如腓岩代如坐犬陸前如委地魚陸中如牛首雙角陸奥北望如氏字羽前羽後如兩翼然在北陸道者若狹如敗荷欹側越前加賀如比目魚躍上半爲加賀下半爲越前能登如側掌受丸越中如初月越後如蝙蝠舒翼佐渡孤島也如斜蜨在山陰道者丹波南北短於東西丹後略同若狹特左右易耳但馬東出處如噐柄因幡形方伯耆如倒菌出雲如葵首東向石見如海鼠隱岐如蛛在山陽道者播磨方而長美作如足掌備前西北狹作蓮房狀備中如烏備後如鷟首安藝如

髑髏周防如破鰒長門如折劍之鉾南海道南北縮而東西稍狹讚岐大和伊勢至此而斷紀伊如折磬淡路北狹阿波斜角東西稍狹讚岐如蓮葉之半伊豫如斜飛禽土佐如鎌首西海道西之大島也筑前如驢首筑後如三足器豐前北一大岬角豐後畧如猫之弄鞠鞠指接豐前而東突一地也肥前如孔雀張尾肥後向東如凹而北大日向凹而南高大隅如蝸曲頭左西南隅薩摩如蝦壹岐岬角四出如手對馬東西較短小岬亂出加蜈蚣在北海道者渡島三稜後志如雙凸字北大於南石狩如握四指張將指天鹽如人字北見如魚膽振如半鉤日高三角十勝斜角釧路缺東北隅根室如弓闕而不發千島如棊就全國言作蛟騰狀本州島爲身南領四國西首九州北海道腰也千島尾也又如蜻蜓舊有蜻蜓州目以此

四至八到表

魏志曰倭地周旋可五千餘里隋書曰倭人不知里數但計以月其國境東西五月行南北三月行各至於海都於邪摩堆卽魏志所謂邪馬臺也今境以華里計起東北訖西南斜長四千里有奇日本里六百餘周圍四百七十萬里有奇日本六十七萬二千於東西見廣於南北見袤於四至見方於八到見隅然非面積指掌仍難爰變元和郡縣志例而仍其名逑四至八到表

	面積方里	廣	袤	東	西	南	北	東南	西南	東北	西北
日本國	一四八四一四七〇			美利加太平洋	中國日本海	南洋諸島	俄羅斯堪察加北洋	南美利加太平洋海	中國黃海○中國	北美利加白林峽○北洋	朝鮮俄羅斯日本海
東京府	三一三〇一	一二〇	一一四	千葉縣	神奈川縣	東京灣	埼玉縣	東京灣	神奈川縣	埼玉縣千葉縣	神奈川縣埼玉

											縣
西京府	一七七九三〇	三三六	二四〇	滋賀縣	大坂府	大坂府	福井縣	三重縣	大坂府	福井縣	兵庫縣
				福井縣	兵庫縣	奈良縣	海		兵庫縣		
大坂府		七八	二五二	奈良縣	兵庫縣	和歌山	西京府	奈良縣	海	西京府	兵庫縣
					海	海					
神奈川	一三七五〇二	二一六	二二八	東京府	山梨縣	海	埼玉縣	海	靜岡縣	東京府	山梨縣
縣				東京府	靜岡縣						
兵庫縣	二六八〇〇〇	三六〇	三九〇	西京府	岡山縣	海	海	大坂府	岡山縣	西京府	鳥取縣
				大坂府	鳥取縣				海		海
長崎縣	一四一〇九〇			佐賀縣	海	海	海	海	海	佐賀縣	海
新潟縣	四九四七五四	五四六	四五六	福島縣	海	羣馬縣	海	富山縣	山形縣	山形縣	海
						長野縣		羣馬縣			
埼玉縣	一五九五〇四	四九二	二〇四	茨城縣	羣馬縣	東京府	羣馬縣	東京府	山梨縣	羣馬縣	羣馬縣
				千葉縣	長野縣	神奈川				茨城縣	
					山梨縣	縣靜岡					

						縣					
羣馬縣	二四四三五〇	三六〇	三三六	橡木縣	長野縣	埼玉縣	長野縣	橡木縣	長野縣	橡木縣	長野縣
							新潟縣	埼玉縣		新潟縣	
千葉縣	一九五八七〇	三六〇	三九〇	海	東京府	海	茨城縣	海	海	埼玉縣	茨城縣
					埼玉縣					海	
茨城縣	二三一〇九六	三〇六	四八〇	海	橡木縣	千葉縣	橡木縣	千葉縣	千葉縣	海	橡木縣
					埼玉縣		福島縣	海	埼玉縣		
橡木縣	二四七〇六二	三六〇	三四二	宮城縣	羣馬縣	羣馬縣	福島縣	茨城縣	茨城縣	福島縣	福島縣
				茨城縣		茨城縣					羣馬縣
奈良縣		三四二	二〇四	三重縣	和歌山	三重縣	三重縣	三重縣	和歌山	三重縣	大坂府
					縣大坂	和歌山	京都府		縣		
					府	縣					
三重縣	二二一一三〇	三〇六	四五〇	海	奈良縣	海	滋賀縣	海	和歌山	愛知縣	滋賀縣
					西京府		岐阜縣		縣	海	西京府
							愛知縣				

縣名				接界
愛知縣	一八七六六八	四〇八	三九六	靜岡縣 三重縣 海 長野縣 靜岡縣 海 長野縣 岐阜縣
				岐阜縣 岐阜縣 海
靜岡縣	三〇二二九二	五六四	四八〇	神奈川 愛知縣 海 山梨縣 海 海 神奈川 長野縣
				縣 海 長野縣 縣
山梨縣	一七三九一〇	四二〇	三一八	神奈川 靜岡縣 靜岡縣 長野縣 神奈川 靜岡縣 神奈川 長野縣
				縣 長野縣 橡木縣 靜岡縣 縣
				縣
滋賀縣	一五五〇六四	二一六	三四二	三重縣 福井縣 三重縣 福井縣 三重縣 京都府 岐阜縣 福井縣
				岐阜縣 京都府 京都府 福井縣
岐阜縣	四〇二八七〇	四八六	五七〇	長野縣 石川縣 三重縣 富山縣 長野縣 滋賀縣 富山縣 石川縣
				福井縣 愛知縣 石川縣 愛知縣 三重縣 長野縣
				滋賀縣
長野縣	五一一二五六	三六〇	一、三三八	羣馬縣 富山縣 靜岡縣 新潟縣 山梨縣 愛知縣 新潟縣 富山縣
				埼玉縣 岐阜縣 愛知縣
				山梨縣

福島縣	五〇七六四二	六七八	四九八	海	新潟縣	茨城縣	宮城縣	茨城縣	羣馬縣	海	新潟縣
						橡木縣	山形縣	海			山形縣
						羣馬縣					
宮城縣	三二四四七四	三二四	五四〇	海	山形縣	福島縣	岩手縣	海	山形縣	岩手縣	秋田縣
									福島縣	海	
岩手縣	五三九五一四	四六二	七一四	海	秋田縣	宮城縣	青森縣	海	秋田縣	海	秋田縣
青森縣	三六四二一八	五六四	五六四	海	海	岩手縣	海	岩手縣	秋田縣	海	海
					秋田縣		海	海			
秋田縣	四五二四〇〇	三八四	七三八	岩手縣	海	山形縣	青森縣	岩手縣	山形縣	青森縣	海
						宮城縣		宮城縣	海	岩手縣	
山形縣	三六〇〇九〇	三三六	五八八	宮城縣	新潟縣	福島縣	秋田縣	福島縣	新潟縣	秋田縣	海
					海						
石川縣	一六二四三三	二二二	一九六	富山縣	海	福井縣	海	岐阜縣	福井縣	海	海
				岐阜縣					海		
				海							

富山縣	一五九八四六	三四八	二八二	新潟縣	石川縣	岐阜縣	海	長野縣	岐阜縣	新潟縣	石川縣
				長野縣					石川縣		
福井縣	一六三四四〇	三〇六	二八二	岐阜縣	海	岐阜縣	石川縣	岐阜縣	京都府	石川縣	海
						滋賀縣	海		海	岐阜縣	
						京都府					
島根縣	二六一四九二	三〇六	二二八	鳥取縣	山口縣	廣島縣	海	廣島縣	山口縣	鳥取縣	海
				廣島縣	海	山口縣					
鳥取縣	一三四四九六	一四二	四五	京都府	島根縣	岡山縣	海	兵庫縣	廣島縣	京都府	島根縣
										海	海
岡山縣	二五一五八八	三九六	三八四	兵庫縣	廣島縣	海	鳥取縣	兵庫縣	廣島縣	鳥取縣	鳥取縣
								海	海	兵庫縣	
廣島縣	三一二四六八	五一〇	四〇八	岡山縣	鳥取縣	海	鳥取縣	岡山縣	山口縣	鳥取縣	島根縣
					山口縣		島根縣	海			
山口縣	五三三九九四	五一〇	二八二	廣島縣	海	海	島根縣	海	海	島根縣	海
				海			海				

和歌山	一八六三七二	二四六	四〇八	奈良縣	海	海	奈良縣	海	海	奈良縣	海
縣				三重縣			大坂府				
				海							
德島縣	一六二七六八	三七二	二八二	海	高知縣	高知縣	愛媛縣	海	高知縣	海	愛媛縣
					愛媛縣	海	海				
高知縣	二七四八三二	五一〇	二八二	德島縣	愛媛縣	海	德島縣	海	愛媛縣	德島縣	愛媛縣
				海			愛媛縣		海		
愛媛縣	二七二八〇二	三八四	三九〇	德島縣	海	高知縣	海	德島縣	海	海	海
				海							
福岡縣	一九〇六八六	四三二	三七二	大分縣	佐賀縣	熊本縣	海	大分縣	海	海	海
				海	海	海					
大分縣	二四二二三八	四〇八	四五〇	海	熊本縣	宮崎縣	福岡縣	海	熊本縣	海	福岡縣
					福岡縣		海				
佐賀縣	九六〇四八	三〇六	二二八	福岡縣	長崎縣	海	福岡縣	福岡縣	長崎縣	福岡縣	長崎縣
							海				海

熊本縣	二七九二八三	四二六	四七四	大分縣	海	宮崎縣	大分縣	宮崎縣	海	大分縣	福岡縣
				宮崎縣		鹿兒島	福岡縣				海
						縣					
宮崎縣	二九一四〇四	三〇六	六六六	海	鹿兒島	海	大分縣	海	鹿兒島	海	熊本縣
					縣熊本				海		
					縣						
鹿兒島	三六一三八六	三三二六	五一〇	宮崎縣	海	海	宮崎縣	海	海	宮崎縣	海
縣				海			熊本縣				
北海道	三〇三七一四〇	九六〇	七二〇	海	海	海	海	海	海	海	海
廳											

沿革表

日本古倭國也亦曰倭奴其改日本始唐舊唐書云日本倭之別種國在日邊故名或曰倭自惡其名不雅改爲日本或云日本舊小國併倭國地唐書畧同今見日本書籍易倭爲和籍音轉爲避

就也封建本非初制今盡變之然就政治言變藩爲府爲縣爲廳而就地理言仍有不變之道與國與郡在其道無治國即宋史所載日本年代紀之稱州者是國有藩即諸侯也分合互殊不得以國數當藩數也郡與中國舊稱亦異不稽沿革猶車行之無指南也條分縷析請自雲龍始中國之史雖畧然首甄擇之次綜其國窠之雅馴者次道國藩次府縣廳而此二十一年中尤變之變者也述沿革表

表一

	東京府	京都府	大坂府	神奈川縣	兵庫縣	長崎縣	新潟縣	埼玉縣	羣馬縣	千葉縣	茨城縣
同治七	江戸府	京都府	大坂府	神奈川	兵庫縣	長崎府	越後府	武藏知	宕鼻縣	下總知	常陸知
明治元	東京府 改自江戸	久美濱 縣	堺 縣府	神奈川 府改	攝津縣		新潟府 改自越後 名下仿此	縣事 無縣		縣	事縣 事
	武藏縣			縣			柏崎縣				

							佐渡縣				
八 二	品川縣		河內縣		豐崎縣	長崎縣	越後府	大宮縣		葛飾縣	若森縣
	改自武藏		狹山藩		改自攝津	府改	復置	浦和縣		宮谷縣	
	小菅縣		二入堺		生野縣		新潟縣	改自大宮			
							府改尋廢				
							水原縣				
							改自越後併新潟				
							柏崎縣				
							廢而復				
							佐渡縣				
							廢而置				
九 三			堺縣 廢				新潟縣				
							改自水原				
十 四	東京府	淀縣 藩改	高槻縣	六浦縣	尼崎縣	島原縣	新發田	忍縣 藩改	前橋縣	佐倉縣	水戶縣

併品川小菅	下八同	藩改下五同	藩改下二同	藩改下六同	藩改下五同	縣 藩改下九	下二同	藩改下七同	藩改下三同	藩改下十二同
	龜岡縣	麻田縣	荻野山	三田縣	平戸縣	同	岩槻縣	高崎縣	関宿縣	宍戸縣
	綾部縣	伯太縣	中　縣	笹山縣	福江縣	黑川縣	川越縣	沼田縣	曾我野	笠間縣
	山家縣	岸和田	小田原	柏原縣	大村縣	三日市	入間縣	安中縣	縣	下館縣
	園部縣	縣	縣	出石縣	嚴原縣	縣	改自川越○六	伊勢崎	生實縣	下妻縣
	福知山	吉見縣	足柄縣	郁岡縣	鹿島縣	村松縣	年入熊谷	縣	印旛縣	松岡縣
	縣	丹南縣	併荻野山中小	豐岡縣	二縣入伊萬里	峯岡縣	埼玉縣	小幡縣	併葛飾佐倉關	土浦縣
	宮津縣	堺縣併伯	田原	併生野笹山柏	長崎縣	村上縣	併浦和忍岩槻	七日市	宿曾我野生實	石岡縣
	舞鶴縣	太岸和田吉見	神奈川	原出石郁岡及	併島原平戸福	高田縣		縣	及詳茨城之右	志筑縣
	峰山縣	丹南	縣 併六浦	詳京都府之福	江大郁	淸崎縣		館林縣	河結城	牛久縣
	京都府	大坂府		知山舞鶴峯山		與板縣		羣馬縣	鶴舞縣	龍崎縣
	併淀龜岡併高槻麻綾部山家田			久美濱		椎谷縣		併館林前八縣	藩改下十四同	麻生縣
	○餘詳兵庫			姬路縣		柏崎縣		以館林入椽木	松尾縣	松川縣
				藩改下九同		併高田潟崎與			小久保	新治縣
				明石縣		板椎谷			縣	併若森土浦石

龍野縣	相川縣	櫻井縣 岡志筑牛久龍
林田縣	改自佐渡	菊間縣 崎麻生松川及
赤穗縣	新潟縣	鶴牧縣 詳千葉之多古
山崎縣	併新發田黑川	大多喜 高岡小見川
安志縣	三日市郵松峯	縣 結城縣
三日月	岡村上	久留里 藩改下一同
縣		縣 古河縣
三草縣		佐賀縣 二縣入印旛
小野縣		飯野縣 茨城縣
九縣入姬路		一宮縣 併水戶宍戶笠
飾摩縣		長尾縣 下館下妻松岡
改自姬路		花房縣
兵庫縣		館山縣
併尼崎三田		加知山
		縣

木更津
縣 併宮谷及
鶴舞等十五縣
多古縣
藩改下二同
小見川
縣
高岡縣
三縣入新治
千葉縣 新潟縣 十二 六
併印旛木更津 併柏崎
新潟縣 光緒元
併相川
神奈川兵庫縣 二 九
縣 併足柄 併豐岡飾磨

表二	橡木縣	奈良縣	三重縣	愛知縣	福岡縣	山梨縣	滋賀縣	岐阜縣	長野縣	福島縣	宮城縣
同治七	眞岡縣	奈良縣	度會縣	參河縣	駿河城	甲府城	大津縣	笠松縣	伊奈縣		
明治元		奈良縣		改自裁判所後入伊	代 無縣名	代	改自裁判所	飛驒縣			
		縣改		奈	韮山縣	府中縣		高山縣			
					後入足柄	市川縣		改自飛驒後入			
						石和縣		筑摩後入岐阜			
						甲斐府					
						改自三縣					
八 二	日光縣	奈良縣	度會縣			甲斐縣	大溝藩	高須藩	龍岡藩	福島藩	桃生縣
	併眞岡	府改	府改			府改	後入大津	後入名古屋	後入伊奈中野	白河縣	石卷縣
	喜連川									若松縣	改自桃生
	藩 後入日光										登米縣
											白石縣
											角田縣

改自白石

九　三　五條縣　中野縣　登米縣

併石卷

十　四　壬生縣　郡山縣　津縣藩改　名古屋　靜岡縣　山梨縣　膳所縣　大垣縣　松本縣　二本松　仙臺縣

藩改下八同　藩改下七同　下七同　縣藩改藩十同　藩改下一　改自甲斐　藩改下六同　藩改下七同　藩改下九同　縣藩改下六　藩改並登米角

吹上縣　小泉縣　龜山縣　一同　堀江縣　水口縣　野邨縣　飯田縣　同田

佐野縣　柳生縣　桑名縣　犬山縣　濱松縣　西大路　今尾縣　高遠縣　磐城平

足利縣　田原本　長島縣　岡崎縣　併堀江　縣　高富縣　高島縣　縣

鳥山縣　縣　神戸縣　西太平　彥根縣　郡上縣　松代縣　湯長谷

黑羽縣　高取縣　菰野縣　縣　山上縣　岩邨縣　須坂縣　縣

太田縣　柳本縣　久居縣　重原縣　宮川縣　苗木縣　飯山縣　泉　縣

縣　芝邨縣　鳥羽縣　刈谷縣　朝日山　加納縣　岩邨田　三春縣

茂木縣　櫛羅縣　度會縣　西端縣　縣　岐阜縣　縣　棚倉縣

宇都宮　奈良縣　併久居鳥羽　西尾縣　長根縣　併笠松大垣野　小諸縣　中邨縣

縣　併鳥山黑　併前九縣　安濃津　舉母縣　併彥根山上宮　郡今尾高富　上田縣　平縣　併前

羽太田原茂木　縣併津龜山　半原縣　川朝日山　上岩邨苗木加　筑摩縣六縣

橡木縣　桑名長島神戸菰野　豐橋縣　大津縣　納　併伊奈松本飯田高　磐前縣

併日光壬生吹上佐　田原縣　併膳所水口西大路　遠高島及詳岐阜之　改自平

野足利及詳羣馬之　額田縣　高山　福島縣

館森　併岡崎西太平重原　長野縣　先與白河人二本松

刈谷西端西尾舉母　改自中野併松代須　至是改此

半原豐橋田原　坂飯山岩邸田小諸

上田

名古屋

縣併犬山

十一　五　三重縣　愛知縣　滋賀縣　宮城縣

改自安濃津　改自名古屋併　改自大津併犬　改自仙臺

額田　上

十二　六　橡木縣

併宇都宮

年											
光緒二			三重縣		靜岡縣						
九			併度會		併濱松						

表三

年											
	岩手縣	青森縣	秋田縣	山形縣	石川縣	富山縣	福井縣	島根縣	鳥取縣	岡山縣	廣島縣
同治七	盛岡藩									倉敷縣	
明治元											
八　二	膽澤縣	弘前藩		酒田縣				隱岐縣			
	江刺縣							大森縣			
								改自隱岐			
	九戶縣										
	八戶縣										
	改自九戶										
	三戶縣										
	改自八戶										
九　三	盛岡縣			山形縣			本保縣	濱田縣			
	藩改			改自酒田							

十 四	一關縣	七戸縣	岩崎縣	天童縣	金澤縣	富山縣	福井縣	松江縣	鳥取縣	岡山縣	福山縣
	藩改併膽澤江刺	藩改下四同	藩改下四同	藩改下四同	藩改下一同	藩改	藩改下五同	藩改下二同	藩改後入島根	藩改下十二同	藩改入深津詳
		八戸縣	本莊縣	新莊縣	大聖寺	新川縣	丸岡縣	廣瀨縣		鴨方縣	岡山復入廣島
	水澤縣		矢島縣	上山縣	縣入金澤	改自富山	大野縣	母里縣		岡田縣	廣島縣
	改自一關	黑石縣	龜田縣	大泉縣			勝山縣			足守縣	藩改
		館縣	秋田縣	松嶺縣			小濱縣			庭瀨縣	
		斗南縣	併岩崎本莊矢	米澤縣			鯖江縣			新見縣	
		弘前縣	島龜田	置賜縣			敦賀縣			高梁縣	
		藩改併前五縣		改米澤			併小濱鯖江後			成羽縣	
		青森縣		山形縣			入石川			淺尾縣	
		改自弘前		併新莊上山			足羽縣			生坂縣	
				酒田縣			併自福井先併			津山縣	
				廢大泉松嶺復			本保福井丸岡			鶴田縣	
				置			大野勝山			眞島縣	
										深津縣	

併倉敷鴨方岡

田足守庭瀨新

見高梁成羽淺

尾生坂及詳廣

島之福山

北條縣

併津山鶴田眞島

十一 五 岩手縣 改自盛岡 石川縣 改自金澤併長尾 小田縣 改自深津

十二 八 鶴岡縣 改自酒田 岡山縣 併小田

光緒二 岩手縣 併磐井 山形縣 併鶴岡置賜 石川縣 併新川敦賀 島根縣 併濱田鳥取

九

表四

七 四十							福井縣		鳥取縣			
							分石川地		復			
	山口縣	和歌山縣	德島縣	高知縣	愛媛縣	福岡縣	大分縣	佐賀縣	熊本縣	宮崎縣	鹿兒島縣	北海道廳
同治七							日田縣		富岡縣	富高縣		箱館府
明治元												改自裁判所
八 二												開拓使
												改自府
九 三	德山藩											樺太開
	入山口藩											拓使廢改
十 四	岩國縣	甲邊縣	德島縣	高知縣	松山縣	秋月縣	杵築縣	佐賀縣	熊本縣	高鍋縣	鹿兒島	
	藩改下三同	藩改下二同	藩改	藩改	藩改下十一同	藩改下五同	藩改下七同	藩改下五同	藩改下一同	藩改下二同	縣藩改	
	豐浦縣	新宮縣	名東縣		今治縣	豐津縣	日出縣	嚴原縣	人吉縣	延岡縣		
	清末縣	和歌山縣	改自德島後併		小松縣	豐津藩初爲香	府內縣	唐津縣	八代縣	佐土原		
	山口縣	併田邊新宮	香川		西條縣	春藩	岡縣	小城縣	改自人吉	縣		

	併岩國豐浦清				石鐵縣	千東縣	森縣	蓮池縣		美美津
	末				宇和島	柳川縣	臼杵縣	鹿島縣		縣併高鍋延
					縣	三池縣	佐伯縣	伊萬里		岡佐土原
					吉田縣	久留米	中津縣	縣改自佐賀		飫肥縣
					大洲縣	縣	入小倉	併嚴原唐津小		薦改
					新谷縣	小倉縣		城蓮池鹿島		都城縣
					神山縣	併豐津千東中				改自飫肥
					高松縣	津	大分縣			
					丸龜縣	三豬縣	併日田杵築日			
					香川縣	併柳川三池久	出府內岡杂臼			
					併松山丸龜及	留米	杵佐伯			
					入倉敷之多度	秋月縣				
					併地後入名東	薦併改秋月				
十一五									白川縣	
									改自熊本	

十二六　愛媛縣　佐賀縣　宮崎縣
併石鐵神山　改自伊萬里　併美美都城
九年入鹿兒島
光緒元　香川縣
復置
二九　愛媛縣　福岡縣　熊本縣　鹿兒島
併香川　併小倉三豬　改自白川併八　縣併宮崎
六三十　德島縣　代　札幌縣
八五十　函館縣
根室縣
廢開拓使置三
縣

日本沿革漢前史箭無稽漢樂浪海中有倭人分百餘國漢書在韓
東南依島居自武帝滅韓譯通於漢者三十許國國皆稱王其大

倭王居邪馬臺國樂浪郡徼去其國萬二千里去其西北界拘邪韓國七千餘里其地大較在會稽東治之東與朱崖儋耳近桓靈閒倭大亂更相攻代歷年無主有一女子名卑彌呼年長不嫁鬼神惑衆共立爲主自女王國東渡海千里餘至拘奴國倭種而不屬女王南四千餘里至朱儒國人長三四尺東南行船一年至裸國黑齒國會稽海外有東鯷人分爲二十餘國又有夷洲澶洲（後漢書）帶方郡至倭循海岸水行歷韓國乍南乍東到其北岸狗邪韓國七千餘里渡一海千餘里至對馬國居島方四百餘里南渡一海千餘里至一大國方三百里又渡一海千餘里至末盧國東南陸行五百里到伊都國屬女王國東南至奴國百里東行至不彌國百里南至投馬國水行二十日南至邪馬壹國（壹漢書作臺）女王所都水行十日陸行一月次有斯馬國巳百支國伊邪國郡支國彌

奴國好吉都國不呼國姐奴國對蘇國蘇奴國呼邑國華奴蘇奴國鬼國爲吾國鬼奴國邪馬國躬臣國巴利國支惟國烏奴國奴國此女王境界所盡其南有狗奴國男子爲王不屬女王自郡至女王國萬二千餘里有抵閣國有市使大倭監之自女王國以北特置一大率檢察諸國諸國憚之常治伊都國於國中有如刺史遣使詣京都帶方郡諸韓國及郡使倭國皆臨津搜露傳送文書賜遺之物詣女王不得差錯魏志後立男王並受中國爵命梁書倭人自謂大伯之後晉書文身國在倭東北七千餘里大漢國在文身東五千餘里南史左右小島五十餘皆自名國而臣附之唐書東接海島夷人所居身面皆有毛宋史即毛人云唐書倭國至六十四世畿內有山城大和河內和泉攝津五州統五十三郡東海道有伊賀伊勢志摩尾張參河遠江駿河伊豆甲斐相模武藏安房上總常陸十

四州統一百十六郡東山道有近江美濃飛驒信濃上野下野陸奥出羽八州統百二十二郡北陸道有若狹越前加賀能登越中越後佐渡七州統三十郡山陰道有丹波丹後但馬因幡伯耆出雲石見隱伎（伎今作岐）八州統五十二郡山陽道有播磨美作備前備中備後安藝周防長門八州統六十九郡南海道有紀伊淡路阿波讃岐伊豫土佐六州統四十八郡西海道有筑前筑後豐前豐後肥前肥後日向大隅薩摩九州統九十三郡又有壹伎對馬多䄙三島各統二郡是謂五畿七道三島統五百八十七郡國小者百里大不過五百里（明史）此見正史然日本所謂國者一國或置數藩藩有侯古無王稱北史謂皆稱子亦未碻也

神武始都橿原就其八大洲定國造蓋在周惠王十七年也初稱豐葦原千五百秋瑞穗國亦曰八大洲國一淡路洲二伊與二名

之洲三筑紫洲四壹岐洲五對馬洲六隱岐洲七佐渡洲八大日本豐秋津洲又分八島曰愛止比賣是伊豫也曰飯依比賣是讚岐也曰大宜都比賣是阿波也曰速依別是土佐也曰自比別是筑紫也曰豐日別是豐國也曰晝日別是肥國也曰豐久土比泥別是日向也當漢永建六年成務分國造爲百四十四交置國司孝德時始設各洲國司郡司諸吏以國造任之後漸省國改郡大寶中定畿內七道名國司限年遷任治所曰國府嵯峨時大國十三上國三十五中國十一下國九四等六十八國實則倣唐郡縣治置守介無所謂封建也平源二氏執國柄守介令阻宋滄熙十二年爲文治元年源賴朝自請爲天下總追補使國衙置守護莊園置地頭而國司世襲浸成封建北條氏陪臣弄權足利氏兵起分南北朝以國郡封家臣正平四年置關東管領於鎌倉統八州

奥羽而封建成應仁後諸道割據織田氏畧定東海東山畿內山陰豐臣氏繼之二世德川氏子弟功臣封藩數十慶應中凡二百七十二藩據日本史神皇正統記諸書

東海道十五國曰武藏初國府置多摩郡又管豐島葛飾足立埼玉新座荏原入間高麗比企横見大里男衾幡羅榛澤兒玉賀美那珂秩父橘樹都筑久良岐凡廿二郡源平足利澁川北條諸氏開府德川氏城稱江戶同治十年間明治以江戶爲東京都之改忍川越岩槻岡部金澤五藩爲縣尋改東京府曰安房初國府置平羣郡又管安房長狹朝夷凡四郡後封知加山勝山改館山長尾花房四藩曰上總初國府置市原郡又管天羽周准望陀夷隅埴生長柄山邊武射凡九郡後封久留里大多喜佐貫飯野一宮鶴牧小久保菊間櫻井鶴舞松尾大網請收西藩十二藩曰下總初國府

置葛飾郡又管千葉猿島結城豐田岡田相馬印旛埴生香取匝瑳海上凡十二郡後封古河關宿佐倉生實高岡小見川結城多古八藩曰常陸初置國府茨城郡又管筑波河內信太新治行方鹿島眞壁那珂久慈多賀凡十一郡後封水戶石岡府中改宍戶土浦笠間牛久下館谷田部下妻麻生志筑守山松十三藩曰相模初國府置大住郡又管足柄下足柄上陶綾愛甲津久井高座鎌倉三浦九郡封藩曰伊豆初國府置田方郡又管君澤那賀凡四郡封藩曰甲斐初國府置八代郡又管都留山梨巨摩凡四郡封藩曰駿河初國府置安倍郡又管志太益津有渡庵原富士駿東凡七郡後封田中小島沼津三藩曰遠江初國府置豐田郡又管濱名敷智引佐麤玉長上盤田山名周智佐野城東榛原凡十二郡後徙濱松掛川橫須賀四藩地屬靜岡藩曰三河初國府置寶

飯郡又管碧海額田賀茂幡豆設樂八名渥美凡八郡後封豐橋吉田改名岡崎西尾田原刈谷擧母奧殿西大平西端重原半原奧殿徙藩十藩曰尾張初國府置中島郡又管愛智知多春日井丹羽葉栗海東海西凡八郡封藩曰志摩初國府置英虞郡又管答志郡襲藩曰伊勢初國府置鈴鹿郡又管桑名員辨朝明三重河曲奄藝安濃一志飯高飯野多氣度會凡十三郡後封長島神戸龜山薦野久居桑名忠雅七藩曰伊賀初國府置阿拜郡又管山田伊賀名張凡四郡襲藩畿內五國曰山城桓武定都葛野愛宕二郡國司府置乙訓郡建京都守護又管紀伊宇治久世綴喜相樂凡八郡封徙藩明治二年東遷置留守宮府曰大和神武初都橿原爲葛上郡之柏原邨和銅中遷平城爲今奈良縣地後封郡山高取小泉櫛羅芝邨柳本柳生七藩曰河內反正都丹比即丹北郡之

松原莊植田郵以丹比分南北二郡故名其後國府置大縣郡又管交野讚良茨田若江河内高安安宿志紀澁川丹南八上古市石川錦部凡十六郡後封丹南狹山二藩曰和泉靈龜中割河内置和泉後改國府置和泉郡又管大鳥泉南日根凡四郡封岸和田伯太吉見三藩曰攝津古浪速國仁德都高津宮即東成郡高津小橋天武六年設攝津職延麻中改國司府置西生郡生一作成東成西成而外又管住吉島下島上豐島能勢河邊武庫菟原八部有馬凡十二郡封尼崎高槻三田麻田四藩東山道十三國曰近江古淡海國成務都滋賀郡高穗穴太郵天智都大津後國府置粟太郡封藩曰美濃初國府置不破郡又管石津多藝池田大野安八海西中島羽栗厚見本巣席田方縣山縣各務武儀郡上加茂可兒土岐惠那凡廿一郡封新田今尾加納高須郡上岩郵

苗木七藩有增曰飛驒初國府置大野郡又管益田吉城凡三郡
封藩曰信濃初國府置筑摩郡又管伊那安曇諏訪更級木內高
井埴科小縣佐久凡十郡封松本松代上田高島高遠飯田須坂
飯山小諸岩封田田野口十一藩曰上野初國府置羣馬郡又管
吾妻碓冰甘樂片岡多胡綠野利根勢多山田那波佐位新田邑
樂凡十四郡封川越館林白河高崎沼田吉井安中伊勢崎七日
市九藩曰下野初國府置都賀郡又管安蘇足利梁田寒川河內
芳賀鹽谷那須凡九郡封會津戶田忠眞烏山壬生足利佐野吹
上高德九藩曰盤城先是盤城岩代陸前陸中陸奧五州本陸奧
一州養老中置盤城盤背二州後併入陸奧國府置宮城郡又管
白河白川石川菊多磐前盤城田郁楢葉標葉行方宇多伊具刈
田凡十四郡若松磐城平福島三春中郁棚倉泉湯長谷曰岩代

國府詳磐城下三國同管會津大沼河沼耶麻岩瀨安積安達信夫伊達九郡二本松福島二藩曰陸前管柴田名取宮城黑川加美玉造栗原志田遠田桃生牡鹿登米本吉氣仙十四郡仙臺一藩曰陸中管磐井膽澤初置鎮守府江刺和賀稗貫紫波閉伊岩手九戶鹿角十郡盛岡一關二藩曰陸奧管津輕北三戶二戶四郡弘前八戶黑石七戶四藩曰羽前先是羽前羽後爲出羽州國府置出羽郡井口羽前管置賜邨山最上田川四郡封米澤鶴岡山形新莊上山天童長瀞米澤新田八藩曰羽後管飽海由利雄勝平鹿仙北河邊秋田山本八郡後封秋田松山本莊岩崎龜田八藩北陸道七國曰若狹初國府置遠敷郡又管三方大飯凡三郡封藩曰越前初國府置丹生郡又管敦賀南條今立足羽吉田坂井大野凡八郡改封丸岡福井北莊改封大野勝山木本鯖江六藩曰加賀初國府

置能美郡又管江沼石川河北凡四郡藩支封一曰能登初割越前四郡置本州國府置能登郡即所管鹿島郡府中邨又管羽咋鳳至珠洲凡四郡封藩曰越中初國府置射水郡又管新川婦負礪波凡四郡封藩曰越後初國府置頸城郡又管岩船蒲原三島古志刈羽魚沼凡七郡後封高田戸田白河長岡與板邨松椎谷清崎黑川三日市後峰岡十一藩曰佐渡初國府置雜太郡又管羽茂加茂二郡封藩山陰道八國曰丹波初國府置桑田郡又管船井何鹿多紀冰上天田凡六郡越後福知山篠山龜山園部柏原綾部山家七藩曰丹後管加佐與板中竹野熊野五郡皆割自丹波封宮津田邊峯山三藩曰但馬初國府置氣多郡又管城崎出石美含二方七味養父朝來凡八郡封出石豐岡邨岡三藩曰因幡初國府置法美郡又管岩井邑美八東高草氣多八上智頭

凡八郡封鳥取若櫻鹿野三藩支封二曰伯耆初國府置久米郡又管會見日野汗入八橋河郵凡六郡封藩曰出雲初國府置意宇郡又管島根能義秋鹿楯縫出雲大原仁多神多飯石凡十郡封松江廣瀨母里三藩曰石見初國府置那賀郡又管安濃邇摩邑智美濃鹿足凡六郡封大森等藩曰隱岐初國府置周吉郡又管知夫海士穩地凡四郡封藩山陽道八國曰播磨初國府置飾磨郡即飾東郡東國府寺郵又管明石加古印南飾西美囊加東加西多可神東神西宍粟揖東揖西赤穗佐用凡十六郡姬路明石爾後龍野赤穗林田小野山崎三日月安志三草十藩曰美作初割備前六郡國府置苫田郡卽西北條郡小原郵又管吉野英田勝南勝北東北條東南條西西條久米南條久米北條大庭眞島凡十二郡津山勝山等藩曰備前初稱吉備後分三備國府置

上道郡又管和氣邑久御野磐梨赤坂津高兒島凡八郡岡山藩曰備中初國府置賀陽郡又管小田淺口下道窪屋都宇上房阿賀哲多川上後月凡十一郡庭瀨足守淺尾松山岡田政吉輝祿新見八藩曰備後初國府葦田郡今爲府川郁凡管深津安那神石沼隈品治蘆田御調世羅甲奴三谿三上奴可惠蘇三次十四郡藩徙桑名曰安藝初國府置安藝郡又管豐田賀茂高宮高田山縣沼田佐伯凡八郡藩治廣島曰周防初國府置佐渡郡又管吉敷都濃熊毛玖珂大島凡六郡藩徙山口附庸岩國曰長門初國府置豐浦郡又管阿武大津美禰厚狹見島凡六郡分封南海道六國曰紀伊初國府置名草郡又管海部那賀伊都在田日高牟婁凡七郡改藩田邊新宮曰淡路初國府置三原郡又管津名郡藩增城代曰阿波初國府置名方郡今名東郡府中郵也凡管板

野名東名西阿波麻殖美馬三好勝浦那賀海部十郡曰讃岐初
國府置阿野郡又管大內寒川三木山田香川鵜足那珂多度三
野豐田凡十一郡附小豆島直島鹽飽島封高松丸龜多度津三
藩曰伊豫初國府置越智郡又管宇摩新居周敷桑郵野間風早
和氣溫泉久米伊豫浮穴喜多宇和凡十四郡松山板島大洲西
條川江小松新谷吉田八藩曰土佐初國府置長岡郡又管安藝
香美土佐吾川高岡幡多凡七郡藩徙高知分封中郵西海道九
國曰筑前古筑紫國分前後二州齊明西巡朝倉今上座郡須川
郵也犯唐師尋死太宰府置御笠郡又管志摩怡土早良那珂席
田糟屋穗波夜須下座上座嘉麻宗像鞍手遠賀凡十五郡藩治
名島徙備前支封秋月直方曰筑後國府置御井郡又管三瀦御
原山本竹野生葉上妻下妻山門三池凡十郡久留米柳河三池

三藩曰豐前初國府置仲津郡又管企救田川京都築城上毛下毛宇佐凡八郡小倉中津播磨三藩曰豐後初國府置大分郡又管國東速見玖珠日田直入大野海部凡八郡岡城佐伯城臼杵杵築日出府內森日田八藩曰肥前初國府置佐賀郡又管基肄養父三根神崎小城杵島藤津高來彼杵松浦凡十一郡唐津小城蓮池鹿島日向島原新田等藩曰肥後初國府置飽田郡又管玉名山鹿菊池阿蘇合志山本託麻上益城下益城宇土八代葦北球摩天草凡十五郡熊本宇土珠摩八代高瀨五藩曰日向初鴻荒世瓊瓊杵尊居高千穗遺址在今諸縣都城宮凡郵後國府置兒湯郡又管臼杵諸縣宮崎那珂凡五郡飫肥諸縣高鍋佐土原四藩曰大隅初管四郡割自日向後國府置贈唹郡又管菱刈桑原始羅肝付大隅熊毛馭謨大島凡九郡屬島津氏曰薩摩初

國府置高城郡又管鹿兒島谷山給黎揖宿頴娃川邊阿多日置
薩摩伊佐出水甑島凡十三郡藩徙鹿兒島曰壹岐初國府置石
田郡又管壹岐郡封松浦氏曰對馬初國府置下縣郡藩治府中
北海道十一國曰渡島管茅部龜田上磯福島津輕檜山爾志七
郡箱館在龜田郡中曰後志管久遠太櫓瀨棚島牧壽都歌棄磯
谷岩內古宇積丹美國古平余市忍路高島小樽奥尻十七郡曰
石狩管札幌石狩厚田濱益樺戶夕張空知上川雨龍九郡曰天
鹽管增毛留萌苫前天鹽中川上川六郡曰北見管宗谷枝幸紋
別常呂網走斜里利尻禮文八郡曰膽振管山越虻田有珠室蘭
幌別白老更拂千歲八郡曰日高管沙流新冠靜內三石浦河樣
似幌泉七郡曰十勝管廣尾當緣十勝中川河西河東上川七郡
曰釧路管白糠釧路厚岸阿寒上川網尻足寄七郡曰根室管花

管根室野付標津目梨五郡曰千島管國後擇捉振別紗那蘂取五郡

其改府縣大氐在同治十年時明治四年也曰東京府先於明治元年五月十一日置江戸府七月十七日改東京府又改松郎爲武藏縣二年二月九日改品川縣治武藏國豐島郡品川又有小管縣二年二月十三日置治武藏國高飾郡小管四年十一月三日二縣並入東京府治武藏國南豐島東京幸町曰京都府先於元年閏四月廿四日改自京都裁判所二年徙治軍務官廳又有淀縣治山城國紀伊郡淀龜岡縣治丹波國桑田郡龜山綾部縣治丹波國何鹿郡綾部山家縣治何鹿郡山家園部縣治丹波國船井郡園部福知山縣治丹波國天田郡福知山宮津縣治丹後國與佐郡宮津舞鶴縣治丹後國加佐郡田邊峯山縣均于四年

七月十四日改自藩即以藩名名縣又有久美濱縣元年閏四月
廿八日置二年八月十日屬轄地於生野縣四年十一月二日廢
福知山宮津舞鶴峯山久美濱五縣置豐岡縣廿二日淀龜岡園
部綾部山家五縣並入京都府管山城國及丹後國之船井何鹿
桑田三郡九年八月廿一日兼管豐岡縣之丹後國及丹波國之
天田郡曰大坂府先於明治元年正月廿二日置鎮臺廿七日改
裁判所五月二日改大坂府二年正月二十日割河內攝津二國
隸河內攝津二縣又有高槻縣麻田縣並四年七月十四日改自
藩又有境縣元年六月廿二日置於和泉又有河內縣二年正月
廿日置管河內國八月二日併入境縣又有狹山藩其藩知事治
河內丹南郡狹山又有伯太縣治和泉國泉郡伯太岸和田縣治
和泉國泉南郡岸和田吉見縣治近江國野州三上丹南縣治河

內國丹南郡丹直均于四年七月十四日改自藩又有堺縣四年十一月廿二日廢伯太岸和田吉見丹南等縣置此九年併奈良縣後廢而廢高槻麻田二縣入大坂府則在四年十一月二十日治攝津國西成郡大坂江子島町管攝津國島上島下豐島能勢西成東成住吉七郡十四年二月七日併堺縣添管大和河內和泉三國曰神奈川縣先於元年六月十七日改橫濱裁判所爲神奈川府八月三十日管方十里地九月廿一日改縣三年三月十日管小田原藩之相模國津久井外二郡及大住郡免地又有六浦縣治武藏國久良岐金澤荻野山中縣治相模國愛甲郡荻野山中小田原縣治相模國足柄下郡小田原均於四年七月十四日改自藩又有足柄縣四年十一月十四日廢韮山詳靜岡小田原萩野山中三縣置之治相模國足柄下郡小田原四年十一月十

四日廢六浦縣入神奈川縣治武藏國久良岐橫濱本町通管相
模國三浦鎌倉二郡及武藏橘樹久良岐都筑三郡及多摩郡中
五年八月十九日屬武藏國多摩郡外三十一邨於東京府九年
四月十八日併足柄縣管相模國曰兵庫縣先於元年正月廿二
日置兵庫鎭臺於攝津國二月二日改裁判所五月廿三日改兵
庫縣二年八月二日併豐前縣三年九月廿五日管名古屋藩附
屬在攝津國者十月四日管飯野藩地十五日管稻田郡植之地
在淡路國者又有攝津縣元年正月廿日置管攝津國二年五月
十日改豐崎縣八月二日廢又有尼崎縣治攝津國河邊郡尼崎
三田縣治攝津國有馬郡三田均於四年七月十四日改自藩又
有生野縣二年八月十日置於但馬管久美濱縣地十九日管生
野鐵山三年十月四日管土浦藩地在美作國者又有篠山縣治

丹波國多紀郡篠山柏原縣治丹波國水上郡柏原出石縣治但馬國出石郡出石郵岡縣治但馬國七味郡郵岡豐岡縣治但馬國城埼郡豐岡亦於四年七月十四日改自藩十一月二日廢福知山舞鶴宮津峯山久美濱（五縣詳京都府）篠山柏原出石郵岡生野十縣入豐岡縣管丹後但馬二國及丹波國多紀冰上天田三郡九年八月廢縣地但馬及丹波多紀冰上二郡於兵庫縣丹後及丹波國天田郡於京都府又有姬路縣治播摩國飾東郡姬路（後九縣二藩治所皆屬播摩）明石縣治明石郡明石龍野縣治揖東郡龍野林田縣治揖東郡林田赤穗縣治赤穗郡赤穗山崎縣治宍栗郡山崎安志縣治宍栗郡安志三日月縣治佐用郡三日月三草縣治加東郡三草小野縣治加東郡小野亦均於四年七月十四日改自藩又有福木藩治神東郡福木三年十一月廿三日併于鳥取藩又

有姬路縣四年十一月二日廢明石龍野赤穗三日月三草山崎安志林田小野九縣入姬路縣四年十一月二日管播磨全國四年十一月廿日廢尼崎三田入兵庫縣治攝津八部郡神戶松屋町管攝津國八部兎原武庫川邊有馬五郡九年八月廿一日併豐岡兎間二縣管但馬播磨二國丹後國多紀冰上二郡及舊名東縣之淡路國曰長崎縣先於元年五月四日改裁判所爲長崎府八月廿九日併富岡縣詳熊本縣二年六月廿日改縣三年十二月廿五日屬肥後國八代郡於熊本藩又有島原縣治肥前國南高來郡島原平戶縣治肥前國北松浦郡平戶福江縣治肥前國南松浦郡五島大郇縣治肥前國彼杵郡大郇嚴原縣治對馬國下縣郡府中鹿島縣治肥前國藤津郡鹿島六縣改自藩四年九月四日併嚴原於伊萬里縣十一月十四日廢唐津小城蓮池鹿島

四縣入伊萬里縣五年屬對馬國於長崎縣六年五月廿九日伊萬里縣改稱佐賀縣九年四月十八日併于長崎縣八月廿一日長崎管肥前國而廢島原平戸福江大郵四縣入長崎則在四年十一月十四日治肥前國西彼杵郡長崎外浦町管肥前國彼杵高來二郡松浦郡及壹岐國長崎縣管肥前國長崎區及西彼杵東彼杵北高來南高來南松浦北松浦壹岐對馬二國十四年屬肥前國基肄十郡於佐賀縣曰新潟縣先於元年六月三日改裁判所爲越後府管越後國三島古志蒲原沼垂岩船五郡九月廿二日改新潟府管柏崎佐渡二縣二年二月八日分置越後府二月廿二日改新潟府爲縣置越後按察使府七月廿七日改越後府爲水原縣而併新潟縣割地屬佐渡縣八月廿五日又割地屬柏崎縣十月廿四日管三根山藩地之在越後國者十二月三日

管平野井下山郵三年三月七日改水原縣爲新潟縣而置分局於水原又有新發田縣治越後國北蒲原郡新發田黑川縣治越後國北蒲原郡黑川三日市縣治北蒲原郡三日市郵松縣治越後國中蒲原郡郵松峯岡縣初爲三根山藩治越後國西蒲原郡三根山三年十月改峯岡藩尋爲縣郵上縣治越後國岩船郡郵上六縣改自藩又有柏崎縣元年七月廿七日置於越後十一月五日併於新潟縣二年二月廿日越後國管之八月廿五日再置柏崎縣分管水原縣地又有長岡藩治越後國古郡長岡三年十月廿日併於柏崎縣又有高田縣治越後國中頸城郡高田清崎縣西頸城郡系魚川與板縣治越後國三島郡與板椎谷縣治越後國刈田郡椎谷四縣亦改自藩年月日同四年十一月廿日廢四縣置柏崎縣治越後國刈羽郡柏崎管越後國頸城古志魚沼

刈羽三島五郡又有佐渡縣元年九月二日改自裁判所十一月
五日併於新潟府而管於越後府二年七月廿日復佐渡縣四年
十一月廿日廢之置相川縣治佐渡國加茂郡相川廣間町管佐
渡國同日廢新發田黑川三日市郇松峯岡郇上六縣入新潟縣
治越後國西蒲原郡新潟西堀通管越後國蒲原岩船二郡八年
四月十八日併相川縣管佐渡國曰埼玉縣先於二年正月廿八
日置大宮縣四月十日屬武藏國比企郡於韮山縣九月廿九日
大宮縣改浦和縣又有忍縣治武藏國北埼玉郡忍岩槻縣治武
藏國南埼玉郡岩地川越縣治武藏國入間郡川越三縣四年七
月十四日改自藩十一月十三日改川越縣爲入間縣管武藏國
橫見入間秩父男衾大里榛澤加美幡羅比企新座那賀兒玉高
麗十三郡及多摩郡地十四日廢浦和忍岩槻三縣置埼玉縣治

武藏國北足立郡和鹿島臺管埼玉郡及葛飾足立二郡地六年六月十五日廢入間入熊谷縣（羣馬同入詳羣馬縣）九年八月廿一日管入熊谷縣之入間縣地武藏國十三郡及多摩郡地曰羣馬縣先是元年六月十七日置岩鼻縣治上野國羣馬郡岩鼻二年十二月併吉井藩（初治多胡郡矢田）又有前橋縣治上野國那波郡前橋高崎縣治上野國羣馬郡高崎沼田縣治上野國利根郡沼田安中縣治上野國碓氷郡安中伊勢崎縣治上野國佐位郡伊勢崎小幡縣治上野國北甘樂郡小幡七日市縣治北甘樂郡七日市館林縣治上野國邑樂郡館林八縣改自藩館林縣尋併於橡木縣四年十月廿八日廢岩鼻前橋高崎沼田安中伊勢崎小幡七日市八縣置羣馬縣治羣馬郡高崎旋徙前橋城六年六月十五日廢羣馬縣爲熊谷縣地（入間同入詳埼玉縣）九年八月廿一日復羣馬縣治羣馬

原書闕

留里佐貫縣治上總國大羽郡佐貫飯野縣治上總國周准郡飯野一宮縣治上總國長柄郡一宮長尾縣治安房國安房郡長尾花房縣治安房國朝夷郡花房館山縣治安房國安房郡館山加知山縣治安房國平羣郡加知山十五縣改自藩惟松尾藩初名芝山藩由芝之山移治松尾更名四年十一月十四日廢此十五縣治及宮谷縣置木更津縣治上總國望陀郡木更津又有多古縣治下總郡香取郡多古小見川縣治香取郡小見川高岡縣治香取郡高岡三縣改自藩四年十一月十四日廢三縣置新治縣詳茨城六年六月十五日廢印旛縣木更津縣置千葉縣治下總國千葉郡千葉町管下總國結城猿島葛飾相馬岡田豐田千葉埴生印旛九郡及上總安房二國八年五月七日改管下總國香取匝瑳海上三郡而屬下總國猿島結城岡田豐田四郡及葛飾相馬郡

中之驛郵於茨城縣曰茨城縣地舊有水戸縣治常陸國茨城郡水戸宍戸縣治茨城郡宍戸笠間縣治茨城郡笠間下館縣治常陸國眞壁郡下館下妻縣治眞壁郡下妻松岡縣治常陸國多賀郡下手綱六縣改自藩又有若森縣未定縣名時於元年設常陸知縣事二年二月九日置若森縣常陸國新治郡若森又有土浦縣治新治郡土浦石岡縣治新治郡石岡原稱府中志筑縣治新治郡志筑牛久縣治常陸國河內郡牛久龍崎縣治河內郡龍崎麻生縣治常陸國行方郡麻生松川縣治常陸國松川七縣改自藩四年十一月廢七縣若森及多古高岡小見川千葉縣詳三縣十一縣置新治縣治新治郡土浦又有結城縣治結城郡結城古河縣治西葛飾郡古河四年十一月十四日廢結城古河等縣入卯幡縣千葉縣詳而廢水戸宍戸笠間下館下妻松岡六縣置茨城縣治常陸

國東茨城郡水戶郭內三丸管常陸國多賀久慈那珂茨城眞壁五郡六年六月十五日廢印旛縣八年五月七日廢新治縣而常陸國新治筑波河內行方信太鹿島六郡及下總國猿島結城岡田豐田四郡葛飾相馬郡中驛郵爲茨城縣所管曰橡木縣先於元年六月四日置眞壁縣二年二月十五日置日光縣七月廿日併眞岡縣三年七月十七日併喜連川藩其藩初治下野國墳谷郡喜連川又有壬生縣治下野國都賀郡壬生吹上縣治都賀郡吹上佐野縣治下野國安蘇郡佐野足利縣治足利宇都宮縣治下野國河內郡守都宮烏山縣治下野國那須郡烏山黑羽縣治那須郡黑羽太田原縣治那須郡太田原茂木縣治下野國芳賀郡茂木九縣改自藩四年十一月十四日廢宇都宮烏山黑羽太由原茂木五縣入宇都宮縣廢日光壬生吹上佐野足利五縣與

館林縣詳群馬縣置橡木縣管下野國足利梁田寒川安蘇都賀五郡及上野國山田邑樂新田三郡六年六月十五日併宇都宮縣九年八月廿一日屬上野國山田邑樂新田三郡於羣馬縣曰奈良縣先於元年五月十九日置治大和七月廿九日改府二年三月六日管十津川鄉七月十七日復爲縣又有五條縣三年二月三日置於大和四月廿七日管埤縣之高野山十月管土浦藩之在和泉國者又有郡山縣治大和國添下郡郡山小泉縣治添下郡小泉柳生縣治添上郡柳生田原本縣治大和國十市郡田原本高取縣治大和國高市郡高取柳本縣治大和國城上郡柳本芝邨縣治城上郡芝邨櫛羅縣縣大和國葛上郡櫛羅八縣改自藩十一月廿三日五條郡山小泉柳生田原本高取柳本芝邨櫛羅九縣入奈良治添上郡奈良町十四年奈良縣入大坂府二十年

復奈良縣曰三重縣舊有津縣治伊勢國安濃郡津龜山縣治伊勢國鈴鹿郡龜山桑名縣治伊勢國桑名郡桑名長島縣治桑名郡長島神戸縣治伊勢國河曲郡神戸菰野縣治伊勢國三重郡菰野六縣改自藩元年七月六日於伊勢置度會府二年七月十七日改縣管笠松大津二縣地又久居縣治伊勢國一志郡久居鳥羽縣治志摩國答志郡鳥羽二縣改自藩四年十一月廿二日廢二縣入度會縣治伊勢國度會郡山田四年十一月廿二日廢津龜山桑名長島神戸菰野六縣置安濃津縣五年三月十七日改稱三重縣治伊勢國安濃津五年三月十七日徙安濃郡三重郡四日市六年十二月十日徙安濃郡津舊城郭內管伊賀國及伊勢國安濃安藝鈴鹿河曲三重桑名員辨朝明八郡九年四月十八日併度會縣管伊勢志摩二國紀伊之牟婁郡曰愛知縣舊

有名古屋縣治尾張國愛知郡名古屋犬山縣治尾張國丹羽郡犬山二縣並改自藩又有參河縣元年六月九日改自裁判所二年六月廿四日併於伊奈縣（詳長野縣）四年十一月十五日併於額田縣又有岡崎縣治三河國額田郡岡崎西大平縣治額田郡西大平重原縣治三河國碧海郡重原刈谷縣治碧海郡刈谷西端縣治碧海郡西端西尾縣治三河國幡豆郡西尾舉母縣治三河國西加茂郡舉母半原縣治三河國半原（徙自武藏榛澤郡）豐橋縣治三河國渥美郡吉田田原縣治渥美郡田原十縣改自藩四年十一月十五日廢十一縣置額田縣治三河國額田郡岡崎管三河國及尾張國知多郡廿五日廢犬山入名古屋縣五年四月二日改稱愛知縣治尾張國愛知郡名古屋郭內三丸管尾張國春井日愛知葉栗海東海西丹羽中島七郡五年十一月廿七日併額田縣曰

靜岡縣初無縣名置駿河城代元年二月十日二年八月七日改靜岡藩治駿河國安部郡府中四年七月十四日改縣又有韮山縣元年六月廿九日置於伊豆國武藏國比企郡三年三月十日管小田原藩之伊豆國君澤外二郡四年十一月十四日廢入足柄縣詳神奈川縣又有堀江縣治遠江國敷知郡曲江改自藩四年十一月十五日廢堀江縣置濱松縣治敷知郡濱松管遠江國徙靜岡縣治駿河國有渡郡靜岡札辻町管駿河國九年四月十八日管伊豆國足柄縣廢廿一日併濱松縣管遠江國曰山梨縣初無縣名置甲府城代元年二月廿八元年九月四日置府中市川石和三縣十月廿八日廢三縣置甲斐府二年七月廿日改縣四年十一月廿日廢甲斐置山梨縣治甲斐國山梨郡甲斐府錦町管甲斐國曰滋賀縣舊有大津縣元年閏四月廿五日改自裁判所管近江湖船四年六

月廿三日併大溝藩其藩治近江國高島郡大溝又有膳所縣治近江國滋賀郡膳所水口縣治甲賀郡水口西大路縣治蒲生郡西大路彥根縣治近江國犬上郡彥根山上縣治近江國神崎郡山上宮川縣治近江國坂田郡宮川朝日山縣治近江國淺井郡七縣改自藩四年十一月廿二日廢彥根山上宮川朝日山四縣置長濱縣治近江國坂田郡長濱廢膳所水口西大路三縣入大津縣五年正月十四日改稱滋賀縣治近江國滋賀郡別所郵管近江國高島滋賀栗田野洲甲賀蒲生六郡五年九月廿八日併犬上縣管近江國若狹國及越前國敦賀郡十四年二月七日屬敦賀郡及若狹國於福井縣曰岐阜縣先於元年閏四月廿五日改裁判所初置美濃爲笠松縣又有大垣縣治美濃國安八郡大垣野郵縣治大垣之新田今尾縣治安八郡今尾高富縣治美濃國山

縣郡高富郡上縣治美濃國郡上郡郡上岩邨縣治美濃國惠那郡岩邨苗木縣治美濃國惠那郡苗木加納縣治美濃國厚見郡加納八縣改自藩又有高須藩治美濃國石津郡高須三年十二月廿三日廢入名古屋藩（詳愛知縣）又有飛驒縣元年五月廿三日置六月二日改稱高山縣四年十一月廿日廢入筑摩縣（詳長野縣）廿二日廢笠松大垣野邨今尾高富郡上岩邨苗木加納九縣置岐阜縣治美濃國厚見郡今泉邨管美濃國（高須併自名古屋藩）九年八月廿一日管飛驒國（高山併自筑摩縣）曰長野縣先於元年八月二日置伊奈縣於信濃九月十一日管信濃國御影二年二月三十日管信濃國鹽尻御影中條中野三年九月十七日分地屬中野縣四年六月二日與中野縣分管龍岡藩地又有松本縣治信濃國筑摩郡松本飯田縣治信濃國伊奈郡飯田高遠縣治信濃國伊那郡高遠

高島縣治信濃國諏訪郡高島四縣改自藩四年十一月廿日廢四縣伊奈縣高山縣（高山詳岐阜縣）置筑摩縣治信濃國筑摩郡松本又有中野縣三年九月十七日割伊奈縣地置之四年六月廿二日改稱長野縣管龍岡藩地其藩舊治信濃國更級郡田野口又有松代縣治信濃國埴科郡松代須坂縣治信濃國高井郡須坂飯山縣治信濃國水內郡飯山岩邨田縣治信濃國佐久郡岩邨田小諸縣治信濃國佐久郡小諸上田縣治信濃國小縣郡上田六縣改自藩四年十一月廿日廢六縣入長野縣治信濃國水內郡長野管信濃國埴科高井水內佐久更科小縣六郡九年八月廿一日管信濃國筑摩伊奈諏訪安曇四郡（入自筑摩縣）曰福井縣二年七月廿日置又有二本松縣治岩代國安達郡二本松改自藩又有白河縣二年八月七日置（又置民政局於盤城）又有磐城平縣治磐城國

磐前郡磐城平湯長谷縣治磐前郡湯長谷泉縣治磐城國菊多郡泉三春縣治磐城國田邨郡三春棚倉縣治磐城國東白川郡棚倉中邨縣治磐城國宇多郡中邨六縣改自藩四年十一月二日廢六縣置平縣治磐城國磐前郡磐城平又有若松縣二年五月四日收酒井忠寶封地置若松縣（又置岩代國巡察使）四年十一月二日徙治岩代國會津郡若松縣福島白河二縣入二本松縣十四日改稱福島縣治岩代國信夫郡福島管岩代國信夫安達安積岩瀨伊達五郡九年八月廿一日併磐前若松二縣管磐城國行方標葉楢葉田邨磐城石川菊多白河磐前九郡宇多郡地及岩代國會津耶麻大沼河沼四郡宮城縣舊有仙臺縣治陸前國宮城郡仙臺改自藩又有桃生縣二年七月廿日置於陸前國八月十三日改稱石卷縣又有登米縣二年八月七日亦置陸前國三年

九月廿八日併石卷縣又有白石縣二年八月七日置於磐城國十一月廿一日移治磐城國伊具郡角田改稱角田縣設按察府於盤刈城田郡白石四年十一月二日廢登米角田二縣入仙臺縣五年正月八日改稱宮城縣治陸前國宮城郡仙臺勾當臺通管陸前國磐城國亘理伊具刈田三郡及宇多郡地九年四月十八日屬陸前國氣仙部於岩手縣曰岩手縣舊有盛岡縣治陸前國岩手郡盛岡三年七月十日改自盛岡藩又有一關縣治陸中國磐井郡一關亦改自藩又有江刺縣膽澤縣均置於陸中國一在二年八月七日一在十二日又有九戸縣二年八月七日置九月十三日改稱八戸縣十九日改稱三戸縣十一月廿八日併入江刺縣四年十一月二日廢膽澤江刺二縣入一關縣十二月十三日改稱水澤縣八年十一月廿二日改稱磐井縣五年六月五日自一關徙治

元登米縣廳八年十一月廿二日復治一關盛岡縣治四年十一月二日改治陸中國南岩手郡盛岡仁王郵管陸中國閉伊和賀稗貫紫波岩手九戶六郡九年四月十八日併鬖井縣增管陸中國膽澤江刺鬖井三郡其鬖井縣舊管陸前國本吉登米栗原玉造氣仙五郡屬於宮城縣曰青森縣舊有弘前縣治陸奥國中津輕郡弘前又有七戶縣治陸奥國上北郡七戶八戶縣治陸奥國三戶郡八戶郡黑石縣治陸奥國南津輕郡黑石館縣治陸奥國東津輕郡館新砦斗南縣治陸奥國下北郡田名部六縣改自藩四年九月九日併七戶等五縣廿三日改稱青森縣徙治陸奥國東津輕郡青森十一月十二日改治東津輕郡青森新町管陸奥國及松前地五年九月廿日屬舊館縣地方於開拓使九年五月廿五日屬陸奥國二戶郡於岩手縣曰秋田縣初爲久保田藩治

羽後國秋田郡秋田四年正月十三日改稱秋田藩七月十四日改縣又有岩崎縣治羽後國秋田郡秋田新田本莊縣治羽後國由利郡本莊矢島縣治由利郡矢島龜田縣治由利郡龜田四縣改自藩四年十一月二日廢四縣併於秋田縣治秋田郡秋田東根子屋町管羽後國平鹿雄勝仙北由利河邊秋田山本七郡陸中國鹿角郡曰山形縣舊有酒田縣二年七月廿日置於羽後國三年九月廿八日廢之置山形縣又有天童縣治羽前國郡山郡天童新莊縣治羽前國最上郡新莊上山縣治羽前國郡山郡上山大泉縣治羽前國田川郡鶴岡松嶺縣羽後國飽海郡松山五縣改自藩其大泉藩初名莊內藩置于二年九月廿九四年九月十二日廢大泉松嶺二縣入酒田縣八年八月三十一日改稱鶴岡縣又有米澤縣治羽前國置賜郡米澤改自藩四年十一月二日改置賜

縣又廢新莊上山二縣入山形縣治郁山郡山形香澄町管羽前國郁山最上二郡及置賜郡地九年八月廿一日併鶴岡置賜二縣管羽前國田川置賜羽後國飽海郡曰石川縣舊有金澤縣治加賀國石川郡金澤大聖寺縣治加賀國江沼郡大聖寺並改自藩又有七尾縣四年十一月廿日置治能登國鹿島郡七尾而廢大聖寺縣入金澤縣五年二月二日改稱石川縣徙治石川郡美川町六年一月十四日復徙金澤廣坂通管加賀國五年九月廿七日併七尾縣管能登國九年四月十八日併新川縣管越中國八月廿一日併敦賀縣管越前國今立南條足羽吉田丹生坂井大野七郡十四年三月七日屬七郡於福井縣後屬越中國於富山縣曰富山縣治越中國新川郡富山改自藩四年十一月廿日廢之置新川縣治新川郡魚津六年八月廿八日徙治新川郡富

山九年四月十八日併於石川縣後復置富山縣治如前管越中國曰福井縣治越前國足羽郡福井又有丸岡縣治越前國坂井郡丸岡大野縣治大野郡大野勝山縣治大野郡勝山三縣改自藩又有木保縣於三年十二月廿二日置於越前四年十一月廿日廢丸岡大野勝山木保四縣入福井縣十二月二十日改稱足羽縣又有小濱縣治若狹國遠敷郡小濱改自藩又有敦賀藩治越前國敦賀郡敦賀三年三月廿三日改稱鞠山藩又有鯖江縣治越前國今立郡鯖江改自藩四年十一月二十日改鞠山藩爲敦賀縣廢小濱鯖江二縣入之管若狹國及越前國今立南條敦賀三郡六年一月十四日併足羽縣九年八月廿一日廢敦賀縣屬越前國七郡於石川縣屬敦賀郡及若狹國於滋賀縣十四年二月七日復置福井縣治足羽郡福井管入自石川縣越前國七

郡入自滋賀縣越前國敦賀郡及若狹國曰島根縣舊有松江縣治出雲國島根郡松江廣瀨縣治出雲國能義郡廣瀨母里縣治能義郡母里三縣改自藩二年二月廿五日置隱岐縣管隱岐國八月二日廢隱岐縣置大森縣三年正月九日改稱濱田縣治石見國那賀郡濱田四年六月廿五日併津和野藩其藩初治石見國鹿足郡津和野十一月十五日濱田縣改管石見國而廢松江母里廣瀨置島根縣治出雲國島根郡松江殿町九年八月廿一日併濱田鳥取二縣管石見因幡伯耆隱岐四國十四年九月十二日屬因幡伯耆二國於鳥取縣曰鳥取縣治因幡國邑美郡鳥取改自藩其藩有坿庸二一治鹿奴一治若櫻四年十一月十五日改管因幡伯耆二國尋管隱岐國九年八月廿一日廢入島根縣十四年九月十二日復置鳥取縣治如前管因幡伯耆二國曰

岡山治備前國御野郡岡山改自藩又有倉敷縣元年五月十六日置於備中四年二月五日併多津藩（詳愛媛縣）又有鴨方縣治備中國淺口郡鴨方岡田縣治備中國下道郡岡田足守縣治備中國賀陽郡足守庭瀨縣治賀陽郡庭瀨新見縣治賀陽郡新見高梁縣治備中國上房郡高梁成羽縣治備中國川上郡成羽淺尾藩治賀陽郡淺尾生坂縣治備中國窪屋郡生坂九縣改自藩四年十一月十五日廢九縣倉敷縣及福山縣（詳廣島縣）置深津縣治備後國深津郡深津五年六月五日徙治備中國小田郡笠岡町小丸改稱小田縣又有津山縣治美作國北條郡津山鶴田縣治美作國久米北條郡和田南眞島縣治美作國眞島郡眞島三縣改自藩四年十一月十五日廢三縣置北條縣治美作國西北條郡津山縣舊城內岡山縣改治備前國御野郡岡山弓之町管備前國

八年十二月十日併小田縣管備中國及備後國沼隈深津安那品治蘆田神石六郡九年四月十八日併北條縣管美作國而屬備後國六郡於廣島縣曰廣島縣治安藝國沼田郡廣島又有福山縣治備後國深津郡福山改自藩四年十一月十五日廢福山縣入深津縣改小田（詳岡山縣）入岡山縣而改廣島縣治安藝國沼田郡廣島小町管安藝國及備後國御調世羅三谿三上奴可甲奴三次惠蘇八郡九年四月十八日管岡山縣所管備後國沼隈深津安那品治蘆田神石六郡（管備後全國）曰山口縣改自藩其藩於四年六月十九日併德山藩（原治周防國都濃郡德山）又有岩國縣治周防國玖珂郡岩國豐浦縣治長門國豐浦郡府中清末縣治豐浦郡清末三縣改自藩四年十一月十五日廢三縣入山口縣治周防國吉敷郡山口上宇野今管周防長門二國曰和歌山縣治紀伊國名

草郡和歌山又有田邊縣治紀伊國西牟婁郡田邊新宮縣治紀伊國東牟婁郡新宮三縣改自藩四年十一月廿二日廢三縣入和歌山縣治和歌山西汀町管紀伊國伊都郡那賀名草海部有田日田六郡及牟婁郡地曰德島縣治阿波國名東郡德島改自藩四年十一月十五日廢德島縣置名東縣治名東郡德島寺島管淡路阿波二國六年二月廿日併香川縣管讚岐國八年九月五日復屬讚岐國於香川縣九年八月廿一日廢名東縣而屬阿波國於高知縣淡路國於兵庫縣十三年三月二日復德島縣治阿波國名東郡德島管高知縣所管阿波國曰高知縣治土佐國土佐郡高知改自藩四年十一月十五日改治土佐郡高知西弘小路管土佐國九年八月廿一日管名東縣所轄阿波國十三年三月二日屬阿波國於德島縣曰愛媛縣舊有松山縣治伊豫國

溫泉郡松山今治縣治伊豫國越智郡今治小松縣治伊豫國周布郡小松西條縣治伊豫國新居郡西條石鐵縣治伊豫國溫泉郡松山宇和島縣治伊豫國宇和郡宇和島吉田縣治宇和郡吉田大洲縣治伊豫國喜多郡大洲新谷縣治新多郡新谷九縣改自藩四年十一月十五日廢吉田大洲新谷三縣入宇和島縣又有高松縣治讚岐國香川郡高松丸龜縣治讚岐國那珂郡丸龜二縣改自藩又有多度津藩治讚岐國多度郡多度津四年二月五日併於倉敷縣詳岡山縣十一月十五日廢松山丸龜二縣置香川縣治讚岐國香川郡高松管讚岐國六年二月廿日廢香川縣併於名東縣詳德島縣八年九月五日復置香川縣先是六年二月廿日廢石鐵神山二縣置愛媛縣治伊豫國溫泉郡松山宮古町管伊豫國九年八月廿一日併香川縣管讚岐國曰福岡縣初爲福岡

藩治筑前國早良郡福岡四年七月十四日改縣又有秋月縣治
筑前國夜須郡秋月豐津縣治豐前國企救郡小倉千束縣治豐
前國企救郡小倉新田三縣改自藩豐津藩初爲香春藩四年十
一月十四日廢三縣置小倉縣治企救郡小倉室町管豐前國又
有柳川縣治筑後國山門郡柳川三池縣治原岩代國伊達郡下
手渡後筑後國三池郡三池久留米縣治筑後國御井郡久留米
三縣改自藩四年十一月十四日廢三縣置三瀦縣治筑後國三
瀦郡久留米兩替町管筑後國九年四月十八日併佐賀縣管肥
前國藤津杵島小城佐賀神崎三根養父基肄八郡及松浦郡地
五月廿四日屬肥前國杵島松浦二郡於長崎縣六月廿一日屬
藤津郡於長崎縣四年十一月十四日廢秋月縣入福岡縣治筑
前國甲良郡福岡舊城管筑前國九年四月十八日併小倉縣管

豐前國八月廿一日併三瀦縣管筑後國而屬豐前國宇佐下毛二郡於大分縣曰大分縣舊有日田縣元年閏四月廿五日置於豐後國又有杵築縣治豐後國速見郡杵築日出縣治速見郡日出府內縣治豐後國大分郡府內岡縣治豐後國大野郡岡森縣治豐後國球珠郡森臼杵縣治豐後國北海部郡臼杵佐伯縣治豐後國南海部郡佐伯中津縣治豐前國下毛郡中津八縣改自藩四年十一月十四日廢日田杵築日出府內岡森臼杵佐伯八縣置大分縣治豐後國大分郡大分町舊府內城址管豐後國九年四月十八日屬豐前國於福岡縣八月廿一日大分縣管福岡縣所轄豐前國宇佐下毛二郡曰佐賀縣治肥前國佐賀郡佐賀改自藩四年九月四日徙佐賀縣治肥前國西松浦郡伊萬里改稱伊萬里縣而併嚴原縣（詳長崎縣）又有唐津縣治肥前國東松浦郡

唐津小城縣治肥前國小城郡小城蓮池縣治肥前國佐賀郡蓮
池鹿島縣治肥前國藤津郡鹿島四年十一月十四日廢唐津小
城蓮池鹿島四縣入伊萬里縣治肥前國西松浦郡伊萬里管肥
前國藤津杵島小島佐賀神崎三根養父基肆八郡及松浦郡地
對馬國五年八月十七日屬對馬國於長崎縣六年五月廿九日
改稱佐賀縣治佐賀郡佐賀水江邨九年四月十八日廢佐賀縣
入三潴縣詳福岡縣八月一日初屬肥前全國於長崎縣十年復置佐
賀縣管肥前國基肄養父三根神崎佐賀小城東松浦西松浦杵
島藤津十郡曰熊本縣治肥後國飽田郡熊本改自藩其藩尉庸
二一治肥前國宇土郡宇土一治肥後國玉名郡高瀨又有人吉
縣治肥後國玖摩郡人吉改自藩又有富岡縣元年閏四月廿五
日置於肥後八月廿九日併富岡於長崎府四年十一月十四日

廢人吉縣置八代縣治肥後國八代郡管肥後國下益城宇土球摩蘆北八代天草六郡五年六月十四日熊本縣徙治肥後國飽田郡二本樹邨改稱白川縣九年二月廿二日仍稱熊本縣復舊治初管肥後國山鹿菊池山本玉名阿蘇託摩飽田合志上益城九郡六年一月十五日併八代縣管肥後國下益城宇土球摩蘆北八代天草六郡日宮崎縣舊有高鍋縣治日向國兒湯郡高鍋延岡縣治日向國臼杵郡延岡佐土原縣治日向國那珂郡佐土原三縣改自藩又有富高縣元年閏四月廿五日置於日向國臼杵郡八月廢富高縣併於日田縣（詳大分縣）四年十一月十四日廢高鍋延岡佐土原三縣置美美津縣治日向國兒湯郡美美津管日向國兒湯臼杵二郡及那珂宮崎諸縣三郡地又有飫肥縣治日向國那珂郡飫肥改自藩四年十一月十四日廢飫肥縣置都城

縣治日向國諸縣郡都城管大隅國始羅肝付噌唹大隅菱刈桑原六郡及日向國那珂宮崎諸縣三郡六年一月十五日廢都城縣而屬日向國三郡於宮崎縣大隅國六郡於鹿兒島縣而廢美美津都城二縣置宮崎縣治日向國宮崎郡上別府邨六年一月十五日管日向國九年八月廿一日廢全縣併於鹿兒島縣十六年五月九日復宮崎縣管日向國宮崎那珂諸縣兒湯四郡曰鹿兒島縣治薩摩國鹿兒島郡鹿兒島四年十一月十四日徙治鹿兒島坂本邨管薩摩郡及大隅郡熊毛馭謨二郡九年八月廿一日併宮崎縣管日向國後管大隅薩摩二國及日向國南諸郡而屬宮崎那珂諸縣兒湯四郡於宮崎縣曰北海道廳先是元年四月十二日置箱館裁判所十四日以久保田盛岡弘前松前四藩置戍兵於箱館閏四月廿四日改裁判所爲箱館府二年七月八

日廢府置開拓使治石狩國札幌郡蚚田通管十一國初置東京支廳三年閏十月九日廢之改出張所又有樺太開拓使三年二月十三日置四年八月七日併樺太開拓使於北海道開拓使五年九月十四日分北海道爲六郡札幌廳外設支廳五一函館一根室一宗谷一浦河一樺太七年五月又併浦河支廳八年五月七日廢樺太支廳而以其島屬俄羅斯十五年二月八日廢開拓使置札幌函館根室三縣十九年一月廿六日廢三縣置北海道廳治札幌管十一國其改自藩皆在四年七月十四日

明治二十一年十二月三日當光緒十四年分愛媛縣之讚岐國爲香川縣治香川郡高松

雲龍既述表與說始聞改縣曰香川如添於愛媛縣下與全書圖表不符是以坿述于篇

日本圖經三終

日本地理三

游歷日本圖經四

奏派游歷日本美利加秘魯巴西等國英日屬地加納大古巴知府用兵部郎中臣傅雲龍述

府縣分疆表

日本町多處爲區畧與郡異而邨聚爲郡郡聚爲國國聚爲道明治初藩改府縣矣不以府縣爲綱惟北海道以廳名非實錄也然道與國郡舊名未廢動滋轇轕難一或數國𢇁一或瓜剖豆分難二聊沿陳言所不敢出今爲究厥分合琉球而外凡三府四十一縣一廳非轄全國者注郡名或一二郡它屬注除某郡全國郡別有表述府縣分疆表

府縣	東海道	畿內	東山道	北陸道	山陰道	山陽道	南海道	西海道	北海道
東京府	武藏國								
治武藏國東京	六郡荏原								

〇東多摩〇南豐島
〇北豐島〇南足立
〇南葛飾
十
五區
麴町
〇神田〇日本橋〇
京橋〇芝〇麻布〇
赤坂〇四谷〇牛込
〇小石川〇本鄉〇
下谷〇淺草〇本所
〇深川

伊豆

國七島

小笠原島

西京府　山城國　丹後國

治山城國京都　丹波

國五郡
除多紀冰上
大坂府　治攝津國大坂
河內國
和泉
國　攝
津國七
郡　住吉○東
成○西成○島上○
島下○豐島○能勢
四區　○東
西○南○北
神奈川　相摸國
縣　武藏
治相摸國橫濱　國六郡
橘樹○久良岐○都

筑○西多摩○北多摩 一區
横濱

兵庫縣 治攝津國神戶
攝津國 五郡 八部○菟原○武庫○川邊○有馬 一區 神戶
但馬國
丹波國 二郡 多紀○氷上
播摩國
淡路國

長崎縣 治肥前國長崎
肥前國 六郡 西彼杵○東彼杵○北高來○南高來○南松浦 一區 長崎
壹岐島

對馬島　此二島不屬西海道附箸於此

新潟縣　治越後國新潟

越後國

佐渡國

埼玉縣　治武藏國埼玉

武藏國

十七郡　南埼玉○北埼玉○北足立○新座○入間○高麗○比企○橫見○大里○幡羅○榛澤○男衾○兒玉○加美○那珂○秩父○北葛飾

下總國
一郡中葛
飾
羣馬縣 / 上野國
治上野國高崎
千葉縣 / 安房國
治下總國千葉 / 上總
國 下
總國八
郡〇千葉〇下
埴生〇印旛〇東葛
飾〇〇南相馬〇香取
〇匝瑳〇海上
茨城縣 / 常陸國
治常陸國水戸 / 下總

國六郡
猿島○結城○岡田
○豐田○西葛飾○
北相馬

橡木縣　下野國
治下野國橡木
奈良縣　大和國
治大和國奈良
三重縣　志摩國　紀伊國
治伊勢國津　伊勢　二郡南牟婁
國伊　婁○北牟婁
賀國
愛知縣　三河國
治尾張國名古　尾張
屋　國

靜岡縣	駿河國	
治相摸國靜岡	遠江	
	國伊	
	豆國四	
	郡除七島	
山梨縣	甲斐國	
治甲斐國甲府		
滋賀縣		近江國
治近江國大津		
岐阜縣		美濃國
治美濃國岐阜		飛驒
		國
長野縣		信濃國
治信濃國長野		
福島縣		岩代國

治岩代國福島

磐城

國十一

郡西白河○行方○標葉○田邨○楢葉○磐城○石川○菊田○東白川○磐前○宇多

宮城縣 治陸前國仙臺

陸前國

一郡一

區 除氣仙

磐城國

三郡 亘理

○伊具○刈田

岩手縣 治陸中國盛岡

陸前國

一郡 氣仙

	陸中
	國十八
	郡除鹿角
	陸奥
	國一郡
	二戸
青森縣	陸奥國
治陸奥國青森	一郡除二
	戸
秋田縣	羽後國
治羽後國秋田	九郡除飽
	海陸
	中國一
	郡鹿角
山形縣	羽前國

治羽前國山形		羽後國一郡
		飽海筑前國一區
		福岡
石川縣	加賀國	
治加賀國金澤	能登國	
富山縣	越中國	
治越中國富山		
福井縣	越前國	
治越前國福井	若狹國	
島根縣		出雲國
治出雲國島根		石見

國隱
岐國
因幡國
伯耆
國

美作國
備前
國備
中國
備後國
安藝
國
周防國
長門
國

鳥取縣　治因幡國鳥取
岡山縣　治備前國岡山
廣島縣　治安藝國廣島
山口縣　治長門國山口

和歌山　紀伊國
縣　九郡一
治紀伊國和歌山　區除南
牟婁北牟婁
德島縣　阿波國
治阿波國德島
高知縣　土佐國
治土佐國高知
愛媛縣　讚岐國
治伊豫國松山　伊豫
國
福岡縣　筑前國
治豐後國福岡　筑後
國豐
前國六

郡 企救○田川○

京都○仲津○築城○上毛○

大分縣 治豐後國大分

豐後國

豐前

國二郡

下毛○宇佐

佐賀縣 治肥前國佐賀

肥前國

十郡 基肆

○養父○三根○神

崎○佐賀○小城○

東松浦○西松浦○

杵島○藤津

熊本縣 治肥後國熊本

肥後國

宮崎縣	日向國
治日向國宮崎	除南諸縣
鹿兒島	大隅國
縣	薩摩
治薩摩國鹿兒	國日
島	向國一
	郡諸縣
北海道	渡島國
廳	後志
治渡島國箱館	國石
	狩國
	天鹽國
	北見
	國膽
	振國

日高國
十勝
國
釧
路國
根室國
千島
國

郡邨繫國表

日本所謂區者較郡爲小所謂町者較邨爲繁內務省地理局所箸郡區町邨一覽與報簿微有異同据知時或分合也就所訪聞凡郡八百有九區二十有六町一萬五百有九邨五萬五千七百九十七北海道郡在其中而若區若町若邨實所未詳述郡邨繫國表

東京府 郡六 區十五 町千三百六十八 村三百七十八

郡區	町	邨
荏原郡 武藏國	七	八三
東多摩郡 同		三一
南豐島郡 同	九	二二
北豐島郡 同	一五	六二
南足立郡 同	三	四〇
南葛飾郡 同	一	一一五
七島 伊豆國		二四
麴町區 武藏國	七八	
神田區 同	一二五	
日本橋區 同	一三九	
京橋區 同	一五三	
芝區 同	一三二	
麻布區 同	四九	
赤坂區 同	五二	

岩手縣 郡廿 村六百四十二

郡區	町	邨
南巖手郡 陸中國		四九
北巖手郡 同		三八
紫波郡 同		七三
稗貫郡 同		六
東和賀郡 同		六三
西和賀郡 同		七
江刺郡 同		一五
膽澤郡 同		二四
西磐井郡 同		二六
東磐井郡 同		三五
氣仙郡 同		二〇
西閉伊郡 同		三三
南閉伊郡 同		一五
東閉伊郡 同		四一

四谷區	同	三四	
牛込區	同	七六	
小石川區	同	八〇	
本鄉區	同	六三	
下谷區	同	七一	
淺草區	同	一一〇	
本所區	同	七五	
深川區	同	九六	
京都府郡八十區三町二千三十八			
愛宕郡	山城國		五四
葛野郡	同		六〇
紀伊郡	同	一〇	二三
乙訓郡	同	一	四三
久世郡	同	三	二四
宇治郡	同	二	三五
綴喜郡	同		四二
中閉伊郡	同		一二
北閉伊郡	同		二三
南九戸郡	同		二七
北九戸郡	同		三二
氣仙郡	陸前國		、
二戸郡	陸奧國		四三
青森縣郡八町八百八十村八百二十八			
東津輕郡	同	一七	一三七
西津輕郡	同	一一	一〇八
中津輕郡	同	八九	一〇九
南津輕郡	同	二〇	一七五
北津經郡	同		一〇八
上北郡	同		五〇
下北郡	同		三四
三戸郡	同	四三	一〇七
秋			
南秋田郡	羽後國	一七八	一五六

村千二百八十

郡	町	村
相樂郡 同		七六
南桑田郡 丹波國		九二
北桑田郡 同		八五
船井郡 同	五	一四九
何鹿郡 同	一	八二
天田郡 同	一九	一一三
與謝郡 丹後國	三四	九五
加佐郡 同	一二	一五〇
中郡 同	一四	三五
竹野郡 同		七〇
熊野郡 同		五三
上京區 山城國	八八三	
下京區 同	八二六	
伏見區 同	二一九	

大

郡	町	村
東成郡 攝津國	二	六〇

田縣十郡二町二百九十二村九百二十五

郡	町	村
北秋田郡 同	四	一〇九
鹿角郡 同		二三
山本郡 同	二六	七〇
河邊郡 同	一	五八
由利郡 同	三一	一八九
仙北郡 同	二一	一四五
平鹿郡 同	三一	九〇
雄勝郡 同	三	八二
鹿角郡 陸中國		

山形縣 郡十三 町三百三十

郡	町	村
南村山郡 羽前國	三七	八五
東村山郡 同	一	九七
西村山郡 同		一一九
北村山郡 同	二	一〇四
最上郡 同	二	六九
東田川郡 同		一九三

坂府 郡二十七區四町五百五十六村千三百八十五

郡	町	村
西成郡 同	一三	一二四
住吉郡 同	二	四四
島下郡 同		一〇二
島上郡 同	一	五八
豐島郡 同		八四
能勢郡 同		三二
大鳥郡 和泉國		一〇四
泉郡 同		八五
南郡 同	一四	七一
日根郡 同		七七
錦部郡 河內國		四八
安宿部郡 同		四
石川郡 同		四六
丹南郡 同		五二
古市郡 同		一五

九村千二百二十一

郡	町	村
西田川郡 同	一一	一〇四
西置賜郡 同		一一六
東置賜郡 同		一一一
南置賜郡 同	一三二	六二
築城郡 同		四五
上毛郡 同	一	七八
飽海郡 羽後國	六〇	一五五
福岡區 筑前國	一五五	

石川縣 郡區町百十村七六三
八一六二六千百十

郡	町	村
河北郡 加賀國		二六五
石川郡 同	四	三二三
能美郡 同	三五	二四六
江沼郡 同	二六	八八
羽咋郡 能登國		二三五
鹿島郡 同	二四	一九五
鳳至郡 同	五	三〇四

郡區	國		
志紀郡	同		二〇
丹北郡	同		四三
八上郡	同		一一
讃良郡	同		三五
交野郡	同		三九
茨田郡	同	一	八三
大縣郡	同		一一
澁川郡	同		三一
高安郡	同		一四
河內郡	同		二八
若江郡	同		六四
東區	攝津國	一五七	
西區	同	一七五	
南區	同	九七	
北區	同	九四	

郡區	國		
珠洲郡	同		一〇五
金澤區	加賀國	五三二	
富山縣 郡五町二百七十五村千四百七十三			
礪波郡	越中國	一	七〇一
射水郡	同	八七	三三八
婦負郡	同	三〇	三六六
上新川郡	同	一二七	七五四
下新川郡	同	三〇	三一四
福井縣 郡十區一町二百廿村一千七百			
南條郡	越前國	二六	八八
今立郡	同	一	一九六
丹生郡	同		二三九
足羽郡	同	九二	一五四
吉田郡	同	八	一四二
大野郡	同	三〇	二四六
坂井郡	同	三〇	二四六
大飯郡	若狹國	五	六八

神奈川縣郡十五區一町二百二十村千二百〇八

郡			
久良岐郡	武藏國	一	四四
橘樹郡	同	一〇	一一一
都筑郡	同		六九
西多摩郡	同	二	九二
南多摩郡	同	一八	一一八
北多摩郡	同	一二	一一八
三浦郡	相摸國	三八	六七
鎌倉郡	同	五	八四
高座郡	同	一	一〇九
大住郡	同	五	一〇九
淘綾郡	同	一	一九
足柄上郡	同	一	八四
足柄下郡	同	八	八二
愛甲郡	同	一	三六
津久井郡	同	三	二四

三十四

郡			
遠敷郡	同	二四	一二九
三方郡	同		六〇
敦賀區	越前國	二四	七九

島根縣郡廿町四十三村九百四十九

郡			
島根郡	出雲國	二三	五七
秋鹿郡	同		二三
意宇郡	同	二三	四六
能義郡	同		八二
仁多郡	同		二八
大原郡	同		五七
出雲郡	同		二四
楯縫郡	同		三六
神門郡	同		八三
飯石郡	石見國		五一
邇摩郡	同		三七
安濃郡	同		二三

兵庫縣郡三十三區一町四百二十二村二千九百八十

郡區	國	町	村
橫濱區	武藏國	一二	
八部郡	攝津國		三六
莵原郡	同		四三
武庫郡	同	二二	五五
川邊郡	同	四	一七七
有馬郡	同	四	八八
明石郡	播磨國	一六	一〇七
美囊郡	同	三	一〇八
加東郡	同	二	一一七
多可郡	同	四	八六
加西郡	同	一	一〇八
加古郡	同	三〇	七九
印南郡	同	二	九七
飾東郡	同	一一〇	六六
飾西郡	同	二	六七

郡	國	町	村
邑智郡	同		一〇五
那賀郡	同	八	一〇七
美濃郡	同		七五
鹿足郡	同		六三
周吉郡	隱岐國	一	二三
穩地郡	同		一四
海士郡	同		八
知夫郡	同		五

鳥取縣郡十四町一百四十五村千

郡	國	町	村
日野郡	伯耆國	八	一〇九
會見郡	同	三〇	一四一
汗入郡	同	二	六三
八橋郡	同	二	八四
久米郡	同	二	一〇〇
河村郡	同	四	九八
氣多郡	因幡國	一	六五

郡	國		
揖東郡	同	一	一三二
揖西郡	同	一	八四
神東郡	同		四〇
神西郡	同		五八
赤穂郡	同	二	一〇二
佐用郡	同		七六
宍粟郡	同	一	一四〇
城崎郡	但馬國	一六	七七
美含郡	同		七二
出石郡	同	一七	八六
氣多郡	同		八〇
養父郡	同		一〇二
朝來郡	同	七	七二
七美郡	同	四	六八
二方郡	同		五六

九十四

岡山縣郡三十一區一町一百二十七村千

郡	國		
高草郡	同		七六
八上郡	同		五八
智頭郡	同	三	七二
八東郡	同	二	八六
邑美郡	同	八六	三一
法美郡	同	四	五九
岩井郡	同	一	五二
御野郡	備前國		五三
津高郡	同		九〇
赤坂郡	同		七八
磐梨郡	同		五三
和氣郡	同		六九
邑久郡	同		六七
上道郡	同		一〇四
兒島郡	同		九一

郡區	國		
冰上郡	丹波國	一三	一七四
多紀郡	同	一三	二一四
津名郡	淡路國	一八	六〇
三原郡	同		五〇
神戸區		一二九	一

長崎縣十郡一區一町八十九村三百二十七

郡	國		
西彼杵郡	肥前國		四一
東彼杵郡	同		二〇
北高來郡	同	一	三三
南高來郡	同	一	三五
北松浦郡	同		四九
南松浦郡	同		一七
壹岐郡	壹岐國		一一
石田郡	同		一一
上縣郡	對馬國		四五
下縣郡	同		六五

六百四十二

郡	國		
都宇郡	備中國		三八
窪屋郡	同	一	四九
淺口郡	同		四四
小田郡	同		六六
後月郡	同		三一
下道郡	同		二二
賀陽郡	同		五一
上房郡	同	一	一六
川上郡	同		五〇
哲多郡	同		三〇
阿賀郡	同		三五
眞島郡	美作國		九〇
大庭郡	同		四六
西西條郡	同		五一
西北條郡	同	三六	二二

郡區	國	町	村
長崎區	肥前國	八七	

新潟縣郡十七區一町七百七十七村四千百七十八

郡區	國	町	村
北蒲原郡	越後國	四七	六一四
中蒲原郡	同	八	三五一
西蒲原郡	同	一	三六四
南蒲原郡	同	一七	三〇四
三島郡	同	三八	二二六
古志郡	同	四〇	二八三
北魚沼郡	同	一六	一六三
南魚沼郡	同		一六七
中魚沼郡	同		八二
刈羽郡	同	三九	一七九
東頸城郡	同		一六八
中頸城郡	同	一〇六	七七〇
西頸城郡	同	八	一六八
岩船郡	同	二六	二四二

郡區	國	町	村
東南條郡	同	七	一三
東北條郡	同		三一
勝北郡	同		五三
勝南郡	同		六九
吉野郡	同		六〇
英田郡	同		五六
久米南條郡	同		六二
久米北條郡	同		五二
岡山區	備前國	八一	

廣島縣郡二十二區一町一百

郡區	國	町	村
沼田郡	安藝國		三〇
高宮郡	同	一	三五
安藝郡	同		三五
佐伯郡	同		八七
山縣郡	同		七四
高田郡	同		五九

三十一村千六十四

賀茂郡	同		八九
豐田郡	同	二	八七
御調郡	備前國	五	九〇
世羅郡	同	一	四八
三谿郡	同		三八
甲奴郡	同		三二
三上郡	同		一八
奴可郡	同	二	三九
深津郡	同	二九	二八
沼隈郡	同	一	三九
惠蘇郡	同		四一
三次郡	同		五〇
蘆田郡	同		二八
安那郡	同		二八
品治郡	同		二一

加茂郡	佐渡國	五	八三
雜太郡	同	八三	七二
羽茂郡	同	一	五三
新潟區	越後國	二四一	一

埼玉縣郡十八町三十九村千八百七十四

南埼玉郡	武藏國	八	二一六
北埼玉郡	同	五	一八八
北足立郡	同	一一	三三五
新座郡	同	一	二四
入間郡	同	二	二三〇
高麗郡	同		一一二
比企郡	同	三	一五三
橫見郡	同		四三
大里郡	同	一	三九
幡羅郡	同		五八
榛澤郡	同	二	六七

群馬縣郡十七町一百十七村千百有六		
男衾郡 同		二九
兒玉郡 同	三	五八
賀美郡 同		二五
那珂郡 同		一一
秩父郡 同		八三
北葛飾郡 同	三	一六〇
中葛飾郡 下總國		
東群馬郡 上野國	二四	二三
南勢多郡 同	六	一五五
西群馬郡 同	四七	一七一
片岡郡 同		三
緑野郡 同	三	四一
多胡郡 同	一	二六
南甘樂郡 同		二五
北甘樂郡 同	六	八七

山口縣郡十二區一町六十一村六百二十		
神石郡 同		三六
廣島區 安藝國	九二	二九
大島郡 周防國		三六
玖珂郡 同	二	一二一
熊毛郡 同	一	四七
都濃郡 同		五〇
佐波郡 同	一	五一
吉敷郡 同	一	三五
厚狹郡 長門國		五二
美禰郡 同		二五
豐浦郡 同	二	一一五
大津郡 同		二六
阿武郡 同	三二	五八
見島郡 同	一	

和		
名草郡 紀伊國		四八

郡		
碓氷郡 同	五	六一
吾妻郡 同	五	七五
利根郡 同	三	一〇六
北勢田郡 同		一三
山田郡 同	二	四九
新田郡 同	二	九七
邑樂郡 同	二	八八
佐位郡 同	二	三六
那波郡 同	二	五〇

千葉縣 郡二十一 町六十八

郡		
千葉郡 下總國	二	一二八
東葛飾郡 同	一四	二三七
印旛郡 同	二三	二二八
下埴生郡 同		六一
南相馬郡 同	一	三九
香取郡 同	二	二七一

歌山縣 郡九 區一 町四百三十七 邨千二百七

郡		
海部郡 同		四九
那賀郡 同		二五一
伊都郡 同		一四九
有田郡 同		一三七
日高郡 同		一六二
西牟婁郡 同	一三	一四〇
東牟婁郡 同	二四	一七一
在田郡 同		
和歌山區 同	四〇〇	

德島縣 郡十 町三十七 邨六

郡		
名東郡 阿波國	二九	五七
勝浦郡 同		三六
海部郡 同		七七
那賀郡 同	三	一四七
名西郡 同		三八
板野郡 同		一三五

郵二千三百七十一

海上郡	同		六七
匝瑳郡	同		六六
長柄郡	上總國	四	一一八
上埴生郡	同	一	四三
山邊郡	同	三	一一九
武射郡	同	一	一二四
市原郡	同		六六
望陀郡	同	二	一三七
周淮郡	同	一	九三
天羽郡	同	一	五〇
夷隅郡	同	九	一五九
安房郡	安房國	二	七二
平郡	同		六七
朝夷郡	同		五八
長狹郡	同	一	二〇

百十

麻植郡	同	一	三一
阿波郡	同	二	二九
美馬郡	同	一	二八
三好郡	同	一	三三

高知縣郡七町五十四邨九百八十五

土佐郡	土佐國	五二	一一〇
幡多郡	同	一	二七〇
高岡郡	同		一九二
吾川郡	同		八六
長岡郡	同	一	一四六
香美郡	同		一〇八
安藝郡	同		七三

愛媛縣郡三町十

大內郡	讚岐國		二四
寒川郡	同		二六
三木郡	同		一六
山田郡	同		二九

茨城縣郡十八町四十二邨二千四十八

郡	町	邨
東茨城郡 常陸國	一一六	一八一
西茨城郡 同	二	一〇〇
那珂郡 同	二	一二五
久慈郡 同		一四九
多賀郡 同		七五
鹿島郡 同		一二一
行方郡 同		七八
新治郡 同	二	一八二
筑波郡 同	二	一六六
眞壁郡 同	六	二三七
信太郡 同		九三
河內郡 同		一四四
猿島郡 下總國	四	七八
西葛飾郡 同	三	四八
結城郡 同	一	五〇

二百五十九邨千三百七十一

郡	町	邨
小豆郡 同		四四
香川郡 同	六〇	五三
阿野郡 同		三六
鵜足郡 同		二九
那珂郡 同	二三	四八
多度郡 同		二四
三野郡 同		三七
豐田郡 同		三五
宇摩郡 伊豫國		五〇
新居郡 同	四	五五
西宇和郡 同	一	四七
東宇和郡 同	一	七〇
北宇和郡 同	四一	一一三
南宇和郡 同		一七
周布郡 同		三九

郡	國		
岡田郡	同		五二
豐田郡	同	一	七三
北相馬郡	同	三	九六

栃木縣郡十町五十二邨千百四十四

郡	國		
足利郡	下野國	一	四一
梁田郡	同	二	一五
安蘇郡	同	六	五二
上都賀郡	同	八	九一
下都賀郡	同	一五	二一五
寒川郡	同		一二
河內郡	同	七	一八〇
芳賀郡	同	三	一八〇
那須郡	同	八	二二一
鹽谷郡	同	二	一三七

奈良縣

郡	國		
添上郡	大和國	二〇三	一二九
添下郡	同	三九	六二

郡	國		
桑村郡	同		三〇
越智郡	同	八	一〇六
野間郡	同		三七
早風郡	同		八五
和氣郡	同	一四	二四
溫泉郡	同	一〇〇	三七
久米郡	同		三一
上浮穴郡	同		四四
下浮穴郡	同		六一
伊豫郡	同	三	四二
喜多郡	同	三	八三

福岡縣郡三十一

郡	國		
糟屋郡	筑前國	一	八三
宗像郡	同	一	五九
遠賀郡	同		八二
鞍手郡	同	一	六八

郡十五町二百四十三邨千三百四十

郡	屬		
式上郡	同		五三
式下郡	同		四三
葛下郡	同		七三
平郡郡	同		七三
山邊郡	同		一二一
十市郡	同		八一
忍海郡	同		一六
高市郡	同		一一六
廣瀨郡	同		三一
宇陀郡	同		一一二
宇智郡	同		五九
葛上郡	同	一	六四
吉野郡	同		三〇七

三重縣

郡	屬		
桑名郡	伊勢國	五三	一二九
員辨郡	同		一〇六

町二百七十五邨千七百八十七

郡	屬		
嘉麻郡	同	一	五七
穗波郡	同		六一
上座郡	同		三三
下座郡	同		四二
夜須郡	同		五二
御笠郡	同		五七
那珂郡	同		六八
席田郡	同		九
早良郡	同	一	五一
怡土郡	同		五六
志摩郡	同		四九
御井郡	筑後國	三〇	五四
御原郡	同	三	二九
山本郡	同		一二
三潴郡	同	二	一〇七

郡二十一町二百六十一邨千五百五十九

郡	國		
三重郡	同	二六	七八
朝明郡	同		五九
鈴鹿郡	同	一二	七五
奄藝郡	同		五三
河曲郡	同	一一	三七
安濃郡	同	八一	七八
一志郡	同		一三六
飯高郡	同	一二	九二
飯野郡	同		四二
多氣郡	同		一二五
度會郡	同	三〇	一八〇
阿拜郡	伊賀國	三四	七〇
山田郡	同		二六
名張郡	同		三九
伊賀郡	同		五九

郡	國		
山門郡	同	四六	七三
三池郡	同	二	七三
上妻郡	同	一	九六
下妻郡	同		二二
生葉郡	同	一	九二
竹野郡	同		二三
企救郡	豐前國	二八	一一一
田川郡	同	三	八一
京都郡	同		七三
仲津郡	同	一	七六
築城郡	同		
上毛郡	同		

大分縣　十郡

郡	國		
西國東郡	豐後國		四一
東國東郡	同		七九
連見郡	同		五七

答志郡	志摩國		三七
英虞郡	同		一九
北牟婁郡	紀伊國		三二
南牟婁郡	同		八九
愛知縣郡十八區一町三百六十八郵千九百四十二			
愛知郡	尾張國	一六	一〇五
西春日井郡	同	六	八一
東春日井郡	同		一一一
丹羽郡	同		一〇五
葉栗郡	同		四一
中島郡	同		一四七
海東郡	同		一四六
海西郡	同		七八
知多郡	同		四九
碧海郡	三河國		一五七
幡豆郡	同	二〇	一四九

二町六十四郵千百三十四			
大分郡	同	三	一四二
南海部郡	同		八二
北海部郡	同	一	八四
大野郡	同	一	一六二
直入郡	同	一	六八
玖珠郡	同		二六
日田郡	同	二	五〇
下毛郡	豐前國	六二	九七
宇佐郡	同		二四〇
佐賀縣郡十町三十一郵五			
藤津郡	肥前國		二七
杵島郡	同		五〇
小城郡	同	二	五六
佐賀郡	同	二六	八〇
神崎郡	同	一	四二
基肄郡	同		一三

郡	國		
額田郡	同	二六	一四二
西加茂郡	同		一四六
東加茂郡	同		一六七
北設樂郡	同		五三
南設樂郡	同		六〇
寶飯郡	同		一〇四
渥美郡	同	二九	六〇
八名郡	同		四五
名古屋區	尾張國	二七一	

靜岡縣郡二十三町百六十七

郡	國		
賀茂郡	伊豆國		一二〇
那賀郡	同		一七
君澤郡	同	一	六六
田方郡	同		六二
駿東郡	駿河國	六	一五五
富士郡	同	四	一二五

百八十三

郡	國		
養父郡	同		一六
三根郡	同		一〇
東松浦郡	同	一	一九九
西松浦郡	同	一	九〇

熊本縣郡十五區一町百七十六邨千二百四十七

郡	國		
飽田郡	肥後國	三	九七
託摩郡	同		四一
菊池郡	同		五七
合志郡	同	三	五三
山鹿郡	同	二	六三
山本郡	同	二	四六
玉名郡	同	七	一六六
阿蘇郡	同	二	一二八
上益城郡	同	四	一三三
下益城郡	同	三	一二八
宇土郡	同	一	五三

郡		町	郵
庵原郡	同	七	七六
有渡郡	同	八一	八九
安部郡	同	四七	一一九
志太郡	同	三	一四一
益津郡	同	一	三五
榛原郡	遠江國	五	七二
佐野郡	同	五	六八
城東郡	同	一	八四
豐田郡	同		二〇九
山名郡	同	一	六九
磐田郡	同	一	
周知郡	同		五四
敷知郡	同	三	一一五
長上郡	同		一一七
濱名郡	同	一	一

郡		町	郵
八代郡	同	五	七三
蘆北郡	同	三	八二
球摩郡	同	一	四〇
天草郡	同	一	八五
熊本區	同	一三九	

宮崎縣 郡五町四十郵三百六十一

郡		町	郵
諸縣郡	日向國	一四	一四一
宮崎郡	同	七	三〇
那珂郡	同	五	七三
兒湯郡	同	五	五一
臼杵郡	同	九	七六

鹿兒島縣 郡二十三町

郡		町	郵
鹿兒島郡	薩摩國	四八	二六
谿山郡	同	一	八
熊毛郡	同		一五
馭謨郡	同		一八
給黎郡	同		一〇

引佐郡	同		三二
麁玉郡	同		五

山梨縣 郡九 町三十七 邮二百八十三

東山梨郡	甲斐國		三一
西山梨郡	同	二七	一六
東八代郡	同		四二
西八代郡	同		三五
南巨摩郡	同		二五
中巨摩郡	同		五一
北巨摩郡	同		四四
南都留郡	同		二一
北都留郡	同		一八

滋賀縣 郡十三 町

滋賀郡	近江國	九一	七六
栗田郡	同		一一一
野州郡	同		七七
甲賀郡	同		一二四

七十 邮九百七十二

揖宿郡	同		一一
頴娃郡	同		八
川邊郡	同	一	四五
阿多郡	同		二〇
日置郡	同	三	五三
甑島郡	同		一四
高城郡	同		一二
出水郡	同		三八
薩摩郡	同	三	三三
伊佐郡	同		四五
菱刈郡	大隅國		一三
始羅郡	同	四	三九
桑原郡	同		二五
囎唹郡	同	六	五三
大隅郡	同		四三

二百八十五郵千三百九十八

郡	國		
蒲生郡	同	六九	二〇六
神崎郡	同		八五
愛知郡	同		一二三
犬上郡	同	九三	一〇七
坂田郡	同	三一	一五六
東淺井郡	同		一二七
西淺井郡	同		一九
伊香郡	同		七六
高島郡	同		一一一

岐阜縣 郡二十五 町百三十

郡	國		
厚見郡	美濃國	七八	五〇
各務郡	同		二九
方縣郡	同		四七
羽栗郡	同		五二
中島郡	同		三一
海西郡	同		二四

郡	國		
肝屬郡	同	三	四一
大島郡	同		二五二

北海道廳 郡八十一

郡	國		
龜田郡	渡島國		
茅部郡	同		
上磯郡	同		
福島郡	同		
津輕郡	同		
檜山郡	同		
爾志郡	同		
久遠郡	後志國		
奥尻郡	同		
太櫓郡	同		
瀨棚郡	同		
島牧郡	同		
壽都郡	同		

六郡千百九十七

郡	國		
下石津郡	同		三一
多藝郡	同		六二
上石津郡	同		二一
不破郡	同	四四	
安八郡	同	四三	一三三
大野郡	同		一〇二
池田郡	同		四九
本巣郡	同		五七
席田郡	同		九
山縣郡	同		四五
武儀郡	同		七八
郡上郡	同	二	八八
加茂郡	同		八七
可兒郡	同		四九
土岐郡	同		二八

郡	國		
歌棄郡	同		
磯谷郡	同		
岩內郡	同		
古宇郡	同		
積丹郡	同		
美國郡	同		
古平郡	同		
余市郡	同		
忍路郡	同		
高島郡	同		
小樽郡	同		
石狩郡	石狩國		
札幌郡	同		
夕張郡	同		
樺戶郡	同		

郡	國		
惠那郡	同		六三
大野郡	飛驒國	三	六
益田郡	同		七
吉城郡	同	一	八

長野縣郡十六町二十二邨六百八十五

郡	國		
南佐久郡	信濃國	三	五九
北佐久郡	同	四	六七
小縣郡	同	五	八六
諏訪郡	同		二四
上伊那郡	同	二	二六
下伊那郡	同	一	三二
西筑摩郡	同		一六
東筑摩郡	同	二	四〇
南安曇郡	同		一五
北安曇郡	同		一八
更科郡	同	一	五七

郡	國		
空知郡	同		
雨龍郡	同		
上川郡	同		
厚田郡	同		
濱益郡	同		
增毛郡	天鹽國		
留萌郡	同		
苫前郡	同		
天塩郡	同		
中川郡	同		
上川郡	同		
宗谷郡	北見國		
利尻郡	同		
禮文郡	同		
枝幸郡	同		

郡	國		
埴科郡	同	一	二三
上高井郡	同	一	四五
下高井郡	同	一	五四
上水內郡	同	三	一〇四
下水內郡	同	一	一八

福島縣郡二十三町八十七邨千六百九十七

郡	國		
信夫郡	岩代國	一	六五
伊達郡	同		九三
安達郡	同	一	六一
安積郡	同		四五
岩瀨郡	同		五五
西白川郡	磐城國	一	七六
東白川郡	同		九二
菊田郡	同		五九
磐前郡	同		一一〇
磐城郡	同		四八

郡	國		
紋別郡	同		
常呂郡	同		
網走郡	同		
斜里郡	同		
山越郡	膽振國		
虻田郡	同		
有珠郡	同		
室蘭郡	同		
幌別郡	同		
白老郡	同		
勇拂郡	同		
千歲郡	同		
沙流郡	日高國		
新冠郡	同		
靜內郡	同		

石川郡	同		七三
田邨郡	同		一四五
楢葉郡	同		四〇
標葉郡	同		
行方郡	同		一二一
宇多郡	同		五〇
北會津郡	岩代國	八二	六八
南會津郡	同		九九
河沼郡	同	一	九三
耶麻郡	同	二	一〇二
大沼郡	同		九九
東蒲原郡	越後國	一	三二
標葉郡	同		六六
柴田郡	陸前國		三五
伊具郡	磐城國		三六

宮城縣

三石郡	同
浦河郡	同
様似郡	同
幌泉郡	同
廣尾郡	十勝國
當縁郡	同
十勝郡	同
中川郡	同
上川郡	同
河東郡	同
河西郡	同
白糠郡	釧路國
足寄郡	同
釧路郡	同
阿寒郡	同

郡十七區一町三百五邨七百八

郡	國		
刈田郡	同		三三
亘理郡	同		二六
名取郡	陸前國		六〇
宮城郡	同		七九
黑川郡	同		四九
加美郡	同		三八
志田郡	同		六四
玉造郡	同		一五
遠田郡	同		五六
栗原郡	同		五〇
登米郡	同		二三
桃生郡	同		六四
牡鹿郡	同		六〇
本吉郡	同		一九
伊達郡	岩代國		一

郡	國		
綱尻郡	同		
川上郡	同		
厚岸郡	同		
花笑郡	根室國		
根室郡	同		
野付郡	同		
標津郡	同		
目梨郡	同		

疆域險要

日本險要不在陸而在海而諸道疆域時亦有之魏志曰倭對馬國山險多深林道路如禽鹿徑其國險要之見正史始此然如偏舉焉而不全何襟山帶水亦與沿海相表裏也述疆域險要

東海道函嶺以東本蝦夷窟源氏平之地尠險而港稳德川氏城武藏之江戸即今東京而横濱其門戸也說者謂安房與上總下總特利根川耳鴻臺難以久支然海濱東西有險可恃常陸水戸西之土浦與迤北之笠間西南之下館鼎立而三相犄爲源氏北條氏雄據處東北有箱根之險可以防西可以制東志摩伊豆突峙相對甲斐居叢山間富士山屹立東南甲斐得其三之一然呲連信濃隱相制伏武田氏之興亡以此富士川奔湍如箭而上游

懸橋下流淺瀨平氏恃險所由潰歟其西阿部川大井川天龍川潦至舟梗潦退則投鞭可渡而今切瀨戶之水又淺甚日本人謂新袚潮衝處爲今切瀨戶云信濃地勢高士人所謂四塞之地也三河尾張德川織田兩氏憑藉各一然非要地鈴鹿山東險而西則夷伊賀山多亦出大坂一間道也畿內之京都定自桓武積弱受陵乃戰之罪比叡愛宕東西巘山勝敗倚之山崎八幡山勢所迫亦次要也大和山路四塞南朝之不易改殆繇是歟紀伊有和歌山未爲大要河內和泉與攝津接而地坦黨扼大坂二國受制矣然不如兵庫港之良東山道之要有磨針鳥井和田諸坂合渡木曾千隈三川而碓氷阪險與箱根敵上野爲新田氏之所爭下野爲足利氏之所起若日光山若那須原皆兵家所留意者北有白川絕險又北舊有陸奥出羽今分七國而地曠甚會津多山葦

名氏以之爲伊達氏所滅蒲生以之而制伊達氏出羽地平而田
土漸多故如往時獨眼龍之以騎戰勝亦難矣陸前鳴瀨川東至
松島北野蒜入海北上川來自陸中西合迫川江南近海分爲二
一東一南南者不通大艦聞有鑿大渠導野蒜之議以北上川爲
大南朝之南部氏勤王不受足利氏制亦地理之助乎羽前羽後
多山險而通道則從海邊平地踰山脊而出東奧青麻又在其北
亦要害也北陸道諸國罔非南山北海故其出山東道之路輙苦
崎嶇敦賀著名港也自是東北涂坦甚雖勇如左中將而力終屈
地使然也紛越前而加賀而能登皆無險白山加賀峻山也與越
中立山峙爲日本之脊議者謂以人工開水陸二道與近江通則
富七尾在能登爲良港粟殼山或譯爲俱利伽羅山在加賀越中爲北陸第
一險要信濃川則可拖之巨流也新潟北陸之港而佐渡則海表

孤島亦一大砦藏山陰道丹波山易霧兵家難可忽也後路峭拔出但馬稍平非用武國而彼國六分一公能雄視者以跨有山陽故也伯耆百川㳄馳與越中彷彿其出山陽之路大率艱險隱岐之於山陰亦猶佐渡之在北陸而內砦則在但馬石見山陽道之明石岩屋皆要害也丹坂三石亦古人扼要地攝津以西備前備中備後皆無險昔有舍山陰趨山陽者攻腹心也長門鮮大河而赤馬關則海路要扼南海道紀伊淡路內海巨島也北狹南寬與紀伊對爲畿內之門戶東有熊野險甚淡路沿海環山而腹坦其對紀伊播摩阿波處皆海門之要口四國山競南北多島道而海邊無大險河以吉野川爲最志度與多渡津爲著名港西海道亦一巨島古稱筑紫或稱鎭西後則以筑紫專名筑前爲西海要路古置大宰府鈐制之筑前有博多港筑後肥前坦甚而筑後川可

禦一方菊池氏破敵於此知地要也長崎非小港比肥後地高且河巨也鎮西據此後有菊池氏以之抗室町將軍邦人多之近設鎮臺於熊本豐後山河多險日向與肥後勒薩摩僻而要大隅次之皆琉球之右臂北海道箱館咽喉也明治前英船未入長崎先至箱館亦猶美船之未入下田先犯浦賀俄船之未入樺太先逼大坂也松前亦要路迤北岸崎嶇綏熊石而久遠而太櫓行旅皆取道於水程石狩之札幌今爲廳治地曠而石狩川貫通之浸趨繁盛而惜無港天鹽腹地可耕宗谷則西北要港也東岸諸國如日高之礦十勝之水膽振之室蘭港皆彰彰者自札幌至東岸之勇拂白老近鑿新道北近俄羅斯之堪察加則千島之幌筵島也

海道險要表

海道險、要非實測之、末繇周悉 日本初勘測量、享保中當中國康熙五十五年後有細井廣澤者測下總國是其始也國人伊能忠敬踵之、測全國至於今海軍測量有專門學、險要曰彰西北臨太平洋中土島之西南控日本內海中土島云者括五畿東海東山山陰山陽北陸諸道南海之紀伊淡路次曰四國島括土佐阿波伊豫讚岐次曰九州島括西海道次曰北海道括十國與千島列島它如日本內海諸島豆南諸島豆南諸島（指伊豆南）小笠原島州南諸島環海無慮五萬八千一百一十里（海里一萬五千三百）險突爲岬微獨宮津岬爲海門括囊嵒狹爲峽平出爲崎又豈獨銚子口不以峽名而實爲巨川鎖鑰大東崎（屬長柘郡）亂碓起伏爲東海險最云爾哉若此之流別列島表若灣若港若湊若濱要中有險若灘若礁若瀨若瀨戶亦險亦要瀨爲水淺而急瀨戶云者淺且狹也類而聚之述海道險要表

	灣	港	湊	濱	灘	礁	瀨	瀨戶
本州東南岸	金田　大津　深浦　內川　根岸　品川　舘山	浦賀　橫須賀　橫濱　行川		久里　九十九里				
中土東岸	折之濱　大原　鮫浦　女川　雄勝	那珂　石之卷　大舟渡		十八成　鮎川	勒奪淺			

九州南東岸

追波 山田
志津川 閉伊埼宮古
小泉
氣仙沼
廣田
湊濱
釜石
兩石
大槌
船越
久慈
大泊 油津 大 暗 倭額裸
外浦 紫波洲
細島
猪之串

四國南岸	高知	須崎		
		野見		
		浦內		
中土南岸	印南	大島	和田	
	南部	浦神		
	田邊	尾鷲		
	宇久井村	五箇所		播之磨
	賀田	濱島		
	尾鷲海	的矢		
	四日市	鳥羽		
	熱田	小濱		
	渥美	橫須賀		
	和多	大野		

中土南東岸

斤名浦　大井　白羽　重須　熱海　小和田　宮田

常滑　須佐　師崎　天龍川　掛塚　戸田　安良利　田子　長津呂　下田　下田　網代　小網代

七里　由比

横根　須佐利　大流　平島　岩

豆南諸島	小袋澤	二見		野陣	火山滾			
		巽		脇	勒奪淺			
		東						
		北						
		沖村						
日本內國	黑江	和田島	今在家	新		伊賀	鹿	柳之
	大埼	由良		波止			室津	大島之
	塚原	加太					机	古基阿
	山田	和歌山					錐	塞
	馬篠	古川口					渡	
	福田	由良					篠	
	橘	比井					鳴	
	坂手	岸和田					大磳根	

池田	堺
大部	鞆
伊津	長濱
伊津	猪之串
室津	高田
赤穗	室積
岡山	
津田	
小田	
屋島	
高松	
忠海	
由良	

塵寄

堀江
杵築
別府
日出
臼杵
津久見
佐伯
大埼
白浦
宇和島
菰淵
小熊毛
西中

綜論險要言人人殊日本人中根淑以楠正成防敵於兵庫港遂斷兵庫港爲第一要地不知此中權非首要也論者又謂兵庫港北稱神戶猶言西京之戶今都東京則橫濱第一其說近是而非所見者狹也然則何爲東西咽喉何爲南北樞紐歟曰下關失則餉梗獲則援通長崎後路繫之橫濱東障繫之神戶大坂之關鍵又繫之下關之道四一䌖長崎而北一䌖橫濱而西一䌖佐賀之關一䌖山陰沿海西逼長門而翼下關之險翼險之道有二一爲長崎西之瀨戶內海兵可以伏一爲平戶之北二島南五島狹可以守此衝要最也次則橫濱以浦賀爲要津來自中國其路有回一自香港一自長崎一自箱館一自大平洋而香港一道南洋罔有阻又次則長崎當江蘇浙江之衝亦鹿兒島西繞之道也又次則薩峒馬卽鹿兒島也爲福建廣東之要道山川港又鹿兒島灣

鎖鑰繇此東可以進武藏西可以薄長崎又次則箱館繇琿春圖們江而渡靑森可以逕達此固北海道要害抑亦通國上游也又次則大坂神戸爲工商藪明石峽峙其西加太鳴門等峽列其東又次則壹岐對馬二島朝鮮衝涂也又次則新潟兵艦集之有陸直達東京又次則淡路繇南洋入加太等海峽此其衝云

港灣測深表

東京品川難可泊船灣淺故也小灣無慮千百今錄港灣三百一十有奇深經實測非繇臆度述港灣測深表

	國	港	仞尺
京都	丹後	舞鶴	八、三
	佐渡	水津	自一、至十、
	陸奥	小泊	自三、至六、
	安藝	竹原	二、
	阿波	大島	十二、
	能登	鰒島	五、
		宮津	自八、至十、
千葉	安房	館山	自三、至九、
		小三郁	二、
		宇品	自二、至九、
		加島	二、
佐賀	肥前	唐津	五、
		平田	八、
	上總	木更津	二、
		鯵澤	五、
		廣島	
		那佐	十、
		呼子	自五、至八、
		久美濱	甚淺
		勝浦	四、
		野邊地	七、
		度老渡	六、
高知	土佐	甲浦	自四、至十三、
		名護屋	自七、至十一、

府縣 國	港	數	府縣 國	港	數	府縣 國	港	數	府縣 國	港	數	府縣 國	港	數	府縣 國	港	數
大坂 攝津	大坂	一、五	下總	銚子	二、三		安渡	廿八、		草津	一、二		室津	一、二		伊萬里	三、
	木津川	一、五	茨城 常陸	那珂	自一、至八、二		川內	十、		嚴島	自二、至三、		浦戶	四、三	壹岐	鄉浦	七、三
	安治川	二、		平潟	自一、至五、三		佐井	十、	山口 周防	秋穗	二、三		宇佐	七、		渡良浦	自二、至三、
和泉	堺	一、	三重 伊勢	四日市	自四、至五、		大間	五、		大海	三、二		須崎	十四、		印通寺浦	二、三
神奈 相摸	眞鶴	三、五		阿漕浦	自二、至四、		鮫港	十五、		西津	五、		清水	十四、		勝本浦	四、四
川	橫須賀	自二、至十五、		大口	六、	秋田 羽後	酒田	一、四		中關	四、二		古滿目	十、		湯本浦	八、
	浦賀	自五、至十、		大港	三、		古雪	一、三		三田尻	五、		安滿地	十八、		八幡浦	二、
	三崎	自六、至八、		五所灣	自四、至十、		土崎	二、三		笠戶	十、		泊浦	七、		瀨戶浦	二、
	小綱代	三、		礫港	八、		船川	二、三		室積	九、		小筑紫	五、	對馬	大口浦	八十、
武藏	江戶灣	自四、至三、		贄浦	五、		戶賀	三、二		室津	十一、三		湊浦	十、		佐須那浦	十三、
	橫濱	自二、至六、		神前	十一、		能代	一、		上關	四、二		宿毛	自二、至七、		鰐浦	六、
	金澤	自一、至三、		方坐浦	十、	山形 羽前	加茂	二、三		三浦	十八、二	愛媛 讃岐	小田	六、		鴨居瀨浦	三、
兵庫 攝津	兵庫	自一、至九、		古和浦	自七、至八、		鼠關	四、四		地家室	三、二		志度	自三、至四、		嚴原	廿、
	神戶	自三、至五、	志摩	鳥羽	自三、至五、	富山 越中	東岩瀨	自一、二 至一、四		小泊	十、		坂出	自四、至六、	熊本 肥後	水俣	六、
淡路	由良	自一、至五、		的矢	六、四		水橋	自一、一 至一、三		油宇	十一、四		丸龜	一、		袋郁	五、

國	港	里	國	港	里	國	港	里	國	港	里	國	港	里	國	港	里
	福良	三、		濱島	自五至九、		新濱	一、三		新港	二、四		多土津	自一至二、三		富岡	四、四
但馬	津居山	一、	愛知 尾張	熱田	三、二		新港	自五至二、	長門	赤間關	自三至十、三		草賀部	八、		崎津	五、六
	丹生	三、		龜崎	三、二	島根 出雲	美保關	自五至十三、		特牛	四、五		坂手	十一、四		牛深	九、四
	諸崎	十六、		師崎	十五、		加賀浦	自五至十三、		福浦	二、	伊豫	波止濱	自三至十三、	宮崎 日向	細島	十四、
播磨	飾磨	二、		大井	七、		安來	自一至五、		大浦	五、		由良	七、一		東海	三、二
	家島	七、	靜岡 遠江	濱名	五、		宇龍	自二至五、	和歌 紀伊	加太	五、		宇和島	一、六		島浦	十、
	室津	四、四		掛塚	一、		鷺浦	自四至九、	山	紀伊川口	二、三		中泊	廿五、		美美津	二、三
	坂越	四、		福田	三		江角浦	自一至十二、		鹽津	五、	福岡 筑前	岐志浦	二、二		汕津	四
長崎 肥前	諸富	四	駿河	清水	十五、	石見	大浦	十、		大崎	八、		福岡	四、		外浦	七
	早津江	五、		沼津	自四至二、		溫泉浦	十二、		下津	五、		相島	十、	鹿兒 大隅	內浦	卅、
	鹿島	三、二		江浦	十二、		外浦	十二、		廣港	二、		蘆屋	一、四	島	大泊	七、
	鯛浦	自十二至十五、	伊豆	戸田	十八、		瀨戸島	五、二		由良	六、		若松	五、	薩摩	鹿兒島	自十三至廿、
	長崎	自五至十六、		安良里	九、		長濱浦	八、		比井	五、	筑後	若浦	自六至二、二		山川	廿、
	瀨戸	七、三		田子	十五、		知夫	十一、一		印南	四、	豐前	小倉	二、		片浦	十二、
	茂木	五、		子浦	五、		浦鄉	六、一		田邊江川	二、		田野浦	三、		坊津	卅六、

樺島 八、	妻良 五、	知知井 十、	瀨戶 八、	門司 六、	京泊 五、
口津 六、	長津呂 十三、	西鄉 十、	周參見 十、	鵜島 二、一	阿久根 廿三、
島原 自二、至九、	下田 自六、至八、	加茂浦 五、五	江田 三、	大分 豐後 竹田津 二、	
平戶 三、	外浦 十二、	福浦 自二、至九、	有田 二、三	深江 三、	
田助 六、	須崎 五、	鳥取 因幡 田後 自二、至三、	二色 四、	日出 四、	
河內 五、三	網代 自六、至十三、	網代 二、四	大島 五、	別府 一、二	
網上 八、四	福島 磐城 九面 一、四	賀露 自一、二、至一、四	浦神 六、	佐賀關 自四、至六、	
奈留島 十四、	中作 三、二	伯耆 境浦 自四、至五、	勝浦 七、	下江 七、	
富江 三、二	小名濱 三、	米子深浦 一、一	宇久井 三、	臼杵 一、七	
玉浦 三、二	荒濱 自一、至二、	淀江 二	二木島 十六、四	福井 若狹 小濱 廿、	
新潟 越後 新潟 自三、至五、	宮城 陸前 寒風澤 自三、至六、	赤崎 自三、至五、	賀田 廿六、四	越前 敦賀 卌五、	
荒川 一、二	石濱 自九、至十、	松名浦 自四、至一、五	九木 十一、四	阪井 一、四	
瀨波 自五、至一、二	潛浦 七、	岡山 備前 兒島村	尾鷲 十六、四	石川 加賀 安宅 一、三	
寺泊 自一、至二、	石卷 自五、至十二、	片山灣	名倉 八、	美川 一、三	
出雲崎 自一、至一、四	折濱 自六、至七、	大多府 一、四	須賀利 六十、	金石 三、	

一與夫觀音崎之副臺橫濱之試驗臺皆設自民燈臺亦日夜標

長崎臺各二石川高知福岡臺各一三重宮城青森鹿兒島竿各

化石煉化石即瓦也日本臺五十五竿七船二凡六十四而大坂

非置碇用船則燈無着亦有用導船者臺質有鐵有木有石有煉

燈臺形或近塔置竿省費也水深十尋如本牧七尋有半如函館

燈臺表

直江津	五、	小淵浦	自三、至四、	牛窓	六、四	錦浦	五、	能登七尾	自三、至六、
佐渡小木	五、二	氣仙沼	八、	下津井	二、	德島阿波撫養	自四、至五、	麥浦	十、五
多田	自一、至三、四	岩手陸中宮古	自二、至三、	日比	三、	津田	二、二	乙崎	六、四
澤根	自一、至三、二	釜石	自五、至六、	備中笠岡	自一、至三、三	小松島	九、	祝浦	八、
二見	自五、至十、	山田	十五、	玉島	自五、至二、	橘浦	自五、至廿五、	輪島	四、一
鷲津	自三、至八、	青森陸奥青森	八、	廣島安藝忠海	五、二	椿泊	自六、至十四	宇出津	六、四
夷港	自一、至八、	三厩	十、	御手洗	六、二	由岐	自四、至五、	九十九	八、

而晝遇霧雪則有霧鐘霧笛霧礮用礮者尠鐘較笛多鳴皆以機
然或燈鐘埶停年有定月如納沙布崎停在二月宗谷岬停在一
二月是也其測光達距里法大約臺高海面百尺光達海里二十
倍達二十四里五百尺高達三十五里今合華里入表航海經度
輙準綠威燈臺指迷難易厥常經緯起十度而度而十分而分而
十秒而秒最危險礁亦摘錄之若質若色若光若費與地與人罔
弗具述燈臺表

通稱	府縣廳	國	置所	最險	北緯 東經	等	質	燈色	距水面	光達華里	始年	造費	守人	霧鐘
品川	東京	武藏	東京灣第二礮臺		三五、三七、三五 一三、九四、六二	五	瓦	不動紅	五丈二	六十八	同治九	三一五五	二	
羽根田	同	同	川崎六鄉川口七里		三五、三一、五六 一三九、四八、〇三	四	鐵柱	不動綠	四丈	七十三	光緒元	一五三四五	三	
天保山	大坂	攝津	安治川口礮臺		三四、三九、四五 一三五、二六、〇〇	四	木	不動白	五丈三	八十五	同治十一	八一六〇	二	
木津川	同	同	大坂木津川口東岸		三四、三七、四八 一三五、二七、四四	六	瓦	不動赤	四丈	五十六	光緒四	二四八〇		
堺	同	和泉	堺港中波止場		三四、三五、一二 一三五、二七、四四	五	木	不動綠	五丈三	六十八	光緒二	二四八六		

橫濱	神奈川	武藏	橫濱西波止場		三五、二六、五七 一 九、三八、一〇		鐵	不動赤	四丈八	四十	同治八	八二七	三	
橫濱試驗	神奈川	武藏	橫濱港近辨天燈臺		三五、二七、〇五 一三九、三七、三三		瓦		四丈四			七三五一	五	
本牧	同	同	橫濱港南本牧鼻		三五、二六、一七 一三九、四〇、四一		木船	不動赤	三丈六	六十八	同	三〇二八七	二	每五分時鳴
觀音崎	同	相模	東京灣口		三五、一五、一八 一三九、四五、一三	三	瓦	不動白	十七丈八	白十九	同	一一三一七	二	
同副	同	同	觀音崎		三五、一五、一八 一三九、四五、一三	三	瓦	不動赤	十四丈六	四十九	光緒四			
劔崎	同	同	東京灣口		三五、〇八、二七 一三九、四一、〇八	二	石	旋螺白	十一丈白	廿	同治十	三七一七九	四	
城島	同	同	三崎側		三五、〇八、〇八 一三九、三七、〇七	五	瓦	不動綠	十丈六	六十八	同治九	三七二三	二	
神戶	兵庫	攝津	神戶港東稅關		三四、四一、一八 一三、五二、三八		木竿	同	四丈二	四十一	光緒三	一四四三	二	
和田岬	同	同	神戶港西南寄洲	西南距平磯五十六里	三四、三九、二〇 一三五、一一、〇〇	四	鐵改木	不動赤	五丈二	九十一	同治十一	二七五八六	二	
江崎	同	淡路	北灣		三四、三七、〇〇 一三四、五九、四〇	一	石	不動白	十五丈八	百廿六	同治十	二九一三八	四	
鷹島	長崎	肥前	呼子港內		三三、三三、三八 一二九、五四、一五	六	木	同	十五丈六	五十六	光緒七	一八二五		
大瀨崎	同	同	福江島西南		三二、三六、四五 一二八、三六、〇六	一	鐵	旋螺白	廿六丈五	百六十	光緒五	四九〇九五	四	
伊王島	同	同	長崎伊王島北		三二、四三、〇〇 一二九、四五、一二	一	鐵	不動白	廿丈五	百四十六	同治十一	二七二八〇	四	
蔭尾島	同	同	長崎蔭尾島北		三二、四二、四二 一二九、四九、二〇	六	石	不動赤	四丈	五十六	光緒七	五三〇九	二	
口津	同	同	島原口津港西		三二、三六、一七 一三〇、一二、二〇	六	瓦	不動白	十二丈六	同	光緒六	四一六二	二	

島原	同	同	島原北口小島		三二、四六、〇〇 一三〇、二五、三〇		瓦	同	三丈七	四十二	光緒三	二五一七		
新潟	新潟	越後	信濃川口南岸		三七、五六、二六 一三九、〇三、五六		木	同	六丈八	六十八	同	一八八四	二	
犬吠崎	千葉	下總	崎東		三五、四三、三〇 一四〇、五二、三〇	一	瓦	螺旋白	十六丈八	百三十	同治十三	四四八二五	六	
野島崎	同	安房	崎南	西南距女良礁廿一里	三四、五三、二〇 一〇〇、九五三五七	一	瓦	不動白	十三丈三	百二十	同治八	二九五六八	三	
四日市	三重	伊勢	四日市港		三四、五七、二五 一三六、三九、四四	六	木	同	四丈二	五十五	光緒十二			
贄崎	同	同	津港		三四、四三、四五 一三六、三三、一四		木竿	同	同	四十二	光緒十			
菅島	同	志摩	鳥羽港		三四、三〇、四〇 一三六、五四、五〇	四	瓦	同	十七丈六	百有五	同治十二	九二一五	二	
安乗崎	同	同	的矢港口		三四、二一、五五 一三六、五四、四四	四	木	半螺白	十丈二	百二十	同	一三三四五	二	
神子元	靜岡	伊豆	田港南	東北距下田港口卅五里	三四、三四、二五 一三八、五六、五七	一	石塔	不動白	十六丈四	百卅六	同治九	一二六六二	四	
石室崎	同	同	南		三四、三六、二二 一三八、五一、一二	九	木	不動赤	十八丈九	六十八	同治十	三八六六	二	
御前崎	同	遠江	極南駿河灣西	東南距御前礁十四里	三四、三五、五二 一三八、一四、一六	一	瓦	螺旋白	十七丈三	百三十	同治十三	三三四二三	四	
金華山	宮城	陸前	極南一島		三八、一六、五七 一四一、三六、〇〇	一	石	不動白	十七丈八	百三十	光緒二	五六二五五	三	每五十五秒隔五秒鳴
石巻	同	同	北上川口東岸		三八、二五、二〇 一四一、一九、四八		木竿	同	五丈二	四十	同治十三	一〇九八		
青森	青森	陸奧	青森市街海岸		四〇、五一、四五 一四〇、四五、一五		木竿	不動赤	四丈五	四十	同	八二五	二	
尻矢崎	同	同	津軽海峽東口		四一、二五、五八 一四一、二七、五九	二	瓦	不動白	十五丈	百三十八	光緒二	七三六〇〇	三	每一分時鳴十五次霧笛每一分時鳴六秒

禄剛崎	石川	能登	東北極地	西北六十八里嫁礁	三七、三〇、〇、 一三七、一九、〇〇	二	石	同	十五丈二白廿四	光緒九	三四六六六	二
伏木	富山	越中	伏木港口西北岸		三六、四七、四七 一三七、〇三、四二	五	木	不動白	三丈八六十八	光緒三	三五一四	
立石岬	福井	越前	敦賀灣口西		三九、四五、三七 一三六、〇一、一〇	四	石	同	八丈九百有二	光緒七	一四八一	二
角島	山口	長門	油谷港角島西北	西七里岩礁危險	三四、二一、三〇 一三〇、五〇、〇〇	一	石	螺旋白	十四丈二百二十	光緒二	四七〇三八	四
六連島	同	同	關口峽西	西米避此礁脚	三三、五九、五三 一三〇、五二、三一	四	石	不動白	八丈九百有二	同治十	二五六四〇	二
部崎	同	同	國北下關海峽東		三三、五七、四三 一三一、〇一、五三	三	石	同	十二丈二百十六	同	二四九〇四	三
樫野崎	和歌山	紀伊	大島東岬	東北距上類礁十四里	三三、二八、一五 一三五、五二、一〇	二	石	螺旋白	十丈二一百十	同治九	一三三四五	四
汐岬	同	同	極南		三三、二六、二〇 一三五、四五、三二	一	石	不動白	十六丈三百三十六	同治十二	六三九五二	四
苫島	同	同	苫島西		三四、一六、五〇 一三五、〇〇、四〇	三	石	同	廿丈八白十六	同治十一	二五三一一	三
龍頭崎	高知	七佐	浦戸港口		三三、三〇、〇〇 一三三、三六、〇〇	五	木	同	十丈二六十八	光緒九		
鍋島	愛媛	讚岐	小島		三四、二三、〇五 一三三、四九、一〇	四	石	同	八丈五百有五	同治十一	一六八四一	二
三津濱	同	伊豫	波止場		三三、五二、三 一三二、四二、九		木	同	二丈九四十一	光緒十二		
鉤島	同	同	興居島西		三三、五三、三五 一三二、三八、二六	三	石	同	十八丈六白十七	同治十二	一九一四五	二
博多	福岡	筑前	博多港		三三、三六、二七 一三〇、二四、〇〇	五	木	同	四丈六十八	光緒九		
白洲	同	豐前	藍島西南當低州		三三、五九、一一 一三〇、四七、五六	五	木	同	四丈四六十八	同治十一	一〇二八三	三

書標表

烏帽子	同	筑前	孤島與肥前壹岐連		三三、四一、三〇　一二九、五八、五〇	二	鐵	同	十八丈二	百三十六	光緒元	七二八八八	五	
大間郜詫	佐賀	肥前	筑後山口		三三、一〇、〇　一三〇、二一、三〇						光緒十四			
鞍崎	宮崎	日向	油津港外大島南		三一、三三、二〇　一三一、二六、四五	一	三和土	螺旋白	廿丈	百四十三	光緒十	四二六九六	四	
佐多岬	鹿兒島	大隅	佐多岬		三〇、五九、三〇　一三〇、三九、三〇	一	木竿	不動赤	四丈五	四十	同治十	七一五〇一	五	
鹿兒島	同	薩摩	鹿兒島港辨天礮臺北		三一、三三、〇五　一三〇、三〇、二一		木竿	同	同	四十一	光緒五	一七七五		
函館	北海道	渡島	函館港廿	南來暗礁	四一、四七、三六　一四〇、四一、五二		木船	不動紅赤改	三丈六	六十八	同治十	二九八九五	二	每五分時鳴
葛登支岬	同	同	函館港西		四一、四四、二八　一四〇、三五、四四	三	鐵木	不動白	十三丈七	百十七	光緒十一			
白神岬	同	渡島	南端		四一、二四、二〇　一四〇、一二、四四						光緒十四			
納沙布崎	同	根室	極東	東南七里猫頭礁	四三、二六、四七　一四五、五二、〇〇		木	同	七丈四	六十八	同治十一	五二一七	二	毎一分時鳴十二每年二月停
辨天島	同	同	根室灣		四三、二〇、三〇　一四五、三五、〇〇		木竿	不動赤	七丈五	四十一	同	一〇八七	二	
日和山	同	後志	高島郡南岬		四三、一四、二〇　一四〇、五四、一四	四	木	不動白	十六丈二	百廿三	光緒九		二	
神威岬	同	同	北西端		四三、二〇、〇　一四〇、一九、二五						光緒十四			
宗谷岬	同	北見	北		四五、三一、〇　一四一、五五、〇	二	鐵	白	十三丈二	百十六	光緒十一			每五分時鳴每年一二三月停
襟裳岬	同	日高	南端		四一、五五、〇　一四三、一四、〇						光緒十四			

險在潮用浮標險在礁則用立標陸標亦礁類澪標亦浮類或評燈爲夜標此外晝標統晝夜言曰海標日本晝標設始同治八年當彼明治二年廿年來浮標十有八而廢其一立凡九兵艦商舶均難可忽然燈臺設岸其地固繫府縣此則未盡專屬也述晝標

表

浮標	位置	質	形	色	出水	潮深	立標	位置	質	形	色	礁高	潮礁
川崎	東京灣羽根田南	鐵	圓錐籠珠	赤	一丈	六尋	伏瀨	肥前國平戶海峽南口又平戶	石	圓錐珠首	赤白橫縷	四丈	水面露
富津	東京灣富津洲西	同	同	同	一丈五	九尋		島南四十五里伏瀨礁					四尺
本牧	武藏國久良岐郡本牧沖罘洲	同	同	黑白橫縷	一丈	五尋	平瀨	肥前國長崎港口平瀨岩	石	同	同	二丈	水面露
	東												七尺
神奈川	橫濱港北神奈川礮臺	同	同	赤	同	六尋	角石	尾張國師崎水道日間賀島西	石鐵架	同		二丈五	水面露
橫濱	橫濱港南北	同	同	同	同	四尋半		角石礁					二尺五
中根	相模橫須賀灣東中根礁	同	圓臺	同	三尺	一尋半	釜石	陸中國釜石港內航路東南中	鐵棒	方錐	赤	二丈六	水面露
鹿瀨	內海播磨洋江崎燈臺南又西	同	圓錐籠珠	同	一丈五	十七尋		瀨岩北半一暗礁					二尺

民設舊燈明臺表

名	所在	材		色	高	深	名	所在	材	形	色	高	深
	五十七里鹿瀨南						長太夫	備後國瀨戶細島北航路南長	石	圓錐	赤黑横綫	二丈三	出礁
神殿島	內海大下瀨戶神殿島暗礁北	鐵	同	黑白横綫	一丈	四尋半						尺	面
權現洲	尾張國知多郡半田灣內三河	鐵	同	赤	同	五尋	興治兵	下關海峽航路東興治兵衛岩	石	同	赤	二丈	水面露
	國碧海郡大濱村權現島西南						衛						四尺
	斗出洲						鳴瀨	下關海峽航路北鳴瀨礁	石	同其首	白	二丈	水面露
本山	長門國厚東郡御崎南	鐵	同	同	一丈五	五尋半				倒壺狀			二尺
中洲東	下關峽東中洲東部赤	鐵	同	黑	一丈	三尋	組	下關海峽航路北組岩					
中洲西	下關峽東中洲浮標西	鐵	同	赤	同	同	平磯	明石海峽東北平磯礁南距播			黑白横綫	三丈三	水面露
金伏	下關峽東方金伏岩南	鐵	同	黑白横綫	同	九尋		磨地半里初浮敬立				尺五	七尺五
門司	下關峽門司灣內	鐵	同	赤黑横綫	同	二尋零							
大嗆根	下關峽西大嗆根瀨東南	鐵	同	赤	一丈二尺五寸	九尋							
藍根	下關峽北藍島北	鐵	同	同	一丈五尺五寸	五尋							
飛洲	下關峽東部崎燈臺北	鐵	同	赤黑横綫	一丈	同							
平磯	光緒十三年廢舊立標	鐵	同	赤	一丈五	同							

光緒十一年廢京都石川鳥取廣島愛媛熊本臺各一未廢而停京都廣島愛媛燈又各一存臺與竿八十有三其造費臺百五十七元竿七十五圓炊出自民而維持費臺八千一百七十一竿一千五百七十九則徵自入港商船凡臺費八千三百廿六圓竿費千五百有三圓謂之入高蓋其額也述民設舊燈明臺表

	木	石	鐵	合計	十尺以上	三十尺以上	光達七里以上	距四十里以上
京都	一			一	一		一	
大坂	一			一	一		一	
神戶	一			一	一		一	
兵庫	六	一		七	四	三	五	二
長崎		一		一	二	一	一	
新潟	二			二			二	
千葉	一			一		一		一
愛知	六	一		七	四	三	六	一

靜岡	一	一		二	一	一	一	一
青森	二			四	一	一		二
秋田	二			二		二	二	
石川	四			四	一	三	一	三
島根	一	一		二	二		二	
岡山	四	一		五	三	二	三	二
廣島	二	六	一	九	六	三	七	二
山口	五			五	二	三	一	四
和歌山	一			一		一	一	
德島	二	一		三	二	一	一	一
愛媛	七	九	三	一九	一七	二	一七	二
大分	二	一		三		三		三
佐賀	一			一		一		一
函館	四			四	一	三	四	
總	五六	二三	四	八三	四九	三四	五八	二五

暴風信號標表

風信號標凡三十七有球式而圓錐爲多其種二一上鈍下銳暴風南來視此夜以上二燈下一燈代之一上銳下鈍暴風北來視此夜以上一燈下二燈代之暴風尠處一燈或無燈述暴風信號標表

通稱	府縣廳	國郡區	位置	號標	球燈數
東京	東京府	武藏	南品川利田新田	圓錐	三
大坂	大坂府	攝津 西成郡	天保町商船取締出張所	圓錐	三
橫濱	神奈川縣	武藏 橫濱區	西波止場	圓錐	三
長崎	長崎縣	肥前 長崎區	縣廳構內	圓錐	三
新潟	新潟縣	越後 新潟區	船見町海岸丘上	圓錐	三
鳥羽	三重縣	志摩 答志郡	鳥羽港舊城內	球	一
清水	靜岡縣	駿河 有渡郡	清水町受新田	圓錐	三
掛塚	同	遠江 長上郡	掛塚村字元八丁	圓錐	三

岐阜	岐阜縣	美濃 厚見郡	稻葉田內字權現山	圓錐	三
石卷	宮城縣	陸前 牡鹿郡	石卷北上川口	圓錐	三
青森	青森縣	陸奧 東津輕郡	青森濱町三丁目	圓錐	
酒田	山形縣	羽後 飽海郡	酒田船場町字日和山北	圓錐	三
金澤	石川縣	加賀 金澤區	縣廳構內	球	一
金石	同	同	金石町字日和山	球	一
七尾	同	能登 鹿島郡	七尾府中町	圓錐	三
伏木	富山縣	越中 射水郡	伏木港字宇田	圓錐	三
坂井	福井縣	越前 坂井郡	坂井港米脅浦	圓錐	三
敦賀	同	同 敦賀郡	蓬萊町	圓錐	三
廣島	廣島縣	安藝 廣島區	國奉寺村字冲新開堤上	圓錐	
尾道	同	備後 御調郡	尾道十堂町住吉社境內	圓錐	三
下關	山口縣	長門 赤間關區	觀音崎	圓錐	三
和歌山	和歌山縣	紀伊 和歌山區	男芝町吹上寺測候所	圓錐	
多度津	愛媛縣	讚岐 多度郡	多度津村濟灣	圓錐	三

三津	同	伊豫 和氣郡	三津港	圓錐	三
博多	福岡縣	筑前 福岡區	博多須崎町濱地	圓錐	三
若松	同	同 遠賀郡	若松港	球	一
三池	同	筑後 三池郡	橫須村三池鑛山局內國旗竿	球	一
鹿兒島	鹿兒島縣	薩摩 鹿兒島郡	生產町海岸	圓錐	三
函館	北海道廳	渡島 函館區	沖濱町海岸	圓錐	三
又	同	同	高砂町海岸	圓錐	三
福山	同	同 松前郡	福山端立町海岸	圓錐	
江差	同	同 檜山郡	江差鷗島	圓錐	
森	同	同 茅部郡	森村字柳原	圓錐	
壽都	同	後志 壽都郡	壽都開注町海岸	圓錐	
岩內	同	同 岩內郡	岩內字鷹野臺	圓錐	三
小樽	同	同 小樽郡	小樽港町	圓錐	三
室蘭	同	膽振 室蘭郡	室蘭港通札幌	圓錐	三

鬯喜廬所著書

日本地理

奏派游歷日本美利加秘魯巴西等國英日屬地加納大古巴知府用兵部郎中臣傅雲龍述

國都表

當周惠王十七年其國王神武始都倭之橿原今爲奈良縣大和國可不謂棉蕞歟和爲倭之改字厥後都屢遷屢復至於今都武藏國江戶城改號東京先是權臣道灌宅此繼之者上杉氏北條氏德川氏凡五百一十二載明治元年王都徙自西京述國都表

當中國年	日本國代	都時 年	都時 月	都地	今地
周惠王十七	神武	元	正	橿原	奈良縣大和國
簡王	綏靖			葛城	大坂府和泉國
靈王	安寍			片鹽	同
敬王	懿德			輕	

元王	孝昭			掖上	
安王	孝安			室	大阪府和泉國
赧王	孝靈			黑田	
秦始皇三十六	孝元	四		輕	奈良縣大和國
漢文後元七	開化	元	十	春日	
太始二	崇神	三		磯城	
建始	垂仁			纏向	
永平十七	景行	四		同	
陽	成務			志賀	滋賀縣近江國
初平	仲哀			穴門	山口縣長門國
建安六	神功	元	正	盤余	奈良縣大和國
晉泰始六	應神			輕島	同
建興元	仁德	元	正	難波	大阪府攝津國
隆安四	履仲	元	正	盤余	奈良縣大和國

義熙二	允正	元	十	丹北	大坂府河內國
同	允恭			飛鳥	奈良縣大和國
宋孝建元	安康	元		石上	
大明	雄略			泊瀨	
建元	清寧			盤余甕粟	
齊永元	武烈			泊瀨列城	
梁天監十	繼體	五		筒城	西京府山背國
	同			弟國	
	同			盤余	奈良縣大和國
中大通六	安閑	元	正	勾金橋	同
大同二	宣化	元	正	檜隈廬入野	
六	欽明	元	七	磯城島	奈良縣大和國
太建八	敏達	五		譯語由	
陳至德四	用明	元		盤余	奈良縣大和國

禎明二	崇峻	元		倉梯	
唐貞觀四	舒明	二	十	飛鳥岡	
十七	皇極	二	四	同	
十九	孝德	大化元	十二	豐崎	
顯慶元	齊明	二		飛鳥岡	奈良縣大和國
龍朔	天智			志賀	滋賀縣近江國
咸亨三	天武	鳳元白	正	飛鳥岡	奈良縣大和國
景雲元	元明	和銅三	三	平城	西京府山城國
天寶三	聖武	天平十六	二	難波	大坂府攝津國
興元元	桓武	延曆三		長岡平安城	西京府山城國
貞元十	同	延曆十三	十一	葛野	同
元至元二	後醍醐	延元元	十二	吉野	奈良縣大和國
明洪武廿	後小松	明德三	閏十	平安城	西京府山城國
大淸同治四	明治	明治元		江戶	東京府武藏國

宮室表

日本往籍言推古七年聖德太子奏歷代禁造或大或小未曾格理自今以定美疎者依時必不可大也方面三百六十五步二十八殿並立第二十五之一殿是爲祭神齋殿以他七十二殿爲天皇所領殿宜檜材造檜皮葺矣南面大殿移日少宮以柱支平棟而梁裏天井則攝萬機之殿也時以此法造小墾田宮桓武延歷十二年造新宮於山背國山背今名山城翌年十月自南京遷北京今之平安城是也謂之大內裏歷百六十餘年而大政之權操自武家遂爲小內裏矣繼體三遷它代或移或仍安閑宣化之宮同名勾金而地有異一在勾金橋一在檜隈廬入野明治維新營宮於江戶城於光緒十五年春居之其宮外參西法用瀛機焉而內沿舊制居多述宮室表

代	宮	今地
神武	橿原宮	奈良縣大和國
懿德	曲峽宮	
孝昭	池心宮	
孝安	秋津島宮	大坂府和泉國
孝元	境原宮	
開化	卒川宮	奈良縣大和國
崇神	瑞籬宮	
景行	高穴穗宮	
仁德	高津宮	大坂府攝津國
履仲	稚櫻宮	
應神	豐明宮	奈良縣大和國
反正	柴籬宮	大坂府河內國
允恭	穴穗宮	
武烈	列城宮	

代	宮	今地
安閑	勾金宮	奈良縣大和國
宣化	勾金宮	
欽明	金刺宮	奈良縣大和國
用明	池邊雙槻宮	同
敏達	幸玉宮	
崇峻	柴垣宮	
舒明	岡本宮	
皇極	板蓋宮	
元明	都藤原宮	
明治	假皇宮	東京武藏國
	新皇宮	同

繼體　筒城宮　西京府山城國

弟宮

玉穗宮　奈良縣大和國

官署表

日本官制初概學唐厥署亦仿佛居多數數徙都署隨之變都東京初江戶城新宮未蔵故內閣宮內省皆近假皇宮光緒十五年春徙新宮側樞密院者先議院而設在光緒十四年明治二十一年它署亦不無變更也述官署表

樞密院

內閣

法制局　行政部　司法部　法制部

檢查院　賞勳局

記錄局　記錄課　圖書課　會計局　恩給課　會計課　官報局

編輯課　繙譯課　統計局　鐵道局　修史局

宮內省
內事課　外事課　侍從職　式部職　皇太后宮職
皇后宮職　大膳職　內藏寮　主殿寮　圖書寮
內匠寮　主馬寮　諸陵寮　御料局　侍醫局
調度局　華族局　皇族職員

外務省 麴町霞關
官房　總務局　文書課　政務課　往復課　人事課　報告課　電信課
通商局　取調局　第一課　第二課　繙譯局　記錄局
會計局　出納課　用度課　撿查課

內務省 麴町大手町
官房　總務局　文書課　記錄課　往復課　戶籍課　報告課　圖書課
縣治局　府縣課　地方費課　郡區課　警保局　警務課　保安課
監獄課　土木局　治水課　計算課　道路課　衛生局
衛生課　醫務課　地理局　地籍課　觀測課　地誌課　社寺局

大藏省

麴町大手町

神社課　寺院課

會計局　出納課　用度課　撿查課

官房

總務局　文書課　傳票課　往復課　監督課　報告課　備荒儲蓄課

整理課

主稅局　調查課　印紙稅課　地租課　雜種稅課　酒稅課　地方稅課

監查課　徵稅費課　計算課　統計課

關稅局　常務課　製表課　調查課

主計局　主簿課　歲出第一課　總豫算決算課　歲出第二課　歲入課　地方財務課　雜種金課　調查課

官有財產物品會計課

出納局　配賦課　監查課　準備金課

國債局　公債課　恩給課　計算課

金庫局　主金課　計算課

收支課

銀行局　常務課　報告課　調查課

預金局

勘查課　計算課　收支課

記錄局　編集課　照查課

陸軍省

麴町永田町

官房

總務局　第一課　第四課　第二課　制規課　第三課

騎兵局　第一課　第三課　第二課

砲兵局　第一課　第二課

工兵局　第一課　第二課　會計局　第一課　第三課　第二課　第四課

醫務局　第一課　第三課　第二課

海軍省
赤坂葵町
官房　軍務局　將校課　兵員課　准將校課　法規課　艦政局

兵器課　需品課　造船課　海運課　機關課　建築課　艤裝課　會計局

整理課　供給課　出納課　用度課　艦費課

司法省
麴町有樂町
官房　總務局　文書課　報告課　往復課　記錄課　民事局

刑事局　會計局　出納課　用度課　撿查課

文部省
麴町竹平町
官房　總務局　文書課　報告課　往復課　記錄課　學務局

第一課　第三課　第二課　第四課　編輯局　第一課　第三課　第二課

會計局　出納課　用度課　撿查課

農商務省
官房　總務局　文書課　記錄課　往復課　分析課　報告課　博覽會課

麴町大手町
農務局　樹藝課　獸醫課　蠶茶課　編纂課　畜産課
商務局　商事課　權度課
工務局　勸工課　試驗課
水産局　漁務課　製造課
試驗課
山林局　第一課　第三課　第二課
地質局　地質課　地形課　土性課
鑛山局　鑛山課　試驗課
專賣特許局　商標課
會計局　出納課　用度課　撿查課

遞信省

官房
總務局　文書課　記錄課　往復課　監查課
驛遞局

京橋木挽町
（第一部）　庶務課　主計課
（第二部）　規畫課　驛傳課　遞送集配課
（第三部）　外國郵便課　繙譯課　外國爲換課
（第四部）　爲換課　貯金課
電信局
（第一部）　庶務課　外信課　調查課　主計課
（第二部）　工務課　倉庫課　電機課
燈臺局　主計課　工務課
管船局　調整課　司撿課　登簿課
會計局　出納課　用度課　撿查課　收支課

元老院

大審院

控訴院

始審裁判所四十六

東京○横濱○新潟○浦和○千葉○宇都宮○前橋○水戶○甲府○靜岡○長野○京都○大坂○神戶○和歌山○大津○德島○岡山○福井○金澤○富山○高知○松山○名古屋○岐阜○安濃津○廣島○山口○松江○鳥取○長崎○佐賀○福岡○熊本○大分○鹿島兒○宮崎○仙臺○福島○山形○盛岡○秋田○函館○弘前○札幌○根室

警視廳	警察署	分署	派出交番		警察署	分署	派出交番		警察署	分署	派出交番
東京	二七		三三八	滋賀	一〇	一五	三六	和歌山	八	二八	五
京都	七	三七	一〇九	岐阜	七	一九	四一	德島	九	一二	三五
大坂	二〇	四八	一三六	長野	七	三〇	九	高知	八	六	一八

東京街道表

地名				地名				地名			
神奈川	八	一六	二六	福島	一一	一八	四四	愛媛	八	四二	九六
兵庫	一七	七八	二	宮城	五	三〇	四〇	福岡	九	三四	一五
長崎	九	一九	一六	岩手	七	一一	二六	大分	一〇	九	二一
新潟	九	三七	四一	青森	八	一一	一七	佐賀	六	一六	二八
埼玉	一六	一四	六〇	秋田	八	三三	五	熊本	八	二六	二八
群馬	一〇	一〇	三四	山形	八	二一	一七	宮崎	五	七	六
千葉	一三	二四	四〇	石川	一〇	一四	一七	鹿兒島	八	二六	八
茨城	一一	三六	一六	富山	五	一六	一九	函館	七	一七	一四
橡木	九	一四	二五	福井	七	一三	一一	札幌	七	八	一四
奈良				島根	八	一六	三一	根室	三	三六	三
三重	一六		三〇	鳥取	四	一四	一七	總計	四二三	九七一	一六六五
愛知	一五	二一	四〇	岡山	五	三一	三七				
靜岡	九	一八	二三	廣島	八	三〇	四〇				
山梨	六	一一	六	山口	五	二九	一四				

東京街道凡十有五區曰麴町區厥町四十曰神田區厥町九十九曰日本橋區厥町九十五曰京橋區厥町八十八曰芝區厥町九十五曰麻布區厥町四十二曰赤坂區厥町廿三曰四谷區厥町廿九曰牛込區厥町六十七曰小石川區厥町六十二曰本鄉區厥町四十七曰下谷區厥町五十五曰淺艸區厥町八十六曰本所區厥町五十三曰深川區厥町八十九凡九百七十町光緒十四年議擴市區之道明年後加詳議凡河梁鐵道公園鳥市塲靑物市塲獸畜市塲屠塲火葬塲塋地因地分類厥等有差道廿間以上曰第一等第一類六尺曰間也中央馬車道十二間餘左右步道各三間餘又十五間以上曰第一等第二類中央十間餘左右各二間餘又十二間以上曰第二等中央八間餘左右視一等之第二類也又十間以上曰第三等中央六間以上左右各二

間半又八間以上曰第四等中央五間以上左右一間又六間以上曰第五等中央四間以上左右各半間然未嬀工也厥名亦未之改述東京街道表

麴町區

東代官町○西代官町○祝田町○寳田町○元千代田町○大手町○元衙町○竹平町○道三町○錢瓶町○永樂町○八重洲町○有樂町○外櫻田町○西日比谷町○霞關町○內山下町○內幸町○裏霞關町○三年町○永田町○隼町○元平河町○平河町○山本町○紀尾井町○麴町大街○元園町○一番町○上二番町○下二番町○三番町○土手三番町○四番町○五番町○上六番町○中六番町○下六番町○富士見町○飯田町

神田區

一橋通町○今川小路町○南神保町○北神保町○表神保町○裏神保町○西小川町○三崎町○中猿樂町○猿樂町○表猿樂町○裏猿樂町○錦町○小川町○南甲賀町○北甲賀町○表甲賀町○鈴木町○西紅梅町○表紅梅町○淡路町○美土代町○三河

町○雉子町○鎌倉町○皆川町○松下町○關口町○的吳蘇骨町○永富町○旭町○新銀町○佐柄木町○千代田町○新石町○竪大工町○多町○西今川町○塗師町○上白壁町○鍋町○連雀町○鍛冶町○通新石町○須田町○紺屋町○下白壁町○松田町○黑門町○小柳町○西福田町○東乘物町○美倉町○東今川町○材木町○東福田町○元岩井町○北乘物町○東紺屋町○富山町○東松下町○松枝町○大和町○平永町○元柳原町○柳町○岩本町○東龍閑町○豐島町○江川町○橋本町○富松町○久右工門町○宮本町○佐久間町○臺所町○泉町○同朋町○花岡町○平川町○花房町○松永町○相生町○花田町○仲町○旅籠町○山本町○末廣町○榮町○元佐久間町○龜住町○松富町○五軒町○元久右工門町○八名川町○餌鳥町○松住町○金澤町○田代町

日本橋區

室町○本町○北鞘町○品川町○裏川町○本兩替町○駿河町○本小田原町○本船町○本銀町○本石町○十軒店○金吹町○瀨戶物町○長濱町○小田原町○岩

附町○伊勢町○安針町○通町○西川岸町○呉服町○數奇屋町○元大工町○檜物町○

上槇町○箔屋町○榑正町○新右衞門町○川瀨石町○平松町○佐內町○青物町○萬町

○元四日市町○錦町○本材木町○大傳馬町○旅籠町○通油町○鹽町○鐵砲町○小傳

馬町○堀留町○田所町○新大坂町○元濵町○彌生町○富澤町○長谷川町○新乘物町

○新材木町○岩代町○葺屋町○堺町○和泉町○高砂町○浪花町○住吉町○元大坂町

○葭町○新葭町○松島町○堀江町○小舟町○小網町○小網仲町○蠣殼町○馬喰町○

小傳馬上町○龜井町○通壚町○橫山町○吉川町○元柳町○新櫻町○米澤町○藥研堀

町○橘町○若松町○村松町○久松町○矢倉町○菖蒲町○濵町○兜町○南茅場町○三

代町○坂本町○北島町○新永代町○龜島町○北新堀町○箱埼町○下槇町

京橋區

南傳馬町○中橋廣小路町○北槇町○南槇町○桶町○南大工町○南鍛冶町

○五郎兵衞町○疉町○北紺屋町○中橋和泉町○大鋸町○南鞘町○松川町○鈴木町○

因幡町○常盤町○具足町○柳町○炭町○水谷町○日比谷町○本材木町○岡崎町○八丁堀仲町○永島町○幸町○長澤町○元島町○松屋町○高代町○本八丁堀町○南新堀町○靈巖島四日市○靈巖島塩町○靈巖島濵町○靈巖島銀町○長崎町○靈巖島町○富島町○川口町○東湊町○新船松町○大川端町○越前堀町○銀座○三十間堀町○尾張町○金六町○京橋水谷町○南紺屋町○弓町○新肴町○彌左衛門町○鎗屋町○西紺屋町○元數寄屋町○尾張町○竹川町○出雲町○南金六町○宗十郎町○日吉町○南鍋町○瀧山町○加賀町○南佐柄木町○丸山町○山下町○八官町○山城町○釆女町○木挽町○新富町○大富町○本湊町○南八丁堀町○南飯田町○舟松町○南本郷町○上柳原町○入舟町○南小田原町○新湊町○新榮町○佃町○明石町○築地

芝區

芝口町○源助町○露月町○柴井町○宇田川町○宇田川横町○神明町○芝濵松町○汐留町○新錢坐町○新堀町○濵崎町○今入町○新櫻田町○櫻田本鄉町○新

幸町○二葉町○琴平町○南佐久間町○櫻田久保町○櫻田善右衛門町○櫻田太左衛門町○櫻田伏見町○櫻田兼房町○櫻田備前町○櫻田鍛冶町○櫻田和泉町○烏森町○日蔭町○西久保明舟町○巴町○葺手町○城山町○八幡町○櫻川町○神谷町○田村町○愛宕町○愛宕下町○芝榮町○芝公園地○三島町○宮本町○七軒町○仲門前○片門前○土手跡町○湊町○森本町○新門前町○金杉町○川口町○濵町○本芝町○芝田町○車町○高輪北町○高輪南町○下高輪町○芝新堀町○西應寺町○本芝材木町○下夕町○久横新町○通新道○松本町○赤羽町○三田町○四國町○同朋町○切通町○臺町○裏臺町○伊皿子町○高輪臺町○西臺町○二本樓木町○三田小山町○綱町○豐岡町○松坂町○北寺町○南寺町○老僧町○君塚町○白金志田町○臺町○猿町○品川臺町○上三光町○下三光町○二本樓木町○二本榎木西町○舟場町○錦町○新濵町

麻布區

飯倉狸穴町〇片町〇我善坊町〇市兵衛町〇仲町〇谷町〇簞笥町〇今井町〇三川臺町〇永坂町〇東鳥居坂町〇鳥居坂町〇飯倉町〇麻布六本木町〇權田町〇宮下町〇北日窪町〇材木町〇日窪町〇龍土町〇新龍土町〇網代町〇阪下町〇一本松町〇宮村町〇新宮村町〇三軒家町〇笄町〇新笄町〇霞町〇山本町〇山村町〇廣尾町〇富士見町〇森岡町〇西町〇東町〇竹谷町〇田島町〇木村町〇澁谷廣尾町〇管原町

赤坂區

元赤坂町〇一木町〇田町〇表町〇裏町〇新町〇仲町〇福吉町〇丹後町〇臺町〇氷川町〇新阪町〇檜町〇溜池榠町〇葵町〇靈南阪町〇青山南町〇青山北町〇三筋町〇大間町〇權田原町〇高樹町〇澁谷宮益町

四谷區

傳馬町〇尾張町〇鹽町〇忍町〇鹽町〇坊町〇北伊賀町〇新堀江町〇荒木町〇舟町〇愛住町〇永住町〇須賀町〇仲町〇南伊賀町〇南寺町〇寺町〇大番町左門

町〇東信濃町〇左京町〇平長町〇元鮫橋町〇千駄谷南町〇大番町〇伊賀町仲町〇鮫

橋谷町〇元鮫橋南町

牛込區

一谷舟河原町〇佐土原町〇長延寺町〇佐門坂町〇鷹匠町〇加賀町〇山伏

町〇甲賀町〇栅町〇藥王寺町〇仲町〇片町〇七軒町〇谷町〇河田町〇大久保余町〇

富久町〇本村町〇八幡町〇田町〇神樂町〇肴町〇邇寺町〇矢來町〇天神町〇東榎町

〇南榎町〇榎町〇辨天町〇早稻田町〇南早稻田町〇北早稻田町〇馬場下町〇若宮町

〇岩手町〇拂方町〇南町〇仲町〇蕈笥町〇横寺町〇納戶町〇細工町〇南山伏町〇北

山伏町〇千騎町〇原町〇若松町〇喜久井町〇三十町〇破損町〇戶塚町〇揚場町〇宮

北町〇宮下町〇築土前町〇八幡町〇白銀町〇西五軒町〇東五軒町〇赤城元町〇赤城

下町〇築地町〇改代町〇水道町〇中里町〇山伏町〇高田町

小石川區

小石川町〇諏訪町〇新諏訪町〇江戸川町〇大和町〇水道町〇西江戸川町〇小石川大門町〇南富坂町〇中富坂町〇上富坂町〇下富坂町〇表町〇仲町〇紺屋町〇初音町〇柳町〇掃除町〇指谷町〇白山前町〇戸崎町〇金富町〇同心町〇竹早町〇久堅町〇原町〇林町〇大原町〇丸山町〇大塚原町〇大塚町〇阪下町〇阪中町〇阪上町〇阪辻町〇新小川町〇小日向武島町〇水道端町〇第六天町〇茗荷谷町〇臺町〇水道町〇東古川町〇西古川町〇松枝町〇小日向町〇關口水道町〇櫻木町〇音羽町〇西青柳町〇東青柳町〇小日向三軒町〇關口駒井町〇關口町〇高田老松町〇高田豐川町〇雜司谷町〇巢鴨原町〇仲町〇駕籠町〇巢鴨町〇小石川宮下町

本鄉區

湯島町〇三組町〇妻戀町〇新花町〇天神町〇同朋町〇梅園町〇切通町〇切通坂町〇西門町〇本鄉森川町〇金助町〇春木町〇元富士町〇龍岡町〇向岡彌生町

○東竹町○西竹町○元町○弓町○眞砂町○菊阪町○臺町○田町○丸山新町○丸山福山町○駒込東片町○駒込西片町○追分町○肴町○淺賀町○曙町○蓬萊町○千駄木町○坂下町○片町○吉祥寺町○富士前町○富士上町○根津八重垣町○宮永町○宮永片町○清水町○藍染町○須賀町○西須賀町○片下分町

下谷區

下谷二長町○徒町○竹町○練塀町○長者町○阪町○同朋町○下谷町○數寄屋町○茅町○西町○車阪町○上車阪町○南稻荷町○豐住町○萬年町○山伏町○阪本町○新阪町○新阪裏町○小照町○簟笥町○善養寺町○金杉上町○金杉下町○原宿町○藥王子町○通新町○眞正寺町○上西大門町○北大門町○西黑門町○東黑門町○元町○廣小路町○上町○三橋町○五條町○池端仲町○七軒町○上野山下町○上野花園町○櫻木町○公園地○谷中町○阪町○淸水町○初音町○茶屋町○眞島町○三崎町

○三崎南町○三崎北町○護持院町○七面前

淺艸區

茅町○平右衛門町○下平右衛門町○新片町○瓦町○須賀町○旅籠町○福井町○新福井町○柳原町○猿屋町○藏前片町○森田町○新森田町○新旅籠町○南元町○北元町○富坂町○八幡町○三好町○黑舟町○諏訪町○新福富町○北西坂町○壽町○駒形町○三軒町○材木町○並木町○茶屋町○西仲町○東仲町○田原町○北田原町○森下町○榮久町○若松町○松淸町○福富町○西鳥越町○東鳥越町○西三筋町○東三筋町○北三筋町○小島町○七軒町○阿部川町○永住町○松葉町○南淸住町○北淸住町○神吉町○花川戸町○山宿町○金龍山下瓦町○公園地○猿若町○聖天町○聖天横町○山川町○馬道町○田町○東町○象潟町○田島町○芝崎町○谷町○光月町○新吉原江戶町○新吉原角町○新吉原京町○新吉原五十間町○新吉原揚屋町○今戶町

○橋場町○龜岡町○吉野町○山谷町○淺艸町○榊町○北松山町○元吉町○北東仲町

○新畑町○南松山町○高原町○新猿屋町

本所區

千歲町○松井町○林町○德右衛門町○菊川町○元町○横網町○藤代町○

小泉町○松坂町○龜澤町○相生町○緑町○花町○永倉町○入江町○清水町○長崎町

○吉田町○長岡町○三笠町○吉岡町○北二葉町○南二葉町○五橋町○南本所石原町

○東町○瓦町○本所太平町○番場町○新小梅町○北本所荒井町○柳島横川町○本所

若宮町○外手町○松倉町○原庭町○瓦町○北本所表町○横川町○新堀町○柳原町○

竹町○中鄉横川町○南本所元町○本所錦絲町○中鄉八軒町○本所茅場町○小梅瓦町

○業平町○花月町○柳島町○龜井戸町

深川區

松賀町○仲大工町○西大工町○佐賀町○伊勢町○伊勢崎町○山本町○永

代町〇中島町〇久永町〇松村町〇三好町〇一色町〇元加賀町〇蛤町〇兩元町〇富岡門前町〇富岡門前仲町〇東仲町〇小松町〇相川町〇數矢町〇熊井町〇大島町〇永堀町〇黑江町〇材木町〇和倉町〇山本町〇龜久町〇西永町〇萬年町〇入舟町〇東大工町〇裳町〇堀川町〇清住町〇今川町〇靈岸町〇東永代町〇東平町〇大住町〇吉永町〇島田町〇諸町〇中川町〇福住町〇富田町〇伊澤町〇西永代町〇龜住町〇島崎町〇大和町〇西平町〇冬木町〇扇橋町〇鶴步町〇常盤町〇舟藏前町〇東大間堀町〇西大間堀町〇西大間堀町〇東元町〇八名川町〇北松代町〇安宅町〇猿江裏町〇富川町〇東町〇西森下町〇東森下町〇下六島町〇猿江町〇石島町〇豊住町〇泉養寺町〇平富町〇上六島町〇牡丹町〇東扇橋町〇扇町〇末廣町〇淺森町〇洲埼町〇本場町〇西町〇越中島町〇富岡公園地〇越中島新田

府縣廳至東京里表

日本府縣不以治所爲主立木標於適中處書揭來里謂之元標元有長誼第一標也東京元標在日本橋測量家記里以之道難執一宜指所經合之華里述府縣至東京里表

府縣	元標	經道	至東京里	府縣	元標	經道	至東京里
京都	三條大橋	東海道	九百十里	山形	七日町	米澤	六百五十八里
大坂	高麗橋	京都	一千〇〇一里	秋田	久保田大町	米澤	千五十里
神奈川	橫濱本町	神奈川	五十六里	福井	照手上町	名古屋	千四十三里
兵庫	神戸市塲町	京都	千七十一里	石川	金澤尾張町	高田	八百八十九里
長崎	外浦町	京都小倉	二千四百十五里	富山	西町	中仙道長野魚津	七百七十里
新潟	本町	三國通	六百二十三里	鳥取		京都智頭	千四百里
埼玉	浦和中町	中仙道	四十二里	島根	松江堅町	京都津山	千五百六十一里
羣馬	前橋連雀町	熊谷伊勢崎	百九十六里	岡山	橋本町	京都姬路	千三百二十三里
千葉	本町	市川	七十里	廣島	細工町	京都姬路	千六百三十一里

府縣廳孔道支道表

茨城	水戸七軒町	土浦	二百三里
橡木	宇都宮	古河	百九十六里
奈良			
三重	津揭示場	四日市	七百八十四里
愛知	名古屋鐵砲町	熱田	六百五十八里
靜岡	吳服町	東海道	三百二十二里
山梨	錦町	甲州街道	二百四十五里
滋賀	大津上京町	東海道	八百八十九里
岐阜	白木町	名古屋	七百二十一里
長野	大門町	中仙道追分	四百〇六里
宮城	仙臺大町	陸羽街道	六百四十四里
福島	上町	陸羽街道	四百九十里
岩手	盛岡紺屋町	仙臺	九百八十里
青森	米町	仙臺	千三百九十里
山口	大市町	京都廣島	千八百八十三里
和歌山	京橋	大坂	千百二十七里
德島	西横町	明石淡路	千二百七十四里
高知	本町揭示場	下津井丸龜	千六百七十三里
愛媛	松山札辻	下津井丸龜	千七百三十六里
福岡	橋口町	小倉山家	二千百七十七里
大分	碩田橋	京都小倉	二千二百四十里
佐賀	白山町	東海道中國筋	二千二百十九里
熊本	新町	小倉久留米	二千三百二十四里
宮崎	上野町	東海道小倉	二千五百九十七里
鹿兒島	山下町	小倉熊本	二千七百十六里
北海道	札幌	仙臺函館	二千六百三十二里

雲龍於日本內地未遑周歷然孔道支道輒就日本里數合之華里分道十有六問道者或亦有取於斯述府縣廳孔道支道表

表一

自東京逕東海道京都大坂山陽道豐前小倉至長崎

孔道

東京府日本橋有支十四里品川又十六里半神奈川縣川崎又十五里半神奈川有支又八里程谷已上武藏國又十六里半戶塚又十一里半藤澤有支又廿三里平塚有支又五里半大磯又廿九里小田原有支又廿九里箱根已上相模國又廿三里靜岡縣三島伊豆國有支又九里沼津有支又九里原又廿一里吉原有支又十七里半蒲原有支又六里半由比又十六里興津有支又八里半江尻有支又十七里靜岡又九里丸

支道

東京府日本橋逕大山街道至小田原百八十三里　新橋鐵路至橫濱四十八里　神奈川逕橫濱金澤橫須賀浦賀鎌倉至藤澤百八十六里

藤澤至大山百三十八里　平塚厚木橋本村百八十四里八王子　小田原塚原關本矢倉澤竹下村二百十二里御殿場　小田原吉濱熱海網代宇佐美白濱田子村戶田五百二里韮山　三島大場四十二里熱海　三島大仁村梨本村百十二里下田港　沼津百六十八里甲府　吉

子又十四里岡部又十里藤枝有支又九里島田已上駿河國又七里金谷有支又十里半日坂又十二里半掛川有支又十五里半袋井又九里半見附有支又三里中泉又廿二里濱松有支又廿一里半舞坂又八里新居又十里半白須賀已上遠江國又九里愛知縣二タ川又十四里半豐橋又十七里半御油有支又三里赤坂又十五里藤川又十四里岡崎有支又廿三里知立已上三河國又廿三里半鳴海又十里半熱田有支又二十二里福田又十四里前須已上尾張國有支又九里桑名有支又二十二里四日市有支又十九里石藥師又七里莊野又十里半龜山又九里關有支又十里半坂下已上伊勢國又十七里滋賀縣土山有支又十九里水口有支又二十二里石部又十八里

原根原百四十里甲府　蒲原四十七里萬澤　興津下山百五十九里甲府　江尻十里三保村　江尻久能山三十四里靜岡　藤枝百廿一里中泉
金谷四十二里橫須賀　掛川四十九里領家村
見附三百四十二里妻籠　濱松新所五十二里二川　濱松三箇市八十九里御油　御油百三十六里根羽村　岡崎四十六里大濱　岡崎稻橋片桐宮田平出三百四十四里下諏訪　岡崎舉母岩村百五十一里大井　知立半田有鐵道百七十九里熱田一名言宮
熱田名古屋小牧稻置六十六里鵜沼　熱田名古屋清洲一之宮加納七十五里岐阜美濃國有縣治　名古屋清洲稻葉荻原
墨股有火車二里大垣　桑名高須加納九十二里岐阜

草津有支 又廿六里大津已上近江國有支 又十九里京都府三條大橋有支 又十六里半伏見有支 又九里淀又八里半橋本已上山城國 又十六里大坂府枚方又廿三里守口已上河內國 又十五里大坂有支 又十七里兵庫縣神崎有支 又十二里尼崎又十一里半西之宮又廿九里半神戶又三里兵庫已上攝津國 又三十二里半明石有支 又三十八里加古川有支 又十九里半御着又十一里姬路有支 又廿九里正條有支 片島又廿四里半有年已上播磨國 又廿一里岡山縣三石又十七里西片上有支 又三十三里藤井又十五里岡山已上備前國有支 又十七里板倉又廿二里半川邊有支 又廿五里矢掛又廿一里七日市已上備中國 又十九里廣島縣神邊有支 又三十二里今津又十四里尾

關椋本 四十一里半 關柘植村上野北村 百三十五里奈良縣廳大和國 土山西大路武佐 六十五里八幡 水口 四十九里上野 草津矢橋 十四里大津 草津千町 五十六里宇治山城國 大津石馬場大谷山科稻荷 鐵路三十七里京都 京都向日町山崎高槻茨木吹田 鐵路大坂 伏見奈良 百四十六里吉野大和國 大坂住吉村堺山中 百二十一里和歌山紀伊國 大坂堺西鄉村 百二十六里高野山空海開之 大坂深江龍田 七十一里奈良 神崎小濱生瀨廣野 百十一里篠山丹波國 明石岩屋洲本撫養 二百七十二里德島阿波國 加古川二十一里高砂子 姬路高岡鴨川篠山國領 百九十七里福知山丹波國 姬路福崎粟賀 七十九里生野但馬國 正條龍野 十七里觜崎 西片上五十八里蟲明 西片

道（有支） 又二十四里三原（已上備後國） 又廿一里本鄉（有支）
又廿七里田萬里又十八里西條又廿里上瀨野
又廿里海田市又十五里廣島（有支）又廿四里廿日
市又三十一里玖波（已上安藝國） 又十九里山口縣關
戸又三十里玖珂（有支）又十九里今市又廿一里花
岡又十二里德山又十四里福川又十九里富海
又十四里宮市（有支） 三十五里小郡（有支） 十九里半山
中又廿里半船木又十里厚狹又廿里吉田（有支）又
八里小月（有支） 又十七里豐浦（已上長門國） 又十二里赤
間關又十里福岡縣大里又十一里小倉（已上豐前國有
支） 又廿二里黑崎又廿二里木屋瀨又八里直方
又廿七里飯塚又廿四里內野十二里山家（有支）又
九里半原田（已上筑前國） 又十五里長崎縣田代六又

上九十三里津山 岡山（福渡） 百里津山 岡山四
十五里牛窓 岡山（倉敷 丸龜） 四百十三里松山（伊豫國）
岡山三百四十八里高知（土佐國） 岡山百十九
里半福山（備後國） 川邊（高梁 花見） 二百三十二里米子
（伯耆國） 神邊（福山） 三十三里鞆津 尾道（三次 佐白） 三百
一里松江 本鄉百七十六里海田市 廣島（中山）
（市木） 百八十五里濱田 玖珂（柳井津室 津室積） 百六十六
里德山（周防國）
宮市三十四里山口 宮市十四里中之關 小
郡（山口） 八十九里萩 吉田（河原 明水） 百十里萩 小月
（西市 湯町） 八十三里正明 小倉（添田小石 原宮原） 二百五十
一里半內牧（肥後國） 小倉（若松 福岡） 三百三十四又唐
津 小倉（香春 猪膝 大隈 町 千手 秋月） 百十九里半甘木 山

里轟木有支十一里半中原十七里神崎十里半境
原十一里佐賀有支十七里牛津有支十五里小田十
六里北方十里柄崎有支廿五里半嬉野十九里彼
杵有支三十二里半大村十九里半永昌有支二十七
里矢上十七里半長崎有支

家四十二里福岡　山家甘木日田川上二百二十七里
大分豐後國轟木府中百八里日田　佐賀榎津高瀨百五
十二里熊本　佐賀田村九十四里福岡　牛津百
二里名護屋　牛津唐津百六十六里勝本壹岐國
柄崎伊萬里及海路五百五里嚴原對馬國　彼杵百三十
里平戶　永昌百九十三里愛津　長崎浦上瀨戶三重
百十九里面高

表二

自豐前小倉逕肥後熊本至鹿兒島

小倉百二十三里山家筑前國有支二十里松崎二
十一里府中二十二里羽犬塚十七里瀨高十
三里原町已上筑後國十四里熊本縣南關三十一
里山鹿有支二十七里植木二十一里熊有支十五

山家轟木廿一里半久留米　羽犬塚南關百九十六
里熊本　山鹿六十八里半熊本　熊本高橋百貫石
六十八里島原港　熊本大津百廿二里大分　熊
本野尻百七十五里竹田　熊本馬見原三田井二百五十

里川尻十四里半宇土有支七里松橋十九里小川
二十九里八代十七里半日奈久二十二里田浦
十五里佐敷有支三十四里水俣已上肥後國二十五
里鹿兒島縣米津十七里半出水二十二里阿久
根有支二十三里半西方二十七里向田町廿八里
市來有支二十四里伊集院有支三十一里鹿兒島
有支

六里半延岡　宇土三角浦下津浦百八十八里富岡
佐敷人吉高崎二百十里都城　佐敷大口入來二百一里
鹿兒島　阿久根八十五里牛深港　市來百八
里上甑島　伊集院百八里半坊津　鹿兒島喜入
枕崎百七十一里坊津　鹿兒島谷山勝目百五里半坊
津

表三

自豐前小倉逕豐後日向大隅至鹿兒島

小倉廿九里苅田十二里行事廿四里大橋
椎田十五里八屋十四里大分縣中津廿九里
四日市九里南宇佐已上豐前國廿六里半立石有支十
二里野原廿里半豐岡廿里別府廿一里半大分

立石竹田津、杵築百七十七里豐岡
大分犬飼百五里竹田　大分五十四里佐賀關
大分廣内臼杵江良百六十六里重岡　市場竹田菅生百八
十九里熊本

有支廿五里半中戶次廿八里大寒廿里市場有支三
十四里小野市十四里半重岡已上豐後國四十一里
鹿兒島縣熊田廿九里延岡四十里半宮高新町
十九里美美津有支十九里都農有支廿九里高鍋廿
六里廣瀨有支廿四里宮崎有支三十四里學木三十
一里山之口廿六里都城以上日向國有支廿一里通山
廿五里福山有支廿一里國府十四里加治木十四
里重富已上大隅國廿五里鹿兒島

美美津坪谷尾崎韮草越百二十二里八吉　都農高城莊內
百八十三里半都城　廣瀨妻町湯前村百八十四里
人吉　宮崎二百九十九里半福山　都城六十
里志布志　福山百四十一里半佐多　鹿兒島
吉田大村八十七里半宮之城

表四

自滋賀縣大津逕伏見大坂堺紀伊國加太浦淡路島至松山及宇和島

大津廿五里半京都府伏見七十三里大坂府高
麗橋十四里住吉已上二所攝津國十一里堺二十八里

德島八幡鹿庭百四十四島半高松　德島川島芝生佐野百
八十九里川江　德島宍喰野根高知越知久萬五百九十二

岸和田三十里尾崎廿六里谷川浦已上和泉國十八
里紀伊國和歌山縣加太浦二十一里兵庫縣由
良濱十七里洲本十二里半中筋廿六里福良已上
淡路國廿一里德島縣撫養三十三里德島有支廿三
里大寺已上阿波國廿四里愛媛縣引田十二里三本
松四里西村有支十六里半津田十六里志度廿五
里高松有支新居廿一里半坂出十二里丸龜有支廿
七里上高瀨廿八里和田濱已上讚岐國十七里川江
有支廿三里豐田廿里半關嶺八里船木十里岸下
有支十三里大町十三里小松十八里來見三十里
半川上十九里久米十二里半松山廿三里郡中
廿八里中山廿五里半內子十一里新谷十二里
半大洲廿三里東多田十四里卯之町有支廿一里

里松山　西村長尾九十八里琴平　高松土庄小江八
十四里半窓濱　丸龜琴平九里多度津　川江半田
立川川口領石百四十八里高知　岸下西條中村今治北條百五
十一里松山
卯之町八幡濱百六十六里佐賀關　宇和島宿毛頭集
松尾下田三百四十五里中村

半吉田十九里宇和島已上伊豫國

表五

自尾張國熱田逕四日市山田和歌山淡路至阿波國德島

熱田尾張國 七十五里半三重縣四日市九里追分
十一里神戶十一里半白子十三里上野十七里
津有支 十五里雲出十七里松坂有支 廿里本明星十
八里山田有支 十六里田丸十七里半相鹿瀨村廿
一里粟生村廿四里半阿曾村廿一里間弓村已上
伊勢國 廿二里半長島村廿二里半馬瀨村廿二里
中井浦廿一里三木里村十里半曾根村十四里
半新鹿十四里木本廿五里半阿田和十九里和
歌山縣新宮有支 廿一里濱宮二十八里半浦神九
里下田原九里西向八里姬村十二里江田十里

津長野平田名張 百三十六里三本松 松坂大村名張初瀨八木
竹內古市 二百廿四里堺 山田驚四丸宮前家下淵橋本 三百
十里和歌山
新宮本宮小森村天川辻村 二百六十三里下市
田邊百三里本宮
和歌山名手五條戶毛八木 百五十里奈良 和歌山名手花坂
九十四里半高野山

和深十五里見老津九里半和深川村十里周參見十三里半安居村廿三里富田廿三里田邊有支十四里半南部十九里半印南廿里小松原三十二里湯淺十里宮原十三里加茂谷十四里內原十里半和歌山有支廿二里加太已上紀伊國廿一里兵庫縣由良十里洲本十二里半中筋廿六里福良已上淡路國廿一里德島縣撫養三十三里德島

表六

自京都逕丹波國福知山因幡國鳥取出雲國松江至周防國山口

京都府三條大橋十九里樫原已上山城國廿二里龜岡有支十八里八木十四里園部十三里須知有支廿六里半下大久保八里菟原中村十四里生野九

龜岡埴生篠山栢原佐治高田宿南二百二十九里豐岡　須知本庄綾部九十三里舞鶴　福知山黑井柏原中村北條百七十二里姬路　福知山河守

里半長田九里半福知山（有支）十一里立原十五里
半小野原（已上丹波國）十里兵庫縣久畑十四里小谷
十九里出石廿一里豐岡（有支）十四里手邊十三里
宿南十里八鹿十一里八木十二里關宮十二里
福岡九里村岡九里半和田十里春來十四里湯
村十四里千谷（已上但馬國）十四里鳥取縣蒲生村八
里岩井十六里半細川村三十里鳥取（有支）十里湖
山十七里半新町十六里半潮津（已上因幡國）十一里
半泊（有支）十五里半長瀨十九里由良十九里赤崎
十七里下市十一里御來屋十七里淀江十八里
米子（已上伯耆國有支）廿一里島根縣安來廿三里出雲
鄉（有支）十三里松江（有支）十一里半湯町十九里半宍
道十七里直江十一里今市廿八里久村十三里

五十七里宮津
豐岡（和田山）百七十九里半姬路　豐岡（江野香住居組村）
百四十一里鳥取
鳥取（用瀨關本）百四十里半津山　鳥取（吉岡倉吉）百二十
九里赤崎　泊（松崎村下長田）百二十九里半久世
米子（大宮三坂深瀨上根）三百十八里廣島　米子（堺浦美保關西）
鄉港（豐田）三百九十六里知夫里（隱岐國知夫里島）出雲鄉（廣瀨）
（比和）百三十九里三次　松江（宍道赤名）二百二里三次
波根（鳥井天河內）六十三里福光
益田（田萬奈古萩正明市阿川特牛矢玉湯谷）三百三十一里赤間關
地福（生雲福井）五十九里半荻

口田儀已上出雲國 十三里波根有支 十四里半太田十

里久利十一里大森十一里西田十二里福光九

里半黑松九里淺利六里渡津七里鄉田四十一

里半濱田四十里三隅三十五里半益田有支 十六

里橫田十一里青原二十九里津和野已上石見國 廿

一里山口縣德佐十三里地福有支 三十里篠目二

十六里山口已上長門國

表七

自尾張國名古屋逕美濃國關原近江國柳瀨及越前若狹丹後

但馬之四國至因幡國鳥取

愛知縣名古屋十八里清洲廿里一之宮已上尾張國

十五里岐阜縣笠松八里加納十一里河渡七里

美江寺十六里半赤坂十里垂井九里關原已上美濃

柳瀨中河內今庄脇本鯖江 百二十二里福井

敦賀疋田 三十七里鹽津

宮津四辻村口矢村 九十里半豐岡

國八里滋賀縣藤川十里春照廿三里伊部二里郡上十六里木本十七里柳瀨已上近江國有支九里福井縣刀根十一里半疋田十三里半敦賀已上越前國有支廿四里佐柿十七里半三方十四里倉見十八里日笠十五里小濱廿七里本鄉十四里高濱已上若狹國十六里京都府吉坂十里市場九里舞鶴十二里中山十一里由良九里半上司九里宮津有支十二里半弓木十四里口大野十里半二箇有支野十四里久美須已上丹後國二十一里兵庫縣但馬國豐岡百八十七里鳥取縣因幡國鳥取

二箇峯山廿二里綱野

表八

自東京遻甲府至信濃國下諏訪

東京日本橋十四里內藤新宿有支十四里高井戶

內藤新宿田無飯野南川村百四十八里大宮鄉 內藤

十五里神奈川縣布田十二里府中十五里日野
十二里八王子有支十八里小佛已上武藏國十里小原
十里半吉野五里半關野已上相摸國七里山梨縣上
野原三里鶴川八里野田尻六里犬目九里鳥澤
五里猿橋十里大橋二里半花咲九里初狩有支十
一里篠子十六里駒飼十里勝沼六里栗原十一
里石和十一里半甲府有支二十五里韮崎有支廿九
里半臺原十里教來石已上甲斐國八里長野縣蔦木
廿三里半金澤有支廿四里上諏訪九里下諏訪已上
信濃國

新宿田無青梅丹波山村百五十七里甲府八王子青梅箱根
崎川越松山百十六里熊谷
初狩谷村小沼御殿場百三十四里沼津
甲府韮崎長澤村海口高野町百五十九里岩村田韮崎日野
春四十六里松木坂金澤御堂垣外高遠町六十六里
伊那部

表九

自東京逕中仙道木曾路近江國守山驛東海道草津驛至京都

東京日本橋有支十九里下板橋有支十五里埼玉縣
東京日本出岩淵村鳩谷岩槻騎西村百四十三里熊谷下

蕨九里浦和有支十里半大宮十四里上尾七里桶川有支十四里鴻巢有支三十一里熊谷有支十九里半深谷有支廿里本庄已上武藏國　羣馬縣新町十二里倉賀野八里半高崎十五里板鼻五里安中十七里松井田十六里坂本已上上野國　二十里長野縣輕井澤九里沓掛七里半追分十里小田井八里岩村田十一里鹽名田五里八幡六里望月九里蘆田九里長窪有支十四里和田三十九里下諏訪有支十九里鹽尻有支十一里半洗馬有支六里本山十四里贄川十三里奈良井九里半藪原有支十四里宮越十三里福島有支十六里上松廿二里須原十二里半野尻十六里三富野八里妻籠十四里馬籠已上信濃國　八里岐阜縣落合七里中津川有支十九里大

板橋白子川越大宮鄉釜川村二百九十四里甲府　浦和三十二里草加　桶川加須町七十四里館林　鴻巢川俣
館林六十七里半佐野天明　熊谷太田町足利伊勢崎前橋九十一里半高崎　深谷七十九里小鹿野
長窪三十六里上田　下諏訪松島富田片桐飯田百七十八里妻籠　鹽尻二十六里半松本　洗馬松本村井
青柳篠井百三十九里長野　藪原野麥高山林村蟹寺村楡原村三百八里富山　福島開田村王瀧村百十七里福島
中津川加母子村百八十二里高山　大井高山內津百十九里名古屋
加納五里岐阜　加納關村金山下呂小坂二百三十八里高山　美江寺大垣高須八十九里桑名　關原五十九里木下　鳥居本彥根八幡八十里守山　愛知川

井有支廿三里半大湫十二里細久手廿里半御嶽
八里半伏見十三里太田十六里鵜沼廿九里加
納有支十一里河渡七里半美江寺有支十六里半赤
坂十里垂井九里關原有支七里今須已上美濃國六里
滋賀縣栢原十里醒井七里番場九里鳥居本有支
十里半高宮十五里愛知川有支十七里武佐廿八
里守山九里草津廿六里大津已上近江國十九里京
都府山城國

十四里北澤村　愛知川八日市日野　六十五里土山

表十

自東京逕中仙道信濃國長野北國路越後國高田及越中加賀越前近江之四國至京都

東京日本橋四十二里半埼玉縣浦和已上武藏國百
五十二里半羣馬縣高崎上野國有支九十里長野縣

高崎大戸羽根尾碓津輕井澤二百四十九里
上田松本大町山口松本入山百九十六里高山　屋代川田小布

追分廿二里小諸十六里半田中十七里上田有支
廿一里坂木九里下戸倉十一里半屋代有支六里
篠井有支十四里丹波島九里半長野有支八里新町
十八里牟禮十二里大古間一里半柏原七里野
尻已上信濃國　六里新潟縣關川十九里關山十九里
半新井十八里高田有支十四里中屋敷十里長濱
六里有間川十二里名立廿二里能生十六里梶
屋敷八里半絲魚川十二里青海十七里歌二里
半外波十三里半市振已上越後國　十七里石川縣泊
有支　十六里舟見十一里浦山十二里三日市十六
里魚津十五里滑川有支廿八里半富山有支廿四里
小杉十七里半高岡有支廿八里半今石動已上越中國有支
廿里竹橋七里津幡有支十二里森下十二里金澤

施倉井村　九十二里半野尻　篠井宮平　七十一里半
長野新町飯山森十日市岩澤北條　二百六十六里　長野竹布　七
十七里大町
高田栃崎柏崎出雲崎竹之町　二百三十八里新潟
泊二十九里三日市
滑川岩瀬　六十六里氷見　富山三十里八尾　高
岡氷見七尾港大津川尻宇出津　二百八十里狼煙　高岡輪島片岩
二百六十八里　津幡富木　百八十七里輪島　今
石動六十八里金澤　金澤九十二里大聖寺
金澤勝山　二百五里福井
動橋山中丸岡　七十八里福井　大聖寺吉崎　四十六里
坂井港
福井三十六里半坂井港　福井砂子坂　四十二里

自東京逕高崎長岡新潟之諸所及羽前路至羽後國酒田

表十一

本十里大津已上近江國十九里京都

松村十五里木戸郁八里和邇十三里衣川有支坂

今津有支十五里河原市十二里半大溝十三里小

疋田十二里山中已上越前國十九滋賀海津廿二里

湯尾三里半今莊十三里二屋十四里半葉原有支

里上鯖江八里武生十二里脇本七里鯖波五里

崎十二里船橋十一里福井有支十四里淺水十五

國八里福井縣細呂木十二里半金津十五里長

半動橋有支五里作見九里大聖寺有支六里半橋已上加賀

粟生四里寺井十一里半小松十四里月津六里

有支十四里野市九里松任九里半柏野十一里

衣川小出石村五十里半京都

今津熊川六十一里小濱

葉原十六里敦賀

坂井港

東京日本橋武藏國百九十五里羣馬縣高崎十九里金古十九里半澁川有支五里金井六里横堀廿里中山十二里塜原八里布施卌里須川六里相俣十里永井已上上野國廿一里新潟縣淺貝十五里二居十七里三俣十五里湯澤十里關十三里鹽澤六里半六日町十二里五日町十一里浦佐十七里堀內十五里川口廿三半里妙見廿三里長岡有支廿三里今町廿五里三條十三里半新飯田十九里半白根廿一里大野十八里新潟有支四里沼垂廿五里內見島廿二里新發田八里三日市廿二里中條八里黑川有支十七里半林廿一里村上十六里半猿澤十一里鹽町十四里蒲萄十六里半中村廿里勝木八里府屋已上越後國十一里山

澁川四十三里三野倉　澁川沼田清水村百四十一里六日町　澁川沼田戸倉山口村田島大內村三百六十二里半若山

長岡中島赤塚百三十七里半新潟　長岡加茂新津水原荒川百六十六里三日市　長岡寺泊赤泊多田水津二百七十里夷港　新潟新發田津川町野澤高久二百三十一里半若松　新潟水原川口二百十五里若松　黑川上關小國百六十七里米澤

三瀨三十三里鶴岡　大山七里半加茂

形縣鼠關十八里溫海廿五里三瀨有支廿五里半
大山有支濱中十七里半野浦已上羽前國十里酒田羽後國

表十二

自東京逕千葉木更津加知山至銚子港

東京日本橋武藏國有支廿六里千葉縣市川五里半
八幡有支九里船橋有支十二里馬加三里檢見川十
六里千葉有支七里曾我野四里濱野已上下總國有支四
里八幡六里五井有支十二里半姊崎十六里奈良
輪十六里木更津十四里貞元有支佐貫十四里湊
村有支六里竹岡十三里金谷村已上上總國八里本鄕
七里加知山五里半市部有支十五里上瀧田十八
里北條有支十三里竹原十九里和田廿六里前原
十二里天津七里內浦已上安房國十五里下植野十

東京行德船橋七十五里千葉　八幡白井木下佐原野尻百九
十六里銚子港　船橋佐倉八日市場太田百六十四里銚
子港　千葉佐倉木下布川九十二里取手　濱野長柄山大
多喜百八里勝浦　五井鶴舞九十七里長者町貞元
十四里富津　湊村鹿野山久留里百十九里天津
市部五十里白濱　北條洲崎松田九十二里和田
一宮四天木三川百二十九里銚子港

四里半勝浦十二里御宿十七里大原十一里半
長者町十九里一宮(有支)十七里茂原十二里本納
十一里大網十里東金十二里成東九里松尾九
里横芝(已上上總國)十五里半八日市場十八里半太
田四里網戸六里三川五里飯岡廿二里荒野一
里銚子(已上下總國)

表十三

自東京逕陸前濱街道水戸至仙臺

東京日本橋十五里千住十一里新宿(已上武藏國)八
里半千葉縣松戸(有支)十二里小金(有支)二十里我孫
子(有支)十一里茨城縣取手十二里藤代(已上下總國)七
里若柴(有支)七里牛久十四里荒川五里中村七里
土浦八里中貫六里稻吉十二里半石岡(有支)九里

松戸(流山野田)九十八里古河　小金(山崎中里)七十一里
杉戸　小金(海道田部)百五里筑波町　小金(布施水海道下)
館　百五十里眞岡　我孫子(木下佐倉)九十二里千葉
若柴五十一里古渡郁　土浦(島津佐原)百五十六
里銚子港　土浦(町屋下館多功)百五十六里半宇都宮

竹原九里片倉八里小幡十一里長岡十四里水戶有支六里枝川七里田彥八里佐和九里石神外宿六里大和田七里大沼十一里半下孫助川十三里半小木津十二里伊師五里高萩十五里半下櫻井九里半神岡已上常陸國有支十三里福島縣關田八里植田十二里田部村十三里半湯本有支十三里平有支廿一里四倉八里久野濱廿里廣野七里木戶廿一里富岡十里熊川十五里新山九里半浪江十七里半小高十八里原町有支十三里鹿島廿一里半中村有支六里岩井九里駒嶺有支七里新地十四里宮城縣坂本十一里山下十五里亘理已上磐城國十六里半岩沼十四里增田五里中田六里半長町七里仙臺已上陸前國

石岡四十四里笠間　水戶下市大足市塙石井百四十七里宇都宮　水戶下市石塚藤繩百四十九里宇都宮　水戶上市菅谷大宮百五十三里半喜連川　水戶大宮百三十八里東館　水戶上市菅谷太田德田郡東館棚倉中畑郡三十二里矢吹　神岡十五里關田湯本下泉百三十七里須賀川　平中寺郡小野新町三春百四十九里郡山原町八木澤郡川股百十一里福島　中郡玉野郡大波郡九十八里福島　駒嶺角田七十七里半白石

表十四

自東京逕陸羽街道福島仙臺一關盛岡至青森

東京日本橋十五里千住十四里埼玉縣草加十三里半越谷有支十八里粕壁十三里杉戶十里半幸手有支十四里半栗橋已上武藏國一里茨城縣中田十一里古河已上下總國有支五里半橡木縣野木十三里間間田十一里小山有支十里半羽川五里半小金井十一里石橋有支十二里半雀宮十五里宇都宮有支十九里白澤六里上阿久津六里氏家十四里喜連川有支廿里佐久山十二里半太田原有支廿一里鍋掛二里越堀十五里蘆野已上下野國廿一里福島縣白坂十四里白河有支十一里小田川十四里矢吹已上磐城國十七里半須賀川廿三里郡山十七

越谷四十四里關宿

幸手關宿結城笠間百七十九里水戶下市

古川五十三里橡木　古川佐野天明足利百四里半

小山橡木鹿沼今市五十里川島郵三百八里半若松　石橋橡木

佐野境町玉郵百六十四里半高崎　宇都宮大澤日光澤入郵伊勢崎二百三十三里前橋　喜連川大子小菅百六十七里高萩　太田原澤郵八十三里日光　太田原板室原郵桑百七十八里若松　白河長沼赤津若松宮下郵叶津郵三百八十九里三條　白河若松綱木二百三十一里米澤　白河若松橫向郵二百五十四里福島　本宮關脇九十六里若松　二本松九十里梁川　福島米澤

里高倉八里本宮有支十八里半二本松有支十五里半松川十里清水町十一里半福島有支十一里瀨上有支九里桑折有支八里藤田已上岩代國十一里半宮城縣越河十里齋川十一里白石有支十一里刈田宮已上磐城國有支十里金瀨六里半大河原八里船迫十一里半槻木十二里岩沼十四里增田五里中田六里長町有支七里仙臺有支十四里七北田十七里半富谷十一里吉岡有支廿四里三本木十里古川町九里半荒谷十一里半高清水十七里筑館四里宮野十三里澤邊四里金成十五里有壁已上陸前國十四里岩手縣一關有支四里半山目廿三里前澤廿里水澤有支十二里半金崎廿一里黑澤尻有支廿三里花卷三十三里日詰三十一里盛岡有支

中山百六十四里半山形　瀨上百一里槻木　桑折二十四里半下戸澤　白石湯原米澤小出宮宿二百七十里半山形　刈田三十三里川崎

長岡川崎百十三里山形

仙臺百十四里楯岡　吉岡下宮笹森百七十二里船形

一關八十七里氣仙沼　水澤十七里橫手　黑澤沼百十九里半橫手

盛岡門馬川井茂市千德百八十七里宮古

三戸關郵二十里大館　三戸八戶平沼白糖青平三百三十里五大間

青森百九十九里半箱館

三十三里澁民廿九里沼宮內已上陸中國三十五里小繫廿三里一戸十四里福岡七里半金田市廿二里青森縣三戸有支十四里半淺水十里半五戸十一里半傳法寺六里半藤島八里三本木十九里半七戸三十六里野邊地三十一里小湊三十二里野內廿一里半青森已上陸奧國有支

附

自仙臺逕沿海路釜石宮古久慈驛及陸奧國福岡至青森

仙臺四里半原町十八里半利府有支十四里高城十八里小野有支十七里半廣淵十五里和淵四里半神取七里寺崎十三里半柳津有支十二里北澤九里半折立十二里志津川十七里半伊里前十三里小泉十九里大谷廿二里氣仙沼廿八里岩

利府東名石卷百十二里和淵

小野二十八里石卷　小野中新田經井澤百九十三里

尾花澤

柳津八十四里一關

釜石遠野百八十三里盛岡

手縣今泉四里高田廿九里盛廿八里吉濱二十 小本黑崎百十里久茲
里半小白濱已上陸前國 釜石港有支 二十三里半大槌 久茲九十九里八戸
三十五里山田二十五里津輕石十七里宮古廿
二里半田老廿六里半小本有支十四里母衣野廿
三里岩泉廿六里沼袋二十一里普代三十三里
半宇部十四里久茲有支三十四里大野十三里小
輕米二十里輕米十六里觀音林已上陸中國十九里
福岡六里半青森已上陸奧國

表十五

自東京逕陸羽街道福島山形久保田碇關至青森

東京日本橋武藏國 百十四里半茨城縣古河下總國 山形野尻 百三十里仙臺 山形楯西水澤鶴岡 百二十二
七十二里橡木縣宇都宮下野國 百五十里福島縣 里半酒田 六田三里長瀞 六田三里東根
白河磐城國 百四十七里半福島十一里瀨上九里 船形松嶺酒田金浦道川 三百十六里久保田

半上飯坂二十三里茂庭村已上岩代國三十六里宮城縣湯原磐城國二十三里山形縣楢下十五里半上山二十五里山形有支二十二里半天童十七里六田有支八里楯岡十三里半土生田十一里尾花澤十一里蘆澤十三里船形有支十六里新莊二十六里金山二十三里及位已上羽前國二十三里秋田縣院內二十八里湯澤有支三十三里橫手有支十四里金澤十一里六鄉有支十九里大曲四里花館七里半神宮寺五里北猶岡十二里半刈和野十六里上淀川二里境二十二里和田五里戶島二十三里久保田十二里土崎有支二十四里大久保三里下蛇川十三里大川一里一日市十九里鹿渡十二里森岡有支三里豐岡十五里檜山十里鶴形

湯澤矢島百十七里本莊　橫手越中畑見澤百六十六里盛岡　橫手四十九里大曲　六鄉橋場百五十六里盛岡

土崎五十五里船川

森岡岩館浦深赤石浮田二百六十四里弘前

弘前四十四里淚岡

藤崎五所川原百二十五里小泊港　淚岡四十九里

青森

二十三里二井三里荷上場四里小繫二十一里綴子三十二里半大館十八里白澤已上羽後國三十一里青森縣碇關二十七里石川十七里弘前有支十二里半藤崎有支廿里半浪岡有支三十一里新城十二里青森已上陸奥國

表十六

北海道

自箱館至札幌

箱館二十九里半七飯五十一里森已上渡島國海路札幌四十九里石狩

八十四里室蘭三十五里幌別四十八里白老三十九里苫小牧四十九里千歲廿八里島松已上膽振國四十里札幌石狩國有支

自箱館逕後志國至札幌

箱館二十二里上磯十七里茂邊地二十一里泉
澤十四里木古内十八里半知内四十九里福島
九里吉岡二十六里福山二十三里茂草十二里
江良町十三里原口十二里小砂子十五里半石
崎十里鹽吹十九里半上國十五里江差二十三
里乙部十里突符十二里蚊柱十一里泊川十三
里熊谷十四里長磯已上渡島國　八里貝取澗八里平
田内十里久遠十九里太田三十一里太櫓十八
里瀨棚十六里島歌十二里原歌十五里泊二十
五里矢追十四里中歌八里潮路二十里島古丹
三十七里岩内五十一里島付三十七里余市廿
七里鹽谷十七里小樽有支　二十七里錢函已上後志國有
支　三十六里札幌石狩國有支

小樽鐵路六十八里半札幌　錢函三十七里石
狩

自箱館逕室蘭至根室

箱館有支 八十里半森已上渡島國有支 八十二里海路 室蘭
二十里半鷲別十五里幌別四十八里白老三十
九里苫小牧廿一里勇振已上膽振國 五十里佐留太
五十里新冠二十五里靜內十九里半三石三十
八里浦川二十四里半樣似四十八里幌泉四十
九里猿留已上日高國 三十九里半廣尾三十六里歴
舟六十一里大津已上十勝國 五十五里尺別二十八
里半白糠五十里半釧路廿六里昆布森三十九
里鳳仙趾三十六里厚岸有支 六十七里半濱中已上
釧路國 三十五里初田牛二十八里落石四十二里
根室已上根室國

箱館戸井熊泊 二百二十四里森 森黑岩 二百三十八
里室蘭
厚岸厚別 百六十三里根室 根室湧生雄別宗谷鬼鹿厚田 三
千百四十二里 根室百三十七里國後

商港繫年表

咸豐九年以前日本無所謂商港也商通而港遂開所謂五港者曰橫濱曰長崎曰神戶曰新潟曰箱館然如大坂諸處亦要港也長崎之嚴原博多山口之下關皆不能及夷港偶亦通商拓猶未

已聊就所成述商港繫年表

開港年	港所	所隸
咸豐九（安政六年六月二日）	橫濱區本町	橫濱
同	長崎區外浦町	長崎
同	箱館	
同治六（慶應三年十二月七日）	神戶區下山手通	兵庫
七（明治元年七月十五日）	西區江之子島西町	大坂
七（明治元年十一月十九日）	新潟區東中通	新潟

中外名港里表

日本橫濱至上海當中國十一月至四月（日本七月至三月）航陸岸南在北緯三十度多東北風宜向大島東北行夏近陸岸行黑潮間然航內海爲宜內海者瀨戶內也在山口神奈川間非若大島四月至十一月（日本三月至十月）輒多大風長崎五島之近海卽大瀨崎潮力曲壓常轉艦而北可畏也東北潮來自朝鮮駛此而男島而女島而怕拉拉斯岩而楊子江而上海自箱館至上海航津輕海峽遇偏西風行難甚然較日本島（卽中土）東路可省華里一千一百有奇（海里三百）無大隅海峽逆流當西風西南風發函館過矢不來藻邊駛向口角而避險不一日至矢越崎水深二尋至十二尋相距廿餘里（海里七）有港最良然風變東則解纜難南東泝流強甚海底泥多故也風儻西來沿峽北至松角而向大崎可以橫駛津輕海峽但出峽口風恒退一二點矢越崎松前間亦險宜趁潮緩出津輕峽

至北緯三十七度風儻南來則䌓日本島邊駛隱岐島庶穩至長崎之平戶水道也然小島多石難可𢚶意此至中國海路大要他國諸港航路撮其里數述中外名港里表

港	華里	日本里	海里	港	華里	日本里	海里
長崎至上海	一四四四	二〇六里九町	四三七	馬耳塞至德意志漢堡	七九二二	一一三二二四	二四〇〇
上海至香港	二七六三	三九四二四	八三七	橫濱至檀香山	一〇七〇五	一五二九一一	三三四三
香港至安南柴棍	二九八九	四二七二〇	八九三	檀香山至美利加桑港	六二九五	八九九九	一九一三
新嘉坡至錫蘭各耳	四九八四	七一二二	一五一〇	長崎至朝鮮釜山浦	五五四	七九五	一六二
錫蘭至亞剌比亞亞丁	七〇四四	一〇〇六八	二一三四	長崎至仁川	一五一二	二一五三四	四五八
亞丁至埃及蘇士	四三一七	六一六二七	一三〇八	長崎至元山津	一七一三	二四四二四	四六〇
蘇士至義太利那不兒	四〇一七	五七三三〇	一二一七	柴棍至新嘉坡	二〇二七	二八九一八	六一四
那不兒至法郎西馬耳塞	一六三七	二三三三一	四九六	長崎至俄羅斯浦潮斯德	二一六〇	三〇八二〇	六五五

北海道闢路表

日本四十二尺謂之七間幅廿四尺謂之四間幅十二尺謂之二

間幅六尺謂之一間幅同治十一年以後北海道開路未已光緒十一年尚有未及六尺之道華里四十七里有奇（日本五里十九町）茲就六尺以上述北海道闢路表

	四十二尺以上	廿四尺以上	十二尺以上	六尺以上	合
同治十一 明治五		二三四	一四二五	二一八二	二〇〇五
十二 六				四〇八	四〇八
十三 七			〇〇一	一七一八	一七一九
光緒元 八			〇一八	四二〇〇	四二一八
二 九		〇三四	九二五		一〇三三
三 十			〇一〇		〇一〇
四 十一	一二六		八一三		九二九
五 十二	一一八	〇一三	九〇〇		一〇三一

	四十二尺以上	十四尺以上	十二尺以上	六尺以上	合
六 十三	〇二九	五三三	五〇二	三〇〇	一四二八
七 十四	三〇一	一二五		四二七	九一七
八 十五	〇〇三	〇三四	三一五		四一六
九 十六	〇〇三	〇一三	三一四		三三〇
十 十七	〇一五	〇一四	〇二二	一一一	六二三
十一 十八	二〇二		二一五		一〇〇〇
總計	九二五	一三二〇	五七一六	七五一〇	一六五二九

日本圖經五終

日本地理六

游歷日本圖經六

奏派游歷日本美利加秘魯巴西等國英日屬地加納大古巴知府用兵部郎中臣傅雲龍述

島表

日本四大島云者一中土亦名本州二四國三九州四北海道屬出四大島外與夫日本内海無慮三百有奇其次曰岬集韻或作𥑮訓山旁淮南原道訓注山脅也日本人謂山突出水間爲岬也曰峽集韻本作陜或作陿日本謂兩山夾水與古誼符曰嶼日本謂島之小者與說文訓島誼亦符曰埼亦作崎與集韻埼或作崎合正韻曲岸頭也日本人謂突出海中者高爲岬低且平爲崎此外若鼻若嘴大氐以形勢名沙洲坍箸於篇聊助圖說所未逮述島表

	島	岬	峽	嶼	崎	雜述（鼻○角○嘴）
中土南東岸	海獺 猿 夏 烏帽子	平舘			三劍 松輪 千駄	本牧鼻 川崎角 盤洲鼻 小湊角

	中土東岸	中土南岸	中土東南岸
	具 田代 砥面 鰮 沖三王 地三王 江之崎列 三貫	鱷 二又 大 鈴 九山 二子 大 小 菅 邉 答志 大築海 小築海 佐久	
	魹	田曾	
		伊良湖	
	松灣門小		
觀音 富津 妙金 洲 八幡 大東	犬吠 鹽屋 屁 賣 花淵 野島 大釜 尾 黑 馬田 黑 三 尻矢	日之御 切目 市江 湖御 三輪 揣 大王 伊良 御前 大瀬	
岩和田角			

	中土北岸	中土西北岸
神子本 鵙 初 姥 城	角 見 青 越濱半 高 知夫 西之 中之 七	佐渡 粟生 飛 男鹿半 辨天
	川尻 今 海 高山 日之 經 鷲 金 博奕 成生 當神 越前 海士	珠洲
		屏風崎 津輕
石室 真鶴 大根 小坪 森戶 尾	鷲石 地藏 淀江赤 大 新井 波見 日置 獅子 黑 押田 鋸 松 立石 安島 五十洲 釉倉	祿剛 金剛 遭 宿 不動 新 三 艫作 鳥井 大 龍飛
	三石鼻 大瀨鼻 十六島鼻 中江瀨戶口鼻 長崎鼻 片島鼻 無雙鼻	野野木鼻 楨鼻 通鼻

九州西北岸	九州東南岸	四國南岸	
地之 筑前大 沖 相之 小呂 志賀 殘 玄界 高 神集 鳥帽子 加部 鷹 臼 小川 加唐 松 馬治 向 黑 福	蒲葵 大 野 淡 枇榔 屋形 深	袖島	
鐘 鰐浦	佐多		
平戶 大船越 朝鮮			
西浦 佛 波戶 野 長 志自岐 豆酘	觀音 火 都井 柴波洲 芹	伊佐 室戶	高野 夏泊 大間 燒山 尻矢
鮎鼻	赤水角		

	九州西南岸
平戸 唐子 五貫 枯木列 神之小 神江 野鳥 廣瀨 伊 生月 度 的山大 二神 小二神 壹岐 名鳥巢 若宮 辰 對馬 赤	宇久 喜志岐 前小 手羅 六 野崎 小値賀 納 黑 大 鵜鵜 藪路本 礮驢 赤 班 藏 枇榊
	笠山 野開 坊
	白瀨 丹瀨
	鴨瀨藪 長 觀音 糸串 黑 大瀨 福田 男神 女神 野母 志岐 羽鳥 戸 畢 瀨尾 口喰 音
	長崎鼻 崎山鼻 大述鼻

中通 下六 平江 黑 串之 日之 漁生 有福 若松 田之小 相之 葛

奈留 鵜小 前小 蘇 飛 久賀 樺 福江 姬 嵯娥 島山 小 辨天 美良 津多良 黑

板部 鳥 男 寄

女 高 黑 大立 小立 大 寺 片 蠣浦

松池臺母出中松高鼠蔭香沖伊高飛二端中樺牧湯大野天通三小獅沖久竹橘甑下中上鷹宇
子神鉾尾燒王鳥子矢釜草詞築築子羽多列甑甑甑治
野

		日本內海
東雙	沖秋目 知林	伊 大毛 高 飛 島田 淡路 沼 地之 沖之 友 淡路 伊昆 小豆 城 福部 西 松島郡 防勢 男鹿 鹿久居 鸛 大多府 長 香 曾 鶴海半 鍋 前 高 鳩 鷹
		下難波 佐田
		來島 伯方 上之關 小瀨戶
		神列
		大磯 鳴門 孫 小浦 潮 田倉 雜賀 江 江井 鎧 金 乃生 三 安藝 美濃 磯 蒲戶 鶴見 由良 自由良 長練 部 宮 干殊 滿珠 門司 岩屋
		大角鼻 釋迦鼻 三岩沙嘴 梶石鼻 黑津鼻

百來中伯橫大平比四化元梶圓高豐走宇六栗志下佐高廣生本鍋上瀨小小大女男大鎧

貫　島母　　市岐阪粧　　上井　　治　　志二柳見　　　　二居瀨槌槌木木

　　　　　　　　　　　　　神　　　　　島面　　　　　　面　居

佐岩宇大油二由興恕高忽無小大嚴廣鍔赤岩伯生小大大幸生大阿松大佐宿大横因弓
賀見和水利神良居和 那須藍藍 穗城方口大下三殿野崎波 久木根細 之削
關 無 喜 根 下 下 野
半 瀬

北海道北岸	北海道西岸	
	禮文 利尻 天賣 燒尻 奥尻	六連 藍 蓋井 白 馬 巖流 彦 沖之家室 津村 姬 御五神 竹 日振 戸 大良 屋彤 大 大入 保戸 地無垢 沖無垢 由久見 蔦 牛 高
知床 能登	野寒 敎自志 積丹 神威 持田 黑岩	
根室	宗谷海	
	圓錐	
	青苗	
沙嘴 廒內角	援海角 角	

豆南諸島

大利根
鵜渡根
新
式根
神津
三宅
御倉
藺難波
八丈
小
三子
婿
嫁
父
野羊
北
南
弟
兄
瓢
西
東
母
向
平
姉
妹
姪
海底父

東
石門
南乾

嶼

南
大野原

州南諸島

草垣
黑
硫黃
竹
馬毛
種子
屋久
口永良部
口之
中之
小卧蛇
卧蛇
平
諏訪瀨
惡石
島子
土噶噸
橫當
大
技手久
加計呂麻
與路
喜界
德之
鳥
沖之永良部
與論
沖繩
面那
伊江
魯嘉
伊平屋
具志川

大隅海
屋久海
土噶噸海
大島海
慶良間海
赤海

上之根

屋屯
曾津高
山谷
備瀨
邊戶
喜屋武
平瀨
御神
平久保

伊是名
屋奈葉
慶伊三
前
黑
渡嘉敷
座間味
阿室
赤
慶留間
屋加比
久塲
渡名喜

粟回
鳥
久米
宮古
男神
永良部
來間
多羅滿
水納

石垣
武富
黑
上離
小濱
西表
鳩間
沖之神
與那國
尖閣郡
低牙吾鯀

山表

日本遷都東京無山非若西京在叢山間矣山脈北起樺太東出千島皆走北海道蟠結而南向東山蜿蜒起伏於畿內山陰山陽間甲斐駿河之富士山爲通國冠亦名不二山積太古雪下瞰連山如奔濤矗一萬四千一百七十尺四面略同巔有凹爲舊噴火處分脈南出伊豆半島也接南海羣島其北陸一脈走加越爲白山立山至近江分二一縣伊勢大和而吉野而紀伊一西爲山陽山陰二道界逕西海道豐前豐後筑前筑後折南有阿蘇霧島數山峙於熊本縣之肥後宮崎縣之日向與琉球羣島應其山陽紀伊餘脈結爲淡路島四國之雲邊石鎚諸山其淡西在山陽四國間是爲瀨戶北陸最高之山即白山也在古賀能美郡跨越前飛驒美濃其峯三南曰別山北曰大汝中曰御前險在中峯直立八

千四百尺後有劍峯狀如五劍四時雪擁白山之目以此東山道又有乘鞍岳橫亘飛驒之增田大野吉城三郡又有日光山一名黑髮山在下野都賀郡直起六千四百八十尺外山小倉山皆其麓也岩城山在陸奥津輕郡一名津輕富士又有鳥海山在羽後飽海郡而跨由利低於日光山十有二尺山陰道有大山在伯耆會見郡西海道有阿蘇山在肥後高峯曰高嶽一名雲生亦名赤膚東脈曰根子嶽西脈曰御嶽猶尾嶽屬於黑川邨最西曰往生嶽屬狩尾邨稱阿蘇五嶽云山或不高其名日著者非陸路逼衢即海涂標識也山凡一千有奇富士山其最高者也次加賀之白山信濃之御嶽兩山並駕無甚軒輊又次羽後之鳥海山又次則下野之日光山又次羽前之朝日山又次信濃之淺間山北見之湯輪尾山而北見之科見山越中之立山陸奥之岩木山日向之

祖母山大隅之八重山微與之遜又次羽後之森吉山日向之霧島山又次膽振之蟹寒山渡島之大川山又次伯耆之大山豐後之由布岳又次伊豫之鬼鬼森日向之法花山小松山渡島之黑岳千軒山河汲峠常陸之筑波山近江之伊吹山信濃之駒岳陸奥之兜山恐山北見之唐淵山下此皆不及三千尺矣輒就海面平測千尺以上者詳若干高餘錄厥名備指掌也繫山於郡繫郡於國繫國於府縣挈綱領也第而日三神山今親見之坿會其說於游歷乎何裨述山表

縣國郡	山	高
京都 山城 愛宕	愛宕	二九〇四
	比叡	二七三
	笠取	一三八六
	荒船	五五四五
	穗高	六六
	十二	四一八六
周智	光明	一五〇九
	惠那	七三九二
	栗木	二九九六
	豐岡	六四五
	矢立	四四五五
	横手	六五五三
	三國	三三
越前 敦賀	野坂	二〇五三
	鐵糞	四七
	冷水嶽	三
後志	毛無嶽	二五七
	太檜嶽	三六

	大坂										神奈川			
丹波	河內							和泉		攝津	相模			
	石川	石川										足柄下		
三國	葛城	金剛	春日	信貴	音羽	多武峰	小壺	大鳴	和七越	二上	圓澤	二子	硫黃	鞍嶽
三三	三九六	四〇九	一九八	一六五	二九七	二六九九	四二四	一八二五	五九三九	一二三	五九九八	三四八五	二〇三一	二六九四
		千葉			茨城							橡木		
		安房		上總	常陸							下野		
		長狹		周准			筑波		久慈	久慈				
黑檜	三峰	清澄	峰岡	鹿野	七曲	西明寺	筑波	彌太郎	高鈴	八溝	鷲子	大平	晃石	高原
六二七九	二二六四	一二九三	一三三五	一二六	一〇五五	一四	二八九七	一四八四	一九九三	三三六二	一三九二	一〇八四	二二	五四二三
					山梨									
伊豆					甲斐									
君澤			君澤		巨摩	巨摩	巨摩		巨摩	巨摩				巨摩
天城	伴次郎岳	本岳	達摩	巢雲	八岳	金峯	七面	圓	地藏岳	駒岳	萱岳	金岳	御嶽	身延
四五八三	五二二四	三一九八	三一〇二	二三三六	八九九一	八三八四	七三三	一三三	八八五七	八九八五	五八七四	五四七八	二九二三	三三二八
福島								宮城		岩手			青森	
岩代						磐城		陸前		陸中			陸奥	
會津	會津	會津	耶麻	耶麻	大沼		白河	刈田			岩手		津輕	
駒岳	燧岳	赤安	西吾妻	磐梯	博士	蓬田	八溝	藏王	三峰	駒岳	巖手	姬嶽	八甲田	磐城
六八二二	六五二四	六四二二	六四一八	五八六四	四八八一	二九七六	三三三三	五九六	五六八九	五四〇三	六七九七	三五三八	六五五三	五二六二
			福岡				大分						熊本	
			豐前		筑前		豐後						肥後	
		大野						直入	速見	速見			球摩	上益城
荒島	大平	大日岳	彥	鳥居	宗像	露兵	涌蓋	黑岳	鶴見	由布	雨丁	扇鼻	白髮	甲佐
四二五七	一九八七	五九六九	三三六六	二三一七	二〇四	一九四七	四八五一	六六九九	五九四	五三一三	一七一	四八二	四〇五九	一三一
				鳥牧		壽都		美國	磯谷	岩內				
幌目名嶽	本目名嶽	蟹寒嶽	狩場嶽	太平嶽	折川嶽	黑松內嶽	幌別嶽	天狗嶽	雷電	後方羊蹄	幌內	幌登	硫黃	西强登
三	三	二八	三九	三四	三	二四	二二	二四五	三三五	八	二五二	二五二	三六	二五二

												長崎		佐賀
			武藏									壹岐	肥前	肥前
	足柄上	大住					西多摩		西多摩				高來	
小地藏	冠岳	大	武甲	雲取	八人	三峰	御嶽	大洞	大嶽	三頭	三國	岳嶺	溫泉岳	笹
二二六五	四一三五	四三五	四三三三	六九八七	一一五二	三五四八	三八四九	六三一五	三八九八	四三八五	三三八五	一八六	四九八三	一三七
										奈良		三重		
										大和		志摩		伊勢
	都賀	都賀										答志		
那須	男体	白	羽黑	大眞名子	小眞名子	九	白根	外	セタイン	高見	生駒	青峰	山伏	望坂
六二四一	八〇七	一二三五	一四九八	七五九	六　六	六二七	七九二	一二〇三	四六二	四三九九	二七二八	二〇一三	一一三	三〇〇七
		滋賀							岐阜					
		近江							美濃		飛驒			
		滋賀		坂田			野洲		惠那			三郡		
大羣	七面	比良	蓬萊	伊吹	衣笠	甲賀	三上	赤坂	惠那	高賀	三墓	乘鞍岳	硯	漆
四八二一	五一五五	四〇五五	四三〇九	四四九七	一六五	四九六五	一九八	二八〇五	七三九三	四九五五	三三一七	一〇四五	四七五	五〇八
						秋田					山形			
						羽後					羽前			
	北		北	津輕	三戶	秋田	秋田	秋田		秋田		田川		
七時雨	釜臥	大畫	赤倉	岩木	名久井嶽	森吉	寒風	本	鳥海	大平	鳥海	月	葉	舩岳
四〇七六	三三九八	三三二一	六七一二	五二六	二八〇七	四八一	一一四一	二四八八	七二二八	六八九七	七二一八	六五六九	四九七六	四四二三
							宮崎							
							日向							
鉋甲		阿蘇	菊池	合志										
金峰	根子岳	阿蘇岳	八方岳	鞍岳	六本	胡摩	小松	鈴岳	東霧島	法華岳	尾鈴	祖母岳	杉越	江代
一九六	五二八	六三三七	三三〇一	三三六六	二七〇六	二〇〇九	四一五八	二七〇六	五一一五	三五九七	四九八三	五八四三	四六二	三五六四
			石狩				天鹽					膽振		
								苫前		天塩			蚖田	蚖田
千勢登	金峰	朝里	手稲	武稲	阿曾岩	暑寒別	雄冬	羽幌	幌尻	辨花片	晩花片	藤根嶽	昆保	有珠嶽
二一六	二一六	三　五	二九五	三四五	二　八	七　二	三四五	六一二	六一二	七　二	六四八	三	三　三	三四二

縣	國	郡	山名	高
			子蒲	一一四一
			虚空藏	二三一
			天	三六九六
			釜伏	三七二九
			八郎岳	一九八
新潟	越後		割引	六四六七
			大烏帽子	六四六四
			柄澤	六二八一
		魚沼	朝日	六一
			入道	六〇二一
		蒲原	大日岳	五九六六
			鋸	二四四一
		魚沼	駒岳	四九五六
		魚沼	米	三一三一
		蒲原	管名	二八一四

縣	國	郡	山名	高
			朝倉	一二七三
			釋迦嶽	三五九
			縦峰	二四九
			思坂	二九六
		一志	尼嶽	三一〇二
		一志	局嶽	三三一七
			白倉	四〇四八
			東宮	二四五
		一志	朝熊	二〇一三
	伊賀		大豊原	四二〇一
			春日峰	二三一
			荷坂嶺	一七一六
愛知	三河		本宮	二六三七
	尾張	寳飯	本宮	一〇七三
静岡	駿河	駿東	愛鷹	四〇七

縣	國	郡	山名	高
			横手	七二五四
			小岳	七二六四
		吉城	笠岳	七〇八八
			金	三三六三
長野	信濃		赤石	一〇三四
			蓮花	九八〇六
			國師岳	九八九
			岩管	八三
		佐久	浅間	八二三
			高妻	八三二
			城	三八〇一
			經岳	六六六六
		筑摩	駒岳	七八〇八
			笠松	四一五九
			甲	三三八一

縣	國	郡	山名	高
			吹越	二七七二
			白鷹	三四七五
		田川	羽黒	三〇八五
		田川	温海	三三七六
		田川	麻耶	三〇九八
		置賜	朝日	六三三九
石川	能登		寶達	三二六五
			城	二六七
			黒峰	一六七八
			山油	一三二
			別所	一六五
			石動	一七四九
富山	越中		蘆谷	一九三
		礪波	膀越	三四二五
			庵	二七八九

縣	國	郡	山名	高
鹿兒島	大隅		北岳	三三四三
			西霧島	五二八
	薩摩		金峰	二六〇七
		給黎	開聞岳	三三三
		川邊	野間岳	二一七八
		高城	紫尾	四七八五
		諸縣	國見	一一九八
		阿多	金	一三三三
			大岳	一五九四
北海	渡島	龜田	横津嶽	三五三
		龜田	三森嶽	三五三
			二股嶽	二七
			絲川嶽	二二
		茅部	古部嶽	二〇二
		茅部	熊泊嶽	二〇四

縣	國	郡	山名	高
			於名撮別	三三六
			室蘭嶽	二
			幌別	三
			來馬	二八
			白老	三三
		千歳	漁	三四
		千歳	紋鼈	二六
	日高		保奴加良	五四
			安保似	五四
			猿留	二五二
	十勝		廣尾	三六
		廣尾	樂古	四六八
			音調津	二一六
			歴舟	二五二
		上川	十勝	二一六

縣	國	郡	山	尺
			彌	一九四六
		富士	冨士	一二三六五
			小岳	七二六四
		婦負	夫婦	一三六三
		茅部	駒嶽	三二三
			佐幌	三八六
			石動	一七六
			宝永	八二三三
			笠岳	七〇八八
			名之池	一七八二
		茅部	濁川嶽	二七
			神威嶽	五四
		魚沼	淺草	五三五一
			龍爪	二六二
		水內	黑姫	六九一三
			大龍	二〇〇四
			於保古嶽	二
			美波色	三六
		魚沼	八海	六一〇五
			高草	一五九四
			加々良	五二三五
			大高	二七〇九
			七嶽	三
			安取	三六
			唐澤	六二八
			高	一〇五五
			前岳	九一〇八
			志馬	二六五
		福島	知內嶽	二五三
			牛	三四
			馬下	二八一四
			鷲津	一三六五
			乙女	五〇七七
			高坪	一八七八
		津輕	千軒嶽	三三五
			雪城	三四
			十宝	一九四六
			白根	一〇三三
			蓮花	九八九九
			大蓮花	九八七一
			原口木無嶽	二六六
		根室	羅臼	五四
	佐渡		東教	二一三三
			黑帽子	七〇九三〇七
			錫杖岳	九二〇四
福井	若狹		三十三間	二七二三
			八幡嶽	二
		千島	羅碓	三〇二
		雜太	金北	二八三三
			秋葉	一六九九
			高戸	四七九七
			西方	二四三一
			乙部黑嶽	二八
群馬	上野		中吾妻	六〇四八
			粟嶽	二三三五
			立科	八五三二
			國見	二三九一
			見市嶽	三
		勢多	赤城	六三二五
			大日	二三二五
			高峰	三六六
			榮螺	二三二一
		爾志	遊樂部嶽	四二

右千尺以上

縣	國	郡	山
京都	山城	綴喜	雄德
		乙訓	小鹽
			鷲巢
			光兎
			經峯
		一志	矢頭
		更級	姨舍
			冠若
			高松嶽
			小安嶽
			赤平
		周吉	大滿寺峯
		名西	燒山西寺
		麻殖	劍
		日田	長野
			鳥宿

島野 嵐	棧敷嶽	愛宕 鞍馬	如意嶽	大悲	久世 栗龍	相樂 鷲峯	笠置	丹後 加佐 由良嶽	千丈嶽	與佐 成相	倉椅	普甲	中 足占	竹野 能野
魚沼 守門嶽	槍嶽	荒澤嶽	中嶽	大明神	金城	牛嶽	妙香	斑尾	燒	鐙嶽	雪倉嶽	袴腰嶽	乘鞍嶽	噴火
大洞	元取嶽	布引	飯高 堀坂	白豬	高見	伊賀 阿拜 高旗	篠嶽	靈山寺	伊賀 大山嶽	名張 鷹塚	茶臼	中	山田 布引	愛知 三河 賀茂 猿投
水內 蟲倉	一夜	飯岡	戶隱	乙妻	鳥井 烏甲	白根	黑湯	四阿	男神嶽	女神嶽	小縣 和田	佐久 碓冰嶺	荒般	三國
東鳥海	御駒	大森嶽	平鹿 八方嶺	白木嶺	御嶽	保呂羽	仙北 眞嶽	藥師嶽	阿彌陀	朝日嶽	駒形嶽	國見嶺	大森嶽	大佛嶽
横尾	鳥取 因幡 法美 稻葉	扇	八束 陳鉢	菅	池田	智頭 沖	頭巾	籠	那岐	三國	氣多 鷲峯	伯耆 會見 大	鎌倉	日野 三平
小劍	烏帽子	高越	美馬 大瀧	三好 中津	國見	雲邊寺	鹽塚	野鹿池	勝浦 日峯	那賀 津峯	大龍寺	海部 天狗	請峯	槇小屋
能渡	權現嶽	渡神嶽	三國	龜房石	直入 大船	九重	祖母嶽	大野 傾	桑原	梓嶺	海部 釋魔嶽	米花	豐前 下毛 八面	樋桶

							大坂							
	丹波						河內						和泉	
	桑田	船井		何鹿	天田		河內	讚良	高安	錦部			和泉	
一箇尾	知井	半國	八峯	彌仙	三嶽	鬼城嶽	鷲尾	飯盛	高安	巖湧	藏王嶺	天野	槇尾	牛瀧
							埼玉				群馬			
				佐渡			武藏				上野			
				加茂			高麗	比企			利根		吾妻	
黑倉	源臺	黑姬	八谷	五月雨	檀特	金剛	日和田	慈光	笠	兩神	白根	武尊	吾嬬	稻裏
											靜岡			
					尾張						駿河			
寶飯	設樂		八名		丹羽			春日井		愛知	志太	有渡		安倍
宮地	鳳來寺	鞍掛	嵩	石巻	二宮	小富士	綴鹿尾	小牧	白	二邨	高根	久能	宇津谷嶺	賤機
	福島													
	岩代													
	會津						大沼							
立科	帝釋	朝日	大鳥嶽	朝艸嶺	鬼面	境澤嶺	猩猩森	荒貝嶽	山王嶺	七森嶽	大戶嶽	二岐嶽	駒戶嶽	船鼻
								山形						
		陸中						羽前						
秋田		鹿角						置賜		邨山				
田代	馬場目	八幡平	硫黃	五宮嶽	青狹嶽	大國平	四岳嶽	吾妻	視瓶	虛空藏	龍	千歲	笹谷	五所
							岡山							
							美作							備前
		八橋	久米	河邨			吉野		勝北	西西條	久米		大庭	和氣
大倉	船通	船上	蛭	義德	三國	人形	後	雛倉	那岐	泉	高峯	二上	蛭	熊
高知														
土佐														
安藝			香美	長岡						土佐				吾川
野根	天狗森	鐘龍森	五在所	京柱	杖立峯	國見	三橋示	笹峯	白髮	三瀧	龜森	手箬	樫	雪光
						佐賀								熊本
						肥前								肥後
	宇佐					基肄	神埼	佐賀	小城	杵島			藤津	玉名
鹿熊嶽	鹿嵐	八見嶽	立石	烏帽子	馬城峯	基	背振	金立	天	杵島	黑髮	御船	多良嶽	木葉

									神奈川	神奈川				
					攝津				武藏	相模				
和	泉南		日根		島上		豊島	能勢	南多摩	足柄下		足柄上		
七越	葛城	神於	飯盛	大鳴	神峯	勝尾寺	箕面	妙見	高尾	駒嶽	石垣	明神嶽	明星嶽	早雲
							千葉						茨城	
							安房		上總				常陸	
				碓氷	群馬	甘樂	平群		天羽	望陀		市原	新治	
岩寥	萬座	鳥居嶺	吾妻	碓氷嶺	榛名	御荷鋒	伊豫嶽	富	鬼涙	愛宕	三石	音信	葦穗	加波
			遠江								伊豆			
	庵原	駿東	敷智	引佐	豊田	周智		城東	佐野		君澤			
七峰	薩陀嶺	鷲巣	本坂	三嶽	觀音	青崩	本宮	高天神	尾美	白光	箱根	真城	峯	笠卷
						河沼		耶麻						
福永嶺	小野嶽	背炙嶺	龍嶽	明神	御神樂嶽	飯谷	鳥居嶺	川桁	飯豊	赤明	高陽	高曾根	檜原嶺	東吾妻
						石川								
						加賀								能登
田川						能美		江沼		石川			河北	羽咋
湯殿	金峯	丹狩	荒倉	稲邨嶽	胎藏	白	釋迦嶽	大日	富士潟嶽	妙法	笈嶽	三方嶽	醫王	三國嶺
								備中						
	御野	磐梨	赤坂			津高	兒島	小西			淺口	下道	賀陽	上房
八塔寺	金	大王	東宮	龍王	太平	加茂	常	太平	龍王	鳶島	陽生	彌高	太和	雞足
						愛媛								
						讃岐								
高岡				幡多		大內	三木	山田	香川	阿野	鵜足			
虚空藏	横倉	矢筈	五在所森	黒尊	笹	登尾	五劍	屋島	袋	松	大川	龍王	飯	琴平
飽田			山鹿		菊池	阿蘇						上益城		
經嶽	熊野嶽	花岡	高天	三國嶽	尾嶽	二重	三方	白岩嶽		蘇母	鏡	大矢	冠嶽	國見

1	2	3	4	5	6	7	8	9	10	11	12	13	14	15
							兵庫							
							攝津							但馬
					淘綾	津久井	八部		武庫		菟原	有馬		城崎
足柄	矢倉嶽	猪鼻嶽	塔嶽	丹澤	高麗寺	志田	神撫	再度	武庫	兜	摩耶	落葉	角	來日嶽
							橡木							
							下野							
鹿島	久慈						都賀							
砂	東金砂	西金砂	男體	神峯	堅破	花園	日光	女貌	大真子	小真子	太郎嶽	小白根	出流	岩舟
		山梨											滋賀	
		甲斐											近江	
		都留		山梨				八代		巨摩			滋賀	
矢筈	烏帽子	丹波	三峰	大菩薩嶺	天目	初鹿野	奥仙丈	篠子嶺	三坂嶺	茅嶽	鳳凰	白峯	長等	石
												磐城		
	岩瀬	安積		安達	信夫		伊達					白河		
中吾妻	布引	御靈櫃嶺	安積	安達太郎	鬼面	信夫	朽人	放鹿	靈	半田	阿津賀志	旭嶽	甲子	關
							富山							
							越中							
		鹿島		鳳至		珠洲	新川					婦員		礪波
寶達	高爪	石動	別所嶽	高洲	寶立	山伏	立	劍嶽	藥師嶽	布倉嶽	鷲羽嶽	祖父嶽	金剛堂	牛嶽
					廣島									
					備後									
阿賀		哲多		川上	深津	安那	神石			沼隈	品治		藍田	御園
赤瀧	大佐	三井	荒戶	天神	藏王	黃葉	星居	仙養	二子	熊嶺	蛇園	武倍	亀嶺	宇根
			伊豫											
三野		豐田	周敷	新居		越智	風早	浮穴	喜多		宇和			
大鼓木	中蓮寺峯	曼陀峯	石鎚	瓶森	篠峯	楢原	高繩	小田	出石	神南	城森	泉森	鬼城	篠
								宇郡	八代					葦北
月見	內大臣	目丸	間谷	雁俱嶽	薊	高楠	雁回	三角嶽	白山嶽	保口嶽	六本杉	矢山嶽	白鳥峯	鶴掛

養喜廬所著書

			三開			安蘇	庚申			栗田	太神			菊多	佛具				人形			世羅	天神嶽	福岡	筑前	台土	浮嶽				山川野
		美舍	久斗				二子			甲賀	信樂			磐前	湯嶽				礪波			甲奴	高				深江嶽				矢筈
		七味	冰				地藏嶽			蒲生	綿向			磐城	閼伽井嶽	福井	若狹	遠敷	後瀨				嶽				脊振				鬼嶽
		養父	妙見			那須	大佐飛				水晶嶽				磐城				多太嶽			三精	岡田				東油				大閑嶽
		耶來	朝來				小佐飛				衣繖			猶葉	神樂				久須夜嶽			三上	大黑目			那珂	一之嶽			球摩	市房
	丹波	多紀	八尾				男鹿嶽				長命寺				矢大臣			大飯	青葉			奴可	多飯辻				九千都				烏帽子
			畑				茶臼嶽			神崎	釋迦嶽				大嶽				和田				貓			御笠	天拜				鏡
			金			鹽谷	帚根			愛知	御池嶽			田邨	移嶽		越前	敦賀	木芽嶺				御神				獅子舞嶽			天草	倉嶽
		冰上	篠峯				鷄須			犬上	三國嶽			宇多	靈			南條	日野			惠蘇	美古登				雷山				老嶽
			三因嶽	奈良	大和	添上	春日				中靈	宮城	陸前	柴田	韭神			今立	部子				吾妻				井原				帽子嶽
			栗鹿峯				御益				荒神				神仙嶽			丹生	越智		安藝	豐田	鷹巢			早良	鬼鼻	宮崎	日向	臼井	速日嶺
			大箕				嫩艸			坂田	磨鍼嶺				龍駒嶽				綠青嶽				用倉				酒盛			兒湯	市房嶽
	播磨	明石	太山寺				高圖			滿井	小谷				東奥嶽			足羽	白椿			賀茂	野呂				竈門				石堂
			雄岡				月瀨			伊香	橫				熊野嶽				文珠			安藝	灰峯			糟屋	砥石				天包嶽
		卯南	中道			平群	信貴				賤嶽			名取	磐神			吉田	吉野嶽				吳婆字				若杉	鹿兒島	大隅	贈於	霧島

高御位	飾東 麻生	飾西 書寫	明神嶽	雪彥	加東 三草	御嶽	加西 法華	多可 笠形	宍粟 黑尾	船越	赤穗 白旗	淡路 三原 先	論鶴羽	長崎 肥前 彼杵 彥
宇陀 屏風嶽	雌雄嶽	三國	三畝	貝平	嶽	室生	國見	城上 三輪	卷臼	金平	高市 鷹鞭	十市 多武峯	音羽	葛上 葛城
行市	高島 杤木	三尾	岐阜 美濃 石津 烏帽子嶽	三國嶺	多藝 養老	多藝	不破 美濃中	大野 能鄉	厚見 稻葉	本巣 岩嶽	明神	屏風	大日嶽	惠那 水晶
磐	太白	宮城 泉嶽	髙	黑川 七嶷峯	加美 藥來	栗原 花淵	牡鹿 日和	牧	大六天	遠田 篦嶽	田束	七髮	御嶽	伊具 斗藏
坂井 丈競	高須	大野 飯降嶽	經嶽	兜	鷲嶽	島根 出雲 島根 枕木	澄水	嵩	能義 京羅木	意宇 星上	天狗	大原 三郡	清久	仁多 船通
沼田 阿生	高宮 白木	高田 大土	犬伏	山賜 刈尾	瀧	佐伯 十方	鬼城	大峯	極樂寺	山口 周防 吉敷 東方便	蕎麥嶽	龍門	佐波 矢筈嶽	右田嶽
鉾立	穗波 龍王	大谷	根智	夜須 砥上	古處	上座 五狩倉	十石	嘉麻 馬見	宗像 孔大寺	鞍手 熊峯	福智	遠賀 湯川	坊住	筑後 御井 高良
白鹿嶽	肝付 國見嶽	大隅 高隅嶽	車水嶽	荒西嶽	櫻島嶽	取漢 八重嶽	薩摩 給黎 母嶽	川邊 長屋	日置 冠嶽	薩摩 御嶽	伊佐 朝日嶽	日向 飯盛嶽	狗留孫嶽	川中嶽

1	2	3	4	5	6	7	8	9	10	11	12	13	14	15
領巾振（松浦）	國見嶽	安滿嶽	嶽嶺（壹岐 石田）	魚釣（壹岐）	本宮	三嶽（對馬 上賜）	城嶽（下賜）	白嶽	有明	矢射立	龍良	彌彦（新瀉 越後 蒲原）	角田	飯豐
戒那	二上（葛下）	龍門嶽（吉野）	吉野	山上嶽	稻毗嶽	小篠	國見	彌	七面	大日嶽	天狗嶽	地藏嶽	東屋嶽	仙
笠木	二森	位（大野）	舟	川上嶽	三方明嶽	野谷障子	馬狩障子	三方岩	仙人窟	劒嶽	笈摺嶽	金剛嶽	白木峯	橫嶽
仙翁嶽	冰上（岩手 陸前 氣仙）	愛染	五葉	酢川嶽（陸中 磐井）	室根	蓬	東稻	駒嶽（膽澤）	南昌（紫波）	早池峯山（閉伊）	六角牛	兜神嶽（岩手）	姫神嶽	鑪
三國	阿圖馬	猿政	鯛巢	大萬木（飯石）	鍋	黑	鳥屋九	琴引	彌（神門）	佛經（出雲）	鼻高（楯縫）	雞烏帽子	旅伏	大舩
要害嶽	真多嶽	且暮嶽	金峯（都農）	太座（熊毛）	千坊	羆	烏帽子	水室（玖珂）	琴石	秘密	木谷	水尾	大將陣	小五郎
耳納（山本）	鷹取峯（竹野）	龍河內（生葉）	無漏	熊渡	御前（上妻）	黑塚	平野	鳶形	日向神岩	平峽野（豐前 企救）	貫	戶上	彦（田川）	福智
矢筈嶽	法華嶽	霧島	夷守嶽	白鳥	障泥嶽	惠（北海 渡島 葛部）	大川嶽	鳥嶽（上礒）	富別圖	笹（檜山）	八內	積舟嶽（積丹）	余市郡（余市）	高島（高島）

	宕船													
蒲萄	日倉	八木	白	闇風嶽	粟嶽	五劍谷嶽	御神樂嶽	鳴澤峯	菱嶽	五頭	蒜塲嶽	烏帽子嶽	風倉	二王子嶽
								三重						
						伊勢		志摩						
	鈴鹿		三重		員那	桑名	英虞	答志						
雞足	鈴鹿	御花所嶽	鎌嶽	三國	藤原	多度	淺閒	日和	玉置	果無	荒神嶽	櫃嶽	備後	伯母
							長野							
							信濃							
		安曇		筑摩			伊那							
有明	烏帽嶽	穗高嶽	御嶽	木曾	風越	茶磨嶽	惠儀嶽	燒嶽	硫黄	穗高嶽	槍嶽	拔戶嶽	中俣嶽	北俣嶽
							青森							
							陸奧							
		三戶				北	津輕						二戶	九戶
階上嶽	來滿	戶來嶽	烏帽子嶽	八幡嶽	高田大嶽	恐山	白神嶽	蘆名嶽	稲庭嶽	安比嶽	西嶽	浪打嶺	折爪嶽	種市嶽
													石見	
鹿足	美濃						那賀					邇摩	安濃	秋鹿
青野嶽	匹見尾	彌畝	大麻	漁	三階	島星	高仙	丸瀬	三石	冠	大江高	矢瀧城	三瓶	朝日
德島												和歌山		
阿波												紀井		
板野							日高		在田	伊都	那賀	名艸	大島	
大麻	尖筈嶽	鉾尖嶽	和田森	東峯	殿原	小清冷嶽	清冷	白馬嶽	生石嶺	高野	龍門	葛城	嘉納	品包
										大分				
										豐後				
	玖珠						大分	速見		國東				上毛
斷珠	平家	天面	本宮	有藏嶽	九嶺	四極	鋒塔	雲嶽	兩子	文珠	雁股	松尾	犬嶽	岩嶽
根室		釧路					膽振		北見					石狩
目梨	阿寒	上川	上川	河西		蛇田	山越	宗谷	斜里			厚田	夕張	上川
目梨嶽	雌阿寒嶽	雄阿寒嶽	竿呂嶽	薩內嶽	千藏嶽	雄	嶽	宗谷	斜里嶽	幌羣別嶽	黃金	斜芳嶽	夕張嶽	石狩嶽

以東

安濃 錫杖嶽

艆嶽

秋田 羽後 雄勝 鎗嶽

隱岐 知夫 燒火

名東 大瀧

萬年

千島

國後 爺爺嶽 擇捉 雞冠嶽 振別 志登加不散粒 紗那 嶽 蔗取 榑與昌嶽

火山表

日本火井惟新潟越後國頸城郡有之遜中國四川遠甚而火山十數時噴灰石先是富士亦火山也戴雪而童其巔凹餘吐焰跡東復山曰寶永如贅傳言寶永中噴石一夕成山因名事在大清康熙時昔有今無非無徵矣地中流火無處無之泉近而温山溢則火此質此理詳地學家述火山表

縣	國	郡	山	雜記
長崎	肥前	高來	温泉嶽	時噴灰石
佐賀	同		阿蘇山	
靜岡	伊豆		大島	吐焰
	同		三原	
	同		樵	
岐阜	飛驒	吉城	燒嶽	吐焰

縣	國	郡	山	雜記
大分	豐後		鶴見	
鹿兒島	大隅	贈唹	霧島	噴火
同			櫻島嶽	
北海道廳	渡島	茅部	惠	
同			大川嶽	
同			駒嶽	

長野	信濃		淺間	時噴灰石	同	膽振		有珠嶽
	同		御嶽		同	同		臼嶽
岩手	陸奥		恐	一名宇曾利山	同	北見		湯輪尾
宮崎	日向	南諸縣	霧島	二峯東名弟峯西名韓國嶽	同			男阿寒山
橡木	下野	那須	那須嶽	一名茶臼嶽	同	後志		岩内山
新潟	越後		妙高		同	渡島		樽前
群馬	上野		白根		同	同		駒岳
福島	岩代		磐梯					

日本圖經六終

日本河渠志一

奏派游歷日本美利加秘魯巴西等國英日屬地加納大古巴知府用兵部郎中臣傅雲龍述

日本無大川就川言大其利根川乎千年川次之自達於海者約二百六十有奇分合之水無慮千有奇其國河渠志未見嫥書善本雲龍曾修順天河渠志定厥體例以大水包小水綱曰過目曰逕小水入大水曰注大水合小水曰受由來曰從同流曰合分流曰出水穿山亦曰出水有所止曰至桑經酈注例也兩水敵曰會小注大曰入因水入水曰達正絕流曰亂順流而下曰沿又禹貢通例也凡水先源次流又次志厥歸宿就日本水道條分縷析一如順天河渠志例述日本河渠志

利根川

利根川出上野國

川源出利根郡藤原郵奥文珠山麓南流逕日夜野町受赤谷川又逕硯田郵受發知川薄根川又逕沼田片品川入之

片品川出利根郡戶倉郵山中尾瀨原南流逕東小川郵受大尻沼下流又受塗川平川根利川又逕穴原郵西折至沼田新町注利根川長三十里合華里二百有五寬三十間合十八丈

利根川又逕羣馬郡白井郵吾妻川入之

吾妻川出吾妻郡大笹郵奥鳥居嶺下東流受艸津川鹿野籠川四萬川上澤陂川又逕羣馬郡東南流至白井郵注利根川長十六里合華里一百有九寬一町合三十六丈

利根川又逕新町分流數支其大者曰廣瀨川出前橋少東逕那波郡沼上郵烏川入之

烏川出碓冰郡川浦郵山中碓冰嶺北方烏石東南流受榛名

川相馬川又逕豐岡郵受碓冰川又逕羣馬片岡綠野三郡蕪川入之

蕪川源二北曰西牧川出甘樂郡市萱郵山南曰南牧川出甘樂郡熊倉郵山分流逕河井郵而合又東流逕綠野郡阿久津郵注烏川長十六里合華里百有九寬四十間合二十四丈

烏川又逕笛木神流川入之

神流川出甘樂郡濱平郵山中東北流受野栗澤川思川沿坂原郵爲武藏界至綠野郡笛水新町注烏川長二十里合華里百三十六寬二十五間合十五丈

烏川又逕那波郡沼上郵注利根川長十四里合華里九十五寬四十五間合二十七丈

利根川又南流逕中島廣瀨川以分流復入經流又東逕邑樂

郡大久保邨出界凡逕利根勢多羣馬那波佐位新田邑樂七郡諸水所萃浸成巨流凡長二十八里合華里百九十寬四十間合二十四丈所謂上利根川者是也

又過武藏國

利根川從上野國逕武藏國埼玉郡本鄉受渡良瀨川其分自利根川者曰中川

中川初從埼玉郡佐波外野間分自利根川南出道光年間天保中築堤後利根川分流數支合爲一水逕川口邨受會川又逕郡之葛飾郡琵琶溜井又南流逕葛飾郡戶崎之西埼玉郡垳邨足立郡六木新田之間受元荒川又分流曰綾瀨川又逕葛飾郡新宿貫同郡至砂邨新田入海其在戶崎邨上稱古利根川下稱中川長二十二里十七町三十七間合華里一百五十

三寬一町半合五十四丈

利根川南派支流有江戶川

江戶川分自葛飾郡向河岸邨南流逕關宿之南及江戶町間

又逕郡之金杉邨又逕武藏界至堀江邨入海長十七里三十

三町五十間合華里百十六寬一町五十七間合七十二丈

利根川出界

又過下總國入海

利根川從武藏國逕下總國桉利根川分南北二派南派從栗

橋驛葛飾郡吾妻邨間出武藏界逕關宿西沿河岸邨江川新

田間曰權現堂川長二里二十二町四十五間合華里一百五

十一寬二町三十五間合九十三丈又東北流稱逆川受赤堀

川而東是爲利根經流所謂赤堀川者分自中田所謂北派也

從關宿之北逕山王郵及猿島郡境町間會逆川長二里二十一町十九間合華里十五寬二町五十五間合一百有五丈經流二水既合洪湍瀰增又東流受葛飾郡安部沼猿島郡長井戸沼市谷沼鵠戸沼諸水及相馬郡之鬼怒川蠶養川

鬼怒川一名絹川亦名古毛野川源出下野國鹽谷郡川又郵衣沼山衣沼東流逕川沼郵受五十里川又逕河內郡大渡郵

大谷川入之

大谷川出都賀郡日光山中禪寺湖水東流受稻荷川溪澗諸水至河內郡大渡郵入鬼怒川長八里合華里五十四寬一町合三十六丈

鬼怒川又南流逕鹽谷芳賀沿河內都賀郡界長三十里合華里二百二十寬一町合三十六丈又逕下總國結城岡田豐田

三郡至相馬郡大木新田注中利根川長十一里二町三十一
間合華里七十二寬九町三十八間合三百四十八丈
鬢養川一云小貝川源出下野鹽谷郡高谷邨逕常陸國眞壁
筑波二郡南流爲常陸及下總國界又逕下總國相馬
郡平沼邨又東流逕高須邨又南流逕小文間邨注中利根川
其逕下總長十四里三十三町七間合華里百有一其逕常陸
長二十三里十八町合華里十九寬二十町五十間合七百五
十丈
利根川又逕古河驛渡瀨川思川入之又一思川
渡瀨川源出都賀郡日光山安蘇郡庚申山間南流逕足尾又
逕上野國勢多山田二郡折東而南又逕下野足利郡小俣邨
受桐生川逕梁田郡又東逕都賀郡下宮邨受安蘇川又逕下

總至古河驛與思川同入利根川長三十里合華里二百寬二十間合十二丈

思川源二一出都賀郡古峰原山曰大蘆川一出安蘇郡糟尾邨曰糟尾川東南流受都賀郡之久賀粟野南摩諸溪流又逕半田邨而二流合曰小倉川至壬生合黑川是爲思川又逕飯塚邨受姿川又南流逕寒川郡界又逕下總至古賀驛會利根川長十三里合華里八十八寬一町合三十六丈

利根川又逕南相馬郡江藏地新田北布川驛之間出粟橋下曰中利根川長十里廿二町四十一間合華里七十一寬廿一町合七百五十六丈此下曰下利根川受印旛郡手賀沼印旛沼埴生郡長沼諸水逕安西新田自布川至此長八里十二町廿五間合華里五十七寬七町二十一間合二百六十四丈又

逕香取郡受大浦沼與田浦常陸浪逆浦北浦諸水至銚子港入海計自安西長十五里十一町合華里百有三寬廿五町二十間合九百十二丈綜厥源委凡七十里有奇合華里四百七十是第一巨川也坂東太郎之目以此權現堂川關宿之南從江戸町南折爲江戸川又從香取郡中島邨佐原新田間分流橫出常陸霞浦牛堀曰橫利根川

荒川

荒川出武藏國入海

川源出秩父郡古大瀧邨木賊谷眞澤寺東流逕贄川大宮又北流逕小桂邨受赤平川又東北流從男衾榛澤二郡界逕大里郡明戸邨熊谷驛南又東南流逕橫見足立郡界又逕比企郡松永邨受市川又逕上老袋邨入間川入之

入間川出秩父郡東流一里許爲華六里有六逕高麗郡赤澤邨野田邨沿高麗入間二郡界東北流從平塚新田逕入間郡紺屋邨又東流逕福田邨西受越邊川沿比企郡伊艸宿界至入間郡上老袋邨注荒川其上流有名粟川之目長十八里合華里百二十三寬一町合三十六丈

荒川又沿新座郡界逕足立郡早瀨邨側東流豐島郡界逕東京北又南流稱隅田川至府下入海長七十四里合華里五百有三寬有差熊谷驛側十二町二十間合二里十二丈東京箱崎町側二町四十間合九十六丈

多摩川

多摩川出信濃國過甲斐國武藏國入海

川一名玉川源出信濃國倚沙耳喀嶽東流逕甲斐國都留郡

黑川邨丹波山邨有黑川一瀨川丹波川之目葢隨地易稱也
又東流逕武藏國多摩郡留浦邨始稱多摩川又逕多摩郡靑
梅邨曲折六十八盤又逕小川邨秋川入之
秋川一名秋留川源二一出多摩郡檜原邨數馬組山中曰南
秋川一出檜原邨倉掛組山中曰北秋川出檜原邨橋下而合
東流逕戶倉高尾之北又逕小川高槻二邨間入多摩川長十
里合華里六十八寬一町餘三十六丈
多摩川又逕拜島日野沿荏原橘樹二郡界至荏原郡鈴木新
田橘樹郡稻荷新田之間入海長三十八里合華里二百五十
八最寬處八町二十間合三百丈其下流又有六鄉川之目上
流寬四町有奇合百四十四丈
加茂川

加茂川出安房國入海

川源出長狹郡平塚邨東流逕郡之前原邨入海長五里合華里三十四寬五十間合三十丈

平久里川

平久里川出安房國入海

川一名湊川源出平羣郡荒山邨西南流至安房郡界入海長五里合華里三十四寬八間合四丈八尺海口寬十四間合七丈四尺

夸隅川

夸隅川出上總國入海

川源出安房國界夸隅郡臺宿邨北流十餘里約華里七十逕夸隅郡之大多喜邨亦名大多喜川又東流逕大福原至長柄

郡界入海長二十里合華里百三十六寬一町合三十六丈

一宮川

一宮川出上總國入海

川源出長柄郡笠森東流逕疏植生郡界受長栖郡之小林味

莊千代丸植生郡之茗荷澤芝之原五郵諸水至一之宮本鄉入

海長二十里合華里百三十六寬一町合三十六丈

養老川

養老川出安房國過上總國入海

川源出安房國淸澄山背逕夯隅郡葛藤郵又西北流逕上總

國市原郡至五井入海長二十里合華里百三十六寬二町三

十間合九十丈

小櫃川

小櫃川出安房上總二國合流入海

川源二一出安房國淸澄山一出上總國望陀郡香木原邨各西北流逕望陀郡川俣而合又逕久留里一名久留里川至久津間入海長二十里合華里百三十六寬一町合三十六丈

小絲川

小絲川出上總國入海

川源二一出周准郡奧畑邨一出郡之奧米邨皆逕宿原邨而合西流逕六手邨至人見邨入海長十二里合華里百四十九寬三十間合十八丈

湊川

湊川出上總國入海

川一名天神山川源出天羽郡宇藤木邨受三小水西流逕大

川崎受淸水川又逕押切邨受山中川相川至湊邨入海長五里合華里三十四寬一町合三十六丈

筑波川

筑波川出常陸國入霞浦

川一曰櫻川源出茨城郡山口邨東南流逕眞壁筑波新治三郡至土浦南入霞浦長十里二十七町合華里七十二寬處三十間合十八丈

那珂川

那珂川出下野國

川源出那須郡男鹿嶽頂男鹿沼東南流逕寒井邨受黑川南流逕黑羽佐良土邨受箒川又東南流從烏山逕野上邨受荒川又東流逕芳賀郡小深邨出界長三十里合華里二百寬一

町四十間合六十丈

又東南流過常陸國入海

從下野國東南流逕常陸國茨城那珂二郡至那珂港入海其

在常陸長十二里合華里三十一寬處二町四間合七十四丈

四尺舟楫往徠凡十里有奇合華里七十

久慈川

久慈川出磐城國過常陸國入海

川源出磐城國八溝山白河郡東南流逕常陸國久慈郡又東

南逕那珂郡至久慈郡入海長二十四里合華里一百六十三

寬四十間合二十四丈然漲溢輒逾二町云

本曾川

木曾川出信濃國

川源出筑摩郡荻曾邨西西南流逕福島王瀧川入之
王瀧川亦名御嶽川出筑摩郡御嶽南流折東逕黑澤邨受末
川逕福島西入木曾川長十里餘合華里六十八寬有差
木曾川又南逕三十餘邨受衆小水逕筑摩郡山口邨出界長
二十一里合華里百四十三
又西過美濃國
木曾川逕美濃國惠那郡又逕加茂可兒二郡界又逕加茂郡
川合邨飛驒川入之
飛驒川一名益田川出飛驒國益田郡乘鞍嶽大池西流大西
邨南流逕大野郡益田郡又逕美濃武儀郡爲飛驒川又南流
逕郡上加茂二郡界又逕加茂郡川合邨入木曾川其逕飛驒
長三十里合華里二百有四寬有差其逕美濃長九里合華里

六十二寬一町合三十六丈
木曾川又逕各務郡羽栗郡中島郡長良川入之
長良川出郡上郡大日嶽南流受郡上郡武儀郡諸流又西南
流逕山縣厚見方縣本巢四郡系貫川入之
系貫川上流曰根尾川出本巢郡越波邨邊山中逕大野席田
二郡界又逕郡之本田生津間又東南逕只越邨入長良川長
三里十八町餘合華里二十二寬五町合一百八十丈
長良川又南逕安八郡堀津分爲二派東支逕海西郡至中島
郡小藪原邨入木曾川有郡上川河渡川黑股川之目隨地易
稱也長卅二里合華里二百十七里寬六町餘合二百十六丈
西支爲大樽川逕安八郡至土倉邨會楫斐川
楫斐川出大野郡德山谷南流界大野池田二郡受安八郡諸

流逕石津郡又逕伊勢國桑名入海有株瀨川呂久川澤渡川之目長三十里合華里二百有四寬五町合一百八十五丈

木曾川又逕各務羽栗諸郡出界

木曾川從信濃逕尾張國丹羽郡分流爲五條川五條川逕丹羽郡初名稚川亦曰生田川又逕春日井郡淸洲始有五條川之目與新川合長八里合華里五十四寬十間合六丈

又分流過尾張伊勢諸國入海

木曾川又入美濃界南流逕伊勢界又逕中島郡十町野田郿分流曰佐屋川

佐屋川南流逕海西郡梶田郿又逕合同郿沿伊勢五明島分爲二流一曰筏川一曰鍋田川未分以前長五里合華里三十四寬四町四十間合一百六十八丈

筏川從前須郡東南流至飛鳥新田入海長二里二十町合華里十七寬二町合七十二丈

鍋田川亦東南流至稻狐新田入海是爲勢尾二州界長一里二十六町合華里十一里寬一町二十間合四十八丈

木曾川又逕伊勢國桑名郡油島郡受楫斐川沿長島至桑名入海計自美濃界長十二里合華里八十有一寬十町合六十丈其東派即佐屋川也又有支流曰日光川逕海東郡蟹江新田入海長七里十八町合華里四十九寬四十間合二十四丈

町屋川

町屋川出伊勢國入海

川一名員辨川源出員辨郡篠立山間南流受相場川坂本川田切川山田川又東流至桑名入海長九里合華里五十一寬

二町二十間合八十四丈

朝明川

朝明川出伊勢國入海

川源二一出朝明郡田口一出郡之杉谷奥逕小島郁而合東流至南福崎郁入海長五里合華里三十四寬一町四十間合六十丈

三嶽川

三嶽川出伊勢國入海

川一名三瀧川源出三重郡御在所岳謙岳等至四日市入海長七里合華里四十八寬一町合三十六丈

鈴鹿川

鈴鹿川出伊勢國入海

川源出鈴鹿郡鈴鹿山加太谷受安樂川東北流逕阿曲郡又逕三重郡至楠邨入海長九里合華里六十一寬三町二十間合一百二十丈

安濃川

安濃川出伊勢國入海

川一名塔世川源出安濃郡河内谷錫杖岳受瀧川西南流入海長四里合華里二十七寬五十間合三十丈

雲出川

雲出川出伊勢國入海

川源出一志郡八知谷川上邨丹生俣邨東北流受大邨川八手俣川諸水逕久居之南東流逕島貫須川二驛間至矢野邨入海長十二里十二町合華里八十二寬三町二十八間合一

百二十四丈八尺

五十鈴川

五十鈴川出伊勢國入海

川源出度會郡神路山大林谷合大瀑小瀑諸水逕志摩路山與皇太神宮及風日神宮後淸流逕西鹿海邨受朝熊川又逕溝口邨分流而西逕今一色邨南至江邨入海長三里二十五町合華里二十三寬一町二十間合四十八丈

宮川

宮川出伊勢國入海

川源出伊勢大和紀伊界大臺原巴淵受多氣郡濁川度會郡之大內山川藤川又東流逕圓座邨受橫輪川至小林邨入海長三十二里八町合華里二百十一寬二町合七十二丈

櫛田川

櫛田川出伊勢大和界入海
川源出伊勢大和界高見山逕飯高郡家野郵受蓮川逕飯野郡法田郵分流曰稻木川其經流至松名瀨郵入海長十七里
合華里百一十五寬二町合七十二丈
稻木川俗曰祓川或曰藤原川至多氣郡濱田郵入海長四里
合華里二十七寬三十間合十八丈

玉野川

玉野川出美濃國過尾張國入海
川之上流出美濃國之多治見川土岐川三河國之猿投川三水合流是爲玉野川西南流逕春日井郡福德郵受矢田川莊內川支流也

莊內川又分流曰新川出春日井郡比良邨逕愛知郡一色邨
又名一色川復注莊內川入海長四里十八町合華里三十寬
三十五間合二十一丈
玉野川又南流逕愛知郡至永德新田入海長二十二里合華
里百五十寬三町二十間合一百二十丈
天白川
天白川出尾張國入海
川源出愛知郡三本木邨三峯西南流逕柴田至新田入海長
四里合華里二十七寬二十七間合十六丈
矢作川
矢作川出美濃國過三河國入海
川一云矢矧源出美濃惠那郡阿賀瀧山西南流爲國界又逕

加茂郡又南流逕渡合郵足助川入之逕額田郡岡崎又逕碧海郡河野川島之東至前濱新田入海長二十八里餘合華里一百九十寬三町二十八間合一百二十四丈四尺其末入海時受太平川

太平川一名大屋川源出額田郡千萬町郵西南流逕岡崎又西流逕八町郵注矢作川長七里合華里四十八寬四十三間合二十六丈

豐川

豐川出三河國入海

川源出設樂郡神山之麓西南流爲設樂郡八名郡之界逕有海郵寒狹川入之南流逕渥美郡至豐橋入海長十七里十八町合華里百十八寬二町四十五間合九十九丈

境川

境川出三河國入海

川一名古太平川源出賀茂川猿投山麓北筋生郁南流逕苅谷西尾張知多郡至碧海大濱入海長十里十八町合華里七十一寬二十間合十二丈

大井川

大井川出信濃甲斐界過遠江國入海

川源二出信濃甲斐二國界之白峯曰東俣川曰西俣川合流受諸淵水西逕遠江國榛原郡東逕駿河志太郡界東南流逕榛原郡川尻飯淵二郁間入海長四十六里餘合華里二百十三海口寬十八町合三里是川雖遠江駿河之界洪水屢溢深淺軌更榛原郡十數郁皆在河東

天龍川

天龍川出信濃國過遠江國入海

川源出諏訪郡諏訪湖西南流逕伊奈郡受大田切川又西南

流三峯川大横川入之

三峯川出伊那郡地藏嶽西北流會黑川藤澤川逕郡之伊那

部郵入天龍川長二十里合華里百三十六寬五十間合三十

丈

大横川出伊那筑摩郡之界木雷山與横川小横川合流逕伊

那郡諸郵入天龍川長七里合華里四十七寬一町餘合三十

六丈

天龍川既受諸水西南流出信濃界長三十里有奇合華里二

百寬二町四十間合七十五丈又逕遠江國豐田郡河合郵南

流遠江國西北隅曲貫中央逕諏訪郡小川郵氣田川入之氣
田川出周知郡山住郵注天龍川又逕渡島郵受阿多古川分
流沿瀨崎數郵逕松木島而合至掛塚郵入海其逕遠江長三
十里有奇合華里二百有四寬七町半合一里有奇

馬籠川

馬籠川出遠江國入海
川源出麁玉郡宮口郵南流逕數知郡濱松之東至中田島郵
入海長五里合華里三十四寬二十五間合十五丈

大田川

大田川出遠江國入海
川源出豐田川三倉郵南流逕周智郡大鳥居郵吉川入之
吉川出佐野郡炭燒郵流注大田川長十五里合華里一百有

二
大田川又逕山名郡中郵原野谷川諸水入之
原野谷川二瀨川諸井川𣳾出佐野郡居尻郵太田川長各十
里合華里六十八
菊川
菊川出遠江國入海
川源出榛原郡大代郵西南流逕城東郡受諸小水至國安郵
入海長六里十八町合華里四十三寬二十間合十二丈
安倍川
安倍川出駿河國入海
川一名安部川源三一出安部郡梅島曰大河內川一出井川
御大日嶺之北曰中河內川一出橫澤曰西河內川逕下落合

中河內川逕中澤又合大河內川是爲安倍川又南流逕向敷地邨藁科川入之

藁科川出安倍川大間邨後山七峯福養瀑南流三里合華里二十逕湯島邨小島邨又東流受諸小水逕羽鳥邨至向敷地復入安倍川長九里合華里五十八寬一町餘合三十六丈

安倍川又逕有渡郡中島邨入海長二十里餘合華里百三十六寬五町三十八間合二百二十八丈

富士川

富士川出甲斐國源三

上流有三一笛吹川一釜無川一蘆川

笛吹川一名子酉川源出山梨郡德輪山南流逕八幡南邨湍急如箭逕大野邨重川入之

重川出山梨郡上萩原邨山中南流至郡之大野邨注笛吹川
長七里合華里四十七寛三十間合十八丈
笛吹川又逕一町田中邨日川入之
日川一名三日川出山梨郡天目山西流逕八代山梨二郡界
至山梨郡一町田中邨注笛吹川長五里合華里三十四寛一
町二十間合三十七丈
笛吹川又西南逕落合邨受金川小水也又西流逕巨摩郡三
川邨荒川入之
荒川出巨摩郡金峯山官本山中南流界山梨巨摩二郡至巨
摩郡大津邨注笛吹川長十里合華里六十八寛一町十一間
合四十八丈
笛吹川又西南逕八代郡市川大門邨與釜無川蘆川合長二

十里合華里百三十六寛十間合六丈

釜無川出巨摩郡駒嶽北流逕大武川敎來石東南流逕宇津谷邨鹽川入之

鹽川出巨摩郡金峯山南流至郡之宇津谷邨注釜無川長十一里合華里七十三有奇寛一町四十八間合六十五丈

釜無川又逕上高砂邨御勅使川入之

御勅使川出巨摩郡蘆倉山中東流至郡之上高砂邨注釜無川長五里餘合華里三十四寛五町五十間合一里弱

釜無川又逕八代郡市川大門邨與笛吹川蘆川合

蘆川源出八代郡上蘆川邨山中西流逕三帳高萩諸邨至郡之市川大門邨與笛吹川釜無川合

三水既合遂受富士川之目逕巨摩今福間爲八代巨摩界南

流早川入之

早川出巨摩郡白峯南流逕大島邨受兩畑川小水也又東流至郡之下山邨注富士川長十一里合華里七十三寬五町二十間合一里弱

富士川又南逕八代郡榮邨出界其逕甲斐長十三里合華里八十八寬六町四十間合一里二十四丈

富士川逕駿河國富士奄原二郡界又逕庵原郡內房東南流又東南過駿河國入海

芝川入之

芝川一名古芝瀨川出富士郡原邨白絲瀑逕郡之長貫邨注富士川長六里合華里四十寬十間合六丈

富士川又東南流至蒲原驛東入海其逕駿河長十八里合華

里百二十三寬五町合百八十丈川水迅且險德川氏疏鑿之通甲斐水道也

相模川

相模川之上流曰桂川出甲斐國川源出都留郡山中邨山中湖北流自井邨又東流郡之花笑驛受篠子川又東北流逕猿橋驛兩崖一束漂流矢急逕鶴島邨出界長十三里合華里八十八寬一町四十間合三十八丈又東南流過相模國入海

桂川入相模國津久井郡小淵名倉二邨間易名相模川東南流逕高座愛甲二郡界又逕厚木邨中津川入之中津川出丹澤山東流逕愛甲郡至厚木邨注相模川長七里合華里四十七寬一町三十間合五十四丈

相模川又東南流受小鮎川又逕高座大住二郡界又逕大住郡馬入郵有馬入川之目又逕郡之須賀郵及高座郡柳島郵間入海其在相模長十八里合華里百二十三寬三町十六間合百十七丈

狩野川

狩野川出伊豆國過駿河國入海

川源出天城山下水生池逕田方郡湯島郵曰湯島川受猫兒川北流逕郡之加殿郵受大見川修善寺川又逕大仁之福南條原木肥田諸郵君澤郡之御薗長伏二郵出界入駿河國駿東郡至沼津驛入海長十里合華里六十八寬一町合三十六丈

河津川

河津川出伊豆國入海

川源出天城山南流逕加茂郡梨本邨東流逕湯野筏場田中篠原數邨至谷津邨入海長五里合華里三十四寛十八間合十丈八尺

稻生澤川

稻生澤川出伊豆國入海

川源二一出賀茂郡加增野邨婆娑羅山一出郡之大䓁山合流逕箕作邨曰稻生澤川東南流逕落合河內立野本鄉數邨至下田町入海長四里合華里二十七寛五十間合三十丈

八瀨川

八瀨川出小笠原島入海

川爲小笠原島諸水之最受八所溪澗水西流入海寛十五間

合九丈深通舟楫夏秋交輒溢

南袋澤川

南袋澤川出小笠原島入海

川出南袋澤西北流入海

金目川

金目川出相模國入海

川一名花水川源出丹澤山南春嶽山之瀧澤南流逕曾屋邨受葛葉谷津水無三水東流逕南原邨會玉川

玉川源出大住郡日向邨墨坪谷東流逕愛甲郡又逕大住郡曲折南流逕中原宿受鈴川至南原邨與金目川合長五里合華里三十四寬十六間合九丈六尺

二川既合逕淘綾郡高麗寺邨入海長七里合華里四十七寬

二十五間合十五丈

境川

境川出相模國入海

川一名片瀨川源出津久井郡川尻邨龍居山麓沿高座郡界

武藏國多摩郡東流逕下鶴間又南流從高座鎌倉界逕高座

郡彌勒邨合柏尾邨至鎌倉郡片瀨邨間入海長十里合華里

六十八寬七間合四丈二尺

酒勾川

酒勾川出駿河國過相模國入海

川古名鞠子川出駿河國富士山麓東南流逕足柄上郡至下

郡酒勾邨入海長六里合華里四十一寬處五町合百八十丈

淀川

淀川之上流曰保津川出丹波國

保津川源出丹波國近江界桑田郡山谷逕山城愛宕郡北境又逕桑田郡周山邨合弓削川西南流逕船井郡受大谷園部之二水洪波雙引曲折而南逕桑田郡龜岡又北流逕保津邨曰大堰川又東流逕山城葛野郡改名桂川寬三町三間合一百有九丈八尺

保津川之下流曰桂川過山城國

桂川即保津川下流從丹波國入山城國葛野郡合淸瀧川東南流逕紀伊郡下鳥羽邨受賀茂川

賀茂川源出愛宕郡岩屋邨山北合鞍馬貴船二水逕下鴨邨受高野川南流逕西京又西南流逕紀伊郡下鳥羽邨注桂川長四里合華里二十七有奇寬一町十間合四十二丈

桂川又西南流逕淀會宇治川爲淀川寬五町二十八間合一百十四丈

宇治川近江國琵琶湖下流也南流曰勢多川爲滋加栗太二郡界大戸川入之

大戸川一名田上郵亦名信樂川源出伊賀國界土岐嶺下流甲賀郡信樂黃瀨之北受甲賀川西流逕栗太郡大鳥居郵爲大戸瀑又逕太神山麓至黑津郵入勢多川長七里合華里四十八寬處五十間合三十丈

勢多川又西流逕山城國綴喜宇治二郡間謂之宇治川西流出伏水達淀會桂川爲淀川自近江界至淀五里四町二十三間合華里三十七寬一町四十八間合六十四丈八尺

會宇治川爲淀川又會木津川

桂川既合宇治川遂名淀川西南流逕綴喜乙訓二郡間會木津川

木津川一名山城川其上流曰名張川源二爲東西二川東川出伊勢國一志郡太郎生郵西流逕夏見郵受河内川其西川又名宇陀川出大和國宇多吉野郡界山谷逕伊賀國名張郡安倍田川北流受數小河逕梁瀬鍛治町與東川合謂之名張川西流逕山城國相樂郡受上野川西流又受布目布當等水又逕大河原郵伊賀川入之

伊賀川源三出伊勢鈴鹿郡加太曰柘植川一出近江甲賀郡信樂谷曰河合川逕阿拜郡河合郵而合西南流逕服部郵受服部川又逕波野田郵受長田川謂之伊賀川逕山城入木津川長十五里合華里一百寬一町合三十六丈服部川出山田

郡布引長田川出伊賀郡大山嶽
木津川又有輪韓川泉川之目流逕木津北又逕綴喜郡八幡
合淀川長十三里合華里八十八寛五町四十間合二百有四
丈
又西南過河內國
淀川從山城西南流入河內國交野茨田二郡之北受天之川
天之川出大和國添下郡南田原郁星森逕河內交野郡至禁
野郁西茨田郡枚方北合淀川長二里三十一町二十四間合
華里十八寛三十五間半合二十一丈三尺上流有私市郁船
巖高二丈長五丈風利不泊瀾引舟形
又東南過攝津國入海
又出山城界逕河內攝津間自淀至界二里廿八町合華里十

五寬三町合二百有八丈
又逕島上郡唐崎受芥川爲神崎川中津川
神崎川一名三國川淀川支流也逕島下郡一屋邨分流西出
逕豐島郡戸內邨受池田川
池田川源出能勢郡丹波界宿野山曰大路次川逕柏原邨受
栗栖山田二水南流逕河邊郡國崎邨受倉垣川曰一庫川逕
畝邨受多田川又逕豐島郡木邊邨受久安寺川曰池田川又
逕河邊郡田能邨分爲二派東出曰猪名川西出曰藻川各南
流至戸之內邨同入神崎川長十一里餘合華里七十五寬一
町四十五間合六十三丈
神崎川又逕西成郡佃邨分左門渠至諸新田入海計自一屋
長四里三十町餘合華里三十寬三町二十間或二町三十間

合九十丈

中津川一名長柄川亦淀川支流逕西成郡長柄邨分流西出俗曰三頭逕傳法邨又分二派爲南北傳法川入海計自長柄邨長三里九町二十八間合華里二十一有奇寛一町四十四間合六十二丈四尺或倍

淀川經流又西出難波橋分流曰安治川

安治川淀川支流也先是淀川出難波橋分流南北南曰土佐堀川北有二支曰裏川曰堂島川㕕西逕中之島而二支合又逕江之子島分爲安治川逕攝津國西成郡西少南至天保山入海自安治川口他國人居留地至天保町波止場長一里十四町五十二間合華里九有奇

木津川即淀川分流南出土佐堀川下流也逕江之子島又南

流逕七瀨町難波島又逕一乘谷新田入海又一支流分自梅
本町逕松島町西曰尻無川計自居留地至海口波止塲木津
川長一里三十町三十四間合華里十二有奇
淀川自近江琵琶湖口勢多橋逕宇治川都十九里廿五町十
六間合華里百三十一

大和川

大和川出大和國源二
上流亦名初瀨川源二一出山邊郡並松邨一出城上郡金平
山各西流逕和田邨而合流逕山邊郡小島邨受布留川逕城
下廣瀨葛下三郡北界奈良川富小川飛鳥川重坂川葛城川
生駒川入之
奈良川出添上郡嫩草山鶯之瀑亦曰佐保川西流逕郡之川

上法蓮南流逕大安寺下三橋諸邨又逕平羣郡額田邨入大
和川長三里三十町四十六間合華里二十二寬十一間合六
丈六尺鶯之瀑高三丈寬四間一尺合二丈五尺
富小川出河內界添下郡龍王山南流逕平羣郡笠目邨入大
和川長二里二十七町六間餘合華里十五寬十九町合六百
八十四丈
飛鳥川源二一出高市郡畑邨一出十市郡多武峰曰細川會
于高市郡岡邨北流逕廣瀨郡川合邨入大和川長七里合華
里四十八寬七間合四丈二尺
重阪川出葛上郡重阪邨北流逕高市廣瀨二郡檜前川入之
檜前川出高市郡鷹鞭山檜前邨逕眞弓邨沿畝火山受眞弓
川土佐川西流入重阪川

重阪川又逕百濟郡北入大和川長七里二町合華里四十八
寬十六間合九丈三尺
葛城川出葛上郡葛城山北流逕廣瀨郡長樂郡入大和川長
六里合華里四十一濶八間四丈八尺
生駒川一曰龍田川出平羣郡生駒山溪澗南流逕郡之龍田
郡至神南郡入大和川長三里三十三町二十八間合華里二
十三寬三十四間合二十丈四尺
大和川又西流出大和國界自源至此長八里合華里五十四
王子渡寬十三間合七丈八尺
又西過河內國
西逕大縣郡安宿郡又逕志紀郡船橋郡受石川
石川爲西條東條二川下流

西條川源四一出大和國大澤嶺西逕錦部郡石見邨曰石見川西流逕觀音寺邨又逕三日市曰三日市川稍北逕長野邨爲西條川一出紀伊見嶺北曰石佛川逕新町合三日市川一出九重嶺曰加賀田川北流沿岩湧山合石佛川一出藏王嶺曰瀧畑川又曰唐川北流逕長野邨合西條川逕石川郡北大伴邨會東條川爲石川長五里三十二町十九間合華里三十六寬一町十間合四十二丈

東條川源二一出石川郡金剛山一出石川郡水越嶺逕森屋邨而合西北流逕神山寬〔弘〕寺諸邨又逕北大伴邨合西條川爲石川長三里二十三町五間合華里二十二寬十五間半合九丈三尺

石川又北流逕古市郡古市謂之惠我川又逕安宿志紀二郡

界至志紀郡船橋邨入大和川長二里五十六間合華里十三有奇寬二町四十二間合九十七丈二尺

大和川又西逕丹北郡枯木邨出河內界其逕河內長三里五町十八間合華里二十一有奇寬二町合七十二丈

又西過攝津國入海

西流逕攝津國住吉郡至和泉入海逕界一里三十町三間合華里九海口寬二町十間合七十八丈

紀伊川

紀伊川上流曰吉野川出大和國

吉野川源出吉野郡大臺原山西北流逕入之波和田大瀧茱摘立野逕上市西流又逕宇智郡阿陁鄉五條上野受丹生川

丹生川出吉野郡吉野山及赤瀧山西流逕丹生邨爲瀑布其

高三十丈逕加名生邨又西北流逕瀧邨復爲瀑布是曰王瀑入宇智郡靈安寺邨會吉野川長九里十七町合華里六十三寬五十間合三十丈

吉野川又逕相谷邨出界

又西過紀伊國入海

吉野川從大和國入紀伊國伊都郡始稱紀伊川逕橋本驛受細川又逕穴伏邨受靜川又逕後田邨受名手川又逕尾崎邨受海神川又逕丸栖邨野上川入之

野上川源二一出伊都郡高野大門之谷曰長谷川一出伊都郡天野邨曰友淵川皆西流逕那賀郡福井邨而合稱野上川北流逕丸栖邨入紀伊川其逕小畑邨通舟三里合華里二十紀伊川又逕西野邨受根來川又逕名草郡分數堰又西流至

海部郡湊郵入海長三十里餘合華里二百有四寬八町合一里有奇自河口至州界十三里合華里八十八可通舟楫

熊野川

熊野川上流曰十津川出大和國

十津川源出吉野郡山上嶽西流逕坂本郵又南流逕十津川鄉諸郵又逕七色郵出界長二十二里九町八間合華里一百五十寬一町上流亦曰天之川然非入淀川之天之川也

又東南過紀伊國入海

十津川入紀伊國曰熊野川南逕牟婁郡凡三里十八町合華里二十二又逕熊野本宮受音無川又東流逕請川郵受筌川厥流猶微又逕宮井郵北山郵入之

北山川出大臺原山巴淵西南流逕北山鄉河口郵入紀伊國

南流逕牟婁郡桃崎邨合北山流爲郡界又逕七色邨西南流自玉置口邨曲折東南逕島津邨受入鹿川西流少南逕湯口邨復逕大和國吉野郡竹筒邨又入紀伊國牟婁花井邨南流逕宮井邨注熊野川其逕紀伊長十四里合華里九十五寬一町三十間合五十四丈自竹筒邨順流至新宮九里餘合華里六十一凡一再逕大和境長十一里合華里七十五寬一町三十間合五十四丈

大津川

大津川出和泉國入海

大津川源出和泉郡槇尾山亦名槇尾川西流逕郡之板原邨

受牛瀧川

牛瀧川源出郡之牛瀧山逕大澤內畑二邨又逕泉南郡積川

稻葉諸郡又逕和泉郡高月郡合松尾川至板原郡入大津川長五里一町五十三間合華里三十四寬七間合四丈二尺

大津川至宇田大津郡入海長五里八町五十五間合華里三十五寬一町三十二間合五十五丈二尺

石津川

石津川出和泉國入海

川源二一出大鳥郡鉢峯曰神谷川一出大鳥郡陶器山曰尾之井川逕草部郡而合曰草部川西流逕毛穴上石津諸郡至下石津郡入海長七里十一町四十五間合華里四十八寬三十間合十八丈

津田川

津田川出和泉國入海

川源出和泉國泉南郡塔原邨東西流逕泉南郡相川河合眞上新田半田久保諸邨有河合川阿間河川之目又逕津田邨入海長三里十一町一間合華里廿一寬十七間合十丈四尺

近木川

近木川出和泉國入海

川源二一出泉南郡蕎原邨東曰蕎麥川一出郡之大川邨東曰大川逕水間邨而合曰水間川又西流逕名越邨又逕日根郡橋本邨至澤邨入海長四里三十町十七間合華里二十九寬十九間二尺合十一丈六

大井關川

大井關川出和泉國入海

川一名岡田川導源日根郡犬鳴山分流逕郡之大木邨而合

西流逕大井堰菟田樫井諸邨至岡田邨入海長四里八町十間合華里二十八寬五十間合三十丈

男里川

男里川出和泉國入海

川一名菟砥川導源日根郡葛畑邨西流曰金熊寺川逕中畑代諸邨受山中井堰二川至男里邨入海長三里三十二町十六間四尺合華里二十五寬二町合七十二丈

武庫川

武庫川出攝津國入海

川源出丹波界有馬郡曰出坂衆水會井澤邨曰鹽田川南流逕三田曰三田川受南鹽田川舟坂川波豆川曰生野川又曰生瀨川逕武庫郡受衆水至鳴尾邨入海長十三里餘合華里

八十八寬五町餘合一百八十丈

横田川

横田川出近江國伊勢國入琵琶湖

川源出甲賀郡諸山合伊勢鈴鹿山水西流受田邨川松尾川杣川又逕野洲郡亦名野洲川又逕川田邨分流南北南逕水保邨之南至木濱北爲吉川至吉川邨均入琵琶湖長十五里合華里一百有二最寬處五町合一百八十丈

仁保川

仁保川出近江國入琵琶湖

川源出蒲生郡山中日日野川西流逕横山邨受佐久良川是爲仁保川亦名横關川至野洲郡野邨入琵琶湖長九里合華里六十一最寬處五十間合三十丈

愛知川

愛知川出伊勢國過尾張國至近江國入琵琶湖

川源出伊勢國界水晶嶽萱尾瀑西流受和南川杜葉尾川又

逕尾張國神崎郡中郵分流逕近江國境南至新海郵北至甲

崎南皆入琵琶湖長十里合華里六十八寬處六町合二百十

六丈

犬上川

犬上川出近江國入琵琶湖

川源出犬上郡道原郵三國嶽西流逕高宮南亦曰高宮川又

曰不知也川至八坂郵北入琵琶湖長六里合華里四十一最

寬處三十間合十八丈

善利川

善利川出近江國美濃界合流入琵琶湖

川源二一出坂田郡本靈山一出美濃國界土岐山分流逕犬山郡河內郵而合西流逕大堀郵北復分流北逕里根郵南逕彥根町中藪南西又南流逕山脇平田二郵皆入琵琶湖長五里合華里三十四最寬五十町合八里有奇

天川

天川出近江國入琵琶湖

川源不一出坂田郡柏原驛及膽吹山彌高山分流逕長岡郵合流逕梓河內郵受醒井川西流逕新莊箕浦飯郵至朝妻郵入琵琶湖箕浦川朝妻川皆其別稱也長四里合華里三十寬十五間合九丈

姉川

姊川出近江國入琵琶湖
川源出淺井郡加須川嶺南流甲津原板又西逕坂田郡又逕小田井口二邨北又西流逕龍鼻山岡山北受草野川亦曰國友川又逕小濱邨淺井郡又逕落合邨高時川入之
高時川一名高月川源二一出伊香郡中河內東越前虎杖嶺一出美濃國界金糞嶽麓逕大見邨合流南逕河合馬上諸邨又逕淺井郡曰馬渡川逕唐國邨西受田川又逕落合邨東南入姊川長十里合華里六十八寬二十間合十二丈
姊川又逕南濱邨入琵琶湖長九里合華里六十一寬五十間合三十丈
金吾川
金吾川出近江國入琵琶湖

川源二一出伊香郡余吾湖一出椿坂山中曰柳瀨川合流南過伊香郡又逕淺井郡西至尾上邨入湖又有尾上川之目長八里合華里五十四寬八間合四丈八尺

安曇川

安曇川出山城丹波若狹近江諸國合流復分入琵琶湖

川源三一出山城丹波若狹諸國界山中一出山城之愛宕郡百井邨逕滋賀郡坂下邨一出高島郡麻生邨山中分流逕近江國朽木谷市塲邨而合東流逕川島邨又分流一派曰新莊川同至舟木邨入琵琶湖長十里合華里六十八寬一町合三十六丈

宮川

宮川出飛驒國

川源不一出大野郡宮郵合川上嶽水川上川小八賀川諸流逕吉城郡谷郵高原川入之

高原川出吉城郡平湯郵大瀑北流至谷郵注宮川長二十里合華里一百三十六寬二十間合十二丈

宮川出界長二十二里餘合華里二百五十寬一町十間合四十二丈

又過越中國入海

宮川從飛驒國北流逕越中國新川郡婦負郡易名曰神通川

又逕富士山西入東岩瀨港其逕越中長三十里合華里二百有四寬四町十間合一百五十丈

白川

白川出飛驒國

川源二一出大野郡寺河戸邨曰上白川一出白山白水瀑曰大白川東流逕平瀨邨而合又北流出界長十八里合華里一百廿二寬一町合三十六丈

又北過越中國入海

白川從飛驒國北流逕越中國礪波郡射水郡易名射水川亦曰雄神川又曰莊川又逕射水郡米島邨小矢部川入之

小矢部川出越中國礪波郡大門山東北流至射水郡米島邨注射水川長二十一里合華里一百四十三寬二十間合十二丈

射水川又北流入新湊其逕越中長四十里合華里二百七十二寬一町餘合三十六丈

上川

上川出甲斐國過信濃國入諏訪湖

川源出甲斐八嶽西流逕諏訪郡芹澤邨入諏訪湖亦名澁川

又名芳野川長五里合華里三十四寬一町合三十六丈

千曲川

千曲川出信濃國

川源出信濃國佐久郡南甲斐金峯山北流逕佐久小縣二郡

沿北國驛路又北逕埴科更級郡界更級郡川合邨犀川入之

犀川出筑摩伊那二郡界駒嶽上流曰奈良井川北流受田川

女鳥羽川又逕安曇郡界梓川入之

梓川出飛驒國界乘鞍嶽合諸山水東北流逕筑摩安曇二郡

至島內邨注犀川長十有八里合華里一百二十有二寬四十

間合二十四丈

犀川又逕川中島高瀨川入之
高瀨川出越中國界五六嶽東南流逕安曇郡受乳川穗高川
中房川烏川諸水至押野郵入厚川長十六里合華里一百有
九寛三十間合十八丈
犀川又北流入千曲川凡長三十里合華里二百有四寛一町
二十間合四十八丈所謂川中島者即千曲川犀川間也
千曲川又北流爲水内高井二郡界出界長六十里合華里四
百有八最寛七町四十間合二百七十六丈
又過越後國曰信濃川入海
千曲川從信濃國入越後國曰信濃川著綠來也非隨地著稱
比逕魚沼郡宮原羽倉兩郵間受志久見川中津川諸流又東
北流逕卯木郵受淸津川又逕川口郵魚沼川入之

魚沼川一名魚野川亦曰上田川又曰輪奈津川源二一出魚沼郡土樽郵小富士山一出土樽郵谷後而合北流逕湯澤驛又東北流受東方諸水又逕小出島驛受佐梨川又西流逕四日町郵受破間川至川口郵入信濃川長二十里合華里一百三十六寛一町二十間合四十八丈

信濃川又北流逕古志郡川袋郵蒲原郡又東北流逕地藏堂驛分一支北流稱曰西川又逕尾崎郵受苅谷田川又逕八王子郵分流爲中口川環流須頃井土卷七郵又逕三條受五十嵐水又北流逕酒屋郵受小阿賀川另詳又西北流逕大野町中口川復合爲一又逕平島郵會西川北流至新潟入海其他受大小諸水無慮數十俗有八千八水河之稱源流凡長百餘里合華里六百八十其逕越後四十里合華里二百七十二最寛

八町合二百八十八丈新瀉港口四町十間合一百五十丈舟路泝西南至魚沼郡十日町二十九里合華里一百九十七魚沼川至六日町三十四里合華里二百三十一泝東從阿賀川至岩代耶麻郡舟楫四通惟信濃一路激湍阻之

阿武隈川

阿武隈川出磐城國過岩代國復過磐城國又過陸前國入海川源出白河郡旭嶽及甲子山中雄瀑東流九里合華里六十一逕白河町又北流逕石川郡入岩代國岩瀨郡又北流逕田邨郡沿岩代磐城之界又逕安達信夫伊達三郡間其所受水曰釋迦堂川曰篠原川曰逢瀨川曰五百川曰杉田川曰瀨川曰須川曰松川曰摺上川曰廣瀨川

釋迦堂川出岩瀨郡牧野內邨受諸水及磐城白河郡新城川

又受江花川東北流逕須賀川驛西稱西川至中宿江持二郵間入阿武隈川長七里合華里四十八寬四十八間合卄八丈八尺

篠原川出安積郡下守屋山中東流逕篠原日出山二郵間入阿武隈川長五里合華里三十四寬十一間合六丈六尺

逢瀨川出安積郡河內郵西鬼域山東流逕郡山驛北入阿武隈川長七里合華里四十八寬二十間合十二丈

五百川一名高倉川出安達郡中山郵楊枝嶺麓又東流安積郡界至仁井田高倉二郵間入阿武隈川長七里合華里四十八寬二十間合十二丈

杉田川出安達太郎山中遠藤瀑屈曲東南至杉田郵入阿武隈川長五里合華里三十四寬三十二間合十九丈二尺

瀨川出磐城國田邨郡移山麓西北流入岩代國安達郡杉澤邨又西北流至下太田邨入阿武隈川長十五里合華里一百有二寬三十間合十八丈
須川出信夫郡吾妻嶽麓庭阪邨奥不動瀑天戶川荒川皆逕櫻本邨合流東至福島南入阿武隈川長七里合華里四十八寬一町四十間合六十丈
松川出羽前置賜郡五色溫泉奥十三瀑東流逕信夫郡李平邨至本內邨五十邊邨界入阿武隈川長十三里餘合華里八十八寬平水二十間合十二丈磧州一町四十間合六十丈
摺上川出伊達郡茂庭邨摺上山麓東南流逕飯板邨東流逕信夫伊達二郡界至瀨上驛北長倉邨入阿武隈川長八里十八町合華里五十七寬五十間合三十丈

廣瀨川一名小手川出伊達郡朽木山麓北流逕下手渡邨東至梁川邨入阿武隈川長七里合華里四十八寬三十間合十八丈

大瀧根川出田邨郡大嶽北流逕常盤邨又西流逕瀧邨又西南流逕橫川邨注河武隈川長十六里合華里一百有九寬十間合六丈

白石川出羽前界刈田郡湯原楢下嶺麓東流逕關邨渡瀨邨東北流逕白石北受鷹巢川又逕宮邨東受松川又逕陸前國界至柴田郡槻木驛南注阿武隈川長十八里餘合華里一百廿二寬五十八間合三十四丈八尺

阿武隈川既受諸水浸成巨流復東逕磐城國伊吳郡又北流逕陸前國界東流至亘理郡荒濱入海長五十里合華里三百

四十寛十町合三百六十丈

鮫川

鮫川出磐城國入海

川源出白川郡赤坂東野邨三株山北流逕鎌田邨東南流逕菊多郡又逕根岸邨受入上川又南流逕井上邨受大平川又東流至岩間邨入海長十七里合華里一百十六寛三十間合十八丈

鎌田川

鎌田川出磐城國入海

川一名夏井川源出田邨郡神股邨鞍掛山南流逕楢葉郡東南流爲磐城磐前界逕平北受好間川東流至大越入海長十六里合華里一百有九寛二十五間合十五丈

阿賀川

阿賀川上流曰日橋川出岩代國

日橋川初名新橋川源出耶麻郡豬苗代湖西流爲河沼耶麻郡界逕耶麻郡鹽川南又逕河沼郡沼上邨黑川入之

黑川俗曰湯川出會津郡布引山西流逕湯本逕若松南又西北流至河沼郡沼上邨注日橋川長十里合華里六十八寬十八間合十丈八尺其在湯本邨爲伏見瀑一名不思議瀑二層俗呼雌雄瀑高一丈有奇寬五間合三丈

日橋川又逕立川邨鶴沼川入之

鶴沼川一名大川源二一出會津郡鶴沼西流一出郡之山王嶺北流逕田代邨小野邨間而合北流蘆牧邨逕會津大沼二郡之界又逕上米塚邨分一支爲西派經流逕飯寺蟹川邨入

河沼郡至立川邨入日橋川長二十一里餘合華里一百四十三寬四十間合二十四丈西派仍逕大沼郡界和泉邨又逕河沼郡至東靑津邨入日橋川

日橋川又北流逕耶麻郡眞木邨松野邨側又西流逕館原邨只見川入之

只見川出會津郡尾瀨沼北流爲越後界逕只見邨伊南川入之

伊南川出會津郡檜枝岐邨北流逕古町山口邨西流逕大倉邨受布澤川又逕黑谷邨受黑谷川至只見邨入只見川長十九里合華里一百廿九寬三十間合十八丈

只見川又逕大沼郡水沼邨少東逕早戸邨受沼澤沼東北流逕河沼郡至耶麻郡館原邨入日橋川長三十七里十八町合

華里二百五十五寛五十間合三十丈
日橋川既受只見川出界長二十里合華里一百三十六寛一
町五十間合六十六丈所謂舊津川者是也
又西北過越後國入海
日橋川從磐城入越後國蒲原郡新渡郵受實川出谷川又逕
津川町受室谷川又西南流逕安養寺郵受早出川又西北流
逕澤海郵分西南一派曰小阿賀川注信濃川其經流北折逕
津島屋郵受新發田川加沼川至松崎郵入海長二十餘里合
華里一百三十六寛八町合二百廿八丈川口三町二十間合
一百廿丈其通舟道東北行由加沼川至三日市驛八里有奇
合華里五十四
名取川

名取川出羽前國界過陸前國合廣瀨川入海

川源出羽前國越後國界名取郡馬場邨二口嶺東流受郡之秋保瀑柴田郡諸水逕名取郡袋原邨會廣瀨川

廣瀨川出宮城郡大倉邨巨舟山麓東流逕熊根仙臺至名取郡會名取川長十五里合華里百有二寛二町合七十二丈又名取川既合廣瀨川又東流逕閖上濱入海長十二里二十町合華里八十五寛一町四十間合六十丈

有仙臺川長町川之目

七北田川

七北田川出陸前國入海

川一名冠川源出宮城郡福岡邨黑鼻山麓東流受山水衆流逕七北田川邨岩切邨至蒲生郡入海長八里合華里五十四

寛一町餘合三十六丈

鳴瀨川

鳴瀨川出陸前國入海

川一名三本木川源二一出加美郡小野田本鄉受不動瀑東流逕志田郡石森邨折東南流一出黑川郡吉田邨山中出品井沼逕桃生郡福田邨而合至野蒜邨入海長二十五里合華里一百七十寛一町四十餘間合六十丈

北上川

北上川出陸中國

川出岩手郡御堂邨南流其所受水有磐井川衣川松川雫石川猿石川和賀川

磐井川一名一關川出磐井郡五串邨酢川嶽渤化受酢川桂

川諸流至中里邨狐禪寺邨之間入北上川長十三里七町四十二間合華里八十九寬一町二十八間合五十二丈八尺

衣川出膽澤郡上衣川邨高日王山西北間東流逕下衣川邨至磐井郡中尊寺邨入北上川長十里二十四町合華里七十二寬三十間合十八丈

松川出岩手郡寄木邨源太森屏風嶽東南流受赤川至川崎邨好摩邨間入北上邨長七里十四町合華里五十寬五十間合三十丈

雫石川出岩手郡西根長山兩邨間葛根田山受平出川志戸前川東流至下厨川邨仙北町間入北上川長八里二十五町合華里五十九寬一町合三十六丈

猿石川源二一出閉伊郡細越邨仙人嶺北流一出郡之早池

峯山間南流逕橫田邨二水合流西逕和賀郡至稗貫郡之高松邨高木邨間入北上川長十四里十三町合華里九十七寬一町合三十六丈

和賀川出和賀郡川舟邨和賀嶽受橫川大杉澤川諸流東流至黑澤尻邨下鬼柳邨間入北上川長十五里十町合華里一百有二寬一町三十間合五十四丈

北上川旣受諸水又南流逕黑澤尻而流浸巨又逕岩手紫波稗貫和賀四郡又逕膽澤江刺二郡受宿內川膽澤川又南流逕磐井郡出界長七十六里合華里五百十九寬二町合七十二丈

又南流過陸前國分流入海

從陸中國入陸前國登米郡南流逕桃生郡小船越自源至是

長七十二里合華里四百九十最寬六町二十間分爲二流一南流至牡鹿郡石卷港入海長三里三十五町餘合華里三十寬四町一曰追波川東北流至本　郡追波津桃生郡長面濱間入海長四里二十七町二十五間合華里三十二寬二町五十間漕運便之匪惟驅檣罔有滯而已計自源長七十六里合華里五十二寬二町合七十二丈其在陸前境所受水有江合川迫川

江合川一名玉造川出羽前界玉造郡中山郵東流紅鍛沼屋澤下宮之南逕志田栗原二郡界又逕遠田郡至桃生郡和淵郵入北上川長三十里合華里二十寬一町五十間合六十六丈

迫川出栗原郡沼倉郵栗駒山麓東西流曰三迫川合一迫川

二迫川逕登米郡界至遠田郡猪岡短臺邨入北上川長三十七里合華里二十五寬一町二十間合四十八丈舟楫競達

宮古川

宮古川出陸中國入海

川源出閉伊郡田代邨兜神嶽東流受江繫川大畑川諸流至宮古磯雞二邨入海長十二里二十町合華里八十五寬二町合七十二丈

能代川

能代川出陸奥國過陸中國羽後國入海

川一名米代川源出陸奥國二戶郡田山邨山間西流入陸中國鹿角郡又北流受大湯川毛馬內川又逕大欠邨西流入羽後國秋田郡又西北流逕川口邨受大館川又西流阿仁川入

之
阿仁川上流一名大又川下流曰大阿仁川源出仙北郡界秋田郡荒瀨立受小又川又北流逕李臺郵小阿仁川入之
小阿仁川出仙北郡南澤郵河邊郡界龍峯北流注阿仁川長二十里合華里一百十六寬五十間計自川源三十一里合華里七十五巖石湍急且險謂之小錠
大阿仁川又逕麻生郵入能代川長三十里合華里二百有四寬一町合三十六丈
能代川又逕山本郡荷上場郵受藤琴川至能代港入海長二十五里合華里一百七十寬一町四十間合六十丈
馬湖川
馬湖川出陸中國過陸奥國入海

川源出九戸郡遠別嶽西北流入陸奥國二戸郡北流受淨法寺川遥二戸郡大向郵受能原川東流至八戸湊郵入海長二十五里合華里一百七十寛一町四十間合六十丈

岩木川

岩木川出陸奥國入海

川一名弘前川源出津輕郡泊嶽北流受岩水山溪間諸流平川淺瀨石川至十三潟入海長二十二里合華里一百五十寛五十間合三十丈舟通者半

田名部川

田名部川出陸奥國入海

川源出北郡砂子又郵大尺山西南流至田名部入海長六里合華里四十一寛五十間合三十丈

内海川

内海川出陸奥國入海

川源出北郡川内郵山中受溪洲諸流至内郵入海長七里合華里四十八寛三十間合十八丈

相坂川

相坂川出陸奥國入海

川源出北郡十灣田湖受篤川法量川東流逕三戸郡至下市川郵入海長十二里合華里八十二寛一町十間合四十二丈

最上川

最上川出羽前國過羽後國入海

川上流曰松川源出置賜郡大平郵大日嶽北流逕中田郵受羽黑川又逕洲島郵受鬼面川又逕津久茂郵受諸細流逕郵

山郡杉山郗始稱最上川又逕左澤東流至小鹽郗分爲二派北曰新川逕長崎郗而合受酢川又北流逕仁田郗受寒河江又逕大石田流少南受丹生川又逕最上郡西流受小國川又逕新莊南受鮭川沿田川郡界會赤川

赤川源二一出田川郡湯殿山下曰梵字川西流一出田川郡大鳥池曰大鳥川亦名櫛引川又逕熊出郗而合又北流曰赤川逕鶴岡東受拂川至落目會最上川長十里合華里六十八寬一町三十間合五十四丈

最上川既會赤川逕羽後國飽海郡至酒田港入海長十二里合華里八十二寬十二町二十間合四百四十四丈

荒川

荒川出羽前國

川源出置賜郡五味澤邨朝日嶽麓南流逕小渡邨受橫川又西流逕玉川邨受玉出川界長八里合華里五十四寬三十間合十八丈

又過越後國入海

從羽前國入越後國岩船郡八口金丸兩邨間受沼川大石川又西北流逕大鳥驛海老江邨受胎内川又西流逕岩松郡鹽谷驛蒲原郡桃崎驛間入海其逕越後長九里合華里六十一寬一町四十間合六十丈

日向川

日向川出後國入海

川源出飽海郡升田邨山中日向瀑西流受荒瀨川至小湊邨入海長三里合華里二十寬三十五間合二十一丈

御物川

御物川出羽後國入海

川源出雄勝郡院內銀山町東安嶽東北流逕橫堀邨受役內川又逕逆卷邨又北流逕角間邨受岩崎川爲平鹿郡界

岩崎川出雄勝郡御駒山北流逕手倉川原邨西折爲手鹿郡界又逕戸波邨受稻庭川入御物川

御物川又北流逕角間邨橫手川入之

橫手川出平鹿郡黑澤邨受大松川又西北流至橫手南入御物川

御物川又逕仙北郡花館驛玉川入之

玉川古曰副川出陸中岩手郡界仙北郡田澤邨大深嶽南流受小和瀨川大先立川生保內川又西南流逕小館邨受鍬瀨

川至神宮寺驛注御物川長二十七里十八町合華里一百八十七寬一町合三十六丈

御物川又西流逕河邊郡又西北流逕秋田郡界至土崎港入海長三十里合華里二百有四寬二町四十間合九十六丈

子吉川

子吉川出羽後國入海

川源出由利郡鳥海下麓東北流受諸小水又西北流逕由利郡矢島受薯蕷川又西流逕本莊至古雪港入海長十八里合華里一百有二寬一町四十間合六十丈

白雪川

白雪川出羽後國入海

川源出由利郡鳥海山受溪澗諸水西北流受安沼川鳥越川

是爲白雪川又逕畑郵立居地郵至芹田郵入海長六里合華里四十一寬二十間合十二丈水勢噴煙駛如奔馬

耳川

耳川出近江國若狹國界入海

川源出近江國界三方郡新莊郵西北流逕佐野興道寺河原市諸郵至和田郵入海長五里合華里三十四寬二十間合十二丈

北川

北川出近江國過若狹國會南川入海

川源出近江高島郡入若狹國遠敷郡西北流逕熊川神谷日笠諸郵受小水會南川入海長六里合華里四十一寬三十間合十八丈

南川一名湯川源出丹波國界東北流逕遠敷郡納田終邨歷受淵水逕尾崎湯岡至小濱合北川入海上流曰名田莊川長八里合華里五十四寬一町三十間合五十四丈

日野川

日野川出越前國合足羽川九頭龍川入海

川出南條郡岩屋邨左近諸山西北流逕武生又東北流逕丹生郡在田邨受天王川又逕淸水尻邨受志津川又逕足羽郡角折邨會足羽川

足羽川源四皆出今立郡一田代山一魚見坂其二導自子嶽而合北流足羽郡境寺邨受羽丹生川又逕獺口邨受蘆見川少西流穿福井街衢逕角折逕會日野川自足羽郡前波邨至福井長二里十八町合華里十八自福井至坂井港長六里十

二町十三間合華里四十三可通舟楫自源長二十五里合華里一百七十寬四十五間合二十七丈

日野川既合足羽川亦名安居川又北流逕吉田郡高屋邨會

九頭龍川

九頭龍川源三皆出美濃國界大野郡一自油坂嶺曰油坂川西流一自白山別山曰石徹白川西南流逕朝日邨合而西北流一自下秋生邨蠅帽子嶽外三所北流秋生川又曰眞名川逕土布子邨與二水合逕勝山之西西流受數小河逕吉田郡舟橋稻多間又逕高屋邨會安居川自坂井郡鳴鹿邨至坂井港長十里合華里六十有八可通舟楫計自源長三十二里合華里二百十八寬三町三十間合一百二十丈

三川合流至坂井港入海自渡口至坂井港長十一里合華里

七十五可通舟楫自源長二十四里十八町合華里一百六十六寬三町二十間合一百二十丈

手取川

手取川出加賀國入海

川南北二源皆導自白山出大汝嶽者曰中又川亦曰尾添川北流漸折西北逕能美石川二郡界出別山者曰白山川西北流受數小河逕牛首邨又北流逕河原山邨而合爲手取川又北流逕河合邨又逕大日山北流受大日川又逕石川郡鶴來南又西流至湊美川間入海長二十里合華里一百三十六寬五町合三十丈

犀川

犀川出加賀國入海

川源出石川郡倉谷二又等山西北流逕金澤市街南又逕高畠郡沿倉嶽合一小水至金石港入海長十三里合華里八十八寬二町十間合七十八丈

淺野川

淺野川出加賀國入河北潟

川源出石川郡順尾山界西北流逕河北郡穿金澤市街北又北流入河北潟長九里合華里六十一寬五十間合三十丈

梯川

梯川出加賀國入海

川一名安宅川源出能美郡鈴嶽北流逕江指郡東北又逕荒木田郡又西流逕小松受今江潟水北流至安宅浦入海長十二里合華里八十二寬五十間合三十丈

大聖寺川

大聖寺川出加賀國入海

川源出江沼郡大日山西麓西北流逕九谷又西流逕我谷邨又北流逕河崎邨又西流逕大聖寺至鹽屋浦入海十八里合華里一百二十二寬三十間合十八丈

羽咋川

羽咋川出能登國入海

川源出羽咋郡寳達山東麓及澤川邨山谷北流逕子浦稱子浦川又逕塵濱邨南又逕出敷浪外二邨受樋川又北受邑知潟末流又西北流至羽咋邨入海長六里合華里四十一寬三十九間合二十三丈四尺

神代川

神代川出能登國入海

川源出羽咋郡荒屋邨南流逕米町邨稱米町川又逕市野谷邨受德田川又西南流逕矢藏谷邨受上棚川又西流至川尻邨入海長三里合華里二十寬四十一間合二十四丈六尺

常願寺川

常願寺川出越中國分流入海

川源出藥師嶽上嶽寺地等山西北流逕新川郡西又北流注水橋港長十八里合華里一百廿二寬五町四十間合二百有四丈又逕新川郡東又北流逕北野邨分東西二派東至高畠新田西至荒俣邨入海長二十里合華里一百三十六寬八町二十間合三百丈此川與神代川射水川神通川及加賀之手取川越前之九頭龍川越後之信濃川俗謂之北陸道七大河

早月川

早月川出越中國入海

川源出新川郡早乙女嶽北流至三箇郡入海長七里合華里四十八寬六町四十間合二百四十丈

片貝川

片貝川出越中國入海

川源出新川郡劍嶽受瀧倉嶽諸溪水北流逕大山新田受布施川至濱經田郡入海長七里合華里四十八寬四町合一百四十四丈

三面川

三面川出羽前國過越後國入海

川源出岩船郡三面郡以東嶽西流逕下中島郡受高根川又

逕下渡郵受相古川至瀨波町入海長二十里有奇合華里一百三十六寬一町十間合四十二

荒川

荒川出信濃國越後國合流過越後國入海

川源二一出信濃國水内郡戶隱山一出頸城郡燒山各東北流逕關山驛受信濃國野尻湖下流又逕妙香山麓爲苗名瀑又北流逕大鹿郵又逕稻增郵受別所川又逕長者原郵受矢代川又逕今池郵受岡川又逕高田東以上有關川目又西北流至直江津受保倉川入海長二十里合華里一百三十八寬一町四十間合六十丈

姬川

姬川出信濃國過越後國入海

川源出信濃國安曇郡受松川中谷川謂之姬川北流逕越後頸城郡大所邨受大所川小瀧川又逕川原邨受蟲川至寺島須澤二邨間入海長十七里合華里一百十六寬一町四十間合六十丈

國府川

國府川出佐渡國入海

川源出加茂郡新穗邨西南流逕雜太郡金丸邨受諸小河至四日町邨入海長五里合華里三十四寬二十三間合十三丈八尺

羽茂川

羽茂川出佐渡國入海

川源出羽茂郡外山邨受諸澗水南流至西方邨入海長六里

六町合華里四十七寬二十四町合八百六十四丈

和知川

和知川出丹波國

川源出桑田郡佐佐里邨山谷西南流逕島邨受棚野川又西流逕船井郡受高屋川又西北流逕何鹿郡山家受上林川又西流逕天田郡福知山曰福知川亦曰音無瀨川受土師川又北流出界長二十三里合華里一百五十六寬有差

又東北過丹後國入海

和知川從丹波國入丹後國曰由良川一名大川亦名大雲川東北流逕加佐郡日藤邨又逕二箇邨地頭邨又北流至由良神崎二邨間入海其逕丹後長七里合華里四十八寬一町二間合三十七丈二尺驅櫓鶩趨其逕丹波福知山川口曰由良

港碇泊所也

佐治川

佐治川出丹波國

川源出丹波國冰上郡山谷南流逕谷川郵久下川入之

久下川出丹波國多紀郡東北山谷西流逕篠山受諸小水至冰上郡注佐治川長十里合華里三十八寬一町三十間合五十四丈

佐治川出丹波界長九里合華里六十一寬五十間合三十丈

又過播磨國曰加古川分流入海

佐治川從丹波國入播磨國多可郡易稱加古川南流逕加東郡瀧野曰瀧野川受三艸川東條川美濃川又逕印南郡美囊川諸水合流入之

美嚢川三木川及美嚢郡之吉川小川淡河諸水分道競流逕三木町東而合又西流至印南郡國包邨入加古川長十里合華里三十八寛一町十間合四十二丈

加古川又西南流逕加古川驛西分流雙引至加古郡高砂港一至加古郡荒井皆入海其逕播磨長十九里合華里一百廿九寛二町合七十二丈

倉橋川

倉橋川出丹後國入海

川別名野田川一名沼田川源出與佐郡與佐邨山中東北流至岩瀧邨入海長四里合華里二十七寛二十四間合十四丈四尺

竹野川

竹野川丹後國入海

川源出中郡常邨奥大野二邨山中受諸澗水北流逕竹野郡至竹野間入海長六里合華里四十一寬三十間合十八丈川口之西爲間人邨小港東西一町三十五間合五十七南北二町三十間合九十丈厥深五仭

朝來川

朝來川出但馬國入海

川源出朝來郡圓山邨受諸小水北流逕養父郡上田邨受綠井川又西北流逕舞狂邨受廣谷川西八木川二水曲折北流逕氣多郡又逕城崎郡佐野邨出石川入之

出石川源二一出出石郡奥藤邨一出藥王寺邨西流逕出合邨而合又逕出石南又西北流逕伊豆邨至城崎郡佐野邨入

朝來川長八里二十町合華里五十八寬三十五間合二十一丈

朝來川又逕豐岡市坊東受六方川至津居山麓入海長十六里合華里一百九寬二町合七十二丈其在本川竹田郵曰竹田川養父川氣多郡曰氣多川又曰豐岡川蔘川蓋隨地易稱云

矢田川

矢田川出但馬國入海

川源出七味郡冰山一名本谷川又名射添川北流受諸澗水逕郵岡西受小代川又逕美含郡矢田郵東至下濱郵入海長十三里餘合華里八十八寬三十六間合二十四丈四尺

濱坂川

濱坂川出但馬國入海

川源出七味郡二方郡界自諸山其上流曰溫泉川曰寺木川細谷川分導而合北流逕二方郡用土邨受熊谷川又西北流逕二日市邨受美含郡之久斗谷川又逕濱坂至鬼門港入海長六里餘合華里四十一有奇寬一町合三十六丈

千代川

千代川出因幡國入海

川源出智頭郡駒歸邨人坂嶺西北流受北俣川土師川又北流逕智頭驛受佐治川赤波川又逕八上郡中央受曳田川又逕片山邨八東川入之

八東川出八東郡落折邨戶倉嶺西流曰落折川逕中原邨又西北流逕淺井邨受舂米川又逕若櫻驛曰若櫻川又西流逕

八上郡受大江川私部川至片山邨注千代川長八里合華里五十四寬一町合三十六丈

千代川北流逕邑美高草二郡界又逕邑美郡濱坂邨受囊川又西北流逕高草郡賀露邨受湖山池水入海長十二里合華里八十二寬三町二十間合一百廿丈其川別名上流曰智頭川下流曰賀露川

日野川

日野川出伯耆國入海

川源一名皴川源出日野郡西南上萩山新屋野組湯谷四邨溪東流九里餘合華里六十一有奇逕洲河崎邨又北流曲折西北逕古市邨受二部谷川又逕大河邨又北流逕會見郡小野殿河内諸邨又逕觀音寺邨受尻燒川至皆生邨今邨間入

海長十七里餘合華里一百十五寬三町二十四間合一百廿二丈四尺其逕觀音寺郵別分一派曰米川西北流逕勝田車尾諸郵間至境浦西入海長五里康熙年中享保創鑿厥流雖小灌溉倚之

天神川

天神川出伯耆國入海川源四一曰竹田川出阿郵郡粟祖郵西流逕穴鴨郵北流一出三朝川俵郵西流逕今泉郵合竹田川北流一出小鴨川久米郡野添郵東流逕生竹郵東北流一出新郵川河來見郵東流逕和田郵合小鴨川又逕倉吉北又逕久米郡田內郵與小鴨竹田二川合是爲天神川北流爲久米河郵二郡界至瀨驛入海長八里二十町合華里五十七寬一町四十八間合六十

四丈八尺

大川

大川出出雲國入宍道湖

川一名簸川源出仁多郡船通山受龜石谷水流所謂横田川即此受室原川又西北流受龜嵩川馬木川阿井川諸流是爲斐伊川北流逕湯郡及飯石大原二郡界受飯石郡之深野川三刀屋川大原郡之久野川阿用川牛尾川又逕神原郡又西流逕神門出雲二郡界又逕出雲郡出西郡北折分派曰新川（水詳下）又逕出雲楯縫二郡界又東流逕出雲郡坂田郡分二流同入宍道湖長二十里十一町合華里一百三十八寬二町三十間合九十丈

新川分自西郡東北流逕出雲郡中央至下莊原郡入宍道湖

長二里二十四町四十間合華里十八寬一町五十間合六十
六丈
神門川
神門川出出雲國入海其支流入神西湖
川一名乙立川亦名古志川源二一出飯石郡琴引山曰小田
川西流一出飯石郡女龜山曰赤名川北流逕上來島邨而合
西北流受頓原川又西流逕獅子邨又北流逕神門郡受吉野
川伊佐川東邨川又逕八幡原邨又東南流逕飯石郡受畑川
又逕神門郡乙立邨又東北流受小野川稗原川又西流逕馬
木邨至西園邨北折入海長十九里五町合華里一百三十寬
一町二十間合四十八丈其自馬木邨大堰分引田間者曰十
間川下流入神西湖長二里合華里三十六寬三間合十八丈

飯梨川

飯梨川出出雲國入中海

川一名能義川亦名富田川源三一出能義仁多二郡境玉峯山曰西比田川東北流一出能義郡猿隱山曰東比田川北流逕布部邨而合一出能義郡坊牀山北流西折逕布部管管澤二邨界合比田川謂之菅澤川北流逕下田原邨受能義大原仁多三郡界三郡山之山佐川又東北流逕廣瀨南受祖父谷川及數小流至東赤江邨入中海長七里三十町合華里五十三寬一町三十間合五十四丈

江川

江川上流曰三次川出安藝石見二國界過備後國

川源二一出神石郡古川邨曰田房川一出甲奴郡小塚邨曰

本鄉川皆西流逕梶田邨又北折逕木屋邨而合又西北流逕
三谿郡仁賀邨受木邨川又西流逕向江田邨南川西川入之
南川出世羅郡上津田邨馬洗谷東流逕三谿郡述邨又北流
逕吉舍川內邨受戶張川又逕海田原邨西北流郡至向江田
邨入三次川
西川出世羅郡青木邨西北流逕敷名邨折東北逕三谿郡有
原邨又逕向江田江田川內二邨界入三次川
三次川又逕江田川之內邨受和知川又西北流逕三次郡西
城川入之
西城川一名門田川出奴可郡油木邨鳥尾山西南流逕西城
町又東西流逕三上郡又少北逕惠蘇郡門田邨又逕濁川邨
受比和川又西南流逕金田邨受泉川至三次郡三次町注三

次川長十六里二十六町合華里一百十三寬二十四間合十
四丈四尺三次川又南流吉田川從安藝國入之
吉田川一名山縣川出石見國界山縣郡大塜邨丸瀨山東南
流逕川東邨又南流逕壬生邨受志路原川又東流逕高田郡
又東南流逕土師長屋入江邨又東北流逕吉田町受多治比
川又逕小原邨受本邨川又逕下甲立邨秋町邨至粟屋邨注
三次川長二十六里有奇合里華一百七十七寬二町合七十
二丈
三次川又逕日下邨櫃田川入之
櫃田川一名高野山川出惠蘇郡上湯川邨俵原西流逕和南
原邨西北流逕高暮邨又南流逕三次郡櫃田邨又逕西八君
邨又西南流至日下邨入三次川長二十里十町合華里一百

三十七寬四十五間合二十七丈三次川又西流爲安藝國界
又逕門田郵又北流出界長二十一里八町合華里二百十二
寬二町合七十二丈
又西北流過石見國入海
三次川從備後國入石見國始稱江川一名石見川古名可愛
川西北流逕邑智郡下口羽郵受出羽川又北流逕川戶郵受
熊見川又西北流折西逕明塚郵又稍南逕乙原郵又西南流
逕因原郵受矢上川又西流逕小田鄉川戶郵受市木川又西
北流逕那賀郡至渡津入海長五十里餘合華里三百四十通
舟二十里合華里一百三十六寬三町十九間合一百十九丈
四尺
高津川

高津川出石見國入海

川源二一出美濃郡上道川邨溪谷曰廣瀨川西北流逕神田邨分二流同田邨南北曰横田川一出鹿足郡田野原邨西流逕六日市北流又逕木部谷邨又東北流逕枕瀨邨津和野川入之

津和野川出鹿足郡中山邨逕鷲原邨又東流逕津和野又東北流至枕瀨邨注高津川長七里合華里四十八寬二十間合十六丈

高津川又西北流逕添谷邨又東北流逕美濃郡横田邨受横田川之二流又東北流逕高津至中島入海長十四里十五町合華里九十七通舟楫七里合華里四十八寬一町四十間合六十丈

市川

市川出但馬國過播磨國入海

川源出但馬國朝來郡西南流入播磨國神西郡又南流逕寺前邨受小田原川又逕神西神東二郡界又逕山崎邨受神東郡之岡部川又逕飾東郡姬路東至阿成邨入海長十二里合華里八十二寬三町合一百有八丈支流曰御祓川又曰飾磨川分自姬路北中島邨西南流逕姬路西又逕飾西郡至飾東郡飾摩津入海

揖保川

揖保川出但馬因幡二國界過播摩國分三支入海

川源出但馬因幡二國界宍粟郡四箇山南流曰宍粟川逕東安積邨受三方川逕神谷邨受西谷川又逕山崎西折又南流

逕揖東郡又逕佐野郵受栗栖川又逕揖西郡龍野東曰龍野川又逕正條之東又東南流逕上川原郵受片吹川分爲三支逕揖西郡濱田揖東郡新在家二郵各入于海長十五里合華里一百二里寬二町三十間合九十丈

千種川

千種川出播磨國入海

川源出宍粟郡船越山北鍋之谷南流又西南流逕佐用郡久崎郵受久崎川又南流逕赤穗郡又東南流逕中山郵又逕北野中郵分而爲二各南流至中郵入海長十五里合華里一百有二寬一町四十間合六十丈

津山川

津山川出美作國

川源出西西條郡上齊原邨恩原驛南流受羽出川中谷川逕黑木邨又東南流古川邨受香香美川又逕久米北條界又東流逕久米南條西北條二郡界又逕津山南又東南流逕久米南條東界東南條勝南二郡界受久米川加茂川新田川江見川而江見川少大

江見川古曰英多川出吉野郡影石邨山南流逕下莊邨又西南流逕英田郡至勝北郡合倉穀川南流爲英田勝南二郡界又逕井口邨又西流逕勝南郡至飯岡邨入津山川

津山川又逕勝南郡高下邨出界長十九里三十五町四十七間合華里一百三十五寬一町二十四間合五十丈四尺

又過備前國入海

從美作國入備前國赤坂郡用匝邨爲和氣盤梨二郡界又逕

和氣郡受吉井川又西南流逕邑久上道二郡界至上道郡沖新田入海其逕備前長十一里合華里七十五寬一町十四間合四十四丈四尺

高田川

高田川出美作國

川一名西川源二一出大庭郡上德山郵龍王池一出上德山郵鷺溪東流逕下長田郵又南流爲大庭眞島二郡界又逕眞島郡小童谷郵受藤森川又逕豐榮郵受本莊川又曲折逕眞島又逕高田郵受神代川又東流逕大庭郡久世郵又東南流逕平松郵受目木川又逕下見郵久米北條久米南條二郡西南又逕備前國界受鶴田川弓削川又逕久米南條郡福渡郵出界長二十四里十八町四十七間合華里一百六十七寬一

町四十六間合五十三丈六尺

又東南流過備前國曰西大川入海

高田從美作國入備前國曰西大川一名旭川東南流逕津高郡東北界又逕豐岡郡小森受忍木川又逕津高赤坂二郡又南流逕金川郵受宇甘川又屈曲東南流逕上道御野二郡界又西南流逕御野郡北方郵又南流逕岡山東又東南流至福島郵入海其在備前長十三里合華里八十八寬三町十四間合一百十六丈四尺

大川

大川出伯耆國界過備中國入海

川上流曰高梁川又曰松山川下流亦曰河邊川其源出伯耆國界阿賀郡茗荷嶺南流爲阿賀哲多二郡界受新見川又東

折逕新見西受哲多郡川瀨川逕阿賀郡下唐松邨受唐松川又東南流沿上房川上二郡界逕上房郡今津邨受鳥井川又南流逕高梁之西東成川入之

東成川即成羽川上流出備後國奴可郡三坂邨道後山南流又逕竹森邨繞西南受千鳥川又逕東城町又西南流逕神石郡小野邨又東流出界長十三里三町三十六間合華里八十八寬三十八間合二十二丈八尺

又入備中國曰成羽川東南流逕川上郡又東流逕成羽至阿部邨注大川長七里餘合華里四十七寬四十六間合廿七丈六尺

大川又南流東折爲下道賀陽二郡界逕賀陽郡分一支曰淺尾東出大川又受板倉川逕下道郡江原川入之

江原川出備後國神石郡東南流入備中後月郡逕江原邨曰江原川又東流逕小田郡稱小田川亦名矢掛川至下道郡川邊邨注大川長十里三十町合華里七十三寬十四間合八丈四尺

大川出下道郡上秦邨南流爲下道窪屋二郡界逕川邊邨受小田川又逕窪屋郡古地邨分東西二支一南流出四十瀨邨入備前國兒島郡至浦田邨入海一西南流至淺口郡西之浦邨入海長廿八里合華里一百九十寬四町合一百四十四丈

蘆田川

蘆田川出備後國入海

川源二一出世羅郡藏宗邨大番谷曰大田川東流逕甲山驛北又東北流逕川尻邨一出甲奴郡階見邨山西流逕世羅郡

伊尾邨而合逕小谷邨又東南流逕蘆田郡父石邨御調川入之

御調川源二一出御調郡筋原邨屹立山一出吉田邨宇根山逕江木邨而合南流逕箒邨又東北流逕津蟹邨又東流逕岩根邨又東北流至蘆田郡父石邨入蘆田川長六里十八町合華里四十四寬三十七間合二十二丈二尺

蘆田川又東流逕目崎邨受荒谷川又逕品治郡新市邨受神谷川逕山守邨受阜屋川南流逕深津沼隈二郡界又逕深津郡中津原邨受加茂川又逕本莊邨分一派出本莊邨東南流逕福山至木端邨入海其經流又逕沼隈郡至水呑邨入海長十一里二十二町十六間合華里八十六寬二町十間合七十八丈

大田川

大田川出安藝國入海

川一名八木川源二一出佐伯郡吉和邨山中北流一出山縣郡八幡原邨刈尾山中南流東折逕戸河内邨才原而合東流逕加計邨受瀧山川又南流逕坪野邨受佐伯郡水内川又東流逕穴邨受西宗川又逕沼田郡久地邨又東南流爲沼田郡高宮郡界又逕八木邨又南折逕高宮郡中島邨受三田川又逕安藝郡界又逕牛田邨與沼田郡新莊邨間分東西二派東派逕廣島一本木北又分爲燕尾一曰京橋川南流逕安藝郡千本杭入海一曰猿猴川東流至仁保淵崎浦入海西派逕廣島中島町慈仙寺北分流一曰本川又名猫屋川至沼田郡江波邨入海長三里餘合華里二十寬三町十五間合一百十七

丈

一曰本安川沼田郡吉島新開入海西派逕楠木邨南又分一派爲西流曰橫川又分爲小屋川川田川已斐川各南流入海

沼田川

沼田川出安藝國入海

川源出豐田郡上竹仁邨防壽山東流逕戸野邨東南流曰戸野川逕上河內邨受入野川又逕中河內邨受椋梨川遂受沼田川之目東南流逕船木本鄉邨又東流至田野浦邨入海長十一里十三町合華里七十六寬一町十四間合四十四丈四尺

西條川

西條川出安藝國入海

川源出賀茂郡志和東郵並瀧寺池南流逕正力米滿諸郵又逕寺家郵東折逕御園宇郵爲吾妻子瀑西流逕大河內郵又東流逕馬木郵又西南流逕黑瀨莊諸郵曰黑瀨川逕鄉原郵又爲二級瀑逕廣郵分二派一曰廣大川一曰廣東川𣲽南流入海長十里二十七町合華里七十二寬四十間合二十四丈

木野川

木野川出安藝國入海

川源出安藝國一名大竹川亦名境川合佐伯郡中道郵飯山郵蟲所山郵諸流東南流逕栗栖郵又西南流逕大栗林郵峠川入之

峠川出佐伯郡玖島郵南流逕渡瀨郵又西南流入木野川長七里一町合華里四十八寬四十間合二十四丈

錦川

錦川出周防國入海

川一名岩國川源出石見國界都濃郡大潮郡山中東南流逕鹿野大向諸郡又東折北流逕長穗又北流逕中須郡玖河郡廣瀨郡又東流逕四馬神郡受出市川又東南流逕小川郡受長谷川又東流逕南桑郡受生見川又南流逕下郡又東流逕御莊郡曰御莊川又逕多田關戶二郡又南流逕岩國莊東流分爲二派一曰今津川同至今津入海寬三町二間合百九丈二尺長廿四里合華里百六十三其至廣瀨郡九里通舟

島田川

島田川出周防國入海

川源二一出玖珂郡祖生郡山中西流一出伊陸郡山中北流

逕下祖生郡而合北流逕玖珂本鄉又西流逕高森郡受獺越川又西南流逕熊毛郡小松原郡又逕小周防郡受呼坂川又南流逕立野郡又西流至島田淺江二郡間入海長八里餘合華里五十四寬三十間合十八丈至高森郡五里合華里三十四可通舟楫

佐波川

佐波川出周防國入海

川一名德地川源出佐波郡柚木郡山中南流受野谷郡水又逕船路郡受引回川又東流逕八坂郡逕三谷郡受三谷川又南流逕堀郡受島地川又折西逕伊賀地郡又南流逕右田郡又逕佐波令至西浦郡入海長十三里三十町合華里九十三寬一町三十間合五十四丈通舟九里合華里五十八

椹野川

椹野川出周防國入海

川源出吉敷郡仁保郵山中西南流逕長野郵西折逕問田郵姬山麓受宮野川木町川又西南流逕下宇野令矢原黑川諸郵又逕椹野莊上鄉又南流逕下鄉小郡郵至名田島西入海長七里合華里四十八寬一町十間合四十二丈其至黑川郵二里合華里十四通舟罔有滯

阿武川

阿武川出石見國界過長門國入海

川一曰萩川亦曰大川源出石見鹿足郡界入長門國又逕阿武郡片俣郵山中東南流逕德佐郡又西南流逕渡川郵又北流逕藏目喜郵受大山川又西流逕川上郵受佐佐並川又西

南流受明木川又西北流逕椿鄉抱川島莊分流西北其西即經流也從椿鄉西分逕山田邨玉江浦至萩之西入海寬二町二十六間八十七丈六尺其北曰松本川從椿鄉東分雁島狹鶴江臺又分左右支入海寬一町十七間合四十六丈二尺長共十五里合華里二百有二其至高瀨通舟靡滯約四里合華里廿七

厚東川

厚東川出長門國入海

川一名廣瀨川源出美稱郡嘉萬邨大瀑東南流逕岩永邨又逕厚狹郡小野邨界吉部邨又逕櫟原郡受綾木川又南流逕木田吉見棚井廣瀨末信諸邨至藤田邨入海長十四里合華里九十五寬三十間合十八丈其至吉部邨瀨戶通舟八里合

華里五十有四

厚狹川

厚狹川出長門國入海

川源出美禰郡遥福邨王嶺東南流遥大嶺邨又西流遥厚保邨又東南流遥厚狹郡原狹邨又南流遥鴨莊邨至末益邨入海長十里十三町合華里七十寬五十間合三十丈其至大嶺邨四郎原通舟四里十八町合華里三十

吉田川

吉田川出長門入海

川源出大津郡深津邨大甯寺嶺南流遥豐浦郡地吉邨又東南流遥大河内邨又南流遥殿敷阿坐上諸邨又遥上保木邨受田部川又東南流遥厚狹郡吉田邨至宇津井邨入海長十

里合華里六十八寬五十間合三十丈其至殿敷郡西市通舟五里合華里三十四

粟野川

粟野川出長門國入海

川源二一出豐浦郡木工路子郡狗留孫山東流一發江良郡貴飯嶺逕河內郡而合北流逕泉河內郡又西流逕殿居郡受大歲川又逕田耕郡又北流至粟野郡入海長七里合華里四十八寬五十間三十丈其至一之俣郡荒木通舟五里合華里三十四

在田川

在田川出紀伊國入海

川源出伊都郡高野山西流逕在田郡日物川郡南流受流山

保田石垣諸莊之澗水又逕粟生郵西流逕松原郵爲瀑又逕
糸川郵又西北流逕糸野郵受早月谷川又西流至宮崎莊北
湊郵入海長二十七里十八町合華里一百八十六寬五十間
合三十丈至松原郵通舟五里合華里三十四

日高川

日高川出紀伊國入海

川源出在田日高二郡及大和州界山西南流逕日高郡東郵
受丹生川又逕柳瀨郵又北流逕小家郵受寒川又西流逕廣
瀨郵又西南流逕和佐郵受江川又西流至北鹽屋浦入海長
五十五里十八町合華里三百七十七寬五十間合三十丈至
瀧本郵通舟四里合華里二十有七盤渦螺旋迴風助之

富田川

富田川出紀伊國入海

川源出大和十津川界牟婁郡兵生邨安堵峰南流逕鮎川邨受愛賀川又西流逕岩田邨又西南流至中邨入海長二十五里合華里一百七十寬二町合七十二丈其至眞砂邨通舟九里合華里六十一岩田川其上流名也

安宅川

安宅川出紀伊國入海

川源出紀伊國一名日置川南流逕牟婁郡合川邨會廣見川熊野川前川將軍川諸流一合矢激不淵又逕市鹿郡安宅莊川以莊名也至南日置浦入海長二十五里合華里一百七十寬二町合七十二丈

古座川

古座川出紀伊國入海

川源出牟婁郡大塔東松根邨東南流逕大川邨受佐本川又逕立合邨又東流逕川口邨受小川至古座浦入海長二十七里十八町合華里一百八十六寬二町合七十二丈其至大川邨通舟六里合華里四十

太田川

太田川出紀伊國入海

川源出牟婁郡大雲取峯口色川邨上流曰色川東南流逕小色川邨受高野川至下里入海長二十二里合華里一百四十九寬二町合七十二丈通舟四里合華里廿七

三原川

三原川出淡路國入海

川源出三原郡馬回邨成相谷西北流逕上八木邨又逕浦壁邨受諭鶴羽谷川至湊浦受松本川入海長三里合華里二十寬四十間合二十四丈

桑間川

柔間川出淡路國入海

川源出三原郡鮎屋邨奧西北流逕納邨又東北流逕桑間邨又逕津名郡宇山邨受物部川至洲本北入海長三里合華里二十寬五十間合三十丈

吉野川

吉野川出土佐國

川源出土佐郡本川鄉寺川邨龜森山南麓曰本川東南流逕大森邨受大森川又東流逕川崎本川諸邨受數小流又逕船

戶郡又東南流爲土佐長岡二郡界又逕長岡郡中島郡受地
藏川又逕汗見郡受汗見川又東流逕川口郡受川口川又逕
穴內郡受穴內川又逕中屋郡受豐永川又東北流逕岩原郡
出界長十五里合華里一百二寬四十間合二十四丈
又東北流過阿波國入海
吉野川從土佐國入阿波國三好郡北流逕下名郡山城谷又
逕末貞伊豫川入之
伊豫川上流曰銅山川源出宇摩郡別子銅山東流逕馬立上
山諸郡入阿波國曰伊豫川又逕山城谷有山城川之目入吉
野川長十里餘合華里六十八寬三十間合十八丈有新宮郡
渡塲土佐官道
吉野川又逕川崎郡出祖谷山受松尾川又逕白地郡受佐野

川又東流逕三好美馬二郡又逕貞光邨受一宇川又逕穴吹
邨受穴吹川又逕界麻殖阿波二郡界又逕麻殖郡宮島及阿
波郡粟島知惠島諸邨又逕名西郡弟十邨分支東出曰北川
北川亦曰別宮川從弟十邨東流逕名東板野二郡界又逕高
崎邨鮎喰川入之
鮎喰川出名西郡上山邨奧屋敷骨川兩谷東流逕神領邨又
東北流逕廣野邨又東流逕名東郡一宮邨又東北流至高崎
邨入北川長十四里二十一町合華里九十七寬三十間合十
八丈
北川又東流至板野郡別宮浦入海長三里十五町合華里二
十二寬六町合二百十六丈
吉野川經流又逕高房邨分支南出曰南川

南川從高房郡南流逕十原郡又東流逕鯛濱郡又北流逕中島浦又東南流曰今切川至長原浦入海長二里十三町合華里十五寬二町合七十二丈

吉野川經流又北流逕中喜來浦分支東北流曰撫養川

撫養川從中喜來浦北流備前島郡又東流逕南濱郡又北流至岡崎大桑島二郡間入海長二里合華里十四寬一町合三十六丈

吉野川經流又有廣戸川之目東流至豐久新田入海其逕阿波長二十六里合華里一百七十七寬四町合一百四十四丈

勝浦川

勝浦川出阿波國入海

川源二 一出勝浦郡瀨津郡殿河內山東流南折 一出八重地

郡東流曰福原川逕福原郡而二水合東北流曰棚野郡受立川又東流逕沼江郡又北流逕須賀郡分流曰大松川逕大松郡論田浦復合又東流至鶴岡新田入海長十五里合華里一百二寛四十間合二十四丈

那須川

那須川出阿波國入海

川一名長川源三一出海部郡木頭北川郡幸瀨山曰北川東南流一出折宇郡勢河谷曰南川東北流分逕西宇郡合流而東一出那賀郡岩倉郡鎗戸山東流逕小畠郡又東南流逕日眞郡與二水合又逕雄郡又北折逕水井郡又東流逕下大野郡南島郡分支曰那東川

那東川東北流至茀屋郡入海

經流分爲二水逕南島岡郡中原柳島橫見五郡又逕富岡町受桑野川又逕領家郡二流復合至中島浦入海長二十八里十二町合華里一百九十一寬三町二十間合一百廿丈

海部川

海部川出阿波國入海

川源出海部郡平井郡槇小屋山東流逕小川郡又南流逕富田郡又東流至鞆浦入海長八里合華里五十四寬四十間合二十四丈

鴨部川

鴨部川出讃岐國入海

川源二一出寒川郡前山郡道免曰前山川逕宮西郡東流一出石田郡小倉山三重瀑曰小倉川北流逕神前郡而合逕鴨

部中筋郵至下莊郵入海長四里二十五町合華里三十寬二十間合十二丈夏漲它水類然而此輒涸

香東川

香東川出讃岐國入海

川源出香川郡安原郵相栗別紙諸山北流逕吉光大野郵受小田池水又逕成合郵分東西二流西爲經流逕圓座勅使諸郵至鄉東郵入海長九里十町合華里六十二寬二町合十二丈東爲支流曰福岡川亦曰御坊川東北流至東濱郵入海長二里三十四町合華里十八寬一町合三十六丈

綾川

綾川出讃岐國入海

川一名鴨川亦名北條川源出阿野郡粉所郵震割谷北流逕

山田上郵西北流逕羽床下郵又北流逕瀧宮府中諸郵又西北流至林田江尻二郵間入海長九里九町合華里六十二寛二町二十三間合八十五丈八尺

土器川

土器川出讃岐國入海

川源出鵜足郡勝浦郵窪谷西北流爲阿野鵜足郡界逕造田炭所西郵又逕阿野郡四條郵又北折逕鵜足郡岡田西郵又逕小川西分諸郵至土器郵入海長八里二十五町合華里五十七寛一町四十六間合六十三丈六尺

觀音寺川

觀音寺川出讃岐國入海

川一名染川源出那珂郡鹽入郵釜瀧西流逕十鄉郵又逕三

野郡財田中邨折西北逕大野本大諸邨逕寺家邨又西流逕豐田郡逕流岡觀音寺諸邨至假屋浦入海長八里合華里五十四寬一町四十六間合六十三丈六尺

柞田川

柞田川出讃岐國入海

川一名井關川源出豐田郡海老濟邨萬太谷北流逕井關邨注關池又北流逕荻原中姬諸邨至柞田邨入海長三里十二町合華里二十一寬四十三間合二十五丈八尺

加茂川

加茂川出伊豫國入海

川源二一出石鎚山曰西川一出瓶森山發曰東川分逕新居郡大保木山邨而合屈曲東北流逕黑瀨山邨鬼野山邨又逕

荒川山邨受來須川又逕千町山邨中野邨又西北流逕大町邨至西條西北受喜多川入海長十里合華里六十八寬一町合三十六丈

重信川

重信川出伊豫國入海

川源出浮穴郡砥部十六谷西流曰則內川逕吉久邨受山內川又逕田窪高井森松諸邨受九谷川又西北流逕伊豫郡中河原邨又逕市坪邨石手川入之

石手川出溫泉郡湯山邨水嶺西南流逕溝邊石手東野樽味諸邨松山又西南流逕久米郡淺生田和泉二邨間受石井川至伊豫郡市坪邨入重信川長四里合華里廿七寬十一間合六丈六尺其川從石手邨分流數支資灌溉也一支逕道後祝

谷山越諸郵至和氣郡和氣濱郵入海一支從道後逕萬味酒
辻諸郵至三津町入海
重信川又西流至北河原郵今津入海長七里合華里四十八
寬一町合三十六丈浚河築隄自足立重信（加藤嘉明所用人）重信川
之名以此其逕今津又有今津川名
肱川
肱川出土佐伊豫二國界入海
川一名比志川源出土佐伊豫二國界宇和郡川津南郵麥切
坂西流逕下相郵曰下相川北流逕男河內郵受野井川又西
流逕坂石郵野郵川入之
野郵川出喜多郡正信郵南流逕宇和郡東多田郵又逕下松
葉郵夘町又東南流逕下川明間諸郵又逕野郵又北折東流

至坂石郡入肱川寬三十六間合二十四丈

肱川又逕喜多郡成能郡受奈良野川又西流逕大洲東北又

東北流逕德森郡受新谷川又西北流至長濱入海長十里合

華里六十八寬一町十間合四十二丈自大洲至長濱通舟四

里合華里二十有七

面河川

面河川出伊豫國

川古名贄殿川一名神河源出石鎚山麓西南流游逕浮穴郡

北番郡又逕有枝郡受有枝川大川又南流逕日浦郡受小黑

川東折出界長七里合華里四十八寬一町三間合三十七丈

二尺

又過土佐國曰仁淀川入海

面河川從伊豫國入土佐國界曰仁淀川東流逕吾川高岡二郡界又逕吾川郡棻野川郵受岩屋川森川又逕高岡郡野老山郵受分德川又逕今成郵受黑岩川繞北又折北而東逕能津郵宮之谷受吾川郡之八川又東南流逕日下郵受日下川又南流至新居浦入海長十九里餘合華里一百廿九寬三町餘合一百八丈其吾川郡八田郵分支東南流曰八田川至長濱郵入海

渡川

渡川出土佐國

川一名四萬十川源出高岡郡四萬川郵津之山南流逕檮原郵川口受檮原川又逕川井郵受北川又逕幡多郡田野郵上山川入之

上山川出高岡郡船戶郿山中東南流逕大野見郿又西南流逕仕出原郿又逕平串北川郿受北川西流至田野郿注渡川長十二里合華里八十一寬四十間合二十四丈

渡川又西北流逕大野郿受島川又西南流逕下山郿吉野川入之

吉野川出土佐國與出土佐入阿波者同名西南流逕伊豫國宇和郡父之川日向谷諸郿又逕下大野郿又南流逕興野野郿受宮野下川又逕延野野吉野諸郿又東南流逕土佐至幡多郡川崎郿入渡川長八里合華里五十四寬四十二間合廿五間二尺

渡川又逕津野川郿受伊豫大宮川東南流逕不破郿受有岡川又逕角崎郿受佐岡川又南流至下田浦東流入海長二十

里合華里一百三十六寬五十五間合三十三丈海口十町合三百六十丈

野根川

野根川出土佐國入海

川源出阿波海郡久尾邨石谷山南流安藝郡逕野根浦入海長五里十八町合華里三十五寬二十間合十二丈

奈半利川

奈半利川出土佐國入海

川源二曰東川曰西川皆出安藝郡魚梁瀨山南流逕魚梁瀨邨二水合而東南流逕北山郡平鍋邨受二股川又西南流逕小島和田邨西谷邨又受西谷川又逕加茂邨受野川又逕野友邨至奈半利浦入海長十三里合華里八十八寬五十間合

三十丈

安田川

安田川出土佐國入海

川源出安藝郡馬路郵土川一之谷山受中川東川南流逕中山鄉至安田浦入海長十里合華里六十八寬五十間合三十丈

伊尾木川

伊尾木川出土佐國入海

川源出安藝郡別役郵受島郵小谷川南流逕古井郵黑瀨郵又逕伊尾木浦分二派一至松田島入海長一里西流入海長十里合華里六十八寬十六間合九丈六尺

安藝川

安藝川出土佐國入海

川源出香美郡槇山鄉大櫔邨仲津尾山東南流逕安藝郡畑山邨又南流受安藝川邨小川邨諸水又逕櫔木邨井口邨至安藝浦入海長四里合華里二十七寬十五間合九丈

物部川

物部川出土佐國入海

川源出香美郡槇山鄉白髮山西南流逕岡之內押谷諸邨又南流逕山崎邨又逕大櫔邨受久保川又西南流逕韮生鄉逕有獺邨受川口川至楠目邨分一支曰山田川

山田川從楠目邨分自物部川西南流逕岩邨鄉又逕長岡郡至高須邨入浦戶港

逕流南折逕片地父養寺深淵諸邨至物部吉原二邨間入海

長二十五里合華里一百七十寬十三間合七丈八尺

早良川

早良川出筑前國入海

川源出早良郡椎原邨姥谷及八畝原小爪北流逕內野邨受小笠木川又西北流逕東入部邨又逕怡土郡飯塲邨受曲淵川逕金武邨又北流逕小田部邨又有室見川之目至莊邨姪濱之間入海長五里合華里三十四寬一町二十間合四十八丈

那珂川

那珂川

川源二一出那賀郡五箇山邨地燒嶺北流一出早良郡板屋邨東南流又逕五箇山邨大野而合又北流稱岩戶川逕市瀨

等二十餘邨受諸溪水又逕春吉邨分爲二派又逕博多中島
兩川復合入海八里合華里五十四寬一町三十間合五十四
丈
御笠川
御笠川出筑前國入海
川源出御笠郡北谷邨西北流逕宰府又逕席田郡至那珂郡
豐富邨入海長六里十四町合華里四十一寬二十五間合十
五丈
遠賀川
遠賀川出筑前國入海
川源出嘉麻郡桑野邨嘉麻嶺西北流逕漆生邨受泉河內川
北流逕鴨生邨受山田川又逕立岩邨受飯塚川又東北流爲

穗波郡界又逕鞍手郡直方町受下堺川又逕上塚邨赤池川入之

赤池川源二一出田川郡彥山西北流逕安永邨又西流曰添田川一出中元寺邨西北流曰中元寺川又逕金田邨又北流而合又逕赤池草場邨又西流至筑前鞍手郡上堺邨入遠賀川長九里合華里六十一寬三十間合十八丈

遠賀川又北流逕本屋瀨驛受若宮川又逕遠賀郡楠橋邨分一支曰堀川

堀川從遠賀郡之楠橋邨壽命分一派東北流至陳原入海長二里合華里十三寬六間合三丈六尺明泰昌天啓間爲元和寬延年黑田氏疏鑿灌溉利之

遠賀川又逕鞍手郡又逕遠賀郡中間邨受香月川浸成巨流

又逕蘆屋郵受西川至蘆屋港入海長十四里三十一町合華里九十九寛二町合七十二丈漕運便之其川名於嘉麻郡曰嘉麻川於鞍手郡曰木屋瀨川於遠賀郡曰蘆屋川蓋隨地易稱云

千年川

千年川出肥後豐後二國

千年川即所謂三隈川也古名一夜川俗名上座川亦名曰田川源二一出肥後阿蘇郡小國鄉獵師嶽曰杖立川亦曰田野原川西北流逕宮原町受市原川北流一出阿蘇郡湯田郵龜鼻山北流曰湯田川逕城郵受中原川黑淵川又逕土田郵合田野原川又逕下城郵合幸野川長田川穿涌蓋山西北流逕杖立郵又少西受志屋川及豐後國津江川入豐後國北流曰

大山川自源至此長八里合華里五十四寬四十間合二十四丈此千年川源之一也又一源出直入郡大船山女池諸水四合西北流逕玖珠郡曰玖珠川又逕引治驛受町田川田代川又東逕松木邨受龍門川又西北流逕塚脅邨受森川又西流逕戸畑邨爲瀑月纖懸洪數丈飛湍注壑又西南流逕日田郡又逕湯山又西北流逕日高邨又逕下井手與大山川合又逕隈町分爲二流旣逕隈山復爲一流逕友田邨又逕豐前彥山南受花月川又西流爲筑前筑後二國界自女池至此長十七里合華里一百十五寬一町十二間合四十三丈二尺

又過筑前國

千年川入筑前國上座郡穗坂邨又西流受良松川林田川志波川又逕下座郡長田邨受三奈木川古江川入筑後國竹野

郡早田邨川之中央爲國界受夜須郡之依井川秋田川及御笠郡之蘆木川出界自源至穗坂邨長十七里合華里一百十五自穗坂至長田邨四里二十二町五十八間合華里三十寬一町四十間合六十丈

又過筑後國曰筑後川

千年川從豐後國入筑後國逕境較長故易其名曰筑後川西流爲筑前下座郡筑後生葉竹野二郡界又逕竹野郡床島邨

三牟田川入之

三牟田川出生葉郡今丸邨西流逕竹野郡柳瀨入筑後川長三里二十町合華里二十三寬十一間合六丈六尺下流曰古川

筑後川又南流逕山本郡常持邨巨瀨川入之

巨瀨川出生葉郡妹川邨元蟻又東北逕小坂邨又西流逕竹野郡至山本郡常持邨入筑後川長六里二十三町四十五間合華里四十三寬二十二間合十三丈二尺

筑後川又西流逕御井郡有御井川之目得川入之得川出筑前夜須郡逕筑後御原郡津古邨南流至御井郡荒瀨邨注筑後川長二里二町合華里十三寬三十六間合廿一丈六尺有漕輸利之

筑後川又西南流逕久留米又逕肥前國界又逕三豬郡甘木川入之平松川正原川柳野川入之

甘木川一曰廣川出上妻郡北河内邨小鹽山中西南流逕六田邨又西北流逕三瀦郡又逕上野驛又西流至黑田邨入筑後川長四里二十三町十四間合華里三十寬三十八間合廿

二丈八尺下流有藤田川荒木川宮本川之目
平松川爲矢部川別派（矢部川別載）分自上妻郡津江邨至三潴郡
下向島邨入筑後川長十五里合華里一百二寛八間合四丈
二尺
正原川爲星野川別派（星野川矢部川）西流至三潴郡城島郡入筑後
川長十里廿二町合華里七十一寛十三間合七丈八尺下流
有生津江川城島江川之目
柳野川源二一出豐後日田郡柚木邨一出日田郡堂尾邨逕
筑後生葉郡小鹽邨二之瀨而合又西北流至福久邨入筑後
川長三里十五町三十間合華里二十三寛廿間合十二丈又
有隈上川之目
筑後川又逕筑後境十八里合華里一百廿二寛五町五十間

合二百四十六丈

又過肥前國入海

筑後川從筑前筑後界入肥前國亦名千隈川一名境川西南流逕基肄郡水屋郵受秋水川又逕養父郡下野受安良川又逕三根神崎諸郡寒水川田手川神崎川入之

寒水川一名綾部川出養父三根二郡界石谷山南流逕養父郡綾部郵寒水郵至江見江入筑後川長四里合華里一十七寬八間合四十八丈

田手川上流曰石動川出神崎郡久保山逕上石動郵受諸小水南流逕松隈田手郵至崎郵入筑後川長五里合華里三十四寬十間合六十丈

神崎川出背振山上宮嶽之西溪逕久保山腹卷山仁比山諸

邨爲城原川南流逕神崎驛回蓮池之東南至蒲田江東南流入筑後川長七里合華里四十七寬十二間合七丈二尺

筑後川又逕天建寺邨又東南流逕夾賀郡大中島大託間島又逕筑後大野島西分諸富三重津東分筑後若津小保入海計自水屋邨長九里合華里六十一寬五町五十間合二百十丈綜計委長凡三十五里合華里二百三十八此日本西海第一大川也以媲關東利根川有筑波次郎之名此與肥後玖摩川薩摩川內川世稱筑紫三大河云

矢部川

矢部川出筑後國入海

川源出上妻郡北矢部邨黑塚山西流逕祈禱院邨星野川入之星野川出生葉郡熊淩山西南流逕上妻郡山內邨又南流

至祈禱院郵入矢部川長五里廿七町合華里三十八寬三十五間合廿一丈

矢部川又逕下妻郡長田郵爲二派一西南流至山門郡島堀切郵入海寬四十間合二十四丈一西流逕山門郡柳河之北南流至端地郵入海寬三十六間合二十一丈六尺長凡十五里合華里一百二其别派曰平松川詳所入之筑後川

蒲生川

蒲生川出豐前國入海

川一名紫川源二一出企救郡道原郵菅生瀑東北流一出市丸郵大清水社之池又西北流逕德光郵而合又北流逕德力蒲生郵至小倉入海長四里十八町合華里三十寬一町合三十六丈

令川
令川出豐前國入海
川源出田川郡彥山西北流逕下赤邨北流又逕仲津郡至大橋邨東入海長十里合華里六十八寬一町合三十六丈
山國川
山國川出豐前國入海
川一名高瀨川又曰廣津川古曰御木川源出彥山東南流逕下毛郡宮園邨又北流逕柿坂邨受山移川又逕上毛下毛二郡界又逕中津之西至上毛郡小犬丸邨入海長十三里合華里八十八寬一町廿間合四十八丈
驛館川
驛館川出豐後國過豐前國入海

川古名菟狹川源三一出豐後國速見郡油布山逕宇佐郡萱籠邨藥鑵口爲瀑曰津房川一出豐後玖珠郡曰出生邨福間嶽逕宇佐郡西椎谷爲瀑北流注惠良谷曰惠良川一出玖珠郡塞水邨蘆刈山曰深見川北流分逕下市邨東逕飯田邨合津房川又西北流逕香下邨合惠良川是爲驛館川又北流逕郡之中央至長洲浦入海長八里合華里五十四寬三町二十間合一百二十丈

大分川

大分川出豐後國入海

川源三一出遠見郡川上邨溫湯池曰由布川西流逕下川邨東南流逕大分郡又東流逕西長實邨透內又逕直入郡阿蘇野邨男池受阿曾野川曰透內川一出大野郡神角山東北流

逕大分郡東流曰赤坂川逕野津原驛稱七瀨川一出直入郡
大船山麓南流逕柏木邨東北流受湯原川曰朽網川又逕大
分郡小野邨合透內川東流又逕賀來邨受賀來川又逕下宗
方邨合七瀨川又逕津守邨受寒田川又東北流逕府內爲二
流至今津留津留二邨北流入海長十三里合華里八十八寬
一町十間合四十二丈上流有堂尻川光吉川之稱

大野川

大野川出豐後國肥後國二源合流過豐後國復分入海
川源二一出直入郡九重山麓南流曰久注川逕下坂田邨受
稻葉川又逕市用邨受志土知川又東流稱飛田川一出肥後
阿蘇郡山谷之山田川葎原川各東流逕直入郡岩瀨邨而合
曰玉來川又逕吉田邨惠良受吉田川曰阿藏川又逕岡之東

南受飛田川又逕狹田郵受十川狹田川又東流逕大野郡稱
大野川又逕臼尾郵鉢山緒方川入之
緒方川出直入郡九重野郵二派其代瀧部鹿風紺屋諸溪水
混濤逐流又逕次倉郵長迫併流而東曰門田川又逕高山凡
出嫗嶽諸流東匯一川又逕入田郵矢原受倉木川又逕大野
郡東北流受德田川宇田川又逕臼尾郵注大野川長九里合
華里六十一寬三十間合十八丈
大野川又逕矢田郵中角爲沆墮瀑渾洪最怒鼓若山騰受矢
田川又逕臼尾郵岩戸岩戸川入之
岩戸川出大野郡尾平山東北流曰宇田枝川逕宇多江郵井
崎受中津牟禮川至臼尾郵岩戸注大野川長十里合華里三
十六寬三十間合十八丈

大野川又東北流逕大寒郵戶上又逕三重鄉受赤嶺川又逕
田原郵受品川又逕犬飼町受柴北川又逕柚木郵荻原受野
津院川又逕大分郡北流有犬飼川利光川之稱逕海部郡夾
大津留郵分流東西出大分郡東曰山川西曰乙津川各至鶴
崎入海長三十四里合華里二百三十一山川寬二町十四間
合八十丈四尺乙津川寬一町四十四間合六十二丈四尺
八坂川
八坂川出豐後國入海
川源二一出速見郡吉野渡郵楠原池東北流逕立石驛東南
流一出速見郡久木野尾及日指溪東流逕倉成郵二水遂合
逕杵築南至須崎入海長五里十六町合華里三十六寬十間
合三十六丈

番匠水

番匠水出豐後國分三派入海

水源出海部郡山部邨樫峯東流曰山部川又逕堂野間邨受上津川曰因尾川又逕三俣邨受久留川又逕井崎邨受井崎川又南流始稱番匠川又逕上岡邨佐伯南至船頭町厥派三分東流入海長十里合華里六十八寬四十間合二十四丈

川上川

川上川出肥前國入海

川有數源出神崎郡名尾川三瀨川及佐賀小城二郡山谷各逕佐賀郡三段田邨而合川流所積奔湍浸巨南流逕川上邨曰喜瀨川至南麥新江入海長十里合華里三十六寬一町三十間合五十四浚疏既久灌溉利滋其支流曰布施川曰三溝

川曰蘆里川曰小寺川分逕佐賀故城至今宿江入海

多久川

多久川出肥前國入海

川一名納所川出小城都女山郡鈴鹿山東流逕天山受本山

川中川又逕別府郵羽佐間郵南流逕古賀郵至砥川江入海

長六里合華里四十一寬八間合四丈八尺

武雄川

武雄川出肥前國入海

川源出杵島郡矢筈郵東流逕永野郵又逕甘久郵高橋受潮

見川又逕成瀬郵至佐留志大戶二郵間入海長廿一里三十

町合華里一百四十八寬十五間合九丈

鹽田川

鹽田川出肥前國入海

川源出彼杵郡波佐見山藤津郡不動山名美野川亦名別當川東流逕彼杵郡嬉野又逕式波郡受多良嶽水又逕美野鹽田諸郡至常廣郡入海長七里合華里四十七寬十五間合九丈

伊萬里川

伊萬里川出肥前國入海

川一名天仙寺川源出松浦郡大川內山西流受棧敷嶺池之嶺溪水又逕今嶽郡至伊萬里入海長三里合華里二十寬十八間合十丈八尺

有田川

有田川出肥前國入海

川一名大里川源出杵島郡黑髮山西北流逕松浦郡大木邨北流至伊萬里日尾邨入海長四里合華里廿七寬十間合六丈

松浦川

松浦川出肥前國入海

川源出杵島郡船原邨北流受川古邨諸水逕松浦郡桃川邨曰桃川又東北流逕久保邨受東川又西北流逕橋本邨受波多川又北流至唐津入海長十里合華里六十八寬五町五十間合二二百十丈

菊池川

菊池川出肥後國入海

川一名山鹿川亦名高瀨川源出菊池郡原邨深葉山西南流

逕高島邨又北流受迫間川又逕山鹿郡川崎邨受合志川又西北流逕湯町又西流逕玉名郡又逕下津原邨又南流逕高瀨町至滑石邨入海長十九里十八町合華里一百三十二寬二町三十間合九十丈其川口有小港曰晒

白川

白川出肥後國入海

川一名高橋川源出阿蘇郡南鄉白川邨西南流逕黑川邨黑川入之

黑川出阿蘇郡阿蘇山麓黑川邨南流逕黑流町邨受手野川又西流逕內牧町又西南流至南鄉黑川邨注白川長八里五町三十間合華里五十五寬三十間合十八丈

白川又西流少南爲合志上益城飽田託麻四郡界逕熊本南

又逕飽田郡小島邨至百貫石入海長十五里餘合華里一百二寬二町三十間合九十丈河口曰小島港漕泊鶩趨運輸使之

綠川

綠川出肥後國入海

川源出阿蘇郡南鄉河口邨三方山西流逕上益城郡受橫野川男成川釋迦院川諸流𣱵引濤勢濬發逕甲佐町北流少西又逕上島邨受御船川又西流逕犬淵邨加勢川入之

加勢川一名中瀨川又名木山川源出阿蘇郡南鄉小森邨山中西流逕上益城郡又逕木山町又西南流逕沼山津邨會江津廣湖環波怒溢傲睨微涓矣南折而西至犬淵邨注綠川長四里一町五十二間合華里二十七寬四十間合廿四丈

緑川又西南流逕託麻下益城二郡界北抱下益城郡杉島郵
又南流逕飽田郡北走潟郵又西北流至二町郵入海長廿一
里合華里一百四十三寛四町合百四十四丈

冰川

冰川出肥後國入海

川源出八代郡内桑郵山中西南流逕澤無田郵西流又西南
流逕立神郵又西流逕宮原町爲南北二流廻抱鏡町至芝口
郵入海長九里十八町合華里六十四寛一町四十間合六十
丈

球摩川

球摩川出肥後國入海

川源二一出八代郡五箇莊樅木郵曰樅木川西流受山中諸

水逕椎原邨南流曰椎積川一出球摩郡江代邨片尾山西南流逕柳瀨邨而合又西流受胸川又逕人吉北又逕一勝地邨北流爲球摩葦北二郡界又逕八代郡又西北流逕上豐原邨又西流逕麥島邨南至彌次邨入海長廿四里廿町餘合華里一百六十六寬八町二十間合二百八十丈自人吉至海共長十六里餘合華里一百有八驅檣往來河口有小港曰八代港又西少北有可賀島爲入港望標

佐敷川

佐敷川出肥後國入海

川源出葦北郡杉園邨國見山北流逕見附邨又西北流逕佐敷町至計石邨入海長四里十八町合華里三十寬五十間合三十丈

水俣川

水俣川出肥後國入海

川源出葦北郡久野木邨山中西北流逕渡野邨又西流至濱邨入海長五里廿九町合華里卅九寬廿八間合十六丈八尺

五箇瀨川

五箇瀨川出日向國入海

川源出臼杵郡鞍岡邨山中北流界肥後合肥後阿蘇郡菅尾鄉諸水逕桑野內邨東南流逕岩戸邨受篠戸川又逕岩井川邨受日影川又逕七折邨受網瀨川又逕北方邨又東流逕南方邨分流南北二支一稱五箇瀨川逕延岡故城北一稱大瀨川逕延岡南又逕岡富邨祝子川入之

祝子川出臼杵郡川內名邨山中東南流逕祝子邨岡富邨內

大武町注五箇瀨川長七八里合華里五十四寬五十間合三十丈可泝漕船四里合華里二十七

五箇瀨川又逕川島郵北川入之

北川出豐後大野郡宇目鄉山中入日向國臼杵郡內名郵南流逕長井郵逕川島郵注五箇瀨川長十九里合華里一百廿九寬一町廿間合四十八丈可泝漕船五里合華里三十四

五箇瀨川又逕川島郵至東海港入海長三十里合華里二百四寬一町四十間合六十丈泝漕七里合華里四十七

美美津川

美美津川出日向國入海

川一名耳川源出臼杵郡那須椎葉山東流逕臼杵郡又逕山陰郵又東南逕兒島郡至美美津入海長廿八里合華里一百

九十寬三町廿間合一百廿丈漕船以五里爲率合華里三十四夏秋漲溢輙泝十三里合華里八十八

大丸川

大丸川出日向國入海

川一名高鍋川又曰蚊口川源出臼杵郡椎葉山津賀尾山各東南流逕兒湯郡川原邨又東流至高鍋邨蚊口浦入海長廿五里合華里一百七十寬四十間合二十四丈

一瀨川

一瀨川出日向國入海

川一名二瀨川源出臼杵郡大川內邨高塚山南流入兒湯郡米良谷曰米良川逕邨所邨受板谷川又東南流逕橫野邨又東流逕越野尾邨出橋掛谷受小川又逕中尾邨上揚邨掛谷

所受銀鏡川又東南流逕黑生野邨河原江川入之
河原江川出兒湯郡三納邨植鼻山東南流逕淸水邨受荒武
川又逕鹿野田邨又東北流至黑生野邨注一瀨川長十二里
合華里八十一寛三十五間合二十一丈
一瀨川又逕那珂郡過佐土原北東流逕下田島邨至德淵港
入海長三十里餘合華里二百有四自海口上流廿町川身廣
甚中抱洲嶼北派寛一町十間合四十二丈南派寛四十間餘
合二十四丈
大淀川
大淀川出日向國入海
川一名赤江川源二一出肥後球摩郡皆越谷中南流入日向
國諸縣郡須木邨木浦稱岩瀨川又逕東方邨又東流曰野尻

川至笛水郡長十五里合華里一百二寬三十間合十八丈一出諸縣郡南卿石原山中曰橋野川又西南流入大隅國囎唹郡吉永邨北流又入日向諸縣郡五拾町邨曰竹下川寬廿五間合十五丈又逕都城前川內邨受安永川又逕高城繩瀨邨又出霧島中嶽受繩瀨川又東北流逕笛水邨受野尻川又東流糸原邨綾川入之

綾川源二一出兒湯郡米良越野尾邨山中東南流逕諸縣郡綾北方邨至森永邨稱綾北川長十里合華里六十八寬廿六間合十五丈六尺一出肥後球摩郡白髮嶽入日向國諸縣郡逕須木之深山又東南流逕綾南方邨綾南川長十五里合華里一百二寬廿間合十二丈逕森永邨南北而合至糸原邨入大淀川長三里合華里二十

大淀川又東南流逕宮崎郡至那珂郡下別府郵福島郵間入海長廿五里合華里一百七十寬三町廿間合一百廿丈可泝漕船六里合華里四十日向國巨流此其最云

新川

新川出大隅國入海

川古名天降川上流曰霧島川曰大津川源出霧島山中南流逕囎唹郡川北郵又西南流逕東鄉郵受金山川又南流至桑原郡國府鄉濱市入海長八里合華里五十四寬一町合三十六丈

上別府川

上別府川出大隅國入海

川源出始羅郡蒲生鄉漆郵山中南流逕蒲生又東流逕中津

野郵受山田川又逕帖佐町東南流至東餅田木田二郵間入海長五里合華里三十四寛三十間合十八丈

小根占川

小根占川出大隅國入海

川源出姶羅郡田代鄉六郎館嶽東南流逕大浦地東流曰花瀨川受大藤川又西北流逕川原郵受麓川又出荒西嶽逕小川爲小川瀑東流至小根占鄉之川北川南二郵間入海長六里合華里四十寛廿間合十二丈

肝付川

肝付川出大隅國入海

川一名境川源二一出肝付郡高隈郵前國山南流逕鹿屋郵又東南流曰鹿屋川一出肝付郡中嶽北流曰姶良川逕姶良

下名郵而合鹿屋川又東北流逕岡崎郵大隅郡長谷之串良川入之

串良川出大隅郡垂水嶽東流逕肝付郡高隈又東南流至岡埼郵入肝付川長七里合華里四十八寛二十間合十二丈肝付川又北流東折至柏原町入海長八里合華里五十四寛四十間合二十四丈

川内川

川内川出肥後日向二國合流過薩摩國入海

川源二一出肥後國球摩郡白髮嶽南流入薩摩國伊佐郡曰山野川逕金波田郵受市山川曰羽月川一出日向諸縣郡飯野鄉狗留孫山中南流逕飯野西流逕眞幸曰眞幸川南流入大隅國菱刈郡逕栗野西北流入薩摩伊佐郡牛山鄉下殿郵

合羽月川自源至此長十三里合華里八十八又逕鶴田郵受金山川又南流逕時吉郵受宍川又西流逕宮之城北又逕虎居郵受豐川又南流逕山崎又西流逕薩摩郡久住郵受樋脅川又逕東鄉南流逕平佐西流逕薩摩高城二郡界至薩摩郡高江鄉久見崎入海凡長四十六里合華里三十一寬一町四十間合六十丈其海口瀰太良鄉十六里合華里一百有九通舟靡阻

江月川

江月川出薩摩國入海

川一名神月川或曰甲突川源出日置郡郡山鄉花尾山東南流逕鹿兒島郡貫兒島市街南至沖之郵洲崎入海長六里合華里四十一寬一町三間合三十七丈八尺

萬瀨川

萬瀨川出薩摩國入海

川源二一出給黎郡知覽鄉中嶽西流曰麓川一出阿多郡伊作山東南流逕阿多谷山二郡界又逕川邊郡又南流逕川邊合麓川又逕田部田邨又西北流逕長田邨又逕川邊阿多二郡界又逕川邊郡釜山邨又西流逕阿多郡高橋邨至吹上濱入海長六里合華里四十一寬一町合三十六丈

廣瀨川

廣瀨川出薩摩國入海

川一名泉川源出水郡上大川內邨山西北流折南逕上大川內邨受白木川又西流逕下大川內邨受高川折北又西北流至米津入海長五里合華里三十四寬一町合三十六丈川口

有港曰米津

住司川

住司川出州南島入海

川源出燒內間切大和濱方山東南流逕同間切又逕住用間切又逕西中間郵又南流至石原郵入海長一里合華里六里八寬四十間合二十四丈

幡鉡川

幡鉡川出壹岐國入海

川源出壹岐郡住吉郵山信東流逕石田郡物部郵又逕壹岐郡至深江郵川內尻入海長二里十町合華里十五寬七間合四丈二尺

谷江川

谷江川出對馬國入海

川源三其二源出壹岐郡立石邨布氣二水其一出自可須邨出一川逕新城邨高松而合又逕箱崎邨鱸淵受牧川又東南流至國分邨當田入海長一里二十町合華里十寬十二間合七丈二尺

佐護川

佐護川出對馬國入海

川源出上縣郡深山邨三嶽合仁田内惠古諸邨溪水又西北流至湊邨入海長三里合華里二十寬廿間合十二丈

佐須川

佐須川出對馬島入海

川一名小茂田川源出下縣郡佐須嶺西流逕鶴野樫根至小

茂田邨入海長二里十八町合華里十七寬十二間合七丈二尺

落部川

落部川出渡島國入海

川源出茅部郡濁川嶽北流至落部邨入海長十里合華里六十八寬四十間合二十四丈

有川

有川出渡島國入海

川源出濁川嶽南流至上磯郡有川邨入箱館港長十二里十五町合華里八十三寬三十間合十八丈

木古內川

木古內川出渡島國入海

川源出跨上磯檜山拉靄嶽耶子嶽東流至上磯部木古內邨入海長四里十八町合華里三十寬五十間合三十丈

知內川

知內川出渡島國入海

川源出千軒嶽東流至福島郡知內邨入海寬四十間合廿四丈

上國川

上國川出渡島國入海

川源出拉靄嶽脫卡立嶽西流至檜山郡上國邨入海寬五十間合三十丈

厚澤部川

厚澤部川出渡島國入海

川源出烏嶽濁川嶽西流至檜山郡柳崎邨入海寬一町十間合四十二丈

後志川

後志川出後志國入海

川源出膽振虻田郡當佛登西流逕後方羊蹄山腰至磯谷郡入海長十八里合華里一百廿二寬一町四十間合六十丈

古手川

古手川出後志國入海

川源出岩內郡界國分山北流逕古平郡至濱中邨入海長七里合華里四十八寬三十間合十八丈

堀株川

堀株川出後志國入海

川源出岩内郡山中西流至堀株郵入海長十一里合華里七十五寬四十間合二十四丈

余市川

余市川出後志國入海

川源出余市郡余市嶽北流受志狩別川登川諸流至黑川郵入海長十三里合華里八十八寬三十五間二十一丈

積丹川

積丹川出後志國入海

川源出積丹郡積丹嶽北流至積丹郵入海長十里合華里六十八寬十八間合十丈八尺

朱太川

朱太川出後志國入海

川源出膽振蚯田郡禮文華北流至壽都郡樽岸郵入海長十四里合華里九十五寬凡一町合三十六丈

利別川

川源出後志國入海

川源出膽振山越郡蟹寒嶽路可知嶽至瀨棚郡瀨棚郵入海長三十里合華里二百四寬一町合三十六丈

太櫓川

太櫓川出後志國入海

川源出太櫓郡太櫓嶽西流至太櫓郵入海寬五十間合三十丈

游樂部川

游樂部川出膽振國入海

川源出渡島爾志郡游樂部嶽東流至山越郡游樂部入海長三十四里合華里二百三十一寬五十間合三十丈

長萬部川

長萬部川出膽振國入海

川源出蟹寒嶽及後志黑松內嶽東南流至長萬部郵入海長十二里合華里八十二寬四十間合二十四丈

長萬部川

長萬部川出膽振國入海

川源出有珠郡山中西南流至長流郵入海長十六里合華里一百有九寬五十間合三十丈

敷生川

敷生川出膽振國入海

川源出有珠郡山中南流至敷生郡入海長八里合華里五十四寬三十間合十八丈

白老川

白老川出膽振國入海

川源出白老郡白老嶽南流至白老郡入海長十里合華里六十八寬三町廿五間合一百二十三丈

勇拂川

勇拂川出膽振國入海

川源出千歲郡界南流至勇拂郡勇拂入海長五里合華里三十四寬廿八間合十六丈八尺

鵡川

鵡川出膽振國入海

川源出勇拂郡山中西南流至鵡川郡入海長廿里合華里一百三十八寬四十五間合二十七丈

石狩川

石狩川出石狩國入海

川源出上川郡石狩嶽太瀑布屈曲流西南受諸水至石狩郡石狩入海長百六十七里合華里一千百三十五寬三町四十二間合一百三十三丈

天鹽川

天鹽川出天鹽國入海

川源出上川郡十勝石狩二嶽之北西北流受諸水逕中川郡至天鹽郡天鹽入海長七十里餘合華里四百七十六寬三町合一百八丈

留萌川

留萌川出天鹽國入海

川源出留萌郡幌尻山西流合諸水至留萌郡入海長十四里餘合華里九十五寬一町合三十六丈

沙流川

沙流川出日高國入海

川源出膽振石狩十勝三州高山西南流逕新冠郡合諸流屈曲至沙流郡佐璃太入海長七里合華里四十八寬五十間合三十丈

厚別川

厚別川出日高國入海

川源出新冠郡二高山西南流合諸水至沙流郡厚別入海長

十五里合華里一百二寬五十間合三十丈

新冠川

新冠川出日高國入海

川源出十勝州界諸山西南流至新冠郡高江郵入海長廿六里合華里一百七十七寬一町合三十六丈

染退川

染退川出日高國入海

川源出十勝州界西南流合東枝川西枝川諸流至靜内郡下方郵入海長十五里合華里百二寬一町十五間合四十五丈

三石川

三石川出日高國入海

川源出三石郡志計別比利加位二山西南流合諸水至三石

入海長十一里三十町餘合華里八十寬一町四十四間合六十二丈四尺

梟舞川

梟舞川出日高國入海

川源出三石郡志毛禮滿津富山久別山西南流至梟舞入海長十一里三十町合華里八十寬五十間合三十丈

元浦川

元浦川出日高國入海

川源出浦河郡東保奴加良山西南流至元浦河入海長七里十八町合華里五十寬五十間合三十丈

豐居川

豐居川出十勝國入海

川源出廣尾郡神威山脈豐居山東南流至浦河郡豐居入海長四里十八町合華里三十寬八町合二百八十八丈

歴舟川

歴舟川出十勝國入海

川源出當綠郡歴舟山南流歴舟郡入海長十里合華里六十八寬七町五十間合二百六十七丈

大津川

大津川出日向國入海

川源出上川郡十勝山脈信滿山東南流巡河西中川諸郡至十勝郡大津入海長四十四里餘合華里二百九十九寬二町十六間合八十一丈六尺其支流曰十勝川至十勝郡十勝入海長二里合華里十四寬一町廿七間合五十二丈二尺

久壽里川

久壽里川出釧路國入海

川源出釧路郡釧路嶽東南流合阿寒瀨釣二川至釧路入海長三十七里合華里二百五十一寬二町合七十二丈

西別川

西別川出根室國入海

川源出釧路上川郡西別嶽東流過根室野付郡界入海長三十里合華里二百四寬一町餘合三十六丈

津川

津川出根室國入海

川源出標津郡標津嶽東流至標津郡入海長十六里合華里一百有九寬三十間合十八丈

富別川

富別川出北見國入海

川源出天鹽二高山間北流合諸水至枝幸郡富別入海長十五里合華里一百二寬一町廿五間合五十一丈

紋別川

紋別川出北見國入海

川源出天鹽之界北流至紋別郡紋別入海長九里合華里六十一寬四十間合二十四丈

常呂川

常呂川出北見國入海

川源出石狩之高山東北流至常呂郡常呂郙入海長三十里合華里二百四寬五十間合三十丈

斜里川

斜里川出北見國入海

川源出斜里郡斜里嶽北流至斜里郡入海長八里合華里五十四寬四十間合二十四丈

流別川

流別川出千島國入海

川源出擇捉郡邊入蘂山入海長三里二町合華里二十一寬四十間合二十四丈

蘂取川

蘂取川出千島國入海

川源出蘂取郡模與呂沼西北流入海長五里合華里三十四寬十九間合十一丈四尺

日本圖經七終

清末民初文獻叢刊

游歷日本圖經

（第二册）

[清] 傅雲龍 撰

朝華出版社
BLOSSOM PRESS

游歷日本圖經八

奏派游歷日本美利加秘魯巴西等國英日屬地加納大古巴知府用兵部郎中臣傅雲龍述

日本河渠志二

水道分合表

日本河渠巨細一千有奇厥名有同有異今著異名庶其同名易撿乎第著巨流之異名其細已見水道非漏也以水道爲綱領即以分合爲條目舉所巡國其府若縣若廳不煩更贅矣述水道分合表

大水	異名	合	分	所巡國
利根川	坂東太郎○上利根川○古利根川○權現堂川○逆川○橫利根川○中利根川○下利根川	赤合川○發知川○薄根川○片品川○大尻沼下流○塗川○平川○根利川○吾妻川○卿津川○鹿野籠川○四萬川○上澤破川○烏川○榛名川○相馬川○碓冰川○鏑川○西牧川○南牧川○神	廣瀨川○中川○綾瀨川○赤坂川○○江戶川○南派○堀川	上野○武藏○下野○下總

		流川〇野粟澤川〇思川〇會川〇元荒川〇葛飾郡水〇安部沼〇長井戸沼〇猿島郡水〇市谷沼〇鵠戸沼〇鬼怒川〇衣沼〇五十里川〇大谷川〇日光山中禪寺湖水〇稻荷川〇渡瀨川〇桐虫川〇安蘇川〇思川大蘆川〇六賀溪〇粟野溪〇南摩溪〇安川〇鷺養川〇手賀沼〇印幡沼〇長沼〇溪澗諸水〇大浦沼〇田沛〇浪逆浦〇北浦		
荒川	名栗川〇隅田川	赤平川〇市川〇入間川〇越邊川		武藏
多摩川	玉川〇黑川〇一瀨川〇丹波川〇六鄕川	秋川〇南秋川〇北秋川		信濃〇甲斐〇武藏
加茂川				安房
平久里川	湊川			安房
夸隅川	大多喜川			上總
一宮川		小林味莊水〇千代丸水〇茗水〇荷澤水〇芝原水		上總

川				國
養老川				上總
小櫃川	久留里川	清澄山水○香木原邨水		安房○上總
小絲川		奥畑邨水○奥米邨水		上總
湊川	天神山川	三小水○清水川○山中川○相川		上總
筑波川	櫻川			常陸
那珂川	黒川○箒川○荒川			下野○常陸
久慈川				磐城○常陸
木曾川		末川○王瀧川○飛驒川○揖斐川○長良川○衆小水○系貫川○安八郡諸流○揖斐川	東支○大榑川○五條川○佐屋川○筏川○鍋田川○日光川	信濃○美濃○飛驒○尾張○伊勢
町屋川	員辨川	相塲川○坂本川○田切川○山田川		伊勢
朝明川				伊勢
三嶽川	三瀧川			伊勢
鈴鹿川		安樂川		伊勢
安濃川	塔世川	瀧川		伊勢
雲出川		大邨川○八手俣川		伊勢

五十鈴川		大瀑水○小瀑水○朝熊川		伊勢
宮川		濁川○大內山川○藤川○横輪川		
櫛田川		蓮川	稻木川	伊勢○大和
玉野川		多治見川○土岐川○猿投川○矢田川○莊內川	新川	美濃○尾張
天白川				尾張
矢作川	矢矧川	足助川○太平川		美濃○三河
豐川		寒狹川		三河
境川	古太平川			三河
大井川		東俟川○西俟川○潤水		信濃○甲斐○遠江
天龍川		大田切川○三峯川○大横川○横川○小横川○氣田川○阿多古川	分流	信濃○遠江
馬籠川				遠江
大田川		吉川○原野谷川○二瀨川○諸井川		遠江
菊川		諸小水		遠江
安倍川	安倍川	大河內川。中河內川。西河內川。藁科川。諸小水	藁科川	駿河

富士川		笛吹川○釜無川○蘆川○重川○日川○金川○荒川○鹽川○早川○芝川○御勅使川　雨畑川		甲斐○駿河
相模川	桂川○馬入川	篠子川○中津川○小鮎川		甲斐○相模
狩野川	湯島川	猫兒川○大見川○修善寺川		伊豆○駿河
河津川				伊豆
稻生澤川				伊豆
八瀨川		八所溪潤水		小笠原島
南袋澤川				小笠原島
金目川	花水川	玉川○葛葉水○谷津水○水無水○鈴川		相模
境川	片瀨川			相模
酒匂川	鞠子川			駿河○相模
淀川	保津川○大堰川○桂川○名張川	弓削川○大谷川二水○宇治川○木津川○伊賀川○服部川○長田川○河內川○布目水○布當水○清瀧川○加茂川○芥川○大戸川○甲賀川○上野川○鞍馬水○貴船水○高野川○池田川○栗栖水○山田川○	神崎川○中津川○猪名川○藻川○三頭水○安治川○裏川○堂島川○土佐堀川○木津川○尻無川	丹波○山城○河內○攝津

		○倉垣川。多田川。久安寺川。天之川	南傳法川（北傳法川	
大和川	初瀨川	布留川○奈良川○富小川○飛鳥川○重坂川○檜前川○眞弓川○土佐川○葛城川○生駒川○西條川（東條川○石川		大和○河內○攝津
紀伊川	吉野川	丹生川○細川（靜川○名手川○海神川○野上川（根來川		大和○紀伊
熊野川	十津川○天之川	音無川○笠川○北山川○小口川○入鹿川		大和○紀伊
大津川	槇尾川	牛瀧川○松尾川		和泉
石津川	神谷川○尾之井川○草部川			和泉
津田川	河合川○阿間須川			和泉
近木川	蕎麥川（大川○水間川			和泉
大井關川	岡田川			和泉
男里川	菟砥川○金熊寺川	山中川○井堰川		和泉
武庫川	鹽田川○三田川○生野川○生瀨川	南鹽田川○舟坂川○渡豆川		攝津
横田川	野州川	田郝川○松尾川○杣川	南支○吉川	近江○伊勢

仁保川	日野川○横間川	佐久良川		近江
愛知川		菅尾瀑○和南川○杜葉尾川		伊勢○愛知○近江
犬上川	高宮川○不知也川			近江
善利川		木靈山水○土岐山水	北支○南支	近江○美濃
天川	箕浦川○朝妻川	相原澤水○膽吹山水○彌高山水○醒井川		近江
姉川		草野川○高時川○田川		近江○美濃
金吾川	尾上川	金吾湖○柳瀨川		近江
安曇川			新莊川	山城○丹波○若狹○近江
宮川	神通川	川上嶽水○川上川○小八賀川○高原川		飛驒○越中
白川	射水川○雄神川○莊川	上白川○大白川○小矢部川		飛驒○越中
上川	澁川○芳野川			甲斐○信濃
千曲川	信濃川	犀川○田川○女鳥羽川○梓川○高瀨川○乳川○穗高川○中房川○烏川○志久見川○中津川○淸津川○魚沼川東方諸水○佐梨川○破間川○苅谷田川○五十嵐川○小	西川○中口川	信濃○越後

		阿賀川○數十瀑小水		
阿武隈川		旭嶽水○甲子山瀑○釋迦堂川○牧野內郝諸水○新城川○江花川○篠原川○逢瀨川○五百川○杉田川○遠藤瀑○瀨川○須川○奥不動瀑○天戸川○荒川○松川○奥十三瀑○摺上川○廣瀨川○大瀧根川○白石川○松川		磐城○岩代○陸前
鮫川		入上川○大平川		磐城
鎌田川	夏井川	好間川		磐城
阿賀川	日橋川○新橋川○舊津川	黑川○鶴沼川○只見川○伊南川○布澤川○黑谷川○沼澤沼○實川○出谷川○室谷川○早出川○新間田川○加沼川	小阿賀川	岩代○越後
名取川	仙臺川○長町川	廣瀨川○秋保瀑○柴田郡諸水		羽前○陸前
七北田川	冠川	山水衆流		陸前
鳴瀨川	三本木川	不動瀑○品井沼		陸前
北上川		磐井川○衣川○松川○雫石川○猿石川○	南流○追波川	陸中○陸前

		和賀川○酢川○桂川○赤川○平出川○志戸前川○宿内川○膽津川○江合川○迫川○一迫川○二迫川		
宮古川		江繫川○大畑川		陸中
能代川	米代川	大湯川○毛馬内川○大館川○阿仁川○小又川○小阿仁川○藤琴川		陸奥○陸中○羽後
馬湖川		爭法寺川○能原川		陸中○陸奥
岩木川	弘前川	岩水山溪澗水○平川○淺瀨石川		陸奥
田名部川				陸奥
川內川		溪水		陸奥
相坂川		篤川○法量川		陸奥
最上川	松川	羽黑川○鬼面川○諸細流○酢川○寒河江川○丹生川○小國川○鮭川○赤川○拂川	新川	羽前○羽後
荒川		横川○玉川○沼川○大石川○胎內川		羽前○越後
日向川		荒瀨川		羽後

川	支流	諸水	地
御物川		役內川○岩崎川○稻庭川○横手川○大松川○玉川○小和瀬川○大先立川○生保內川○鰍瀬川	羽後
子吉川		諸小水○薯蕷川	羽後
白雪川		溪澗諸水○安沼川○鳥越川	羽後
耳川			近江○若狹
北川		南川○諸小水	近江○丹波○若狹
日野川	安居川	足羽川○九頭龍川○天王川○志津川○羽丹生川○蘆見川○數小河○安居川	越前
手取川	中又川○尾添川○白山川	數小河○大日川	加賀
犀川		小水	加賀
淺野川			加賀
梯川	安宅川	今江潟水	加賀
大聖寺川			加賀
羽咋川	子浦川	樋川○邑知潟末流	能登

神代川	米町川	德田川○上棚川		能登
常願寺川			東流○西流	越中
早月川				越中
片貝川		瀧倉嶽溪水○布施川		越中
三面川		高根川○相古川		羽前○越後
荒川	苗名瀑○關川	野尻湖下流、別所川矢代川○岡川○保倉川	苗名瀑	信濃○越後
姫川		松川○谷川○大所川○小瀧川○蟲川		信濃○越後
國府川		諸小河		佐渡
羽茂川				佐渡
和知川	福知川○音無瀨川○由良川○大川○大雲川○由良港	棚野川○高屋川○上林川○土師川		丹波○丹後
佐治川	加古川○瀧野川	久下川○三草川○東條川○美濃川○美嚢川○三木川○吉川○小川○淡河○諸小水		丹波○播磨
倉橋川	野田川○沼田川			丹後
竹野川		諸澗水		丹後

朝來川	竹田川○養父川○氣多川○豐岡川○蔘川	諸小水○絲井川○廣谷川○西八木川○出石川○六方川		但馬
矢田川	本谷川○射添川	湖水○小代川		但馬
濱坂川		温泉川○寺木川○細谷川○熊谷川○久斗谷川		但馬
千代川	智頭川○賀露川	北侯川○土師川○佐治川○赤波川○曳田川○春米川○若櫻川○大江川○私部川○囊川○湖山池水		因幡
日野川	四郡溪○簸川	二部谷川○尻燒川	米川	伯耆
天神川		三朝川○小鴨川○新郡川○竹田川		伯耆
大川	簸川○橫田川○斐伊川	龜石谷水○室原川○龜高川○馬木川○阿井川○深野川○三刀屋川○久野川○阿用川○牛尾川	新川○坂田郡分流	出雲
神門川	乙立川○古志川	小田川○赤名川○頓原川○吉野川○伊佐川○東郡川○畑川○小野川○稗原川	十間川	出雲
飯梨川	能義川○富田川○比田川○菅澤川	西比田川○東比田川○山佐川○租父谷川		出雲

水	支流	小流	分流	國
江川	三次川○石見川○可愛川	田房川○本鄉川○木郝川○南川○西川○戶張川○和知川○西城川○比和川○泉川○吉田川○志路原川○多治比川○本郝川○櫃田川○出羽川○熊見川○矢上川○市木川○數小流		安藝○備後○石見
高津川	廣瀨川	津和野川	橫田川二流	石見
市川		小田原川○岡部川	御祓川	但馬○播磨
揖保川	穴栗川○龍野川	三方川○西谷川○栗栖川○片吹川	分流三支	但馬○因幡○播磨
千種川		久崎川	北野中郝分流	播磨
津山川		羽出川○中谷川○香香美川○久米川○加茂川○新田川○江見川○倉敷川○吉井川		美作○備前
高田川	西川○西大川○旭川	藤森川○本莊川○神代川○目木川○鶴田川○弓削川○忍木川○宇甘川		美作○備前
大川	高梁川○松山川○河邊川○千鳥川	新見川○哲多郡川○瀨川○唐松川○烏井川○東成川○板倉川○江原川○小田川	淺尾○東支○西支	伯耆○備中

蘆田川		大田川○御調川○荒谷川○神谷川○加茂川	本莊郷分流	備後
大田川	八木川	瀧山川○水內川○西宗川○三田川	東派○京橋川○猿猴川○西派○本川○本安川○横川○小屋川○川田川○己斐川	安藝
沼田川	戸野川	入野川○椋梨川		安藝
西條川	吾妻子瀑○黒瀬川○三級瀑		廣大川○廣東川	安藝
木野川	大竹川○境川	峠山川		安藝
錦川	岩國川	出市川○長谷川○生見川○御莊川	今津川	周防
島田川		瀬越川○呼坂川		周防
佐波川	德地川	野谷郷水○引回川○三谷川○島地川		周防
椹野川		宮野川○木町川		周防
阿武川	萩川○大川	大山川○佐佐並川	松本川○左支○右支	石見○長門
厚東川	廣瀬川	綾木川		長門
厚狹川				長門
吉田川		田部川		長門
粟野川		大藏川		長門

在田川		諸溯水○早月谷川		紀伊
日高川		丹生川○寒川○江川		紀伊
富田川	岩田川	愛賀川		紀伊
安宅川	日置川	廣見川○熊野川○前川○將軍川		紀伊
古座川		佐本川○小川		紀伊
太田川	色川	高野川		紀伊
三原川		諭鶴羽谷川○松本川		淡路
桑間川		物部川		淡路
吉田川	本川○廣戸川	木森川○川崎本川○地藏川○汗見川○川口川○穴内川○豐水川○伊豫川○松尾川○一字川○穴吹川○鮎喰川	北川○南川○撫養川	土佐○阿波
勝浦川	福原川	立川	大松川	阿波
那須川	長川	北川○南川○桑野川	那東川○分流	阿波
海部川				阿波
鴨部川		前山川○小倉川		讚岐

香東川		小田池水	福岡川	讃岐
綾川	鴨川〇北條川			讃岐
土器川				讃岐
觀音寺川	染川			讃岐
柞田川	井關川			讃岐
加茂川		西川〇東川〇川來須川〇喜多川		伊豫
重信川	今津川	山內川〇九谷川〇名手川〇石井川	二支	伊豫
肱川	比志川〇下相川	野井川〇野郝川〇奈良野川〇新谷川		土佐〇伊豫
面河川	贄殿川〇神河川〇仁淀川	有枝川〇小黑川〇岩屋川〇森川〇分德川〇黑岩川〇八川〇日下川	八田川	伊豫〇土佐
渡川	四萬十川	擣原川〇北川〇北川西流〇上山川〇渡川〇島川〇吉野川〇宮野下川〇伊豫大宮川〇有岡川〇佐岡川		土佐〇伊豫
野根川				土佐
奈半利川		東川〇西川〇二股川〇西谷川〇野川		土佐

安田川		中川○東川		土佐
伊尾木川		小谷川	二派	土佐
安藝川		安藝川郗水○小川郗水		土佐
物部川		久保川○川口川	山田川	土佐
早良川	室見川	小笠木川○曲淵川		筑前
那珂川	岩戶川	諸溪水	分流	
御笠川				筑前
遠賀川	嘉麻川○木屋瀨川○蘆屋川	泉河內川○山田川○飯塚川○下堺川○赤池川○若宮川○香月川○西川	堀川○東北流	筑前
千年川	筑後川○三隈川○一夜川○上座川○日田川○大山川○御井川○千隈川○境川○筑波次郎	市原川○中原川○黑淵川○田野原川○幸野川○長田川○志屋川○津江川○玖珠川○町田川○田代川○龍門川○森川○纖月瀑○大山川○花月川○良松川○林田川○志波川○三奈木川○古江川○依井川○秋日川○蘆木川○三牟田川○巨瀨川○得川	隈町分流	肥後○豐後○筑前○筑後○肥前

		○甘木川○平松川○正原川○柳野川○秋水川○安良川○寒水川○田手川○神崎川○諸小水		
矢部川		星野川	西南流○西流○平松川○正原川	筑後
蒲生川	紫川			豐前
令川				豐前
山國川	高瀨川○廣津川○御木川	山移川		豐前
驛館川	莵狹川	津房川○惠良川○深見川○		豐後○豐前
大分川	堂尼川○光吉川	由布川○透內川○七瀨川○朽網川○寒田川	分流	豐後
大野川	飛田川○玉來川○阿藏川○犬飼川○大野川○利光川	稻葉川○志土知川○山田川○祢原川○吉田川○飛田川○十川○狹田川○緒方川○溪水○倉水川○德田川○宇田川○矢田川○岩戸川○中津牟禮川○赤嶺川○品川○柴北川○野津院川	沈墮瀑○山川○乙津川	豐後○肥後

八坂川				豐後
番匠川	山部川○因尾川	上津川○久留川○井崎川○	三派	豐後
川上川	喜瀨川	名尾川○三瀨川○山谷水	布施川○三溝川○蘆里川○小寺川	肥前
多久川	納所川	本山川○中川		肥前
武雄川				肥前
鹽田川	美野川○別當川	多良嶽水		肥前
伊萬里川	天仙寺川	嶺溪水		肥前
有田川	大里川			肥前
松浦川	桃川	川古郕諸水○東川○波多川		肥前
菊池川	山鹿川○高瀨川	迫間川○合志川		肥後
白川	高橋川	黑川○手野川		肥後
綠川		橫野川○男成川○釋迦院川○御船川○加勢川○江津廣湖		肥後
氷川			分流	肥後
球摩川	推積川	樅太川○西南流○胸川	山水	肥後

佐敷川				肥後
水俣川				肥後
五箇瀨川		肥後諸水○篠戸川○日影川○網瀨川○祝子川○北川	大瀨川	日向○豐後
美美津川	耳川			日向
火丸川	高鍋川○蚊口川			日向
一瀨川	二瀨川	板谷川○小川○銀鏡川○河原江川○荒武川○		日向
大淀川	赤江川	安永川○繩瀨川○野尻川○綾川		日向
新川	天降川○霧島川○大津川	金山川		大隅
上別府川		山田川		大隅
小根占川	花瀨川	大藤川○麓川	小川瀑	大隅
肝付川	境川	鹿屋川○串良川		大隅
川內川		羽月川○市山川○眞幸川○金山川○穴川○豐川○樋脅川		肥後○日向○薩摩

川	支流	支流	支流	國
後志川				後志
皇澤部川				膽島
上國川				膽島
知內川				渡島
木古內川				渡島
有川				膽島
落部川				膽島
佐須川	小茂田川			對島
佐護川				對島
谷江川				對島
幡鋒川				壹岐
住司川				州南島
廣瀨川	泉川	白木川○高川		薩摩
萬瀨川		麓川		薩摩
江月川	神月川○甲突川			薩摩

古手川				後志
堀株川				後志
余市川		志狩別川○登川		後志
積丹川				後志
朱太川				後志
利別川				後志
太櫓川				後志
游樂部川				膽振
長萬部川				膽振
數生川				膽振
白老川				膽振
勇拂川				膽振
鵡川				膽振
石狩川		諸水		石狩
天鹽川		諸水		天鹽

留萌川		諸水		天鹽
沙流川		諸水		日高
厚別川		諸水		日高
新冠川				日高
染退川		東枝川○西枝川		日高
三石川		諸水		日高
鳧舞川				日高
元浦川				日高
豐居川				十勝
歴舟川				十勝
大津川			十勝川	日向
久壽里川		阿寒川○瀨釣川		釧路
西別川				根室
津川				根室
富別川		諸水		北見

川名	所屬
紋別川	北見
常呂川	北見
斜里川	北見
流別川	千島
蕋取川	千島

東京神奈川引用水道表

日本西京水潔用不待引也東京資玉川神田千川三水先是玉川上水於承應元年爲順治九年疏自多摩郡羽邨小渠通四谷大木戸伏流謂之陰筧遥麴町赤坂芝金杉東南流遥京橋八町堀築地芝濱諸市其神田上水出井頭池古名御茶水多摩郡吉祥寺牟禮二邨間寬二萬坪清泉涌出凡七而夏轉涸寬永中當明天啓間德川家光鑿之掝名井頭承應中工始引小石川亦曰陰筧出鍛冶橋而京橋而江戸橋而小網町而神田橋而柳原而

兩國橋而濱町神奈川引用之水亦資玉川通計所引水道六十八里三十九町五十間以華里計逕東京境三百七十里有奇逕神奈川境八十里用水處爲井曰並井常井也曰吹井涌泉也掫與繕皆有費用水有賦金述東京神奈川引用水道表

	東京郡區	長	並井 存	並井 掫	並井 閉	吹井 存	吹井 掫	吹井 閉	水車用	田用水	水賦金	納賦人	繕費	新設費
玉川上水	西多摩郡	一一四 五六								四	八四元	一六	四六八 三	
	北多摩郡	六〇八 二五								四	六六四	六六	三	
	新座郡									一	一二八	一〇		
	入間郡										一七	一		
	東多摩郡	一一七 四一								三	四二	八		
	荏原郡	一〇一 三							一	二	一二七 八	三四	一二五	
	南豐島郡	一二三 四九								三	六八	一四	七四三 七	七三
	北豐島郡								一		一〇七	四〇		
	四谷區	三五〇 六	九七	三	九	一〇	四				六九九	六四	一三六 五	

五一三

	一	二	三	四	五	六	七	八	九	十	十一	十二	十三
麴町區	一六一五 一五	三六二	一七	一二	一四〇	一〇	一九			四二六 七	三〇六	二一四 五	
赤坂區	三五二	五一	一七	三	六		四			三四五	三五	一五二 四九	
芝區	三〇五 一八	八〇九	六	二四	二	三				四八九 五	四四〇	二六五 〇	
京橋區	七二一 四六	一〇一 八	一七	九	八	九	三			五三三 五	六三七	一〇〇 一	一五五
日本橋區	二二一 三	九七	九	一三			一			五〇六	六一	八	
麻布區	一四三八 九	一三四	九	一四	二九		三			一〇三 一	一二七	七九	
合計	二一五 三一五二一	二五七 一	七八	九五	二〇四	一七	三〇	二	一七	一九四 六六	一八五 九	三四七 四四	二二八
神田上水 北多摩郡	一六一 七								二	八	一	二三九	
東多摩郡	三三一 五一								一八	一八八	一五	四五〇	
南豐島郡									二	二〇六	五	一二六 九	
北豐島郡	一〇四 五〇								一	一〇八	五	六三	
小石川區	二八一 七	一八		一	九		一	三	一	六三九	二四	六〇七	
本鄉區	四〇九	一								六	一		
神田區	五二七 三〇	一二八 三	九	三三	八	一				七五六 二	八一三	一二八 八	
日本橋區	八一三 三三三	二一七 八	七	五二	三					一二七 六七	一〇五 五	四〇四 四	

	長												
京橋區	一〇六 三七	二八五	一	九						一六五 〇	二〇四	一〇〇 一	
麴町區	一一五 五	三二	一		一	一				一九〇	七	三四三	
牛込區		一			一	一				一一	二		
合計	一五三 三三一〇	三七八 九	一八	九五	二三	二	二	三	二四	二三三 三五	二一三 二	九三〇 四	
千川上水 北豐島郡	五三二												
小石川區	二四五 四	二	一	一						一二	一		
本鄉區	三四一 三	六三	四〇五							二五四 八	八四		
下谷區			六八五							二九三 一	四		
合計	二 一二八三九	六五	一		一〇九 一					五四九 一	八九		
總數	三七九 五六二九〇〇	六四三 四	九七	一八〇	一三一 七	一九	三二	五	四一	四八二 九二	四〇八 〇	四四〇 四八	
前一年	三七九 五六三三三	六五一 七	九四	一二五	一三三 〇	二三	一八	五	四二	四六八 七八	五七五 二	二一〇 九八	三〇一 四

玉川上

神奈川郡區	長	並井	新開	閉井	田用水	水賦金	納賦人	繕費	新設費
橫濱區	三二四一 八	一六〇	六五	三四		六一八六	八七	一九六七	
橘樹郡	八二二三 二	二			四	一〇八	三	三七五四	
總計	八五 二二一〇五〇	一六二	六五	三四	四	六二九四	九〇	五七二一	

水	前一年	一二〇九二九 八四	一三二	二八	五〇	四	七四六八	六四	二九四三	四五三七

礦泉表

礦泉氣質有金銀鐵苦土鹽硫硝礬綠朱石炭石精鹹淸硫酸炭酸以及硫化苦土硫化水素酸性類難可枚舉苦土者鐵類而堅亦曰麻苦涅沙日本嗜浴故於溫度若干質性袪疾宜否罔弗辨化學可參也覈自衛生局說者謂單純泉溫六十三冷三十四酸性泉溫四十一冷三十五鹽類泉溫九十一冷六十硫泉溫七十九冷廿五雜泉溫廿四冷十九凡溫三百三十七冷百八十六此外未試驗者溫三百三十四冷三百廿一而未詳溫冷者十一然如長崎烏島一泉船名明治丸者光緒十三年泊海南得之報衛生局測質與度類此滋多而箭說非複即奪就目質耳甄撂所信它若鹿兒島縣薩摩國有沙如蒸可熨筋攣謂之溫沙又有礦泉

質與效勒然泉非溫坩錄驗者述礦泉表

縣	國	郡	泉	質	溫度
神奈川	相摸	足柄下	湯本	鐵	一〇〇
			塔澤	硃石鹽	一一一
			宮下	鹽鐵	一四〇
			堂島	硫鐵	二八
			底倉	鹽硫	一四七
			蘆	硫礬鹽鐵	一〇一
			姥子	礬鐵	一一三
			河原	礬鹽	
			湯河原	硃銅鐵	一六三
			藥師	鹽硫	
			儘	鹽硫硃	
		足柄上	木賀	硫石灰	一〇〇

縣	國	郡	泉	質	溫度
			筥	同	
			眞	同	
			大	同	
			小	同	
			礦	同	
			古奈	同	
			畑毛	硫硝	
			上船原	同	
			吉奈	同	
			西平	同	
			瀨古瀑	同	
		那賀	大澤	硫	
		賀茂	大	鹽酸曹達	

縣	國	郡	泉	質	溫度
		栗原	荒		
			寒風澤		
			吹揚		
			轟		
			宮澤		
			溫		一二七
			湯倉	金	
			駒	硫	
	磐城	刈田	湯刈田	硫鹽	
			釜崎	硫礬鹽	
			湯戸		
			新		
岩手	陸中	磐井	酢山	金硫	

縣	國	郡	泉	質	溫度
			安並	同	
			又	同	
			利岡	同	
愛媛	伊豫	溫泉	道後	硫	二〇
		新居	溫泉谷	同	
		越智	楠窪	同	
福岡	筑前	御笠	湯町	硫	
大分	豐後	速見	湯平	硫礬	一九七
			觀海	同	一四二
			濱脇	同	一一六
			龜川	同	
			鐵輪	同	一二七
			嶽	同	

所在	名	質	度	名	質	所在	名	質	所在	名	質	度
攝津 兵庫 八部	湊川	硫礬	七一		加基若土		新	金	玖珠	寶泉		一五二
菟原	馬淵	鹽		河原	硫		泉	金硫		湯坪		一二五
武庫	寶塚山	同		平左衛門	鹽	和賀	夏油	礬	日田	天瀨		一四五
河邊	平野	礬鹽		勘太郎	同		田中	鹽	直入	七里田	硫礬	
有馬	有馬	鹽酸	一〇〇	松原三湯			新	同		湯原	同	
但馬 城崎	湯島	硫化水素	一三七	出來			鶴	礬		葛淵	同	
		硫酸鹽類		新			瀧	同	肥前 佐賀 小城	古湯	炭硫素等	九六
		綠鹽炭酸		豬戶		稗貫	鉛	同			酸石精	
		鹽		和田			大澤	同		熊川	鹽浮雜炭	二〇〇
二方	湯邨	硫		湯野			臺	同	杵島	柄崎	炭酸灰精	一一八
肥前 長崎 高來	小濱	鹽	二一二	北湯野		岩手	繫	同	藤津	嬉野	炭硫瓦斯	二〇三
	溫泉嶽	硫	一二九	河內			鶯	同	肥後 熊本 玉名	富尾	硫酸	
南松	鳥島	鹽		藤原	硫		國見	硫		立願寺	同	
浦				上條	同		綱張	同		小天	硫	
壹岐 壹岐	湯野浦	鹽硫		藥師	礬硫		松川	同	飽田	船津	同	

注	名	質	數	注	名	質	數	注	名	質	數	注	名	質	數
越後岩船 新潟	湯澤	礬	一三〇		三條	硫			大湯 下湯	同		山鹿	山鹿	同	九三
	雲母	硫鹽			源佐	同			大湯川	礬			熊入	同	
蒲原	出湯	硫礬	一〇三	甲斐 山梨 山梨	湯村	硫			熊澤	硫礬			石郝	同	
	瀧谷	硫鐵	一五〇		川浦	同	二三		湯瀨	礬			平山	同	九六
	田上	硫			鹽山	同	六四	陸奥 二戶	湯田	硫		阿蘇	杖立	礬鹽	一九九
	岩室	硫鹽		八代	下部郝	鹽		青森 陸奥 津輕	淺蟲	硫			峐	礬	
	郝杉	鹽	八五	巨摩	黑平	礬			酸	同			奴留	硫	
	今坂	同			奈良田郝	礬硫			切明	綠礬			寺小野	礬	
	草生	硫		岐阜 美濃 加茂	鹿鹽	硫			大鱘	同	一六六		滿願寺	礬鹽	一〇四
	稻島	硫鹽		可兒	次月	同			藏館	同			田野原	礬	
	如法寺	鹽	六〇	土岐	木曾	同			岩木嶽	硫			黑川	同	
	矢田	硫	六〇		釜戶	礬鹽鐵			碇關	同			湯山	硫	
	北潟	同	六〇	惠那	小澤				溫				地獄	同	一〇四
	葩梘	同			栗亢				板留				欏本	礬	
魚沼	大湯		一二〇		菖蒲			北	馬門				垂玉	同	

游歷書十九之一

地名	地方	質	號
橡尾服		淡酸	
湯澤		鹽	一二〇
鐘掛		酸日三變	
逆卷		硫礬	
小出		礬	
總	頸城	硫礬	
沸		同	
川原		同	
綿		同	
松山		硫鹽	一三〇
赤倉		硫礬	
元		同	
關川			
素			
黑			

地名	地方	質	號
沓掛			
大洞	飛驒益田		
濁河			
下呂鄉			
宮	大野		
平	吉城		
山伏		硫	
蒲田			
御座	長野信濃筑摩	礬	
瀧		同	
痂氣		同	
疵		同	
和多		同	
白絲		硫石灰	一〇五
山室	伊那	硫	

地名	地方	質	號
恐山		硫	
藥研			
下風呂		硫	
湯川		同	
大谷地		同	
湯臺	秋田羽後雄勝	硫	
蔦			
泥		鹽	
小安		同	
岩倉	仙北	硫	
黑		鹽硫	
田澤		鹽	
鶴		硫	
蟹		同	
鳩		鹽	

地名	地方	質	號
湯谷		同	
慈恩寺	山本	硫酸	
湯出	葦北	硫	一一四
湯浦		礬酸	
日奈久		硫鹽	一〇四
湯山	球摩	硫	
林邨		同	一〇四
下津深江	天草	同	
木房	鹿兒島大隅桑原	硫礬	
硫黃谷		硫	
榮尾		同	
明礬		礬	
殿		同	
栗川		同	
大良		同	

所在	名	質	數
	藥師	硫礬	
	三國一	硫鹽類	
	黃金	硫礬金	
	新黃金	同	
	平岩	硫	
	蒲原	同	
	梶山	同	
	篠倉	同	
	燒山	硫酸鐵	
埼玉 武藏 秩父	芝原		
羣馬 上野 利根	川場	硫	
	湯河原		
	寶川		
	湯小屋		
	谷川		

所在	名	質	數
安曇	白骨	同	九五
	中房	同	
	亢	同	
	五厤	同	
	金壺	同	
	橋本	同	
諏訪	上諏訪五	同	
	湯		
	下諏訪綿	硫鹽	
	湯		
	小	同	
	第三		
	湉湯		
	瀧湯		
高井	湯田中郎		一三六

所在	名	質
	酢	硫
	大瀧	
	湯臺	
	湯本	
陸中 鹿角	大湯下	硫
	大湯河原	礬
	熊澤	硫礬
	湯瀨	礬
山形 羽前 置賜	小野川	鹽
	高	礬
	吾妻	硫
	五色	同
	滑川	同
	姥	礬鐵
	赤湯	硫

所在	名	質
	鋒投	同
	手洗	同
	鹽浸	同
	平落	同
	安樂	同
	栗野嶽	硫礬
膽吹	山	礬
大隅	古里	
	有郁	
	黑神	
馭謨	尾神間	
	平內	
薩摩 揖宿	二月田	
	間水	
	又	

所在	名	質	數
	川振		
	新卷		
	草津	硫礬	
	鹿澤		
	河原	硫礬	
	河中	硫	
	鳩	硫礬	
	山口		
	新		
	湯島		
	法師嶺		
	久保		
	小瀧		
	藥師		
	上澤渡		

所在	名	質	數
	大湯		
	河原		
	安臺		一三三
	澁	鐵礬	一四一
	山田		
福島 岩代 會津	東山	礬	
	湯原		
	蘆牧		
	湯岐		
	木賊	硫	
大沼	早戶	鹽	
	荒	同	
	小谷		
	玉梨		
	八町		

所在	名	質	數
	四大湯		
	尼湯丹波		
	湯森湯		
	小玉川	金	
郡山	鶴脛	礬鹽	
	高	硫礬	
	銀山	銀	
最上	肘折	銀硫	
	今熊	硫鹽金	
	瀨見	硫	
田川	溫梅	硫礬	
	田川	礬鹽	
	湯野濱	硫	
石川 加賀 江沼	山中	硫	一一八
	山代	同	一六五

所在	名	質	數
	摺濱		
	港		
	大牟禮		
	三節		
	瀰次		
	鰻		
	兒水		
	大山兒水		
阿多	伊作	硫	
日置	市來	同	一一八
薩摩	湯河內	礬鹽	九九
	市比野	礬	七四
高城	湯田	硫礬	一二八
伊佐	砂石		
	宮城	礬	

一	二	三	四
萬座 硫礬	湯倉	能美 粟津 同 一一六	鶴田 同
花敷	大鹽	市瀨 同	出水 出水 同
碓氷 入之 硫	耶麻 熱鹽	石川 湯涌 同	日向諸縣 高原 礬鹽
羣馬 伊香保 硫鐵 一一二	沼尻 一五〇	中宮 同	白鳥 礬硫
西明屋 八七	横向	能登鹿島 和倉 硫鹽 一八〇	吉田 礬鹽
鹽川	磐梯	富山越中新川 有峰 硫鹽	加久藤
多胡 豬田 硫鹽	川上	黑薙 硫	北海道渡島茅部 惠山 硫水素
勢多 湯澤 硫	日中	西仙人 同	汲 同
茨城常陸久慈 湯島 礬	大鹽	小黑部	古武井
橡木下野都賀 中禪寺 硫	岩瀨 湯本	西鐘釣 硫	鹿部 鐵
鹽谷 荒 同	二股野	婦負 山田 硫鹽 一〇〇	富湯
古町 礬鹽	中川	下之名 硫 七六	落部 鐵炭酸
數卷瀑湯 礬	休石	礪波 大牧 鹽 一〇一	龜田 下泉 同
福渡戶 同	安達 熱海 八一	田向	湯澤
畑下戶 同	嶽	祖山 鹽	軍川

名	性
鹽釜	同
鹽湯	同
大綱	同
川沼	同
瀧	同
湯西川	硫礬
川又	同
日光澤	同
湯澤	同
那須 那須 行人	硫
鹿	同
御所	同
北	礬
大丸	同
岬	同

所在	名	性	數
信夫	鯖湖		一〇五
	瀧		一三四
	赤川		
	金瀧		
	天王寺		
	波古		
	高		
	熱	硫鹽炭酸	
	疝氣	同	
	玉子	同	
	溫	礬	
	土		
	池		
	穴原		
	舟塲	硫鹽	

所在	名	性	數
島根 出雲 意宇	玉造	硫	
大原	牛尾	同	
仁多	三澤	同	
石見 安濃	小屋泉	同	
	志學	同	一〇八
邇摩	溫泉津	硫鹽	一一五
	又	硫鹽鐵硝	
福光 下郡		硫鹽	
	天河內		
那賀	有福	硫	
鳥取 因幡 岩井	岩井	同	一一七
高草	吉岡	同	一三二
氣多	勝見	芒硝	
八上	曳田	鹽	
伯耆 河郡	三朝	硫	一三七

所在	名	性
上磯	茂邊地	
後志 久遠	久遠湯	
壽都	壽都	
岩內	雷電	硫水素
	硫黃山	
古宇		
石狩 札幌	犬山谷	硫水素
上川	礦山	同
北見 常名	硫黃山	硫
膽振 幌別	登別	同
	大湯湖	
有珠	上	
	下	
	半花別	
十勝 河東	音更川	

奈良 大和 吉野	東泉寺	硫化水素	
		硫酸鹽	
	柳本	同	
	出谷	同	
	入之波郡	鹽化炭酸	
		硫酸	
	菊平	同	
三重 伊勢 三重	湯山	硫	
	御館		六〇
	西坂部		
一志	榊原	硫	
紀伊 牟婁	湯崎	鉛	
	濱	硫	
	本宮	同	
	川	同	

	桐		
	狐		
磐城 白河	甲子	鹽鐵 硫酸	
	湯岐	礬	
磐前	三箱	硫礬	一二七
宮城 陸前 柴田	青根	錄	一二七
	名號	硫	
	新	同	
名取	秋保	鹽硫	
宮城	作並	金礬	
	定義		
玉造	川度	硼砂	一二三
	赤		
	田中		
	鷲津		

	山田	同	
	引地	鹽	
久米	湯關	硫	
岡山 美作 勝南	湯鄉	鹽硫	九六
大庭	湯原	硫	一二二
眞島	眞加	同	一〇四
西西條	奥津	同	
廣島 備後 甲奴	矢野邨	硫	
山口 周防 吉敷	湯田	硫	
長門 大津	湯本	礬	九二
	湯町	同	九三
豐浦	湯谷町	同	九一
和歌 紀井 日高	龍神	鐵	
山	神場	硫	

上川	頓宇羅志		
釧路 阿寒	阿寒	硫	
	贈莚	同	
上川	屈斜路	同	
	弟子屈		
根室 目藥	良牛	硫	
千島 國後	勢勢氣	同	
紗那	千世宇治	同	
	勢勢氣	同	

前山 同	車		高士香知佐美 別役 硫
靜駿安岡河部 梅島郝 硫	河原		又 同
伊若豆澤 獨鈷 同	瀑布		土佐 圓行寺 同
兒 同	鰻	二二	高岡 鶴 同
石 同	星		幡多 馬倚 同

湖沼

琵琶湖其巨擘乎受八百八水有淡海之目爲勢多川之源圍約華里五百有奇島嶼爲隄輪驅往徠無虛日雲龍游在光緒十四年冬十二月其它湖沼皆檜下矣雖然或分田溉或瀦山瀑或導川源無慮三百有奇未可汙潦例也述湖沼

武藏國

·伊佐沼 出入間郡川越之東東西三町合華半里南北十有七町合華三里弱

上總國

鳥喰池 出武射郡鳥喰邨周圍一里三十二町十間合華里十一有奇東西凡三十町合華五里南北凡二十町合華三里有奇

下總國

印旛沼 出印旛郡船尾邨之西北合諸水東流逕平賀邨折北爲一大瀦限東埴生郡有舟楫之便魚鰕之利下流逕埴生郡安食邨分爲燕尾狀會下利根川周圍十二里合華里八十二東西二里合華里十三有奇南北七里合華里四十七

手賀沼 亘印旛相馬二郡源二一出西印旛郡呼塚邨十太夫新田一出南相馬郡粟野入道池又一源出相馬郡金山下流逕布佐邨會下利根川東三里合華里二十南北三十町餘合華五里

長沼 出埴生郡長沼邨東西一里合華六里有奇南北十町餘合華一里有奇其水西逕安西新田東至西大須賀入下利根川灌漑利之

大山沼 出葛飾郡大山邨東西十町合華一里有奇南北二十五町合華四里有奇其水入赤堀川

座生沼 出葛飾郡座生邨東西五町廿間合華一里南北一里十四町餘合華八里有奇下流入江戸川

長井戸沼 出猿島郡長井戸邨東西十町合華里一有奇南北二里合華里十三其水至境町入利根川

市谷沼 出猿島郡市谷邨東西十六町合華二里有半南北六町合華一里其水至百戸邨入中利根川

鵠戸沼 亦曰長須沼出猿島郡長須鵠戸二邨間東西六町合華

一里南北一里合華六里有半至小山村入中利根川**菅生沼**出相馬郡菅生郡東西十町五十間合華一里有半南北一里十四町四十一間合華八里有奇入中利根川**山川沼**出結城郡東西十町合華一里有半南北一里合華六里有半入鬼怒川

常陸國

霞浦亘河內信太新治行方四郡及下總香取郡周圍三十六里合華里二百四十東西七里十町十間合華里四十八南北六里三十三町合華里四十六下流爲浪逆浦合北浦受利根川入海湖多產魚鰕**北浦**出行方鹿島二郡之間周圍凡十五里合華里一百有二南北六里合華里四十上受霞浦之餘流下受浪逆浦入利根川**平須沼**一名須賀沼在河內郡接下總周圍一里六町合華七里有奇東西十八町合華三里南北二十二町合華三里有半**牛久沼**在河內郡牛久驛之西接筑波郡周圍六里六町二十間合華里三十七東西一里二十二町合華九里有奇南北十二町四十五間合華二里有奇下流入蠶養川**神池**出鹿島郡周圍一里十九町三十間合華九里東西十八町四十間合華三里有奇南北十九町三十間合華三里有半下流入利根川**涸沼**一名海老澤沼在鹿島茨城二郡之間周圍凡七[illegible]合華里四十七東西二里十二町合華里十五南北二十五町合華四里下流入那珂川**千波沼**出茨城郡千波郡之

北水戶之南周圍一里三十三町二十間合華里十一東西二十五町五十間合華四里有半南北自二町四十八間至五町五十間合華半里有奇注那珂川

大寶沼 出眞壁郡大寶邨周圍三里九町四十五間合華里廿有一東西四町南北一里合華六里有奇下流爲絲依川入鬼怒川

砂沼 出眞壁郡砂沼新田周圍一里十九町五十三間合華九里有半東西十五町八間合華二里有半南北二町合七十二丈

村松沼 一名眞崎浦在那珂郡村松邨周圍一里九町合華六里有半東西十八町合華三里南北七町合華一里入海

伊勢國

笠田池 出員辨郡笠田新田周圍一里一町十五間合華六里有奇東西二町十七間合八十二丈二尺南北八町餘合二百八十八丈

風早池 出一志郡戶木邨周圍一里四町餘合華六里有奇東西五町二十間合一百九十二丈南北七町合二百五十二丈

五桂池 出多氣郡五桂邨周圍一里五町合華六里有奇東西十一町合三百九十六丈南北四町合二百有四丈

牛尾崎池 出度會郡上田邊邨周圍一里合華六里有奇東西六町合二百十六丈南北五町三十間合二百十四丈

尾張國

入鹿池 出丹羽郡入鹿郷周圍凡三里合華里二十有奇東西二十町合華三里有奇南北三十町合華五里有奇澱田便之

三河國

油淵 又曰北浦在碧海郡東端西端二村之間周圍凡三十五町合華五里有奇東西二町三十間合九十丈南北十五町合華二里有奇下流逕大濱入海

菱池 出幡豆額田二郡之界周圍二十一町四十五間合華三里有奇東西八町合華一里有奇南北七町合華一里下流爲小川入海

蘆池 出渥美郡蘆郷周圍二十六町合華三里有奇東西七町三十間合華一里有奇南北六町合二百十六丈

遠江國

佐鳴湖 出敷智郡周圍一里二十二町合華九里有奇東西八町合華一里有奇南北廿六町合華四里有奇逕入野郷引細流通濱名裏海

高塚池 出敷智郡高塚周圍一里六町合華六里有奇寬一町廿五間合五十一丈

駿河國

淺畑沼 一作麻機曰古鴻池亘安倍郡池谷等六郷周圍一里餘合華六里有奇下流爲巴川東流逕清水港入海

浮島沼又曰富士沼古稱須戶湖在富士郡柏原郵之北東西三十五町五十四間合華六里有奇南北廿三町五十六間合華三里有奇西流注潤川達于海

甲斐國

川口湖出都留郡川口郵周圍四里十八町合華里三十湖中有小島周圍二町合七十二丈

山中湖出都留郡山中郵周圍三里十八町餘合華廿三里爲桂川源

精進湖出八代郡精進郵東西一里合華六里南北廿町合華三里有奇

本栖湖出八代郡本栖郵周圍三里餘合華廿里有奇

西湖出八代郡西湖郵東西一里合華六里有奇南北較狹

伊豆國

大池出加茂郡吉田郵山中周圍十八町二十間半合華三里有奇東西七町三十間合華一里有奇南北一町三十三間合九十丈

相模國

蘆湖出足柄下郡箱根山頂東西廿町十五間合華三里有奇南北一里二十三町合華九里有奇周圍四里三十町五

十九間半合華三十二里深四十六仞下流曰早川東流五里合華里三十四逕小田原入海

山城國

巨椋池 俗曰大池跨紀伊東西三十一町五十間合華五里有奇南北廿六町四十間合華四里有奇周圍四里十町十九間合華里廿八

納所沼 跨紀伊郡數郡東西廿町合華三里南北十一町三十間合華一里半環二里十六町合華十五里

六地藏沼 出紀伊郡六地藏郡東西四町二十間合百五十六尺南北九町三十間合華一里有奇周圍二里十町十四間合華里十四

四谷郡沼 出紀伊郡四谷郡東西十町合華一里有奇南北十一町五十五間合華二里周圍一里二十町二十一間合華九里

一口沼 跨久世郡一口市田二郡東西十町二十四間合華一里有半南北七町二十五間合華一里餘周圍二里五町五十七間合華十四里以上五沼水達於淀川

大和國

旗尾池 亘葛下郡高郡北今市中筋今泉上里數郡周圍一里合華六里有奇

河內國

狹山池 出丹南郡池尻郡錦部郡天野小山田之二水逕此爲池周圍里餘合華六里有奇東西七町五十六間合華

一里有奇南北五町廿五間合二百廿五丈

和泉國

久米田池 出泉南郡久米田寺邨方八町合華一里有奇周圍二十七町四間合華四里有奇有灌漑利僧行基鑿之始神龜二年二月竣於天平十年

近江國

琵琶湖 形相似故名又有淡海又鳰海之目亘十一郡日本第一大湖也受八百八水末流爲勢多川注山城周圍七十三里三十一町三十四間合華里五百一東西五里合華里三十四南北十一五里合華里一百二近年湖中瀛船徃徠

余吾湖 出伊香郡賤嶽東北下流爲余吾川入琵琶湖周圍一里十七町三十九間合華八里有奇東西十一町合華一里有半南北十八町合華三里深三十五仞

美濃國

下池 亘多藝郡有尾邨外六邨周圍一里十九町餘合華九里有奇東西十一町合華一里有半南北十四町半合華二里餘入揖斐川

飛驒國

大池 出益田郡乘鞍嶽巔下流爲益田川周圍三里合華里二十東西一里二町合華六里有奇南北三十町合華五里

大丹生池 出大野郡池之俣鄕周圍二里三十町合華里十八東西廿五町合華四里南北一里合華六里有奇下流爲青垂瀑入小八賀川

信濃國

諏訪湖 亘諏訪郡高島之邊數鄕周圍四里廿町十九間半合華里三十有奇東西一里餘合華六里有半南北一里合華一里有半深七仞世稱下流爲天龍川

農池 出伊那郡駒嶽絕頂周圍未詳東西十二丈南北十八丈流末爲大小二瀑

青木湖 出安曇郡青木鄕周圍二里二十町合華十三里有半東西二十町合華十八里南北三十町合五里

木崎湖 出安曇郡木崎鄕周圍一里二十五町四十六間合華里十一東西九町十間合華一里有半南北二十一町合華三里有奇不洄

中綱沼 出安曇郡中綱鄕東西三町二十間合十八丈有奇南北七町十間合華一里有奇以上三湖相連下流爲農具川入于高瀬川

野尻池 出水內郡野尻鄕周圍三里三十町合華里廿五有奇東西一里十町合華七里有半南北一里三町合華六里有奇越後關川之源此出

大沼池 出高井郡沓野鄕山中周圍一

里四町二十五間合華七里有奇東西六町十八間合華一里南北七町二十八間合華里四十七下流受琵琶池爲星川入於千曲川

琵琶池 出高井郡周回十七町三十五間合華三里東西三町合華十八里南北六町廿七間合華一里弱

丸沼 東西二町合七十二丈南北一町四十間合六十丈

伊奈湖 出佐久郡松原郡周圍二十町合華三里有奇東西六町四十間合華一里南北三町二十間合華半里其下流入千曲川

南湖 周圍七町四十間合華一里有奇東西三町二十間合華半里南北三十間合華一丈八尺共深十有五仞

上野國

尾瀨沼 出利根郡戶倉郡沼嶺周圍三里合華二十里東西一里合華六里有半南北十八町合華三里界岩代下流入岩代曰只見川

大尻沼 出利根郡東小川郡周圍一里十八町合華九里東西十三町合華二里弱南北二十四町合華四里以下三沼下流共入片品川

菅沼 周圍二里廿町合華里十六東西三十町合華五里南北十八町合三里

丸沼 周圍一里二町合華六里東西十二町一合華二里南北同上

野反池 出吾妻郡入山郡周圍一里十六町合華八里東西二町合七十二丈南北十八町合華三里入洗澤川爲越後中津川源

榛名湖 出群馬郡榛名山上曰伊香保湖周圍三十五町合華五里有奇東西十一町五間合華一里有半南北十七町十二間合華三里下流入吾妻川

大沼 出勢多郡赤城山周圍一里二町卅間合華六里有奇東西十五町合華二里有奇南北九町十五間合華一里有奇下流入利根川

板倉沼 出邑樂郡板倉郵周圍三里三十二町合華里廿一東西三十町合華五里南北二十五町合華四里下流入渡瀨川

城沼 出邑樂郡館林街周圍二里餘合華里十三有奇東西五町合華半里南北十三町合二里有奇

下野國

中禪寺湖 一名南湖在都賀郡日光山中周圍凡八里合華里五十四東西三里合華里十八南北一里合華六里有奇

赤間沼 都賀郡赤間郵周圍凡四里合華里二十七東西一里餘合華六里有半南北三十餘町合華五里有奇入思川

磐城國

大沼 出白河郡白河舊城之南故稱南湖又有關湖之目周圍二十町四十間合華三里東西八町二十間合華一里有奇南北二町合七十二丈下流入藤川

岩代國

猪苗代湖亘會津耶麻安積三郡以湖之中央爲郡界周圍十六里二十一町合華里一百八東西四里二十町餘合華里三十南北三里十八町餘合華里廿一有奇在翁島戸口都之東南十二町五十間合一百二丈東西二町三十間合九十丈南北二町餘合七十二丈

尾瀨沼出會津郡檜枝岐郡周圍三里合華里廿東西一里餘合華六里有奇南北十入町合華三里中央界上野國

沼澤沼出大沼郡沼澤郡周圍凡一里三十二町合華里十一有奇東西廿町餘合華三里有奇南北十九町合華三里有奇

陸前國

大沼亘栗原郡畑岡新田大田八澤四郡周圍三里卅三町合華里廿五東西一里合華六里有奇南北十七町合華三里弱

長沼亘栗原郡新田北方二郡周圍三里五町合華二十有奇東西一里十二町合華八里南北七町合華一里有奇

船越沼亘栗原郡北方南方二郡周圍一里廿四町合華十里東西十四町五十二間合華二里有奇南北四町一間合華一百四十四丈

可沼屬栗原郡石越郡亘陸中磐井郡西永井郡周圍一里三十間合華六里有奇東西十二町合華二里弱南北九町合華里有奇以上四沼下流入迫川一

品井沼亘志田郡大迫廣長二郡周圍五里廿四町合華里三十七四至未詳下流一爲高城一入鳴瀨川

蕪栗沼出遠田郡蕪栗郡周圍未詳東西一里十二町合華

七里南北一里十二町合華八里下流入追川

名鰭川 出遠田郡馬場谷地邨周圍未詳東西一里六町合華七里南北同上下流入江合川

廣淵沼 出桃生郡廣淵邨周圍二里廿九町合華里十七下流入定川

中田沼 亘登米郡及陸中磐井郡周圍二里十三町合華里十五東西十町合華一里有半南北一里合華六里流入追川

陸中國

八郎沼 出膽澤郡若柳邨周圍三十五町合華五里有奇東西八町合華一里有奇南北十町合華一里有半下流入膽澤川

十灣田湖 亘鹿角郡陸奥三戸郡詳陸奥

陸奥國

十三潟 出津輕郡十三邨之東周圍六里十八町合華三里四十三東西一里卅町四十間合華九里有半南北三里一町三十間合華里廿匯岩木川諸流湊合之末流匯十三邨入西海

十灣田湖 亘北郡奥瀬邨之西南三戸郡陸中鹿角郡周圍十里合華里六十八東西三里十八町合華里廿三南北二里十八町合十六相坂川源

小河原沼 一名倉内沼出三戸郡倉内邨之南甲地邨之東南周圍十三里廿四町合華里九十一東西二里十町合華里十四南北三里十八町合華里廿三受七戸川通東海

平沼 出三戸郡平沼邨西周圍二里八町合華里十三東西三町廿間合一里

一柳沼 南北同上

一柳沼 周圍凡一里三町合華六里有奇東西十一町四十間合華一里有半南北五町合一百八十丈二沼共通東海

鷹架沼 出三戶郡鷹架郵之西周圍凡六里二十三町合華里四十四東西一里十八町合華九里南北八町廿間合華一里餘

尾駮沼 出三戶郡尾駮郵之西南周圍凡一里三十四町三十間合華里十二東西十六町合華二里有半南北八町三十間合華一里有半以上二沼皆達東海

恐山湖 出三戶郡田名部之西周圍凡一里合華六里有半東西二十三町合華三里有半南北五町合一百八十丈爲正津川東流至正津郵入海

羽前國

白龍湖 一名赤湯沼出置賜郡赤湯郵周圍一里合華六里有半東西三町合一百八丈南北二町二十九間合五十三丈餘下流受吉野川入松川

長沼 出村山郡沼山郵周圍凡十三町五間合華二里東西三町二十間合一百有八丈南北五町合一百八十丈

大沼 出郵山郡大沼郵周圍十五町四十二間餘合華二里東西五町合華一百八十丈南北同上

大鳥池 出田川郡大鳥郵山中周圍未詳東西十九町五間合華三里有奇南北二十四町三十間合華四里下流爲七瀑入大鳥川

羽後國

八郎潟 一名琴湖亘秋田山本二郡周圍凡十五里合華里一百二東西三里合華里二十南北七里合華里四十七寛一町十間餘合華里四十二自船越典農二郡之間入海川口

淺內沼 在山本郡淺內郵周圍三十二町二十間合華五里有奇東西三町半合一百十二丈南北凡十五町合華二里有半下流入八郎潟

田澤潟 出仙北郡田澤郵周圍三里餘合華里二十東西二十五町合四里南北三十三町合華五里有奇下流入院內川

若狹國

三方湖 出三方郡相接三湖一在三方郵之北周圍二里餘合華里十三東西廿三町四十間合華三里有半南北十一町三十間合一里有半深三仞一曰水月湖一氣山郵之西周圍二里二十八町餘合華里十七東西二十町一間合華三里有奇南北十一町三十間合華二里弱深二十仞一在久久子郵之南周圍二里餘合華十三里東西三町五十五間合華半里有奇南北二十一町四間合華三里有奇深三仞下流逕早瀨浦入海

越前國

北潟入江 出坂井郡北潟郵州之西北偶通北海加賀大聖寺川注之周圍五里二十二町二十二間合華里三十九東西十一町四十間合華一里有半南北一里二十六町三十五間合華十里深一丈餘濱坂浦蓮浦細呂木郵赤尾郵吉

崎浦及加賀江沼郡鹽屋郵等地

加賀國

柴山潟

跨江沼能美二郡周圍三里二十二町合華里廿三東西廿六町合華四里有半南北十二町合華二里自大日山北籠所出東川即容動橋川北通今江潟

木塲潟

出能美郡周圍一里三十一町合華里十一東西九町合華一町里有奇南北二十二町合華三里有半西北通今江潟

今江潟

能美郡周圍凡二里二町合華里十三有奇東西十八町合華三里南北十二町合華二里容木塲柴山之二水北注入梯川以上三湖爲鼎足故州八之稱三湖

河北潟

一名八田潟在河北郡周圍凡六里二十町合華里四十東西一里合華六里有半南北二里十八町合華里十六容淺野川及數小河之水西南流遝栗崎自金石北入海

能登國

邑知潟

一名千路潟亘羽咋鹿島二郡周圍三里二十二町合華里廿三東西一里五町合華六里有奇南北十三町合華二里弱容鹿島郡長澤川及羽咋郡飯山川西南流會羽咋川入於海

越中國

放生津潟亘射水郡新港石丸邨入江邨明神新邨堀岡新邨等數邨周圍一里十六町十三間合華八里東西十六町四十間合華二里有奇南北六町三十六間合華一里下流注西北遷新湊入海

氷見潟一名布施㴒又曰十二町潟亘射水郡朝日邨十二町邨占江新邨等周圍一里三町廿五間合華六里有半東西二町合七十二丈南北十三町五十間合華二里有奇北注遷氷見入海

越後國

福島潟一名越之湖亘蒲原郡天王邨外數邨周圍三里三十一町合華里二十五東西二十六町五十間合華四里有奇南北三十一町三十間合華五里有半下流自濁川邨入阿賀川

鎧潟一名菱湖亘蒲原郡遠藤邨外數邨周圍二里三町五十間合華十三里有奇東西二十三町五十八間半合華三里有半南北凡十四町合華二里有奇下流入田潟大潟終會信濃川支流

田潟亘蒲原郡笠木邨外數邨周圍一里六町四十六間合華七里有奇東西十五町二十間合華二里南北六町廿一間合華一里

大潟周圍一里四町卅二間合華六里半東西七町四十二間合華一里有奇南北八町合華一里餘連田潟

鳥屋野潟亘蒲原郡鳥屋野邨外數邨周圍一里三十町五十間合華里十一有半東西三十三町合華五里有半南北九町十間合華一里有奇下流經沼垂驛入信濃川口

白蓮潟又曰佐田潟俗作左

潟一名瓢潟在蒲原郡赤塚郡周圍一里五町三十四間合華六里有半東西十六町五十三間合華二里有奇南北三町五十四間合華半里以上諸湖魚鰕菱芡充斥

朝日池 亘頸城郡內雁子新田外五郡周圍一里二十二町四十三間合華九里有半東西凡二十四町合華四里南北凡九町合華一里有奇下流爲潟川逕直江津入海

鵜之池 出頸城郡岩野古新田朝日池之南周圍一里十五町四十間合華八里有半東西十六町合華二里有半南北六町十四間合華一里下流同上

大池 亘頸城郡塔崎等八郡周圍三十五町三十八間合華五里有半東西十六町四十間合華二里有奇南北六町十四間合華一里下流瀧田入保倉川

佐渡國

加茂湖 又曰夷湊潟亘加茂郡加茂及潟端等八郡周圍四里二十三町三間四尺合華里三十二東西凡十八町合華三里南北一里七町合華六里有奇湖口向北少東通海其間架一橋長十有七間合十丈有二尺左曰夷町右曰湊町

丹後國

淺茂川湖 出竹野郡淺茂川鄉周圍二十六町四十四間合華里廿六有奇東西三町五十間合十丈九尺南北五町十間合華半里有奇入北海

小濱湖 出竹野郡小濱鄉周圍三十三町五十一間合華里五里有半東西七町五十

間合華一里有奇南北十一町二十間合華一里有半湖中有小嶼周圍凡三町合一百八丈容島溝川入西海

因幡國

湖山池 亘高草郡湖山郡外八郡周圍三里二十六町八間合華里二十三東西一里合華六里南北廿四町合華四里中央有青島周圍十四町四十二間合華二里有奇下流入千代川

伯耆國

東鄉池 出河邨郡周圍二里二十一町合華里十六東西二十四町合華四里南北二十七町合華四里有奇下流過十上橋津邨入海

出雲國

中海 古名意宇海周圍十六里十一町五十二間合華里一百十有奇自南伯耆州界至北島根郡本莊邨五里二町合華里三十四自西意宇郡揖屋邨至東伯耆會見郡弓濱外江邨三里十四町三十間合華里廿二有奇南西北亘意宇能義島根三郡東限伯耆會見郡容宍道湖及伯太川飯梨川田頼川意宇川以中江之海狹通海松江港在松江之南自大橋至島根郡西川津邨劍崎東西六町合華一里南北一町三十間合五十四丈深四仞

宍道湖 古相通中海故又有意宇

海之名周圜十三里二町十間合華八十八里自西楯縫郡出來洲郗至東島根郡松江之大橋四里十町合華里二十八自南意宇郡宍道郗至北楯縫郡小境郗一里二十二町合華九里亘意宇島根秋鹿楯縫出雲五郡容大川宇賀川來待川玉造川乃白川等諸水自松江之南遥馬潟瀨戸入中海

神西湖古名神門湖在神門郡周圜一里二十三町四十五間合華九里有半亘神西分神西沖分二部三部四郗及指海浦東西十二町四十間合華二里有奇南北十九町四十五間合華三里受十間川九景川島崎川山田川姊谷川爲指海川入于北海

石見國

波根湖出安濃郡波根郗周圜卅三町四十五間合華五里半東西十二町合華二里南北八町合華里餘東北通海

浮沼池又作浮布出安濃郡池田郗三瓶山麓周圜十九町廿八間合華三里東西二町五十一間合一百二丈南北六町廿六間合華一里其下流曰和江川北流至邇摩郡靜間郗入海

菰澤又曰曾化澤池在那賀郡淺利郗周圜二十五町合華四里東西三町五十五間合華半里南北三町二十間合華里有半

蟠龍湖出美濃郡高津郗堤築湖

美作國

之中間分東西以便灌漑東湖周圜十七町四十間合華三里東西五町十間合華一里南北六町四十間合華一里有奇

勝間田池一名轟池出勝南郡岡邨周圍五町四十間合華一里東西一町二十間合四十八丈南北一町五十間合六十六丈下流注瀧川入梶並川

壺井池跨久米南條郡小原邨山之城邨周圍十五町二十八間合華二里有半東西一町十四間合四十四丈四尺南北三町四十五間合一百三十四丈爲誕生川之源下流爲弓削川入高田川

備前國

大筒池亘和氣郡大內伊部西分二邨周圍凡十七町合華二里有奇東西八町四十六間合華一里有奇南北一町四十九間合六十五丈

大池出赤坂郡日古木邨周圍一里二町合華六里東西二町合七十二丈南北五町合一里

備後國

服部池出安那郡法成寺邨亘品治郡周圍廿五町廿間合華四里有半面積七万八千坪下流曰服部川南流入蘆田川

上野池在三上郡庄原邨周圍三十町合華五里東西七町合華一里有奇南北二町十五間合八十一丈

周防國

長澤池出吉敷郡臺道邨周圍一里二町廿間合華六里有半東西十町十九間合華一里有奇南北五町四十七間合華一里下流逕陶邨南入海

長門國

青海湖 出大津郡青海島周圍十八町五十七間合華三里東西六町十八間合華一里南北三町廿五間合華半里

常盤池 厚狹郡宇部邨周圍三里餘合華二十里東西廿町合華三里南北廿六町合華四里又西流至小串邨入海

紀伊國

龜池 出名草郡坂井邨東西六町四十間合華一里南北三町廿間合半里寶永七年嶋工創鑿灌漑倚之

阿波國

海老池 出海部郡淺川浦周圍一里合華六里有奇東西十町五十間合華一里有半南北五十八間合三十四丈下流入海牡蠣滋多

讚岐國

男井間池 出三木郡平木亘平木池戸二邨周圍一里一町四十間合華六里有奇東西五町五十間合華一里弱南北十町五十間合華一里有奇下流日新川至山田郡西潟元邨入海

城池 出山田郡東埴田邨周圍一里一町二十三間合華六里有奇東西六町四十六間合一里南北六町八間合一里下流注西受松尾池內池之水北流為春日川至春

日郡入海

松尾池出山田郡西埴田郡周圍一里二十二町十五間合華九里有奇東西三町十六間南北七町二十四間以下二池共下流入春日川

神内池周圍一里二十六町五十九間合華里十有奇東西八町四十八間南北六町二十一間合華一里有奇

三谷池出山田郡亘三谷池田二郡周圍一里十九町五十四間合華九里有奇東西四町二十四間南北七町四十四間下流曰詰田川至木太郡入海

北條池出阿郡萱原郡周圍二里八町五十八間合華里十五東西七町三十間南北五町十二間合華二里入綾川

仁池出鵜足郡岡田東郡周圍一里二町二十三間合華六里有奇東西三町十間半南北九町五十三間下流爲新町川逕宇足津入海

滿濃池出那珂郡眞野郡周圍二里三町許合華里十三東西七町三十間合華一里南北十五町合華二里下流曰野田川北流西折自五條郡又北流逕櫛梨金倉諸郡又曰櫛梨川入海凡三里合華里二十

岩瀨池出三野郡佐股郡周圍一里十二町十九間合華八里東西六町八間合華里一南北二町五十二間合九十三丈餘下流入新名川

一谷池在豐田郡中田井郡周圍一里二町許合華六里東西二町十五間合八十一丈南北二町五十六間合一百三丈二尺下流入于鹽入川

伊豫國

鹿子池出越智郡新谷郡周圍一里合華六里東西四町合一百四十四丈南北倍之下流入松木郡溝渠

土佐國

石土池一名十市池出長岡郡十市邨周圍十町餘合華一里有奇自東南至西北一町廿二間合四十一丈二尺自東北至西南三町二十間合華半里有奇**住吉池**出越智郡池邨周圍十一町四十間合華一里有半東西五町合半里有奇南北一町五十七間合三十九丈此二池多菰菱魚鮒相距六町合華一里小渠互通一閘時啓注南海然閘口時虞壅溢

筑前國

大牟田池出那珂郡春日邨周圍一里三町九間合華六里有半東西一町四間餘合三十八丈南北四町二十七間合半里**大池**出那珂郡上白水邨周圍一里四町合華六里東西一町四十間餘合七十丈南北五町五十三間餘合半里有奇下流漑田下皆同**駕輿丁池**出糟屋郡上仲原邨周圍三十三町三十五間合華五里有半東西四町四十六間合華半里南北三町三十間餘合一百十三丈**小野牟田池**出鞍手郡感田邨周圍一里五町四十間合華六里有半東西六町三十一間南北三町二十二間合華一里有奇**鴨生田池**出鞍手郡龍德邨周圍三里二町合華里十八東西十二町南北十三町四十間合華二里有半**流池**出鞍手郡植木邨周圍一里二十九町餘合華

十里東西三町四十一間合華半里南北二町三十四間合一十六丈

浮牟田池 周圍一里二十一町合華九里

東西一町四十一間合六十六丈南北三町五十間合一百三十三丈

筑後國

麻生池 出生葉郡星野郡東西三町餘合百八丈南北二町合七十二丈

豐前國

小倉池 出宇佐郡元重郡周圍一里二町餘合華六里東西七町三十間餘合華一里南北三町二十間合華半里深

三仍流入以呂波川北流遥下莊郡入海

肥後國

江津廣湖 源出託麻郡今郡水前寺之池爲沙取川至下江津郡爲巨浸周圍一里十五町十七間餘合華八里東

西十六町五十間南北十二町三十間合華二十里下流注南受加勢川終入綠川

立岡池 出宇土郡立岡郡周圍一

里合華六里有奇東西三町四十八間合華里半南北二町四十二間合一百三十三丈下流注潤川受宇土川終入綠川

日向國

御池 一名雌池在諸縣郡西嶽郡浦牟田郡界霧島山內木司穴宇都山周圍一里十二町合華八里內三十二町合五里屬西嶽郡十六町合二里屬浦牟田郡

小池 一名雄池出諸縣郡西嶽郡木司山周圍十六町餘合華二里有奇

小池 在距御池十八町餘東西四十間合二丈四尺南北一町廿間合四十八丈

白鳥池 出諸縣郡白鳥山之上周園一里餘合華六里有奇霧島山中有四十八池

大隅國

大浪池 出霧島山中韓國嶽之半腹屬桑原郡踊鄉中津川郡周圍二里合華里十三東西五町合華里半南北三町廿間合百廿八丈

薩摩國

池田湖 出揖宿郡池田郡周圍四里廿九町五十四間合華里廿九有奇深百三十仞至百五十仞

渡島國

大沼 出龜田郡峠下郡東北 **小沼** 出大沼西

膽振國

洞爺湖亘有珠虻田二郡周圍十里合華里六十八遥三里合華里二十入長流別川

洞爺沼同上周圍十里合華里六十八直徑二里七町合華里十四

降碓沼出白老郡周圍一里合華六里有半直徑廿二町五十間合華三里有奇

珍苗沼出勇拂郡周圍凡二里三町合華里十三東西里合華六里有奇南北二十六町合華四里一

支笏湖出千歳郡周圍凡七里合華里四十七東西三里合華里二十南北二里二町餘合華里十三下流爲千歳川東流遥千歳之北比折入石狩合石狩川

長都沼出千歳郡周圍凡五里餘合華里三十四遥一里七町餘合華七里

石狩國

篠沼池一名藻入洞在札幌郡篠路郵周圍三里四町合華里二十東西五町合華半里有奇南北二十町合華三里又有一沼周圍一里廿町合華九里

天鹽國

打內沼出天鹽郡水流東西八町合華一里有奇南北一里合華六里有奇

十勝國

保利加也仁沼出當緣郡周圍一里十八町合華九里

生花苗沼出當緣郡周圍三里十八町合

華里廿三涌洞沼出當緣郡周圍四里合華里廿七長節沼當緣郡周圍三里合華里廿一往牛沼出中川郡周圍四里合華里廿七嘉門沼出中川郡周圍八里合華里五十四

釧路國

岸厚沼出岸厚郡東西三里十八町合華里廿三南北一里十八町合華九里藻散布沼出岸厚郡東西十八町合華三里南北一里合華六里有奇火散布沼出岸厚郡東西一里十八町合華九里南北一里餘合華六里有奇阿寒沼出阿寒郡東西一里十八町合華里九南北三里合華里廿釧路沼出釧路郡東西二里十八町合華里十六南北十八町合華三里知植沼出釧路郡東西二里合華里十三南北一里合華六里有奇

屈斜路沼出上川郡東西八里合華里五十四南北五里合華里三十四摩周沼出上川郡東西一里合華六里有奇南北三里合華里二十

根室國

楓蓮沼出根室郡周圍十五里合華里一百二東西三里十五町合華里廿二南北二十町合華三里畆間沼出根室郡周圍七里合華里四十七東西十町合六十丈南北二里合華里十三

北見國

猿拂沼出宗谷郡周圍二里合華里十三東西十五町合華二里南北同上

猿摩湖出紋別郡東西八里十二町合華里五十五南北三里餘合華里十一周圍十八里合華一百二十二

矢峻沼出紋別郡周圍一里十八町合華九里徑十五町合二里有半

金氣沼出紋別郡周圍三里餘合華里二十徑二十町合華三里

澁津沼出紋別郡周圍三里餘合華里二十徑十五町餘合二里有奇

網走沼出網走郡周圍七里餘合華里四十七徑一里十八町合華十里

藻崎沼網走郡周圍一里合華六里徑廿町合華三里有奇

能取沼網走郡周圍四里餘合華里二十七徑一里十八町合華十里

常丹沼出斜里郡周圍二里合華里十三徑一里十町合華七里

久種沼出禮文郡周圍一里合華六里有奇

千島國

東沸沼出國後郡周圍三里合華里二十東西一里合華六里有奇

得菱內沼出國後郡周圍一里十八町合華十里東西十町合一里有奇南北十五町合二里有奇

珥岸寄沼出國後郡周圍二里合華里十三東西二十五町合華四里南北廿四町合華四里

畝間沼出國後郡周圍二里合華里十三東西三十町合華五里南北十五

町合華里有半美祿沼出國後郡周圍二里合華里十三東西二十町南北三十町合華五里內保沼出擇提郡周圍二里合華里十三東北廿五町合華同上訪狀沼出紗那郡留別郡周圍三里四町合華里二十有奇東西一里合華六里有奇南北同上晒止沼出紗那郡周圍一里十八町合華九里西南二十町合華里三東北十五町合華二里有半當路沼出莚取郡乙今牛郎周圍二里二十二町合華里十六有奇東西三十町合華五里南北同上

瀑布

日本瀑布著者已不下八百微瀧難枚指矣巨川洪流往往出此非第雄雌雙飛噴煙詭狀已也今溯所導爲某水源如水自有源而飛瀑注之則謂之入或謂之注謂瀑所自曰出畧如水道例紀伊國有觀音瀑二大瀑二越後國有大瀑八類此同名夥甚非複也述瀑布

武藏國

袂瀑一名寶瀑出多摩郡御嶽山南流分爲七代瀑丛注多摩川凡七層第一高一丈第二二丈第三四各三丈第五第

六中間平流一町餘第六高五丈第七二丈寬一丈八尺

二重瀑 出多摩郡棚澤鄉龜甲山下落二層高五丈寬五尺下流曰西川又爲一瀑曰朧瀑高五丈寬六尺入多摩川

速瀑 水出多摩郡入川大丹波小丹波二郡爲瀑高十丈寬五尺末流爲銚子瀑外道瀑布瀑不動瀑高各二三丈下流入多摩川

拂澤瀑 出多摩郡檜原鄉時坂三層第一高二丈第二三丈第三七丈寬各三尺餘下流爲秋川入多摩川

大瀑 出多摩郡大嶽山東南高三十丈寬一尺有奇入秋川

丸神瀑 出秩父郡小森鄉三層第一高三丈六尺第二高四丈二尺寬各五六尺第三高十五丈寬合三丈注谷川達入荒川爲越郡之最景

障子岩瀑 出秩父郡浦山大久保谷高六丈寬凡四尺注浦山川達荒川

木下山瀑 出秩父郡古大瀧鄉高十八丈寬一丈八尺注荒川

不動瀑 出大瀧鄉又曰唐絲瀑高一丈二尺寬四丈八尺荒川源也

逆卷瀑 出秩父郡中津川鄉小神流川之上流高五十丈寬三丈注中津川達荒川

常陸國

玉簾瀑 出久慈郡東河內鄉玉簾禪寺源發高鈴山曲流七里至此寺爲瀑注里川入久之慈川高五丈八尺寬三尺

生瀨瀑 出久慈郡小生瀨鄉源有二一發久慈郡外大野鄉萩坪一出多賀郡小中鄉猪鼻嶽下流入久慈川高七丈寬一丈八尺

四度瀑 在久慈郡袋田鄉生瀨瀑下流高四十丈寬廿四丈六尺

伊賀國

山畑瀑 出阿拜郡山畑邨入植川高八丈寬五尺 **阿彌瀑** 一名赤目瀑出名張郡長坂邨入名張川飛流四十八大者高十八丈寬一丈 **青蓮寺瀑** 出名張郡青蓮寺邨入河內川分三上高四丈中廿丈下二丈寬有差

伊勢國

白瀑 出員辨郡川原邨入田切川高八丈寬六尺 **青瀑** 出三重郡菰野邨湯山爲三岳川源高十三丈寬四尺有奇 **大官谷瀑** 出一志郡川上邨爲雲出川源高九丈寬六尺 **浪切不動瀑** 出一志郡小泉邨入雲出川高七丈二尺寬六尺 **布引瀑** 出飯高郡大俣邨入蓮川高九十丈寬一丈二尺 **御所瀑** 出大俣邨江回木屋谷入蓮川高廿丈寬一丈二尺 **風折瀑** 出大俣邨宮入蓮川高五十丈寬六尺 **光瀑** 出多氣郡大杉谷爲宮川源高二十五丈寬五尺 **千尋瀑** 出大杉谷宮川源厥地嶮峻難測高廣 **嘉茂助瀑** 出大杉谷幽谷中入宮川高廿七丈寬六尺 **不動瀑** 出大杉谷深山中入宮川高五十尺寬五尺 **西瀑** 出大杉谷入宮川高三十丈寬九尺

三河國

廣澤瀑 出賀茂郡猿投山入矢作川高九尺寬一丈二尺 妙法瀑 出設樂郡鳳來寺山入岩代川高五丈餘寬五尺 阿寺七瀑 出八名郡吉田邨導源郡之巢山邨逕大野邨入三輪川凡七第一高三丈五尺第二高四丈五尺第三高二丈五尺第四高九丈五尺凡寬六尺第五高一丈五尺寬一丈二尺第六高一丈五尺寬九尺第七高一丈二尺寬八尺

遠江國

葛布瀑 出周智郡葛布邨黑山分注三條一高七丈寬六尺一高七丈寬五尺有一高十丈寬六尺下流入太田川

瀧谷瀑 出佐野郡上西鄉邨法泉寺山後分二高各五丈餘寬三丈入高萩川 大垂瀑 出榛原郡高熊邨自白光山北落分爲二一曰雄垂瀑高五十丈寬廿四丈一曰雌垂瀑高廿二丈寬二丈四尺注丈井川

駿河國

白藤瀑 出志太郡北方邨入白藤川高十一丈餘寬三丈六尺 宇嶺瀑 出志太郡瀬戸谷邨源出志太郡笹間邨入瀬戸川高廿丈寬十一丈八尺 布澤瀑 在安倍郡長妻村入安部川高十八丈寬五尺 福養瀑 出安倍郡大間邨入藁科川高四十五尺寬一丈一尺 大瀑 出安倍郡梅島村源出甲斐州界入安部川奔注二層上曰雄

瀑下曰雌瀑高卅三丈寬一丈二尺

白絲瀑 出富士郡原郷上井出郷之界入芝川高八丈七尺寬四十二丈有奇

甲斐國

一瀑 出山梨郡釜川郷笛吹川上流高七丈五尺寬六丈二瀑同高六丈寬六丈

滑澤瀑 出釜川郷釜川入笛吹川高十丈寬四丈二尺

大瀑 出山梨郡菱山郷入重川高四十四丈幅三丈

髮洗瀑 出菱山郷入重川高十二丈寬一丈八尺

千波瀑 出八代郡畑熊郷入蘆川高四十五丈寬五丈四尺

不動瀑 出巨摩郡千須和郷入早川高五丈寬六丈

大垂瀑 出巨摩郡小繩郷入早川高十丈寬一丈八尺

白絲瀑 出小繩郷入早川高十丈寬一丈八尺

大垂瀑 出巨摩郡初鹿郷入早川高五丈寬一丈八尺

不動瀑 出巨摩郡雨畑郷入雨畑川高十丈寬九尺

仙瀑 出巨摩郡吉澤郷入荒川高十丈寬一丈二尺

戻瀑 出巨摩郡江草郷入鹽川高五丈餘寬六尺

汁垂瀑 出巨摩郡駒嶽入大武川高五丈寬三丈

白絲瀑 出巨摩郡清哲郷入小武川高十三丈寬二丈四尺

義丹瀑 出巨摩郡平林郷注利根川入富士川高十丈寬一丈二尺

狗留孫瀑 出巨摩郡戸川之源入富士川高六丈餘寬一丈二尺

不動瀑 出巨摩郡矢細工郷入夜子澤川高十五丈寬一丈八尺

梯瀑 出巨摩郡駒成白須二郷之界尾白川之源高三十六丈寬二丈四尺

大瀬理瀑 白川之源高十丈寬二丈四尺

伊豆國

淨蓮瀑　出田方郡湯島郗狩野川之源奔注三層高十三丈八尺寬三丈

旭瀑　在田方郡大平郗源出池之洞入狩野川高三十四丈五尺寬二間半合一丈五尺

三瀧山瀑　在那賀郡宇久須郗入宇久須川高八丈寬一丈五尺

神洞瀑　在那賀郡安良里郗入荒川高九間寬六尺

三階瀑　曰兵太瀑在那賀郡大澤里郗入仁科川奔注三層高五丈八尺寬二丈四尺

商子瀑　在那賀郡池代郗入那賀川高八丈四尺寬六尺

竈瀑　在加茂郡梨本郗入河津郗高十一丈寬一丈八尺

大瀑　高八丈寬二丈一尺

神泊瀑　高五丈寬六尺共出梨本郗入梨本川

小笠原島

屏風瀑　出旭山

時雨瀑　出大蝙蝠谷高六丈寬三丈六尺

布瀑　出距時雨瀑數十武高六丈注下一條八瀨川源也

相模國

調瀑　出足柄下郡底倉又曰白絲瀑布瀑入早川高十五丈寬五尺

木葉瀑　出底倉村早川高六丈寬五尺

龍門寺瀑　出足柄下郡岩郗龍門寺山高五丈許飛泉激岩石奔下數條如驟雨

蛇水瀑　出足柄郡平山郗瀧

之源下流酒匂川凡三層上曰三之瀑高九丈餘寬一丈二尺中曰二之瀑高二丈餘寬一丈二尺下曰一之瀑高廿一丈三尺寬一丈八尺

二重瀑出大住郡大山上層高三丈六尺下層高四丈四尺寬六尺下流曰大山川又鈴川逕中原宿寬三丈受玉川入金目川

𤅡川瀑一名𤅡竈瀑在愛甲郡半原邨入中津川上層高二丈寬一丈下層高五丈寬二丈

山城國

空也瀑出葛野郡上嵯峨邨入清瀧川高五丈二尺寬三尺二寸

樓門瀑出愛宕郡如意嶽入加茂川高九丈二尺寬二尺

音羽瀑屬愛宕郡修學院邨出比叡山雲母坂入高野川高二丈一尺寬六尺

瀧谷瀑在愛宕郡久多莊爲二級入久多川高六丈六尺寬一丈八尺

音無瀑在愛宕郡來迎院邨入八瀨川高六丈寬一丈七尺

龍王瀑出愛宕郡貴船山爲貴船川高二丈四尺寬一尺

明神大瀑伊賀之上野川逕相樂郡北大河原爲瀑布受名張川爲木津川高百五十丈

大和國

布留瀑出山邊郡桃尾山爲布留川入大和川高四丈寬一丈

倶戸羅瀑出葛上郡櫛羅邨不動寺源出戒那山入葛城川高五丈寬八尺

中之瀑在吉野郡西野邨出大臺原山注北山川高凡百五十丈寬九丈有東瀑

西瀑

和泉瀑 出西野邨注北山川高十五丈寬一丈五尺

白瀑 在西野郡出大峯山注北山川高十八丈寬九丈

三重瀑 出吉野郡前鬼邨屏風岩山出釋迦嶽注北山西川高五十四丈寬六丈三尺

三公瀑 在吉野郡入波邨注吉野川高十六丈寬一丈五尺

蜻蛉瀑 俗曰清明瀑在吉野郡西河邨注吉野川高十丈寬九尺

龍門瀑 出吉野郡山口邨出龍門山注吉野川高二十四丈寬二丈四尺

阿古瀑 出吉野郡小篠山注天之川高三十丈寬三丈

瀧之脇 出吉野郡篠原邨注十津川高三十六丈寬一丈二尺

風屋瀑 出吉野郡風屋邨十津川之流一之瀑高一丈寬一丈二尺又隔廿間有二之瀑高百九尺寬九尺

高瀑 出吉野郡高瀧邨溪間注十津川高十五丈寬九尺

清納瀑 出高瀧邨出大野邨溪間注十津川高五丈七尺寬一丈二尺

河內國

元寺瀑 一名倉治瀑出交野郡倉治邨注天之川高五丈寬三尺

長尾瀑 出河內郡額田邨長尾山落二層雄瀑高三丈五尺雌瀑高二丈寬二尺餘

潮瀑 一名魚之飛出錦部郡日野邨之東注瀧畑川入西條川高二丈五尺寬八尺

光瀑 一名光明瀑出錦部郡瀧畑邨光瀧寺瀧畑川之上流入西條川高九丈三尺餘寬八尺有餘山中有四十八瀑

和泉國

滿願寺瀑出和泉郡槇尾山高凡二十一丈寬三丈兒瀑高凡六丈寬一丈二尺以下諸瀑皆在槇尾山千手瀑高凡九丈寬一丈二尺布引瀑高凡六丈六尺寬一丈二尺犬鳴瀑高凡三丈寬一丈八尺

芋谷瀑高凡六丈寬一丈二尺青谷瀑高凡三丈六尺寬一丈二尺唐瀑高凡十八丈幅二間合一丈二尺共為槇尾川源牛瀑出和泉郡牛瀑山落三層一之瀑高凡二十五丈二之瀑高一丈二尺三之瀑高三丈六尺寬各六尺餘為牛瀑川源犬鳴山七瀑出日根郡犬鳴山〇第一兩界瀑又曰口之瀧高三丈寬三尺〇第二塔瀑在兩界瀑之上高一丈二尺寬三尺五寸〇第三辨才天瀑在塔瀑之上高一丈八尺寬六尺〇第四固津喜澤瀑在辨才天瀑之上高十二丈寬三尺〇第五奧瀑又在其上高七丈二尺寬四尺〇第六千丈瀑在奧瀑之上高四丈二尺寬四尺〇第七布引瀑在千丈瀑之上高三十六丈寬三尺田犬鳴及此七瀑皆大井關川源

攝津國

水無瀨瀑出島上郡東大寺邨源出山崎之奧深各末流為水無瀨川有二層上七尺五寸下二丈二尺寬三尺

石澄瀑出豐島郡畑邨之上源出秦山之上五池斜注為二層上層六丈三尺下層三丈五尺寬共三尺下流曰小蠻

川入箕面川

箕面瀑 出箕面山上高十一丈一尺寬一丈八尺餘淵深三仞下流曰箕面川入池田川

最明寺瀑 在河邊郡中山與滿願寺之間高五丈寬一丈八尺

布引瀑 出菟原郡熊內村生田川之源下注二層故名雌雄雄瀑高十五丈八尺雌瀑高七丈三尺餘寬各一丈二尺

鼓瀑 出有馬郡湯山町南澤高三丈六尺寬一丈八尺

近江國

楊梅瀑 出滋賀郡北小松郡小松山又曰布引之瀑高廿二丈七尺寬一丈八尺下流曰荒川逕小松郡入湖瀑布四邊稚松繁茂頗佳景自小松街道約三里

萱尾瀑 出神崎郡萱尾山中愛知川之源高一丈三尺寬三丈

瀧山瀑 出蒲生郡熊野入日野川高四丈寬六尺

美濃國

養老瀑 出多藝郡白石郡養老山下流曰津野川於安八郡小坪郡入揖斐川高七丈餘寬一丈二尺

阿彌陀瀑 出郡上郡前谷郡三國嶺下流入郡上川高六十丈寬一丈八尺

竈瀑 出郡上郡下田郡山中下流入郡上川高凡十二丈寬九尺

雌雄瀑 出郡上郡鷲見西洞郡山中注下二條高凡五丈寬一丈八尺

飛驒國

嶽谷瀑出益田郡野麥邨山中注益田川遠望高凡百二十丈寬六尺**根尾瀑**出益田郡落合邨小坂川之源入益田川高凡卅九丈寬一丈八尺**青垂瀑**出大野郡池之俣邨山中小八賀川之源入宮川高四十五丈寬六尺

白水瀑出大野郡平瀨邨大白川之源高凡二百十六丈寬四丈二尺**高瀑**出大野郡荻町邨注白川高凡四十八丈寬一丈八尺**二重瀑**出大野郡加須良邨加須良川之源入白川高凡二十一丈寬一丈五尺**平湯大瀑**一名阿房瀑在吉城郡平湯邨高原川之源高凡四十五丈寬二丈一尺**鼠餅瀑**出吉城郡鼠餅邨注高原川高十二丈餘寬九丈**舊瀑**出吉城郡双六邨注双六川入高原川高六丈餘寬六尺**小迫門瀑**出吉城郡西漆山邨茂住邨之邊注高原川高十二丈餘寬六尺**岩船瀑**出吉城郡柏原邨注荒城川高十二丈寬六尺**三久瀑**出吉城郡宮地邨注荒城川高十二丈寬六尺**大瀑**出吉城郡宇津江邨注宮川高七丈二尺寬六尺以下五瀑在宇津江邨**平瀑**高幅同上**銚子口瀑**高六丈六尺寬六尺下同**障泥瀑**高三丈**雙瀑**高四丈二尺

函瀑高六丈**迫谷瀑**出吉城郡加賀澤村注宮川高十有二丈寬八丈

信濃國

清瀑出筑摩郡王瀧邨御嶽半腹注王瀧川高二十丈餘寬五尺**本瀑**出王瀧邨流末亦同高二十五丈餘寬四

尺

鞍坡瀑出筑摩郡注木曾川高六丈寬四丈二尺

百間瀑出筑摩郡黑澤邨御嶽半腹注木曾川高五十丈餘寬六尺

雌雄瀑出筑摩郡妻籠驛之南左雄瀑右雌瀑注木曾川共高三丈餘寬二尺餘沿官路棧道最爲奇觀

小野瀑出筑摩郡藪原邨之山間小野注木曾川高六丈餘寬三尺餘

瀧入瀑出伊那郡美篤邨山中注大島川入天龍川高四丈八尺寬六尺

大瀑出安曇郡科布邨瀧之澤注梓川高六丈餘寬三尺

地震瀑屬水內郡野尻邨有四條一之瀑高十八丈寬二丈四尺二之瀑高同上寬一丈八尺三之瀑高十二丈寬同上四之瀑高六丈寬一丈八尺共眞川之源下流入關川

米子瀑出高井郡米子邨瀧澤有二條北曰權現瀑源出小縣郡四阿山高凡六十丈寬八尺南曰不動瀑源出千枚岩高凡九十丈寬凡七尺二瀑相距三十六丈合流逕高井野邨入千曲川平時水甚少

喊滿瀑在高井郡湯田中邨山中下流爲星川注千曲川高卅九丈寬三丈六尺

雄垂雌垂瀑出高井郡上木島邨雄垂高十丈八尺寬七尺雌垂高一丈八尺寬一丈五尺下流入千曲川

上野國

武尊瀑出利根郡藤原邨下流爲發知川終注利根川高九丈寬七尺

洞元瀑出藤原邨下流同上高九丈寬一丈二尺

湯原瀑出吾妻郡河原湯邨注吾妻川高十五丈寬四丈二尺

不動瀑出吾妻郡狩宿邨注地藏

川入吾妻川高八丈寬四丈二尺

中之瀑 狩宿郡下流入吾妻川高四丈餘寬三丈六尺

二重瀑 出吾妻郡原岩本郡下流同上高十一丈寬一丈二尺狹處三尺

大岩瀑 出吾妻郡上澤渡郡下流爲山田川注吾妻川高十六丈六尺寬六尺餘

眞谷瀑 出吾妻郡四萬郡注吾妻川高七丈二尺寬九尺

瀧澤瀑 出吾妻郡今井郡下流同上高十丈寬一丈一尺

赤川瀑 出今井郡下流同上高五丈寬一丈

不動澤瀑 出吾妻郡原町注吾妻川爲三層第一高二丈第二亦同第三高五丈寬一丈八尺

常布瀑 出吾妻郡草津郡下流同上高六丈寬一丈八尺

船尾瀑 出群馬郡船尾山下流注利根川高二十丈寬一丈五尺

妻瀑 出群馬郡榛名山麓下野田郡下流同上高二十五丈寬三尺

三重瀑 出群馬郡村上郡注吾妻川爲三層第一高七丈幅二間第二高一丈寬三尺第一高一丈寬五尺

不動瀑 出群馬郡上室田郡注烏川有四條一條高一丈六尺一條高二丈七尺一條高二丈四尺一條高一丈六尺寬有差

銚子瀑 丈甘樂郡三瀨郡注熊川高五十丈寬六尺

黑瀑 出甘樂郡鹽澤郡下流同上高十五丈寬三尺

瀧澤瀑 出勢多郡赤城山下注粕川入利根川高十六丈三尺寬九尺

雄瀑 出勢多郡棚下郡注利根川高十三丈二尺寬九尺

下野國

纂喜廬所箸書

華嚴瀑 出都賀郡日光山中自中禪寺湖注下大谷川之源高四十丈寬凡九丈

阿含瀑 一曰荒澤瀑在日光山中以觀背著名故有裏見瀑之目高十餘丈寬一丈八尺下流入大谷川

般若瀑 在日光山中高五丈寬六尺又有方等瀑

布引瀑 出日光山中寂光寺高三丈餘寬六尺落二層

霧降瀑 出日光山中注下數層飛沫如霧高凡三十丈寬三丈其它日光山中有龍頭瀑湯瀑等數十條里俗曰四十八瀑

七瀑 出都賀郡赤薙山之東北分注七派高十丈或廿丈爲稻荷川源注大谷川

磐城國

雄瀑 出白河郡鶴生邨甲子山中距溫泉凡三里阿武隈川之水源石吻磊砢肖熊羆狀故曰大熊瀑高三十丈寬九尺

雌瀑 出雄瀑之下流一里所高三丈寬一丈八尺鶴生邨旭嶽山中又有男女瀑高幅難測合雄瀑下流

白水瀑 出鶴生邨甲子溫泉之傍下流入阿武隈川高四丈餘寬六尺距同所溫泉六里許

一里瀑 高二丈寬六尺

鮫川瀑 出菊多郡瀧邨下流注鮫川高一丈二尺寬二丈四尺

四時瀑 出菊多郡大平邨大平川之上流高四丈三尺寬三丈

石川瀑 出石川郡龍崎邨阿武隈川至此爲瀑高一丈五尺寬九十丈

合戶瀑 出磐前郡合戶邨好間川上流下流注鎌田川高一丈寬三丈

逢瀬瀑 出磐城郡八莖邨男女二瀑高共七丈五尺寬合九尺下流注新田

川**松風瀑**出八莖郡高六丈餘寬六尺

岩代國

馬尾瀑出會津郡鹽澤郡之奥二里許注鹽澤川入只見川高廿丈寬一丈二尺**三條瀑**一名不動瀑出會津郡檜枝郡之奥只見川上流高二十丈寬四丈二尺**不動瀑**出會津郡下大桃郡黑檜澤注檜枝岐川二層上層高三丈寬一丈八尺下層高四丈寬二丈四尺**鱒瀑**出大桃郡高一丈餘寬四丈八尺**白絲瀑**出會津郡瀧澤郡山中注渠川高八丈寬四丈八尺又隔奥十町有二之瀑三之瀑共高二丈許**波瀑**出會津郡原郡山中下流注原川入猪苗名代湖高十五丈寬三丈六尺**柳瀑**同上高十丈寬六尺**大瀑**一名不動瀑出會津郡瀧原郡注荒貝川高一丈餘寬尺七丈八**龍神瀑**在瀧原郡之西南一里餘注荒貝川高一丈五尺寬四丈二尺**夫婦瀑**出距大沼郡瀧澤郡二里許夫瀑高八丈許寬一丈二尺婦瀑高六丈寬六尺自二澤合爲瀧澤入只見川**不動瀑**出大沼郡胄中郡注中之川入只見川高八丈寬二丈四尺**都武知倉瀑**出大沼郡高森郡大成澤郡之間注中之川高八丈許寬六尺**大瀑**出大沼郡入谷地郡注宮川高十二丈寬三丈六尺**桶瀑**出大沼郡觀音郡注松倉川入宮川高七丈寬一丈二尺**黑瀑**出大沼郡高三丈寬一丈八尺**大瀑**出河沼郡白坂郡山中鬼怒川之上流入

阿賀川高十七丈寬四尺**行瀑**高十五丈寬四丈**大瀑**出耶麻郡水澤郡小檜澤注日中川高十丈寬六尺

大冷水瀑出耶麻郡檜原郡注小野川高十丈寬六尺以下十瀑下流皆入長瀬川**不動瀑**高十五丈寬六尺**白絲瀑**出耶麻郡東吾妻嶽高二十丈寬六尺**三階倉瀑**高三十丈寬六尺**大瀑**倉川之上

流高十五丈寬一丈二尺**小瀑**高廿丈餘寬一丈二尺**朱瀑**中津川之上流高十五丈寬六尺**布瀑**出耶

麻郡中吾妻山注中津川上流高二十丈寬一丈**音無瀑**高十丈寬一丈二尺**三重瀑**在耶麻郡川桁山中

高廿丈寬四尺**大瀑**出耶麻郡日中郡日中川上流注十七級高凡六十丈寬六尺以下三瀑下流皆入日橋川**綠瀑**高三十丈寬六尺**三階瀑**出耶麻郡入田付郡入田付川之上流高八丈寬六尺**銚子瀑**出安達郡

安達太郎山中石筵川之源合五百川高廿丈寬九尺以下六瀑下流皆入阿武隈川**遠藤瀑**仙人澤杉田川之源

注二層上層高九尺下層高一丈三尺寬皆一丈二尺**相見瀑**出信夫郡吾妻山之內李平郡之奥天戶川之源入

須川高十丈寬一丈八尺**不動瀑**出信夫郡庭坂郡須川之源高十三丈寬二丈四尺**幕瀑**出信夫郡土湯郡之

奥荒川之源合須川高十五丈寬二丈四尺**綠瀑**出鬼面山之間鴉川之源合荒川高十七丈寬一丈二尺

陸前國

大瀑一曰秋保十瀑出名取郡馬場村名取川之源高四丈八尺寬一丈八尺男瀑出宮城郡朴澤邨七北田川之源高三丈寬一丈二尺女瀑高一丈五尺寬一丈二尺鳳鳴瀑出宮城郡作並邨注廣瀬川高十丈寬五丈六尺俗曰四十八瀑外有小瀑八條行者瀑出栗原郡沼倉邨注迫川高十六丈寬六尺魚留瀑出栗原郡川口邨高一丈五尺寬二丈一尺井戶瀑高一丈八尺寬一丈二尺不動瀑一丈寬一丈二尺相距各一町許下流入迫川窻瀑出栗原郡沼倉邨入迫川高五丈寬一丈二尺女瀑高三丈寬一丈二尺白絲瀑出栗原郡花山邨入迫川高七丈寬二丈四尺赤如龍瀑出栗原邨照井川之源高四丈寬三丈白絲瀑出氣仙郡矢作邨高七丈寬一丈八尺下流注今泉川不動瀑出氣仙郡竹駒邨竹駒川源高七丈寬一丈二尺

陸中國

小黑瀑出磐井郡鳥海邨男瀑高三丈寬一丈二尺下流數步又爲瀑曰之女瀑高幅共同注坂川桶口瀑出磐井郡黑澤邨下流注磐井川高五丈三尺寬一丈二尺衣瀑出膽澤郡上衣川邨北又衣川之源高四丈八尺寬四丈八尺衣濯瀑衣瀑之下流十八丈許高一丈寬一丈八尺大瀑出膽澤邨傳花邨注衣川高五丈寬三丈上流一町許有小瀑高三丈二尺寬一丈四尺大瀑出膽澤郡西根邨渦苦澤下流入北上川高十丈寬一丈八尺大

空瀑出稗貫郡豐澤邨桂澤川高二十五丈幅六尺分二條落七層白手瀑大空瀑之下流凡八町許高十丈寬九尺阿佐利瀑出豐津川之源高十五丈寬一丈二尺七倉瀑出羽澤川之源高三十丈寬六尺權現澤瀑出羽澤川之下流距七倉瀑有五町許高五丈幅一間合六尺烏越瀑出岩手郡長山邨西根郡之境根葛田川之下流遥烏越爲大瀑高十八丈寬三丈銚子瀑出鹿角郡大湯邨大湯川之源高十六丈寬二丈浦志內瀑出鹿角郡浦志內川邨能代川高五丈寬七尺曾利瀑出鹿角郡谷內邨下流爲谷內川注能代川高十丈寬一丈七瀑出鹿角郡藤原邨斷崖數丈落七層末流注毛馬內川寬有差

陸奧國

暗門瀑出津輕郡川原平邨目屋野澤川之源下流入岩本川有三上高二十四丈中二十丈下十八丈寬各一丈五尺雌雄瀑出津輕郡小田川邨小田川之源下流入嘉瀨川雄瀑高六丈雌瀑高寬各四丈新穗瀑出津輕郡田代邨山間下流入岩本川高十丈三尺寬二尺銚子瀑出北郡奧瀨邨十灣田湖之下流高十六丈三尺寬四丈奧入瀨瀑奧入瀨川之源高三丈寬六尺佛歌瀑出北郡牛瀧邨山間下流入海高五丈寬一丈水晶瀑出二戸郡福岡邨橫山山間下流入馬淵川高五丈寬五尺

羽前國

燕瀑出置賜郡大平郡高三十丈寬五丈四尺以下三瀑出共松川之源火焰瀑高二十丈寬五丈四尺峻

急瀑高六丈寬十六丈相生瀑高三丈寬一丈八尺布引瀑出置賜郡板谷郡高六十三丈寬四尺以

下二瀑共注前川大瀑高二十丈寬六丈三階瀑高十丈寬一丈八尺大瀑一名潛龍瀑出置賜郡關

郡鬼面川之源入松川高七丈餘寬九尺梅花皮瀑出置賜郡小玉川郡下流入玉川高二十丈寬一丈二尺白

絲瀑出最上郡古口町注最上川高七丈寬二丈四尺大瀑出田川郡羽黑山中拂川之源高三丈餘寬一丈二

尺千金瀑出田川郡瀧澤郡山中下流入青龍寺川高八丈寬一丈八尺

羽後國

日向瀉出飽海郡升田郡山中日向川之源巖崖聳立人跡罕至高凡四十六丈寬二丈四尺二之瀑出飽

海郡鳥海山麓月光川之源高六丈三尺寬二丈一尺十二瀑出飽海郡北俣郡山中末流逕相澤郡注最上川一

川爲十二之瀑故以名其最大者源原瀑高三丈三尺寬六尺四之瀑高三丈二尺寬六尺九之瀑高一丈七

尺寬五尺蛇瀑高一丈五尺寬六尺喜鴉克瀑高三丈八尺寬三尺南瀑高三丈五尺寬八尺七釜

瀑出由利郡百宅郡山中巖崖七層高各八九尺至一丈每層爲潭下流爲白瀑注法體川高凡十五丈寬一丈二尺法體瀑出由利郡百宅郡直根川之源高十六丈寬三丈檜山瀑一名瀧澤瀑出由利郡下直根郡下流注阿熊川高五十丈寬一丈八尺赤瀑出由利郡下川內郡大栗川之源高十六丈寬一丈二尺外一高十七丈寬一丈八尺牛瀑出由利郡畑郡白雪川之源高十七丈餘寬一丈八尺白絲瀑出由利郡鳥海山之西北嶮峻人跡不到寬有差中央挾巨巖降二層水漲時隔二里可望下流經橫岡郡本鄉郡爲奈曾川奈曾之瀑出由利郡小瀧郡西南白絲瀑之下流爲關川高七丈寬二丈四尺湯瀑出雄勝郡高松郡川原毛湯本下流注高原川高十六丈五尺寬六尺女瀧澤瀑出由利郡畑等郡小安湯本下流注稻庭川高十四丈寬一丈二尺鎧瀑出由利郡岩井川郡時宗澤下流注廲當川高十一丈寬八尺檜內澤瀑出仙北郡生保內郡檜內澤下流注生保內川高十丈寬一丈二尺大瀑出仙北郡白岩前鄉郡鯱足澤高五十丈寬一丈二尺外有十餘所自十丈至五十丈下流共注玉川白絲瀑出仙北郡峯吉川郡峯吉川之源落三層高二十五丈寬一丈八尺有不動堂高瀑出仙北郡田澤郡濁澤下流注玉川高十丈寬九尺長八瀑出河邊郡岩見郡岩見川之源下流入御物川高十丈寬一尺鷄鳴瀑出秋田郡山谷郡皿見內下流注太平川入御物川高十六丈五尺寬一丈六尺釣瀑出秋田郡八田郡金山澤下流

同上高十二丈五尺寬二丈外一高十丈寬五尺

二大瀑出秋田郡男鹿門前郄下流注海高十八丈寬一丈八尺外一所高十二丈寬一丈二尺

大瀑出秋田郡小又郄下流注堀川高十丈寬二丈

白絲瀑出秋田郡荒瀨郄注大又川下流入能代川高五十丈寬十二丈外三高十五丈至二十丈

四十八瀑出秋田郡小雪澤郄小卷山高十丈寬五尺注巉巖又五步或十步爲數十步故得此名

七倉瀑出秋田郡小澤田郄七倉山中下流注小阿仁川高五丈寬一丈二尺

白布瀑在山本郡八森郄下流注海高五丈五尺寬四丈五尺

若狹國

三番瀑出遠敷郡池河內郄注北川高九丈餘寬一丈二尺

田繩瀑出遠敷郡奧田繩郄注南川高六丈餘寬一丈二尺

布瀑出遠敷郡多太嶽下流同上高三丈二尺寬五尺

銚子瀑出三方郡氣山郄高二丈五尺寬六尺有半下流入三方湖

越前國

五太子瀑出丹生郡五太子郄源出一光郄下流曰大丹生川入大丹生浦之海高六丈二尺寬四尺

一乘瀑出足羽郡一乘山下流曰淨敎寺川入足羽川高三丈九尺寬六尺餘

豐原瀑出坂井郡豐原郄井勝川之源

入竹田川下流注坂井港高一丈寬六尺

辨瀑 出大野郡法恩寺山女神川之源下流入九頭龍川高十丈寬七尺

勝

蓮華瀑 出丹生郡勝蓮華郡吉野瀨川之源逕下司郡入日野川高四丈一尺寬二丈一尺

加賀國

千束瀑 出江沼郡九谷郡入大聖寺川高十五丈寬六尺

女郎瀑 出千束瀑之上流九谷川之源高三丈寬六尺

鶴瀑 在江沼郡荒谷郡東川之源入柴山潟高十丈寬五尺

簾瀑 出江沼郡大內郡七瀨川之源入大聖寺川高二丈餘寬一丈九尺

長瀑 出能美郡長瀧郡入手取川高十二丈奔觸巖石寬有差

千仭瀑 注能美郡白山中央御前峯絕壁尾添川之源高凡二百丈寬有差自美女坂可遠望

不動瀑 出石川郡飯尾郡高廿丈寬一丈二尺注海谷川達手取川

能登國

樽見瀑 出羽咋郡寶達山注子浦川高六丈寬五尺

不動瀑 出鹿島郡井田郡三尾山下流入熊野川高六丈寬五尺

桃瀑 出鹿島郡久江郡下流入久江川高十二丈寬三尺

櫻瀑 一名深見瀑出鳳至郡猿山入深見川高十八丈寬一丈二尺

桶瀑 出鳳至郡大澤郡山中入大澤郡川高九丈寬二尺

瀧山瀑 出鳳至郡河內郡山中入

大川高七丈寬三尺**樽見瀑**出鳳至郡時國郡海岸注海高十二丈寬五尺

越中國

稱名瀑出新川郡早乙嶽源出立山地獄谷下流入常川願寺川高凡百丈寬六十丈**虹瀑**一名魚泊瀑出婦負郡鍋谷郡源出百瀬山中下流入神通川高凡三丈寬一丈八尺**不動瀑**出蠣波郡刀利郡注小矢部川高五丈寬二尺**小矢瀑**高九丈寬二尺**布瀑**高六丈寬二尺餘

越後國

眞津之瀑出岩船郡高根郡日倉山高根川之源入三面川高五十丈寬二丈一尺**千尋瀑**出岩船郡中東郡山中藤澤川之源入女川高凡五十丈寬三尺**不動瀑**出蒲原郡瀧谷郡大日嶽之麓加治川之源高三十丈寬三尺餘**大瀑**出蒲原郡小戸郡二王子嶽七瀑澤內川之源高卅丈寬一丈八尺**不動瀑**高十丈寬一丈二尺**赤熊瀑**高十五丈寬六十丈**桶瀑**高八丈寬一丈二尺**曲瀑**屈曲凡十五丈寬七尺**飛込瀑**高五丈寬一丈**渡塲瀑**高五丈寬六尺以上曰小戸七瀑其他木折銚子山葵野池瀑等共注內倉川入加治川**秋小屋瀑**出蒲原郡大谷郡丸倉山大谷川之源高四十八丈寬一丈二尺**三目瀑**爲三層高凡三十丈寬一丈二

尺**三之瀑**高十丈寬一丈八尺共入五十嵐川**大瀑**出蒲原郡吉平郡守門嶽牛尾川之源高七丈寬四間入

五十嵐川**三十三丈嶽**出蒲原郡宮崎上郡粟嶽加茂川之源高三十丈寬四丈八尺**近年瀑**出大俣澤

高二十五丈寬四丈八尺**岩右衛門瀑**高十丈寬四丈八尺**東風澤瀑**出東風澤高十丈寬四丈二尺

法螺瀑出小俣澤高四丈寬四丈二尺共注加茂川入信濃川**無澤瀑**出蒲原郡田貝郡二王子嶽高三十

丈八尺**魚留瀑**高十五丈寬一丈二尺**稱名瀑**出蒲原郡板山郡二王子嶽高三十丈寬四尺姬田川之

源共入加治川**赤瀑**出羽津郡二王子嶽高二十丈寬十八丈但冬夏水涸**堂澤瀑**出蒲原郡熱田坂郡貽內

川之源高十八丈寬一丈二尺**朝日瀑**出西俣朝日澤高十五丈寬六尺**大瀑**出蒲原郡勝屋郡大荒川山才

川之源高十二丈寬四尺**四階瀑三階瀑鷄冠瀑夏小屋瀑豐瀑優婆瀑**皆注

福島潟**清吉瀑**出蒲原郡中澤郡大荒川山中之澤川之源入阿賀川高十丈寬三丈**山葵澤瀑**出蒲

原郡上三光郡太平山太平川之源入加治川高十五丈寬一丈二尺**兩部瀑**出蒲原郡拂川郡西條直下俗曰女

夫瀑入阿賀川高十丈寬九尺又有一瀑高十五丈寬一丈二尺**屏風瀑**出蒲原郡橡堀郡御香澤入室谷川高二

十丈寬凡四尺**裏見瀑**一名吉良向瀑出蒲原郡室谷郡下流同上高凡十丈寬一丈二尺**虹吹瀑**出蒲原郡

飯豐山下牛澤實川距實川邨三里餘入阿賀川高三十丈餘寬三丈

大瀑出實川高九丈寬三丈餘

布瀑出古志郡橡堀邨赤花山苅田川之源高十丈九尺寬二丈

不動瀑出刈羽郡善根邨八石山注下三層第一高十丈第二高七丈第三高三丈寬共五尺下流入鯖石川

布引瀑出魚沼郡大白川邨守門嶽大白川之源入破間川高百二十丈寬一丈二尺

不動大瀑出古志郡下折立邨注尾瀨沼之下流入岩代只見川高七十五丈寬五丈六尺

不動瀑出古志郡結東邨志久見川之源入信濃川高六十丈寬一丈

不動瀑出古志郡長松邨五十澤川之源入魚沼川高十五丈寬一丈五尺

大瀑出古志野中邨芋川之源自三國川入魚沼川高七十丈寬一丈五尺有奇

大瀑出古志郡山口邨入海山田澤川之源入魚沼川高三十丈寬二丈

大瀑出古志郡大倉荒山二邨之間

御月山水無川源入魚沼川高廿丈寬一丈

不動瀑出大倉邨入魚沼川高三十丈寬一丈五尺

敝瀑出中岳下流同上高四十丈寬六十丈二尺

富士瀑出古志郡土樽邨富士川之源入魚沼川有三條第一高十丈第二高八丈第三高七丈寬各一丈

苗名瀑出頸城郡杉澤邨關川之源高凡十丈寬三丈又有三瀑二之瀑上流隔十八町高寬共同上三之瀑四之瀑雖非直下迅流壯觀也

彥三瀑出頸城郡篠峯新田黑澤嶽入關川高十丈八尺寬一丈三尺入眞川高同上寬一丈二尺

白絲瀑出頸城郡上和邨產淸水之流末注海一之瀑高四十二丈二之瀑

高四十八丈寬各三尺至六丈

大瀑 出頸城郡柵口郡權現山大湯澤川之源高九十六丈寬二丈以下共注能生川

童子瀑 出頸城郡飛山郡火打山高二十四丈寬六丈

夫婦瀑 男瀑高十八丈寬五尺女瀑高十八丈寬四尺

浪人瀑 出頸城郡田麥郡不動山高十八丈寬四尺

雨降瀑 出頸城郡大平郡前川之源入早川高卅丈寬一丈二尺

不動瀑 出頸城郡田海郡黑姬山倉谷川之源高凡六十丈寬一尺二尺

大谷瀑 出頸城郡橋立郡尻高山入青梅川高十二丈寬六十丈二尺

西大瀑 出頸城郡小瀧郡西又澤小瀧川之源入姬川高四十二丈寬一丈二尺

魚留瀑 東俣下流同上高二丈寬二丈四尺十

痣切瀑 出痣切川入姬川高十八丈寬六尺許

西之平瀑 出頸城郡市振驛西之平下流注海高三十六丈寬五尺

三段瀑 出斜垂山爲三層上高九丈六尺中七丈二尺下四丈二尺寬有差下流注海

佐渡國

十郎瀑 出雜太郡竹田郡經塚竹田川之源入國府川高四丈五尺寬三丈六尺

白岩尾川 出羽茂郡大崎郡下流入羽茂川高十八丈寬五尺

船澤瀑 出雜太郡高崎郡下流入西三川高六丈五尺寬一丈八尺

大坪瀑 出雜太郡堂釜郡下流入瀧釜川高四丈五尺寬九尺

烏司卡瀑 出加茂郡新穗郡下流入國府川高七丈

一尺寬丈一尺一

虹瀑出新穗郵下流同上高九丈三尺寬六尺

丹波國

馬場瀑出桑田郡上弓削郵注和知川高十四丈四尺寬二尺

瀧文瀑出桑田郡瀧郵注小細川入保津川高六丈九尺寬一丈二尺

琴瀑出船井郡市森郵注高屋川高十丈寬一丈五尺

大瀑出多紀郡上篠見郵注大蛛川凡七條其最大者高五丈寶五尺

三瀑出多紀郡小原郵注大蛛川凡三條其最大者高七丈寬五尺

石舟瀑出永上郡下小倉郵注佐治川高六丈五尺寬四尺

丹後國

千丈瀑出加佐郡佛性寺郵千丈原下流入由良川高三丈五尺寬四尺

有田瀑出與佐郡有田郵山中下流入宮津川寬十八丈寬五丈四尺

布引瀑出與佐郡上本莊郵高六十丈餘寬三丈平時涸竭得雨奔注入本莊川

世屋村瀑出與佐郡世屋郵淺田川遷日置郵入海高四丈寬三尺

白瀑出中郡常吉郵注竹野川高三丈寬三尺

但馬國

八端瀑懸流氣多郡名色郡之河水下流注氣多川高十四丈四尺寬一丈二尺**猿尾瀑**屬七味郡作山郡出養父郡妙見山之西麓高三十丈餘觸石分合無常下流逕郡岡注矢田川**芳瀑**一名裏見瀑出養父郡鍛冶屋郡山中下流注矢田川高十丈寬有差**天瀑**出養父郡筏郡山中高四十丈餘注下敷十條分合無常注養父川

因幡國

小瀑出岩井郡牧谷郡注牧谷川高凡五丈寬九尺**雨瀑**出法美郡雨瀑郡高十三丈寬六尺**布引瀑**高七丈寬六尺**菅瀑**高廿丈幅一間以上三瀑共注囊川**權現瀑**出八東郡春米郡高六丈五尺寬三尺**大鹿瀑**出八東郡諸鹿郡高八丈寬六尺**諸鹿瀑**高八丈寬六尺以上三瀑下流共入八東川**橫瀑**出八上郡北郡高五十丈寬六尺**不動瀑**高三十五丈寬六尺又魚留瀑共注曳田川達千代川**三瀑**出智頭郡芦津郡注北俣川入千代川高八丈寬八尺**鳴瀑**出智頭郡八谷郡入千代川高十三丈寬五尺**木鄉瀑**一名谷福根瀑出智頭郡福園郡高二十二丈寬六尺**神瀑**出智頭郡津野郡俗曰龜瀑又不動瀑高十二丈寬一尺以上二瀑共注佐治川達千代川

伯耆國

龍王瀑 出日野郡中菅邨注日野川高八丈寬三尺 **清瀑** 出日野郡湯谷邨之東五町許下流同上高五丈寬三尺 **劍谷瀑** 出汗入郡前邨注阿彌陀川高十四丈寬六尺 **岩谷瀑** 高十二丈寬一丈二尺 **千丈瀑** 出八橋郡山川邨注勝田川高四十丈寬五尺 **今瀑** 出河邨郡北方邨下流入東鄉池高十丈八尺寬四尺 **村上瀑** 出河邨郡漆原邨下流同上高六丈寬三尺 **眞瀑** 出河邨郡曹源寺邨以上三瀑共注竹田川高五丈寬二尺 **八人瀑** 出河邨郡木地山邨高七丈寬三尺 **牧瀑** 出河邨郡牧邨高六丈寬三尺 **阿彌陀瀑** 出河邨郡門前邨注三朝川高十丈寬五尺

出雲國

御手洗瀑 出島根郡加賀浦澄水山瀧川之源高七丈寬一丈二尺 **鰐淵瀑** 出楯縫郡別所邨浮浪山注河下川高八丈五尺寬三尺 **雌雄瀑** 出仁多郡中湯野邨玉峯山雄瀑高五丈七尺寬三尺雌瀑高三丈一尺寬二尺合爲龜嵩川入斐伊川 **鳥上瀑** 出仁多郡竹崎邨船通山斐伊川之源高三丈寬三尺 **龍頭瀑** 出飯石郡松笠邨注三刀屋川高十三丈二尺寬一丈五尺 **多久和瀑** 出飯石郡多久和邨注三刀屋川高五丈寬二丈四尺

石見國

清瀑出安濃郡剌賀郷源出山中郷高十丈寛三丈半下流爲清瀧川入波根湖岩瀧寺瀑出邇摩郡波積本郷源出荻郷月照寺山爲四層第一高八丈第二六丈第三十丈第四十六丈寛凡六十丈下流至下河戸郷入江川觀音瀑出邑智郡鹿賀郷源出中野郷爲二層上層高七丈六尺寛四丈二尺下層高十一丈六尺寛九丈九尺入江川清水瀑出美濃郡都茂郷源出木山入益田川高七丈寛六尺銚子山瀑出美濃郡澄川郷源出木山入廣瀬川高廿七丈寛五尺瀧迫山瀑出美濃郡源委同上高二十五丈寛二丈四尺郁多瀑出美濃郡坂井川郷源出茶之木川下流入那賀郡三隅川高九丈五尺寛一丈二尺井谷雄瀑出鹿足郡小直郷源出本郷之溪澗入津和野川高十六丈寛三丈引所雌瀑源委亦同高二十丈寛四丈八尺魚切瀑出鹿足郡下須郷源出平栃谷川入吉賀川高九丈寛三丈六尺○下須郷有釜瀑中瀑掛橋天狗等瀑

隱岐國

壇鏡瀑出穩地郡那久郷横尾山高十七丈寛五尺下流爲壇鏡川西北流入海那知瀑出穩地郡油井郷高凡三十丈寛二丈四尺下流爲那知川西北流入海

播磨國

大田瀑出神西郡小田原邨峯山大田小田原川之源下流入市川高三十四丈二尺寬一丈八尺**七種瀑**出神西郡七種山七種川之原入市川高廿一丈寬九尺**野原瀑**出宍粟郡母栖邨野原山注栂保川高十三丈九尺寬七尺餘**瓦山瀑**出宍粟郡上野邨伊澤川之源入都多川高四丈二尺寬一丈二尺**櫛田瀑**又曰飛龍瀑在佐用郡上櫛田邨瀧川之源入千種川高五丈寬二丈四尺

美作國

田殿瀑出吉野郡田殿邨注倉敷川高六丈五尺寬六尺**三段田瀑**出英田郡田原邨注山家川入江見川高九丈寬六尺餘**男瀑**出英田郡白水邨高十丈寬一丈五尺**近藤瀑**出勝北郡近藤邨新田川之源高五丈三尺寬六尺**大瀑**出西北條郡百谷邨高九丈寬一丈二尺**小瀑**高三丈九尺寬一丈八尺**大町瀑**出西北條郡大町邨高十一丈四尺寬一丈八尺以上三瀑注香香美川**岩井瀑**在西條郡上齊原邨高百八十丈寬二丈四尺以上諸瀑下流共入津山川**天魔瀑**出久米南條郡松邨弓削川之源入高田川高十二丈寬三丈**上打穴瀑**出久米北條郡上打穴邨源出大垪和邨郡注佐良川下流入津山川高十二丈寬一丈二尺**祖母瀑**出久米北條郡祖母邨源出大垪和東邨注高田川高九丈寬三丈**神庭瀑**出眞島郡神庭邨源出星山下流入高田川高

三十六丈寬四丈八尺本州第一奇觀也

新莊瀑出眞島郡新莊郡高十二丈六尺寬二丈四尺

乃登呂瀑出眞島郡高十丈二尺寬一丈八尺二瀑共神代川之源入高田川

七尋瀑出眞島郡手谷郡注神代川高六丈六尺寬一丈二尺

鹽瀑出眞島郡關郡下注高田川高九丈六尺寬二丈四尺

不動瀑出眞島郡日名郡當摩川之源入高田川高四丈八尺寬六丈五尺

備前國

水引瀑出和氣郡大中山郡下流入東川高十二丈寬一丈五尺

深谷瀑出和氣郡三石郡男瀑高五丈四尺寬一丈八尺女瀑高三丈寬九尺共注關川入吉井川

備中國

重瀑出賀陽郡岨谷郡注槇谷川入大川高七丈四尺寬一丈八尺

不動瀑出阿賀郡草間郡注高梁川高十五丈寬一丈五尺

花瀑出後月郡花瀑郡注江原川高十丈八尺寬二丈四尺

西瀑出後月郡西江原郡高十一丈二尺寬二丈四尺入江原川

東瀑出江原郡高六丈寬一丈八尺注江原川

備後國

龍頭瀑出安那郡山野邨源出神石郡時安邨溪間至本邨為瀑入備中後月郡江原川高十丈寬一丈二尺

神子瀑曰二之降出蘆田郡藤尾邨赤瀧山刀洗泉注金丸邨神谷川高十丈八尺寬二丈四尺下二瀑亦出赤瀧山

白瀑一之降高三丈寬六尺

青木瀑三之降高二丈寬五尺

魚切瀑出御調郡河面邨迫奥川之源入阿面川高七丈二尺寬一丈八尺

彌谷瀑出御調郡三郎丸邨彌谷川之源以下三瀑共入木頃川高十丈寬一丈八尺

彭祖瀑出御調郡本庄邨落石川之源高六丈五尺寬二丈四尺

櫻瀑出本莊邨高八丈五尺寬同上

白絲瀑出三谿郡三若邨有二層上曰雄瀑五丈二尺下曰雌瀑高三丈五尺寬五尺後川源也入西川

雪澤瀑出三上郡峯邨馬醉谷川之源入本郡川高二十六丈寬八尺

紅葉瀑出三上郡高邨篠原山崖巖淡紅色如霜葉故有此名谷山川之源入西城川高十五丈寬八尺

那智瀑出奴可郡入江邨田川之源入西城川高六十五丈寬六尺

觀音瀑出惠蘇郡三河內邨福田組三河內川之源入比和川以下亦同高十三丈寬一丈五尺

瀧谷瀑一之瀑高十丈三尺二之瀑高同上三之瀑高二十三丈寬各一丈二尺

日野瀑出惠蘇郡濁川邨注比和川入西城川高凡十丈寬一丈五尺

手水瀑出惠蘇郡宮內邨田口川之源高七丈八尺寬一丈五尺

鷄瀑出惠蘇郡桑內川之源共入泉川高七丈二尺寬一丈五尺

雌雄瀑出惠蘇郡南邨入櫃田川雌雄相距六町餘雄瀑高五丈雌瀑高三

丈寬各二丈四尺

常青瀑出三次郡下作木郡作木川之源注下三層上層曰荒波高十二丈中層曰白絲高廿三丈下層曰玉水高七丈寬三丈六尺

稻瀑出下作木郡坂根谷高十三丈寬三丈共入三次川

安藝國

曝雪瀑又曰棲眞寺瀑出豐田郡船木別所二郡之界鄉原川之源入沼田川高十四丈寬二丈五尺

三級瀑出豐田郡別迫郡佛通寺川之源入沼田川高三十六丈寬一丈八尺

吾妻子瀑出賀茂郡田口御園宇二郡之界西條川至此爲瀑有左右二瀑左曰雄瀑高十八丈二尺右曰雌瀑高二十九丈寬各四丈二尺復相合流西南末爲二級瀑

二級瀑俗稱廣之大瀑出加茂郡廣鄉原二郡之界又西條川之下流高三十四丈七尺寬四丈二尺南流入海

白絲瀑一曰小瀑在賀茂郡廣鄉入西條川高十六丈九尺寬六尺

二河瀑出安藝郡莊山田郡發灰峰二河川至此爲瀑有雌雄二條雌瀑高廿四丈雄瀑高十八丈餘南流入海頗爲奇觀

八幡瀑出賀茂郡溫品郡砂川之源下流至仁保島入海高六丈寬三丈六尺

蘆谷瀑在高宮郡馬木郡前河內川之源入府中川高七丈八尺寬六丈七尺

加加津瀑出賀茂郡桐原郡穴鄉川之源入根谷川高二十七丈寬一丈二尺

明神瀑出賀茂郡大林郡入根谷川高十二丈寬一丈二尺

三瀑一名觀音瀑在沼田郡新莊郡雌雄二瀑與駒瀑稱三瀑雄瀑高九丈寬

一丈二尺雌瀑高三丈寛九尺共新莊川之源入安川駒瀑高四丈六尺寛六尺山手川之源入安川

龍口瀑 出佐伯郡多田郗注水内川入大田川高二十丈寛一丈二尺

多羅多羅瀑 出佐伯郡和田郗下流同上高十丈寛一丈八尺

大野瀑 出佐伯郡大野郗太田新開川之源下流入海有二條夫婦高三丈三尺餘寛九尺女瀑高十五丈寛五尺

白絲瀑 出佐伯郡嚴島彌山半腹瀧町川之源高十二丈寛三丈

龍頭瀑 出山縣郡上筒賀郗正木山三谷川之源入大田川高十丈寛一丈二尺

龍口瀑 出山縣郡戸河内郗大田川之源高三十丈寛三丈六尺○郗中又有大返菴等瀑較小

鎧瀑 又曰魚隠瀑出山縣郡橋山郗入瀧山川高六丈寛三丈

駒瀑 又曰裏見瀑出山縣郡都志見郗龍水山戸谷川之源入大田川高六丈六尺寛二丈九尺

鳴瀑 出山縣郡大朝郗宮迫川之源入入江川注下二層上層高三丈九尺寛二丈六尺下層高四丈一尺寛三丈八尺

觀音瀑 出高田郡戸島郗赤芝川之源入吉田川高八丈寛一丈二尺

女夫瀑 出高田郡向山郗瀧井谷川之源入根谷川高八丈五尺寛三丈六尺

周防國

金鷄瀑 出吉敷郡上宇野令高十六丈八尺寛一丈八尺入木町川

梅峯瀑 高六丈幅二間入中尾川

鼓瀑 出吉敷郡吉敷郗一之瀑高八丈四尺寛七尺二之瀑高一丈一尺寛五尺三之瀑高五丈五尺寛八尺注中尾川

鳴瀑出吉敷郡下小鯖郡高六丈五尺寬七丈六尺注小鯖川以上共末流入椹野川

長門國

如意瀑出阿武郡小畑郡下流注小川入海高十丈五尺寬四丈八尺**扇子落瀑**出阿武郡川上郡下流入阿武川高五丈寬三丈**阿字雄瀑**出阿武郡大井郡下流同上高二丈寬四丈**大瀑**一名白絲瀑出大津郡俵山郡下流入吉田川高六丈五尺寬二丈四尺餘**大瀑**一名晴嵐瀑出美彌郡嘉萬郡厚東川源高十二丈寬四丈八尺

紀伊國

那智瀑出牟婁郡那智山源出山中爲那智川至天滿郡入海高八十四丈寬十丈八尺自熊野洋遙望之爲皇國瀑布中第一〇二之瀑距一之瀑四町三十間高十丈八尺寬一丈八尺〇三之瀑距二之瀑五町餘高七丈八尺寬一丈八尺**鳴瀑**出名草郡園部郡高一丈二尺寬五尺**新鳴瀑**高十三丈三尺寬五尺共鳴瀑川之源入紀伊國**裏見瀑**出海部郡橘本郡注加茂川下流入海高五丈四尺寬五尺**乳瀑**出伊都郡東谷郡注東谷川入靜川高十二丈寬一丈八尺**西藪瀑**高六丈寬一丈二尺**文藏瀑**高八丈四尺寬一丈二尺**不動瀑**出伊都郡

平郡注下津川入靜川高二十四丈寬一丈二尺

丹生瀑 出伊都郡丹生川郡注丹生川高十六丈八尺寬二丈四尺

熊瀑 高八丈四尺寬一丈八尺

大瀑 源出高野山隱所川合衆流於伊都郡大瀧郗東北十一町合一里有半爲瀑田川之源高四丈八尺寬二丈四尺

次瀑 出在田郡延坂郗注早月谷川入在田川高二十七丈六尺寬二丈四尺

黑藏瀑 出在田郡多郗下流高十二丈寬十二丈

糸川瀑 出在田郡糸川郗糸川各注在田川高六丈寬四丈八尺

純白瀑 出在田郡宇井苔郗白馬嶽注修理川入在田川高十八丈寬一丈二尺

銚子瀑 出在田郡上湯川郗注室川入在田川高四十二丈寬二尺

下瀑 高卅六丈寬三尺穴瀑高十四丈四尺寬二丈四尺

衛門加門瀑 出日高郡龍神郗注日高川高十丈八尺寬五尺

百間瀑 出牟婁郡熊野郗注熊野川高六十丈寬一丈二尺○下流一里許有雨乞瀑高九丈許寬九尺上下深潭多奇觀

三階瀑 出牟婁郡下木守郗前川之流至此注下三層高十三丈二尺寬五丈四尺

庵太瀑 出牟婁郡高瀨郗注古座川高九丈寬五尺

仙人瀑 出牟婁郡口色川郗注太田川高十八丈寬一丈五尺

三重瀑 注太田川高十五丈寬六尺

入道瀑 高九丈寬一丈五尺

八町瀑 又曰橫手瀑出牟婁郡船津郗注相賀川入海高四十二丈寬二丈四尺自須賀利浦引本浦海上遙可望

小笠原瀑 出船津郗注古本郗合神淵入相賀川高十八丈寬一丈二尺

龍鼓瀑 出牟婁郡新宮源出

千穗峯注熊野川高十二丈寬五尺

庚申瀑 高寬亦同

飛雪瀑 舊曰竹谷瀑出牟婁郡淺里邨瀧差山注熊野川以下諸瀑共同高十丈寬二丈四尺

水谷瀑 在松尾山高十四丈寬六尺

水谷瀑 高七丈一尺寬一丈

銚子瀑 出蛇爪山高十三丈二尺寬一丈五尺又有白見布引蛇和田瀑等

大瀑 出牟婁郡瀧本邨麥尾山注瀧本川爲小口川二層上層高十五丈六尺寬六丈下層高十八丈寬一丈八尺

腹白瀑 出牟婁郡能城邨注熊野川高八丈二尺寬一丈二尺

楯谷瀑 出牟婁郡相須邨物見岡注熊野川高十二丈寬五尺

竹口瀑 出牟婁郡田代邨裝尾谷界東谷注笠川高八丈寬一丈二尺

平次瀑 出牟婁郡平次川邨要害山下注平次川入熊野川高十八尺寬九尺

布引瀑 出牟婁郡大河內邨注熊野川高十丈寬六尺

布引瀑 出牟婁郡鮒田邨度卡納山注大野川高卌二丈寬三尺

落內瀑 出牟婁郡大里邨藏光山注大野川高五丈八尺寬六尺

檀瀑 高二丈三尺寬九尺二瀑高三丈六尺寬六尺三瀑高三丈九尺寬同上四瀑高寬同上

雨瀑 出牟婁郡赤倉邨注大丹倉谷入北山川高十五丈寬六尺

觀音瀑 出牟婁郡神木邨注市木川入海高十五丈寬六尺

觀音瀑 出牟婁郡神山邨丸石山滑川之源入北山川高十六丈寬四尺

石瀑 又曰足谷瀑注牟婁郡粉所邨尾川入北山川高十五丈寬六尺此瀑北面直下至冬結一大氷柱奇觀也

淡路國

淺野瀑 又曰紅葉瀑在津名郡机南郡富島川之源下流入海高七丈四尺寛一丈二尺

鮎谷瀑 出三原郡鮎屋郡桑間川至此爲瀑高四丈八尺寛六尺漲時及三丈

鰻溪瀑 出三原郡志知川郡鰻溪有二條一之瀑高四丈八尺二之瀑高四丈三尺寛共一丈八尺相距二十一間許下流注松本川入海

河波國

神通瀑 出名西郡上山郡高十五丈寛一丈以下三瀑共入鮎喰川

雨乞瀑 出名西郡神領郡有雌雄二瀑雄瀑高十五丈雌瀑十三丈寛各七尺

建治瀑 出名西郡入田郡高八丈寛四尺

鳴瀑 出美馬郡西端山猿飼落三層高三十六丈寛七丈二尺入吉野川有巖洞形如巨鎗流泉洶沸俗稱怒釜

琵琶瀑 出美馬郡祖谷山閑定入祖谷川高十二丈寛一丈八尺

龍頭瀑 出三好郡加茂野宮郡有二瀑相距凡三十間一之瀑高四丈五尺寛一丈二尺二之瀑高十三丈寛六尺自龍谷川原潜流地中至清水郡界涌出逐入吉野川

神通瀑 出三好郡加茂郡高九丈寛一丈八尺以下三瀑共入吉野川

井口瀑 出三好郡毛田郡大藤高十二丈寛一丈二尺

來光瀑 出三好郡東井內谷大窪落二層上層高十八丈寛六尺下層高七丈二尺寛四丈八尺

嘉見瀑 出三好郡山城谷相川入

伊豫川高九丈寬九丈平時水少

音羽瀑 出岩戶高十丈八尺幅九尺以下二瀑共入伊豫川

赤瀑 出赤谷高九丈寬一丈八尺

日昏瀑 出白川高九丈寬一丈二尺以下四瀑共入吉野川

有宮瀑 高七丈寬一丈八尺

豐年瀑 出光兼高十八丈寬三尺

轟瀑 出下川落四層一之瀑高三丈五尺二之瀑四丈三之瀑二丈四之瀑一丈八尺寬各一丈八尺

千代瀑 出三好郡西宇郡落二層上層高十丈下層八丈寬各一丈八尺以下三瀑共入吉野川

吳石瀑 出三好郡白地郡井之久保高九丈四尺寬三丈

津紫瀑 出符甲部馬路郡界高六丈三尺寬三丈一尺

灌頂瀑 出勝浦郡藤川郡高四十六丈八尺寬九尺以下三瀑共入勝浦川

岩屋瀑 出勝浦郡星谷邨高八丈四尺寬四尺

名流瀑 一作鳴瀑出勝浦郡飯谷邨高七丈八尺寬三尺

大釜瀑 出那賀郡澤谷邨高八丈四尺寬四尺

新田瀑 出那賀郡澤谷邨高二丈寬五間以下六瀑共入那賀川

千本瀑 出木頭名邨高九丈寬一丈八尺

碁盤瀑 出那賀郡臼谷邨高六丈五尺寬三丈餘

老樂瀑 出那賀郡水井邨高六丈五尺寬一丈

午王瀑 出郡賀郡深瀨邨高九丈四尺寬五尺

雨霧瀑 出海部郡折宇邨高十丈寬四丈八尺入北川

轟瀑 一名鰈瀑出海部郡平井邨下流注鰈谷入海部川高十九丈五尺寬四丈八尺有源頭數瀑俗曰九十九瀑

上黑瀑 出海部郡北河內邨注日和佐川入海高九丈寬一丈二尺

下黑瀑 相距八町合華里一里有半高六丈寬一丈二

尺**冷谷瀑**出海部郡久尾郗爲野根川入土佐高十五丈寬一丈二尺**石木屋瀑**高六丈寬一丈二尺

讚岐國

三重瀑出寒川郡石田西郗鴨部川之源高十五丈九尺寬一丈五尺**虹瀑**一名鬆瀑出三木郡小蓑郗注十川高五丈寬有差**不動瀑**出香川郡安原上郗注東川高十三丈寬七丈二尺**轟瀑**出那珂郡十鄉郗黑郎山注觀音寺川高六丈三尺寬八丈**釜淵瀑**出那珂郡鹽入郗觀音寺川之源高六丈寬二丈四尺

伊豫國

都良白瀑出宇摩郡津根郗高二十四丈寬一丈二尺斷崖水派分注恰如脈絡下流入津根川**清瀑**出宇摩郡馬立郗仙龍寺之奥銅山川高十二丈寬一丈入**大瀑**出新居郡藤之石山郗以下四瀑入加茂川高二十六丈寬五丈**瓔珞瀑**出川來須隔八九丈分注南北二條南瀑高十二丈北瀑高九丈**白絲瀑**出新居郡大保木山郗東之川下流會西之川高十丈八尺寬一丈二尺**高瀑**出周數郡千足山郗百三十丈寬三十丈高**松尾瀑**出野間郡松尾郗山中入佐方川高五丈餘寬六尺**白猪瀑**出浮穴郡河內郗注重信川高三十丈寬五尺許**唐岬瀑**高二十四丈寬同上**轟瀑**出喜多郡大谷郗有二瀑入肱川上瀑高三十六丈寬一丈二尺下瀑高十丈

八尺寬一丈八尺

天瀑出喜多郡成能郡中城山入肱川高四丈二尺寬六尺

雪輪瀑出宇和郡豐岡郡滑床山長二十丈寬一丈二尺奔流石上如波潤崩雪以下四瀑共注滑床川入吉野川

布瀑出宇和郡滑床川高三十丈寬一丈八尺

霧瀑高十五丈寬七丈

成王瀨瀑出宇和郡下大野郡高十五丈寬一丈

觀音瀑出宇和郡松溪郡下流入野郡川高三十六丈寬一丈二尺

土佐國

古不動瀑出安藝郡下山郡古不動谷高二十八丈寬一丈二尺

不動瀑出狼谷高二十一丈寬二丈四尺

毘沙門瀑出長岡郡甫喜山鄉北瀧本郡西瀧山北瀑注本川下流爲穴內川入吉野川高十八丈寬六尺

毘沙門瀑出長岡郡瀧本郡注瀑本川高八丈二尺寬一丈八尺

小金瀑一名三瀑在土佐郡本川鄉川崎郡注吉野川高三十六丈寬四丈八尺

銚子口瀑出長岡郡井之川郡注吉野川高十丈寬三丈

翠瀑一名御法瀑又作大樽瀑出長岡森鄉和田郡注能知川入吉野川高十丈五尺寬一丈八尺

池河內瀑出長岡郡領家鄉橫矢郡注西川所界頒家地頭分兩鄉之間高十五丈寬二丈一尺

樽瀑出高岡郡上分郡東樽山注西樽川下逕須崎入海高十丈寬一丈八尺

筑前國

不動瀑 一名筒瀑出怡土郡飯原郡自雷山之西入神在川三層上高十丈寬一丈中高同上寬一丈四尺相距上層四五間下落三條其間各六尺許高三丈幅一間相距中層二十間餘在幡振嶺故又有幡振瀑之名

兄瀑 一名清瀑出怡土郡瑞梅寺郡自井原山ダルメキ谷高六丈餘寬一丈三尺或二丈六尺

鮎返瀑 出兄瀑之下流非懸泉末入瑞梅寺川長五丈寬三尺奔大青石上下爲一潭深一丈廣二十步

鉢谷瀑 出怡土郡上原郡下流入江口川奔流三丈直下二丈四尺寬一丈二尺

花欄瀑 出早良郡石釜郡自合子嶽出下流入曲淵川高五丈寬一丈二尺本州第一壯觀

大瀑 上流在西南高凡三丈有九尺寬六尺有餘

通天瀑 一名紅葉瀑出早良郡西郡下流入早良川高八丈五尺寬二丈四尺雨後水漲時自福岡可望

一坂瀑 出那珂郡後野郡柚須原下流入那珂川落三層高六丈五尺寬一丈二尺餘

御手水瀑 出御笠郡山家郡池田山入山家川高八丈餘寬六尺

一之瀑 出糟屋郡篠栗郡山之內高六丈五尺寬六尺後藤谷瀑高三丈寬二尺

虹瀑 高一丈寬四尺共入金出川

馬落瀑 出穗波郡八木山郡白木山及大古野山入鞍手郡宮田川三層其間隔十四五間高各六尺餘幅九尺

蛇瀑 出穗波郡大分郡蛇谷入大分川奔流長二十四丈寬二尺水激峻巖屈曲恰似長蛇之勢

中谷瀑 入大分川長十八丈寬一

尺

千丈瀑出嘉麻郡泉河內邨畑川之源長六十丈寬一丈八尺雖非直下奔巖之狀頗爲奇觀

岩瀑出嘉麻郡中益邨自杉谷池出末瀧爲田溝高七丈餘寬三尺懸一大巖高六丈寬十二丈之間

明星瀑出鞍手郡黑丸邨清水之奧十五町白山瀨山大谷出入清水川高六丈五尺寬一間〇又下流有荒瀑高一丈三尺有奇

音羽瀑在清水千手院中高同上寬一間四尺

筑後國

調音瀑出生葉郡姉川邨御巨瀨川之源高九丈七尺寬一丈八尺

納股瀑出上妻郡上横山邨高五丈寬一丈八尺二寸注星野川

八瀑出上妻郡北矢部邨御側御側川之源入矢部川高四丈二尺寬九尺

豐前國

菅生瀑又作管王古曰須賀王子之瀑在企救郡道原邨山中蒲生川之源高十三丈寬二丈四尺

白絲瀑出田川郡上野邨福智山中入赤池川高六丈八尺寬二丈四尺〇出福智山中七重瀑峻奧難到

琴彈瀑出田川郡赤邨入今川高九丈八尺寬一丈八尺

西椎谷瀑出宇佐郡西椎屋邨豐後玖珠郡日出生邨界惠良川之源入驛館川高十五丈六尺寬三丈

東椎谷瀑出宇佐郡萱籠邨雖戸山入津房川高十二丈幅四間相距西椎谷四里

許合華里廿七**龍泉寺瀑**出宇佐郡福貴野邨龍泉寺山入驛館川高二十二丈九尺寬六尺

豐後國

音原瀑出速見郡別府邨朝見上瀑高十丈八尺寬一丈二尺下之瀑高四丈八尺寬六尺下流共爲朝見川入海

鮎返瀑高九丈寬一丈二尺**虬瀑**出速見郡中川邨水地入由布川高十丈寬丈二尺**大井瀑**出大分郡畑田邨入由布川高六丈寬四尺**震動瀑**出玖珠郡田野邨玖珠川之上流高四十丈寬三丈**纖月瀑**又曰魚返瀑出戸畑邨玖珠川再爲瀑高四丈寬三十丈**龍門瀑**出玖珠郡松木邨辻龍門川之源入玖珠川高五丈寬六丈

川底瀑出玖珠郡出生邨城山側入玖珠川高七丈寬一丈**陽目瀑**出直入郡柏原邨陽目肥後州界高六丈許寬一丈八尺餘此瀑飛沫如雪俗稱白水瀑下流出陽目川入柏原川**魚釣瀑**出直入郡久保邨志土知川之源高七丈二尺寬四丈八尺**市坪瀑**出直入郡小塚邨原山入葎原川高六丈寬一丈七尺**高塚瀑**出直入郡白丹邨入稻葉川高六丈寬四丈八尺**蛇生瀨瀑**朽綱川至直入郡今市邨西北爲瀑高九丈餘寬七丈**沈隨瀑**大野川至大野郡矢田邨中角爲瀑高五丈七尺寬三十六丈直下分十三條**雌沈隨瀑**相合矢田川田代川迸同邨爲瀑高六丈寬七丈八尺入大野川**宇藤木瀑**出海部郡尺間邨宇藤木下流爲尺

間川入番匠川高五丈寬六尺

銚子瀑 出海部郡小川郗入因尾川高六丈寬六尺

風神瀑 出海部郡宇津津郗高十丈寬六尺以下三瀑共入因尾川

轟瀑 出海部郡井上郗高十丈寬六尺

軍神瀑 出海部郡因尾郗高六丈寬六尺

淺海井瀑 出海部郡淺海井浦高五丈四尺寬四丈二尺直入海

肥前國

清水瀑 出小城郡清水郗入祇園川高卅五丈寬四丈二尺

鮎歸瀑 出高來郡隈田郗注有家川入海高三丈六尺寬一丈

矢代瀑 出高來郡北有馬郗注坂下川入海高三丈寬一丈

龍吐泉瀑 出彼杵郡千綿郗千綿川之源下流入鯛浦高十丈寬二丈六尺

御手洗瀑 高十丈餘寬一丈八尺

小樽瀑 出彼杵郡江串郗江串川之源下流同上高九丈寬三丈

山田瀑 出彼杵郡大郗川之源下流同上有二瀑一曰跡驚高六丈寬九尺一曰手洗高一丈八尺寬八尺

螃蟹落瀑 出彼杵郡雪浦郗雪浦川之源下流入海高七丈二尺寬六尺

見歸瀑 出松浦郡伊伎佐郗入松浦川高十七丈寬五尺

白絲瀑 出松浦郡新木場郗至高串郗入海高七丈八尺寬二丈六尺

男瀑 出松浦郡納所郗至馱竹浦入海高九丈寬四丈二尺

女瀑 高七丈二尺寬三丈六尺

青螺瀑 出松浦郡大川內郗入伊萬里川高十二丈寬一丈八尺

蘆山瀑 出松浦郡中通島岩瀬注海高三十丈寬二丈

一尺雌雄有二瀑

潛龍瀑 出松浦郡猪調郡江迎川之源下流入海高七丈二尺寬二丈四尺

夕霧瀑 出松浦郡下寺郡末橘川之源下流入海高八丈四尺寬三丈六尺雌雄有二瀑

肥後國

大瀑 一名細永瀑出菊池郡原郡菊池川至此爲瀑高四丈八尺寬二十丈

城郡瀑 出阿蘇郡黑淵郡之城郡源出扇嶽曰黑淵川至此爲瀑高九丈寬四丈八尺下流入杖立川下之諸瀑皆入此川

下城瀑 出阿蘇郡下城郡源出涌蓋山高十六丈二尺寬四丈八尺

白渦瀑 高六丈六尺寬四丈二尺

土田瀑 出阿蘇郡土田郡源出豐後直入郡久住山曰田野原川高十二丈六尺寬九丈六尺

角落瀑 出直入郡飛瀨郡源流同上高十二丈寬三丈六尺

苧漬場瀑 出直入郡西里郡源出豐後直入郡眞野谷高六丈寬一丈八尺

白絲瀑 出直入郡杖立郡源出稻毛谷高十丈八尺寬二丈四尺

牛落瀑 出直入郡小郡源出矢津田郡至此爲瀑入川走川高六丈寬三丈下二瀑入川走川

鏈戸瀑 出直入郡木鄉郡源出祭場郡下流分入日向國高九丈六尺寬六丈

竿渡瀑 出直入郡竿渡郡源出河口郡三方山下流入日向高十丈二尺寬二丈四尺

白水瀑 出直入郡下山郡源出馬渡郡下流入豐後曰陽目川高六丈寬一丈二尺

垂玉瀑 出直入郡垂玉溫泉之上源出川後田郡入白川高九丈寬六

尺

宇計瀑 出直入郡木原谷郡縁川至此爲瀑高九丈寛四丈二尺

數鹿流瀑 出直入郡黒川郡與合志郡立野郡界源出藏原郡下流入白川高十九丈八尺寛九丈

銅提瀑 俗稱白絲瀑懸數鹿流瀑之下高十八丈六尺寛六尺

神龍瀑 出合志郡眞木郡下流入菊池川高九丈寛四丈二尺

七瀑 一名七越瀑出上益城郡北上野郡注八勢川入御船川高十丈八尺寛四丈八尺下二瀑亦入御船川

觀音瀑 出上益城郡中島郡高十八丈寛三丈

福良瀑 高十二丈寛三丈

五郎瀑 出上益城郡小原郡源出下名連石郡大矢納原下流入男成川高十六丈二尺寛三丈

千瀑 出上益城郡千瀧郡源出大石野下流入緑川高十二丈寛七丈二尺下之諸瀑皆入緑川

聖瀑 出上益城郡小野尻郡源出上名連石郡御所山高十丈八尺寛四丈八尺

鵜子瀑 出益城郡下田所郡源流同上高十五丈寛一丈二尺

上河井野瀑 出益城郡河井野郡源出鄉原郡高千穗屋高十二丈寛六丈

横野瀑 出益城郡横野郡源流同上高十六丈二尺寛六丈

越早瀑 緑川至此爲瀑高二十一丈寛四丈八尺

白絲瀑 出益城郡新藤郡高二十七丈寛六尺

栴檀轟瀑 出八代郡柿迫郡源出五家山中下流入縱木川高三十七丈八尺寛一丈二尺

走水瀑 出八代郡下松球摩郡高二十七丈寛九尺以下諸瀑皆入球摩川

不

動瀑 出八代郡內鎌瀨郡高十二丈寛六尺

八幡瀑 出八代郡澀利郡上層高七丈二尺寛四尺中層高三丈

九尺寬三尺餘下層高六尺寬四尺
烏賊淵瀑 出葦北郡洲口郡入二見川高二十二丈八尺寬六尺
鼓瀑 出葦北郡赤松郡入二見川高九丈九尺寬二丈一尺
大瀑 出葦北郡湯鶴郡入內山川高十二丈寬二丈四尺小瀑
高七丈二尺寬二丈四尺
白水瀑 出球摩郡江代郡白水川之源入球摩川高四十二丈六尺寬四丈二尺
鹿目
八重瀑 出球摩郡西浦郡鳥越川之源入球摩川高十五丈九尺寬一丈

日向國

行縢瀑 出臼杵郡南方郡行縢山入五箇瀨川高十八丈寬九丈
布引瀑 出臼杵郡北方郡速日嶽之東山入五箇瀨川高二十四丈寬三丈
那智瀑 出臼杵郡川島郡那智山入北川高七丈八尺上寬十八丈高七丈二尺似摺扇半披
藤木瀑 出臼杵郡幸脇郡鳥川之源入美美津川高十丈餘寬一丈二尺餘
矢研瀑 出兒湯郡川北郡尾鈴山之東南都農崎嶽名貫川之源高二十丈寬一丈
布水瀑 出兒島郡米良小川郡布水山小川之源入米良川高四十丈餘寬二丈四尺
須木瀑 出諸縣郡須木郡須木川之源入綾南川高十六丈五尺寬十八丈
觀音瀑 出諸縣郡松尾城之北四町餘綾南川之源高廿一丈六尺寬一丈八尺
關尾瀑 源出諸縣郡西嶽郡上床山來安永郡關尾爲瀑高六丈五尺寬十二丈入莊內川
川添瀑 出諸縣郡穗滿坊郡三俣川至此爲瀑高六丈寬三

丈六尺頗爲奇觀

古布瀨瀑 出那珂郡飫肥酒谷郡丸野山麓入酒谷川高九丈寬一丈二尺

大隅國

犬飼瀑 出桑原郡踊郷中津川郡源出霧島山谷入新川高十二丈寬六丈大隅第一瀑也

龍門瀑 出始羅郡加治木郷小山田郡源出溝邊郷山中爲網掛川入海高八丈四尺寬四丈二尺夏時分注三四

千里瀑 出囎唹郡田口郡霧島山中對瀑之下流入霧島川高十九丈八尺寬一丈對瀑相對東西故得名共高三丈餘寬九尺餘皆在深谷中

廣襲瀑 出霧島神社之北五町下流入霧島川高十丈餘寬一丈

牡鹿野瀑 出囎唹郡松永郡霧島川之下流落三層高九丈六尺寬六尺餘

白木瀑 出肝付郡木谷郡古江浦自御手洗池出入古江浦上層高六尺餘寬一丈八尺下層分二條高十二丈餘

谷田瀑 出囎唹郡下高隈郡谷田高隈川至此爲瀑下流爲串良川高四丈八尺寬四丈八尺分注四條

曾木瀑 出菱刈郡曾木郡川內川之上流寬六十丈餘分注三條北曰一之口高三丈寬二丈四尺中央曰二之口高三丈六尺寬二丈四尺南曰三之口高寬同一之口

小川瀑 出大隅郡川原郡小川小根占川之下流高十五丈六尺寬三丈

赤瀨瀑 俗曰雄川瀑出大隅郡橫別府郡入小根占川高十九丈八尺寬七丈二尺

永良星瀑 俗曰雌瀑出大隅郡源出竹原山至永良星爲瀑高同上寬一丈八尺

大川瀑 中塚狩倉

出過佐多小根占二鄉之界至海邊爲瀑注大川浦高二十一丈寬四丈八尺

薩摩國

小山田瀑 俗曰雄瀑出鹿兒島郡小山田邨平城之北三町入江月川高五丈五尺寬狹水勢靡定 **雌瀑** 出平城南高二丈許下流入江月川 **潮鶴瀑** 出穎娃郡郡邨注集川入海上瀑稍低中瀑高三丈六尺寬三四丈落二層隔二町許下瀑曰潮鶴高四丈九尺寬七尺 **松轟瀑** 出川邊郡田部田長田二邨界萬瀨川之上流高凡十八丈飛泉數條其寬不定爲一壯觀 **小野瀑** 出川邊郡小野邨小野川之上流入萬瀨川高十丈奔巖石上寬有差下同 **手斧瀑** 出小野上流高十三丈飛落五支厰路深阻人跡罕至 **山中瀑** 出川邊郡清水邨入野崎川高二十丈落二層 **轟瀑** 出伊佐郡虎居時吉二邨界出大隅菱刈郡曾木瀑之下流六里即川內川之上流左右絕壁高三丈寬九十尺奔流遠甚自曾木瀑下下舟迅急最危 **長江瀑** 出伊佐郡大邨鄉南方邨與黑木鄉界夾大巖奔時雙流下曰南川受穴川入川內川高六丈九尺寬四丈八尺

壹岐國

四見瀑 亦名四劍瀑出壹岐郡可須邨田尻之海濱高七丈八尺寬二丈

對馬國

鳴瀑 出上縣郡濱久須郵鳴瀧山之溪間入舟志浦鳴濱高四丈六尺寬四丈五尺 **三面瀑** 出上縣郡深山郵三嶽之麓入佐護川高六丈寬七丈八尺三面可望箭如雪如

後志國

於無李瀑 出古宇郡於無李山注海高一丈三尺寬一丈二尺 **志左武內瀑** 出古宇郡志左武內注海高三丈寬七尺

膽振國

壯瞥瀑 出有珠郡洞爺湖注高六丈寬三丈 **支笏瀑** 注千歲郡千歲川高五丈寬有差

石狩國

石狩瀑 出上川郡石狩嶽石狩川之源雙落高百五十丈寬四丈○此外四瀑皆注石狩川高三十丈寬一丈二尺

十勝國

粉邊濱瀑 出廣尾郡海岸注海高二丈寬一丈八尺 **所古部瀑** 出十勝郡浦幌山注海高五丈寬三丈

釧路國

阿寒瀑〔出阿寒郡阿寒川下流高七丈寬二丈四尺〕

千島國

底保倍瀑〔出國後郡高十八丈寬九丈〕刺鬼別瀑〔出蘂取郡蘂取郝注海高五十四丈寬一丈二尺〕

橋梁

日本橋梁有木有土有磚有石有鐵光緒十四年冬〔雲龍〕游厥內地無地無水無水無梁或且雙流貫郵一家一橋難更僕數矣今舉一百五十尺以上者述橋梁

武藏國

荒川

永代橋長一百四間合六十二丈四尺寬六間合三丈六尺

新大橋長一百八間合六十四丈八尺寬三間六尺合二丈四

尺

兩國橋長九十間合五十四丈寬六間合三丈六尺

廐橋長八十六間合五十一丈六尺寬三間一尺合一丈

吾妻橋一名大川橋長八十四間合二十四丈四尺寬三間二

尺合二丈一尺

世謂東京五大橋蓋合前五橋言也光緒十四年改木橋爲鐵

橋長八十五間合五十一丈寬八間合四丈八尺

千住驛大橋長六十六間合卅九丈六尺寬三間合一丈八尺

多摩川

玉川橋長六十間合三丈六尺寬三間合一丈八尺

鐵道橋長六十六間四尺合四十丈寬四間一尺四寸合一丈

六尺四寸

山城國

賀茂川

御幸橋長六十四間四尺八寸合三十八丈八尺八寸寬三間四尺八寸合二丈二尺八寸新架之

三條橋長五十七間四尺五寸合三十四丈六尺五寸寬三間五尺合二丈三尺

四條橋長四十八間合二十八丈八尺寬四間八尺合二丈三尺改架爲鐵橋

五條橋長六十四間合三十八丈四尺寬四間八尺合二丈四尺八寸

攝津國

安治川

居留橋鐵造長四十五間合二十七丈寬二間四尺合一丈六
尺
中心柱上置白形石受橋腹梁間八間五尺合六丈九尺
木津川
難波橋
大和川
大和橋長八十間合四十八丈
伊勢國
朝明川
朝明川橋在補部松寺郡之間架木冒土長九十六間合五十
七丈六尺
駿河國

安倍川

安倍川新橋在靜岡彌勒町與手越村間長三百間合一百八十丈寛二間合一丈二尺

近江國

勢多川

東大橋長九十六間合五十七丈六尺寛四間合二丈四尺

西小橋長廿七間合十六丈二尺寛四間合二丈四尺

越前國

九頭龍川

舟橋在舟橋邨稻多邨之間長百二十間合七十二丈以四十八舟横亘鐵鍊繫之明萬厯年間天正中柴田勝家造

越中國

神通川

舟橋在富山西北橫亘六十四舟鐵鍊繫之長四十四間四尺合廿六丈八尺寬六間二尺合三丈八尺

周防國

錦川

錦帶橋俗稱算盤橋在錦見橫山二郵間長一百廿五間合七十五丈

薩摩國

江月川

有橋四爲鹿兒島四大橋

日本圖經八終

日本國紀

奏派游歷日本美利加秘魯巴西等國英日屬地加納大古巴知府用兵部郎中臣傅雲龍述

世系表

日本史筞自言神武以前有神治高天原曰天御中主尊曰高皇產靈尊曰神皇產靈尊是爲三神然則三神山云者殆緐是傅會歟繼此曰可美葦牙彥舅尊曰天常立尊又次曰國常立尊曰豐斟渟尊曰泥土煑尊曰沙土煑尊曰角織尊曰大苫邊尊曰面足尊曰惶根尊曰伊奘册尊自國常立尊至諾册二神是爲天神七世有獨化有耦生非一人一世也曰天照太神曰正哉吾勝勝速日天忍穗耳尊曰天津彥彥火瓊瓊杵尊曰彥火火出見尊曰彥波瀲武鸕鷀草葺不合尊是爲地神五世此類名稱半出追述茲紀厥年斷自神武其元年爲周惠王十七年至於今當

國朝光緒十五年歷年二千五百四十有九其傳世一百二十有一雖權臣柄政君擁虛位者六百七十有六年而一姓相傳嗚呼僅矣如推古如持統如皇極傳后也又如元明元正孝謙明正後櫻町傳女也微獨傳兄傳弟傳子傳孫而已不傳位者男爲僧稱法親王女爲內親王而不字人倭漢三才圖會曰古以皇女未嫁者爲伊勢齋宮自垂仁天皇女日本媛命伊勢齋宮始又曰加茂齋院自嵯峨天皇女有智子內親王加茂齋院始無內親王則簡諸王女用之至土御門院以來齋宮院之事絕無今多爲尼宮矣凡稱踐位神武以次皆然天智而下或稱即位繼體以前無讓位者厥讓有順有逆讓輒爲僧謂之法皇仙洞落飾仙洞之言遁位也落飾之言薙髮也宇多天皇昌泰二年落飾法名曰金剛覺法皇其稱法皇始此太寶三年贈持統天皇曰太上天皇此又稱太

上天皇之始也湻仁光嚴崇光直書曰廢柄去久矣明治維新權臣頓革述世系表

中國年		日本世次	日本天皇即位	名	在位年	紀年
周惠王十七	辛酉	一世	神武（彥波瀲武鸕鷀草葺不合尊子）	彥炎出見尊	七十六	
簡王五	庚辰	二世	綏靖 神武子	川耳尊	三十三	
靈王廿四	癸丑	三世	安〔寧〕 綏靖子	彥玉手見尊	三十八	
敬王十	辛卯	四世	懿德 安寧子	彥耜友尊	三十四	
元王二	丙寅	五世	孝昭 懿德子	觀松彥香殖稻尊	八十三	
安王十	己丑	六世	孝安 孝昭子	足彥國押人尊	百九	
赧王廿五	辛未	七世	孝靈 孝安子	根子彥太瓊尊	七十六	
秦始皇卅三	丁亥	八世	孝元 孝靈子	根子彥國牽尊	五十七	
漢文帝後七	甲申	九世	開化 孝元子	根子彥大日日尊	六十	
武帝天漢四	甲申	十世	崇神 開化子	御間城入彥五十瓊殖尊	六十八	
元帝建始四	壬辰	十一世	垂仁 崇神子	活目入彥五十狹芽尊	九十九	
明帝永平十〔四〕	辛未	十二世	景行 垂仁子	大帶彥忍代別尊	六十	

順帝永建六	辛未	十三世	成務 景行子	稚足彥尊	六十
獻帝初平三	壬申	十四世	仲哀 成務子	足仲彥尊	五
建安六	辛巳	同	神功后攝政		六十九
晉武帝泰始六	庚寅	十五世	應神 仲哀子	譽田別尊	四十一
愍帝建興元	癸酉	十六世	仁德 應神子 前虛二年	大鷦鷯尊	八十七
安帝隆安四	庚子	十七世	履仲 仁德子	火兄去來穗別尊	六
義熙二	丙午	十八世	反正 履仲弟	蝮瑞齒別尊	六
八	壬子	十九世	允恭 反正弟	雄朝津間稚子宿禰尊	四十二
宋孝武帝孝建元	甲午	二十世	安康 允恭子	穴穗尊	三
大明元	丁酉	廿一世	雄略 安康弟	大泊瀨幼武尊	二十三
齊高帝建元二	庚申	廿二世	清〔寧〕 雄略子	白髮武廣國押稚日本根子尊	五
武帝永明三	乙丑	廿三世	顯宗 履仲孫	弘計尊	三
六	戊辰	廿四世	仁賢 顯宗兄	億計尊	十一
東昏侯永元元	己卯	廿五世	武烈 仁賢子	小泊瀨稚鷦鷯尊	八
梁武帝天監六	丁亥	廿六世	繼體 應神五世孫	男大迹尊	二十九

中大通六	甲寅	廿七世	安閑 前廬二年○繼體子	廣國押武金日尊	二	
大同二	丙辰	廿八世	宣化 安閑弟	武小廣國押盾尊	四	
六	庚申	廿九世	欽明 安閑弟	天國排開廣庭尊	三十三	
陳宣帝大建四	壬辰	三十世	敏達 欽明子	渟名倉太珠敷尊	十四	
後主至德四	丙午	三十一世	用明 敏達弟	橘豐日尊	二	
禎明二	戊申	三十二世	崇峻 用明弟	泊瀨部若雀尊	五	
隋文帝開皇十三	癸丑	三十三世	推古 崇峻姊敏達后	豐御食炊屋姬	三十六	
唐太宗貞觀三	己丑	三十四世	舒明 敏達孫	息長足日廣額	十三	
十六	壬寅	三十五世	皇極 舒明女	天豐財重日足姬	三	
十九	乙巳	三十六世	孝德 皇極弟	天萬豐日	三	大化五白雉七
高宗永徽六	乙卯	三十七世	齊明 皇極弟	皇極天皇再位	七	
龍朔二	壬戌	三十八世	天智 舒明子	天命別開	十	
咸亨三	壬申	三十九世	[弘]文 天智子	大友皇子	一	
四	癸酉	四十世	天武 天智弟	天渟中原瀛眞人	十五	白鳳十四
武后天授元	庚寅	四十一世	持統 前廬三年○天智女天武后	高天原廣野姬	十一	朱鳥

紀年	干支	世	天皇	名	在位	年號
神功元	丁酉	四十二世	文武 天武孫	天之眞宗豐祖父	十一	不紀元四大寶三慶雲四
中宗景龍二	戊申	四十三世	元明 持統姊	津御代豐國成姬	七	和同七
元宗開元三	乙卯	四十四世	元正 文武妹	日根子高瑞淨足姬	九	靈龜二養老七
十二	甲子	四十五世	聖武 文武子	天璽國押開豐櫻彥	二十五	神龜五天平二十
天寶八	己丑	四十六世	孝謙 聖武女	阿信	十	天平勝寶八天平寶字二
肅宗乾元二	己亥	四十七世	淸仁 天武孫	大炊	六	天平寶字起三止八凡六年
永泰元	乙巳	四十八世	稱德 孝謙再位	高野	五	天平神護二神護景雲三
化宗太(厤)五	庚戌	四十九世	光仁 天智孫	天宗高紹	十二	寶龜十一天應一
德宗建中三	壬戌	五十世	桓武 光仁子	皇統彌照	二十四	延(厤)二十四
憲宗元和元	丙戌	五十一世	平城 桓武子	天推國高彥天	四	大同四
五	庚寅	五十二世	嵯峨 平城弟	神野平城	十四	弘仁十四
穆宗長慶四	甲辰	五十三世	淸和 嵯峨弟	天高讓彌遠	十	天長十
文宗太和八	甲寅	五十四世	仁明 嵯峨子	天璽豐聰	十七	承和十四嘉祥三
宣宗大中五	辛未	五十五世	文德 仁明子	道康	八	仁壽三齊衡三天安二
十三		五十六世	淸和 文德子	惟仁	十八	貞觀十八

僖宗乾符四	丁酉	五十七世	陽成 清和子	貞明	八	元慶八
光啓元		五十八世	光孝 文德弟	時康	三	仁和三
文德元		五十九世	宇多 光孝子	定省	九	寬平九
昭宗光化元	戊午	六十世	醍醐 宇多子	敦仁	三十三	昌泰三延喜廿二延長八
梁明宗長興二	辛卯	六十一世	朱雀 醍醐子	寬明	十六	承平七天慶九
漢高祖天福十二	丁未	六十二世	邨上 朱雀弟	成明	二十一	天(厤)十天德四應和三康保四
宋太祖開寶元	戊辰	六十三世	冷泉 邨上子	憲平	二	安和二
三	庚午	六十四世	圓融 冷泉弟	守平	十五	天祿三天延三貞元二天文五永觀二
太宗雍熙二	乙酉	六十五世	花山 冷泉子	師貞	二	寬和二
四	丁亥	六十六世	一條 圓融子	懷仁	二十五	永延二永祚一正(厤)五長德四長保五寬弘八
真宗大中祥符五	壬子	六十七世	三條 花山弟	居貞	五	長和五
天禧元	丁巳	六十八世	後一條 一條子	敦成	二十	寬仁四治安三萬壽四長元九
仁宗景祐四	丁丑	六十九世	後朱雀 一條弟	敦良	九	長(厤)三長久四寬德二
慶厤六	丙戌	七十世	後冷泉 朱雀子	親仁	二十三	永承七天喜五康平七治(厤)四
熙寧二	己酉	七十一世	後三條 冷泉弟	尊仁	四	延久四

六	癸丑	七十二世	白河 三條子	貞仁	十三	承保三承曆四永保三應德三
哲宗元祐二	丁卯	七十三世	堀河 白河子	善仁	二十一	寬治七嘉保二永長一承德二康和五長治二嘉承二
徽宗大觀二	戊子	七十四世	鳥羽 堀河子	宗仁	十六	天仁二天永三永久五元永二保安四
宣和六	甲辰	七十五世	崇德 鳥羽子	顯仁	十八	天治二大治五天承元長承三保延六永治一
高宗紹興十二	壬戌	七十六世	近衛 崇德弟	體仁	十四	康治二天養一久安六仁平三久壽二
廿六	丙子	七十七世	後白河 近衛兄	雅仁	三	保元三
廿九	己卯	七十八世	二條 白河子	守仁	七	平治一永曆一應保二長寬二永萬一
孝宗乾道三	丁亥	七十九世	六條 二條子	順仁	三	仁安三
五	己丑	八十世	高倉 二條弟	憲仁	十二	嘉應二承安四安元二治承四
淳熙八	辛丑	八十一世	安德 高倉子	言仁	三	養和一壽永二
十一	甲辰	八十二世	後鳥羽 安德弟	言仁	十五	元曆一文治五建久九
〔寍〕宗慶元五	己未	八十三世	土御門 後鳥羽子	爲仁	十二	正治二建仁三元久二建永一承元四
嘉定四	辛未	八十四世	順德 土御門弟	守成	十一	建〔曆〕二建保六承久三
十四	辛巳	八十五世	仲恭 順德子	懷成	一	
十五	壬午	八十六世	後堀河 高倉孫	茂仁	十一	貞應二元仁一嘉祿二安貞二寬喜三貞永一

年號	干支	世	天皇	諱	在位	年號
理宗紹定六	癸巳	八十七世	四條 掘河子	秀仁	十	天福一文暦一嘉禎三暦仁一延應一仁治三
淳祐三	癸卯	八十八世	後嵯峨 土御門子	邦仁	四	寬元四
七	丁未	八十九世	後深草 嵯峨子	久仁	十三	寶治二建長七康元一正嘉二正元一
景定元	庚申	九十世	龜山 後深草弟	恒仁	十五	文應一弘長三文永十一
帝㬎德祐元	乙亥	九十一世	後宇多 龜山子	世仁	十三	建治三弘安十
元至元廿五	戊子	九十二世	伏見 後深草子	熙仁	十一	正應五永仁六
成宗大德三	己亥	九十三世	後伏見 伏見子	胤仁	三	正安三
六	壬寅	九十四世	後二條 後宇多子	邦仁	六	乾元一嘉元三德治二
武宗至大元		九十五世	花園 伏見弟	富仁	十	延慶三應長一正和五文保二
仁宗延祐六年	己未	九十六世	後醍醐 後二條弟	尊治 廿一		元應二元亨三正中二嘉暦三元德二元弘三建武二延元四
元文宗至順三	壬申		光嚴 伏見子	量仁 二		正慶二
順帝至元六	庚辰	九十七世	後邨上 後醍醐子 / 光明 光嚴弟	義良 廿八 / 豐仁 十一		興國六正平廿二 / 暦應四康永三貞和四
順帝至元三	丁丑					
明太祖洪武元	戊申	九十八世	後龜山 後邨上子	熙成 廿五		正平二建德二文中三天授六弘和三元中九
至正九	己丑		崇光 光嚴子	興仁 三		觀應二
十二	壬辰		後光嚴 崇光弟	彌仁 二十		文和四延文五康安一貞治六應安四
明洪武五	壬子		後圓融 崇光子	緒仁 十一		永和四康暦二永德三
十六	癸亥		後小松 圓融子	幹仁 廿五		至德三嘉慶二康應一明德四應永十五

○洪武二十六 癸酉 南北合一爲後小松明德四年

成祖永樂十一	癸巳	一百世	稱光 後小松子	實仁	十六	應永十五正長一
宣宗宣德四	己酉	一百一世	後花園 崇光孫	彥仁	三十六	永享十二嘉吉三文安五寶德三享德三康正二長祿三寬正六
憲宗成化元	乙酉	一百二世	後土御門 後花園子	成仁	三十六	寬正一文正一應仁二文明十八長享二延德三明德九
孝宗弘治十四	辛酉	一百三世	後柏原 土御門子	勝仁	二十七	文龜三永正十七大永七
世宗嘉靖六	丁亥	一百四世	後奈良 後柏原子	知仁	三十	享祿四天文廿三弘治三
三十七	戊午	一百五世	正親町 後奈良子	方仁	二十九	永祿十二元龜三天正十四
神宗萬厤十五	丁亥	一百六世	後陽成 正親町孫	周仁	二十五	天正五文祿四慶長十六
四十	壬子	一百七世	後水尾 後陽成子	政仁	十八	慶長三元和九寬永六
莊烈帝崇禎二	庚午	一百八世	明正 後水尾女	興子	十四	寬永十四
大清順治元	甲申	一百九世	後光明 明正弟	紹仁	十	正保四慶安四承應三
十二	乙未	一百十世	後西院 光明弟	良仁	八	明暦三萬治三寬文二
康熙二	癸卯	一百十一世	靈元 後西院弟	識仁	二十四	寬文十延寶八天和三貞享三
廿六	丁卯	一百十二世	東山 靈元子	朝仁	二十二	元祿十六寶永六
四十九	庚寅	一百十三世	中御門 東山子	慶仁	二十六	正德五享保二十

乾隆元	丙辰	一百十四世	櫻町 中御門	昭仁	十二	元文五寛保三延享四
十一	丁卯	一百十五世	桃園 櫻町子	遐仁	十五	寛延三寳暦十二
廿八	癸未	一百十六世	後櫻町 桃園姊	智子	八	明和八
卅六	辛卯	一百十七世	後桃園 桃園子	英仁	九	安永九
四十五	庚子	一百十八世	光格 東山孫	兼仁	三十七	天明八寛政十二享和三文化十三
嘉慶廿二	丁丑	一百十九世	仁孝 光格子	惠仁	二十九	文政十二天保十四弘化四
道光廿七	丁未	一百二十世	孝明 仁孝子	統仁	二十一	嘉永六安政六萬延元文久三元治元慶應三
同治七	戊辰	一百廿一世	明治 孝明子	睦仁		明治

權臣柄政年表

神武元年彼可美眞手令道臣命掌禁軍警衛而無將軍名崇神始置四道將軍而無大稱景行四十年拜皇子小碓征夷大將軍征東即日本武尊也而亦無擅政權三韓之役神功后親執鐵鉞推古十年以皇子久目爲征新羅將軍見於日本史箚据知大將

軍不常置厥後武置大將然皇子親王外無任者初亦恐權移也聖武神龜元年以藤原宇合爲持節大將軍高橋安麻呂爲副將軍擊陸奥蝦夷以小野牛養爲鎭狄將軍撫出羽蝦夷而猶非世任大將軍也武臣平淸盛以戰任太政大臣而後源賴朝拜征夷大將軍時建久三年當宋紹熙三年自時厥後征夷大將軍遂爲武將覇府之恒制矣子賴家弟實朝繼之賴家子公曉殺實朝北條義時立賴經爲鎌倉主其拜征夷大將軍年裁二歲於是權歸北條以賴嗣繼其次曰宗尊曰惟康曰久明曰守邦曰護良曰成良實皆聽命北條足利尊氏起自任征夷大將軍至足利氏而大將軍位親王三公上矣次尊氏者曰義詮曰義滿受明封箛稱日本國王由義持以至義昭其權則哀葢自義植巳漸寄食諸藩而織田信長繼覇明智光秀斃之豐臣秀吉出以非源氏不拜大將

軍而任關白然勢倍足利未幾讓職於義子秀次自稱太閤凡關白退者輙稱太閤也死子秀頼繼之德川家康拜征夷大將軍辭職稱大御所子秀忠繼家光其三世也寛永中有肥前島原之役四曰家綱五曰綱吉元祿有赤穗義士復讐事家宣家綱吉宗家重家治家齊家慶家定家茂凡十四世次之者慶喜也慶喜之歸權距頼朝爲大將軍權在武門凡六百七十有六年論者謂厥初政權非不在上藤原氏始以外戚擅權平淸盛繼以武臣執權而源頼朝後北條義時浸以陪臣專權矣順德與其上皇徵兵討之義時使子泰時兵京師而勝遂遷其上皇於海島後醍醐時徵兵擊北條高時不利國君遷海島尋復足利尊氏據鎌倉叛君出吉野尊氏更立新君是爲南北兩朝經五十年而合織田豐臣以至德川君邑僅十萬石祭則寡人非皷薩長土三大名以尊攘爲號

西海大名應之德川慶喜乃歸政權慶應四年改元明治時薩長土肥四藩各以兵數千入衛正月二日慶喜與四藩戰於伏見淀日暮收軍明日四藩兵擁仁和寺親王建錦旗旗繪日月國君旗也慶喜乃迎戰終日而敗退大坂明日慶喜火城浮海返江戸然明治以駿遠二國七十萬石封德川氏改置兵部省大將以下武職尋改海軍陸軍二省以皇族親王任大將其中將以下遴人補之而大將軍廢或猶震其前名曰五覇而覇跡斬矣述權臣柄政年表

權臣姓名	官	任 中國年	日本年	去任 中國年	日本年
源頼朝	將軍	宋淳熙十三	建久三	宋慶元六	正治元年卒
頼家	將軍	嘉泰二	建仁二	開禧二	元久元年自殺
實朝	將軍	三	建久二	嘉泰十二	承久元年爲弒
藤原頼經	將軍	嘉定十三	嘉祿二	湻和元	仁治二年

賴嗣	將軍	湻和四	寬元二	湻和十二	建長四年廢
宗尊親王	將軍	十二	建長四	咸湻十	文永十一年卒
惟康王	將軍	咸淳二	文永三	元至元廿六	正應二年廢
久明親王	將軍	元至元廿六	正應二	至大元	延慶元年廢
守邦親王	將軍	至大元	延慶元	元統	元[弘]三年卒
護良親王	將軍	元統元	元弘三	至元元	建武二年被殺
成良親王	將軍	二	建武元	至元四	延元三年卒
足利尊氏	征夷大將軍	至元四	延元三	至正十八	正平十三年卒
義銓	將軍	至正十八	正平三	至正廿七	正平廿二年卒
義滿	將軍	明洪武元	正平廿三	明洪武廿七	應永元年卒
義持	將軍	二十七	應永元	宣德三	正長元年卒
義量	將軍	永樂廿一	應永三十	洪熙元	應永三十二年卒
義敎	將軍	宣德三	永享元	正統六	嘉吉元年被殺
義勝	將軍	正統六	嘉吉二	正統八	嘉吉三年死
義政	將軍	十四	文安六	[弘]治二	延德二年卒

義尙	將軍	成化八	文明五	〔弘〕治二	延德元年卒
義植	將軍	〔弘〕治三	延德二	嘉靖二	大永三年卒
義澄	將軍	七	明應三	正德六	永正八年卒
義晴	將軍	正德十六	大永元	嘉靖廿九	天文十九年卒
義輝	將軍	嘉靖廿五	天文十六	四十四	永祿八年被殺
義榮	將軍		永祿十一	隆慶二	永祿十一年卒
義昭	將軍	隆慶二	永祿十一	萬厤廿五	慶長二年卒
織田信長	內大臣	萬厤元	天正五	十	天正十年被殺
豐臣秀吉	太政大臣	十四	天正十	廿六	慶長三年卒
秀次	關白	十九	天正十九	廿三	文祿四年自殺
秀賴	內大臣	廿八	慶長元	四十三	元和元年滅
德川家康	征夷大將軍	三十一	慶長八	四十四	元和二年卒
秀忠	將軍	三十三	慶長十	崇禎五	寬永九年卒
家光	將軍	天啓三	元和八	大清順治八	慶安四年卒
家綱	將軍	大清順治八	慶安四	康熙十九	延寶八年卒

綱吉	將軍	康熙十八	延寶八	四十八	寶永六年卒
家宣	將軍	四十八	寶永六	五十一	正德二年卒
家繼	將軍	五十二	正德三	五十五	亨保元年卒
吉宗	將軍	五十五	亨保元	乾隆十六	寶厤元年卒
家重	將軍	乾隆十	延亨二	三十	明和二年卒
家治	將軍	廿七	寶厤十二	五十一	天明六年卒
家齊	將軍	五十二	天明七	道光廿一	天保十二年卒
家慶	將軍	道光十七	天保八	咸豐三	嘉永六年卒
家定	將軍	咸豐三	嘉永六	八	安政五年卒
家茂	將軍	八	安政五	同治五	慶應二年卒
慶喜	將軍	同治五	慶應二	六	三年辭職

藩國表

日本古無藩而亦曰國神武時置大和國造其權與也崇神置諸州國造疑且有城中古每州有府爲守介治所惟邊國如奧羽鎮

西有數城可考也後武臣擅政大名（將軍臣隷）各相地以築城壁（其蝦夷酋長築城曰柵）于是一州而有數城足利季年分爲十國國有十數城織田信長城岐阜豐臣秀吉城姬路此大城嚆矢也秀吉開覇府于大坂乃課諸侯築大城以甲陽流越後流爲最德川亦課諸侯築大城于江戶其最有制凡一萬五千石以上大抵得築一城稱之城主又諸侯大者稱之國主封內（時有）數城臣隷分守之雖曰初無封建足利氏已啓其制然非朝命也時食大邑領州郡者曰大名名者邑里之俗稱食小邑者稱小名應仁中細川山名兩大名二氏爭雄並稱足利老臣遂成割據之勢改封建大名于諸州其大者德川家康阪東八州米二百四十萬石次爲毛利輝元食山陽山陰十州一百六十萬石其他有食二三州或一州者有數人食數郡者有無慮數百大成武鑑靑標紙殿居囊等書有足徵者大

名之食祿自百萬斛至一萬斛約二百六十家朝覲之禮隔歲一至江戸知有覇府不知有京師也京師禮存慶唁而已即位與易代一行之尊攘之論既起慶應二年爲同治五年藩之移封二上野前橋移自武藏川越武藏川越移自陸奧棚倉明年移封五上總菊間移自駿河沼津上總大網移自駿河田中上總東金移自駿河小島上總成田移自遠江相良上總松尾移自遠江掛川明治元年移封者一駿河靜岡移自武藏江戸當前一年廢藩置知事而任舊侯之時厥等有三二十萬石以上爲大藩十萬石以上爲中藩九百石至萬石爲小藩置參事亦任舊臣然時易置之三年薩長上肥知藩事首還厥地還者踵相接於是廢知藩事者爲華族以舊藩士爲士族初藩知事以原祿十分之一爲食祿藩士亦減祿有差至是改縣與府與廳就明治五年諸藩姓氏與名與

職與祿與地與人畧于篇亦可知其梗概矣述藩國表

國	諸藩姓名	官位	治所 國郡名	治所 藩名	領地草額	領地米石	士卒人員	士卒祿	今府縣地
山城	稻葉正邦	侍從	山城國紀伊郡	淀	十萬二千石	四萬三千七百八十石	千三百二人	一萬八千二百四十五石	西京
大和	柳澤保申	同	大和國添下郡	郡山	十五萬千二百八十八石	五萬九千四百九十石	千九百十六人	二萬千九百五十一石	奈良
	片桐貞篤	主膳正	同添下郡	小泉	一萬千百石餘	五千五百九十石	百九十一人	二千百四十二石	同
	柳生俊益	但馬守	同添上郡	柳生	一萬石	五千七百十石	百五十三人	千九百三十石三斗	同
	平野長裕	遠江守	同十市郡	田原本	一萬一石餘	三千七十石	百三十四人	千百三十六石	同
	植村家壺	駿河守	同高市郡	高取	二萬五千石	一萬二千七百石	四百六十六人	四千百七十二石	同
大和	織田信及	大和守	大和國城上郡	柳本	一萬石	六千六百石	百五十八人	千六百七十六石	奈良
	織田長易	攝津守	同城上郡	芝村	一萬石	五千二百十石	百七十六人	千九百二十九石	同
	永井直哉	信濃守	同葛上郡	櫛羅	一萬石	四千五百五十石	百二十八人	千百九十五石二斗五升	同
河內	北條氏恭	相摸守	河內國丹南郡	狹山	一萬石	五千四百七十石	百二十人	千八百四十石七斗五升	堺
	高木正善	肥前守	同丹南郡	丹南	一萬石	六千六百石	百三十九人	千七百二十八石	同
和泉	渡邊章綱	丹後守	和泉國泉郡	伯太	一萬三千五百二十石餘	六千七十石	百四十四人	二千四石	同
	岡部長職	美濃守	同泉南郡	岸和田	五萬三千石	三萬四千九十石餘	千四十一人	一萬百十八石	同

	遠藤胤城	但馬守	同日根郡	吉見	一萬二千石	五千二百石	九十二人	千六十九石五斗	同
攝津	永井直諒	日向守	攝津國島上郡	高槻	三萬六千石	一萬七千四百四十石	七百三十八人	六千四百二十五石	大坂
	青木重義	民部少輔	同豐島郡	麻田	一萬石餘	四千七百九十二石	百三人	千百二十八石	同
	櫻井忠興	遠江守	同河邊郡	尼ヶ崎	四萬石	二萬七千六百七十石	九百七十二人	九千三百七十六石七斗二升五合	兵庫
	九鬼隆義	長門守	同有馬郡	三田	三萬六千石	一萬五千二百九十石	三百三十三人	三千九百五十四石	同
	藤堂高潔	大學頭	伊勢國安濃郡	津	卅二萬三千九百五十石	七十二萬四千二百十石	千九百四十七人	二萬九千四百十一石	三重
	石川成之	日向守	同鈴鹿郡	龜山	六萬石	二萬四千四百五十石	九百七人	八千三百六十一石三升	同
	松平定敎		同桑名郡	桑名	六萬石	二萬三千四百五十石	千三百二十五人	一萬二千三百五十六石八斗	同
	增山正同	備中守	同	長島	二萬石	七千三百九十石	二百七十五人	二千四百二十三石	同
	本多忠貫	河內守	同河曲郡	神戶	一萬五千石	六千六百七十石	百六十三人	千七百九十三石	同
	土方雄志		同三重郡	菰野	一萬千石餘	五千七百二十石	百六十一人	千四百五十六石	同
	藤堂高邦	佐渡守	同一志郡	久居	五萬三千石餘	二萬三千二百四十石	三百十一人	四千五百三石	同
志摩	稻垣長敬	對馬守	志摩國答志郡	鳥羽	三萬石	一萬二千九百二十石	三百六十二人	三千四百十九石	同
尾張	松平義宜	左中將	尾張國愛知郡	名古屋	六十一萬九千五百石	二十六萬九千七十石	一萬九百四十五人	十萬七千三百八十四石	愛知
	成瀨正肥	隼人正	同丹羽郡	犬山	三萬五千石	一萬二千八百四十石	五百十八人	四千六百十一石	同
三河	本多忠直	中務大輔	三河國額田郡	岡崎	五萬石	二萬千三百五十一石餘	七百五十六人	八千七百八十八石	同

	大岡忠敬	越前守	同	西大平	一萬石	三千二百五十石	九十二人	九百七石	同
	板倉勝達	内膳正	同碧海郡	重原	二萬八千石	八千八百八十石	三百十九人	三千六百四十八石四斗	同
	土井利敬	淡路守	同碧海郡	刈谷	二萬三千石	七千九十石	千六十六人	二千九百九十五石一斗七升九合	同
	本多忠鵬	對馬守	同	西端	一萬五百石	三千二百八十石	八十四人	八百二十四石二斗五升	同
	松平乘秩	和泉守	三河國幡豆郡	西尾	六萬石	二萬三千百九十石	七百五十一人	七千六百六十四石	同
	内藤文成	丹波守	同西加茂郡	擧母	二萬石	六千七百十石	二百四十一人	二千三百八十七石	同
	安部信發	攝津守	同	半原	二萬二百五十石餘	五千九百四十石	二百人	千六百九石	同
	大河内信古	刑部大輔	同渥美郡	吉田	七萬石	二萬六千二百石	七百七十人	一萬四百九十一石	同
	三宅康保	備後守	同	田原	一萬二千石餘	五千七百四十石	二百人	十九百二十二石一斗	同
遠江	大澤基壽	右京大夫	遠江國敷知郡	堀江	一萬六石	二千二百七十石	百二十人	八百三十三石七斗	靜岡
駿河	德川家達	中將	駿河國安倍郡	府中	七十萬石	二十一萬二百十石	一萬四千十五人	十二萬八千四百二十一石	同
相摸	大久保忠良	相摸守	相摸國足柄下郡	小田原	七萬五千石	二萬三千四百十石	千三百八十八人	一萬三千九百七石	同
	大久保敎義	中務少輔	同愛甲郡	荻野山中	一萬三千石	四千六百六十石	百三十人	千四百二十四石	神奈川
武藏	米倉昌言	丹後守	武藏國久良岐郡	金澤	一萬二千石	二千七百石	九十六人	九百七十石	同
	松平忠敬		同北埼玉郡	忍	十萬石	四萬二千七十石	千四百十三人	一萬七千五百三十六石	埼玉
	大岡忠貫	主膳正	同南埼玉郡	岩槻	二萬三千石	八千八百八十石	四百十八人	三千八百八十四石	同

	松井康載	周防守	同入間郡川越	八萬四百石餘	二萬千六百六十石	千五十八人	一萬四千七十三石	千葉
安房	本多正憲		安房國安房郡長尾	四萬石	一萬八千九百三十九石余	七百十六人	七千三百三十七石	同
	西尾忠篤	隱岐守	同朝夷郡花房	三萬五千石	一萬四千五百七十石	五百二人	六千三百八十石五斗	同
	稻葉正善	備後守	同安房郡館山	一萬石	三千四百九十八石余	百五十八人	千二百六十石	同
	酒井忠美	大和守	同平郡加知山	一萬二千石	四千二百八十石	百六十八人	千九十石	同
上總	井上正直	侍從	上總國市原郡鶴舞	六萬石	二萬四千百五十石	八百七十人	一萬百五十二石	同
	太田資美	備中守	同武射郡芝山	五萬三十七石余	一萬九千五百四十石	六百四十九人	七千百九十七石	同
	田沼意齊		同天羽郡小久保	一萬石	四千四百石	百二十三人	千二百二十四石	同
	瀧脇信敏	丹後守	同望陀郡櫻井	一萬石	三千五百六十石	百十二人	千七十五石	同
	水野忠敬	羽後守	同市原郡菊間	五萬石	一萬九千二百六十石	六百四十四人	八千八百十六石	同
	水野忠順	肥前守	同市原郡鶴牧	一萬五千石	七千四十石	二百十七人	二千五百七十六石	同
	大河內正質	豐前守	同夷隅郡大多喜	二萬七千二百九十四石余	七千二百八十石	二百七人	二千七百二十七石	同
	黑田直養	筑後守	同望陀郡久留里	三萬石	一萬千百二十六石	三百八十四人	三千八百八十五石	同
	阿部正恒	駿河守	同天羽郡佐貫	一萬六千石	四千四百七十石	百五十八人	千四百石	同
	保科正益	彈正忠	同周准郡飯野	二萬石	七千五百石	二百八十四人	二千七百四十二石	同
	加納久宜	遠江守	上總國長柄郡一宮	一萬三千石	五千四百七十石	百二十四人	千八百七十七石	同

下總	久松勝慈	豐前守	下總國香取郡	多古	一萬二千石	二千七百五十石	百十九人	千三百八十八石	同
	內田正學	主殿頭	同	小見川	一萬石	二千七百十石	百二十一人	九百五十六石	同
	井上正順	宮內少輔	同	高岡	一萬石	三千五百四十石	百十八人	千二十九石	同
	堀田正倫	相模守	同印旛郡	佐倉	十一萬石	五萬百石	千四百七十四人	一萬七千百八十二石	同
	久世廣業		同葛飾郡	關宿	四萬八千石	一萬五千五百五十石	三百二十七人	二千六百三十五石	同
	戶田忠綱	備後守	同千葉郡	曾我野	一萬千百三十九石餘	三千七百二十石	百六十六人	千四百三石	同
	森川俊方	內膳正	同千葉郡	生實	一萬石	四千三十石	百九十三人	千二百八十九石	同
	水野勝寬		同結城郡	結城	一萬七千石	四千八百四十石	二百十八人	二千三百二石	同
	土井利與	大炊頭	同西葛飾郡	古賀	八萬石	二萬五千七百十石	千二十三人	一萬四百六十六石	同
常陸	德川昭武	少將	常陸國茨城郡	水戶	三十五萬石	五萬七千七百三十石	三千八百三十八人	二萬二千二百七十八石	茨城
	松平賴位	主稅頭	同	宍戶	一萬石	千八百九十石	百二十五人	八百十三石	同
	牧野貞寧		同眞壁郡	笠間	八萬石	二萬五千百八十石	七百五十一人	八千五百八十一石	同
	石川總管	若狹守	同眞壁郡	下館	二萬石	七千九百十石	三百四十一人	四千八百四十五石	同
	井上正巳	伊豫守	同	下妻	一萬石	二千九十石	百一人	八百九十石	同
	中山信徵	備中守	同多賀郡	松岡	二萬五千石	四千五十石	百八十五人	千八十石九斗五升五合	同
	土屋寅直	采女正	同新治郡	土浦	九萬五千石	二萬八千三百八十石	千七十九人	一萬千八百九十四石	同

	松平頼策	侍從	同	石岡	二萬石	五千二百六十石	二百九十八人	千九百五十一石	同
	本堂親久	式部少輔	同	志筑	一萬百十石	十九百五十石	百四十四人	五百八十七石	同
	山口弘達	周防守	同河內郡	牛久	一萬十七石	三千七百石	百十七人	九百七十三石	同
	米津政敏	伊勢守	同河內郡	龍崎	一萬千石	三千三百二十石	百十二人	八百二石	同
	新庄直敬	下野守	同行方郡	麻生	一萬石	四千七百十石	二百三十二人	千六百五十七石	同
	松平頼之		同	松川	二萬九千三百廿二石餘	六千百七十石	二百七十人	二千五百八十五石	同
近江	分部光謙		近江高島郡	大溝	二萬石餘	六千七百三十石	百三十一人	千五百七十三石四斗	滋賀
	本多康穰	主膳正	同滋賀郡	膳所	六萬石	二萬五千三百石	千九百四十四人	一萬千四百四十二石八斗	同
	加藤明實	能登守	同甲賀郡	水口	二萬五千石	一萬千七百十石	三百五十六人	二千八百三十六石	同
	市橋長義	下總守	同蒲生郡	西大路	一萬八千石餘	六千七百十石	二百七人	二千三百七十五石四斗	同
	井伊直憲	中將	近江國犬上郡	彥根	三十五萬石	九萬四千三十石	四千七百三十四人	三萬八千九百八十八石五斗三升二合	同
	稻垣太清	若狹守	同神崎郡	山上	一萬三千四十三石	四千九百石	百六十六人	千五百十二石	同
	堀田正養	豐前守	同坂田郡	宮川	一萬三千石	四千八百三十石	百十三人	千八十石	同
	水野忠弘	和泉守	同淺井郡	朝日山	五萬石	一萬七千五百石	千百八十八人	一萬四百石五斗八升五合	同
美濃	戶田氏共	采女正	美濃國安八郡	大垣	十萬石	五萬三百二十石	千五百三十八人	一萬七千三百六十六石六斗一升四合	岐阜
	戶田氏良	淡路守	同	野村	一萬三千九十九石餘	三千九百石	百二十六人	八百三石	同

姓名	官	國郡	城地	石高				
竹腰正舊	伊豫守	同	今尾	三萬石	七千八百石餘	三百七十九人	三千三百三十七石	同
本莊道美	宮內少輔	同山縣郡	高富	一萬石	三千二百二十石	百三十四人	千百三十五石	同
青山幸宜	大膳亮	同郡上郡	郡上	四萬八千石	一萬五千九百七十石	六百十八人	六千三百三十六石	同
松平乘命	能登守	同惠那郡	岩村	三萬石	一萬三千二百七十石	四百五十七人	四千六百六十二石	同
遠山友祿	美濃守	同	苗木	一萬二十一石	四千九百二十石	百二人	千八百八十八石	同
永井尙服	肥前守	同厚見郡	加納	三萬二千石	一萬三千五十石	三百四十八人	三千二百五十六石四斗九升九合八夕	同
松平義勇		同石津郡	高須	三萬石	六千六百三十石	五百九十一人	五千百五十一石	同
信濃 戶田光則	丹波守	信濃國筑摩郡	松本	六萬石	三萬六千八百五十石	千十九人	一萬七百二十七石	長野
堀親廣	美濃守	同伊奈郡	飯田	一萬七千石	一萬四十石	三百八十四人	三千三百二石	同
內藤賴直	若狹守	同	高遠	三萬三千石	一萬五千三百三十石	六百四十七人	六千四百一石	同
諏訪忠禮	伊勢守	同諏訪郡	高島	三萬石	一萬六千七十石	九百三十二人	八千八百三十二石	同
大給乘謨	縫殿頭	同更科郡	龍岡	一萬六千石餘	五千百四十石	百七十八人	千九百四十七石五斗三升	同
眞田幸民	信濃守	同埴科郡	松代	十萬石	三萬七千百五十石	二千三百三十五人	一萬五千九百二十六石二斗九升四合	同
堀直明	長門守	同高井郡	須坂	一萬五十三石餘	四千三百三十石	二百五十八人	千五百三十九石	同
本多助實		同水內郡	飯山	二萬石	一萬千九百七十石	二百九十人	三千七百三十八石	同
內藤正誠	志摩守	同佐久郡	岩村田	一萬五千石	四千三百石	百四十四人	千七百十九石	同

	牧野康民	遠江守	同	小諸	一萬五千石	一萬二十石	二百九十一人	三千二百四十一石	同
	松平忠禮	伊賀守	同小縣郡	上田	五萬三千石	二萬二千八百八石餘	七百九十二人	九千五百九石七斗	同
上野	吉井信謹	侍從	上野國多胡郡	吉井	一萬石	二千百六十石	百二人	五百九十四石二斗五升	群馬
	松平直方		同那波郡	前橋	十七萬石	五萬四千四百五十石	二千四百八十一人	三萬七百七十六石五斗	同
	大河內輝照	右京亮	同群馬郡	高崎	八萬二千石	三萬三千百十石	千十三人	一萬八百七十一石	同
	土岐頼知	隼人正	上野國利根郡	沼田	三萬五千石	一萬五千百十石	六百六十四人	五千四百十三石	同
	板倉勝殷	主計頭	同碓氷郡	安中	三萬石	七千六百八十石	三百六十一人	二千八百十四石	同
	酒井忠彰	下野守	同佐位郡	伊勢崎	二萬石	五千五百十石	二百九十六人	千五百二十八石二斗九升	同
	松平忠恕	攝津守	同北甘樂郡	小幡	二萬石	四千百七十石	二百四十二人	千九百七十二石	同
	前田利昭		同	七日市	一萬十四石餘	二千六百石	百十六人	八百九十六石	同
	秋元禮朝	但馬守	同邑樂郡	舘林	六萬石	三萬七千四百五十石	千七十二人	一萬八百七十六石	同
下野	足利聰氏	左馬頭	下野國鹽谷郡	喜連川	五千石	千九百三十石	百七十一人	九百二十七石八斗四升六合八夕	橡木
	鳥居忠文		同都賀郡	壬生	三萬石	一萬百七十石	四百人	四千百十五石	同
	有馬氏弘	兵庫頭	同	吹上	一萬石	三千五百三十石	百五十九人	千五百八十三石	同
	堀田正頌	攝津守	同安蘇郡	佐野	一萬六千石	五千二百九十石	百八十四人	千六百十六石	同
	戶田忠行	長門守	同足利郡	足利	一萬千石餘	二千七百石	百二十九人	千七十一石四斗二升	同

	戸田忠友	土佐守	同河內郡	宇都宮	七萬八百五十石	一萬八千八百三十石	九百七十三人	八千百十四石	同
	大久保忠順	佐渡守	同那須郡	烏山	三萬石	七千五百三十石	二百六十七人	二千二百十六石	同
	大關增勤	美作守	同	黑羽	一萬八千石	五千三百四十石	三百二十五人	二千百四十六石	同
	大田原勝清	飛驒守	同	大田原	一萬千四百石餘	二千五百二十八石餘	百九十一人	千百六十七石	同
	細川興貫	玄蕃頭	同芳賀郡	茂木	一萬六千三百石餘	三千八百五十石	百七十七人	千二百七十四石	同
磐城	安藤信勇	對馬守	磐城國磐前郡	磐城平	三萬石	六千七百六十石	五百十二人	四千二百八十九石	福島
	內藤政憲		同	湯長谷	一萬四千石	三千二百六十石	百六十七人	千七百三十二石	同
	本多忠伸	兵庫助	同菊多郡	泉	一萬八千石	四千五百五十石	百九十九人	二千六百九十四石	同
	秋田映季	信濃守	同田村郡	三春	五萬石	一萬二千五百八十石	五百二十人	四千八百四十九石	同
	阿部正功		同東白川郡	棚倉	六萬石	一萬百四十石	八百四十人	五千四百七十四石	同
	相馬季胤	因幡守	同宇多郡	中村	六萬石	三萬四千六百十石	二千四百八十人	一萬三千六百四十二石五斗二升	同
岩代	丹羽長裕		岩代國安達郡	二本松	五萬石	一萬二千八百六十石	八百七十八人	七千五百二十七石九斗一升	同
陸前	伊達宗基		陸前國宮城郡	仙臺	二十八萬石	六萬七千七百四十石	七千二百四十八人	四萬六千三百五石	宮城
陸中	南部利恭	甲斐守	陸中國岩手郡	盛岡	十三萬石	六萬八千五百八十石	千七百六十七人	二萬五千四百九十六石七斗	岩手
	田村崇顯	右京大夫	同磐井郡	一關	二萬七千石	一萬千二百十石	六百十三人	四千七百十六石七斗	同
陸奥	津輕承昭	少將	陸奥國津輕郡	弘前	十萬石	十四萬千三百四十五石	四千三百十九人	四萬五千九十七石	青森

南部信方		陸奧國上北郡七戶	一萬三百八十四石	千六百二十石	六十五人	五百四十石	青森
南部信順	侍從	同三戶郡八戶	二萬石	九千四百四十石	五百五十九人	四千三百六十五石一斗五升	同
津輕承叙	式部大輔	同南津輕郡黑石	一萬石	八千二十石	二百七十二人	千九百二十六石四升	同
松前德廣	志摩守	同東津輕郡館	三萬石	二萬三千三百石	千六百七十九人	一萬七千百十九石	同
松平容大		同下北郡斗南	三萬石	七千三百八十石	三千三百六十五人	一萬三千二百七十七石一斗六升	同
羽前 織田壽重丸		羽前國村山郡天童	一萬八千石	七千六百五十石	三百五十五人	二千七百九十五石	山形
戶澤正實	中務大輔	同最上郡新庄	六萬八千二百石	二萬六千七十石	千三百二十九人	一萬千三百三十四石	同
松平信安		同村山郡上山	三萬七千石	一萬四百八十七石餘	四百二十八人	三千九十八石	同
酒井忠寶		同田川郡大泉	十二萬石	六萬九千三百七十九石餘	四千四百八十人	四萬六千六百四石	同
上杉茂憲	式部大輔	同置賜郡米澤	十四萬七千二百四十八石	六萬百九十六石	五千九百七十一人	三萬八百九十六石	同
羽後 酒井忠匡	大學頭	羽後國飽海郡松嶺	二萬二千五百石	一萬二千四百二十石餘	四百八十七人	五千七百八十石	同
佐竹義堯	宰相	同秋田郡秋田	二十萬五千八百石	十七萬九千四百石	六千八百七十七人	八萬八千二百八十八石二斗九升六合	秋田
佐竹義理	壹岐守	同秋田新田岩崎	二萬石	一萬千九百十石	二百七十五人	五千三十七石五斗	同
六鄉政鑑	兵庫頭	同由利郡本庄	二萬二十一石餘	一萬三千二百七十石餘	六百八十七人	六千九百十石	同
生駒親敬	讚岐守	同矢島	一萬五千二百石餘	六千二百二十石	百八十九人	千六百九十六石二斗二升五合	同
岩城隆彰		同龜田	一萬八千石	一萬二千二百石	五百八十一人	五千三百七十五石	同

國	藩主	官	所在	城	石高				縣
若狹	酒井忠祿	前少將	若狹國遠敷郡	小濱	十萬三千五百五十八石餘	五萬五千七百三十石	千六百十七人	一萬五千四百六十五石	新潟
	酒井忠經	左京亮	同敦賀郡	鞠山	一萬石	四千九百五十石	百二十八人	八百五十石五斗五升	同
越前	間部詮道	下總守	越前國今立郡	鯖江	四萬石	一萬四千九百六十石	六百八人	六千百六十五石	同
	松平茂昭	越前守	同足羽郡	福井	三十二萬石	十一萬千十石	四千八百八十人	六萬三千二百八十二石一斗四升六合	同
	有馬道純	遠江守	同坂井郡	丸岡	五萬石	一萬七千三百六十石	六百七十一人	七千九百二十二石	同
	土井利恒	能登守	同大野郡	大野	四萬石	一萬二千六百三十石	四百五十七人	四千九百三十一石	同
	小笠原長守	左衛門佐	同	勝山	二萬二千七百七十七石	七千二百六十石	二百五十六人	二千五百七十六石	同
加賀	前田慶寧	宰相中將	加賀國石川郡	金澤	百二萬二千七百石	六十三萬六千八百八十石	一萬八千七百三十八人	二十六萬八千二十五石	石川
	前田利鬯	侍從	同江沼郡	大聖寺	十萬石	二萬八千七百三十石	千六百七十七人	一萬六千四百八十二石一斗二升	同
越中	前田利同	淡路守	越中國新川郡	富山	十萬石	六萬六千十石	三千五百四十五人	三萬三千九百九十九石	同
越後	溝口直正	伯耆守	越後國北蒲原郡	新發田	十萬石	七萬九百二十石	三千百二人	三萬千七百二石	新潟
	柳澤光邦	刑部大輔	同	黒川	一萬石	四千七百六十石	百五十六人	千七百三十六石	同
	柳澤德忠	信濃守	同	三日市	一萬石	四千八百十石	百十九人	千四百四十三石	同
	堀直弘		同中蒲原郡	村松	三萬石	二萬六百九十石	九百五十九人	六千四百六十九石	同
	牧野忠泰	伊勢守	同西蒲原郡	峯岡	一萬千石	五千四百石	百二十四人	千五百八十二石六斗	同
	內藤信美	豐前守	同岩船郡	村上	五萬九十石餘	二萬九千四百八十石	七百七十八人	一萬三百四十石	同

	牧野忠毅		同古志郡長岡	二萬四千石	一萬五百石	二千百五十五人	一萬八千四百二十四石二斗三合	同
	榊原政敬	侍從	同頸城郡高田	十五萬石	四萬八千四百十石	千九百五十六人	二萬千八百九十四石	同
	松平直靜	日向守	同西頸城郡清崎	一萬石	五千五百二十石	百四人	千二百三十三石	同
	井伊直安	右京亮	同三島郡與板	二萬石	七千百九十石	三百二十六人	二千七百三十五石	同
	堀之美	右京亮	同刈田郡椎谷	一萬石	四千三百九十石	百六人	千三百三十四石	同
丹羽	松平信正	圖書頭	丹波國桑田郡龜岡	五萬石	二萬八千三百八十石	六百八十八人	七千五百六十石四斗二升	西京
	九鬼隆備	大隅守	同何鹿郡綾部	一萬九千五百石	七千百六十石	百八十九人	二千三百三石	同
	谷衛滋	大膳亮	同山家	一萬八十二石餘	四千三百八十九石餘	百四十七人	千三百八十石	同
	小出英尚	伊勢守	同船井郡園部	二萬六千七百十一石餘	一萬三千五百三十石	五百三十人	四千三百五十二石	同
	朽木爲綱	近江守	同天田郡福知山	三萬二千石	一萬三千三百三十石	四百七十一人	四千七百九十石	兵庫
	青山忠敏	左京大夫	同多紀郡篠山	六萬石	三萬六千三百二十石	七百六十人	九千五百七十八石	同
	織田信親	出雲守	同氷上郡柏原	二萬石	九千百九十石	二百十六人	二千五百七十一石	同
丹後	本庄宗武	伯耆守	丹後國與佐郡宮津	七萬石	二萬七千百六十石	八百五十一人	一萬百九十九石一斗七升	同
	牧野彌成	內匠頭	同加佐郡舞鶴	三萬五千石	一萬六千七百五十石	五百七十八人	六千百石	同
	京極高陳	備中守	同中郡峯山	一萬千百四十四石餘	六千三十石	一百七人	二千百九十二石	同
但馬	山名義濟	因幡守	但馬國七味郡村岡	一萬千石	三千七百九十石	百十九人	千百二十三石	同

舊國	藩主	官	所在	城地	石高	現石	人數	租額	縣
	仙石政固	越前守	同出石郡	出石	三萬石	一萬三千八百四十石	六百七十一人	五千三百二十五石二斗	同
	京極高厚	飛驒守	同城崎郡	豐岡	一萬五千石	五千三百八十石	百八十九人	千五百十六石八斗七升五合	同
因幡	池田慶德	中納言	因幡國邑美郡	鳥取	三十二萬五千石	十八萬六千四百三十七石	六千九百八人	八萬千九百二十石四斗六升八合	鳥取
出雲	松平定安	少將	出雲國島根郡	松江	十八萬六千石	十四萬五千三百四十石	三千八百七人	五萬六千百三十三石	島根
	松平直己	佐渡守	同能義郡	廣瀨	三萬石	一萬四千三百九十石	三百七十人	四千八百九十二石	同
	松平直哉	主計頭	同	母里	一萬石	五千三百五十三石	百七十八人	二千二百三十石八斗四升七合	同
石見	龜井茲監	中將	石見國鹿足郡	津和野	四萬三千石	三萬七百五十三石	千四百六十五人	一萬七百六十八石八斗	同
播磨	酒井忠邦	侍從	播磨國飾東郡	姬路	十五萬石	八萬三千二百十石	三千百四人	二萬九千六百五十七石	兵庫
	松平直致	左兵衛督	同明石郡	明石	八萬石	四萬三千四百七十石	千四百四十六人	一萬四千二石	同
	脇坂安斐	淡路守	同揖東郡	龍野	五萬千八十九石餘	二萬七千七百七十六石	七百三十五人	八千三百二十七石	同
	建部政世	內匠頭	同	林田	一萬石	六千四百二十石	百二十七人	千五百八石	同
	森忠儀	越後守	同赤穗郡	赤穗	二萬石	一萬七百三十石	四百四十八人	二千七百四十一石	同
	本多忠明	肥前守	同宍粟郡	山崎	一萬石	六千六百八十石	二百八十三人	二千二百十四石	同
	小笠原貞孚	信濃守	同	安志	一萬石	四千五百六十石	百四十二人	千七十七石	同
	森俊滋	對馬守	同佐用郡	三日月	一萬五千石	八千三百九十石	三百十六人	二千七百三十二石四斗	同
	丹羽氏中	長門守	同加東郡	三草	一萬石	四千八百四十石	百九十七人	千四百十七石	同

	一柳末德	對馬守	同	小野	一萬石	五千二百八十石	百六十二人	千六百七十三石八斗	同
	池田喜延	但馬守	同神東郡	福本	一萬五百七十三石餘	三千二百四十石	百六人	九百七十石八斗一升四合	鳥取
美作	松平慶倫	中將	美作國北條郡	津山	十萬石	四萬三千百二十石	千六百四十三人	一萬四百六石	岡山
	松平武聰	右近將監	同久米郡	鶴田	六萬千石	二萬六百六十石	九百六十五人	一萬千二百四十二石	同
	三浦顯次	玄蕃頭	同眞島郡	眞島	二萬三千石	一萬千九百三十二石餘	三百五十九人	三千三百五十一石	同
備前	池田章政	少將	備前國御野郡	岡山	三十一萬五千二百石	十七萬九千五百八十五石	六千五百四十五人	六萬二百十二石	同
備中	池田政保		備中國淺口郡	鴨方	二萬五千石	九千二百二十石	三百九十三人	三千四百六十六石	同
	伊東長𧦅	播磨守	同下道郡	岡田	一萬三百石餘	七千七百五十石	三百一人	千四百二十八石	同
	木下利恭	備中守	同賀陽郡	足守	二萬五千石	一萬五百二十石	四百三人	三千六百五十一石	同
	板倉勝弘	攝津守	同	庭瀬	二萬石	一萬四百七十石	二百四十八人	二千五百五十九石三斗	同
	關長克	伊勢守	同	新見	一萬八千石	六千五百十石	三百五十二人	二千百九十二石	同
	板倉勝弼		同上房郡	高梁	二萬石	八千五百七十石	六百八人	四千百六十一石六斗	同
	山崎治祇	志摩守	同川上郡	成羽	一萬二千七百四十六石餘	四千二十石	百七十九人	千三百九十九石	同
	蒔田廣孝	相模守	同賀陽郡	淺尾	一萬石	四千百四十石	百五十人	千百六十八石	同
	池田政禮	丹波守	同窪谷郡	生坂	一萬五千石	五千六百八十石	二百四十七人	千八百四十二石	同
備後	阿部正桓	主計頭	備後國深津郡	福山	十一萬石	五萬五千五百八十三石餘	二千二百六十六人	二萬六千七百六十二石四斗	同

安藝	淺野長勳	中納言	安藝國沼田郡	廣島	四十二萬六千石餘	二十五萬八千三百七十石餘	一萬四千百五人	九萬七千二百四十石	廣島
周防	毛利元德	宰相	周防國吉敷郡	山口	三十六萬九千石餘	二十三萬二千七百六十石	一萬四百五十五人	八萬三千百三十九石	山口
	毛利元蕃	淡路守	同都濃郡	德山	四萬十石	二萬千四百十石	千百七十七人	六千四百五十一石六斗一升	同
	吉川經健	駿河守	同玖珂郡	岩國	六萬石	三萬六千三百十石	千八百二十七人	一萬二千七十九石	同
長門	毛利元敏	左京亮	長門國豐浦郡	豐浦	五萬石餘	三萬九千九百七十二石	二千八十一人	一萬四千二百六十二石六斗	同
	毛利元純	讚岐守	同	淸末	一萬石	七千六百石	四百三十人	二千三百六十二石一斗六升九合	同
紀伊	德川茂承	中納言	紀伊國名草郡	和歌山	五十五萬五千石	二十七萬四千五百九十石	一萬六百九十七人	七萬七千七百七十八石	和歌山
	安藤直裕	飛驒守	同西牟婁郡	田邊	三萬八千八百石	一萬五千六百四十石	七百九十七人	七千二百八石	同
	水野忠幹	大炊頭	同東牟婁郡	新宮	三萬五千石	一萬千七百九十九石餘	九百五十八人	六千九百二十七石	德島
阿波	蜂須賀茂詔	中納言	阿波國名東郡	德島	二十五萬七千九百石餘	十九萬三千百七十三石餘	七千四百二十人	十萬二千八百三十六石九斗四升三合	同
讚岐	松平賴聰	讚岐守	讚岐國香川郡	高松	十二萬石	十萬五千七百六十石	四千三百三十八人	三萬四千七百五十石五斗五升	香川
	京極朗徹	佐渡守	同那珂郡	丸龜	五萬五千百十二石餘	三萬三千百二十石	千七百一人	一萬千五百八十石八斗	同
	京極高典	下總守	同多度郡	多度津	一萬石	七千四百石	二百七十九人	二千百六十一石八斗二升	同
伊豫	久松勝成	少將	伊豫國溫泉郡	松山	十五萬石	十一萬七百四十八石餘	四千百三十一人	六萬七千九百十一石二斗	愛媛
	久松定法	壹岐守	同越智郡	今治	三萬五千石	二萬二千七百二十石	六千七十六人	七千五十一石九斗	同
	一柳賴明		同周布郡	小松	一萬石	四千八百三十石	千九十三人	千六百七十一石五斗	同

	松平賴英	左京大夫	同新居郡	西條	三萬石	一萬八千百九十石	八百七十六人	七千百三十石	同
	伊達宗德	侍從	同宇和郡	宇和島	十萬石	五萬二千四百二十石	千四百五十七人	一萬八千百七十八石八斗	同
	伊達宗敬	若狹守	同	吉田	三萬石	一萬四千七百三十石	七百四十八人	六千三百二十三石	同
	加藤泰秋	遠江守	同喜多郡	大洲	六萬石	三萬四百七十六石餘	千百二十人	一萬七百七十一石	同
	加藤泰令	出雲守	同	新谷	一萬石	四千八百九十石	二百四十二人	千八百五十八石	同
土佐	山內豐範	少將	土佐國土佐郡	高知	二十四萬二千石	十九萬三千十石	七千九百四十七人	八萬六千七十石七斗二升七合五夕	高知
筑前	黑田長知	少將	筑前國早良郡	福岡	五十二萬石餘	二十三萬四千二百五十石	七千百七十二人	七萬七千五十六石	福岡
	黑田長德	甲斐守	同夜須郡	秋月	五萬石	二萬八百石	五百二十一人	六千百五十三石八斗	同
筑後	立花鑑寬	少將	筑後國山門郡	柳川	十一萬九千六百石	六萬六千八百九十石	二千七百二十二人	二萬九千二百三石	福岡
	立花種恭	出雲守	同三池郡	三池	一萬石	四千百三十石	百八十人	千六百二十七石	同
	有馬賴咸	中將	同三井郡	久留米	二十一萬石	十一萬八千百九十石	三千四百九人	四萬三千四百五十六石八斗七升三合	同
豐前	小笠原忠忱		豐前國企救郡	豐津	十五萬石	八萬八千百七十石	三千八百七十六人	三萬八千三百九十石四斗一升	同
	小笠原貞正	近江守	同	千束	一萬石	四千八百石	二百七十五人	千八百四十三石	同
	奧平昌邁	美作守	同下毛郡	中津	十萬石	五萬三千石	千七百五十人	二萬六十三石	同
豐後	松平親貴	河內守	豐後國速見郡	杵築	三萬二千石	二萬千四十石	六百三十一人	七千八百二十八石	大分
	木下俊愿	大和守	同	日出	二萬五千石	一萬二百八十石	五百五十九人	三千六百八十七石三斗	同

國	姓名	官	所在	城	石高				
	大給近說	左衛門尉	同大分郡	府內	二萬千二百石	一萬四千百六十石	六百四十人	五千五百一石	同
	中川久成	內膳正	同大野郡	岡	七萬四百四十石餘	五萬二千四百石	千三百三十三人	一萬二千三百六十二石	同
	久留島通靖	伊豫守	同球珠郡	森	一萬二千五百石	六千百石	二百九十五人	二千四百四十一石	同
	稻葉久通	右京亮	同北海部郡	臼杵	五萬六十石餘	三萬五千二百七十石	千三百三十六人	一萬五千七百十四石一斗三升八合	同
	毛利高謙	伊勢守	同南海部郡	佐伯	二萬石	一萬二千二百二十石	四百九十八人	五千五百二十三石	同
肥前	松平忠和	主殿頭	肥前國南高來郡	島原	七萬石	四萬五千百二十石	千三百二十三人	一萬六千八百八十三石四斗	長崎
	松浦詮	肥前守	同北松浦郡	平戶	六萬千七百石	四萬六千四百十石	三千五百七十六人	二萬六千六百石	同
	五島盛德	飛驒守	同南松浦郡	福江	一萬二千六百石	六千四百六十石	四百九十三人	三千百四石	同
	大村純熙	丹後守	同彼杵郡	大村	二萬七千九百七十七石餘	二萬三千六十石	二千七百五十二人	一萬千七百一石一斗二升八合八夕	同
	鍋島直大	少將	同佐賀郡	佐賀	三十五萬七千石餘	卅一萬三千七百二十七石餘	一萬千百九十人	五萬六千九百二十三石三斗三升三合	佐賀
	小笠原長國	中務大夫	同東松浦郡	唐津	六萬石	二萬九千四百二十三石餘	千九十四人	一萬二百九石	同
	鍋島直虎	紀伊守	同小城郡	小城	七萬三千二百五十二石餘	二萬七千三百七十二石餘	千三百六十四人	八千二百二十七石七斗五升七合一夕	同
	鍋島直紀	甲斐守	同佐賀郡	蓮池	五萬二千六百石餘	二萬四百三十石	千十八人	四千八百四十石	同
	鍋島直彬	備中守	同藤津郡	鹿島	二萬石	九千八百九十五石餘	七百九十三人	三千八百石	同
肥後	細川護久	侍從	肥後國飽田郡	熊本	五十四萬石	三十二萬九千六百八十石	八千五百十九人	十二萬千三百七十五石七斗八升	熊本
	相良賴基	遠江守	同玖磨郡	人吉	二萬二千石	二萬五千九十石	六百二十九人	六千三百六十八石	同

日向	秋月種殷	長門守	日向國兒湯郡	高鍋	二萬七千石	一萬六千七百七十石	千四百三十四人	五千二百七十三石四斗九升七合五夕	宮崎
	內藤政擧	備後守	同臼杵郡	延岡	七萬石	二萬八千九百六石餘	九百三十六人	九千三百十一石九斗八升一夕	同
	島津忠寛	淡路守	同那賀郡	佐土原	二萬二千七十石餘	一萬八千百三十石	千三百八十二人	五千五百十五石六斗九升	同
	伊東祐歸	修理大夫	同	飫肥	五萬千八十石餘	二萬三千三百四十石	千十九人	七千二百四十一石一斗五合七夕	同
薩摩	島津忠義	宰相	薩摩國鹿兒島郡	鹿兒島	七十七萬八百石	三十一萬四千二石五斗	四萬八千三百八十七人	十四萬千九十九石一斗二升一合	鹿兒島
對馬	宗義達	少將	對馬國下縣郡	嚴原	五萬二千百七十四石餘	三萬五千四百十三石餘	九百九十四人	一萬千九百五十石一斗三升三合三夕	長崎

日本圖經九終

游歷日本圖經十

奏派游歷日本美利加秘魯巴西等國英日屬地加納大古巴知府用兵部郎中臣傅雲龍述

日本風俗

人情

後漢書曰倭在會稽東冶之東與朱崖儋耳近其俗多同父母兄弟異處惟會同男女無別多女子大人有四五妻餘或兩或三女不淫不妒俗不盜少爭訟魏志曰有所云爲輒灼骨卜吉凶先告所卜其辭如令龜法視火所占兆隋書曰人頗（恬）靜性質直有雅風此見正史者也雖然情以地異地以時異難目論矣述人情日本兵要地理小志云東海道之人疏通慧敏就中甲斐人強而險東京府人俠而浮二總人溫和常陸人武而固畿內之人心匠精密就中京都人雅而約大阪人達而俗東山道人樸厚就中信濃上野人武而頑岩代以北朴直驍果所謂北方之強也惜情不

治產北陸道人實直就中加賀以北少固而越後甚强良山陰道人溫順而俠固山陽道人巽順而文雅南海道人敦厚就中土佐人稍武健阿波讃岐人稍寛裕所謂南方之强也西海道人剛毅就中薩摩大隅人鷙悍肥後人峭直肥前人矜嚴人情異者由往藩教養不同置縣後有均一勢北海道人在箱館者篤厚逌北强而魯日本人中根淑論曰北海道土人性順而武然情近歲就學强記多知或又謂千島民性和一國之人情由性異地氣然歟

形體

後漢書曰倭男黥面文身以文左右大小別尊卑女被髮魏志曰夏后少康子封會稽斷髮文身避蛟龍害倭人沈沒捕魚蛤文身亦以厭大魚水禽後稍以爲飾諸國文身各異或左或右或大或小尊卑有差南史曰文身國人體有文獸其額三文文直者貴小

文者賤今日本人文身往往而有黑齒亦其俗也文選注謂黑齒在東國海中豈虛也哉梁書曰西南萬里有海人身黑眼白裸而醜其肉美行者或射食之今非所聞矣就所見聞述形體其身短且小然秀者多先是須髮並蓄河內道明寺藏菅原道眞像日本人自以爲不薙面之證萩姬日涉公卿以下皆剃面多武峰護國院所藏鎌足公像大鬚不退轉法輪寺所藏菅丞像河內道明寺所藏菅公像皆有鬚髯似當時未薙面矣士庶薙面蓋始近代土佐々平所畫人物皆有鬚髯當時士人未薙面應仁後爲中國明成化年間其國武士戴盔久髮輒窟虱乃薙頂髮或亦去須德川將軍遂以薙頂髮削須髯爲武士例庶民效之成俗明治以來斷髮如西矣而內地隱居者流猶存古貌其黑齒婦人用鐵漿染之以比男子元服婦人則不染以表志云禁裏男子元服後染齒以別于地下其事肇於鳥羽院時文選注黑齒國俗以草染齒是也倭漢三才圖會黑齒造鐵漿法取古鐵於器中和米屑少許漬水夏三日冬七日在煖處出鋪汁黃赤味微甘爲佳先以五倍子末染々次傳鐵漿如此數四則黑染之日忌食菠薐堂上臣咸染々婦無貴賤黑々與女別婦尼還白婦人薙眉以墨畫之萩姬日涉婦人已嫁剃眉以墨畫於額上其來舊矣倚覺寮雜

記曰今婦人削眉畫眉蓋古法也釋名曰黛代也滅去眉毛以代其處也宋史曰日本婦人皆被髮是指未結髮時言也日本書紀神代有所謂髻鬘者〔弘〕仁先說解之曰御以那惰吉異稱日本傳曰御以那御結長也惰吉即墮髻之義今散髻也据此知中華古今注倭墮髻一云墮馬之餘形非臆說矣然近時其國老媼且有斷髮者微獨男子已也又微獨北海道土人已也据中根淑論先是天武十一年四月二十三日詔男女悉結髮其年六月六日始結髮見日本紀然則其國髮始被而結而斷凡三變北海道千島土人男或芟髮或薙須女髮或結或斷媼頤之下亦或刺青其形體之異者應仁腕肉如鞆故名譽田方語謂鞆爲譽田也反正生而齒如骨淸〔寧〕有白髮天皇之目荅生即鶴髮也仁德長九尺武尊長一丈皆其國賢君云其他或兩頭四手三足或身一尺六寸或齒長一寸聲響十里其然豈其然乎倭漢三才圖會應神生腕肉高如鞆時言鞆爲譽田故諱譽田反正初生容貌纖姸齒形如骨故諱瑞齒別淸〔寧〕貽七月而生白髮有牙世曰白髮天皇仁德長九尺日本武尊長一丈皆賢君也二條院永萬元年有產兩頭四手三足兒者此異形也天智十年常陸國貢年十六之子長一尺六寸延寶中一侏儒名甫春年三十頭大手足短小長一尺書文字考八卦略卜吉凶東鑑足利又太郎忠綱齒長一寸聲響十里徒然艸元良親王元白奏

賀自大極殿開於鳥羽

族類

隋書曰開皇二十年令所司訪其風俗使者言倭王以天爲兄以日爲弟未明時出聽政跏趺坐日出便停理務云委我弟高祖訓令改之王妻號雞彌後宮有女六七百人名太子爲利歌多弗利

稽厥族類正史缺有間矣然秦人徐福詳流寓攜童男女三千居之見之史記後漢書又太平御覽七百八十有二引外國記曰周詳泛海落綜嶼上多紵有三千餘家云是徐福後風俗似吳人今据日本人言來已三千其後不第惟是土著大率覆姓華裔之單姓皆隨徐福者之苗裔也然攷其弘仁間姓氏錄凡出自中國者輒易覆姓信耳疑目所不敢也述族類

日本紀云允恭四年詔令萬姓名上下相爭難知其實故使羣臣

正錯諸氏姓人等沐浴齋戒各爲盟神探湯各著木綿手繦而赴釜探湯則得實者自全不得實者皆傷自是之後氏姓自定更無詐人其年爲中國晉義熙十一年据知前此氏族無別也復就其國史籍攷之世稱源平藤橘四姓藤原氏天智八年內大臣鎌足連賜藤原氏其始也橘氏聖武天平八年葛城親毋縣犬養宿禰譽其忠誠賜之浮杯之橘勅曰橘者果子之長上人所好柯凌霜雪而繁茂葉經寒暑而不彫與珠玉共競光交金銀以逾美也是以汝姓者賜橘宿禰也世稱葛城王後號井手左大臣諸兄公源氏嵯峨天皇弘仁五年皇子信初賜源氏其後亦皇子賜源氏平氏桓武之子一品式部卿葛原親王嫡子大學頭從四位下高棟王天長二年始賜平朝臣姓又有氏曰菅原延曆二十三年河內國人土師宿禰淸貞始賜菅原朝臣姓曰高階寶龜四年治部安

宿已賜高階眞人姓是淨見原天皇皇子太政大臣高市皇子之後曰大江土師宿禰滓繼賜大枝朝臣姓貞觀八年三月廿二日改爲大江（據倭漢三才圖會）曰在原天長三年阿保親王上表高岳親王男女先停王號賜朝臣姓臣之子息未預改姓既爲昆弟之子於是詔賜姓在原朝臣（日本後紀）天武十三年定八種姓曰眞人曰朝臣曰宿禰曰忌寸曰道師曰臣曰連曰稻置此外有王公首造史生郎主使主吏之數姓日本姓氏錄作於弘仁五年爲唐元和十年萬多親王等譔而進其國君者也其類有三一曰神別言神代之後也二曰皇別國君支派也三則別自漢與百濟高麗諸國名其漢一類注所出甚悉大率易其姓氏二字三字四字五字有差而無姓六字如神別之中臣酒人宿禰皇別之坂田酒人眞人（出自中國人裔者之姓氏悉注于篇太秦公宿禰○秦長藏連○秦忌寸○秦造○文宿禰○文忌寸○武生宿禰○櫻野首○伊吉連○常世連○山代忌寸○大崗忌寸丶幡文造○楊候忌寸○陽胡史丶木津忌寸○淨村宿禰○清宗宿禰○清海宿禰丶嵩山忌寸○榮山忌寸○長國忌寸○嵩山忌寸○）

清川忌寸○清海忌寸○新長忌寸○當宗忌寸　丹波史○大原史○桑原宿禰○下村主○上村主○筑紫史○吉水連○牟佐村主　和藥使主○大石○坂上大宿禰○檜原宿禰○內藏宿禰○山口宿禰○平田宿禰○佐太宿禰○谷宿禰○畝火宿禰○櫻井宿禰○路宿禰○文忌寸○山田宿禰○志我閉連○長野連○山田造○高村宿禰○伊吉連○常世連○臺忌寸○錦織村主○檜前村主○廣階連○平松連○上村主○椋人○松野連○八清水連○楊津連○若江造○下村主○秦人○淨山忌寸○栗栖首○工造○田邊史○大山忌寸○高向村主○雲梯連○郡首○祝部○秦冠○民使首○錦部村主○谷直○眞神宿禰○豊岡連○桑原直○巳智○三林公○山村忌寸○櫻田連○朝妻造○額田村主○石占忌寸○檜前忌寸○藏人○葦屋漢人○志賀忌寸○大原史○竺志史○臺直○史戸○温義○高仁宿禰○山田連○長野連○志我閉連○三宅史○大甲史○秦宿禰○高尾忌寸○秦公○秦姓○古志連○河原連○野上連○河原藏人○河內書師○八戸史○高安造○板茂連○河內忌寸○火撫直○下曰佐○高道連○常世連○春井連○河內造○武丘史○當宗忌寸○交野忌寸○廣原忌寸○刑部造○茨田勝○伯禰○秦勝○古志連○池邊直○火撫直○栗栖直○楊候直○蜂田藥師○巳上有同姓氏而所出稍異者

此姓氏大畧也明治以前世稱皇族曰親王家次曰公方蓋將軍家也次曰大名曰小名藩族也曰士族有文有武也曰卒步卒也曰平民則庶人族也又有稱穢多者倭漢三才圖會云屠兒古所謂餌取也屠牛馬猫犬剝皮爲業呼曰穢多天武詔禁食六畜肉以來神社忌穢避餌取者不許同居同火以異姓氏其別爲一類久矣今業艸履者亦曰穢多北海道土人即蝦夷種其千島土人有二一曰酷列羅人乃固有之土著也居占守郡第一島一曰

阿拉烏篤人居撫郡第一島新知郡第一島國中士民皆不引爲
同類也至于今其國分族爲四一曰皇族二曰華族三曰士族四
曰民族
黨目
日本明治以前武臣柄政其公卿與陪臣非一黨矣然黨目未著
至是曰守舊曰改進曰漸進曰大同團結曰順政曰自由出奴入
主伐異之風不其熾而述黨目
守舊黨皆隱居者流而通漢文漢學者居多慨千百載學唐之規
摸著書立說輒欲嗟不置云改進黨學泰西如不及改時易服猶
以爲未𠻳也然鑄幣置郵通電信拓鐵道未始無稗於國漸進黨
鑑改進之欲速滋悔而欲徐圖者也大同團結黨意主調停順政
黨一視政令爲唯諾而無所可否於其間自由黨則意以爲泥古

既眛於識時狗今又鄰於逐流儻所見果符於道其庶乎彼亦一是非此亦一是非恐聚訟之難乎免也

服飾

後漢書曰倭男衣皆橫幅結束相連女人被髮屈紒衣如單被貫頭而著之並丹朱坋身徒跣魏志曰男子露紒以木棉招頭隋書曰男子衣裾襦袖微小履如屨形漆其上繫之於脚人庶多跣立不得用金銀爲飾故時衣橫幅結束相連無縫頭亦無冠但垂髮於兩耳上至隋其王始制冠以錦綵爲之金銀鏤花爲飾婦人束髮於後衣裙襦裳皆有襈櫼竹爲梳編草爲裏雜皮爲表緣以文皮唐書曰無冠帶跣以行幅巾蔽後貴者冒錦婦人衣純色裙長腰襦結髮於後至煬帝賜其民錦綫冠飾以金玉文布爲衣左右佩銀蘤長八寸以多少明貴賤宋史曰婦人一衣用二三縑與今

異矣述服飾

日本明治以前士民有笠無冠先是懿德搬制天地人三冠時中國周敬王年也開化八年當漢景帝七年制上中下三等冠後又增三一名烏頭今烏帽子二名兎腰三名蟾頭凡九冠也天武十一年爲唐弘道元年男女始結髮著漆沙冠改定禮儀今之紗冠烏帽子始此推古十一年爲隋仁壽三年擬隋唐式始定冠色品置十二階賜諸臣冠位孝德天皇製七色十三階冠又制十九階天智制二十六階冠今不用文武四年始置衣冠司有厚額薄額半額透額目透額各項有孔如腦以羅張之十五歲以上用之令洩壯氣聖武天平四年始服冕服纓曰卷纓大將以下五位以上帶箭輩用之曰細纓武官六位以下用之靈龜元年禁內外諸司薄紗朝服六位以下羅幞頭武官朝服之袋儲而勿著幞頭後腳勿過三

寸然製已古矣自言烏帽子製自日本色烏一名烏頭其制不一曰立烏帽子曰折烏帽子曰細烏帽子曰引立烏帽子曰風折烏帽子皆以紙而漆黑宿老較淡据續日本紀倭漢三才圖會應頭形圓淺名法樂頭巾倭名抄和銅元年爲唐景龍二年制自今以後衣襟口濶八寸已上一尺已下隨人大小爲之衣領得接作但不得襟口空小衣領細狹七年定布二丈六尺爲端官家衣冠之裝束式傳于高倉山科兩家倭漢三才圖會半臂冬用綾深紫色夏用生縠亦深紫故曰黑半臂倭漢三才圖會背子即半臂異名倭名抄之背子當作褙子今樂人等所用乃褙子矣和名抄謂汗衫褌當爲二物缺掖兩腋缺開也左右大將以下武人著之色黑四月朔爲更衣始用袷五月五日用布衫九月朔復袷重陽後用絮士庶褌與絺裕通用也直衣天服大臣用之雖中將勅免著之凡著直衣必冠烏帽子舊例也狩衣冬裏紫夏則生絹縫似布衣而袖少異大抵狩衣用烏帽子直衣用冠倭名抄以布衣

先是上世男女散髮帕頭貴者飾珠簪促袖長裙窄皮履草鞋木履冬不裘纊衣而已中古公卿士夫大衣寬袖結髮着冠冠有差所謂冠位是也尋變冠制貴者往往繪車傍以徽號浸成風俗官民均自製徽章以繪衣服徽章所謂紋也今其國君之徽章有二曰菊曰桐浴衣夏用布冬用木棉雲龍按明衣即論語所謂齋必有明衣布也孔安國曰以布爲沐浴之衣也日本布浴衣猶存古製可以證經此類是也靈龜二年（爲唐開元四年）僧玄昉入唐學問准昉三品令著紫衣袈裟此紫袈裟之始用小布當兒腰尻曰襁褓兒生外祖母贈襁褓十二有閏十三凡帶所結曰繪世俗三歲始結帶其襘在後僧尼婦人結前（倭漢三才圖會）石帶有二曰巡方有文者節會用之無文者國王用之曰丸鞆有文者巡方通用無文者常用其文唐艸唐花鬼形獅子𪊲有定其用有差國君瑠璃也四位馬瑙也

四五位犀角也大外記白石也六位烏犀也厨女常蔽膝有名前垂亦韍之遺風也畿內用紅布關東用紺木綿葢俗又異也寢衣論語云長一身有半孔安國曰今之被也說文被寢衣也雲龍今游日本益信被首有領有褎其下與中國今製無異與長一身有半正合寢衣古製猶存非耳食矣可證宋儒解經之誤或曰倭人寢著單衣安知非寢衣耶曰非也其長未及一身也有寢褥用縕布木綿有坐褥用錦綺方三尺許夏以蒲藺作之曰蒲團白丁者純白布衣䑛人繖持沓持之輩所著此輩總名仕丁也如庖丁駕輿丁之類又有退紅白丁高家下僕着之推古十三年爲隋大業元年令著褶日本紀按釋名褶襲也覆袴上之衣也日本袴餘於足三尺用一端半裁之肩衣即古之褶也相傳秩父重忠從賴朝狩于富士野以褶袖袴裾長而無益於武士之捷力故始裁裾解去袖

一幅士庶以爲式緥肩衣經緯麻縷爲之目麤如蚊帳宜暑日本人言大口袴仿魏文時唐慶舞袴也舞人用之非表袴也表袴者表白綾亦白攝家少將大臣大將弱年縮綫綾窠霰之浮紋而裏紅打平絹也大納言大臣等未兼大將則堅文藤丸尤非色人表白平絹裏紅打也十五歲前用濃打裏下袴一名赤大口表袴之下著之用生半絹染緋故名赤大口壯年晴日用之宿老人白張也奴袴尋常長袴而括裔者也裔之言邊也指袴似奴袴而不括裔如半袴（据和漢三才圖會）桃花蕊葉云大帷子爲取汗用之倭名抄帷本幔幄類借用爲布襌名浴爲湯帷子有據矣大帷之小者名汗衫官家下著也夏通用之名帷子五月五日至九月朔着之端午淺葱色七夕八月朔用白帳子士庶通例也袿釋名訓婦人上服其下垂者上廣下狹如刀圭今士庶婦衣襲一衣褐之袪褎口也褎端

曰褾元明詔褾口濶八寸以上一尺已下隨人大小爲之蓋此裝束廣褒之法也今民間尋常袪半縫塞而男袪七寸女六寸褌襠以六尺布帛纒腰婦女以二幅縫合八歳始帶之叔母贈緌褌襠焉帨拭手也紛巾拭器也此仿禮記內則所謂左佩紛帨者爲之也行縢云者纒束其脛自足至膝按圖審製殆仿禮內則所謂偪者也小雅謂之邪幅日本舊製此外有三一曰股引自腰至膝下連脚絆下官著之二曰奴袴束三曰踏込皆類同而製異也草履不覆跗指有綦而不結其著與脫也捷木屐頭方婦人之履圓而漆初字以五采爲綦按介子綏死晉公伐木製屐廣博物志諸書載之晉書五行志初作履者婦人頭圓男子頭方太康初婦人屐乃頭方與男無別然則日本猶存古圓頭之製本艸綱目云屐江南以桐木爲底用蒲爲鞵麻穿其鼻日本下踏之製有由來矣詳物產

鼻繩以艸爲之

飲食

後漢書曰倭飲食以手而用籩豆隋書曰倭無盤俎藉以槲葉食用手餔之据知唐前其國食無筯也久之御料理每食輒易新筯至于今刀勺既兼飲食浸異其前矣述飲食

古者日本尠食獸肉否則七十五日不得拜神武士偶啖豕鹿常食惟魚蝦禽蔬而已自天武崇浮屠教禁肉食尤嚴肉非疾不得食於是業屠即所謂穢多者標所售獸肉曰藥食豚肉繪以牡丹鹿肉繪以丹楓落葉今則毛血塡市矣飯粥茶酒皆仿中國爲之詳物產嗜酒居多每當花月櫻花開日花月社日赤面喃語者踵相接近則以葡萄香餅諸酒爲時尚或役或游輒携行厨即菜盒之類也木質高不及尺二三疊格表裏漆之朱黑不一鐵與竹亦往往而有飢則

冷食其餉工食無慮百十者亦曰行厨而食淡巴菰之風尤盛西人女不一食日本則男女同之

居處

後漢書云倭有屋室今攷其國古屋尙樸所謂伊勢大廟茅屋猶存下此可知己今昔異製述居處

晤客之室曰客坐敷必有所謂牀間者上懸書畫下置花瓶香爐之屬其一柱四無依傍或曲或擁腫或矗立無一斸襲其寢食處曰居間庖厨曰臺所或勝手凡築室鋪板距地尺餘藉以莞席入室則脫履戶外以足袋登席足袋之言襪也明治以來無論官商皆搆西式一屋革靴直入矣舊藩巨賈輒曲廊抱園霖潦不知也士夫家庋書畫之格純任自然寒儉之居曰長屋比戶輒數十計其間隔以土壁每家廣方三間飲食坐臥悉在于斯又其僻居者

流室內不設木板堆土藉席而已凡門細格從衡低頭出入裁足容身殆蓽門圭竇遺意歟近改舊式門容駟矣凡窻以竹若葦若藤挿泥壁間無定式亦無雕琢斲用木者今之百葉窻非其舊也無論居處巨細皆有庭院木石井井花艸得所雅潔兼而有之西人之居無出其右食案猶存古制席地侍者跽進食舉案古所謂舉案齊眉殆偕食同志之証歟舉案而與眉齊於日本見之中國之用胡牀始漢改胡牀曰繩牀始唐據風俗通韵海用椅亦始漢日本人卧不用牀席不用椅猶餘漢前古意或曰紫宸殿設黑梯椅子蓋以罕用而著也今屋設椅且設牀

俗禮

後漢書曰倭俗以蹲踞爲恭敬其死停喪十餘日家人哭泣不進酒食而等類就歌舞行來渡海令一人不櫛沐不食肉不近婦人

名曰持哀不謹便共殺之魏志曰倭有棺無槨封土作冢已葬舉家詣水中澡浴下戶與大人相逢道路逡巡入艸傳辭說事或蹲或跪兩手據地爲之恭敬對應曰噫比如然諾所敬但搏手以當跪拜隋書曰女多男少婚嫁不娶同姓男女相悅即爲婚婦入夫家必先跨犬乃與夫見死者妻子兄弟以白布製服貴人三年殯於外庶人卜日而瘞及葬置屍船上陸地牽之或以小輦此其俗禮之見正史者也然就聞質見有同有異述俗禮

舊俗兒生六日薙髮頂上髮同臍帶藏之始呼雅名悉薙厥髮以脫升陽氣三歲仲冬望日又薙頂髮十五歲薙顳顬而額爲方形謂之半元服廿歲頭顱過半髡而枕骨以下有髮謂之元服及長定名改呼其字此仿中國冠禮也將髮管籠紮爲一管兩鬢中央薙尖角形長三寸寬寸許近時十五歲即行此禮或曰十六非也

月代云者武士庶人元服以後薙頂髮之稱也士庶不便於冠服薙之以代冠禁裏守古風不髡今庶人猶有薙頂髮者在昔婚後三日壻餉餈與酒肴其餈五百八十七白赤色相半取陰陽義（据和漢三才圖會諸書）今異矣婚後七日壻與女偕之女家謂之壻入先是臨嫁以五采縷結髻昆季姊妹送之其匳器髹漆描金居多無采輿無鼓吹鹵薄無男子親迎禮賀者酒食環座新婦至則相將入席鼓掌飛觴歌舞樂之間亦賦詩頌之於是新婦易白衣見賓又易采衣與夫同酌又易它衣者數四俗曰色直（或謂出門時易衣爲也）方册其國君輒取同祖女弟爲后凡曰傳女者細按之實某某子之后也士庶往往而有中國正史謂其不取同姓豈其然乎貧女非執役自具服飾難可字人且有爲權妻者權之言暫也其喪禮孝德二年詔葬墓事不可奢宜定一所而使收埋不得汙掠散埋（見日本紀）自此塋稍稍定

矣木棺直立高三尺如佛龕死者趺坐其中白紙糊表書南無妙法蓮華經七字或書南無阿彌陀佛六字前引紙幡白二至數十百有差白紙之燈爲導初沿途散錢謂之買路今惟僻壤厥風猶存火葬起於釋迦文武四年僧道昭火葬於粟原其俑也大寶三年持統火葬於飛鳥岡此其國君火葬之始也据倭漢三才圖會凡火葬編竹爲化人城視客多寡備艸履會葬入化人城中出則仍着己履送者衣白巾亦白而襯紅衣歸即去其白者凡從西教死自殮至葬皆教首主持號神父拍掌誦祝而已孝子不祭亦不泣送者輒供花鞠躬如平昔凡國喪下國旗示哀也它國使館兵艦亦下半旗示唁也葬之日鳴礮如爲在官者之喪礮視官級一等廿有一通十有四通以次減之無三年喪制視其重輕以給官假從西例也名刺以黑爲緣舊俗也亦有銘旌沿唐制也文武三年詔圖勳之

義墜自前修拯功之賞歷代斯重蓋所以昭壯士之節著不朽之名者也汝坂上忌寸老壬申年軍役不顧一生赴社稷之意出於萬死冒國家之難未加顯秩奄然隕殞可寵往魂慰冥路贈直廣從十位臺兼復賜物此日本賜謚之始歟其祭禮大者歲凡七正月朔日元始祭晦日孝明祭三月廿一日曰春季皇靈祭四月三日曰神武祭九月廿三日曰秋季皇靈祭十月十七日曰神嘗祭十一月廿三日曰新嘗祭其儀一如三大節在官停事一日

歌舞

隋書曰倭王朝會必奏其開樂樂有五絃琴笛有國中高麗二部然則日本之傳中國樂亦先自朝鮮來也至唐而歌舞一一學之中國古樂殘于五代於武后時所存之清商三調即平調清調瑟調亦等廣陵散矣拓拔變律而樂律無古宋人略舉樂詩而已日本樂官世守

不絕如綫以至于今雖歌詩輒變而三調猶存物雙松樂律考以爲今樂家所傳黃鐘乃周漢黃鐘也非臆說矣源之熙蒴苑日涉益祖其說而衍之厥舞之節即寓于歌儻輯崗書未始不可補中國逸樂于十一也第而曰開元天寶之音節作如是觀云爾哉曰歌舞者明非樂志專門也述歌舞

樂律一曰一越調二曰斷金調三曰平調四曰勝絕調五曰龍吟調別名下無六曰雙調七曰鳧鐘調八曰黃鐘調九曰鸞鏡調十曰般涉調十一曰神仙調十二曰鳳音調別名上無佮工相承以一越爲黃鐘斷金爲大呂平調爲大簇勝絕爲夾鐘龍吟爲姑洗雙調爲中呂鳧鐘爲蕤賓黃鐘爲林鐘鸞鏡爲夷則般涉爲南呂神仙爲無射鳳音爲應鐘稽諸華夏燕樂有越調雙調般涉調仙呂調皆調名而非律名也龍吟聲即唐長鳴三聲之一鳳鸞商乃

琵琶獨彈曲破之名而斷金勝絕鳧鐘絕無所考或當字誤上無下無爲此方所命獨巢笙平調子爲林鐘仙呂管爲夾鐘者實命其律然不與此方所傳者合矣樂原周漢遺音律亦周漢之律而

第八黃鐘調聲乃周漢黃鐘也藝苑日涉昔黃帝命伶倫制律呂而度量衡生三代秦漢莫有改作後漢尺度訛長魏杜夔制律而應鐘爲黃鐘律始變矣晉荀勗取協古器釐正復舊宋參暨陳一皆因之中間梁武時有議訂比終江南之朝周漢音尙有也拓拔氏妄意制作東魏以中呂爲黃鐘互換歌奏也宇文周以南無之間爲黃鐘隋承周統以南呂爲黃鐘平陳後始獲宋參舊樂高祖謂爲華夏正聲別置淸商署號曰淸商三調淸商者其樂南呂爲黃鐘則宋參黃鐘爲夾鐘五音之序太簇爲商則夾鐘高一律故謂之淸商此以其樂視宋參舊樂云爾唐以宇文周玉尺造律亦以無南之間爲黃鐘始變古制爲八十四調又演淸樂爲燕樂二十八調於是周漢遺音遺制皆亡五代周時王朴造律其黃鐘在黃鐘大呂之間宋建隆時龢峴以應鐘爲黃鐘崇寧時魏漢津以夷則爲黃鐘明洪武時冷謙以中呂爲黃鐘此改律大槩也其未施行者宋李昭范鎭以林鐘爲黃鐘劉幾同唐制明鄭世子同崇寧制皆在古樂散亡之時妄以己意飾槩黍者也本邦之樂受諸華夏其在唐以前具如樂制篇所述但樂律與東魏及明制符合東魏則朝聘弗通莫由傳習明則室町氏時亦嘗一二通聘未聞其有往學者然伶工獲其律管私相傳受今定爲周漢遺音隋已前所傳而第八黃鐘調聲卽周漢黃鐘者其繪有十以名求實其相傳謂爲黃鐘調者證一邦樂權興於豐聰太子時太子創天王寺而今樂工有天王寺部卜兼好徒然草稱天王寺鐘中黃鐘調樂工以爲準而黃鐘十二律之根本可以爲律準是爲林鐘何以爲準證二古昔樂人造律時本諸人聲制樂時亦以歌聲爲主八音佐之今求諸人聲本邦樂家唱譜其聲古來相承一定不易是歌聲雖亡實存譜中其譜笙則最濁黃鐘調聲次般涉聲次神仙聲次鳳音聲次一越聲次平調聲次龍吟聲次雙調聲次鳧鐘聲次極淸黃鐘調聲以極是黃鐘調聲獨有淸聲它律則否笛則最濁至雙調而止淸聲至般涉聲而止是倍律二子律二蓋自此而上下實不無聲所謂按不下揭不起者故中聲如此而已今以黃鐘調聲爲周漢黃鐘則與古樂唯黃太有淸者合焉證三樂家稱龍吟爲下無鳳音爲上無今以黃鐘調聲爲周漢黃鐘則龍吟爲南呂鳳音爲姑洗按樂書倍律二無射應鐘而不下於南呂淸律四黃鐘大呂大簇夾鐘而不上於姑洗又笙第十七管神仙爲夾鐘笙中淸聲莫踰此者則下無上無命名之義可以見焉證四黃鐘調聲爲周漢黃鐘則五調本於琴

莫適不合具如樂制篇云證五琴調宮絃散聲黃鐘實聲中呂商絃散聲太簇實聲林鐘角絃散聲中呂實聲無射徵絃散聲林鐘實聲黃鐘羽絃散聲南呂實聲太簇古樂歌奏異均歌母則奏以子緐之歌子則奏以母緐之琴乃兼應歌奏歌以散聲奏以實聲所以爲堂上樂也今以黃鐘調聲爲周漢黃鐘則太簇般涉中呂一越林鐘平聲南呂龍吟無射雙調聲乃知後世琴法不傳歌奏異均之法絕廢樂家單傳奏聲誤以一越在宮絃謂爲黃鐘平調在商絃謂爲太簇雙調在角絃謂爲中呂黃鐘在徵絃謂爲林鐘般涉在羽絃謂爲南呂者理所必有也若或不然笙笛琵琶譜字皆互換母子以相命焉則此亦當然此其錯稱適是爲證證六隋書平調主角清調主商今所傳平調樂乃黃鐘調聲在角雙調樂則黃鐘調聲在商雙調之爲清調具如樂制篇所云黃鐘爲五音之主故諸調皆主焉證七求諸樂器黃鐘調聲爲周漢黃鐘則巢笙除第五第十三管外十七管排聲與今笙十七管者皆合焉是證八鬶栗體中音雙調聲而沈存中引唐人小說謂其當黃鐘也黃鐘調聲爲周漢黃鐘則雙調聲爲唐黃鐘證九求諸尺度宋蔡西山椐唐嘉量銘及隋書祖孝孫語斷以後周玉尺爲唐造律尺而唐常用尺卽明營造尺卽本邦曲尺也六分此尺之五卽玉尺也玉尺當周漢尺之一尺一寸五分八釐也周漢當玉尺之八寸六分三釐五毫五絲六忽而曲尺七寸一分九釐六毫三絲也曲尺當周漢尺之一尺三寸八分九釐六毫而玉尺之一尺二寸也唐開元錢徑卽曲尺之八分而王莽大錢五十徑卽周漢尺之一寸二分也二錢今尙現存校以尺度脗合無忒適以十二律長黃鐘九寸林鐘六寸零零六毫六絲太簇八寸零七釐七毫二絲南呂五寸三分五釐一毫四絲姑洗七寸一分四釐三毫三絲應鐘四寸七分六釐七毫三絲蕤賓六寸三分六釐三毫九絲大呂八寸四分九釐四毫二絲夷則五寸六分六釐九毫一絲夾鐘七寸五分六釐七毫二絲無射五寸零五釐零八絲中呂六寸七分四釐一毫九絲求諸今曲尺則黃鐘六寸四分七釐六毫六絲大呂六寸一分一釐二毫六絲太簇五寸七分六釐九毫四絲夾鐘五寸四分四釐五毫五絲姑洗五寸一分四釐零四絲中呂四寸八分五釐二毫六絲蕤賓四寸五分七釐九毫六絲林鐘四寸三分二釐二毫五絲夷則四寸零七釐九毫六絲南呂三寸八分五釐一毫無射三寸六分三釐四毫七絲應鐘三寸四分三釐一毫二絲也魏杜夔尺黃鐘當周漢尺九寸四分二釐三毫折半得四寸七分一釐一毫五絲爲應鐘也後魏黃鐘一尺三寸五分七釐二毫折半得六寸七分八釐二毫爲中呂也後周玉尺黃鐘一尺零四分二釐二毫折半得五寸二分一釐一毫爲南呂弱也隋開皇黃鐘九寸五分七釐六毫折半得四寸七分七釐八毫爲應鐘也隋萬寶常水尺黃鐘一尺零六分七釐四毫折半得五寸三分三釐七毫爲南呂也宋蘇現黃鐘同於開皇李昭范鎭黃鐘一尺二寸一分五釐折半得六寸零七釐五毫爲林鐘也大晟黃鐘一尺一寸一分三釐折半得五寸七釐一毫爲夷則弱也明鄭世子黃鐘一尺一寸五分一釐折半得五寸七分九釐爲夷則強也冷謙黃鐘不可知何法獨以李之藻說推之則中呂徵強也此皆以律管長短校之而知者其圍徑廣狹固致高下而大氐亦不多校證十十證既傳黃鐘乃定黃鐘定而十二律得矣但當世黃鐘調聲適入大呂聞之近古樂律過低伶工龍秋者獲恩德院律管釐正

又古笛錫杖者其音易低又笙山口近來低短又令唱譜聲不上夾鐘乃下南呂由此觀之所謂低訛者正眞而釐正者過高耳其它樂制曰管鮑譜管包今之調子管之類曰燕樂書十字譜曰它曲解曰五常樂平調曲曰安城樂黃鐘調曰白柱柱當作紵盤涉調也曰林歌高麗部曰渾脫曰賀殿壹越調其載魏氏樂譜之五十調瞠乎後矣江陵樂○壽陽樂○楊白花○甘露殿○蝶戀花○佑客樂○燉煌樂○沐浴子○聖壽○喜遷鶯○關山月○桃葉歌○關雎○清平調○醉起言志○行經華陰○小重山○昭夏樂○江南弄○王胡蝶○遊子吟○太玄觀○陽關曲○杏花天○採桑子○思歸樂○宮中樂○平蕃曲○賀聖朝○瑞鶴仙○清平樂○隴頭吟○龍池篇○天馬○月下獨酌○秋風辭○萬年歡○白頭吟○洞仙歌○千秋歲○水龍吟○鳳凰臺○大聖樂○靑玉案○大同殿○玉臺觀○長歌行○風中柳○慶春澤○齊天樂其舞之近古雅者所謂舞樂是也曰雙風樂曰西海波曰秋風樂曰太平樂其次爲能樂曰熊野曰松風曰邯鄲曰井筒曰老松曰高砂曰紅葉狩此謠舞也又其次爲俗舞如老松鶴龜汐汲淺妻北洲梅春之類又有所謂連舞者曰紅葉舞它若淨瑠理諸舞儈下何譏

歲時

魏志注引魏略曰其俗不知正歲四節但記春耕秋收爲年紀梁書亦云

不知正歲此倭未改日本以前事也隋唐以還歲華一依中土而變本加厲焉似同而異莫逞毛舉明治而後改用西厤雖農圃課時不改厥舊而商港學西如不及不有甄擇久且忘千百載餘風矣用荆楚歲時記之目述歲時

春正月一日亦謂元日又謂之大嘉節進齒固瓷也飲屠蘇供雜煮菽苑日涉正月一日謂之元日拜天地神祇祖先長幼以次拜賀進齒固齒固猶言膠牙也白瓷爲之狀如鏡俗呼瓷曰鏡累積飣盤以爲看食進屠蘇酒又炙餈合蘿菔牛蒡芋魁昆布豆乳等爲羹謂之雜煮賀者亦進屠蘇酒供雜煮至三日如之○又見全浙兵制爲看食謂之蓬萊或謂山棚歲首以柑橘登柚榧栗朱梅霜柿海藻昆布草蘚龍蝦鰒魚削脯之類飣卓上插松竹于其上爲看食謂之蓬萊或謂之山棚有賀客先供之○凡据菽苑日涉免注出處元日後置薄賀客自記姓名藁索懸戶謂之司命索十四日除之元日至十四日懸藁索於戶上稻稭爲之其端尺餘下垂如條插讓葉及穗長草于其間謂之司命索戶外植雙松謂之門松又植雙松于戶外懸以司命索裝串柹橙橘及炭龍蝦之類謂之門松歲華紀麗曰元日松標高戶註蕭勛開禮俗有歲首酌椒酒而飲之者何也以椒性芬香又堪作藥又折松枝干戶以同此義元日市民不開正戶元日市民皆不開正戶世傳在昔僧狂雲元旦掛髑髏於杖頭行示市人曰警悟警悟市人皆閉戶回避三朝不開正戶蓋自是始謂正月曰睦月元日已後親舊酒食相邀謂爲睦月元日後至十六日少年輩不執其業治遊行樂攤槊撒錢投瓊賭彩以爲戲兒童分朋拋木毬以彩杖格而過之以爲輸贏謂之毬杖或謂之玉打女兒屯綿爲毬繡以五綵謂之手毬築而躍之競以百躍不墜有手毬歌以爲之節又插羽于木欒子謂之箕羽根以彩板承而蹴之翩翩如

胡蝶彩板謂之羽子板是月也市店羅列毬杖手毬羽子板絢爛若錦是月也度新曲者踏舞乞利物謂之春駒以祈蠶事是月優人提鼓三絃胡琴以度新曲使妖童持木偶馬頭蹈舞巡門乞利物謂之春駒以禱蠶神也七日以七種菜爲糜十五日食赤豆粥取門松司命索竪竹于四旁燎之謂之散鬼杖或謂之燎度言火熾也十五日食赤豆粥倭漢三才圖會謂之波阿是日取門松及司命索積庭中竪竹其四傍燎之謂之散鬼杖或謂之燎度二月十五日寺院爲涅槃會二月十五日寺院懸臥佛圖像爲涅槃會茶棚酒店糖果之鋪藏獄谷刀舞盤沙書聚觀劇場在在叢集士女拈香遊觀者道路接踵俗以黃黑諸豆薭䅳子糕炒之以供佛薦祖先春分前五日後二日謂之彼岸自春分前五日凡七日謂之彼岸浮屠爲彼岸會俗多供佛喫僧上巳食艾餻赤豆飯陳人勝鱗女爲女兒節又謂之雛會日本人謂人勝爲雛藝文類聚劉臻妻陳上人勝是其所本三月三日上巳以艾糕爲節物是日家有女兒必陳人勝供艾糕赤豆飯置酒飲醼謂之雛會因以上巳爲女兒節四月八日爲浴佛會寺院爲浴佛會以盆坐銅佛灌以甜茶水覆以花亭隨喜者以小杓灌佛五月五日挿艾蒲食糉競馬建旗戶內又竿揭紙鯉如其家之子數五月五日謂之端午挿艾及菖蒲于門簷飲蒲酒食糉始服布葛是日賀茂廟前比耦走馬謂之競馬士庶有男兒必竪彩旗陳武像及木刀槍以飲醼是日藤杜神會棖甲走馬亦謂之競馬凡三月三五月五九月九謂之節供略如歲朝神會四月日稻荷五月日藤杜六月日祇園八月日御靈京師神會四月有稻荷會五月

有藤杜會今宮會六月有祇園會八月有御靈會其最盛者莫祇園會若焉六月七日迎神十四日送神儀衛極繁盛先期街上設山棚山車陸船弄纖鼓吹喧闐動魂褫魄遍街燈燭煒煌如晝戶戶金屏猩氈軸簾褰幕張歆盡驩會日棚車過門之家賓客蟻會鱗峙士女塡街溢巷缺雲汗雨不啻

西京鴨河四條橋東洗神輿謂之御輿洗在五月晦六月十八日五月晦及六月十八日在鴨河四條橋東洗淨神輿謂之御輿洗是日也鴨東茶坊娼戶結夥醵錢歛翠裒香演雜劇戲文故事其人物則皆扮娼妓爲男裝謂之泥黎毛濃又纏結爲棚謂之冶臺樂則有三絃胡琴提鼓鉦鼓細腰鼓謂之囃子珠翠錦綺香紈白𦂳豔裝濃妹觀者每噴要不過勾引無賴子弟以爲奇貨耳自六月七日至晦日夜夜鴨河四條橋南北涼棚茶店鱗次櫛比兩岸一帶皆妓館分茶酒舖羹店棊錯其間小脚店則有泥鰍鯝魚之羹江𩵋青鱗之鮓諸色海味諸色素食下酒下飰零碎作料不托水引河洛合羹胡餅鋏子牢丸包子糖糕糍糕諸色糖果西瓜甜瓜林檎杏桃楊梅諸色水菓琉璃店則魚缸葫蘆鼓鐺鐵馬燈碗各色蓋碟雜賣則煙管煙袋各色摺扇梳篦髮朶釵朶香囊彩勝水上浮紙畫兒遠視畫凡兒戲之物泥孩陶犬惜千千顆叫子之類甚夥伎藝則走索戴竿吞刀弄丸藏擫觔斗傀儡角觝口伎影伎猢猻猫鼠之戲演史學鄉談說諢話

六月一日食片餅倭漢三才圖繪曰民間用寒水造餅陰乾名片餅亦氷室之義

七月七夕設乞巧奠然六日之夕亦以爲七夕七月七日謂之七夕婦女懸彩絲於竹竿陳酒饌果瓜以祈牽牛織女謂之乞巧奠六日之夕兒女題詩於楮葉及彩牋繫竹枝懸燈毬數十𩎟呼至鴨河投之因亦以爲七夕

十五日中元爲荷葉飰謂之盆節中元爲荷葉飰士庶互相拜賀略如歲朝俗自十四日至十六日具麪餌百味以荷葉貯瓜果祀先靈延僧尼展掃墳墓謂之盂蘭盆因以中元爲盆節遂有盆前盆後之稱

十五十六兩日陸齋具百味謂之施餓鬼兩日近郊農戶各鄉結夥敲鉦擊鼓來往于市中或有請延者則圍聚街上唱佛名鉦鼓喧闐殆聵人耳謂之陸齋僧尼於水次竪紙旛具百味擊銅鈸諷經乞施物於檀越謂之施餓鬼

十六日夕諸山燃火字燈中元後家家設燈籠前是市肆售各色華燈六稜萬眼蒿苕毬子人物馬騎紗綃琉璃品類不一十六日之夕城外諸山設火字東則如意嶽自北而西則松崎鹿苑西鴨淸瀧諸山迤邐相次其字或畫皆積薪排定一時燃之一畫長咸數十丈如意嶽爲大字書法最遒勁傳爲僧橫川所製字蹟畢砌石爲溝云

送火十六日晚臨水次燃麻稭送先靈謂之送火

既

望至晦踏舞曰踊有歌曰音頭自十五日至晦日每夜亘索街上懸燈籠數百兒女袨服靚粧爲隊舞踏達旦謂之踊有歌以爲之節者謂之音頭樂則有三絃細腰鼓八月一日謂之八朔又曰田實節殆漢貙劉遺風歟十五日爲看月會中秋爲看月會釃酒啖芋秋分前一日起凡歷七日謂之彼岸九月九日以栗爲節物重陽以栗爲節物或作飰若糕或蒸食之冬十月謂之上無月二十日爲蛭子會十三日曰天長節是其君光仁生日自寶龜五年始据續日本紀是月二十日商賈罷市各具酒饌讌集謂之蛭子會蛭子神名所在廟祀祈福是日鹽東建仁寺街蛭子廟繁華浩鬧醉人載途又四條街東有釐文神祠是日士女麕至首過祈福謂之誓除十一月謂之霜月冬至之日爲神農會冬至醫家作赤豆飰爲神農會十二月謂之四極又謂極月是月也潑寒戲出山者爲潑寒胡戲或丹墨塗面裝成鐘馗登門叫跳驅祟索錢乞米比戶除塵謂之煤除二十日後舂粢如鏡者曰鏡粢如貫珠者曰粢花如方解者曰霰子廿日後家家舂粢具飲饌之料以爲新年儲舂聲相接市肆有以舂粢爲業者其粢圓如鏡者曰鏡粢以粢粘柳枝若枯柴如貫珠者曰粢花以供神佛又細切如方解石者曰霰子曬乾至二月十五日雜豆炒之以供佛薦祖先或以爲茶素醫家饋屠蘇袋餞歲爲忘年讌除夕曰大歲除夜謂之大歲天地神佛祖先竈井厠戶以至溷厠燃燈煇煌達旦立春前一日謂之節分立春前一日謂之節分至夕家家燃燈如除夜炒黃豆供神佛祖先向歲德方位撒豆以迎福又背歲德方位撒豆以逐鬼謂之儺豆老幼男女啖豆如歲數加以一謂之年豆街上有驅疫者兒女以紙包裹年豆及錢一文與之則唱祝壽驅邪之辭去謂之投除

方言

漢揚雄方言署題曰輶軒使者絕代語釋別國方言或遂謂方言始揚非也郭璞注方言序謂方言之作出乎輶軒之使巡遊萬國采覽異言車軌之所交人跡之所蹈靡不畢載以爲奏籍周秦之季其業隳廢揚生攟綴乃就斯文然則揚非身歷輶軒特就方言區分曲通耳(雲龍)爲郎之二十載游歷別國自日本始同文異聲非中國方言大同小異者比先就目見載籍綴厥殊稱曰謂庶乎物來能名也有異名有異訓有異聲次就耳聞諸厥方音曰語若依說文解字讀若例也偶有互證又依郭璞例注之宋史曰雍熙元年日本國僧奝然不通華言問其風土但書以對此其國人筆談之見正史者也(雲龍)指事諧聲亦筆舌互資焉述方言

日謂之尼知輪語若尼雞領　陽烏謂之夜太加良須語若壓他

嘎拉圖　月謂之都喜語若知格　望月謂之毛知豆岐語若摩
知雞格　星謂之保之語若火西　天河謂之阿萬乃加波語若
阿嫣猓嘎瓦　風語若嘎熱　颸謂之豆無之加世語若止姆吉
嘎熱　微風謂之古加世語若可卡舍　雲謂之久毛語若古莫
霞謂之加須美語若卡司米　霧謂之岐利語若起立　虹謂
之爾之語若里擠　雨謂之阿女語若阿每　霖謂之奈加阿女
語若拉嘎阿每　暴雨謂之无良佐女語若哈鴉迭　霜謂之之
毛語若喜抹　雪謂之由岐語若有基　雹謂之阿良禮語若阿
拉勒　霰謂之美曾禮語若米左勒　露謂之都由語若止油
來日語若眇里基　去年語若覺年　明年語若眇年　今日語
若工里基　寒語若沙拇一　熱語若阿止以　涼語若司司西
暖語若阿他他卡　山謂之美多利語若啞馬　峯謂之美禰

語若米勒　巔謂之伊太太岐語若妥格　峽語若啞馬阿以
岫謂之久岐語若苦吉　洞謂之保良語若火納　坂謂之佐加
語若沙嘎　麓謂之布毛度語若輔抹多　島謂之之萬語若喜
馬　岬謂之三佐木語若米沙格　巖謂之伊波保語若以洼我
磐謂之以波語若以洼　石謂之以之語若以西　硝石語若
學邪格　田謂之太語若打　旱田謂之波太介語若哈打格
町謂之未知語若馬吉　畝謂之宇禰語若五勒　園謂之曾乃
若語沙挪　野謂之能語若倮　林謂之波夜之語若哈鴉西
藪謂之夜布語若鴉補　澤謂之佐波語若沙洼　原謂之波良
語若哈拉　塞謂之曾古語若拖里得　土塊謂之豆知久禮語
若之雞苦勒　泥謂之比知利古語若躲落　海謂之宇美謂之
伍米　江謂之衣語若額　湖謂之美豆宇美語若米止伍米

波謂之奈美語若拉米、氷謂之古保利語若果里　潮謂之宇之保語若烏喜約　池謂之伊介語若倚格　堤謂之都都美語若止止米　溫泉謂之由語若有　淀語若約奪　井謂之爲語若伊奪　溝謂之美曾語若末曾　谿謂之太邇語若也宜　岸謂之岐之語若基西　浦謂之宇良語若烏拉　渚謂之奈岐佐語若拉格佐　濱謂之波萬語若哈馬　洲謂之須語若斯　汀謂之美岐波語若米擠瓦　湊謂之美奈度語若米拉乃多　屋宅謂之夜語若啞　殿謂之度能語若多倮　堂謂之度宇語若躲　樓謂之太加度能語若打嘎躲倮　臺謂之宇天奈語若烏帖納　廊謂之保曾度能語若火沙躲倮　假牀謂之佐受語若枳語若卞里鴨　房謂之音望語若黑鴨　室謂之死路語若木落亭謂之阿波良夜語若阿巴乃鴉　家謂之伊柄語若伊葉

庫謂之久良語若古拉　厨謂之久利夜語若古里鴉　廐謂之
旡萬夜語若若馬鴉　肆謂之伊知久良語若伊基沽拉　店家
謂之美勢語若米奢　瓦謂之都都美加波良語若卞瓦拉　庭
謂之邇波語若泥瓦　牖謂之末度語若馬多　石灰謂之以之
波比語若必西巴依　門謂之加度語若卞奪　鑰謂之加岐語
若　額　鈎匙謂之戸乃加岐一云加良加岐語若拖落嘎額
關謂之世岐度語若寫吉　巷謂之知末太語若駿馬達　橋謂
之波之語若哈喜　石橋謂之以之波之語若倚西巴西　浮橋
謂謂宇岐波之語若烏基巴西　土橋謂之豆知波之語若止基
巴西　獨梁謂之比度豆波之語若西多子巴西　驛謂之旡末
夜語若拇馬鴉　君謂之岐美語若基米　臣謂之夜都加禮語
若鷩知阿勒　父謂之知知語若擠擠　母謂之波波語若哈哈

祖父語若所父　祖母語若所皴　高祖父謂之止保豆於夜語若戈所父　高祖母謂之那波本曾語若戈所母　伯父語若哈古父　仲父謂之都加都乎遲語若舉父　叔父謂之於止乎知語謂叔古父　伯母謂之乎波語若哈古婆　叔母謂之乎波語若叔古婆　外祖父謂之母保乃於保知語若藹所父　外祖母謂之母方乃於波語若藹所婆　舅謂之母乎乃乎知語若杤奪　從舅謂之母方乃於保知於遲語若哈哈嘎打落我言　兄謂之古乃加美語若阿尼　弟謂之於止宇語若我多多　姊謂之阿彌語若阿乃　妹謂之以毛宇止語若衣抹奪　甥謂之乎比語若呵衣　姪謂之米飛語若美倚　子語若可　孫謂之无麻古語若馬可　曾孫謂之比比古語若喜馬可　玄孫謂之夜之波古語若鴉瞎馬可　壻謂之无古語若母可　姬謂之阿比

死古語若阿衣母可　婦謂之與女語若約麥　姒婦謂之於保與女語若阿宜約麥　娣婦謂之於斗與女語若我多約麥　妯娌謂之阿比與女語若阿衣約麥　夫語若窩多　妻語若支麻　姑謂之之宇斗女語若休多麥　兄公與夫弟謂之古之宇斗語若可基伍多　女公謂之古之宇斗女語若可基伍多妹　若先生語若先協衣　弟子語若弟息　友語若脫摩打吉　客語恰古　人語若息多　男子謂之乎能古語若我多可　壯士謂之多計岐比都語若他客喀西奪　赤子謂之知古語若阿喀葛　髫謂之宇奈井語若伍拉以　鰥謂之也毛乎語若啞抹鵝　寡謂之夜毛女語若啞抹墨　孤子謂之美名之古語若米拉西各　叟謂之於岐奈語若我基納　嫗謂之於無奈語若我拔　民謂之比止久佐語若他米　醫生謂之久須之語若醫薩　工

謂之皷人語若所古作　鍛冶語若卡及　陶者語若壓基抹猓
喜　巫語若米各　漁謂之伊乎止利語若掠息　市人謂之伊
知比止語若倚基微奪　商語若阿基拉以　圉人謂之死未加
比語若拇馬卡衣　奴謂之豆不彌語若喜抹比　婢謂之也豆
古謂若米日希每　屠兒謂之惠止利語若埃多里　盜謂之拇
司米奪　首謂之加宇倍語若戈迫　顱謂之加之良語若嘎西
拉　腦謂之奈都岐今語乃字語若猓　顖門謂之阿太萬語若
阿他馬　顏謂之加保語若嘎我　額謂之比太比語若西太揖
頰謂之保保語若火　頸謂之久比語若古必　項謂之宇奈
之語若烏拉吉　耳謂之美美語若米米　目珠謂之墨語若眼
謂之萬奈古語若馬拉果　鼻謂之波奈語若哈那　口謂之久
知語若苦已　舌謂之之太語若喜打　唇謂之久知比留語若

苦已及魯　齒謂之波語若哈　咽喉謂之能元度語若猓朶　鬢髮謂之加美語若卡米　髩謂唖謂之都波岐語若知拔格　鬚謂之比介語若西格　眉謂之萬毛斗斗利語若抹多多里　身謂之美語若米　肩謂之加太語若卡答　腋由語若馬由　背謂之世奈加語若奢拉嘎　胷謂之波謂之和岐語若瓦擠　乳謂之智語若基基　腹謂之波良語若哈拉　爾語若木勒　骨謂之保爾語若火脅肋謂之加太波良保爾語若卡答哈拉　筋力謂之須知語若史吉　肉謂勒　髓謂之須爾語若史勒　皮謂之加波語若卡瓦之知知語若爾古　血謂之知語若擠　肝謂之岐毛語若汗謂之阿勢語若阿塞　五臟語若我若　肺謂之布久布久知語若哈其抹　脾謂之與古知語若喜倚　膽謂之以語倚　腎謂之旡良度語若丼硬　六府語若六補

若起莫　胃謂之久曾布久路語若倚　掌謂之太那古古魯語
若他拉果我倮　拳謂之古布之語若果補喜　指謂之由比俗
曰於與比語若有筆　拇謂之於保由比語若我有筆　腕謂之
太太无岐俗云字天語若五迭　臂謂之比知語若喜擠　股謂
之毛毛語若抹抹　膝謂之比佐語若喜惹　足謂之阿知語若
知喜　天神謂之賀美語若卡米　地神謂之久邇豆夜之路語
若㬰爾止鴉西羅　人神謂之於邇語若西奪狸卡米　靈謂之
美太萬語若米打馬　雷謂之奈流加美語若卡米拉里　電語
若以拉比卡里　山神謂之夜末乃加美語若馬倮卡米　海神
語若伍米倮卡米　旱魃謂之比天利語若西特里　鬼語若俄
爾　席坐語若司洼魯　坐几語若果西卡喀魯　再來語若馬
打我已勒　再見語若馬打阿衣嫣司　好語若約樂喜　否語

若瓦魯以　是語若說的是　非語若豈嘎衣馬士　喜語若約
樂果布　怒語若卡魯　哀語若卡拉西米　樂語塔猓西米
姓氏語若眇鵞基　名語若納　年歲語若妥喜　緩語若油魯
里　速語若海鵶古　問直語若衣古拉　問主人在家否語若
我修謹瓦伍基勒士卡　舟謂之布彌語若輔勒　帆謂之保語
若火　車謂之久留萬語若苦魯馬　金謂之古加彌語若可嘎
勒　銀謂之之路加彌語若西那嘎勒　銅謂之阿加加彌語若
阿嘎嘎勒　鐵謂之久路加彌語若苦落嘎勒　鉛謂之奈末利
語若拉馬里　錫謂之之路奈利俗云壽壽語若司直　水銀謂
之美豆加彌語若呢子卡勒　汞粉謂之美豆加彌乃賀須語若
呢子卡勒那卡司　錢謂之世彌語若惹你　珠謂之之良太麻
語若西拉他馬　玉謂之多麻語若他馬　璞謂之阿良太麻語

若阿拉他馬　水精謂之美豆止留太萬語若斯衣學　珊瑚語
若珊鵞　錦謂之邇之岐語若爾西格　綺謂之於利毛能語若
我里抹落　繡謂之奴比毛能語若魯衣抹落　綾謂之阿夜語
若阿鴉　羅謂之宇須毛之語若烏絲抹落　絹謂之岐沼語若
基魯　帛謂之波久乃岐沼語若哈古裸基魯　紗語若蝦　布
謂之沼能語若魯裸　鐙謂之阿布美語若阿補米　鞍謂之久
良語若苦拉　船謂之布爾語若輔勒　帚謂之保保木語若火
火擠　巾箱謂之美太禮波古語若米打勒拾葛　挾箱謂之波
左美波古語若哈沙米八戈　鍬謂之久波語若苦瓦　畚謂之
布吾語若輔葛　簞謂之多加無西呂（簟竹筵也）語若抹西落　席謂之
無之呂將席謂之閉利止利（按周官司几筵注鋪陳曰筵藉之曰席或云重曰筵單曰席蓋席加筵上也席緣自禹始也韓子禹爲蔣席頗緣）語若
黑里多里　疊席謂之塔塔密語若他他米　箱謂之波古語若

哈戈　枕謂之萬久良語若馬古拉　竈謂之加末止語若卡馬多　幕謂之萬久語若馬古　椅謂之椅須語若椅司　案謂之臺倭名抄㮣案也倭漢三才圖會今書方形名臺按中國浙人呼案曰臺子豈倭語沿之歟山谷詩集注俗名盤爲臺語若乃衣　將几謂之牀几又曰於之萬都岐按圖將几即中國俗呼馬凳者是据言中古軍將以之休息故名將几而呼牀几則無當矣脅息云者名出源順倭漢三才圖會云語若所格未詳依名會意當是脇息之義亦木息語之轉歟　足衣謂之足袋又云打比襪也語若他必　桐木履謂之下駄駄即踏之變易字商標書下駄語若額踏　冕謂之王乃冠語若卡搿力　褥謂之之止禰俗云蒲團按蒲團當指夏日所用以坐者川蒲蒻爲之倭漢三才圖會云俗呼褥曰蒲團殆未晰歟語若西多勒　半臂曰半比與中國語略同語若罕比　小襦謂之羽織語若哈呵里　褶謂之素襖謂禁裏隨人等著之曰狩衣語若司窩　短袴謂之半袴長曰長袴語若哈嘎馬　紙衣謂之加美古語若卡米葛　帿幟謂之末止居語若馬多倚　盾謂之太天語若他特　甲謂之上旅語若卡補多　甲裳謂之下旅又曰腰甲語若哈拉馬格　烽燧謂之飛火謂之

西拉奢猓喜　火檝謂之保久之續日本紀和銅五年廢河州高安烽始置高見烽及大倭春日烽以通平城語若火古
擠　狼煙謂之乃呂知語若猓猓喜　弓謂之由美語若有米
弦謂之由美都流語若有米子陸　刀謂之賀太奈語若卡打拉
劒謂之都留岐語若知魯一　戟謂之保古語若火各　矛謂
之天保古語若特火各　角謂之波良乃布江語若輔葉　鐘謂
之於保加禰令語都利加禰語若卡勒　磬謂之宇知奈良知語
若烏基卞勒　金鼓謂之比良加禰語若西拉卡勒　香爐語若
果五那　裳謂之毛曾語若抹司索　木綿語若抹綿　龍眼木
謂之佐賀岐語若沙嘎基　幣帛謂之美天久良語若密迭古拉
紙錢謂之賀美勢邇一云勢邇賀太語若卡米葸泥　粢餅謂
之之度語若岐西多格　粿米謂之加之與禰語若卡西約勒
筆謂之布美天令語布天語若輔特　墨謂之須美語若司米

硯謂之須美須利令語須須利語若司知李　紙謂之賀美語若卡米　印色謂之印肉語若印泥沽　蓄印色者謂之印色池語若泥沽奇　卷子謂之末木毛乃語若馬擠抹粿　册謂之止知本語若多擠火本　簽謂之外題語若額帶一　穀謂之古久語若葛穀　米謂之與爾又古墨語若可墨　大麥謂之牟岐語若拇爾　小麥謂之古死岐又萬牟岐語若果拇爾　蕎麥謂之曾波牟岐語若所拔　粟謂之阿波語若阿礙　丹黍謂之阿賀岐岐比語若阿該擠米　大豆謂之末米語若馬墨　稗謂之比衣語若喜額　藻謂之毛語若抹　菜謂之奈語若拉　果謂之久多毛乃語若古打抹落　鳥謂之度利語若脫力　白鶴謂之大鷺一種畧小謂之蹶足鷺語若沙額　鷗謂之加毛米語若卡莫墨　水雞謂之久比奈語若古以拉　鶺鴒謂之爾波久奈布

里語若舍格勒以　鵗謂之知末語若喜格　雞謂之爾波度利
語若紐瓦朶里　鶉謂之宇豆良語若伍止拉　鸜謂之比波里
語若喜把里　鴿謂之以信八止語若哈奪　雀謂之須須女語
若司知每　燕謂之豆波久良語若知鎊每　鶴謂之都流語若
知陸　鴨謂之加毛語若卡莫　卵謂之加比古今語太摩古語
若打馬果　狐謂之岐豆爾語若基知勒　豕謂之井語若補答
羊謂之比都之語若喜止吉　犬謂之惠奴語若倚魯　鼠謂
之爾須美語若勒止米　䶄謂之以太知語若倚打擠　獮猴謂
之佐流語若沙魯　䶅謂之宇古呂毛知語若拇古拉抹吉　牛
謂之宇知語若伍喜　馬謂之無萬語若拇馬　驢謂之宇佐岐
牟木語若烏沙伱伍馬　虎謂之止良語若拖拉　鹿謂之之加
語若喜卡　狼謂之於保加美語若呵卡米　兎謂之宇佐岐語

若烏沙額　龍謂之太都語若塔子　蟲謂之无之語若搿喜
蛇謂之久知奈波語若赫筆　稻謂之以禰語倚勒若　白語若
希落衣　靑語若阿呵衣　綠語若衣多里　黃語若金納衣
赤語阿嘎衣　黑語若古落衣　朱語若殊　紅語若古勒拉衣
五色語若我希吉　酸語若史一　苦語若你嘎衣　辛語若
卡拉衣　鹹語若希呵卡抱衣　甜語若阿媽衣　一語若西多
子　二語若夫畣子　三語若米子　四語若約子　五語若衣
子子　六語若睦子　七語若拉拉子　八語若啞子　九語若
可可裸子　十語若躱　十一語若紐倚基　百語若瞎鼓　千
語若仙　萬語若馬　兆語若作　億語若我鼓

日本圖經十終

游歷日本圖經十一

奏派游歷日本美利加秘魯巴西等國英日屬地加納大古巴知府用兵部郎中臣傅雲龍述

日本食貨一

日本前代人口表

魏志倭對馬國千餘戶南渡瀚海一大國三千許家末盧國四千餘戶伊都國千餘戶奴國二萬餘戶不彌國千餘家投馬國五萬餘戶邪馬臺七萬餘戶隋書倭戶十萬日本千數百年前戶口見之正史止此日本諸書亦缺有間錄足徵者而公家武家與夫浪人無業人無宿無籍人穢多朝鮮流寓非人丐民之類不在其數女數或多於男繇課役急而匿也以明治前爲斷述日本前代人口表

中國年	日本年	男女	合	據書
隋開皇九	崇峻二	男 九一四一二〇 女 三〇一七〇三三	三九三一一五三	聖德太子傳記
大業六	推古十八		四九八八八四二	十(玄)遺稿
唐開元九	養老五	男 一九〇四〇八二 女 二五九〇八〇一	四四九四八九三	行基菩薩行狀記

年		男女	合	據書
明嘉靖十二	天文二		二二三三〇九九七	田積口數增加求積比較表
康熙五五	享保六		二六〇六五四二二	竹橋餘事
雍正四	十一		二六五四八九九八	同

元和	大同弘仁	一九九四八〇〇 二九四四八二〇	四八九九六二〇	本朝古來戶口考
八	弘仁四年	一六九九三九二 一九九四九三九	三六九四三三一	同
大中天復	貞觀延喜		三七六二〇〇〇	同
五代宋	天曆正曆		四四一六六五〇	同
宋祥興	弘安	一九九四八二八 二九九四八三〇	四九八四八三〇	類聚名物考
	天文二		二二三三〇九七	田積口數增加求積比較表
十	十七		二六九二一八一六	同
乾隆九	延享元		二五六八二二二〇	宮中秘策
		一三八三五六九四 一二二〇一〇〇一七	二五九一七八三〇	同
十六	寶曆六	一二八三三三一九 一三三二八五一九	二六〇六一八三〇	同
嘉慶九	文化元	一三四二七二四九 一二一九四七〇八	二五六二一九五七	諸國人數帳

戶口表

日本戶口琉球而外凡七百六十五萬一千七百七十戶三千七百七十七萬八千七百五八人此光緒十二年數也當彼明治十九年其數不及中國百之一 然較前滋多奈良析自大坂在二十年非漏也其第七統計年鑑戶口仍舊葢調覈有時也以方里計人數淡路壹岐較密九州四國次之日本島及佐渡又次之其餘有差千島人極尠用平均法日本方里除琉球地二萬四千六百三十有

一方里八千五百四十合中國方里十六萬七千七百三十里有奇則每一方里八二百二十有五明治改編以來皇族而外大臣舊藩系曰華族陪臣及降自華族者曰士族下此曰平民而無籍在監者又在平民外述戶口表

光緒十二年	戶數		華族戶主	華族家族	士族戶主	士族家族	平民戶主	平民家族	棄兒	無籍及在監人	男女合計
東京	二一五一一六	男	四四〇	八五六	二四六二五	二五〇二二	二三九六一三	二四二五三七	五七	一五二	一〇五五八一七
		女	七	一五七四	一七二五	四八〇六五	三四一一二	四三七〇〇四	二八		
京都	二〇〇五〇二	男	五六	一三六	五九二一	七三六六	一七八七五八	二三一〇四五	四	七	八四七七一二
		女		二〇二	三〇〇	一三〇〇七	一五七五七	三九五一四九	四		
大坂	三七三九三六	男	四	三	七九一四	一〇三三五	三四七六五二	四四九六八四	五八	五八	一六三四二二九
		女		五	三五九	一六四二八	四三七九一	七五七八九四	四一	三	
神奈川	一七二四九八	男			二五〇六	三〇九三	一四九七九一	二六七六二五	四六	四八	八四一六一六
		女			一三〇	四九八四	七四七八	四〇五八八三	二八	四	
兵庫	三一九九三三	男			九一七〇	一一七八九	三〇〇八三〇	四二四五五四	四八	三三	一四六六六八六
		女			四四三	一九九二六	一八四四〇	六八一三九三	五五	五	
長崎	一四六九八四	男			一五三七八	二二三五九	一三二八六五	一八三九一二	一八八	一五	七一〇五六六
		女			三六〇	三八六八一	四八三六	三一一七七七	一九四	一	
新潟	三〇五三九八	男			六六二七	一〇三二六	二八四〇七七	五二八八六九	一四	三一	一六六〇一二一
		女			二〇六	一六六〇二	一一五七一	八〇一七八〇	一七	一	
埼玉	一七三一五〇	男			二二八二	三二三九	一七〇三三四	三二五五〇九	五〇	五五	一〇〇八九六〇
		女			七五	五七一九	四九一〇	四九六七三二	五一	四	
群馬	一二七九一八	男	一	一	四一七五	五七三六	一一七一〇二	一九二四五一	二四	六	六三九七六二
		女		二	一七六	九五二八	四七八三	三〇五七五四	二二	一	

府縣	總數	性別									
千葉	二〇八六〇三	男			三九四四	五三八七	二〇四七二二	三五九三七四	二〇	一六	一一三七七九七
		女			九八	八九二五	三八七六	五五一四一八	一五	二	
茨城	一六八七七〇	男			六三四二	九三一〇	一五六五〇七	三〇九二五〇	九	四三	九五二二七四
		女			二一二	一五六八九	四七八四	四五〇一一九	六	三	
橡木	一〇一〇三六	男			二四八七	四〇九四	九五三六六	二一五四三一	一八	一九	六三四二六四
		女			七五	六三五二	二五九三	三〇七八一七	一一	一	
三重	一七三三五九	男	二	五	四七三四	六四六三	一七四五九〇	二六一七二一	五	二八	八九三〇四一
		女		六	二〇七	一一一四一	一一二五〇	四二二八八二	三	四	
愛知	三一五〇〇五	男	一		一〇八〇六	一三五七〇	二七九六二七	三九六三四九	一六	四四	一四〇五六五八
		女		二	六三九	三三八〇二	一九三九七	六六一三八四	一七	四	
靜岡	一九二六六五	男			七二八五	八五八七	一八五九〇九	三一七一六〇	一四三	三四	一〇二四〇九三
		女			二八三	一五七三〇	六五八二	四八二二六一	一一八	一	
山梨	八〇六九三	男			二八四	四八三	七七〇八九	一三五二四三	一三	一五	四二七七六三
		女			一二	七九一	二四五二	二一一三六二	一九		
滋賀	一三八二六八	男	一		四〇〇一	四一一六	一四〇四九六	七一六三五一	四	五二	六五六八一九
		女		一	二九七	八九六七	八七一九	三一三八〇八		六	
岐阜	一七九七三一	男			三四八四	四四〇三	一七一五四五	二七八九二一	九	一九	八九八〇五六
		女			一八五	七五五九	八〇七三	四二三八五〇	七	一	
長野	二一七九三九	男			六二一七	九八〇〇	二〇一三七三	三一九九五五	三一	三七	一〇六五三九六
		女			一六一	一五七四七	八二一五	五〇三八一八	三九	三	
福島	一四一二八八	男			七四二三	一四三七一	一三〇四一一	二八二五六四	七	二一	八五五〇二八
		女			三〇三	二〇九六九	二九六四	三九六〇〇〇	四	一	
宮城	一〇一九八四	男			六四〇一	一一八三六	九二四〇七	二三四六一三	一七	一三六	六六八二三八
		女			二三六	一六九一五	二九四〇	三〇二七二〇	一六	一	
岩手	一〇八〇九五	男			二三八七	三八七三	一〇四一五八	二一七八七八	七	一	六三六六五八
		女			六〇	六六〇一	一八二五	二九九八六二	六		
青森	八三四四五	男			五六八九	九九三五	七六五三一	一七一二四七	一	六	五一一九八七
		女			一六〇	一五九七一	一一八七	二三一二五九	一		
秋田	一一七二三三	男			七四五九	一〇〇七一	一〇七九〇三	二一四三一九	四三	一〇	六四八三五八
		女			二二八	一七三〇七	二〇二〇	二八八九五四	四四		

山形	一一五二五〇	男			一一八一二	一六一九七	一〇五九〇六	二三一四九六	一五	二七	七二〇八八一
		女			二四八	二七八五六	二三〇三	三二四九九九	二一	一	
石川	一四八一八五	男			一三三三五	一二六〇五	一四〇二一〇	二一〇一九一	一	九	七五四九一一
		女			八五四	二五〇五九	七七七〇	三四四八七五	一	一	
富山	一四三〇四三	男			三六二四	四四七九	一四二八八一	二一六三九七	三	六	七二三七〇三
		女			一六六	七九九六	五三四七	三四二八〇二		二	
福井	一一七八〇八	男			五六〇二	七三九九	一一五六〇一	一七一三七三	三	四	六〇一五九九
		女			二六九	一二七五二	九一一五	二七九四八〇	一		
島根	一四九三二二	男	四	一〇	四六一〇	五八九〇	一四三五七一	一九七九八四	九	一八	六八八五二一
		女		二二	二二八	一〇四三八	六六六二	三一九〇六三	九	三	
鳥取	八一九七九	男			五三一四	六一九七	七七七六二	一〇八八一七	一	二四	三八八三三九
		女			二七九	一一〇〇八	三一七二	一七五七六〇		五	
岡山	二二二二六五	男			八八四二	九九九一	二一七二九七	三一三一八二	二二六	二三	一〇五二六七二
		女			四七二	一七五九八	一〇六一四	四七四二一五	二〇九	三	
廣島	二六九九四二	男			七二三〇	九五〇〇	二五〇九六七	三九〇三五四	一八	四	一二八五五六〇
		女			三五九	一六五八六	一一九三九	五九八五九五	八		
山口	一八六七一八	男			一五四五五	二〇二四三	一七八五三六	二四七二五五	九三	三九	九〇五八六二
		女			五三九	三五〇二九	七二〇〇	四〇一三九八	七二	三	
和歌山	一三〇九六五	男	一	三	七一八八	七九三三	一二四六三八	一七七〇九一	四	三一	六二四六一九
		女		四	四八三	一四七九九	六四六一	二八五九七三	四	六	
德島	一三二二三〇	男			七四七〇	一一六三六	一一九一五二	一九五九九六	三六	一五	六六〇六七六
		女			二七六	一八九二九	五四五八	三〇一六六六	三七	五	
高知	一二七三九二	男			九二一九	一一七一二	一一八九五八	一五〇五三八	二	一二	五五二六七九
		女			三三六	二〇三一六	二八一七	二三八七六七	二	二	
愛媛	三三三六一四	男			一三五一一	一六七二八	三〇六九七九	四四六八三三	二七四	二五	一五三七二四五
		女			八六五	三〇四六五	一六四九三	七〇四七七一	二九九	二	
福岡	二一三二四五	男	三	三	一六八四九	二一九六六	二一五七六七	三三一六七六	一九八	四九	一一五四九〇〇
		女		七	五七四	三七九二四	四六五八	五二五五一〇	二一二	四	
大分	一五二五八九	男	二	三	六六七七	一〇四三二	一四三七四八	二二五六〇三	三二六	三六	七六五〇六九
		女		四	一四五	一七三四四	四〇九八	二五六二八三	三六三	五	

佐賀	一〇九五〇一	男			一六四八八	二五五二六	九三二六一	一三四二九四	二二四	二	五二八六六五
		女			四五二	四一二四三	二一六九	二一四七三六	二六九	一	
熊本	二〇八四二七	男	一	四	一四四一〇	二四七四五	一八九八六八	二七三七四四	一二	一六	一〇〇八二五二
		女		四	二五三	四〇九〇三	四三二三	四五九九五六	一二	一	
宮崎	八〇五一六	男			一四五四四	二一二二〇	六五五四八	九六四五九		二	三八五一一〇
		女			二五七	三四三五六	一〇七四	一五一六四八	二		
鹿兒島	二〇六九九九	男			四六四三一	六七六〇七	一五五二〇一	二〇四六五九		一四	九四三二四五
		女			九三九	一一二〇四三	二九二四	二五三四二四	一	二	
北海道	五八七三〇	男			四一七一	六二七四	四〇一五一	五八八二五	七	一九七	二一五二九八
		女			二〇三	九四七七	四八九九	九一〇八九	四	一	
總數	七六五一七七〇										三七七七八七〇五
比較前一年	七六三六二一三										三七五〇二〇八五

北海道土人表

北海道初竄蝦夷明治五年開拓時當同治十一年繇是居民歲有踢來而土人碻數可按年稽亦別種之一端也述北海道土人表

		渡島	後志	石狩	天鹽	北見	膽振	日高	十勝	釧路	根室	千島	男女合計	總計
同治十一 明治五	男	一四三	四九一	二七六	二八四	八〇四	二〇〇四	二〇三五	七二三	七三四	二四〇	二五〇	七九六四	一五二七五
	女	一三一	四三六	二七〇	一七〇	七三四	一七八〇	一九五六	六三二	七五〇	二三六	二一六	七三一一	
十二 六	男	一二九	五三八	二九二	二八二	七八六	一七六〇	二四六〇	七二二	七二七	二四二	二二九	八一六七	一六一九九
	女	一三二	四六四	二八四	二二五	六三五	一七七八	二五八八	七二七	七四九	二三七	二一三	八〇三二	

十三	七	一三四 一二五	五〇四 四六〇	二九一 二八四	二五七 一九七	七一八 七二二	一八二〇 一七三一	二五三一 二七〇五	七三二 七四三	七二五 七五〇	二三五 二三七	二二四 二一五	八一七一 八一六〇	一六五三一
光緒元	八	一二八 一二二	四九五 四一〇	七二九 一九三	二二九 一九三	六九五 七二四	一七七九 一七一五	二五七七 二七二〇	七三六 七八九	七一九 七四九	二三七 二三八	二二九 二一九	八五四七 八五八三	一七一三〇
二	九	一二五 一一七	五〇六 四三六	七二二 六九二	二五九 一七八	六七二 七一〇	一八二四 一七六六	二五四五 二七一七	七三九 七六二	七二一 七六二	二三七 二三五	二二九 二二三	八五七八 八五九八	一七一七七
三	十	一二三 一一九	四八六 四二七	七〇五 六八五	二五八 一七八	六三三 六六〇	一八〇二 一七〇〇	二五七三 二七三七	七二〇 七六二	七二九 七五七	二三三 二三二	二三一 二二六	八四八三 八四八三	一六九六九
四	十一	一二四 一二〇	四四一 三九四	六八二 六六八	二四七 一七四	六三四 六四〇	一八三二 一七九三	二五八九 二七〇〇	七六九 七五八	七五四 八一三	二一六 二二四	二四七 二三七	八五三七 八五二一	一七〇五八
五	十二	一二四 一二二	四二〇 三八五	六七二 六四四	二〇六 一七七	五九三 六二二	一八八四 一八六四	二六〇一 二七一四	七五六 六九四	七九〇 八三〇	二二二 二二四	二四五 二三九	八五一三 五五一九	一七〇二八
六	十三	一一〇 九九	四四九 四一三	六五五 六二九	二〇九 一七四	五八六 六〇四	一九二八 一八四四	二五九三 二七三九	七五六 七六四	八〇九 八三八	二二三 二二五	二四八 二四六	八五六六 八五七七	一七一四一
七	十四	一一〇 九九	四四九 四一三	六五五 六二九	二〇九 一七四	六五六 六六四	一八六五 一七七三	二六二〇 二七三二	七五三 七三七	七五一 七九五	二一七 二三一	二二三 二三三	八五四六 八六五二	，
八	十五	一一六 一〇三	四二八 三九一	六三三 六四五	一七四 一四〇	一八九七 一八四三	二七〇一 二八五五	七六五 七九九	七五六 七九九	七五六 八〇一	二〇六 二三三	二三三 二三三	八三四六 八六五二	一七一九八
九	十六	一〇一 八九	三四九 三二八	二六八 二一九	八二三 六八六	六二二 五九八	一四三二 一四二〇	二八九六 三一七〇	八二六 七八三	七八四 八二八	二一二 二三二	二三九 二四一	八五五四 八五九六	一七一五〇
十	十七	一〇五 一五五	四四〇 三八二	六二五 六五二	一五四 一三七	六四二 六二四	一九三四 一八九〇	二八一三 二九六一	七五五 七一二	七三五 七九五	二五三 二八七	五八一 二三三	九〇五一 八七七八	一七八二九
十一	十八	一〇四 九八	三九二 三六九	二八五 二八九		四一八 四一九	一九〇一 一八九一	二七三九 二八九八	七二一 七八一	五〇四 五三八	二二五 二二六	二二七 二二八	七五一六 七七三五	一五二五一

北海道屯田兵表

屯田兵殆日本之學漢法歟光緒十二年生二百十八存一百十三總計五千四百十三八一千一百四十五戶述北海道屯田兵表

郡	邨	戶數	兵	家族男十五歲上	十五歲下	家族女十五歲上	十五歲下	合計
札幌	琴似	二〇八	一七四	一七〇	二四九	二九五	二三七	一一二五
	發寒	三二	二四	二四	三六	四四	四〇	一六八
	山鼻	二四〇	二〇一	二一八	二一六	三五六	二二五	一二一六
	江別	三八五	三九四	五一六	三五四	五六八	三五五	二一八七
石狩	篠津	六〇	五九	六三	六〇	九一	六一	三三四
花咲	根室	二二〇	二二〇	二〇二	一九九	二九一	一七三	一〇八五
	總計	一一四五	一〇七二	一一九三	一一一四	一六四五	一〇九一	六一一五
	前一年	五八七	五四三	六四八	五七三	八三三	五六一	三一五八

官民地表

日本言町有二誼一地里六尺爲間六十間爲町一地畝六尺四方爲步三十步爲畝十畝爲反十反爲町言町步者所以別間町也然非別地之官民末繇知稅之有無其官有地內務省農商務省調察之凡千七百七十二萬三千五百六町步其民有地大藏

省調察之凡一千三百七萬八千四百四十八町步旱田曰畑民之雜地有網干場鰯干場濱地舟揚場荷揚場造船場流木置場布曬場物置場土揚場稻干場海沙地土取揚之目鰯乾魚也揚猶言堆荷有古誼流木以木置淺水可不朽也述官民地表

官地	町步	分類	地價外
第一	四萬四千八百廿九	宮室神社	無租稅
第二	三萬三千三百十七	君族賜邸官署軍營	同
第三	千七百六十四萬五千八十	陵墓山水鐵道綫路之類	同
第四	二百八十	寺院學校之類	同

民地	町步	地價	平均町價
田	二百六十四萬九百八十五	十二億千四百廿六萬三千二百圓	百二十六圓
畑	百八十八萬五千九百圓	二億六千六百三十二萬二千八百圓	百四十一圓
郡村宅地	三十三萬四千八百九十七	一億五百四十萬五千五百圓	三百十五圓
市宅地	一萬九千六百十八	三千二百三十萬八千九百圓	千六百四十七圓
山林原野	八百十七萬五千三百廿九	二千六百五十萬四千四百圓	三圓二百四圓
鹽田	五十四百	百三十四萬七千	十九圓
鑛泉地	二	五萬三千三百圓	二万六千六百五十圓
池沼	八千八十二	八萬六千百圓	四圓
餘地	七千八百廿六	六十二萬八千七百圓	八十圓

地租表

日本地租以地直計取百之二分有半北海道則百之一所謂一段者沿豐臣氏三百步例若畑若雜地詳官民地表平均者合地之肥瘠分租之多寡也鑛山借區稅不與焉述地租表

地別	地直 以一段計	地租
田	四十六圓十六錢四釐	一圓十五錢四釐
畑	十四圓七十四錢五釐	三十六錢九釐
郡邨宅地	三十一圓四十四錢七釐	七十八錢六釐
市街宅地	百六十四圓十五錢三釐	四圓十錢四釐
鹽田	二十八圓三十錢八釐	七十錢八釐
鑛泉地	二千六百五十六圓九十五錢	六十六圓四十二錢四釐
山林原野	三十四錢一釐	九釐
池沼	一圓十五錢三釐	二錢九釐

雜地	十三圓六釐	三十二錢五釐
平均	十三圓五十一錢三釐	三十三錢八釐

物產

漢書藝文志神農二十篇野老十七篇神農教田相土耕種十四卷昭明子釣種生魚鼈八卷種臧果相蠶十三卷類此爲物產設誠重之也日本宅東易孳易長雖載物蕞爾而水陸充斥不可勝數也今以類聚曰穀屬曰蔬屬曰蓏屬曰果屬曰花屬曰艸屬曰木屬曰藥屬曰雜植之屬曰鳥屬曰獸屬曰鱗介之屬曰蟲蛇之屬曰金屬曰石屬曰土屬曰雜鑛之屬曰布帛之屬曰冠履之屬曰舟車之屬曰兵器之屬曰器用之屬曰雜用之屬曰飲食之屬曰薪炭之屬凡二十有五述物產

穀屬　稻（美濃產爲最它產有差日本文イ子即稻也）　早稻（武藏葛飾郡二合半領葛西領邊專播稻冠它）

郡七月早熟貢米古稱早稻米近江之高島郡美濃之宮田八幡相摸國丹後守山　中稻美濃之長島今嶺大津小町大垣糯等處

糯米武藏諸國　唐黍即粟也肥後多　晚稻美濃之近江小粒黑穗　〔玄〕米

小米　薏苡米　大麥　小麥　蕎　大豆　黃大豆　豇豆武藏諸處

豌豆　山黑豆　山菉豆　山扁豆　雁喰豆上野　大角豆

黑大豆武藏　綠大豆　赤小豆　蠶豆　馬鈴薯產于武藏甲斐飛驒信濃

上野岩代磨城陸前越中越後佐渡因幡岩見備後安藝紀伊阿波土佐豐後肥前後志石狩天鹽北見日高等國　佛掌

薯山城　胡麻產于信濃陸前伯耆阿波土佐日高大隅等國

蔬屬

菜種輸歐羅巴美利加諸國　辛子種產尾張常陸筑後河內諸國　百合產安房上

總下野大和越後乾者入中國　土百合售美利加　薑產武藏參河下野土佐豐後伊豫出雲長門等國　菘武藏

萊菔產練馬德丸長三尺　蕪菁武藏　番椒武藏　茄　筍武藏諸國　蓴山城

等國

葱　鴉葱　山薤武藏駒場鼠山等處自生　水菜武藏木丁川　秋菜產物

水芹　薇　黃花菜　紫菜　杓兒菜　樟牙菜　毛連菜味苦

鹿角菜　石花菜　神仙菜　木耳　蕈　黃蕈　香蕈　玉蕈
天花蕈　椎茸蕈生木上如椎故名　松露蕈之小而圓者　岩茸山菌也　海茸水菌
也　芋　慈姑　布海苔　刻昆布製自東京大坂　板昆布產渡島後志石狩天
鹽膽振日高十勝根室釧路陸前陸奧
蓏屬　西瓜武藏等國　王瓜　番南瓜武藏等國　醬瓜同　甜瓜產物志云
武藏鳴子郡上品　胡瓜武藏大和　越瓜長尺徑三四寸味佳　冬瓜
果屬　龍眼　葡萄　橄欖　榧子武藏等國　菩提子　栗產上野下野大
和磐城　二度栗大和等國　梅武藏等國　李　落花生武藏等國　胡桃　桃
獼猴桃美濃等國　橘　蜜柑　柚　柿武藏　澁柿　杏　榴　枇
杷武藏等國　梨或赤或青　林檎　頻婆　楊梅西京尤多　櫻桃　榲實　天仙
果即無花果也產小笠原島　小棗　菱　芡
花屬　櫻花　牡丹　荷包牡丹　秋牡丹　水仙安房等國　合歡

芍藥　艸芍藥　辛夷　棣棠　雞冠花　菊　野菊　六月菊

梔子　石榴花　玫瑰　翦夏羅　水楊梅　瑞香　白瑞草

山城　水晶蘭物理小識　伏牛花　玉蘭　仙入脂甲蘭　朱蘭　鳳

尾蘭　蓮　地涌金蓮　睡蓮　山茶科大葉一種花較大　木曾葉加木夫

容背有毛　山葵　罌粟花　朱藤花　茉莉　側金盞花　四照花

猿延花　珍珠花　紅花　燕子花

艸屬　杜衡　蔦　虎耳艸　蒿　佛甲艸　虉艸　青茅信濃等國

蘆　藺織席用　荏　瓶爾小艸武藏信濃尾張等國皆有之　鹿尾藻　寒天

艸產攝津伊豆信濃肥前薩摩以之造粉條所謂寒天者是　萬年青

木屬　松矮松與它處異　五葉松　千年松　羅漢松　柏　卷柏

花柏信濃等國　扁柏　櫻　桃　柿　柞　櫨　石灰水近江栗太郡地中出

猿木產薩摩國櫻島甚稀　椑　椈　榛　楓有數種色異葉亦異有楓蠶　樟有樟蟲之繭

桑　檜　樗　櫧　守宮槐　蘗木　杉　樺　菩提樹　楡

榧　楢　槙　椶櫚　黃楊　楊柳　楠　阿咀呢木名　扶桑

木是木之復出土者日光山居多　栗　橡　桐　槻　榎　膠木　茶産山城大和河

內攝津伊賀尾張伊勢三河遠江駿河伊豆武藏上總下總常陸近江美濃上野岩代磐城陸前羽後加賀越中越後丹波丹後因

幡出雲播磨美作紀伊阿波伊豫土佐筑前筑後豐前肥後日向大隅薩摩等國　番茶　粉茶

藥屬　蓡　樟腦産於遠江伊豆土佐薩摩日向等國　樟油輸歐羅巴美利加　山藥産野

州常陸遠江　木拊木産下野參河遠江駿河但馬大和丹波　黃連産下野加賀陸前越前大和　牡

丹皮　桂皮産于紀伊土佐等國　茯苓産于常陸安房相摸等國　烏頭　吳茱萸産日向

蓽發産大和　土當歸武藏　牛蒡武藏　紫蘇　蒿　元寳艸　黑

三稜武藏不忍池　連錢艸　雞腸艸　天竺桂　堇堇菜　蕁麻

門牛兎苗　半邊蓮　龍芽艸　香薷　龍珠　柴胡　南柴胡

前胡　萆薢　龍膽草　星宿菜　蒼朮　海金砂　烏頭

大戟　鼠尾艸　王不留行　天香百合　木防巳　黃精　甘
遂　夏枯艸　雀翹　牛膝　燈心艸　石芥　麥門冬　及巳
陰地蕨　常山　〔玄〕參產物志云傳漢種　辛夷　劉寄奴艸　茜艸
木通　鹿蹏艸　雞腿兎　豨薟　薄荷　龍舌艸　山胡椒
苦艸　三白艸　蘿摩　苦參　合子艸　旋覆花　山藤
雞項艸　地楡　萎陵菜　括蔞　遠志　徐長卿　天麻　水
澤瀉　防巳　漢防巳　石防風　淫羊藿　秦皮　狗舌艸
兎兒織　石决明　綠青武藏近江　大青　地黃　大黃　黃芩
太一餘糧近江　黃蓍　肉蓯蓉　綠礬近江　陽起石近江　黑石脂
近江　紫石英伯耆　無名異伯耆　蓡產下野岩代信濃羽前出雲等國　列當　續
斷　牛躑躅　滑石　水漉石　獨活　桔梗　陀羅尼須計治腹
疾植物也產于大和　紫艸　膽吹艾　五倍子　睡蓮　菌陳蒿　莭莭

艸　白芷　白薇　石龍膽　冬葵　蛇牀子　香附子　水蘢
（植物）敗醬（又植物）　蓍　木本蔽精　山慈姑　車前葉山慈姑
野菰　大一餘糧　射干　紫參　拳參　王孫　鹿藥　升麻
劉寄奴　土參　金松　雙葉細辛　牛扁　白及　黃精
具母　赤石脂　蔓荊子　山蓼　瞿麥　半夏　前胡　牛扁
沙葠　赤車使者　羌活　白薇　石葛蒲　艸烏頭　貫衆
山北　小薊　大薊　澤蘭　鬼督郵　翻白艸　延胡索
川芎　牛皮消（植物）　邪蒿　廓大圖（植物）　冬蟲夏艸　陽起石
石英　延胡索　補骨脂　當歸　天門冬　枳實　巴戟天
雜植之屬　竹　萬壽竹　斑竹　孟宗竹　雲紋竹（近江）　唐竹
（即慈竹）　苦竹　棉　麻（產于下野上野岩代陸奥美濃越前越中丹波但馬備後周防豐後日向等國）
葛　蔗　淡巴菰　藍　蕉　鐵蕉

鳥屬 鶴 秋來春去 鵠 鷺 鸛 鴻雁 信天翁 鶺鴒 赤水

雞 花雞 泉水雞 大水雞 山鷄雞 南京雞 來自中國曰南京珍之也

冠赤者名地南京 蜀雞 來自中國鬭鷄之强 暹羅雞 來自暹羅 矮雞 來自南京 山雞

雉 鴨 鵞 鳬 鷗 鸕鷀 日本紀 喈鶯 續禽經 義禽

大眼雀 善知鳥 鷗形口黃末勾足淡赤奧州特津輕安鳩浦多有之 河鴉 大似鶺鴒全體口足皆黑

飛不高而捷丹波大和吉野山中多有之 計里 似鳩而首脊灰黑胸白尾短有黑斑口黃赤足脛長能捕魚其肉甘秋賣之治

膈噎 山計里 形同計里首脊翅青黑翅帶赤腹白口黑足赤黑 剖葦鳥 似鷺 都鳥 大如鷗鵝

唯口足赤關東多有之畿內無著聞集云建長六年有獻之者 保登鷄 胸黑鷄 眞鷄 一名嘴長

黍鷄 一名目大 黃鄉鷄 京女鷄 羽班鷄 杓鷄 燕 壞鳩

首背黑有赤班胸赤嘴蒼足淡赤聲短其味美 八幡鳩 形小子壞鳩色白項下蒼黑口黑脛赤聲亮如言老來其

肉不美山城八幡山多 南京鳩 項脊紫青班頭黑紋目邊微紅腹紫尾黑白口來自中國 孔雀鳩 來自

中國尾如張扇故名 布穀 石見安藝有之 練鵲 大如鳩狀似山鵲項黑脊青尾尺許關東山中多有之畿內無

山鵲雨前鳴　交喙見農田餘話武藏信山多秋來春去　連雀鳴如日比伊比伊　杜鵑　黃

道眉百鳥圖　桃花鳥日本紀○一名紅雀　鸂鶒　魚狗　喚子鳥萬葉集

牧母鳥　鶡鶉　蘆虎　鷹　知更鳥武藏秩父多此其名依大寶遺事云　白

鳺鳥　白頭翁

獸屬　馬　牛　羊　羺羊　野羊　豕　野豕　犬　虎　獵

虎蝦夷島東北海中有獵虎島此物多有之入水食魚走疾如飛大如野豬頭短足亦短毛柔甚左右摩之無順逆或黑或黑中間白或曰本艸綱目狗類此　水豹蝦夷海中水豹大四五尺灰白有豹文毛短　海獺處處有之一名海鹿

熊　鹿　狼　猿　狐惟伊豫土佐讚岐阿波四國無狐和銅四年伊賀献黑狐明年丹波献黑狐靈龜元年遠江献白狐養老五年甲斐献白狐以爲瑞　狸　禰豆布出蝦夷海黑毛短　兎　貉日本紀推古三十五年陸奥有貉化人

鱗介之屬　鯛　鯉　魣　章魚相摸　鱧　鯧　鮑　田作魚

石伏魚　鱆產陸前陸奥能登周防伊豫出雲渡島後志　熨斗鰒　鰊一名鯀　鰹鮧

相摸 細鱗魚日本紀 年魚賦役令延喜令山城桂川爲多 ○ 香魚雨航雜錄 鱶

鰭 鰈 鰑 鰮 鱘 鯢魚形略近鰕 鰕虎魚 方頭魚

魦 鰌 鯰 鱣吾妻橋間爲最 鯽 荷包鯽 鱒 鮎 赤魚和名抄

白魚 鰯鹹水魚之一種 鰡和名抄 石斑魚遠江 虎魚和名抄 比目魚

鮀魚 鰱 牛尾魚 鯵和名抄 鐵魚 鮠 鰻 山生魚相摸箱根

山下野日光山之谿生魚形如蜴有足治小兒疾 鼠頭魚武藏 鱸 鯊 鱵 青魚

鰶 公魚越後 鯇 冰魚 雷魚羽後最多 八目鰻羽後產最上川 烏賊

琵琶魚越中 鰤 玉筋魚 望湖魚 烏鮫魚 江豚 青鰕

草鰕 手長鰕小笠原島 櫻鰕 芝鰕 車鰕 車海老大鰕 蟹

監吹貝上總 水母 水母子肥前 瀨戸貝 甲烏賊產豐後日向備後 文

蛤品川深川 牡蠣 紅螺 海參產渡島後志石狩天鹽北見膽振志摩日高根室能登尾張參河伊勢淡路長門讃岐伊豫隱岐播磨壹岐出雲安藝筑前豐後肥前陸奧常陸佐渡即海鼠也 蛤蜊 蜆 鱉

瓦䚘子 介類

蟲蛇之屬 蠶 蠭 蜨 蜻蛉 螳螂 蟋蟀 蟬 蚨 金

琵琶 螽斯 促織 蚱蜢 蝗 蝸牛 蛛 蟢 蝙蝠 虻

蛾 螢 蜪蠅 黃蠅 蚊 蟻 蚓 蛇 蜴 壁虎 蜈蚣

金屬 金 銀 鉛 產武藏近江陸奧美濃上野 鐵 武藏 銅 續日本紀乙丑武藏國秩父郡獻和銅改慶雲五年曰和銅元年產近江等國 荒銅 產伊豫下野陸奧羽後出雲播磨陸中 熟銅 一名製銅

銅綫 潰銅 砂鐵 近江 潰鐵

石屬 介化石 武藏王子瀧川產此蛤蜆蠣化石 象齒 骨化石 慶應四年武藏横須賀白仙山傾堀出此品蓋象骨或牙化石据日本產物志 異獸齒化石 嘉永二酉年夏武藏荏原郡上澁谷郵農家堀出地下一丈五尺先獲斷石更堀而全形扁排如指長五寸弱寬上三寸一色淡黑下二寸灰白色略黃据同上又見美濃

磁石 据續日本紀出近江 砥石 近江栗太郡桐生山砥上山甲賀郡仙人谷伊香郡田上山伊吹山其著者

蠣石 近江產如蘧窠質輕色黑俗云沫化 雲石 一云大理石產近江 代赭石 產近江 蚌化

石(產近江琵琶湖側甲賀郡稗谷郡安樂寺東海道猪鼻北松尾明神森油火嶽水口近鄉神保郡太原郡沖郡岩倉山野寺日

野谷湖西南條郡山中坂本化奥畑仰木郡等處亦產)　石卵(近江栗太郡)　石鐘乳(近江甲賀郡犬上郡)

(武藏秩父郡又見美濃)　石牙(美濃)　方鮮石(武藏秩父郡)　爐甘石(武藏)　花斑石

(美濃)　更紗石(美濃)　石炭(近江)　長石(近江伊吹山美濃赤坂金山)　琥珀(近江)　木

葉石(近江甲賀郡佐野郡志賀郡苗鹿郡又見美濃)　木化石(近江甲賀郡草津邊又見美濃)　土蛹化

石(美濃)　石蟹(山城)　石螺(同)　石蛤(同)　鮫石(同)　鼠石(同)　橡實

化石(同)　松毬化石(同)　桃化石(同)　菊紋石(同)　蛇骨石(同)

蚌化石(武藏)　蛇含石(美濃)　靑礞石(美濃金生山)　雷斧(美濃)　石鏃(同)

石砮(同)　銀星石(美濃)　石麪(同)　王火石(近江等國)　磬石　金剛鑽

(山城高下郡)　馬蹏石　富士石　御影石　紫石　篠斑石　紅葉

石　霜降斑石　鼈甲斑石　燧石(常陸)　黑碁石(若狹)　砥石　切

石　太江石　葡萄蠟石(但馬)　溫石(同)　綿石　浪石　玻璃石

薩摩石之明而透者

瓊漿石秋田阿邇山中出含水石土人常鑒石巖采之圓白如瑪瑙大小不一承明視之其內皆含水或有如龍者在其中顛倒之則蜿蜒上下余嘗得數枚然大者絕少此即瓊漿石也周公謹煙雲過眼錄曰瓊漿石漿水石瑪瑙也二寸許廼塊石耳觀之滴水在內搖之則上下流動明會典有漿水玉蓋亦此物又格古要論曰瑪瑙有淡水花者謂之漿水瑪瑙此瑪瑙種非含水者

土屬　黃土近江產之水飛宜書又產山城淡路諸處　白堊美濃伊豆　碧堊山城　七色

土伊豆　粘土　陶土

雜鑛之屬　硫黃越中陸奧岩代下野渡島後志根室　硝武藏山城攝津上野　酸化滿庵

地志提要云能登羽咋郡火打谷邨一年采出一千六百八貫　礬　石綠　磁石美濃　礬磨沙

伊勢尾張　雲母參河伯耆伊賀下野　雲母砂山城　水銀　水晶　黑水晶

馬腦　馬腦髓　硨磲　石腦油即石油也目出山石

布帛之屬　暈繝錦　高麗錦　軟錦　兩面錦　蜀江錦借名也厚

且美其繝多雲龍也今稀韵府續編謂日本麒麟錦金花炫目　金入繝繝織金文名金襴也織彩絲文金者名金入

綾 倭名抄綾似綺而網倭漢三才圖會綾有數品唯稱綾者似紗綾而地文皆二重菱呼名幸菱得嘉祝之名官家婁東素衣小兒產衣用之

唐綾 當自仿唐其文泛織也西京織之

紗綾 倭漢三才圖會云似綾而文如稻又如菱墻者名墻紗綾

花文綾 倭漢三才圖會飛沙綾地似紗綾有花文

無文綾 一名謂紗綾

小綾子 出東京薄而光倭綾子最良

紗綸 薄于東京綾子

木棉莫臥爾緞 西京織之俗以爲襦或爲涕紙袋

紋羅 似羅有飛文爲浮屠黑衣

光絹 西京爲最加賀次但馬又次

八丈絹 伊豆

黑八丈絹 甲斐

撰絲絹 倭漢三才圖會云昔唐船著泉州堺浦時大唐織工留此織撰絲絹土人習之出西京者佳

綟子紗 志摩

金紗 倭漢三才圖會云元和年明人來留泉堺織金紗土人錢屋何某松屋所織今偶有之名錢屋切松屋切賞之

紬 飛彈爲上次仙臺次大目

緯紬 經用綿絲緯用紬絲

八丈絹 伊豆南海有島曰八丈山繭織絹色不變官物不入商賈西京贋織甚艷美

郡內絹 出甲州郡

日野絹 日野屬上野其國安中松井田富岡之絹爲上武州次之亦出丹波丹後但馬

羅紗 來於阿蘭陀毛織上品也有紅黑青白褐數色其絳者名猩猩皮

銚子縮 出下總海上郡銚子邨縮即紗也

羅世板

菟褐 兎毛織之和名抄謂之菟褐

天鵝絨 織勝它國

葛布

藤布 出奧緝藤皮爲之

曝布

[illegible]布出奈良布之上品緝羽州最上麻爲布萶春晒潔白爲上 [illegible]布布未曝而粗越前之中同福居爲上 蚊帳[illegible]

出江豫 縐布越後小千谷爲上 木綿布伊勢松坂爲上河內攝津次之參河尾張紀伊和泉爲中因幡

淡路爲之 屑布輸美利加 絓縞布 藤布伊豆 紙布撚紙如綫出奧白石人以爲襦 紋羽

紙合羽油紙雨衣也塗荏油出和州龍田今攝津大坂作之用荏油密陀僧盧眼石燈心徐煎沫盡爲度

和泉諸國 氈同 琥珀織甲斐 五日市織武藏 生絲產於武藏上野下野岩代磐城 玉絲

陸前陸奧羽前羽後越前加賀越中丹波越後但馬伯者播磨筑前參河駿河甲斐相摸近江美濃信濃等國

熨斗絲 屑絲 殼絲 眞綿 靑梅綿武藏 蠶紙輸美利加 晒木

綿常陸 木振木綿同 長濱絲糸即絲也近江 縮緬 絹縮近江 龍門

絹 飾絹 山繭縮緬 烏帽子縮緬 高宮布一名生平繭麻 海宮

布讚岐

冠履之屬

帽 衣 裳 帶 女帶 足袋即襪也足大趾間別出壹岐以大和造爲良 笥笠

出近江水口越前福井

臺笠臺夫須也即莎草不用竹骨者曰編笠深且巨者名熊谷笠　**菅笠**與簑笠同

以菅葉縫成也莞笠避日笥笠禦雨菅笠兩用出金澤者上品柳井次之　**塗笠**用薄竹板紙漆黑芭出大坂西京

葛籠笠出江州水口婦女禦暑　**檜笠**修行者用出和州吉野山　**草履**　**藁草履**以藁稈作

之出奈良爲上　**藺艸履**出西京者良　**篠履**竹篠作之美淡竹篠次之　**履靪**倭名抄云賤人以牛

皮補著履下也出和泉堺　**雪踏**倭漢三才圖會云雪踏茶人千利休始用之路涇著之笄皮爲表牛皮爲裏○按茶人家

者也　**革踏**　**木履**廣博物志晉文公伐木製履日本之木履亦彷中華爲之有數種以櫸檜作欲二竪木爲齒名

指木履泥中著之　**下踏**用桐鋸跡自如齒者輕牛涇地著之

舟車之屬

舟初有天磐橡障松船以載蛭子也埴土船者素盞鳥尊所乘也天鳩船者大已貴神所製也神武即

位而後於吉備國高島宮備舟檝是其綿蕞崇神十七年詔曰船者天下之要用也今海邊民由無船以甚若步運其令諸國始俾

造船舶應神五年令伊豆國造舶華十丈名虛御是舶之始來自中國唐時或稱廻船三百斛以上至千五百斛　**過書**

舟西京運貨于通淀川載三百斛　**天舫舟**似過書舟載二百斛　**上荷舟**海船之剝船載廿斛　**茶**

舟似上荷舟而小載十斛攝津多此　**颿**初用藁莚中古用茅近用布凡布三幅爲一端或六七端或其餘端　**人**

力車它國所無一名東洋車然未通商前無之 籃輿 牛車上下鳥羽多有之 武藏鐙二鐙稱一足武藏爲上故名

兵器之屬

四神旗文武天皇大寶元年正月朔大極殿正樹鳥形幡左日像青龍朱雀幡右月像玄武白虎幡○据日本紀倭漢三才圖會諸書下同

帪幟始于永祿元龜之比相傳北條氏康家臣同左衛門大夫始作之

盾仁德十二年高麗致鐵盾推古天皇十一年聖德太子作大楯及勒今有數品 竹立牌東竹以代大盾也武田信玄家臣有米倉丹後始作之高七尺横一丈亦謂牛竹束 車竹束如車楯 鐵甲宜騎宜攻戰和州奈良岩井與左衛門作爲佳

革甲宜步宜野戰續日本紀云寶龜十一年八月勅今革之爲甲靭固經久裏身輕便巾箭難貫殊易成自今以後皆宜用革前造鐵甲不可從爛其後桓武九年東征造革甲二千○牛皮臘月浸尼水晒乾爲甲漆則堅 冑始於神功皇后

鐵礮南浦文天文癸卯船漂著種子島島主兵部亟時堯得二鐵礮以其一授杉坊而後時堯使鐵匠新製十數

天麑弓日本紀 強弓重四十三貫目 天雨矢日本紀 唐弓弦 蟇

股鏃以形名菊川清治郎越前櫻根口人此等皆鏃土以鳴世 音金倭漢三才圖會弦中納銅鉛俗日音金射則增高

靫日本紀大神負靫○徒然艸京洛五條神社掛釵避疫 刀詳金石 長刀仿唐爲之武備志云

日本刀大而長柄者攏道謂之先導以皮條綴鞘隨後所用謂之大制　**眉尖刀**與偃月同　**橫刀**續日本紀靈龜元年詔曰凡橫刀鐵者以纒造勿用素木令脆焉　**槍**應仁文明始作之實矛也　**鄃田銃**此火器近人作

西洋鎗　**龍吒**三才圖會云龍爪逐逃人倭漢三才圖會云有須皮如鐵斫而小四爪製出龍吒

器用之屬

研紫石肌堅而潤夏不易長門下關若狹宮河產爲最青石爲中品近江高島洛西嵯峨出之又有天草石黃色爲檜下矣產於肥前天草今伊豫產亦稱天草則砥石也　**鸜眼紫石**貴陽陳氏矩曾購得之　**瓦研**古瓦細密不異于石以太宰府都府瓦爲珍　**磁研**尾張國陶人製陳氏矩爲雲龍購其一背文曰文政庚辰花月應鈴公需製尾張瀨戶陶工穎漢○其年當我嘉慶廿五花月三月也櫻花開三月也　**紙研**詳工攷　**研屏**立研頭以屏風塵石爲之　**玉**

墨一名太平墨一名丸墨大坂奧州岩城作之皆松煙也可染布帛松煙出熊野燒松節日本人自言不如唐墨　**朱墨**銀朱倍辰砂用泰皮水賛膠爲之　**筆**兎狐狸毛居多今多鹿毛筆尚書所謂中冬氄毛者日本人語曰不由介其色白出四國島者佳夏毛變赤出秋田者良　**石筆**石紫黑篠如筆可以備忘廣博物志盧山石墨此類

勅　**檀紙**大高引合藺紙松皮紙等數名厚白有皺文篠研似松皮藺之肌而墨色好爲禁之裏柳營之御紙出備中有大高中小高之三種新唐書云藤原葛野麿入唐善書其紙似藺而人莫識者　**奉書紙**即檀紙之屬肌濃不皺官家奉

書用故名有大小厚薄出於越前府中爲上出雲能養備後三好次之筑後伊豫加賀備中丹後但馬土佐又次之播磨安藝爲下

杉原 俗云糊入奉書紙之屬稍薄軟也播州杉原村始出之故名之今出於備後爲上豫州加州雲州次之備中丹後但馬土佐又次之和州吉野爲下

本杉原 俗云鬼杉原出於播磨色不鮮明而爲獻上一束一本之紙官家不易舊例誠殊勝也

尺長紙 太介奈賀奉書紙之屬幅長者以堪爲贄結出於越前府中者爲上丹後綾部次之

延紙 乃倍加美小杉原也其大者縱七寸橫九寸謂之七九寸常藏懷中可拭去鼻洟因稱鼻紙出於和州吉野爲上出雲備中次之皆和米粉漉之令色白或有用蛤粉石灰等者雖美白肌膚不宜

三栖紙 美須加美即延紙之極美者出於吉野大於延紙而稍薄以爲官家之用

小菊紙 大如延紙而剛柔艶美全類障子紙美濃寺尾參河阿須介出雲杵築並出之蓋三栖小菊之二品爲鼻紙之極上周防石見因幡阿波備中之小半紙皆以爲鼻紙

漆漉紙 甚似輕延薄紙者而可以漉漆及油出於吉野餘國全無

半紙 波牟之筑後柳川之產爲上周防岩國亦佳同山代紙謂之本座紙津通德地鹿野熊毛小川等凡此長防二州之地皆多出半紙石州濱田同津和野次之雲州因州參州加州阿州但州藝州丹後筑前皆出之

障子紙 美濃紙出於美濃寺尾者最佳故呼曰美濃紙以寫書籍裏書輸障子及燈籠無加之者防州次之奧州岩城野州那須藝州廣島又次之

厚紙 阿豆加美有數品濃州紀州大張紙紀州和州森下紙伊豫備後仙過紙甚厚

堅備中土佐阿波皆出厚紙可以爲簿帳紀州島包紙可以包綿帛常州西內同國程村和州宇多筑後百田藝州州皆多以上厚紙訴狀券文及傘等用之紀州川根藝州津並又次防州片折紙俗云十五束物御用紙俗云二十五束物普通券狀用之

宿紙 湊紙蒼灰色而軟可以飾壁腰後醍醐天皇朝京二條有川端道仙者來泉州湊始鹿出之故稱湊紙于今多出今京師及攝州山口亦出之播州石目紙白色如石理同木目紙如木標

半切紙 縱短尋常半分筑前筑後爲上攝州大坂同山名鹽多出之播州口亦次之

塵紙 知里加美用楮汁造紙以其麁末者漉之故有塵渣而最野卑者比唐馬糞紙也防州岩國爲上石州次之參河阿波筑後凡出半紙之所皆有之

牋紙 音煎與箋同來於南京色紙曰牋或煎成魚鳥花菓之象彩色甚美又有金華紙洒金出本朝越前筑後色奉書攝州名鹽色鳥子同大坂五色紙豆州修善寺柿色紙不悉記一種紺紙出於土佐者爲上京師者次之一種藥袋紙出於土州爲上色肌似韠而甚強可耐久攝州名鹽者爲下

鳥

子紙 淡黃色似鳥卵而柔滑故名之其堅而滑者稱生漉俗云厚葉中葉薄葉之三種有又有幅廣合半間之間尺者俗云抹爾阿比可以張屏風共出於越前府中蓋此紙肌滑易書性堅耐久可謂紙王者乎近頃自泉州亦出之而迺劣一種天子鳥子出於攝州名鹽泉州湊村和泥土造之故厚重而易裂一種有雲紙即鳥子之屬有雲文以爲連誹壞紙有耑雲丸雲繪雲之品

毛邊紙 自中華來者總稱唐紙以南京官紙爲上朝鮮紙次之試之舐不粘舌者佳肌濃而厚重甚堅淺黃赤色似鷄卵者

俗呼曰保豆古利手爲上品色大白堅者爲下墨色變帶綠但唐紙皆用唐墨良

竹紙 知久之似倭薄葉而脆易裂易爛今所渡書籍多竹紙也亘厚者爲良蘇易簡紙譜云蜀人以麻閩人以嫩竹北人以桑皮剡溪以藤海人以苔浙人以麥麪稻稗吳以藺楚人以楮爲紙今多用楮皮

雁皮紙 以雁皮木爲之

馬糞紙

閃刀紙 本綱云摺紙際一角疊在紙中謂閃刀紙俗云惠比寸紙蓋匠人不知而漏裁者也取之用入藥而今方中未見用之者

反故紙 曰反故日本謂之保宇久方語也齋春秋云況麟士字雲損少清貧以反故寫書數千卷者是

代指 名與三柳軒雜識王氏談錄同菽苑日涉博士家授人句讀嘗原氏削象牙如筆上琢小浮圖鑿菽鑿細條謂之角筆清原氏用竹長短大小皆有定以指點經籍俗云字沙式所謂代指也

尺 曲尺鯨尺矣服尺

釿 手斧有及片及

鐁 有大棹中棹止久利裹白數種

鉋 圖鉋底鉋脅鉋泉州堺土居原之作得名

甘堝 玉篇訓烹而日本則以爲治土鑄金底有小孔金沸流於模範

拔鼻毛

鍬 倭漢三才圖會

剃刀 俗剃頂髮方額

庖刀

前挽鋸

紡錐

櫛 解櫛水櫛眞櫛唐櫛挿櫛五品

鉛粉 持統六年勸成始造慶長元和中泉州堺商造浸多

釜 倭漢三才圖會釜鍔如鳥旭俗謂之羽羽以上謂之甑底外有小凸者謂臍釜鑄不隹古無鐵釜多瓦中古河內丹治郡始作之近江辻郘次之攝津大坂浸多

天明

釜 倭漢三才圖會東山殿東山時以關東天明釜爲良後利休敎洛治工與次郎鑄阿彌陀堂尻張丸釜蒲團大雲龍小雲龍數

品今希有之爲秘藏○按洛西京也

自在釜山家搆大堪于席中每縋下鑊以爲炊爨其繩設機昇降自在故名

蘆屋釜筑前蘆屋釜有繪文本繪或爲雪舟圖奇珍也今官家冶工洛陽西郈稱三右衛見倭漢三才圖會洛陽西京

也

偏提去注子之柄安系

湯桶形似偏提略深

罌備前爲最而不及華製

鍪倭名抄鍪

炒餅鐵盤即此

砂鍋即瓦堝出幡麻者良攝津多造之

壺倭漢三才圖會河內大鳥郡陶邑上代既有其名陶人居矣天智朝僧行基敎人作抔坩數品時河泉未屬泉州今陶器莊是也清和朝陶多貞觀元年河內和泉西國爭燒陶伐薪之山既而尾張瀨戶陶盛故磁器謂瀨戶物順德朝陶人名加藤四郎左衛門始作小坩爲茶入然未得手練樹口於下燒之故坩口兀不美謂之口兀手建厤中永平寺僧道元游中華加藤氏從之入宗習陶家之秘歸所作最貴重世略其名稱藤四郎後剃髮號春慶昔稱壺者漆器以可盛飯今出吉野挽食次是矣今壺坩混一稱壺不知坩字者多

碾茶壺俗云茶入高二三寸大者四五寸小坩可以盛碾茶狀目難計所計文林有衛小茄子尻膨丸壺文茄爲唐物古瀨戶春慶飛鳥川青江禾目手等爲倭物

茶盌肥前伊萬里窑勝

茶筅削竹作穗如帚甚纖密振茶發泡者也和州高山石政之作爲勝

茶匙珠光宗紹鷗利休慶首座瀨田掃部少庵道安道珍等茶人自所削者價貴爲時珍和泉堺有甫竹者世削茶題得名

漆椀倭漢三才圖會漆椀始於惟喬親王近江之日野紀伊之根來黑江奥州之會津攝津之大坂堺西京皆作之根來

最佳今以西京大坂爲上

食棜 亦曰食牀行牀飯臺皆一類也有蜨足猶足銀杏足之分

杯 初反故名酒土器出城州深草者良河內龍目次之日本紀云神武天皇取香久山埴土作平瓮以祭神祇平瓮今瓦器類

漆酒臺

槼子 酒器似盤有槅

筋 木筋桑槐筋良杉檜次之竹輭漆之

甕 前窯爲上近江信樂眼前唐津次之丹波小野泉泉州半田又可汲二斗許小坩甕也

急須 廿三餘贅筆吳人呼暖酒器爲急須菽園雜記亦謂急須飲器而日本人呼曰急蘇盞沿中國名而音轉也

張貫茶壺 上總望陀郡木更津張貫猶言糊也蓋以紙粘而用漆者也

飯籮 上圓下方竹器量可一斛

簁 比籮少扁而小造酒造飯用之漉米

丹波籮 洗桑籮初出丹波

末醫漉 簁之小者

七釐爐 中有鐵簀盛炭簀下橫有風口火自爐以煎藥暖酒炭直不至一分因名

風爐 出奈良爲茶爐最

雪洞 紙籠以覆茶爐

提爐 茶辨當

遞火 銅火斗

薑擦 銅造

漏斗 銅造清酒於樽竹造漏米於它器

幕 帷 珠簾 竹簾 伏見所作爲良

蘆簾 伊豫爲最呼伊豫簾

繩簾 倭漢三才圖會蘿者艸簾也今垂繩名繩簾

水晶簾 以玻璃管貫繩直排

之出大坂諸處

釣簾 一曰翠簾極細竹簾也以鉤揭卷西京有簾工家

百葉簾 肖西式

障子 倭名屏風之屬杉木纖削從衡組成單貼紙防風名明障子腰以下施板名腰障子避吹雨也

寢間障子 有鈕

鏁可衡盜

屏風 日本屏風舒卷隨意高六尺以下者六曲低小者枕屏風寬而二曲名廉手屏風低者稱茶爐前皆兩枕

帖紙

梯 **繩梯** 即詩所謂鉤援也亦名雲梯軍用宜救火尤宜

磨 日本紀推古十八年高麗僧曇徵來造碾

磨此其始也石出攝津最佳豫雍伏見城山之石密理堪爲茶磨

臼杵 用松木佳

竹籭 攝津馬駿出竹籭外

圓內方而疏密爲八子一組製藥宜

箴 纖具也凡磨先梳絲使不亂也四十纏爲一紀二十纏爲絨俗或謂八半箴者三百

四十縷乃八紀一絨也四級曰一半

紡磚 奈良大坂造

鍼 應神十四年百濟國來縫衣二女曰眞毛津是夜縫

始不可無鍼西京近江大津攝津大坂作鍼凡五十本爲率

莞蔍 近爲最備前瀨毛次之丹波爲下

手島

席 出播州北條狹短而用多

佳文席 仿中國造長崎大坂居多亦間黑文

藁筵 農家多用之以雙目片目

爲筵席之異

疊牀 用藺蹈堅厚寸餘邊因謂之疊狀以薦爲裏以繭席爲表有高麗緣纏綢緣絳絹緣尋常緣皆紺布

用近江高宮布爲上

表席 出備後者上其莞短細席皆纖半而纖目六十六疇近江丹波莞長不中纖而纖目六十

禁裏御疊 長七尺厚二寸二分三公門跡御疊長六尺六寸厚一寸八分吉野高野西山亦用之故呼高野間纔內民家

疊長六尺三寸厚一寸七分謂之京間關東民家疊長五尺厚一寸六分謂之田舍間

浮吳座 席有紋者

疊

表 亦席

藺筵 盤城良藺席也

繩席

鰺席 越前

樗筵 出羽後樗非無用矣

藺蕍

出讃岐佳 蒲椅同上 行李藤織之沿左傳行李語而名之 柳行李即箸笼也形長而方多以柳條爲之但馬爲最 帚倭漢三才圖會有數品羽帚棕櫚皮帚棕櫚葉莎艸及桿心帚竹枝黍草帚 遠州行燈影燈書燈或云小堀遠江守正一始製之故俗曰遠州行燈 提燈日本判摺提燈甚善其小者曰酸漿提燈雨夜以板爲蓋曰箱提燈岐阜最著曰岐阜燈 耒耜 鍬 鋤 杪杷 杷香杆桂禾具也竹三長短相等上用筏轉之於田中上控禾 覆殼編竹如繩甲裏箸覆於背下有卷通風 繖攝津大坂多作之

山伏笈修行負笈登山用 銅器 漆器乾漆印章產會津國濇漆漸增輒數十年或百餘年而成

象牙器 陶器 七寶燒器 豐樂燒尾張 鎗金器 剔人紅漆

器 角器 藤器 瓦 皮籠 石張皮籠 魚籠 魚網 扇

西皮以黑漆剔作連環

雜用之屬 木臘產丹後岩代岩見紀伊伊豫筑前筑後豐前豐後肥前日向薩摩 燭 菜種

油產河內和泉攝津伊勢尾張相摸美濃信濃岩代陸前越後伯耆安藝阿波讚岐伊豫土佐筑前豐後 桐油產甲斐若狹丹後駿河○凡木實油通稱絞油 柏油 荏油 橙油紀伊 橡實油 伽羅

養喜廬所箸書

油 岩代爲最伽羅香木之名以罕見珍浸水添它香物婦女漬髮　薄荷油 產羽前越後信濃　膠 製東京大坂

漆　琉酸 製自大坂　綫香　透頂香 相摸　椶櫚皮 產伊豫土佐豐後伊豆

莢皂　刈安 染茶褐色之草煑汁用之　陶器畫藥 尾張春日井　纐 木皮製之爲捕小鳥之媒猶魚餌也

鯨油 下總　鯡魚 產陸奥渡島後志　鰒魚貝　鯨髭　鯨筋

海藻花 章魚乾也　馬尾 輸美利加　牛革 製自東京神戶大坂橫濱長崎　虎革　鹿革

鹿角　狐革　狐膽　狸革　貉革　木鼠革　熊膽 加賀　熊

皮 越中　獺皮　麢羊角　螺鈿 正韵蚌曰螺細即日本所謂螺細也說文鈿金華也隋志唐書之金鈿寶鈿通雅之螺細皆以金與寶與螺飾鈿蓋有異矣泊宅編曰螺塡器本出倭國物象百態頗極工巧非若今市人所售者藝苑日涉近今此方所製殊不及漢渡者蓋其所用螺蛤品類不一而佳者絕不產此方故工雖有巧者必取漢產螺蛤製之法以螺片如紙淹釀醋中一夕螺乃始受刀欲紅光者以胭脂染其裏面欲翠光者以黛綠漢產螺四向皆有光國產者一面有光耳一種厚而白如膩者最爲難得五國故事曰以綠鈿刷隔眼糊以紅羅綠鈿即今所謂青具也

蚌珠　琿磲貝

飲食之屬

飯　盤游飯 魚肉雜味調和煨於飯面其名蓋依華夸花木玫老學菴筆記諸書也通鑑（宗哲

宗記）之社飯集覽之骨董飯日下舊聞引自得話之王母飯肉盒飯北戶錄之油團飯皆此類也

荷包飯 即荷華燒飯其名廣東新談同

粥

乾飯 說文糒乾飯也菽苑日涉陸奧人製以充方物河內道明寺所製最精可稱瓊粮

糉

檞葉餅 疑即齊民要術所謂糉之類

餅

煮餅

蒸餅

湯餅

髓餅

葛餅 葛粉爲餅即鎮江府老所謂麪葛也

蕨餅 即物理小識名所謂黒腐也

斛斗餌 即琉球使略所謂象眼糕

鯽酢 以飯實鯽腹謂之酢

年魚酢 美濃爲最

白絲餅 菽苑日涉俗以糕如拇指大扭作捻絲狀者名曰白絲

薄脆 即通雅所謂寛焦

果子 日本以麪與餡爲果華禽魚用物之形通謂之果子蓋亦沿中國糖果之目而省糖字也見之倭名鈔江家治第拾芥鈔諸書不可勝數其食物曰餡飥曰糫餅曰結果曰捻頭曰餛飩曰餅餤曰餺飥曰煎餅曰餳餅曰黏臍曰饆饠曰鎚子曰歡喜團曰粔籹曰乳餅大氏自有俗名而伲書中國古名者也

落雁 加賀國爲最即糖果子之一種似雁

麪麩 即食物本艸所謂麪筋也日本人殆仿中國爲之麩麪麩五名亦見舊京遺事酉陽雜爼諸書

饅頭 菽苑日涉中古有漢人傳其法今醼享不闕此物京師烏丸街有饅頭町傳爲漢人所居

饆饠

和名類聚鈔

索麪 周燀北轅錐索麪一名粉縷即此物也日本西京阿波伊豫備後美作等所製之亦有以秋製以秋田秋庭麪舖爲名品

索粉 綠豆粉也一名野狐泉俗名水綫見老學菴筆記食物本艸諸書

山芋餺飥

一名百合麪實薯藷麪也秋田爲最　粘並餅　河漏一名黑兎即蕎麥麪也一名河洛　沙𨂜糖豆

也　光餅形如錢以索貫之與榕城詩話傳爲戚繼老行軍所作者同　麥粉輪俄羅斯　素麪

蜀黍粉　藕粉　百合粉豊前　葛粉　厥粉　蒟蒻粉　山慈

姑粉　寒天即中國粉條也然日本以寒天艸爲之故名据云售與海爲多　醬　醬油其造仿中國法

味噌即豆醬也日本物名輒因中國之稱此則其國自名歟或曰傳自朝鮮又有高麗醬美蘇之名菽苑日涉謂味噌乃

高麗諺云　金山寺豆豉即周必大高宗幸張府節略所謂金山鹹豉也日本以所自來名之殆亦不忘本歟

豉又有唐納豆之目　魚醬有周禮魚醢遺意　鰕醬　海膽醬一名海月俗呼烏儞以越前對馬爲最海

膽蚪蝣類見嶺書南雜記諸書　鮑魚醬即鰒也其殼即石決明鰒生海中石上一面坿石非㛐取之則因一再

觸粘石雖粉碎厥殼亦結如故　鰹醬驗其形味則中國所謂鮀魚也鰹一作堅魚醬蓋分一字爲二也　烏賊

醬越前人稱伊加黑造即說文鰞鰂也玉篇鰂作鰂八足絕短者集足在口縮喙左腹懷板含墨一名纜魚近岸則黏前一鬚爲

纜癸辛雜識墨魚即此　沙噀醬以海參腸臟入監爲醬日本人云佳品也沙噀土筍泥筍沙蒜海鼠皆一物也

魚膾即五雜組所謂魚肉生也日本人魚膾鯉鱸鯛爲最　水母膾　湯膾羹　鮮醒湯

酢　櫻　豆腐　冰豆腐　海鼠腸魚腸也產尾張　鰹節魷乾也　鱶
皮　海扇柱　牛邊蚶柱　牛酪　鹿胎　牛脂　鹿足筋　雞
子　露酒　燒酎　味淋　保命酒尾張　忍冬酒尾張　養老酒美濃
菊酒
薪炭之屬　石炭產武藏近江肥前肥後筑前伊豫讃岐播磨越中越後　松炭大和等國　櫻炭攝津豐島郡池田邨
所製櫻炭爲通國最名池田炭

動植大要表

物產弗綜大要則取食所用安知其與生者相去幾何今撮植物二十動物三其中木竹有用有立謂未伐爲立也牛馬種有內有外有雜其用有力有農有孳若茶若礦此不復繆述動植大要表

米	光緒六明治十三	七　十四	八　十五	九　十六	十　十七	十一　十八
	三一三五九三二六石	二九九七一三八三	三〇六九二二二七	三〇六七一四九二	二六三四九八八三	三四一五八一六九

麥	一二五〇五〇六三石	一〇五〇七八八三	一二九三八七五二	一一七六三八四六	一三一〇五八四一	一一九三五四六七
粟	一七三二一五三石	一五六二一七四	一六五一五五一	一五八七五〇三	一五七五三〇七	
黍	一九〇一二二	一七五四六〇	一七七四九三	一五〇三七二	二四〇四九二	
蜀黍	八三九七三	八八三六二	七一二七六	六〇五四八	一〇六七七五	
蕎麥	六七三四二二	六九七三四五	六七〇二七九	六一九〇七四	六七三二四一	
稗	八九三〇八五	九一七一三〇	九七四四二〇	九〇四一五八	一〇八三八三八	
甘藷	三〇八三七六七八五	二八〇八八七二六三	二六〇七二〇二四四	二六二九七九一七三	三六二〇八六八二八	
馬鈴薯	七五四五一四六	七八八九三三八	八九八五一六五	一〇〇七二二〇七	一〇七一五九〇二	
豆	二二八八九〇九	二一七五三三七	二三二五九三	二〇七三〇三二	二三三二三四三五 二八九八九六	
甘蔗	七五三〇五三二六貫	六〇九四二七二九	九六九六五二二〇	四八七四八〇〇五		
菜種	一三七八〇五五	八七六〇一三	九三一五九二	九五二一九八	一〇七三七七〇	
石花菜		二七一八七九	三五七九二五	三八九六一四	三八〇四〇	
木綿	一四二四二二四四	一四四八一四六五	一三八一一二九四	一六一四四八五	一六一五六七三六	
大麻	一五六七八七三	一九一九二九五	一八〇八二六一	一五九九〇八二	二二八〇三九七	
藍葉	一二〇二七二五	一三四二〇三〇一	一二一九四六〇四	二六六四九二一〇〇	一一六一一五一二	

菸草	六二八八五四一	四三四二二五三	四五二四七四二	五六二三二四五	五九四五六二	
蘭	一五一四六一六	一四一四〇八六	二六七九五二五	三三四九〇三五	四一六〇一二六	
木	一八六〇四九一六四八	一八六三二八八三七七	一七六二七一〇五九五	一七六九三二〇八七〇	一八〇七三九五〇一三一	
竹	六三二〇七五一	六二五八六四三	六一五七九〇三	六〇五五四二五	七四五七六三八	
馬	二二四五六四	一一五五八一四	一一五九七五〇	一一二六七四一	一〇九三四七一	一〇六〇一七〇
菜	一六五五四三	一六四七四八四	一六四〇五二三	一五七五一六九	一五六四九九三	一五四八二三二
乾鱧	一五八六八一七〇	一一〇				

日本圖經十一終

日本食貨二

奏派游歷日本美利加秘魯巴西等國英日屬地加納大古巴知府川兵部郎中臣傅雲龍述

貨幣表

南史文身國市用珍寶此與日本書上世以珠玉龜貝爲貨幣之說合宋史雍熙元年日本僧云國中交易用銅錢文曰乾文大寶正史之言日本錢法止此今攷鑄貨泉自天武白鳳三年對馬島貢白銀始時唐儀鳳三年也持統五年爲嗣聖八年置鑄錢司尋廢元明和銅元年當景龍二年廢銀鑄銅文曰和銅通寶舊錢文曰半兩曰五銖曰大錢五十而以年號爲文始此蓋學唐法也桓武延曆九年爲貞元六年復鑄錢司種凡十餘又廢然銅錢文曰太平通寶萬年通寶與明永樂通寶交行于市幣昂而物則賤應仁後諸藩自鑄小判而甲斐產金銀故武田氏造幣獨著今猶珍

之金幣曰板金曰一兩曰二分曰一分曰二銖銀幣准此豐臣執政鑄金曰大判五兩判小判半兩判二分判銀五兩判丁銀而砂金板多不便德川時甲斐尙模造古幣慶長六年爲明萬厯廿九年置銀坐改造大判小判二分一分金銀幣其銅幣文曰慶長通寶而仙臺侯亦造錢幣文曰仙臺通寶弗如遠甚九十年間凡造金幣小判一分判一千四百七十二萬七千五十五兩丁銀豆板一萬二千萬兩厚歛急坐是用乏初寬永中當明天啓間銷秀吉所造奈良大佛作錢文曰寬永通寶更鑄文同而元祿八年當我康熙三十四年改造金銀質益劣乃停慶長金幣令獻古金易新金民弗從寶永二年當康熙廿八年許新古杂用明年令易新五年更造當十錢文曰寶永通寶行一年廢七年改造愈下然乾字金少勝積奢滋匱而藩札起藩札者藩侯楮幣也正德四年當康

熙五十三年改鑄一依慶長制德川吉宗改鑄出慶長上謂之享保金銀元文元年當乾隆元年鑄元文金而小安永元年當乾隆三十七年鑄二朱銀文政中即嘉慶間鑄小判一分判丁銀豆板及其文二分判並劣七年造一朱銀二朱銀十一年鑄草文二分判越二年造一朱銀天保時當道光間造大錢文曰天保通寶而造二朱金在三年造五兩判一分銀小判一分金丁銀板銀在八年至十四年董理國中天保判一分判一朱金天保大判一分銀六種凡千五百十五萬三千八百有二兩古金九百五十三萬八千九百八十五兩古銀二百五十一萬八千五百九十七兩丁銀廿三萬七百九十五貫四百目安政元年當咸豐四年改鑄一朱銀明年又下新令尋鑄一分銀與西銀勒世稱弗銀而楮幣千不抵百同治七年明治改元綜計舊金幣六千四百萬兩銀幣五千

萬兩銅錢六百萬一千圓九年明治三大藏省設造幣局於大阪府然賴紙幣力居多別有表金銀銅便奇用而已先是幣形有橢圓有渾圓有方有長方皆無輪廓輕數銖重或數兩小二三分大或六七寸今鑄夶圓金有二十圓十圓五圓二圓一圓之分銀有貿易一圓五十錢二十錢十錢五錢按五十錢即半圓也銅二錢一錢半錢一釐有差其重其徑皆据日本權量法述貨幣表

金

面文 背文	重 錢分釐毛〇〇	徑 寸分釐毛	參和
二十圓大日本明治三年鏤龍 鏤日菊桐二旗	八八七、三、五七	一一、五、七	金九銅一
十圓大日本明治三年鏤龍 鏤日菊桐二旗	四、四、三、六、七	九、七、一	同
五圓大日本明治三年鏤龍 鏤日菊桐二旗	二、二、一、八、三五	七、八、七、	同
二圓大日本明治三年鏤龍 鏤日菊桐二旗	八、八、七、三四	五、七、七、	同
一圓大日本明治三年鏤龍 鏤日菊桐二旗	四、四、三、六七	四、四、六、	同
一圓大日本明治四年鏤龍 鏤日菊桐二旗	四、四、三、六七	四、四、六、	同

銀	五十錢大日本明治三年鏤龍鏤日菊桐	三、三二、九二五	一、〇四	銀八銅二
	二十錢大日本明治三年鏤龍鏤日菊桐	一、三三、一七	七、七〇、	同
	十錢大日本明治三年鏤龍鏤日菊桐	六、六五、八五	五、八〇、	同
	五錢大日本明治三年鏤龍鏤日菊桐	三、三二、九二五	五、〇〇、	同
	一圓大日本明治三年鏤龍鏤日菊桐	七、一七、六、	一、二四、二、	銀九銅一
	五錢大日本明治四年鏤龍鏤日菊桐	三、三二、九二五	五、〇〇、	銀八銅二
	五十錢鏤菊桐大日本明治六年50sen鏤龍	三、三五、八、	一、〇二、〇、	同
	二十錢鏤菊桐大日本明治六年20sen鏤龍	一、四三、五二、	七、四〇、	同
	十錢鏤菊桐大日本明治六年10sen鏤龍	七、一七、六	五、八〇、	同
	五錢鏤菊桐大日本明治六年5sen鏤龍	三、五八、八	五、〇〇、	同
	一圓鏤菊桐大日本明治七年鏤龍	七、一七、六、	一、二四、〇、	銀九銅一
	貿易銀鏤菊桐大日本明治七年鏤龍	七、二四、〇五	一、二四、〇、	同
	貿易銀鏤菊桐大日本明治七年鏤龍	七、二四、五、	一、二四、〇、	同
銅	一錢大日本明治三年鏤龍以百枚換一圓鏤日菊桐	一、八九、七五	九、〇〇、	

半錢大日本明治三年鏤龍	九、四、八、七五	七、七、〇
二百枚換一圓鏤日菊龍		
十枚換一錢明治三年鏤桐	二、四、一、五	五、二、〇
一厘鏤日		
二錢五十枚換一圓鏤菊桐		
2.sen 大日本明治六年鏤龍	三、七、九、五	一、〇、五、〇
一錢以百枚換一圓鏤菊桐		
1.sen 大日本明治六年鏤龍	一、八、九、七、五	九、二、〇
半錢二百枚換一圓鏤菊桐		
$\frac{1}{2}$sen 大日本明治六年鏤龍	九、四、八、七五	七、二、〇
一厘		
1.RIN 大日本明治六年鏤龍	二、四、一、五	五、二、〇
二錢五十枚換一圓鏤菊桐		
2.sen 大日本明治七年鏤龍	三、七、九、五	一、〇、五、〇、
一錢以百枚換一圓鏤菊桐		
1.sen 大日本明治七年鏤龍	一、八、九、七、五	八、四、〇、
半錢二百枚換一圓鏤菊桐		
$\frac{1}{2}$sen 大日本明治七年鏤龍	九、四、八、七五	七、四、〇、
一厘		
1.RIN 大日本明治七年鏤菊	二、四、一、五	五、二、〇、

造幣局金銀料表

局剏於同治九年十一月造幣金銀謂之金銀地金地金獨言料也大藏省而外或輸自銀行或輸自外國就料造幣就幣計工光緒十一年以前成數有足徵者皆計至一錢重而止迷造幣局金

銀料表

		金 官	金 民	金 外國人	金 合	銀 官	銀 民	銀 外國人	銀 合
同治九年	明治三年十一月至四年六月					一一五五〇五六一		三一一五五一	一一八六二一一二
十	四年七月至五年六月	二八一三七六五	二六三〇七三〇	一六六一六一八	七一〇六一一三	一三二五五六二四	一二五一八八五三	一三六九七七三八	三九四七二二一五
十一	五年七月至六年七月	六八九一四七六	三二一二〇六二	八四三五〇九	一〇九四七〇四七	二〇一四〇〇七三			二〇一四〇〇七三
十二	六年八月至七年七月	一七八八一〇六	一三六四七七〇	六三五一七六	三七八八〇五二	一四二七六〇〇一	三二八一六一四	一四九二三五九	一九〇四九九七四
十三	七年八月至八年六月	四〇七二五〇	八七八三八		四九五〇八八	五四六二八八九	二二七一五八三	三二二六一	七七六六七三三
光緒元	八	七六四四三	八〇三九六	二五三六	一五九三七六	一二一三六〇九一	三六一二〇一	一二二〇七	一二五〇九四九九
二	九	一一五八八五	二八四一九四	七三九九〇	四七四〇六九	二四五七三四二三	一一二九七七六九	三三三七四〇八	三九一九八六〇〇
三	十	二九六六五	一三二四三二		一六二〇九七	二四七二一八八九	二一二八五四七		二六八五〇四三八
四	十一	七四〇〇九	一三二九四六	二九四〇	二〇九八九五	一二七九〇三七八	二〇九〇二五五		一四八八〇六三三
五	十二	七一四九九	一四〇五〇二		二一二〇〇一	一〇九一二〇二四	一二四七八二二一	七六八八〇七	二四一五九〇五二
六	十三	三四五一一	一八一二九〇		二一五八〇一	二六四六五三八一	六五七一一九〇	三一五一五三三	三六一八八一〇四
七	十四	一五一三九	三〇五六六六		三二〇八〇五	四七六〇二七六	一六九三二八六三	六〇一六八四七	二七七〇九九八六

八十五	五一九五	一七四四七四		一七九六六九	七八一三一一二	六六六九九一六	三一二九六九九	二六六一二七二七
九十六	一一五二五二	一一一五二一		二二六七七三	九三五六五六八	三五七八六二〇	一〇五六一四三七	二三四九七六二五
十十七	一六八一八九	二〇三五六四		三七一七五三	三九四六九五一五	四五八七一四〇	二七六七九八二	四六八二四六三七
十一十八	一六四九六〇	一二八一七八		二九三一三八	三一一九五六一八	三六〇七九九九	七九一六九一〇	四二七二〇五二七
十二十九	二八二四五	五一五三七六	二三一四	五四五九二五	四〇九五九九三七	七一四一六六七	二三三九七二三三	七一四九八八三七
總計	一二七九九五八九	九六八五九三九	三三二二〇七三	二五七〇七六〇一	三〇九八三九三六〇	九五五一七四四〇	八五五八四九七二	四九〇九四一七七二
前一年比較	一二七七一三四四	九一七〇五六三	三二一九七六九	二五一六一六七六	二六八八七九四二三	八八三七五七七三	六二一八七七三九	四一九四四二九三五

造幣機器表

大坂造幣局金地金鎔解爐十二銀地金鎔解爐四十七鎔銅反射爐四燒生爐七其機器凡四百一十內有蒸滊機關五組馬力百八十八有半叉三組未用叉瓦斯機關一組組有會意猶中國俗言一副也日需石炭三萬一千六百廿五磅骸炭四千三百廿磅內鑄銅錢需一萬四千三百五十八磅有奇約中國十二兩爲

一磅器直約廿五萬九千圓有奇其中金銀鑄造器約九萬二千圓精製分析器約八千二百圓銅鑄造器約四萬五千二百圓述造幣機器表

所	器	數	所	器	數	所	器	數	所	器	數	所	器	數	所	器	數
試驗	秤量器	三七		錘	一組		水力鐵類試驗器	一		鑄造用起重器	二		秤量器	四		銀沈澱函	一二
	錘	五組		極印琢磨機	一		剪截及穿孔器	一		梁頭運動起重機	一		錘	一組		硫酸羮詰釜	四
鎔解	壓車器	一	彫刻	螺旋壓搾極印機	一		貝珂氏吹子	一		水力荷揚器	一組	伸銅	伸金機	六		丹礬結昌函	一五
	剪截機	一		機印琢磨機	一		車臺付起重機	一		特別喞筒	一		截斷機	四		水溜	一
	秤量器	五		極印製造用周旋盤	六		同間智	一	機關場	瀛罐	三		施線機	三		乾銀釜	一
	錘	一組		金剛沙砥石	一		油質試驗器	一		鐵製水溜	一		剪截機	一		送風蒸氣器	一
伸金	伸金機	一〇		秤量器	一		蒸氣器馬力實驗器	二組		特別喞筒	二		金剛沙砥石	一		堂幾喞筒	一
	截斷機	二	工作	金剛沙砥石	一		特別喞筒	一		堂幾喞筒	一		秤量器	五		瀛罐給水器	一
	剪截機	一		孔機	二		瀛罐給水爈器	一組		瀛罐給水爈器	一組		錘	一組		木製沈澱函	四
	秤量器	九		鏇床	四		斯苦六日苦	二	銅機	瀛罐	三	銅極	壓印機	十三		木製丹礬結昌函	九

鍾 一組	銅伸延機 一	海土立苦日苦 二	關場 鐵製水溜 一	印 鋸屑乾燥自動器 一	秤量器 一〇
秤量 自動秤量機 一五	車齒割器 二	秤量器 四	堂器唧筒 二	轆轤機 一	鍾 三組
秤量機 三九	秤量器 五	捲揚器 五	特別唧筒 一	秤量器 一	秤量 瓦斯機關 一馬力之四分一 一
鍾 二組	製作 滾鑵 二	曲板器 一	瓦斯 瓦斯溜 二	鍾 一組	工作 蒸氣機關 馬力 二十 一
削減器械 二	轆轤盤 二三	蒸氣消防唧筒 一	製造 同度量器 一	精製 滾鑵 一	蒸氣機關 馬力 二〇 一
極印 壓印機 二三	截斷機 二	人力消防唧筒 一	同火力試驗器 一組	分折 壓車器 一	關 蒸氣機關 馬力 六六 一
施緣機 三	人力捻切盤 一	鍛工 蒸氣鐵槌 三	同精製器 五	水力壓器 一	場
小旋盤 一	穿孔器 四	水力壓縮機附唧筒 一	同聚縮器 一	水揚器 一組	銅機 蒸氣滾關 馬力 八〇 一
壓搾器 一	削平器 三	水力剪截器 一	同燒生竈 三	瓦斯米土 一組	關場
乾燥器 一	金剛沙砥石 三	水力穿孔器 一	鎔銅 壓車器 一	精製分析釜 二〇	伸銅 蒸氣機關 馬力 二〇 一
秤量器 三	裝型機 一	鑄工 鑄鐵鎔解爐 一	風管 一	丹礬煮詰釜 二三	機關 蒸氣機另存馬力 三

貨幣鑄發表

造幣局置課三曰地金課地金猶言幣料曰會計課分調查納拂物品簿記四部納拂者職入與出也曰文書課曰營繕課曰庶務

課分監察雜務治療三部所十有四曰試驗分析所試金銀之地金罔或混曰鎔解所金銀有參銅規曰伸金所伸金銀板也曰秤量所輕則更鎔重可減也曰極印所成圓起輪廓洗垢膩曰機關所曰鎔銅所曰伸銅所曰銅極印所曰銅機關所曰彫刻所曰精製分析所曰工作所造西式器也曰製作所修機關器也塲二曰瓦斯製造塲造局用煤氣也曰骸炭製造塲其官局長一技術官三十九屬官四十吏八十六外國人二兼管官一其工四百廿六內有彫刻工十二銅鑄工九十六每日鎔銅成板一千五百枚二錢一錢半錢三種百一十萬六千枚印幣約三十五萬三千四百五十二枚銅幣銅居百之九十八錫與亞鉛各一其鑄與供試與發行局存皆有額就光緒十二年數明治十九述貨幣鑄發表

種	數	鑄	供試	發行	局存
金	二十圓	九四五四〇〇	九〇〇	九四三九六〇	五四〇

	十圓	一八七一〇一三〇	一八三五〇	一八六九一五八〇	二〇〇
	五圓	三三二八一七二五	三三〇二〇	三三一七二七一五	七五九九〇
	二圓	一七六七四九八	三八二	一七六七〇六八	四八
	一圓	二〇三七〇五五	三九九	二〇三三三六七	三三八九
銀	貿易銀	三〇五七二五二	六一四	三〇五六六三八	
	一圓	三四五九五七七七	六七九八	三四五〇九〇七七	七九九〇二
	五十錢	四二九八八五六	二一一三三	四二九五八六三	八六〇
	二十錢	七一〇三〇三七	三五〇〇	六九二二四五五	一七七〇八二
	十錢	七二四五三二三	三五九九	七一二五三三八	一一六三八六
	五錢	二五二九九六九	一二五九	二五二五八〇七	九〇三
銅	二錢	五五一四〇五四	一	五五一四〇四三	一〇
	一錢	四二一一六七八	四	四一七二〇二〇	三九六五四
	半錢	一五五六〇六五	一	一五四〇四一五	一五六四九
	一釐	四四四九二		四四四五四	三八
總計	同治九至光緒十二	一二六八九六三一一	七〇九六〇	一二六三一四八〇〇	五一〇五五一

比較	光緒十一	五〇六三一一三	四八九八二九四
	光緒十	七四六七九二九	七四四七九〇四

貨幣出入表

光緒十三年日本貨幣成數未綜輒依十二年數即明治十九年也前一年輸出者有朝鮮銅貨一千圓而是年無凡輸出九百六十二萬六千四百九十七圓輸入九百一十七萬一千八百七十四圓總計出入一千八百七十九萬八千三百七十一圓述貨幣出入表

貨幣	輸出	輸入
日本金貨	一六六六六三五	
日本古金貨他國金貨	五八二〇二	二三三三九五
金地金	七七七〇五	一一三六〇七三
日本貿易銀貨補助貨	七四二二一一四	二五六四六

墨斯哥銀貨	一五四五八一四	八〇〇六五七
日本古銀貨他國銀貨	二一二七二九	五六八
銀地金	一四三二四八	七一八五五三五
日本銅貨	五〇	

紙幣表

日本紙幣用始諸侯謂之藩札在元祿寶永間時中國康熙年間也明治初覈其紙幣三千萬圓革舊更新於其四年七月置大藏省紙幣司十二月移八代洲河岸明年二月移今局在東京麴町區大手町二丁目用德國人搬造紙幣五年三月試印在同治十一年間越四年明治九印刷工塲其抄紙工塲置于東京北豐嶌郡王子邨成先印刷八月光緒十二年其工塲用煤一千三百一十萬七千七百六十九斤石炭直金三萬五千百八十八圓薪炭直金五千九十五圓紙幣初行賤於貨幣今足與勒國人使之詳攷

其部科幣種與數與器與工與費述紙幣表

部	課科	種	光緒十二年明治十九年紙幣	銀行紙幣	合計	器	印刷	抄紙	男工千五百三十六 等	日給	等外	日給	女工千二十二 等	日給	等外	日給
總務	庶務課	百圓	七七三〇〇		七七三〇〇	器	五六六	二九六	一	一二〇錢	一	四五	一	四〇	一	二五 二〇
會計	主計科	五十	二五〇五〇		二五〇五〇				二	一〇〇	二	四〇	二	三五		
	調度科	二十	一二〇一五三〇〇	五八二九二〇	五八二九二〇	蒸汽機	四十馬力一	四十馬力一	三	九〇	三	三五	三	三〇	二	二〇
印刷	彫刻科	十	九二七一一六三	一一〇五三〇五	一三一二〇六〇五		十五馬力一	三十馬力一	四	八〇	四	三〇			三	十六 十五
	製肉科	五	九二七一一六三	一四八四九〇二二	二四一二〇一八六			十五馬力三	五	七〇	五	二五			四	十三
	刷版科	二	一九三六四七七	二三三三三一四	四二六九七九一			十馬力一	六	六〇	六	二〇			一級 二級	十二 十〇
	活版科	一	三九〇一四二七九	一一一四四一一五	五〇一五八二九四	蒸汽罐	四十馬力二	四十馬力三	七	五〇	一級 二級	二〇 十六			試驗 幼	十〇 七
	色料科	半	五一八六九六四		五一八六九六四		三十馬力二	三十馬力三			試驗 三級	十五 十三				
抄紙	抄紙科	五十錢	八八一四四九		八八一四四九		二十馬力二	二十馬力四				十二 十〇				
	製藥科	十	五〇〇〇八七六		五〇〇〇八七六		十五馬力一	十五馬力一			幼	十〇 七				
			五二二五九七〇		五二二五九七〇											
			七八六三四七二八	三〇〇一四六七七	一〇八六四九四〇五											
		前一年	八九八八〇五二六	三〇五八五四九八	一二〇四六六〇二四											

通商物直增減表

光緒十二年日本通商物直以銀錢計輸出者四千八百八十七萬六千二百六十三圓輸入者三千二百十六萬八千四百三十二圓合計八千一百四萬四千六百九十五圓較前一年出增千一百七十三萬八千九百十六圓入增二百八十一萬一千四百六十三圓出自外商四千一百六十三萬三千六百九十三入自外商二千八百三十三萬三千八百實較日本之商出入爲多述通商物直增減表

國	出物原直	入物原直	總直	增較前一年	減較前一年
中國	九五九五	七一二四	一三四一八	三三〇一	
美利加	一九九九三	三三五九	一八三三九	五〇一二	
英吉利	四一九五	一二七〇三	一四八二六	二〇七二	
法郎西	九六三三	一三三一	八〇六四	二九〇〇	

東印度	六四九	三五六一	三八八八	三二二	
德意志	八六四	二三一四	二一六	一〇五〇	
朝鮮	八二九	五六三	四六八	九二八	
豪斯多剌利亞	四七〇	八〇	三五五	一九七	
比利時	八	五〇八	三八五	一三一	
義大利	一八一	一二〇	二一五	八七	
瑞士	一九	二六三	三五〇		六八
俄羅斯	二三二	一三	二四六		一
澳斯馬假	一五六	一〇	二八	一三八	
和蘭	七二	四五	六二	五五	
日斯巴尼亞	二	三九	二九	一二	
丹		三一	二三	八	
其他各國	四四七	一〇三	三三九	二二一	

中國出入日本物直表

以光緒十二年計出入日本物直約銀錢一千六百萬圓有奇較

前一年增三百萬有奇此第就有成數者言它如米計石石炭計頓扇與屏風計箇摺坿木計打餘計斤皆从實錄有數減直轉增者今第較直述中國出入日本物直表

出入物	數	直	增以前一年較直	減
輸出				
茶粉茶香茶竝計	八七二五八八	四四二二四	一六四	
米	九〇二九一	二二二三九九	一六七四七七	
煙草葉	九〇四三八	四九二四		一九五七八
木菌類	一四〇一八七七	四三[illegible]九八九	一〇三四三〇	
木蠟	一二九一八七八	一九四九九一	二一九九二	
樟腦	三〇七七八五一	五一三四九二	一二八二八五	
硫黃	二二〇五五四六	二八五八七		六五六一
安質母尼	一六五八四六	七七九七		一六四二四
銅	九三五一三六〇	二二六二一八一	一一四三一四	
石炭	三四二七四〇二	六五四四四七	三七三四六	

陶磁器		三三二六七八九	一六六三六二	
七寶器		六一六二	一七五八	
漆器		一九一〇〇八	二八九一	
青銅器		二四九一八	七七二八	
銅器		二三二五一	一〇一七八	
麥稈器		一九五九		一一二四
竹器		二三五七〇		
扇子團扇	三一二六五六六	五〇八七一	三三六四二	
屏風	六九二三	二一六八二	八七一五	
和紙		七二三三五	一六八三四	
摺附木	一四四五一九三六	三七四六四一	三一七三七〇	
生皮	一一九九八四五	一〇三六八九	一四四三七	
屑布	一二六三〇〇	二三七三	二三一〇	
木材		一三五九六六	五二一三七	
昆布 葉昆布 刻昆布	三一七八二四五七	五九八四一五		五四三七二

物				
寒天	一五四三三五〇	三九二六〇四	四六八八八四	
錫	九四〇〇一〇四	一〇〇七六二一	一〇三八七九	
乾鮑	一六五一三三八	四三六一六三	五一七一〇	
海鼠	七三六〇三三	一九六四二五	一九一三九	
輸入　絹布類		六七八四〇		四四〇〇
製皮	二六五七六八	一一三八三〇	二四二〇一	
酒		一二八五四	三八二七	

出入物直繫地表

日本客商五千有奇中國民居十之七八然商物出入美利加爲最英吉利次之其非國而爲出入之大宗亦依光緒十二年明治五日本年報甄謬述出入物直繫地表

出物		國	數	直
出	絲	英	四七八〇〇八	九六一七一三
輸	生絲、熨斗絲、屑絲	美	一七〇三六一三	一〇二三〇八八三

入物		國	數	直
入		東印度	一一〇五五〇九〇	二七八九二五〇
輸	綿織絲	英	一三五七五二九六	三一一六二〇七

產	品	國	數	價
日		法	三一六四五三九	八七七三八七一
本		諸國	三一二九〇八	二二九九九一
產	蠶卵紙	義太利	三八二五	三五二〇
		法	三〇	六二
		諸國	九三〇	四〇五
	茶 粉茶 番茶	中國	八七二五八八	四四二二四
		美	三四七六二五二二	七六六九五四五
		英	二五〇三七	五六四〇
		俄	二〇二〇五	一一四五
		德	一〇〇二	二七二
		豪斯多剌利亞	四八九	一五五
		諸國	一四八九五	二三四〇
	米	中國	九〇二九一	一二二三九九
		英	六二五五七七	一四〇六三六五
		朝鮮	二一八五七二	四八三〇三八

產	品	國	數	價
非	綿布類	英		二二九四一六六
日	生金巾、綿天鵞絨、緋			
木	金巾、更紗天竺木綿、			
產	染金巾、曬金巾、雲齋			
	木綿、綾金巾、綿襦子			
	寒冷紗、雜類			
	毛布類 緬縮	法	六六六八〇四一六	七〇九五七四
	呂	德	一一四七七三八	一一一五〇六
		英	五七一八二	五八四九
		諸國	二六四八八	三八四五
	羅紗	英	四一三七五六	三七八二五四
		德	一八五六四二	二〇六九一
		法	六三九一	六九六九
		諸國	一四七六八	二三六六〇
	毛毯	英	八七三七二八	三四三八八四

品名	國	數	價
	德	一六七五七九	四一一二四八
	豪斯多剌利亞	一二九三〇二	三九三八四五
	俄	三一二一六	七〇四六五
	諸國	一二五三四八	三一三八〇〇
葉菸艸	中國	九〇四三八	四九二四
	英	一三〇七三七〇	一一四三二三
	諸國	七五四九五	七三六七
水菌類	中國	一四〇一八七七	四三二九八九
	美	一一三〇〇	四二〇二
	諸國	八六九	二〇五
木蠟	中國	一二九一八六八	一九四九九一
	德	二八六四二九	四四二八六
	英	二二〇四二三	三四二二〇
	美	一七三一八六	二七〇五〇
	法	一五三九四二	二四四八六

品名	國	數	價
	德	四〇五一三	一六一三二
	諸國	八一二三	二八六八
法闌絨	德	九〇八〇八〇	二三六二五一
	英	二七六〇三三	六六七〇七
	法	五三三四二	一五一八八
	諸國	一一七	三四
綾吳呂	英	一〇五六九八	二六六二三
雜類			六〇五八八
毛綿布類	英		一一四〇四一五
毛繻子綿羅紗阿羅能紛			
絹布類	中國		六七八四〇
	諸國		四七五〇
絹綿布類	德	五五七六	六七七三五
	法	二五一二	二八四一〇

	東印度	五八三八	八七一
	諸國	一五六七	二七〇
樟腦	中國	三〇七七八五一	五一三四九二
	美	一三五六三三〇	二三九八二九
	英	七三五四九八	一二七一一二
	德	一九七五〇〇	三三八一三
	法	六七二〇八	一〇九九三
	東印度	一五六四六	二七八九
硫黄	中國	二二〇五五四六	二八五八七
	美	六八三七九三〇	四七七九三
	朝鮮	二一四七六	二九六
	諸國	六六六四	八七
安質母尼	中國	一六五八四六	七七九七
	英	二九二二八八三	一三六七六九
	法	一一九三八四	五七一五
	瑞士	二二七二	二八五九七
	英	五四七	七六七〇
	諸國	三七	七三
熟鐵	英	三五〇一四八九六	七二五七一七
	比利時	六五一七九五六	一九〇一二四
	德	五四一四八三五	一七一一九〇
	法	三三四〇二六	一二六一三
	諸國	二〇〇五七二	五四二〇
塊鐵	英	一一〇六二一七一	九〇八八一
	德	五〇六六九五	二五八五
	法	一六四一七三	七五六六
	諸國	二五三	二
道鐵	英	一八五五七三五一	二七七九一七
	德	一一五九八〇一九	一六五六五五
	比利時	一八四七四八五	二八二四一

	美	七六六〇九	三七四〇
	諸國	一三八二八	二九八
銅	中國	九三五一三六〇	一二六二一八一
	東印度	三七三五六九六	五〇四一三一
	英	二六一一二二〇	三五一八六二
	法	三八五二九四	五一一二四
	德	二〇九五四四	二六二二一
	朝鮮	六七六六九	八七九四
	諸國	二〇〇	四四
石炭	中國	三四二七四〇二	六五四四七
	俄	三一一八一	六七九九
	諸國	一五九八〇一	三二七五六
	諸國汽船	七六二一五三八	一五一四九四七
陶磁器	中國		三三六七八九
	英		二二五二六九

	和蘭	一六六五〇七七	二六〇〇三
製皮	中國	二六五七六八	一一三八三〇
	東印度	五〇一七一一	一六〇二八八
	美	四二四六六八	一四九八五三
	英	三三八三六	三五九〇一
	法	一〇五七一	一一八四三
	諸國	一二一〇七	一一五六〇
生牛皮	朝鮮	二六二六四五二	三九一七五七
洋酒類麥酒			四八八五五一
葡萄酒支那酒杜松			
子酒各種酒			
砂糖類赤白	美	一〇七七五八九二	五六〇三三五二
冰精製			
石炭油	美	二五一〇〇二三〇	二三五八四九八
機械類	英		四〇一六二〇

品目	國		數
	美		二〇九九九三
	法		一二三八八八
	德		三三三三五六
	東印度		二二三九八
	豪斯多剌利亞		一九五〇五
	諸國		三一一八六
七寶器	中國		六一六二
	法		一二七五一
	英		三四八九
	美		三三五七
	德		二二七三
	諸國		三七二三
漆器	中國		一九一〇〇八
	英		一六二四一八
	德		七四〇九八

品目	國		數
	德		八四九七五
	比利時		四五七一六
	美		二九七五五
	法		一三四三一
	諸國		九七五三
汽船		二	九五〇〇〇
帆船		二	一一〇〇〇

	美	六六二九八
	法	三八〇八四
	東印度	一三五八七
	豪斯多剌利亞	一二三〇五
	諸國	一一三七二
青銅器	中國	二四九一八
	法	六八五八五
	英	四三八一六
	美	三三五一〇
	德	九九〇二
	諸國	一二五〇〇
銅器	中國	二三二五一
	美	八六二七
	豪斯多剌利亞	二六七二
	法	一一八六

	諸國		四三〇一
竹器	中國		二三五七〇
	美		七二四三〇
	英		四〇〇〇三
	法		二八五七二
	德		八九九八
	諸國		八九九八
扇子團扇	中國	二一二六五六六	五〇八七一
	美	六六七二一四九	一一〇〇一二
	英	一五七六二四八	二七六六七
	法	一〇〇四二〇二	三四九九二
	義大利	三九八八〇	一九四一
	諸國	六五四九九九	九二四八
屏風	中國	六九二三	二一六八二
	英	三〇一五三	九七六八一

	美	一七五八二	三八五五九
	法	六四三八	一八一二九
	諸國	四二一七	一七〇七四
摺附木	中國	一四四九一九三六	三七四六四一
	朝鮮	九〇〇八六	一五八〇
	俄	七八六九六	一六六三
	諸國	五三五二	一三九
和紙	中國		七二三三五
	英		二三八六九
	法		三一六
	美		七二七六
	諸國		五二一六
生皮	中國	一一九九八四五	一〇三六八九
	德	四二三四七九	四六一六
	英	二三六六九八	二四五四七

	美	一六八八一一	二〇三五〇
	法	一六〇〇一二	一八八六〇
	諸國	六六六六	二二七九
屑布	中國	一二六三〇〇	二三七三
	美	一〇六九八七七四	一七三二二六
	諸國	九五〇〇	一二〇
木材	中國		一三五九六六
	朝鮮		四一六四
	諸國		九〇二
昆布	中國	三二七八二四五七	五九八四一五
寒天	中國	一五四三三五〇	三九二六〇四
鍚	中國	九四〇〇一〇四	一〇〇七六二一
乾鮑	中國	一六五一三三八	四三六一六三
	美	一四六五三三	四〇八九九
	諸國	六六八	一五六

海鼠	中國	七三六〇三三	一九六四二五

八港稅關物直表

關貨之出入物直之多寡橫濱港第一神戶港次之長崎大坂函館下關嚴原博多又其次也新潟夷港亦云通商然寡甚故畧之

述八港稅關物直表

物直	橫濱 神奈川縣	神戶 兵庫縣	長崎 長崎縣	大坂 大坂府	函館 北海道廳	下關 山口縣	嚴原 長崎縣	博多 長崎縣
光緒十二年 出	圓 三一八四八八一六	圓 九九三三六六一	圓 五二四三九二三	圓 一〇二六八五五	圓 六七九三三八	圓 九九九九五	圓 二九九七七	圓 一一六九四
入	二〇一六四一二六	九四九九一七二	一四二四三六五	九九九五四四	一六一八五	五八二〇六	五七七〇	一〇四六
合	五二〇一二九四二	一九四三二八三	六六六八二八八	二〇二八四〇三	六九五五二三	一五八二〇一	三五七四七	一六七五八
增 較前年	八七八三四六四	一三一一七三四	七〇一三		八三三六四	二二二二一	九八八八	九二二二
減 較前年				五五一五				

銀行表

同治十一年前日本無銀行今就光緒十一年十八明治名數計之曰

本銀行一管自大藏省而民入資本者也國立銀行百二十四官民表裏者也正金銀行一專爲兌金而設其國立銀行自同治十二年始而官定條例在前一年明治五年十一月五日越四年九年八月一日復釐正之大恉在立劵選人備支分股補毀抵物定時均利改管割賦數端及銀行閉後之開支外國銀行之禁合而一以信爲上凡百十有二條後先踵設百五十有奇然壅甚爰仿西法設一官行於東京曰日本銀行商民便之厥後商請之官設一行於橫濱專供交易曰正金銀行緜是國立銀行轉多今併二爲一者十八併三爲一者一廢者二金有預有貸有越有受戻曰政府預金官存也曰當座預金暫存也曰定期預金期約也預即先存意曰振出手形謂劵爲手形謂交劵爲振出也貸埘之目畧同曰預貸越越者以後挪前也貸出受戻並有高受戻高者受還額如貸額也述銀

行表

	店	支店	資本	流通紙幣	積立	資本百元對 入	資本百元對 出	贏	賦
東	日本一	一	五〇〇〇〇〇〇		七二七五五	八八八四	八七六三	六七五三三三	一五〇〇〇〇〇 二五〇〇〇〇〇
京	東京十五	三一	二三一七六一〇〇	一七三七七〇八一	一八六二八〇二	一七七七	一七七〇	三〇五六八六八	二六九三七〇一
京都	京都三淀一		四〇〇〇〇〇	三〇三八五一	二六一七〇	一四三九	一四二二	五三八三九	四六八五〇
大坂	大坂十岸和田一郡山一	一二	二七三〇〇〇〇	一八二三〇九九	二九五〇七八	五五二八	五五二九	四〇四七五〇	三一六三一〇
神奈	横濱二八王子一	四	一一〇〇〇〇〇	七五九六二〇	一五一九七〇	二六六五	二六三七	一九二三七一	一四八〇〇〇
川	正金一	二	三〇〇〇〇〇〇		五一〇五四二	九七一四	九七九八	一三三九三九二	三二〇〇〇〇 八〇〇〇〇
兵庫		二	六五〇〇〇〇	四〇二六〇三	八八八一一	四二一八	四二三三	一〇四五四六	八七六二五
長崎		一	三七〇〇〇〇	二六五八六八	六七〇九〇	四五三七	四五一九	六四六二〇	五一〇〇〇
新潟	新潟一長岡一郁上一新發田一高田一	三	一三〇〇〇〇〇	四五五七七六	一二三五〇〇	二六四五	二六三八	二一五七三四	一七九〇〇〇
埼玉	川越一		二〇〇〇〇〇	一五一九二五	四二〇〇〇	二一四二	二一二六	四三二二二	一二〇〇〇
羣馬	前橋一舘林一	一	五七〇〇〇〇	三七九八一二	四七二〇〇	一〇二〇	一〇一九	九二九六三	八〇八五〇
千葉	八幡一千葉一		二一五〇〇〇	一六三〇二〇	一三一五〇	三〇四	三〇四	二七三二九	二六五四〇
茨城	土浦一水戸二古河一	一	四二〇〇〇〇	二八一〇六三	二五四七六	一七七八	一七七四	五二九六五	五〇〇五〇

橡木	橡木一	一	五〇〇〇〇〇	一五一九二五	三二二〇〇	九二九	九二九	三九九〇二	三六〇〇〇
三重	上野一津一龜山一桑名一	三	三五〇〇〇〇	二五八二七四	二二七七二	二四四六	二四一三	四五七七一	二八六二〇
愛知	豐橋一名古屋二半田一	一	六七〇〇〇〇	五〇八九四九	四七〇〇〇	一〇八〇	一〇六七	四三八七〇	三五九〇〇
靜岡	濱松一靜岡一二保一	五	七五〇〇〇〇	三二六六三九	八三四〇〇	三七五三	三七四二	一四三二三六	一〇三五〇〇
山梨	山梨一	二	二五〇〇〇〇	一八九九〇四	九五〇〇〇	六二八八	六二八四	五四六二〇	三六二五〇
滋賀	長濱一大津一彥根一	三	五〇〇〇〇〇	二六五八六五	一四九二九	二三六三	二三四五	四五四六五	四二五〇〇
岐阜	岐阜一多治見一高須一八幡一大垣一	二	七六〇〇〇〇	二五八二七五	六五六〇九	一〇八九	一〇八七	九一五八七	七一六二五
長野	松本一上田一松代一飯田一	六	同	三〇三八五二	五五九〇〇	二二四五	二一一七	四七九七七	三六五〇〇
宮城	仙臺一	二	二五〇〇〇〇	一八九九〇五	三九〇〇〇	六六二一	六六二〇	三七八七三	三〇〇〇〇
福島	福島二津川一三春一梁川一	五	九三〇〇〇〇	三七九八一四	九七七〇八	一五二三	一五二八	四一五六五	四〇〇〇〇
岩手	一關一盛岡一	一	一五〇〇〇〇	二三九四五	六七二〇	一四〇七	一四〇四	二二〇七四	一六五〇〇
青森	(弘)前一八戸一	二	三〇〇〇〇〇	一八九九〇七	二〇六六二〇	一〇六一	一〇三五	四五八五七	四三〇〇〇
秋田	秋田一		一〇〇〇〇〇	七五九六三	六八〇〇	二一四六	一四三六四	一四〇〇〇	一四三六
山形	鶴岡一酒田一山形一米澤一		五一〇〇〇〇	二八八六五八	二九三四二	一〇八五	一〇七四	三七三〇八	三三六〇〇
石川	金澤一大聖寺一		一九〇〇〇〇	七五九六四	一〇五五九	八八〇	八八三	七六四四	六〇〇〇

富山	富山一	三	三三〇〇〇〇	二一二六九三	四六五二一	九六〇九	九五六四	六三七七七	五二八〇〇
福井	福井二小濱一武生一	一	四三〇〇〇〇	二六五八七〇	二三七二一	二一九二一	二一八五	五二一〇二	四九八五〇
島根	津和野一	一	八〇〇〇〇	六〇七七〇	四六〇〇	二一一八	二一二〇	九七一三	八〇〇〇
鳥取	鳥取一	三	二〇〇〇〇〇	一五一九二五	一九〇〇〇	四七九七	四七六八	三一九五八	二六〇〇〇
岡山	岡山一高梁一	二	三八〇〇〇〇	二八一〇六一	三五九四八	四七二七	四七二五	五四二六六	四八二五〇
廣島	廣島一尾道一	二	四四〇〇〇〇	一九七五〇三	三三二〇〇	三〇〇〇	三〇〇三	七五六八五	五四〇八〇
山口	岩國一下關一	三	六八〇〇〇〇	四七八五六二	八七二〇〇	二九〇〇	二八八〇	九九四五六	八〇八〇〇
德島	德島一	二	二六〇〇〇〇	一五一二九九	一七二八〇	三〇八〇	三〇六〇	二七三八六	二六〇〇〇
高知	高知四	一	六五〇〇〇〇	四一〇一九七	六八四三五	二〇〇九	一九九〇	九九〇五七	八四五二五
愛媛	川石一松山一高松一 西條一	二	四四〇〇〇〇	二二七八九〇	四五二三一	四三五六	四三三三	八六七四七	六五〇〇〇
福岡	福岡一久留米一 大橋一柳川一	三	六四〇〇〇〇	三〇三八五一	五六八二〇	二八二四	二七九三	八二三〇〇	七四四八〇
大分	大分一中津一佐伯一		三四〇〇〇〇	二三五四八五	二八五六二	三一四九	三一三六	四六一七七	四一〇四〇〇
佐賀	小城一佐賀一		三九〇〇〇〇	二六五八六九	二八三七〇	七五六	七四二	五三七九二	五〇四〇〇
熊本	熊本二宇土一	一	二六五〇〇〇	一八六一〇九	二九五四九	七六七五	七六二二	五六一〇〇	四二六五〇
宮崎	飫肥一延岡一		一〇〇〇〇〇	七五九六四	一二五〇〇	九〇八	九一〇	一五五二九	一三六〇〇

鹿兒島	鹿兒島二	五	五三〇〇〇〇	三四八二六	七六三三四	四一三五	四〇九七	一〇二七三七	八〇二五〇
北海道	函館一	一	二〇〇〇〇〇		一八二〇〇	四〇三三	四〇四三	三七七一五	二八〇〇〇
總	日本銀行一	一	五〇〇〇〇〇〇		七二七〇〇	八八八四	八七六三	六七五三三三	一五〇〇〇〇 二五〇〇〇〇
	國立銀行百三十九	一一九	四四四五六一〇〇	三〇〇九三二〇八	四〇一八〇六三	二四二四	二四一四	六〇四六一五七	五一四二〇〇六
計	正金銀行一	二	三〇〇〇〇〇〇		五一〇五四一	九七一四	九七九八	一三三九三九二	八〇〇〇〇 三二〇〇〇〇
（比	日本銀行一	一	五〇〇〇〇〇〇		一〇五〇〇	五八六六	五八四五	六二三六九五	一三七五〇〇 二二九一六七
前一	國立銀行百四	一二四	四四五三六一〇〇	三〇九一四一四八	三七〇〇〇〇〇	二四七八	二四八四	六〇七〇二五八	五一六六五一五
年）	正金銀行一	一	三〇〇〇〇〇〇			六六七八	六六一二	五五一二四三	七〇〇〇〇 三一〇〇〇〇

民立銀行分類表

日本曰私立民立也官亦調𣪠然調或間年無定期光緒十一年明治十八新設十四增株三減株二十一鎖店十株言票根鎖店言閉行也厥類二一私立一類會社述民立銀行分類表

	私立 資本	類會社者 資本		私立 資本	類者社會 資本
東京	一六	三七六三二〇〇〇圓	三	二二三五〇〇〇圓	岩手			一	二〇〇〇〇圓

京都	四	二一〇〇〇〇			青森	二	一〇三〇〇〇	七	七七九七三
大坂	一九	一一四〇〇〇〇	四	二三二四二〇	山形	一	三〇〇〇〇	五	一四三五〇〇
神奈川	一〇	九四五〇〇〇	四七	一一九二九〇三	石川	六	八五〇〇〇〇	五八	一〇一七一〇〇
兵庫	八	四三五〇〇〇	六	一一七〇〇〇	富山	三	一四〇〇〇〇	三五	六一八〇〇〇
長崎	四	三八五〇〇〇	三	七五〇〇〇	福井	三	一九〇〇〇〇	一一	九一五〇〇
新潟			七八	三一九一九六八	島根	一	五〇〇〇〇	五	八九一〇〇
埼玉	一一	六〇二一五〇	二七	八〇三五〇三	鳥取	一	同	二	二四〇〇〇
羣馬	五	二〇二〇〇〇	三四	四一九九二一	岡山	七	二七五〇〇〇	一八	四三五五一五
千葉	二	一〇〇〇〇〇	四	一七五〇〇〇	和歌山	一	八〇〇〇〇	三	六二〇〇〇
茨城	三	一七三〇〇〇	一五	二八九四〇〇	德島	二	五七〇〇〇〇	二	二〇六五〇
橡木	二	一七〇〇〇〇	一二	八六九〇〇	愛媛	二	一五〇〇〇〇	二一	五四五四四三
愛知	六	七三〇〇〇〇	六	一三二五〇〇	福岡	五	三七一〇〇〇	六	二〇二五〇〇
靜岡	三六	二七九三三〇〇	四七	九五九一一三	大分	二	八〇〇〇〇	三八	五三四二〇二
山梨	三	二八〇四〇〇	七七	一七七二四二〇	佐賀	六	七五〇〇〇〇	五	七五四〇八
滋賀	一	一〇〇〇〇〇	三	二一〇〇〇〇	熊本	一	二六五五〇	四	五三二八五

岐阜	八	三五六〇〇〇	八	一〇八一〇四
長野	三〇	一七三八三五〇	二〇	八四一七九八
福島	三	三八〇〇〇〇	二一	二四四八八三
宮城			三	三二〇七一
宮崎	一	四〇〇〇〇〇	九	二一一〇〇〇
鹿兒島			五	六六九〇〇
函館		一〇〇〇〇〇		
總數	二一八	一八七五八七五〇	七四三	一五二九七五八二

游歷日本圖經十三

日本食貨三

奏派游歷日本美利加秘魯巴西等國英日屬地加納大古巴知府用兵部郎中臣傅雲龍述

商賈數表

日本有商法會議所有商工會就都邑物價而平均之謂之平均相塲者猶言行市商標大商曰大問屋轉販曰仲賣曰賣捌所賤賣曰大安賣零賣曰小問屋標輙書御如御茶御果子之類御之猶言上用也而商賈店數光緒十一年明治十八凡百二十八萬四千三百五十五較十年增十五萬有奇較九年增九萬七千有奇述

商賈數表

商賈店	數	商賈店	數	商賈店	數	商賈店	數
穀類	一一二八七三	荒物	五一八八三	織物	三三二五〇五	煙管類	三二六五
和洋酒	八五三三二〇	蒟蒻諸物	四二八六五	飯食品	二八三一〇	玩弄物	三〇〇七
魚鳥獸肉	七二四六七	藥	三四四〇〇	植木類	三七〇〇	海草	二八六六

品目	數	品目	數	品目	數	品目	數
扇	二七七八	石蠣灰類	二一八五	藍及藍玉	四五〇五	陶器	一二七五四
石砂類	二四七三	諸皮細工	一八一四	紙屑	四〇五八	肥料	八三六九
神佛葬具	二二五二	木皮類	一四五〇	繪染印板印肉類	一六八八	桶檜物	七〇三八
書籍	二一七五	漆澁	一三〇〇	籠甲象牙細工品	一四二五	竹藤細工	五三四一
薪炭類	四三二五七	硝子類	一二〇六	金銀玉細工	一二一二	瓦土器	五一二三
小間物	三六九二六	煙草	二一三一四	寒暖計眼鏡磁石	一〇九二	西洋小間物	五〇六九
石油水油蠟	三三九四四	銅鐵金類	一六九二〇	新聞繪雙紙照相類	一〇〇二	漆器	四〇九二
板類	三〇〇五五	麵粉類	一五六八五	薰物香具	九四七	農工機	三七二七
履堤	二三八〇六	絲類	一四四〇九	牛馬具	七五二	楮桑	三五三九
紙筆墨類	一九九八〇	砂糖	一三一二八	紡績器	五六〇	建具類	三〇三九
茶	一六四六九	衣類	一〇六九八	漬物佃煑類	二五七	車	二九四八
蠶繭類	一六四六九	鰹節鷄卵	八〇三五	糖果類	一一四二九四	衡算盤	一〇六一
種物類	二八六一	疊莚藺席類	六四六六	乾物青物	七六八二七	漁具船類	九九四
籠類	二六三〇	麻絲類	五二八三	未噌醬油酢	五六二八〇	綱網繩類	九三五
家具	二三一四	木貝類	五二八三	綿類	一三一八四	琴類	七三八

礮藥獵具	三七二	雜類	一〇五六三三
氷雪	一六二	總數	一二八四三五五
		前一年	一一三三九四二

商標表

商非著名不登錄領標一標料金十圓易舊曰改正標互設曰兼用標轉商曰讓與標支分曰分與標𠔃五圓光緒十二年（明治十九）標凡五百廿五領於其年者五百有六入金四千八百八十圓其類其地有可數者述商標表

商標分類 類	數	類	數	商標繫地 府縣	數	府縣	數
化學藥劑	五〇	糖果麭包	七	東京	六〇	秋田	一
染料顏料	一三	茶珈琲	一	京都	一三	山形	一
金屬加工	二	煙艸	一	大坂	二八	石川	三
金屬製品	六	穀蔬果種	一	神奈川	六	富山	五
貴金製品	二	挽粉澱粉	四	兵庫	七一	福井	六
利器刃類	九	味噌醬物漬物	六	長崎	二	島根	三

品類	數	品類	數	府縣	數	府縣	數
陶磁	二	肉類海艸食品	三	新潟	九	岡山	五
玻璃	二	牛乳	二	埼玉	一三	廣島	六
機械	一	煙管袋	二	群馬	一三	山口	九
農工器	一	紙	一〇	千葉	二一	和歌山	四
運車類	一	筆墨	六	茨城	一五	德島	三
蠶子繭	五	皮革	一	橡木	四	高知	三
眞綿木綿	一三	燃材	一八	三重	一九	愛媛	一
生絲	四〇	油蠟	四	愛知	四八	福岡	三
綿絲	四	肥料	一六	山梨	七	大分	一
絹織	五	木竹藤漆物類	四	滋賀	三	鹿兒島	
木綿織	一三	藁及艸製類	一	岐阜	二	北海道	六
絹綿麾織物	二	齒磨及洗粉	一〇	長野	一一	總計	五二五
被服	五	刷子類	二	福島	五	前一年	九七三
釀造類	二一四	玩物	二	宮城	一二	坿觀覽所	三九六
砂糖	二	總計	五二五	青森	一		

許嫥賣表

先是日本邨田之槍因毛瑟後膛而自變其法與販造等日本人所謂發明人此類是也以似亂眞智能往往却步蠹商浸病國矣西法國給專憑法至善也日本效之而劵料視年有差若追加若讓與若分與皆聽證劵再渡料然有額再渡者易劵也述許嫥賣表

專賣	十五年間	十年間	五年間	合
學術器	二	七	四	一三
化學品	二			二
紙		一		一
燃料	一	一		二
燈具	一〇	五	一	一六
及類	三	二	二	七
庖器	五	九	三	一七
家具	一			一
算幣器	二	二	二	六
衣具	三			三
織類	二	四	一	七
扇類		二		二

販造人	十五年間	十年間	五年間	合
東京	五四	六二	一八	一三四
京都	二		一	三
大坂	一		一	二
神奈川		一	一	二
新潟		一	一	二
埼玉	三	三	一	七

料額	光緒十一年 件數	光緒十一年 料金	光緒十二年 件數	光緒十二年 料金
五年 十圓	二六	二六〇	三四	三四〇
十年 十五	五四	八一〇	五三	七九五
十五年 廿圓	八六	一七二〇	六九	一三八〇
追加 五圓	五	二五	一一	五五
讓與 五圓			一三	六五
分與 五圓	一	五	七	三五

裝飾紡績器	四　一	四　二		八　三
製茶米器	一　七	一　七	二	二　一六
水運物器	一　一	一	一　一	二　三
玩弄雜	一二	一　四	二　一	一三　一七
總計	五八	五三	二〇	一三一
前一年	五五	二七	一七	九九
千葉			二	二
愛知		二		二
靜岡	一			一
長野	三		二	五
岩手	一			一
富山		二		二
福井	二			二
岡山		二		二
總計	六七	七三	二七	一六七
前一年	六七	三七	一九	一二三
易券圓一			一	一
合計	一七二	二八二〇	一八八	二六七二

農表

日本農之專業二百七十五萬八千一百九十四兼八十三萬四千一百五十農人專業四十二萬七千八百一十七兼業一十二萬六千九百四十五萬此光緒十年所覈之數蓋居其四之三餘

所未詳十畝曰町十町曰反今表十數以上爲町其下爲反穫以石計米麥而外有粟有馬鈴粟有黍有蜀黍有稗有大小豆有甘藷類難枚舉輙摎大要述農表

	農 人戶	粳米 町反 穫石	糯米 町反 穫石	陸米 町反 穫石	大麥 町反 穫石	稞麥 町反 穫石	小麥 町反 穫石	粳米 大麥 每反	糯米 稞麥 每反	陸米 小麥 每反
東京	三四七七八 / 三〇二二六	一〇八五一五 / 一四七五三五	一八七一二 / 二三四二二	一二一三四 / 一一三二七	八一五八五 / 八八五四九	九九二六 / 七八三二	三九四七〇 / 二五四六八	石 一三六 / 一〇九	一二五 / 〇七九	〇九三 / 〇六五
京都	八五四三二 / 二七二三〇九	三五五九九〇 / 五一四〇二八	三〇二八七 / 四二五〇〇		一〇二九三〇 / 五六一〇九	五一六一六 / 四一一二八	二八二六七 / 一二六九三	一四四 / 〇五五	一四〇 / 〇八〇	/ 〇四五
大坂 奈良	一八三七八一 / 六六二五三九	六八八五七九 / 一一八一六一六	五九九〇三 / 九七二九二		三〇四二七 / 二四九一四	三〇二一四四 / 二八〇五九六	四九七二九 / 三二四五二	一七二 / 〇八二	一九二 / 〇九三	/ 〇六五
神奈川		二四七〇五一 / 三七四五一七	三三五七八 / 四七七九七	三一二二五 / 一七五三一	二九八七〇七 / 三四八八四九	六七一八〇 / 六三二四六	二二〇六六四 / 一二三二四八	一五二 / 一一七	一四二 / 〇九四	〇五八 / 〇五六
兵庫	/ 六六〇八一一	九三二七二九 / 一六〇八七一六	六八三二八 / 一一六一七	一七一 / 三一三	九三四〇五 / 四〇二一五	四三三三五二 / 三〇八三七六	一二六九三二 / 七八一六七	一七二一 / 〇四三	一六五 / 〇七一	一八三 / 〇六二
長崎	一一〇四四四 / 四九八九五八	二八三二六五 / 二六六六五〇	三四七六六 / 二九七六三	六三 / 四五	一三七三七五 / 一二四八八〇	二〇六六三八 / 一四四七八二	八五四二九 / 五〇一二一	〇九四 / 〇九一	〇八六 / 〇七〇	〇七一 / 〇五九
新潟	二一二三七六 / 九〇六八九八	一三六七六五八 / 一六七六五一九	一五五八七五 / 一七六〇六二	一一九 / 五一	一〇七五八四 / 三七一四三	七三 / 二五	八四七〇六 / 三〇四六四	一二三 / 〇三五	一一三 / 〇三四	〇四三 / 〇三六
埼玉	一六四四五一 / 七五二一九二	五七八二九六 / 七五五九一三	八一九三八 / 一〇三三〇三	一八八七六 / 二四九八八	五二五六一四 / 六二八〇四七	四四二七一 / 四三二八五	二五八九二〇 / 一八〇五二四	一三一 / 一一九	一二六 / 〇九八	一三二 / 〇七〇
羣馬	一一〇七七九 / 四四〇八一九	二四一二七〇 / 二九〇九七〇	四二一一七 / 四七〇六九	一四九三三 / 一〇七六七	三一一三六五 / 三〇五〇六五	四七七四 / 三六〇八	二七四八二二 / 一八一二〇三	一二一 / 〇九八	一一二 / 〇七八	〇七二 / 〇六六
千葉		八六九九八三 / 一四〇四五六〇	九八五九九 / 一五八四二〇	二四六二五 / 二七七六五	四六一九七四 / 四八二二〇七	一三七五一 / 二〇四三一	一五〇一九一 / 一五四一七八	一六一 / 一〇四	一六一 / 一四九	一一三 / 一〇三

縣										
茨城	一四四六三四 六三四四三七	七〇七五九四 九〇五九〇一	八一一九二 九二八一四	五八六〇〇 四二八〇九	四一二一五二 四六四〇一一	一〇七〇三九 七九九六七〇	二二五九五〇 一五四八五〇	一二八 一一二	一一四 〇七四	〇七三 〇六九
橡木		五五七〇九一 六〇一一五三	五八二八三 六六一三二	三四六三八 二七四八五	二一七一〇 二八三九六四	二九八九九 二三三〇〇	一八一九八一 一三〇三八八	一〇八 一三一	一一三 〇七八	〇七九 〇七二
三重	一一八二九二 五二一五三五	六五五四九四 九一九三〇五	五五九六七 七四九八五	二六九 二〇六	五〇九一一 四九六四九	一三二四三五 九五二一六	七二九四六 三七九九八	一四〇 〇九八	一三四 〇七二	〇七七 〇五二
愛知	二三八〇〇七 九三九三六六	七六八九七七 一〇一七七六〇	八三四五〇 一〇〇七七〇	六四五 八五四	三一六九八九 三六四八四五	一四八八七六 一五一三八五	一三八四九八 一一六一五八	一三二 一一五	一二一 一〇二	一三二 〇八四
靜岡	一五七一六七 六六一六六〇	五四〇四二〇 五三〇四二七	五二五三三 四七五九六	三一六三 一七二〇	二五二七〇一 二三九七三七	五一一六五 四〇四五〇	七五一八四 五二六五〇	〇九八 〇九五	〇九一 〇八一	〇五四 〇七〇
山梨	七七八四七 二七六〇二五	一六九五五八 二三三〇四五	一八三三七 二三二四一		一六二四七七 一五二三七一	三三三三六 三〇〇二	一〇二八四七 六一四五四	一三七 〇九四	一二七 〇九〇	〇六〇
滋賀	一〇七七〇八 三二四五九四	五三三三三三 九三三二六八	三七八二八 五八二九九	八九二 一〇五七	六七一六一 六五六四七	一五一〇一 一四三四二	一六七四二 一二九九二	一七五 〇九八	一五四 〇九四	一一八 〇七八
岐阜	一五三三〇六 六八一八〇七	五二三三一六 五三三二五七	四八九一二 四四九六四	二四七一 二四四二	二三九一九七 一八二三八二	三四三〇三 二四三四四	七九三五二 四二四九〇	一〇二 〇七六	〇九一 〇七一	〇九九 〇五四
長野	一九二六二二 九三二〇八五	五四四六九七 七〇二七六〇	七三八〇八 九二七九五		一九九一四四 一四六七三六	五七三 三六八	三二二三二八 一一四九七七	一二九 〇七四	一二六 〇六四	〇三六
福島	一二四二四九 七四一七三〇	七八八〇〇八 九五八八五六	八三一三三 九一二九九	九二八七 九三七〇	一九〇四一二 一二九八三七	一九九六 一二一三	八一三一八 三九二五二	一二二 〇六八	一一〇 〇九一	一〇一 〇四八
宮城		六九一〇五四 九一三一二九	八二八四九 一〇二二四四	二二五 七三	二一八二五四 一六八四二六	五四三 三六五	四五八三五 三二〇二三	一三二 〇七七	一二三 〇六七	〇三二 〇七〇
岩手	九七八九八 五三五二三一	四二八九六八 三八五九一四	五二三八六 四六八九六	〇三 四	二二五一二四 一一九六四九	一五二二 七九九	八八一三五 三一七七三	〇九〇 〇五三	〇九〇 〇五三	一三二 〇三六
青森		四九二八五一 四九八三一一	三九六四九 三一八八三		二四八二三 一四五八四	〇八 六	一四六三三 五六九六	一〇一 〇五九	〇八三 〇七五	〇三九
秋田	八二一六二 四〇九一九七	八九六八七四 一〇四四一〇〇	六六〇〇九 七五五五二		四九八一 二二七八	一三四 四〇	一二七八三 六九一七	一一六 〇四六	一一四 〇三〇	〇五四
山形		七二八六三二 九七六八〇一	六九八八四 七九三四六	二〇五三三 二七六七四	四六二六六 三四三三二		一四四五九 六三一五	一三四 〇七四	一一四	一三五 〇四四

石川		四六五八七八 六一六二七五	二八五一一 三九四四七		六七八二九 四六九八二	八六五 一一三一	二六九〇三 二一六六八	一三二 〇六九	一三八 一三一	〇八一
富山		六七八三三二 一〇〇八八六〇	四六三五七 六三四二五		一六一三二 一一四七四	二四一四 一〇一四	一八二八三 七二九七	一四九 〇七一	一四一 〇四二	〇四〇
福井	七九二二〇 三〇三二九〇	四一七五八六 五一一三四七	三〇七九〇 三六〇六六		七〇三七一 四二三二九	三九三 二三二	一六〇八三 六〇六七	一二二 〇六〇	一一七 〇五九	〇三八
島根	一一一三五四	四九〇一〇一 五五四一三五	三四一六〇 三四三〇六	〇五 六	一五四六九六 一〇五二一三	二一七七五 一二二一八	二三五一七 一一七三四	一一三 〇六八	一〇〇 〇五六	一二〇 〇五六
鳥取	六二七七六 二三五二八八	二九二七六四 三四一七一八	二四七五二 二六二一五		一二三六九四 七七四九三	九九六四 八四五〇	一五五三三 八〇九一	一一七 〇六三	一〇六 〇八五	〇五一
岡山		六七九二六四 九七八六五七	六四一四六 八一四〇七	四四 四四	一五六六六四 一三七六六五	三〇一六一八 二一六五二八	七六七四九 四四三九三	一四四 〇八八	一二七 〇七二	一〇〇 〇五八
廣島	二一四七七九 七八七〇六二	六五〇八一六 六七九二〇一	五五〇一七 五四三四九	一二四 一五九	九七五一〇 五二八七四	三七〇四四七 二三三四二一	三六二二九 二〇一五二	一〇四 〇五四	〇九九 〇六三	一二八 〇五六
山口		四七八九八九 八〇八三六四	三八四八三 五九九六四	四〇五五 八〇五三	六〇三七〇 三八五九五	二三六五四三 一六二二七三	五五六八三 三六七八三	一六九 〇六四	一五六 〇六九	一九九 〇六六
和歌山	八二三六一 三二五八八七	三〇〇八九一 四四九三五七	一七二〇六 二三八九二	一七 二二	四四八五 三〇九二	二〇七〇三三 一五八八六一	三六九〇八 二四二八七	一四二 〇六九	一三九 〇七七	一二九 〇六六
德島		二一一四五四 五〇一八九二	二二八六〇 三〇八二五	一七二六八 一三五六九	四六二九六 二九二一五	二二三一五五 二四四九二七	二三九九〇 一九〇四九	一四三 〇六三	一三五 一一〇	〇七九 〇七九
高知	八六七七八 三一七九九八	三二六九七三 四四六七〇五	二〇八九〇 二三三五八	六三三 五九五	一九八五七 一一一九六	九六二二五 七二五三五	一五八七八 一〇二一八	一三七 〇五六	一一二 〇七五	〇九四 〇六四
愛媛		七〇九二一三 一〇九〇五七二	五五八〇二 七七五六九	四六八三 四九三七	六三九八三 四八〇三八	六二七九六三 五九六一二八	一〇七五一一 六九六五二	一五四 〇七五	一三五 〇九五	一〇五 〇六五
福岡	一三〇六四一 四一八五三三	八五八八六八 一三〇〇二三〇	一〇一七三四 一四一三四四	四四二 三一〇	六七〇〇六 四七〇三一	三四七七二五 二五三四二五	一七〇二二五 一一一八九二	一五一 〇七〇	一三五 〇七三	〇七〇 〇六六
大分	一三二六二五 五五四七六二	四〇五五四九 四八八一九一	四五八七八 五二二四八	一四〇五一 一一六八四	五三五七六 三七〇三九	二八一六二三 二三二七三〇	一五一二二二 一〇二三六九	一二〇 〇六九	一一四 〇九三	〇八三 〇六七
佐賀	七七〇三五 三五〇〇八	四六六〇一二 六五二三三九	四一七六九 五六六八六		六二九九六 五四九九三	八四一七四 五四七一〇	一一五八一五 六四〇八七	一四〇 〇八七	一三八 〇六五	〇五五

熊本	一六〇三九一 七五二〇四一	五三四三七八 七六〇一九三	六八四二四 九二八六七	一六二三三 九四九八	一〇一七四四 六二一七四	五一九二〇〇 三四五六八	一九〇六三七 九二九三八	一四二 〇六一	一三六 〇六七	〇五九 〇四九
宮崎	五七九五一 二三七八二六	三一六八八二 三七〇九一四	三三九九三 四〇六五一	四〇四三一 一七二九四	四二四六九 三一六五二	一一三九三二 七二三三四	四四二二四 二二四七一	一一七 〇七七	一二〇 〇六三	〇四〇 〇五一
鹿兒島		四三一四三五 二八七四六六	四六一二二 二七五〇一	五三〇七四 一六一一〇	八九七九七 四一四九五	一五八〇八六 六〇二四八	六五五二九 二四五八〇	〇六七 〇四六	〇六〇 〇三八	〇三〇 〇三七
北海道		一三〇二二 一四二一四	二三〇六 二三八一		一〇六三六 一〇二八八	二六七九 二二九五	三三一三 二七八六	一〇九 〇九七	一〇三 〇八六	〇八四
合計	三五九二三四四 一五六一六二一一	二三四二八五〇八 三一〇三四六	二三〇七五二三 二八三四七六五	三八一一一八三九 二八八七六二	六〇八八七七九 五四四三九六四	五二六五四七一 四〇七六五五七	三九八六六六七 二四一四九四六	一三二 〇八九	一二三 〇七七	〇七五 〇六一

漁獵表

日本漁獵亦資民食亦關國稅雖歲計有差而漁輙至一百六十萬有奇職獵游獵凡六萬六千有奇遜於漁環海故也述漁獵表

	漁				獵		
	戶	人	船	網	職獵	游獵	獵合計
光緒五 明治十二					四四五八九	三九四	四四九八三
六 十三	三五七四四六	一六〇一四六	一九〇〇四五	四四〇六九一	七二四三七	五一二	七二九四九
七 十四					八〇七六六	六六一	八一四二七
八 十五					七八一八五〇	六九七	七九五四七

九十六				六二〇九五	五三八	六二六三三

蠶絲表

此光緒十一年明治十八日本繭與絲與綿數也先是繭以斤計而生乾有差改以石量在九年明治十六其絲與綿仍以貫目計雖未及中國湖州府絲然近亦通商一大宗述蠶絲表

	繭（玉繭 屑繭 出殼繭）	絲（生絲 熨斗絲 屑絲）	綿
東京	七九四石	七八八貫	貫
京都	二五六一一	四六五〇	三一九
大坂	一八一	二九三	
神奈川	六一七一一	二八五〇五	四七一
兵庫	三四八五五	一七三五一	九四四
長崎	八六六六	六八四	九四
新潟	二〇四二〇	一一二二五	一一〇一
埼玉	六九六五六	六八三五八	一二〇八

	繭	絲	綿
秋田	八七六三	九〇六六	一〇六七
山形	五〇三三〇	二七二九八	三〇五一
石川	一〇三二五	七六六八	八五
富山	七七七四	一〇三六三	一九〇三
福井	一三九二八	六一〇六	八九
島根	八九三	五九九	一〇〇
鳥取	一八〇五	八一六	五九
岡山	一四四六	一一二五	二四

羣馬	八六七六〇	一六一三一三	二六六一
千葉	一二五〇	四五	四
茨城	四六三三	三〇〇一	五七
橡木	五二三〇	三八四〇	一九
三重	二〇一〇	一四二三	九〇
愛知	五五〇〇	一一五一四	五〇七
靜岡	三六三五	三八八三	四〇一
山梨	四二三六一	三六〇四七	一四五四
滋賀	八二九六二	四九一一六	五一四一
岐阜	六〇四九七	一八六〇三	一四四七
長野	一五三四五四	九〇二五七	五四二五
福島	九七八三七	六七七一三	一五一二九
宮城	二三六三〇	一七〇〇二	一二六五
岩手	四三一五二	三四七四九	五六一七
青森	九二一	三四三	六五
廣島	五二六	一四五	一三
山口	八六九	六八六	二〇七
和歌山	三三九	二四一	五
德島	四五二四	三五四	一三
高知	一一三八	五九三	一〇三
愛媛	六一九	四二五	一五
福岡	一三九九	一〇三五三	三二
大分	二一九〇	一六一六	八〇
佐賀	六四三	一一九九	二三
熊本	二〇四三	一〇五四	一九
宮崎	九三〇	六五五	八九
鹿兒島	五一二	二五七	九一
北海道	四八四	九	三一
合計	九三八四〇六	七〇二四二一	五〇五一八
前一年	一〇六二四四七	七八二〇八八	五五一八七

鹽法表

山鹽出福島縣岩代磐城諸國（有大鹽村）餘多海鹽以播磨國爲最潔製法鹽田沙圍如井田形亦曰沙田被海潮三十日許而沙瀘泥去入釜田三百步爲一反每反謂之一反二付倒言與反別同鹽以箇計造買有鑑稅或曰無稅非也据光緒十一年數述鹽法表

	國	鹽田	鹽竈	食鹽產額	每反鹽額
京都	丹波	一九二（町反）	二八七	一四八九（石）	七七五（石）
神奈川	相模武藏	五三八	二四八	一五六二〇	二九〇三
兵庫	播磨淡路	五六一一	五一〇	六五三七四四	一一六五一
長崎	肥前	一〇〇三	三三一	一七〇四五	一六九九
新潟	越後佐渡	一四五二	五五八	七一六六	四九三
千葉	上總下總	一九七三	一三〇	四四〇三五	二二三一
茨城	常陸		三二	二七四一	
三重	伊勢	一一〇六	三七八	五一七二六	四六七六

	國	鹽田	鹽竈	食鹽產額	每反鹽額
石川	加賀能登	二一四一（町）	一八六三	二一三一九八	九九五七
島根	出雲		二七五	三五〇〇	
岡山	備前備中	二八〇	二八二	三一八四二	一一三七二
廣島	備後安藝	六七五	二四二	五八八三九一（石）	一七五三四
山口	周防長門	一〇二一	五六九	八六六一七	七九九七
和歌山	紀伊	六七一	二〇九	一八〇四五	二六八九
德島	阿波	五一二三	二五四	三九八七〇九	七七八二
高知	土佐	一一〇一	一五九九	九六六九	八七八

愛知	尾張三河	一八七七	一三一七	一四五四五四	七七四九
靜岡	遠江駿河	一一五四	一九七一	一七六四六	一五二九
福島	磐城	一四五七	二五二	一四三三二	九八三
宮城	磐城陸前	二〇七七	一五〇	八〇七九四	
岩手	陸前陸中	八八	九五	四五二〇六	五一三七〇
青森	陸奥		五	一四九二	
秋田	羽後	二九四	一〇七	一四八六	五〇五四
山形	羽前		三	七五一	
愛媛	讃岐伊豫	四五九〇	五八一	九一六四八二	一九九六六
福岡	筑前豐前	一六三九	一七四	八一三六六	四九六四
大分	豐前豐後	二二〇九	一三九	一一四四三五	五六八〇
佐賀	肥前	四〇八	一六三	七四六二	一八二八
熊本	肥後	二三一〇	三四二	八六四三二	三七四一
宮崎	日向	八八四	八一九	一三五一七	一五二九
鹿兒島	大隅薩摩	二七九三	一一五三	七二五三九	二五九七
合計		五四〇二六	一五一八四	四五六四五一五	八四四八
前一年		五二二九八		四〇二七一〇〇	七七〇〇

茶表

日本茶自僧最澄入唐得茶子歸國始唐元和十年爲嵯峨宏仁六年令其畿內近江丹波播磨諸國殖茶定年獻例興挽茶節會會尋廢宋淳熙十四年後鳥羽文治三年僧榮西復獲茶子種之筑前脊振山僧明惠等分種宇治見日本後紀喜遊笑覽諸書而

宇治茶遂爲日本冠亦今通商一大宗也歲可入金四百萬圓穀雨前茶曰頭春大暑後曰尾春繇橫濱出口美利加人購居多光緒七年明治十四農商務省調覈茶圃凡四萬二千廿三町九反茶五百六十萬一千一百五十九貫目十一年茶凡五百四千七萬七千九百廿八貫目其茶目七述茶表

	碾茶	玉露	煎茶	番茶	日乾釜熬黑口	紅茶	烏龍
東京		四七五貫	四一五〇六	五三三五	一二	四四〇	
京都	二六九八	二四二四四	二三三一八	一五三七九六	七八		
大坂	一	五六	一四九一二七	三五九八七			
神奈川		一一二	四二八〇四	六〇七五			
兵庫	一	四二九	五七二八四	一五四四五四			
長崎		一四四	八九〇七	一七〇九七	一四八〇四	六五	
新潟		一四五九	七八八〇六	四〇〇八三	一一〇〇		
埼玉		一〇〇	一二〇五七五	二二三九八	一五五		

	碾茶	玉露	煎茶	番茶	日乾釜熬口黑	紅茶	烏龍
秋田		一一六	二二三八	三二二	一三		
山形		三八一	四三七八	二五〇二	一		
石川		五三八	九一二五二四	五四四四六			
富山		二六二	三六四三二	一二八五七			
福井			二八一二二	三九九四三	二六		
島根		二	二六〇〇	五二五四一	三〇〇		
鳥取		二	一二八一	一六〇七二			
岡山		一三九五	三三二二一	七三九二七	四六八		

羣馬		九	二八一九	一一五〇			
千葉		一〇一	五四〇五一	三四三三			
茨城	一四三	五九	一五八九九一	二六五三九	四二五		一二七
橡木		三〇	一一六〇七	一三五四			
三重		二五三三	三三三五九〇	七二〇一六		九五	三五二
愛知	一〇七	七五一	四〇一六六	六七二三七			
靜岡	九二一	一〇五	五九三一六五	七四六四〇	三一一八九		四五〇
山梨			四六〇九	二六〇三			
滋賀	五	四三七	一七八〇九五	五四九三一		三五五九	
岐阜		一五一一	五七二二二	一五三九七八	六八五八一	五〇	
長野		八六	八〇一	三三五	八五		
福島		四四	一一八六九	三五二五	五〇		
宮城		一八九	八九七九	一〇八七四	四〇六		二
岩手		五四	二三五一	一四一			
青森			一六				
廣島		一六五一	三一三八	七七〇九七	三五〇二		
山口	二	三三六	一一九五三	九四四〇四	三八六七		
和歌山		九	七〇二〇六	六七二四八			
德島		二三三一	二五二一一	六三五三八	四八三五		
高知		二五二八	二二四八六	八三五三九	二七八四一	九〇六九	一四
愛媛	一〇一	四四二	一五九一六	五四八九五	一四二七二		
福岡		三三五〇	六五九〇	六四三一一	三七九五一	六〇八	
大分			一三三四一	四一二一五	四九七二	三一八六	
佐賀			一三五一六	一九六九七	二五七六七		
熊本	三七九三	二四九三三	七九八八八	九四四〇八	八九七	九一一	
宮崎		八〇〇	一二七六六四	一六〇六五	三九七六四		四七九
鹿兒島	一五	四八〇	四一七一六	一五五四七	九二〇五一		八六一四七
北海道			四四	一三			
合計	三一六六	五一一四四	二八二八〇二七	一八四三〇四七	六四六九二五	一七九二九	八八六九一
前一年	二〇五六九	四五八六九	三一三九七五〇	二一五三九九九	五九二二七三	九三八九	五二一三三

酒表

日本人嗜酒效西以葡萄釀自山梨縣甲斐國勝愛知縣尾張國鈴谷多矣而兵庫縣伊丹酒爲最淸酒濁酒然近中國黃酒燒酎即化學家火酒也味淋銘酒不同而同皆中國燒酒類白酒味甜與中國白酒同醬麴酒麴也光緒十二年日本釀淸酒三百五十七萬六千七百八十三石用米百九十萬八千七百五十三石造濁酒四萬一千三百一十八石用米二萬二千七百一石造燒酎四萬二千八百十四石用米雜穀一萬九千九百五十石糟五百廿八萬五千八百三貫腐敗酒類九千五十四石造白酒千三百五十五石用米八百四十六石酒類四百九十六石造味淋一萬五千四百五十二石用米萬七百八十八石酒類六千八十石造銘酒二千七百廿九石用米七百三十二石腐敗酒類二千一百

三十四石凡造酒五十七萬二千九百九十五石釀造場萬六千四百廿五造酒人萬六千一百八十四醬麴萬一千百三十八石

今據十一年（明治十八）成數述酒表

	釀酒場 自用酒	人 人	清酒 米	清酒 造	濁酒 米	濁酒 造	燒酎 米雜穀	燒酎 酒糟酒類	燒酎 造	白酒 米酒類	白酒 造	味淋 米酒類	味淋 造	銘酒 米	銘酒 酒粕及麻散	銘酒 造	醬麴 人賣數
東京	一六七 一五〇	一六七 一九六	四五六	六五六	四二六五	七〇五四	五〇八一	二五九八八 一九三	二〇三七	二六九 二四三	四五二	一三 一一	一六	四二	四一四	五四三	
京都	五七八 五〇五〇	五七一 六五〇〇	六五九六九	九〇四五三			二一五	一四七〇九六 一五九八	六三九	一三	一九	四七五	六八六	三	九	二八	
大坂	五三三 二七〇四	五一七 三〇九一	九三一〇四	一三五六〇〇			五一九	一七二三八五 七五八	五五六	九八	一四四	二一三五 二二	四〇八〇	一二		二五	二 二四
神奈川	三三三 三三一一	七六六 三九二八	二三七五三四	三五三七一九	二〇	三二		一九四八八〇 五四一	五八五	五 三	七			七	三二	三八	
兵庫	八八六 四六六九	七六六 六〇六七	二三七五三四	二一五三七一九	二〇	三二		一九四八八〇 五四一	五八五	五 三	七	一六六三 二〇五八	二七九三	一	一	二	
長崎	二二四 一九七四六	二三〇 二二〇三七	二二四三九	二七九四二	一四一	一九五	八	八七一八三 六二	四三三	一 一	二			一	四	五	
新潟	六三一	六四九	六〇四八六	七六〇一一	一二二	一七八		一九二一三八 四〇二	一〇〇九	一六	二三	三四八	四一二	三		三	四八 七五五
埼玉	四八〇 一一五〇	四七七 一六二六	四一五二九	五八八七七	九四〇五	一五三一	四七	八六九〇〇 六一	四九一	二 二	三	七九 七七	一〇三	八九	四二二	四三一	一 三八
羣馬	四〇二 八六六	四〇一 一二三六	三〇〇四一一	四二三四三	九五七	一三二四		五六八五八 三五	二五九	四 四	六			二九	八七	一一〇	

千葉	五五四 二八五七三	五六四 三九八七四	四一一八九	五六七七八	三三一八〇	五四四五	一六九	二九三三三四 一三四八	三五〇五	四一 二七	五九	三一一二一 二五四五	三六四七	一六五	六三四	六五一	三 三七〇
茨城	五一八 一二三七一	五一〇 一六六六四	四八〇五九	七三〇八五	一七九九	二五〇五	二七	二七九六八九 三五	一八三四	一三 七	一二	四七 五	六	五	八	七	二四 二四
櫔木	三三〇 八九七〇	三三〇 八三八八	三六一三〇	五一六二九	二九八	四八八	一六	九二六四一 五一五	六六七	三 三	五	一一八 一一九	一五八	一一一	三七八	四一三	四 四
三重	三六四 一九六八	三六七 二八七三	四五五二八	六〇三〇二		一三		一五五 九五	七〇六	四 六	八	三八四 一八六	二七三	三	一三	三	
愛知	四七三 一一七三	四六二 一六四九	七一四八八	一一〇八三二	一〇	一七	三五八	八八四八一 一一八	五六七	二四	三六	七七七	一一〇五	六	二八	一二	二 四三
靜岡	三八九 一〇七七	三九〇 一三四一	三九七八二	五七七九五	九七	一五八	五九	二二五九一五 二三二	一二四四	一九 一七	三一	一八二 一八五	二五三	八	一四	二二	
山梨	一九七 二〇二	一九九 四五六	二三四一二	三七七五〇	五	一六		一〇三一九一	六一六	一 一	三	二四 二三	二二				
滋賀	四一五 一三八九三	四一五 一八一四八	二九二五六	三九四五二	五	八		一〇一四三七 二一	四七三	二	三	三五	三九			八	一八 三二六
岐阜	四二三 二六二八	四三四 三七四三	三六二一六	五〇〇八	二	二		五二三八五 九五	一二四	四 四	七	一三八 一二九	一七八	五九	四七	六四	二 六八
長野	六九二 一七五九	六八五 二三七八	九八六一二	一〇五〇五二	三八	五一		一〇九三五五 五四	四九二			四九 五七	八七	六	一二	五	
福島	五六〇 五二六五六	五五四 五四七二五	四五七九七	五八九九四	一四二	二四六	二八一	四一九五八 一	二五一二	五三	六七	二五	一四	二	五	四	一二三 一七九六
宮城	一六九 四二五九八	一六七 四二六〇四	三三一八一	四一五四一	一一六二	一七一九		二五三六六七 一七〇	一〇四〇	四八		一〇	一一				一三四 一二四六七
岩手	二四二一 三二七一二	二四一 三三五三九	三九二六五	三五四三六	一二四八	一八五一		一〇一〇〇五 九八	三四二	三八 三二	九二	二 五	四				五二 一三三四
青森	一八五 四九七二	一八六 五五一七	三六三二八	四六七八七	七八八	一四三二		四一〇八五 七	一三四	二九 二三	五二	一 一	一				五 八八
秋田	二〇一 四〇一七〇	一九九 四二六八六	二六〇三九	三三五七六	九一〇	一二八六	五二〇	五五三二六 三八〇	一九四	六 五	一〇	二一 一五	二八	一六	五	二五	三六 六九二

	1	2	3	4	5	6	7	8	9	10	11	12	13	14	15	16	17
山形	三一二三 三五七三三	三三一 三九五七八	四〇七〇二	五三九五	一一	一八		一五三八九五 二二八	七六三	二	三八	一	一八		一	二	六七 一一三二
石川	三九六 二二四〇	三九六 三〇七二	三四〇二二	四二七〇三	六	七		一八七七 一二六				九	九			一	
富山	二二三 七八二二	二二二 八五八四	二三五六六	三八四三一		九		一三八九二 六	七三	一	三	四 三	一二				一四 二〇二
福井	三三九 一二〇五	三四二 一四四七	三一二八五	三七九四二	四	一	八	三〇八五一 五五	九〇	六 三	九	二三 一〇	三〇	一	九	六	一 一二
島根	二八二 一八九〇三	二九四 二三九五八	一七九六五	二六八一六	四一	四九		四八二九〇	二五八	一	九 八	八					一 二一〇
鳥取	一八四 六九〇四	一八六 九四〇〇	一五四一四	一九二一八	二八	一〇五		二二七五四 一七	八四	二 二	三	一三 一一	一五				
岡山	四八七 二三二二	四八八 五〇七一	五二七五〇	七六九六八	一六	三一七	四	一六九七一七	八七八	五九 四四	七七	三一三 二一一	三〇五		一	一	
廣島	一二七〇 四〇五四	三六八 五三四八	四七七五九	六四六〇九	二〇	五一		九四九五三 一九	三九三	五五 四四	七七	一五三	二一〇	一一一		一三一	
山口	五五四 二九一一〇	五四九 三三六一四	五一三八七	六七七一四	五一	一三九		一五九九一五 六九	七〇九			一三	二〇	四		六	
和歌山	一二五 一三二	一二四 一七〇	二五二二四	三二四八七	一四	二一		三七八二八 五	一七八			九七 一〇三	一三〇	八	八	一一	
德島	三〇一 一三二	二九六 一七〇	三〇二二八	三二二〇六	三	四	三	八四六四一 三〇	四五九			一六四	二五七	一三		八	
高知	二六〇 一七〇五五	二五六 二八〇一五	二九九一二	三六九九二	一四五	二一〇		七四一六六 二七七	二三三			三二七 二九七	三六六				一 二一
愛媛	六三八 三五〇	六三二 四九一	九一六六六	一〇八〇六二八			四	二七〇四三九 五六	八九四	一一	一五	一一一	一七〇	二五		二九	
福岡	四一四 四〇二六三	四二七 四四三八一	七三七二〇	一〇四八一四	四六二	六七八	六	一一一二七〇 四三六	五五二	二 二	五						二 四〇
大分	四二八 二三二〇	四二五 八〇二一	四七八七五	六〇六五五	一〇九	一五五	一四	一三五七〇 二六八	四五二	七 二	九	四 一	五				

佐賀	一八二 二五七七六	一八八 三〇二四六	二三〇九九	二八一三三	一〇	一一		一〇七五四六 二〇三	五一九								八 一九〇
熊本	二八二 二七〇九五	二八一 四二一一九	五〇二一九	五二〇五四	一八九九	二八二五	一六八	三八二三三〇	四三三三			一	一				
宮崎	一一九 一三四四五	一一五 二〇八二二	五九四四	六三一九	六五	八九	五二九	五一八三五 九	二五八六								
鹿兒島	一三四 一六六四二	一三四 二一二七四	三五二九	二七八五	一	一	二〇三八	三〇九〇五 五	七三〇三								
北海道	三八三 一〇〇	三八〇 一〇九	一一八九九		五三二九				一八二		一一						五 三二
合計	一六七〇〇 五七二九九五	一六五六四 六九二一〇三	一九〇八七五三	二五七六七八三	二二七〇一	四一三一八	一九九五〇	五二八五八〇三 九〇五四	四二八一四	八四六 四九六	一三五五	一〇七八八 六〇八〇	一五四五二	七三二	二一三四	二七二九	五五一 一一一三八
前一年	一八三八七五 三三二五七	一八一五三 六五九四一二	二三五三一二八	二九九九二一〇	二二五二七	三五二八九	二六一五二	六八一七六二 三八八三七	四七九九二	九七八	一四九九	一一六五七 五	一六六四二	一〇八三	二九五九	三六五四	五四二 一〇一三三

糖表

北海道歲出甜菜糖八千萬七百廿八貫目然遜蔗糖遠甚而蘆粟亦充糖料東京西京神奈川茨城山梨滋賀長野宮城靑森秋田山形石川富山福井山口二府十三縣其國調箾無準數奈良初分今就光緒十一年明治十八可攷者述糖表

	白下	二度押	二半	三盆	黑糖	蜜糖
大坂	三一四〇八一				一五四八	
鳥取	一九五					

淡巴菰工商表

兵庫	二八五四	三〇二九			八九〇	一五三七
長崎	一八八二七	六五八		一三	三六三二三二 釐二六二	五九四
新潟					八八〇	三七七
埼玉	釐二四一					八九
羣馬	六 釐三八				五七	釐一五
千葉	八〇〇〇 九〇五九				一七六	五五
橡木	釐一六三一					
三重	一三七四	六一八	五	一二六	一四八九七	六六〇
愛知	二八五九				三三一九二	六九
靜岡	三一三四七六	三一一三四	二九八一三	七五	一七四五六六	四九四二二
岐阜					七九一	
福島						
岩手	釐一三一					
島根	三七七 釐三				釐六三	二六 釐五
岡山	一八五九四六	一〇〇八			一八三一	二五四
廣島	三四四一一	二一八六二	一二五四六	一〇〇	九二	一六六六八
和歌山	二九八四七	七七一			七四三七二	九二九
德島	五三〇六五	五五九三〇	六三八五五	八一五三一	一一七九七	
高知	一七九六八四	六五五〇八	八六二二	一一〇〇	一二二五〇八	
愛媛	四三六三七四八	八二三〇三四	四五六〇〇	九〇九七七	二三七〇	
福岡	五七八八	一六〇〇	三二〇		九七〇一二	
大分	一二 三三三八				三二八四〇	
佐賀					五一一	
熊本	一七九五	八〇〇		六八七七一六	八〇〇	
宮崎	二四七七六				六八七七一六	八〇〇
鹿兒島	四一二〇	二三八	七八六		二二一八七一六	四七〇
北海道	八一七二八					
合	五五四五二四一 一四九六四	一〇〇六二〇〇	一六一五四七	一七三九二二	四〇〇七三九九 五二五	六六四一六九九 一〇九

日本人語淡巴菰爲他巴苛一音之轉又評多葉粉文箭亦稱煙艸國人知有毒而嗜先是文祿四年當明萬〔麻〕廿三年始得之葡萄牙見日本會津年譜然未種也種始慶長十年當萬〔麻〕三十三年繇長崎櫻島場而山城花山而和泉吉野或云薩摩人得子首種之光緒九年（明治十一）改定其稅則工曰製造轉販商曰仲買零售曰小賣鑑札已詳歲計產葉歲約五百萬有奇輸出英吉利居十之九茲就十一年（明治十八）國內工商述淡巴菰工商表

	製	販	小賣
東京	五六二	一四九	一八二四
京都	一三六	三二	六〇四
大坂	二〇三	一二〇	一四五二
神奈川	二七九	二一二	一三一六
兵庫	一九七	四五	一一三一
櫔木	一〇一	一五〇	四八四
三重	一五一	三一	六五一
愛知	二四七	七〇	九四五
靜岡	一三六	三九	六四三
山梨	三四	一九	二六三
靑森	一〇	一八	三〇〇
秋田	八九	二九	三六一
山形	八一	二二	三二一
石川	八五	四〇	四三〇
富山	五四	七	三六六
和歌山	一四一	一二	四七八
德島	一六三	九〇	三六六
高知	六四	二二	四八一
愛媛	一八〇	三一	八一六
福岡	一三二	三八	一〇八六

長崎	七八	一九四七一	
新潟	二三三	八○八五八	
埼玉	七六	四二七四六	
羣馬	六一	六六四九七	
千葉	二三三	四一一七四七	
茨城	二三一	一七○八○五	
總	五四三五	二五○四	二七四六三
前一年	六六九四	三一六六	三一四七三
滋賀	七八	二○五○○	
岐阜	六四	一三三三三	
長野	七六	五○六二一	
福島	一九三	一三四六八六	
宮城	三四	一六五四○	
岩手	八二	五五三五四	
福井	八六	三九二四二	
島根	四二	三二六五	
鳥取	六五	八一九○	
岡山	一八一	一七一六○四	
廣島	一二四	四八三七三	
山口	六三	二六六六九	
大分	八一	七一二九二	
佐賀	六九	一一三八○	
熊本	一六一	六五五五八	
宮崎	五五	二一一五二	
鹿兒島	五四	一○八一四四	
函館		二九三七七	
札幌		二二四七一	

舟表

日本西形商船無論蒸氣風颿皆別五百頓以上爲一類次百頓以上次不及百凡九百七十艘此光緒十一年數也明治十八內有免狀者五百八十六無者蒸氣二百三十三風颿百五十一又曰海川小廻船非駛大洋之舟比與艀漁船皆記丈八尺以上七丈八尺以下曰游船記丈八尺以上四丈八尺以下曰免稅船則田船

Two tables follow. First table, rows 東京–愛知:

水害豫備船渡船倉庫船也述舟表

府縣	西形船 蒸氣	噸數	馬力	風驅	噸數	日本形船 商船	石數	解漁船小廻船	游船免税船
東京	一三八	三八四三三	八四二三	三三	八七四一	三二七	四二〇五〇	一三七三七	四二〇八
京都	三	一六四	五二			一一二	一一四五七	七〇四一	八二七
大坂	一〇三	一〇九七七	二二六七	七六	七九六四	五七四	三一五一一七	一五五〇四	二二三四
神奈川	六	七一〇	二一九	一	四五	五一三	七六〇九二	一一〇三八	三六七
兵庫	五	一七七	六〇	三九	九四九六	一七一三	二二六五三九	一五三六	一八二四
長崎	二二	一八七三	五五一	九九	五五三一	四四一	七〇六四五	二八二四〇	八八〇
新潟	二五	七八一	六六七	三	二二三	五五七	一二〇五六四	二五四五九	二五五二二
千葉	一五	二一一	二七九	一	一八	六四六	六〇七二八	一一九八七八	五八六五
茨城	五	七六	五八	二	四六	九	一九五六	一九四六三	三六〇一
橡木								二七一四	八二四
三重	五	一八七	七二	二	一七九	三七二	五二四四九	一六一四〇	四三九五
愛知	三	四三二	一〇二	三五	四一八一	七九六	一六二七七四	二三〇七五	二七七七

Second table, rows 山形–愛媛:

府縣	西形船 蒸氣	噸數	馬力	風驅	噸數	日本形船 商船	石數	解漁船小廻船	游船免税船
山形				四	二〇一	六九	一三四〇二	四六八五	一一三八
石川	三	三〇	五七	一二	一〇〇三	四七〇	七四一七〇	一三七一六	七三五
富山	四	八七	五四	三	三八三	五六六	一二七八四九	七五六七	六六二
福井	四	一七三	一〇〇	一	九五	一四六	五三四一五	六六六三	四三八
島根	四	一二二	五五	五	四三四	四九一	五五九五一	一七〇九七	一二四二
鳥取				一	九〇	六二	九二三五	五五一三	五三八
岡山				一	四四	六六五	九三六四一	一五三六四	一三一一
廣島	二	六一	一八			一五一六	一九八〇六六	一七三〇一	一二八八
山口	五	一一一	三四	七	五一八	一一三〇	一九五三三八	一八八〇六	二〇三一
和歌山				二	三八六	六九九	一二七八五一	一〇四七八	八一八
高知				四	二一七	二二三	三四二四九	一二七〇	一二八二
愛媛	一	六	三	六	四八五	一七三〇	二二三五四一	二二五九三	二三三八

靜岡	一〇	一〇一八 二八八	一五	一〇五七	三〇七	八四〇〇五	一三六八三	二六〇九
滋賀	三一	一二七三 四六八					一三五九〇	二五〇九
福島	三	二七 二四	二	一四五	九	八七三	三〇八五	六七一
宮城	二	一〇 一五	六	一一七	六五	一〇九五七	一二二三五	一八四三
岩手	三	五七 七五	一〇	五五五	九四	九〇二七	六四二六	一〇八五
青森			一一	五一九	二七四	三六四六八	八四四五	六三三
秋田			七	三八〇	九三	二三四二三	七一八三	五〇四
合計	四六〇	五七四三〇 一五三四四	五〇五	二二七三	一六九九〇	二七三九八三	二五一六二七六	一一一二四九三
福岡	二	二二 二二	二	六六	三四八	三六一五五	一〇六七九	一〇九一
大分	一	五三 三五	二	九七	五一五	五六一八〇	一一四六八	七九八
佐賀			一	三八	一四一	一六〇〇八	六七四二	七一五
熊本	一	二 二			六二四	四五三三六一	五二〇五	七九四
宮崎			一	九二	一四一	四一五九四	四四一九	七三五
鹿兒島	七	五九六 一六八	一三	一五三一	三七二	三七四五八	一一五六五	五一〇
北海道	七	三三五 一三五	七五	四九三五	二七七	五八五五五	七一二二	三八〇
前一年	四一一	四七六六二 一五一一四	三九八	四四一〇六	一六三一一	二七八七三〇〇	四八八八二八	一五三〇〇一

車表

日本火車而外有馬車人力車即中國人所謂東洋車者是起自通商而後有荷積車有牛車其數覈自大藏省光緒十一年明治十八總計各車七十四萬六千八百二十有三較之前一年六十四萬二千七百七十有五增十萬四千有奇述車表

	馬車	人力車	牛車	荷積車
東京	九〇七	三〇九七一	一四八	四八六四五
京都	一二	七四五二	二四六	一九三二四
大坂	一三四	二一三三四	一八三八	四〇五〇六
神奈川	九九〇	六六九六	七一	二四九七四
兵庫	六三	七六〇五	一二二六	二三六三三
長崎		一四二七		一四六二
新潟	一〇	四二三八	一	七七〇〇
埼玉	一〇七八	三二〇三	六五	二四七八三
羣馬	九二六	二一六五	五一	一二五四六
千葉	二四六	四一三〇	一六	一〇九九四
茨城	七一四	三四八七	一二	一一一一五
橡木	一七七一	二五三八	七	一〇八〇四
三重	一八六	五一一二	一九	一八六六一
愛知	二四〇	八三五九	九八	四〇二〇七

	馬車	人力車	牛車	荷積車
山梨	三三〇	六〇三	七九	三一五一
滋賀	一七	二七二七	一五四	一五四五六
岐阜	三〇	二六九一	一二	一一九三八
長野	四八九	二八一二	五二	一五五九二
福島	三七五	一七九六	二七	四九〇一
宮城	二七九	二二五三	九	五二五四
岩手	七	六九〇		五三二
青森	八八	八〇一		五八八
秋田	七	一七〇一	三	一六一七
山形	七四	二六二四	九〇	六九七六
石川	二	一九一六		三五六六
富山	五	一〇五七		二三三七
福井	七	一三五三		四五五九
島根		六七四		一〇二九

	馬車	人力車	牛車	荷積車
岡山	一二	四五一四	一	一〇五九二
廣島	二	二七〇五	一	七二〇八
山口	一	二五八五	六八	三四二二
和歌山	九	二三一一	一五八	四七七八
德島		五一八	九	二八九七
高知		八二六		六二五
愛媛	二	四七四四	一九四	一四〇〇七
福岡	三八	四八一九	一	一五七〇九
大分	三一	一五一八	一	一五七〇九
佐賀	一	二一三一		四三〇五
熊本	二	二二九九	三八	四〇九二
宮崎		三二五	三六三	五三
鹿兒島		六二〇	二三四	三七四
北海道	四二一	四八〇	八四	一六二〇

日本圖經十三

十四

靜岡	六八	四一三四	三七	一三六三四
鳥取	一	一一九		七八四
合計	九五七四	一六九九〇八	五三八三	四五七九一〇
前一年	九五七四	一六九九八	五三八三	四五七九〇一

瓦斯燈表

日本沿英語謂煤氣燈爲瓦斯燈其製造瓦斯局在東京新橋西五里品川東五里^華里^燈臺云者支燈鐵座也東京有局其燈以同治十三年始蓋明治七年也就光緒十一年歲入贏數言凡三萬四千七百九十七有燈之地約華里四十有八日本之里數爲六里二十九町其下爲計間虛位也述瓦斯燈表

光緒	里數華里	戶	燈 街燈	燈 基	瓦斯價	石炭	員	傭	歲出 造	歲出 修	歲出 俸給	歲出 合出	歲入 燈料	歲入 引料	歲入 雜	歲入 合入	入贏
七年	四二三三一（小町 間）三十二里牛一	二二二	四四七〇	四〇〇	二六〇四八	二六三〇	一四	五五	三三六四〇	二八三五	八七一一	四五一八六	一七〇六四	二六〇四九	五三八四	四八四九七	三三一一
	六二四二〇 四十七里	一六五	一六六七	三四七	四一九〇四	二一〇四	九	三五		三六三三三		三六三三三	四一九〇四			四一九〇四	五五八一
八	四二五二六 三十三里	二七五	四八六九	四〇〇	三五二五八	二七五九	一四	五五	二九四三六	一一六五八	九三六〇	四二四五四	一七〇六四	三五二五八	六二四九	五八五七一	一六二七
	六二六四五 四十七里	一七六	一七一七	三四九	四二四一六	二四四八	一〇	三四		三六四九六		三六四九六	四二四一六			四二四一六	六五九二〇
九	四二五二六 三十三里	三一七	五一九三	四〇〇	四〇八三六	二八四〇	一四	四一	二〇六九〇	五〇九七	九三六〇	三八八七三	一七〇六四	四〇八三六	八四七七	六六三七七	二七五〇四

	六二七〇四十七里半	一九九	一一四四 三五〇	四三二七九	一四八四	八 三三		三六〇七二		三六〇七二	四三二七九			四三二七九	七二〇七
十	四二八四九三十三里半	三一八	五二二八 四〇〇	四四九二七	二四五四	一二 五一	一六一七一	五六五〇	一三二七二	三五〇九三	一七〇六四	四四九二七	四二七九	六六二七〇	三一一七七
	六一五〇〇四十五里	二一七	七二〇〇 三四二	六一四六		八 三四	一一一八六	五一八〇九	九一八五	二六一八〇	三六一四六			三六一四六	
十	四二八四九三十三里半	三四三	六六七八 四〇〇	三四一〇五	一九三七	一二 四五	一二三一二	二三七六	一四〇九二	二八七八〇	一二七九六	三四一〇四	一二七五三	五〇六五三	一二八七三
一	六二九〇〇四十八里	三二一	四〇四六 三三八	二六六四一	一五七七	八 三二	一〇七六一	三一三八	一二四〇四	二六三〇三	一二五八四	二六六四一		三九二二五	一二九二二

日本圖經十三終

日本食貨四

奏派游歷日本美利加秘魯巴西等國英日屬地加納大古巴知府用兵部郎中臣傅雲龍述

礦表

日本山或數礦礦或非山如山梨縣甲斐國都留郡之金淵則采金急流也而因山居多開礦以炸藥掓以機器成然日本營礦僅十之五未鑿居十之一歉費而休礦罄而廢各十之二礦數或指一年或指開後三四年非盡常額也欲判官民先綜礦穴述礦表

金

府縣	國	郡	礦	始年	歲額
新潟	越後	蒲原	向百丈		三三匁
			集寶		一一匁
			栗嶽	試	
		岩船	三西郡	同 沙	
橡木	下野	河內	篠井郡	同	

府縣	國	郡	礦	始年	歲額
		郡瀧	綾瀧牛 金淵		急流無額
岐阜	飛驒	大野	地獄谷	同治十一	四分九釐七毛
			金山谷		
			松谷		
		吉城	金山谷		

府縣	國	郡	礦	始年	歲額
岩手	陸中	江刺	戶中山	水同治九	一〇〇匁
宮城	陸前	栗原	大土山		四八匁
		木吉	大黑	試	
秋田	羽後	雄勝	院內郡	同治十一	三三六〇匁
		秋田	大葛	同	一四四〇匁

府縣	國	郡	礦	始年	歲額
石川	加賀	能美	不動山	同治十一	六〇七匁
福井	越前	大野	鉢谷		四五〇匁
鳥取	因幡	八東	志子部	同治十二	
		智頭	江波郡	同	
大分	豐後	玖珠	陣山		試

所在	名稱	年	數
鹽谷	高穗鄉		同
靜岡 伊豆 賀茂	日原		五〇〇匁
	運長山		三〇〇匁
	大松山		三〇〇匁
山梨 甲斐 巨摩	大金山		四九匁
	保川		七二匁
	雨畑川		五三匁
	萱澤		七一二貫四百餘匁
銀 大坂 攝津 河邊	永盛山		七一三匁
	間步山	同治十一	三〇一匁
	多田山		四四〇匁
能勢	名月山		一貫
兵庫 但馬 朝來	生野	同治十一	一〇〇九〇貫
播磨 赤穗	龜硯山	十二	
	細念鄉		試

所在	名稱	年	數
長野 信濃 筑摩	金寶山		試
佐久	高梨鄉		試
諏訪	金澤山		
福島 岩代 會津	牛墓鄉	同治十一	四匁
	瀧澤村		一匁七分
河沼	黑澤鄉		四匁
耶麻	下谷地		三匁
長野 信濃 安曇	平山	試	
	大通山		
福島 岩代 大沼	輕井澤		三二〇〇匁
磐城 楢葉	上小塙		試
行方	押釜		
青森 陸奥 津輕	湯澤山	同治十	七二八匁
秋田 羽前 雄勝	院內鄉	同治十一	三二九貫九二〇匁

所在	名稱	年	數
仙北	松倉		試
	天狗平		
	六百目平		
山形 羽前 郡山	肘折 鳥川	同治十一	七〇〇匁
田川	最上川		試
	立谷 澤川		同
羽後 飽海	最上川		二〇〇匁
石川 加賀 能美	不動山	同治十一	六〇百匁
秋田 羽後 河邊	三瀨		試
	鈴木森		
陸中 鹿角	小坂	同治十二	九九貫七七〇匁
山形 羽前 郡山	關谷		
福井 越前 大野	谷谷 戶山		四〇五〇匁
	黑谷		一一五〇匁
	仙翁山		九三一〇匁

所在	名稱	年	數
鹿兒島 大隅 桑原	上之鄉		七貫五〇〇匁
鹿兒島 薩摩 日置	向甲坑		一貫二〇〇匁
川邊	鹿籠鄉		同
北海 膽振 山越	網山鄉		
道			
島根 石見 邇摩	佐摩郡		廿貫
	又		灰吹銀無額
岡山 美作 英田	棚木山		二六七三匁
久米	鏡山	同治十一	二二七匁
南條			
山口 周防 玖珂	二鹿鄉		
鹿兒島 薩摩 日置	芹野		六七〇〇匁

新潟越後蒲原	十石山	同治十一	一三〇貫內純二百五十
	栗嶽		試
橡木下野鹽谷	野門		
須郴	向田		
岐阜飛驒吉城	大富		一七一貫五二〇匁
銅大坂津樹河邊	間步山	同治十二	二一〇〇貫
能勢	名月山		一二〇一三貫
八部	長谷	七	
朝來	銅山		一二九六貫
新潟越後蒲原	草倉	十	一四二七〇貫
	舟打澤	同	二六八二貫
	滑瀧山	同	一三一二貫
	中岩澤	同	二三四貫
	蟬平山	同	一三五貫三六〇匁

	田子內		試
	松岡邨	同	二四〇〇匁
秋田	阿仁	同	一一四貫五六〇匁
	白山向		試
山本	八森邨	同治十一	一四貫四〇〇匁
仙北	明通澤		試
	猿丸北洞		
岐阜飛驒吉城	蚊腹谷	同	一七三二四貫
	源藏谷	同	四三三一貫四〇匁
	取切山	同	二三九五一貫
益田	大古		
	井上		
	洞日影		
長野信濃佐久	大日向		
高井	沓野		

	水無谷 猿谷		四四五〇匁
	勢柄谷		六七二四匁
	大雲谷		一八八匁
	鶴尾山		五四七三匁
	面谷山		七三貫七五〇匁
	中天井		四三貫八七〇匁
山形羽前郡山	寶澤		二三貫
	金山邨		同
上長	南山邨	同	同
石川加賀能美	赤牙山	同治十一	八〇八貫八〇〇匁
	錦山	同	一六四八貫
	小水無谷		三八一貫一〇〇匁
	鶴尾山		一八四貫
	仙翁山		九九貫
	勝原		四二六貫三八二匁

島			
北海道膽振山越	網川邨		
久米南條	鏡山	同	四七七貫七〇〇匁
久米北條	金堀山	同	二六七〇貫
	總谷山	同	七三〇貫
備中川上	吉岡山		八一六〇貫
	喜多賀太山		六四〇貫
山口長門阿武	藏目喜邨		
德島阿波名西	次郎山	同治十二	七二六三貫
麻殖	中邨山	同	三〇三六〇貫
	東山菅草		

府縣	國	郡	所在	年	産額
			持倉山	同	七〇貫四〇〇匁
			香語山	同	一五貫
			集賓山	十一	四五貫七〇〇匁
			入會地		試
		三島	間瀬郡	十	一七三貫
橡木	下野	安蘇	足尾		一四〇九二貫
		[illegible]谷	寺島郡		
奈良	大和	吉野	天和山	七	四四四九四貫
			戸棚谷	八	四七八九貫
			又山	同	四三四一貫
滋賀	近江	甲賀	石部		五九〇〇貫
岐阜	美濃	郡上	畑佐		八〇〇〇貫
	飛騨	大野	三谷		
			猿丸南洞		
兵庫	播磨	宍粟	三室山		四山年凡鐵七三

府縣	國	郡	所在	年	産額
福島	岩代	會津	蒲生	同治十	四一七八貫四〇〇匁
	磐城	楢葉	手岡		
			野上		
			井上		
宮城	陸前	玉造	本山	同治十一	二二二〇貫
秋田	羽後	仙北	川口郡	同	一〇七二〇貫
			荒山郡	同	一四四〇貫
		秋田	阿仁	同	一〇四〇〇〇貫
			大葛郡		七二〇貫
			市取澤		
		雄勝	東福寺郡		
			水澤		
			向澤		
	陸中	[illegible]戸	尾去郡	同	二〇〇〇〇貫
		植種	龍眼谷		八五一〇貫

府縣	國	郡	所在	年	産額
			水無谷等		一六六貫二〇〇匁
			勢柄谷		一五九七貫三〇〇匁
			大雲谷		七五貫七〇〇匁
			面谷山		一七六五三貫
			上秋生郡		一二七〇貫七〇〇匁
		坂井	山口郡		八〇〇貫
島根	出雲	意宇	寶満郡		三二六四〇貫
		神門	龍山船谷		二四〇〇〇貫
	石見	邇摩	佐摩		一一五〇貫
		鹿足	笹谷		眞次銅一三六〇貫
		邑智	乙原		二〇二〇貫
鳥取	因幡	岩井	貨源山		四〇〇貫
岡山	美作	英田	栃木山	同治十一	八一〇貫
		西西牟	榮盛山	同	二〇六貫
			大澤山		一六八四八貫

府縣	國	郡	所在	年	産額
		那賀	百合郡金山	同	一三六五貫八〇〇匁
高知	土佐	土佐	樅木山		
		幡多	後山		
愛媛	伊予	宇摩	別子山郡		一二四八〇〇貫
福岡	筑後	上妻	別坑		試
大分	豊後	大野	大桐四		以上十
			杉谷四		所年出
			古邊津留		二四六貫
		海部	津久見浦迫山		一八〇匁
熊本	肥後	京北	木根山奥		一六〇貫
		球磨	逆額川		九六〇貫
宮崎	日向	臼杵	日平山		三二〇〇貫
			植峯		一六〇〇貫
					銑三九三七五貫

	天兒屋山		六五〇貫 鋼三	大原	井谷	二七三四六貫七〇〇匁	久住山	五五〇八貫		金吉山 同	九七五〇貫
	阿舍利山		〇〇〇貫 鐵沙六一	島根 出雲 仁多	鹿谷	三一四四貫	大吉山	二三〇四〇貫			銑四六二一五貫
	音水山		六六二貫		八川郡	二〇四七貫	大倉山	一一七九七貫		立尾山 同	四三八七貫五〇〇匁
羣馬 上野 甘樂	小坂		四四三〇貫		野土	五六〇四九貫	金山	六八四〇貫	岡山 美作 大庭	東根山 同	九三〇一貫五〇〇匁
長野 信濃 水內	替佐		五一一〇〇貫		竹崎郡原	五四〇六五貫	牀吉山	六三九八貫			銑一五〇九三貫
	永江郡		二七五貫		龍駒	七六五〇貫	倉谷山	一〇八九〇貫	眞島	鐵山 同	一四二五六貫
佐久	大日向		試		兩川郡 鐵穴	四六九一八貫	鹽瀧山	二五二四五貫			銑四二八六一貫九〇〇匁
福島 磐城 楢葉	上手岡		二〇〇〇〇貫		槇原	四九〇三九貫	新田山	一二〇九六貫		鐵廣山 同	一三九五九貫
	上川內郡		試		宇根	四三九八〇貫	清瀧谷尻	一二四三五貫			銑二八二五三貫七〇〇匁
磐前	上好間郡		同	神門	加賀谷	二二六五一貫	正土原山	一四四〇〇貫		幸家山 同	二九一六〇貫
田郡	上移		同		越堂	五九八七六貫	稻積山	四四八〇貫			銑五八四七三貫
標葉	石熊郡		同	飯石	立石	三五〇六三貫	石井谷山	一四〇二四貫	備中 阿賀	菅生郡	八六八三六貫
	大河原郡		同		丸山	三一一六〇貫	東山䅈	七六〇三貫		成地分四	三二四〇〇貫
宮城 陸前 黑川	吉田三	同治十一	二七〇〇貫		堂谷	三一八〇八貫	鐵吹山	二二四九四貫		花見郡	二三七六〇貫
	宮牀	同	九〇〇貫		弓谷	三三三二二貫	佐木谷山	七一八一貫		井原十七	一八一八四五貫

栗原	花山郡	同	三三一〇貫		八重瀧	四三七二七貫		篠原山		一一七四三貫	[illegible]多	釜郡	一二二五〇〇貫
本吉	臺田山	同	一三三三二貫八〇〇匁		中谷	三一九九八貫		谷中山		二二〇〇五貫		上神代 二十	一四九八七五貫九二〇匁
岩手 陸中 磐井	野山口山	同	二〇〇〇〇貫		菅谷	四七〇一〇貫		鐵吉山		四〇一四貫		千屋 五	六九一六六貫九二〇匁
	釘子郡	同	三〇〇〇〇貫		杉戶	四四一七七貫		川平山		五七六〇貫	阿賀	大井野	試
江刺	古歌葉山	同	五〇〇〇〇貫	石見 邑智	出羽	八六八〇貫		大原山		四五〇〇貫		山奥郡	試
	人首郡					銑同		折渡山		四五〇〇貫	廣島 備後 奴可	百四十五	二二三九〇六貫
閉伊	稻野		五三五〇〇貫		矢上郡	鋼		榮原山		二五六一九貫	安蘇	廿一	一八三六八〇貫
	甲子郡六橋	同	二六〇〇〇貫	隱岐 周吉	大平山	試		福澤山		二二五五〇貫	三次	百八十四	五四七五六〇貫
青森 陸奧 北	金埘山	十	一四七四九貫	鳥取 伯耆 會見	堂谷山	三六〇〇貫		秋原山		二二四二貫	安藝 高田	畑迫等 六	三一七二〇〇貫
秋田 羽後 仙北	生保內川			日野	間地山	一七二八〇貫	河郡	人形山		一二三四二貫		大谷山舟谷山	二九一六〇貫
	玉川湯本				大杉山	四三二〇貫		大瀧山		七六六一貫	山口 長門 豐浦	阿川郡	沙
山形 羽前 最上	角川郡				金榮山	四四六四貫		大谷山		九七〇九貫	高知 土佐 幡多	倚木迫	
島根 出雲 能義	布部		五四一八八貫		金澤山	一五一二〇貫	岡山 美作 西西條	西谷山	同治十一	七六二〇貫	北海 渡島 茅部	古武井	沙
	幸谷		三六二八〇貫		吉延山	一四七六〇貫				鉄一八六〇〇貫	道 膽振 山越	山越郡	沙
	市原		四二二六〇貫		井原山	二三一三九貫		代茂山	同	二二三二五貫			

種	縣	國	郡	礦山	年	產額
錫	山口	周防	玖珂	二鹿野		
鉛	兵庫	但馬	朝來	鉛山		二二九貫
	新潟	越後	蒲原	詰板澤	同治十	一七八貫
				新山澤	九	七〇〇貫
	滋賀	近江	愛知	政所	十三	六九七八貫
	岐阜	飛驒	吉城	取切山	十	一三八貫百六十匁
	長野	信濃	伊那	上飯田郡		
				外五郡		
				大西山		
				白耆澤山		
				暗澤		
金	新潟	佐渡	雜太	青盤		一貫九五二匁
						銀四五貫四一七匁
				日向坑		二六六貫
						銀六貫五二一匁餘

縣	國	郡	礦山	年	產額
鹿兒島	薩摩	谷山	福元郡		二八八〇貫
宮城	陸前	栗原	勝袋山		四六四四貫一六〇匁
青森	陸奥	津輕	湯澤山	同治十	四八貫
秋田	羽後	秋田	阿仁	十一	四〇〇〇貫
			市取澤		
			矢櫃	二八	六四〇〇貫
		仙北	日三市		
			孫四郎澤		
		山本	太良	十一	一九二〇〇貫
			小佐場		
福井	越前	大野	大雲谷		一六貫五〇八匁
			中尾坑		二〇一匁
					銀九貫一四〇匁
					銅二一貫
			中使坑		五二匁

縣	國	郡	礦山	產額
山形	羽前	最上	鳥越	
島根	出雲	意宇	穴釜山	
		大原	大平山	
福井	越前	大野	谷谷戶山	一〇五〇貫 蒼鉛一三四貫
			小麻谷 黑谷	八一〇貫九八〇貫 蒼鉛六六五貫
			熊谷	三三五六貫餘
			仙翁谷	一八三貫五〇〇匁
			水無谷等	蒼鉛四六貫三〇匁
			熱柄谷	五六五貫二〇〇匁
			鶴尾山	蒼鉛五四貫餘
新潟	佐渡	雜太	彌喜知坑	銀七八匁
				三貫九八二匁
				銀二三貫二〇〇匁
			彌十郎坑	一〇四匁

縣	國	郡	礦山	產額
			面谷山	蒼鉛一二七貫
			中天井	二四八〇貫 蒼鉛二二貫
山口	周防	玖珂	二鹿	
	長門	大津	深山郡	
		附武	藏目喜郡	
		美禰	長登	
北海	渡島	龜田	三森山	
道	後志	岩內	金峯	

彌平坑	一四三匁		銀一貫七七〇匁		銀五貫三一〇匁
	銀三貫五一三匁餘	五左衛門（新潟佐渡雜太）	一〇五匁		銀六貫二〇〇匁
赤塚坑	七匁九餘		銀七匁	揚枝川邨（三重紀伊牟婁）	銀銅鉛
	銀二六四匁		銅三二貫三〇〇匁	幸生邨（山形羽前邨山）	二十年出銀
旭甚右衛門	一九匁	清次坑	八四九匁		銅二五六〇貫
	銀四七一貫銀六匁		銅五五貫餘	鶴子邨	銀鉛
治助坑	五一匁		銅一二六匁	藏目喜（山口長門阿武）	鉛白錫
	銀六六二匁	七助坑	七九匁		鏈
甚五坑	六二二匁		銀五貫一一二匁	長登（美邨）	碼鏈白鎢
	銀一五貫六二二四匁餘		銅一一匁	赤繪堂邨	白鎢
彌兵衛坑（新潟佐渡雜太）	三五二匁	加賀彌十郎坑	一四八匁	四本松（阿武）	白鎢鏈
	銀八貫六二〇匁三分		銀九九貫一九九匁	大野山（愛媛伊豫新居）	白鎢一六八〇匁
青柳坑	一八匁	大切山	四貫一九九匁	灰木谷（大分豐後大野）	銀一六四貫八〇〇匁
	銀七七〇匁		銀一三一貫餘		鉛七三貫餘
鳥越坑	四貫三五〇餘		銅一二二五貫二〇匁	高仙山	試

地	名	額	地	名	額	地	名	年	額	地	數
對馬上縣	湊郡舟江		岐阜美濃可兒	比衣郡	四二〇〇貫		坂尻	同	三五〇〇貫	筑後三池	平野
	二百七十一			桐澤山	一二七五〇貫	石川能登鳳至	山田平	同治十三	一六〇〇〇貫	宗像	二
松浦	瓜板郡等	四〇五三八一餘貫	山梨甲斐都留	鳥澤郡谷	一二八〇〇貫	田川	油戸郡			遠賀	十二
	四十一		三重紀伊牟婁	宮井			堀內郡			鞍手	七十一
長崎肥前彼杵	香燒島等	六九五九三七六貫		金澤郡			川口			糟屋	十八
播磨神東	大貫	五四〇〇〇〇貫	鹽谷	野門		最上	富田			穗波	二十一
兵庫攝津八部	鷹取		足利	名艸郡		山形羽前郡山	朧氣郡			嘉麻	五十四
		一八五一一貫									
		鑞白									
大阪攝津河邊	多田	銀銅鉛紺青雲母綠礬丹	河邊	永盛	銅銀鉑八三五〇貫						
		銅四貫八百匁									
		銀一貫餘									
	次郎右衛門	三五匁			銅七八一貫餘						
		銅七一七貫三〇〇匁			銀六八貫四一六匁						
		銀一六八貫四七匁		百枚坑	一貫三四九匁						

所在	名	年	額
	濱		
下縣	嚴原白磯		
新潟 越後 蒲原	杉木澤		
	金山谷		
岩船	持場澤		
頸城	青柳		
羣馬 上野 片岡	石原		
	乘附		
千葉 安房 長狹	金東		
平羣	青濱		
	鋸山		
	機根		
茨城 常陸 多賀	大塚	同治十二	二〇七八貫八八〇匁
	小豆島郡	同	二二〇四〇貫
		同	五五四二四貫

所在	名	年	額
飛驒 吉城	宮地		四二〇〇貫
長野 信濃 小縣	岩清水郡		
更級	山布施郡		
福島 岩代 伊達	南半田村		
磐城 菊多	沼部		
	三澤		
	小山田郡		
磐前	白水郡		
	上湯長谷		
	下湯長谷		
	宮郡		
	下藤原		
楢葉	田綱		
	神小屋郡		
秋田 羽後 秋田	御札山		

所在	名	年	額
岡山 美作 勝北	大日山	十一	三二〇一六〇貫
	寺谷	同	四八一八貫七六〇匁
山口 長門 厚狹	船木郡		
德島 阿波 勝浦	龍田山	同	一一四二三七貫
	掛谷		
	兼谷		
	打兼		
高知 土佐 安藝	奈半利郡		
愛媛 讃岐 小豆	湯谷	同治十二	九七五九〇〇貫
	前濱	同	二二一三四〇貫
	平見	同	六三七六〇貫
愛媛 伊豫 浮穴	高柳郡		
宇和	立間		
福岡 筑前 早良	三所		筑前共一八五所年
			一八三四一四四〇貫

所在	名	年	額
	稻前郡		
羽前 田川	二十三	同治十二	一七〇九四八八貫
			石壳二五一四八俵
佐賀 肥前 小城	小待十五		五五八四二六二貫餘
杵島	老久郡等		五六四八〇貫
	二所		
熊本 肥後 天草	內田郡等六所		二八六九六〇〇貫
北海道 渡島 龜田	石崎		
道 後志 岩內	茅沼		
石狩 石狩	石灰山		
釧路 白糠	白糠郡		

上田　小津　同　五二三八八貫　崎澤　大川　所田　同
橡木　下野　上都賀　小曾戸郗　水上澤　大川　上座　一
硫　羣馬　上野　吾妻　草津　三〇〇〇貫　吾妻　葛座山
石油　山梨　甲斐　都留　戸淵

末鑿

金　石川　加賀　石川　石神山　富山　越中　新川　奧猫谷　新川　有峯谷
銀　三重　伊勢　員辨　多志田山　員辨　西野尻郗　員辨　大貝戸郗　員辨　藤原岳　三重　水澤山　鳥取　因幡　岩井　銀山郗
銅　埼玉　武藏　秩父　小荒川　富山　越中　礪波　上下百瀨川村　喀樂奪谷　土佐　黑瀧山　寺野　幡多　三岡
三重　伊勢　員辨　西野尻　鳥取　因幡　岩井　銀山郗　土佐　香美　黑瀧山　土佐　吾川　長坂　吾川　奧谷　鳥取　因幡　岩井　銀山郗
大目　高知　土佐　安藝　大櫻山　淸水森　橘山　高連山
藤原嶽　白壁谷　長岡　北山郗　二瀧山　高岡　楠神山
鐵　同　石川　加賀　石川　金山坂
鉛　三重　伊勢　員辨　多志田山　鳥取　伯耆　河郗　鉛山郗
金屬　高知　土佐　土佐　小麥畝　〇白鐫　土佐　幡多　荒瀨山
石炭　羣馬　上野　利根　上久屋　伊賀　藏繩手　都留　家下　磐城　磐前　西小郗　福井　越前　大野　中之娛　高知　土佐　香美　礦八

三重伊賀阿拜 久米　名張 田原　滋賀近江蒲生 鎌掛山　北好間　木根橋　吾川 中川內山

音羽　一志 宮野郵　甲賀 大川原　磐城 赤城　谷郵　高岡 礦二

島原　靜岡駿河都留 蟹原　高島 黑谷　楢葉 淺見川　幡多 礦三

西山　輕澤　福島磐城喜多 北迫川

伊賀 上神戸　上野石原　下小川

休

金

新潟越後蒲原 五十澤　山梨甲斐山梨 上萩原　河沼 黑澤三　秋田羽後仙北 小杉山郵　猿間　筑後生葉 小室山

磐城 高根　巨摩 黑桂　耶麻 檜原　雲然郵　早口　大分豐後速見 馬上山

頸城 橋立　滋賀近江甲賀 大川原　安積 守屋　小勝田　川原毛　宮崎日向臼杵 永尾山

埼玉武藏秩父 股澤　岐阜美濃吉城 天生郵　宮城陸前氣仙 竹駒　下檜木內郵　山形羽前邨山 谷澤五

眞樣　長野信濃安曇 小倉　加美 宮崎　上檜木內郵　牛房野五

靜岡駿河安倍 梅島　黑澤山　牡鹿 鮎川濱　秋田 坊山郵　石川能登鹿島 庵郵

岩崎村笹山　福島岩代會津 石郵　綱地濱　曲田郵　福岡筑前遠賀 畑

伊豆賀茂 青野　大沼 本鄉郵二　岩手陸中磐井 島海郵　秋田 輕井澤郵　宗像 礦十七

銀

新潟越後岩船 高根　滋賀近江栗太 富川郵　福島岩代會津 檜枝岐　秋田羽後雄勝 山野田　富山越中新川 龜谷　久米 中北上

	魚沼 折立	岐阜美濃武儀 金山郡	河沼 屋敷二	仙北 荒川郡	長棟	久米南川郡
	栃木下野那須 三斗小屋	上之保	耶麻 岩尾	上檜木內郡	鳥取因幡岩井 銀山郡	愛媛讃岐河野 御供所
	武部郡	吉城 前平	伊達 北半田	秋田 馬場目	岡山美作英田 川北郡	宮崎日向臼杵 呂久山
	安蘇 足尾	東平二	宮城陸前加美 北山內郡	山本 藻浦	西西條 土生郡	
銅	大阪攝津河邊 多田院	立里	高島 海野郡	秋田羽後仙北 川崎	賀茂 仁賀郡	福岡筑前鞍手 礦六
	能勢 下田尻	長野信濃埴科 關屋	福島岩代會津 岩下	下檜木內郡	沼田 八木郡	筑後上妻 栗林
	兵庫攝津菟原 中尾	伊那 中瀬	叶津	羽後河邊 船岡	高宮 下深川郡	尾久保
	蘆屋	安曇 安曇郡	大沼 玉梨	秋田 山館郡	和歌紀伊那賀 金屋	福岡豐前企救 野中
	有馬 唐櫃	西穗	阿沼 黑澤	雪澤	德島阿波名東 大瀧山	大城寺
	名來	三重志摩答志 赤崎	麻生	新澤	麻殖 川田山	宮尾
	船坂	滋賀近江栗太 荒張	伊達 半田	長走	大張	大分豐後大野 木浦二
	新潟越後魚沼 田澤郡	蒲生 田津畑	宮城陸前紫田 砂金郡	富山越中新川 稻郡	內坪	尾平二
	奈良大和古野 櫔尾	甲賀 黑瀧	名取 新川郡	鳥取因幡岩井 銀山郡	高知土佐吾川 安居	海部 津久見浦
	紫園郡	大川原	加美 北川內郡	廣島安藝豐田 釜山郡	愛媛伊予宇和 日土郡三	松崎
鐵	群馬上野甘樂 熊倉	實郡四	油野	三河內三十	廣島安藝高田 桑田	福岡筑前志摩 四

	一	二	三	四	五	六
	福島岩代河沼 出原	花見三	廣島備後奴可 平子	三次 森山中三	栗屋三	精屋 奈多
	宮城陸前栗原 川口	井原	惠蘇 古須五	森山東二	山縣 大塚六	遠賀 脊田
	石川能登鳳至 谷內	阿賀 大井野	高暮二	岡三淵二	大朝五	宗像 福間
	富山越中婦負 加賀津	田治部三	上里原三	茂田二	若戸五	
	岡山美作西西條 富東谷	哲多 上初代二	白泉邨	光守	宮迫三	
	備中阿賀 菅生邨二	千層	惠蘇 竹地谷	調 西野邨奥	新在二	
鉛	長崎對馬下縣 板	太河內	西平奈川	秋田羽後仙北 稻澤	岩瀨	廣島備後御調 小原
	椎根邨	小川口	曾倉谷	下檜木內邨	山田	安藝豐田 沼田下
	新潟越後魚沼 地平	大栗須	福島岩代會津 戸中邨	河邊 三內邨	山本 粕光	山縣 加計
	三俣新田黑又邨	岐阜美濃吉城 前平	河沼 黑澤四	秋田羽後 大坡	木澤	大分豐後大野 轟山
	三重紀伊牟婁 牟婁	東平	出原	雪澤	大久保臺	宮崎日向臼杵 椿原山
	和田	長野信濃筑摩 刈谷原	宮城陸前名取 新川邨	早口	富山越中新川 長棟	
	芝生	茂住	中野	茂內	目長田	
金屬	埼玉武藏秩父 比良平銀鉛	岐阜美濃阪東 下野銀銅	富山越中射水 磯邊	島根出雲意宇 失田	高知土佐幡多 古味原白鐺	
石炭	宮城陸前栗原 文字邨	福島岩代河沼 船渡	石川能登羽咋 寶達	富山越中婦負 深遺邨	下笹原	廣島安藝豐田 佛通寺

類						
廢	羽後秋田山本 八森	福島 鹽坪郡	鹿島 不動山	鍋谷	角間	
金	但馬兵庫美含 金原	鏡尾	上野羣馬利根 戶倉	二又郡	礪波 西赤尾町	殿山
	養父 中瀨	角行坑	甲斐山梨巨摩 黑柱郡	能登羽咋 寶達	因幡鳥取八東 西谷	口繩山
	越後新潟岩船 大石郡	雜多 新間步	陸奥青森津輕 原平郡	越中富山新川 虎谷	豐前福岡企救 元山口	莫幾葛谷
	佐渡雜太 永庵坑	金町	岩船 大石郡	河原波	唐人小屋山	猿畑山
	喜多見	雲子	羽後秋田由利 上笹子	松倉	小谷	
	龜脊	羽茂 岡山	加賀石川石川 倉谷	折戶	大道山	
銀	播磨兵庫神東 小畑	市勢	上野羣馬甘樂 後箇郡	越中富山新川 平澤	礪波 新山郡	日野 金持郡
	神西 川上郡	總吉	志摩三重員辨 治田鄉	折戶	因幡鳥取智頭 西郡	
	對馬長崎下縣 椎根	蒲原 瀧谷	陸前宮城刈田 小原	淺生	藍津郡	
	佐渡新潟雜太 八壽	雜太 無名坑	羽後秋田由利 上笹子郡	越中富山婦負 廢谷	氣多 光本郡	
	不動澤	重一郎坑	加賀石川石川 熊走郡	片懸	伯耆鳥取久米 山口	
銅	攝津大阪能勢 下田尻二	岩船 大石	陸奥青森津輕 砂子瀨	奥谷	三五郎二	紀伊和歌山名草 禰宜
	出野四	大內淵	加賀石川能勢 平栗	楯縫 河下	安藝廣島豐田 宮原四	土佐高知高岡 長者郎

類	一	二	三	四	五	六
	大原	沼郁	富山越中新川 平澤	大原 刈畑	安藝 下瀨野	斗賀野
	吉川二	小見郁	東種	飯食 掛合	沼田 筒瀨	大植
	長崎對馬下縣 久須保	群馬上野甘樂 藤原	礪波 田向	入間	高宮 中深川	福岡豐前企救 呼野
	新潟越後蒲原 龍谷	三重紀伊牟婁 井關	大觀場二	鳥取伯耆日野 金持	高田 二	
	川內郁	藏土	福井若狹大飯 野尻	廣島備後三上 本郁	山縣 三	
	羽黑	佐野	島根出雲能義 山形帳	三谿 吉金	佐伯 四	
鐵	青森陸前津輕 今泉郁	鳥取伯耆會見 七	伯耆日野 九十九	岡山備中河城 大井野	廣島備後三次 上市野	廣島備後三次 東酒屋
	小國郁	八橋 鐵山				
鉛	長崎對馬下縣 久須田	岩手陸中膽澤 戶倉	秋田羽後由利 湉民澤	上笹子	島根石見邇摩 佐摩	宮崎日向臼杵 土呂久山
	新潟越後蒲原 瀧谷	宮崎	青森陸奧津輕 砂子瀨	富山越中新川 下田郁	廣島備後三次 東酒屋	黑高原山
	蛭野	上郁一	袋	婦負 庵谷	三谿 安田	大吹山
	川內郁	岐阜美濃郡上 寒水郁	相馬	片應	高知土佐幡多 窪浦浦	
金屬	岐阜美濃加茂 下野 銀銅	高知土佐幡多 米原下谷 ○白鑞				
岩石	茨城常陸多賀 上手綱	員辨 川原	三重紀伊牟婁 鉛山郁	道湯小郁 二	細見郁	島根意宇島根 西川津
	三重志摩桑名 古野	鈴鹿 原尾山	鮎川郁	岐阜美濃加茂 飯地郁	木巢村 松田郁	國屋郁

官礦表

石炭無所謂製也若金若銀若銅若鐵則采額與製額有差礦含金屬非以化學分之末繇知也沙金沙鐵並出自沙又有岩鐵云者出自山而礦以箇計述官礦表

縣	國	礦	數	坑坪數	種	出額	製礦支消	含有金屬	製出額	價額
新潟	佐渡	佐渡	四	一五四四八	金銀	一八八一〇五〇	二〇五〇〇二	二四二 七二五二	二七五一三 八一〇八八五	六八九〇四九 一二五五五五
兵庫	但馬	生野	四	四六九六一三	金銀	五〇〇七七七	五一九〇九〇	二六四 八五一〇	六四九四 三九八三九七	一九五一五 六一八〇八
					銀銅	三八三六八	三九一三七	八〇六六 八六九九九〇	一九九〇	一四一八
廣島	安藝	廣島	五四	三五六四五	沙鐵	一一三五六六七	二〇六三九七五		銑 四六七八二八 鍊 三四五六六六	二三〇八〇 五〇四四七
					岩鐵				本製鏍 七八一五 析地鋼 六〇九九	二一八八 六四五
福岡	筑後	三池	四	一三二八一二	石炭	四九三二三五八五			四九三二三五八五	三三五〇三七
北海	石狩	幌內	二二	六二〇〇〇〇	石炭	八九三二九二二			八九三二九二二	一五六六四四
總計			八八	一三九二五一八	金銀	二三八一八二七	二五六九一一		三四〇〇七 一二〇九二八二	八八四一九 一八七三六三
					銅鐵	三八三六八 一一三五六六七	三九一三七 二〇六三九七五		一九九〇 八二七四〇八	一四一八 七六三六〇

前一年			一一六	九一九九〇三九				
石炭	五八二六五〇七					五八二五六五〇七	四九一六八一	
金銀銅	三二六〇〇〇	三二七七九八七				一二四六八三六 六五六二九八六二	一一二六九六 四七三五六八	
石炭	六五六二九八一二					六五六二九八一二	四七三五六八	

官礦工表

日本礦官未始非周官卄人遺意礦師初稭西力十餘年來微獨自爲並可應需矣北海道札幌官工與鐵道之員之工專兼無定而佐渡生野三池廣島就光緒十二年言明治十九其事務技術諸官與夫吏而傭者凡二百七十有二工凡五十七萬六千二百四十七采夫運夫凡七十二萬九千六百三十四其日給工直謂之稼人賃錢稼人猶言苦工也官吏則曰俸給以月計月支金起圓日給金起釐而錢而幾十錢而圓準此箸撟述礦工表

佐渡	事務官 月支	技術官 月支	傭 月支	男工 日給	女工 日給	十六歲下 日給	掘採夫 日給	男運夫 日給	女 日給	十六歲下 日給
	三	三	三六	一五二〇六四	三三四四〇〇	五五一九四	七一七八七	二四九二八		二三二五
	三二五	一二〇	四八一	一九九	八五	五〇	二三二	一八〇		五八

生野	二 二八〇		四〇 八一八	六一九四九 一五七	一二一二三 六二	五〇一一 八二	八九七三一 一九六	二六三五二 一五七	三五〇 一一五	八二四一 六九
三池	三 二九三	一 五五	九九 一〇五一	二五一四八八 一六六	二九八九 六一	二〇三〇 五八	四三九七一一 一〇三	六五二〇九 一四二		
廣島	一一 三二〇		七四 四六二							
合計	一九 一二一八	四 一七五	二四九 二八一二	四六五五〇一	一四八五一一		六〇一二二九	一一六四八九	三五〇	一〇五六六
前一年	三八 一一八五	二〇 一二九二	二五七 一五七七	五六二九二二	四〇〇四四	四六三八一	七〇二一六二	一三四一七九	四三四	八三二五

官礦售數年表

日本量礦之數起匁謂之量目售金起圓謂之代價一匁猶重一錢也每匁價數起分謂之價格亦曰一匁ニ付合金銀銅鐵石炭計之自開礦至光緒八年明治十五售金六百四十五萬七千五百五十一圓明年八十三萬八千三百八十三圓又明年一百六萬九千八百四十三圓凡入金圓九百二十一萬一千一十九述官礦售數年表

售數年表

開礦至光緒八年九				十				十一			
量	數售	價每匁	量	數售	價每匁	量	數售	價每匁	量	數售	價每匁

金	佐渡	二〇二八一二匁	六四七六五三	元三一九三	二二三一〇	六八三四八	三〇六三	二五四五一	八二八三七	三二九四	二七五一三	六八九〇四	二五〇四
	生野	二七八〇九七	八一四七〇七	二九二九	一一一九二	三五四六八	三一六九	九七七六	三一二八八	三二〇〇	六四九四	一九五一五	三〇〇五
	合	四八〇九〇九	一四六二三六〇	三〇四〇	三三五〇二	一〇三八一六	三〇九八	三五二二七	一一四一二五	三二三九	三四〇〇七	八八四一九	二六〇〇
銀	佐渡	六五〇九五九二	一一七〇一五六	一七九	九四四一五五	一六三三九九	一七三	八六三六七六	一五四三七一	一七八	八一〇八八五	一二五五五五	一五四
	生野	二八八〇八一五	五二六八二九	一八二	四〇五八六〇	七二三二七	一七七	三八三一六〇	六八〇五一	一七七	三九八三九七	六一八〇八	一五五
	合	九三九〇四〇七	一六九六九八五	一八〇	一三五〇〇一五	二三五六二六	一七四	一二四六八三六	二二二四二二	一七八	一二〇九二八二	一八七三六三	一五四
銅	佐渡	一二三八九	一七八八五	一四四三	一四三六〇	一二七九五	八九〇	四五六〇二	二三七三二	五二〇			
	生野	八七八八	一六二二九	一八四六	二六一六	二六二九	一〇〇四	二八七五	二三一六	八〇五	一九九〇	一四一八	七一二
	合	二一一七七	三四一一四	一六一〇	一六九七六	一五四二四	九〇八	四八四七七	二六〇四八	五三七	一九九〇	一四一八	七一二
鐵	廣島	三四三二〇四二	一〇三〇三五三	三〇[illegible]	一三八五九五三	一五八五五九	一一四	一六三六三二	一四二六九六	八七	八二七四〇八	七六三六〇	九二
石	三池	二九五一二二五六五	二二二七二五五	七	四四三四四〇五四	三二四九五八	七	六五六二九八一二	四七三五六八	七	四九三二三五八九	三三五〇三七	六
炭	幌內	三七六五七五	六四八五	一七				四九一一七四六	一二〇九九四	二四	八九三二九二二	一五六六四四	一七
	合	二九五四九九一四〇	二二三三七四〇	七	四四三四四〇五四	三二四九五八	七	七〇五四一五五八	五九四五六二	八	五八二五六五〇七	四九一六八一	八

官礦出入表

興業指開礦初言營業指歷年言營業下存則開除營業費而言

存此數也惟光緒九年興礦之費包以前數它則歲計逑官礦出入表

		礦	業			營	業					
		開	建	機械	雜	俸給	雜給	作場	器械	采	製	建築
佐渡	光緒九年	二〇八四五〇	一七二二一〇	八五四一九	九一八八二四	九二一一	三七六九	七〇六〇	五二五五	一〇二二一〇	一〇二四九六	四六二二
	十		一七			八三五七	四二九一	三三一〇	五二一一	一〇九六〇九	七八九二〇	七四三八
	十一					八一五三	四三四〇	一九五八	二一三九	九七五三四	六三七五九	一六四九
生野	光緒九年	五八六〇五八	一五七八四九	三二〇六六五	五三〇二七九	一四六二〇	一九五〇	一〇八三	一〇一五二	二五八七四	二二八〇九	三六〇一
	十					一四三九〇	一五五四	七九七	六九七三	二六〇六六	一四二八四	五七七八
	十一					一〇四三〇	一六八五	五九五	二九七四	二三四二一	九五〇五	三五三六
三池	光緒九年	二九一五五八	一一六四二八	一四九九二九	一五一六四九	一三四六四六	六七五一	九四一二	二三五八〇	二二三九八五		三六一四八
	十					一五六三九	五二四八	九一七二	二八四九六	二四九八八五		二一〇〇八
	十一					一三四三八	四六三一	八四六八	一九〇〇九	一四六四二二	四一三	三二五七九
廣島	光緒九年	九一九五一	一〇〇一二	一八七六	三四七四	八六八六	八二九二	三七〇二	二四六〇	二三一六八一	六〇五二〇	一一二六
	十					九〇〇三	八一四一	二八四八	二三九〇	一三四六〇	四一六〇〇	八五〇
	十一					八四一二	三三二三	二〇七二	二〇四二	一〇五九八	三三一二〇	九八四
幌內	光緒九年	一五六五五八										
	十											
	十一						四七二二八			五六六三五三		

他費	入礦價	實不用品價	合	營業下存
九四六四	二五八八八一	七六	二五八九五七	一四八七〇
八二七六	二六五六七六		同	四〇二六四
四二三四	二一八四二八		同	三四六六二
二〇一二〇	一一八〇八一	四六〇	一一八五四	一八三三三
一八八九五	一〇九八〇一		同	二一〇六四
二一一五九	八三二六五		同	九九六〇
四九〇九	三三八七四六	四一〇八	三四二八五四	二四四二三
四九二九	四七六九一六		同	一四二五三九
三八五一	三三六八五〇		同	一〇八〇八四
五五八	一〇二九二一		同	
八五六二	八二八七八		同	
七四三				
	一二〇九九四		同	
二四八五八	一五六六四四		同	

民礦金屬非金屬表

金屬安質母尼一名鑷滿俺一名錳酸化鐵即化學家所謂鐵銹也非金屬之大理石以似中國雲南大理石而名日本山鹽亦入此類別詳鹽法故不複記就光緒十年數述民礦金屬非金屬表

金屬

府縣國	金	銀	銅	鐵	鉛	安質母尼	錫	滿俺酸化鐵	白目
京都山城									
大坂兵庫攝津		二六九〇三	一二九一六						
兵庫但馬		二五三三三	三七四		八〇〇				

京都　兵庫　丹波		五八三三	五九一八							
兵庫　播磨	一五一二	一八四七八五	二〇七八八	九八八八	五五七					
新潟　越後	二四六〇	七五	三〇三八三四	七五〇〇	一五八五					
櫔木　下野			六一六七三三					二九五五 一五六二〇		
靜岡　遠江		一二五六七	三八二		一三一〇					
同　伊豆	二二一									
山梨　甲斐		二一五								
滋賀　近江								六二〇〇		
岐阜　美濃		五七二五七	一〇六四四		二五					
同　飛驒		七一一五三〇	五八〇四二		七五〇					
長野　信濃	四五	一三〇	一〇〇八		一					
福島　岩代	九五七八	二七七二八七五	四一五五		七二八					
宮城　陸前	二一四	七二八三	八〇四一		二九四〇					
岩手　陸中	二四四六	二六〇七八三	二〇〇六一三	一九九七八						
青森　陸奥		四四二六	四二九〇	三七七五	四八					

縣	國										
秋田山形	羽後	六一四一	四九一七四	八三五一〇		一六七					
山形	羽前	一〇一		一五四四二							
石川	加賀	九九七		七三五八四							
同	能登								一二〇		
富山	越中		四六	三四一二		二五一一					四五
福井	越前		六八〇三三〇	五六九三八		五〇八					六八五
同	若狹			一九九七							
島根	出雲			五四八〇一	五七七八二〇						
同	石見		二四六四五	二二九五一	四二五〇一一						
鳥取	因幡		八一二	一三六二							
同	伯耆				三七四三九六						
岡山	美作			六五九三〇	一七五一九〇						
同	備前		四五〇	一〇五三二							
同	備中			九二七〇九	三五四五一	八七八					
廣島	備後		三一四〇	一三五三三	二〇七五二	八七五					

同	安藝		一四五八	三二六三八							
山口	周防			二四							
同	長門		三三二五	三六九三六		二六八					五〇
和歌山	紀伊			二八九二							
德島	阿波	二八九二二									
高知	土佐			三〇八一五							
愛媛	讚岐			八							
同	伊豫			三一二九〇五			二四七九九〇 三二二二		一〇二六六		
福岡	筑前	一四七		七六							
大分福岡分	豐前			一八七五二							
大分	豐後		四五〇	一八六三		一八〇	一五一三 五七一〇〇				
熊本	肥後		二四二五			一一					
宮崎	日向	七八	一〇五〇〇	九九八二		一〇五九	一	三二六 二四一九			
鹿兒島	大隅	一〇九〇七	六三八五								
同	薩摩	二九四四	一一一七五					五六一一 二〇一一四一			

合計	三八〇〇六	四八六〇二一一	二三二一八一三	一七九一五六	三五一九〇	二九三二二七 四一一	七四六〇 二六〇六六〇	二九五五 三三二九六	一二五	九〇三
前一年	四一〇八四	二八〇二〇四一	一六二四九二四	二五七〇〇三一	四四一一五	六三六八二三	五五二九	四〇一二八	三九一	

非金屬府縣見上

國	石炭	石油	硫黄	石英屬	陶土	砒	綠礬丹礬	明礬	褐炭	黑鉛	土瀝青石灰花	大理石	蠟石屬	雲母
山城				一一三七五	二〇五四〇									
攝津					一六〇二									
相摸			一二五四七 一四六一											
但馬					四五五五〇									
播磨					五一八四									
淡路					五〇五八二									
肥前	三一三八三九四四		六四〇〇		二二九六〇二八									
越後	四一九八七九	九七九二八〇				二〇〇〇〇 二〇〇〇〇			一二〇					
上野	六四九五九五		二四七〇〇 一五九〇〇		六〇七六八								一二八二七	
常陸	四六四八二七			三六四〇								一九一二六	五五七三三	
下野			三八八〇 四二八			一九五	一一六九六	一四一五						

大和	伊賀	三河	尾張	遠江	伊豆	甲斐	近江	美濃	飛驒	信濃	岩代	磐城	陸前	陸中
六〇〇〇		一八五〇	六八三〇									一〇六二〇三三	五二八七〇	一八六九
				一五一三六〇						一九二四〇				
										五七六一 二七九	二六二八二 三四六二			四四六四〇 七四四〇
			三八五〇			一二三三	五六〇〇							二一五四
七六〇	五九九〇〇	三二七六六一	一五六四五〇六		一〇〇二四二			一一四〇八一〇	三〇一六三	一三〇六五九	一〇三七九二	一八四五六八	一五〇〇	
													九三一五 四〇	
			四二三一五一											一九九六八
		六五二												
		三九一〇												

陸奥	一四七八四		六七〇〇〇											
羽後		一九九二〇	四七一八〇 九〇四六							二七四一三〇				
羽前	三八〇〇	一〇九二〇									七二二五			
越中	二八一五二		二二五 一六九	二二四										
越前							五七九二							
出雲	二二九二八二			八九										
美作	一〇三〇〇													
備前	三七二八一五						二九六七〇							
備中							六三五七六							
備後														
安藝							一八〇〇							
長門	一九四二四二										三三〇二			
紀伊	一七五八四													
阿波	三八八〇〇			一〇六〇〇										
讚岐	七二四三六〇													

民礦出入表

筑前	豐前	豐後	肥前	肥後	薩摩	大隅	後志	石狩	北見	膽振	釧路	合計	前一年
六八九七八〇四八	一一五六九三九二		一三一三八九四四	六五七五三九八								一三五八七三四〇五	二九〇六八五五五
								九二〇				一一八一六四〇	八六六三七七
		二七一四〇〇	六四〇〇	三六〇	三七一七八	二〇〇八〇	七七〇〇〇		三五七二二〇	二八三〇〇	五〇五〇〇〇	二七八三五〇六	一八五〇六六九
												三八七六六	四六九二三
			二二九六〇二八	四〇〇七六〇								六五六八三二三	六八八七五七一
												二〇二三五	二五八九
		二二三〇										一〇一三六〇 一一六九六	一〇三五八四 八一四五
		二二五五										五七六一	一八九三
												四四三一一九	六五一二四七
												六五二	四七五
												二八〇三八二 一二〇	四六五〇一八 一二一
				五六〇								二二九八八	一五三七七九五
												二二五六一〇	一二六二三八
												三九一〇	五六八八

日本謂采額曰掘出高製額曰出來高賣數曰賣却高抵費贏絀曰差引益損就光緒十年出入著于篇然較前年礦數增一千七百一十差引益金亦增十萬九千四百十二圓述民礦出入表

	礦	坪	借區税	采額	製額	賣數	價	入	抵費益	抵費損	未出鑛額礦	未出鑛額坪	未出鑛額借區税
金	三四	一五〇五八四坪	二九七圓	六二一五三九	一二九八二	一二九八七	二五〇一〇	三〇〇五五		一〇四五	一〇	四九四九一	九九
砂金											二		
金銀	一八	五四五六八五	一〇九一	九八九二一二二	二〇五七二 / 三〇八三〇七二	二〇三〇二 / 三〇九三七二一	五七六八二 / 四〇一四九二	三〇四二五七	一五四八七七		四	一七六八四	三五
金銀銅鉛	一	一六		二七五	金四五 / 銀一三〇 / 銅鉛一	四五 / 一八五 / 一	九〇 / 一八五 / 一	一三六		二			
金鉛											二	四三〇〇	九
銀	一八	五九八五〇	一二〇	二九〇九七四〇	七六七三四四	七六七三四九	一一五五八三	一四四八七一		二九二八八	一九	九八一六四	一九六
砂銀	一			二九九五七五	四九八〇九	四九八〇九	七三四九	八三七二		一〇二三			
銀銅	八六	一四二〇三八	二八二	一七一八六八六	八三七一五五 / 九一二四六	八四二三七九 / 九四四七〇	一〇三九一六 / 八五五四五	一四二七六一	四六三〇〇		六	二二〇〇	二二
銀鉛鋼	二四	七〇一八一	一四〇	三七五五六八	七二五二 / 一二〇七三 / 五一五四	七二八九四 / 一二六九二 / 三一七九	一一七〇六 / 三四〇〇 / 一五六二	二九七六三		三〇九六	二	二〇二五	四
銀鉛	一五	五〇六一二	一〇一	一〇一九〇〇	四五〇五三 / 五二一三	四五〇五三 / 五二一六	六八二七 / 一八九三	九二六一		五四二	三	三八九七	八

砂銀鉛	一			一九七〇〇	二五七〇 五〇三	二五七〇 五〇三	三七四 一八〇	四八七	六七				
銅	五〇七	二二六六五八五	四四七九	二三七〇七六二九	二一九二〇六一	二三一八三六一	二三〇〇二七六	二二六四四二九	三五八四七		三	一四〇〇〇	二二
銅鉛	一〇	三五七三三	七〇	三五一二七六	一七七一四 六八四〇	一七六二三 六八四〇	一六六五一 三四二三	二二六九五	二六二一		七	二三三五〇	四七
銅綠礬	三	四二一三	八	二五五九八二	八一七九 三一九九〇	八二二九 四八二五〇	一〇八三〇 二五二五	八六九九	四六六〇				
綠礬	六	七四〇五	一四	二〇六三〇〇	六九三七〇	七一六八八	四六九二	四八四五		一五三	八	三〇二一	四
鉛	二一	三一六一二	六三	二〇九六六九	七四七九	七五二三	三六一四	四八三三		一二一九	六	二五五〇	二三
鐵	一八	二三五七八	二四	一二二一四二	二九八七四	三六一〇三	二二二三	三三一二		一〇八九	五	一六五一四	一七
砂鐵	一二九七			三七一六五〇四	一八四九二八二	一八〇五三〇九	一五六四二三	一七五五〇八		一九〇八五	八		
錫	四	二三八二	五	二六〇六六〇	七四六〇	七〇〇二	一〇六一六	八六九二	一九二四		一	五二五	一
安質母尼	五一	一四七五二六	二九五	四一一一二三	一九三二二七	三六一五九九	八九五四七	七二三三四	一七二一三		四	五〇六〇	一〇
滿俺	一六	一六二三九	三三	三三二九六	二九五五	二四六七六	二〇一九	二〇五六		三七			
砒	三	二一一五	二	三〇六一八	二〇二三五	一六八五	七〇七	五七八	一二九				
鎢											四	二六三五	五
辰砂											二	二五〇五	五
綠青											一	一〇〇	

酸化鐵	一	三〇〇		一二五		一八二	二五	一三	一三		一	四四四	
白目					九〇三	九〇三	七七一		七七一				
石黄					五九一	五九一	二五〇		二五〇				
丹礬					一一六九六	五一一七	五一一七		五一一七				
石炭	一六一七	五七七〇六二八	五七七三	二三五八七三四〇五		二五〇九六五七二一	一八二五八一九	一五九七五二二	二二八六九七		二一	四三九八九	四四
褐炭	三七	二六八二二	二七	四四三一一九		四四四七七六	一三二三	一一八六	一三七				
黑鉛	一	八〇〇〇	八	六五二		七六〇	七五	一一八		四三	一〇	七一二	七
石油	一七七	五二四二五九	四四三	一一八一六四〇	二四八六二〇	一一三九六二四	一〇七九六四	七一六五二	三六三一二				
土瀝青	九一	一三三三二	一三	二八〇三八二	九七三	八六三六一	九五五	一三〇七		三五二			
硫黄	五五	三六八四六三	二八五	二七八三五〇六	六二一四一二五	二四一九三〇七	一五九四四七	一〇六五八六	五二八六一		七	二五五九〇	二〇
石膏											三	二四〇〇	二
大理石											一	三〇〇〇	三
石灰花	二	二〇五一	二	一二〇		四一四	二九	八	二一				
明礬	四	七九一〇	八	五七六一	一八三〇	二〇一八	二八一	一九三	八八		一	四五〇	一
石英屬	四二	四七二二六	四七	三八七六六	四八〇一	三六一九六	二五〇二	四三二九		一八二七	九	一三一〇一	一三

蠟石屬	陶土屬	耐火粘土	柘榴砂	雲母	合計
五七	二二二			一〇	四三九四
六六二七四	一二二三八一			一〇〇〇	一〇五五三六五一
六六	一三二			一	一三八五七
二二五六一〇	六五六八三三三			三九一〇	四五一六四八〇九
三二四三九	三六七〇七三				
二一〇〇八一	三八五八〇三三			五二八二	
一二六〇一	一六二一〇			七一	五五八六三八一
八七六二	一四六〇三			二三	一五〇五七三四四
三八三九	一六〇七			四八	五二九〇三七
	一	二	一		一六五
	四〇二	六六六	一〇〇〇		三六五〇一三
			一		五五九

官民礦行合表

日本礦之大要曰金官行三萬四千有七匁民行三萬九千七十八匁曰銀官行一百二十萬九千二百八十二匁民行五百十四萬六千九百有九匁曰銅官行一千九百九十貫民行二百八十萬八千八百八十一貫曰鐵官行八十二萬七千四百八貫民行九十七萬七千七百九十二貫曰鉛民行二萬三千九百七十八萬曰石炭官行五萬八百二十五萬六千五百七萬民行二萬七

千五百九十九萬九百四十三貫此光緒十一年數也明治十八述官

民礦行合表

年	金	銀	銅	鐵	鉛	石炭
光緒元 明治八	四六四三〇匁	一八六四八四一匁	六三九七二七匁	九一六六八三貫	六一二七四貫	一五二四六九〇七〇貫
二 九	五九二八〇	二三二九七二五	八四八四一九	一七一九〇四	四五七五三	一四六四八四九九五
三 十	九三四二一	二九四五四一七	一〇五一三一九	二一九一三二	七二六九一	一三四一五九六四一
四 十一	七二六八七	二六三七六三二	一一三五〇二三	二七一一三二	八〇六一六	一八二七〇二六〇五六
五 十二	六九六八八	二四二三二七八	一二三四八〇九	三四七四九七五	六九一八七	二三〇五〇九〇九四
六 十三	八三三一七	二七五六九七六	一二四五一九六	四三一五九二九	七一九六〇	二三七〇九六三二六
七 十四	八一二一三	四七六三〇〇一五	一二七二四七二	四三〇〇〇一六	六九二〇四	二四八六九三一六〇
八 十五	七二四五五	四六三四五五六	一四九七六二八	三二四三五八二	六二一六一	二四九七七二四一九
九 十六	八一二一三	四七六三〇〇五	一二七二四七一	四三〇〇〇一六	六九二〇四	二四八六九三一六〇
十 十七	七三二三三	六一〇七〇四七	二三七〇二九〇	三一六二七八八	二三一九〇	三〇六四一四九六三
十一 十八	七三〇八五	六三五六一九一	二八一〇八七一	一八〇五二〇〇	二三九七八	三三四二四七四五〇

備荒表

日本水火風災往往而有其備荒有繰越金謂前一年用額所贏也有儲畜金有諸盆金謂公債證書子金也支出有數而差引云者謂抵數有差此則指所贏言也就光緒十一年數述備荒表

	繰越金 金	證書	穀價	儲額 官	民	盆金	救助支出	差引贏額
大藏省	八九八六六七	八二一一一四	八六〇二〇〇	三二五〇〇〇		七四二一一三	一六七五六五	二七一一六二九
東京	九	一二五一八五		八九二五	九一〇五	五二九二	三四三六	一四五〇八〇
京都	一六五九八	九三六二四	五二一五三	一二五二八	一二八八五	三九三八	一七二四〇	一七四四八六
大坂	四九六四九	二六七九五七	五七五七五	六一六七二	三三七五四	六一五二二	三四九二二九	一八一九〇五
神奈川	六五六二二	九三三八五		一二三四六	一二五六五	八四八一	一九五四	一九〇四四五
兵庫	一〇五二四	一九九二六四		三二九四一	三六六九一	一八六一七	八三〇八	二八九七二九
長崎	二二五〇	六四六一六	一八九六	七七四三	八〇五〇	三六四〇	一〇〇五	八七一九二
新潟	三八八六	二九九九〇一		二六五八七	二六八六八	二七九四一	三三三六四	三八六七三九
埼玉	二六〇一六	二一八二六三	七四七〇八	二三五一六	二三四九六	一一二一四	二六四九六	三五〇七一七

府縣								
羣馬	八九一一九	九六二八四		一二八一三	一二八五七	八三五七	一〇一三	二一八四一七
千葉	一二二三八〇	一三五八一九		二一〇二五	二〇八五九	一一二七二	三四七八二	二六六五七三
茨城	七八九三三	一三九九九〇		一八二七八	一八〇二九	六二四一	一四三〇四	二四七一六七
橡木	三〇八五二	八四九〇七	二六五〇六	一二五六三	一二七〇二	五〇五三	一一四〇五	一六一一七八
三重	六八四	三二七一一		二三三九五	二三四〇五	一四四八九	一九三八	三八七一四六
愛知	一三〇六六一	二五六二七〇		二九二〇七	二九三一四	二二九八二	二二四二八	四五五九〇六
靜岡	一二一三五	四九二一五	二一九九六	一九三六六	二〇〇五九	一〇五八七	二九七八一	一〇三五七七
山梨	一八一九六	五〇九三七	八四一六	六七九一	六八七一	二五五二	四一六五	八九五九八
滋賀	三四一五三	一二九一九〇	五七五九九	一九七一七	一九四三四	二八五二六	一四三二三二	一四五三八七
岐阜	一〇九九〇	一五六一三九	五四八八	一七二七七	一七三二三	一六七六六	四八五三七	一七五四四六
長野	二三六九二	一三六二四五	二七二一一	一五七九三	一六一四三	六五九六	一〇八八九	二一四七九一
福島	一七八五〇	九五六四三	六二四六八	一六八二〇	一七四七四	四八五九	五八三九	二〇九二七五
宮城	四二二八	五〇四一二	五一六三四	九六六九	一三〇七八	二九一九	五〇四九	一二六八九一
岩手	五九二五	四九九六六	二五一四六	八二七九	九一一八	二五九一	一六一六	九九四〇九
青森	四一三八	五五五五八		七四四三	七七三三	五一六八	二二二七	七七八一三

秋田	二七一六	九九八一九	二〇〇〇〇	一一六〇	一一二五八	四二二六	六二一八	一四二九六一
山形	九九一六	九七二一五	三八七六〇	一三六七四	一四二三二	四三七五	五五七三	一七三一〇九
石川	六七六七八	三〇二二八		一二七〇五	一二五八三	二六三四	四九七五	一二〇八五二
富山	一〇四三〇	六一〇九六	二四二五一	一三八七五	一四〇〇五	二七八二	八四七一	一一七九三八
福井	五四五四六	五五六七九		一〇四八〇	一〇九〇三	四二六三	二〇九八二	一一四八八九
島根	二六四四五	一〇五九〇五	一五二九三	一一五〇五	一一六五四	七四九八	五〇四五	一七五二五五
鳥取	二四七七〇	五五二八三	二九九五二	九三八八	九一九六	四一一一	一五四七一	二七二二九
岡山	四三六〇六	一六五九九五	一七八一八	二四一〇一	二四六〇九	一一一七四	六三四九	六〇九五五
廣島	二八二七七	一七七三四〇	一三九一九	二一〇五〇	二一七七七	一〇四四七	六〇八七	二六六九二三
山口	五八七	七三九〇五	三七一五三	九四五七	九八三一	三九五五	四九六五	一二九九二三
和歌山	一三三六三	四〇八五一		一二六六八	一五九二一	八〇一二	三一〇五	八七七一〇
德島	一一四六三	七三〇三〇	二二三三七	一〇〇四二	一一〇〇〇	三九〇六	八一六〇	一二三六一八
高知	一八五五七	九八七三八	一五二〇〇	九六八六	九六八四	四四〇四	一一二九一	一四四九七八
愛媛	七三四九	二三二八二〇	一〇六	二四一〇八	二五〇六一	一〇一七三	二五六〇	二九七〇五七
福岡	二四九五二	二二〇三七〇		三一二二	二四〇一六	七七八五	一四〇二〇	二八六一九八

大分	三一五四三	五五九六〇	三五六六九	一一七五六	一一九〇七	五一七二	一九四六四	一三一五四三
佐賀	三七四九六	八二六六五		一一八七二	一〇八七三	六五九五	三〇〇〇	一四六五〇一
熊本	一五〇八四	二八八八八		一六七七一	一七四〇一	七七五七	七六二二	七八二七九
宮崎	一七一七五	五四八七七		七五六六	七八五八	四四七六	一九〇一	九〇〇五一
鹿兒島	七七二二	二八〇〇二		一二七六一	一三八四〇	二一四三	三三九五五	三〇五一三
合計	二一三六七五三	五八三六三七一	一六〇三四五四	九二七二一四二	六九四四二二	四七七六四七	一一二五〇〇九	一〇五五〇九七九
前一年	二〇二九五三五	四五五八八〇一	一五六三六一二	一二九〇〇三〇	九〇一三〇三	五八五八七四	一三五二五七八	九五七六五七七

保險表

日本初無保險會社光緒五年明治十二始設海上社於東京其本店也代理店散設橫濱四日市神戸大坂高知下關長崎石卷石濱鹽釜宮古八戸青森土崎舟川酒田新潟直江津伏木高岡敦賀函館小樽根室釜山浦中國上海朝鮮釜山浦元山津仁川英倫敦香港法巴里十二年入金一千五百三十六萬八千二百有九圓其生命保險會社後二年設明治十四中有子女教育保險十二年

金入七萬三千三百九十八圓支出有額述保險表

東京海上保險會社

光緒	明治	代理店	資本金	營業入	營業出	積立金	險損金	資本入	資本出	益金 資本	前剩	營業	合計	賦金	保險船 蒸氣帆船	險損金	收入
光緒五	十二	一八	六〇〇〇〇〇	九七七七	五三二三	四四五四		一五二七七		一五二七七			一五二七七	一五〇〇〇			
六	十三	二五	六〇〇〇〇〇	七三一九八	二四〇四三	四一六六九		五二九七〇		五三九七〇	二七七	七四八六	六一七三三	六〇〇〇〇			
七	十四	二六	六〇〇〇〇〇	七八九七九	二六〇六一	四〇九七九	三二七二二	四七四四九		五七四四九	一七三三	一一九三八	七一一二〇	六九〇〇〇			
八	十五	二八	六〇〇〇〇〇	七五三六〇	二〇九〇一	五〇二〇一	九六八八四	五七〇九一	四一	五七〇五〇	二一二〇	四二五九	六三四二九	六三〇〇〇			
九	十六	二八	五六五〇三八	八九二三五	二五二六七	六〇九九七	一〇三六五五	五八〇三一	七五三	五七二七一	四二九	二九七二	六〇六七二	六〇〇〇〇			
十	十七	三一	九九七四六〇	七二四九四	二五四七一	四二八二五	一〇四〇二	五四五四三	一〇〇	五四五四三	六七一	四一九八	五九三一二	五八五〇〇	一三		六九〇八
十一	十八	三三	〇九七四	七五三三二	二八〇三四	四七二九八	七〇六一九	五三二三九		五三二三九	八一二		五四〇五一	五四〇〇〇	一三		九八四八
十二	十九	三六	一〇〇〇〇〇〇	九八七四〇	二六二九八	六九三四九	四二八七	五七三五二	八八〇	五六四七二	五一	三〇九四	五九六一七	五七〇〇〇	一三	七七五	一〇〇五〇

明治生命保險會社

光緒	明治	支店	代理店	資本金	積立金	出金 渡金	解約	敎育資	敎解約	利及賦	合出	入金 生命	敎育	利	合入
光緒七	十四	一	三	一〇〇〇〇	七七八三				八	四三四四	四三五二	八七五四	一四五八	一九二二	一二一三四
八	十五	一	二〇	一〇〇〇〇	二四七四四	四六六三			二三一	一四八五四	一九七四八	二〇八九五	五二六〇	一〇五五四	三六七〇九
九	十六	一	二四	一〇〇〇〇	四三九七六	六九一三			一四三八	一七二八一	二五六五二	二五一四四	六一三五	一三五八五	四四八六四
十	十七	一	二三	一〇〇〇〇	七一七五七	九四〇六	一五三		二三八四	一九六五八	三一六〇一	三五九五〇	九五九二	一三八四〇	五九三八二

十一	十八	一	三三	一〇〇〇〇〇	九一六七九	一六三一八	五九六		一八八〇	二五一九	一九九六五	四一二七八	三五六七七	八三七七	一五一二七	五九一八二
十二	十九	一	二六	一〇〇〇〇〇	一二一八二六	一九八〇〇	一二一九	四〇〇	二〇一九	二八二	一九五一二〇	四三二五〇	三八五一七	一一五七三	二三三〇八	七三三九八

博物館博覽共進會表

日本博物館六學術物品居多又有官立動物園一凡四百四十七種覽者歲約十八萬有奇博覽會以博爲主共進會則書畫農蠶茶食爲其大宗牛馬與焉兩會出品分等由特別而一而二而三而下此賞與有差就光緒十一年明治十八數述博物館博覽共進會表

博物館

會所	數	物品	覽
東京	三	三三五五三	二〇八五二七
大坂	一	三五〇	八一四二二
島根	一	四九	九三
福岡	一	四五六四	一〇二八〇

共進會一

會所	會數	日數	物數	人數	賞與人	覽人
農商務省	一	八〇	二三〇一七	一一八七一	二四二	一六三三三七
東京	三	一一	一四〇六	一四四	五九	一二七二
京都	四	七	二三四五	一五〇五	四五五	九六八五
兵庫	五	三二	一一六九	九七三	四一九	三四六五

共進會二

會所	會數	日數	物數	人數	賞與人	覽人
秋田	一	三	一五六	一四五	二八	三六五〇
石川	六	五六	五九六二	三九一七	一二六九	三四八二三
富山	一	二〇	一八一二	一七五六	二三四	一六九八九
島根	七	二七	二六六〇	一六九七	四三二	二六七九八

合	六	三四〇五一六	三〇〇三二三
前一年	七	三四九九〇二	四八二七三六

博覽會

府縣	會	日數	物數	人數	賞與人	覽人
京都	四	七	一八七五七一	一〇三一	二五一	二四三五
大坂	一	七六	九七八三	一二七七		
靜岡	一	一〇	二六二七	一〇二	五三	五一九六
岐阜	一	二	二二〇	一三八	六七	四八五五
島根	一	二	七四六	二四七	七〇	二八三四
廣島	一	三	六五四	五三二	二〇四	三八三五
山口	一	一〇	一三〇〇	八〇〇		
愛媛	一	一〇	一四五〇	七八六	九七	一二三四
合	八	二一三	二〇四三九二	四九一三	七四二	一五一〇
前一年	一三	三八五	四九九六七二	九二三五	二三〇五	三九三九九八

長崎	八	五四	五九一九	四四〇四	五七四	一七七三四
新潟	五	一八	二一三八	一一九四	三八七	九四一五
羣馬	一	一〇	二三一	八五	四五	三一五〇
千葉	二	二〇	八三〇	七〇四	一〇六	九一七三
茨城	六	五九	一五九四	一〇二三	四五九	一二七六八
橡木	三	一〇	五六九	五二九	一六五	
三重	六	二七	一四五一	七七〇	三三〇	八五九五
愛知	一	三〇	六六四	三二三	一〇七	一六〇四一
靜岡	七	三五	一九八七	一八〇四	七三四	一〇七三四
山梨	三	四二	一九九九	一八三九	三三四	三四九五八
滋賀	一	一	一三四	一一三	八五	三五〇
岐阜	五	一九	二三四八	二一九九	六二〇	六七一三
長野	一	一五	一三一五	八九五	一四五	一〇四六六
福島	四	一八	七一五	五二四	四八八	一六二一八
宮城	三	四一	一五一五	一三七七	三三二	四四七四

廣島	三	二四	七一四七	二九五八	八六三	一三五三一
山口	五	三八	六六八四	六四八七	七〇九	二四一六八
和歌山	二	六	三二九	二九〇	五四	一五〇三
德島	一	六	九六	四八	二三	七六七〇
高知	一	二〇	二五六	一一〇七	一七六	一三八四〇
愛媛	三	三一	一七二四	七〇六	三〇九	二二三五六
大分	三	二四	一七九一	一七七三	二六七	二六二七二
岩手	一	三	九七二	六六	二八	三六九〇
鹿兒島	一	七	三八八	三六八	六五	二八五
札幌	一	六	五四五	三〇六	九六	二三〇三
根室	一	六	三四二九	八五七	四〇一	五三七四
東京外六縣	一	五〇	三五二二	三一四〇	四六七	一二九九八
佐賀外六縣	一	四〇	九二五二	七六七八	一四六八	九八一九三
總計	一一二	九二四	九八六二五	六六〇七一	一三一八七	六五〇五二九
前一年	七二	七四五	五三七七六	三七一二〇	一一四二一	四六四三一〇

土木費表

日本土木局隷內務省而府縣土木支自地方稅區町邨費篤志金曰地方支不盡出於國庫明治十三年當光緒六年曰河川費庫支五十三萬三百地方支二百五十八萬九千六百九十五曰道路費庫支三十三萬六千九百七十有七地方支二百七十四萬五千一百六十曰橋梁費庫支六萬九千五百六十七地方支七十一萬六百五十九曰港灣樋櫃溜池諸費庫支十萬二千有六地方支二百十五萬七千三百十六述土木費表

局府縣	河川	道路	橋梁	港灣	溯除	雜	合計	庫支出	地方支出
土木局	三三〇、五五七元					九、九〇七	三四〇、四六四	三三〇、九六三	九、五〇一
東京	七三、二三〇	一二〇、〇二九	七二、三六二	三八、四三三	三〇四	七四、〇六五	三七八、四二三	四九五、七二	三二八、八五一
京都	三八、二四八	三六、七七七	一三、〇四七	二七		二七、〇六九	一一五、一六八	六、〇〇〇	一〇九、一六八
大坂	六七、三六六	六七、五〇八	二七、〇一七	二五、三二〇		七九、七七二	二六六、九八三		二六六、九八三

	1	2	3	4	5	6	7	8	9
神奈川	六七、一二三	五七、二五一	二一、二三二		一、八四四	四七、六五九	一九五、一〇九	三九、七二〇	一五五、三八九
兵庫	六七、八七一	一一七、〇七八	三〇、六四三	一八、四九四	三六三	二二〇、三五五	四五四、八〇四	一〇、〇九一	四四四、七一三
長崎	六、七七四	一一、五二〇	二、七七二	一〇、九五八	一、〇二五	一一、五八四	四四、六三四	一一、九二五	三二、七〇九
新潟	二一三、九七三	九〇、二四五	一〇、六三四			一八、〇一〇	三三二、八六二		三三二、八六二
埼玉	一〇七、〇六六	三一、九八四	一〇、一〇五			四四、八四三	一九三、九九八		一九三、九九八
羣馬	三九、一一三	五一、四二一	一六、五四七			三一、六六六	一三八、七四七		一三八、七四七
千葉	五一、一三八	六八、二七〇	一四、九八九		五、三八四	二〇、六三八	一六〇、四一九		一六〇、四一九
茨城	四五、二六八	五〇、〇三五	九、八七七	四五七		二二、四八八	一二八、一二五		一二八、一二五
橡木	三四、二八九	五五、二三〇	一二、七七四			三四、八〇二	一三七、〇九五	四六、八〇二	九〇、二九三
滋賀	九五、五二一	一五、七三八	二、二〇四	三六、三九八		四、一八七	一五四、〇四八		一五四、〇四八
三重	八二、一六六	一九、九〇五	七、二二六		一四、八一七	五〇、六四九	一七四、七五九		一七四、七五九
愛知	一五一、七五〇	四五、七八六	二二、三〇五	一、九九七	二一、六三一	一六九、六二一	四一四、〇九〇		四一四、〇九〇
靜岡	一〇六、二四一	四〇、六八一	一三、五一五	六〇八	三、三九五	二六、〇一三	一九〇、四一三		一九〇、四一三
山梨	二〇八、七一五	二一、〇六六	一八、〇七三			二四、二九二	二七二、一四六	一〇八、四二四	一六三、七二二
岐阜	八六、〇九六	八〇、九六五	一九、八四九			一五、四八四	二二二、三九五		二二二、三九九

長野	一四一、六七六	一四七、六〇八	二三、八四二			九九、五四二	四一一、六六八	二八、四四八	三八三、二二〇
福島	二九、八二三	六四八、八四九	四九、一六一		一、三三一	二五、六二一	七五四、七八五	一七二、二六九	五八二、五一六
岩手	一八、三四八	四六、七一八	二七、七六八	二四一		一四、二一六	一〇七、二九一	一五、九一二	九一、三七九
青森	三一、四〇四	三一、七四五	一一、三三六	一、一二六		二一、〇六二	九六、六七三	二、五〇〇	九四、一七三
秋田	二一、五八七	五二、六七七	二二、七二七	一、四九六		三一、八五四	一三〇、三四一	一、七五三	一二八、五八八
山形	八九、一五八	七〇、一五五	一五、〇五二			一二、八八七	一八七、二五二		一八七、二五二
石川	四三、九七四	二七、六四九	二七、六四九		五、八三二	八九、三三九	二三九、九七二		二三九、九七三
富山	一〇五、九五一	二三、五七二	一八、四九〇		八、九四七	一〇七、一一六	二六四、〇七六		二六四、〇七六
福井	七二、五一二	三五、四七三	二五、九七二	五七七		五七、四一五	一九一、九六九		一九一、九六九
島根	二一、七三九	一五、八〇〇	七、二〇〇		三六三	二〇、八三一	六五、九三三		六五、九三三
鳥取	一四、八〇五	一三七、九四八	二四、〇九四			一五、四五八	一九二、三〇五	五一、〇四〇	一四一、二六五
岡山	二七、〇八一	五二、一三五	二、一九一		三〇六	一三、九〇六	一〇四、六一九		一〇四、六一九
廣島	二〇、九四九	四六、四三四	一三、七八五	六三	五〇三	二八、六六一	一一〇、三九五		一一〇、三九五
山口	八、六七一	一〇〇、八四六	一七、八六七	三六三	四、二四七	二三、三〇五	一五五、二九九		一五五、二九九
和歌山	五二、六三三	三七、五七八	五、九五六	九五二	四、五四一	三九、七九七	一四一、四五七		一四一、四五七

國債表

德島	四九、一二三	一三、三七八	二、八五一		二、〇七一	二三、三九八	八〇、八二一		八〇、八二一
宮城	九八、八〇九	七四、二三〇	一六、七〇七	三、六九四	二、八四八	二〇、四六九	二一六、七五七	三、五六七	二一三、一九〇
高知	三三、二〇八	二三、一一三	五、六八六	五六一	一、一四三	六二、五〇七	一二六、二一八		一二六、二一八
愛媛	四六、七九二	三九、三二一	九、八五四	七五九	九、四四六	八一、一〇五	一八七、二七七		一八七、二七七
福岡	五八、九〇九	七五、一六八	二四、四七四	七、八一〇	五、〇三三	八六、八一七	二五八、二一一	一九、〇〇〇	二三九、二一一
大分	七、八〇八	四六、四二〇	一二、六〇二	五二六		二五、〇一〇	九二、三六六		九二、三六六
佐賀	五三、八七〇	二九、二五七	一六、九五七		二、二三七	六二、四五一	一六四、七七二		一六四、七七二
熊本	四八、一二六	二一三、三〇二	三〇、一七四	一九、八九六	一、四七〇	四八、七六五	三六一、七三三	三三、三三四	三二八、三九九
宮崎	三〇、一三九	九、〇九二	一二、〇九四		七一一	一三、八八四	六五、九二〇		六五、九二〇
鹿兒島	一二、七六五	二七、三六八	九、七一一	一一、三四八	一〇、九一六	四、九四〇	七七、〇四八		七七、〇四八
函館		二一、三三〇	一、八九六	一、六七四		九二六	七、八二六		七、八二六
札幌	一〇八、四二三	一八、八九〇	七、八四八	一四四			一三五、三〇五	一〇四、四五一	三〇、八五四
根室		三、四九五	一、九六一	一七六			五、六三二		五、六三二
總計	三一一九九四	三〇七九三八五	七八〇〇七九	一八四〇九八	一一〇六六八	一九六四三八三	九二一三七六	一〇三五七七一	八二〇二八三三

國債之類凡十子金有差曰舊曰無利曰新利四分曰金札引換金札亦謂之證書引換指散失言其利六分曰無記名是憑劵不憑人也利同曰金祿借自舊藩利五分六分七分一割不等一割猶中國一錢曰神官配當祿借自神社利八分曰起業合築港鑿道疏水言利六分曰中山道鐵道利七分曰平南即借征討費也曰紙幣無利此內債也外國新債以七分計其數多寡可比較見也述國債表

	內債	外債	合計
光緒四 明治十一	三億六千二百六十三萬圓	千二百六十二萬圓	三億七千五百廿五萬圓
五 十二	三億五千百五十萬圓	千百八十三萬圓	三億六千三百三十三萬圓
六 十三	三億四千七百三萬圓	千百一萬圓	三億五千三百四十三萬圓
七 十四	三億四千二百廿六萬圓	千十七萬圓	三億五千二百四十三萬圓

八	十五	三億四千四十六萬圓	九百三十一萬圓	三億四千九百七十七萬圓
九	十六	三億二千六百四十六萬圓	八百九十一萬圓	三億三千五百三十七萬圓
十	十七	三億千六百廿三萬圓	八百四十八萬圓	三億二千四百七十一萬圓
十一	十八	三億二千九十五萬圓	八百一萬圓	三億二千九十六萬圓
十二	十九	三億千四百八十四萬圓	七百五十二萬圓	三億二千二百三十六萬圓
十三	廿	三億百廿三萬圓	七百五十二萬圓	三億八百七十五萬圓

歲計出入表

日本會計率在年終亦或逾年未定而歲計則有豫算法光緒十四年春二月其明治廿一年出入數已散見官報新聞紙譯厥入額視所出贏八千八十有奇述歲計出入表

歲入八千有七十五萬五千九百二十三圓有奇	歲出八千有七十四萬七千八百五十三圓有奇
分部三 萬千百十圓	分部四 萬千百十圓
國 地租 四二〇八九一四九	第 國債 二〇〇〇〇〇〇〇

內	所得稅	一〇一二三七八
稅	國立銀行稅	二二一八五〇
海	證券印稅	六二七四一二
關	訴訟印紙	三三四一三四
稅	北海道水產稅	二〇九八〇二
第	米商會所稅	一二二五二四
一	株式取引所稅	八八三四五
	酒造稅	一四二二六六八〇
	醬麴營業稅	二五八六〇
	醬油稅	一二二〇一六八
	果子稅	五四三九二五
	煙草稅	一二四四六〇八
	賣藥稅	四三三五五一
	船稅	二四七九五三
	車稅	五二四七三三

一	公債償 公債利	四三二三三一六 一四九四二五四五
	公債手數料 大藏省證券	六六三一九 六六七八一八
	賞勳年金	一四一七九八
	終身年金 有期年金	一三九二九八 二五〇〇
	恩給	三八三五八二
	文官 陸軍	一八三三九五 一八〇三一八
	海軍	一九八六八
	非職給俸	三〇五四五一
		合計二〇九八六三五〇
第	君室費	二五〇〇〇〇
二	神社費	二五二一六五
	神宮費 神宮營繕	一六六九三 七九〇
	招魂社費 招魂社營繕	二六八三 八七五〇
	國幣社例祭幣帛 官幣社保險	一七六五 九六三四二
	國幣社保險 神社補充	六九九九四 四七五九九八

度量衡稅 一九七九
牛馬買賣免許稅 六五四二八
銃獵免許稅 四九四〇六
合計六六二八九五七六

海關稅及雜入第二

免許料 二一一五七六九
手數料 二〇九六三四三
郵便電信入款 三三一七五四八
森林貸下料 一三八七三
森林拂下代 五六三三八六
雜入 七二四一
官有物貸下料 二三五〇三六
官有物拂下代 一〇五五六〇
貸付返納金 三一二三二八
鑛山借區稅 二二三三三〇
官報賣下代 二〇一二四〇

靖國神社寄附金 七五五〇
合計二七五二一六五

第三

內閣 五五二三六二
俸給 二六五〇一八　廳費 五二〇二七
旅費 四五〇〇　官報 一一〇二二六
褒賞 一八二六六　營繕 一二三二五
機密費 九〇〇〇〇
外務省 一七四〇六五
俸給 一二九八四七　廳費 一二八六二一
旅費 七三九七　宴會 三五〇〇
營繕 四七〇〇
在外公館 六五九八八九
俸給 四四一五五〇　廳費 一一二〇五四
宴會 一〇〇五〇　旅費 三一九六二
裁判及囚徒 一六九〇　外國留學生費 一三八七八

懲罰及沒收金　三九四一八二
辨償　九一八七
雜入　三七八六四六
官業益金　九九七二二四
官業收入　八九一六
合計八五七二四七二
防　海軍公債募集金　五三五七九一〇
海　防海費獻納金亦稱操越金　五三五九六三
費　合計五八九三八七四
第
三

機密費　四一〇〇〇〇
在外國難民貸與　一〇〇〇〇
營繕　六七〇五
合計八三三九五四

內務省　八八六〇九九
俸給　二七九四七一
廳費　六四三三三
旅費　二四六四五
營繕　九八八八
集治監費　四九四二六二
警官練習所費　一三五〇〇

土木費　一四二五〇〇〇
土木監督區署費　一五五〇〇〇
利根川筋改築費　八〇五〇〇
富士川筋改築費　五九四二五
天龍川筋改築費　四二五〇〇
大井川筋改築費　五〇〇〇
北上川筋改築費　八四八五〇〇
最上川筋改築費　五四四〇〇〇
阿武隈川筋改築費　一〇〇〇〇
信濃川筋改築費　一二七三三三
阿賀野川筋改築費　五〇〇〇
莊川筋改築費　六八〇
淀川筋改築費　七二三七二
木曾川筋改築費　一三六六三三九
吉野川筋改築費　六七二〇一

筑後川筋改築費	六七一〇八
對馬國嚴原開路	一五〇〇八
土木費補助	四五九九九一
補營繕保險	六六五三三
營繕補助	一五六五三二
古社寺保險	一〇〇〇〇
警視廳	三九七六二四
俸給	三九〇六一四
廳費	三一四三〇
馬	五〇〇
機密費	三八〇〇
賞	二〇〇
旅費	四一六二
營繕	五七七九
東京外國人居取締	三三九一
伊豆七島警察	一五八〇
特別警察	四二一四八
府縣	五七一三〇六八
俸給	二七一六四七六
廳費	三四一六一二
旅費	六〇五一八七
賞助	一〇一七三〇
難破船海員取扱	一八〇八
船	六一二
警察	一二五〇二五二
官地賃丈量	八一二四

外國人居取締	八一七六九
土木	一四六六三九
橫濱改水道授產	一五〇〇〇〇
授業補助	五一六〇四
小笠原島費	八三一三
警察	一六三八九
	合計八四一三一四
大藏省	一二五二九三三
俸給	四一九八八
廳費	一三七七四八
貨幣取扱	四四七七四八
旅費	六〇一〇〇
證券印紙及買戻	一五二一四七
海軍公債募集	二三三三九四
營繕	一二五〇〇
稅關	一七八九五九
俸給	一三八九五九
廳費	二九〇八五
船	一九六七
旅費	四一五二
營繕	四一四〇
從價稅品買上代	七二〇
內國稅徵費	一七一三八七〇
諸拂戻及缺損	二八一九八七

租稅過誤納下戻	一七〇〇五三
租稅拂戻	二八八〇
收入過誤納下戻	七二四〇〇
缺損	三七〇五〇
備荒及下渡金	一二〇〇〇〇〇
鐵道會社補助	三七六六四八
勸業資本	三七〇〇〇〇
銷紙幣元資錄入	三三〇〇〇〇〇
森林賣金錄入	四六九四二八
國庫豫借金	一〇〇〇〇〇〇
	合計一〇一四三八二五
陸軍省	二八五五一六
俸給	一九二四五六
廳費	五一六三三
旅費	四一四二六
軍事費	一一五五二〇〇一
俸給	四一七六三四五
廳費	七七六七七六
機密費	一〇三八〇
演習費	三三七〇七一

兵器彈藥	八九六七七六
旅費	三二七七九一
糧食	一七一四一五七
被服	一七三八四五七
營繕	九二〇、九二
馬	四四〇一八八
療疾	三七三四〇
囚徒	五一〇〇六
供奉	一二一五
測量	一二四〇〇〇
憲兵費	三一八九五六
俸給	二四〇二六九
廳費	五八五六二
旅費	九八〇四
營繕	一一五〇
機密費	七二〇〇
囚徒	一九七〇
合計	一二一五六四七四
海軍省	
俸給	二四九二四五
廳費	五〇二三七
旅費	四五一六四
營繕	六六二六
軍事費	五五七〇三六〇
俸給	二五六一六〇五
廳費	五八九〇二六

旅費	一四九六三三
營繕	一一三四七六
機密費	一五三〇〇
石炭	九八九一九
下士卒被服	三〇六九七八
囚徒	八四二〇
造船	一二九〇〇〇
修艦	四三二八七三
兵器水雷	九〇〇一八〇
療疾	二八一六八
學生	八三五七九
扶助	一三三一八五
演習	二〇〇〇〇
特別費	五三三四五一六
造船	四五二五四二八
海防水雷	四八〇〇〇〇
設吳鎮守府	一九七四六〇
設佐世保鎮守府	一三一六二七
小野濱造船資	四〇五
	合計一一二五六五五五
司法省費	二二二六〇〇六
大審院及裁判所	二九四一六三〇
	合計三一六七〇三六

文部省	二五五六三五
學校	五八九二〇〇
獨逸學協會補助	七〇〇〇
東京盲啞學校	三〇〇〇
	合計八五四八三五
農商務省	四七四四五三
俸給	二五九九六八
廳費	七七一〇二
旅費	三三五二九
營繕	一五三〇六
試驗	四五五六
府縣共進會	一二〇〇〇
農林學校	七一九九〇
農工業會補助	一一七四九
	合計四八六二〇二
遞信省	四六九二一四
俸給	二八二二二四
廳費	五五七三三
旅費	二五一一八
營繕	八八〇七

燈臺事業	六九一四七
商業學校	二八一八五
遞信費	二九八二三八三
俸給	七二四六二四
廳費	二〇〇六七四
旅費	六二七四四
執業	一七九七〇二七
電信機營繕	一四七〇二七
萬國郵便聯電	九〇〇
營繕	二六九一九
東京電信學校	二一六七一
航海補助	九五八〇〇〇
大坂商船學校助	二〇〇〇
	合計四四一一五九七
元老院費	二八二四八一
會計撿查院	九二四四一
鐵道局費	一八七六八
北海道廳	二〇六六一四九
	合計五四八〇四五九五
假皇居御造	五〇〇〇〇〇
第	

四

神宮御造	五二三四九
官衙議院建築	五○○○○○
法律取調	三四五六八
博覽會費	一一七八二五
內國勸業博覽會	五○○○○
巴里府萬國博覽	六七八二五
礮臺築費	九○○○○○
對馬礮臺	二九六二八
下關礮臺	一六九五○○
東京灣礮臺	一二三九二二
建築部費	四○九七六
製礮	五三五九六三
海防水雷費	一○○○○○
合計	二二○四七四二

日本初仿唐制立賦稅法取於民者二十之一割據既起稅歛轉厚明萬厤時豐臣執國柄正界平稅以三百六十步爲一反者改爲三百步稅如初取十之四謂之四公六民德川專政陪臣世祿

取民浸至十之六七當我
大清同治時明治改藩爲府縣而賦稅一變先是田賦徵糧光緒
元年其國乃更米折徵錢而所重在稅其歲入者曰地租另有表
曰所得稅謂民產歲獲金三百圓以上者稅百之一逾千稅百之
一有半逾萬稅百之二逾二萬稅百之二有半逾三萬稅百之三
不及三百圓或孤若寡若疾免曰國立銀行稅紙幣下渡高稅千
之七渡之言交高之言額也曰證劵印紙其類五一切手類切手
云者郵便所貼印紙通行以之厥數有差亦名人頭紙其稅五釐
一文狀類稱證文者有遺有讓有借有送有記高約期耕地定屋
之目金與地與物證此又有物品切手會社株劵結社之書雇人
之狀稅一錢株票根也一帳簿類通帳簿稅一錢判取帳簿稅二
十錢一印紙許可類營業送關狀及請取書金在五圓以上其稅

一錢多寡聽貼者若借若質若貿金逾一圓亦稅一錢遞增有差至四千圓以上則稅一圓一手形類手形亦證劵之一種有爲換手形蓋易地取金猶中國兌票也有約束手形猶中國合同劵也有荷爲換手形荷有運物意兌物如兌金故亦云爲換此三者五十圓弱稅一錢遞增亦有差二千圓強稅五十錢曰訴訟印紙有二一視訴請之金額五圓稅二十錢遞增五千圓則稅二十五圓一視訴事如鑑人如辯事如解紛稅二十錢如願撿官吏如公賣物產如身代處分則稅五十錢此正本也謄本有差又有代言免許紙料滿一年其稅十圓曰北海道水產稅一生一乾與鹽生者鰊鮭鱒鰤鮪鰐鮊鯱也海馬也乾與鹽者魚粕也乾身缺鰊也乾胴鰊也乾脊割鰊也乾外割鰊也乾二割鰊也鮊鯑粕也鹽鮭鰤鮪鰐鯱也乾鮊鯱鮑鰑河豚海鼠海扇牡蠣昆布細布海苔若布

銀杏草也稅百之五曰米商會所稅約交米直有期稅千之二曰株式取引所稅公債證書以之定期稅萬之三諸商買賣以之定期稅萬之六曰酒造稅每塲一期稅三十圓釀酒每石稅四圓蒸餾酒五圓再製酒六圓家用料酒鑑札料一期稅八十錢鑑札以木烙字工商官許据此曰醬麴營業稅一期稅五十圓曰醬油稅製造塲年稅五圓所造高石稅一圓曰果子稅營業鑑札料稅廿錢仕入鑑札料謂轉販爲仕入也出賣鑑札料指零賣於市言𡕒稅十錢以一枚計曰煙艸稅製造者十五圓仲買同仲買轉販也小賣稅五圓小賣零賣也𡕒以期計營業鑑札料稅廿錢仕入鑑札料出賣鑑札料稅𡕒十錢以一枚計然非印紙則非官許印紙稅視量之輕重仍準直之多寡如同五匁也直不及廿五錢稅二釐不及五十錢稅三釐逾五十錢則稅四釐緜五匁而十而廿而

五十而百倣此五匁當中國五錢曰賣藥稅營業一年稅二圓鑑札一枚稅廿錢印紙凡藥直一錢稅一釐數增倣此曰船稅西形瀛船年稅十五圓風驅船年稅十圓以百頓計日本形船年稅二圓以百石計未及五十石年稅三十錢以長三間計起舢舨訖三間一丈八尺也浮漁船小廻船如之逾一間增稅五十錢游船年稅五十錢亦以三間計曰車稅以一年計馬車二馬稅三圓一則二圓荷積馬車一圓人力車一人乘者一圓二人乘者倍牛車一圓荷積車大七大八二種𫝆一圓大六以下五十錢曰度量衡稅製作所賣捌所𫝆納廿四之一曰馬牛賣買免許稅免許亦以鑑札年稅每枚一圓凡牛馬一鼻綱其數七鑑札一曰銃獵免許稅職獵稅一圓游獵稅十圓以一期計此內國稅也曰免許料專賣特許不許他人賣也追加特許繇後許前也稅三圓再渡證換券也稅

一圓專賣而讓而分其稅五圓凡請特許證年增則稅減如五年十圓十年十五圓二十年則二十圓曰手數料料之言錢手數言手工數也以登記手數料言每登記一本稅五錢而登記料之稅視交易原數未滿五圓者五錢未滿十圓者倍未滿百圓者一圓未滿千圓者七圓未滿五千圓者十圓遞增以五千圓爲率海外旅劵手數料稅五十錢外國船乘組證書手數料稅十錢西式船免狀手數料稅十圓船長試驗免狀料稅七圓或五圓運轉手試驗免狀料一等五圓或三圓二等三圓或二圓機關手試驗免狀料一等七圓或五圓二等五圓或二圓小船機關手試驗免狀料二圓西式商船雇人公認手數料被雇者月給百一米商會所仲買認許料三十圓株式取引所仲買認許料三十圓曰郵便稅凡書狀重二匁稅二錢書畫重八匁稅二錢葉書一葉稅一錢往復

原書闕

原書闕

日本圖經十四終

日本攷工

奏派游歷日本美利加祕魯巴西等國英日屬地加納大古巴知府用兵部郎中臣傅雲龍述

攷工

後漢書倭知織績爲縑布其兵有矛楯木弓竹矢以骨爲鏃隋書有弓矢刀矟弩䂎斧漆皮爲甲宋史織絹薄緻可愛日本前代工之見正史止此今之震西工者疑爲空前然百工之事皆聖人之作周官攷工其椎輪歟輒就大要述攷工

劍工以備前爲冠備前今隸岡山縣天羽斬大葉刈部靈諸劍皆名工造而天叢雲劍爲傳國三器之一崇神天皇畏神代寶劍之神威使天目一箇神之苗裔改造一劍是劍工之著者文武大寶年中和用宇多郡天國天座平城大同年中豐前宇佐社僧神見等爲中古劍工之雄後鳥羽院有勅作劍召諸國良工僉相更鏃

之稱番鍛冶於是巧手滋多稱靈劍者如宗近三條小鍛冶國賴粟田吉光同國友同國吉同國綱同國宗備前三郎正宗相州五郎貞宗同息定秀彥山僧行平紀新太夫近忠備前長船之祖延房福岡權守兼定信濃守國行來之類難更僕數

刀工後鳥羽時國王躬董謂御所鍛時宋湻熙間也源氏之鬼斬平氏之小烏竝著名建武時元延祐年兵革起國工輩出相模有兼氏而正宗尤著姓岡崎氏游訪鍛師數十神明厥法國人稱正宗刀數千金不易也相刀者言切鐵如泥有玉光有金綫有閃電有流星有廻瀾利而潤堅而柔鎮密而栗彼露鋒難可逼視者贋也義宏以銳稱歐陽歌日本刀惜非目驗

礦工造礦在大坂據言鍊鋼法得自克虜伯所製鋼銅礦亦名文珠礦剏於法人文珠故名礦之後門當火藥室間石綿即火浣綿

取不熱也礮用於野與攻城防海畧異所鑄大者重二十頓以次有差厥等凡七工一千二百器另有表它塲則修礮工也

銃工於東京礮兵工塲造邨田銃陸軍大佐邨田經芳因毛瑟鎗而㓜心得故名輕斤許較遠且便可及千七百碼歷十四秒時可發五次一銃直銀廿圓

彈工日造三萬

炸藥工

銅工大坂有製銅會社非設自官然礮工所用之銅帶出此

鐵工大坂有鐵工會社鐵甲船時修於此造載泥船底有窗所謂浚沙握掴機械船者明治十一年大坂鐵工造時光緒四年首尾兩桔槔各懸浚沙機器入水自開得泥自合形肖口中牙牀握沙入載泥船浚河或可參歟

船工礦工貨幣紙幣工鐵道工𫠦詳表

堀井機器工爲鐵棒取泉用竹管與中國四川打鹽井火井法畧似而巧倍棒續而下泉噴而上井戶便之日本石川縣人抽木周平繪圖𫠦說試辨未效然日本效非虛語

車工造人力車其法𣶒自日本然明治前無之馬車輪車皆西製廿年以前無之其製轎如中國擡盒然

革工東京有櫻組製皮塲大阪有內外用達會社牛皮居多有五馬力瀛罐爲分皮器皮捲一過分厚爲薄一而二矣出光器工以皮接如手磨然又製兵用背袋火藥袋皮帽工凡二百有奇

硫曹工硫酸工大阪有硫曹硫酸兩會社名異工同硫酸礦強水也既煆石灰居礦十之一入爐蒸瀛謂之淡礦強水和別管水瀛入煖室盤旋出管入煤筒者再磚筒者一是爲濃礦強水鐵屑與

硫酸底淡藍可染類礬味酸硝酸者硫硝參半硫十鹽六爲硫酸曹達其水卽鹽酸曹達也礦强礦石灰高島粉三者等量燒合爲粗性曹達浸水再熬爲苛性曹達可去油汗它塲大率類此

硝子工卽玻璃工也料稱煤藥曹達與硝石同用碎玻璃搗粉入之機若舂米鎔爐上若煙筒鎔鍋用石以玻璃細筒醮汁吹之入模立成瓶碗日本舊式也亦用西法大小倚物而旋不用模玻璃器之動植紋則砷工爲之據言所造歲直七萬圓

磁工爲器堅遜華工然樸拙自然入古大者瓶高六七尺徑五六尺碗受斗米近競肖西轉失眞面

陶人据日本紀云垂仁天皇三年新羅王子天日槍來止此國是以近江國鏡谷陶人卽天日槍從人也垂仁三年當漢和平二年其時出雲國有野見宿禰者勇力且能以埴作人形及陶器厥後

雄畧十七年命土師造清器當東晉元徽三年泉州有陶器郵傳言行基菩薩教人作陶器於此今稱行基燒者不多見矣形色亦不甚精厥後陶工以尾張瀨戶爲最總稱瀨戶物肥前伊萬利工與之埒而加賀九谷之輸外國者則盤金繪卉也足利時有伊勢五郎者游景德鎭媷攻青花歸年七十所造署欵五郎大夫其香合之種七以繪愛蓮茂叔爲絕品楮薄磬聲類定汝云茶爐有奈良風爐之陶工稱通國一宗四郎

漆器工爲五大洲冠設色之工大而龕屏小而盤盂繪金欲其鮮也組采欲其華也雕嵌之工蠑者象者摩滓無痕西人輸貨此一大宗寬政文政時物國人珍之雲龍於遞信大臣榎本武揚處見念佛硯嵌漆合中漆有縱文有沙文云三百年前物七修類稿謂諸製瓶自日信本

漆硯工搬自玉楮氏字象谷讃岐高松人漆鏤多搬意一器之微直金數十硯尤著木內欲其輕也漆外欲其潤也國人寶之入農商務省官選漆工傳陶史子四曰藏黑曰拳石曰玉堂曰藤樹林爲名工而玉堂僅存博覽會賜一等牌云

紙工精且夥先是推古十八年三月當隋大業六年高麗僧曇徵法定來能造紙時太子與之試造引麻書文節縑爲之非楮也性弱易蝕豐明宮時用三韓紙太子遂造雲紙縮印紙白柔紙俗薄紙四種且植楮以製法敎國人（據日本紀聖皇太子記）今攷厥工法用楮子而鳥子紙生漉紙則用雁皮木也采枝及根罨蒸煑剝皮睎無溼浸水去麤皮入木灰汁復煑投之淸流澼砧搗十二三次（七八次者賤）盛一巨盌於槽以櫂攪之解之和鰾木汁一合調之則稠而滑以簀輕手扱之二三度（欲厚則重手扱）洩滴置之板隔用藁稗層層無慮數

百覆板壓石其上絞汁盡分張於板晞之冬以黃蜀葵汁代縹木汁亦良奉書杉原紙和米粉少許令白凡漉紙以谷川水爲最而紙工以美濃爲最舊法抄紙與中國同今沿西機由紙料汁而濃而結而堅而乾而截以器遞受頃刻而成堅厚有餘然較雁皮之光而薄則遜

版摺職

銅板工先以蠟薄鋪銅板融無迹就字若圖以鐵畫之凹而不穿綴粉覆蠟面依痕鐫之

活板工以鉛居多自一號至六號華字日本字西字皆有之

磚工稱煉化石工

瓦工刱自崇神間當漢天漢年精者一瓦重四十兩謂之瓦博士倭漢三才圖會云聖德太子誅守屋連後爲天王寺處處伽藍召

瓦工於百濟國今攝津大坂瓦工其遺技也

席工曰疊刺以藺爲之備後其最也稱日本席精者曰錦席

銅鐵器工越中爲最象嵌銅器則數加賀之金澤

鍛冶職機巧弗如美利加而精細自擅攷其冶人始于河州我子孫郵近江辻郵次之攝津大坂又次之

磨工羅山文集云後鳥羽院掄鍛冶之良昜自代番令作御劍于時洛陽八澤田國弘者善巧發硎令磨御劍子孫相續得磨工之名

竹器工駿河爲最

製度量衡工另有表

紡績工有綿絲紡績所十有七在東京曰鹿島在大坂曰川崎曰堂島曰桑厚曰豐井在長崎曰長崎在橡木曰野澤在三重曰三

重在愛知名古屋曰愛知在靜岡曰島田在山梨曰古川在岡山曰岡山曰玉島曰下郵在廣島曰廣島在鹿兒島曰鹿兒島有紡績會社三在大坂曰大坂在靜岡曰遠州在宮城曰宮城明治十九年當光緒十二年凡紡筒日本言錘六萬五千四百二十視紡筒數即知紡績數矣出綿絲七十七萬八千四百三十三貫目分之爲繰絲八十八萬八千一百十二貫目落棉六萬九千二百七十七貫目屑絲六千九百九十一貫目每一貫目相塲九十圓八角七分相塲價格也屑落劣也民績則甲斐第一家家七襄云

織工爲絹撚織爲木綿織爲麻織爲交織雜織男女帶地其常用也

讖內織文冠通國先是元明天皇和銅四年遣桃文師於諸國始教習織錦綾時唐景雲二年也六年正七位上按作磨心能織錦綾子孫免雜戶賜姓柏原

絨工東京千住製絨所凡工四萬有奇然資機器曰洗毛曰乾毛取諸潔也曰紡毛曰整紡曰經綫曰整經曰整緯取諸齊也曰塗糊曰乾綫取諸緻也曰織絨曰縮絨取諸巧也曰洗絨曰起毛曰乾絨再洗再乾而工同取諸成也曰染絨曰翦絨緯曰翦絨經曰刷絨曰發采取諸精也一日成絨二千六百四十尺

毵布工紀伊居多

裁縫工曰仕立職先是應神天皇三十七年當晉光熙元年使於吳求縫工女得吳工女兄媛弟媛吳織漢織四人是爲女工之始或曰携工四百後師厥法謂之吳服工其工用鯨尺裁衣而法有二取衿袵於一幅中謂之木綿裁其衿狹一也一幅斜裁爲袵其衿取餘帛謂之帛裁凡裁長四尺裏一尺四五寸以上衣則不三丈有餘帛者不成

大工建屋工也飛驒多木人精於藝故飛驒工爲冠

石工日本墻岸甎砌大石尖橢形上狹上寬大者逾丈無傾者碑

任夫然無定形鐫日本艸書動合晉唐筆意

石器工姓氏錄云和泉國石作連者火明命六世孫建眞利根命之後也垂仁天皇世爲皇后日葉酸媛作石棺賜姓石作大連公也倭漢三才圖會云泉州鳥取鄉攝津大坂石工多以御影山之

石作石器

屋上板工曰家根職

蓋瓦工曰瓦葺

伐木工曰木挽

窗戶工曰建具職

泥工曰左官

染工詳表

油工曰油絞職

米工大坂精米會社爲最火機水輪大同小異鹽工酒工茶工糖工皆詳表淡巴菰工曰煙艸刻職

醬油工視營業人一萬三千六百八十餘而數有增其塲與營業人等歲造五十七萬四百九十五石

果子工凡六萬四千以糖爲之肖動植物其用因地不少雜如紅葉舘造物用紅葉形之類

官工表

日本官工塲大者十四其營業費合明治十六十七十八等年而言當光緒九十十一年間其平均法役員以一年三百六十五日計職工則以就業日數計工內十五歲以下者光緒十一年印刷

局男二百廿八女百七十二東京礮兵工廠男五十五大坂礮兵工廠男廿四小野濱造船所設自光緒十年今就十一年（明治十八）平均數述官工表

省	工場	機關 數	機關 馬力	男員 女員	日支	男工 女工	日支	外國 員	外國 日支	營業費	入金額擬入格
大藏省	造幣局（大坂）	瓦斯一 蒸氣六	四分三 三二〇	五九	一、〇三	三八六		二	二二一、八四	三四四、九七一	七二一、〇五四
大藏省	印刷局（東京）	蒸氣三	一六一	四四七 四〇〇	〇、九八 〇、四五	一、一二四 九九九	〇、三四 〇、一三	一	二四、〇〇	一、四四〇、一九三	一、四五〇、八〇三
陸軍省	礮兵工廠 東京 大坂	蒸氣三 同九	四〇四 一六三			二、〇二四 一、二〇七	〇、五〇 〇、三三			一、一七九、七九一	一、一三〇、二四七
海軍省	橫須賀造船所	蒸氣	三三六	二四六	〇、八五	三、〇八〇		二	三、九五	八七八、四七九	一、〇二五、二五二
海軍省	火藥製造所	蒸氣	一九五	二二	〇、七一	一二八	〇、三五	一	一三、一五		
海軍省	兵器製造所	蒸氣	二〇五	六六	〇、九二	七六八	〇、三八				
農商務	小野濱造船所	蒸氣	四五	五五	〇、七六	一、〇一五	〇、三〇	八	四、九〇	四〇九、二八九	四八〇、八九〇
農商務	富岡製絲所	蒸氣一	五	一八	〇、七四	五四	〇、二八			三六一、二〇三	一一五、九四八
農商務	千住製絨所	蒸氣四	一一三	一九	〇、九二	一二四	〇、二五			七六、三二四	七四、九二八
農商務	新町紡績所	蒸氣一 水車一	六〇	一〇	〇、三二	七六 一五〇	〇、二九 〇、一七			九七、四七〇	七八、八一二

省	愛知紡績所	水車一	三〇		六〇、六〇	二三〇、二二 七一〇、〇七			三〇、八三一	二五、七六三
北海道廳	札幌紡織場	蒸氣一	六	傭一三六〇	〇、二五	二、一二六〇、三〇 二〇、六六四〇、一〇			一三、二〇二	一一、七二七
	別海紗那鑵詰場	蒸氣二	三〇	傭三〇五八	〇、一六	四、三五〇〇、二三			七、八六四	七、三二九
	紋別製糖場	蒸氣五	一四五	傭八六八八	六、一一	八、九三一〇、二九 七六三〇、一七			二六、四七九	一一、七〇六

工器表

不先利器工奚繇善日本製絲之瀛罐百一十四馬力千有七十機關四十二精米之瀛罐五十三馬力四百六十四機關四十九製鐵鑄物之瀛罐九馬力九十八機關印字活版之瀛罐八馬力五十二機關九雜製之瀛罐四馬力五十三機關四染物之瀛罐四馬力十八機關三開鑛鑿巖之瀛罐三馬力三十七機關三鑛業之瀛罐廿六馬力四百廿六機罐十七鎔鑛之瀛罐二馬力廿七機關二伸銅及黃銅綫之瀛罐三馬力百有八機關四炭坑之瀛罐四十八馬力千有二機關四十六製糖之瀛罐二馬力廿三

機關三綿繰之滊罐二馬力十五機關二帽屬之滊罐二馬力九機關三製革之滊罐二馬力十四機關二石炭瓦斯之滊罐二馬力十二造船之滊罐十六馬力二百三十五機關十八製紙之滊罐十二馬力二百六十七機關十二摺付木之滊罐二馬力三十五機關二硝子之滊罐二馬力十三機關二雜用之滊罐十三馬力百一十八機關十一其停工之絲米鑛炭銅鐵糖諸滊罐三十二馬力三百三十三機關廿一不在其內就地聚數述工器表

	滊罐數	馬力	機關		滊罐數	馬力	機關		滊罐數	馬力	機關		滊罐數	馬力	機關		滊罐數	馬力	機關
東京	四七	五八一	四六	羣馬	七	七四	四	岐阜	二	四三		富山	一	一〇		熊本	三	二二	二
西京	五	二六	三	茨城	二	七	三	福島	二	三〇		福井	一	一五	一	宮崎	一	二	一
大坂	三〇	四九三	二九	橡木	七	九四	七	宮城	二	三〇	二	岡山	五	八三	四	鹿兒島	七	一四一	四
神奈川	九	八二	四	三重	二	五四	三	岩手	二	二八	二	山口	二	二八	二	北海道	八	七三	七
兵庫	二五	二六六	一六	愛知	一〇	八九	八	青森	二	一七	二	和歌山	二	一八	一	合	三二九	四〇九六	二四三

坿停工品

長崎	二七	七三	二〇	靜岡	二			秋田	一四	二六八	八	愛媛	一	八	一				
新潟	五	三六	四	山梨	二六	一三三		山形	一二	三二一	一	福岡	四〇	四八三	四五				
埼玉	七	三五	六	滋賀	三	五八	二	石川	一	九	一	佐賀	三	一六	三				
東京	二	一四	二	新潟	一	一五		滋賀	一	二五		秋田	四	七〇	一	福岡	五	四八	四
京都	一	六		埼玉	一		一	岐阜	一			山形	一	一八	一	北海道	一	二	一
大坂	三	三九	四	愛知	三	三	三	福島	一	一二		山口	一	九	一	合	三三	三三三	二一
兵庫	三	三〇	一	山梨	二	六		岩手	一	二〇	一	愛媛	一	八	一				

工直表

左官泥工之抹壁者也木挽伐木工也疊刺業席也建具修窻戶工也若酒傭若醬油傭竝稱稼人油絞製油工也綿打彈綿工也糖果謂之果子日傭計日中國俗評短工者也餘中國畧同其直謂之賃錢分上中下等凡三上下二等竝分十八年十六年十五

年中等多一十七年錢有差就光緒十一年數述工直表

	農月金男	農月金女	農日錢男	農日錢女	蠶男	蠶女	繰絲女	製茶男	織男	織女	大工	左官	石工	木挽	家根	瓦葺	疊刺	建具	經師職	指物職	仕立和	仕立洋	鍛冶	陶	漆	酒	醬油	油絞	染物	綿打	剗煙草	版摺	船大工	粃果	活字	日傭	僕	婢
東京	二五〇〇錢	一五〇〇	二五〇	一五〇	二八〇	一八〇	二〇〇	三五〇		二五〇〇	五〇〇	五五〇	六五〇	六六〇	四〇〇	五〇〇	五〇〇	四五〇	五〇〇	四五〇	三〇〇	五〇〇	六〇〇	五〇〇	二八〇	二八〇	二八〇	二六〇	三五〇	三〇〇	四二〇	三〇〇	四〇〇	四〇〇〇	五〇〇	三五〇	一〇〇〇〇	一〇〇〇〇
京都	一七二四	九五五	一三三	八七	一四五	一〇	一二六	二七七	三三五〇	一六三八	三二〇	三三〇	三二〇	二八五	三〇五	二七〇	三〇〇	二八〇	二九〇	二七五	二一五	三七五	二九九	二五〇	二九〇	二九五	二四〇	三一〇	二三〇	一九〇	二三〇	二一五	三〇〇	五四二〇	二五〇	二二五	一五七〇	九五五
大坂	五〇〇〇	二〇〇〇	二二〇	一五〇				三〇〇	三〇〇〇	二一〇〇	三八〇	三八〇	五〇〇	四〇〇	四〇〇	七五〇	三四〇	三九〇	五〇〇	三〇〇	三〇〇	五五〇	六〇〇	二〇〇	三五〇	二五〇	一五〇	五一〇	三〇〇	二四〇	二五〇	二五〇	四五〇	八一〇〇	五〇〇	三〇〇	二〇〇〇	八四〇
神奈川	一七一六	六四三	一八四	一四〇	二三八	一六四	一九〇	三七五	一六七〇	一七七四	五一六	三二七	三七五	三三八	三〇〇	三八五	三三三	三四五	三二八	三六〇	二八六	六〇〇	三一七	七二五	三三〇	二八二	二三九	二七〇	二六二	三〇二	二三八	二九〇	四六七	五四〇〇	二〇〇	二三二	一四一	一〇〇〇
長崎	一〇〇〇	六三七	二〇	九〇	一五〇	九〇	一五〇	二三〇	三〇〇〇	二〇〇〇	三二〇	三二〇	二八〇	三二〇	二八〇	二八〇	三二〇	三二〇	二八〇	三二〇	三〇〇	四五〇	四五〇	二二〇	二八〇	二〇〇	二八〇	二九〇	二八〇	二八〇	二八〇	二八〇	三二〇	八四〇〇	二五〇	二五〇	二五〇〇	一五〇〇
新潟	二二〇〇	一三〇〇	一六五	一〇〇	一二五	九五	一八〇	一五〇	四八〇〇	一五〇〇	一八三	一七五	一七〇	一七〇	一六〇	一七〇	一六〇	一七三	一七三	一七〇	一四五	二五〇	一七〇	一六〇	一七〇	一七〇	一七〇	一六〇	一六〇	一五五	一五〇	一六〇	二〇〇	三八〇〇	一八〇	一六〇	一五〇〇	八〇〇
埼玉	一四一六	八二六	一六三	一三四	二〇〇	一二四	一二二	二五八		一五〇〇	二八五	二九五	三三八	二六〇	二七〇	二八〇	二六〇	三一四	二八三	二七八	二一四	三二五	二七五	二〇八	二二八	二四六	一九四	二一八	二〇六	二八〇	二〇六	二八〇	二四八	三四四〇	三四〇	一五八	一三八〇	九〇〇
羣馬									七五〇〇	六〇〇〇	三五〇	四五〇	三八〇	三五〇	三〇〇	七〇〇	四〇〇	三〇〇					二七〇	二五〇	三五〇			三〇〇	一五〇									
茨城	二五〇〇	二〇〇〇	二〇〇〇	一一〇	二〇〇〇	一三〇	一三三	三〇〇			二八〇	二八〇	三〇〇	二八〇	二八〇	二五〇	三〇〇	二八〇	三〇〇	二八〇	三〇〇	六〇〇	三〇〇		二〇〇	四七〇	二七五	一五〇	一六〇	一二〇	一六〇	三〇〇	二八〇	三〇〇〇	五〇〇	二〇〇	一〇〇〇	七五〇
三重								二〇〇	三六〇〇		一五〇	二〇〇	二〇〇	一五〇	一二五	二〇〇	二〇〇	一六〇							一五〇	一四〇		二〇〇	一二〇									
愛知	三五〇〇	一五〇〇	二〇〇	一二〇	二二〇	一五〇	一五〇	三一〇	四〇〇〇	三五〇〇	二八〇	三〇〇	三〇〇	二〇〇	二五〇	四五〇	二五〇	二〇〇	二七〇	二〇〇	二五〇	三〇〇	一八〇	三〇〇	二五〇	二五〇	二〇〇	二〇〇	二五〇	一八〇	一八〇	二五〇	三〇〇	五四〇〇	五〇〇	一八〇	二五〇〇	一五〇〇
山梨	一八〇〇	一七〇〇	一八〇	一五〇	二七〇	二二〇	一八〇		七五〇〇	六〇〇〇	二四八	三一一	二四五	二四〇	二四六	二四五	二八三	三〇〇	四〇〇	二〇〇	二五〇		二二四		二〇〇	一五〇	一五〇	二二五	二〇〇	二〇八	一七五	二〇〇		六〇〇〇	二五〇	一七〇	二〇〇〇	一〇〇〇
滋賀										七五〇〇	二三〇	二三〇	二六〇	一四〇	二四〇	二五〇	二〇〇	三〇〇	三〇〇	二一二〇	二一〇	五〇〇	二五〇	一四二	一二〇	二五〇	二一〇	二二〇	一九〇	一七〇	二四〇	二〇〇	二九〇	四八〇〇	一五〇	一三〇		

日本圖經十五

長野	宮城	秋田	石川	富山	島根	鳥取	廣島	和歌山	德島	高知	愛媛	福岡	大分	佐賀
一八〇〇 一五〇〇	三五〇 六〇		一〇〇〇 六〇〇	一五〇〇 七一〇	一二五〇 一〇〇〇		一八〇〇 四六〇	三六〇〇 一八〇〇	一五〇〇 五〇〇	三二〇〇 二五〇〇	一二五〇 五〇〇	一五〇〇 七六〇	一一六六 五八三	三〇〇〇 八五〇
二五〇 一二〇	二五〇 一八〇		二〇〇 一五〇	一三〇 八〇	一〇〇 七〇		一四〇 四〇	二〇〇 一二〇	一八〇 八〇	二〇〇 一三〇	一八〇 七〇		一三〇 七〇	一八〇 一二〇
三五〇 三〇〇	二五〇 一八〇		一二〇 一〇〇	一〇〇 九〇	九〇 三〇		一二〇 一〇〇	二〇〇 一五〇		一五〇 一〇〇	七〇		一六〇 九〇	二〇〇 一五〇
二〇〇 三八〇	二〇〇 三〇〇		九〇 二〇〇	九〇 一五〇	八〇 一五〇		一〇〇 二五〇	一五〇 三一〇	二五〇	一五〇 三〇〇	五〇 二〇〇		九〇	一三〇 一八〇
七五〇〇 四五〇〇	三四〇〇 二四〇〇	七五〇〇 一三五〇	三〇〇〇 二〇〇〇	一八〇〇 一八〇〇	三六〇〇 三〇〇〇		六〇〇〇 三〇〇〇	一七五〇	四〇〇〇 二〇〇〇	六五〇〇 三〇〇〇	三六〇〇 二一〇〇	五〇〇〇 二五〇〇	五〇〇〇 三〇〇〇	三九〇〇 二四〇〇
三九〇 二五〇	三〇〇 三二〇	二〇〇 二〇〇	一五〇 一三〇	二三〇 二三〇	一七〇 一五〇		二五〇 二五〇	三五〇 三五〇	二三〇 二四〇	三〇〇 二五〇	三〇〇 二五〇	二一〇 二〇〇	二〇〇 二〇〇	二〇〇 二五〇
三五〇 三〇〇	三五〇 三〇〇	二〇〇 一七〇	一五〇 一二〇	二九〇 二三〇	一七〇 一二〇		二五〇 二五〇	二四〇 三〇〇	二六〇 二三〇	二五〇 三〇〇	三五〇 三五〇	二三〇 二一〇	二三〇 二二〇	二五〇 一八〇
三〇〇 三八〇	三〇〇 三五〇	二〇〇 一七〇	一三〇 一七〇	一八〇 一七〇	二〇〇 二〇〇		二五〇 二五〇	二八〇 二五〇	二三〇 二六〇	三〇〇 三〇〇	三〇〇 二五〇	二四〇 一九〇	二〇〇 二〇〇	二八〇 五〇〇
三三〇 三五〇	三六〇 三三〇	二〇〇 二〇〇	一二〇 一〇〇	二〇〇 二五〇	一二〇 一〇〇		二五〇 二八〇	二五〇 二一〇	二〇〇 二五〇	三〇〇 三〇〇	三〇〇 三〇〇	二〇〇 二一〇	二五〇 二〇〇	二二〇 二〇〇
三八〇 三五〇	三〇〇 三〇〇	一八〇 二〇〇	一五〇 一三〇	二五〇	一二〇 八〇		一八〇 二三〇	二五〇 二一〇	二五〇	三五〇 三〇〇	三五〇 三五〇	二〇〇	二〇〇 二〇〇	二二〇 二〇〇
三〇〇 五〇〇	二五〇 四五〇	二五〇 三〇〇	一〇〇 二五〇	二〇〇 二〇〇	一五〇 一五〇		一五〇 二五〇	二〇〇 四〇〇	二〇〇 五〇〇	三〇〇 四〇〇	三〇〇 四〇〇		二二〇 五〇〇	二五〇 二〇〇
三五〇 三〇〇	二七〇 一八〇	一五〇 二五〇	一五〇 一五〇	二三〇	一〇〇 一〇〇		二〇〇	二二〇	二二〇 一八〇	三〇〇 二五〇	二五〇 二〇〇	一九〇 二〇〇	二四〇	二五〇 二〇〇
二八〇 三六〇	二五〇 一八〇	二〇〇 二五〇	一〇〇 五〇	二〇〇 二〇〇		一〇〇 一二〇	二五〇 一八〇	五〇〇 二〇〇	二五〇 二〇〇	三〇〇 三〇〇	二五〇 二五〇	一九〇 二〇〇	三五〇 一一〇	二〇〇 一三〇
三二〇 三五〇	二五〇 二五〇	二〇〇 二〇〇	五〇 八〇	二〇〇 一八〇		一〇〇 一三〇	一八〇 二〇〇	二五〇 一八〇	一八〇 一八〇	二七五 三〇〇	三〇〇 三〇〇	一九〇 二二〇	一〇〇 一九〇	二五〇 二〇〇
三五〇 三五〇	二五〇 二〇〇	一五〇 二〇〇	一〇〇 一二〇	一七〇 一七〇		一〇〇 八〇	一七〇 一八〇	二九〇 二六〇	一七〇 一三〇	二五〇 三〇〇	二五〇 二〇〇	二〇〇 一六〇	二〇	二〇〇 二〇〇
五二〇 三〇〇	二〇〇 三〇〇	二〇〇	一〇〇 一五〇	一五〇 一五〇	一〇〇 八〇		一八〇 二五〇	二四〇 二一〇	一八〇	二八〇 一一〇	一八〇 一五〇	二〇〇 二〇〇	一七〇 二〇〇	二〇〇 一八〇
三八〇 六〇〇〇	一一〇〇 三〇〇〇	二〇〇 四五〇〇	一五〇 三七〇〇	二五〇 三〇〇〇	一一〇 三〇〇〇		二五〇 五〇〇〇	四〇〇	二三〇 四五〇〇	三〇〇 六〇〇〇	二七〇 七五〇〇	二〇〇 三八〇〇	二五〇 二七〇〇	二〇〇 七五〇
三五〇 二〇〇	三〇〇 二五〇	一五〇	一八〇 一〇〇	二〇〇 一八〇	三五〇 一五〇		七〇 一〇〇	五五〇 二一〇	一八〇	二八〇 二五〇	一五〇 一八〇	二二〇 一七〇	一九〇 一五〇	二〇〇 二〇〇
一五〇〇 一〇〇〇	一五〇〇 一二五〇		八〇〇 七〇〇	一六〇〇 六〇〇	一五〇〇 七五〇		二〇〇 七五〇	三〇〇〇 六〇〇	一五〇〇 一〇〇〇	六〇〇〇 二〇〇〇	二〇〇〇 一五〇〇	一三〇〇 八八〇	一〇〇〇 五八三	一五〇〇 八五〇

熊本	一六七〇 一二五〇	一二〇 一〇〇	一五〇 一〇〇	三二〇 二五〇	七五〇〇 四五〇〇	二五〇 二五〇	二五〇 三〇〇	一七五 四〇〇	二五〇 二五〇	二〇〇 二五〇	二〇〇 三五〇	二五〇 三〇〇	二〇〇 二五〇	二五〇 三〇〇	二〇〇 二〇〇	二五〇 一七五	二五〇 七五〇〇	二〇〇 一七五	九五〇 七五〇
鹿兒島	七〇〇 二〇〇	一二〇 七〇	一三〇 八〇	二〇〇 一六〇		二八〇 二八〇	二八〇 二八〇	二八〇 二八〇	二五〇 三〇〇	三〇〇 三〇〇	三〇〇 三〇〇	一〇〇 一四〇	一八〇 一三三	一三三 一〇五	二〇〇 一二〇	二六〇 一五〇	二五〇 四五〇〇	八〇 二三〇	三〇〇〇 一〇〇〇
北海道	五五〇〇 四五〇〇	四三五 三九〇				五〇〇 五〇〇	六五〇 四八五	五〇〇 四五〇	三七五 五五〇	四〇〇 五七五	五二五 六二五	六〇〇	三八〇 二一〇	二七五	四五〇 三〇〇	三五〇	五一五 六二五〇	三七七 二五〇	四〇〇〇 三〇〇〇
平均	二一一七 一一九九	一八六 一二一	一八三 一二七	一四九 二五三	四六四〇 二九三	二七七 二八二	三〇三 二七〇	二六三 三〇六	二六七 二七二	二八五 二六八	二四七 三八九	二七八 三五〇	二六〇 二一五	二〇七 二二四	二一五 二〇五	二一二 二一八	二八七 五二〇〇	二八〇 一九五	一八八九 一〇五六
前一年	一六七一 八二八	一六九 一一二	一五七 八九	一九四	一六三 一一四	二二五 二三九	二六一 二〇九	三五七 二五五	二二七 二一九	二五五 二二九	二一八 一九二	二一五 一九〇	二〇〇 二三四 一六五	一八〇 一七七	一八〇 一六〇	一四五	二五五	一八三	一九一〇 一〇八五

罪人工表

日本依西法課已決囚工日出役場未定罪者謂之懲治作工於獄日給有額而在獄不支就光緒十一年明治十八可稽者述罪人工表

	已決囚	懲治者	合		已決囚	懲治者	合		已決囚	懲治者	合
大工	六五〇		六五〇	製紙	二〇九九	一七	二一一六	看病	四二〇		四二〇
木工	二五五		二五五	綿	四〇八	五	四一三	理髮	一七六		一七六
泥工	二六		二六	藁工	一四二四九	五四	一四三〇三	炊	一六七三		一六七三
石工	二一		二一	竹木細工	四一五	二	四一七	濯	六一四	二	六一六

鍛冶	二五四		二五四	麥藁細工	三三六	三七	三七三	浴湯	一五		一五
裁縫	一六九五	二	一六九七	笠織	一〇二五	三	一〇二八	掃	六二七		六二七
製絲	一〇六一	四	一〇六五	履類	三九五		三九五	雜業	二二二九五	四	二二二九九
機織	一九一六	四	一〇六五	疊	一〇九		一〇九	總計	五六六〇七	一三五	五六一四二
染物	一〇一		一〇一	雜工	四二六二	二	四二六四				

製度量衡工表

工之長短輕重大率資度量衡中國工部尺每尺當日本曲尺一尺一寸七分鯨尺一尺一寸四分九釐分銅云者天平也就光緒十一年計（明治十八）凡製度所六十製量與衡各六十一較前一年少製量所二又製西式臺秤三百七十五羅馬秤九十六書翰秤四百有八天秤六十五分銅二百廿二不在其內高知縣北海道廳間無碻數述製度量衡工表

度		量			衡		
曲尺	鯨尺	穀量	水量	斗概	稈秤	天秤	分銅

度		量			衡		
曲尺	鯨尺	穀量	水量	斗概	稈秤	天秤	分銅

東京	一三四六六	三五一三一	五二九七	六七〇七	一一三五	一〇二九六	九	四二三
京都	七五八五	九七五八九	四三七二	五五七一	一二一一	三一八三	三	一三七
大坂	七五四六九	二七八二五六	一五九三九	一九一三一	三四九一	九三〇三	五	二五二
神奈川	一二〇四五	三九四三六	四八五五	七九五八	八八〇	二五九一	七	六六
兵庫	一一四七四	二〇五七九	一三一六八	一七五五四	四一二三	六二二四		一一
長崎	五三五	五五〇八	一〇三二	二四九〇	三三二	二一七八		
新潟	五七〇		五二七	三一六〇	六二	一六八二		
埼玉	二六九二四	四二二五六	五九七四	八二九六	四七四	七三七一		
羣馬	二〇〇		一七四九	二六八八	一八三	一二一四	五	一〇五
千葉	二八九六四	五三八四九	三四一五	五五五六	五二八	四三一六〇		
茨城	一三三七	五四二二	五八〇	三二三六		一六六九		
橡木	三三四三	九九五八	二七七六	五七八七	一四五七	四八八八		
三重	一〇三六	七一七一	四〇二九	四二六六	二二四一	二四二三		
愛知	一〇八〇八	二二六六七	八〇〇七	七三三九	三三二六	五九六九		八
靜岡	四〇五一	五二一〇	一二一五	五〇七七	四〇〇	四一九六		
青森	二一九		一八四〇	五七五四	一〇一			
秋田	五二九四	三四八六	九七三	一三九三	一五二	八五五		
山形	一七五五		八五二	二〇一二		六六九		
石川	一八一六	一二六五五	二〇六〇	三二一三	四七二	四〇七〇		
富山	二一三〇	八八五七	二七〇八	三二六二	八四四	三六二一		
福井			一四一六	一九三七	九七	一八二二		
島根	八八	三〇	二一三九	二七二〇	一九	七六〇		
鳥取	五二		四五五	八三二	五三	三〇三		
岡山	一一七二	八三四〇	二六四四	三二八二		三〇五八		
廣島	五八七九	一七二〇七	八四八二	一一七二一	二八九五	四六九九		
山口	九六	二三九	二二七四	三〇六二	三八二	一六九〇		
和歌山	四一七	二五二四	二五七六	一二九五	一二〇八	一二〇九		
德島	八七一八	四六八四一	二八六四	三六七一	一八二〇	九三九		
高知	二一九七		一七八四	六〇〇二	一二六〇			
愛媛	七三九	三七八五	二五一四	四二八二	一五四五	三七六三		

山梨	六二三一	一六七〇		一六一		六九六	九	一三三
滋賀	三一二七	一八〇四七	四四三八	四四四八	一九八八	三六七二	二	一六二
岐阜	二二〇三	一〇六一九	二九五七	二七七二	五一〇	二四七九	五	一一五
長野	一一一〇	三〇〇二	二二二六	六七八六	五三〇	一七九八		
福島	六八〇八	六〇五四	二三二〇	八九七七	二五七	六六九		六
宮城	七五二八	一九四〇	一三八三	四二六一	八七九	一一八二		
岩手	六一七一	四一六二	六五五	一五五八	一〇	三九二		
福岡	二三八三	一四六三八	六七二三	七〇三六	七三九	四五〇九		
大分		一〇〇〇	三六〇	一六三〇	一二八	六四四		
佐賀			二六六		二五〇	二五〇		
熊本	一四		一八四五	一〇四一三	一九七	三七六〇		
鹿兒島	一五四四	一八五二	二七七〇	六〇七八	九			
合	二六六一〇八	七八六二七八	一三五五七八	二一三六四〇	三七三八三	一三九七八八	四五	一四四七
前一年	二三九一三六	八四三二七七	九七四五七	三三八一七七	二八〇八三	一三六一六六	一〇五	九四八

横須賀造船所表

日本造船所莫横須賀若矣在神奈川相模國横須賀港東南隅設始慶應元年時同治四年也前一年日本與駐横濱法公使翁囉哀議明年聘法技師來翁烏愛魯惟而廠遂興其地山環濤翕所謂繫留塲者容巨艦十數名修船渠以閘阻水閘亦艦形一名船閘渠三一縱百十九米突深六米突一縱百五十三米突深八

米突六百五十的希米突一縱九十四米突深五米突百五十的希米突沿淺浮標十一其灣岬西南爲造船所初頼法人四十餘課工明治十一年當光緒四年日本即自爲之官工二千八百餘其舍所曰官廳曰官舍曰黌舍曰醫局曰製圖所其工場曰船臺曰塡隙曰船渠曰製颿曰製綱曰船具曰鋸鉋曰製檣曰端船曰滑車曰煉鐵曰撓鐵曰整飾曰製鑵曰製管曰鑄造曰摸型曰旋盤曰鑪鑿曰組立曰營繕曰築造又有船材儲蓄塲倉庫及火藥庫其陸有起重器三十頓水有起重器十五頓鐵一重三千基錨二重八百基畧鐵浮一重千五百四十二基畧鎻三一長五十米里十五米突二長四十米里十五米突其定章二十一一報曰二改期三料數四課工三月一日至十一月四日午前六時三十分起十一月五日至二月廿八日午前七時起二月四日至九月三

十日午時三十分止十月一日至二月三日午後五時止以午前十一時三十分後十二時三十分餐五運費六圖費七辭災損費八浮錨九移船費十烈風十一陸行受狀十二舟着岸十三貸工十四塵芥有塲十五搆內勿車十六出入禁濫十七禁歌十八携物視證十九出入定午後十時二十洗濯外晞二十一防火續章廿一一記艦幅二入渠有時十七練兵由長許可餘與前章畧同泊地水深七八尋港無淡水以管引自十餘里外走水郵塲設水溜蒸瀛機水得無缺又有長崎造船所在港西飽浦南船渠長四百廿尺入口八十九尺高潮閾上水深廿七尺又官許斜板修船處軌道長五百五十尺臺車長廿尺朔望高潮前部水深十一尺後部水深十九尺而軌道總設石上者足架一千六百頓船體小野濱造船所在灣西三百尺積八百頓之船皆引入修理然長崎

非官設小野濱官設而非横須賀比工與器詳官工表茲就場與渠與臺述横須賀造船所表

船渠名	長	寬	深 地平至渠底	深 潮面至渠口底	渠底斜度	入渠船尺度
第一	全長百廿二米突 上部百九十米突 下部百十五米突	渠内廿九米突 渠口上廿五米突 渠口下廿三米突	渠内九米突 渠口八米突	最大潮七米突 大潮六米突九百米里 小潮六米突六百米里	平而無斜	盤上最大長九十八米突 吃水最大潮六米突五百米里 大潮六米突三百米里 小潮六米突 水盤木高一米突二百米里
第二	全長百五十六米突五百米里 上部百五十三米突 下部百四十七米突	渠内三十二米突 渠口上廿八米突七百八十米里 渠口下廿五米突二百八十米里	渠内十一米突六百米里 渠口十米突二百五十米里	最大潮五米突六百五十米里 大潮五米突四百五十米里 小潮五米突五十米里	每一米突斜五米里	盤上最長百四十米突 吃大最九米突 大八米突七百米里 水小八米突二百米里
第三	全長九十六米突五百米里 上部九十四米突 下部八十八米突三百米里	渠内十八米突 渠口上十三米突八百米里 渠口下十一米突八百米里	渠内七米突六百米里 渠口六米突九百米里	最大潮五米突六百五十米里 大潮五米突四百五十米里 小潮五米突百五十米里	每一米突斜十米里 前部 後部	盤上最長八十二米突 前部六十米突 後部七十米突 吃最大五米突四百五十米里 大五米突二百五十米里 水小四米突九百五十米里 盤木高九百米里

鐵道費計里表

同治十一年以前日本無鐵道有之自十一年始即明治五年也初費甚巨倚泰西人力居多今自爲之日益省光緒十一年明治廿一日本綜覈費數因地計里厰用有差其東京橫濱間起靜岡訖濱松四十七里合華里百四十五里今成矣然綜數時未成而預計罔有舛其直江津綫路內自關山至長野廿八里又長野上田間廿一里又上田新輕井澤間廿五里其東海道綫路內大府濱路間五十五里又國府津靜岡間七十一里皆英里也修在光緒十三年六月以後其費計銀以圓而止述鐵道費計里表

	英里	合華里	英一里費	合華一里費
橫濱至東京	一八	五四·三	一五八六〇二	四八〇六〇
橫濱至大垣	二五八	八五一·四	四二二二二	一二四九一
敦賀至大垣	四九	一六一·七	六八四二〇	二〇七六三
神戶至大津	五八	一九四·七	一三六一一七	四一二四七

高崎至橫川	一八	五四三	二五六三八	七七六九
輕井澤至直江津	九二	三〇三.六	三三五〇六	九八五〇
總計	四九三	一六二六.九	五七七〇三	平均二三三六三

鐵道資本表

光緒十四年明治廿一日本鐵道綜計資本凡銀三千三百三十九萬一千二十有七圓較之前一年增七百一十萬六千一百七十五圓蓋因東海道橫須賀湖東之修未已也述鐵道資本表

綫路	成數	預計	合計
東海道	四〇七〇一六〇	七五〇四七三	四八二〇六三三
湖東	八四八二三七	一六二九二一	一〇二一五八
橫須賀	二二三一八一	七一八八三	二九五〇六四
直江津	九八八〇二八	一一〇二六〇	一〇九八二八八
總數	六一二九六〇六	一〇九五五三七	七二二五一四三

官立鐵道局費表

鐵道之非由民集股者是其官立非會社比也曰哥背而奪者合明渠暗渠而言日本人亦沿西語用之曰波戶者臨水鐵道時出半段與波止場異矣厥費之屬大約有廿述官立鐵道局費表

	東京橫濱間	神戶大津間	敦賀大垣間	高崎直江津間	橫濱大垣間	戶塚橫須賀間	大津長濱間	合計
綫路豫測費	二四二七五	六七三五〇	九八六二六	三九四三九	三〇五八一	三九五四	二九九五	二六七二二一
督工費	七四八四〇	二〇二一一八	四七五九二	一〇九〇七五	二二二六一九	五二八〇	一二七三八	六七四二六三
地費	二四四七三六	三六二八〇三	八六二〇八	二一一五九〇	一六三九九一	三六二六	二	一〇七二九五六
土工費	四六四八〇八	八六四三九三	五九九六三一	九七三六二三	一九九一八五八	五二五四七	三三三二二〇	五二八〇〇八〇
橋梁費	六四七六一七	二〇五一〇五〇	一六九八一〇	三九八五〇九	三四一八四七一	一三一一八	二六〇五一〇	六九五九〇八四
哥背而奪費	一五六八一	四〇八二七七	八三四八八	一一九〇七三	三三三三七二	七六四八	九三〇四二	一〇六〇五八一
伏樋費	二三五二一	一三三六〇	九三一一	四一九二六	五七三〇三	二〇〇	一二〇二八	一五七六五一
隧道費		五〇三一二五	五二五四三〇	六九七〇六	一〇二〇七八二	九三六五三	六五五二五	二二七八二二二
軌道費	五二一九三〇	七九二二二九	六一五九五七	七七九四八七	一六九一四四四	六五二〇二	二三九七八	四四九〇二二五
停車場費	一九五三六九	八七九九六一〇	一一九四三九	六七〇六八	一三五五九二	四一五二	七五九	一四〇一九八九

車費	三三八八〇〇	一〇一七二五〇	六四二六九五	一八三二五八	二七七一二六			二四五九一二九
器械場費	一四三二五四	三一五〇八六	九三六六三	三七九四一	四四七九十			六三四七四〇
建物費	三一一〇五	一四七五三六	二五三一八	四六五一九	四二一八〇	一五七三	二六〇八	二九六八三九
運送費		六四	二一二五	一六二九〇三	三九三六七八	八八〇二	一九二四〇	五八六八一二
建築用滊車費	五二二五	一七五三一	一七一八〇	二〇〇一四	六二八〇五	四〇〇〇	一六四四	一二八三九九
建築用具費	六七五九一			一五七〇六	七九八〇〇	五一七	二九九九	一六六六一二
柵垣及經界費	四三三〇	三二五五五	八二一	三〇九九	四一二九	五九	二六九	四五二六二
雜費	四九七六〇	一三四八五七	一〇八二四〇	五三五八九	一四七七二	一九一七	一六一四六	五一二二八一
電信線架費		一六三八四	四七六一	九二〇八	一八五五	五六二	五三三	五〇〇八九
波戸費		一六二二	一〇二二八四		六〇〇〇			一〇九九〇六
成數	二八五二八四二	七八二七二〇二	三三五二五八〇	三三四一八三四	一〇一四二八三八	二六六八〇九	八四八二三七	二八六三三三四二
預算	二〇〇〇	六七五五四		一一〇二六〇	七五〇四七三	七一八八三	一六二九二〇	一一六五〇九〇
合計	二八五四八四二	七八九四七五六	三三五二五八〇	三四五二〇九三	一〇八九三三一一	三三八六九二	一〇一一一五八	二九七九七四三三
預計通融								三五九三五九五
總數								三三三九一〇二七

民立鐵道會社費表

民立鐵道亦官爲護持日本人會社云者即泰西所謂公司也近年以日本會社爲巨綫路分爲四區其次曰兩毛曰水戸曰甲武合四會社之費述民立鐵道會社費表

	日本會社綫路本資 第一區	第二區	第三區	第四區	第五區	合計	兩毛會社本資	水戸會社本資	甲武會社本資	總數
綫路豫測費	七三二三	四〇〇〇	五六三五	一〇六八四	一〇五〇五	三八一四八	四五六〇	五六五七	一一七五	四九五四〇
督工事費	六一五〇一	三八〇八〇	四〇三六〇	一〇九七六	一五五九六	一六六五一三	一八一二六	一二四九七	六九四三	二〇四〇七九
地費	一七六五〇六	二八六五一	五九八七〇	三八	五三一一	二七〇五七六	一四三	三〇		二七〇七四八
土工費	一八五六〇五	一六七七〇五	五四八一三二	二五〇五五二	三七八三六九	一五三〇三六三	一三七五一九	一一七二六三	二四〇七九	一八〇九二二三
橋梁費	四四九九三七	六一三五三二	三三二五一〇	三二七三〇	四一三九	一四三二八四八	九四六〇〇	一二〇〇六六	四五七一六	一六九三二三一
哥背而奪費	七二五八〇	三二三九九	六六五〇六	一一九四六	三六七〇	一八七一〇二	三五八一九	一五二九四	六八七一	二四五〇八五
伏樋費	一二六八七	七二〇九	二〇九五一	九三四九	三〇四七	五三二四四	一〇〇九〇	九六四八	一五一一	七四四九三
隧道費		一四三九六	四八二七五	八五六五	一一四八四	八二七三		一三八二		八四一〇三
軌道費	九〇六四七六	六八六二八五	七〇三六二一	五七四五五三	四一五三八四	三二八六三二〇	三五九七二〇	三〇六一六二	一三二四七二	四〇八四六七四

停車里數表

停車里數表										
停車場費	一三九六五五	六三九八一	五三九二一	一二二	一一四	二五七七九三	一〇六三五	一一〇〇五	五五二	二七九九八五
波戸費	一六七五	六二	四二三一		三五四四	九五一二				六五一二
車輛費	四一〇〇〇〇	四七〇五二九	一〇九五六四	八	六〇二	九九〇七〇三	三八八六三	三二六五七		一〇六二二三
器械場費	二六六五六	一六九六一	一七五六六	二六四	一二三	六一五七〇	六九	二三		六一六六二
諸建物費	三九三九一	一二〇〇四	一四八一三	二二三一	四〇八七	六九五二六	五六六二	四六一九	七一	七九八七九
運輸費	四〇一〇〇	二〇七六八	六〇二四二	五三六三八	四八一九八	二二二九四六	二六八二一	二四三三三	一〇五四六	二八四六四五
建築用滊車費	一九九五一	二六〇三四	二六八四五	五七七九	一八二四	七六四三四	七九八六	六〇六二	四二〇九	九四六九一
建築用具費	三六八七五	三四二七	四四一九	五七四	八〇八	四六一〇一	一九五〇	二一六四	七八一	五〇九九五
柵垣及經界費	二九七八	七四五	二三六四	三一九	一〇七三	七四七九	一一七四	三〇五	一一三	九〇七一
雜費	六六三六一	五〇二七三	三三〇八六	七七四四	九一〇七	一六九五七二	四一五七	一八四七四	一九七七七	二〇七九七九
電信線架設費	一三九四四	一〇五〇七	二〇五二七	三一六三	三四八五	五一六二七	二七〇二	四〇六四	六一三	五九〇〇六
成數	二六六二三九九	二二六八五四九	二一七二四三九	九八三二三九	九二〇四六九	九〇〇七〇九五	七六〇五九五	六九一七〇五	二五五六二九	一〇七一四八二四
預算						一九八九八四一	二三四二五一	五三四一三	一九五〇七二	二四七二五七七
總數						一〇九九六九三六	九九四八四六	七四五一一七	四五〇五〇〇	一三一八七四〇〇

日本停車里數皆以英里計今如所計甄擇華里可約而觀也非鐵道綫路比故不贅計日本人量以鐵鍊百鍊當英一里（表中黑點上計里黑點下計鍊）述停車里數表

東京神戶間

站間	里數	站間	里數	站間	里數
新橋 品川	三、一八	燒津 藤枝	四、〇六	垂井 關原	三、三五
品川 大森	二、五八	藤枝 島田	四、五五	關原 長岡	六、二八
大森 河崎	四、一二	島田 金谷	三、二九	長岡 米原	六、五四
河崎 鶴見	二、一七	金谷 堀內	五、五四	米原 彥根	三、五七
鶴見 神奈川	四、〇〇	堀內 掛川	四、三〇	彥根 能登川	八、四五
神奈川 橫濱	一、五五	掛川 袋井	五、三六	能登川 八幡	五、三〇
橫濱 程谷	二、三八	袋井 中泉	四、六九	八幡 草津	一〇、五〇
程谷 戶塚	五、四六	中泉 濱松	六、七三	草津 馬塲	六、四三
戶塚 大船	三、四〇	濱松 舞阪	六、三三	馬塲 大谷	一、七二
大船 藤澤	二、六七	舞阪 鷲津	五、五八	大谷 山科	三、二七

藤澤	平塚	七、七四
平塚	大磯	二、三七
大磯	國府津	六、一二
國府津	松田	六、二六
松田	山北	三、四五
山北	小山	五、四二
小山	御殿場	六、五六
御殿場	佐野	九、三五
佐野	沼津	五、七四
沼津	鈴川	九、四一
鈴川	岩淵	五、一八
岩淵	興津	九、〇七
興津	江尻	三、二八
江尻	靜岡	六、五五
靜岡	燒津	八、〇三

鷲津	豐橋	一〇、四六
豐橋	御油	五、一九
御油	蒲郡	五、三二
蒲郡	岡崎	九、二三
岡崎	苅谷	九、七三
苅谷	大府	二、七九
大府	大高	四、三六
大高	熱田	三、三九
熱田	名古屋	四、一五
名古屋	清洲	四、三九
清洲	一宮	六、〇三
一宮	木曾川	三、四三
木曾川	岐阜	四、六二
岐阜	大垣	八、五六
大垣	垂井	五、〇三

山科	稻荷	三、〇一
稻荷	京都	一、六三
京都	向日町	四、〇七
向日町	山崎	四、六〇
山崎	高槻	四、五七
高槻	茨木	四、〇五
茨木	吹田	四、三一
吹田	大坂	四、六四
大坂	神戸	四、四八
神戸	西宮	四、五二
西宮	住吉	五、二一
住吉	三宮	四、六三
三宮	神戸	一、〇三
合計		三七六、三一

高崎橫川間

區間	里程	區間	里程	區間	里程
高崎 飯塚	一、三八	安中 磯部	四、二九	松井田 橫川	三、一六
飯塚 安中	五、〇六	磯部 松井田	三、七一	合計	一八、〇〇

輕井澤直江津間

區間	里程	區間	里程	區間	里程
輕井澤 御代田	八、〇〇	屋代 篠井	三、二〇	田口 關山	四、三三
御代田 小諸	五、五五	篠井 長野	五、五〇	關山 新井	七、五六
小諸 田中	五、六五	長野 豐野	六、六八	新井 高田	六、二一
田中 上田	五、二八	豐野 牟禮	四、七〇	高田 直江津	四、二四
上田 阪城	六、三五	牟禮 柏原	六、二二	合計	九二、一〇
阪城 屋代	五、七六	柏原 田口	五、二七		

大府武豐間

區間	里程	區間	里程	區間	里程
大府 龜崎	六、二九	半田 武豐	三、五〇	合計	一二、五四
龜崎 半田	二、五五				

米原金崎間

區間	里程	區間	里程	區間	里程
米原 長濱	四、五〇	木本 中鄉	二、七一	敦賀 金崎	〇、五八

長濱 高月	六、五五	中郷 柳瀨	二、七三	合計	三一、〇一
高月 井口	〇、七三	柳瀨 疋田	六、三九		
井口 木本	一、五三	疋田 敦賀	四、〇九		

馬場大津間

馬場 石場	〇、四二	石場 大津	〇、六一	合計	一、〇三

鐵道車數表

機器車外上中下有差曰龍車者國君所乘也謂快慢車曰緩急車亦常語也以光緒十四年數爲主明治廿一而以前一年較增減焉

述鐵道車數表

車類	官立									民立				
	自東京遷橫濱至靜岡	高崎直江津間	神戸大津間	敦賀濱松間	東海道線建築用	合計	較前一年	增	減	日本會社 綫路	日本會社 較前一年	增	減	兩毛及水戸鐵道會社綫
機器車	二六	一〇	二三	二〇	七	八五	六三	二二		二五	二九		四	
龍車	一		一			二	二				一		一	

車	1	2	3	4	5	6	7	8	9	10	11	12	13	14
上等車	一六		五			二一	一七	四		一	一			
混合上中等車	一	二	一一			一四	一三	一		一七	一七			
中等車	一九		一一	九		三九	三八	一		四		四		
混合中下等車							七		七					
混合中等緩急車				五		五		五						
下等車	四五	二二	八五	一〇三		二五五	二〇三	五二		八三	七二	一一		
混合下等緩急車	一一	七	二七	九		五四	二八	二六		八	八			
緩急旅客車	八	七	六	一六		三七	三〇	七		二二	一七	五		
運送馬車車	三		一			四	四							
運送馬車	二		一			三	三			一	一			
運送魚車	六		一〇	六		二二	二二			五	五			
運送家畜車	三		一	一		五	五							
運送材木車	七		一六	八		三一	三一			五	三	二		
運送砂車		五三	六〇	六七	一四六	三二六	三一九	七		一七七	一五三	二四		
有蓋貨車	八九	二	二二九	一五一		四七一	四三一	四〇		一八七	一一九	六八		三〇

無蓋貨車	九〇	三九	一一三	四一		二八三	二二四	五九	一六六	一三〇	三六	
緩急貨物車	一四	一三	一〇	一八		五五	二八	二七	一八	八	一〇	
運送石車			一			一	一					
運送油車	一〇		一	一		三	二	一〇	一〇		一〇	
非常車	一		一			二	二		三	三		
總計	三五二	一五五	六一二	四五五	一五三	一七二七	一四七三	二六一	七七三二	五六七	一七〇五	三〇

鐵道計入表

鐵道之利有二一計所入夫人而知之矣一則因往來既便農與工與商罔弗日進非第沾沾目前小利可同年語日本人言資少道短則孤立難本大道長則滋利易公司宜合不宜分分則役增物增車塲增而費亦日以增泰西初亦公司蠭起厥後大合細入補短續長前一公司不過數十里鐵道者今一公司輒數千里然則合其資本連其綫路可不謂樞紐歟日本純益云者即除用淨

存意也（出入細數有分量奇數難可枚舉今依算學家四舍五入法如一圓九角五分八釐度之爲二圓即五入法也如一圓有四分變之爲一圓即四舍法也奇數五以上爲一小數五以下爲虛數雖於合計少差而省篇幅多矣）据光緒十五年二月以前一年之數（明治廿二年三月卅一日前一年間）述鐵道計入表

	營業收入				營業出費					
	客車收入	貨車收入	雜收入	合計	線路保存費	滊車費	運送費	總係費	合計	純益
東京橫濱間	四九九三四八	六八四〇〇	四五四二六	六一三一七五	三二二九二	七九六〇九	五二四〇八	三五四一六	一九九七二六	四一三四四九
神戸大津間	六二六九四三	一六七一九九	一二四〇二	八〇六五四三	七五〇八〇	二〇九二六	六九一七九	二六一五七	二八一三四三	五二五二〇一
敦賀大垣間	九〇七六七	六七五七五	一三一九	一五九六六〇	二四八六九	三八七四七	一六四一九	四三六八	八四四二三	七五二三七
大垣武豐間	一五一六四	三二八九八	六二四	一八四五八七	二五〇二一	二三八七四	一五四二六	三九四三	六八二六四	一一六三二三
高崎橫川間	五二一九九	二〇二八〇	六九九	七三一七八	一一二一〇	一一六七四	四一一六	七四六	三〇七四五	四二四三三
輕井澤直江津	一一九五九	七九一五七	二五三	一九九〇〇四	九二四三七	三一一九〇	二二八二二	五一五六	一五一六〇五	四七四〇〇
橫濱靜岡間	一八五四一四	二一五七三	一〇六	二〇六九九三	五〇〇二六	五〇六三〇	一九八八六	一三五〇	一二一八九六	八五一〇一
大府濱松間	六〇二九四	一〇二一七	一六〇	七〇六七一	七三〇五	一二〇四四	九一六〇	一〇七九	二九五八八	四一〇八三
總數	一七八五五二四	四六七二九七	六〇九九一	二三一三八一一	三一八二五〇	三五八六九三	三二四一六	七八二二七	九六七五八五	一三四六二二六

鐵道年表

光緒十四年明治廿一年三月日本鐵道已修十有八年矣曰大津長濱間湖東鐵道其馬塲停車塲在大津湖岸繇此東走勢田川而草津驛而守山驛而野州川而八幡驛而淨樂寺能登川諸郵而愛知川高宮川及彥根之右而沿湖至米原自馬塲至此三十五英里六十鍊合華里百廿地勢東南負山西北臨湖諸水自東而西入湖故橋夥米原者名古屋鐵路與敦賀鐵路承接要地也自米原右向沿天川遥醒井長岡二驛出春照東遥材木郵與既成鐵路相聯約七英里三十五鍊合華里廿五叉別一道自米原北向渡天川沿湖岸至長與既成之鐵路接約英四里三十鍊合華里十四故名湖東鐵路凡長四十七里四十五鍊合華里百五十其地面二萬七千七百坪一坪六尺四方築堤廿六萬八千六百餘坪其橋

百尺者四又七十尺者三十九又六十尺者三十七又五十尺者十一又四十尺者三十三又三十尺者十又二十尺者七凡七千六百三十六尺又二十尺以下橋三十二陸橋五其隧道狼川草津川屋棟川皆川流下隧道也山中隧道一即腰越山也隧道凡長九百八十尺曰橫須賀鐵道綫路土工四萬四千餘坪築堤三萬七千餘坪石工一千有九坪橋八隧道亦八最長者一千三百二十尺凡五千三百二十六尺延長綫自大船停車塲分岐處至橫須賀停車所凡十里五鍊有半合華里三十四中間停車所二一曰鎌倉一曰逗子此近修道也類此皆在覈計中日本所謂度末者起某年某月某日訖某年某月某日也與計年首尾者異其末即其訖也如濱松名古屋間鐵道其修在光緒十五年前（明治廿二年三月前）而通客車則在計數後矣雖東京神戶往徠無異它道而是

表末克甄摻非漏也述鐵道年表

中國年	日本年月日	東京橫濱間 線路延長	東京橫濱間 客數	東京橫濱間 貨物量	神戶大津間 線路延長	神戶大津間 客數	神戶大津間 貨物量	敦賀武豐間 線路延長	敦賀武豐間 客數	敦賀武豐間 貨物量	高崎橫川間 線路延長	高崎橫川間 客數	高崎橫川間 貨物量
同治十一	明治五年五月至十二月	一八	四九五〇七八	四五七									
十二	六年一月至十二月	一八	一四一五二二五	二三五一		五月開業							
十三	七年一月至十二月	一八	一五八九四二八	一七二四九	二〇	五〇四一三三	四五二						
光緒元	八年一月至六月	一八	八九五一八八	一〇三六九	二〇	五八六五七三	三三三四						
二	八年七月至九年六月	一八	一六六七七二四	一六六六七	二〇	一〇八八七五八	四一五一五						
三	九年七月至十年六月	一八	一五八四一六二	二七〇九二	四七	一三四九〇九八	三二二四七						
四	十年七月至十一年六月	一八	一五八四五〇九	三一二三二	四七	一五一二一九八	五三六五五						
五	十一年七月至十二年六月	一八	一六〇六〇四八	三三四六五	四七	一八一七八五六	六六七六六						
六	十二年七月至十三年六月	一八	一七九〇〇七二	四〇〇六八	五五	二五四七三五〇	一二三一四八						
七	十三年七月至十四年六月	一八	二〇八四二二一	四二五二一	五八	三二四八〇九七	一五〇三九九		三月開業				
八	十四年七月至十五年六月	一八	二一一一〇七八	四五八九二	五八	三五七三九九八	一七八七一二	二五	七三六五八	五七三			
九	十五年七月至十六年六月	一八	二二一三五五一	三五九七六	五八	三四八六三六三	一八五六九一	三九	三〇三九八八	九一八八			

		輕井澤直江津間			橫濱靜岡間			大府濱松間			日本國總計		
		綫路延長	客數	貨物量	綫路延長	客數	貨物量	綫路延長	客數	貨物量	綫路延長	客數	貨物量
十	十六年七月至十七年六月	一八	二一五四八九五	三五二〇九	五八	二六六五三五六	一八一九一三	四八	三四〇九五五	二四一三			
十一	十七年七月至十八年六月	一八	一九六三一七四	六一一一六	五八	一八九六八七六	二一四四二五	四八	二三九二一〇	三八六三九		十月開業	
十二	十八年七月至十九年三月	一八	一三五九三四六	四四六七二	五八	一一〇三六五七	一〇八〇三一	六九	一三三八三七	二九三三七	一八	三九九四四	六三三三
十三	十九年四月至廿年三月	一八	一七四〇四四二	八四九一三	五八	一四九九二〇五	一九〇七七	九二	三三七七四六	五九一六二	一八	一二五八三七	二九七七六
十四	廿年四月至廿一年三月	一八	二一七四七八二	一〇一八七八	五八	二二二一六六七	二三七〇五	一二〇	七八三五四一	八三一八四	一八	二〇三二四一	三三七四六
十五	廿一年四月至廿二年三月	一八	二四四八〇二二	一一五八四一	五八	二八五三〇〇八	二五八四七〇	一二〇	一三一五三一五	一三一五五九	一八	三〇四八三六	三〇六二三
合計			三〇八七六九四五	七四六九六八		三一九五四二九二	二〇二六四九二		三五二八二五〇	三七五七六三		六七三八六〇	一〇〇四七八
同十一	明治五年五月至十二月										一八	四九五〇七八	四五七
十二	六年一月至十二月										一八	一四一五二二五	二三五一
十三	七年一月至十二月										三八	二〇九三五六〇	一七七〇一
光緒元	八年一月至六月										三八	一四八一七六一	一三六〇三
二	八年七月至九年六月										三八	二七五六四八二	五八一八二
三	九年七月至十年六月										六五	二九三三二六〇	五九二四一

四	十年七月至十一年六月										六五	三〇九六七〇七	八四八八七
五	十一年七月至十二年六月										六五	三四二三九〇四	一〇〇二三一
六	十二年七月至十三年六月										七三	四三三七四二二	一六三二一六
七	十三年七月至十四年六月										七六	五三三二三一八	一九二九二〇
八	十四年七月至十五年六月										一〇一	五七五八七三四	二二五一七七
九	十五年七月至十六年六月										一一五	六〇〇三九〇二	二三〇八五五
十	十六年七月至十七年六月										一二四	五一六一二〇六	二四一二四三
十一	十七年七月至十八年六月										一二四	四〇九九二六〇	三一四一八〇
十二	十八年七月至十九年三月		八月開業								一六三	二六三六七八四	一八八三七三
十三	十九年四月至廿年三月	一八	五八一四三	九二一〇		七月開業					二〇五	三七六一四七三	三七三八三八
十四	廿年四月至廿一年三月	一八	一三四七四七	一九七〇四	三一	四〇一四〇五	九九〇二		九月開業		二四五	五九一九三九三	四八五四七〇
十五	廿一年四月至廿二年三月	九二	四八五一八五	四九三八七	一〇二	七八五六五八	二四八九〇	六五	二二二七五〇	六一四三	四四六	八四〇四七七六	六一六九一三
合計			六七八〇七五	七八三〇一		一一八七〇六三	三四七九三		二二二七五〇	六一四三		六九一一一二三五	三三六八九三八

日本圖經十五終

清末民初文獻叢刊

游歷日本圖經

（第三册）

[清] 傅雲龍 撰

朝華出版社
BLOSSOM PRESS

游歷日本圖經十六

奏派游歷日本美利加秘魯巴西等國英日屬地加納大古巴知府用兵部郎中臣傅雲龍述

日本兵制

兵制沿革

後漢書云倭兵有矛楯木弓竹矢或以骨爲鏃隋書倭弓矢刀稍弩䂍斧漆皮爲甲骨爲矢鏑雖有兵無征戰宋史云咸平五年日本人滕木吉以所持木弓矢挽射矢不能遠詰其故國中不習戰闕其兵之術與器之見正史者止此今攷日本兵之新法步兵以百三十六名爲一中隊五百六十五名爲大隊一千七百七名爲一聯隊而一大隊出自四中隊一聯隊出自三大隊礮兵之編制不在此例山礮野礮均一百有二爲一中隊二百有十爲一大隊合山礮大隊一野礮大隊二爲一聯隊其騎兵以一百三十有二爲一中隊以二百九十有七爲一大隊工兵輜重兵亦編之爲中

隊爲大隊又以步兵二聯隊爲一旅團附以騎與礮與輜重諸兵此平時兵制也戰則步兵一大隊增爲八百三十有二騎與礮與工輜重增數有差異古制矣而令改末已述兵制沿革

周惠王時日本神武東征兵數無攷崇神置四道將軍巡撫海內當中國漢建初時景行西征及日本武尊東征兵亦無稽神功皇后征韓之役兵艦蔽海時中國漢建安五年也第廿七世繼體使近江毛野率衆六萬往任那復新羅所侵故地大寶三年爲唐嗣聖二十年詔諸國兵士每國分爲十番每番教習十日令條之外不得雜使置健兒多者不過二三百健兒者常備兵也又三分一國之丁取其一以充軍平時歸伍此預備兵也編伍法五人爲伍伍二爲火火五爲隊隊二爲旅旅十爲團數團爲陳數陳爲軍軍即一萬人也其法折衷孫吳置陣法博士厥後平源兩氏柄兵權

額兵浸多保元平治之際當宋紹興間兩氏爭雄治承四年爲宋
湻熙十二年源兵西上十九萬平亦數萬元厤元年爲宋湻熙十
一年一谷之役平兵十萬源與之勒賴朝原伐藤原泰衡兵廿八
萬四千泰衡六十萬其九國四州兵士十餘萬時海内兵士大約
五十萬承久中爲宋嘉定間北條義時遣男泰時等犯其京師葢
廿萬云元弘中爲元至順間北條高時遣兵八十萬犯其京師號
稱非實數也應仁後在明成仁年割據四方天文永祿之際爲嘉
靖年間小藩皆爲大藩附庸大者織田信長也領十餘州甲廿萬
次毛利元就領山陽山陰十州甲十萬北條早雲領坂東八州甲
十萬武田信玄領五州甲五萬上杉謙信同其它島津氏領薩隅
二州龍造寺氏領南肥北肥二州有馬氏領豐筑三州今川氏領
駿遠參三州伊達氏領陸奥半州佐竹氏領常州長曾我部氏領

四州之半伊藤氏領豐甲二州並帶甲四五萬或二三萬凡兵士九十萬有奇兵家數十而著名者曰甲陽流也越後流也楠流也北條流也三島流也里見流也它藩輒𢪔兵制不相下越後流兵書武門要鑑所載全國兵賦四萬五千騎其法曰以兵廿爲一騎蓋九十萬人他說不一然以兵賦五萬騎爲額其法以兵十爲一騎五十萬人也九十萬者舉全國也五十萬者除留守兵也豐臣秀吉征韓之役諸國大舉會肥前名古屋其奧羽關東大名出半賦多寡有差言藩內兵數三之一或四分也凡全賦者乃出藩內兵士之過半以老弱充留守也兵士之會名古屋者四十八萬由此推之兵可七八十萬德川氏定出征兵賦其略曰封邑萬石者騎士十五旄旗弓銃稱之每騎役五士二卒三侍衛士卒二十併弓銃手百五十人輜重在外凡諸候食邑萬石者如舉一藩則當士卒

二三百人今以百五十人爲兵賦者葢以其餘兵充留守也二萬石以上至十萬石皆倍十萬石之兵賦則騎士百五十名旌旗弓銃官侍衛士卒稱之凡千五百人輜重隊在外留守士卒稱此內外士卒凡二三千人自十一萬至十九萬石稱之中藩兵賦之數少加二十萬石以上大藩其兵賦之騎士四五百名始成一軍如至三四十萬石或至六十萬石以上其老臣有食二萬石或三四萬石者兵賦愈多按全國米粟約三千萬石兵賦約五十萬人留中士卒稍減大約三十萬人總計士卒八十萬此明治前兵數也明治維新常備兵約十九萬著徵兵令六年而後改令不翅三五其令大恉謂凡國中男子自十七歲至四十歲皆服兵役不代其兵役數種近衞而外有陸軍海軍常備國民兵役其常備兵有現役有豫備役現役以年二十者服役三年爲豫備嗣是服役四年

爲國民兵其國民兵役以十七歲至四十歲者服之其陸軍現役兵每歲撿壯丁就其身材藝能職業或步或騎或礮或工或礮重及雜輜職工之屬皆掣籤而定之其海軍現役兵以沿海島嶼人充或水兵或火兵或職工亦掣籤如陸軍法又攷海軍志願兵徵募規則海軍士不拘前法雖年未滿二十願爲兵士亦許之或年滿十七以上二十七以下甞在公立學校府縣學校受卒業證書自備衣食費用服役一年者得免豫備兵者遇戰入伍平時祗演習技術而已後備兵招爲常備兵法國民兵者後備兵不足則招補之老幼廢疾免兄弟同時應募者除一人役死戰傷與疾而兄弟在役者除戶主年六十以上一子者除又學校受卒業證書及現爲教員者除又在官立大學校官立學校之本科生徒者除其爲海陸軍生徒及海軍夫工或身幹不滿定尺或因病未能服役

者或脩學業在外或犯刑審判未决或在官學校一年未滿六年課程皆爲猶豫兵其徵兵區有軍管師管府縣管三目從軍管者歸軍管徵兵區從師管者歸師管徵兵區從府縣管者歸府縣徵兵區至步兵之屬鎭臺者以師管區役徵之餘兵以軍管區役徵之違者罪有罰此徵兵令之大畧也其兵之定額有足徵者陸軍之近衛兵步兵四大隊騎兵一中隊礮兵一大隊工兵一中隊凡三千七百四十六人鎭臺六軍弟一軍東京鎭駐武藏分置三師一東京二佐倉三高崎東京營所三曰小田原曰静岡曰甲府計本臺野礮兵一大隊步兵三大隊工兵一大隊山礮兵一大隊騎兵一大隊輜重兵一中隊共三千六百二十三人佐倉營所三曰木更津曰水戶曰宇都宮計步兵三大隊二千二百三十九人高崎營所三曰新潟曰高田曰新發田計步兵三大隊二千二百四

十五人凡八千百七人弟二軍仙臺鎮駐陸前分置二師一仙臺二靑森仙臺營所三曰水澤曰福島曰若松計本臺步兵三大隊工兵一中隊山礮兵一大隊輜重兵一小隊共二千九十三人靑森營所三曰秋田曰盛岡曰山形計步兵三大隊千七百四十八人函館礮兵海岸隊八十八人凡三千九百二十九人弟三軍名古屋鎮駐尾張分置二師一名古屋二金澤名古屋營所三曰岐阜曰豐橋曰松本計本臺步兵三大隊工兵一中隊山礮兵一大隊輜重兵一小隊凡二千五百七十五人金澤營所二曰七尾曰福井計步兵三大隊二千二百十九人合計四千七百八十四人弟四軍大坂鎮駐攝津分置三師一大坂二大津三姬路大坂營所三曰和歌山曰兵庫曰西京計本臺步兵三大隊野礮兵一大隊山礮兵一大隊工兵一大隊輜重兵一小隊共三千百六十八

人大津營所二曰敦賀曰津計步兵三大隊二千二百二十七人姬路營所三曰岡山曰鳥取曰豐岡計步兵三大隊共二千二百四人凡七千五百九十九人弟五軍廣島鎮駐安藝分置二師一廣島二丸龜廣島營所三曰松江曰濱田曰山口計本臺步兵三大隊山礮兵一大隊工兵一中隊輜重兵一小隊凡二千五百七十九人丸龜營所三曰德島曰須崎港曰宇和島計步兵三大隊二千二百五十二人凡四千八百三十一人弟六軍熊本鎮駐肥後分置二師一熊本二小倉熊本營所四曰鹿兒島曰飫肥曰千歲曰琉球計本臺步兵三大隊山礮兵一大隊工兵一大隊野礮兵一大隊輜重兵一小隊凡三千百九十五人小倉營所三曰長崎曰福岡曰對馬計步兵三大隊二千二百三十四人凡五千四百廿九人椄日本之兵統計陸軍步兵十六聯隊四十六大隊三

萬三千百八十五人騎兵一大隊一中隊四百九十八人礮兵十大隊海岸隊二千八百八十三人工兵三大隊四中隊千二百七十一人輜重兵一中隊五小隊五百九十六人合計六十大隊六中隊五小隊三萬八千四百二十五人又士官學校生徒四百三十一人教導團生徒千四百四十八人憲兵千四百五十三人電信隊百十五人諸工生徒五十八人屯田兵四百七十五人其豫備兵後備兵國民軍無事不叵入營其在營者陸軍人員凡四萬二千三百八十九人海軍提督府二第一提督府駐相摸三浦郡大津邨第二提督府駐薩摩鹿兒島郡鹿兒島海軍兵隊屬提督者二千一百四十八人內長官二十六上官一百七十七下官三百五十二水火工一千五百八十五海軍本部水兵共一千六百十八人內長官十上官一百十二礮隊三百八十四銃隊九百四十七樂隊六

十六鼓隊九十一凡三千七百五十七人兵船兵屬凡七千三百五十四此明治十九年數也在光緒十二年後有增易分詳諸表

徵兵已未入伍表

日本之兵海陸𠔥徵表以光緒十二年明治十九爲主二十歲壯丁爲一科計徵兵之年也前年越人員爲一科謂前一年二十歲人也現役志願人員自願入兵者也此一千一百八十一人有前一年六百一人在內逑徵兵已未入伍表

徵集人員 現役	徵集人員 補充	徵集人員 第一備徵兵	徵集人員 計	先入兵不參人員	入營延期不參人員
一三二五七	一六一三九〇	一二	一七四六五九	五一〇九	
四三四四	一三四三八	六	一七七八八	二三三六〇	九三
六六二			六六二		
一八二六三	一七四八二八	一八	一九三一〇九	二八四六九	九三
二七六八四	一五二七三八		一八〇四二二	二五六一一	一六〇
二六一六九	三二八六四		五九〇三三	三五九一	
二三六〇九	八四二九	七九〇八	三九九四六	二一九九一	
一九七八〇	六〇三三	一七九一	二七六〇四	一七八三八	
一八三九一	五六七七	三〇八三	二七一五一	一三四八八	
一九八八五	四〇九二		二三九七七	九六五八	
八六〇五	二一九〇		一〇七九五		
九八一九	二八一九		一二六三八		

徵集猶豫人員	一一一四九〇	七四一四		一一八九〇四	一一八五四二	二七三六七七	二三七八三八	二一六四七〇	二五七三三〇	二三四〇〇八	二二〇五七二	三一四四〇七
除役人員	六五七二三	一四四六一	五一九	八〇七〇三	六二六六四	一一四四七	八九四九	八八九九	八七二四	五六三九	二二七	二四四
總計	三五六九八一	六三一一六	一一八一	四二一二七八	三八七三九九	三四七七四八	三〇八七二三	二八〇八一一	三〇六六九三	二七三二八二	三二一五九四	三二七二八九

徵兵分類表

日本徵兵以二十歲爲率身材以五尺爲率所謂先入兵不參人員者身材未逮定尺且不及歲也雖及歲而猶有待謂之入營延期不參人員參之言補入也雖身材未逮定尺翌年可卜謂之徵集猶豫人員然或先入兵格其亦可也光緒十二年之數較前有異述徵兵分類表

兵類		光緒十二年二十歲壯丁 軍管 第一	第二	第三	第四	第五	第六	第七	計	前並名人員	今役志願	合計
現徵	步兵	二〇七	二〇一	一八〇	一九二	一八四	二〇六		一一六四	三〇	八五	一二七九
	騎兵	九	九	九	一二	六	七		五一	二	一九	七二
	礮兵	一七	一四	一三	一五	一三	一六		八七	五	一五	一〇七

集人員 徵集

現役 役

部	兵種											
近衛	工兵	八	六	八	九	六	八		四五	三	三	五一
近衛	看護卒	一	一	二	二	一	一		八		二	一〇
近衛	看馬卒				一	一			二			二
近衛	鞍工	一		一					二	一		三
近衛	計	二三七	二三一	二二二	二三〇	二一一	二三八		一三五九	四一	一二四	一五二四
鎮臺	步兵	一六四二	一六〇三	一六四六	一六七〇	一三九一	一五五三		九五〇五	一三三一	三六〇	二一九六
鎮臺	騎兵	六三							六三	三	一四	八〇
鎮臺	砲兵	一五六	一三六	一二八	一一九	一二四	一二五	一八	八〇六	一五〇	四一	九九七
鎮臺	工兵	七三	三一	三四	六七	三三	六七		三〇五	四七	八	三六〇
鎮臺	輜重兵	五一	一三	一五	四七	三一	二九		一八六	二一	三三	二四〇
鎮臺	輜重輸卒	二八	六九	一二七	一二〇	五五	六六		四六五	二六九七	七	三一六九
鎮臺	看護卒	七三	三六	五〇	三三	四七	二九		二六八	三一	六四	三六三
鎮臺	看馬卒	二		一	二	一	一		七	一	二	一〇
鎮臺	鞍工	三	三	四	三	三	三		一九	四	一	二四
鎮臺	計	二〇九一	一八九一	二〇〇五	二〇六一	一六八五	一八七三	一八	一一六二四	四二八五	五三〇	一六四三九

人							員	先	入	兵	不	參	人	員
		補		充										
海軍水兵	小計	近衛	鎮臺	海軍水兵	小計	第一豫備徵兵	合計	失踪及逃亡	公權停止	不到檢查場者	刑事裁判未決者	刑期及懲罰內者	疾病雜事	身幹未滿定尺
四六	二三七四	一〇〇	三三八九四	一九	三四〇一三	三	三六三九〇	七四五	二八	二六五	一七	一		
五〇	二一七三	一〇一	二六二一七	一七	二六三三五	一	二八五〇八	一〇六三		一二一	四五			
四五	二二六三	一二三	二八一二四	一九	二八二六五	四	三〇五三一	八五四	一	九三	一		九	
四八	二三三九	一〇八	二六〇九二	二〇	二六二二〇		二八五五九		七	八三三	一			一
四二	一九三八	九五	二四二九七	二一	二四四一三	三	二六三五四	六一二	一	一〇三	二	一	五七	
四三	二一五四	一〇一	二二〇〇六	二〇	二二一二七	一	二四二八二	一五九	一	三三	二		一	
	一八		一七		一七		三五	四一		四			八	一
二七四	一二二五七	六二七	一六〇六四七	一一六	一六一三九〇	一二	一七四六五九	三四七三	三八	一四五一	六八	二	七五	二
一八	四三四四	二一	一三四〇九	八	一三四三八	六	一七七八八	一七七九〇	四九四	四四八六	四〇九	三五	九七	四九
八	六六二						六六二							
三〇〇	一八二六三	六四八	一七四〇五六	一二四	一七四八二八	一八	一九三二〇九	二一二六三	五三二一	五九三七	四七七	三七	一七二	五一

計	一〇五六	一二二八	九五八	八四二	七七六	一九五	五四	五一〇九	二三三六〇		二八四六九
入營延期不參人員									九三		九三
徵　兄弟同時徵集及現役兵兄弟	九三	七八	一〇八	九一	一一八	九〇		五七八	一二五		七〇三
現役中死亡及爲公務負傷兄弟	一一	一〇	一二	二一	八	一二		七四	一二		八六
係戶主六十歲以上之嗣子及承祖之孫	二六七八	一三九八	三二四〇	三六四九	三一二五	三〇八六	三五	一七二二	一八四		一七三九五
癈疾不具者嗣子及承祖之孫	二五二	一一三	一九七	二一四	一七七	三八七	一	一三四一	八五		一四二六
戶主	一三五五七	六八〇〇	一三五八五	一七二六九	一一三九二	一三七八八	一二四	七六五一五	二二〇三		七八七一八
舊教正			二					二			二
集　官立學校教員	一一六	一四五	九八	一一一	一二八	一二五		七二三	九九		八二二
官立大學校生徒	八	二三	一七	一七	一〇	一七		九二	一三		一〇五
陸海軍生徒及海軍工夫	一二六	七〇	一五六	一一二	一五二	一六四		七八〇	五六		八三六
身幹未滿定尺	一〇九六	九二八	一一〇九	八八七	一二二五	六一八	五	五八六八	二六二一		八四八九
疾病	六五三	三四〇	八二二	六二三	六〇九	三七九		三四二六	五〇八		三九三四
猶　留學外國	三一	七	一七	一二	八	一五		九〇	七		九七
刑事裁判未決	五九	一四	二五	四八	八〇	五三〇		七五六	八六一		一六一七

除役人員	公權停止	一八〇	四四	二一五	二九二	二二六	一一六		一〇七三	三一八		一三九一
	於官立學校卒一年以上課程者	四二六	二七五	八二四	二八四	二〇八	二七五	一	一七五三	四〇		一七九三
	太政官決裁	七八	五	一四	九	九	五	一	一二一	四		一二五
	陸海軍將校下士卒	二一二	五五	一一九	一一九	二九六	二一九		一〇二〇	一三		一〇三三
	寄留徵兵未行地	一	一三	四	一				一九	一		二〇
	航海不便不經檢查者						二〇		二〇			二〇
	取調中	一三				二			一五	二四五		二六〇
	他行及刑期懲罰中	二	一一						一三	一九		三二
	計	一九五九二	一〇三二九	二〇〇二四	二三七五九	一七七七二	一九八四六	一六七	一一一四九〇	七四一四		一一八九〇四
除役人員	疾病	七四一三	一一八六六	八八四九	八二七二	一一一四七	一一四四六	三三	五九〇二六	一三五二〇		七二五四六
	闕損	三八九五	四九二	五九七	一〇四〇	一三〇	三三六	一二	六五〇三	八一二		七五一三
	重罪處刑	八二	五	二五	四五	二八	九		一九四	一二九		三二三
	計	一一三九〇	一二三六四	九四七一	九三五七	一一三〇五	一一七九一	四五	六五七二三	一四四六一		八〇一八四
總計		六八四二八	五二四二九	六〇九八四	六二五一七	五六二〇八	五六一一四	三〇一	三五六九八一	六三一一六	六六二	四二〇七五九
前一年		六六一五九	五〇八九九	五六七二八	六〇二四七	五四二七三	五三〇五九	三六二	三四一七二七	四四六四五	一〇二七	三八七三九九

前二年	五七六四四	四三八一二	五〇六七〇	五一三一三	四八九二九	四六〇一二	三〇四	二九八六八五	四九〇六三		三四七七四八
前三年	六八五二七	三〇五〇二	三七〇四六	五二四〇一	四三六五〇	三九四四八	三〇一	二七一八七五	三六八四八		三〇八七二三
前四年	六四〇〇六	二八二八三	三三四六九	四六七五二	四三五六三	三七二九四	二九六	二五三六六三	二七一四八		二八〇八一一
前五年	七〇六一六	三一七三三	三八七〇六	五六四六一	四八二六五	四〇九六六	三三〇	二八七〇七七	一九六一六		三〇六六九三
前六年	六三四一二	二八四八二	三五二七七	五二八〇七	四四九一二	三五四三二	二六八	二六〇五九〇	一二六九二		二七三二八二

徵兵志願表

光緒十二年（明治十九）海陸兵之現役志願者凡一千一百七十三前一年一千有一十五前二年一千五百四十一以軍地萃之以年歲限之以兵職之異同判之述徵兵志願表

分類		軍管（前一年八員）							
		第一	第二	第三	第四	第五	第六	第七	合計
徵現	近衛	五	八	六	七	八	七		四一
	鎮臺	六二二	一〇三八	五四五	六七四	八五四	五四七	五	四二八五
役	海軍水兵	四		四	二	三	五		一八

分類	徵集人員 補充 小計	近衛	鎮臺	海軍水兵	小計	徵集 第一豫備徵兵	人員合計	入營延期不參人員	先入兵不參人員	徵集猶豫人員	除役人員	總數	現役志願 十七歲以上二十歲未滿	現役志願 二十歲以上二十八歲未滿
軍管 第一	六三二	三	二九五一	一	二九五五	二	三五八八	一三	五三九〇	一一七六	二九四二	一三一〇九	四四	一九
第二	一〇四六	四	一五四七	三	一五五四	二	二六〇二	二七	七六五二	七〇六	三八五二	一三七三二	八二	一二
第三	五五五	二	二六六八	二	二六七二	二	三二二九	九	三三八一	一六〇二	二三八二	一〇五〇三	二〇九	六九
第四	六八三	三	二一八六	二	二一九二		二八七四	九	二六九三	一〇八一	二二九〇	八九四七	七〇	二八
第五	八六五	七	二四六六		二四七三		三三三八	一四	二七九八	一五四八	二八〇七	一〇五〇五	三〇〇	一五六
第六	五五九	二	一五八九		一五九一		二一五〇	二一	一四三四	一二九二	一六二三	六五二〇	一〇〇	七九
第七	五		二		二		七		一一二	九	三二	一六〇	五	
合計	四三四四	二一	一三四〇九	八	一三四三八	六	一七七八八	九三	二三三六〇	·七四一四	一四四六一	六三一一六	八一〇	三六三

區分								
人員合計	六三	九四	二七八	九八	四五六	一七九	五	一一七三
十七歲以上二十八歲未滿	一		四		一	二		八
總數	六四	九四	二八二	九八	四五七	一八一	五	一一八一
現役 近衛 步兵	八	九	二七	一五	二二	四		八五
現役 近衛 騎兵	三	三	三	一	六	三		一九
現役 近衛 礮兵		一	六	一	五	二		一五
現役 近衛 工兵		一			二			三
現役 近衛 看護卒		一			一			二
現役 近衛 計	一一	一五	三六	一七	三六	九		一二四
志願 鎮臺 步兵	一九	四二	五七	六二	一三四	四五		三五九
志願 鎮臺 騎兵	一四							一四
志願 鎮臺 礮兵	三	二	三	一一	一三	九		四一
志願 鎮臺 工兵	一		一		五	一		八
志願 鎮臺 輜重兵	三	六	三	八	七	六		三三
志願 鎮臺 輜重輸卒		二	四			一		七

人員		一	二	三	四	五	六	七	八
	看獲及看馬卒	七	一五	四		二一	一七	一	六五
	鞍工						一		一
	計	四七	六七	七二	八一	一八〇	八〇	一	五二八
	海軍水兵			一		五	二		八
	合計	五八	八二	一〇九	九八	二三一	九一	一	六六〇
鎮臺	步兵						一		一
	看護卒					一	一		一
	計					一	一		二
不合格	疾病	五	二二	七二		六七	八五	二	二四三
	闕損						四	二	六
	短尺	一		一〇一		一六八			二七〇
	計	六	二二	一七三		二三五	八九	四	五一九
總數		六四	九四	二八二	九八	四五七	一八一	五	一一八一

徵兵身格表

徵兵身材之定格厥等有七一日五尺五寸以上二日五尺四寸

以上三曰五尺三寸以上四曰五尺二寸以上五曰五尺一寸以上六曰五尺以上七曰四尺九寸以上光緒十二年（明治十九）入徵格者凡十九萬三千一百有七述徵兵身格表

軍管鎮臺	身幹尺度 五尺五寸以上		五尺四寸以上		五尺三寸以上		五尺二寸以上		五尺一寸以上		五尺以上		四尺九寸以上		人員合計
第一東京	一四、三三三	三、五八	二八、一二	七、〇二	五、九六〇	一四、八九	八、二五二	二〇、六一	九一、五一	二二、八六	七六、四一	一九、〇九	四七、八七	一一、九六	四〇〇、三六
第二仙臺	一二、九九	四、一六	二四、七九	七、九五	四九、二八	一五、八〇	六七、四四	二一•六二	七二、八三	二三、三	五五、一八	一七、六九	二九、四一	九、四三	三一一、九二
第三名古屋	一二、四六	三、六八	二四、八六	七、三四	五二、一二	一五•三九	六九、八一	二〇、六一	七八、六八	二三、二三	六三、一四	一八、六四	三七、六一	一一、一〇	三三八、六八
第四大坂	一五、〇四	四、七七	二五、五〇	八、〇九	五〇、四七	一六、〇一	六六、六二	二一、一三	六八、八〇	二一、八二	五四、四五	一七•二七	三四、四三	一〇、二九	三一五、三一
第五廣島	一〇、四〇	三、四八	二〇、五八	六、八八	四五、一七	一五、一一	六一、六九	二〇、六二	六、七九七	二二、〇五	五七、九四	一九、三七	三五、三六	一一、八二	二九九、一三
第六熊本	一二、三四	四、六五	二三、二九	八、七八	四六、五一	一七、五四	五五、五九	二〇、九六	五九、二二	二二、三三	四四、三七	一六、七三	二三、九二	九、〇二	二六五、二四
第七	八	一八、六〇	一三	三、〇二三	二二	五一、一六									四三
總計	七七、六四	四、〇二	一四七、二七	七、六三	三〇三、三九	一五、七一	四〇三、六七	二〇、九〇	四三九、〇一	二三、七三	三五一、四九	一八、二〇	二〇八、六〇	一〇、六〇	一九三一、〇七
前一年	七六、一一	四、二二	一三九、九五	七、七六	二八二、一六	一五、六四	三八五、四九	二一、三七	四一六、三九	二三、〇八	三二八、三〇	一八、一九	一七五、八二	九、七四	一八〇四、二二
前二年			五〇、九三	三、六三	六九、四四	一一、七六	一〇七、七二	一八、二五	一二六、四三	二一、四一	一一三、七四	一九、二七	一二二、〇七	二〇、六八	五九〇、三三

徵兵本業表

日本所徵之兵光緒十二年明治十九凡十九萬三千一百有七若農若工若商與夫漁人輿人雜人無業人皆入其中計歲量體不問所出也雖然素所經營亦必入簿述徵兵本業表

軍管鎮臺	職業 農 人員		工 人員		商 人員		漁夫 人員		舟夫 人員		雜業 人員		無職業 人員		合計 人員
第一東京	二一〇、五六九	七六、三五	一六、八四	四、二一	二一、六六	五、四一	一〇、九二	二、七三	三、六二	〇、九〇	三四、四六	八、六一	七、一七	一、七九	四〇〇、三六
第二仙臺	二四七、四四	七九、三三	一四、〇〇	四、四九	一四、一〇	四、五二	五、八二	一、八七	一、二〇	〇、三八	二三、二八	七、四六	六、〇八	一、九五	三一一、九二
第三名古屋	二四〇、五三	七一、〇二	一六、四一	四、八五	二〇、〇二	五、六二	一一、一七	三、五九	五、二三	一、五四	三七、九〇	一一、一九	六、四三	一、九〇	三三八、六九
第四大坂	二二五、二六	七一、四四	一二、三八	三、九三	二五、六七	八、一四	六、四九	二、〇六	三、〇二	〇、九六	三六、五七	一一、六〇	五、九二	一、八八	三一五、三一
第五廣島	二二二、三八	七四、三四	一二、四一	四、一五	一五、三五	五、一三	一〇、四二	三、四八	五、四〇	一、八一	二七、二八	九、一二	五、九〇	一、九七	二九九、一四
第六熊本	二〇三、一四	七六、五九	一〇、四一	三、九二	一六、七六	六、三三	八、二四	三、一一	二、六二	〇、九九	二〇、二八	七、六五	三、七六	一、四二	二六五、二四
第七			二	四、六五	一四	三二、五六	九	二〇、九三			一七	三九、五三	一	二、三三	四三
總計	一四四四、四四	七四、四四	八二、四七	四、二七	一一三、七三	五、八九	五四、一五	二、八五	二一、〇九	一、〇九	一七九、九四	九、三二	三五、二七	一、八三	一九三一、〇六
前一年	一三六一、一七	七五、四六	八二、八四	四、五九	一〇七、一〇	五、九三	四四、九五	二、四九	一七、四二	〇、九六	一五九、〇〇	八、八一	三一、七四	一、七六	一八〇四、二二
前二年	四六七、五六	七九、二〇	二五、一〇	四、二九	二四、一五	四、〇九	九、二九	一、五七	三、八二	〇、六五	五二、五八	八、九一	七八三	一、三三	五九〇、三三

陸軍分管表

陸軍鎮臺有七東京其一也所轄武藏神奈川山梨靜岡伊豆羣馬長野信濃埼玉下總千葉茨城橡木及伊豆小島小笠原島其地面人七百五十一萬二千一百一十七仙臺其二也所轄宮城陸前磐城福島羽前新潟山形岩手靑森秋田其地面人五百七十九萬二千一百九十六名古屋其三也所轄愛知尾張三河靜岡遠江駿河長野信濃三重伊勢志摩紀伊岐阜石川富山福井越前其地面人六百五十二萬二千一百十八大坂其四也所轄大坂奈良和歌山西京山城滋賀三重伊賀兵庫福井若狹岡山鳥取其地面人六百四十一萬九千五百九十三廣島其五也所轄廣島岡山島根山口德島愛媛高知其地面人六百一十萬一千四百六十三熊本其六也所轄熊本鹿兒島宮崎福岡長崎佐

賀大分及琉球國其地面八五百九十二萬三千四百五十四北海道其七也其地面八二十二萬六千二百三十六其分轄地與府縣知事地界互有異同迻陸軍分管表

軍管	鎮臺		師管	面積	戶數	人口
第	第		東京内	四六〇三	二九九三、四二	八九九九、五八
東			神奈川	二二九、一七	一七一〇、三七	八五三七、八九
			山梨	二八九、八五	八〇四、四七	四三三〇、三八
			静岡内	八七、六一	二八〇、七〇	一五一七、七六
			羣馬	四〇七、二五	一二八五、九〇	六四八五、四五
			長野内	四三三、三三	一一四二、〇五	五五三九、二四
		一	埼玉内	二二一、四七	一一六五、六九	六七二四、〇七
		第	東京内	六、一四	五八五、五七	七五三、四五
			埼玉内	四四、三七	五八二、三四	三五二一、三八
			千葉	三二六、四五	二一一二三、三〇	一四九九、三五

軍管	鎮臺		師管	面積	戶數	人口
第	大	第	大坂内	二八六、〇八	三〇二二、〇九	一三八四九、五八
			和歌山	三一〇、六二	一二八二、四八	六二〇、六二〇
			京都内	七三、〇八	一一四一、二五	四六八六、一七
			滋賀	二五八、四四	一三四八、一五	六六〇〇、三九
		七	三重内	四七、三四	二一五、五〇	一〇四二、九〇
		第	大坂内	三一、〇六	〇五四、四八	二四三五、一六
			京都内	二二三、四七	八〇〇、八四	三七五五、三三
			兵庫	五五六、六八	三一三三、〇三	一四七七八、三五
			福井	五四、七五	一七四、七九	九一〇、九五
			岡山内	二六四、六五	一二六二、六〇	六〇一九、一四

京	茨城	三八五、一六	一七一一、七五	九七三四、九四
一 三	橡木	四一一、七七	一〇五、四九	六四七七、六八
	合計	二八八八、六〇	一五四六一、〇五	七五一二一、一九
第 第	宮城內	二〇三、〇一	三八〇、四四	二二六五、三四
仙	福島	八四六、〇七	一四七五、九八	八七〇六、五四
	山形內	五四三、五二	一三三、七二	八三六、三六
三	新潟	八二四、五九	三〇一四、四二	一六六九八、七七
第	宮城內	三三七、七八	六七八、六八	六一、三五
	山形內	五三、五二	一三三、七二	八三六、三六
臺	岩手	八九九、一九	一〇八一、六〇	六四八五、九五
	青森	六〇七、〇三	八一四、三五	二七二、五二
二 四	秋田	七五四、〇〇	一一五二、五二	六五九八、九〇
	合計	五〇七一、八二	九七四二、六九	五七九二一、九六
第 名 弟	愛知內	二七九、九九	二六五二、八三	一二〇九一、〇二
	靜岡內	四一六、二一	一六五五、四五	八八六二、三八

四 坂 八	鳥取	二二四、一六	八二六二、六〇	三九一一、七六
	合計	二三三〇、三三	一三七六、五九	六四一九五、九三
第 第	廣島	五二〇、七八	二六三五、五八	一二八〇四、九二
廣	岡山內	八九八、二六	八九八、二六	四四九六、六六
	島根	四三五、八二	一四九四、七二	六八八四、〇九
九	山口	三八九、九九	一八七〇、一二	九〇四六、六七
第	德島	二七五一、二八	一三一六、〇八	六六七七、〇八
島	愛媛	四五四、六七	三二九一、六二	一五四二五、五一
五 十	高知	四五四、七二	一二〇五、七三	五五七九、七〇
	合計	二六八三、五九	一二七八二、一一	六一〇一四、六一
第 第	熊本	四六五、四七	二〇九七、七六	一〇二三一、七四
熊 十	鹿兒島	六〇二、三一	二〇五七、四一	九四九六、五三
一	宮崎	四八七、三四	八〇六、二六	三九〇九、八二
弟	福岡	三一七、八一	二一五六五、七四	一一六四九、一〇
十	長崎	二三五、一五	一四五二、一六	七二一二、〇八

		長野内	四二〇、四三	一〇六五、三八	五二七七、五五
五		三重内	三二一、二一	一五一八、二七	七九八六、四七
古	第	愛知内	三二、七九	四六六、〇〇	二一〇四、七三
		岐阜	六七一、四五	一七八八、六八	九〇四四、二一
		石川	二七〇、七二	一五八、四六	七四九八、五八
		富山	二六六、四一	一四九〇、六一	七二九二、一二
三屋	六	福井内	二一七、六九	九六、六九三	五〇六五、一三
		合計	二八九六、八六	一、三三〇四、六一	六五二二、二八
	本	佐賀	一六四、四八	一〇六二、八〇	五三七四、六八
六	二	大分	四〇二、七三	一五一一、四〇	七六八七、六八
		合計	二八、二七、八〇	一、一九〇六、五六	五、九三三四、五四
第	屯	函館	五一四、五七	三〇一、八六	一二七一、四七
	田兵	札幌	三、二四五、五一	二四、八二二	八一、〇四四
七	部本	根室	二、三三五、二八	三、七二二	七、一〇七
		合計	六、〇九五三六	五八、七三〇	二一五、二九八

陸軍人屬表

陸軍軍人或分役他國或留學海邦其原職繫軍末之去也故編入屬如初凡分役職官一上長官二士官十判任二又留學士官十一判任二生徒一光緒十一年（明治十八）前其等外與夫准等外皆入所計六年以前（明治十三）則計現在人數豫備後備者非在計中茲据光緒十四年册仍十二年報告也述陸軍人屬表

區別	軍人 將官及相當官	軍人 上長官	軍人 士官及准士官	軍人 下士	軍人 諸卒	軍人 職工	軍人 生徒	軍人 計	軍屬 勅任及奏任	軍屬 判任及准判任	軍屬 事務傭	軍屬 計	合計
陸軍省	四	四二	一三二	一〇七	一七四	一〇	一三二	六〇二	勅任 一九 二	二八三	一六	三二〇	九二二
士官學校	一	九	九四	六四	二七		七六九	九六四	一二	三八	七	五七	一,〇二一
戶山學校		四	二〇	三五	三七		三〇九	四〇五		五	三	八	四一三
礮兵射的學校		一	四	八			六七	八〇			一	一	八一
教導團		五	九九	三二二	一〇八	七	一,八五一	二,三九二		一〇	三	一三	二,四〇五
憲兵本部		六	五一	三七九	九八六			一,四二二					一,四二二
屯田兵本部	一	五	三〇	四二	一,〇三四			一,一一二		二九	四五	七四	一,一八六
礮兵方面		二	九	一一				二二		二六	九	三五	五七
礮兵工廠		五	一六	七四	二		九九	一九六	二	八三	七九	一六四	三六〇
工兵方面		四	一四	三二				五〇		七	一〇	一七	六七
臨時礮臺建築部			三					三		三		三	六
參謀本部陸軍部	二	二五	一〇二	三七	三二		二二	二二〇	一二	二八四	一四	三一〇	五三〇
近衛	三	二四	二五六	五三八	三,七七八			四,六〇九	一	一五	一一	二七	四,六三六
東京	三	三六	三八七	九五八	六,六八六	一八		八,〇八八	七	三一	八	四六	八,一三四

仙臺　仙臺	三	三三三	三三三八	八八一	六、〇九一	七		七、三五三	五	一七	九	三一	七、三八四
名古屋	三	三四	三四〇	七七八	六、〇二八	一一		七、一九四	五	二〇	七	三二	七、二二六
大坂	三	三四	三五一	九〇四	六、二三六	一二		七、五四〇	三	二三		二五	七、五六五
廣島	三	三一	三〇〇	七五三	四、八一二	八		五、九〇七	五	一九	一	二五	五、九三二
熊本	三	三五	三二〇	八二五	五、五二八	一四		六、七二五	五	二二	三	三〇	六、七五五
待命	六	七	六					一九					一九
非職		一四	八二					九六					九六
豫備軍軀員及豫備軍				一〇三	一〇七、五七〇			一〇七、六三七					一〇七、六七三
後備軍軀員及後備軍		一三	一四七	九〇六	三二、八二五	一二		三三、九〇三					三三、九〇三
總計	*三五 一三	三六九	三、一〇二	七、七五七	一八一、九五四	一〇九	三、二四九	一九六、五八八	勅任二 六七	九一四	二二六	一、二一八	一九七、八〇六
前一年	四一	三三九	二、九二七	七、四四一	一六三、三五〇	一一一	三、一一二	一七六、三二一	勅任一 七三	九四九	五三〇	一、五五三	一七七、八七四
前二年	三四	三二八	二、六三六	七、一七一	一三七、〇八八	六七	一、七六七	一四九、〇九一	六六	九〇九	三九三	一、三六八	一五〇、四五九
前三年	三二	二八一	二、五四二	九、〇四〇	一二七、九〇七	六二	一、五八八	一三七、四五二	三五	七六二	三六九	一、一六六	一四〇、六一八
前四年	二九	二五七	二、四二七	六、九四七	一〇九、一八七	六三	六四七	一一九、五五七	五四	七一九	三二八	一、一〇一	一二〇、六五八
前五年	二八	二三六	二、三九〇	六、六〇七	九一、七六二	七三	八〇四	一〇一、九〇〇	一六	六七〇	一九二	八七八	一〇二、七七八

前六年	二五	二四四	二、四六三	五六六一〇	三一、一〇二	六四	一、三一五	四〇、八二三	一三	五三〇	一六三	七〇六	四一、五二九
前七年	二五	二〇四	二、〇一四	四、七六七	三二、五〇八	五七	一、九〇五	四一、四八〇	一二	四七五	一九一	六七八	四二、一五八
前八年	二〇	一八八	二、〇六〇	四、六八九	三一、四二四	二八	二、〇二二	四〇、四三一	一五	四九二	二三四	七四一	四一、一七二

陸軍隊表

陸軍之隊有步有騎有礮有警備有工有軍樂其輜重兵即就小隊區畫者也不離伍曰營所戍它地曰分遣而以近衛隊冠焉今册仍光緒十一年明治十九數也述陸軍隊表

所管	兵類	隊數 大隊	中隊	配置人員 將官	上長官	士官及准士官	下士	兵卒及生兵	職工	合計
近衛	步兵第一旅團本部			二		四	六			一二
	步兵四聯隊	七			一三	一八一	三六一	三、〇八七		三、六四二
	騎兵	一			一	一五	三二	二〇四	四	二五六
	礮兵一聯隊	二			三	二三	五七	二九七	六	三八六
	工兵		一			九	二五	一四九		一八三
	軍樂隊					一	一八	三三		五二

合計	一〇	一	二	一七	二三三	四九九	三、七七〇	一〇	四、五三一
東京一臺 步兵第一旅團本部			一		二	三			六
東京一臺 步兵第二旅團本部			一		二	三			六
東京一臺 鎮臺東京 步兵二聯隊	六			一二	一二六	三三八	二、八四七		三、三三三
東京一臺 鎮臺東京 騎兵	一			一	一六	三〇	二一五	六	二六八
東京一臺 鎮臺東京 礮兵一聯隊	三			四	三一	七四	四五七	一〇	五七六
東京一臺 鎮臺東京 工兵	一			一	一三	四六	二六二		三三三
東京一臺 鎮臺東京 輜重兵		一			八	二〇	一三九	二	一六九
東京一臺 營所佐倉步兵一聯隊	三			四	六七	一五七	一、四三四		一六六二
東京一臺 分營高崎步兵一聯隊	二			三	四七	一一四	一、〇四二		一、二〇六
東京一臺 分遣神奈川礮兵					一	六	二五		三二
東京一臺 合計	一六	一	二	二五	三一三	七九一	六、四二一	一八	七、五七〇
仙 步兵第三旅團本部			一		二	三			六
仙 步兵第四旅團本部			一		二	三			六
仙 步兵二聯隊	五			一二	一〇四	二六七	二、三八〇		二、七六三

鎮	部隊									
仙臺鎮	本臺仙臺 礮兵一聯隊	三			三	二六	六九	四〇五	五	五〇八
	本臺仙臺 工兵		一			七	二四	一二二		一五三
	本臺仙臺 輜重兵		一			七	一七	九三	二	一一九
	營所青森步兵一聯隊	二			二	四二	一〇九	九六四		一、一一七
	分營新發田步兵一聯隊	三			四	六五	一七〇	一、四四〇		一、六七九
	分遣函館步兵	一			一	二〇	五四	四八四		五五九
	函館礮兵					四	一九	七四		九七
	合計	一四	二	二	二三	二七九	七三五	五、九六二	七	七、〇〇七
名古屋鎮	步兵第五旅團本部			一		二	三			六
	步兵第六旅團本部			一		一	三			五
	本名古屋臺 步兵一聯隊	六			一一	一二六	二五三	二、九七八		三、三六八
	本名古屋臺 礮兵一聯隊	三			二	二六	六五	二八九	七	三八九
	本名古屋臺 工兵		一			七	二六	一二〇	一	一五四
	本名古屋臺 輜重兵		一			七	一八	九三	三	一二一
	營所金澤步兵一聯隊	三			五	六六	一六四	一、四三〇		一、六六五

	分營豐橋步兵一聯隊	二			三	四四	一一二	九七三		一、一三二
臺	合計	一四	二	二	二一	二七九	六四四	五、八八三	一一	六、八四〇
大阪鎮臺	步兵第七旅團本部			一		二	三			六
	步兵第八旅團本部			一		一	三			五
	本臺大阪　步兵二聯隊	五			一一	一〇五	二八三	二、三九五		二、七九四
	本臺大阪　礮兵一聯隊	三			三	三一	六七	四四五	八	五五四
	本臺大阪　工兵	一			一	一五	五四	二三七	一	三〇八
	本臺大阪　輜重兵		一			八	二三	一二〇	三	一五三
	營所姬路步兵一聯隊	三			四	六四	一六五	一、四二六		一、六五九
	分營大津步兵一聯隊	三			四	六四	一六五	一、四二六		一、六五九
	分遣　兵庫礮兵					一	二	二六		二九
	分遣　目標山礮兵						二	八		一〇
	合計	一五	二	二	二三	二九一	七六六	六、〇八三	一二	七、一七七
廣	步兵第九旅團本部			一		二	三			六
	步兵第十旅團本部			一		二	三			六

鎮臺	所營	部隊									
熊本鎮臺		步兵第十一旅團本部			一		二	三			六
		步兵第十二旅團本部			一		二	三			六
	本臺熊本	步兵二聯隊	五			一二	八九	二五五	二、一六二		二、五一八
		礮兵一聯隊	三			四	三三	八一	四七七	八	六〇三
		工兵	一			一	一五	五三	二三九	二	三一〇
		輜重兵		一			八	二一	一一八	三	一五〇
	營所	小倉步兵一聯隊	三			四	六七	一六五	一、四二六		一、六六二
		福岡步兵一聯隊	二			三	三五	八四	七一七		八三九
廣島鎮臺	本臺廣島	步兵二聯隊	五			九	一〇〇	二五一	一、八九四	五	二、二五四
		礮兵一聯隊	三			三	二六	六三	四〇〇		四九七
		工兵		一			七	二七	一二一	一	一五六
		輜重兵		一			八	二〇	一二〇	二	一五〇
		營所松山步兵一聯隊	二			四	三二	九三	七一六		八四五
		分營丸龜步兵一聯隊	三			五	六三	一六六	一、四三七		一、六七一
		合計	一三	二	二	二一	二四〇	六二六	四、六八八	八	五、五八五

臺	分遣沖繩兵步兵		一			五	二一	一一七	一	一三四
	警備隊對馬 步兵		一			五	二二	一一九		一三六
	警備隊對馬 礮兵					一	七			八
	合計	一四	三	二	二四	二六二	六九五	五、三七五	一四	六、三七二
總計	步兵旅團本部			一四		二六	四一			八二
	步兵二十八聯隊	七一	二		二六	一、五一七	三、七四九	三二、八九四	一	三八、二八七
	騎兵	二			二	三一	六二	四一九	一〇	五二四
	礮兵七聯隊	二〇			二三	二〇三	五一二	二、九〇三	四九	三、六八九
	工兵	三	四		三	七三	二五五	一、二五〇	五	一、五八六
	輜重兵		六			四六	一八八	六八三	一五	八六二
	軍樂隊					一	一八	三三		五二
	合計	九六	一二	一四	一五三	一、八九七	四、七五六	三八、一八二	八〇	四五、〇八二
前一年		八六	七		一三〇	一、七七九	四、二〇七	三五、一四九	七四	四一、三三九
前二年		七六	九		一一七	一、五八五	四、二六九	三三、三三二	五八	三九、三六一
前三年		六〇	七		九二	一、四六六	三、九三一	三二、八八七	四九	三八、四二五

前四年	五五	七		八五	一、四四三	四、四四〇	三一、〇八一	四六	三八、〇九五
前五年	五五	七		八三	一、四八二	四、四六六	三一、七四一	四八	三七、八二〇
前六年	五五	七		七七	一、四三五	四、四四七	三〇、五七二	四七	三六、五七八
前七年	五五	七		六四	一、一七八	三、七六五	三二、〇六七	三一	三七、一〇五
前八年	五五	七		五八	一、一七九	三、五〇〇	三〇、八四一	二四	三五、六〇二
前九年	五六	二		四六	一、〇四二	四、一〇七	二九、一二三	一八	三四、三三六

陸軍士卒生徒表

陸軍隊有上長官次曰士官又次下士而曰生徒曰諸卒曰職皆有額光緒十一年明治十九綜數六千有五逓陸軍士卒生徒表

所管	分類	隊長 大隊	人員 上長官	士官	下士	生徒	諸卒	職工	合計
士官學校	生徒隊		三	四五	五四	七六九	一九		八九〇
教導	步兵隊		一	五〇	一七二	一、三九六	二八		一、六四七
	騎兵隊			九	二八	一〇四	六	三	一五〇
	礮兵隊		一	一八	五〇	二一三	七	四	二九三

		1	2	3	4	5	6	7	8
團	工兵隊			一〇	三三	八二	六		一三一
	軍樂基本隊			一	二三	五六	四二		一二二
	合計		二	八八	三〇六	一、八五一	八九	七	二、三四三
東京	本部 東京憲兵隊	二	二	三四	二八五		六七〇		九九一
憲兵	分遣 大阪憲兵隊	一	一	一一	八三		三一四		四〇九
本部	合計	三	三	四五	三六八		九八四		一、四〇〇
參謀本部	電信隊		一	六	一九		二九		五五
騎兵局	調馬隊		一	一九	二四		一六八	二	二一四
屯田兵本部	步兵隊		二	二六	四一		一、〇三四		一、一〇三
總數		三	一二	二二九	八一二	二、六二〇	二、三三三	九	九六、〇〇五
前一年		六	六	一八〇	九〇〇	二、九四二	一、九七二	九	九六、〇〇九
前二年		四	八	一七一	九〇五	一、五四七	一、七五七	一二	四、四〇〇

豫備後備士卒合表

豫備云者備補伍闕也其員有下士後備云者凡徵兵役滿而後年至四十即備出兵時調用也其員有上長官有士官有下士二備之兵有步有騎有礮有工有輜重有雜（日本冊亦謂之其他）雜兵之中有軍醫會計軍吏諸工下長之屬又有後備軍士官憲兵士官光緒十一年（明治九年）三人前一年一人亦在其中光緒十一年（明治十九）陸軍省曾調覈之述豫備後備士卒合表

分類		光緒十一年即明治十九年軍管 第一東京	第二仙臺	第三名古屋	第四大阪	第五廣島	第六熊本	合計	光緒十一	十	九	八	七
豫備下士		三一	一三	一八	一八	一五	八	一〇三	一一六	一四九	一六〇	八七	四一
後備	上長官	八		一	三	一		一三	一二	一二	八	九	七
	士官	八一	一二	一一	一六	一七	一〇	一四七	一三三	一一九	一六〇	九三	九七
	下士	二七九	一三八	一一六	一二八	一四三	一〇二	九〇六	九九一	八四八	一、一五六	八六八	二二七
	計	三六八	一五〇	一二八	一四七	一六一	一一二	一、〇六六	一、一三六	九七九	一、三二四	九七〇	三三一
合計		三九九	一六三	一四六	一六五	一七六	一二〇	一、一六九	一、二五二	一、一二八	一、四八四	一、〇五七	三七二

右兵種別	步兵	騎兵	礮兵	工兵	輜重兵	雜他	合計
	三二五	三	二四	一七	八	二三	三九九
	一四五	一	一二	二	一	二	一六三
	一〇八	六	九	一二	二	九	一四六
	一三六	五	八	三	四	九	一六五
	一六〇		五	四	二	五	一七六
	一〇一	二	六	三	一	七	一二〇
	九七五	一七	六四	四一	一八	五四	一、一六九
	一、〇五六	一七	七九	五三	一三	三四	一、二五二
	九三八	一五	八四	五〇	一五	二六	一、一二八
	一、三三一	二六	六二	二九	二一	一五	一、四八四
	九五九	一五	四二	一九	一四	八	一、〇五七
	三二六	一四	一七	五	七	三	三七二

豫備後備兵分數表

豫備後備之兵分繫于七鎭東京一也仙臺二也名古屋三也大坂四也廣島五也熊本六也北海道七也光緒十一年（明治十九）調箣核計凡十三萬九千二百二十一述豫述後備分數表

軍管	豫備 步兵	騎兵	砲兵	工兵	輜重兵	其他	計	後備 步兵	騎兵	砲兵	工兵	輜重兵	職工	計	合計
第一	五、九八〇	三八七	五六三	二八一	七九	一〇、七七七	一八、〇六七	五、〇三五	二六一	三五五	三三三	一一〇	一	五、九八五	二四、〇五一

第二	五、三三三	二八	三〇九	七九	八〇	一五、一〇一	二〇、九二〇	四、四七二	八	一七三	三九	一四		四、七〇六	二五、六二六
第三	六、五三二	二八	三六一	九六	八二	一〇、四六一	一七、五四二	五、二一八	五	一五二	五五	一〇		五、四四〇	二二、九八二
第四	六、二三六	九	五九三	三〇六	四二	八、四九〇	一五、六六七	四、三九九		四一三	二〇一	四七		五、〇六〇	二〇、七二七
第五	五、三八二		一九三	三七	六八	一三、〇八六	一八、七六六	五、〇五三	二	六九	一六	二	一	五、一四三	二三、九〇九
第六	五、一二〇		六七三	三三四	六〇	一〇、二七六	一六、四六八	四、三六八		五二三	二七〇	五〇	三	五、二一四	二一、六七七
第七	二六		八三		一	三五	一四五	四二		六〇			一	一〇二	二四八
合計 近衛	三〇四六	二一三	三〇六	一八一		七	三、七九三	二、一三八	八五	一八〇	八五			二、四八八	六、二四一
合計 鎮臺	三一、五五四	二一一	二、四六九	九五二	四一二	六八、二一九	一〇三、八一[illegible]	二六、四四九	一八一	一、五六五	七二九	二三三	六	二九、一六三	一三三、九八〇
合計 總數	三四、六〇〇	四二四	二、七七五	一、一三三	四一二	六八、二二六	一〇七、五七〇	二八、五八七	二六六	一、七四五	八一四	二三三	六	三一、六五一	一三九、二二一
前一年 近衛	二、八七三	一六六	二七一	一六二			三、四七二	一、八五七	七五	一四六	九四			二、一七二	五、六四四
前一年 鎮臺	三〇、四三四	二六七	二、一四四	八三九	三八八	五三、八三〇	八七、九〇二	二八、〇七三	二六三	一、四二四	六六六	二二七	一二	三〇、六六五	一一八、五六七
前一年 總數	三三、三〇七	四三三	二、四一五	一、〇〇一	三八八	五三、八三〇	九一、三七四	二九、九三〇	三三八	一、五七〇	七六〇	二二七	一二	三二、八三七	一二四、二一一
前二年總數	三二、〇六六	三八七	二、二九四	九五二	三四九	三九、八二五	七五、八七三	二三、一三四	二八七	一、一〇八	五八〇	一七四	二二	二五、三〇九	一〇一、一七七

憲兵表

憲兵者非戰陣之隊亦非警察署之伍蓋以蹤跡兵邪之兵也屬陸軍省就光緒十二年明治十九官若兵之數述憲兵表

大佐	軍醫正	尉官	軍吏	軍醫	獸醫	曹長	軍曹	會計書記	看護長	看馬長	卒	合計

軍馬表

軍馬所屬一騎兵局也二近衛也三七鎮也四士官學校也五教

前二年	三		三二	二	八		三六七	八	八		一、〇七一	一、五〇〇
前一年	三	一	三八	三	八	一	三七七	一一	九	一	一、〇〇五	一、四五七
總計	五	一	三八	三	八	一	三七五	一二	九		九八六	一、四三八
大坂分遣	一		九	一	二		七八	三	二		二三〇	三二六
東京管區 第六			四				四七	一			一二八	一八〇
東京管區 第五			五		三		五一	一			一二九	一八六
東京管區 第四	一		五				四七	一	三		一二〇	一八〇
東京管區 第三			四				四三	一			一二〇	一六八
東京管區 第二			四				四八	一			一二六	一七九
東京管區 第一	一		六		三		五四	一	三		一三二	一九九
憲兵部	二	一	一	二		一	七	三	一		二	二〇

導團也六諸縣貸下也七雜也雜一云其他蓋指憲兵部及東京陸軍諸官廨而言也年以西歴十二月三十一日調覈然光緒十五年册仍十一年數明治十九述軍馬表

年次	騎兵局	近衛	鎮臺 東京	鎮臺 仙臺	鎮臺 名古屋	鎮臺 大阪	鎮臺 廣島	鎮臺 熊本	士官學校	教導團	諸縣貸下	雜	合計
光緒二 明治十九	八四九	五〇九	七四〇	三七四	三九〇	五三三	四二〇	四八三	二八三	三五四	二九	三〇六	五、二七〇
十一 十八	六六五	四七九	六七七	三三三	三二四	四六七	三二八	四〇七	二六七	三一六	三四	二九八	四、五九五
九 十六	二九三	三六三	七〇一	一六七	一六五	三八六	一六三	三七〇	一三六	二五四	七二	二一一	三、二八一
七 十四	三三七	三五五	六八五	一二〇	一二六	三八三	一三〇	三七三	一〇〇	二四五	一九〇	九〇	三、一三四
五 十二	二〇二	三三八	六四六	五〇	五四	三七四	五〇	三二一	一〇〇	二九四	八三	七七	二、五八九
三 十	九八六	一五九	九七	一五	二七	二六二	三五	二四五	一二八	四四二	三一	八五	二、五一二

海軍人屬表

光緒十九年日本海軍募兵受撿者一萬一千五百七十而合格者一千六百四十有九會議官員凡三十有六自將官以至士與

卒與傭莫不有額可屈指也述海軍人屬表

分類	軍人：將官及相當官	軍人：上長官	軍人：士官及准士官	軍人：候補生	軍人：生徒	軍人：下士	軍人：卒	軍人：傭夫	軍人：計	軍屬：勅任及奏任	軍屬：判任	軍屬：事務及技術傭	軍屬：計	合計
海軍省	三	二八	三八			一一	四		八四	勅任二 四	二〇一	一四一	三四八	四三二
募兵使		一	五			二			八					八
將官會議	一		一						二		二		二	四
兵器會議	一		一						二		一	一	二	四
造船會議	一								一		二		二	三
兵學校	一	七	三四	五	二一二	一四	一		二七四	七	一四	一〇	三一	三〇五
機關學校		一	一二		一二〇	八	三		一四四	一	六		七	一五一
水路部	一	三	一〇			三	一		一八	一	四七	二四	七二	九〇
督買部		四							四		一二	九	二一	二五
衛生部	一	二	一	一					五		八	二	一〇	一五
醫學校		一	四		一七				二二		四		四	二六
會計檢查部		二	三	二					七		一二	八	二〇	二七

橫須賀鎮守府														
兵器製造所		四	四				三		一一		五四	四七	一〇二	一一二
火藥製造所		一	三				一		五		一七	一九	三六	四一
主計學校			三		四五	二	一		五一	一	四	一	六	五七
小野濱造船所		二	四						六		一九	四〇	五九	六五
橫 本府	一	九	二七			二一			五八		七六	八八	一六四	二二二
須 橫須賀軍港司令部	一	四	九			一九			三三			八	八	四一
橫須賀屯營		四	五〇	二		四二九	三五六	三	一八四四					一八四四
賀 浦賀屯營		三	二五	二		八一	二八一	八	一四〇〇					一四〇〇
水雷營		一	二六	一		五九	一三五	一	二三三					二三三
鎮 軍法會議			九			一一			二〇		六		六	二六
監獄署			六			一五	二		二三		四		四	二七
守 海軍病院		一	七	四		一三	六三		八八		四	一	五	九三
東京海軍病院		二	七	八		一一	五三		八一		四	二	六	八七
府 造船所		三	六			二	一		一二		八八	一〇六	一九二	二〇四
唐津石炭用所			一						一		三	一二	一五	一六

海軍士卒生徒表

	1	2	3	4	5	6	7	8	9	10	11	12	13	14
艦船	一	三二	四六六	四二		九一六	三四九二	三四	四九八三					四九八三
兵學校練習所			五			三七	八五		一二七					一二七
參謀本部海軍部	一	一一	三九			一			五二		二五	二一	四六	九八
外國在留		四	三		一一				一八					一八
待命		二	四						六					六
非職	五	九	二〇						三四					三四
總計	一八	一四一	八三三	六七	四〇五	一六五五	六四八二	四六	九六四七	勅任二 一四	六一一	五四〇	一一六七	一〇八一四
前一年	一二	一〇一	八四三		三二一	一五六四	五四八五		八三二六	勅任二 八五	五八六	九三七	一六一〇	九九三六
前二年	一四	八七	八二七		二四七	一二四七	四三六八		六七九〇	七六	五七〇	八一九	一四六五	八二五五
前三年	一三	八七	七八九		一八七	九九七	三六四二		五七一五	七三	五二五	六四四	一二四二	六九五七
前四年	一四	八一	七六一		一三九	八六八	三八〇九		五六七二	五九	四五八	五五九	一〇七六	六七四八
前五年	一〇	七四	六一八		一一三	九五四	三五五七		五三二六	三四	四一四	九一五	一三六三	六六八九
前六年	九	六三	五四七		一七二	八二二	四一〇六		五七一九	二九	三六五	二九四二	三三三六	九〇五五
前七年	七	六一	五二四		二二〇	七六一	三五七六		五一四三	二一	三四五	三二九七	三六六三	八八〇六

海軍法取諸英其厨夫樂生雜人在士卒外東京大學委托生徒十三學醫者七學造艦者六非日本人亦得與學而費有額作海軍士卒生徒表

士卒人數		人	一人平均年費 俸	糧食費	被服費	雜	合計	一年總費
下士	十一等	三八一	一七三八一圓	六五七〇圓	一八五〇圓	一九五圓	二五九九六圓	九九〇四四圓
	十二等	四〇八	一一七五七圓	同	二二二三	同	二〇七四五	八四六三九
	十三等	七七五	九四八四	同	三三四六	同	一八五九五	一四四一一
士合計		一五六四	三八六二三	一九七一〇	六四一九	同	六五三四〇	三二七七九四
卒	水兵	三七五一	四八一九	同	二四五二	同	一四〇三七	五二六五一九
	火夫	七五一	四四八一	同	同	同	一三六九九	一〇二八七七
	雜	四七六	六四〇四	同	二二八七	同	一五四五六	七三五六二
	合計	四九七八	四九一九	同	二四二七	同	一四一二一	七〇二五六二
准卒		五〇七	五五四二	同	一九七五	同	一四二八二	七二四一一
總計		七〇四九	六五三三五	六五七〇	二三五〇	一九五	一五六五〇	二〇三一六三

		中國	俄	英	法	朝鮮	合計	前一年
前一年		五六一三	六七九六	六五八八	二七三三	一九五	一六三一二	九二五六一三
兵學校	乘艦	二〇	一〇六〇〇	一二三三三	一〇一七七	二四九	三三五四九	六七一〇
	本科豫科	一六七	五二〇	六五七〇	七四五〇	一五九五	一六一三五	二六七四六
機關學校		七〇	同	同	五七四三	一二五〇	一四〇八三	九八五八
主計學舍		三八		同	四九五六	四七四	一二〇〇〇	四五六〇
軍醫學舍		一八	一二〇〇〇				同	二一六〇
東京大學委托		一三	同				同	一五六〇
總計		三二一六	二四七〇	六九六〇	六八五八	一二七八	一七五六六	五一七九四
前一年		二三八	二八〇一	五八七八	五五九二	一〇八六	一五三五七	三六五四九
別國留學生	人數	二	一	二	一	二	八	七
	一人平均年費	七二〇	六〇〇	一〇〇〇	一〇〇〇	三〇〇	七〇五	八四〇
	總計國費	一四四〇	六〇〇	二〇〇〇	一〇〇〇	六〇〇	五六四〇	五八八〇

兵船表

日本無弟一等兵船扶桑二等也仿英士斐梯布侖德之製爲鐵甲船式餘若金剛比叡木質傅鐵光緒十二年在法造畝傍一艦下艙鋼面一寸四分長三十二丈一尺寬四丈三尺一寸排水三千六百五十噸馬力六千速率海里十五礮廿二未至日本而失弟一丁卯弟二丁卯兩礮艦近亦非其所有魚雷船繇小野濱海軍造船所定造二十舊造僅有存者而難與兵船並論日本兵船將士謂之乘組馬力有公稱有實今以游歷得實述兵船表

隷服務	等	船名	類	質	長	寬	入水	排水	馬力	礮	速率（華里／海里）	始造	將官長官	士卒
中常	二	扶桑艦	兵船	鐵甲體	二丈廿尺五寸	四丈七尺餘	丈八尺四寸	三七一四噸	三五〇〇	一〇	一四〇／一三	光緒二	一五	三九一
備	三	金剛艦	同	鐵帶鐵骨木皮	廿三丈一尺	四丈八寸	丈七尺四寸	二二〇〇	二〇三四	九	一四四／一四	四	二	三一〇
	三	比叡艦	同	同	同	同	同	同	二二二七	九	一四〇／一三	三	二	三〇五
艦	三	筑紫艦	巡海快船	鋼	廿丈一寸	三丈五尺一寸	丈五尺一寸	一三五〇	二四〇〇	六	一四九／一七	八	二五	一六一
	三	海門艦	同	木	同	二丈九尺四寸	丈六尺四寸	一三五八	一二五〇	七	一三六／一二	八	二二	一九一

		四	清輝艦	同	木	十九丈三寸	二丈九尺六寸	丈三尺一寸	八九七	四四三	五			一 二〇	一二五
	備	五	磐城艦	同	木	十四丈六尺四寸	廿丈五尺三寸	丈二尺一寸	六五六	五九〇	四			一 一五	七七
隊		五	孟春艦	砲船	鐵骨木皮	十五丈四尺四寸	二丈一尺七寸	六尺六寸	三五七	一九一	四			一 一〇	七一
橫	旗艦	三	東艦	小鐵帶	鐵甲木質	十五丈七尺六寸	二丈七尺	丈三尺一寸	一三五八		三	二七 九		一 一七	一九六
須		二	天龍艦	巡海快船	木	廿丈一寸	二丈九尺二寸	丈六尺四寸	同		三			一 二三	一九八
賀	常	四	春日艦	同	木	廿四丈二尺九寸	廿丈六尺六寸	丈六寸	一二六九	一二〇〇	五			一 二三	一二七
鎮	備	四	天城艦	同	木	十九丈七尺一寸	二丈九尺一寸	丈三尺九寸	九三六	七二〇	七			一 一一	一三一
守	航	三	龍驤艦	鐵甲	鐵帶木質	廿丈三尺三寸	五丈九尺二寸	丈七尺四寸	二五三〇	八〇〇	八			二 三二	三三五
府	海	三	筑波艦	巡海快船	木	十九丈七尺	廿丈九尺二寸	丈五尺一寸	一九七八	三五〇	八			二 二八	二七六
	練	四	日進艦	同	木	廿丈三尺五寸	廿丈九尺	丈四尺一寸	一四六八	七一〇	六			一 一七	一五八
	習	四	肇敏艦	風驅	木				八八五		四			一 一三	一八〇
	砲術運用	三	淺間艦	同	木				一四二二		一〇			一 二五	二四五
	練習	三	富士山艦	同	木				一〇〇〇		一〇			二 三五	一四一
	屯	五	雷電艦		木				三七〇	一二八	四			四	三九
	營	六	千代田形		木				一三六	六〇	一			三	二〇

練	滿珠艦	風驅	木	十三丈四尺六寸	三丈四尺六寸	丈三尺	八七六		四		光緒十三		
習	千珠艦	同	木	同	同	同	同		四		同		
	七石川丸	同	木				二四九						八五
	無等第一同漕丸	同	木				五二九		二				四四
豫	赤城艦	礮艦	鐵	十五丈四尺三寸	二丈七尺一寸	九尺八寸	・六一四	九〇〇	十〇	三一十〇	十二		
備	摩耶艦	同	鐵	同	廿丈七尺一寸	九尺八寸	同	七〇〇	四		同		
	四迅鯨艦		木	廿四丈六尺一寸	三丈一尺寸	丈三尺九	一四五〇	一四〇〇	二		光緒三	三	八
	七蒼龍艦		木	十二丈五尺	二丈二尺一寸	八尺	一九八	五二			咸豐六	三	八
	五鳳翔艦		木				三一六	二一四	四			三	一二
兵學校泊練	四攝津艦	風驅	木				九二八		八			二七一	四一九
	二浪速艦		鋼	三十丈	四丈六尺	丈八尺四寸	三六五〇	七五〇〇	八			三一四	一五七
	二高千穗艦		鋼	同	同	同	三六五〇	同	八				
	三葛城艦		鐵骨木皮				一四七六	一六〇〇	七				
	大一	雷艇	鋼板	十六丈五尺八寸	丈九尺四寸					六〇一九			
	小六												

礮臺表

礮臺不如礮艦臺偏於守艦利於戰不待智者而知雖然扼水師禦陸敵往往倚之日本明治以前之臺舊式居多磚石之製遜於泥沙佐世保一臺造於光緒十年（明治十七）越三年（十九）修對馬島礮臺厥費無慮八十三萬五千圓有奇其它新造勝舊多矣述礮臺表

府縣	國郡	臺名	臺數
東京府	武藏國荏原郡	品川海	六
大坂府	攝津國西成郡	天保山	一
兵庫縣	攝津國武庫郡	兵庫港	二
同	淡路國津名郡	由良港	一
長崎縣	肥前國西彼杵	長崎港	六
同	肥前國南松浦	五島	一
同	同	佐世保	一

府縣	國郡	臺名	臺數
長崎縣		安治川口	一
同	對馬國	對馬島	一
鹿兒島縣	薩摩國鹿兒島	鹿兒島	六
北海道廳	渡島國龜田郡	箱館	六
和歌山縣	紀伊國海部郡	和歌港	一
高知縣	土佐國	野風港	一

日本圖經十六終

遊歷日本圖經十七

奏派游歷日本美利加秘魯巴西等國英日屬地加納大古巴知府用兵部郎中臣傅雲龍述

日本職官

職官舊制

魏志倭對馬國大官曰卑狗副曰卑奴母離南渡瀚海一大國官亦曰卑狗副曰卑奴母離東南陸行到伊都國官曰爾支副曰泄謨觚柄渠觚奴國官曰兕馬副曰卑奴母離不彌國官曰多模副曰卑奴母離投馬國官曰彌彌副曰彌彌郡利邪馬壹國官有伊支馬次曰彌馬升次曰彌馬獲支次曰佳佳南史作住鞮狗奴國官有狗古制卑狗女王國使詣中國皆自稱大夫隋書內官十二等一曰大德次小德次大仁次小仁次大義次小義次大禮次小禮次大智次小智次大信次小信員無定數有軍尼百二十人猶中國牧宰八十戶置一伊尼翼如今里長也十伊尼翼屬一軍尼此見之正史然與日本史籍未盡符也豈傳聞異耶据日本紀諸書神武時貞手命道臣命等掌禁軍警衛二年定功行賞以可美眞手命天日方命爲申食國政大夫以珍彥爲大和國造天種子命天富

命侍左右執政時周惠王十七年也崇神四年當漢大治三年以建膽心命爲大禰田畔命爲宿禰又置四道將軍成務五年當陽嘉四年國郡立造長縣邑置稻置然則造長之與郡守稻置之與縣令名異而職同也仲哀元年當晉初平三年以大伴武爲大連厥後官制漸具文則大政大臣左右大臣國俗尙左故右次之又有內大臣大納言中納言八省長官大辨中辨奏議少納言少辨八省大輔少侍從諸州守介郡吏武則大將中將少將佐尉曹錄源頼朝以征夷大將軍兼六十餘州總追捕使而任陪臣一州或二三州追捕使其覇府置政所侍所別當評定衆等官北條氏自稱執權世襲其職足利氏置管領探題寄合衆等官又以陪臣任諸守介稱之大名豐臣秀吉開覇府置五奉行三奉行等官德川氏大名小名改稱州守介然領雲州輒稱羽州守領東奧輒稱西肥守名實之不符類此預政者曰大老長官曰奉行武曰番頭又大名亦置文武官掌事者曰家老而京師公卿徒存舊名而已先是顯官多世祿任公卿者僅二三百家耳稱公卿家士大夫稱北

面士北面士上中下有差得補公卿然稀甚武官有之如坂上田邨麻呂拜大將軍敍三位是也關白庶政者曰關白常時相也而攝政亦官名則設於幼主女王時八省長官及大中納言參議𠀤稱卿以敍三位或三位任之公卿家采邑多者二三千戶有寄食者明治初同爲諸侯爲華族十七年始置公侯伯子男五等爵賜華族有差其位階猶中國品級也位階初制所謂尊一位命一位者二等也皇族曰尊公卿大夫曰命大化三年爲唐貞觀廿一年始制冠位十三階越二年改十九階葢以冠色分位階天智三年爲咸亨九年改廿六階據冠名略後改冠位曰位自一位至九位凡三十階倣唐制也特以品爲位耳三位以上有正從四位以下有正從上下親王則曰品一至四無正從也武臣擅權獨位階受自國君而已然則日本之仿中國官制肇於隋而肖於唐學唐而後幾於步亦步趨亦趨一千餘年之臣職豈苟立異者哉武臣柄政不無變更然稽其因革撮其正副未始不可與明治變制後參損益也

述職官舊制

隋開皇十三年爲日本推古天皇十一年聖德太子攝政正月始定冠位十二階據職原抄下同○日本紀推古十一年冬十二月始行冠位大德小德大仁小仁大禮小禮大信小信大義小義大智小智並十二階爲孝德天皇大化五年始置八省百官先是大臣有大連號爲文武天皇大寶元年正一位藤原太政太官淡海公不比等是也奉勑撰律令以官位及職員爲其首其後多有減省新加官謂之令外官內大臣大寶以前有中納言等然不載官位令其官有神祇官依唐大常寺又云祠部大常令以當官置諸官之上伯一人從四位下近代至二三位帶之唐名太常伯又大卜令又祠部尙書大副權大副唐名大常卿祠部員外郎相當從五位下少副權少副唐名大常少卿近代六位中不分正從皆是正六位上也以前三姓及中臣氏等任之中臣者本大中臣一種也史大少唐名大常主簿大政官當唐尙書省官之惣號近代稱辨官大政大臣一正從一位唐名太師相國大尉左大臣一正從二位唐名太傅左亟相左僕射右大臣一同左大臣唐名太保右丞相右僕射已上謂之三公十二代景行初以武內宿禰爲棟梁臣成務御宇初號大臣仲哀朝以太伴武持號大連大臣大連相並知政事嗣後代有大臣大連之任皇極四年乙巳始置左右大臣止大連孝德天皇御宇以中臣鎌子連始爲內臣天智朝擧爲內大臣光仁時藤原良繼魚名等任之初次左右大臣下又太政大臣者天智時初置皇子大友任之天武時皇子高市任之孝謙改云太師藤原惠美押勝任之又改大政太臣道鏡法師任之後代皆云太政大臣贈官居多[弘]安六年太政大臣基具堀川太政大臣于時大納言叙一位辭大納言七年准大臣攝政關白大臣兼之或去大臣職帶之東三條入道攝政例也關白者漢霍光還政宣帝猶令關白万機關白之號依之仲哀後其攝政其始也又執柄者必蒙一座之旨故稱一人又云一所然而閑院太政大臣公季着關白左大臣賴道上久我太政大臣稚實着關白左大臣忠通上是變例也大納言令四人正從三位今從二位唐名亞相獻納中納言令外官也唐名納言持統六年始置尋罷大寶二年爲唐嗣聖十九年定官位無此慶雲四年爲唐景龍元年又置之三位參議八正四位下謂之公座唐名諫議大夫少納言三從五位下唐名給事中外記大二人正六位上近代五位少三人正七位上唐名外史或門下錄事辨七人左右大辨二從四位上唐名尙書左右大丞左右中辨二正五位上唐尙書左右中丞或左右司郎中左右少辨二正五位下唐名尙書左右司郎史八左右大史各二正六位上唐名尙書左右大都事左右少史各二正七位上近代六位唐名尙書主事所謂八史者也史生二十唐名行署官掌四人唐名掌國中務省官當唐中書省八省以中務爲重當卿以下雖文官亦帶劒也卿一正四位上唐名中書令親王任之四品上大輔一權大輔一人正

五位上唐名中書大卿或中書監名家殿上人任之少輔一權少輔一人從五位上唐名中書少卿或中書侍郎大少丞大正六位上少從六位上唐名中書舍人其任常虛大少錄大正七位上少正八位下侍從八從五位下唐名拾遺補闕內舍人九十唐名通事舍人可然後任帶劒官也內記唐云內史局又云柱下大一人正六位上唐名柱下起居郎少二人正七位上唐名著作郎監物大從六位下唐名城門郎少正七位下主典從七位上主鈴大正七位下少正八位上典鎰大從七位下唐名門僕少從八位上太皇太后宮職皇太后宮職皇后宮職謂之三宮

中宮職官

中宮者后也大夫一從四位下唐名長秋監近代華族納言等兼之權大夫一亮從五位下唐名內常侍權亮華族四位五位中少將等兼之大進一從六位上唐名內給事少進權從六位下屬大正八位下唐名內侍少從八位上大舍人寮唐名宮闈局掌宮中駈使事昔八百人頭一從五位上唐名宮闈令助權助正六位下唐名宮闈少令允大主事或錄事正七位下唐名宮闈主事少從七位上屬大從八位下唐名宮闈令史少大初位上圖書寮唐名秘書省頭一從五位上唐名秘書監或著作郎助權助正六位下唐名秘書少監允大唐名秘書丞屬大少秘書主事內藏寮唐名倉部又云少府掌御服御膳等事頭一從五位上唐名倉部郎又少府監或尙衣奉御又藏帑令權頭一諸大夫五位任之助權助正六位下唐名倉部員外郎允大或無大少少唐名倉部丞少府丞六位侍等可任之屬大從八位下唐名倉部主事少大初位上縫殿寮唐名尙衣局掌裁縫事頭一無權官相當從五位上唐名尙衣奉御或腋遮令彩縫監諸大夫五位任之助權正六位唐名尙衣少監同六位任之允大少唐名尙衣直長六位侍任之屬大少唐名尙衣令史陰陽寮唐名司天臺或云大史局掌天文厤數事昔合今分蓋賀茂保憲以厤傳子光榮以天文傳弟子安倍時明也頭一人從五位下唐名司天監大史監祠部郎中五行尹助權從六位上唐名司天少監大史少監五行少尹五位六位共任之允大少唐名司天丞大司丞屬大少唐名司天主簿陰陽博士權正七位下唐名大卜正陰陽師從七位上唐名大卜師厤博士權從七位上唐名司厤或司厤正保天文博士權正七位下唐名司天又靈臺郎漏尅博士權從七位下唐名司辰又挈壺正或司辰司尅內匠寮令外唐名少府頭一人從五位上唐名少府監或中匠令助權正六位下唐名少府監允大唐名少府丞屬大唐名少府主事少已上中務官也

式部省官

唐吏部卿一人正四位下唐名吏部尙書每年於本省行諸國一分召也一分召者任諸國史生之名也史生謂之一分大輔一權正五位下唐名吏部大卿又吏部侍郎考功郎中少輔一權從五位下唐名吏部郎中吏部員外郎又大常少弼大丞二正六位下七省丞相當皆同唐名吏部郎中少丞二從六位上丞又云侍郎錄大正七位上少正八位上唐名吏部主事大學寮唐名國監頭一人從五位上唐名國子祭酒助權助正六位下唐名國子司業允大少七位唐名國子丞屬大少唐名國子主簿文章博士二從五位下唐名翰林博士一正六位下唐名大學博士助敎二正七位下唐名國子助敎直講二正七位下唐名直學士算博士二從七位上唐名算學博士卿一正四位下唐名禮部尙書大常卿四位以上任之大輔一權大輔一正五位下唐名禮部侍郎少輔一權少輔一相當從五位下唐名同五位任之丞大少唐名禮部郎錄大少唐名禮部主事雅樂寮唐名大樂掌音樂事也頭一從五位上唐名大樂令協律郎助一權助正六位下唐名大樂郎允大少唐名大樂丞六位侍任之屬大少唐名樂大主事玄蕃寮唐名鴻臚寺頭一從五位上唐名鴻臚卿典客郎中助一權助正六位上唐名鴻臚少卿允大少唐名鴻臚丞屬大少唐名鴻臚史典客主事諸陵寮唐名廟陵署頭一人從五位上唐名廟陵令助一權助唐名廟陵監允大少唐名廟陵丞屬大少諸陵錄事

民部省官

當唐戶部卿一正四位下唐名戶部尙書大輔一權大輔正五位下唐名戶部侍郎少輔一權少輔從五位下唐名員外郎亟大二人少二人唐名戶部郎中錄大少唐名戶部主事主計寮唐名金部

又度支頭一從五位上唐名金部郎中又度支郎中五位任之助一權助正六位下唐名金部員外郎六位任之允大少唐名金部丞屬大少唐名金部主事學師金部主事唐名金部計史主稅寮唐名倉部又云屯田同前

兵部省官

依唐兵部卿一正四位下唐名兵部尚書衛尉卿大輔一權大輔正五位下唐名兵部侍郎少輔一權少輔從五位下唐名同丞大少唐名兵部郎中錄大少唐名兵部主事隼人同唐名布護署此下諸司無權官並次官正一人正六位下唐名布護將軍佑唐名布護少尹元者正八位官也令史唐名布護主簿相當大初位下

刑部省官

依唐刑部卿一正四位下唐名刑部尚書大理卿大輔一權大輔正五位下唐名刑部侍郎相當從五位下少輔一權少輔員外郎乎唐名同丞大少唐名刑部郎中大判事一正五位下唐名司直大理正評事決斷令理正司中判事一小判事二從六位下唐名大理丞屬大少唐名大理錄事○評事○主簿四獄司唐名斷獄署正一人正六位上唐名斷獄令佑從七位下唐名斷獄丞令史唐名獄史

大藏省官

唐名大府寺卿一正四位下唐名大府卿四位以上任之大輔一大輔正五位下唐名大府侍郎少輔權從五位下唐名大府少卿丞一大少唐太府郎中錄大少唐名太府主簿織部司唐名織染署正一人正六位下唐名織染令佑正八位上唐名織染丞令史唐名織染史

宮內省官

唐工部又云司農卿一正四位下唐名工部尚書殿中監光祿少卿四位以上任之大輔一權正五位下唐名工部侍郎少輔一權從五位下唐名同員外郎献丞大少唐名工部郎中錄大少唐名工部主事大膳職唐名太官署光祿大夫一權大夫正五位下改五位上又從四位下唐名太官令亮權亮從五位下唐名光祿侍郎進大少六位侍任之唐名太官丞屬大正八位下少從八位上唐名太官史木工寮唐名將作監頭一人權從五位上唐名木作尹工部尚書將作大匠助權正六位下唐名工部侍郎六位諸大夫任之允唐名工部郎中將作丞木作丞大少屬大少唐名工部主事左校史將作主簿學師唐名將作計史大炊寮唐名大倉署頭一人從五位下唐名太倉令導官令助權助唐名主饔六位諸大夫任之允大少唐名太倉丞六位侍任之屬大少唐名太倉史主殿寮唐名尚舍局頭一人從五位下唐名尚舍奉御殿監五位諸大夫任之後小槻家隆職流相傳任之助權助唐名尚舍直長六位諸大夫任之允大少六位侍任之唐名尚舍丞屬大少唐名尚舍令史典藥寮唐名太醫署尚藥局頭一人從五位下唐名太醫令尚藥奉御醫極官也助權助從六位下唐名大醫正五位六位共任之允大少唐名太醫丞屬大少唐名太醫史醫博士權唐名大醫博士醫藥儒正七位下女醫博士唐名同針博士從七位下唐名主針儒侍醫正六位下唐名侍御醫權侍醫五位六位任之醫師從七位下唐名司醫掃部寮唐名洒掃署頭一人從五位下唐名洒掃尹守宮令助權助從六位上六位諸大夫任之唐名洒掃少尹允大少唐名洒掃史屬大少唐名洒掃史司正親唐名宗正寺正一人正六位上唐名宗正卿五位任之佑從七位下唐名宗正丞令史唐名宗正錄事宗正主簿內膳司唐名尚食局正一人正六位上唐名尚食奉御奉膳一人唐名同上典膳從七位下唐名尚食直長令史唐名尚食史造酒司唐名良醖署正一人正六位上唐名良醖令佑從七位下唐名良醖丞令史唐名采女史正一人正六位下唐名采女令

主水司官

唐名上林署或云膳部署正一人從六位上唐名上林藏氷佑正八位下唐名上林丞令史唐名上林監事此八省略也

彈正臺

唐名御史臺尹一從三位初從四位上唐名御史大夫大弼一從四位下初正五位下唐名御史中弼小弼一正五位下唐名御史中丞忠大正六位上少正六位下唐名侍御史疏大少唐名御史錄事

左京職

唐名京兆大夫一從四位下唐名京兆尹權大夫一亮權亮從五位下唐名京兆少尹進大從六位下少正七位下唐名京兆司錄屬大正八位下少從八位下唐名京兆錄事

東市司

唐名市署

正一人正六位上唐名市令佑從七位下唐名市丞令史唐名市錄事右京職同左西市司同東東宮唐名龍樓又鶴禁又銀榜傅一人正四位上唐名太子大傅學士二人從五位下唐名太子賓客春宮坊唐名春坊

大夫相當從四位下唐名太子詹事又太子少尹或端尹權大夫一亮一從五位下唐名太子詹事權亮一華族中少將兼之太進權三人元從六位上唐名詹事丞少進一權從六位下屬大少唐名詹事錄事主膳監唐名

典膳局正一從六位上唐名典膳郎佑令史主殿署唐名典設局首一人從六位下唐名典設郎佑令史主馬署唐名廐牧署首一人從六位下唐名廐牧令佑令史伊勢齋宮

寮无唐名頭一人從五位下助權正六位允大少屬大少賀茂齋院司无唐名長官從五位下同上次官判官主典修理職唐名匠作大夫一從四位下唐名匠作大尹權大夫一亮從五

位下權亮唐名匠作少尹進大少唐名匠作丞屬大少唐名匠作錄事竿師唐名匠作計史勘解由使云勾勘長官從四位下次官從五位下判官從六位下主典從七位下鑄錢司長官次官判官主典

修理宮城使左右使弁官兼之多左右中弁兼任之判官官史常兼之主典造寺使東大興福等兩寺外無此長官東大寺大弁必兼之興福寺南曹辨兼之次官判官東大寺一史兼之主典防鴨河使

一使判官一主典施藥院司司儀令一使一判官一主典宣下官一撿非違使此曰使廳別當一人唐名大理卿佐二左右唐名廷尉尉稱之判官左人尉二右大尉二左右少尉員數不定

志執筆人左大少右大少府生左右藤氏長者源氏長者奬學院別當淳和院別當學館院

別當內豎所別當知內豎所事內教坊別當知女樂事內膳別當知內膳司事御厨子所別

當大歌所別當知大歌事記錄所上卿一辨一開闔一寄人一樂所別當一知樂所事大學別當一

藏人所嵯峨〔弘〕仁年中始置之少納言及侍從爲近習宣傳之職以公卿第一人爲別當四位侍臣中殊撰其人爲頭五位中又撰補三人六位中又撰補四人謂之職事又爲籍韯使六位中撰良家子令候殿上謂之非藏人別當

一公卿第一人補之世俗稱一人者執柄也頭二仙籍貫首五位藏人三唐名仙郎六位藏人四非藏人無員數出納小舍人一雜色一所衆一六位侍瀧口一諸國大國守有權守相當從五位上介有權介相當正六位下掾大正七位下

有權大掾少從七位上有權少掾目大從八位上少從八位下上國守從五位下有權守介從六位上有權介掾從七位上有權掾目從八位下中國守正六位下介官位令中國無介掾正八位下目大初位下下國守從六位下掾從八位下目少初位下守依唐

刺史使君宰吏牧宰國宰大守介依唐長史別駕掾依司馬目依唐主薄郡司依唐縣令諸衛左右近衛府當唐羽林又云親衛元者近衛中衛也大將從三位唐名羽林大將軍常云幕府又云幕下又云大樹中將權中將從四位下唐名羽林中

郎將親衛中郎將或曰虎賁郎將少將權少將相當正五位下唐名羽林次將親衛郎將歟將監從六位上唐名親衛校尉將曹從七位下唐名親衛錄事府生唐名衛史大將判授之番長近衛舍人中撰用之外衛左右衛門府唐名金吾又云監門督一從四位

下唐名金吾將軍佐一從五位上唐名金吾次將五位殿上人中任之權佐一尉大相當從六位上少相當正七位上唐名金吾校尉志大少唐名金吾錄事府生唐名金吾衛史或監門衛史左右兵衛府唐名武衛督一從四位下唐名武衛大將軍中納言參議散二三位非參議四位等皆任之佐一從五位上唐名武衛次將權佐一尉大從六位下少相當正七位上唐名武衛校尉志大少唐名武衛錄事府生唐名武衛史左右馬察唐名典廐頭一從五位上唐名典廐令權頭一助一權助一正六位下唐名典廐少令允大少唐名典廐丞屬大少唐名典廐主事兵庫寮唐名武庫署頭一從五位上唐名武庫令助正六位下唐名武庫少令允大少唐名武庫丞屬大少唐名武庫主事外武官**大將謂之元帥**出左傳崇神天皇十年命四道將軍遣四方將軍之號正起於此歟其後景行四十年以皇子日本武尊爲大將軍以武日命武彥命爲左右將軍東征蝦夷**鎮守府**將軍一從五位上唐名鎮東將軍副將軍二後無軍監正七位下唐名兵曹參軍事曹曹從八位上唐名上鎮錄事傔仗二征夷使大將軍一征夷者始於日本武尊每有兵事遣將師也**親王**敘三四品**公卿**攝政關白及三公也散一位及三位已上卿也**諸王**雖一世二世未爲親王未給姓者皆諸王也**諸臣**四位以下初位已上**公達者**三家等華族也稱三家者中院具平親王子孫源氏也本日土御門流雅定大臣以後有中院號**閑院**九條右大臣師輔公十一男公季大臣子孫也彼大臣號閑院太政大臣當時雖爲三流惣曰閑院**華山院**京極關白息家忠大臣稱華山院右大臣仍其子孫曰華山院也此外大炊御門流家忠大臣弟經實大納言子孫也雖別流世存華山院一家之由**諸大夫**諸大夫者蓋起於執柄事也自補家僕後也**侍者**五位六位**正一位**唐名文散位天平勝寶二年以從一位左大臣諸兄始敘正一位其後藤原押勝同永手等公叙之此外無存生之例皆以贈位也**從一位**唐名開府儀同三司**正二位**唐名特進上柱國**從二位**唐名光祿大夫**正三位**唐名金紫光祿大夫**從三位**唐名銀青光祿大夫**正四位上**唐名正議大夫**正四位下**唐名通議大夫**從四位上下**唐名上大中大夫下中大夫**正五位上**唐名中散大夫**正五位下**唐名朝議大夫**從五位上下**唐名上朝散大夫下朝散大夫**正六位上**唐名朝議郎**正六位下**唐名承議郎**從六位上下**唐名上奉議郎下通直郎此十八階也**正七位上下**唐名上朝議郎下宣德郎**從七位上下**唐名上朝散郎下宣議郎**正八位上下**唐名上給事郎下徵事郎**從八位上下**唐名上承奉郎下承務郎**正九位上**唐名儒林郎中國日等相當也**大初位上下**唐名登仕郎相當同之**少初位上下**唐名上文林郎下時仕郎此三十階也**院廳之官**大別當大臣公卿任之執事名家任之年預同判官代諸大夫任之主典代廳官宿老任之官人曰廳官代字限院中者也宮宮者宮司等在之親王執柄大臣家謂之政所別當諸大夫宿老任之令重代侍任之知家事下家司也大從同少從同大書吏同少書吏同**女官**其國謂大皇太后宮皇太后宮皇后宮曰三官也又曰中官曰女院曰國母曰內親王曰女王

曰女御女御代曰御息所曰更衣曰北政所曰御臺盤所曰御匣殿曰宣旨曰藏人曰命婦曰女官曰牲殿曰得選曰刀自曰東豎司曰雜仕曰上童曰下仕內侍司尚侍二典侍四掌侍四從五位女孺一百藏司尚藏一典藏二掌藏四女孺十書司尚書一典書一藥司尚藥典藥兵司尚兵典兵闈司尚闈典闈殿司尚殿典殿掃司尚掃水司膳司酒司縫司上﨟著赤青色候御陪膳也小上﨟着織物並表着也中﨟不着織物類也是婦侍臣女以下也下﨟諸侍加茂日吉社司等女也院司曰別當曰執事曰年預曰殿上人曰藏人曰非藏人判官代主典代廳官曰文殿曰所衆曰御厩曰女院關白家有僧官位僧正准參議曰法印曰法務曰僧都准四位殿上人位法眼曰律師准五位曰凡僧又有法印大和尚位僧正法服和尚位大少僧都法橋上人位律師傳燈大法師位威儀師或尼僧傳燈法師位從儀師傳燈滿位修行位誦持位傳燈住位准六位傳燈入位准七位其位階僧正大正權僧都大正權少律師正權法印法眼法橋謂之僧綱己謂內供阿闍梨謂之有職上座寺主都維那謂之三綱寺務撿校別當座主長者長吏執行勾當專當豎者

官制

日本職官既述光緒十年明治九年前之舊制矣明治更始而後至今無大差違惟于十二年明治十九增遞信省大臣十四年明治廿一增樞密院十五年增香川縣知事諸官其著者也述官制

內閣總理大臣一大臣九內閣書記官長一以上勅任總理大臣秘書官三書記官二以上奏任屬廿三判任賞勳局總裁一副總裁一議定官十二勅任書記官二奏任屬十五判任法制局長官一勅任書記官二參事官廿五奏任屬廿九判任文官試驗局長官一勅任書記官二委員十以上奏任屬五判任會計撿查院長一勅任部長二書記官一撿查官八以上奏任屬一百三十八判任鐵道局長官一勅任事務官十二奏任屬二百有三判任技監一勅任技師廿九奏任技手六十九判任記錄局長一奏任判任廿一會計局長一次長一奏任判任廿六官報局長奏任一判任廿七統計局長一次長一奏任判任廿樞密院議長一副議長一勅任顧問官十五書記官長一以上勅任議長秘書官一書記官四以上奏任屬官十判任

明治二十一年四月二十八日內閣總理大臣伯爵伊藤博文奉勅令第二十二號朕撰元勳及練達之人諮詢國務倚其啓沃之力而察重要設樞密院爲朕至高顧問之府茲將官制及事務章程裁定而公布之樞密院官制第一章組織即設立也第一條樞密院者天皇親臨諮詢重要國務之所第二條樞密院設第一議長一人第二副議長一人第三顧問官十二人以上第四書記官長一人及書記官數人第三條樞密院之議長副議長顧問官爲親任書記官長爲敕任書記官爲奏任第四條不論何人年歲

未到四十歲者不得任議長副議長及顧問官第五條議長得以於書記官之內兼秘書官第二章職掌第六條樞密院者照左開事項開會議具意見上奏請敕裁一爭議憲法及附屬於憲法之法律解釋以及預算並此外會計上之疑義二改正憲法及改正附屬憲法之法律草案三重要敕令四新法之草案又關現行法律之廢止改正草案列國交涉之條約及行政設立之計畫五前諸項所載之外行政或會計上重要事件有經特旨諮詢者又依法律命令特經樞密院諮詢者第七條前條第三項所載敕令須將所經諮詢樞密院之旨記載第八條樞密院關行政及立法之事雖爲天皇之至高顧問而於施政無所干與第三章會議及事務第九條樞密院之會議非顧問官十名以上到座者不得開會議第十條樞密院之會議以議長爲首席議長有事故時副議長爲首席議長副議長共有事故時顧問官依其位次爲首席第十一條各大臣中其職權上於樞密院有顧問官地位列於議席者有斷決之權又各大臣得以派委員於會議時演述及說明等事惟不加決斷第十二條樞密院之議事從衆論決之但平常可否之節即依會議首席之決斷第十三條議長総管樞密院所屬一切事務及樞密院所發一切公文署名副議長輔佐議長之職務第十四條書記官長受議長監督管理樞密院平常事務一切公文副署名審查會議事件查發報告書列會議時當辨明之任但不加決斷第十五條除特別開議之外非先將審查報告書並其會議必要書類配送各員後不得開會議議事日期及報告預先通報各大臣樞密院事務章程第一條樞密院者由敕令下付會議事件陳述意見第二條樞密院者帝國議會或別一院或官署或臣民禀單及此外信件皆不得受領第三條樞密院者祇內閣及各省大臣公務上之交涉而已其他官署帝國議會或臣民間往復文書或此外之交涉不得而有第四條議長將樞密院所到之事件交書記官長審查及辦理會議事項之報告議長者認重要事件親當報告之任或顧問官一人或數人任之亦可第五條審查報告書由報告之員將此呈議長倘臨時有緊急事件得以口頭報告惟於此情節將其要領簡敘記入第八條所載件名簿第六條議長整頓審查報告書得以限定期日報告須速辦理不許遷延內閣於至急要事件得以通知其由及限定會議期日第七條審查報告書其附屬文書由開會之日至少亦須三日前將此分送各員第八條件名簿者於會議之期日依次序記入登載於件名簿之事項第一事件之性質第二會議之前分送文書之日時第三會議之期日會議各件同前項辦理議事日程由開會議日之三日以前通報各員此通報兼會議請帖第九條樞密院之會議時日議長定之但各大臣得以自求更換時日第十條樞密院之會議依左列之規程議長或副議長整理之書記官長或書記官將其事件性質簡明演述以取議決將要處辦明後各員自由討論惟非受議長許可不得發言討論既盡之後由議長定問題依左列次序爲斷決第一在席之各大臣第二依位次所列之顧問官倘議長之討論有參差者得聽其自由議決之結果須議長言明之第十一條議事日程所揭載之會議事件其當日不能了結得以將此事於他日再會惟於此等情節不必更踐行常例之定式第十二條樞密院會議之意見書記官長或書記官依斷決之結果將此起草請議長撿閱於此意見附其事由若重要事件即附屬討論要領書第十三條前條之意見由議長上奏於天皇亦同時通報內閣総理大臣第十四條樞密院會議之議事筆記議長及書記官長又在席之書記官署名以表明其確証朕茲將樞密院議長及顧問官年俸裁定樞密院議長六千圓樞密院副議長五千圓樞密院顧問官四千圓叙任樞密院議長內閣総理大臣從二位勳一等伯爵伊藤博文朕因卿之情願解重任而仍持命列於內閣農商務大臣陸軍中將從二位勳一等伯爵黑田清隆任內閣總理大臣遞信大臣海軍中將從二位勳一等子爵榎本武揚臨時兼任農商務大臣元老院議長從二位勳一等伯爵大木喬任兼任樞密院顧問官宮中顧問官兼議定官海軍中將正三位勳一等伯爵川村純義任樞密院顧問官兼議定官如故

宮內省大臣一次官一勅任書記

七勅任二奏任五秘書官二奏任內事課長一次長一奏任屬十三判任外事課長一次長一書記官二奏任屬五判任侍從職長
一勅任侍從四勅任二奏任十二內豎八奏任屬八判任式部職長官一次官一勅任主事三奏任式部官十五奏任屬廿一判任
掌典長一勅任掌典七奏任皇太后宮職大夫一勅任亮一奏任屬五判任皇后宮職大夫一勅任亮一奏任屬八判任大膳職大
夫一勅任書記官一奏任屬八判任內藏寮頭一勅任助一權助一奏任屬廿一判任主殿寮頭勅任權助奏任屬十九判任舍人
七十判任皇宮警察署長一奏任次長一奏任屬廿四判任圖書寮頭一勅任助一奏任屬十六判任內匠寮頭一勅任屬十六判
任匠師三奏任匠手四十二判任主馬寮頭一勅任權頭助各一奏任屬十一判任技術官四十九判任諸陵寮頭一奏任助一奏
任屬七判任御料局長官一勅任主事補一理事五各奏任屬四十一判任技術官十奏任技手九判任
侍醫局長官一勅任侍醫十八勅任二奏任十五內大臣一宮中顧問官七勅任內大臣秘書官二奏任

外務省

大臣一次官一勅任秘書官三奏任總務局長一勅任書記官六奏任屬廿六判任通商局長一次長一奏任書記官四奏任屬七判任取調
局長一書記官二奏任繙譯局長一繙譯官八奏任屬三判任記錄局次長一奏任屬十五判任會計局次長一奏任屬三十二判
任特命全權公使八勅任無任所
外交官二十勅任四奏任十六

內務省

大臣一次官一勅任秘書官三奏任屬七判任總務局長一勅任書記官五
奏任屬五十七判任縣治局長一次長一奏任屬二十七判任警保局長一
次長一奏任屬三十四判任土木局次長一奏任屬百卅判任衛生局長一次長一奏任屬七十二判任地理局長一次長一技師
三奏任屬十七判任社寺局長一次長一奏任屬十四判任會計局長一次長一奏任屬廿判任臨時建築局總裁一勅任事務官
六奏任屬十判任技師
四奏任技手八判任

大藏省

大臣一次官一勅任秘書官二奏任參事官四奏任總務局長一書記官六奏任屬三
十八判任主稅局長一次長一主稅官十四奏任屬四十四判任關稅局長一次長一
屬百有三判任主計局長一勅任次長一奏任主計官十一奏任屬百有九判任出納局長一次長一主計官二奏任屬五十六判
任國債局長一次長一主計官一奏任屬二十八判任金庫局長一奏任屬九十九判任銀行局長一次長一屬廿二判任預金局
長一次長一屬廿四判任記錄局長一次長一屬七十五判任造幣局長一勅任次長一奏任屬廿二判任技師七奏
任技手三十判任印刷局事務長一次長一奏任技師五奏任技手三十八判任稅關長六奏任屬二百十二判任

司法省

大臣一次官一勅任秘書官二參事官十九奏任總務局長勅任書記官五奏任屬六十二判任民事局長一次長一奏
任參事官五奏任屬十三判任刑事局長一參事官三奏任屬九判任會計局長一奏任屬二十四判任大審院長一勅
任評定官二十一奏任檢事
長一勅任檢事十一奏任

文部省

大臣一次官一勅任秘書官二奏任總務局長一書記官七奏任參事官六奏任
視學官五奏任屬六十八判任帝國大學總長一勅任評議官九奏任屬十二判
任敎授七
十奏任

農商務省

大臣一次官一勅任秘書官二奏任參事官三奏任總務局長一勅任書記官八奏任屬四十
八判任農務局長一次長一技師八奏任技手四十二判任商務局長一次長一技師三屬十
五判任工務局長一次長一技師十奏任屬卅一判任水產局長一次長一奏任技師四奏任屬三十六判任山林局長一次長一
奏任林務官五奏任屬六十九判任地質局長一次長一技師十奏任屬三十六判任鑛山局長一技師二奏任屬十八判任特許
局長一次長一審判官十一以上奏任屬二十七
判任會計局長一次長一奏任屬三十五判任

遞信省

大臣一次官一勅任秘書官二奏任參事官二書記官三奏
任總務局長一屬四十六判任內信局次長一技師一奏任

屬八十八判任外信局次長一技師一奏任工務局長一奏任技師六奏任技手三十一判任屬十九判任爲換貯金局次長一奏任屬百三十二判任燈臺局長一次長一奏任屬一百十九判任管船局長一次長一司撿所長四奏任屬五十一判任會計局長一次長一奏任會計監督官三奏任屬一百〇二判任

元老院

議長一副議長一議官九十一勅任書記官四奏任屬四十九判任

府縣官

東京府勅任知事一奏任書記官二收稅長奏任一判任二百九十九西京府勅任知事一奏任書記官二收稅長警部長各一判任三百九十六大坂府知事一勅任書記官二奏任收稅長警部長各一判任三百七十五神奈川縣勅任知事一奏任書記官二收稅長警部長各一判任二百八十二兵庫縣知事勅任一奏任書記官二判任三百四十四長崎縣奏任知事一奏任書記官二收稅長警部長各一判任二百五十一新潟縣奏任知事一奏任書記官二收稅長警部長各一判任三百七十四埼玉縣奏任知事一奏任書記官二收稅長警部長各一判任二百六十群馬縣勅任知事一奏任書記官二收稅長警部長各一判任二百一千葉縣勅任知事一奏任書記官二判任二百二十五茨城縣勅任知事一奏任書記官二收稅長警部長各一判任三百八栃木縣奏任知事一奏任書記官二收稅長警部長各一判任百八十奈良縣勅任知事一奏任書記官二收稅長警部長各一判任百五十二三重縣奏任知事一奏任書記官二收稅長警部長各一判任二百二十三愛知縣奏任知事一奏任書記官二收稅長警部長各一判任百六十三靜岡縣勅任知事一奏任書記官二收稅長警部長各一判任二百二十三山梨縣奏任知事一奏任書記官二收稅長警部長各一判任百七十六岐阜縣勅任知事一奏任書記官二收稅長警部長各一判任二百三十三長野縣奏任知事一奏任書記官二收稅長警部長各一判任二百三十二宮城縣勅任知事一奏任書記官二收稅長警部長各一判任百九十七福嶋縣勅任知事一奏任書記官二收稅長警部長各一判任百八十三巖手縣勅任知事一奏任書記官二收稅長警部長各一判任百九十六青森縣勅任知事一奏任書記官二收稅長警部長各一判任百七十四山形縣勅任知事一奏任書記官二收稅長警部長各一判任百九十九秋田縣勅任知事一奏任書記官二收稅長警部長一判任二百七十六福井縣奏任知事一奏任書記官二收稅長警部長各一判任二百十一石川縣勅任知事一奏任書院官二判任二百三十五富山縣奏任知事一奏任書記官二收稅長警部長各一判任二百十五鳥取縣奏任知事一奏任書記官二收稅長警部長各一判任百八十二島根縣奏任知事一奏任書記官二收稅長警部長各一判任二百三十一岡山縣奏任知事一奏任書記官二收稅長警部長各一判任官二百五十八廣嶋縣奏任知事一奏任書記官一收稅長警部長各一判任二百五十六山口縣奏任知事一奏任書記官二收稅長警部長各一判任二百有八和歌山縣奏任知事一奏任書記官二收稅長警部長各一判任百六十一德島縣奏任知事一奏任書記官二收稅長警部長各一判任百七十九香川縣奏任知事一奏任書記官二收稅長警部長各一判任百二十愛媛縣奏任知事一奏任書記官二收稅長警部長各一判任二百十三高知縣奏任知事一奏任書記官二收稅長警部長各一判任百九十八福岡縣奏任知事一奏任書記官二收稅長警部長各一判任二百三十二大分縣奏任知事一奏任書記官二收稅長警部長各一判任三百有八佐賀縣奏任知事一奏任書記官二收稅長警部長各一判任百九十八熊本縣勅任知事一奏任書記官二收稅長警部長各一判任二百一宮崎縣勅任知事一奏任書記官二收稅長警部長各一判任二百有三鹿兒島縣勅任知事一奏任書記官二收稅長警部長各一判任二百二十二

日本中古以課戶之數定祿制延喜式謂諸州守介與漢代均則祿千石或二千石也課戶三四百或五六百計米粟曰束曰把見古風土記稻一束多寡有差上田每束得米三升中田二升五合下田二升稻一把約一束稻十之一也源賴朝漸成封建將軍臣隸將校皆食大邑東鑑載賴朝入朝前驅後乘步騎數萬將校從者二三百人多者至五百或一千二千封建後穀祿以銀錢計故大名小名食祿有萬貫千貫百貫之稱銀錢一貫抵米十石國俗謂千錢爲一貫百貫乃千石也千貫乃萬石萬貫乃十萬石也豐臣秀吉掌政權始計食祿以斗石謂食五萬石以上者爲大名謂四萬石以下至一萬石爲小名或曰食萬石以上爲大名謂九千石以下爲小名其大名之大者則德川家康也食阪東八州二百四十萬石臣隸尚有食十萬石者食萬石以上者數十家次之爲毛利輝元食百六十萬石次爲前田利家食百二十萬石次爲烏津氏蒲生氏然食八十萬石其他見十萬石以下至百石者多德川家康開霸府大名食邑有沿革以百萬石爲最凡食萬石以上

者約二百六十家並爲大名而稱諸侯者襲中國古稱耳凡一萬石之邑民口約一萬課戸蓋二三千而藩士之家在外其他大將麾下將士謂九千石以下至百石者爲麾下上萬餘家皆世祿其大名藩士亦皆世祿然封自覇府故爵位亦卑聞藩侯見日本國君必先賂左右公卿否則故遇塗必下車跪道左也明治改府縣官食公租四年而後改穀祿爲俸金二十一年爲光緒十四年日本國初設樞密院其議長副議長顧問官書記官長書記官歲祿有差此外與明治初年大畧相同厥任有三授自君曰敕大臣言之君而授職曰奏由奏任一等之局長請之大臣而授事曰判然祿之多寡視院與閣與省諸任所難可以敕奏判一例視也綜厥官祿區而別之錄內閣各省勅任奏任官祿第一內閣各省判任官祿第二各省工長判任官錄第三內閣賞勳局官祿第四樞密院官祿第五宮內省勅任官祿第六宮內省奏任官祿第七主殿寮門舍人月俸第八宮內警部官月俸第九主獵局官祿第十內匠寮官祿第十一御料局官祿第十二使臣祿第十三未使官屬祿第十四元老院官祿第

十五警視廳官祿第十六裁判官撿察官大審院控訴院祿皆刑官也祿第十七大林區署林務官補祿掌山林屬農商務省第十八府縣官祿第十九或以月計或以歲計述官祿表

内閣各省勅任奏任官祿第一

官		等	上	中	下
勅任官	内閣總理大臣		九千六百圓		
勅任官	各省大臣		六千圓		
勅任官		一等	五千圓		四千五百圓
勅任官		二等	四千圓		三千五百圓
奏任官		一等	三千圓	二千八百圓	二千六百圓
奏任官		二等	二千四百圓	二千二百圓	二千圓
奏任官		三等	千八百圓	千六百圓	千四百圓
奏任官		四等	千二百圓	千百圓	千圓
奏任官		五等	九百圓	八百圓	七百圓
奏任官		六等	六百圓	五百圓	四百圓

内閣各省判任官祿第二

一等	上 七拾五圓 下 六拾圓
二等	五拾圓
三等	四拾五圓
四等	四拾圓
五等	三拾五圓
六等	三拾圓
七等	二拾五圓
八等	二拾圓
九等	拾五圓
十等	拾二圓

各省工長判任官祿第三

	一等技手	二等技手	三等技手	四等技手	五等技手	六等技手	七等技手	八等技手	九等技手	十等技手
上	八拾圓	七拾圓	五拾五圓	五拾圓	四拾五圓	四拾圓	三拾五圓	三拾圓	二拾五圓	拾八圓
中	七拾圓	六拾圓	五拾圓	四拾五圓	四拾圓	三拾五圓	三拾圓	二拾五圓	二拾圓	拾五圓
下	六拾圓	五拾圓	四拾五圓	四拾圓	三拾五圓	三拾圓	二拾五圓	二拾圓	拾五圓	拾二圓

內閣賞勳局官祿第四

勅任官		奏任官							
一等	二等	一等		二等		三等		四等	
四千圓	三千圓	上	二千四百圓	上	二千圓	上	千六百圓	上	千二百圓
		下	二千二百圓	下	千八百圓	下	千四百圓	下	千圓

樞密院官祿第五

議長	副	顧問官
銀六千圓	銀五千圓	銀四千圓

宮內省勅任官祿第六

勅任官	官	級	祿
	內大臣、宮內大臣		六千圓
一等	侍從長		五千五百圓
一等	宮內次官	上	五千圓
一等	宮內次官	下	四千五百圓
一等	宮中顧問官		四千圓
一等	式部長官、皇太皇后大夫、皇后宮大夫	上	四千圓
一等	式部長官、皇太皇后大夫、皇后宮大夫	下	三千五百圓
二等	宮內次官、內藏頭	上	四千圓
二等	宮內次官、內藏頭	下	三千五百圓
二等	侍醫局長官		四千圓
二等	侍醫	上	四千圓
二等	侍醫	下	三千八百圓
二等	宮中顧問官		三千五百圓
二等	主殿頭、圖書頭、內匠頭、主馬頭、御料局長官	上	三千五百圓
二等	主殿頭、圖書頭、內匠頭、主馬頭、御料局長官	下	三千圓
二等	式部次官	上	三千圓
二等	式部次官	下	二千七百圓
二等	大膳大夫、華族局長官、親王家別當	上	三千圓
二等	大膳大夫、華族局長官、親王家別當	下	二千五百圓
二等	掌典長	上	二千四百圓
二等	掌典長	下	二千百圓

宮內省奏任官祿第七

奏任官

一等	二等	三等	四等	五等	六等

主殿內寮舍人月俸第八

官	等	月俸
書記官 秘書官 內藏權頭 侍醫 調度局長	上	三千圓
	中	二千八百圓
	下	二千六百圓
侍從 主殿權頭 圖書權頭 內匠權頭 主馬權頭 諸陵頭 御料局主事	上	二千六百圓
	中	二千四百圓
	下	二千二百圓
式部官		二千四百圓
皇太后宮亮	上	二千四百圓
皇后宮亮	中	二千二百圓
華族局主事	下	二千圓
大膳亮	上	二千二百圓
	下	二千圓
掌典		千二百圓

官	等	月俸
書記官 秘書官 內藏助 侍醫	上	二千四百圓
	中	二千二百圓
	下	二千圓
侍從 主殿助 圖書助 內匠助 主馬助 諸陵權頭 御料局主事 皇宮警察長	上	二千圓
	中	千八百圓
	下	千六百圓
式部官		千八百圓
華族局主事	上	千八百圓
	中	千六百圓
	下	千四百圓
掌典		千二百圓

官	等	月俸
書記官 秘書官 內藏權頭 侍醫 調度局次官	上	千八百圓
	中	千六百圓
	下	千四百圓
皇宮警察長	上	千五百圓
	中	千四百圓
	下	千三百圓
侍從 主殿權助 圖書權助 主馬權助 諸陵助 御料局主事補	上	千四百圓
	中	千二百圓
	下	千百圓
式部官		千二百圓
華族局主事補	上	千二百圓
	中	千百圓
	下	千圓
掌典		九百圓

官	等	月俸
書記官 秘書官 侍醫 皇宮警察次官	上	千二百圓
	中	千百圓
	下	千圓
侍從 御料局主事補	上	千圓
	中	九百圓
	下	八百圓
式部官 家令		九百圓
諸陵權助 華族局主事補	上	九百圓
	中	八百圓
	下	七百圓
掌典		六百圓

官	等	月俸
皇宮警察次官	上	九百圓
	中	八百圓
	下	七百圓
侍從試補	上	八百圓
	中	七百圓
	下	六百圓
家令		八百圓
式部官		六百圓
掌典		五百四拾圓
雅樂師長		四百二拾圓

官	等	月俸
家令		七百圓
侍從試補		五百五拾圓
式部官		五百四拾圓
掌典		四百八拾圓
內豎	上	四百圓
	中	三百圓
	下	二百五拾圓
雅樂師副長		三百六拾圓

判任	六等	三十圓
	七等	二十五圓
	八等	二十圓

判任

宮內警部月俸第九

	一等	二等	三等	四等	五等	六等	七等	八等	九等	十等
警部	五十圓	四十五圓	四十圓	三十五圓	三十圓					
警部補						二十五圓	二十圓	十八圓	十五圓	十二圓

主獵局官祿第十

長官 主事		
勅任二等	上	三千五百圓
	下	三千圓
奏任一等	上	二千六百圓
	中	二千四百圓
	下	二千二百圓
奏任二等	上	二千圓
	中	千八百圓
	下	千六百圓

内匠寮祿第十一

匠師年俸

奏任官	上	中	下
三等	千八百圓	千六百圓	千四百圓
四等	千二百圓	千百圓	千圓
五等	九百圓	八百圓	七百圓
六等	六百圓	五百圓	四百圓

御料局奏任官祿第十二

匠手匠手補月俸

判任官	上	中	下
一等匠手	八十圓	七十圓	六十圓
二等匠手	七十圓	六十圓	五十圓
三等匠手	五十五圓	五十圓	四十五圓
四等匠手	五十圓	四十五圓	四十圓
五等匠手	四十五圓	四十圓	三十五圓
六等匠手	四十圓	三十五圓	三十圓
七等匠手	三十五圓	三十圓	二十五圓
八等匠手	三十圓	二十五圓	二十圓
九等匠手	二十五圓	二十圓	十五圓
十等匠手	十八圓	十五圓	十二圓

等外	上	下
一等匠手補	十一圓	十圓
二等匠手補	九圓	八圓

技師

奏任官	
一等	一等技師
二等	二等技師
三等	三等技師
四等	四等技師
五等	五等技師
六等	六等技師

年俸 上	年俸 中	年俸 下
三千圓	二千八百圓	二千六百圓
二千四百圓	二千二百圓	二千圓
千八百圓	千六百圓	千四百圓
千二百圓	千百圓	千圓
九百圓	八百圓	七百圓
六百圓	五百圓	四百圓

判任官	技手	月俸 上	月俸 中	月俸 下
一等	一等技手	八十圓	七十圓	六十圓
二等	二等技手	七十圓	六十圓	五十圓
三等	三等技手	五十五圓	五十圓	四十五圓
四等	四等技手	五十圓	四十五圓	四十圓
五等	五等技手	四十五圓	四十圓	三十五圓
六等	六等技手	四十圓	三十五圓	三十圓
七等	七等技手	三十五圓	三十圓	二十五圓
八等	八等技手	三十圓	二十五圓	二十圓
九等	九等技手	二十五圓	二十圓	十五圓
十等	十等技手	十八圓	十五圓	十二圓

使臣祿第十三

		中國	英法俄美	德義墺和	朝鮮
特命全權公使	上	七千圓	千五百五十磅	千五百磅	七千圓
同	下	六千五百磅	千五百磅	千四百五十磅	六千五百磅
辨理公使	上	六千圓	千四百五十磅	千四百磅	六千圓
同	下	五千五百圓	千四百磅	千三百五十磅	五千五百圓

		上海	香港天津	芝罘漢口浦潮	仁川京城	釜山	元山	倫敦馬耳塞紐育
總領事	上	四千五百圓	四千圓	三千五百圓	四千五百圓	四千圓	三千五百圓	四千圓
同	中	四千四百廿圓	三千九百廿圓	三千四百廿圓	四千四百廿圓	三千九百廿圓	三千四百廿圓	三千八百五十圓
同	下	四千三百四十圓	四千三百四十圓	三千八百四十圓	三千三百四十圓	四千三百四十圓	三千三百四十圓	三千八百五十圓
領事	上	四千二百五十圓	三千七百五十圓	三千二百五十圓	四千二百五十圓	三千七百五十圓	三千二百五十圓	三千八百五十圓

代理公使	上	五千圓	千磅	九百三十磅	五千圓
同	中	四千八百圓	九百八十磅	九百三十磅	四千八百圓
同	下	四千六百圓	九百六十磅	九百磅	四千六百圓
參事官	上	三千八百圓	八百磅	七百八十磅	三千八百圓
同	中	三千六百圓	七百六十磅	七百四十磅	三千六百圓
同	下	三千五百圓	七百三十磅	七百十磅	三千五百圓
書記官	上	三千二百圓	七百磅	六百八十磅	三千二百圓
同	中	三千百圓	六百八十磅	六百六十磅	三千百圓
同	下	三千圓	六百七十磅	六百五十磅	三千圓
同三等	上	二千九百圓	六百五十磅	六百三十磅	二千九百圓
同	中	二千八百圓	六百三十磅	六百十磅	二千八百圓
同	下	二千七百圓	六百卅磅	六百磅	二千七百圓
同四等	上	二千五百磅	六百磅	五百八十磅	二千五百磅
同	中	二千四百圓	五百八十磅	五百六十磅	二千四百圓
同	下	二千三百圓	五百六十磅	五百四十磅	二千三百圓

同	中	四千百七十圓	三千六百七十圓	三千百七十圓	四千百七十圓	三千六百七十圓	三千百七十圓	三千七百七十五圓
同	下	四千九十圓	三千五百九十圓	三千九十圓	四千九十圓	三千五百九十圓	三千九十圓	三千五百九十圓
同三等	上	四千圓	三千五百圓	三千圓	四千圓	三千五百圓	三千圓	三千五百圓
同	中	三千九百廿圓	三千四百二十圓	二千九百四十圓	三千九百廿圓	三千四百廿圓	二千九百四十圓	三千四百廿五圓
同	下	三千八百四十圓	三千三百四十圓	二千八百八十圓	三千八百四十圓	三千三百四十圓	二千八百八十圓	三千三百五十圓
同四等	上	三千七百五十圓	三千二百五十圓	二千八百圓	三千七百五十圓	三千二百五十圓	二千八百圓	三千二百五十圓
同	中	三千六百七十圓	三千百七十圓	二千七百二十圓	三千六百七十圓	三千百七十圓	二千七百二十圓	三千百廿五圓
同	下	三千五百九十圓	三千有九十圓	二千六百四十圓	三千五百九十圓	三千有九十圓	二千六百四十圓	三千百圓
副領事	上	二千百圓	二千圓	二千圓	二千百圓	二千圓	二千圓	二千二百五十圓
同	中	二千圓	千九百圓	千九百圓	二千圓	千九百圓	千九百圓	二千二百圓
同	下	千九百圓	千八百圓	千八百圓	千九百圓	千八百圓	千八百圓	二千百五十圓
同	上	千七百圓	千六百圓	千六百圓	千七百圓	千六百圓	千六百圓	二千百圓
同	中	千七百圓	千六百圓	千六百圓	千七百圓	千六百圓	千六百圓	二千五十圓
同	下	千六百圓	千五百圓	千五百圓	千六百圓	千五百圓	千五百圓	二千圓
領事代理		三千四百圓	二千九百圓	二千五百圓	三千四百圓	二千九百圓	二千五百圓	三千圓

末使官祿第十四

勅任官		奏任官						
一等	二等	一等	二等	三等	四等	五等	六等	七等
自二千三百圓至三千圓	自千七百圓至二千三百圓	自千四百圓至千七百圓	自千二百圓至千四百圓	自千百圓至千二百圓	自九百圓至千百圓	自六百圓至八百圓	自五百圓至七百圓	自三百圓至五百圓

元老院官祿第十五

勅任官				奏任官			
一等		二等		一等	二等	三等	四等
議長	副議長	議官	議官	書記官			
五千圓	四千圓	三千五百圓	三千圓	上 二千四百圓	二千圓	千六百圓	千二百圓
				下 二千二百圓	千八百圓	千四百圓	千圓

警視廳官祿第十六

判任官										
官等	一等	二等	三等	四等	五等	六等	七等	八等	九等	十等
警部 上	七十五圓	五十圓	四十五圓	四十圓	三十五圓	三十圓	二十五圓	二十圓		

官名	等	1	2	3	4	5	6	7	8	9	10
消防司令	中	六十圓	四十五圓	四十圓	三十五圓	三十圓	二十五圓	二十圓	十八圓		
	下	五十圓	四十圓	三十五圓	三十圓	二十五圓	二十圓	十八圓	十五圓		
看守長	上					三十五圓	三十圓	二十五圓	二十圓		
	中					三十圓	二十五圓	二十圓	十八圓		
	下					二十五圓	二十圓	十八圓	十五圓		
警部補　消防司令補　看守副長										十五圓	十二圓

刑官祿第十七

官等	勅任	勅任一等	勅任二等	奏任一等	奏任二等	奏任三等	奏任四等	奏任五等	奏任六等
年俸	五千五百圓	上 五千圓	上 四千圓	上 二千八百圓	上 二千二百圓	上 千六百圓	上 千百圓	上 八百圓	上 五百圓
			中 三千五百圓	中 二千六百圓	中 二千圓	中 千四百圓	中 千圓	中 七百圓	中 四百圓
		下 四千五百圓	下 三千圓	下 二千四百圓	下 千八百圓	下 千二百圓	下 九百圓	下 六百圓	下 三百圓

大林區署林務官補祿第十八

判任官

官名	林務官補 年俸 上	林務官補 年俸 中	林務官補 年俸 下	營林主事 年俸 上	營林主事 年俸 中	營林主事 年俸 下	營林主事補記書 月俸 上	營林主事補記書 月俸 中	營林主事補記書 月俸 下	森林看守 月俸 一級	二級	三級	四級	五級	六級	七級	八級	九級
一等	七百圓	六百六十圓	六百三十圓															
二等	六百圓	五百八十圓	五百六十圓															
三等	五百四十圓	五百二十圓	五百圓															
四等	四百八十圓	四百六十圓	四百四十圓	四百八十圓	四百六十圓	四百四十圓												
五等	四百二十圓	四百圓	三百八十圓	四百二十圓	四百圓	三百八十圓												
六等	三百六十圓	三百四十圓	三百二十圓	三百六十圓	三百四十圓	三百二十圓												
七等	三百圓	二百八十圓	二百六十圓	三百圓	二百八十圓	二百六十圓	二拾五圓	貳拾三圓	二拾一圓									
八等				二百四十圓	二百二十圓	二百圓	二拾圓	拾八圓	拾六圓									
九等				百八十圓	百六十圓	百五十圓	拾五圓	拾四圓	拾三圓									
十等							一級拾二圓 二級拾一圓	三級拾圓 四級九圓	五級八圓 六級七圓	拾圓	九圓	八圓	七圓	六圓	五圓	四圓	三圓	二圓五拾錢

府縣官祿第十九

	勅任官	奏任一等	
知事上	四千五百圓	三千五百圓	東京府知事有時得陞勅任一等
知事下	四千圓	三千圓	

判任

警部收稅	一等	二等	三等	四等	五等	六等	七等	八等	九等	十等	
上	七十五圓	五十圓	四十五圓	四十圓	三十五圓	三十圓	廿五圓	廿圓	十五圓	十二圓	勅奏任俸給以年計
中	六十圓	四十五圓	四十圓	三十五圓	三十圓	二十五圓	二十圓	十八圓		十圓	判任以月計
下	五十圓	四十圓	三十五圓	三十圓	二十五圓	二十圓	十八圓	十五圓	十二圓	八圓	

武官祿表

日本國近衛武職有大佐中佐少佐大尉中尉少尉其屬有曹長軍曹陸軍海軍大將有事則置平時置中將少將等官厥祿有差今錄近衛第一陸軍第二海軍第三述武官祿表

近衛第一

將校

官名	等級	平均月額	歲額
礟兵大佐		百九十六	二千三百五十二
工兵大佐			

下士

官名	等級	日額	平均月額
礟兵曹長	一	二十八錢一釐	八圓五十四錢七釐
工兵曹長	二	二十六錢	七圓九十錢八釐

官名	等	日給	月俸
騎兵大佐 輜重兵大佐		百九十三	二千三百十六
步兵大佐		百九十	二千二百八十
礮兵中佐 工兵中佐		百四十六	千七百五十二
騎兵中佐 輜重兵中佐		百四十三	千七百十六
步兵中佐		百四十	千六百八十
礮兵少佐 工兵少佐		九十六	千百五十二
騎兵少佐 輜重兵少佐		九十三	千百十六
步兵少佐		九十	千八十
礮兵大尉	一	五十九	七百八
工兵大尉	二	五十五	六百六十
騎兵大尉	一	五十七	六百八十四
輜重兵大尉	二	五十三	六百三十六

官名	等	日給	月俸
騎兵曹長	一	二十七錢五釐	八圓三十六錢五釐
輜重兵曹長	二	二十五錢二釐	七圓六十六錢五釐
步兵曹長	一	二十六錢七釐	八圓十二錢一釐
	二	二十四錢三釐	七圓三十九錢一釐
礮兵一等軍曹	一	二十錢一釐	六圓十一錢四釐
工兵一等軍曹	二	十八錢六釐	五圓六十五錢八釐
喇叭長 砲兵一等軍曹	一	二十一錢七釐	六圓六十錢
	二	二十錢二釐	六圓十四錢四釐
喇叭長 步兵一等軍曹	一	二十錢二釐	六圓十四錢四釐
	二	十八錢九釐	五圓七十四錢九釐
騎兵一等軍曹 輜重兵一等軍曹 鍬兵長 步兵一等軍曹	一	十九錢四釐	五圓九十錢一釐
	二	十七錢九釐	五圓四十四錢五釐
步兵一等軍曹	一	十八錢六釐	五圓六十五錢八釐
	二	十七錢三釐	五圓二十六錢二釐

陸軍第二

將校

官職名	等級	平均月額	歲額
步兵少尉		二十五	三百
騎兵少尉 輜重兵少尉		二十七	三百二十四
礮兵少尉 工兵少尉		二十九	三百四十八
步兵中尉	二	三十一	三百七十二
	一	三十五	四百二十
輜重兵中尉	二	三十三	三百九十六
騎兵中尉	一	三十七	四百四十四
工兵中尉	二	三十五	四百二十
礮兵中尉	一	三十九	四百六十八
步兵大尉	二	五十一	六百十二
	一	五十五	六百六十

下士

官職名		等級	日額	平均月額
喇叭長	步兵二等軍曹	二	十五錢	四圓五十六錢三釐
		一	十六錢三釐	四圓九十五錢八釐
	輜重兵二等軍曹	二	十五錢七釐	四圓七十七錢五釐
	騎兵二等軍曹	一	十七錢	五圓十七錢一釐
	工兵二等軍曹	二	十六錢五釐	五圓一錢九釐
	礮兵二等軍曹	一	十七錢八釐	五圓四十一錢四釐
步兵二等軍曹		二	十三錢七釐	四圓十六錢七釐
		一	十五錢	四圓五十六錢三釐
輜重兵二等軍曹		二	十四錢二釐	四圓三十一錢九釐
騎兵二等軍曹		一	十五錢七釐	四圓七十七錢五釐
工兵二等軍曹		二	十五錢	四圓五十六錢三釐
礮兵二等軍曹		一	十六錢五釐	五圓一錢九釐

官等		月俸	年俸
太將		五百	六千
中將		三百五十	四千二百
少將、監督長、軍醫總監		三百	三千六百
參謀官大佐、憲兵大佐		百九十六	二千三百五十二
礮兵大佐、工兵大佐、軍醫監		百九十三	二千三百十六
騎兵大佐、輜重兵大佐、一等監督		百九十	二千二百八十
步兵大佐		百八十七	二千二百四十四
參謀官中佐		百四十六	千七百五十二
憲兵中佐		百四十六	千七百五十二
礮兵中佐、工兵中佐、一等軍醫正		百四十三	千七百十六

官等	等	日給	月給
憲兵曹長	一	三十七錢五釐	十一圓四十錢六釐
	二	三十四錢七釐	十圓五十五錢五釐
砲兵曹長	一	二十七錢	八圓二十一錢三釐
工兵曹長	二	二十三錢三釐	七圓八錢七釐
騎兵曹長、輜重兵曹長、一等書記、一等看護長	一	二十六錢四釐	八圓三錢
	二	二十二錢七釐	六圓九十錢五釐
步兵曹長	一	二十五錢七釐	七圓八十一錢七釐
	二	二十二錢	六圓六十九錢二釐
砲兵看護	一	五十七錢八釐	十七圓五十八錢一釐
工兵看護	二	四十七錢二釐	十四圓三十五錢七釐
火工長		二十六錢五釐	八圓六錢
軍樂次長		二十八錢三釐	八圓六十錢八釐
憲兵一等軍曹	一	二十八錢一釐	八圓五十四錢七釐
	二	二十六錢	七圓九十錢八釐
砲兵一等軍曹	一	十八錢九釐	五圓七十四錢九釐

騎兵中佐 輜重兵中佐 二等監督		百四十	千六百八十
步兵中佐		百三十七	千六百四十四
參謀官少佐 憲兵少佐		九十六	千百五十二
砲兵少佐 工兵少佐 二等軍醫正 藥劑監		九十三	千百十六
騎兵少佐 輜重兵少佐 三等監督		九十	千八十
步兵少佐 獸醫監		八十七	千四十四
參謀官大尉	一	五十八	六百九十六
	二	五十四	六百四十八
憲兵大尉	一	五十九	七百八

工兵一等軍曹	二	十七錢一釐	五圓二十錢一釐
喇叭長 砲兵一等軍曹	一	二十錢五釐	六圓二十三錢五釐
	二	十八錢七釐	五圓六十八錢八釐
喇叭長 步兵一等軍曹	一	十九錢二釐	五圓八十四錢
	二	十七錢四釐	五圓二十九錢三釐
騎兵一等軍曹 輜重兵一等軍曹	一	十八錢三釐	五圓五十六錢六釐
鍬兵步兵一等軍曹長 二等書記 二等看護長	二	十六錢五釐	五圓一錢九釐
步兵一等軍曹	一	十七錢六釐	五圓三十五錢三釐
	二	十五錢八釐	四圓八十錢六釐
火工下長		二十二錢四釐	六圓八十一錢三釐
鞍工長 銃工長 木工長 鍛工長 鑄工長		四十五錢四釐	十三圓八十錢九釐
蹄鐵工長		三十錢七二釐	九圓二十一錢六釐

官等	級	月俸（？）	年俸（？）
	二	五十四	六百六十
礮兵大尉 工兵大尉 一等軍醫 一等藥劑官	一	五十六	六百七十二
	二	五十二	六百二十四
騎兵大尉 輜重兵大尉 監督補	一	五十四	六百四十八
	二	五十	六百
一等軍吏	一	八十七	千四十四
	二	七十五	九百
	三	六十四	七百六十八
	四	五十四	六百四十八
	五	五十	六百
步兵大尉	一	五十二	六百二十四
一等獸醫	二	四十八	五百七十六
參謀官中尉	一	三十八	四百五十六
	二	三十四	四百八
憲兵中尉	一	三十九	四百六十八

官等	級	日俸（？）	月俸（？）
一等軍樂手	一	十九錢四釐	五圓九十錢一釐
	二	十七錢四釐	五圓二十九錢三釐
憲兵二等軍曹	一	二十三錢一釐	七圓二錢六釐
	二	二十一錢	六圓三十八錢八釐
礮兵二等軍曹	一	十四錢五釐	四圓四十一錢
工兵二等軍曹	二	十二錢七釐	三圓八十六錢三釐
騎兵二等軍曹 輜重兵二等軍曹 三等書記 三等看護長	一	十三錢九釐	四圓二十二錢八釐
	二	十二錢一釐	三圓六十八錢
步兵二等軍曹	一	十三錢二釐	四圓一錢五釐
	二	十一錢四釐	三圓四十六錢八釐
喇叭長 礮兵二等軍曹	一	十五錢八釐	四圓八十錢六釐
喇叭長 工兵二等軍曹	二	十四錢	四圓二十五錢八釐
喇叭長 騎兵二等軍曹	一	十五錢二釐	四圓六十二錢三釐
喇叭長 輜重兵二等軍曹	二	十三錢四釐	四圓七錢六釐
喇叭長 步兵二等軍曹	一	十四錢五釐	四圓四十一錢

	二	三十五	四百二十
礮兵中尉 工兵中尉 二等軍醫 二等藥劑官	一	三十六	四百三十二
	二	三十二	三百八十四
騎兵中尉 輜重兵中尉 二等軍吏	一	三十四	四百八
	二	三十	三百六十
步兵中尉 二等獸醫	一	三十二	三百八十四
	二	二十八	三百三十六
憲兵少尉		二十九	三百四十八
礮兵少尉 工兵少尉 三等軍醫 三等藥劑官		二十六	三百十二
騎兵少尉 輜重兵少尉 三等軍吏		二十四	二百八十八
步兵少尉 三等獸醫		二十二	二百六十四
礮兵上等監護	一	五十五	六百六十
	二	五十	六百

	二	十二錢七釐	三圓八十六錢三釐
蹄鉄工下長		十七錢九釐	五圓四十四錢五釐
鞍工下長 銃工下長 木工下長 鍛工下長 鑄工下長		二十六錢八釐	八圓十五錢二釐
二等軍樂手	一	十四錢五釐	四圓四十一錢
	二	十二錢七釐	三圓八十六錢三釐

工兵上等監護					一等軍樂手		二等軍樂手	
三	四	五	六	七	一	二	一	二
四十五	四十	三十五	三十	二十五	四十	三十五	三十	二十五
五百四十	四百八十	四百二十	三百六十	三百	四百八十	四百二十	三百六十	三百

海軍第三

高等武官				
官名				
大將				
中將				
少將	軍醫總監	主計總監		
大佐 奏任一等	機關大監 同同	軍醫大監 同同	主計大監 同同	
大佐 奏任二等	機關大監 同同	軍醫大監 同同	主計大監 同同	
少佐	機關少監	軍醫少監	藥劑官	主計少監
大尉 奏任四等	大機關士 同同	大軍醫 同同	大藥劑官 同同	大主計 同同
大尉 奏任五等	大機關士 同同	大軍醫 同同	大藥劑官 同同	大主計 同同
少尉	少機關士	少軍醫	少藥劑官	少主計

	甲	乙	丙
	八千圓		六千圓
	五千五百圓	四千八百圓	四千四百圓
	四千六百圓	四千圓	三千六百圓
	三千圓	二千七百圓	二千五百圓
	二千三百圓	二千百圓	千九百圓
	千七百圓	千四百八十圓	千二百八十圓
上	九百八十圓	九百二十圓	八百八十圓
下	九百二十圓	八百六十圓	八百二十圓
上	七百八十圓	七百二十圓	六百八十圓
下	七百二十圓	六百六十圓	六百二十圓
上	五百六十圓	五百圓	四百六十圓
下	五百圓	四百四十圓	四百圓

官名	上	中	下
機技總監	四千五百圓	四千圓	三千五百圓
大技監奏任一等	二千九百圓	二千七百圓	二千五百圓
大技監奏任二等	二千三百圓	二千百圓	千九百圓
少技監	千六百八十圓	千四百八十圓	千二百八十圓
大技士奏任四等	千百八十圓	千八十圓	九百八十圓
大技士奏任五等	八百八十圓	七百八十圓	六百八十圓
少技士	五百八十圓	四百八十圓	四百圓

准士官月俸

俸等	甲	乙	丙
一	五〇圓	四七圓	四五圓
二	四五	四二	四〇
三	四〇	三七	三五
四	三五圓	三〇	三〇圓
五	三〇	二七	二五
六	二五	二二	二〇

海軍

俸	警吏	艦內教授	兵曹
七十五錢	一等警吏一等		
六十錢	一等警吏二等	一等艦內教授一等	
四十八錢	一等警吏三等	一等艦內教授二等	一等兵曹一等
三十七錢	二等警吏一等	二等艦內教授一等	一等兵曹二等
三十四錢	二等警吏二等	二等艦內教授二等	二等兵曹一等
三十一錢	三等警吏一等	三等艦內教授一等	二等兵曹二等
二十八錢	三等警吏二等	三等艦內教授二等	三等兵曹一等
二十五錢			三等兵曹二等

下士日給

軍樂手			一等軍樂手一等	一等軍樂手二等	二等軍樂手一等	二等軍樂手二等	三等軍樂手一等	三等軍樂手二等
機關手		一等機關手一等	一等機關手二等	一等機關手三等	二等機關手一等	二等機關手二等	三等機關手一等	三等機關手二等
船匠手		一等船匠手一等	一等船匠手二等	二等船匠手一等	二等船匠手二等	三等船匠手一等	三等船匠手二等	
水雷工手		一等水雷工手一等	一等水雷工手二等	一等水雷工手三等	二等水雷工手一等	二等水雷工手二等	三等水雷工手一等	三等水雷工手二等
鍛冶手		一等鍛冶手一等	一等鍛冶手二等	二等鍛冶手一等	二等鍛冶手二等	三等鍛冶手一等	三等鍛冶手二等	
看護手			一等看護手一等	一等護看手二等	二等看護手一等	二等看護手二等	三等看護手一等	三等看護手二等
書記			一等書記一等	一等書記二等	二等書記一等	二等書記二等	三等書記一等	三等書記二等
主厨			一等主厨一等	一等主厨二等	二等主厨一等	二等主厨二等	三等主厨一等	三等主厨二等

爵表

日本公侯伯子男其位自從一至從五或有位或無位其員非有定額就光緒十二年（明治十九）言述爵表

	從一位	正二位	從二位	正三位	從三位	正四位	從四位	正五位	從五位	無位	合計
公	二	一	二	一	一		五				一二
侯	一	五	一	二	四		二	一	六	三	二五
伯			九	三	六	一一	一八	五	一八	六	七六

	前二年	前一年	総計	男	子
	三	三	三		
	八	七	六		
	六	六	一七		五
	一五	一五	一五		一〇
	三二	三三	三三	一	一一
	二七	二八	二〇		九
	七六	八〇	七二	二	四五
	二一	二〇	三二	四	二二
	二七三	二六六	二五一	五一	一七八
	五八	六四	七一	一七	四五
	五〇九	五一二	五一〇	七五	三一三

有位人表

日本官階初十有二漸改漸增今自從一至從九階十有七其正一位不置也光緒十二年明治十九合華族士族平民之有位者計七千七百九十有五述有位人表

位	文官			武官			非役			女官及非役女					合計			
										女官			非役					
	華族	士族	平民	華族	士族	平民	華族	士族	平民	華族	士族	平民	華族	士族	華族	士族	平民	計
從一	二						二								四			
正二	二						一一								一三			
從二	一三	二					六								一九		二	
正三	九						六								一五			
從三	二四	五四	三	一一	三		二一	一							五六	五八	三	一一七

正四	從四	正五	從五	正六	從六	正七	從七	正八	從八	正九	從九	総計	前一年	前二年
一	三六	六	六〇					二				一六四	二〇一	一六四
七	六三	三三	一〇四	一四六	二七〇	三九四	四八四	二六三				一、八二〇	一、四〇八	一、二四五
	四	七	一八	一六	五〇	七三	九九					三五九	二三三	二〇六
二	四		八			二						二七	二六	一九
	三一	一三	四四	一一五	二九一	一、〇三〇	一、一〇二	一、〇五四				三、六八三	三、三六四	三、〇三〇
		一	二	一一	一九	一二五	一四五	三五				六一八	四九九	四〇五
一九	五六	四九	三〇一									四七一	四四八	四八七
五	二	一一	三三	三七	七二	一四三	八九	一一〇	八	八	一四	五三二	五二九	五四四
		一	一	六	一一	三一	一五	一五				八〇	七四	七九
	三	一		六		四						一四	一五	一五
						七	二	八				一七	一六	一三
						一	一					二	二	二
二		一	三									七	七	八
				一								一	一	
三四	九九	五七	三七二	六		六		二				六八三	六九七	六九三
一二	九六	五七	一八〇	二九九	六三三	一六七七	一、五七四	一、四三五	八	八	一四	六、〇五三	五、三一八	四、八三二
	四	九	二一	四三	八〇	二三〇	二六〇	四〇九				一、〇五九	八〇八	六九二
四六	一九九	三三	五七三	三四八	七一三	一、八一〇	一、九三七	一、八四六	八	八	一四	七、七九五	六、八二三	六、二一七

日本圖經十七終

奏派游歷日本美利加秘魯巴西等國英日屬地加納大古巴知府用兵部郎中臣傅雲龍述

中國交涉前事

中國日本交涉久矣貢始周賜印綬始漢求工於吳人始晉學儒術國制始唐互市時亦肇端嗣是正史使不絕書未聞一矢西指元世祖兵艦忽東遇風不捷黷武非歟明時日本之政操之權臣受封捕冠而寇時聞汪直徐海輩導之其盡然歟論者謂日本疇昔之學唐不減于今茲之效西維新可也詆舊不可也此猶目論也厥黨自分厥議雜合然如實心計國弗沾沾焉爲進身計者必不作中東可勿同心語也雲龍請一言蔽之曰近交諸葛氏言不翅爲中東設矣前事大氐與時勢異然亦後事鑑也述中國交涉前事

周時倭人貢鬯艸見論衡儒增篇成王時倭人貢暢見論衡恢國篇漢書地理志樂浪海中有倭人分爲百餘國以歲時來獻見云後漢書東夷傳倭百餘國自武帝滅朝鮮使驛通於漢有三十許國皆稱王漢建武中元二年垂仁八十八倭使朝貢後漢書光武中元二年倭國遣使奉貢朝賀使人自稱大夫光武賜以印綬永初元年景行四十四倭有獻後漢書安帝永初元年倭國王帥升等獻生口百六十人魏景初三年神功三十八倭貢答之魏志明帝景初二年倭女王遣大夫難升米等朝獻生口班布詔報制詔親魏倭王卑彌呼以絳地錦罽答貢正始元年四十倭謝魏使魏志齊王芳正始元年遣建中校尉梯儁等奉詔書印綬詣倭拜假倭王賜金帛錦罽刀鏡采物倭王因使上表答謝恩語四年四十三倭使獻方物魏志倭王遣使大夫伊聲耆掖邪狗等八人上獻生口倭錦絳青縑緜衣帛布丹木𤝔短弓矢六年四十五賜倭使魏志詔賜倭難升米黃幢付郡假八年四十八倭使說與狗奴國攻擊狀詔爲檄喻之見魏志延熙十五年五十二倭貢魏志倭獻男女生口三十人貢白珠五千孔青大句珠二枚異文雜錦二十匹晉泰始初神功六十餘年遣使重譯入貢見晉書光熙元年應神卅七求女工日本書記春二月遣阿知使主都加使主於吳令求縫工女使者渡高麗不知道路高麗王乃副久禮波久禮志二人爲鄉導由是得通吳吳王與工女四○按應神三十七年己爲晉惠帝光熙元年曰吳丁就地言之非三國時吳也安帝時履中反正間倭使朝貢見南史宋永初二年允恭十二月倭遣使朝貢見南史○宋書高祖詔曰倭國讚萬里修貢遠誠宜甄可賜除授元嘉二年允恭十四表獻方物宋書讚又遣司馬曹達奉表獻方物讚死弟珍立遣使貢獻自稱使持節都督倭百濟新任那秦韓慕韓六國諸軍事安東大將軍倭國王表求除正詔安東將軍倭國王廿年三十二使獻方物宋書倭國王濟遣使奉獻復以爲安東將軍倭國王二十八年四十加使持節都督六國宋書二十八年加使持節都督倭新羅任那加羅秦韓慕韓六國諸軍事安東將軍如故大

明六年五雄略使貢宋書詔授爵號安東將軍倭國王昇明二年二十二遣使表勾驪狀宋書昇明二年遣使齊建元元年清寧元年除鎮東大將軍見南齊書隋大業三年推古十五倭使朝貢致書見隋書然按日本推古記云太子作書惟有東天皇間西皇帝之語無日出處語豈譯詞異耶四年十六使倭隨使來貢隋書上遣文林郎裴清使於倭國度百濟行至竹島南望𨈭羅國經都斯麻國迥在大海中又東至一支國又至竹斯國又東至秦王國其人同於華夏以為夷洲疑不能明也又經十餘國達於海岸自竹斯國以東皆附庸於倭王遣小德阿輩臺從數百人設儀仗鳴鼓角來迎後十日又遣大禮哥多毗從二百餘騎郊勞既至彼都其王與清相見大悅曰我聞海西有大隋禮義之國故遣朝貢我夷人僻在海隅不聞禮義是以稽留境內不即相見今故清道飾館以待大使冀聞大國惟新之化清答曰皇帝德並二儀澤流四海以王慕化故遣行人來此宣諭既而引清就館其後清遣人謂其王曰朝命既達請即戒塗於是設宴享以遣復令使者隨清來貢方物此後遂絕唐貞觀五年舒明三倭使獻方物唐錄貞觀五年倭國遣使獻方物太宗矜其路遠無令歲貢又遣使者高表仁持節往撫之表仁無綏遠之方與王爭禮不宣朝命而還永徽五年白雉五倭使獻物唐錄永徽五年倭國使獻虎珀馬腦高宗撫之云王國與百濟高麗接若有危急宜遣使救之顯慶四年蝦夷國使隨倭使入朝通典蝦夷海中小島也其使鬚長四尺善弓矢插箭於首令人戴瓠而立四十步射之無不中者十月隨倭使入朝長安元年文武五日本貢方物唐書長安元年其王遣朝臣眞人粟田貢方物朝臣眞人者猶唐尚書也三年七日本貢方物唐錄長安三年日本國遣其大臣朝臣眞人來貢方物因言其國近日所出故號曰日本開元初和銅年日本使來朝唐書開元初粟田復朝請從諸儒授經詔四門助敎趙(玄)默即鴻臚寺為師獻大幅布為贄悉賞物貿書以歸其副朝臣仲滿慕華不肯去易姓名曰朝衡歷左補闕儀王友多所該識久乃還唐錄(玄)宗開元初又遣使來朝因請儒士授經盡市文籍而還天寶十一年天平勝寶四日本使入中國求內外教典見日本佛祖統紀十二年五日本使朝貢唐書天寶十二載朝衡復入朝上元中擢左散騎常侍安南都護新羅梗海道更繇明越州朝貢又見唐錄貞元二十年延暦廿三使

來朝唐祿貞元廿年遣使來朝留學生橘逸學問僧空海開成三年嘉祥三日本貢眞珠絹見唐書四年六使入貢見唐書唐會要開成四年四月遣使藤原常嗣等來朝貢宋景德三年寬弘三日本使僧入貢楊文公談苑景德三年予知銀臺通進司有日本僧入貢右問之僧不通華言以牘對云住天台山延厤寺名寂照號圓通大師國王年二十五大臣十六七人群僚百餘每歲春秋二時集貢士所試或賦或詩凡及弟者常三四十人國中專奉神道多祠廟書有史記漢書文選五經論語孝經爾雅醉鄉日月御覽玉篇蔣魴歌老列子神仙傳朝野僉載白氏六帖初學記本國有國史秘府略日本記文觀詞林混元錄等書釋氏論及疏抄傳集之類國中多習王右軍書寂照頗得其筆法上台見賜紫衣束帛其徒皆賜紫衣復館于上寺寂照願遊天台詔令縣道續食因留止吳門寺漸通此方言通內外學寂照東遊予遺以印本圓學經并詩送之后寄書舉予詩中兩句云身隨客槎遠心與海鷗親不可忘也圓覺固目不甄舍云大中祥符中寬弘中日本入貢皇朝類苑祥符中日本國忽梯航稱貢非日本國東有祥光現其國素傳中原天子聖明眞宗勅本國建一佛刹賜額曰神光咸淳三年元至元三日本文永三元使致書日本詔高麗導使見元史八年元至元九日本文永八日本遣使朝元元史日本始遣彌四郎者入朝帝宴勞遣之十年元至元十一日本文永十一元征日本元史至元十一年三月敕鳳州經略使忻都高麗軍民總管洪茶丘等將屯田軍女直軍水軍合萬五千人戰船九百艘征日本德祐元年元至元十二日本建治元元遣使日本元史至元十二年二月遣禮部侍郎杜世忠兵部郎中何文著賫書使日本國景炎二年元至元十四日本建治元日本遣商人持金來易銅錢元許之見元史祥興元年元至元十五日本弘安元元通日本市舶元史至元十五年十一月詔諭沿海官司通日本國人市舶二年元至元十六日本弘安二元造征日本戰船見元史在至元十六年二月六月七月元至元十七年弘安三日本殺元使元議征日本見元史[illegible]十八年弘安四元軍船大失利十存一二見元史○明史云元世祖命忻

鄰范文虎等帥舟師征之至五龍山遭暴風軍盡沒終元世未相通也十九年五高麗國王請自造船助征日本見元史二十年六發五衛軍二萬征日本四月免見元史二十一年七遣王積翁使日本賜錦衣玉環鞍轡積翁被舟人害見元史二十三年九罷征日本見元史二十九年正應五日本來互市元史風壞三舟惟一舟達元慶路大德三年正安元使僧一山詔日本通問詔見元史据日本善鄰國寶記云竟不至至正二十三年正平十八蓬州守將劉暹擊寇敗之見元史明洪武二年應安二使諭日本明史二年三月遣行人楊載詔諭其國詰入寇故謂宜朝則來廷不則修兵自固倘必寇即命將徂征耳王其圖之三年三使責讓之日本遣僧祖來貢方物明史三年三月遣萊州府同知趙秩責讓之至折木崖守關者弗納以書抵良懷延秩入曰使亦趙姓豈蒙古裔耶亦將紿我以好語而襲我也秩曰非蒙古使者後能兵兵我良懷禮遇優遣其僧祖來奉表稱臣貢馬及方物且送還明台二郡被掠人口七十以四年十月至京大祖嘉之宴賚其使命僧祖闡克勤等八人送使還國六年六遣僧瓦官諭日本見善鄰國寶記七年七其大臣遣僧貢方物卻之明史是年七月其大臣遣僧宣聞溪等齎書上中書省貢馬及方物而無表帝命卻之仍賜其使者遣還未幾其別島守臣氏久遣僧奉表來貢帝以無國王之命亦卻之而賜其使者命禮臣移牒責以越分私貢之非又以頻入寇掠命中書移牒責之九年天授二日本使僧貢明史四月遣僧圭廷用等來貢且謝罪帝惡其表詞不誠降詔戒諭宴賚使者如制十二年五來貢見明史十三年六復貢無表卻之明史十三年復貢無表但持其征夷將軍源義滿奉丞相書卻其貢遣使齎詔譙讓十四年弘和元復來貢卻之明史命禮官移書責其王并責其征夷將軍良懷上言不加兵也十九

年元中三遣使來貢却之見明史二十四年八特授王子滕祐壽觀察使明史先是胡惟庸謀逆籍日本爲助其王遣僧如瑤率兵卒四百餘詐稱入貢且獻巨燭藏火藥刀劍其中惟庸已敗計不行然其時王子海祐壽者來入國學帝猶善待之二十四年五月特授觀察使留之京師後著祖訓列不征之國十五日本與焉自是朝貢不至而海上之警亦漸息建文三年應永八日本獻方物詔賜錦綺見善隣國寶記四年九復獻方物成祖以登極使諭詔見善隣國寶記明史成祖即位以登極詔諭其國永樂元年十使日本未行日本使來明史永樂元年又遣左通政趙居任行人張洪偕僧道成往將行而其貢使已達寧波禮官李至剛奏故事番使入中國不得私攜兵器鬻民宣敕所司覈其船諸犯禁者悉籍送京師帝曰外夷修貢履險來遠所費實多有所齎以助資斧亦人情豈可槩拘以禁令至其兵器亦准時直市之毋阻向化十月使者至上源道義表及貢物帝厚禮之遣官偕其使還賚道義冠服龜鈕金章及錦綺紗羅○詔載善隣國寶記二年十一日本使來賀立皇太子勅捕島賊明史十一月來賀冊立皇太子時對馬壹岐諸島賊掠濱海居民因諭其王捕之王發兵盡殲其衆縶其魁二十人以三年十一月獻於朝且修貢帝益嘉之遣鴻臚寺少卿潘賜偕中官王進賜其王九章冕服及錢鈔錦綺加等而還其所獻之人令其國自治之使者至寧波盡置其人於甑烝殺之○記載善隣國寶記三年十二獻日本俘詳上使日本詔見善隣國寶記四年十三璽書褒賜封其山日本使來謝冕服明史正月遣侍郎俞士吉齎璽書褒嘉賜賚優渥封其國之山爲壽安鎮國之山御製碑文詳金石其上六月使來謝賜冕服五年十四日本入貢明史日本入貢○詔載善隣國寶記六年十五日本入貢獻俘十一月貢十一月賜源道義諡明史六年入貢獻所護海寇使還請賜仁孝皇后所製勸善內訓二書即命各給百本十一月再貢十二月其國世子源義持遣使告父喪命中官周全往祭賜諡恭獻且致賻又遣官齎勅封義持爲日本國王時海上復以倭警告再遣官諭義持勅捕○賜源道義諡曰恭遣內官致祭並慰其子義持見善隣國寶記八年十七獻海寇明史四月義持遣使謝恩兼獻所護海寇帝嘉之九年

十八使敕褒賚明史二月道王進齎勅褒賚收市物貨其君臣謀阻進不使歸進進潛登舶從他道還十五年廿四勅責海寇明史十五年倭寇秘門金鄉平陽有捕倭寇數十八人至京者廷臣請正法帝曰威之以刑不若懷之以德宜還之乃命刑部員外郎呂淵等齎勅責讓命悔罪自新中華人被掠者亦令送還十六年廿五日本使隨使來貢明史四月其王十七年廿六攻海賊勝明史十七年倭船入王家山島都督刑榮率精兵疾馳入望海堝賊數千人分乘廿舟直抵馬雄島進圍望海堝榮發伏出戰奇兵斷其歸路賊奔櫻桃園榮合兵攻之斬首七百四十二生擒八百五十七召榮至京封廣寧伯自是倭不敢窺遼東二十年廿九寇象山見明史宣德七年永享四日本貢方物明史七年正月帝念四方蕃國皆來朝獨日本久不貢命中官柴山往琉球令其王轉諭日本賜之敕○表載善隣國寶記八年五再貢明史王源義教遣使來帝報之賚白金綵幣秋復至○按明宣宗諭日本使載善隣國寶記勅諭日本國使道淵稱究通佛氏之旨曉達君臣之義九年六入貢表見善隣國寶記十年七日本使來正統元年八日本使還見明史四年十一來寇明史四年五月七年七月嘉吉二擊倭寇皇明實紀七月倭寇大嵩跳諸千戶所浙江僉事陶成討誅之八年三寇海甯明史五月寇海寗景泰二年寶德三日本使來朝按善隣國寶記載表後書景泰二年辛未奉正朔也然署日本國王臣源義成則其將軍也四年享祿二日本入貢明史四年入貢至五年三勅賜銀幣見善鄰國寶記天順初長祿初日本移書朝鮮請許貢使見明史成化元年寬正六獻方物其表未達表載善鄰國寶記四年夏應仁二貢馬又貢明史四年夏遣使貢馬謝恩禮之如制○入貢亦見明史十年文明六日本致書朝鮮望其使歸自中國書見善隣國寶記十一年七貢方物表見善隣國寶記十三年九九月來貢求佛祖通紀諸書

詔以法苑珠林賜之見明史又云使者述其王意請常例外增賜命賜錢五萬貫 二十年十一月十六貢見明史 弘治九年三月明應五日本使來王源義使見明史 十八年永正二來貢時武宗即位命如故事鑄金牌勘合給之見明史 正德四年六冬來貢見明史 五年七春來貢明史其王源義澄遣使臣宋素卿來貢時劉瑾納其黃金千兩賜飛魚服前未有也 七年九來貢見明史 嘉靖二年大永三日本使互爭眞僞明史其貢使宗設抵寗波未幾素卿偕瑞佐復至互爭眞僞素卿賄市舶太監賴恩宴時坐素卿於宗設上船後至又先爲驗發宗設怒與之鬭殺瑞佐焚其舟追素卿至紹興城下素卿竄匿他所免凶黨還寗波所過焚掠執指揮袁璡奪船出海都指揮劉錦追至海上戰沒巡按御史歐珠以聞且言據素卿狀西海路多羅氏義興者向屬日本統轄無入貢例因貢道必經西海正德朝勘合爲所奪不得已以弘治朝勘合由南海路起程比至寗波因詰其僞致啓釁章下禮部部議素卿言未可信不宜聽入朝但釁起宗設素卿之黨被殺者多宜諭素卿還國移咨其王令察勘合究治帝已報可御史熊蘭給事張翀交章言素卿罪重不可貸請并治賴恩及海道副使張芹分守參政朱鳴陽分巡副使許完都指揮張浩閉關絕貢振中國之威寢狡寇之計事方議行會宗設黨中亦望古多羅逸出之舟爲暴風飄至朝鮮朝鮮人擊斬三十級生禽二賊以獻給事中夏言因請逮赴浙江會所司與浙卿雜治因遣給事中劉穆御史王道往至四年獄成素卿及中林望古多羅並論死繫獄久之皆瘦死時有琉球使臣鄭繩歸國命傳諭日本以禽獻宗設還其璡及海濱掠被之人否則閉關絕貢徐議征討 九年享祿三日本請賜勘合明史九年琉球使臣蔡瀚者道經日本其王源義晴附表言向因本國干戈梗道正德勘合不達東都故素卿捧弘治勘合行乞貸遺罪并賜新勘合金印修貢如常禮官驗其文無印言雖信宜敕琉球傳諭仍遵前命 十八年八日本貢使來明年至京明史十八年七月義晴貢使至寗波守臣以聞時不通貢者已十七年敕巡按御史督同三司官覈果誠心效順如制遣送否則却回且嚴居民交通之禁明年二月貢使碩鼎等至京申前請乞賜嘉靖新勘合還素卿及原留貢物部議勘合不可遽給務繳舊易新貢期限十年人不過百舟不過三餘不可許詔如議 廿三年十三七月來貢却之明史二十三年七月復來貢未及期且無表文却之其人利互市留海濱巡按御史高節請制治沿海文武將吏罪嚴禁奸豪

交通得旨允行而內地諸奸利其交易二十六年十六日本使來待期入貢卻之明史其王義晴遣使周良等先期來貢用舟四人六百泊於海外以待明年貢期守臣沮之則以風爲解十一月事聞帝以先期非制且人船越額敕守臣勒回十二月倭賊犯寧台二郡大肆殺掠二郡將吏獲罪二十七年十七納日本貢明史嘉靖二十六年命副都御史朱紈巡撫浙江兼制福興漳泉建寧五府軍事明年六月周良復求貢紈以聞禮部言日本貢期及舟與人數雖違制第表辭恭順去貢期亦不遠若槩加拒絕則航海之勢可憫若稍務含容則宗設素卿之事可鑑宜敕紈循十八年例起送五十人餘留嘉賓館量加犒賞諭令歸國若互市防守事宜在紈善處之報可紈力言五十人過少乃令百人赴都部議但賞百人餘罷勿賞良訴貢舟高大勢須五百人中國商船入海往往藏匿島中爲寇故增一舟防寇非敢違制部議量增其賞且謂百人之制彼國勢難遵行宜相其貢舟大小以施禁令從之日本故有孝武兩朝勘合幾二百道使臣前此入貢請易新者而令繳其舊至是良持弘治勘合十五道言其餘爲素卿子所竊捕之不獲正德勘合留十五道爲信而以四十道來還部議令異時悉繳舊乃許易新亦報可當是時日本王雖入貢其各島諸倭歲常侵掠濱海奸民又往往勾之紈乃嚴爲申禁獲交通者不俟命輒以便宜斬之由是浙閩大姓素爲倭內主者失利而怨紈三十二年廿二汪直勾倭寇見明史三十四年九月弘治元擊倭寇於楊林橋十月復擊之嵊縣兩殲之見明史三十六年三表請勘合修貢明史宗憲請遣使諭日本國王禁戢海寇招還奸商許立功免罪得旨遂遣寧波諸生蔣洲陳可願往言遇汪直毛海峰謂日本內亂諸島不相統攝留洲傳諭而送可願還蔣洲宣諭諸島至豐後被留令僧人往山口等島傳諭禁戢於是山口都督源義長具咨送還掠人口而咨乃用國王印豐後太守源義鎮遣僧德陽等具方物奉表謝罪請頒勘合修貢送洲還前楊宜所遣鄭舜功出海哨探者行至豐後島島主亦遣僧清授附舟來謝罪言前後侵犯皆中國奸商潛引諸島夷衆義鎮等實不知於是宗憲疏陳其事言洲奉使二年止歷豐後山口二島或有貢物而無印信勘合或有印信無國王名稱皆違朝典然既以貢來又送還被掠人口實有畏罪乞恩意宜禮遣其使令傳諭義鎮義長轉諭日本王禽獻倡亂諸渠及中國奸究方許通貢詔可四十二年夏四月永祿六副總兵戚繼光大破倭寇于平海衛見明政統宗四十三年七春二月戚繼光擊仙游縣

殘倭大破之（見明政統宗）萬歷二年（天正二）擊倭勝之（明史倭犯浙東寧紹台溫四郡又陷廣東銅鼓衛雙魚所三年犯電白四年犯定海八年犯浙江韭山及福建澎湖東湧十年犯溫州又犯廣東十六年犯浙江然時疆吏懲嘉靖之禍海防頗飭賊來輒失利其犯廣東者爲蜑賊梁本豪勾引勢尤猖獗總督陳瑞集衆軍擊之斬首千六百餘級沉其船百餘艘本豪亦授首帝爲告謝郊廟）

往籍交際條目

中國文獻足爲日本徵者錄不勝錄藉非提其條目奚以究其綱領耶行篋書尠挂漏之譏非所敢避然亦得十之七八矣因目稽文不無小補拾遺訂墜請俟暇日若夫酬答之篇什感物造耑可觀薄厚亦未始非交際一端也况墨蹟時出彼籍亦散見耶坿箸于篇非區區爲補逸計也述往籍交際條目

漢前

〔山海經〕南倭北倭屬燕（卷十二海內北經○倭俗見郭璞注）

漢

〔史記〕徐市求神藥（卷六秦始皇紀）徐福求神異物（卷百十八淮南王傳）〔漢書〕樂浪海中有

倭人分爲百餘國卷廿八地理志八下趙地〔注如湻說師古說〕〔後漢書〕倭卷百十五傳七十五中元二年倭奴國王使獻卷一光武紀倭善綱捕卷九十鮮卑傳〔論衡〕漢王充貢鬯艸卷八儒增貢暢卷十九恢國暢艸貢於倭卷十三超奇

三國

〔魏志〕倭卷三十〇按日本史籍神功皇后無女嗣位者其子應神也壹與殆爲傳與〔吳志〕夷洲亶州卷二〇按日本書記載應神三十七年〔魏畧〕倭依山島復有國皆倭種漢書卷廿八地理志八下注

晉

〔晉書〕倭人卷九十七傳六十七〔續博物志〕晉李石倭書卷五

宋

〔宋書〕倭國卷九十七傳五十七

齊

〔南齊書〕倭卷五十八傳三十九〔南史〕倭卷七十九傳六十九〔北史〕倭卷九十四傳八十二

梁

〈梁書〉倭傳四十八卷五十四〈玉篇〉梁顧野王倭烏禾切國名卷三

隋

〈隋書〉倭傳四十六卷八十一

唐

〈唐書〉日本傳百四十五卷百二十倭國遣使入朝自陳願得蕭夫子爲師者中書舍人張漸等諫止卷二百二文藝傳一百廿七蕭穎士〇按倭舊唐書云新羅〈舊唐書〉倭國日本國卷百四十九〈曲江集〉張九齡勅日本國王書卷七〇又見文苑英華〈通典〉杜佑倭卷百八十五邊防蝦夷同上〈周禮註疏〉漢鄭康成註康陸德明釋文倭人拜以兩手相擊如鄭大夫說春官宗伯大祝辨九捧注釋文〈法苑珠林〉僧道世倭國人學內外傳卷五〈臨海水上志〉沈瑩夷州見後漢書夷傳倭注〈述異記〉梁任昉扶桑桃日本金桃卷上〇按通典一百八十五卷載日本一百八十六卷載扶桑扶桑之初殆非即日本歟〈酉陽雜俎〉唐段成式倭僧金剛三昧卷三

五代

宋

〔宋史〕日本卷四百九十一傳二百五十〔文獻通考〕馬端臨倭國樂日本國樂卷百四十八樂考倭卷三百廿四裔考

〔雲笈七籤〕宋張君房騰黃獸龍翼出日本國卷百〔太平御覽〕宋李昉等引後漢書

倭卷七百八十二引魏志倭同○按與魏志異三引唐書同引外國記綜䫻同引唐書蝦夷

國同〔太平廣記〕韓志和倭人卷七十五又卷二百廿七日本王子卷二百廿八新羅與日本

鄰卷四百八十一使新羅同〔文苑英華〕宋李昉等張九齡勅日本國王書卷四百七十一○按此與集字有異同

旄人奏散判卷五百八張秀明對同常無欲對同旄人奏散判卷五百五十一率木脩

防判同對同〔皇朝類苑〕宋江少虞日本僧卷四十三僧賛〔宼〕卷五十九日本扇卷六十談諧戲

謔卷六十三日本僧卷七十八〔歐陽全集〕修日本刀歌卷十五○按司馬溫公集誤入此歌〔玉海〕宋王應麟唐日本

獻樂卷百八音樂日本貢方物卷百五十四朝貢〔書言故事〕宋胡繼宗冷暖碁卷四〔書史〕宋米元章日本

書有唐氏雜迹字日本書及日本告吳融〔中華古今注〕宋馬縞倭墮

髻卷中〔鼠璞〕戴埴倭自謂日出處天子〔鶴林玉露〕宋羅大經日本國僧卷十六〔僧

史畧〔宋僧贊寧〕日本僧圓載○倭賜僧傳燈法師號〔歷朝釋氏資鑑〕大業三年倭國書曰日出處天子云云帝覽之甚悅卷五○按甚悅與隋書不悅異〔教行錄〕僧宗曉答日本國師廿問卷四再答十問同遣僧日本求仁王經疏同〔釋門正統〕僧宗鑑晁序卷一義寂傳卷二弟子志卷三宗印卷七〔宋高僧傳〕僧贊寧日本沙門卷十四鑑眞傳最澄卷廿九道邃使圓載卷三十廣脩傳〔景德傳燈錄〕宋僧道原思大和尚卷十七〔嘉泰傳燈錄〕宋僧正受日本覺阿卷廿〔佛祖統紀〕宋僧志磐最澄卷八吳越王使日本取教典同至道六年日本遣寂照持源法師問目廿七同吳越忠懿王求遺書日本卷十日本國師遣紹良等學卷十二源信同後仍卷十七子麟往日本卷廿三空海從慧果學卷卌道昭卷四十智通同開元四年日本沙門元昉入中國卷四十一十四年榮睿普照同大中四年常曉入中國卷四十三十二年慧鍔禮五臺山同殘經卷四十四奝然同嘉因祈乾同寂照卷四十五使貢同尋成卷四十六乾道三年使卷四十八譯大般若經同知禮卷五十慈雲卷五十一〔菊譜〕宋劉蒙新羅一名倭菊

元

〔元史〕至元二年至五年四條卷六七年八年三條卷七十年至十二年四條卷十八五年十六年五條卷十十七年十八年廿五條卷十一十九年二十年廿三條卷十二二十一年二十二年十四條卷十三二十三年二十六年四條卷十四二十九年二條卷十七大德三年二條卷廿七年至十年三條卷廿一泰定三年卷三十至元二年卷三十九至正十二年卷四十二二十三年卷四十六以征日本命高麗置省卷九十二百官志鎮戍二條卷九十九兵志征日本卷百廿二傳九月里麻思卷百廿三傳十艾貌同阿剌罕卷百廿九傳十六阿塔海同囊加歹卷百三十一傳十八昂吉兒卷百三十二傳十九又同哈剌䚟同也速䚟兒卷一百三十三傳二十鐵木兒塔識卷百四十傳廿七月魯不花卷百四十五傳三十二俊奇卷百五十一傳四十一趙良弼卷百五十九傳四十六王磐卷百六十傳四十七李庭卷百六十二傳四十九張禧卷百五十五傳五十二管如德同綦公直同王綧卷百五十六傳五十三楚鼎同王國昌卷百六十七傳五十四劉宣卷百六十八傳五十五申屠致遠卷百六十七傳五十七王克敬卷百八十傳七十一張唐卷二百三傳九十高麗導使卷二百八倭九十五日本同〔居家必用事類〕水晶卷十

〔書史會要〕元陶宗儀日本字母卷八釋永仁釋中巽同〔圖繪寶鑑〕元夏文彥〔韵府羣玉〕元陰時夫手譚池卷二引杜陽編〔事文類聚〕元祝穆冷暖玉碁卷四十二

明

〔明史〕洪武二年三年四年六年各一條七年二條八年九年十二年十三年各一條卷二太祖紀十七年二十年二十四年各一條二十七年二條三十一年一條卷三太祖記永樂元年二年三年四年五年各一條六年二條八年卷六成祖記二十四年十九年各一條卷七成祖記三正統四年七年十三年各一條卷十英宗前記景泰四年一條卷十一宣宗紀成化四年一條卷十三憲宗記十三年二十年各一條卷十四憲宗二弘治九年一條卷十五孝宗記正德五年七年各一條卷十六武宗記嘉靖十八年二條卷十七世宗記二十三年一條卷十八世宗記廿七年一條廿八年一條三十一年三條三十二年二條三十三年六條三十四年十一條三十五年五條三十六年三條三十七年三十八年七

條三十九年一條四十一年二年三條四十三年三條卷十八世宗記隆慶

四年一條六年二條卷十九穆宗記萬厤十年一條二十年一條卷二十神宗一之十二二十

一年四條二十三年二條二十四年二條卷二十神宗記二十五年五條二

十六年五條二十七年二條三十七年二條四十一年一條卷二十神宗記二

職官志卷七十三官二官四市舶官五總兵官總督備倭都司備倭守備選舉志卷六十九食貨志卷八十一河渠志卷八十六四運河下○蘇州河六直省水利

兵志卷九十二兵二一條兵三第十頁至二十頁兵四三條藝文志卷九十七藝文二李言恭日本考五卷侯繼高日本風土記四卷卜大同備倭圖記四卷倭寇上海卷一百廿六傳十四

湯和捕倭卷一百四十六傳卅四王友備倭卷一百六十六傳五十四李震備倭船卷一百七二傳六十馬謹備倭卷一百七十五傳六十三衞青洪武時

倭寇卷百九十九傳八十七鄭曉却倭卷二百二傳九十潘恩坿周廷傳李楷禦倭卷二百三傳九十一李中倭寇卷二百五傳九十三朱紈討倭卷二百九

傳九十三張經與倭戰卷二百五傳九十三胡宗憲禦倭同○曹邦輔平倭同○李遂禦倭同○唐順之倭患起卷二百八傳九十六錢薇破

倭賊卷二百十二傳一百俞大猷擊倭同○戚繼光擊倭同○劉顯擊倭同○李錫擊倭同○張元勳倭卷二百十六傳一百四翁正春戮奸

商通倭者改日本封貢議卷二百二十一傳一百九趙參魯擊倭卷二百二十二傳一百十譚綸擊倭卷二百二十三傳百十一吳桂芳倭

躙朝鮮卷二百廿七傳一百十五萬象春倭客卷二百二十九傳一百十七王用級倭願封卷二百三十八傳一百二十八李如松坿李成梁與倭鄰卷二百三十七傳一

百廿五傳好禮倭卷二百三十八傳一百廿六麻貴倭卷二百四十七傳一百三十五劉綎禦倭同○陳璘敗倭卷二百七十七傳百五十八張可大儒林傳一條卷二百八十三傳二許孚遠文苑一條卷二百八十七傳三文徵明文苑傳一條卷二百八十七傳三茅坤忠義傳七條卷二百九十傳二王鐵鉉錢錞米裒孫鏜杜槐黃釧王德孝女傳被害八人卷二百九十七傳二倭亂東南孝子以衛父母見殺者王在復王錯向敘蔡元銳殷士望陳經孚龔可正伍民憲方伎傳一條卷二百九十九周述學列女傳四條卷三百二宦官傳一條卷三百五傳二陳矩姦臣傳四條卷三百八胡惟庸嚴嵩趙文華土司傳三條卷三百十琉球傳五條卷三百二十三外國呂宋傳一條同雞籠山同

〔皇明資治通鑑〕明陳建洪武元年二年二條卷二四年十八年二條卷三永樂元年一條四年二條十八年一條卷五成化五年十三年二條卷八嘉靖二年四年廿六年廿八年各一條三十　年三條三十四年六條三十五年六條三十七年一條三十八年二條三十九年一條四十二年一條四十四年二條隆慶六年一條卷十

〔明政統宗〕明涂山洪武二年二條卷二六年七年九年各一條卷三十四年二條卷四三十四年一條永樂元年二年三年各一條卷七十六年十七年卷八正統七年八

年成化五年各一條卷十一嘉靖廿五年一條卷廿五廿九年三十一年各一條三十三年二條三十四年六條三十五年九條卷廿六三十六年三條三十七年四條三十八年五條三十九年二條卷廿七四十一年三條四十二年一條四十三年一條卷廿八〔皇明實紀〕明陳建陳龍可洪武七年一條卷三正統七年一條卷九嘉靖廿五年一條廿八年一條三十三年四條三十四年九條三十七年二條三十八年一條卷十七萬曆廿年四條廿一年四條廿二年二條廿三年二條廿四年一條卷二十廿五年七條廿六年六條廿七年三條廿八年一條卷廿一三十七年一條四十年一條四十四年一條卷廿二天啓四年一條卷廿五〔兩朝平壤錄〕明諸葛元聲日本上卷四日本下同〔明太祖御製文集〕諭日本國王詔卷上設禮部問日本國王卷十二設禮部問日本國王將軍同〔明一統志〕日本國卷八十九〔明會典〕驛傳卷百廿一兵部十六船卷百六十工部十四備倭官卷百七十二鴻臚寺賜衣服卷百七十

三國子監〔紀效新書〕倭戰卷八戰勝追賊防伏之法敗倭軍令卷十八臨敵號令軍法〔月令廣譯〕明馮應桃
李春卷六日本數譯卷一冷暖基卷二如意珠卷廿三〔劉氏鴻書〕明劉仲達引滴露漫
錄卷六地理三引原始秘書引思域志引立覽引夷事畧卷八地理五引翦勝野聞
卷六十九文史四〔萬姓統譜〕明凌迪知日本使朝臣眞人朝臣大父卷百四十複姓朝臣卷七氏族
博攷明潘賜卷廿五〔瑯琊代醉編〕明張鼎思外國書卷九〔三才圖會〕補陀
落迦山地理九日本國地理十三日本人人物十三錢珍寶二〔五燈會元續略〕明淨柱道成
卷三上法嗣卷三下〔釋鑑稽古略續集〕明幻輪印原卷二日本國同啓原卷三〔適情
錄〕明林應就自序云日本僧虛中善奕〔玉堂煙〕唐法書載日本人書
三〔醫學綱目〕明樓英疔方卷十九〔文房器具箋〕明屠隆潘鐵浙人〔本草
綱目集解〕水精卷八琉黃卷十琥珀卷三十七〔五雜俎〕明謝肇淛地部一有六條卷四
人部一有一條卷五人部三有一條卷七物部二有一條卷十物部四有一
條卷十二事部三有一條卷十五〔潛確類書〕明陳仁錫日本卷十三屋宇明霞錦麒麟錦

卷九十三服御〔閩書〕崇禎四年熊文燦序卷一福州府侯官縣臥龍山卷三長樂縣利充山卷四十福淸縣福盧山龍江卷六晉江縣彭湖嶼屯兵防倭卷七同安縣嘉禾嶼又名厦門海險也卷十二福甯州羅浮山卷三十方域志○以上福州城社稷壇防倭門羅源縣棚凡四條卷三十二建置志東洋行縣卷三十七建置志洪武廿年嘉靖萬曆年嘉靖季三條卷四十扞圉志倭商舶卷四十四文蒞志以下十二卷皆文蒞阮鶚劉燾游震得譚綸殷從儉商爲正卷四十五汪宗元卷四十六卜大同陶大年邵梗卷四十八舒春芳梁士楚卷四十九向辰卷五十二盧仲田林咸葉春卷五十四徐栻卷五十六陳瑞龍盧堯佐卷六十一陳大有卷六十二彭應麟吳國倫卷六十三龔有成卷六十六鍾一元柴應賓夏汝礪章文粹章弘信陸鵬程質李堯卿林時芳卷六十六閔賢徐棠趙綵鑾盧鼎臣王瀠夏啓賢載棟楊桂劉仲恩張灼朱忠胡福戴尙忠劉師琦卷六十八武軍志下三卷皆武軍王鏜章乾露唐海歐陽深兪大猷鄧起張養正張榮卷六十九賴榮廖安卷七十王源顧逵黎春吳貞卷七十一蔡海卷七十六英舊志下六卷皆英舊頂志德卷八十王用

汲卷八十七黃葉蒙歐陽模卷八十八魏良臣卷九十四謝應元林騰蛟卷百三林富卷百九龔騰
霄卷百卄四弁𡸁志下同鄭靜夫鄭天挺卷百廿六陳繼思謝介夫陳言伍民憲黃元謙
邵棟張德卷百三十一閩卷志下同戴僥陳廷聲常白吳汝韜程伯簡卷百卅三趙天麟妻
方陳九敍妻吳許鐸妻吳林侹妻何卷百四十閏閣志下同王式妻吳蔡士訓妻
洪林鳳翔妻葉郭民守妻楊歐陽寀妻與姑等朱冕妻陳卷百四十一江
華妻葉葉憲勝妻陣林壽妻花卷百四十二嘉靖壬戌與倭難四十三人
卷百四十四莆田左承芳妻陳龔佐妻左林文班繼室謝嘉靖中與倭難十七
人卷百四十五日本國卷百四十六呂宋一條之南倭有文字同〔圖書編〕明章潢古倭
考畧日本國序圖日本考海寇圖說海中泊舟海中畨港海戰用
舟邊海守備海中風帆海寇淸獘禦倭問答日本國考計處倭酋
制倭八策卷五十雜見八條日本入寇圖沿海界倭要害之地禦寇要
地禦倭總論卷五十七〔武備志〕劍刀卷八十六鎧鈀引紀效諸書卷八十七日本患

于今志在通市祖訓四夸條卷二百廿三 日本考卷二百三十 日本考二卷二百卅一 海外諸國考洪武二年使日本卷二百卅六 朝鮮考有日本事〇卷二百三十九 〔續文章正宗〕明鄭相吳萊論倭卷五 〔續資治通鑑綱目〕明商輅等 元至元十七年十八年二十年二十一年二十三年卷廿三 大德三年卷廿四 〔大學衍義補〕明仁濬 日本卷百五十五四方夸落之情 元至元十八年擊日本卷百五十六劫誇窮黷之失 〔聽雨紀談〕明都穆 日本眞本尙書 〔五倫書〕明宣宗 元至元八年卷廿一君道命將 元王磐欲伐日本卷廿三臣道諫諍 趙秩使日本卷四十二臣道奉使 〔不求人全編〕明龍陽子 日本國卷十三 〔皇明世法錄〕明陳仁錫 江南倭防海防江防嘉定縣總論卷七十六 日本志日本攷卷七十九 〔普陀山志〕明周應賓 蓮花洋日本僧慧諤嘉靖三十六年倭犯慧諤從五臺山還梁惠鍔花腦浪岡之捷卷二 元美萊甫東山水古蹟記卷四 〔遵生八箋〕倭爐卷八 文具匣倭用鉛錇口卷十六 〔事林廣記續〕明元靚 倭韓栗大如雞子 〔唐類函〕明俞安期 倭卷百十六 〔博物典彙〕明黃道周 日本卷廿 〔言

韻字海〕明陳明廷等 夸語音釋卷首 弇州稿選明王世貞 日本松皮紙卷五 〔蒼霞艸〕明葉尚高 日本考卷九 〔國朝獻徵錄〕明竑集 仇鉞墓志卷十 胡惟卷十 秦鳴夏墓志銘卷十九 宋濂行狀卷廿 張洪傳卷廿 盛訥神道碑卷廿六 王本固傳卷廿 程嗣巧行狀卷三十二 忠肅傳卷三十八 許論墓志銘卷三十九 王崇古墓志銘同 譚綸傳同 趙孔昭傳卷四十一 蕭廩墓志銘同 許孚神道碑同 郭宋日本卷二十四 郝杰神道碑同 王積行狀同 陸穩墓志銘同 朱鴻謨傳同 沈應龍傳卷四十九 王鈁傳卷五十二 唐大和墓志銘同 張鉞行狀卷五十 劉慤傳同 韓宜可傳卷五十五 黨以平行狀同 許論傳卷五十七 朝宗憲劉徐海本末同 宋應昌神道碑銘同 李頤行狀同 王抒墓志銘卷五十八 又同 王詰墓表卷五十九 吳桂芳行狀同 朱紈自撰壙志卷六十二 司汝濟墓志銘卷六十二 阮鶚墓志銘卷六十三 唐順之言行錄同 唐都御史傳同 王鎬傳同 李際春傳卷六十七 趙居任傳同 宋儀望傳卷六十八 張朝瑞墓表卷七十六 陳實墓志銘卷八十三 范檟墓志銘同 錢錞傳同 又卷八十四 張文墓志銘同 唐錦行狀

卷八十六錢佇墓志銘同林萬朝墓志銘卷八十七朱訥墓志銘卷八十九卜大同墓志銘卷九十沈啓原行狀卷九四十梁策傳同任環墓志銘同顧狆墓志銘卷九十八王允武墓志銘卷百五戚繼光墓志銘卷百六敘劉顯淮上戰功同俞大猷行狀卷百八尹鳳墓志銘同宗禮傳卷百十麴祥傳卷百十二舉三孝子疏同徐霖墓志銘卷一百十五梵綺塔銘卷百十八日本志卷百廿〔登壇必究〕明王鳴鶴浙江圖敘第六又第十賞罰一卷十二總圖敘第廿一江防一卷廿五輯水戰說卷廿五備倭船同報書卷三十九〔宋文憲護法錄〕明宋濂日本瑞龍山重建轉法輪藏禪寺記〔志齋集〕明方孝儒倭硯銘〔九靈山房集〕清瀧硯銘並序

坿交際詩目

唐

玄宗送日本使大日本史○按其使藤原清河也日本史云清河勝寶中使于唐玄宗見異之及歸贈詩日下非殊俗天中嘉會朝念余懷義遠矜爾畏途遙漲海寬秋月歸帆駛夕颷因驚彼君子王化遠昭昭海上遭暴風復入唐改名河清會安祿山兵起路梗不得歸

李白哭晁卿衡集○按日本書籍載阿部仲麿靈龜中爲遣唐留學生玄宗擢用

又送王屋山

人魏萬還王屋詩有身著日本裘句楊齊賢注裘朝卿所贈日本布爲之　王維送秘書晁監還日本國幷序集○按監即卿衡也　劉禹錫贈日本僧智藏唐詩鼓吹○文苑英華　皮日休送圓載上人歸日本國唐詩鼓吹　重送圓載上人歸日本國唐詩類苑　儲光義洛中貽朝校書衡全唐詩○按朝衡亦晁卿衡　趙驊送晁補闕歸日本國唐詩類苑　高鶴林因使日本願謁鑒眞和尚既滅度不覲嗟而述懷鑒眞傳　貫休送僧歸日本禪月集　錢起送僧歸日本文苑英華二百十九　重送陸侍御使日本二百九十七　方干送僧歸日本二百廿三　送人之日本二百八十　項斯日東僧二百廿三○按三體詩題日本病僧詩詞頗有異同　司空圖贈日東鑒禪師二百廿四　楊夔送日東僧游天台同　賈島送褚山人歸日本二百十二　釋無可送扑山人歸日本同　沈頌送金文學還日東二百七十一　胡衡衡命使日本二百九十六　包佶送日本國聘賀使晁臣卿東歸同　徐嶷送日本使還二百九十七　曹松送王中丞使日本同　吳融送僧歸日本國瀛奎律髓　吳顗送最澄上人還日本國幷

序顯戒緣起○按序署貞元二十一年巳日台州司馬吳顗 孟孔同○台州錄事參軍 毛渙同○台州臨縣令 崔謩同○鄉貢進士 全濟時同○廣文館進士 行滿同○天台沙門 許蘭同○天台歸眞弟子 幻夢同○天台僧 林暈同○前國子監明經 馬總贈空海鄰交徵書○注云空海在日作離合詩與僧惟上總見歎賞贈詩云 胡伯崇贈空海性靈集 朱千乘送日本三藏空海上人朝宗我唐兼貢方物而歸海東詩幷序弘法大師正傳 朱少端送空海上人朝謁後歸日本同 曇靖奉送日本國使空海上人橘秀才朝獻後却還同 鴻漸同 鄭壬同 悽白送國仁三藏歸日本國唐詩品彙 許棠送金吾侍御奉使日東同 無可送朴山人歸日本白蓮集 韋莊送日本僧敬龍歸晚唐詩選 劉長卿同崔載華贈日本聘使萬首唐詩絕句 林寬送人歸日東百家唐詩 李達奉和大德思天台次韵眞蹟本三井唐院藏本詩云金地爐峯秀氣濃近離雙澗憶青松劉泉控錫淨心相遠傳法敎現眞容按大德名圓珍 詹景全次韵二首眞蹟本唐院藏○詩云大理車廻敎正濃乍離金地意思松滄冥要過流杯送禪坐依然政法容一乘元議道無蹤居憩觀心靜倚松三界永除幾外想一誠歸禮釋迦容 顏萱送圓載上人全唐詩 陸龜蒙奉送圓載上人歸日本國唐詩類苑 聞圓載上人挾儒家書洎釋典歸日本國

更作一絕以送全唐詩　清觀詩二句按智證大師傳圓珍寓國清寺日與清觀元璋友善歸後觀寄詩云叡峯新月冷台嶠古風清

宋

歐陽脩日本刀歌全集　王洙贈日本國僧天台霞標　鐘唐傑送僧還日本眞蹟本浪華篠崎氏藏○鄭交徵書小竹云二詩家藏其眞蹟鐘袁州萍鄉人賓丹陽眘朱子弟子云　賁從周送僧歸日本眞蹟本浪華篠崎氏藏　勾令〔玄〕居士拜瓦屋塔本朝高僧傳　師範天神二首天授院古寫本　懷敞與榮西靈洞

道㻶送圓爾上人歸日本聖一年譜　紹曇送日本爾侍者貞和集　大觀院古寫本和靜照詩韻二絕臨本　普度同上同　普濟同上同　妙弘同上同

智愚日本照禪者欲得數字徑以述懷贈之眞蹟本雲藩藏○按國人相傳曾有二人爭售此書竟破之俗曰破虛堂書

又送日本南浦知客虛堂錄　惟俊送南浦公歸日本一帆風　道東同上同　慧開日本覺心禪人遠來炷香請益求語迅筆贈之法燈年譜

又人至收書知得心座元安樂蒙惠數珠水晶者金重十二錢一收訖山偈奉贈同　了惠送日本俊上人西巖錄○按貞和集錄此詩爲竺元作　行鞏送空

維那石林錄○按隣交徵書順空字藏山論圖鑑𦘕一法嗣東福寺僧嘗游宋活所備忘錄○詩二句曰扇是日本扇風非日本風　心月寄日本相模平將軍貞和集　蘇轍句

姜世昌句同○按詩二句云晝皷雷鳴天不雨綵旗雲聳地生風宋史日本傳咸平五年建州海賈周世昌遭風飄至日本七年得還與其國人滕木吉至上皆召見世昌以其國人唱和詩上隣交徵書姜世昌周世昌蓋同人和藤原爲時韵當時爲時越前守詩曰去國三年孤館月歸程萬里片帆風　楊億贈寂照句楊文公談苑　如日

謹成詩一章贈送日本國師參天台五臺山記○按國師成尋也　朱定日本國師隨詔都

下拙什拜餞同○按詩成題熙寧五禩仲　善湊呈成尋闍梨同○按隣交徵書宋熙寧六年神宗令成尋及文鑑善湊等祈雨於瑤津寺至三日雨

省感偶成一頌呈上人同○按上人成尋也　又同　普濟送日本國僧大川錄　又同

□導送日本僧江湖風月集　法照送海法師還日本聯芳集抄○按詩後題淳祐四年九月望日書于南湖方丈後十二年當寶祐乙卯再來上天竺因見舊蹟相視感歎余年七十一矣水面萬里宜爲敎門保重晦岩法照隣交徵書云湛海字聞陽泉涌寺僧嘗入宋日工詩載此詩爲唐陸淳所送傳敎之作　智愚送亢藏主

遊方虛堂錄　又日本智光禪人同　又送日本源侍者游台鴈同　心

月送日本合上人貞和集　大觀贈惟僊高僧傳○按惟僊字樵谷信濃安樂寺僧建長中入宋　簡禪師贈

思順同○按思順號天祐勝林寺僧游宋嗣法北磵　宗會寄歸海南侍者眞蹟本　□齊餞眞如無學膺

日本福山之命貞和集　普度付法衣瓊林偈延寶傳統錄○按隣交徵書云瓊林勝林寺僧文永中入宋嗣法虛舟　廣

聞答日本國丞相令公（假溪錄）

元

丁復扶桑行（檜亭稿○按詩送銛仲剛東歸）　張伯淳送王耕存使日本（養蒙先生集）　揚維楨送僧歸日本（鐵崖集）　宋无贈日本僧（翠寒集）　善住贈日本僧（谷響集）　道惠送瓊鐵山禪師赴日本國（廬山外集）　子有元選侍者遠來山中孳孳學道命之侍香能處寮舍職滿求偈巡禮書以爲時中警策（古寫本○按此子有贈元選詩元選字無文遠江方廣寺僧康永中入元）　□觀示日本揀禪人（無見錄）　正印與周及（卯餘集）　又贈周及遊方（同）　契ㄅ愚中將歸本國偈以留之（同）　正印賀愚中充東藏職（同）　梵琦寄愚中（同）　曇噩謙侍者既見予於鄞而無所餘欠遂索餞行語以歸予不得止而書也（眞蹟本崇蘭館藏）　至仁送謙上人還日本并簡天龍石室和尚（澹居稿）　□一贈日本謙藏主（了堂錄○隣交徵書三謙侍者謙上人謙藏主皆謂妙謙）　又次韻贈日本敬藏主（同）　淸茂送景印（高僧傳○按景印字鐵牛）　師說扶桑友雲首座命居第

二位東歸偈以張志同　守常送日本均上人遊天台天授院寫本○按慈均字平田
正印送日本吾藏主禮虛堂師祖塔石城遺寶　清欲次韻同　梵琦次
韻同　清欲與海東震侍者貞和集　□宣與祖能高僧傳　元長依無言韻
與祖能同　德輝和祖能韻同○按祖能號大拙南禪僧康永中入元　正印和士偲韻高僧傳　無
慍次南堂韻送壽首座歸扶桑恕中錄　克新送叆上人歸日東雪蘆稿
送日東成上人同　正印悼明極俊禪師貞和集○按楚俊字朝極　可學悼無學和
尚幼居山人雜錄　如芝悼無學和尚同　清茂悼日東智侍者貞和集○按大智字祖縱　貢
性之倭扇隣交徵書　吳萊倭人小摺疊畫扇子歌淵穎集　黃鎭成島夷行
秋聲集　王乙海寇太平記　鄭思省元賊謀取日本二絕鐵函心史　又元韃攻
日本敗北歌同　覺恩嘆大元伐樹木頌貞和集　陳深送畊存大參
使日本元詩選　成廷珪送秀嚴山人歸日本同　虞集送日東祖上人
隣交徵書　道原岱宗歌爲日本僧齊嶽賦碧山集　梵碕大岳贈日本積首

座楚石錄○按鈔積字大岳圓覺寺僧入元依楚石　桂巖贈日本淨居月長老同　智及示日本春禪人三首愚庵錄　□古和明投韵延實傳統錄　清茂送友梅雪郵行道記○按友梅字雪郵　送珠藏主廻海東貞和集　元長贈日本義上人千巖錄　送日本透侍者同　德輝寄中巖東海一漚集　宗廓中巖書記自雄峯來訪余湫上出示行橐因得擊節盡讀茲其還千尺山中也輒奉和首篇以寫盛藏之意同　正印奇日本淸拙三首貞和集　德貞同　寄日本淸拙同　正印題禪居法語後大鑑錄　薩都剌天滿宮薩天錫雜詩

明

明太祖和宗泐送祖闡克勤使日本詩籌海圖編○按詩後有宋濂跋　又和絕海韵隣交徵書　倭扇行御製文集　宗泐送祖闡克勤二師使日本同　道彝鹿苑絕海和尚曩遊中華卓錫千龍河時當大明洪武九年春也太祖高皇帝召見英武樓顧問海邦遺跡熊野古祠勑令賦詩欣蒙賜和未幾

東還寶藏琛護積有年矣□□壬午秋余使日本國一見萬年山中沐以舊游為懷數相詢嘝一日捧示御製詩軸幸獲欽覽既而徵次嚴韵執筆未敢辭固弗容謹拜頓首書其末云蕉堅稿□如書太祖和絕韵後同　宋濂賦日東曲十首羅山集　張羽贈僧還日本明詩別裁

林鴻游樓雲湖禪室贈日東圭上人得必字列朝詩集　惠鑑為絕海畫并賦蕉堅稿　張以寧題日本僧雲山千里圖題畫詩類　道彝與一慶雲章行狀

立理贈聞溪上人東海一漚集　宋濂空華室歌為義堂禪師作空華集　來復白牛為日本純上人列朝詩集　送日本希白上人禮祖塔之金華同

淸澾吞碧樓同　陸仁贈要關上人併簡義堂日工集　旭元明題瑞泉一覽亭同　智及建長明南浦四會錄大應錄　唯實策日本盧山天台講寺照琛侍者眞蹟本盧山寺藏　盧希玉贈了庵歸國眞蹟本崇蘭館藏　揚端夫贈日本了庵禪師眞蹟本平安浦井氏藏　方梅厓送日域正使湖心尊宿歸國三脚稿

又醉次朝使謙齋公賞牡丹詩眞蹟本鳴瀧妙光寺藏 王恭送人奉使日本隣交徵書 祝允明答日本使枝山集 唐寅餞彥九郎還日本詩眞蹟本姬藩河合氏藏 金湜子答日本詩人金子亞眞蹟本平安須靜堂藏 徐璉送日東雲谷長老眞蹟本尾張柘植氏藏 詹僖題雪舟畫芙蓉峯圖眞蹟本肥藩藏 又贈日本山科實如老上人眞蹟本本願寺藏 張式之題竹居淸事後竹居淸事 洪恕天神活所備忘錄 唐順之日本刀歌列朝詩集 王穉登楊伯翼日本刀歌同 李攀龍東光滄溟集 皇甫汸海波平列朝詩集 王志堅觀馮生所藏倭王錦袍歌同 許儀□送朱均旺全浙兵制 守仁送勸無逸使日本夢觀集 宋廉贈簡中要師游江西偈并序宋文憲公護法錄 與僧全俊蘿山集 懷渭嵒絕海藏主隣交徵書 來復次絕海藏主韵同 夷簡兪絕海藏主蕉堅稿 如遊高雄山日件錄 祖闡寄題呑碧樓石城遺寶 克勤寄題碧呑樓同 王幼倩寄題碧呑樓同 朱本寄題碧呑樓同 詹鈺寄題碧呑樓同 □宗泐送吾長老歸日本同

王冕送頤上人歸日本列朝詩集 徐㶿送僧歸日本同 妙聲送僧歸日本同 陳鳴鶴送僧歸日本續明詩選 朱夢炎送日本國僧活所備忘錄 陳贄送僧歸日東同 曾烜贈日本僧演此宗同 □□贈雪舟鄰交徵書 思肖和尊通大師韻眞蹟本唐院藏 世宗送日本使策彥策彥入明記 和周良韻同 朱祐於上林苑寄策彥同 李恒又同 程詢又同 韓紀又同 揚翥又同 世宗和策彥韻同 趙月川贈送臨川策彥叟正使周老大人歸國詩眞蹟本妙智院藏 葉寅齊贈專使謙齋老禪師歸日域圖序同 培竹翁送副使芳光西堂東歸眞蹟本大津河郡氏藏 徐楓岡送即休師歸國序眞蹟本崇蘭館藏 李春亭送居士五郎太夫歸日本眞蹟本伊勢神宮藏 屠隆贈陳將軍使日本由拳集 王問送路都司征倭明詩正聲 王穉登海夷八首列朝詩集 韓上桂東征歌四首同 □□讖詩一首兩朝平攘錄附 穆考巧寶刀行明詩正聲 陽顯祖倭王刀子歌答丁右武活所備忘錄 謝矩詠本人歷代詩選 徐一貫仙巢記仙巢稿

徐□□一貫兄　懷鄉臥雲日件錄　徐□□一貫弟　懷鄉同

交際文

凡文見中國書與夫雜出之詩已具往籍交際條目矣隋前交際文鮮厥後或爲中國逸文或爲彼國筆札或中東載籍互有異同或未入成書墨蹟不絕如綫若此之類好古者片羽珍之識時者直龜鑑借之矣獵之萃之不其重歟僞爲者不錄已引者不複錄

述交際文

隋

煬帝國書

皇帝問倭皇使人長吏大禮蘇因高等至具懷朕欽承寶命臨御區宇思弘德化覃被含靈愛育之情無隔遐邇知皇介居海表撫寧民庶境內安樂風俗融和深氣至誠遠脩朝貢丹款之美朕有

嘉焉稍暄比如常也故遣鴻臚寺掌客裴世（一本無世）清等稱宣往意并送物如別（日本書紀○按蘇因高妹子也日本書紀云推古天皇十五年小野臣妹子使于隋鞍作福利爲通事明年妹子歸其國遣書）

倭書

東天皇敬白西皇帝使人鴻臚寺掌客裴世清等至久憶方解季秋薄冷尊（一有候）何如想清悆此即如常今遣大禮蘇因高大禮乎那利等往謹白不具（同○按此與隋史日出處天子云云互異故逑於篇隣交徵書云乎那利吉士雄成也推古十六年遣妹子雄成等復賚璽書送世清還國）

唐

憲宗位記

日本國判官正五品上兼行鎮西府大監高階眞人遠成右可大中大夫試太子中允餘如元勑日本國使判官正五品上兼行鎮西府大監高堦眞人遠成等奉其君長之命赴我會同之禮越溟波而萬里獻方物於三檢所宜褒奬並錫班榮可依前件（元和元年正月二十八日○朝）

野群載

陸淳印記

最澄闍梨形雖異域性實同源特禀生知觸類懸解遠求天台妙旨又遇龍象邃公揔萬行於一心了殊途於三觀親承秘密理絕名言猶慮他方學徒不能信受所請當州印記安可不任爲憑大唐貞元廿一年二月廿日朝議大夫持節台州諸軍事守台州刺史上柱國陸淳給○臨本○按宋高僧傳佛祖統紀等之道邃傳載此文頗有異同

鄭審則印記

孔夫子云吾聞西方有聖人焉其教以清淨無爲爲本不染不着爲妙其化人也具足功德乃爲圓明最澄闍梨性禀生知之才來自禮義之國萬里求法視險若夷不憚艱勞神力保護南登天台之嶺西泛鏡湖之水窮智者之法門探灌頂之神秘可謂法門龍象靑蓮出池將此大乘往傳本國求茲印信執以爲憑昨者陸台

州已與題記故具所覩爰申直筆大唐貞元廿一年五月十五日朝議郎使持節明州諸軍事守明州刺史上柱國滎陽鄭審則書○眞蹟本橫川松禪院藏

道邃付法文

比丘僧道邃稽首頂禮天台大師竊以法王出世一音演說機感不同所聞蓋異故權實之義接於諸部大小之文森然殊流要其所歸無越一實故曰雖示種種道其實爲佛乘又曰開方便門示眞實相喩之以衆流入海標之以不二法門自他兩得同詣秘藏此經所由作之所以雖洎鶴林滅而法綱散神足隱而宗殊塗不若只是得一心三觀而取證如反掌而一言一心三觀者本體不生能離因果常住不滅遍一切處當知天眞獨朗之一言本來所具之三諦也三即一相亦非一又曰非異一相一切相相即不相即不相即非相非無相故此謂一言唯佛與佛知一切法教本一切法義中一切戲論息也雖名一心不通義理雖稱三觀不及毀讚是以經

曰諸法寂滅相不可以言宣又曰諸佛兩足尊知法常無性佛種從緣起是故說一乘說一心三觀只在斯一言而已於是古德相傳曰昔智者大師隋開皇十七年仲冬二十四日平旦告諸弟子曰吾滅後二百餘歲生於東國興隆佛法若有感應先呈瑞靈則一法鑰投空忽而入空舉衆雖慕瞻終不知所屆云云而今聖語有徵矣遇最澄三藏不是如來使豈有堪難辛然則開宗示奥以法傳心化隔滄海相見杳然共持佛慧同會龍華大唐貞元二十一年歲次乙酉二月朔癸丑十五日丁卯天台沙門道邃付日本國最澄三藏○天台霞標

圓鏡等復釋圓行等書開成四年正月廿二日得日本國傳燈法師圓行將實慧和尚等八人書問圓鏡等十人選狀開函見書信增頂符雖鄉居海外人近日宮知音之道不遺重教之誠彌切今我開成皇帝化周四極八表來朝聖德巍巍皇道蕩蕩左衛巧德使驃騎爲股肱之濟濟實文武之蒣蒣粤在鴻濱渤

海巨浪之東是金烏玄象始明之地乃陽德之出處也國號日本
即曦和之直上翔于天乃輝赫之域也國君命宰臣使朝宗我大
唐因知彼土大師八人等並習胎藏大牟尼法宗金剛界光明相
會學蘇悉地密嚴威儀悉是故空海大師去貞元中來此國投之
故內供奉灌頂教主慧果和尚處習學至永貞初還本國弘三部
大法爲彼土大灌頂師遂有門弟子八人奉教流化乃西望瞻我
祖師之靈遂奉冬夏法服□羅之珍魄不遠乎數萬里來寄之也
幷練絁廿匹綿一百屯剃刀廿枚幷牋素等物敬以捧投之皆列
之故大師影前十一人等垂啼寫塔拜首墳前感異鄉之重教媿
殊之國懇誠也今相國使還傳燈師歸國當之今月春風習習鸎吟
新聲流水涓涓氷開舊沼去去君意遙遙我心謹附書於東國傳
燈大德阿闍梨等首春尚寒伏惟動止康裕圓鏡等與此國諸大

德等並蒙國思悉安法儀伏謝遠遺珍寄物及方物頂荷之誠翰簡難喻此地亦奉酬之信備如別紙并經法道具等俯望幸賜撿到雲路阻遠滄波淼然望東日以瞻之中西天之同志旣法無異源亦期之於華藏謹附狀不宣謹狀開成四年正月卅日大唐青龍寺內供奉三敎講論大德沙門圓鏡傳敎內供奉持念大德當寺寺主沙門久正傳敎內供奉持念大德沙門令則同常明同義眞同法閏同義丹同常堅同義圓同文眞同契宗狀日本國律大德傳燈大法師實慧阿闍梨等座前謹空

靑龍寺東塔院傳法灌頂承襲弟子義眞等十人上信物道具經法等五鈷鈴一三鈷杵一獨鈷杵一已上三事故大德慧果先師受持道具充空海阿闍梨影前供養金剛頂經眞言教法共五十卷羯磨杵一金剛輪一獨鈷杵一三鈷杵一白穀子二匹黃屑巽紋綾一匹褐結紗一匹雜綾四匹兎褐綺一匹白熟滑州紗一匹黃綾袜肚二紫綾袜肚二黃綾香畫褥子一紫羅履一白疊手巾一右件物伏望不責輕尠遠國之信也其物并請實慧阿闍梨與

圓行阿闍梨等九人同受用分散謹狀上開成四年閏正月三日傳法阿闍梨義眞等○弘法大師正傳○隣交徵書空海諡弘法大師

高野金剛峯寺開祖延厤中遊唐受法慧果承和五年圓行持實慧等書及贈物入唐達青龍寺居二年將其復書至

沈懽國淸寺止觀堂記

嚮者我大中七年九月十日有日本國大德僧法號圓珍俗姓殷自扶桑而來抵于巨唐福建旋適五臺復止天台國淸傳西域金人之教我師幼能拔俗剃度出家以慧鏡內明戒殊外朗作昏夜之燭爲苦海之舟誓願維持三乘妙理以彼方尙闕此土可求俄拂麻衣飛玉錫至遊歷此寺數換星霜陟華頂之峯禮大師之迹此地自會昌廢坼之後大中恩旨重興佛殿初營僧房未置白衣居士經行而曉泊浮雲靑眼沙門座定而夜棲磐石師乃瞑心起念言發嚮從爰得郢人伐幽林之檉栢丁丁之響朝發南山落落之材暮盈北塢妙運斤斧長短得規巧引繩墨曲直成準功不逾

月其如化城翬飛而彩曜菴園勝槪而光揚鷲嶺以十年九月七日建成矣法師即住持此院苦節修行以無爲心得無得法遂挈瓶錫告別東歸即十二年六月八日矣有趙郡李處芳名達爰來告愚與師有舊東望雲外空增浩然仰梵宇之寬斯其功莫大乃命予實錄其事唯慙不文感通二年五月十日記○智證大師傳○隣交徵書圓珍論智證大師三井園城寺開祖傳敎弟子仁壽中遊唐本朝高僧傳云貞元中最澄搬一院於或淸寺會昌之後漸毀圓珍捨財建止觀院以補師志令淸觀主之衆稱具有後

嚴修睦與圓珍上人印記

圓珍上人遠辭本國來赴大唐問法尋師頗得宗旨傳寫經義益見精勤洞曉淸淨之門深知生滅之理懇請印狀以表行由便遂所懷亦足爲美大中十二年四月八日朝散大夫使持節台州諸軍事守台州刺史嚴修睦批給○眞蹟本三井唐院藏

淥邁與圓載闍梨印記

圓載闍梨是東國至人洞西竺妙理梯山航海以月繫時涉百餘

萬道途之勤歷三大千世界之遠經文翻於貝葉鄉路出於扶桑破後學之昏迷爲空門之標表遍禮白足淹留赤城遊巡既周巾錫將返懇求印信以爲公憑行業衆知須允其請開成五年□月□日朝議郎使持節台州刺史上柱國賜緋魚袋滕邁給〇眞蹟本唐院藏

行滿付法最澄法師書

比丘僧行滿稽首天台大師行滿幸蒙嘉運得遇遺風早年出家誓學佛法遂於毗陵大歷年中得値荊溪先師傳燈訓物不揆暗拙忝陪末席荏苒之間已經數載再於玅樂聽聞涅槃教是終窮堪爲宿種先師言歸佛隴已送餘生學徒雨散如犢失母纔到銀峰奄從灰滅父去留藥狂子何依且行滿掃灑龕墳修持院宇經今廿餘祀諸無可成忽逢日本國求法供奉大德最澄法師云親辭聖澤面奉春宮求妙法於天台學一心於銀地不憚勞苦遠涉

滄波忽夕朝聞忘身爲法覩茲盛事亦何異求半偈於雪山訪道場於知識且行滿領以法財捨以法寶百金之寄其有茲乎願得太師以本念力慈光遠照早達鄉關弘我教門報我嚴訓生生世世佛種不斷法門眷屬同一國土成就菩提龍華三會共登初首

天台霞標

道邃答最澄三藏書

乍別增帳春憶數行不知平善達船所否過去傳法菩薩備受難辛今日弘揚寍無勞虛也邃日向衰老諸皆未能色心俱頹刀風非遠觀浮雲水月以遣餘生耳化隔滄海相見杳然各願傳持共期佛慧也勉旃先進奉使向來何當定發信遠相報因然投施往畧附數字三月二十一日傳菩薩戒師道邃告日本國最澄三藏處義眞行者意不殊前各各共弘揚宗敎也○同

李璘答義空上人書

去年十一月中信到奉廻示兼惠及龍鬚席一領謹依命撿受訖滄溟遠地遺及珍寄不勝感戴孟夏漸熱伏惟和尚法體萬福即日璘蒙恩不審近者何如伏計不失調愼伏奉來示承國家供養勤厚頗深長幼官僚無不欽奉此亦和尚道德所感方獲如斯久承眷怜遙資忻慨拜頂未由空增馳結伏惟珍重謹因信附狀不宣弟子李璘再拜 隣交徵書

雲叙答義空上人書

蓦闍梨至柱蒙手字兼惠方物大海問濶如此留意不忘細微寄以方物若非吾人情至曷臻於是捧受不勝悚佩吾人在彼雖是異域行於大法利物爲心沾濡品類彼此豈殊況又國恩淹澤稠疊亦人間盛事也勉之勉之雲叙以大教淪替曾爲所耻慙慙顏被縫掖之衣末路阻望烟之食尋遇王臣外護塔寺爰興禪林重

暢掄材朽質蒙狀入籍微願既通永固可修鄙情不勝慶幸今蒙衆令勾當造寺道力輕微庶事荒淺且竭蹇鈍敢怠息無物表微誠白角如意謹寄上望垂撿納幸甚廻使還狀不宣僧雲叙狀上〇同〇隣交徵書義空唐人也齊安弟子背應橘皇后請來創檀林寺夢闍梨慧蕚也

常雅上圓珍大德書

一別□年每常思詠詹四郎到伏枉來書更蒙見惠□□□□難以喻懷仲夏盛熱伏惟大德動止萬福即此常雅年老今且隨分遣日不審歸彼剛氣如何願善加保重發時云相送到海門又見廻書却歸本國彼處主上崇重三寶見歸歡喜便請爲供奉大德三教大師遙聞深深羨羨忻慶之至在寺之時更無主人至今惆悵不知何當更得相見深思仁德相見未前促多思仰謹因詹四郎回信附狀申情不宣謹狀五月十九日大唐國台州開元寺僧常雅狀上珍供奉大德座前

寺內徒衆總此中奉不及一一有狀特見附水銀肆斤更謝遠遠用心促多愧荷一斤常雅自收二斤閭丘和尚身巳遷化衆議又無徒弟便廻入功德訖一斤季阜和尚有弟子五人在便收設齋被用訖雖稱中華並無一土物相獻天台南山角子茶壹又生黃角子貳謹上不見輕尠伏垂見到又見書云前年中曾附陳寶手書及信物不蒙見到更謝重重用心實當悚恻相見未期千千萬萬善爲保重閑靜律師善告行奉侍爲勞不及有書常雅身邊小□文試在隨分供頂伏垂見悉謹宣真蹟本唐院藏

維蠲上漆台州書

六月一日天台山僧維蠲謹獻書於郎中使君閣下維蠲言去歲不稔人無聊生皇帝憂勤擇賢救疾朝端選於衆得郎中以恤之伏惟郎中天仁神智澤潤台野新張千里之幬再活百靈之命風

雨應祈稼穡鮮茂凡在品物罔不悅服南嶽高僧思大師生日本爲王天台教法大行彼國是以內外經籍一法於唐約二十年一來朝貢貞元中僧最澄來會僧道邃爲講義陸使君給判印歸國大闡玄風去年僧圓載奉本國命進太后納袈裟供養大師影聖德太子法華經疏鎭天台藏賫衆疑義五十科來問抄寫所欠經論禪林寺僧廣修答一本巳蒙前使李端公判印竟維蠲答一本幷付經論疏義三十本伏乞郎中賜以判印光浮日宮不冒遐裔恩流永劫道德日新煩黷聽覽不任悚懼僧維蠲謹言唐决集

漆邁答僧維蠲書

開士維蠲弘傳天台智顗大師教教跡貫微妙門了最上乘旨曉諸經諸論之秘密得先佛後佛之定慧非天與玄機神授朗智雖白首枯心不能了達今維蠲上人者傳此教巳十餘年决疑義如

泉流導幽樞若氷釋聽者受者甚聞韶之甘利根鈍根同一雨之潤豁圓載之來叩答彼土之遙仰兩地空齋一朝玲瓏仁智相逢一何盛也煙波萬里掬玄珠而還雲山藹然搖風期之念又二十載何其負邪邁佩竹符於名嶽之下聆高僧之嘉話洗浙煩慮如挹靈泉深慙謏才不稱所請開成五年八月十三日朝議郎使持節台州刺史上柱國賜緋魚袋滕邁白○同

宋

神宗賜號成尋牒

中書門下牒日本國延歷寺阿闍梨大雲寺主傳燈大法師位賜紫成尋牒奉勑宣特賜號善惠大師牒至准勑故牒熙寧六年三月日牒禮部侍郎參知政事王□右諫議大夫參知事馮京禮部侍郎平章事王安石○參天台五臺山記

了惠日本國丞相藤原公捨經之記

非教無以求佛語非禪無以悟佛心囿於名相蔽於玄關未見其

得也必曰頓悟自心明見自性拔永劫之疑蹈大方之表則知教非佛語也禪非佛心也吾心之常分耳得不爲出塵大丈夫之能事哉雖然佛距中華雪嶺沙漠之外跨闊逾十萬里禪教所化之國所備之機莫不係於時韶光鶴樹千有餘載而大教東漸更五百年而正宗荐至使不以教乘誘熟之而正宗驟至則靑天霹靂得不駭怪於當時梁迄宋興閱歲既久道傳器受不易絲毫派列五宗之後倏翕倏張濟北一燈實爲震耀正續崛起而振之是爲十六世光明雋偉奔走海內學者指雙徑爲道之所在而迫趨之猶夕陽之滃道人圓爾來自日本一語投機擢置近侍坐閱再朞挾正續之道而歸大坐故山一香供凌霄示不忘本竊謂日域名相之學與宋相將而正宗之傳則兆於覺阿向金牛作舞處勘破瞎堂國人歆艷蔚爲之宗逮今爾公益佐興之與有力也將見一

燈傳無盡燈燁然不夜先以謂係乎時者厥有旨哉公重爲先攝政藤原道家見知特加師禮而道家之子左丞相實經禀父之志崇篤教門欲報先妣准三后大夫人之德也相與聚族而謀之課其兒女昆弟親書法華等經四部總三十二卷貯以層匣貫以霞縚縷金鈿螺極窺天巧尊經也哀昇濟之具報罔極之恩率本於孝噫不事外慕而手書佛經可謂知所向矣圓爾重惟先師之恩德一毫亡報陳請是經歸鎮徑山正續先師圓照塔院如經所謂是中已有如來全身舍利者豈細故哉丞相欣然諾之其亦喜法寶之有所歸而聖善之有所託矣爾公與余敦同禀之義屬了惠被旨此山也拳拳致書附以四十二臂旃檀大士重以斯經爲託囑爲之記將以紀實行遠嘗試爲爾言曰先師握單傳直指之柄掃文字語言之學今公以是報之余又從而爲記得不厚辱於師

門眙咻於衆楚若曰碎單傳直指者此經也破文字語言者此經也則強爲爾記之大宋寶祐三年三月望慶元府太白名山天童德禪寺住持嗣祖比丘了惠記四明陳洪刊○碑拓本東福寺藏

樓鑰太白名山千佛閣記

淳熙五年孝宗皇帝親灑宸翰大書太白名山以賜天童山景德禪寺寺之門甚雄敬刻雲章尊閣其上又於方丈專建一閣以藏眞蹟實爲禪林盛事前所未有也初西晉永康中沙門義興卓菴此山有童子手給薪水後既有衆遂辭去曰吾太白一辰上帝以師篤於道行遣侍左右因忽不見自是始有太白天童之名山在郡東南六十里許太白一峯高壓千嶺雄尊深秀爲一郡之望紹興初宏智禪師正覺欲撤其寺而新之謀於衆有蜀僧以陰陽家言自獻曰此寺所以未大顯者山川宏大而棟宇未稱師能極土木之工爲層樓傑閣以倍蓰於今則淑靈之氣始得發越而此山

之名且震耀於時矣覺深然之乃拓舊址謀興作内外鼎新以次
就成智匠高妙務極崇侈門爲高閣延袤兩廡鑄千佛列其上前
爲二大池中立七塔交映澄澈遊是山者初入萬松關則靑松夾
道凡二十里雲棟雪脊層見林表而倒影池中未入寶樓閣巳非
人間世矣中建廬舍那閣尤爲壯麗住山三十年其爲久遠之計
皆絕人遠甚後有慈航了樸一坐亦二十年起超諸有閣於廬舍
那閣之前複道聯屬至今巋然相望又大築海塗增益歲入由是
天童不特爲四明甲刹東南數千里亦皆推爲第一遊觀者必至
至則忘歸歸而詫於人聲聞四方江湖衲子以不至爲歉皇子魏
惠憲王出鎭一見慈航懽若平生暇日來游顧瞻山林登玲瓏坐
宿鷺或累日不忍去因圖以進於上會稽郡王太師史文惠公又
從容奏請遂有四大字之賜瑰奇絕特之觀無以加矣十六年虛

菴懷敞自天台萬年來主是刹百廢具舉追跡二老而千佛之閣歲久寖圮且將弗支猶以前人規模爲未足以稱上賜欲從而振起更出舊閣及前二閣之上僉以爲難師之志不回也先是日本國僧千光法師榮西者憤發願心欲往西域求教外別傳之宗若有告以天台萬年爲可依者航海而來以師爲歸及遷天童西亦隨至居歲餘聞師有改作之意請曰思報攝受之恩糜軀所不憚况下此者乎吾忝國主近屬他日歸國當致良材以爲助師曰唯未幾遂歸越二年果致百圍之木若干挾大舶泛鯨波而至焉千夫咸集浮江蔽河輦致山中師笑曰吾事濟矣於是鳩工度林雲委山積列楹四十多日本所致餘則取於境内之山始建於紹熙四年季秋之甲申才三載告畢費緡錢二萬有奇是歲海莊倍稔贏穀三千斛如有相之者不求於人見者樂施以迄於成凡爲閣

七間高爲三層棟橫十有四丈其高十有二丈深八十四尺衆楹俱三十有五尺外開三門上爲藻井井而上十有四尺爲虎座大木交貫堅緻壯密牢不可拔上層又高七尺舉千佛居之位置面勢無不曲當外檐三內檐四檐牙高啄直如引繩旅楹有閑翬飛跂翼周延四阿繚以欄楯內爲綺疏表裏明豁自下仰望如見崑閬梵唄鍾磬半空振響徜徉登覽四山下瞰河漢星斗如在欄檻御書金榜巍乎中峙翊以翔龍護以絳綃高出雲霄之上眞足以彈壓山川傳示千古善財童子大壯嚴藏入見樓閣廣博無量則不可知若經行四方室屋巨麗殆未見其比也錀奉祠東歸嘗往游焉驚歎傑特目眩神駭過於百聞敝請記其事老矣學落不能形容姑記大概以表吾鄉之勝海內好奇之士欲游而未遂者覽此則太白之景思過半矣虛菴道價素高禪子向方島夷亦聞其

名而歸之加以願力深重才及恢恢巧匠瑰才成此勝事觀者無不欽歎或請飾之敞曰殫力竭材事濟登茲行且謝去若丹雘華飾尚有賴後之人云慶元四年清明日顯謨閣直學士大中大夫提舉江州太平興國宮奉化縣開國男食邑三百戶樓鑰撰並書山門知事僧道珂立石陳希李顯摸刋碑柘本建仁寺藏○鄰交徵書碑楊本聖一賚歸物也舊藏東福寺天明中住持師孝因建仁住持東畯請贈之惜失于火天童寺志載此記頗有誤脫

虞樗日本國千光法師祠堂記

太白名山甲天下而千佛閣尤爲第一後世欲過之其材無及焉蓋杜植繇日本國僧千光法師所致也詳見大參樓公閣記宜爲畫像以祠師諱榮西備州人孝靈賀陽氏六十二世孫母夢明星感孕生年十一出家延歷寺薙髮染初學具舍婆娑論十三受大戒習天台教觀掩閣八年以爲未至誓往西域求道二十八杭海達四明遊台山萬年寺禮石橋羅漢瀹茶現花又見二青龍俄頃尊者現全身益堅素志遂居之會虛菴敞公移主天童因與偕行

建閣卽東還願有以助之越二載大木果至而閣成師之力也師自幼敏悟晩通唐朝內外典持律終身過午不食本國賜號僧正廣修佛事茲不具書臨終預期兩手結印安坐而化壽七十五臘六十二後十年其徒明全復來山中捐楮劵千緡寄諸庫轉息爲七月五日忌設齋飯衆本孝也全生伊州蘇姓傳師之道敎戒亦精入山三年示寂於了然齋火後得堅固子無數付道元藏歸故國併刻于祠大宋寶慶元年八月九日修職郎監臨安府都稅務虞樗記並書陳祥刊○清住院寫本○鄰交徵書明全號了然齋建仁寺僧千光法嗣貞應中遊宋

懷敞付法語千光國師

日本國千光院大法師西宿有靈骨頓捨世間深重恩愛從佛剃髮著僧伽梨洪持此法不遠萬里航海而入我炎宋探頤宗旨乾道戊子年遊天台見山川國土勝妙道場清淨殊特生大歡喜嘗施淨財供十方學般若菩薩巳而至石橋拈香煎茶敬禮住世五

百大阿羅漢尋復本國夢境恰恰二十季雖音問不相聞而山中老宿歷歷記其事今又懷舊遊復之宿緣不淺志慇一操兹深不可不示法旨夫昔釋迦老人將欲圓寂時以涅槃妙心正法眼藏付屬摩訶迦葉乃至嫡嫡相承至於予今以此法付屬汝汝當護持佩其祖印歸國布化末世開示衆生以繼正法之命又授汝袈裟大師昔傳衣爲法信而表本來無物然至六祖衣止不傳云云其風雖絕今爲外國法信授汝僧伽梨而已又授菩薩戒柱杖應器衲子道具不留一付屬畢聞傳法偈云云興禪護國論○鄰交徵書榮西字明菴一字葉上諡千光國師建仁寺開祖仁安文治之間再入宋嗣法虛菴本文本朝高僧傳塔銘等大同小異

師範付法語聖一國師

道無南北弘此在人果能弘道則一切處揔是受用處不動本際而歷遍南方不涉別求而普參知識如是則非特此國彼國不隔

絲毫至於及盡無邊香水海那邊更那邊猶指諸掌耳此吾心之常分非假於它術如此信得及見得徹則逾海越漠陟嶺登山初不惡矣圓爾上人做善財遊歷百城參尋知識決明己躬大事其志不淺炷香求語故書此以示之丁酉歲十月住大宋徑山無準老僧書○圓爾名辨圓諡聖一國師東福寺開祖嘉禎中入宋嗣法無準眞書東福寺藏

瑞律師俊芿畫像贊

稽首天人大導師家住海東太宰府秋中片月爲肺肝雪後諸峯作眉宇來杭一萬里慈航歸降七十州法雨斯何人也斯何人曰本傳律第一祖○俊芿字告我禪號不可棄泉涌寺僧建久中入宋嗣法北峯修法有驗士庶崇尊瑞畫像繫贊納菩提律院祖堂云

智普成尋畫像贊

稟粹日天爲釋之賢分燈智者接踵奝然觀國之光蒙帝之澤畢邁良工遽傳高格慈相克肖乾城妄觀滄浪萬里秋空一蟾遐寄歸舸衆仰無厭譯經證義文慧大師智普述熙甯六年癸丑孟夏初吉日記○成尋號善慧大師大雲寺僧延久中遊宋神宗召見賜紫衣禱雨有驗神宗寵待不許歸卒於彼土虎關云遊大雲寺觀成尋像容質渾

厚實有德之儀也元亨釋書

居簡應眞贊

鳳鳴寺十八應眞乃日本國所製密印僧典於沈氏沈施於鳳鳴傳的的之宗自舉氷壺春未回而痕垢無些玉林月巳上而清光有許湛存此箇宗乘肯壞人家男女黃梅之鉢笑夜偷少室之衣疑浪與方徹地區圓該天宇神發幽而空谷應呼聲出礙而霜鐘忽杵面目古怪氣宇深清淵月夜白松雪寒明舜岩之身兮誰前誰後首蘿之眼兮不縱不橫相隨來也流水浮萍

全心之相全相之心寫成這个聊應而今天蒼蒼兮白鳥沒水深深兮紅鱗沉日鈎雲餌玉線金針一般料理兮妙出威音貞和集

文博日本國贊

孰分彼土此土相去纔咫尺爾鱗鱗六十六州渺渺三千餘里金

剛無盡藏山寶相多莊嚴地四諦凝凝流通三尊幽幽安置等閑舉目便見何待足行而至興禪護國論○按隣交徵書云文傳峨嵋山居士

正受日本國覺阿上人

覺阿上人日本國滕氏子也十四得度受具習大小乘有聲二十九屬商者自中都回言禪宗之盛阿奮然拉法弟金慶航海而來歲餘始至乾道辛卯夏也袖香拜靈隱佛海禪師海問其來阿輙書而對復書曰我國無禪宗唯講五宗經論國主無姓氏號金輪王以嘉應改元捨位出家名行眞年四十四王子七歲令受位今已五載度僧無進納而講義高者賜之某等仰服聖朝遠公禪師之名特詣丈室禮拜願傳心印以度迷津且如心佛及衆生是三無差別離相離言假言顯之禪師如何開示海曰衆生虛妄見見佛見世界阿書云無明因何而有海便打卽命海陞座決疑明年秋辭游金

陵抵長蘆江岸聞鼓聲忽大悟始知佛海垂手旨趣旋靈隱述五偈敘所見辭海東歸偈曰航海來探教外傳要離知見脫蹄筌諸方參遍草鞋破水在澄潭月在天掃盡葛藤與知見信手拈來全體現腦後圓光徹太虛千機萬機一時轉妙處如何說向人倒地便起自分明驀然踏著故田地倒裏幞頭孤路行求眞滅妄元非妙即妄明眞都是錯堪笑靈山老古錐當陽拋下破木杓豎拳下喝少賣弄說是論非入泥水截斷千差休指注一聲歸笛囉囉哩海稱善書偈贈其行阿少親文墨善諸國書至此未數載徑躋祖域其於華語能自通淳熙乙未與其國僧統遣僧訊海副以水晶降魔杵及數珠二臂綵扇二十事貯以寶函壬寅夏王請住持其國叡山寺復遣僧通嗣書時海已入寂矣嘉泰普燈錄

省岳等大日本國皇帝捨經記

大宋國河東道代州五臺山大華嚴寺眞容菩薩院文殊聖容殿當殿今月廿八日有大日本國延曆寺阿闍梨大雲寺主傳燈大法師位大宋國賜紫僧成尋賫到大日本國皇太后宮降來先帝御書經卷妙法蓮華經一部八卷無量義經一卷觀普賢經一卷

阿彌陀經一卷般若心經一卷右前件經依教領得於文殊師利
菩薩眞容面前如法安置永充供養所集福利廻向大日本國先
皇帝伏願覺心超悟通明佛性之源寶界安居速紹法王之位皇
太后伏願長芳凝德贊寶曆於千齡永著坤儀茂瑤圖於億世然
後普願國清君壽俗富民康台衡贊堯舜之風藩屏曜唐虞之化
法輪永茂鳳曆延鴻虔禱文殊冀垂昭覽謹祝大宋國熙寧五年十一月日五臺山眞容院知菩薩殿講經律論沙門省
岳等廻向○原署有眞容院僧溫著溫琦溫道溫淮溫明省廣順潛省斯省挑省順延□承鏑順行等十三人連署位官共具○隣交徵書○隣交徵書先帝後冷泉天皇也皇太后宮藤太后寬子

日本國藤原公施物記

大宋國河東道代州五臺山大華嚴寺眞容菩薩院文殊聖容殿
今月二十八日有大日本國延曆寺阿闍梨大雲寺主傳燈大法師
位大宋國賜紫僧成尋賷到大日本國故右丞相從一位藤原朝
臣第六女子爲太皇太后宮亮藤原朝臣師信家室產生去逝藤

原朝臣以云□親身物所施鏡一面髮三結右前件物尋附文殊師利眞容殿內如法安置持仲供養所集善因朝臣家室伏願雲軿高駕追隨三島之仙鏡智澄輝證悟一乘之位更冀居家賛國咸承吉善之因莅公處私悉獲安寍之報文殊在聖力昭彰謹祝

大宋國熙寍五年十一月日五臺山眞容院知菩薩殿講經律論沙門省岳等廻向○連署同○隣交徵書右亟相藤師實也師信見水無瀨家譜任內藏頭

周文德奉復源信大德書

大宋國台州弟子周文德謹啓仲春漸暖和風霞散伏惟法位無動尊體有泰不審不審悚恐悚恐唯文德入朝之始先向方禮拜禪室舊冬之內喜便信啓上委曲則大府貫首豐島才人附書狀一封奉上先畢計已經披覽歟鬱望之情朝夕不休馳憤之際遇便脚重啓達唯大師撰擇往生要集三卷捧持詣天台國淸寺附入既畢則其專當僧請領狀予也爰緇素隨喜貴賤歸依結緣男

女弟子伍伯餘人各發虔心投捨淨財施入國淸寺忽飾造五十間廊屋彩畫柱壁莊嚴內外供養禮拜瞻仰慶讚佛日重光法燈盛朗興隆佛法之洪基往生極樂之因緣只在於斯方今文德忝遇衰弊之時免取衣食之難仰帝皇之恩澤未隔詔勅幷日之食甑重欲積塵何避飢饉之惑伏乞大師垂照鑑弟子不勝憤念之至敬表禮代之狀不宣謹言二月十一日大宋國弟子周文德申狀謹上天台楞嚴院源信大師禪室法座前〇往生要集

師範答圓爾長老書

師範和南手白日本承天堂頭長老維時隆暑綱惟道體安穩去秋初能上人來收書且知住持有況老懷慰喜又荷遠念山門興復重大特化千板爲助良感道義不謂巨舟之來爲風濤所鼓其同宗者多有所失此舟幸得泊華亭又以朝廷爲內地不詳抽解維特一年方得遂意今到華亭已領五百三十片其三百三十片尙

在慶元未得入手餘乙百四十片別船未到且留能上人在此少住後見數目分曉却津發其歸方得作書致謝綱使謝丈大檀越也嘗聞日本教律甚盛而禪宗未振今長老旣能竪立此宗常一一依從上佛祖所行無有不殊勝矣便中畧此布復未及詳具約宜爲大法多多珍愛是祝眞蹟本雲舊藏〇隣交徵書按聖一年譜仁治二年師聞徑山有災勸謝國明化千板贈之國明宋人也嘗投化住博多津

了惠上圓爾法兄書

了惠頓首再拜上覆東福堂上禪師法兄大和尙侍者即曰春事告闌共惟尊候有相萬福了惠竊審以道福住山王臣贇護聲稱奕奕遠被中夏乃知先師左劵全歸老手矣欽羡欽羡切乞爲師門益加琛護以永眞風不宣大宋寶祐乙卯三月二十五日天童初祖比丘了惠頓首再拜〇眞蹟本東福寺藏

若楫寄日本東福山叟雲公書

雲師兄座元禪師尊几前若楫每思勝集時則朗吟壁間佳偈如

對蒼眉玉色然濤瀾際天可望而不可即此心又當如何聞歸舊隱任道之器偉如弘法之量溫如雖隻字不能詗候時於鄉人中粗知出處大概適足以慰依慕靈兄前年出世秀之上海觀□先師塔所香灶不繼徒有四壁俾若楫奉守法眷中多貧窶欲置香灶田庶爲塔下悠久計今苟得與普賢見師兄可假借重言贊助以成此一段因緣老師兄亦能興念及否先師塔中定身肉猶暖在不磨之功又豈淺淺哉義侍者良便謹拜爲久濶之敬所恨鯨波萬里不能附微物見意尚幸尊照切冀自玉以前顯擢至禱不宣若楫頓首拜覆○禪居菴寫本○隣交徵書山叟名慧雲東福寺僧正嘉中遊宋嘗見斷橋倫問祖師西來之意倫指壁間墨梅雲立呈一偈倫笑曰和闍梨得梅意

紹曇示日本平將軍書

士大夫處身富貴不被富貴所籠罩又能擘破娘生面皮銘心此道非夙具般若種智何以臻此所患不能捹死做眞實工夫多見

思量計較將心待悟擬心休歇喜人密證欲人稱賛纔起此念便是生死根本况此事一超直入如來地不歷地位階差豈以輕心慢心螢火之見可擬議哉須是撞箇無面目漢痛與打併使胷次無元字脚道佛一字漱口三年方有少分相應若打祖師門下過喫痛棒有分豈不見李都尉參石門得道乃云參禪須是鐵漢着手心頭便判直趣無上菩提一切是非莫管此是士大夫參禪樣子往往以思量計較爲窟宅聞恁麼說話便道莫落空否譬如過海波濤怒作舟未翻先自驚懼忙跳下水去此深可憐愍閣下灼然欲究明此段大事直須將從前思量計較求證悟待休歇底心盡情颺下百不知百不會致君澤民游又兒戲驀地喚醒如睡夢覺如蓮花開撳髯一笑豈不快哉然後以斯道覺斯民引大地人下成佛種庶不負靈山付屬亦不枉來南閻浮提打一遭佛法東

流入海因承大願力隱菩薩相示宰官身爲內外護至祝至祝山野生于西蜀失脚南方五十餘載參見四十餘員具大眼目眞實履踐大名宗匠恨未能究徹向上巴鼻以此疾心久聞鈞譽旹護法城時爲舞蹈遠隔滄溟無由瞻見惟初年斗山之仰昨承建長鄉老禪師賜書爲閣下需語三思前輩大老與士大夫交遊未深不知造蘊不敢輕易通信恐誤於人況小僧邪溫英二兄裝軸懇言甚切不獲已老草奉呈萬丐目至希叟錄○按隣交徵書平將軍北條時宗也鄉老禪師蘭溪也按弘安中時宗遺詮藏主英典座如宋招禪伯溫英二兄蓋是乎

晁說之仁王護國般若經疏序

陳隋閒天台智者遠稟龍樹立一大教九傳而至荊溪荊溪後又九傳而至新羅法融法融傳理應理應傳瑛純皆新羅人以故此教播於日本而海外盛矣屬中原喪亂典籍蕩滅維此教是不爲

可亡者亦難乎其存也然杲日將出而曉霞先昇眞人應運而文明自見我有宋之初此教乃漸航海入吳越今世所傳三大部之類是也然尙有留而不至與夫至而非其本眞者仁王經疏先至有二本衆咸斥其僞咨法智旣納日本信禪師所寄辟支佛髮答其所問二十義乃求其所謂仁王經疏信卽授諸海舶無何中流大風驚濤舶人念無以息龍鼉之怒遽投斯疏以慰安之法智乃求強記者二僧詣信使讀誦以歸不幸二僧死于日本至元豐初海賈乃持今仁王疏三卷來四明於是老僧如恂因緣得之其文顯而旨微言約而意廣以秦譯爲本義勢似觀心論疏實章安所記智者之說也恂道孤而寡偶學古而難知食貧而力不足無以爲此經毫髮之重每指而嘆曰其來勉學而艱如此宼封野馬而飽蠹魚不能下凡案以視人嗚呼此疏曾不得輩行於三大部中

而匿光瘞彩猶若流外之遠歟恂今年七十有六歲乃一日抱之而泣曰殆將與吾俱滅耶吾前日之志非也遇嵩山晃說之曰曷不爲我序而流通之說之自顧何足以與此亦嘗有言曰智者若生齊梁之前則達磨不復西來矣盡法性爲止觀而源流釋迦之道囊槖達磨之旨今方盛於越中異日會當周於天下豈獨是書之不可掩哉顧予老不及見之爲恨姑序其所自云爾政和二年壬辰四月癸卯序○本書○按

信禪師源信也釋門正統智禮傳曰日本國師源信嘗遣學徒寂照等持二十七問詢求法要

遵式南嶽禪師止觀後序

止觀用也本乎明靜明靜德也本乎一性性體本覺謂之明覺體本寂謂之靜明靜不二謂之體體無所分則明靜安寄體無不備則明靜斯在語體則非一而常一語德乃不二而常二秖分而不分秖一而不一耳體德無改強名爲萬法之性體德無住強名爲

萬法之本萬法者復何謂也謂舉體明靜之所爲也何其然乎良由無始本覺之明強照照生而自惑謂之昏無始無住之本隨緣緣起而自亂謂之動昏動既作萬法生焉揑目空華豈是他物故云不變隨緣名之爲心隨緣不變名之爲性心昏動也性明靜也若知無始即明而爲昏故可了今即動而爲靜於於聖人見其昏動可即也明靜可復也故因靜以訓止止其動也因明以教觀觀其昏也使其究一念即動而靜即昏而明昏動既息萬法自亡但存乎明靜之體矣是爲圓頓是爲無作是如來行是照性成修修成而用廢誰論止觀體顯而性泯亦無明靜豁然誰寄無所名焉爲示物旨歸止成謂之解脫觀成謂之般若體顯謂之法身是三即一是一即三如伊三點如天三目非縱橫也非也異也是謂不思議三德是爲大般涅槃也嗚呼此法自鶴林韜光授大迦葉迦

葉葉授之阿難阿難而下燈燈相屬至第十一馬鳴鳴授龍樹樹以此法寄言于中觀論論度東夏獨淮河慧文禪師解之授南嶽大師南嶽從而照心卽復于性獲六根清淨位隣乎聖斯止觀之用驗矣我大師惜之無聞後代從大悲心出此數萬言目爲大乘止觀亦名一乘亦名曲示心要分爲二卷初卷開止觀之解次卷示止觀之行解行備矣猶目足焉俾我安安不遷而運到清涼池噫斯文也歲月遼遠因韜晦于海外道將復行也果咸平三祀日本國圓通大師寂照錫背扶桑杯汎諸夏旣登鄮嶺解篋出卷天竺沙門遵式首而得之度支外郎朱公頔冠首序出俸錢摸板廣而行之大矣哉斯法也始自西傳猶月之生今復東返猶日之昇素影圓暉終環回於我土也因序大畧以紀顯晦耳天竺別集

元粹佛牙讚佛牙今在泉涌寺

氣衝牛斗豐城劍光透波心合浦珠爭似聖人眞舍利亘微塵劫照昏衢佛牙緣起

守堅普門先住持日本國釋圓通眞讚

扶桑海國有山峻雄師蘊靈粹挺生厥中少慕釋氏早脫塵籠歸我聖代愛我眞風一錫破浪萬里乘空祥符天子延對彌隆是身之來空花可喩是身之化水月還同長天雲散高巖雪融闕謂相非相稽首圓通治平元年五月初一日前住持法印大師守堅重修述讚○參天台五臺山記○隣交徵書按記成尋至普門院謁圓通大師影堂莊嚴甚妙前立常燈常花常香臺有影贊使行者某寫之云

元

世祖書

上天眷命皇帝聖旨諭日本國主向者彼先遣使入覲朕亦命使相報已有定言想置於汝心而不忘也頃因信使執而不返我是以有舟師進問之役古者兵交使在其間彼輒不交一語而拒王

師據彼已嘗抗敵於理不宜遣使茲有補陀禪寺長老如智等陳奏若復興師致討多害生靈彼中亦有佛教文學之化豈不知大小強弱之理如今臣等賫奉聖旨宣諭則必多救生靈彼當自省懇心歸附准奏今遣長老如智提舉王君治奉詔往彼夫和好之外無餘善焉戰爭之外無餘惡焉果能審此歸順即同去使來朝所以諭乎彼者朕其禍福之變天命識之故詔示想宜知悉善隣　寶記○按隣交徵書引如智接待菴記云至元癸未奉旨同王君治奉使和國宿留海上八箇月過黑水洋遭颶風半月後忽飄至寺山之外幸不葬魚腹依之觀之是使蓋不至我邦

趙良弼書闕所寄名

大蒙古國皇帝差來國信使趙良弼欽奉皇帝聖旨奉使日本國請和於九月十九日到太宰府有守護所小貳殿阻隔不令到京又十餘遍堅執索要國書欲差人持上國王并大將軍處去良弼本欲付與緣皇帝聖訓直至見國王并大將軍時親手分付若與

了別人收受卽當斬汝所以不分付守護所小貳殿先以將去國書副本並無一字差別如有一字冒書本身萬斷死於此地不歸鄉國良弼所賚御寶書直候見國王幷大將軍親自分付若使人强取卽當自刎於此地伏乞照鑒至元八年九月廿五日陝西四州宣撫使小中大夫秘書監國信使趙良弼○眞蹟本東福寺藏○隣交徵書小貳殿筑後守資能也祝髮號覺惠此書寺僧傳云所贈聖一也今以語勢推之良弼於太宰府應接之筆語也大應錄有和良弼韻詩因意當時大應聖一輩充應對任乎亦不可知

趙孟頫爲一山窊公贊

截彼南山一仰之極嵩嶽之窊中流砥石補陀孤絕東海茫茫紫雲垂錫承天子之寵光巨浪浮杯顯使星之皇皇聲聞華夷名振扶桑泰山之重東流之長雲邨行道記寫本○隣交徵書按雪村行道記子昂見村書歎賞遺以一大辟煤則其爲舊識可知因意此贊辭爲其師一山求之也

梵碕辟支佛牙贊幷引

日本成藏主入吳逢一童子施辟支佛牙得而寶之請贊贊曰有一衆生出無佛世曾從往劫受獨覺記花開葉落心融神會觀此

因緣豁然超詣於三界中如鳥出籠雖不說法但現神通手磨日月年臥虛空十有八變開豁羣蒙至涅槃時吐三昧火自化形骸惟留骨鎖妙設利羅雨若干顆累累如珠頭頭而墮維道人成得其大牙堅如金剛淨如蓮花砧杵不碎玉雪無瑕再拜稽首盍小幸耶我作贊辭仰其高躅冥薰法界淨洗心目神物訶護無忘付囑人能敬信莫不生福楚石錄

□□與一山牒

中書左亟行浙東道宣慰使記事寶陀堂上一山總統大師今奉省劄有燕右亟賫擎宣命盍一山授妙慈弘濟大師江浙釋教總統又賜錦襴袈裟鈔一百定隨行伴當五名段□□并賫擎詔書前來慶元起發倭船今令本路并僧錄司□官詣請□□一山總統就將行隨行伴當五名即便到城欽受宣命賞賜理會倭船□

□更不別來附此致意愚溪長老爲禱併希法照不備五月二十有一日修寶陀堂上一山總統

大師臨本

吳萊論倭

臣愚不佞攙今之世提封萬里東西止日所出入南北皆底於海邊徼無烽燧之警士卒無矢鏃之費外夷重譯鄉風効順梯山航海莫不來獻方物漢唐之盛所未有也然以倭奴海東蕞爾之區獨違朝化三十餘年奉使無禮恃險弄兵當剪其鯨鯢以爲誅首可也而迄今未即誅意者有說乎臣切即前事觀之海東之地爲國無慮百數北起拘耶韓南至耶馬臺而止旁又有夷州紵嶼人莫非倭種度皆與會稽臨海相望大者戶數萬小者僅一二百里無城郭以自固無粟米以爲資徒居山林捕海錯以爲活漢魏之際已通中國其人弱而易制慕容廆嘗掠其男女數千捕魚以給

軍食其後種類繁殖稍知用兵唐攻百濟百濟借其兵敗於白江口乃逡巡歛甲而退今之倭奴非昔之倭奴也昔雖至弱猶敢拒中國之兵況今之恃險且十此者乎鄉自慶元航海而來艨艟數千戈矛劍戟莫不畢具銛鋒淬鍔天下無利鐵出其重貨公然貿易即不滿所欲爝熓城郭抄掠居民海之兵猝無以應追至大洋且戰且卻戕風鼓濤鼓湧前後失於指顧相去不啻數十百里遂無奈何喪士氣虧國體莫大於此然取其地不能以益國掠其人不可以強兵徒以中國之大而使見侮於小夷則四方何所仰觀哉唐太宗擒頡利而靺鞨來朝太宗曰靺鞨來突厥既服也今倭奴不及於突厥遠甚若其內屬如靺鞨者又多臣恐其有効尤於後也以臣度之倭奴之國去高麗耽羅不遠今戍高麗耽羅者當不下數百萬戍慶元海道者亦不下數百萬每歲水教以作士卒

之氣大艦數百薄海上下然迄未能以兵服之者地絕大海險故也間往征之三軍之士感激嗚咽誓不再見父母妻子颶風連晝夜大魚跋扈驚濤梔勁弩不暇發齒舌相視不幸而有覆艦之虞衣衿結聯溺死枕籍幸而一存投刀斫弦手指可掬雖親戚不相救援生死尚未能保何暇較勝負者哉昔隋人統五十二萬人伐高麗高麗終拒守不下所恃者鴨綠一小江耳今倭奴之強固不如高麗而大海之險甚於鴨綠水者奚啻幾十倍其人率多輕悍其兵又多銛利性習於水若鳧鴈然又能以攻擊爲事而吾海道之兵擐甲而重戍無日不東而望洋而歎使其恃強不服雖盡得而勦之摧朽拉腐也彼乃肆然未嘗一懼非恃險也何敢若是吳嘗浮海伐夷州矣獲其人三千而兵不助強隋嘗浮海伐留仇矣拔其城數十而國不加益也何則人非同我嗜欲弗能生也地非

接我疆土弗能有也爲今之計果出兵以擊小小之倭奴猶無益也古之聖王務修其德不敢勤兵於遠當其不服則有告命之詞而已今人往往遣使臣奉朝旨飛船浮海以與外夷互市是有利於遠物也遠人何能格哉魏文帝謂辛毗曰昨張掖獻徑寸大珠今欲求之曷若辛毗對曰聖王惟德之務四夷畢獻方物求而得之不足貴也今不若罷我互市從彼貿易中國免徼利之名外夷知効順之實計莫便於此彼倭奴者心嗜利甚我苟不以利徼之雖不煩兵猶服也何以知其然也漢建安中鮮卑軻比能冦遼東三郡其後來朝則詰之曰我雖夷狄亦人也禽獸猶知擇美水草以居況我人乎哉前者守臣數徼我以利使吾不得畜牧吾故叛去今反其法吾故來又況倭奴之人稍知文字豈反不及軻比能耶而獨不知効順者此臣所以日夜扼腕切齒爲朝廷惜也臣年

長矣每思傅介子班超之所爲慨然嘆息使二子不自奮於絕域未免爲田里之匹夫功或不成於漢朝至老死亦無聞於後世臣自揆不能如二子之智而欲有二子之功罪不容於死幸而朝廷假臣一命奉其告辭得往諭之亦一奇也議者必曰鄉曾數遣使猶不得要領近自對馬絕景等島渡大海徑趨太宰府高麗耽羅沮撓百出留使臣不使遽見中夜守護排垣破戶喧呶器號兵燧交舉後雖僅得其使介來廷終至淪平而不服意者一泛使之遣未足以服之乎自臣觀之今則高麗躭羅巳服所未服者倭奴而巳然亦不勝其懼矣故今遣使不可與鄉遣使竝論也臣必謂其王曰海東之地曾不能當中國一大州其兵衆之多寡可料而知也以今中國之盛不卽加誅於海東者天子之德不忍煩兵於遠非有愛於海東也鄉者王之衆航海而來驚我海道之兵且戰且

郤王之輜重喪失者太半而我曾不損一毫三軍之士忿然含怒甚惟寢忘之當慶元海道者莫不被堅甲躪勁弩帶利劒飛艦弊海而東超足距躍輕風濤萬里之險決死生以問罪於王兼之高麗躭羅之衆其識海道習水性與王國同是王數面受敵也然迄今不即加兵者意王猶有人心欲以禮義服之又不忍煩兵以苦王以故遣使臣來今朝廷攻王之土地非如伐夜郎略朝鮮可以置城守也雖得之越海弗能有也寶珠金帛積如丘山不恃外夷之貢獻也殊方異物來獻于庭又不假王之重貨也罷我之互市從王之貿易吾土地之所產王反得而用之也然王之名物不譯於舌人也久邊隙一開市易且有禁非王之利也且夕大兵且來王必悔之若聽使臣是得效順之美名而免受敵之實患也此臣諭之之說也續文章正宗

克新送壽上人還日本序

日本壽上人將返其國乞言於嘗所遊者而屬予序上人首參南堂禪師復登諸大老之門其聞見之博造詣之深蓋不言可知矣況其所得之妙有非文字所能形容者雖言之而奚益也夫上人由中國而還也宜知中國之事諭其國人而中國之事浩以繁非上人所能悉然則吾所宜言者莫大於是歟共惟我皇元奮起朔方撫有諸夏四夷八蠻罔不臣服幅員之廣疆宇之大雖三代無有也都邑城郭人民生聚之繁中外百司文武材能之盛禮樂文章紀綱制度燦然可述漢唐而下無有也著令西天佛子爲皇帝師自皇帝諸王公卿大夫士咸禀其戒法崇立招提蘭若殆遍寰區象教之隆漢明以來無有也猗歟休哉億萬斯年之基可見矣天地之高厚無不覆載也日月之明無所不照也雨露之潤無所

不濡也中國之大無所不統也越裳氏之言曰天無烈風海不揚波意者中國有聖人乎今海外諸國潣潣以樂其生而安其土者皆吾聖天子深仁厚德之所涵煦也猗歟盛哉今上人之還也有問焉則以斯言告之使而國之人知越裳氏之言爲不誣也上人自號椿庭嘗典藏秀之天寍端恪勤敏有志異日其將鳴南堂之道於日本也歟雪廬集○隣交徵書椿庭名海壽一號大杯南禪寺僧竺仙法嗣貞和中遊元留二十一年源公尊氏之季子云

克新送謙上人序

日本謙上人以慕諸夏吾道之隆乃航海而至謁諸師而叩焉前年留福建去年寓浙東今又愛斯文之懿乃躡蹻來浙西造予而請也上人昔也涉洋海蛟龍之險今也冒兵戈豺虎之虞可謂艱且勞矣以上人之難且勞如是孰不欲傾其所蓄而進也況予之庸昧其敢愛而靳乎夫文於道一而二二而一者也經云治世語

言不違實相是也儒云文武之道布在方册不其然歟上人苟能明乎道則於吾文何有莊周云筌者所以在魚得魚而忘筌蹄者所以在兎得兎而忘蹄言者所以在意得意而忘言上人行也於是□而求之其庶幾乎上人字以亨同○以亨名妙謙號無礙論佛眞伊豆國淸寺祖竺仙法嗣時嘗游中國

悟逸住豐之蔣山山門疏

山門今請龍山見首座住持豐州蔣山興聖萬壽禪寺開堂演法祝延聖壽無疆者靑鳳羽毛覽德輝翙翙而下黃龍頭角際風雲慶會之期顧聲名文彩難藏奈歲月腥香莫掩某眼瞰西江碧色胷吞東海層瀾三十年吳楚爛遊二六時已體不昧靖退小節堅尊宿鉄限之何堪一步大方慰太守金城之遠慕出匣劍眉間高掛豐山鐘霜降自鳴爲寂庵爲東巖孤晗胷中自定得大愚得黃蘗恩義句下難瞞石樓一瓣香金闕萬年壽龍山錄○隣交徵書德見號龍山論眞源大照兩足院開祖貞和中遊元嗣法東岩

留彼數年歷年名刹

明

惠帝書

奉天承運皇帝詔曰覆載之間土地之廣不可以數計古聖人疆
而理之於出貢賦力役知禮義達於君臣父子大倫者號曰中國
而中國之外有能慕義而來王者未嘗不予而進之非有它也所
以牽天下同歸干善道也朕自嗣大位四夷君長朝獻者以十百
計苟非戾於大義皆思以禮撫柔之茲爾日本國王源道義心存
王室懷愛君之誠踰越波濤遣使來朝歸逋流人貢寶刀駿馬甲
冑紙硯副以良金朕甚嘉焉日本素稱詩書國常在朕心弟軍國
事殷未暇存問今王能慕禮義且欲爲國敵愾非篤於君臣之道
疇克臻茲今遣使者道彝 一如班示大統歷俾奉正朔賜錦綺二

十四至可領也嗚呼天無常心惟敬是懷君無常好惟忠是綏朕都江東於海外國惟王爲最近王其悉朕心盡乃心思恭思順以篤大倫毋容逋逃毋縱姦宄俾天下以日本爲忠義之邦則可名于永世矣王其敬之以貽子孫之福故茲詔諭宜體眷懷建文四年二月初六日〇善隣國寶記

成祖書

奉天承運皇帝制曰天地之中華夷一體帝王之道遠邇同仁昔者虞德誕敷外薄四海咸建五長周室方興無有遠邇畢獻方物不能外於範圍咸得蒙其福澤也咨爾日本國王源道義知天之道達理之幾朕登大寶即來朝貢歸嚮之速有足褒嘉用錫印章世守爾服眷茲海甸密邇東郊素稱文物慕尚詩書朕今命爾惟謙勤可以進學惟戒懼可以治心惟誠敬可以立身惟仁可以撫

衆惟信可以睦鄰惟忠順可以事上惟德可以動天地感鬼神於戲朕守帝王之道仰承天地之仁爾堅事大之心亦有無窮之福永惟念哉毋替朕命永樂元年十一月十七日○同

又

皇帝勅諭日本國王源道義使臣回言王修德樂善忠良恭謹朕深爾嘉又能遵奉朝命禁止壹岐對馬諸島之人不爲海濱之害用心勤至尤爲可嘉自今王更宜戒戢其民使皆就農樂業王亦有無窮之令名故勅永樂二年十月初二日○同

又

勅諭日本國王源道義朕惟天生萬物覆育無不周君統萬方仁恩無不被古之帝王體天之德順物之情以爲治而天下之民咸得其所者率由是道朕荷上天眷命皇考聖靈福延朕躬君主天

下凡海内海外皆朕赤子咸欲其安寍以遂其生即位之初遣詔
諭王明示朕意王克欽承效須識達朕心報使之來懇欵誠至朕
念王稟資湻懿賦性聰明㥁行超乎國人之上信義著乎遠邇之
間非惟朕心所悅實乃天心所鑑庸賜印章申之以誥命重之以
褒錫比歲及今屢遣朝貢誠意益至敬謹愈加寔能恭順上天下
爾土眞可謂賢達矣近者使臣由王國回言王嘗夢見朕皇考蓋
福以皇考神靈在天鑑觀四方無遠弗届王心寢寐不忘恭敬精
神感格故形爲禎夢朕皇考爾夢於王即所以監臨於王也皇考
監臨即天之監臨也豈惟王一身之慶將見王之子孫國人皆有
無窮之慶且以王之感格干朕皇考之心與上天之心者言之若
對馬壹岐等遠島海寇出沒劫掠海濱朕命王除之王即出師殲
其黨類破其舟檝擒其渠魁悉送京師王之尊敬朕命雖身在海

外而心實在朝廷海東之國從古賢達未如王者朕心喜慰深用褒嘉自今海上居民無劫掠之虞者王之功也如此豈不可以上合天心與朕重考之心乎王之令名自茲永著光昭靑史傳於不磨豈惟王一身有無窮之譽雖王之子孫世濟其美亦永有無窮之譽矣今遣使諭朕茲意加以寵錫王其益懋厥悳以副朕懷故

永樂四年正月十六日〇同

又

勑諭日本國王源道義朕誕撫萬方愛養黎庶一視同仁無間彼此咸欲其無寇攘災沴之虞無飢寒疾疢之苦老者得養幼者得息曁鳥獸魚鱉飛走蠕動跂行喙息之類咸欲其生遂此上天之道仁政之大也故四方萬國之來庭者諄諄誨諭欲其上順天心保邮生靈惟王資性溫淯敦厚周愼惠和膚敏恭儉慈仁聰明特

達而賢聲素彰律已愛民而善道益著奉藩守職欽承罔違昔者海寇攘竊肆虐邊隅彼此爲梗民罹其殃朕命王殄滅之以除蠹蠹王即發兵掩捕破其舟艦戮其黨與擒其首賊遣人繫送來京而渠魁遠竄海島偷息鯨波魚蝦出沒莫適其鄉舟楫猝不能及鋒鏑猝不能加施之以惠不能以懷動之以威不能使畏王乃晝夜謀思至忘寢食四出追襲百計以擒之茲焉遣使上表獻俘于庭詞意懇悃哀情溢見朕覽讀再三甚深慰悅嘉歎不已王之忠誠可以貫金石可以通神明允合天心式慰朕望自今海隅肅清居民無警得以安其所樂雞豚狗彘舉得其宜者皆王之功也眷茲偉績寤寐不忘臨風顧懷良切于中夫治天下國家者能體天地生物之心去災捍患使天下國家大安萬民熙皞功莫大焉則天心悅鑒使享有無窮之福子子孫孫不替益盛此爲善之報理

固然也王之脩身體道樂善不倦昭令悳於東島播芳譽於中國垂光靑史與天地悠久誠所謂賢人君子有志丈夫哉日本自有國以來如王之賢達者盖未之有也自古賢者無不好善而好善者無不蒙福若王之好善則必享有福祿永永無窮矣茲遣人以勑諭王申以寵賚用致朕嘉奬之意王懋膺隆替眷體朕至懷故諭永樂五年五月二十六日〇同

宣宗諭日本使

勑諭日本國使道淵爾究通佛氏之旨曉達君臣之義在彼境內超於羣倫比者以其國王之命遠涉海波來脩朝貢達其王敬天之懇敷其王事大之心言調有章進止有禮從容恭謹朕甚嘉之今特授僧錄司右覺義之職俾歸本國住持天龍寺爾其益精善道闡宗風益堅至誠用副嘉奬欽哉故諭宣德八年六月初六日〇同

代宗諭日本國王書

勅諭日本國王源義成惟王聰明賢達敬天事大以福一國之人良用爾嘉朕恭承天命嗣登大寶主宰華夷王又差正副使允澎等齎捧表文幷以方物來貢見王之勤誠茲因使回特令齎勅諭王幷賜妃及妃銀兩綵幣王共體朕至懷故諭景泰五年五月初九日〇同

又與日本二使書

勑日本國正使圭密副使中立爾國王源道義忠賢樂善上能敬順天朝恭事朝廷下能袪除寇盜肅清海邦王之誠心惟天知之惟朕知之朕君臨萬方嘉與民物同囿泰和亦惟爾王能知朕心今爾將王命遠至師達王悃欵敬恭使職朕甚爾嘉特賜勑獎勞仍賜時果四品爾其受之故勑永樂五年五月廿五日〇眞書相國寺藏

神宗賜玄蘇本光禪師號幷蜀錦伽梨割

兵部爲欽奉聖諭事照得頃日因關白具表乞封皇上嘉其恭順特准封爲日本國王已足以遠慰內附之誠永堅外藩之願矣但關白既受皇上錫封則行長諸人即爲天朝臣子似應酌議量授官職令彼共戴天恩永爲臣屬恭候命下將僧玄蘇授日本禪師官職以示獎勸擬合給劄爲此合劄本官遵照劄內事理永堅恭順輔導國王恪遵天朝約束不得別有他求不得再犯朝鮮不得擾掠沿海各保職位共享太平一有背違王章不宥須至劄付者

右劄付日本本光禪師玄蘇准此萬曆貳拾參年二月初四日給○按玄蘇字景轍號仙巢以酊庵祖嗣法湖心從朝鮮役掌書牘之事○仙巢稿

又諭日本國王平秀吉

皇帝勅諭日本國王平秀吉朕恭承天命君臨萬邦豈獨乂安中華將使薄海內外日月照臨之地罔不樂生而後心始慊也爾日本平秀吉比稱兵于朝鮮夫朝鮮我天朝二百年恪守職貢之國

也告急于朕朕是以赫然震怒出偏師以救之殺伐用張原非朕意迺爾將豐臣行長遣使藤原如安來具陳稱兵之由本爲乞封天朝求朝鮮轉達而朝鮮隔越聲教不肯爲通輒爾觸冐以煩天兵既悔禍矣今退還朝鮮王京送回朝鮮王子陪臣恭具表文仍申前請經畧諸臣前後爲爾轉奏而爾衆復犯朝鮮之晉州情屬反覆朕遂報罷邇者朝鮮國王李昖爲爾代請又奏釜山倭衆經年無譁專俟封使具見恭謹朕故特取藤原如安來京令文武羣臣會集闕庭譯審始末幷訂原約三事自今釜山倭衆盡數退回不敢復留一人既封之後不敢別求貢市以啓事端不敢再犯朝鮮以失鄰好披露情實果爾恭誠朕是以推心不疑嘉與爲善因勑原差遊擊沈惟敬前去釜山宣諭爾衆盡數歸國特遣後軍都督府僉事署都督僉事李宗誠爲正使五軍營右副將左軍都督

府署都督僉事楊方亨爲副使持節齎誥封爾平秀吉爲日本國王錫以金印加以冠服陪臣以下亦各量授官職用溥恩賚仍詔告爾國人俾奉爾號令毋得違越世居爾土世統爾民蓋自我成祖文皇帝錫封爾國迄今再封可謂曠世之盛典矣自封以後爾其恪奉三約永肩一心以忠誠報天朝以信義睦諸國附近夷衆務加禁戢毋令生事于沿海六十六島之民久事徵調離棄本業當加意撫綏使其父母妻子得相完聚是爾之所以仰體朕意而上答天心者也至于貢獻固爾恭誠但我邊海將吏惟知戰守風濤出沒玉石難分效順既堅朕豈責報一切免行俾絕後釁遵守朕命勿得有違天鑒孔嚴王章有赫欽哉故諭萬曆二十三年正月二十一日頒賜國王紗帽一頂展角全金箱犀角帶一條常服羅一套大紅織金胷背麒麟圓領一件靑褡褳一件綠貼裏一件皮弁冠一副七旒皂縐紗皮

弁冠一頂旒珠金事件全玉圭一枝袋全五章絹地紗皮弁服一套大紅素皮弁服一件素白中單一件纁色素前後裳一件纁色素蔽膝一件玉鈎全纁色粧花錦綬一件金鈎玉玎璫全紅白素大帶一條大紅素紵絲寫一雙襪全丹礬紅平羅銷金夾包袱四條紵絲二疋黑綠花一疋深青素一疋羅二疋黑綠一疋青素一疋白氎絲布十疋眞蹟本○肥前蓮池成留氏藏

瓦官寄天台僧書

大明皇帝神聖威武驅韋□而出境復前宋之故土中原既平邊境亦靖時則游神內典思欲振之故於今春正月望日詔天下三宗碩德一千餘員建普度會于京之蔣山寺帝自齋戒一月禁天下屠殺率文武百官詣壇設拜又勑制樂章命樂師奏以獻佛衆見廟光燭天夜雨五色之物狀若珠璣時帝大悅天界白庵禪師以吾宗耆宿而數召對經論稱旨廼奏復瓦官爲天台教寺衆卽

推某主之蓋前兩年皇帝凡三命使于日本關西親王皆自納之
于時以祖來入朝稱賀帝召天寧禪寺住持祖闡瓦官教寺住持
某命曰朕三遣使于日本者意在見其持明天皇今關西之來非
朕本意以其關禁非僧不通故欲命汝二人密以朕意往告之曰
中國更主建號大明改元洪武卿以詔來故悉阻於關西今密以
我二人告王知之大國之民數寇我疆王宜禁之商賈不通王宜
通之與之循唐宋故事修好如初又命曰朕聞其君臣上下咸知
奉佛敬僧非汝僧不足以取信彼有禪教僧欲訪道中國悉使之
來無禁惟汝二人往哉無忽即賜之三衣與十八淨物之切於用
者又恐至彼言語不通選關東禪僧之在中國者得東山長老椿
庭壽公中竺藏主權中巽公以其參方有行命貳以行某謂通國
使命佛所戒也使無補于佛之教而欲犯佛之戒其雖死弗爲也

今皇帝既以我爲可信而遣之則是我持不妄戒也勸人禁寇不盜戒也修兩國之好使商賈交通民安其生兵不加境不殺戒也持佛之戒而爲帝者使則是爲佛之使也故承命之日以此而不辭五月廿日命舟四明五日至五島五日而抵博多

楊鎬與平秀吉書

欽差經理朝鮮軍務都察院右僉都御史楊□咨爾平秀吉大明皇帝因朝鮮王代爾請封嘉爾恭順不忍爾兩地之相戕傷天朝用遣使臣渡海勅封爾秀吉爲日本王爾得據有名號雄長諸島自宜銜戴皇恩韜戈修德以樂爾餘年貽慶爾幼子斯爲永圖胡使臣甫歸遽敢違制背盟以朝鮮禮文爲辭又復侵占釜山機張之間乎今朝鮮赴告皇帝震怒已逮譴使臣更置兵部總督別設經畧經理興問罪之師於海上爾度爾之力即抗朝鮮且勝負難

必若天朝視蕞爾日本即爾六十六島中之一島耳況爾既受王
封已爲臣屬臣與君抗天理不容神明且殛之昨年爾國地大動
搖此其兆也尙不安靜祈福而欲日尋于兵乎爾已六十餘歲壽
命幾何子未十齡孤弱何恃聞各島之酋俱覘爾之隙爲復讎報
怨之舉爾不銷兵綏衆安妥人情乃使悍將擁兵于外一旦諸島
內變蕭墻禍起即淸正諸將各思爲君豈肯久居爾下將來又豈
肯居爾子之下者以理勢論之爾不如速行罷兵脩好朝鮮憑藉
天朝之威靈默消諸島之睥睨其前所乞朝廷與爾處分者何事
可明白奏來朝廷量包乾坤視爾與朝鮮皆爲臣子無必偏重爾
若不自悔禍任爾以數十萬百萬壓朝鮮在天朝仁恩極溺義必
討逆亦不遠勤大兵但勅馬步十萬薄釜山助朝鮮之順福浙水
兵十萬分兩道以樓船從南海與爾秀吉見于烏沙葢且問山城

君安在也爾其慎思之萬曆二十五年五月十六日眞蹟本肥藩辛島氏藏○按此書日本現已石印入會餘錄

李□諭日本國諸酋長書

提督總兵官都督李□諭日本國諸酋長朝鮮世奉天朝正朔不失臣節故加其義而列之藩國如遇外寇侵陵必相救援此天朝柔遠字小之仁也往者關白逞兇狡焉啓疆虔劉其人民焚爇其廬舍走其君臣而掠其玉帛與爾國有不共戴天之讎者我聖天子赫然震怒不吝帑金不靳糧餉命將興師驅逐憑陵還其土地復其宗社此俱往事今無論已顧朝鮮爲爾國破殘瘡痍未甦元神未復聖天子惓惓軫念屬藩慮其衰弱不能自振乃專勅經理撫院遴選本鎭提督拔擢將領提兵十萬分守要地善後朝鮮爲屯牧長久之計且簡書諄諄惟務蕩平外寇殄絕片帆戰守機宜本鎭專責即今爾輩返其原使似有悔心之萌但連年戰爭干戈

相向即一旦改心易慮誰復信之但今送還人役乃昔年三提督所遣也本鎮繼來朝鮮安得與聞第念爾國不羈使人不戮俘獲遣將輸誠翻然有恭順之意乃特加爾優賚發還此後毋得假事差遣窺伺海濱雖一价相通亦所必僇且朝鮮既奉我命令亦不敢擅自通和自起昔年招侮之漸爾國雖越在海外亦我天地覆載赤子也誠能無事侵陵恪守境土我皇上天地存心亦且包容茹納盡收之覆載中矣豈獨愛字朝鮮而故仇爾國耶爾其思之如諭奉行萬歷二十八年四月二十一日○巽稱日本傳

居頂迻右闡教鷲峰禪師奉使日本頌序

皇帝即位改元永樂之初天地清寧雨暘時若凡四方薄海內諸國莫不遣使朝賀貢獻水土之物於是皇上推恩柔遠一視同仁分遣使者賷詔往諭嘉答其意載念日本邈乎鯨濤數萬里外而

其國雅尚佛乘是宜參用名德沙門密贊聖化乃選僧錄司右闡教兼天界禪寺住持臣某偕朝之近臣等往使彼國導揚德意禪師嘗受知太祖皇帝被選入朝爲僧錄掌教又蒙宸褒美兼領天界住持天界實天下首刹也自禪師居之中外信嚮龍象駢集動盈數千指自非道契佛祖行服幽顯者曷能臻此哉及是命宗門莫不以朝廷出使得人爲賀僚宷諸友咸爲詩頌以贈而屬某序諸首簡惟日本距中國雖甚遠然自漢唐以來遣使朝貢恒不絕其國素尊佛教知慕中國宗傳之盛前代遣僧涉海來遊學焉今皇上誕膺天命寵綏四海聲教所被靡不稽首臣順而爭先賓貢者宜矣禪師持節以往竊意天威所加海若山君効職驅使而祥風送飄神物迎掉雖數萬里跬步也滔天鉅浸平陸也何足計慮哉而禪師德望之重師法之尊宗傳之懿才辨之贍皆足以化服

彼方遠人遠人見之吾知胥爲悅從矣而師也震之以法雷潤之以法雨襲之以慈風煦之以慧日將俾窒者通晦者明咸獲充其所願焉一時拜伏西向稱謝吾君吾佛之大賜矣然則禪師是行也其於朝命榮幸何若哉其於宗教增重何若哉余因作序姑言其概至若弘化偉績尙俟他日還朝執筆繼書焉圖菴集○按明史日本傳永樂元年又遣左通政趙居任行人張洪偕僧道成往五燈會元續畧續稽古略等書云道成出使日本及歸有恩賜

又送松岩住上人侍師奉使日本國序

凡爲吾徒者貴有明道然明道必資于師師也者敎誥之本也苟得其師則階之以脫去塵累成就慧身而永謝生死輪轉逍遥于三界之表厥恩大矣然則師恩如是而以事親者事之豈忝乎哉故昔之高僧曰智藏曰常超皆能謹奉其師載于方册不可湮沒者此也金陵松岩住上人師事右闡教天界雪軒翁有年矣致力

幹蠱尅志問問學兢兢業業維日不足也永樂元年秋雪軒翁應選往使日本其國邊于扶桑出日去吾華夏絕遠鯨濤際天魚龍颶風之變不測往者靡不目眩股栗惟松岩出衆投誠願充侍行之列有司以聞上許之亦蒙錫賚行有日松岩詣余徵言甚勤至辭弗獲乃曰汝之師雪軒翁福德深厚素藴專對之才今茲膺命而行胸次浩然略無留戀之意是非忠乎國家者能如是乎汝知師恩侔乎二親故能奮志相從心悅誠服略無畏難之色是非孝乎師者能如是乎惟忠與孝可以動天地感鬼神況聖人在上朝命之嚴乎然則溟渤雖廣一葦可航神物護持曾不幾何飃飃歸旆揚于龍江矣行矣松岩余日俟焉同

道聯送繕上人序

上人吕繕者扶桑望族以材能爲國主所知永樂元季其國貢方

物來大明脩新天子賀禮繕預其行由是國中之僧與之遊者咸作詩以餞成一華軸惟缺序引及奉旨還國道過吳會踵門求予爲之夫稠人中獨能感人攀戀之情眷眷形諸咏歌者必其胸中有以異於人者矣雖然予觀繕貌僧而服俗察其動靜又似僧也笔通其言乃普明國師門人又禪者也不當以山川風物衣冠禮樂朝廷燕饗士賓揖讓世間之事可以變夷者告當以出世間法告之俾其脩煉精神不爲物化循致其極可爲佛也佛之道廣大無所不容隨類攝化不拘形相阿那羅王之惡婆須密女之婬皆善財所參知識獨不可以俗服通使命成兩國之歡乎況其國俗一受歸戒即剃落而稱沙彌繕雖爲大僧而乃退就沙彌之列亦足見其謙德自持其他予不知也繕能因予之說以悟無說之旨則德山木跨船舷之棒束之高閣不謬爲禪者矣繕其勉之永樂二年甲申春正

月既望杭淨慈住山道聯序○眞蹟本平安崇蘭館藏按明史日本傳永樂元年十月使者至上王源道義表及貢物

王守仁送日東正使了菴和尚歸國序

世之惡奔競而厭煩拏者多遯而之釋焉爲釋有道不曰清乎撓而不濁不曰潔乎狎而不染故必息慮以浣塵獨行以離偶斯爲不詭於其道也苟不如是則雖皓其髮緇其衣梵其書亦逃租繇而已耳樂縱誕而已耳其於道如何耶今有日本正使堆雲桂悟字了菴者年踰上壽不倦爲學領彼國王之命來貢珍於大明舟抵鄞江之滸寓館於驛予嘗過焉見其法容潔脩律行堅䇿坐一室左右經書鉛朱自陶皆楚楚可觀愛非清然乎與之辨空則出所謂預修諸殿院之文論教異同以並吾聖人遂性閑情安不諱以肆非淨然乎且來得名山水而遊賢士大夫而從靡曼之色不接于目淫哇之聲不入于耳而奇邪之行不作于身故其心日益

清志日益淨偶不期離而自異塵不待浣而已絕矣茲有歸思吾國與之文字以交者若太宰公及諸縉紳輩皆文儒之擇也咸惜其去各爲詩章以艶飭迥躅固非貸而濫者吾安得不序 皇明正德八年歲在癸酉五月既望餘姚王守仁○眞蹟本伊勢正住氏藏○隣交徵書桂悟諡佛日住南禪寺退居大慈院院在東福寺永正中爲足利氏使入明按籌海圖編正德八年五月夷船三隻使僧桂悟貢方物

宋濂日本瑞龍山重建轉法輪藏禪寺記

我佛如來其正法之流通者有三藏焉一曰修多羅藏二曰阿毘曇藏三曰毘尼藏惟此三藏諄諄化導使一切有情滅妄趨眞誠昏衢之日月苦海之舟航也琅函玉軸多至五千四百四十八卷衆生根鈍莫能融貫善慧大士以方便力造爲毘盧寶藏函經其中一運轉間則與受持讀誦等無有異攝大千于機輪所聚功德不可思議由是薄海內外凡有伽藍者必設置藏室焉日本沙門文珪介鄉友令儀來告予曰本國平安城北若干里有禪寺曰轉

法輪藏舊名寶福廢壞已久無碑碣可徵莫知其何時建立正應元年肯菴全公從周防法眼藤道圓之請嘗就遺址而一新之而僧本覺及梅林竹春巖玲相繼來莅法席自時厥後風雨震凌又復摧塌弗支白草荒煙蕎蕘之跡交道矣貞治三年衆以文珪或可以起廢力舉主之初寺無正殿唯有藏室一區藏之八楹皆刻蟠龍作升降之勢數著靈異因祀之爲護伽藍神至應安二年文珪欲建殿于其前忽神降于一比丘曰我神泉苑善如龍王也伽藍神來云大藏將傾乃視之漠如而欲有事于殿功是棄所急而不知務也宜亟易爲之否則我足一搖此地當爲湖苟遵吾言改奉王家神御則國祚佛法皆悠長矣言訖仆地覺而詢之絕無所識知事聞于王王大悅曰余憶幼時乳母時禱八龍之神事正相符卽遣中納言藤元賜今額元之行有雙白鷺飛翔前導至寺而

止人異之末幾王遜位號太上天皇給地若干畝以廣寺基文珪殫厥志慮出衣盂之資簡材陶甓使其堅良崇室上覆機輪下承鉅木中貫方格層列經匭櫛比繪像精嚴神君鬼伯翼衛後先所謂楹上八龍者塗以金泥鱗爪焜燿角鬣森張陰颷肅然似欲飛動國人聚觀無不慶愜文珪復奉今王之命請贖一大藏經安置儭中規制整飭視舊有加焉經始于某年月日訖功于某年月日縻錢若干貫米若干斛役人若干功太上既棄羣臣文珪別于寺東若干步建盤龍院以奉神御如神之所言云文珪近受王命出持使節貢方物于上國大明皇帝嘉其遠誠寵賚優渥文珪敢藉是有請于執事願爲文持歸勒諸堅砥以示無極予聞七佛尊經實貯龍宮海藏在昔龍樹尊者嘗入其中覩華嚴經上中下三本因記下本以歸西土是則天龍雖以戒緩在龍種中而其向乘之

急得于華嚴會上圍繞盧舍那佛與聞大乘圓頓之教終非他族可及經藏所在其能擁護而顯靈異也宜哉日本初無輪藏有之其從茲寺始文珪承國君之命孜孜弗懈以起廢爲巳任亦可謂流通大法者已予既爲記其事演說藏中眞實了義爲偈以繫之文珪字延用篤志禪觀善繼大林育公之學者也偈曰世尊大慈父憐憫諸有情自從鹿野苑直至跋提河說無量妙法普度于人天根雖有利鈍隨機獲饒益弟子所結集汗牛復充棟善慧施善巧收攝在轉輪圓樞運動間地軸相回旋法王所說法一一皆現前譬如日月燈能放大光明無非眞般若不見有一法似茲功德聚盡在轉移內一轉詰習空浮如青琉璃二轉加精進直入智慧海三轉到彼岸安住涅槃城以至千百轉轉轉俱一同循環若弗停我輪未嘗動此以何因緣動靜無相故瑞龍有精藍重建毗盧

藏中函貝葉多字如恒河沙沙沙各具佛不翅那由他還以一佛攝攝盡無復餘大包于無外小則入無內是謂神通藏萬劫終不磨非比有漏因成壞每相仍所以天龍衆在在悉護持有時著靈異雷電倏變幻守此清淨域外道不敢干我持如意輪讚此大乘法告爾諸佛子晝夜須勤行有悟片言間全體即呈露不著前後際廓然無聖凡豈惟佛子等龍神亦當聽乘戒二俱急共成無上道宋文憲公護法錄

來復龍山大定菴記按菴在南禪寺今已墟矣

日本爲國居大海之東其俗崇佛敬僧精舍伽藍棋布城內聲教之美往往取法中夏而其禪居皆遵百丈舊制云云其傳法之徒又嘗參承中夏諸名宿藉爲世家以著其宗系焉自其國王臣庶樂善好施者咸得執弟子禮而師尊之至施私第以創寺割腴田

以飯僧悉如所願欲也龍山大定菴者乃南禪住山在菴禪師退休地南禪爲海東首刹非有道者不得與其選在菴蚤爲亞相大夫源公義滿所知特奉國命主其席而是菴之施其源公搬以奉師修老焉開基於德應安甲寅春落成於是年冬某月某日也奉佛有殿安僧有堂門廡庖湢完具無遺菴據獨秀峯之趾萬松擁翠合磵爭流蓋勝處也師之徒一光問法南來以事實謁余而請記夫如來世尊微妙法音大千普聞無間幽顯若凡若聖所尊奉然以衆生從無始來迷已爲物昏沈掉舉心識靡寍是故如來隨機演法開方便門以稜嚴示其大定以般若明其大慧欲令末世諸修學人定無勝慧慧無勝定必使定慧均等不墮於偏然後爲圓證之妙功也今在菴脩於慧學而能以大定名菴蓋有見於斯矣然所以自利利他者盃不爲無窮之慧乎余因一光之請弗獲

辭姑以定慧之旨喩之俾來者燕處是菴益思所以自勉俾無徇乎名而遺其實也在菴學通內外訓徒有軌則嗣法東海源公遡源而上爲東山九世云（天授院寫本）

來復石城山吞碧樓記（按樓在博多津今墟）

吾無我上人搏桑產也參歷中國有年矣一日謁余而告曰吾受經之地瀕瀕東海四顧混然水雲一碧嘗作小樓爲先師月堂禪燕之所因顏曰吞碧以識其勝敢請師一言記之余曰噫子之所謂吞碧者獨有見於海乎海於虛空其猶印水耳即一隙而窺其明舉一滴而測其廣虛空亦大海也然則孰爲優劣哉蓋虛空之量包括無外空體廓周充徧法界紺潔虛朗如淨瑠璃覩之不無攬之不有心存目寓融接無邊吞碧之義豈不有得於是乎雖然空不自空即空是色色不自色即色是空空色一如無染無襍故

知如來妙心菩薩妙色皆同一眞非有□法譬之普賢毛孔世閒種種名像等物悉入其中無有留礙登斯樓者作是觀已廼至百億利土百億日月百億須彌帝靑光明洞照眉睫曾何有閒於毫芒也哉余以是說記吞碧之義上人其諭之否乎嗚呼天下好樓居者多矣吸光飲綠然卒以燕酣相歡鮮有休息于禪悅者今上人獨見於道而識以吞碧則斯樓高顯殊特視慈氏之宮不爲侈矣余記之何辭洪武歲在閼逢接提格春二月二十有四日抗州府靈隱禪寺住持豫章釋來復記○石城遺寶○按月堂名宗規筑前妙樂寺開祖大應法嗣無我名省吾貞和中再入元歷明特延見賜紫衣卒

汪鏜重修補陀山寶陀禪寺記

明郡當溟渤之會其東屬邑曰定海補陀山在定海外二百餘里遠望滄茫杳靄隱見明滅如鳶鳧帖帖伏水中佛書稱補陀洛伽山海岸孤絕處是也或云梅岑山子眞爍藥處因以名焉今皆不可考矣自山東行西折爲潮音洞廼觀音大士現化之地石壁中

裂傍罅兩岐又西爲善財洞石齒齒不容足緣崖泉滲滴若垂纓不斷前入海數尋有礁突起如瓶爐狀又自山北轉得磐石巖頂上有竇可以下瞰海天孤潤洞府幽深波濤際空茫無畔岸烟霧晝暝四景若一倒影淩虛排雲御風誠上聖之窟宅而非塵寰俗界所可彷彿者也昔梁貞明間日本僧惠鍔得觀音瑞相於五臺山將迎歸本國舟抵新螺礁蓮花當洋舟蔽不前鍔禱之曰是我國無緣見佛當從何所立建精藍有頃舟行泊于潮音洞遂此地創建梵宇憑依佛乘宋元豐間賜寶陀寺額歷代因之崇尚不廢至我國朝益加尊禮世百千年休祥蒙賴於戲盛矣哉維我觀音大士通明圓覺神應變化運慈悲定慧以闡教利生開迷救苦奇功妙道不可殫述故能使千百萬億人無貴賤賢愚無遠近大小起心歸向開口誦念合掌恭敬焚香頂禮四方善士及緇羽輩每

於春月即洞中參禮求現而王侯妃嬪貴戚貂璫薦金寶以致誠懺悔愆以祈宥使者冠蓋相屬於道然乘筏渡海觸犯風濤竟無濡足之患而爲觀音必相之則證應從可識矣嘗聞故老說補陀佛屢著靈異凡我衆生意念精虔往往聖像放光金色身照耀天日青蓮擁瑞天樂發音金橋矗空祥烏繞樹百靈祕怪恍惚呈露隨刹現身形不可測識亦異矣嘉靖癸丑島夷犯順據爲巢穴軒搆摧圮緇錫解散國朝勅賜碑文俱斷裂仆海中所僅存者獨聖壽寺琉璃無梁等殿而梵音虛寂鼎篆塵蕪者垂數年然教不終否有五臺龍樹寺僧眞松北遊來京師聞其事于禮部時宮保大學士養齊嚴公爲太宗伯亟下其議于郡縣俾給劄住管崇奉香火而演律儀以資景福靈山勝會一旦光復非我嚴公道契百靈德兼三教其能洽和幽明興舉廢墜有如是哉維時我郡侯太恒

吳公總戎草堂劉公相與協贊規畫次第脩舉一號令之餘而改觀易聽矣適御馬監太監松菴馬公景慕名山起心發願廼範金成佛綉綵結旛不惜重資歸誠于佛一時輻輳增重叢林豈非事有待而化有緣耶而謂我觀音佛法力冥助神功默相誠不誣也闔茲靈異普濟羣生其俾我四方息警雨暘時若災厲不興物生蕃阜環海內外斷惡脩善佑我邦家用臻康乂則百千萬年永賴洪庥酬德報恩者宜有紀極耶鍠生長海濱習聞靈蹟且身享康寍濫竽祿位母氏年踰大耋高堂無恙藉此福德敢忘厥自故因眞松之請不諱鄙陋爲文以紀其事而復系之以詩曰縹緲靈山嵯峨蹟石廻抱滄溟呑吐潮汐石洞峭深瓊泉滴瀝爽氣飛揚囂塵斷隔佛祖壇場天神窟宅昔我觀音來自五臺覩茲靈境息駕徘徊梵宮夜廠寶刹朝開金容璀璨廣樂喧豗星繁電爍倏往忽

來自昔稱奇於今爲烈貝影扶疎蘭缸明滅百千萬人無論愚哲向山歸禮噀水致潔蠢爾醜夷據爲巢穴几席荒凉棟宇摧裂道無終否感則必通卿士恊吉上下和同垂增雲搆弘闡佛風燕還舊壘僧依故宮光復盛美伊誰之功維我觀音慈悲成性我願衆生咸歸清淨聖壽綿延帝圖昌盛默佑陰扶永綏吉慶勝水名山萬年輝映小子顓蒙稽首歌詠補陀山志

豐存叔謙齋記

日本昔被箕子之化而徐市避秦航海携古詩書以去實出坑焚之前歐陽公所謂令嚴不許傳中國者是也是以其人往往好學謹禮忠義誠慤賢人之澤章章可徵李唐時乃通中國本朝聖德廣被職貢尤勤其允正使者必其國君懿親儀度器識足爲其人領袖者乃行昭其敬也策彥上人凡再至十年前余已知其人比

貢不及期留海上歲餘霜露之霑濡波濤之震撼豺虎之出入鯨鯢之起伏蓋備嘗之必致其命而不敢歸也今年秋得旨許貢乃適鄞焉上奉聖天子威德下遂其君恭順之誠眞善使哉上人初號怡齋今更謙齋蓋慕易地中有山之義云爾傳曰天道虧盈而益謙地道變盈而流謙人道惡盈而好謙鬼神禍盈而福謙謙尊而光卑而不可踰君子之終也昔老聃語孔子亦曰功蓋天下守之以謙孔子且舉以告仲由是知聖賢相傳謙固心法之要也上人德性醇粹通儒佛二教能詩善書言不妄發動必循禮其精進如摩訶迦葉知慧如舍利弗悟空如須菩提多聞如阿難陀威儀如優婆離其有得乎謙之道者哉古語云欲知其君視其臣日本有臣如上人則其君知人善任使亦可謂賢矣其殆爲天之所益人之所好神之所福以永終譽以上下相親以長守富貴以克光

吾聖天子無外之治庸有涯哉庸有涯哉上人嗣前住天龍心翁安嗣前住南禪竺雲連連嗣前南禪大岳崇崇嗣前臨川點翁誠誠嗣天龍開山正覺國師夢窻石石嗣佛國國師高峯日日嗣佛光國師無學元元嗣中華徑山無凖範則知上人所學之源流固出自吾中華而被古聖賢之道化者無疑矣大明嘉靖二十七年歲在戊申孟冬十月壬寅朔且賜進士天官尚書郎南寓外史

○眞蹟本嵯峨妙智院藏

黄相日東了菴禪師轉職育王寺疏并序

了菴異域叢林之彥也僧臘八十餘龎眉鶴髮動止雅恂尤不苟於言笑淸齋習靜之餘默究經典秘義而已初在本國大檀越征夷大將軍以瑞龍山南禪禪寺丈室乏人特命主之緇流允服頃啣國王之命遠使中華得窺聲名文物之盛聞寗波有育王寺琳宮梵宇金碧焜煌乃轉職此寺而居者久之大脩教典寺之懽騰

以寍波府衛諸官僚亦喜其能不墜迦葉而像教之中有人矣予故爲之疏

竊以大教顯于西方流慈于東域分形分跡之時大開廣濟常現常光之世每覺凡愚及于衣鉢失傳劫灰易代金容掩色不鏡三千之光麗象開圖空端四八之相微言拯含類於三途遺訓導羣生於十地況日本乃扶桑之鄰壤而徐偃託蓬島以潛形間生異士今在了菴飛錫瑞龍山究一乘五律之道浮杯育王寺了八藏三篋之文萬派必朝江千岐同適國塵塵刹刹現一毫端去去來來無千界外大海法流洗塵勞而不竭智燈長燄歸幽暗而長明不減不增無垢無淨袖裹千年鐵柱骨本自西來手中萬歲胡孫藤行將東去堇疏正德八年癸酉四月吉日賜進士出身奉訓大夫提督浙江司舶司事華人黃相書于雙柏亭○禪居菴古寫本

張應麒一休和尚讚

學通儒典道闡禪宗爲叢林之表率致譽望之尊崇源源才思落落心胷觀止水而自安行藏有定取狂雲以爲號變化無蹤是宜衍兒孫之昌盛續燈餤於海東也耶成化乙巳秋七月既望都臺後人四明仕隱張應麒焚香拜讀一休名宗純大德寺僧華曇法嗣○眞書眞珠菴藏

柯雨窻怡齋策彥禪師像讚幷序

師日本高僧也奉使中華寓于明州有威儀文學予幸辱知於師其徒三英藏主偶出師小影視予予爲之贊曰

姿溫如湻頷珠内藏儒巾釋裳跏趺肅莊琅函時張道心淸涼容止可望蘊蓄難量筆翰琳琅詩風曰唐奉表天王跬趾賓堂明聲震揚宸寵輝光壯覽勝方倦休扶桑身升頤康壽曰無疆大明嘉靖二十年次赤奮若端月四明南遯柯雨窓書○眞蹟本芻智院藏

□□麯祥傳

麯祥字景德其先永平人永樂初侍父百戶亮調任金山年十四

被倭虜去轉商日本其王知爲中國人召見之留左右改名元貴因得力學遂爲土官畜妻子然心未嘗一日忘中國也屢諷主入貢宣德中與使臣抵京上疏陳情臣夙遭虜抱釁痛心死生路梗流離困頓辛苦萬狀生還中國夫豈由人伏乞歸省侍上柔遠方隆不欲遲留之遣令還國許給驛暫詣金山乃惟母存耳母曰果吾兒則耳陰有赤痣驗之信然抱持慟哭悲動鄰里感嘆異爲再生未幾重違上命別去祥至日本啓以聖諭蕃王允之仍令入貢復申前請詔許襲職歸養母子相失幾二十載又有華夷之限得遂初志難矣祥事母備甘旨聞言及父事輒哽咽不已後母寢疾三載朝夕扶持不離左右及卒哀毀骨立哀絰三年祥博覽經史通左氏春秋學善吟咏年八十餘以壽終獻徵錄

懷讓慈峯玄周居士像贊并引

慈峯居士者日本優婆塞也有膂力爲其國之武士而嘗立諸戰功中歲向道授法於龍室和尚遂更爲善人會今其子鷟藏主携其像來求賛爲題數語如左熊蹲氣勢□冠丰姿人物乃扶桑俊秀冠裳肖華夏威儀膂力絕人嘗好爭樸之戲勇謀服衆能防侵負之危收聲名於武畧歛鋒鍔於無爲露柱既參入一指高明禪域法華再聽斷三乘下劣根機在家出家念茲在茲以慈峯而爲表誰非斯人攸宜也大明弘治丙辰夏五月之吉四明天童住山直菴懷讓書于金臺隆福寓所○眞蹟本平安天香閣藏

大虛題日本東曜禪師眞像賛

阿呵呵強出頭成更若何覿面當機無回互淸提明月影婆娑噫不依本分平地風波大明成化一年歲次乙巳仲春下澣僧錄左街善世勅賜隆國開山第一代住持大虛○眞蹟本心源院藏○按東曜名利寅東福寺僧住擇勝菴菴今廢

源道義表

日本准三后臣源道義上書大明皇帝陛下日本國開闢以來無

不通聘問於上邦某幸秉國鈞海內無虞特遵往古之規法而使
肥富相副祖阿通好獻方物金千兩馬十匹薄樣千帖扇百本屏
風三雙鎧一領筒丸一領劒十腰刀一柄硯筥一合同文臺一箇
搜尋海島漂寄者幾許人還之焉某誠惶誠恐頓首謹言（善隣國寳記按表建文三年）

又

表臣聞太陽升天無幽不燭時雨霑地無物不滋矧大聖人明並
曜英恩均天澤萬方嚮化四海歸仁欽惟大明皇帝陛下紹堯聖
神邁湯智勇戡定弊亂甚於建瓴整頓乾坤易於返掌啓中興之
洪業當太平之昌期雖垂旒深居北闕之尊而皇威遠暢東濱之
外是以謹使僧圭密梵雲明空通事徐本元仰觀清光伏獻方物
生馬貳拾匹硫磺壹萬斤馬腦大小參拾貳塊計貳百斤金屏風
三副槍壹千柄太刀壹百把鎧壹領匣硯一面幷匣扇壹百把爲

此謹具表聞日本國王源同○按此在建文四年

又

天啓大明萬邦悉被光賁海無驚浪中國茲占泰平凡在率濱孰不惟賴欽惟大明皇帝階下四聖傳業三邊又安勛華繼體從昔所希宣光中興不圖復覩貢茀不入固緣幣邑多虞行李往來願復治朝舊典是以謹使其人仰觀國光伏獻方物同○按此在宣德七年

又

大明宣悳九年甲寅惟省製之寶隣修好所愧乘韋惟先溟量包荒何唯雜佩以報爭覩使者光采則知官儀中興阡陌竦瞻山川增重中謝共惟皇帝陛下奉天紹運濟世安民眷惟僻居於遐方孰不興起於盛際事大誠仍舊貫權宜要在更張秋水長天極目雖迷上下春風和氣同仁豈阻東西勿替斯言克昌厥後同

又

日本國王臣源義成律應東風懸知好道之君出於中國木入南斗具瞻殊常之識驗於當朝是以傾葵藿之至誠通鴻雁之遠信伏以大明皇帝陛下化孚有截澤洽無垠南桂海北氷天西月嵎東日域同文同軌相應相求天戈所麾無不賓順矣臣源義成欽承先志紹知陋邦守在遐方專存外衛屬國多虞有稽職貢見恕爲幸焉耳方今以允澎長老爲專使以僧芳貞爲綱司奉問皇家之安否兼貢方物之不腆瓶蒙嘉澍仰荷鴻庥謹奉表以聞臣源義成誠惶誠恐頓首頓首謹言景泰二年歲次辛未秋八月日日本國王臣源義成同

又

黃河北流一清以生上聖白日西照再中以發皇明既安億兆之

心孰敢二三其德共惟大明皇帝陛下統接千載威加四方重熙累洽誕膺昌期合慶同歡覃及弊邑渺茫海角雖不隸版圖中咫尺天顏猶如在輦轂下茲遣專使淸啓長光謹捧方物親趨闕庭伏望寬客曲賜省察謹表以聞同○按表出僧瑞溪手而未之達

源義政致朝鮮國王書

日本國王源義政奉書朝鮮國王殿下比年兩國往來不絕交修隣好莫勝慼幸之至抑壬辰載所遣使者尙留滯上國日夜望其歸安否如何萬萬不審仍告先是捧表文具方物朝貢大明國且又求新勘合之符信然弊邑適屬軍旅之事報書幷所求勘合皆爲盜賊所奪不一到於此況其餘乎但得使歸國耳今又以事通信大明賴有景泰年中勘合以此爲驗或不諭事者置我於嫌疑之地耶竊承上國之於大明也封域連接聘門頻煩請紹介于我

此事見告則上國之賜孰加焉故以土官性春爲專使往達其意
伏冀察我懇求垂仁釆納季秋霜冷若時保愛龍集甲午年九月
日同

上明憲宗表

日本國王臣源義政上表大明皇帝陛下日照天臨大明式朝萬
國海涵春育元化爰及四方華夏蠻貊歸仁草木虫魚遂性共惟
大明皇帝陛下神文聖武睿智慈仁皇家一統車書攸同弊邑多
虞皷角未息禹貢山川之外身在東陬洛邑天地之中心馳北闕
茲遣正使妙茂長老副使慶瑜首座謹捧方物親承寵光翼推丹
衷曲賜素察謹表以聞臣厥義政誠惶誠恐頓首謹言成化拾壹
年乙未秋捌月廿八日別幅（自別幅兩字到咨一字同幅書之馬肆疋散金鞘柄太刀貳把硫黃壹萬斤馬腦大小貳拾塊貼金屏風參副黑漆鞘太柄刀壹百把槍壹百把硯
壹面幷匣扇壹百把）計奏計成化五年伏奉制書時頒今塡勘合幷底簿等物

聖恩至重手足失措感戴感戴然而弊邑搶攘所謂給賜等件件皆爲盜賊所剽奪只得使者生還而已爰有景泰年間所頒未塡舊勘合請以此爲照驗也今後濫行令塡勘合者必賊徒也罪當誅死抑銅錢經亂散失公庫索然土瘠民貧何以施永樂年間多有此賜記之又書籍焚于兵火蓋一奏也弊邑所須二物爲急謹錄奏上伏望俞容書目列于左方佛祖統記全部三寶感應錄全部教乘法數全部法苑珠林全部賓退錄全部兎園策全部遯齋閑覽全部類說全部百川學海全部北堂書鈔全部石湖集全部老學者筆記全部右咨禮部

中外訂約通商年表

日本立約自英吉利始然其互市新羅爲先据日本史簈神護景雲二年賜錦帛於左右大臣納言等使其易買新羅交關之物殆

通商綿蕞歟時唐大厤三年也嘉祥二年當唐大中三年唐船泊於大宰府即筑前國地是中國商往之證延喜三年當唐天復三年其國禁和買唐物壽弛禁天文十年當明嘉靖二十年葡萄牙人至豐後神宮寺浦與國君互約是爲泰西通商之權輿厥後西通者曰朱章船西京堺長崎三處巨商於將軍府領朱章航海故名船限以九寬永十四年爲中國明崇禎十年天草島禁天主教遂禁國民通商其許入港者中國及和蘭人耳而朱章船毀殆盡歷二百年復開港通商先是法俄英吉利美利加等相繼要約互市始拒之力美利加水師泊兵艦四俄羅斯礮輪亦相逼而來咸豐甲寅戊午間要盟開港至于今訂約者之國凡十有八孛漏生云者即中國所謂普魯士與德意志二而一者也曰露西亞即俄羅斯也曰大不列顛即英吉利也曰獨逸即德意志也曰白耳義

即比利士也曰丁抹即丹也曰白露即秘魯也曰布哇即檀香山也餘與中國譯名略同述中外訂約通商表

年（中國）	年（日本）	中國	法郎西	英吉利	俄羅斯	德意志	朝鮮
咸豐三	嘉永六			立約八月廿五			
四	安政元				立約十二月廿一		
七	四				通商七月十一		
八	五		約通商九月三日				
九	六		修約九月廿二				
十	萬延元					普魯斯	
						約十二月十四	
同治元	文久二			倫敦約五月九日			
三	元治元		議下關九月廿三				
五	慶應二		修稅約五月十三				
六	三		修木稅約十一月廿五				
八	明治二		輸銅正月十日				

		稅約四月廿一			
		減襦袢稅九月廿			
		免炭稅十月廿七			
十二	六	輸米麥七月十八			
		輸米麥粉十一月廿四			
十三	七	熟鐵稅五月十			立約二月廿六
光緒二	九	坿約八月廿四			
三	十	釜山港借地一月三十			
		漂船七月三			
		租元山津地八月四			
		定約租元山津地			
		八月三十			
		運炭十二月廿			
四	十一	漂民費	償舟約十二月五		
五	十二	開元山津地八月三十	郵便約十月十二		

七	十四			郵便約			
八	十五		修約八月三十				
九	十六		商約七月廿五				
			仁川港借地九月三十				
		美利加	和蘭	日斯巴尼亞	葡萄牙	義大利	澳地利
咸豐十	萬延元				立約通商六月十七		
四	安政元	和約三月三日					
五	二		立約十二月廿三				
七	四						
同治五	慶應二	屬約七月十六			改約七月廿七	立約七月十六	
七	明治元			立約通商九月廿八			
八	二						立約通商九月十四
		瑞西	瑞典那威	比利士	丹	秘魯	檀香山
同治二	文久三	立約通商十二月廿九					
五	慶應二			立約通商六月廿二	立約通商十二月七		

六　三　改約三月廿二

七明治元　立約通商九月廿二

十　四　立約通商七月四日

十二　六　立約通商八月廿一

中國使臣表

堯命和仲宅西獨不限地殆命使椎輪歟嗣是聘問居多漢張騫游歷濫觴也非我

朝出使大臣比同治二年

命使無定期定期三載自光緒二年使英美諸國始日本出使之命繼之而許大臣鈐身許大臣景澄李大臣興銳皆未至國橫濱神戸長崎設領事凡三初曰理事然今公牘亦稱領事與置之泰西者同神戸往號事簡鐵道一通非昔例矣繫地繫時隨使多寡有差述中國使臣表

欽差大臣
何如璋 光緒三年十一月二十六日
副使張斯桂

東京使署
參贊
黃遵憲
隨員
沈文熒
楊守敬
陳文忠
張鴻淇
陳衍蕃
潘任邦
李郁階
何定求
暫派王治本
西繙譯

橫濱
領事
范錫明
隨員
劉坤
西繙譯
蔡國昭
東通事
羅庚齡

神戶
領事
劉壽鏗 末滿差
廖錫恩
隨員
吳廣霈
西繙譯
張宗良
東通事
楊錦庭

長崎
領事
余瓗
隨員
任敬和
西繙譯
梁殿勳
東通事
蔡霖

黎庶昌	七年十二月二十六日	
隨員	郭俊 杜紹棠 楊守敬 謝祖沅 藍文清 黃超曾 姚文棟	楊樞 沈鼎鐘 東繙譯 馮昭煒 洋員 麥嘉締
領事	陳允頤 隨員 陳嵩泉 西繙譯 陳瑞英 東通事 羅庚齡	
領事	馬建常 未滿差 黎汝恒 隨員 于德楙 西繙譯 蔡國昭	
領事	余巂 隨員 羅星垣 西繙譯 鍾進成 東通事 蔡霖	

張沆
方濬益
醫官
江景柱
武弁
葉蘭芬

東通事
楊錦庭

徐承祖
十年十一月十日

參贊
陳明遠
參贊兼西繙譯
楊樞
隨員
淞林
解錕元
嚴士瑄

領事
阮祖棠
副領事
劉坤
隨員
張晉
西繙譯
沈鐸

領事
徐承禮
隨員
陳嵩泉
西繙譯
徐廣坤
東繙譯
楊錦庭

領事
蔡軒
隨員
梁偉年
西繙譯
鍾進成
東繙譯
劉慶汾

官	隨員
黎庶昌 十三年十一月十九日	
參贊 陳明遠	陳衍蕃 姚文棟 謝傳烈 陳家麟 徐致遠 梁繼泰 醫官 葛能存 洋員 羅祝謝 武弁 黃國春
領事 羅嘉杰	東繙譯 羅庚齡
領事 塞念咸	
領事 楊樞	

參贊兼文案隨員
錢德培
隨員
莊兆銘
孫點
蔣子蕃
李昌洵
蕭瓊
徐致遠
陳矩
醫官
廖宗誠
西繙譯
鄭汝騤

隨員兼築地彈壓
曾紀壽
隨員兼學堂監督
張晉
隨員
金采
西繙譯
梁殿勳
沈鐸
東繙譯
盧永銘

隨員
劉漢英
羅培鈞
黎汝恒
西繙譯
徐廣坤
東繙譯
楊錦庭

隨員
梁修年
許之琪
左元麟
東繙譯
羅庚齡

別國使日本表

使自別國者日本人謂之在留猶言其留在此也使之在東京十有三又橫濱三總領事領事副領事之在東京橫濱神戶長崎函館五十有一此合中國言也述別國使日本表

使

中國駐東京下同

公使

辨理公使

臨時代理公使

外交事務官

東緖譯兼箱館副領事

劉慶汾

東緖譯

陶大均

武弁

孫國珍

中國		橫濱○神戶○長崎	函館
	總領事	領事	副領事
領事			
比利士駐橫濱			
檀香山			
秘魯			
葡萄牙不恒在此		葡萄牙	
日斯巴尼亞			
澳地利			
義大利			
美利加			
德意志			
俄羅斯			
法郎西			
英吉利			

英吉利		東京○橫濱○神戶○長崎○函館	
法郎西		橫濱	神戶
俄羅斯		橫濱○長崎○函館○神戶德領事兼理	
德意志	橫濱	神戶及大坂○長崎○橫濱	橫濱
美利加	橫濱	神戶及大坂○長崎	
義大利	橫濱以德領事兼理	橫濱以德領事兼理○長崎以俄領事兼理	
澳地利		橫濱○橫濱外港以英吉利領事兼理	
日斯巴尼亞		橫濱以澳領事兼理○神戶以英領事兼理○長崎以英領事兼理	
葡萄牙	濱橫以丹總領事兼理	神戶及大坂○長崎以美領事兼理	橫濱
和蘭	東京橫濱函館新潟以德總領事兼理	神戶大坂西京○長崎	
比利士		橫濱○神戶○大坂代理○長崎	
丹	橫濱	神戶○長崎○函館	
瑞典那威	橫濱○東京○函館○新潟以德總領事兼理	神戶○大坂○西京	
瑞士		神戶大坂以德領事兼理	橫濱
秘魯		橫濱代理	

檀香山	東京	神戶及大坂

日本使至別國表

使於外曰在勤猶言勤勞也有特命全權公使有辦理公使有臨時辦理有總領事有領事有副領事有貿易事務官代理領事凡十有六此外名譽領事云者就其地之人以理其事也述日本使至別國表

至別國表

全權公使	辦理公使	臨時代理公使
中國 英吉利 德意志 美利加 義大利	和蘭	法郎西 俄羅斯 澳地利 朝鮮

總領事	領事	副領事	代理領事

中國	英吉利	法郎西	俄羅斯	美利加	朝鮮	壇香山
				紐約		
上海 天津 漢口 香港	倫敦	里昂		三法郎昔斯哥	釜山 仁川	
芝罘			哥爾薩		元山津	檀香山
			浦潮斯德			

流寓表

日本姓名錄有漢姓一類所姓之氏罕一字者曰山田宿禰周靈王太子晉後也曰松野連吳王夫差後也若此之類皆在徐福以

前其它秦漢三國隋唐人後裔居多無姓其本氏者何莫非寓公歟書缺有間初至者之名無攷今錄所知備忘云爾述流寓表

年代 中國	年代 日本	名氏字與籍貫	事蹟	据書	按語
秦	孝元	徐福 字君房秦人○男女三千名不可攷	求蓬萊藥秦皇遣男女三千賫之五穀種百工而行遂止此所居邨名徐家邨日本向皆覆姓其單姓徐配所携男女也世世相承數萬家熊野熊指山下有徐福墓	史記○後漢書	按史記始皇記徐市淮南王傳市作福非有異名也市與市井之市異即古韍字說文市鞞也天子朱市諸侯赤市易困朱紱之紱即市也豐其沛釋文鄭作芾云祭祀之蔽据知芾市韍古通用
宋淳祐元	仁治二	謝國明	聖一年譜仁治二年師範開經山有書勸謝國明化干板贈之國明宋人嘗投化住博多津	僧師範答圖爾長老志書眞蹟本○聖一年譜○隣交徵書	按眞蹟本已錄入交際文
		僧成覺 慶元府人	見空公行狀		
元至元初	弘安	僧祖元	悼元兵覆艦樹浮圖弔之	燕澤碑	
大德五	正安三	僧子曇	相摸國圓覺寺鐘題住持傳法宋沙門	圓覺寺鐘銘	按銘鐘時已屬元而曰宋沙門豈宋遺民歟
明成化	文明	通事三人佚名 自言寧波邨民幼爲賊掠市與日本	成化四年日本貢馬通事三人本寧波民請假道省祭許之戒勿同使至家引中國人入海	明史	
正德	永正	宋素卿 鄞縣朱氏子名縞	素卿即朱縞也叔澄負倭史使直以縞償正德五年源義澄遣使臣	明史	

中國紀年	日本紀年	人名	事略	出處
			素卿來貢至蘇州與澄見事覺當死璀庇免嘉靖四年素卿獄死	
萬厯	天正	陳元贇 字義都浙人	日本之有拳枝自元贇始著元元唱和集昇菴詩話	先哲叢談
崇禎元	寬永五	僧覺海	居長崎興福寺開山	長崎古今集覽
		了然	同	同
		覺意	同	同
二	六	僧超然	崇福寺開山	同
五	九	僧如定	興福寺二世住持	同
		吳五官任顯 福建龍溪縣人	崇禎五年來長崎娶日本人小山角右衛門女延寶六年卒有墓碑	紀伊國名所圖會
		吳傳次 五官子		
十二	十六	僧晉定	崇福寺寺監	長崎古今集覽
		孟士式	明末來日本	嚴島名所記
崇禎	寬永	鄭芝龍 福建南安人妻田川長崎人	明錄台灣封平國公大清兵收泉州降妻死之	臺灣紀事○海外異事
		戴笠 字曼公浙江錢塘諸生	博學能詩工篆隸明末遁入沙門號獨立又號天外間人箸有焚餘艸何有菴偶艸天外老人集	瓊浦通○先哲叢談
	同	湯來賀	明兵部侍郎寓長崎嘗爲文壽義公	存文一首

泰昌	元和	僧眞圖 姓劉氏江西浮梁人	不仕而寓長崎時庚申年於東明山麓建興福寺學宗闓洛通商後改所居爲三江會館	明史傳○延平王碑錄	
		鄭成功 初名森字大木小字福松芝龍長子	隨父歸隆武賜姓朱人稱國姓爺自號忠孝伯招討大將軍明亡憤得疾卒		
		朱之瑜 字魯嶼號舜水浙江餘姚貢生子二大成早卒大咸歸華女一	寓長崎年六十日本人稱舜水先生崇閩洛學受業者多年八十三卒源光國署墓日明徵士諡文恭著有文集廿八卷	文集○先哲叢談○碑陰紀事○長崎古今集覽○近世叢話	按孔廟祀禮及修史事宜之瑜與有力焉
大清順治元	正保元	僧逸然	興福寺三世住持	長崎志○長崎古今集覽	
	慶安	陳明德 字完我杭州人易姓穎川氏名入德	儒而醫至長崎日本人安東省菴譔唐醫陳明德碑銘明德箸有心醫錄	光民傳○長崎古今集覽○瓊浦通	
三	正保三	僧百拙	崇福寺二世住持	長崎古今集覽○長崎志	
		僧淨達	崇福寺寺監	長崎古今集覽	
五	慶安元	僧蘊謙	福濟寺中興開山住持	長崎古今集覽○長崎志	
六	二	僧戒琬		長崎古今集覽	
八	四	僧道者	崇福寺三世住持	長崎古今集覽○長崎志	
十一	承應三	林鐘琦 字隱元福建福清人	從黃檗賜紫鑑源禪師爲僧名隱元來長崎後建一寺於山城國曰黃檗山萬福禪寺年八十二卒	長崎今古集覽○瓊浦通事○隱元偈	
		僧慧林 初名獨知	萬福寺住持	長崎古今集覽	

十二	明厤元	僧木庵	福濟寺後至葛福寺著有年譜一卷語錄六卷	同
		僧茲岳	福濟寺	長崎志○長崎古今集覽
		僧澄一	興福寺住持	同
十四	三	僧即非	開崇福寺及福原寺僧明洞著行狀一卷	同
		僧悅山	萬福寺	同
康照	寬文	魏九官之琰與其子高貴改姓鉅鹿	壬子來日本後寓長崎	瓊浦通
		魏高見前		同
		魏貴見前		同
		魏嘉魏九官之琰從僕也改姓		同
		魏嘉五左衛門		
十三	延寶	僧雪堂	居崇福寺後至伊豫松山	長崎古今集覽○長崎志
		僧玉岡	崇福寺	同
十四	三	何清	與林上珍皆明遺老同寓長崎日本人大高季明芝山會稿有謝贈何林二老書各一	
		林上珍		
十六	五	僧慧雲	興福寺後至伊豫	長崎古今集覽○長崎志

十七	六	蔣興儔 浙江金華人爲僧名心法 略東渡述志百韵	興福寺後至江戸著有東渡編年	長崎古今集覽○常山文集○上野國志
		朱毓仁 字天生舜水孫	延寶六年來長崎	舜水文集○耆舊得聞
		姚江	延寶六年來長崎	
		張斐 字非文初名宗升浙江餘姚人	與朱毓仁姚江等同至長崎義公求奇士或以斐應之作祭舜水文而去復來著有莽蒼園文張斐筆語	
	萬治三	僧曉堂		長崎古今集覽
		僧化林		同
		僧千獃	崇福寺住持	長崎古今集覽○長崎志
		僧高慧 慧林弟子	萬福寺住持	近代名家著述目錄○長崎古今集覽
		僧東瀾	福濟寺住持	長崎古今集覽○長崎志
		僧悅峰	興福寺後至伊豫	同
廿五	貞亨三	僧靈源	崇福寺移黃檗山	長崎古今集覽
卅二	元祿六	僧大衡	崇福寺住持	同
		僧雷音 初名子嚴	興福寺住持	同
		僧獨文 初名梅山	福濟寺住持	同

卌三	七	僧喝浪	同	同
四十二	十六	陸文齋 浙江杭州人	癸未至長崎知醫	瓊浦通
四十八	寶永六	僧別光	崇福寺住持	長崎古今集覽
		僧義勝	同	同
四十九	七	僧全嚴	福濟寺住持	同
五十	正德元	僧旭如	與福寺住持移萬福寺	同
五十六	享保二	吳載 江蘇蘇州人	丁酉來長崎知醫	瓊浦通
五十八	四	僧道本	崇福寺住持	長覺古今集覽
六十	六	僧果堂	興福寺移萬福寺	同
六十一	七	僧伯珣	同	同
		僧大鵬	福濟寺移萬福寺	同
雍正元	八	僧竺庵	與福寺移萬福寺	同
三		朱佩章 福建汀州人	乙巳來長崎知醫	瓊浦通○清人問答
		朱子草 同	同	同
		朱來章 同	同	同
不知年		徐敬雲	其來年月未詳其後人隸籍日本世爲通事今改姓東海德右衛門	瓊浦通義○長崎志

馮六居長崎下三云長崎華嶽寺山有唐事東海氏
十二八同徐敬雲墓爲爲崎陽墳弟
高壽覺、林公
琰、陳冲一、林楚
玉、歐陽雲臺、劉
一水、陳潛明、陳
九官、何毓楚、劉
焜台、俞惟和、樊
玉環、馬榮宇、陸
一官、王心渠、陳
亦山、盧君玉、何
海庵、張三峯、周
辰官、薛性由、鄭
崇明、揚一官、吳
宗園、鄭次官、薛
八官、江七官、陳
一官、蔡三官、曾
二官、吳泰官、黃
二官、

別國人在日本表

就雲龍所游及假道之國言之華人僑居之多莫美利加若矣其它亦復不少日本僑居光緒十年計七千一百四十一較前一年少一千一百八十八較前二年多二百四十一述別國人在日本表

國	居內外地	公使領事館	官傭私傭	合計
中國	三九五五	一〇	一七八	四一四三
英吉利	一一七九	一三	二三八	一四三〇
德意志	二八六	五	五四	三四五
俄羅斯	三	六		二七
法郎西	一七八	四	一六	一九八
利蘭	六三	三	一五	八一
丹	六四	三	二七	九四
葡萄牙	四四	四	一	四九
義太利	二九	三	九	四一
比利士	四	二	一	七
瑞典	二八		一〇	三八
瑞西	三二	一	一	三四
日斯巴尼亞	三	三		六
印度			二	二
朝鮮	一		一	二
檀香山		一		一

國	公用	留學	商業雜用	合計	國	公用	留學	商業雜用	合計
澳地利	三五	二	七	四四	秘魯		一		一
總數	六四一九	七〇	六五二	七一四一					

日本人在別國表

光緒十五年春雲龍游巴西國有日本人六羅疫者二同舟至紐約者四此日本箣籍所未逮類此何可勝數徵之册籍爲前三年數（明治十九）凡一萬三千五百四十有一前四年（光緒十一明治十八）約一萬一千五百八十前五年約八千八百九十六可比較也述日本人在別國表

國	公用	留學	商業雜用	合計	國	公用	留學	商業雜用	合計
中國	八四	二一六	一九五六	二二五六	義太利	二三	四	二三	四九
英吉利	五〇	八〇	一八三	三一三	瑞典	一		一	
法郎西	五二	七八	六七	一九七	波斯	二		二	四
俄羅斯	二八	一七	七九五	一二四五	印度	三	四	六	一三
德意志	五一	一二四	二〇	一九五	安南			三	三

國	文	武	雜	合計
濠洲	一〇		八八	九八
美利加	七七	六九九	五七六	一三五二
澳地利	七	一	一九	二七
日斯巴尼亞	一		八	九
葡萄牙	二			二
和蘭	七	一	六	一四
比利士		四		四
暹羅	二			二
秘魯			二	二
丹			一	一
朝鮮	二四二	六九	四七二五	五〇三六
檀香山	一〇	五	二七七九	二七九四
諸國巡游	一一九	六六	一四五	三三〇
總數	七六六	一三六八	一一四〇七	一五四一三

互受勳章表

日本人之受中國印綬自漢始其受官職自唐始史策彰彰矣日本勳章云者即寶星也就光緒十二年言(明治十九)其受別國勳章凡四百七十三人較前一年增八十三較前二年增一百八十九其給別國者凡八百有四較前一年增七十四較前二年增一百三十

二述互受勳章表

日本人受別國勳章

國	文	武	雜	合計
中國				一

別國人受日本勳章

等	人數
大勳位	二九

法郎西	一四	二三	一	三八	勳一等	一三一
俄羅斯	四三	三四	五	八二	勳二等	一八六
德意志	一三	二七		四〇	勳三等	一六六
澳地利	一六	二〇	三	三九	勳四等	一七九
日斯尼亞	一五	三	一	一九	勳五等	一二七
葡萄牙	一二	二	一	一四	勳六等	三五
和蘭	五	一	一	七	勳七等	一〇
比利士	一七	四		二一	勳八等	一一
義大利	五四	二四	四	八二		
瑞典	一四	五		一九		
波斯	一四	二	一	一七		
丹	六	二		八		
土耳古	二	五	一	八		
雜受宅國	二三	三		二六		

日本圖經十八終

游歷日本圖經十九

日本政事

奏派游歷日本美利加秘魯巴西等國英日屬地加納大古巴知府用兵部郎中臣傅雲龍述

大事編年表

光緒十五年明治廿一爲日本議立國會之前一年輒定憲法以令其下憲法之大要首立事權次爲大臣之權次爲民人之權以此三者爲君民共治例也西二月十一日爲中國正月十二日頒憲法曰朕以頒布憲法勅語朕以國家隆昌臣民慶福中心欣慰朕承祖宗之大權對來茲之臣民宣布此不磨大典惟我祖我宗倚我臣民之祖先協力輔翼肇造我帝國以垂於無窮此固我祖宗之神聖威德並臣民之忠實勇武愛國殉公有此光輝以貽國史之成跡也朕思我臣民即祖宗忠良臣民之子孫其當奉體朕意匡助朕事相與和衷協同益我帝國之光榮宣揚於中外深望將祖宗遺業永久鞏固同分此擔負而無疑也朕承祖宗之遺烈踐萬世一系之帝位朕所親愛之臣民即朕祖宗所親愛之臣民也願增進其康福發達其懿良並望其贊翼政務以扶持國家之隆運茲履踐明治十四年十月十四日之詔制定此大憲示朕所率由以令朕後嗣及臣民並臣民之子孫永遠循行之國家統治之大權朕承之祖宗而傳於子孫者也朕及朕子孫將來須照此憲法章程循行之而不愆朕固重我臣民之利權及財產之安全而欲保護之此憲法及法律所定皆保護其安享完全帝國議會以明治廿三年召集開會之時此憲法須期有効若將來須改此憲法或例條者朕及朕繼統之子孫自執發議之權而使臣工會議會議者照憲法所定要件定議此外朕子孫及臣民不得輕議紛更在廷之大臣須爲朕任施行憲法之責現在及將來之臣民須永遠遵守此憲法也日本帝國憲法第一章天皇即皇帝第一條大日本帝國萬世一系之皇帝統治之第二條皇位須照皇室典範所定皇男子孫繼承之第三條皇帝神聖不可侵犯第四條皇帝爲國之元首總攬治統之權依此憲法條例行之第五條皇帝俟帝國會議之協贊以行立法之權第六條皇帝裁定法律公布執行第七條皇帝召集帝國議會其開會閉會停會及解散衆議院時日悉候勅命第八條皇帝爲保持公衆安全及避災厄有緊要之件於帝國議會停閉期內發勅令以代法律此勅令於下次議會交帝

國議會議之若議會皆以爲不可則政府須公布廢此勅令第九條皇帝執行法律而爲公衆保持安寧及臣民增長慿福有緊要之事則發命令或令大臣發令但不得將命令變更法律第十條皇帝定行政各部及文武官之薪俸以及文武官之升用降革但須依此憲法及法律所定條例第十一條皇帝統帥海陸軍旅第十二條皇帝定海陸軍之編制及常備兵額第十三條皇帝掌宣戰講和及訂各項條約第十四條皇帝宣告戒嚴等事戒嚴之効力以法律定之第十五條皇帝賜爵位勳章及一切榮典第十六條皇帝掌大赦特赦減刑及復權之命第十七條如置攝政照皇室典範所定攝政以皇帝之名行大權第二章臣民之權利第十八條日本臣民之要件照法律所定第十九條日本臣民照法律所定資格均得任文武及一切公務第二十條日本臣民須照法律所定有就兵役之義第二十一條日本臣民須照法律所定義應納租稅第二十二條日本臣民於法律內居住及轉移均得自由第二十三條日本臣民非照法律無受逮捕監禁審問處罰等事第二十四條日本臣民不得侵奪裁判官裁判之權第二十五條日本臣民除法律所定此外未經許諾不得侵入家室及搜索等事第二十六條日本臣民除法律所定外不得私拆秘密信件第二十七條日本臣民不得侵其所有之權因公處分須照法律所定第二十八條日本臣民若不害安寧秩序及不背臣民之義則其信奉各教准其自由第二十九條日本臣民於法律內准其隨意言論印行著作集會及結社等事第三十條日本臣民守應分敬禮照另章所定章程而欲稟求事件者許第三十一條本章所載條規當有戰時或國家有事變時不得礙皇帝施行大權第三十二條本章所載條規不抵觸海陸軍法令及紀律者準行於軍人第三章帝國議會第三十三條帝國議會立貴族衆議兩院第三十四條貴族院照貴族院令所定以皇族華族及勅任爲議員第三十五條衆議院照選舉法所定公選議員第三十六條不論何人不得同時爲兩院議員第三十七條凡法律須經帝國議會協贊第三十八條兩議院決議政府所擬法律及自擬各法律第三十九條法律經兩議院之一所批駁者不得於同會期內再交會議第四十條兩議院於法律及一切事件各得將意見條陳政府但未經採納者不得於同會期內再議第四十一條帝國議會每年召集開議第四十二條帝國議會以三個月爲期若有要事以勅命展限第四十三條臨時有要事常會之外開臨時會臨時會期限以勅命定之第四十四條帝國議會之開會閉會會期之延展及停會兩院同時行之衆議院有解散之命則貴族院同時停會第四十五條衆議院解散時以勅命新舉議員自解散之日起五個月以內召集之第四十六條兩議院議員非三分之一到院者不得開議事及定議第四十七條兩議院之議事決以過半數如可否同數時依議長所決第四十八條兩議院之會議本係公開但政府有事要求或其院決議間有秘密會議第四十九條兩議院各得上奏於皇帝第五十條兩議院可以收受臣民稟單第五十一條兩議院除此憲法及議院法所載之外得以定內部整理各規條第五十二條兩議院之議員於議院條陳意見及議決等事於院外無得負其責任但議員自將言論演說筆記刊行及公布一切方法時照一般之法律處分第五十三條兩議員院議員除現犯罪或關係內亂外患之罪外會期中未經其院

許諾不得逮捕第五十四條國務大臣及政府委員不論何時得臨各議院會議第四章國務大臣及樞密顧問第五十五條國務大臣輔弼皇帝是其責任凡法律勅令及關一切國務詔勅須國務大臣連名第五十六條樞密顧問照樞密院官制所定應皇帝之諮詢議重要之國務第五章司法第五十七條司法之權以皇帝之名照法律所定令裁判所行之第五十八條裁判官具有法律所定之資格者任之裁判官除宣告刑法及懲戒處分之外不黜其職懲戒條規另定法律第五十九條裁判之對審判决係公同開堂但有時恐害安寧秩序及有害風俗之虞照法律裁判所定案可以停止公聽第六十條凡屬特別裁判所之營轄者另定法律第六十一條凡行政官廳犯法處分傷害權利之訴訟係另定法律歸行政裁判所審理司法判裁所不得受理第六章會計第六十二條新課租稅及變更稅則另定法律但屬報効行政上之辨公費及一切收納金不在前項之內除起國債及預算所定者之外其國庫支發契約須經國會協議第六十三條現在所行之租稅於法律所不改者照舊徵收第六十四條國家之歲入歲出每年預算須經國會協議第六十五條若超過預算之欵項或預算外另生支發之欵須俟下次國會議准預算須預先交衆議員第六十六條皇室經費照現在定額每年由國庫支發除將來要增額外不必帝國議會協議第六十七條據憲法大權凡既定之歲出及法律所議定並法律上所屬政府之歲出非經政府同意帝國議會不得廢除而削減第六十八條若因別有要需政府預定年限集繼續費須得帝國議會協議第六十九條有不得已須補預算之不足又預算外另生要用須另設預備費第七十條爲保護公衆安全有緊要需用依內外形勢政府未能將帝國議會召集時則依勅命爲財政上必要之處置如前項等事須於下次會期交帝國議會許諾第七十一條帝國議會若未議定預算或預算未成時政府照前年預算施行第七十二條國家歲出歲入之決算由會計撿查院撿查確定政府將其撿查報告俱付帝國議會會計撿查權職另定法律第七章補則第七十三條將來如有必須改正此憲法時則以勅命將此議案交帝國議會會議彼時兩院非三分以上議員到塲不得開議非到塲議員三分以上同心者不得定改正之議第七十四條皇室典範之改正不必經帝國議會之議以皇室典範不能變更此憲法條規第七十五條置攝政時不得將此憲法及皇室典範更變第七十六條現在所行之法律規則命令及無論何項名目凡於此憲法不矛盾者總須遵行凡歲出上關政府之事者其現在之契約或命令總照第六十七條○朕所定議院之法曾咨詢樞密顧問等官而始公布其貴族與民議兩院應由設立之日起各遵法律第一章帝國召集會議及開會之事第一條帝國會議員須先降旨預定集會之期至遲亦須四十日前公布第二條各議員須遵上諭所定之日各聚集於議院第三條民議院議長副議長應於本院之內選舉候補者三人候旨委任議長副議長未接任之時書記官長應代行議長之事第四條各議院須依抽籤之法將總議員分爲數部應於每部之中互相選一部長第五條兩議院設成之後須遵上諭所定開會之日兩議員均會合於貴族院以行開會之式第六條於前項所載之日貴族院長須行議長之事第二章議長書記官及經費第七條各議院議長副議長各一員第八條各議院

議長副議長之任期與議員同第九條民議院議長副議長辭職或有他故開缺其後任者之任期與前任同第十條各議院議長應保持議院秩序整理事務以及向院外而表揚議院第十一條議長於會議停止之時仍指揮議院之事第十二條議長對平常委員會及特等委員會可以發言立論但不能算入議決之數第十三條茍各議院長有碍則副議長代之第十四條茍各議院議長及副議長均有碍則暫選一議長行議長之事第十五條各議院議長副議長任期滿後其後任尚未定之間仍須各行其事第十六條各議院設書記官長一員書記官數員書記官長爲勅任書記官爲奏任第十七條書記官長須遵議長指揮總理書記官事務署名於公文書記官作議事錄掌理文書案件之事第十八條兩議院之經費應由國庫支出第三章議長副議長及議員之年俸第十九條各議院議長年給俸銀四千元副議長年給俸銀二千元貴族院被選議員欽命議員以及衆議院之議員年給俸銀八百元至於資應披條規發給若不應召者不能給俸銀議長副議長不得推辭俸銀官吏充當議員者不得再領年俸按第二十五條所載第一項年俸之外依議院所定每日多不得給過五元第四章委員第二十條各議院委員有三種一全院委員一常任委員一特別委員全院委員者以議院之全員爲委員也常任委員者據事務之緊要分爲數科擔任其事各部應向總議員中按所需之數選舉而用之稽至於任期以一會期爲限特別委員者議院之所選舉特托之以審查一事件也第二十一條全院委員長每當會期應於開會之初選舉第二十二條全院委員會議員人數須到三分之一以上常任委員會及特別委員會委員人數凡到過半均不得議開亦不得議結第二十三條當任委員會及特別委員會除議員外不得聽聞其議但委員會議決之後須準議員傍聽第二十四條各委員長須將委員會之情形以及如何議結之事報諸議院第二十五條各議院須依政府意見同心會議至停止會議之間當會委員審查議案第五章會議第二十六條各議院長定議事日期將報告議院議事日期須先將政府議案提出若有緊急會議之議事其意議政府相同者不在此例第二十七條法律議案須會議三次始能定局若政府有要求或議員中有十人以上之要折或當會議之時議員三分之中有二分皆曰可者則不必經三次會議第二十八條政府所提出之議案須經委員審查後方能定局若有緊要之事係政府所要求者不在此例第二十九條凡向議案發議論及向議案發改正之議者人數不到二十名以上不得作爲議題第三十條既出之議案無論何時政府有改正及徹回之權第三十一條凡議案最後議定者由議院長申諸國務大臣由該大臣轉奏但一議員所提出之議案若他議案以爲不然者則照第五十四條第二項章程辨理第三十二條兩議院議決之案業已奏明奉旨允者到第二期會議之時必公佈第六章停會閉會第三十三條不論何時政府於十五日內可命議院停止會議議院停止之後若再開之時須繼續前未議決之事第三十四條民議院解散之後貴族院亦命其停止會議則不必用第三十三條再開會續議之例第三十五條停止會議之時未經議決之案後會不續議者則照第廿五條所載之例第三十六條有旨命閉會兩議院須合會奉行第七章機密會議第三十七條各議院會議若有如左之事則可停止開

會一議長或議員十八以上建議者議院應允之時二受政府有要求之時第三十八條議長或議員十八以上有機密事相議議長須速屏退傍所之人不得許從傍討論須撰其議之可否行之第三十九條機密會議之事不許刊行第八章豫算之議案第四十條政府向民議院提出之豫算案豫算委員自領該案之日起十五日以內審查定時報告議院第四十一條在議院會議之時有向預算案建議及改正者非三十八以上贊成之不能久行第九章國務大臣及政府委員第四十二條國務大臣及政府委員不論何時俱得發議但不得因此從中禁止議員演説第四十三條議院將議案付諸委員之後不論何時國務大臣及政府委員得入委員會中述其意見第四十四條委員會由議長得求説明政府委員之言第四十五條國務大臣及政府委員除身爲議員之外不得與議會院會議第四十六條常任委員及特別委員凡有開會之事項由該會長報告國務大臣暨政府委員第四十七條議事日期暨有關議事之報告分派與議員之日即申送國務大臣及政府委員第十章質問第四十八條兩議院議員有質問政府之時其贊成者須要三十人以上質問者須先作一簡明主意書贊成者連名署印呈諸議長第四十九條質問主意書由議長申送國務大臣即行答辨並定以答辨之期若不答辨之時須特理由不明第五十條得國務大臣之答案或未得答案之時議員得向質問之事發言建議第十一章上奏及建議第五十一條各議院有上奏之事及欲進呈表章或將議長推爲首領陛見躬親進呈亦許各議院之建議須將以表章呈諸政府第五十二條各議院有上奏或建議之事然有三十人以上贊成之不能允行第十二章兩議院關係第五十三條除豫算外政府所交付兩議院議案須執先執後各聽其便第五十四條甲議院以政府之議案爲然議決而移之於乙議院乙議院以甲議院之議爲然或否之時欲將此入奏者須通知甲議院甲議院提出之議乙議院以爲不然之時亦須將此通知甲議院第五十五條甲議院移送至乙議院之議案乙議院修正之後須回送甲議院甲議院以乙議院之修正爲然之時而欲入奏當時須通知乙議院若彼此之意不同兩院當協同會議甲議院向乙議院請協同會議乙議院不得拒之第五十六條兩院協同開會每院各選舉委員十八以下會同相議委員將議案立成之後由政府先交甲議院後頻交乙議院協同議會之成案不准更改第五十七條國務大臣政府委員及各議院長無論何時得入協同會議席述其意見第五十八條兩院協同會議不許傍聽第五十九條兩院協同會議會用無名投票法決其可否若可否之數相同則聽議長所決第六十條兩院協議會議長於協議委員中各選一員每會輪次代其第一會時議長以抽籤定之第六十一條本章所定之外兩議院涉交事件章程須協議定之第十三章稟請第六十二條人民向各議院所呈之稟單若有議員介紹者議院收之第六十三條各議院將稟單交稟請委員審查若稟請委員以稟單爲不合章程之時議長則將原稟命介紹之歎員退回第六十四條稟請委員作稟單文書等件須錄其要領每一禮拜報告議院第六十五條各議院有採用稟請之事經議決後時則將原稟單幷自附意見書一封呈諸政府第六十二條除遵守法律之外名目呈遞稟單者各議院不得收之第六十七條若稟單有變更憲法者各議院不得

收之第六十八條稟單總須用哀求之体式若不遵稟求之名或違背体式者各議院不得收之第六十九條稟單中若對皇室有不敬之語於政府議院有侮辱之詞各議院不得收之第七十條稟單有關司法及行政裁判之事者各議院得不收之第七十一條各議院各收稟單不得互相干預第十四章議院與人民及官廳地方會議之關係第七十二條各議院不得向人民書告示第七十三條各議院有審查之事不得召喚人民亦不得私將委員派出第七十四條各議院有關涉稽查之事向政府稟請緊要報告及文書等類除有關機密等件外政府須應其請第七十五條各議院除國務大臣及政府委員外不得與各官廳暨地方會議所有照會往來之事第十五章免職及議員資格第七十六條衆議院之議員以及貴族院之議員按法律而不能勝任議員之事者免其職第七十七條衆議院之議員若與選舉法所載之資格不符者則免其職第七十八條各議院有關議員資格生質議之時則定期設立委員稽查俟委員報告之後再行議定第七十九條訴訟之案經裁判官者各議院不得再行稽查第八十條議員關涉資格之事未經證明者仍有在議院發議員權但有關稽查已身資格之事自行辨明者不能作數第十六章請暇辭職及補欵第八十一條各議院議員如請暇不過一禮拜者議長當許之僅過禮拜者亦許之若無期限者不許第八十二條各議院議員非有正當理由稟告議長凡會議均須親到會議所第八十三條衆議員有辭其職者當許之第八十四條無論何等事件衆議院欵員之時議長須請內務大臣選員以補其欵第十七章紀律及警直第八十五條各議院開會之際若有保持紀律之事照法律及各議院所定章程議長得以施所內部警查之數第八十六條各議院所需警查官吏由政府委派以所議長指揮第八十七條會議之際若議員建法律及議事條規或紊亂會議所秩序議長可以警戒禁止或阻止議論不從命令此當日議事中議長須禁止議員開口或逐出議院之外第八十八條若會議所騷擾難以整頓之時當日會議議長須即停止或閉會不議第八十九條傍聽人有妨害會議所之時議長須即將該名逐出若有關緊要之事可將該名押交警查所傍聽地方若有騷擾之事議長須將傍聽之人同行逐出第九十條若有紊亂會議所秩序之人國務大臣政府委員及議均員得告知議長留意第九十一條各議院不得對皇室有不敬之言語議論第九十二條在各議院不得出無禮之言亦不得出有關地人身上之語第九十三條在議院或委員會中被人誹毀侮辱之議員將此訴訟議院稟請處治不私行報復第十八章懲罰第九十四條各議院向其議員有懲罰之數第九十五條各議院類稽查懲罰事犯須設懲罰委員若懲罰事犯不時議長須先度委員稽查後衆議院議定始行宣告在委員會或在各部有事犯之時由委員長或由部長告知議長求處治之第九十六懲條罰如左一在公議之地遣責之二在公議之地令述謝罪之辭三所定時刻之間不準入四除名會第九十七條除名之議員再被選者議院不得許之第九十八條議員有二十人以上贊成則可後其懲罰贊成之須在事犯三日以內第九十九條議員無正當之理由於上諭所定日期一禮拜內不應召者或無正當理由不入會議不到委員會所或愈請暇期限或議長寄函邀請一禮拜之內不到者則不準入貴族院幷將其事奏明

後事之變不可知就厥往事撮大要焉昔宋祖謙取司馬遷年表所書編年系目以記春秋後事曰大事記茲仿其意不盡用其例也述大事編年表（聽旨裁奪衆議院亦除其名）

中國年	日本年	
周 惠十七	神武元	神武即位
襄一三	二二	國號秋津洲
靈二四	安寧元	安寧即位
一一	懿德二	遷都輕稱曲峽宮
安一〇	孝安元	孝安即位
秦 始皇三二	孝元元	孝元即位
文四	三九	六月大雪
天漢四	崇神元	崇神即位
太始四	五	疫死過半
征和後元	一〇	始置將軍於四道

中國年	日本年	
十八	二	定功行賞
簡五	綏靖元	綏靖即位
敬十	懿德元	懿德即位
元元	孝昭元	孝昭即位
赧二五	孝靈元	孝靈即位
三六	四	遷都輕地曰境原宮
文後七	開化元	開化即位
太始二	三	遷都磯城號瑞離宮
征和二	七	定天社國社神邑神戶
始元	一二	校人民戶口課男女調役

始元六	一七	始令諸國造船
建昭三	六二	開水利
竟寧四	（垂仁）元	垂仁即位
河平二	三	新羅王子天日槍至
建平四	二七	始以兵器爲祭幣○置屯倉于來日
建初七	（景行）一二	筑紫熊襲反親征之
永元一〇	二八	筑紫又亂遣王子伐之
延建	五五	遣宗室彥狹島王都督東山諸國
永建六	（成務）元	成務即位
陽嘉四	五	界山河分國縣國郡置造長
初平四	（仲哀）二	熊襲反征之
建安五	九	國君殂后征新羅
建安一〇	（神功）六	百濟新羅使至
（晉泰始）八	（應神）三	蝦夷貢
二	七	高麗百濟新羅任那使至穿韓池

建昭	六〇	出雲國亂平之
竟寧	六五	任那始使至日本
河平	二	遷都纏向號珠城宮
四	五	妃兄狹惠彥反伏誅妃亦死
建初五	（景行）一〇	近江竹生島一夕出
章和二	一八	師歸自筑紫
建光三	五三	君巡視東山東海諸州踰年返
永建三	五八	令諸國興田部屯倉君巡近江
陽嘉	三	始以武內宿禰爲大臣
初平三	（仲哀）元	仲哀即位
（建安）四	八	國君親征筑紫不克
六	（神功）一	神功后攝政麛坂忍熊二王舉兵反平之
一一	七	遣荒田別等援百濟討新羅
十	五	定諸國海人山守部
太康四	十四	百濟饋縫衣女

太康五	一五	百濟饋良馬使通經典
元康七	二八	高麗使至
光熙	三七	遣使求吳織縫女工
六		王子菟道稚子讓位與大鷦鷯
永昌	仁德一〇	始科課役造宮室
三	一三	始置茨田屯倉定春米部
興寧三	五三	新羅不貢田道擊破之
太元一三	七六	武內大臣卒壽三百八載或云三百三十
義熙一〇	允恭三	國君疾徵醫新羅
孝武孝建二	安康三	國君暴卒眉輪伏誅
前廢帝景和	雄略九	遣將伐新羅
六	十四	吳人贈吳織漢織殺使
元徽三	一九	高麗滅百濟
成永明	清寧四	宴諸蕃使親錄囚徒
四	顯宗二	始設曲水宴

六	一六	百濟博士王仁來傳論語千字文
永康	三一	以官船枯野餘材始作琴
永嘉四	四一	大山守反
愍帝建興	仁德元	遷居難波
太寧二	一二	高麗饋鐵盾
咸和四	一七	新羅不使使貢之
太和二	五五	蝦夷反田道討之敗死
義熙二	反正元	遷都河內
一一	四	其國詔定姓氏
大明七	雄略七	吉備田狹據任那而叛
五	一三	始造樓閣
元徽二	一八	物部菟代自誅伊勢賊
順昇明	二一	百濟汶川王復國
二	五	角刺立尋卒
一一	仁賢六	使高麗求工

梁武天監四	武烈七	百濟使至
一一	繼體六	遣使百濟百濟遣五經博士段楊爾來
普三	一六	梁使司馬達至
太通	二一	筑紫國造磐井反
太同三	宣化二	新羅侵任那禦之
七	欽明二	詔百濟興復任那
一一	六	報良馬戰船于百濟
簡文太寶二	一二	償麥種千斛于百濟
承聖二	一四	百濟遣醫砅算諸博士來
文天嘉二	二三	新羅使來饗減使怒歸
四	二四	大使狹手彥伐高麗破之
宣大建三	三一	高麗使至大臣蘇我稻目卒
一三	九	新羅使至却之
一四	一一	新羅又使却之
至德二	一三	佐伯連齎佛像來馬子奉之始佛教

八	繼體三	檢百濟民資遣囘國
一七	一二	遷都弟國郡
七	二〇	遷都磐余
二	二二	討磐井平之
六	欽明元	遷都敷島
九	四	百濟入扶南貨財及人口
大清二	九	助百濟擊高麗
元承聖	一三	百濟入佛像經論〇大疫
三	一五	遣將伐新羅
三	二三	新羅攻滅任那毀日本公廨
廢光大	二八	大水飢人相食
六	敏達三	新羅使至
一三	一〇	蝦夷寇
後主至德	一二	百濟日羅使至
三	十四	遷都磐余

中國紀年	日本紀年	記事
復明	用明二	君卒馬子殺君子而立君弟
開皇一四	二	君詔建佛寺廣傳佛教
二〇	八	新羅與任那戰遣兵救任那
仁壽三	一一	始定冠位十二階
煬帝大業二	一四	使大禮小野妹子于隋
六	一八	新羅任那至
武德六	三一	伐新羅克之
太宗貞觀四	舒明二	遷都飛鳥岡側
八	六	八月彗星見南方
一一	九	蝦夷反平之
一六	皇極元	皇極改元
二〇	大化二	其君子反伏誅
二三	四	罷古冠〇高麗新羅使至
高宗永徽四	白雉四	百濟新羅使至
顯慶四	齊明五	坂合石布津守吉祥使于唐

中國紀年	日本紀年	記事
隋文帝開皇一三	推古元	蘇我馬子弑其君后即位
一七	五	法興寺成〇百濟主遣子阿佐至
仁壽二	一〇	百濟入厤書天文書
四	一二	撰憲法十七條改制朝禮
四	一六	妹子歸自隋
唐高祖武德	二六	高麗入隨俘
七	三二	始置僧官
七	五	唐使歸
九	七	正月彗星又見南方
一五	一三	其君卒后寶皇女嗣
一九	孝德大化	傳位君子孝德始建年號爲大化元年
二一	三	遷都豐崎
二三	五	改制冠十九階依唐制置八省百官
顯慶二	齊明三	土火羅國使至
龍朔	七	國君卒

中國紀年	日本紀年	事
龍朔二	八	其君子素服制軍國事
三	九	伐新羅不克
麟德	十	唐使劉德高通好
總章	天智元	三韓使至
咸亨	天智三	制朝廷揖讓行路相避禮
二	四	國君卒王子立
三	朱雀元	大友立尋卒大海卒
上元	二	對馬島貢白銀始造銀錢
儀鳳	四	置兵政司
永淳	一〇	分臣民族爲八等
弘道	一一	令君子同聽政
中宗嗣聖	一二	改加爵位號
嗣聖三	朱鳥	國君卒○后攝政子大津反賜死
六	朱鳥四	其君子草壁卒○徵諸國正丁四分爲兵
一〇	持統四	遣陣法博士講諸國
一一	五八	置鑄錢司○遷都藤原
一二	六八	其君子高市卒
一三	七一	立君孫珂瑠爲太子○禪位
一五	文武二	夏大旱
一八	大寶	始釋奠大學
一九	大寶二	頒新律度量○其國太上皇卒
二二	慶雲	始鑄諸國印
景龍	慶雲四	國君卒天智女阿閉嗣
二	元明和銅三	陸奧越後蝦夷反討之
睿宗景龍	和銅三	遷都平城置左右京坊
先天	五	太安麻呂撰古事記成
玄宗開元	六	令諸國作風土記
二	七	立文武子美麻斯爲太子
三	靈龜	元明禪位子氷高
四	二	以多治比縣守爲唐使

唐	日本	事	唐	日本	事
五	養老	美濃國多度山醴泉出	七	三	始置案察使巡省諸道太子聞政
八	四	遣使察靺鞨風土○舍人王上日本書	九	五	平隼人蝦夷
一二	神龜	聖武即位蝦夷反	一三	二	平蝦夷
一五	四	渤海始聘	一八	天平二	始置后官
二〇	天平四	使唐()始冕服	二三	七	太政官事舍人親王死○遣唐使還
二六	一〇	立女阿部親王爲太子	二八	一二	藤原廣嗣反討平之
天寶	一四	正月陸奥雨赤雪	二	一五	建筑紫鎭西府置將軍
八	孝謙 天平勝寶	孝謙女聖武自稱三寶奴	一三	六	使唐吉備眞備等還
肅宗 至德	八	立道祖爲太子	二	天平寶字	廢太子以藤原仲滿爲紫徽内相大炊主爲太子
乾元二	三	大炊即位	上元二	五	遷都近江保良
代宗 廣德	七	夏大旱五穀不登	二	八	押勝謀反伏誅○上皇廢君爲淡路公
永泰	孝謙 天平神護	孝謙再位以道鏡爲太政大臣禪師	四	三	流和氣淸麻呂于大隅
五	光仁 寶龜	白壁即位放道鏡下野	六	二	立井内親王爲后
七	三	渤海使至后太子廢	八	四	立子山部爲太子
九	五	蝦夷入寇平之	一一	七	大蝗

一二	八	遣小野石根于唐遇風沒
德宗 建中	一一	蝦夷作亂殺紀廣純
三	桓武 延曆	氷上川繼反流伊豆
二	五	太政官院成百官始就朝位
七	一〇	遣大伴弟麿坂上田村麿討蝦夷
一〇	一三	遷都山城曰平安城
一三	一六	坂上田村麿爲征夷大將軍○續日本紀成
一七	二〇	蝦夷人寇淸見關遣田村麿平之
憲宗 元和三	平城 大同三	大同類聚方成
五	嵯峨 弘仁	誅藤原仲成廢太子立大伴爲太弟
八	四	新羅犯肥前禦之
一〇	六	令諸國植茶
一三	九	鑄富壽神寶錢
穆宗 長慶三	一四	禪位大伴立子正良爲太子
文宗 太和	四	勅空海迎佛舍利禁中○立王氏爲后

一四	一〇	唐使至
二	天應	伐蝦夷平之○禪位太子富士山焰熾
貞元	四	以安殿爲太子
四	七	建延曆寺○紀古佐美爲征討大將軍
八	一一	令習學漢音
一一	一四	大伴弟麿等至自討蝦夷
一六	一九	富士山吐煙
一九	二二	遣唐使
四	四	禪位于弟○立高丘爲太子
七	三	綿麿征蝦夷○田村麿卒
九	五	萬多親王上姓氏錄
一一	七	空海開高野山
一五	一一	弘仁格式
四	淳和 天長	平城卒
三	六	始作水軍

中國紀年	日本紀年	事
四	七	新撰格式成
七	一〇	令義解成〇禪位太子
開成	三	使藤常嗣小野篁於唐
二	八	嵯峨卒
宣宗 太中五	嘉祥三	國君卒太子嗣〇立惟仁爲皇太子
九	齊衡	奧賊作亂討平之
懿宗 咸通	二	君始受經
四	五	詔撰仁明帝記
一〇	一一	貞觀格式續日本後記成
僖宗 乾符三	一八	大極殿火〇禪位太子
元慶六	三	文德實錄成
中和二	六	渤海使至
光啓三	光孝 仁和三	君卒子定省嗣
昭宗 龍紀	寬平	鑄寬平大寶錢
景福二	五	以敦仁爲太子

中國紀年	日本紀年	事
五	八	秘府略成
九	承和二	僧空海寂
武宗 會昌	七	淳和卒
三	九	廢太子恒貞
七	文德 仁壽二	小野篁卒
一一	天安	對馬亂平之
二	三	頒行長慶宣明厤
五	六	富士山噴火
一三	一四	渤海遣使來
五	元慶二	奧羽叛平之
廣明	四	淸和卒
四	八	基經廢其君立時康
文德	宇多 四	萬機關白基經關白始此
景福	四	管原道眞上類聚國史納基經女為女御
三	八	廢二條后

四	九	傳位太子
天復三	延喜三	道眞卒
二	五	紀貫之上古今集
五	八	渤海遣使來
七	一〇	夏大旱
一二	一五	鑄隆平通寶錢
一七	二〇	渤海使至
三	延長三	以寬明王爲太子
長興	八	君卒太子嗣
閔席應順	四	藤原純友反
晉高祖天福	六	純友寇南海
三	天慶	地大震〇大雪
五	三	秀鄉貞盛等討將門尋誅
七	五	新羅七舟至隱岐
乾祐	天厤二	夏旱秋大風雨

天復	延喜	貶管原道眞〇三代實錄成
天祐	四	立保明王爲太子
四	七	鑄延喜通寶錢〇藤原時平等上延喜格
六	九	左大臣時平卒
一一	一四	三善清行上封事
一三	一六	貞純親王卒〇三善清行卒
莊安同光	延長	太子保明卒
明宗天成二	五	左大臣忠平撰延喜式
長興四	承平三	其京盜起
末席清泰	五	新羅亡
二	七	富士山火熾
四	二	出羽賊起平將軍僭號
六	四	藤忠平爲關白純友平
開運三	九	禪位太子
隱帝二	三	藤忠平卒〇陽成帝卒

日本圖經十九

中國紀年	日本紀年	事
三	四	以憲平王爲太子
世宗顯德二	九	菅丞相謚天滿天神
恭帝建隆	四	宮火
乾德二	康保	中宮藤原卒
五	四	君卒
開寶五	天祿三	兼道爲關白
八	天延三	武德殿火
太平興國二	貞元二	兼通卒○賴忠爲關白
四	天元二	中宮媓子薨○立遵子爲中宮
七	五	皇宮火
雍熙二	花山寬和二	君遜位入花山寺
淳化	正曆	兼家卒○道隆爲太政大臣○立中宮定子
四	四	道隆爲關白
至道	長德	道隆卒○道長爲關白
咸平五	長保四	僧寂照如宋

中國紀年	日本紀年	事
周太祖廣順二	六	朱雀卒○稱朱雀院院號始此
五	天德二	立女御藤原安子爲中宮
恭帝建隆二	應和	君還新宮
四	三	其京大水
開寶二	冷泉安和二	讓位太弟
六	天延	立藤原媓子爲中宮
太宗太平興國	貞元	皇宮火○地大震
三	天元	賴忠爲太政大臣
五	三	皇宮火
雍熙	永觀二	禪位太弟
端拱二	永祚	賴忠卒○兼家爲太政大臣
二	二	一條后削髮女院始此
五	五	天皇始視除目
眞宗咸平二	長保	西戎寇邊
大中祥符	寬弘五	花山法皇卒

中國紀年	日本紀年	事
大中祥符四	八	君卒○冷泉卒○立敦成爲太子
天禧	後一條寬仁	立敦良爲太子
乾興	治安二	地大震
天聖六	長元	平忠常反殺安房守惟忠
九	四	源賴信討忠常平之
康定	長久	皇宮火
慶厤四	寬德二	天皇崩君卒
八	永承三	受宋厤
皇祐四	七	安倍賴時作亂
嘉祐二	五	賴時死
治平三	治厤二	宗致藥物鶡鴠
神宗熙寧三	後三條延久	以關白敎通爲太政大臣
五	四	禪位太子
永豐三	承厤四	以信長爲太政大臣
七	應德	中宮卒

中國紀年	日本紀年	事
九	長和五	禪位太子
四	四	南蠻入寇薩摩擊却之
仁宗天聖五	萬壽四	道長卒
七	二	遣平直方討忠常不克
明道	五	大旱諸大川涸○富士山火
慶厤二	三	皇宮火
七	後冷泉永承	淸原守武坐私如宋流佐渡
皇祐	四	宋人張守隆寄籍
嘉祐	天喜四	源賴義討安倍賴時
七	康平五	賴義平陸奥
神宗熙寧	四	國君卒
四	三	奥賊爲亂源賴俊討平之
八	承保二	關白敎通薨以師實爲關白
五	永保二	宮火○源賴義卒
哲宗元祐	二	立善仁爲太子讓位仍決事

中國紀年	日本紀年	事
三	寛治二	出羽清原武衡作亂
紹聖	嘉保	關白師實罷師通代任
元符二	康和	關白師通薨
崇寧四	長治二	以右大臣忠實爲關白
大觀二	鳥羽 天仁	源義親亂平正盛討之
宣和二	保安	罷關白忠實內覽文書
五	四	法皇立顯仁爲太子其君禪位
建炎四	五	立忠通女爲后
紹興一一	永治	讓位太弟
一八	久安四	皇宮火
二三	仁平三	源賴政射怪禽
二六	後白河 保元	鳥羽法皇卒○崇德擧兵使義朝清盛等伐之
二九	二條 平治	信賴義朝作亂
孝宗 隆興二	長寛二	崇德卒于讚岐
乾道二	六條 仁安	立憲仁爲太子

中國紀年	日本紀年	事
六	五	源義家滅武衡家衡
三	永長	其國上皇落髮稱法皇
崇寧二	五	立宗仁爲太子
大觀	嘉承二	國君卒太子立以忠實爲攝政
三	二	勅源爲義討源義綱近江
三	二	藤忠道爲關白
南宋 建炎三	大治四	白河法皇卒
紹興九	保延五	立體仁王爲太弟
一四	天養	詞花集成
二〇	六	立賴長女爲皇后
二五	久壽二	國君卒
二八	三	禪位
三〇	永暦	長田忠致殺義朝○流賴朝於伊豆
乾道	永萬	國君卒子順仁立
三	二	平清盛爲太政大臣

宋	日本	事
四	三	讓位于憲仁
六	嘉慶二	殺爲朝於大島○藤秀衡爲鎭守府將軍
淳熙二	安元	重盛贈金於育王山
四	治承二	立言仁爲太子
七	四	賴政奉高倉舉兵賴朝義仲起○二月讓位
九	壽永二	義仲入京平宗盛奉其君奔讚岐
一三	後鳥羽 二	源賴朝爲總追捕使
一六	五	泰衡殺義經○賴朝殺泰衡
紹熙二	二	攝政兼實爲關白
四	四	賴朝狩于富士野
慶元四	九	立爲仁爲太子禪位
嘉泰三	建仁三	實朝任將軍○時政殺賴家子一幡
開禧	元久二	義時爲執權
嘉定六	建保	泉親衡起兵討北條不克○義盛敗死
一一	六	懷成爲太子實朝任右大臣

宋	日本	事
五	高倉 嘉應	後白河削髮稱法皇
七	承安	立清盛女爲中宮
三	二	六條卒
六	三	清盛幽法皇流基房師長○平重盛卒
八	安德 養和	平清盛卒○高倉卒
一二	四	國君卒于海
一四	三	千載集成
光宗 紹熙	建久	賴朝朝于其京
三	三	後白河卒○賴朝拜征夷大將軍
寧宗 慶元二	七	關白兼實罷
六	土御門 正治二	賴朝卒
四	元久	時政殺賴家
嘉定三	承元四	讓位太弟
八	三	時政卒
一二	承久	公曉殺實朝

一四	承久三	討北條義時不克○禪位太子
理宗寶慶	嘉祿	泰時爲執權廣元卒
紹定四	寬喜三	立秀仁爲太子
端平	文𣷥	後白河卒
湻和二	延應三	君卒土御門子邦仁立○泰時死
六	寬元四	禪位太子經時卒賴時執權
一二	建長四	宗尊親王任將軍
寶祐四	康元	前將軍賴經賴嗣卒
開慶	正元	十一月讓位
景定四	弘長三	時賴卒
咸湻二	文永三	惟康任將軍
五	六	元使至對馬
九	一〇	元使至
恭宗德祐	後宇多建治	時宗斬元使
祥興二	弘安二	斬元使周福等

一七	元仁	義時卒
二	二	賴經任將軍
五	貞永	傳位太子頒式目五十條
嘉熙三	延應	後鳥羽卒干隱岐
湻和四	後嵯峨寬元二	北條經時廢將軍賴經藤賴嗣任將軍
一一	建長三	時賴廢賴嗣
寶祐	五	建建長寺
五	正嘉	立恒仁爲太弟
景定	弘長	時宗執權
度宗咸湻	文永二	續古今成○時宗逐宗尊
三	四	東鑑成
八	九	後嵯峨卒
十	一一	正月讓位○元伐對馬
端宗景炎	二	續拾遺成
元世祖一八	四	元伐之

二二	七時宗卒貞時執權
二五	伏見正應二胤仁爲太子○久明任將軍
大德二	永仁六七月禪位太子
五	正安三正月禪位太子○師時執權
八	嘉元二後深草上皇卒
一一	德治二貞時廢久明
至大四	應長師時貞時卒
皇慶二	正和二玉葉集成
延祐四	文保伏見卒
六	後醍醐元應立藤原嬉子爲中宮
至治二	元亨二大旱○奥人亂討之不克
泰定三	嘉曆惟康親王卒
至順二	元弘楠正成起兵
順宗元統	三新田義貞滅鎌倉
盈元	建武二時行亂○足利高氏反○直義殺護良王

二四	一○十月讓位
三一	永仁二關白兼平卒
三	後伏見正安元僧一寧一山歸化
七	嘉元新後撰成
九	三龜山上皇卒
武宗至大	花園延慶立尊治爲太子○守邦親王任將軍
仁宗皇慶	正和高時執權
延祐三	五建金澤文庫
五	文保二二月禪位
英宗至治	元亨天皇始御記錄所
泰定	正中後宇多法皇卒○高時殺賴兼國長
明宗致和 文宗天曆 三	三久明親王卒
三	二遷隱岐○護良起兵
二	建武藤房去四護良王於鎌倉
二	延元國君如芳野正成戰死

三 二金崎城陷義顯戰死
六 興國義助卒○正統記成
至正八 正平三正行破北軍
一○ 五○北觀德元 直義降○直冬反討之
一二 七義興取鎌倉
一四 九北三 直冬請降親房卒○直冬伐高氏
一七 一二立熙成爲太子
一九 一四武光大破賴尙
明洪武二 二四正儀叛
四 建德二武政遣使於明
一一 四山名氏清兵起
一五 弘化二正儀與氏清戰敗
二四 八北明德二 氏清作亂平之
二六 後小松明德四 後圓融上皇崩
二八 應永二義滿辭太政大臣

四 三顯家義貞戰死
至正 二帝在吉野
九 四正行戰死
一一 六師入其京
一三 八北文化二 師復京○義詮奔美濃
一五 一○賊入其京
一八 一三北延文三 天皇如觀心寺義興戰死○義詮侵芳野
二六 二一北五 高麗人至
三 建德和田正武攻正儀
一○ 三北永和三 高麗使至
一四 弘化楠正儀歸順
二三 元中七楠氏與山名畠山戰敗
二五 九與北朝和○傳三神器於後小松帝
二七 應永經嗣爲關白義滿太政大臣
三二 五崇光卒

中國紀年	日本紀年	事
惠宗建文	六	大內義弘作亂
四	九	明封義滿日本王
永樂七	一六	南寇起
一四	二三	上杉氏憲作亂
一八	二七	明使至
二二	三一	後龜山卒
宣德三	正長	君卒義教任將軍
英宗正統	一〇	新續古今集成○鎌倉持氏作亂
六	嘉吉	赤松滿祐殺大將軍義教○義勝誅滿祐
九	文安	南朝遺臣據叡山
景宗七	寶德二	後崇光卒
天順四	寬正	朝鮮聘使至
憲宗成化三	應仁	勝元宗全作亂
九	五	勝元宗全死
二三	長享	兩上杉作亂

中國紀年	日本紀年	事
三	八	皇宮火○義滿遣使於明
太宗永樂六	一五	忠嗣關白
一〇	一九	禪位太子躬仁
一五	二四	討氏憲平之
二一	三〇	義量任將軍
宣德二	三四	赤松滿祐反
八	正長五	後小松法皇卒○義敎遣使於明
正統四	十一	討持氏
八	三	南朝遺臣奪神器
景泰二	寶德三	行平均德政
九	長祿二	南人擁神器入吉野○赤松氏獲神器
八	寬正五	七月讓位
六	應仁二	後花園卒
一〇	六	義尙任將軍
孝宗弘治	二	義尙改名義熙

三	二	義植任將軍
七	三	義澄任將軍
一四	後柏原 文龜	停義植官職
一八	永正二	兩上杉和
一三	一五	大飢○義興歸周防
一五	一七	復停義植官職義晴任將軍
世宗 二二	天文一二	波兒人初傳礮術
二五	一五	義輝任將軍
三一	二一	陶晴賢殺大內義隆
三六	弘治三	其君卒
四○	四	甲起戰於川中島
穆宗 隆慶二	一一	信長入其京
五	天正五	信長叙內大臣
一三	一三	秀吉定四國
一五	後陽成 一六	其君幸秀吉第

六	二	義植代畠山氏敗奔周防
一三	九	後土御門卒
一七	永正	大飢
武宗 正德三	五	大內義興奉義植入其京○義植復任
一四	一六	北條早雲卒
世宗 嘉靖五	大永六	後柏原卒
二二	一二	大友氏臣齋藤某至波兒園病死
二六	一六	大內義隆使于明
三四	弘治	元就討陶氏晴賢
三九	正親町 永祿三	信長擊義元於桶峽斬之
四四	八	久秀殺將軍義輝
神宗 萬厤	天正	信長幽義昭○足利氏亡
一○	一○	光秀殺信長
一四	一四	神君與秀吉和禁耶蘇教○豐臣秀吉嗣立
一九	十九	秀次爲關白

中國紀年	日本紀年	事
二〇	文祿	秀吉征朝鮮置長崎奉行
二一	二	正親町帝卒○明使至
二三	四	秀次自殺○禁耶蘇敎
二四	慶長	明使不報
二五	慶長二	伐朝鮮
二六	三	秀吉卒征韓兵還
二七	四	明年英蘭舶來堺
二八	五	有關原役三成行長等伏誅
二九	六	鑄大小判○定五十三驛
三一	八	秀頼爲內大臣○神君爲征夷將軍○東照罷講書禁
三二	九	山田長政入暹羅○韓和親
三三	一〇	秀忠爲征夷將軍○台德公立○始種菸艸
三五	一二	朝鮮入貢使至○中國舶至長崎
三七	一四	和蘭始通商○義久屬琉球
三九	一六	傳位太子○淸正卒○琉球入貢
四二	一九	攻大坂城○鑄大佛鐘○與大坂和
四三	元和	攻大坂陷之○豐臣亡
四四	二	英人通商○禁耶蘇敎○神君卒
四七	五	使於羅馬法王
熹宗天啓	七	英辭通商
天啓三	元和九	家光爲征夷大將軍
四	寬永元	朝鮮使至
思宗崇禎二	六	傳位太子
六	一〇	置小老官
九	一三	朝鮮使至○鑄寬永錢
一〇	一四	島原賊亂
一二	一五	島原賊平
一二	一六	停異舶
一五	一九	大饑
一六	二〇	朝鮮使至○諸家系圖成

大清順治元	後光明 正保	國郡都成
八	慶安四	大猷卒
十一	承應三	國君卒
一四	明厤三	大城災○江都火
一六	二	朱之瑜至
康熙二	寬文三	傳位太子禁殉葬
七	八	禁新建寺院
一○	一一	琉球貢
一九	延寶八	後水尾院卒○水府上扶桑拾葉集
二一	天和二	朝鮮使至○琉球貢
二三	貞享	更新厤
三四	元祿八	鑄元字金銀
四三	寶永	疏新大和川建濱御殿○鑄寶字錢
四六	四	富士山火出
四八	六	家宣爲征夷將軍

順治七	慶安三	家綱爲征夷將軍嚴有立
九	承應	王宮火○玉川水道成○琉球貢
十二	後西院 明厤	朝鮮使至
一五	萬治	明鄭成功乞師○伊勢兩宮火
一八	寬文	皇宮火
四	五	定布帛丈尺
九	一○	通鑑成○蝦夷亂平之
一二	延寶	英人欲通商
二○	天和	綱吉爲征夷將軍○常憲立
二二	三	冬經攝政○尋得無人島
二九	元祿三	移聖廟於湯島
四二	一六	東海道地大震
四五	寶永三	鑄當十錢
四七	五	皇室火
五○	正德	朝鮮使至○停鑄銀錢

中國紀年	日本紀年	事
五一	正德二	水府上禮儀類典
五三	四	改中國通商旅劵○琉球貢○鑄新銀
五五	享保	吉宗公爲征夷將軍
五九	五	朝鮮使至
六一	七	廢下田置浦賀奉行
雍正二	九	大坂火
四	一一	鑄錢
七	一四	交趾象至
一一	一八	營宮○西國大飢○米騰貴
乾隆	櫻町 元文二	鑄錢○鑄文字金
四	四	鑄鐵錢
一一	延享三	傳位皇子
一四	寬延二	減市舶數○琉球貢
二一	六	米貴
二七	一二	家治爲征夷將軍

中國紀年	日本紀年	事
五二	三	家繼爲征夷將軍
五四	五	大日本史成減中國和蘭市舶數
五八	享保四	琉球貢
六〇	六	關東大水○水府上大日本史
雍正	八	停鑄銀錢
三	一〇	鑄金
六	一三	立昭仁爲太子○八經考文成
九	一六	江都大火
一三	二〇	傳位太子
乾隆三	元文三	減市舶
一〇	延享二	家重爲征夷將軍
一三	寬延	朝鮮使至
一九	四	頒厤法
二三	七	關東大水
二八	後櫻町 一三	禁攜銀出洋

二九	明和	朝鮮使至○製火浣布○琉球貢
三二	四	鑄當四錢
三五	七	旱○禪位
三九	安永三	六月大風
四八	天明三	淺間嶽噴火
五一	六	疏通印幡沼○大饑○江戶大水
五三	八	皇宮火
五五	寬政二	重建王宮減荷蘭市舶○琉球貢
五七	四	肥前溫嶽噴火○建和學所
六〇	七	獵小金原
嘉慶三	一〇	行寬政厤
一一	文化三	俄羅斯兵蝦夷島○琉球貢○江都火
一三	五	英船擾長崎
一六	八	朝鮮使來
二〇	一二	畿內大水海邊測量圖成

三〇	明和二	鑄五錢銀
三三	五	俄羅斯人至阿波
三七	安永	江都火鑄二朱銀
四四	八	國君卒
四九	天明四	大飢
五二	七	家齊爲征夷將軍
五四	寬政	減和蘭使節儀○設預備倉
五六	三	八月大風
五八	五	俄羅斯船來至松前
嘉慶	八	琉球貢
九	文化	俄羅斯使至長崎
一二	四	俄羅斯再兵蝦夷○置松前奉行
一四	六	立惠仁爲太子
一九	一一	復加茂臨時祭
二三	文政	英船至浦賀鑄二分金

二四	文政二	畿內近國地震改鑄金銀
道光八	一一	越後地震○九州大水
一〇	天保	西京地震
一三	四	八月大風
一五	六	鑄當百錢
一七	八	鹽賊爲亂○鑄五兩判及一分銀
二〇	一一	旱
二四	弘化	和蘭使至大城災
二六	三	美利加通商○江都火○東海道大水
二九	嘉永二	英人傳牛痘
咸豐二	五	西京大水
四	安政	鑄一朱銀○俄羅斯船至
六	三	七月亞船來泊下田上書言事○建講武所
八	五	家茂爲征夷將軍○疹流行五國條約
一〇	萬延	三月水戶藩士狙擊井伊直弼○遣使於美利加
道光四	七	鑄一朱金
九	一二	江都火
一二	天保三	琉球貢○鑄二朱金
一四	五	鑄二分金
一六	七	國中大饑
一八	九	家慶爲征夷將軍
二二	一三	頒壬寅厤建習學所○琉球貢
二五	弘化二	美利加船至浦賀○江都火
二七	孝明四	信濃地大震
三〇	嘉永三	琉球貢江戶火
咸豐三	六	家定爲征夷將軍○築砲臺○美國使至
五	安政二	江戶地震
七	四	十月墨使入江戶謁大將軍
九	六	横濱開港鑄金幣
一一	文久	和宮歸于德川內親王嫁始此

中國	日本	事	中國	日本	事
同治	二	痲疹商舶始市香港	同治二	三	鑄文久錢○置京守護職
三	元治	德川將軍上洛置諸關	五	慶應二	慶喜爲征夷將軍
六	慶應三	開兵庫港○發將軍○行紙幣○改江戶爲東京	七	明治	至東京○割奧羽爲七國〈諸道兵
八	明治二	再至東京○十二月設東京橫濱電線○始郵政	九	三	禁民佩雙刀
一〇	四	中國立約○置三府七十二縣	一一	五	東京橫濱間鐵道成○改陽厤○改服色○置銀行
一二	六	始造人力車改兵制	一三	七	佐賀賊爲亂侵我臺灣
光緒二	九	朝鮮立約	光緒三	一〇	西鄉隆盛爲亂平之
四	一一	島田一郎等狙擊參議大久保利通	六	一三	定國會開設期
九	一六	始鳩工造宮	一一	一八	中國兵艦至長崎
一二	一九	置內閣總理大臣	一三	二十	修對馬礮臺
十四	廿一	立樞密院○吾妻嶠成○福島縣磐梯山噴火人死數千	一五	廿二	一月十一日移宮○二月十一日頒憲法○東西京至姬路鐵道成

度量衡表比較表

中國工部尺八寸有八釐七毫爲日本曲尺一尺曲尺一尺一寸一毫三釐有七當中國工部尺一尺曲尺一尺八寸四分當中國廣東尺一尺木工尺類推其鯨尺加曲尺四分之一是曲尺一尺二寸五分爲

鯨尺一尺也又有吳服尺續日本記應神卅七年遣使於吳求織縫工携女工四而還時爲晉光熙元年尺名吳服以此吳已入晉此以地言也光緒十五年爲其明治九年改以曲鯨二尺爲準其度法有三曰長短尺十毫爲釐十釐爲分十分爲寸十寸爲尺十尺爲丈皆曲尺也所謂端者鯨尺之二丈六尺曰距離尺六尺爲間六十間爲町三十六町爲里一里當中國六里七分有八先是間數或六尺五寸或六尺三寸或六尺里數或五十町或七十町今歸一律曰量地尺一間平方爲步三十步爲畝十畝爲反十反爲町其量法十束爲撮十撮爲抄十抄爲勺十勺爲合十合爲升十升爲斗十斗爲石而升以米六萬四千八百廿七粒爲率舛俗譌舛又加木爲枡語枡音若麻斯其種有三曰古枡徑四寸九分深二寸五分曰京枡徑四寸九分深二寸七分曰武佐枡徑四寸

六分有五深二寸三分九釐八毛今改量一例京桝云其衡法十弗爲毛十毛爲釐十釐爲分十分爲匁千爲爲貫百六十匁爲斤尋常斤百匁唐目斤百六十匁或一斤百八十匁大目斤二百匁沈香目斤二百十匁山目斤三百五十匁詳攷厥制作度量衡比較表

度

長短尺 比度	較日本度
中國 分	一分一釐〇〇一三七
寸	一寸一分〇〇一三七
尺	一尺一寸一毛三七
丈	一丈一尺一厘三毛七
引	十一丈一分三厘七毛
英美 來因	六厘六毛九六
因基	八分三厘八毛

量

常量 比量	較日本量
英美 治路	七勺八抄七七
平土	三合一勺四抄八三七
個土	六合二勺九抄六七五
波土路	一升二合五勺九抄二
瓦蘭	二升五合八勺七抄
北基	五升三勺七抄
市希基	二斗一合四勺九抄六

衡

秤量 比衡	較日本衡
中國 分	一分〇〇八
錢	一匁八毛
兩	十匁八厘
斤	百六十一匁二分八厘
引	三百廿二匁五分六厘
擔	十六貫百廿八匁
石	十九貫三百五十三匁八分

英俄美 夫土	一尺五厘七毛
英 牙土	三尺一分七厘四毛
破路	一丈六尺七寸六分三厘
德 里尼	七厘二毛
昨路	八分六厘二毛九
來因夫斯	一尺三分五厘
也列	二尺二寸
路最	一丈二尺四寸二分八厘九毛
法 米利美土	三厘三毛
三基美土	三分三厘
的希美土	三寸三分
美土	三尺三寸
的客美土	三丈三尺
黑土美土	三十三丈
基路美土	三百三十丈

液量

克莫	八斗五合九勺四抄
個土路	一石六斗一升一合九勺六抄
中國	二勺二抄八八
	二合九勺九抄七
斗	二升三合六勺
德 也西路	三合一勺七抄五
個智路	六合三勺五抄
愛美路	三斗八升八勺
夫的路	四石五斗七升
法 美里里土	五圭五四三五二三五
三基里土	五抄五四三五二三五
的希里土	五勺五抄四三五二三五
里土	五合五勺四抄三五二三五
的個里土	五升五合四勺三抄五二三五
黑土里土	五斗五升四合三勺五抄二三五

英美 辯林	一厘七毛二八
斯若路布	三分四厘五毛六
土蘭	一匁三厘六毛八
安土	七匁五分六厘
磅土	百二十匁九分六厘
斯唐	一貫六百九十三匁四分六厘
個土路	三貫三百八十六匁八分
狠土列土維土	十三貫五百四十七匁八分
噸	二百七十一貫九百五十三匁
法 美里若蘭	二絲六六六七
千知若蘭	二毛六六六七
的希若蘭	二厘六毛六六七
若蘭	二分六厘六毛六七
的克若蘭	二錢六分六厘六毛七
黑土若蘭	廿六匁六分六厘七毛

距離尺

國	名	值
澳	里尼	七厘二毛二七
	昨路	八分六厘九毛二三
	夫斯	一尺四分三厘一毛六
	若拉夫的	六尺二寸五分九厘
俄	理你牙	六厘九毛九
	土因	八分三厘九毛五
	維路學若	一寸六分六厘六毛
	而新	二尺三寸四分六厘九毛
	沙人	七尺四分七毛四
意	美土路	三尺三寸
	角美土路	三百三十丈
中國	里	五町六間
英	埋路	十四町四十五間
澳	埋列	一里三十三町三十二間三尺八寸
英	埋路海	十六町五十八間三尺

穀量

國	名	值
	基路里土	五石五斗四升三合五勺
澳	才的路	一合九勺六抄一八
	看尼	三合九勺二抄四二六
	麻斯	七合八勺四抄三五三
	費路的路	七升八合四勺三抄五三
	愛美路	三斗一升三合七勺四抄有八
俄	波維土路	三升四合八抄九八五
	維土路	六升八合一勺七抄九七
意	里土路	五合五勺四抄三五二三五
	越里土路	五斗五升四合三勺五抄
和	賓外路	五抄五四三五二三五
	麻土日	九勺五抄四三五二三五
中國		四勺二抄四六
	斗	四升二合五勺二抄
		六斗七升八合一勺

貨幣

國	名	值
	基路若諾	二百六十六夂六分七厘
俄	風土	百九夂四厘
	布土	四貫三百六十二夂
意	俹郞馬	二分六厘六毛六七
	基路郞馬	二百六十六夂六分七厘
	因土美林	廿六貫六百六十七夂
	屯尼多拉	二百六十六貫六百七十夂
中國	厘	一厘六毛六八
	分	一錢六厘六毛八
	錢	十六錢六厘八毛
	兩	一圓六十六錢八厘
英	片 片尼	二錢一厘
	志 志林㪺	二十五錢
	磅 磅士	五圓
德	片尼喜	二錢五厘

國	名	數
德	咋路	一寸二分四厘三毛
	夫斯	一尺二寸四分三厘
	路也	二間四寸二分八厘
	維路斯士	九町四十六間四尺

量地尺

國	名	數
英漢	也苦路	四段二十四步
澳	約若	五段八畝一步
	磨約昆	二段五畝廿二步二合二勺
法和比	阿路	一畝二合五勺
	也若多路	一町二十五步
俄	的沙金	一町一段四步五合

立積尺

國	名	數
英漢	噸 船積	曲尺四十二坪三合三勺七抄五二
	克士夫士	同十六坪二合八勺一抄
	克士	同百三十坪二合四勺八抄
	拔列勃客	同五坪八勺七抄八
	若拉夫的	同百十九坪九合

國	名	數
		四合七勺六抄三
		一升九合七抄一二
		七升六合一勺六抄四七
		三斗四合六勺五抄八八
		三石六斗五升五合九勺
法	謝替	五斗五升四合三勺五抄二三五
	斯地路	五石五斗四升三合五勺二抄三五
澳	別黑路	二合六勺五抄六四五
	若來尼斯麻西路	五合三勺二抄六九
	若路西斯麻西路	一升六勺五抄〇二
	阿夫的路	四升二合六勺一抄二
	費路的路	八升五合二勺一抄四
和	馬地	五勺五抄四三五二三五
	葛布	五合五勺四抄三五二三五
	西給比路	五升五合四勺三抄五二三五

國	名	數
	麻路若	二十五錢
	揄路田	四十二錢五厘
	因比亞	二圓五十錢
法	棧金	二厘
	的新	二錢
法比	弗蘭若	二十錢
法	銀拿破侖	一圓
澳	金拿破侖	四圓
	若累醉	四厘九毛七
	弗路林	四十九錢七厘七毛
德澳	到列路	七十五錢
澳	日克士	一圓九十九錢
	克路雲	三圓九十八錢二厘
俄	克背若	七厘五毛
	路波路	七十五錢

比法和斯的路	同三十五坪九合三勺七抄
謝替	五斗五升四合三勺五抄
意聖淸水	二錢
里拉	二十錢
知仙土	四厘〇八二
幾路田	四十錢八厘二毛
美米路	一厘
仙土	一錢
泰莫	十錢
七拉	一圓

郵便表

同治八年前（明治二年前）日本無所謂郵政也通商開港郵政乃肇初費患絀繼浸贏矣光緒十二年（明治十九）置遞信大臣誠重之也郵便曰實里數綫路正里也曰延里數合岐出之郵路言也曰郵便切手賣下所切手之言券也官賣于民謂之賣下也曰郵便函即路側受郵書之函也曰私書函凡信多者自置一函于郵其信一至局人

代投于中而自取之曰郵便用車運信車也所寄書物之類曰書狀又曰葉書無函之信片也曰新聞紙及雜誌類皆減稅別一格也曰書籍及見本凡欲售紙先寄樣子也曰免稅公言之信往徠也曰貨幣封入寄鈔也曰書留收信之證據也合計一萬二千一百二十六萬五千四百五十六其浮沈者二萬七千三百七十八所謂振出高者兌鈔票也拂渡高者據票交所兌銀也拂渡猶言付交也謂兌銀曰爲換料猶言銀之質也其常語也其國內兌費凡六萬四千九百三十二圓兌費之收自外國者五百四十三圓綜之計之凡郵便入銀二百二十六萬二千三百一十四圓皆光緒十二年數也述郵便表

	郵便線路 實里數	郵便線路 延里數	管理局	郵便局	郵便受取所	郵便切手賣下所	郵便函	私書函	郵便用車
東京	四九、五二 里分厘	一一五、九〇八、二三 里分厘	一	三二	七六	一、一一三	一八六	六〇	一六〇
山形	三五二、八八 里分	二九一、二〇五、七九 里分	一	一二〇		五一四	五一三		二七

京都	二二九、五四	二三五、八八三、〇八		八〇	六九	七四八	八一五	三〇	一〇
大坂	二八六、四八	三一〇、八九一、一五	一	一二六	八三	一、五三三	一、六五一	八	二三
神奈川	一四二、九九	一六八・二六七、七七		五一	六	八三六	八〇八	二二三	
兵庫	三七九、五一	三九六、五四一、三一		一六二	五〇	一、〇〇六	一、〇七二	一三六	八
長崎	二三五、八四	一四七、六〇六、七四		九一	三	一九三	一九〇	三〇	三
新潟	四五一、九一	四二七、四〇七、九六	一	一七二	一〇	七四三	七六一	九	
埼玉	一八三、六二	一九三、四八六、六七		六六	七	一、四二八	一、四二八		
羣馬	二〇九、五七	二〇三、一一九、一一		七七	四	四三七	四二六	一六	
千葉	三二四、七七	二八一、〇〇三、九七		一二七	一三	七一二	七一九		
茨城	三二一、〇五	二四七、五九九、二八		一一〇	一〇	四三八	四一八	二	
橡木	二九〇、八六	二四二、三〇七、九四		一〇九	六	七四三	七三七		
三重	二四八、二五	二〇三、四八八、二九		九四	二	八二二	八三八	一二	
愛知	二九六、一四	二四四、六三九、一三	一	一一〇	二五	八〇二	八〇五	二五	
靜岡	三三五、〇八	二七五、一五九、七七		一〇三	一四	五三三	五一九	四	
山梨	一四九、〇七	一一九、六〇三、六〇		五八		一六四	一五九		
秋田	二三八、三四	一九四、七二五、五七		七八		二	二五二		三二
福井	一五九、〇七	一三八、四〇四、一七		四八		一〇	四四〇		一〇
石川	一五四、四二	一二八、三六三、三五	一	四一		二五	二四八		八
富山	一三二、六七	一一五、九〇六、九六		五一		七	五五五		五
鳥取	一三三、八七	一〇七、五二四、八九		四三		八	二一〇	四	
島根	三三六、三八	二六二、二八二、〇八	一	九九		七	四四七		八
岡山	二八二、七〇	三三五、八三七、九〇	一	一〇〇		一八	一、三三三	八	
廣島	四五六、三四	三五四、四三〇、二六		一四八		八	六〇九	六	
山口	三〇六、三八	二六八、三六一、九二	一	一一二		二	三二〇	一八	
和歌山	二二三、〇三	一七七、二七一、〇四		八〇			五三七	六	四
德島	一五〇、六二	一一〇、八一五、八六		四八		四一	二二八		
愛媛	三四八、七〇	二八五、〇〇一、二四	一	一三〇	五	八七五	八八八		
高知	二八九、一九	二〇六、八二六、八七		九〇		二三一	二三六		三
福岡	二三四、六一	二〇五、七六一、七九		九一	一二	五一〇	五二六		四一
大分	二四八、六四	一九七、四一六、一六		八九	一	五四八	五四四		一二

滋賀	一一九、〇八	一三〇、八一七、二六		四六	八	五七四	五六四	一二	
岐阜	三一三、〇七	二四〇、八八八、九六		一〇〇	一三	六二一	六五一		
長野	三三六、八〇	二七〇、九四六、八二		九七	四二	七一九	七一〇		
宮城	二七三、七四	二二五、三三七、二二	一	八六	二二	三四二	三六四		
福島	四八〇、七二	三六九、一八三、三二	一	一四〇	八	六二三	六二三	二	
岩手	三二二、六四	二五二、二六二、五七		七三	五	二五八	二六二		
青森	二五一、二二	一六二、二五〇、四三		六一	一	一九九	一九四		八
佐賀	一三六、二八	一一五、二七五、八一		五四		一八六	一九三		
熊本	三三五、五六	二五八、〇五二、七八	一	一五〇	二	三一九	三一八		一五
宮崎	二三九、七〇	一七五、〇三八、〇六		六二		一四一	一四二		
鹿兒島	二九七、一四	一九一、九二二、九三		一〇五	六	一八三	一七六		
北海道	六三四、九七	三〇四、五九六、七七	一	一二〇	一一	七九	八六	三三	六
中國				一			一	一二〇	一
朝鮮				三		八	二		

電信局數綫路表

日本電綫自同治八年（明治二）設於橫濱辨天燈臺寮始本町裁判所東京築地繼之明年神戶大坂長崎漸增漸遠十一年（明治五）綫長二百三十里有奇（日本里三十四）十三年長九千里有奇（日本里千三百三十三）光緒二年（明治九）長萬五千里有奇（日本里二千二百十四）四年長二萬三千里有奇（日本里三千三百八十）六年長三萬一千里有奇（日本里四千四百八十四）八年（明治十五）長三萬八千里有奇（日本里五千五百廿三）十年（明治十七）

四萬七千里有奇日本里六千九十五十一年明治十八長四萬九千里有奇日本里六千百十六凡費十六萬四千二百七十四圓電綫所延之地多爲鐵道所逕之路商民便之海綫在函館濱名港淡路四國下關市川利根川最上川約三百里有奇日本里四十六通信曰技手曰驅使凡一千五百有奇報有官有私信有發有着而皆有音信數通數發信者發電也着信者來電也音信者電信之詞也通數者發電之數也售電信票處謂之切手賣下所光緒十一年入銀五十二萬六千九百九十四

圓遞電信局數綫路表

	局		綫路長 里分厘	延綫路長 里分厘	取扱所	綫路長	延綫路長
東京	五〇	二一	二七六四	一七一二三	三六	一五八六	二五一〇
京都	五	八	五六六六	一九四八一	三	〇六二	二一〇
大阪	九	二〇	二五二八	一五一六八	四五	三四一八	四六七四
神奈川	一〇	一五	四六五七	二〇二五五	一五	六八二	九八六

	局		綫路長 里分厘	延綫路長 里分厘	取扱所	綫路長	延綫路長
島根	二	四	六一三六	六一六三			
鳥取	三	六	三六七六	四八三四			
岡山	二	四	三七九六	一七八七一	四	〇九四	一二〇
廣島	二	五	三八二六	一九一四〇	三	〇六一	〇七一

饕喜廬所箸書

兵庫	一一	二〇	八六七八	三七八五五	九	一九四	二〇九
長崎	二	三	一八六二	一二一七一	六	〇三一	〇三一
新潟	一一	二〇	一〇一四〇	二〇九五五	二	〇五三	〇五三
埼玉	一三	五	三八一一	一五五一七			
羣馬	八	八	二五〇四	七四八九	六	〇五三	七七一
千葉	五	一〇	三九四二	六一〇四			
茨城	三	二	九三八	六〇七			
橡木	五	六	五一五六	一七四七一			
三重	七	一二	三六五二	八〇六四			
愛知	六	一三	五〇九六	二二三六六			
靜岡	一〇	一九	六五四四	三三三四一	二	〇五三	〇五三
山梨	二	三	二六八一	五三六二			
滋賀	四	一〇	四一九三	二二九七一	六	〇四四	一三一
岐阜	三	五	三〇六二	一〇三六二			
長野	一〇	一八	九七三〇	二一五六八			
福島	七	一〇	五三四五	一五八五一			
山口	五	一二	六二七二	二六三六七			
和歌山	一	三	四一〇	四一〇			
德島	二	三	八六一	一七二三			
高知	二	四	一八五九	三七一八			
愛媛	七	一二	九八一八	一八〇八一			
福岡	五	一二	五三〇二	一八四五九			
大分	三	四	三四八四	三四八七			
佐賀	四	八	三八三八	一七八八一			
熊本	二	五	三四八八	五五八二			
宮崎	四	七	五二三六	五三五一	二		
鹿兒島	一	二	二八九八	三四四一	二	〇二七	〇二七
北海道	一九	二六	二六四六七	三六一七一	一〇	二五〇八	二五二一
合計	二七九	四一〇	二二五一一六	六一六八五	一五九	九五三五	一四八一七
海							
函館			一七一四	三四二九			
濱名港			〇二九	一七六			
淡路			一二八	一二八			

宮城	四	八	四九四二	一三六八	五	六〇八	六一五
岩手	五	九	八〇〇四	一七五三四			
青森	三	六	六六一七	一六二九七			
秋田	三	四	六二九三	九八九六			
山形	五	一〇	七六二〇	一一三五五			
石川	四	八	三三五三	五七二二			
富山	五	一〇	二八七一	五九七一			
福井	五	一〇	五〇〇〇	一一一九六	三	〇五二	一六九二

底線							
四國			二二八	六八三			
下關			〇二六	一五七			
市川			〇〇五	一一〇			
利根川			〇一〇	〇四七			
最上川			〇一七	〇六九			
合計			二一五七	四六九九			
總計	二七九	四一〇	二三七二七三	六一八三八四	一五九	九五三五	一四八一七
合華里							

刑畧

隋書云倭殺人強盜及姦皆死盜者計贓酬物無財者沒身爲奴自餘輕重或流或杖每訊究獄訟不承引者以木壓膝或張強弓以短鋸頂或置小石於沸湯中令所競者探之云理曲者即手爛或置蛇公瓦中令取之云曲者即螫手南史云犯法輕者沒其妻子重滅宗族又云文身國犯輕罪者鞭杖犯死則置猛獸食之有

枉則獸避而不食經宿則赦此日本刑罰之見於正史者攷之曰本史籍初無所律例也曰解除以犯而償殆猶罰贖曰逐罪稍重也曰死刑謀爲不軌之屬也若懲役若沒官若降官若左遷若火刑若梟刑至推古時爲隋大業中畧具笞杖徒流死五等刑大寶元年爲唐淡海公奉勅撰律令倭漢三才圖會依唐律居多後增閏刑定贖法謂之大寶律數百年來無大更變然武臣執政刑趨于酷明治變之迹刑畧

據宋湻熙九年傳抄本和律文永十年本目凡十二名例第一凡六儀者犯死罪皆條所坐及應議之狀北奏請議議定奏裁議者原情議罪稱定刑之律而不正決之流罪以下減一等其犯八虐者不用此律凡應議者祖父母父母伯叔姑兄弟姊妹妻子姪孫若五位及勳四等以上犯死罪者上請請謂條其所犯及應請之狀正其刑名奏請流罪以下減一等其犯八虐殺人監守內奸他妻妾盜略人受財枉法者不用此律凡七位勳六等以上及官位勳得請者之祖父々母妻子孫比孫不及曾玄犯流罪以下各從減一等之例凡應議請減及八位勳十二等以上若官位勳位得減者之父母妻子犯流罪以下聽贖若應以官當者自從官當法其加役流反逆緣坐流子孫犯過失流不孝流及會赦猶流者各不得減贖除名配流如法除名者免居作即本罪不應流配而特者雖無官亦免居作其於二等以上尊長及外祖父母夫夫之父母犯失殺傷應徒若故毆人至疾應流男夫犯盜謂徒以上及妻妾犯奸者亦不得減贖有官者各從除免官當法凡婦人有官位犯罪者各依其位從議請減贖當免之律凡五位以上妾犯非八虐者流罪以下聽以贖論凡一人兼有議諸減各應得減者唯得以一高者減之不得累減若從坐減自

首減故失減公坐相承減者又以議請減之類得累減凡贈位及外位與正位同職事初位與八位同外六位以下不在蔭親之例用蔭者存亡同若籍尊長蔭而犯所蔭尊長及籍所親蔭犯所親祖父母者並不得爲蔭即毆吉三等尊長四等尊屬者亦不得以蔭論其婦人犯夫及義絕者得以子蔭雖出亦同凡無官犯罪有官事發流罪以下聽以贖論謂從初位及庶人而得八位以上位記者不以官當除免犯八虐及五流者不用此律卑官犯罪遷官事發在官犯罪去官事發或事發去官犯公罪流以下各勿論餘罪論如律其有官犯罪無官事發有蔭犯罪無蔭事發無蔭犯罪有蔭事發並從官蔭之法凡犯私罪以官當徒者私罪謂私自犯及對詔詐不以實受請枉法之類一品以下三位以上以一官當徒三年五位以上以一官當徒二年八位以上以一官當徒一年若犯公罪者公罪謂緣公事致罪而無私曲者各加一年當以官當流者三流同比徒四年其有二官謂官位爲一官勳位爲一官先以官位當次以勳位當行守者各以本位當仍各解見任若有餘罪及更犯者聽以歷任之官當歷任謂降所不至者凡犯八虐故殺人反逆緣坐本應緣坐老疾免者亦同獄成雖會赦猶除名獄成謂贓狀露驗及省斷訖未奏者即監臨主守於所監守犯奸盜略人若受財枉法者亦除名奸謂犯良人妻妾盜及枉法謂盜三端枉法一端者獄成會赦者免所居官會降者同免官法其雜犯死罪即在禁身死若免死別配及背死逃亡者並除名皆謂本犯合死而獄成者會降者聽從當贖法凡犯奸謂奸佗妻妾及與和者盜略人受財而枉法並謂斷徒以上若犯流徒獄成逃走祖父父母犯死罪被囚禁而作樂及婚娶者免官謂二官並免降所不至者聽留凡祖父父母老疾無侍委親之官在父母喪生子及娶妾兄弟別籍異財者免所居官謂免所居之一官若兼帶勳位者免其官位凡除名者官位勳位悉除課役從本色六載之後聽敘若本犯不至免官而特除名者敘法同免官例免官者三載之後降先位二等敘免所居官及官當者朞年之後降先位一等敘若本犯不至免所居官及官當而特免官者敘法同免所居官其免官者若有二官各聽依所降位敘即免官免所居官及官當斷訖更犯餘有歷任位記者各依當免法兼有二官者先以高者當仍累降之所降雖多各不得過四等各謂二官各降不在通計之限若官盡未敘更犯流以下罪者聽以贖論謂後敘合得八位以上者敘限各從後犯計年不在課役之限雖有歷任之位記不得預朝參之例凡以官當徒者罪輕不盡其官留官收贖官少不盡其罪餘罪收贖其犯除免者罪雖輕從例除免罪若重仍依當贖法凡除名者比徒三年免官者比徒二年免所居官者比徒一年初位不用此律謂以輕罪證人及入出之類故制此此若所枉重自從重若證僧尼應還俗者比徒一年其應苦役者十日比笞十官司出入者罪亦加之凡犯流應配者三流俱役一年本條稱加役流者配遠所役三年役滿及會赦免役者即於配處從戶口例妻妾從之家人不在從例父祖子孫欲隨者聽移鄉人家口亦准此若流移人身喪家口雖經附籍六年內願還者放還即造畜蠱毒家口不在聽還之例下條准之凡流配之人在道會赦計行程過限者不得以赦原謂從上道日揔計行程有違者有故者不用此律若程內至配所者亦從赦原逃亡者雖在程內亦不在免限即逃者身死所隨家口仍准上法聽還凡犯死罪非八虐而

祖父父母母老疾應侍家無二等之親成丁者上請犯流者權留養親謂非會赦猶流者不在赦例仍准同季流人未上道限內會赦者從赦原課調依舊若家有進丁及親終三月者即從流計程會赦者依常例即至配所應侍合居作者亦聽親終三月然後居作凡犯徒應役而家無兼丁者妻年廿一以上同兼丁之限婦女家无男夫兼丁者亦同徒一年加杖一百廿不居作一等加廿流至配所應役者亦如之若徒年限內无兼丁者惣計應役日及應加杖數准折決放盜及傷人者不用此律親老疾合侍者仍從加杖法凡雜戶陵戶犯流者近流決杖一百一等加三十留住俱役三年犯加役流者役四年犯徒者准無兼丁例加杖還依本色其婦人犯流者亦留住造畜蠱毒應流者配流如法近流決杖六十一等加可俱役三年若夫犯流配者聽隨之至配所免居作凡犯罪已發及已配而更爲罪者各重其事即重犯流者依留住法決杖於配所役三年若已至配所更犯者亦准此即累流徒應役者不得過四年若更犯流徒罪者准加杖例其杖罪以下亦各依數決之累決笞杖者不得過二百其應加杖者亦如之凡年七十以上十六以下及癈疾犯流罪以下收贖犯加役流反逆緣坐流會赦猶流者不用此律至配所免居作八十以上十歲以下及篤疾犯反逆殺人應死者上請盜及傷人亦收贖有官者各從官當除免法餘皆勿論九十以上七歲以下雖有死罪不加刑緣坐應配役者不用此律即有人教令坐其教令者若有贓應備受贓者備之凡犯罪時雖未老疾而事發時老疾者依老疾論若在徒限內老疾亦如之犯罪時幼小事發時長大依幼小論凡彼俱罪之贓謂計贓爲罪者及犯禁之物則沒官若盜人所盜之物信贓亦沒官取與不和若乞索之贓並還主即薄斂之物赦書到後罪雖決訖未入官司者從赦原若罪未處決物雖送官未經分配者猶未入即緣坐家口雖已配沒罪人得免者亦免

衛禁第二職制第三戶婚第四廐庫第五擅興第六賊盜第七鬬訟第八詐僞第九雜律第十捕亡第十一斷獄第十二

笞罪五 笞十贖銅一斤笞廿贖銅二斤笞三十贖銅三斤笞四十贖銅四斤笞五十贖銅五斤

杖罪五 杖六十贖銅六斤杖七十贖銅七斤杖八十贖銅八斤杖九十贖銅九斤杖一百贖銅十斤

徒罪五 徒一年贖銅廿斤徒一年半贖銅三十斤徒二年贖銅四十斤徒二年半贖銅五十斤徒三年贖銅六十斤

流罪三 近流贖銅一百斤中流贖銅一百廿斤遠流贖銅一百四十斤

死罪二 絞斬二死贖銅各二百斤

又有所謂八虐者曰一曰謀反二曰謀大逆三曰謀叛四曰惡逆五曰不道六曰大不

敬七曰不孝八曰不義有所謂六議者一曰議親二曰議故三曰議賢四曰議能五曰議功六曰議貴至明萬曆間（慶長時）更代笞杖同治七年明治與之更始除火罪鋸挖關所入墨諸刑九年（明治三）更定新律以笞杖徒流死五者爲正刑士族閏刑設謹愼閉門禁錮邊戍自裁諸律知廉恥者廢爲庶人六年五月復改刑律廢笞杖流代以懲役又廢士族閏刑代以禁錮其他改革甚多十二年廢梟首刑十三年改刑律而廢斬爲絞矣第一死刑（絞首致死）第二無期徒刑（發遣遠島服役婦女留內地懲役塲服役滿二十五年免除）第三有期徒刑（同上滿二十年免除）第四無期流刑（同上滿二十五年免除）第五有期流刑（同上滿二十年免除）第六重懲獄（重禁獄十五年滿期免除）第七輕懲役（輕禁獄十年期滿免除）第八重禁獄（內地服役刑期九年以上十一年以下）第九輕禁役（同上刑期六年以上八年以下）第十重禁錮（刑期五年以下留禁錮塲服役）第十一輕禁錮（遞減一等）第十二罰金（視所犯之罪罰金贖之）第十三拘留（刑期一日以上十日以下）第十四科料（自五錢起至一圓九十五錢止）

日本圖經十九終

日本文學上

奏派游歷日本美利加秘魯巴西等國英日屬地加納大古巴知府用兵部郎中臣傅雲龍述

學派源流

日本初以神道設教班固所謂獨任清虛可以爲治非欺佛教繼之轉熾而堯舜禹湯文武周公孔子之教則晉前未之逮也道東而後一道同風其庶乎所繇源遠矣及拘者爲之不免於居今反古而僞者爲之又輒譁衆取寵儒固若是耶西學起遂詆不遺力然問天文學算學地理學化學氣學水學火學光學力學電學植物學動物學日本又推之爲衛生學非不多且奇也而能出格致外乎多學而識與一以貫之又孰愈乎嗚呼堯舜禹湯文武周公孔子之道菽粟也布帛也不可須史離也而豈有窮乎日本種學代有通人以爲何如述學派源流

儒學自晉太康五年始是其國應神十五年也據日本史籍言百濟國使阿直岐能讀經典大學菟道師之始學儒詔曰汝國勝汝博士有耶對曰王仁是秀逸也徵仁明年仁來大子習諸典籍莫不通厥後難波大子亦然論語千字文皆授自仁而實傳自中國也與宋史所云始于百濟得中國文字合惟宋史言應神天皇甲辰是仁來前一年矣唐書開元初粟田復朝請從諸儒授經詔四門助助教趙玄默即鴻臚寺爲師獻大幅布爲贄此日本人留學之權輿貞元末遣使者朝其學子橘免勢浮屠空海願留肄業是日本大寶元年爲唐長安元年二月丁己仿唐釋奠先聖先師於大學州守歲時亦行釋奠禮保元平治間爲宋紹興武臣假權學校浸廢儒學翻寓浮屠中國又以其尚佛僧使往來不絕德川氏克鑑征韓一役以不通漢學而議乃破首聘儒士藤原肅林道春等

授士夫學而人知向儒釋奠復行革僧道官並爲士族其久於豐臣諸氏未始非儒學爲之也洪武時王子勝祐壽者來入國學善待之日本有官生入監讀書載在明史其經學倡於伊藤維楨而物雙松成之其理學始於藤原肅而林忠繼之合格致誠正而一以貫之誰歟儒學已不絕如綫然如支分之藝專門之術猶有存者一則曰詩學也日本紀云天武天皇第三子大津有才學尤愛文筆詩賦之興自大津始然大津前已有大友之詩大友天智天皇子也倭漢三才圖會云日本紀及紀淑望古今倭歌集不言大友殆壬申亂大友天命不遂而天武得志舍人親王天武子撰日本紀時諱而不言乎大友之時不傳于世淑望亦未見大友戮時十一歲大津叛於持統被誅年二十四歲按大友在唐咸亨間大津則在儀儀後矣就所存詩言日本五言始于大友七言始于大津七言長篇始於紀古麻呂七言絕句始于

紀男人國王詩始于文武天皇釋氏詩始于智藏女詩始于大伴姬和韵始于大津首倭漢三才圖會云國王好詩以嵯峨村上爲最倭詞易名和詞亦謂之國詩日本紀載伊奘册尊伊奘諾尊各七言一句爲歌之始蓋在中國五帝時也初用國文今譯漢字耳又有味耜立彥根神之妹下照媛謌二首而字數未定其定三十一字自素盞嗚尊於出雲之清地建營詠謌始上三句十七字下二句十四字也景行四十年爲漢元初四年皇子小碓東征凱旋至甲斐爲牙營小碓作謌二句秉燭奴賡續謌二句其聯句始歟百濟王仁賀仁德帝歌爲歌父陸奧采女奉葛城王歌爲歌母自時厥後其體有長歌短歌（五七五七五七連綿多少任意下以七七終）有旋頭歌（尋常詞一句有餘或五字或七字）有混本歌（尋常一句詞不足或五或字七字）有折句歌（每句上一字約照物名）有沓冠謌（每句上下照其事）有打越歌（指未來）有鸚鵡反歌（轉助語一字即爲反詞）有隱題（置物名於詞中）有廻文歌有無同字歌以古今集中三

鳥六木等之秘爲傳授大氏短歌三十一字爲正七字十六字皆
變風也亦可以觀俗矣一則曰學書也字學音韻學詳下善書自空海始桓武
天皇時當唐聿中元年與使唐者偕往學書得筆妙平城天皇大同元年當元和元
歸日本人所謂三筆者嵯峨也空海也但馬守橘速勢也又三蹟
云者小野道風也參議佐理也大納言行成也大納言藤原行成
有草聖目三條時人餘難枚舉得晉唐筆法居多一則曰醫學也
其知有中國醫自允恭時爲晉義熙年新羅遺醫士金武至國始
日本紀云大已貴命少彥名命定禁厭法倭漢三才圖會云二神
爲醫藥神欽明天皇十一年梁大寶元百濟知藥色味者來曰王有陵陀
元正天皇養老七年唐開元十一始置女醫博士聖武天皇天中二年開元十八
始建藥院及悲由院於奈良桓武天皇延厤六年唐貞元三典藥寮奏新
修本草其精醫學者聲聞四出花山時高麗王后疾求醫不至有扁鵲不入雞林語然以丹波和氣二氏

爲巨擘也今資藥水刀圭輒詡西法爲新奇云一則曰兵學也（兵制別詳）續日本紀云天平寶字四年十一月遣授刀舍人春日部三關中衛舍人土師宿禰開成等六人於太宰府就吉備朝臣眞備令習諸葛亮八陣法孫子九地結營向背倭漢三才圖會云吉備遣唐致軍法而後大江匡房長于軍術爲中興祖源義家得其口授乃源氏統道濫觴源義經楠正成亦其得者也倭漢三才圖會劍術以源義經爲祖（又云游偵軍中必用術也江州甲賀人善之有家秘相繼）此外雜學不遑盡述

附錄

道教日本初謂之神教故曰神代也（詳國紀）徐福受祖龍命求仙藥於此盖亦聞所聞而來歟州郡建神祠置神官佛教熾而道教微

釋教隋書已謂倭敬佛法矣其宗十有一天台也眞言也淨土也臨濟也曹洞也黃檗也眞也日蓮也時也融通念佛也法相也空

海爲眞言宗日本學儒以王仁始而以空海盛空海于小學韵學頗能強識而傳之其國雖曰浮屠不翅儒學功臣而可多得歟日本僧有所謂法皇或讓或避意自有在故日本之釋當从別論明治以來減畝入官而寺院仍存七萬二千有奇攷厥椎輪日本紀司馬達等之子多須郡爲用明天皇出家教佛法是爲僧始時在陳末隋初也崇峻天皇元年蘇我馬子大臣請百濟僧等問受戒法日本紀又云敏達天皇十三年蘇我馬子大臣訪播磨國僧俗名高麗惠以爲師令度司馬達等女島曰善信尼年十一歲此日本尼始也內親王多爲尼

西教初禁之犯輒極刑今則學如不及

日本文表異字音學埘

隋書倭刻木結繩於百濟求得佛經始有文字與日本人古字類

梵之說合宋史應神天皇甲辰始於百濟得中國文字與日本書百濟博士王仁教國王子稺郞子論語千字文之說又合甲辰爲十五年或云十六非也當晉泰康五年然始教指象居多虛字無可指先實後虛至今讀猶顚倒崇峻時當陳隋閒聖德太子著舊事記此婞用漢文著書之始沿厥例著日本書記三十卷若聖武時一品舍人親王也當唐開元中古字浸廢代以伊呂波四十八字艸書實此四十七字也如伊作い呂作ろ類皆平常通用謂之平假名聯爲七字前六句七字末一句五字增ん字於句尾又有五十字者楷書之省文也伊作イ呂作ロ類皆漢字之半謂之片假名片猶言不全片半音近謂文爲名與漢儒解合イエ二字有二用同韻同所異於四十八字者此耳又謂之五十字母五字爲句用以反切葢日本音學也第一句毋音餘爲子音伊呂波三字

散見於後此不得沿伊呂波之目五十字母相傳受自唐王化言（詳音學）四十七字或謂桓武時當唐建中間僧空海假漢文而作婦孺便之假漢文譯俗語亦謂之俗文其體四曰古文足利前文也曰新文豐臣後文也曰官府文曰通俗文大同小異片假名雜用漢文而官府文一變近雜蟹行文而通俗文又一變國史紀錄史畧類用漢字餘雜假名其音有清有濁而片假名又有次音用濁音字於去聲處加二點用次清音字則加小墨圍（雲龍）將游日本時子范初已譯日本之文與音凡京音所無增注它省方音以諸之爰就初藁與繙譯生澤郇繁一再審訂述日本文表

平假名四十八字稱伊呂波

平假	漢文	日本音	濁字	濁音
い	伊	伊京音		
ろ	呂	諸京音		

片假名五十字

片假	漢文	日本音	濁字	濁音	次清	次清音
ア	阿	阿注詳上				
イ	伊	伊				

は	波	哈讀若大笑在句末讀窪	ば	拔浙音
に	仁	你上平聲舌音		
ほ	保	火上聲京音	ぼ	博
へ	邊	黑京音	べ	別
と	土	多京音	ど	脫
ち	知	基京音	ぢ	
り	利	利上聲		
ぬ	奴	路短音略近洛音		
る	留	路長音		
を	遠	鵝我		
わ	和	窪		
か	加	開嘎客上平	が	安阿
よ	與	約四川音		
た	太	塔	だ	亥上一字即借伊呂波中云字音
れ	禮	內京音		

ウ	宇	烏		
エ	江	葉平聲		
オ	於	窩		
カ	加	開嘎切	ガ	安阿
キ	幾	基	ギ	額
ク	久	姑	グ	鷗我
ケ	計	客以	ゲ	宜額
コ	已	鍋	ゴ	餓
サ	左	撒	ザ	日阿
シ	之	細	ジ	日亦
ス	寸	司	ズ	日師
セ	世	舍	ゼ	日葉
ソ	曾	索	ゾ	若
タ	多	塔	ダ	亥
チ	知	基京音	ヂ	宜基

假名	字	音	濁音	字音
そ	曾	索去聲	ぞ	若四川音
つ	津	背	づ	日師四川音
ね	禰	内耶		
な	奈	拿四川音此字音尾略帶然字音		
ら	艮	人而人讀上平聲		
む	武	母去聲		
う	宇	烏		
ゐ	爲	意		
の	乃	懦四川音		
お	於	我下平		
く	久	姑	ぐ	鷗我
や	也	牙		
ま	末	麻		
け	計	客以四川音	げ	宜額四川音
ふ	不	夫	ぶ	母上平聲

假名	字	音	濁音	字音	半濁音	字音
ツ	津	背	ヅ	日師		
テ	天	疊	デ	劣		
ト	土	多	ド	脱		
ナ	奈	拿				
ニ	仁	你				
ヌ	奴	路短洛				
子	禰	内耶				
ノ	乃	懦				
ハ	波	哈	バ	拔	パ	怕
ヒ	比	西	ビ	迷比	ピ	比
フ	不	夫	ブ	母	プ	布
ヘ	邊	黑	ベ	別	ペ	背
ホ	保	火	ボ	博	ポ	波
マ	末	麻				
ミ	美	米				

假名	字	音	濁音	音
こ	已	鍋	ご	餓意近惡去聲
ゑ	江	葉		
て	天	疊四川音	で	劣上聲四川音
あ	安	阿加鴉聲		
さ	左	撒上聲	ざ	日阿阿上聲京音
き	幾	基牙音	ぎ	額以四川音
ゆ	由	由上聲		
め	女	妹		
み	美	米去聲		
し	之	細	じ	曰亦四川音
ゑ	惠	唯上聲四川音		
ひ	比	西	び	迷比
も	毛	磨		
せ	世	碎山東音	ぜ	日葉四川音
す	寸	四	ず	日師四川音

假名	字	音
ム	武	母
メ	女	墨
モ	毛	磨
ヤ	也	牙
イ	伊	同前
ユ	由	由
エ	江	
ヨ	與	約
ラ	良	人而
リ	利	利
ル	留	路
レ	禮	内
ロ	呂	諾
ワ	和	窪
井	井	烏以

ん	云 讀若南人語你我之你

ウ	宇	同前
ヱ	惠	維
ヲ	遠	我
附		
ン	云	讀若南人語你我之你
ヿ	事	鍋多
ヰ	時	多基
𪜈	共	多磨
𬼀	也	奈利
一	長音之符	

坿錄日本異字

畠 源親房姓北畠氏與中國畠字異畠从由古皇字此與畑同爲旱田也音若哈打格 **畑** 畠同 **倅** 男子也音若卞勒 **麿** 童子也朝臣名此往往有之音若馬洛 **円** 圓之俗字音與中國同 **匁** 以爲量目字即錢之省文亦猶中國俗寫錢爲匁也音若抹娟墨 **辻** 同衢音若之寄有姓辻子禮氏者見栗山文集 **込** 入也音若可姆 **迚** 倒底之謂音若妥迭 **適** 嘆美詞音若阿窪勒 **俤** 面容也音若我抹卞額 **偖** 然字也音若沙特 **扨** 與偖同 **掟** 政府令也音若我溪特 **抔** 與誼同日本文彼抔猶言彼等也音若那奪 **掮** 作也音若可洗拉額魯 **拵** 無倦意也音若卞寫吾 **働** 音若哈打拉若 **嘸** 語助辭音若沙作 **宍**

肉塊之意音若西喜姆拉 誂 先訂後作之誼音若阿知拉額 榾 同杉音若司額 梶 同拕音若卜擠 杣 樵夫也音若所馬 榊 獻神木也音若沙嘎雞 栫 階級也音若瓦古 枥 椽字音若卜擠 樫

木名音若喀洗 拖 楓也音若抹米擠 籾 糓也音若抹米 桒 合久米二字爲之多以命名日本數十年前有笠原氏名桒之進類此甚多音若古麥 糀 麴音若柯五擠 峠 嶺之俗字音若拖五額 閂 關門鐵條也音

若卜姆魯喀 ⿰⻊定 碓之別體音若西喀多 躮 兒之別體音若寫喀勒 躵 漸也音若唖嘎特 ⿰魚聽 同躵 鰯 海鰮也音若倚瓦洗 鱈 大口魚也音若打洛 鮱 鯔也

日本音學無專書今於源之熙𦳝苑日涉得其五十母字與夫漢音吳音及反名之說輒删冗錄之見音學之無不貫攷方言者可㕥參焉

〔日本國音五十母字〕音韻有五十母字相傳爲吉備朝臣眞備從遣唐使留學從王化言所定據唐書則吉備朝臣所師乃趙玄默而非王化言續日本紀曰靈龜二年八月下道朝臣眞備從遣唐使多治比眞人縣守等游唐留學十八年天平五年歸賜姓吉備朝臣天平勝寶四年爲遣唐副使唐書曰開元始粟田復朝請從諸儒授經詔四門助敎趙玄默卽鴻臚寺爲師舊唐書無粟田二字者是矣蓋天寶中粟田眞人爲遣唐執節使開元始請留學者吉備朝臣也豈以化言精于音韻特受其傳乎皆一字一音謂之假名名卽字也周禮外史掌達書名于四方註曰古曰名今曰字假名有眞草眞者相傳爲吉備朝臣所製取字偏旁以假其音故謂之片假名片

之言偏也草者僧空海所製就五十母字除重出者塡國風詩今之伊路發四十七字是也簾中鈔以爲上半截空海所作下半截釋護命所作然頓阿高野日記三東密要鈔爲空海所作又出雲神門郡鹽冶神門寺有空海眞蹟伊路發則爲空海之作明矣其字全本于草書以假其音故謂之平假名平之言全也然伊路發之作唯便兒童之記誦耳於音韻無所取也五十母字天地萬物之音皆備細別之則十五音正喉淺喉深喉舌頭舌上卷舌縱脣縫脣重脣輕脣牙腭正齒半齒半舌半舌半齒一音各含五聲合七十五聲開合徐疾輕重清濁有定而無定出入靈動可以極一切之音雖鶴唳風聲鷄鳴狗吠雷霆驚天蚊虻過耳皆可以譯大抵聲無非喉而脣爲總門腭爲中堂齒爲中門舌爲轉鍵冲氣輪于丹田而上竅于鼻故梵學亦有折攝二聲夢溪筆談曰梵學則喉牙齒舌脣之外又有折攝二聲折聲自臍輪起至脣上發如斜浮金反之類是也攝字鼻音如歆字鼻中發之是也通雅曰聲氣不壞風力自轉五音皆宮五行皆土臍鼻折攝爲㊣恩翁切脣舌腭齒俱不動而疑泥明心皆喉是其端矣又曰用在脣舌齒聲在喉腭鼻無非臍也白石以爲本出于悉曇東音譜曰五十母字蓋本于悉曇金剛文珠問而數字重出者猶華嚴字母兩阿藏因詳延厤中傳教空海二師從遣唐使留學葢當唐貞元年間並受悉曇學於梵僧故

其徒相傳受以距于今然余未嘗聞其說比者讀悉曇字記悉曇藏悉曇三密鈔等諸書知國音五十母字之出於悉曇蓋金剛頂經字母品文珠問經字母品大涅槃經文字品莊嚴經示書品大日經具緣眞言品及字輪品然說五十字母書史會要所載天竺字母亦五十（書史會要曰梵者不囉麻也合而言之爲梵此云光音天也其字之母凡五十曰悉曇章此云能成諸義也其中十六字爲轉聲之範三十四字爲五音之祖或一或二或三至於聯截互合而有輕重清濁非清非濁等聲其詳見天竺字源翻譯名義集曰西域悉曇章本是婆羅賀天所作自古迄今更無異書但點畫之間微有不同悉曇此云成就所成悉曇章是生字之根本又華嚴大般若字母四十二詳見名義集）悉曇字記曰西域記梵王所製原始垂則四十七言（摩多十有二體文三十有五）今日本國音字母亦五十而除伊烏咽三字重出者則四十七言且短阿（上聲短呼近惡）長阿（依聲長呼）短伊（上聲聲近於翼反）長伊（依字長呼）短甌（上聲聲近屋）長奧（長呼）短藹（去聲聲近櫻係反）長藹（近於界反）短奧（去聲近汙）長奧（依字長呼）短暗（去聲近於鑒反）長痾（去聲近惡）十二韻及迦（居下反音近姜可反）者（止下反音近作可反）吒（卓下反音近卓我反）那（捺下反音近那可反餘國有音曩）波（鉢下反音近波我反）麼（莫下反音近莫可反餘國有音莽）也（藥下反近藥可反）羅（洛下反音近洛可反）嚩（房下反音近房可反又音和○音詮並見悉曇字記）等之次第甚有相似者矣三密鈔以梵文書國音五十母字其說頗詳悉慧

仲正濫鈔從之其略曰悉曇字母四十七字其初十二字謂之摩多（此云母或云點畫或云韻）次卅五字謂之體文以國音五十母字言之則阿伊烏噎嘔五字爲韻猶梵書摩多也加沙多那發麻藥洛話九字爲聲猶梵書體文也五韻九聲合爲十四音涅槃經文字品曰善男子有十四音名爲字義僧信範以爲即此十四音今以五韻合九聲則生下基苦結呫詩須奢蘇等三十音假令如加伊反爲基加烏反爲苦加噎反爲結加嘔反爲呫沙伊反爲詩沙烏反爲須沙噎反爲奢沙嘔反爲蘇（餘者倣之）是也故基詩餘聲爲伊苦須餘聲爲烏結奢餘聲爲噎呫蘇餘聲爲嘔（餘者倣之）其韻皆歸五韻所謂摩多也故五韻爲母九聲爲父三十六音爲子悉曇亦以母爲先故摩多在體文之前以摩多之功生諸音聲故也譬之摩多爲緯體文爲經經緯錯綜而成布帛故所生之音謂之業聲以動作業用也又體文

謂之男聲業聲謂之女聲男聲剛女聲柔梵語男子呼天爲泥嚩女子呼天爲泥尾猶國語男子呼天云阿麻女子呼天云阿吽也又曰阿字乃開口第一聲喉內自然之音隨噓噏而生故經曰有情及非情阿字第一命此之謂也此字兼韻與聲竪生伊烏噎嘔四音橫生加沙多那發麻藥洛話九聲此一切聲音之源也故書梵字下筆第一點爲阿此諸字諸音之種子也阿一轉生伊故伊字爲根本之義大莊嚴經曰唱伊字時出諸根本廣大聲譬之果實之始生根焉阿音又觸脣而生烏伊音觸舌而生噎嘔乃生於烏此四音皆阿字之所生也九聲內加發話三音竝喉音外轉觸牙故亦謂之牙音梵音以迦爲作業字金剛頂經及大日經所說以其聲始動出於外也沙多那三音竝爲舌音沙音激舌本觸齒頭故亦謂之齒音多音觸舌心彈齶那音以舌頭彈齶凡那音奴泥耨五聲塞鼻則不得呼之故陀羅尼中謂之鼻

音發麻二音𠈌爲脣音而有輕重之分發音觸脣內而輕麻音觸脣外而重藥落話三音名曰遍口聲又名滿口聲其聲遍滿口中字記曰也囉羅嚩奢沙娑訶濫叉十字遍口聲三音內藥音兼舌落音捲舌彈齶其音全在舌故梵文以羅字字記曰羅洛下反音近洛可反爲火大種子蓋舌屬心臟心於五行屬火火以炎上爲性此自然之符也話音喉兼脣比之發音則在脣內更輕此其大略也熙謂漢字入聲之外皆有餘聲梵語亦有餘聲連帶調韻故有短阿長阿短伊長伊等之呼法有二三音若四五音相合爲一字者如此方言語無有餘聲故一字一音字雖有定體而有音無義數字相待爲一義故如漢字入聲而讀爲平上去三聲以其無餘聲也蓋當初製母字之時梵漢兼舉以成章所以與悉曇相似而不得全同耳漢土七音之學沈存中鄭夾漈亦以爲起自西域夢溪筆談曰切韻之學本出于西域漢人訓字止曰讀如某字未用反切然古語已有二聲合爲一字者如不可爲叵何不爲盍如是爲爾而已爲耳之乎爲諸之類似西域二合之音蓋切字之源也如輭字文从而犬亦切音也殆與聲俱生莫知從來今切韻之法先類其

字各歸其母脣音舌音各八牙音喉音各四齒音十半齒半舌音二凡三十六分爲五音天下之聲總于是矣通志七音略曰七音之源起自西域流入諸夏梵僧欲以其敎傳之天下故爲此書音韻日月燈曰大唐舍利創字母三十後溫首坐益以孃牀幫滂微本六母是爲三十六母合之爲七音然劉熙釋名有合脣開脣舌腹舌頭踧口等說則似漢以前已有七音之說慢聲爲二鉦之爲丁寍左傳著於丁寍註丁寍鉦也廣韻丁中莖切丁寍正切鉦字穀之爲句瀆春秋桓十二年穀邱左傳作句瀆之邱句瀆正切穀字銘之爲明旌禮記檀弓銘明旌也明旌正切銘字是也急聲爲一蒺藜之爲茨詩牆有茨傳茨蒺藜也蒺藜正切茨字子居之爲朱列子楊朱南之沛莊子楊子居南之沛子居正切朱字壽夢之爲乘左傳襄十年會吳子壽夢也註吳子乘也十二年吳子乘卒服虔云壽夢發聲吳蠻夷言多發聲數語共成一言按夢古音莫登切壽夢二字合爲乘字詳見韻學五書是也乃知反切之語漢以上已有之反切之名蓋始於魏晉以後矣張守節史記正義論例曰魏秘書孫炎始作反音至契丹書史會要曰遼太祖耶律氏諱億字阿保機小字啜里只多用漢人教以隸書半增損之製契丹之字數千以代刻木之約女直又曰金完顏希尹本名谷神完顏部人金人初無文字國勢日強與鄰國交好迺用契丹字太祖命希尹撰本國字希尹乃依倣漢人楷字因契丹字製度合本國語製女直字太祖大悅之命頒行之其後熙宗亦製女直字與希尹所選字竝行希尹所撰謂之女直大字熙宗所撰謂之女直小字蒙古又曰帝師巴思八土波國人有元肇基朔方俗尚簡古刻木爲信猶結繩也既而頗用北庭字書之羊革猶竹簡也及奄有中夏爰命巴思八采諸梵文創爲國字字之母凡四十三切韵多本梵法或一母獨成一字或二三母湊成一字但只一字具平上去三聲而無入聲入聲輕呼則同平聲矣凡詔語宣勅表牋竝以書寫其書右行其字方古嚴重翰墨大全曰至元六年國朝詔書云考諸遼金以及遐方諸國例各有字今文治寖興而字書方闕其於一代制度寔爲未備故特命國師八思馬爲蒙古新字譯寫一切文字期於順言達事而已又曰自今已往凡有璽書頒降竝用蒙古新字仍以其國字副之畏吾兒回回字母竝見書史會要滿州滿字即清書正字通所載十二字頭是也廖綸璣十二字頭引曰書分十二字頭即漢音之四韵內載千三百餘字即漢字之六書或以清書一音止有

一字蓋對未通滿語者言非所論于滿字也夫滿字必相連書以成滿語文意始見而千變萬化不可窮詰今滿字內漢音無字者效佛經二合之法二字連呼成一音以肖口吻如搭矣呼慨戞矣呼改哈矣呼海是也其字形俱自左旋右書字者亦自左至右讀亦如之呂種玉言鯖曰本朝㘝書無四聲而有反切十二字頭後合字者反切也今聚中子弟多不講反切一入館選習清書不易通曉不知反切上取字母下合本韵隨口念出即得之矣池北偶談曰本朝之文移書疏之制國書則自後而前漢書則自前而後凡宮城榜書率用清漢蒙古三體按草木子載元朝行移文字漢字自前而後蒙古字自後而前畏吾兒字則橫書之

朝鮮慵齋叢話曰世宗設諺文廳命申高靈成三問等製諺文初終聲八字中聲十一字其字體依梵字爲之本國及諸國語音文字所不能記者悉通無礙洪武正韵諸字亦皆以諺文書之遂分五音而別之曰牙舌脣齒喉脣音有輕重之殊舌音有正反之別字亦全淸次淸全濁不淸不濁之差雖無知婦人無不瞭然曉之○按慵齋叢話朝鮮成俔所著世宗莊憲王名祹明永樂十七年即位

文字各殊然祖梵音或一母獨成一字或二三母揍成一字所謂半滿二體耳正字通曰西域以偏旁爲半字獨體爲文也以結搆爲滿字合體爲文也翻譯名義集曰悉曇此云成就所生悉曇章是生字之根本說之爲半餘章文字具足說名爲滿又十二章悉名爲半自餘經書記論爲滿類如此方由三十六字母而生諸字

如日本五十母字一字一音有音無義雖數音相合而成義字有定體載音以導意故無合字之法自石東音譜僧文雄大觀鈔本于琴譜倣梵文及外國字作合字之法然而五方之音七音之轉不得復同易通而有難者要之非製作本旨是以罕用其說菽苑日涉○下同

五十母字舊圖

音	開		開合		合		合開		合		拗音開合	
喉	ア	イヤ ウワ	イ	イイ ウイ	ウ	イユ ウユ	エ	イエ ウヱ	ヲ	イヨ ウオ	開合	ア音觸齒而生イ故各行第二位皆觸齒
牙	カ	キヤ クワ	キ	キイ ク井	ク	キユ クウ	ケ	キエ クヱ	コ	キヨ クオ	開合	
齒	サ	シヤ スワ	シ	シイ ス井	ス	シユ スウ	セ	シエ スヱ	ソ	シヨ スオ	開合	ア音觸牙而生ウ故各行第三位皆觸牙
舌	タ	チヤ ツワ	チ	チイ ツ井	ツ	チユ ツウ	テ	チエ ツヱ	ト	チヨ ツオ	開合	
舌	ナ	ニヤ ヌワ	ニ	ニイ ヌ井	ヌ	ニユ ヌウ	子	ニエ ヌヱ	ノ	ニヨ ヌオ	開合	拗音開合各五十音其開口發聲觸齒者
脣輕	ハ	ヒヤ フワ	ヒ	ヒイ フ井	フ	ヒユ フウ	ヘ	ヒエ フヱ	ホ	ヒヨ フオ	開合	自各行第二位出以淺喉收合口發聲觸脣
脣重	マ	ミヤ ムワ	ミ	ミイ ム井	ム	ミユ ムウ	メ	ミエ ムヱ	モ	ミヨ ムオ	開合	
喉	ヤ	イヤ ユワ	イ	イイ ユ井	ユ	イユ ユウ	エ	イエ ユヱ	ヨ	イヨ ユオ	開合	者自各行第三位出以深喉收
舌	ラ	リヤ ルワ	リ	リイ ル井	ル	リユ ルウ	レ	リエ ルヱ	ロ	リヨ ルオ	開合	
喉	ワ	井ヤ ウワ	井	井イ ウ井	ウ	井ユ ウウ	ヱ	井エ ウヱ	オ	井ヨ ウオ	開合	

右五十母字一字一音謂之直音毎字下分註者乃二合音右爲開口呼左爲合口呼謂之拗音日本國音反切歸字法如古靈切經古音ヿ靈音レイ（二合）先就第九行第四位求レノ字却歸第一行

尋コノ字便就第四位取ケノ字收聲用反切下字爲韻乃知音ケイ二合蓋レノ字取其位コ字取其韻方戎切風方音ホウ方府良切音ヒヨウ三合ヒヨ直音ホ戎音ジユウ三合シユ即ス字拗先就第三行第三位求ス字於第六行尋ホ字便就第三位取フ字用反切下字爲收聲乃知音フウ二合古牙切笳古音コ牙音ガ先就第二行第一位求力字就第五位尋コ字却歸第一位則力字就是歸字凡七音清濁取反切上字爲準收聲取下字爲準大抵詳于七音而四聲無一定漢字反切第見崖略耳然而音韻之妙自然契合

〔五聲十五韻新譜〕五音之法舊說以脣爲羽舌爲徵牙爲角齒爲商喉爲宮然樂家所用五音則隨律命之本無定音夢溪筆談曰五音之法亦不一如樂家所用則隨律命之本無定音常以濁爲宮稍清爲商最清爲角清濁不常爲徵羽切韵家則定以脣齒牙舌喉爲宮商角徵羽其間又有半徵半商者如來日二字是也皆不論清濁若舊說則喉音止宮脣音止徵其義不協故諸家有遷就爲之說者通雅曰管子謂五音出於五行此例配位圖也王宗道以牙爲宮温公以

四時序配横圖以喉爲羽韵會依之章道常又改其半徵傳朱子法以河圖生序脣舌腭齒喉爲羽徵角商宮要之皆爲漢字所設方音不得不異焉從五行生序以角徵宮商羽横配發承轉縱合五聲而後喉舌牙齒脣無不各具五音者矣雖古人所未言而恊之人聲合其自然則無不可者徐景安以上平爲宮下平爲商角爲入徵爲上羽爲去（見玉海）五音正韵削去平上去入之號表以宮商角徵羽之名（見米芾書史）方密之以啌嘡上去入配開承轉縱合（通雅曰平上去入以一統三則曰平仄仄無餘聲聲皆平也平中有陰陽張世南以聲輕清爲陽平濁爲陰周德清以啌喉清平爲陰以堂喉濁平爲陽智故以啌嘡定例便指論耳邦京山以四聲後轉一聲爲五何如此乎西士謂之清濁上去入故曰翁叜公東緗五聲也承開轉縱合亦五聲也）如日本國音四聲無一定聲從讀變故不用平上去入之號横配發承轉縱合五聲以叶角徵宮商羽五音凡聲氣無非風風在五行爲木在音爲角ア（惡平聲）乃開口第一聲喉內自然之音故ア爲角木生火火音徵令ア音觸齒生イ（伊）故イ爲徵風火聲氣之原也故アイ二音爲音韵之父母火生土土音宮土本無音借火而後生音令イ音觸

脣生ウ烏故ウ爲宮土生金金音商金本無音借火而後生音故イ
音亦觸舌生エ噎上聲故エ爲商金生水水音羽水本無音激土而後
生音故ウ音抵腭生ヲ嗢平聲故ヲ爲羽水生木故ヲ音又入喉餘十四
音皆倣之若以發承轉縱合五聲配之張牙湧脣謂之角其喔喔
確確然今發聲開口呼其音出於喉故以角配之齒合脣開謂之
徵其音倚倚戲戲然今承聲開口之合齒合脣開故以徵配之合
口通音謂之宮其音雄雄洪洪然今轉聲合口呼齒開脣合聲升
鼻故以宮配之開口叱聲謂之商其聲鏘鏘倉倉然今縱聲合口
之開聲出於臍觸舌心故以商配之齒開脣聚謂之羽其音詡詡
吁吁然今合聲合口呼聲出於臍觸腭入喉故以羽配之五音之解見續文獻通考
舊譜唯有喉舌牙齒脣輕重釋文雄大觀鈔以那儞奴泥耨五字
爲半齒半舌首落利縷列路五字爲半舌半齒音然那儞奴泥耨

全屬舌上落利縷列路乃係卷舌且加基苦結呫沙詩須奢蘇多知追底姤發非夫彎韈廿字各有輕重清濁之分音韻大不相同今放之韵鑑諸書釐爲十五音曰正喉曰淺喉曰深喉曰牙曰腭曰齒曰舌頭曰舌上曰卷舌曰半齒半舌曰半舌半齒曰縱脣曰縫脣曰重脣曰輕脣凡十五音七十五字每字亦各含五聲都合百七十五音除重出者三字十五音得三百六十音以應朞之日天下之音總于此阿音聲氣出於臍而脣舌腭齒俱不動爲諸音之本阿音瀉齒生伊觸脣生烏所謂一生二二生三凡物之生至三極矣故伊音激舌生噎烏音激腭入喉生嘔是二生四三生五而歸于一也凡音無非喉而阿爲喉之正音觸脣舌腭齒生伊烏噎嘔四音其音發於喉而以喉收凡音無非喉故始于正喉終于深喉阿伊烏噎嘔五音各横生十四音故引其聲則每字生阿伊

烏噎嗢之韵假令加阿沙阿多阿那阿發阿麻阿藥阿落阿話阿基伊詩伊知伊
儞伊非伊彌伊爲伊利伊伊伊之類餘聲皆歸第一行餘倣之凡聲有發
送餘收發聲在字頭餘收並在字尾發聲有一音一字者有二合
者二合音與翻切不同舊譜每字下分註者是也送聲者送氣聲
也本音不轉以送其氣不可以混餘聲餘聲者尾聲也烏阿之餘
聲卽本聲其餘如支開之餘聲爲意耶哆之餘聲爲耶見通雅凡漢字
除入聲之外皆有餘聲如日本國語一字一音無有餘聲故以漢
字譯每字省除餘聲但呼其發聲始合本音今倣梵文之例謂之
短呼又謂之半音又如追字知逾伊三音合爲一音今以追字譯
ッ字則三音合急呼之如入聲便爲ッ音謂之促呼正字通所載
滿字之譯語亦復類之阿因呼案納由呼惱哈矣呼海之類是已
即梵文徙也呼寫婆件呼盤之類而皆可爲譯語字及外國語之

例耳七十五字之外有ン字讀若分合口以鼻轉是爲鼻音即ム姥音之別唯尾聲有此音凡元文删先等收聲開口升鼻者爲ン侵監覃凡等尾閉之音聲將盡而閉之者爲ム而ンム二音不獨有開合之別而已ム爲輕脣音ン爲鼻音東冬江陽庚諸韵唐音收聲同眞元諸韵國讀皆以ウ烏收與蕭豪肴尤相似盖ンム二音皆ウ之轉聲耳ウ乃正喉音第三位喉音觸脣而所生ンム亦脣音第三位ウ音所生輕脣爲ム重脣爲ブ其舛鼻爲ン故無武等字唐音ウ引國讀漢音ブ吳音ム一轉舛鼻爲ン音字母四聲無一定平仄互通假令發詩二合呼爲平聲則爲端上聲則爲橋去聲則爲筈非讀爲平聲則爲閙上聲則爲日去聲則爲火故譯語無正音各從連讀之便而塡之可也故今每字附以四聲字以便對譯蝦耕錄曰眞定新軍張萬戶典祖平生射虎數十自是人目之曰殺虎張後以國言賜名拔突拔突即拔都與突字雖異而聲相近蓋譯語無正音故也國讀有平上去三聲

而入聲輕呼同平聲矣大氏漢語以字爲文梵語以音爲文日本國語亦猶梵語也音出於自然字生於人爲出於自然者萬國皆同書史會要曰蒙古字四十二一字具平上去三聲而無入聲入聲輕呼則同平聲矣通雅曰外域知七音而不知啌堂上去入金尼亦言入中土乃知之即古韵亦平仄互通者也言鯖日本朝國書無四聲而有反切出於人爲者五方各異蓋自然音之天籟耳不異乎縠音合二三音而後爲義中山傳信錄曰琉球字母四十七名伊魯花有一字可作二三字讀者有二三字可作一字讀者或借以反切或取以連書如春色二字琉人呼春爲花魯二音則合書八口二字即爲春字也色爲伊魯二音則合書イロ二字即爲色字也若有音無字則合書二字反切行之如村名泊與泊舟之泊𡗜讀作土馬伊則一字三音矣村名喜屋武讀作腔字則又三字一音矣國語多類此董越朝鮮賦註曰其國音有二樣讀書則平聲似去加以星爲聖以炬爲燕之類常語則多類女直甚至以一字作三四字呼者加以八爲也得理不之類是也以一字作二字呼者尤多有義而後有字在古倉史就其方言以製字字彙曰上古有音無字中古以字通音輓近又沿字而失其音四聲互相通轉通雅曰古人平仄互通但蠡叶耳詳攷經傳史漢註疏說文沉孫以至臧釋皆屬音穌但於粗細不審而舌齒常借脣縫常溷耳此各填其方言或各代之口吻然也音學五書曰四聲之論雖起江左然古人之詩已有遲疾輕重之分故平多韵平仄多韵仄亦有不盡然者而上或轉爲去或轉爲平入或轉平上去則在歌者之抑揚高下而已故四聲可以並用又曰凡上去入之字各有二聲或三聲四聲可遞轉而上同以至於平古人謂之轉注其臨文之用或浮或切在所不拘不過發言輕重之間而非有此疆爾界之分也故古讀無定音如諧聲聲義互用形容之疊仄平語抑揚無非就聲配字四聲轉變亦猶國音耳如星散頭獨口空頤養林立麞婁末殺之類皆方俗之音字從讀變

見水經註率有五音見焦氏筆乘從有七音差有八音辟有十一音見丹鉛錄不賁竝有十四音敦苴竝有十七音見通雅方密之以謂凡字皆有陰陽平上去五轉轉一韵即有十聲但古人未盡借用今方言未盡呼及也故曰音有一定之塡而字隨塡入非如後世定爲典要也況古今流變舛訛相承者蓋不鮮矣攷之說文核說文从木亥聲古哀切玉篇爲革戶骨二切廣韵下革切槬說文从木夸聲讀若華乎化切玉篇胡覇胡郭二切廣韻丑居切移說文从木多聲玉篇余支成兮二切廣韵弋支切又說文移从禾多聲䄷曰多與移聲不相近蓋古有此音簫說文从竹肅聲玉篇先幺切廣韵蘇彫切又說文簫从艸肅聲論語蕭牆鄭註蕭之言肅也牆謂屏也君臣相見之禮至屏而加肅敬焉韵輯嘯箫蕭皆息六切說文切引蕭牆玉篇蕭蘇條切廣韵蘇彫切卽古垐垐土次聲疾資切玉篇在力切又音喞廣韵子力子栗二切錫說文从食易聲同餳錫先擊切玉篇徒當切與錫混廣韵除盈切之類不暇枚舉所謂雙音傍音叶音弱侯以爲轉注之變其實時有古今地有南北清濁輕重徐疾開合各隨言話之便而轉移國人之通信于西土漢巳來巳有之則文字之傳固在周顒沈約之前何知日本國音之於古音不大相逕庭乎凡先秦之書用韻每異乎沈韵於是後世有叶韵之說叶之不可叶於是有五部三聲

兩界回互之說豈知各時之方言各異執一定之譜欲通其所不通不亦惑乎學者輒以唐音正日本國音之轉訛者何以得其要領乎且日本國字一音五聲一轉十聲字從讀變不可定以四聲爲界限猶之五音十二律旋相爲宮焉今所譯字皆在彷彿閒覽者以意逆之可也字母皆一字一音呼如入聲今所譯字唯用半音不引餘聲始合本音如釋書翻譯亦多用半音溫鬱鄔優難那陀闥婆縛羅陵蘭羅之類通轉頗廣可以類推凡日本國字讀爲濁音則字傍加二點ガギグゲゴ是也次淸則用一圈パピプペポ是也

角	徵	宮	商	羽
開口 發聲出自 喉	開合 承聲出自 喉遂合齒 開	合口 轉聲升鼻 遂開齒合	合開 縱聲出自 臍觸舌心	合口 收聲出自 臍觸脣入 喉

	ア	イ	ウ	エ	オ	
正喉	阿ア 諸音之本 犴舌腭齒 俱不動	伊イ 所生 ア音瀉齒	烏ウ 所生 ア音觸犴	噎エ 所生 イ音觸舌	嗢オ 所生 ウ音抵腭	
牙	加カ 激腭	基キ 橫牙間	苦ク 激腭	結ケ 橫牙間	跍コ 激腭	聲激腭而橫出者爲牙音故牙音無非腭者
腭	伽ガ	祇ギ	窶グ	傑ゲ	箇ゴ	重濁 隨鼻
正齒	沙サ	詩シ 兼舌頭	須ス 兼舌頭	奢セ	蘇ソ	是爲送氣聲出自臍瀉齒又與舌頭通
半齒半舌	楂ザ	時ジ	聚ズ	絕ゼ	徂ゾ	重濁 升鼻
舌頭	多タ 舌點腭	知チ 瀉齒兼正齒	追ツ 兼正齒升鼻	氏テ	妬ト 舌點腭	
半舌半齒	驒ダ	治ヂ	鎚ヅ	哾デ	度ド	重濁升鼻 凡國讀漢音屬半舌半齒者與音多讀爲舌上

舌上	那ナ 重濁與ダ通	儞ニ 重濁與ジヂ通	奴ヌ	泥ネ 重濁爲デ輕濁爲子	嫋ノ	清濁隨鼻ヌノ相通 開爲ノ合爲メ
縱脣	發ハ	非ヒ	夫フ	嶓ヘ	鞼ホ	縱脣聲在内輕
	喉從脣 聲氣直出自	激上脣其聲 揚 舌抵下脣聲	脣開升齒内通轉ウ 爲脣鼻合フ轉故フ フ合爲脣音ウ國一 聲ウ開在音語音 在齒聲外在多之	激上脣直出 舌抵下脣聲	齒開吻聚其 聲在喉脣之 間	
縫脣	𠰒バ	譬ピ	普プ	嚽ペ	朴ポ	次清 縫脣激發聲在外重
重脣	爬バ	避ビ	蒲ブ	別ベ	暴ボ	重濁 隨鼻
輕脣	麻マ	彌ミ	姥ム	セメ	麼モ	淸濁 隨鼻

パマビミブムベメボモ互相通轉輕重淸濁之分耳凡國讀漢音屬重脣者呉音多讀爲輕脣

鼻音ン　吽除發聲

ム音之別也是爲閏位唯尾聲用之ム音齒開脣聚聲在口内ン音齒合脣開聲升鼻脣舌牙齒俱不動凡元文寒删先等韵收聲開口升鼻者爲ン音

淺喉		卷舌	深喉	
藥ヤ	聲氣出自喉橫牙兼舌	落ラ	話ワ	ア音滿口中微升鼻者爲ウ音
爲ヰ	喉音滃滃爲イ一轉橫牙爲ヰ	利リ	イ	比第一行イ字差輕第一行イ字喉音直出滃滃在此行者微觸腭升鼻凡國語在一言中及語終者屬此行多與ヒ相通以其觸齶也
逾ユ	喉音觸斥爲ウ一轉橫牙爲ユ	縷ル	ウ	比第一行ウ字差重凡字頭用ウ音者屬第一行收聲用ウ音者屬此行一轉觸腭則爲ヮ音故國書ウヮ多通用
悅ヱ	開口呼比第一行ヱ字差重喉音觸舌心爲ヱ一轉橫牙爲ヱ	列レ	ヱ	比ヤヰユヱヨ之ヱ更重
欲ヨ	抵腭橫牙聲在口內	路ロ	沃オ	與第一行ヲ字相似而有輕重之分ヲ開口呼オ合口呼
喉音外出牙間者爲淺喉在喉腭間微升鼻者爲深喉			合口呼微觸於升鼻故與縱於音相通縱於重呼深喉輕呼	

日本圖經二十上終

日本文學下

奏派游歷日本美利加祕魯巴西等國英日屬地加納大古巴府用兵部郎中臣傅雲龍述

學校合表

日本學校厥類大畧有九曰小曰高等中曰尋常中曰大曰高等師範曰尋常師範曰專門曰高等女曰雜學同治十二年明治六約學校一萬二千五百九十七至光緒十二年明治十九歷年十有三增至三萬三百八十八述學校合表

學校		學校	教員 男	教員 女	教員 合計	生徒 男	生徒 女	生徒 合計	卒業生徒 男	卒業生徒 女	卒業生徒 合計
小學校	公立	二七九八八	七五五九九	三三一六	七八九一五	一九六六九四四	七九四九二九	二七六八七三	一九五八二三	五〇三〇九	二四六一三二
	私立	五六八	六二四	一三七	七六一	二二三五五	一九五一一	四〇七六六	二三一〇	一七七六	三九八六
	合計	二八五五六	七六二二三	三四五三	七九六七六	一九八八一九九	八一四四四〇	二八〇二六三九	一九八〇三三	五二〇八五	二五〇一一八
高等中學校	官立	二	八七		八七	一五八五		一五八五			
尋常中學校	官立	二	四六	六	五二	四三七	二〇六	六四三			

學校	類別										
	公立	五四	六二九		六二九	九九九一		九九九一	五一七		五一七
	私立	二	一五		一五	三〇九		三〇九			
	合計	五八	六九〇	六	六九六	一〇七三七	二〇六	一〇九四三	五一七		五一七
大學校	官立	二	一三九		一三九	八九七		八九七	三〇四		三〇四
高等師範學校	官立	一	二七	四	三一	一一八	五五	一七三	一五五	二六	一八一
尋常師範學校	公立	四六	五三九	五一	五九〇	四二三二	五九五	四八二七	一七九五	一〇八	一九〇三
專門學校	官立	一六	六八六		六八六	四七一四		四七一四	一九〇八		一九〇八
	公立	四六	三五九		三五九	四九六五	四	四九六九	四一九		四一九
	私立	四三	一八二		一八二	五七三二	一〇八	五八四〇	三三三	四	三三七
	合計	一〇五	一二二七		一二二七	一五四一一	一一二	一五五二三	二六六〇	四	二六六四
高等女學校	官立	一	三	六	九		一三四	一三四		一一	一一
	公立	六	三〇	三一	六一		七六四	七六四		二二	二二
	合計	七	三三	三七	七〇		八九八	八九八		三三	三三
雜學校	官立	六	三九	四	四三	三八八	一二	四〇〇	七三		七三
	公立	四三	一二一	一四	一三五	一六六〇	三九三	二〇五三	八六	一九	一〇五

				總計			
私立	合計	官立	公立	私立	通計	前一年	前十年
一五六二	一六一一	三〇	二八一八三	二一七五	三〇三八八	三〇〇二六	二五四七三
二四五〇	二六一〇	一〇一七	七七二七七	三三七一	八一五七五	一〇〇二二六	五二六九二
三〇五	三二三	二〇	三四一二	四四二	三八七四	五二八五	一四二五
二七五五	二九三三	一〇四七	八〇六八九	三七一三	八五四四九	一〇五五一一	五四一一七
五六一六〇	五八二〇八	八一三九	一九八七七九二	八二四五六	二〇七九三八七	三四一一〇四	二五六七〇九二
九七九二	一〇一九七	四〇七	七九六六八五	二九四一一	八一六五〇三	九五四〇六六	五三一二五四
六五九五二	六八四〇五	八五四六	二七八四四七七	一一二八六七	二九〇五八九〇	三三〇一七〇	二〇九八三四七
	一五九	二四四〇	一九八八四〇	二五四三	二〇二六二三	一一六五七九	
	一九	三七	五〇四五八	一七八〇	五二二七五	四〇三六七	
	一七八	二四七七	二四九〇九八	四三二三	二五五八九八	一五六九四六	

己未入學表

日本籍所謂學齡者指可入學年而言七歲以上為率也光緒四年明治十一其國可入學者三千五百萬二千有二十入學者二百一十七萬九千二百六十七越五年明治十六可入學者三千七百五十四萬七千百五十入學者三百一十五萬七千二百八十九至十二年明治十九可入學者三千八百八十一萬四千五百三十二而

入學者三百有六萬三千一百八十六轉減於前何也且有琉球在內述

己未入學表

		人	學齡人員	學齡修學 就學	學齡修學 卒業退學	學齡修學 合計	學齡不修學 未就學	學齡不修學 未卒業退學	學齡不修學 合計	生徒 小學校	生徒 他學校	生徒 合計
東京	男	八三○○八八	一○三七三九	三九五三四	一一七九九	五一三三三	四○四二一	一一九八五	五二四○六	四○二四一	三二八八五	七三一二六
	女	七一三七三○	九六四九三	三○三七四	七四三八	三七八一二	四八六三八	一○○四三	五八六八一	三○五一四	二五七二	三三○八六
京都	男	四二七四九九	七七六八一	四七五五四	四五一二	五二○六六	一七○四九	八五六六	二五六一五	四五一一五	二九六四	四八○七九
	女	四一五四三五	七三二八一	三○五四九	二六五九	三三二○八	二八八四九	一一二二四	四○○七三	二七九○八	一○三一	二八九三九
大阪	男	八四三一○七	一五二六二五	九四六六六	四○○六	九八六七二	三八七五九	一五一九四	五三九五三	九一八六七	六六五一	九八五一八
	女	八二一四四三	一三六四五六	六四四五一	一九四一	六六三九二	五四九一九	一五一四五	七○○六四	六二○三三	二五一五	六四五四八
神奈川	男	四六一九八八	七七四五二	四二一五七	二四三七	四四五九四	二七四○一	五四五七	三二八五八	四○七六七	一七四○	四二五○七
	女	四四六二○四	七三○六四	二二八九○	一三三六	二四二二六	四二七八六	六○五二	四八八三八	二二○二三	六四六	二二六六九
兵庫	男	七六六六五一	一三二○七四	六六一八二	七七八九	七三九七一	四四一○七	一三九九六	五八一○三	六四○三八	九八九	六五○二七
	女	七二一三○七	一一八九四五	三三七九四	三八三四	三七六二八	六七二八九	一四○二八	八一三一七	三一六三一	六一	三一六九二
長崎	男	三七○○九三	五九四三七	二五三一五	三九四八	二九二六三	二七五五八	二六一六	三○一七四	二六○二五	一一九八	二七二二三
	女	三六六六四九	五四五七八	六八○一	四八○	七二八一	四六○○九	一二八八	四七二九七	六八八四	一○○	六九八四
新潟	男	七九八七五五	一四九五○三	八○三六六	四五六○	八四九二六	四九八五四	一四七二三	六四五七七	八○九六○	一六六三	八二六二三
	女	八三八九六六	一三九六九六	二○四○四	一二二五	二一六二九	一○五八九二	一二一七五	一一八○六七	二○八二一	一七三	二○九九四
埼玉	男	五二一六二六	九五二一七	五二四七六	一六九九	五四一七五	三四三五○	六六九二	四一○四二	五一四八六	一○七	五一五九三
	女	五一四五○九	八九一七一	一九九七八	六四四	二○六二二	六二四六四	六○八五	六八五四九	一八七八八		一八七八八
群馬	男	三三三五○二	六一九八七	三四二九二	三五七○	三七八六二	一八二五六	五八六九	二四一二五	三四四九九	一四一三	三五九一二
	女	三三二六八八	五八三○五	一七八七六	一九○○	一九七七六	三一三七○	七一五九	三八五二九	一七○三八	一五○	一七一六八
千葉	男	五七九六四○	九七八六○	六○九一三	四五九四	六五五○七	二八四四二	三九一一	三二三五三	六○六○九	一五○五	六二一一四
	女	五六八九二七	八三九○八	二○二四七	一六九六	二一九四三	五八九五三	三○一二	六一九六五	一八七七八	四二	一八八二○
茨城	男	四九二○一二	八三七八七	五一六四七	二六一○	五四二五七	二四○四一	五四八九	二九五三○	五三二二五	三五○	五三五七五
	女	四八一五八八	七一一○三	一五一二一	一○七一	一六一九二	五一九六七	二九四四	五四九一一	一五九一○		一五九一○

橡木	男	三三三七三一	六六二八〇	四〇六一三	一六二三	四二二三六	二〇三七一	三六七三	二四〇四四	四〇七六六	七六六	四一五三二
	女	三三三八六三	五八四一五	一七七三四	七〇五	一八四三九	三七三三四	二六四二	三九九七六	一七八三三	七一	一七九〇四
三重	男	四四九三六七	八二二二〇	五一一三九	四四〇一	五五五四〇	一八二一九	八四六一	二六六八〇	五〇八六七	一〇五四	五一九二一
	女	四四六七六〇	七五七四二	二七一八二	二二七一	二九四五三	三四九二二	一一三六七	四六二八九	二六〇五九	三四三	二六四〇二
愛知	男	七〇五〇〇三	一一九八六六	八四五四八	七二五〇	九一七九八	一七四四五	一〇六二三	二八〇六八	八一三五五	二六五四	八四〇〇九
	女	七一二三九四	一一〇七三九	四四八五六	四八六三	四九七一九	四五四二八	一五五九二	六一〇二〇	四一二三四	四四八	四一六八二
靜岡	男	五二三七四四	八四三〇〇	五一七六二	五三五二	五七一一四	一八〇九三	九〇九三	二七一八六	五一一二三	九八四	五二一〇七
	女	五一〇一三七	七九〇四〇	二七七六四	一九四六	二九七一〇	三七一一八	一二二一二	四九三三〇	二六五三九	二五五	二六七九四
山梨	男	二一八四七七	三九七一五	二五九六二	三〇四三	二九〇一〇	六六六一	四〇四四	一〇七〇五	二六五〇八	四二五	二六九三三
	女	二一九六〇二	三五三一四	七九四二	六三七	八五七九	二二七九六	三九三九	二六七三五	八〇七三	一五四	八二二七
滋賀	男	三二五〇〇〇	六三五一六	三五四二〇	四九八〇	四〇四〇〇	一三〇二五	一〇〇九一	一三一一六	二九五八一	六六九	三〇二五〇
	女	三三二二〇〇	五六八三八	二〇一六〇	二三八一	二二五四一	二一七二七	一二五七〇	三四二九七	一五五一三	四二	一五五五五
岐阜	男	四五三五四四	八一八五五	四七三二八	四八五二	五二一八〇	一九五八五	一〇〇九〇	二九六七五	四三五七三	一〇五六	四四六二九
	女	四二三四一六	七六三〇〇	二八九六八	三一九七	三二一六五	三一七二三	一二四一二	四四一三五	二六三一一	四八	二六三五九
長野	男	五三八三一九	九五二三九	七二一四九	三一一一	七五二六〇	一四二五一	五七二八	一九九七九	七〇一四五	四九二	七〇六三七
	女	五三〇六五〇	八〇八三八	二六八二三	一二六二	二八〇八五	四二六四七	一〇一〇六	五二七五三	二五〇二四	二	二五〇二六
宮城	男	三五四八三九	六九九二二	五一〇七五	二四八四	五三五五九	一二四六九	三八九四	一六三三六	四八八一四	一〇六六	四九八八〇
	女	三二七一六七	五五一七〇	一五一三〇	五六五	一五六九五	三六六八三	二七九二	三九四七五	一六三〇八	三五八	一六六六六
福島	男	四四二〇四三	八二四二五	五七四七三	三三四五	六〇八一八	一七四二六	五一八一	二二六〇七	五七一三三	七四三	五七八七六
	女	四二八五七六	七六二六〇	七八八六五	七五〇	一九六一五	五二〇〇四	四六四一	五六六四五	一七八〇〇	六	一七八〇六
岩手	男	三三三三五一	五八〇九六	三九三五一	二三六〇	四〇七一	一四四五三	二九三三	一七三八五	三九九四六	四六九	四〇四一五
	女	三一五二三八	四九三一六	一一二六一	二一二	一一四七三	三四三六六	三四七七	三七八四三	一一四〇八	四五	一一四五三
青森	男	二六七〇九二	五〇八九一	二七〇五八	二二七一	二九三二九	一七四〇〇	四一六二	二一五六二	二五七四〇	四七七	二六二一七
	女	二五三八二三	四七九二六	四七二一九	四〇五	五一三四	四一一三三	一六五九	四二七九二	四一六〇	三三	四一九三
山形	男	一二〇六八三五	六七八九八	四二五五五	二六六九	四五二二四	一六四九八	六一七六	二二六七四	四二七四二	五三五	四三二七七
	女	三五二四六四	五七一〇四	一〇六七七	七三一	一一四〇八	四一八四九	三八四七	四五六九六	一〇四一九		一〇四一九
秋田	男	三四五四〇八	五五六七九	三二五三〇	七〇七三	三三六〇三	一七六七五	四四〇一	二二〇七六	三二八五八	四三三	三三二九一
	女	三一四四七三	四五〇九四	五〇二九	三一七	五三四八	三六七八二	二九六四	三九七四六	五〇六九	四七	五一一六
福井	男	二九七九五一	五六九八八	三四九八四	一七二八	三六七一二	一五八六八	四四〇八	二〇二七六	三五一二七	三四一	三五四六八
	女	三〇〇一三〇	五三六五九	一一五五九	一五七四	一三一三三	三六一五〇	四三七六	四〇五二六	一一三二〇		一一三二〇

石川	男	三七五九三六	七五六四六	四八〇四一	四一九三	五二二三四	一七二〇四	六二〇八	二三四一二	四八九四七	七三一	四九六七八
	女	三七六四五六	七〇七六八	二一六一五	一六〇〇	二二三一五	三九一三一	八四二三	四七五五三	二二〇三九	一四八	二二一八七
富山	男	三七〇五一一	七七三五二	五一四九九	九二六	五二四二五	二〇五一八	四四〇九	二四九二七	四九〇九一	五五〇	四九六四一
	女	三五八六九七	七二〇一六	二〇八三六	二二五	二一〇六一	四五五四五	五四一〇	五〇九五五	一九八九二	九三	一九九八五
鳥取	男	一九六七九四	三二三六一	一九七一八	四九七	二〇二一五	一〇〇八七	二〇五九	一二一四六	二〇八〇四	六三七	二一四四一
	女	一九〇八一九	二七六九二	五四二五	一六六	五五九一	二〇五七八	一五二三	二二一〇一	五五八九	一六	五六〇五
島根	男	三五四七五一	五八一四四	三六七〇八	一二二七	三七九三五	一六五九一	三六一八	二〇二〇九	三八七五七	一〇一四	三九七七一
	女	三三九二三八	五三九一三	一四三二三	三五四	一四六七七	三五四〇六	三八三〇	三九二三六	一四二七四	三七	一四三一一
岡山	男	五四六二七七	九一一八五	六八八三六	三四八	六九一八四	二一七三六	二六五	二二〇〇一	七二〇八九	二八六五	七四九五四
	女	五〇一〇九一	八〇四九八	四三九七七	五〇八	四四四八五	三五六八四	三二九	三六〇一三	四四九七九	一四七三	四六四五二
廣島	男	六五〇二三三	一一三九四九	五六六六二	二一一一	五八七七三	四二六六〇	一二五一六	五五一七六	六五四一九	一三二六	六六七四五
	女	六三〇一〇〇	一〇五三六〇	二八六八七	七〇九	二九三九六	六二二七六	一三六八八	七五九六四	二九九二九	四六	二九九七五
山口	男	四六〇四二二	七七〇一三	四六四四〇	二五二三	四八九六三	一九三八二	八六六八	二八〇五〇	四三六五〇	一六五七	四五三〇七
	女	四四四七三五	七三二七二	一八二二四	一七四七	一九九七一	四四三四七	八九五四	五三三〇一	一六二三六	一二一	一六三五七
和歌山	男	三〇二七五五	五八一四八	三〇七三五	一四四九	三二一八四	二一一二三	四八四一	二五九六四	二九二七四	一五四〇	三〇八一四
	女	二九四四八六	五〇九七三	一〇八二〇	三九四	一一二一四	三六七三〇	三〇二九	三九七五九	一〇五七一	一三三	一〇七〇四
德島	男	三三〇六五七	五五六三三	二三三七八	一四〇二	二四七八〇	二〇九四三	九九一〇	三〇八五三	一九七九九	九七六	二〇七七五
	女	三三五九一六	五一三一四	七三二〇	三四五	七六六五	三八一〇三	五五四六	四三六四九	三二九〇八	一六八	三三〇七六
愛媛	男	七七一九三一	一三九三六一	八一八八二	一二〇一	八三〇八三	四四〇五二	一二二二六	五六二七八	七六九六八	一五四三	七八五一一
	女	七四二五八五	一三〇六三三	三七四一	七〇〇	三八一一一	七九五七八	一二九四四	九二五二二	三二八六三	一六一	三三〇二四
高知	男	二九四四六五	四四三六四	二六八五三	一〇七四	二七九二七	一二七六三	三六七四	一六四三七	二六四一九	一二四	二六五四三
	女	二六九〇一〇	三八二七一	一一二九二	七七七	一二〇六九	二一七四三	四四五九	二六二〇二	一〇八一一	三三	一〇八四四
福岡	男	五八三一七九	一〇八六〇七	四九〇八九	七二九六	五六三八五	四五〇八一	七一四一	五二二二二	四七五三〇	二四〇四	四九九三四
	女	五六九一二二	九九五六七	一四六三七	一八八六	一六五二三	七七九二一	五一二三	八三〇四四	一二九七〇	一九五	一三一六五
大分	男	三八五九三九	六五一二一	四〇〇九三	五三四	四〇六二七	一九二五三	五二四二	二四四九四	三八七五〇	一〇七二	三九八二二
	女	三七八五〇八	六〇五四六	一五一一〇	二一二	一五三二二	四〇〇二〇	五二〇四	四五二二四	一四四八六	三	一四四八九
佐賀	男	二六二九四九	四七八八九	二八三三七	八〇六	二九一四三	一四九五二	三七九四	一八七四六	二九九四六	八六五	三〇八一一
	女	二五三二三七	四二四四四	八六三四	一八一	八八一五	三一一七六	二四五三	二三六二九	九一七三		九一七三
熊本	男	五〇九一三五	八六八四八	三八六三〇	一一九四八	五〇五七八	二九八〇一	六四六九	三六二七〇	四七七七四	二三三三	五〇一〇七
	女	五一三九九三	八一六五二	一八〇二一	二九五五	二〇九七六	五三四六四	七二一二	六〇六七六	一九三九二		一九三九二

		宮崎		鹿兒島		北海道	
		男	女	男	女	男	女
		二〇〇六一三	一九二一〇〇	三八四〇三八	三七八八〇〇	一六〇一三八	一三八八二〇
		三三三四五	三〇二二八	七八〇九四	六〇一六六	二五〇一五	二二一三五
		一七四四	三三九	四二二五六	六一〇五	一二七四〇	四三六〇
		一一〇	一二	二四三九	一四四	二九四	九四
		一七五五四	三三五一	四四六九五	六二九四	一三〇三四	四四五四
		一三九四六	二五六一八	二九二三〇	五二九四二	一一〇〇一	一六九一三
		一八四五	一二五九	四一六九	九七五	九八四	七六八
		一五七九一	二六八七七	三三三九九	五三九一七	一一九八五	一七六八一
		一七九三一	三二一六	三三五九五	四三八五	一二六七三	四二六二
		二〇九		一〇七五	九三	四〇四	一四
		一八一四〇	三二一六	三四六七〇	四四七八	一三〇七七	四二七六

小學校師弟子表一

日本簡籍教員者師也授業生云者弟子爲師轉相授學者也簡易科云者七歲以下弟子入此科也尋常科云者七歲至十歲四年間學科也過此入高等科學今以師爲一類公立者七萬八千七百九十三私立者七百六十一次以生爲一類公立者二百七十五萬七千七百三十三次以卒業生爲一類公立者二十四萬六千有一十九私立者三千九百八十六皆光緒十二年數也明治十九近年冊未修入〇琉球在外又以平均每日入學生爲一類述小學校師弟子表

師類								弟子類						
學校				教員		授業生		合計	生徒						合計
簡易科	尋常科	高等科	合計	男	女	男	女		簡易科		尋常科		高等科		
									男	女	男	女	男	女	

東京	公立		二四四	七〇	三二四	四八三	四七	一二三	七〇	八二三			一九〇〇四	一一九〇二	四〇〇七	三二八三	三七二〇三
東京	私立		四一五	五四	四六九	一四二	三七	一九二	五四	五二五			一六四〇七	一五七三七	八二三	五八五	三三五五二
京都	公立		五二	一九七	七〇八	八六六	一五一	二八四	二三五	二四三八			四四四三一	二七八九	六八四	八九	七二〇三
大阪	公立		八四六	一〇三	九四九	一二三六	八	一五〇六	六二	二八一二			八九三〇〇	六二二六二	二二八四	五一七	五三三六二
大阪	私立		六		六	八		四	一	一三			二八三	二五五			五三八
神奈川	公立		五六八	一一七	六八五	三九四	五	一二六	四四	一六六九			三八二二七	二〇七〇九	一五六四	三九四	六〇八九四
神奈川	私立		二五	四	二九	八	二	四四	七	六一			九一八	八九二	五八	二八	一八九六
兵庫	公立		五八〇	一〇	五九〇	七〇九	三	二〇八五	一〇三	二九〇〇			六三七四五	三三五九七	二九三	三四	九五六九
長崎	公立	二六四	一八〇	一七	四六一	四二〇	九	六八九	二〇	一一四八	七二二一	一三五七	一七〇一〇	五二一〇	一八〇四	三一七	三三九九
新潟	公立		一〇一六	二〇七	一二三四	一一一七	二一	二八七二	五五	四〇六四			七二四七七	一八六四五	八四八三	二一七六	二〇七八一
埼玉	公立		三二九		三二九	八四七	四	一二五	一三	一九八九			四五四五九	一七七三〇	六〇二七	一〇五八	七〇七四
群馬	公立	一二一	三七七	一六	四一五	七六六	一二	五八四	二七	一三八九	三八三	一二二	三一五四七	一五九七七	二三三一	六二九	五〇五三
群馬	私立		四	一	五	三		六	四	一三			一八九	二三七	四九	一〇	四八五
千葉	公立		七五一	一九六	九四七	一〇三一	三一	八九〇	二六	一九七八			五五五五三	一七七二五	四五五九	七七三	七八八一〇
千葉	私立		七	二	九	一三	二	六		二一			四九七	二八〇			七七七
茨城	公立		二九六	一八	三二四	三三六	七	一〇四五	一〇	一三九八			四八五七七	一五〇〇二	四六四八	九〇八	六九三五
栃木	公立		三九五	八四	四七九	四六四	二四	一七四六	一〇六	二三四〇			三九九四一	一七六二一	八〇一	二〇七	五八五七〇
栃木	私立		一	一	二	二				二			二四	五			二九
三重	同		四四九	四二	四九一	四五四		三九五	一〇七	二八五六			五〇〇六七	二六〇〇五	七六三	五四	七六八九
三重	同			一	一	四				四					三七		三七
愛知	公立		一〇五八	三五二	四〇九	一〇六七	二三	一五九九	九一	二七八〇			七九五八一	四一〇八五	一七七四	一四九	三三五九
靜岡	公立	五	二四三	四	二五二	五九九	二	一三六九	二六	一九九六	八六五	六三九	四九六二五	二五七三〇	五八二	一四七	七七五八
靜岡	私立		一		一	一		三		四			六一	一三			八四

府縣		1	2	3	4	5	6	7	8	9	10	11	12	13	14	15	16
山梨	公立		二〇五	九三	二九八	三七一	三	一〇〇六	一七	三九七			二五四七八	八〇二二	一〇三四	五二	三四五八一
滋賀	公立	四〇四	一〇五	九	五一八	五九〇	二一	三七二	一一	九九四	二五四一四	七八二〇	二三五六八	七四七二	五九九	二二二	四五〇九四
岐阜	公立	六五〇	二六〇	三〇	九四〇	六八三	一三	七二	三〇	一四四七	二二五九六	二四五九四	二〇四六〇	一二三七五	一五一七	四四二	六九八八四
長野	公立		六〇一	四九	六五〇	六四五	三	三七七八	一六八	四五九四			六八七〇八	二四八五九	一二八二	六一	九四九一〇
	私立		三		三	一		七		八			一五五	一〇四			二五九
宮城	同	一九四	三八五	三三	六一二	四三九	一〇	一〇六八	六三	一五八〇	六〇〇八	二九四〇	四〇〇一七	三三六二一	二七五五	七一二	六五〇五三
	同		一		一			一		一			三四	三五			六九
福島	公立		八六四	一〇五	九六九	六一五	一二	一三五一	八七	二〇六五			五四八六二	二六九五六	二三七二	八四四	七四九三
岩手	公立		七四七	一五九	九〇六	六六二	一	五九〇	一二	一二六五			三六九二九	一〇八三九	二八八七	四四〇	五一〇九五
	私立		四	一	五	二	一	三	三	九			三二	一二六	九	三	二五九
青森	公立	九一	四四五	一八	五五四	四三四	三	三七二	二〇	八二九	三一九二	二六九	二二五五八	三八一四	九九〇	七七	二九九〇
山形	公立		五四八	四一	五八九	六四六	一〇	一五七九	八〇	二三一五			四一四八一	一〇三六七	一二五四	四七	五三四九
	私立		一		一	一				一			七	五			一二
秋田	同		四八三	九二	五七五	四八一	三四	八〇五	四一	一三六一			三〇五四三	四八六七	二二五九	一七五	三七八四
	同		一	一	二	一		二	一	四			五四	二七	二		八三
福井	公立		五七七	八八	六六五	六四四	一七	六三三	三一	一三三四			三四六六〇	一一三七五	四六七	四五	四六四七
石川	公立		四五四	六四	五一八	八二四	一八八	五七九	一三三	一七二四			四三五一七	二〇六三八	五三四四	一二三二	七〇七三二
	私立		七		七	七	六	九	一〇	三三			八六	一六九			二五五
富山	公立		四五三	三六	四八九	四九五	七九	五七二	一一五	一二六一			四八九八四	一九八六八	一〇七	四	六八九〇三
鳥取	公立		一六一	六三	二二四	四七三	三〇	一四三	三	六四九			二〇二二〇	五五五五	五八四	三四	二六〇五三
島根	公立		四二七	一三〇	五五一	四二五	一〇	一一六八	八一	一六八四			三八〇二七	一四二〇九	六三八	三六	五三九一〇
	私立			一	一	一		三		四					九二	二九	一三

		卒業生徒 簡易科 男	女	尋常科 男	女		高等科 男	女	合計		生徒平均日日出席數	毎一學校 教員	生徒	毎教員一人生徒	毎生徒百人 卒業		出席
岡山	公立	一七六	五〇八	一四〇	八二四	九四五	三	一五八八	八一	二六八一七	五五〇七	一三九九三	五三九八	四八八三	一六二〇	一〇三	二七〇六八
廣島	公立		八六〇	一三	八七三	一〇四一	一八	七七三	三二	一八六四			六四四〇	三九五四九	四〇一	七五	九四四五
	私立		三	一	四	七		一二	三	二三			五七五	三三	三	二	八八三
山口	同		七三〇	一二五	八五五	五九二		一八一四	一六六	二五七二			四二七六〇	一六一五六	八六一	五七	五九八三四
	同		一		一			一		一			二九	二三			五二
和歌山	公立		五八二	四八	六三〇	五六三	六	一九〇	七	七六六			二九〇二七	一〇五六八	二四七	三	三九八四五
德島	公立	一三九	一三二	一〇	二八〇	二四九	一	一三〇	六	三九二	三七九三	一〇二八	一四五四九	二七八五	一四五七	九五	二三七〇七
愛媛	公立		一一二七	一八三	一三一〇	一〇八五	九	一六七九	六四	二八三七			七五七三三	三三六七二	七一五	七五	一〇九八五
	私立		二		二	二		一		三			一三〇	一一六			二四〇
高知	公立		六七二	三三二	一〇〇四	三一六	七	七四六	三八	一一〇七			二五九四四	一〇七四	四七五	三七	三七三〇
福岡	公立	四五〇	三〇一	三一	七八二	一〇八四	一〇	八四三	二五	一九六二			四六六六二	三二九〇九	八六八	六一	六〇五〇〇
大分	公立		五二九	一〇六	六三五	三四四	二	一二二四	二八	一五八八			三九七一	一四四〇一	七七九	八五	五三三六
佐賀	公立		二一〇	五三	二六三	四七七		六九八	一五	一一九〇			二六九八六	八五三七	一九六〇	六三六	三九一九
熊本	公立		六八七	七四	七六一	四八〇	二	一五〇五	四一	二〇二八			四六二四〇	一九一八〇	一四七三	一六一	六七〇五四
	私立		三		三			三	二	五			六一	五一			一一三
宮崎	同		二七八	二九	三〇七	七九	一	六四二	六	七二八			一七六三四	三一一五	二九七	九	二一〇五五
	同		一	一	二			五	二	七				八五		七	九二
鹿兒島	同		三五七	一四七	五〇四	二〇七	一二	一三四七	二九	一五九五			三二六二	四二七五	九七四	四	三七八七四
	同		一		一		二			二				一〇六			一〇六
北海道	公立		二六一	一〇	二七一	二四〇	二六	一〇八	三	四七八			二二〇七〇	三九八九	五二	五	二六一一六
	私立		一三		一三	一一		八		一九			五五一	二六八			八一九

		一	二	三	四	五	六	七	八	九	十	十一	十二	十三
東京	公立			四三四五	二五〇〇	二二五	一四四	七二一四	二九二二八	二、六二	一一八、四八	四五、二〇	一九、三九	七八、五六
	私立			一七七六	一五〇八	六八	四二	三三九四	二五六三三	一、一二	七二、五四	六三、九一	一〇、一二	七六、四〇
京都	公立			五四九二	二一一三	一一二	一六	七七三三	四九八八二	三、四四	一〇三、二四	二九、九五	一〇、五九	六八、三二
大阪	公立			六四〇四	二〇七八	七九		八五六一	八一三〇五	二、九六	一六一、六〇	五四、五四	五、五八	五三、〇二
	私立			三四	七			四一	四七七	二、一七	八九、六七	四一、三八	七六、二	八八、六六
神奈川	同			二四六三	八一九	一六七	四一	三四九〇	五三四六二	二、四四	八八、九〇	三六、四九	五七、三	八七、八〇
	同			四一	二六	一〇	一	七八	一八六八	二、一〇	六五、三八	三一、〇八	四一、一	九八、五二
兵庫	公立			六九一三	二二二三	六六	一〇	九一一二	五七二九四	四、九二	一六二、一五	三二、九九	九、五二	五九、八九
長崎	同	一五五九	一〇三	二五二七	三三三	六	二	四五三〇	二三〇八〇	二、四九	七一、三九	二八、六七	一三、七七	七〇、一三
新潟	同			六三二〇	一一三〇	一〇八四	一三三	八六六七	七〇〇九三	三、三二	八三、二二	二五、〇四	八、五二	六八、八七
埼玉	同			二一三一	四二九	三九二	三七	二九八九	五二八八六	六、〇五	二三三、六〇	三五、三三	四、二五	七五、二六
群馬	公立	一九六	五一	四一三三	一五二〇	一四〇	二二	六〇六二	四〇五〇四	三、三五	一二三、〇二	三六、七五	一一、八七	七九、三四
	私立			一九	二八			四七	三八二	二、六〇	九七、〇〇	三七、三一	九、六九	七八、七六
千葉	同			一〇一〇五	二四四五	四三二	四二	一三〇二四	六一五一六	二、〇九	八三、〇一	三九、二四	一六、五七	七八、二五
	同			八三	四二			一二五	六七三	二、三三	八六、三三	三七、〇〇	一六、〇九	八六、六二
茨城	公立			二二一九	五二四	二四八	四〇	三〇三一	四七七七一	四、四五	二三〇、一八	四九、四五	四、三八	六九、一〇
栃木	公立			四四二二	一七六六	九四	二五	六三〇七	三九〇五二	四、八九	一二二、二八	二五、〇三	一〇、七七	六六、六八
	私立			一〇	三			一三	二六	一、〇〇	一四五、〇	一四、五〇	四四八三	八九、六六
三重	同			七三三七	二一九一	一二七	九	九六六四	四九〇一三	五、八二	一五六、六〇	二六、九二	一二、五七	六三七五
	同					二一		二	二四	四、〇〇	三七、〇〇	九、二五	五六七六	六四、八六
愛知	公立			八二五五	二三〇八	三五九	一九	一〇八四一	八一四四七	一、九七	八七、〇〇	四四、一〇	八、八四	六六、四四
靜岡	公立			四二五二	一五二一	一八	四	五七九五	四七八〇二	七、九二	三〇七、八五	三八、八七	七、四七	六一、六二
	私立								七三	四、〇〇	八四、〇〇	二一、〇〇		八五、九〇

府縣	區別													
山梨	公立			一四四三	四二九	二五四	九	二一三五	二四〇六九	四、六九	一一、六〇四	二四七五	六、一七	六九、六〇
滋賀	同	二六六〇	九五八	二〇一八	四七七	八〇		六一九三	三五二〇〇	一、九二	八七、〇五	四五、三七	一、三七三	七八、〇六
岐阜	同	四三二四	一九九二	三〇〇〇	一一一五	二二二	一七	一〇六六〇	四二七九	一、五四	七四三、四	四八、三〇	一五、二五	五九、〇七
長野	公立			八四六一	一七〇五	二三一	二	一〇三九九	六二四六三	七、〇七	一四六、〇二	二〇、六六	一〇、九六	六四、七六
	私立								一二一	二、六七	八六、三三	三三、三八		四六、七二
宮城	同			四九一七	一〇五九	一〇九	九	六〇九四	四四二六三	二、五八	一〇六、三〇	四一、一七	九、三七	六八、〇四
	同								四四	一、〇〇	六九、〇〇	六九、〇〇		六三、七七
福島	公立			五二四八	八六三	一八八	四八	六三四七	五四三三	二、一三	七七、三三	三六二九	八、四七	七二三七
岩手	公立			三四八一	三七三	一五四	一〇	四〇一八	三〇一五二	一、四〇	五六、四〇	四〇三九	七、八六	五九、〇一
	私立			二一	一七	一		三九	二〇八	一、八〇	五一、八〇	二八、七八	一五、〇六	八〇、三一
青森	公立	七六五	二八	二六五八	四〇六	七六		三九三三	二〇一二六	一、五〇	五三九七	三六、〇七	一三、一五	六七、三一
山形	公立			五七三一	一二七八	一〇四	二	七一一五	四〇六六三	三、九三	九〇、二四	二二、九六	一三、三九	七六、五一
	私立								九	一、〇〇	一二、〇〇	一二、〇〇		七五、〇〇
秋田	同			四〇〇	一〇四	一六二		六六六	二七七二九	二、三七	六五、八二	二七、八一	一、七六	七三、二七
	同								六〇	二、〇〇	四一、五〇	二〇、七五		七二、二九
福井	公立			二〇八三	八三〇	三八	二	二九五三	三三八三	一、九九	六九、八五	三五、〇八	六、三六	七〇、六九
石川	公立			四九四〇	一三二三	一四二	一四	六四一九	三四七二五	三三三	一三六、五五	四一、〇三	九、〇八	四九、〇九
	私立			二一	三六			五七	二一四	四、五七	三六、四三	七、九七	二二、三五	八三、九二
富山	公立			一八八七	三六七	三		二二五七	二六七八三	二、五八	一四一、〇七	五四七、〇	三、二七	三八、八三
鳥取	同			三四九一	五七三	三四		四〇九八	一七四二一	二、九〇	一七、八三	四〇、六七	一五、五三	六五、九七
島根	公立			四〇八四	五七二	八七	三	四七四六	二六八六六	三、〇二	九四、九八	三二、四二	八、九七	五〇、七八
	私立								八八	四、〇〇	二二、〇〇	三〇、二五		七二、七三

岡山	公立	五三〇七	一六九一	九八二	九二	二三	三	八二九八	五六四五四	三、一八	一四二、〇七	四四、七三	七、〇九	四八、二二
廣島	公立			二七七一	六八二	一九	二	三四七四	五二八三二	二、一四	一〇八、二一	五〇、六八	三、六八	五五、九三
	私立			七一	三四			一〇五	五七一	五、五〇	二二〇、七五	四〇、一四	一一、八九	六四、六七
山口	公立			三七九九	一〇一八	一三二	一六	四九六五	四五三四一	三、〇一	六九、九八	二三、二六	八、三〇	七五、七八
	私立								三二	一、〇〇	五二、〇〇	五二、〇〇		六一、五四
和歌山	公立			三四五二	八〇九	二九	一	四二九一	二九七六二	一、二二	六三、二五	五二、〇二	一〇、七七	七四、六九
德島	同			二八〇〇	六一六	九三		三五〇九	二〇七六一	一、四〇	八四、六七	六〇、四八	一四、八〇	八七、五七
愛媛	公立			二四四六	七三一	一〇二	一六	三二九五	六五〇一九	二、一七	八三、三五	三八、四九	三、〇二	五九、五五
	私立								一三二	一、五〇	三三、〇〇	八二、〇〇		五三、六六
高知	公立			三四四六	七六七	五七	二	四二七三	二二二七二	一、一〇	三七、〇八	一二三、六三	一一、四八	五七、一四
福岡	同			八二七二	一四七七	一二七	一〇	九八八〇	四二六八三	二、五一	七七、三七	三〇、八四	一六、三四	七〇、五五
大分	同			五八八	七一	一〇〇	一五	七七四	三〇〇五一	二、五〇	八三、八四	三三、五二	一、四五	五六、四五
佐賀	同			一七九四	三三二	一一一	二八	二二六五	二七二一六	四、五二	二四八、八四	三三、八七	五、七九	六九、三二
熊本	公立			六九七四	二〇七四	三一三	一二	九三七三	四四七六三	二、六六	八八、一一	三三、〇六	一三、九八	六六、七六
	私立			二二	一六			三八	九八	一、六七	三七、三三	二二、四〇	三三、九三	八七、五〇
宮崎	同			一三三七	一二一	六四		一五二二	一二一五〇	二、三七	六八、五八	二八、九二	七、二三	五七、七一
	同				一四		二	一六	七〇	三、五〇	四六、〇〇	一三、一四	一七、三九	七六、〇九
鹿兒島	同			二六六四	四九九	四八二	二一	三六六六	三〇九四五	三、一六	七五、一五	二三、七五	九、六八	八一、七〇
	同								九一	二、〇〇	一〇六、〇〇	五三、〇〇		八五、八五
北海道	同			一一三五	二三五	五		一三七五	一一七五四	一、七六	五九、四七	三三、七二	八、五三	七二、九三
	同			一二				一二	六四一	一、四六	六三、〇〇	四三、一一	一、四七	七八、二七

尋常中學校表

凡小學高等科卒業者入尋常中學校何以謂之尋常中學校也曰別高等中學校言也高等中學校通國二而已已見學校合表而此學校以英學算學爲主其它則兼習云爾述尋常中學校表

府縣	公私	學校	師	生徒	卒業生
東京	府立	一	二四	四七八	一九
京都	同	一	一七	二四九	一九
大阪	同	二	二四	四二一	二
兵庫	町村立	一	一一	一五八	
長崎	縣立	一	女一 一二	一九一	
	私立	一	六	一四三	
新潟	縣立	二	一一	三三八	一四
群馬	同	一	一一	一六八	七
千葉	同	一	九	一三一	二八
茨城	同	一	一〇	二〇六	九
石川	縣立	一		一九四	一三
富山	同	一	一二	一七九	
鳥取	同	一	九	八三	
島根	同	一	九	一四四	一二
岡山	同	一	一二	一四一	
廣島	同	二	二〇	三三〇	七
山口	同	五	五四	四九六	一六
和歌山	同	一	一三	二七五	一五
德島	同	一	一一	二二一	一八

府縣	種別	數一	數二	數三	數四
櫔木	縣立	一	一〇	一二二	一六
三重	同	一	一五	二九七	六
愛知	縣立	一	一六	二二九	二四
	町村立	一	四	三一	
靜岡	縣立	一	二四	三四一	八
山梨	同	一	八	一四〇	一四
滋賀	町村立	一	五	一〇三	四
岐阜	縣立	一	一五	一三七	
長野	同	一	一八	二六八	二七
宮城	同	一	一七	二〇四	二九
福島	同	一	一一	一七七	
岩手	同	一	一八	一九五	
青森	同	一	九	一一五	
山形	縣立		一〇	一〇三	五
	私立		九	一六六	
秋田	縣立	一	一四	九四	
福井	同	一	一二	一九三	二五
愛媛	縣立	一			六
高知	同	一	二二	五三一	
福岡	同	三	五〇	八九八	一三一
大分	同	一	九	九九	
佐賀	縣立	一	一六	四〇六	
	町村立	三	二一	二九一	
熊本	縣立	一	一二	一七九	一五
鹿兒島	同	一	一六	三三三	
總計	府縣立	四七	五八七 女一	九三〇六	五〇五
	町村立	六	四一	五八三	一二
	私立	二	一五	三〇九	
	合計	五五	六三六 女一	一〇一九八	五一七

八

尋常師範學校表

凡欲爲小學中學之師者先受業於師範學校卒業視可爲師則有書契爲證延小學中學師者憑之述尋常師範學校表

	學校	師 男	師 女	師 合計	生徒 男	生徒 女	生徒 合計	卒業生 男	卒業生 女	卒業生 合計
東京	一	一三		一三	五九		五九	一七		一七
西京	一	一四	四	一八	一〇五	五二	一五七	二六	五	三一
大阪	一	二四		二四	一二五		一二五	四八		四八
神奈川	一	九		九	一〇二		一〇二	三七		三七
兵庫	一	五		五	一〇四		一〇四	四〇		四〇
長崎	一	一二	二	一四	八一	四五	一二六	三五		三五
新潟	一	二		二	一六四	四八	二一二	七八	一二	九〇
埼玉	一	一四		一四	一〇七		一〇七	一二		一二
群馬	一	一四	一	一五	七五		七五	三三		三三
千葉	一	一六	三	一九	一一一	二八	一三九	四五	一三	五八
山形	一	八		八	一三五		一三五	四一		四一
秋田	一	二七	四	三一	五五	三三	八八	一四	一六	三〇
福井	一	一二		一二	八六		八六	六五		六五
石川	一	二〇	四	二四	一一六	一〇三	二一九	六四	二三	八七
富山	一	一二	二	一四	八一	四七	一二八	三七	一三	五〇
鳥取	一	七		七	六九		六九	二		二
島根	一	八	二	一〇	一一一	一五	一二六	三九		三九
岡山	一	一二		一二	一五七		一五七	四六		四六
廣島	一	一三	三	一六	一一九	二七	一四六	二二	五	二七
山口	一	一四	二	一六	一〇二	四七	一四九	五四		五四

專門學校表

學以兼習而博學又以專門而精日本專門學校云者東京曰法

茨城	一	九		九	七九		七九	五七		五七
橡木	一	一二		一二	五五		六七	三一	一〇	四一
三重	一	一三		一三	八四		八四	四四		四四
愛知	一	一一		一一	五四		五四	二二		二二
靜岡	一	一五	一	一六	九〇		九〇	三九		三九
山梨	一	八	二	一〇	七五	五五	一三〇	六一	四	六五
滋賀	一	一〇	七	一七	六四	二三	八七	一〇		一〇
岐阜	一	一三	五	一七	八〇	一六	九六	九四	七	一〇一
長野	一	一五		一五	七九		七九	五四		五四
宮城	一	一二		一二	一〇七		一〇七	四六		四六
福島	一	七	一	八	一二二		一二二	四二		四二
岩手	一	九		九	四六		四六	七五		七五
青森	一	八	一	九	五七		五七	六七		六七
和歌山	一	一二		一二	九九		九九	一〇二		一〇二
德島	一	一一		一一	一三四		一三四	四四		四四
愛媛	一	一四		一四	一〇〇		一〇〇	四八		四八
高知	一	一七	三	二〇	一二二	一二三	二四五			
福岡	一	一八		一八	九七		九七	三六		三六
大分	一	九		九	七七		七七	二八		二八
佐賀	一	一二		一二	七二		七二	二五		二五
熊本	一	一三		一三	一三九		一三九	四三		四三
宮崎	一	八		八	七四		七四			
鹿兒島	一	一一		一一	一三六		一三六	二六		二六
北海道	二	一一	四	一五	六五	一一	七六			
總數	四五	五三四	五一	五八四	四一六〇	五九五	四七五五	一七四九	一〇八	一八五七

曰物理曰農曰醫曰藥曰獸醫曰職工曰航海曰測量曰數曰畫
曰獨乙語卽德意志語也西京曰醫曰商曰畫大坂曰醫曰商神
奈川曰商兵庫縣曰醫曰藥曰商長崎縣曰醫曰商曰農新潟縣
曰醫曰藥曰農曰商千葉縣茨城縣竝曰醫三重縣曰航海愛知
縣曰醫曰商業滋賀縣曰商宮城縣與愛知同福島縣曰醫岩手
縣曰獸醫靑森縣曰文學山形福井岡山廣島和歌山高知大分
熊本鹿兒島竝曰醫秋田縣曰醫曰獸醫石川縣曰法理文學一合
曰醫曰農鳥取縣曰醫曰農山口縣曰農曰商福岡縣曰醫曰農
曰外國語北海道曰航海綜而言之則法學物理學醫學農學商
學工學測量學航海學數學畫學語學凡十二科或問漢語無專科
乎曰一千二百六十年前葢有之矣續日本紀云神龜二年粟田
朝臣馬養播磨直乙安陽胡史直身奏元丈元貞等五人各取弟

子五人今習漢語時唐開元十二年也其學視此異乎不異乎述

專門學校表

	學	科	學校	教員	生徒 男	生徒 女	生徒 合計	卒業生
東京	法學	私立	七	六七	二七四〇		二七四〇	一三三
	物理學	同	一	一六	九九		九九	二三
	醫學	同	二	一四	五三五	一四	五三九	一二九 女四
	藥學	同	一	四	一二四		一二四	
	農學	同	一					
	獸醫學	同	一	六	一三		一三	一三
	職工學	同	二	三	四五		四五	
	航海學	同	一	三	三		三	三
	測量學	同	一	三	三二		三二	一七
	數學	同	二〇	二四	一三六八	六四	一四六〇	一〇
	畫學	同	二	二	二〇		二〇	三

	學	科	學校	教員	生徒 男	生徒 女	生徒 合計	卒業生
滋賀	商業學	縣立	一	七	一三三		一三三	
宮城	醫學	同	一	一〇	一四三		一四三	一八
	農學	同	一	四	五八		五八	
福島	醫學	同	一	一〇	七六		七六	
岩手	獸醫學	同	一	三	一六		一六	九
青森	文學	私立	一	一二	三〇五		三〇五	
山形	醫學	縣立	一	七	二四		二四	
秋田	醫學	同	一	八	七五		七五	一九
	獸醫學	同	一	三	二		二	
福井	醫學	同	一	五	六二		六二	一四
石川	醫學	同	一	一六	一八三		一八三	一〇

	德意志學	同	一	一五	四七		四七	
西京	醫學	府立	一	九	一四二		一四二	一三
	商業學	同	一	五	一〇六		一〇六	
	畫學	同	一	四	八二	四	八五	五
大阪	醫學	同	一	九	三二八		三二八	一六
	商業學	同	一	一〇	二八八		二八八	一
神奈川	商業學	町村立	一	五	五一		五一	三
兵庫	醫學	縣立	一	一〇	一六四		一六四	六
	藥學	同	一	一	三九		三九	一三
	商業學	同	一	七	一三一		一三一	四
長崎	醫學	同	一	一二	一三三		一三三	二三
	商業學	同	一	七	一〇三		一〇三	
	農學	町村立	一	三	一八		一八	
新潟	醫學	縣立	一	三	一五一		一五一	一一
	藥學	同	一		二〇		二〇	五

	法理文學	同	一	二四	二五		二五	八
	農學	同	一	八	七三		七三	一一
鳥取	醫學	同	一	六	四〇		四〇	
	農學	同	一	四	三〇		三〇	
岡山	醫學	同	一	一一	三〇九		三〇九	一二
廣島	醫學	同	一	一〇	一一四		一一四	六二
山口	農學	同	一	八	三一		三一	五
	商業學	町村立	一	五	七八		七八	
和歌山	醫學	縣立	一	七	一〇〇		一〇〇	三〇
高知	醫學	同	一	六	一一二		一一二	
福岡	醫學	同	一	八	三二八		三二八	二三
	農學	同	一	一〇	四二		四二	三
	外國語學	同	一	五	九三		九三	
大分	醫學	同	一	六	八八		八八	七
熊本	醫學	同	一	八	一九四		一九四	三五

	農學	同	一	九	一五〇		一五〇	
	商業學	私立	一	二	一三三		一三三	七
千葉	醫學	縣立	一	九	一三三		一三三	三
茨城	醫學	同	一	六	六五		六五	
三重	航海學	私立	一	一	一〇		一〇	七
愛知	醫學	縣立	一	一二	二三六		二三六	一〇
	商業學	同	一	七	七二		七二	
鹿兒島	醫學	同	一	六	一〇五		一〇五	八
北海道	航海學	廳立	一	七	三三		三三	
數	廳府縣立		四三	三四六	四八二八	四	四八三二	四六
	町村立		三	一三	一四七		一四七	三
	私立		四三	一八二	三七三三	一〇八	五八四〇	三三三 女四
	合計		八九	五四一	一〇六九七	一一二	一〇八〇九	七五二 女四
			九九	五八九	九一七六	一〇五	九二八一	[illegible] 女一

高等女學校表

雲龍嘗謂婦學之名見周官之天官內職未可以學德或分遂謂婦學可廢也日本七歲入學男女同之凡女子旣於小學高等科卒業卽入高等女學校所學不外英學日本學縫工音樂諸科就

光緒十二年明治十九數述高等女學校表

學校	師 男	師 女	師 合計	生徒	卒業生	學校	師 男	師 女	師 合計	生徒	卒業生

京都	一	一三	一〇	二三	三五三	四
大阪	一	六	六	一二	九〇	
橡木	一		三	三	三〇	二
山口	一	二	一	三	六四	
德島	一	四	七	二	一三六	二
鹿兒島	一	五	四	九	九一	五
總數	六	三〇	三一	六一	七六四	二二
前二年	八	二二	五〇	七二	五〇四	四七

官立學校表

日本官立學校有屬文部省者有屬宮內省者有屬陸軍省者有屬海軍省者有屬司法省者有屬農商務省者有屬遞信省者有屬北海道者就光緒十二年明治十九數述官立學校表

所轄	學校	學科	師：奏任	師：判任及傭	師：囑託	師：合計	師：外國人	生徒：官給貸費	生徒：私費	生徒：合計	生徒：入學	生徒：卒業	生徒：退學	生徒：今
文部省	大學	大學院						一五	八	二三	二八		五	
		法科大學	八		二	一〇	四	六六	六四	一三〇	六	一一	一二	一
		醫科大學	一四	七		二一	三		四七三	四七三	四四	二〇七	八一	九
		工科大學	一七	二		一九	五	二九	四八	七七	六	一七	一一	一
		文科大學	五		六	一一	二	九	七一	八〇		三三	一五	一

學校	科	一	二	三	四	五	六	七	八	九	十	十一	十二
	理科大學	一八	一一		一九	二	一三	九	三三	一	六	一六	
	選科							七○	七○	三七	一一	二九	
	合計	六二	二○	八	九○	一六	一三二	七四三	八七五	一三三	二九五	一六九	一三
高等師範學校	師範學科						二三		二三	二七		四	
	初等中學師範學科						六五		六五	一一	五	一七	
	小學師範學科	一一	九（女四）	五	二五（女四）	二				二	五○	八	
	女子師範學科						五五		五五		二六	六	
	體操專修科						三○		三○	九六	一○○	二三	
	合計	一一	九（女四）	五	二五（女四）	二	一一八（女五五）		一一八（女五五）	一三六	一五五（女二六）	五二（女六）	
第一高等中學校	本科	二五	一三	一一	五九	六		四一三	四一三	一六		六	一
	豫科							七七六	七七六	三一一		一八四	二
	合計	二五	一三	一一	五九	六		一一八九	一一八九	三三七		一九○	三
第三高等中學校	豫科	四	一六		二○	二		一四九	一四九	二七		三一	三
	別課豫科							二四七	二四七	一三三		七六	三
	合計	四	一六		二○	二		三九六	三九六	一六○		一○七	六

學校	科	1	2	3	4	5	6	7	8	9	10	11	12
東京商業學校	本科						九	一七九	一八八	五六	一二	一三八	
	附屬商工徒弟別科・講習所職工科（合）	五	二八	一	三四	二							
	附屬商工徒弟別科						六	一五一	一五七	一八一		二四	
	講習所職工科							二〇	二〇	一〇			
	附屬銀行專修科							六一	六一	一一八	一六	四一	
	計	五	二八	一	三四	二	一五	四二一	四二六	三七五	二八	二〇三	
東京職工學校（大學附屬）	本科・速成科（合）	二	一二	二	一五	一							
	本科						一〇	一六二	一七二	七二	二四	三〇	二
	速成科							一七	一七	一三		二	
	計	二	一二	二	一五	一	一〇	一七九	一八九	八五	二四	三二	二
東京高等女學校	高等女學科		一（女六）	一	二（女六）	一		一三四	一三四	九九	一一	六六	
音樂教場	音樂		二（女一）	四（女一）	六（女二）	一	九（女三）	八（女一）	一七（女四）	一〇（女一）		三	
訓盲啞院	尋常科及盲生・技藝科啞生（合）		四（女二）		四（女二）	一							
	技藝科啞生						二	一五（女六）	一七（女六）	六（女五）		二（女五）	二
	尋常科及盲生						一（女一）	九（女一）	一〇（女二）	六		七（女三）	
	計		四（女二）		四（女二）	一	三（女一）	二四（女七）	二七（女八）	一二（女五）		九（女八）	二
合計		一〇九	一一四（女一三）	三三（女一）	二五五（女一四）	三二	二八七（女五九）	二九五〇（女一四二）	三二二七（女二〇一）	一三二七（女一〇五）	五〇一（女三七）	七六五（女八〇）	三四
學習院	中學科							一七四	一七四	二九		二一	二

		1	2	3	4	5	6	7	8	9	10	11	12
內省	小學科	六	二五	一	三二	三		二一〇	二一〇	九一		八	
內省	選科							五三	五三			二	
內省	合計	六	二五	一	三二	三		四三七	四三七	一二〇		三一	二
華族女學校	中學科							五八	五八	六		七	
華族女學校	小學科	三　女一	八　三	二	一一　六			一四八	一四八	六八	一九	二	一
華族女學校	合計	三　女一	八　三	二	一一　六			二〇六	二〇六	七四	一九	九	一
總計		九　女一	三三　三	一　二	四三　六	三		四三七　二〇六	四三七　二〇六	一二〇　七四	一九	三一　九	二　一
陸軍省	陸軍大學校				三二	一	二三		二三	一八	九	四	
陸軍省	士官學校				二九	二	六二〇	一四八	七六九	五一四	四二八	一二	八
陸軍省	戸山學校				三三	二	三二〇		三二〇	四二七	二〇〇	六	三
陸軍省 教導團	步兵						一三五六		一三五六	五九三	七八〇	九一	二一
陸軍省 教導團	騎兵						一〇〇		一〇〇	七五		四	
陸軍省 教導團	駁兵						二〇四		二〇四	七〇	一三九	一二	三
陸軍省 教導團	工兵				三一六	一	七七		七七	三七	一三四	二	
陸軍省 教導團	軍樂						五六		五六	五四	三	二	

陸軍省	喇叭					五八		五八	三二	四〇	一五	二
	合計				三六	一一八五一		一八五一	八六〇	一〇九六	一二六	
	駮兵射的學校				五	六七		六七	六七			
	軍醫學舍 學生醫官								一九	一八	一	
	講習生				六					五五	三	
	計				六				一九	七三	四	
	軍吏學舍 軍吏學				一九	三〇		三〇	三〇			
	蹄鐵學舍 蹄鐵工				六	八一		八一	四七	六	一	
	東京砲兵工廠生徒學舍 火工					二九		二九			一	
	銃工					三〇		三〇				
	水工				五	二〇		二〇	二〇			
	鍛工					二〇		二〇	二〇			
	計				五	九九		九九	四〇		一	
	合計				五五一	六三〇九一		一四八三三九	二〇二三	一八二二	一五四	三七
	兵學校本科					二〇三		二〇三	五三	一九	四	二

省	學校	科											
海軍省		豫科				三一	三	九	五	一四				
海軍省		合計				三一	三	二二二	五	二一七	五三	一九	四	二
海軍省	機關學校					二	一	一二○		一二○	五○			
海軍省	醫學校					八		一七	二七	四四	一八		三	
海軍省	主計學校					九	一	四五		四五	一六	八	一	
海軍省	合計					五九	五	三九四	三二	四二六	一三七	二七	八	二
司法省	法學校	法學				八	一	一○○	五八	一五八	四七		二七	二
農商務省	東京農林學校	農學							二二	二二	一		二	
農商務省		獸醫學							一	一		五		
農商務省		林學							一四	一四	二	一三		
農商務省		農學速成				二七	五		二○	二○	一		二	
農商務省		獸醫學速成							六三	六三				
農商務省		林學速成							三六	三六	三一		二	
農商務省		豫備							一四○	一四○	三		一三	
農商務省		合計				二七	五		二九六	二九六	三八	一八	一九	

	遞信省 東京商船學校 航海科 機關科	遞信省 電信修技學校 電信通信	遞信省 大阪電信修技分校 同	遞信省 合計	北海道廳 札幌農學校 本科	北海道廳 札幌農學校 豫備科	北海道廳 合計	總計	總計 女	前一年	前一年 女
	二			二	一		一	一二七	一	一五七	一
	三	八	七	一八	七		七	一七四	一六	二九一	一八
								三三	三	二三	三
	五	八	七	二〇	八		八	九七二	二〇	一〇七二	二二
		一		一	三		三	五六		四六	二
	六五	一二三	四二	二二九	四二		四二	四一四三	五九	四三二〇	七六
	一九			一九	一	五五	五六	三九九六	三四八	三八〇〇	二七九
	八四	一二二	四二	二四八	四三	五五	九八	八一三九	四〇七	八一二〇	三五五
	一七			一七		二六	二六	三六三四	一七九	五四五四	四〇
	一二	四六	二一	七九	二		二	二四四〇	五六	一九六四	四〇
	二	一二	四六	二一		一八	一八	一〇四三	八九	八一〇	五八
	一			一		一	一	七九	一		

雜學校表

此猶之中國義學也或府縣官立或町邨合資或家塾自設光緒六年明治十三凡一千八百六十有九至十二年明治十九減一百五十有四何也述雜學校表

學校	師 男	師 女	師 合計	弟子 男	弟子 女	弟子 合計	卒業弟子 男	卒業弟子 女	卒業弟子 合計

東京	町村立	五	四		四	五三		五三			
	私立	五二四	九三九	六二	一〇〇一	二四〇六九	二二六四	二六三三			
西京	府立	一	一三	二	一五	七一	三六	一〇七	四	一	五
	町村立	二	二		二	八八		八八			
	私立	八七	一〇六	四六	一五二	二一二二	三八六	二七〇八			
大阪	同	一	四		四	二〇七		二〇七	二		一二
	同	一		四	四		五五	五五		三	三
	同	二三三	二六一	七六	三三七	四八七六	二三七〇	七二四六			
神奈川	町村立	二	五		五	六二		六二			
	私立	四八	九三	六	九九	一五二五	六四六	二一七一			
兵庫	同	八	一九	一	二〇	四〇三	六一	四六四			
長崎	町村立	一	三		三	六二		六二			
	私立	二三	一九		一九	四六七	五五	五二二			
新潟	縣立	一	一	一	二		二七	二七		一五	一五
	私立	二三	四四		四四	八〇七	九八	九〇五			

群馬	私立	三七	四四	三	四七	一一七〇	一三〇	一三〇〇		
千葉	同	三七	四七		四七	一〇四一	一四	一〇五五		
橡木	同	一二	一三		一三	五八九	二九	六一八		
三重	同	四〇	四一	二三	六四	六六三	三四三	一〇〇六		
愛知	町村立	二	九		九	一四八		一四八	二五	二五
	私立	五六	七一	五	七六	一八九五	四四八	二三四三		
靜岡	同	二	七	二	九	一一三一	一二五	一二五六		
	同	一九	三三	二	三五	四二二	一三〇	五五二		
山梨	私立	五	一三	一	一三	二一〇	九九	三〇九		
滋賀	同	二〇	一八	二	二〇	三七九	一九	三九八		
岐阜	同	二四	三五		三五	八三九	三二	八七一		
長野	同	五	一一		一一	一四五	二	一四七		
宮城	同	二〇	三七	一七	五四	五五四	三五八	九一二		
福島	同	六	一九		一九	三六九	六	三七五		
岩手	縣立	一	三		五	一四		一四		

	町村立	二	三		三	四四		四四	三三		三三
	私立	五	六	三	九	一五四	四五	一九九			
青森	同	一		一	一		三三	三三			
山形	同	三	五		五	九七		九七			
秋田	縣立	一		二	二		一三	一三			
	私立	四	一〇		一〇	一九八	一	一九九			
石	同	四	二〇	六	二六	一四〇	四五	一八五			
富山	同	五	六	一	七	二九〇	四六	三三六			
鳥取	同	九	一六	二	一八	四一五	一六	四三一			
島根	同	一三	二三		二三	七五九	二三	七八二			
岡山	縣立	一		二	二		三六	三六			
	私立	一〇六	九四	四〇	一三四	二二五八	一四三七	三六九五			
廣島	町村立	一	三		三	七六		七六			
	私立	一九	三五	一	三六	六八七	一九	七〇六			
山口	同	一八	四一		四一	九五〇	一〇	九六〇			

和歌山	縣立	一		一	一		八	八		
	私立	三三	四五	三	四八	一〇六	三五	二九一		
德島	同	二六	二五		二五	六二一	三三	六五三		
愛媛	町村立	四	一四		一四	一九九	八九	二八八	八	八
	私立	二二	二七	二	二九	二四四	七二	三一六		
高知	同	四	三三		三三	三六九		三六九		
福岡	町村立	三	一六		一六	二八五	四	二八九	四	四
	私立	二一	二九	二	三一	七六一	一九一	九五二		
大分	同	一六	三四		三四	八〇八	三	八一一		
佐賀	同	二	四		四	九六		九六		
熊本	同	二五	七九		七九	一八二		一八二		
宮崎	町村立	一	一		一	四二		四二		
	私立	二	二三		二三	九三		九三		
鹿兒島	同	三	一八		一八	五〇一	二	五〇三		
北海道	廳立	一	五		五	一九		一九		

雜學校科表

雜學校不名一科未學西學之初自少至長大氏學漢而已今者其學細大不捐有所謂哲學者西學中之性學也有所謂化理學者則西學中之化學物理學也條目具在述雜學校科表

學科		學校	教員男	教員女	教員合計	生徒男	生徒女	生徒合計
日本學	町村立	一八	六一		六一	七八二	四	七八六
	私立	八〇二	一二一七	六三	一二八〇	二四八三	三六三	二八四四
英學	同	一	二		二	二		二
	同	二二〇	五四一	五〇	五九一	一六六五	九五四	一七五九
佛學	私立	九	一四		一四	二四五		二四五
	同	三五	一一九		一一九	三三七〇	四	三三七四
俄語學	同	一	六		六	一〇九		一〇九
法學	同	九	七		二七	四八三		四八三
醫學	縣立	二	一〇		一〇	三三		三三
數學	私立	一〇九	一二三	一	一二三	四〇四八	一〇八	四二六
記簿	同	四三	五一		五一	一八六六		一八六六
習字	同	一二六	一〇三	一九	一二二	二四六七	一四二七	三八九四
畫學	同	一〇	一四		一四	一八五	八	一九三
漢英學	町村立	三	九		九	二一四		二一四
算術	私立	二七	九八	二	一〇〇	一五五七	五二	一六〇九
家事經濟	縣立	一		二	二		三六	三六
統計	私立	一	一		一	一〇		一〇
筆記	同	三	三		三	三七		三七

	私立	五	二八		二八	二七五		二七五
獸醫學	私立	三	九		九	八六		八六
藥學	同	四	二一		二一	一二五		一二五
哲學	同	一	九		九	一七三		一七三
理化學	同	一	一		一	三六		三六
航海學	府立	一	四		四	二〇七		二〇七
師範預備	町村立	二	三		三	四四		四四
中學預備	町村立	二	七		七	八五		八五
	私立	二	六		六	一三九		一三九
造船學	私立	一	五		五	一三〇		一三〇
商業學	町村立	七	九		九	二〇三		二〇三
	私立	九	二四		二四	三五六		三五六
盲啞	府立	一	一三	二	一五	七一	三六	一〇七
	私立	一	一		一	一一	四	一五
手藝	町村立	二	二	六	八		二六九	二六九
	私立	二八	三	一四八	一七〇	一二	三二二	三三四
產婆	縣立	三	一	四	五		四八	四八
	私立	一九	三	三	三四		三九	三九
音樂	私立	一	一		一	一三	二	一五
體操	同	一	二		二	五〇		五〇
韵學	同	二	三		三	五〇		五〇
總計		一六〇五	二五七二	三一九	二八九〇	五七八二〇	一〇八五	六八八〇五

幼穉園表

八歲以前未克入簡易學科而欲于嬉戲之時導以入學之路未嘗無樂育之意存其中此光緒十二年數也述幼穉園表

	園數	保姆	幼兒 男	幼兒 女	幼兒 合計
東京 官立	一	四	一〇五	六一	一六六
東京	二	一五	二一八	一八五	四〇三
大阪	九	二〇	五三九	三九八	九三七
長嵜	一	二	二四	二四	四八
群馬	二	七	七三	八一	一五四
茨城	一	二	三〇	二三	五三
静岡	一	二	二八	二七	五五
宮城	一	三	六九	五九	一二八
福島	一	一	三三	一七	五〇
石川	一	三	五九	四六	一〇五
島根	二	二	三二	二六	五八
岡山	二	六	五四	三二	八六
廣島	一		一八	一七	三五
愛媛	一	二	二七	二三	五〇
高知	二	九	六三	四三	一〇五
鹿兒島	一	五	八六	六五	一五一
總計	三八	八三	一四五八	一一二七	二五八五
前一年	三〇	六二	一一〇六	七八七	一八九三

書籍館表

未讀西書以前守漢籍如拱璧千百年物猶有存者今散佚多矣然府縣有館若中國若日本若西夃類庋之可數也巳此光緒十二年數也明治十九述書籍館表

	館數	書籍部數 和	書籍部數 西	書籍部數 合計
東京	二	二五二〇四	五〇六九四	七五八九八
大阪	一	六三二三	四九四	六八一七
新潟	二	一〇四一		一〇四一
橡木	一	八八三	一〇六	九八九
三重	一	二三一八		二三一八
愛知	一	一〇八八八	六〇〇	一一四八八
靜岡	二	三一六四	二三八八	五五五三
滋賀	一	二八八七	二七一	三一五八
岐阜	一	七七八	二七〇	一〇四八
宮城	一	二二四一	九一〇	三一五一
青森	三	二二五七	三〇	二二八七
島根	一	二〇九九	一九九四	四〇九三
廣島	一	六〇六	一二一	七二二
德島	一	一五八四三	一四八一	一七三二四
高知	一	一九九三	一〇三六	三〇二九
鹿兒島	一	八五		八五
總計	三	七八六一〇	六〇三九五	一三九〇〇五
前一年	三	八一八五一	六五七三七	一四七五八八

日本人留學別國計費表

光緒十二年明治十九日本之學於別國者文部省二十有一司法六陸軍省十有四海軍省十有一其費可拊計也述日本人留學別國表

文部省

在留國	學科	留學生
德意志	醫學	六
	法學	二
	師範學	一
	製藥學	一
	哲學	一
	製造化學	一
	數學	一
	地質學	一
	物理學	一
	政治學	一
法郎西	理財學	一
	法學	一
英吉利	機械工學	一
美利加	師範學	女 一

文部省

在留國	學科	留學生
德意志	礮兵	一
	軍醫	二
	製砲	二
法郎西	步兵	二
	騎兵	二
	礮兵	二
	工兵	一
	獸醫	一
	軍樂	二
合計		四
中國	語學	二
佛蘭西	造船學	四
英吉利	醫學	二
	造船學	一

	土木工學	一
	合計	二
司法省 德意志	法學	六
俄羅斯	造船機械學	一
	電氣學	一
	合計	二

	學資	旅費	其他諸費	合計
文部省	一七〇八六圓	五九九二圓	圓	二三〇七八圓
陸軍省	七二九一	七二一七	七六二	一五二七〇
海軍省	五三五五	三三二九	三四	八七一八
工部省	二七〇圓	圓	圓	圓
總計	三〇〇〇二	一六五三八	七九六	四七三三六

公學費歲入表

謂舊存曰前年越高謂束脩曰授業保育及觀覽料謂贈金曰有志寄附金謂公費利曰積金利子謂地方出資曰區町村費謂出自地賦曰地方税謂補不足曰雜納金光緒十二年明治十九凡入二萬九千五百七十八圓琉球別詳述公學費歲入表

	舊存	束脩	贈金	公費利	地方出費	出自地賦	補不足	合計	每百人口比例
東京	八五二二円	八二九三〇円	四八二四円	四三九九円	六二四一五円	一〇一九九円	七三八二一円	一八〇六六九円	一二一五

京都	大阪	神奈川	兵庫	長埼	新潟	埼玉	群馬	千葉	茨城	橡木	三重	愛知	靜岡	山梨
九八九三	四三七八四	六三四三	五八四七三	一一八二八	二九二二一	一二四九五	一〇三七四	一一〇八五	一二八五一	七六七一	三七四九八	二五七二〇	一一九五八	二八二〇
一七三二五	四一八一九	二八九一四	七三四二	七二六六	一八二三〇	四五八一〇	一六二四七	三四一一五	二三五七八	二〇八三八	一五九四八	二二〇九八	二三九八〇	七〇二
六四五二	四五〇三	四四八二	三四四八	一二一九	三八六七八	一九三八三	一三二〇	六六三七	五二四〇	一〇七五	五八九九	一〇九一〇	一一四四七	三五六七
二八六二六	一七二四八	二四二六九	七五五	九六〇三	一一六九七〇	四九三六	一四一三〇	六六五一五	一四九六四	五八四二	七三二六	一六四八八	二八九〇八	一〇二六〇
二〇六五二八	三三四九六七	八四三六三	二六六六五	八四四六	一三四三四六	八七九五八	一二六一九	九四一六	一一八四九三	一三〇六七五	一四七一三	一四八九八九	一〇九八八一	九一二五四
二八三二一	三八三五八	七七〇一	三一五八七	三九一二三	四八〇二三	六四八二八	一八二二四	二九八五五	二七六九四	二五三八四	五七六九七	三二一四六	三七六三四	一五五一〇
一一二六三	一四六三八	二二三三	五九六二	六五七	一一六二八	三一〇四	一〇二〇	一〇七三八	二三八一	一〇一〇	二九九二	四九一四	二八四二	三七三四
三〇八三六八	四八五三二七	一五八三〇五	三七四七八二	一六五二二四	三九七〇九六	二三八五二四	一八七四九六	二五一三六	二〇五二〇一	一九二四九三	二七四四七二	二五一二六五	二三五六五〇	一三三一六六
三四、九九	二六、五三	一六、七三	二二、二六	二〇、八一	三三、四六	二二、八一	二六、五九	二〇、九二	一九、七六	二七、七三	二六、四四	一五、九二	二〇、六九	二九、七五

滋賀	四三九三	七一七二	三三四〇	六六九一	一三七六八〇	一一七八四	四一七一	一七五三二	二五、九九
岐阜	一五〇六九	一四七二七	三六六六	二一八〇	九〇八二六	二五七〇九	一二六三八	一六四八一五	一七、〇八
長野	三八一〇七	二三七七六	三二四二	三一九七	三三三九九九	三三三三九	三三〇二	四三七〇六二	三七、三二
宮城	七四四七七	一六九七一	一八八四二	三〇六	二〇六九四一	四九二〇四		三六六七四一	四二、八五
福嶋	四一九二〇	一二七七三	三八九四	八八一二	二二四七四四	三九八〇八	二八三六	三二四七八七	三二、四九
岩手	二二四七八	六四五五	四六〇〇	三〇五四七	七〇六九二	三四三二四	三一一〇	一七一一九六	二三、〇八
青森	八九六一	五二一六	一四六一	三一八	九八六六八	一三三八五	一二四五	一二九二七四	二三、一〇
山形	六二四九	一六七六三	一八三三	一七八四	一五六五三七	五九九一八	四八三	二四三四六七	三三、二七
秋田	一六九九八	一一一八一	四八八	一三八一	九七〇二九	二五八七三	三〇二五	一五五九七五	二二、〇六
福井	六〇一三	二〇二一	二五五八	一四七七	七〇四一四	二九一五四	七五八	一一二四九五	一七八〇
石川	一二五五〇	九二一四五	二二〇七	二二四	一二一三八五	六七二四〇	八七九	二一三六三〇	二六七三
富山	一六三八二	五一八五	二八二三	二四九	九一一八二	四六七六九	二九六	一六二八八四	二〇〇九
鳥取	五四六〇	三二二二	二〇六一	三七一九	五八三七四	一六八四七	一〇五	八八七九八	二一五〇
嶋根	一三九〇五	二二七二	三三六九	七一六〇	一一三三二七	一九一七三	七五二二	一七六七一八	二三四六
岡山	二七三五三	四四四五	二一八六	一一一九	一八八六三九	二八五六五	一七四一	二五四二六八	二一六七

公學費歲出表

北海道	六三四九	一〇五三七	三九〇六	五九九〇	六〇二一一	四〇九九二	九七七〇	一三七六五五	四三九二
鹿兒嶋	一七七二七	三一八一	一二四七二	六四一三七	二八二七六	一七〇六五	九三一	一六二〇七九	一八九二
宮崎	三八二四	四四一	一五八五	八八〇六	三九七三七	六四一九	二七〇	六一〇八二	一四、六二
熊本	二〇七七二	一九五三二	三三一八	一五二五八	七八八七五	五五五七二	七〇二〇	二〇〇三四七	一七、五五
佐賀	一四八一八	四二六一	七二八六	二九六六	九一二九四	一六三一〇	一六二二	一三八五五七	二三、九七
大分	八〇八二	六八二三	三〇三九	六七八二	七一〇八五	二五一五九	二四七一	一二三四四一	一五、〇九
福岡	一三三七六	一二二二二	四四〇六	二四五六	一九二五二〇	四八三〇一	五〇〇七	二七八二八八	二三、九九
高知	四一九四	一六八五九	三〇九三	九六五四	四六一六八	二一五五六	六五五四	一〇八〇七八	一八、四四
愛媛	一四六五七	一三九九八	五五七四	三三九九五	一六八八八二	三〇四七七	六〇一六	二七三五九九	一七、一〇
德嶋	八一五九	五八七〇	一二三四	六九一	五七五三三	三二一六七	二一〇九	九六八六三	一三、五一
和歌山	七五三	八七〇四	一八二三	四七二〇	五七二三〇	三一五六二	一〇九九	一〇五八八一	一七、六〇
山口	五七五〇二	一五八〇二	三八四四	三三三五	一七四三九	一九九六七	三七七四	三七五四六三	二四、〇八
廣嶋	二一一八〇	八〇二三	一九九	七九二	一四六三一〇	二七七九七	一〇六三	三〇五二七三	一四、三八

厥費名目與中國異師與保姆之費曰校長數員保姆給料高弟為師費曰授業生給料又曰諸給料曰雜給不一費也合之佗費光緒十二年明治十九凡八百二十一萬二千三百九十一圓琉球別詳述公

學費歲出表

府縣及北海道	校長及保姆	授業生給料	諸給料	雜給	生徒給費	借地借屋	書籍器械	營膳	諸雜費	合計	每公學生徒一人比例
東京	八六九六八		一〇八〇八	五二九七	八三九	二四四一	四七五五	一六五二一	一五七七〇	六五三八〇	四三五
京都	一三四九五	六四〇九〇	一七四一四	九三六九		一〇六三	一三一八	一四一六九	三四〇九三	三八六五一	三八六
大坂	一七九〇七三	一〇六〇八一	二四八五〇	一〇二六三	二六一三	五三三六	一三六一二	二八八四三	一九八七一	三九九五四四	三五四
神奈川	四八四六二	六二七四二	四〇二	六九〇七	二三七一	三一六九	四四四八	七八八三	一五一六七	一五一五四七	二五〇
兵庫	一〇四二五八	一〇二四二五	二一六三七	九四二七	四二七四	四一一二	一〇九四一	一八八五〇	三一〇八九	三〇八〇三一	三一〇
長崎	六七三五三	二六四一九	七五八七	三〇四五	五六七四	九七四	六三四八	一四六六〇	一〇五二八	一四六八八	四二五
新潟	一四三七五三	八九五七七	一八〇五一	一七四七七	七五六一	四八三〇	一六〇五〇	一三六〇一	四〇四三九	三五一三三九	三四二
埼玉	一〇二〇四四	五一三〇六	一二二五二	五一五五	二七一二	四三八七	八二四〇	一〇三一三	一五九五〇	二一二三五九	三〇二
群馬	九八四一〇	二九七四二	九〇九六	四八五七	一七八	四〇一四	六八七七	七〇七〇	一四四五五	一七四六九九	三四〇

千葉	一二六六〇七	三七六五七	一六〇六六	三四七八	一一九六	四九二四	八四九二一	一〇一六六	二五七七九	二三四三六四	二、九六
茨城	七二七二八	四五六二七	五三二〇	七九六〇	一二二八	三八九二	八七五六	一一二四九	一四四二四	一七二一六四	二、四六
栃木	六六二二六	六三九六九	七九二一九	四九三三	二四五四	一九四八	七〇三九	一〇七二一	一三二七九	一七八三八七	三、〇三
三重	七二二八〇	九二七九〇	三〇五五	四二〇一	二九九四	二六七六	七六九三	一六四六七	二二七五〇	二二六〇六	二、八八
愛知	一一六七七二	四三二八二	九一八一	二二七八	一三七五	四六〇八	九三二四	一二九九〇	三三六三二	二三三四三二	一、八九
静岡	八三四〇五	五九四五七	七〇六九	二三二二	二二八七	一九三〇	七〇五六	一四二六三	一三九六七	一九一六四六	二、四五
山梨	四九〇七一	三四六八三	一〇〇五六	五二〇七	二三八二	一一五〇	五八九八	八五八八	一二六二五	一二九五五〇	三、七二
滋賀	七八二二三	四〇九九九	五二一九	三六四三	八一八	二四九五	一三六〇九	八一五〇	一六六五〇	一六九八〇六	三、七四
岐阜	六六八七九	三三八五一	一一六三三	三四七三	一六七九	二四二八	六六〇四	六六三八	一三〇二八	一四七二三	二、一〇
長野	一一五九八九	一四一三四三	一一五八六	一〇五九一	二六四九	六六三三	一五八〇四	二二〇二八	三八九五五	三六五五七九	三、八四
宮城	一一〇八五六	七〇〇二五	一三〇六八	七七八九	五三六〇	九一六	一八三四〇	五八一〇七	一七一四一	三〇一六〇二	四、五八
福嶋	一〇〇五八四	六二〇一一	一〇四〇四	七八一三	七一〇六	一九四八	一一三一五	二六三九三	二七六六九	二五五二四三	三、三九
岩手	七四五〇五	二三三六九	六五六〇	三二九一	四一一八	一六〇四	四六三四	六九七四	二二〇四一	一四六〇九六	二、八四
青森	五三八二	二一〇一二	五七七〇	四一七二	二〇〇八	六七八	五二一二	一一五四二	一一三九五	一一五六〇〇	三、八二
山形	九二五三一	六七九一四	一〇二五六	六三六二	五八九〇	二四八八	八三六三	八三八五	二〇三三八	二三三〇一七	四、一七

秋田	六六四二〇	二六八五六	六二三五	三一九八	四〇二八	二一三三	四〇五一	四五四七	一二七四五	一三〇三二	三、四二
福井	五七三二八	一七八三九	四七七四	三八九二	二三一三	一四一八	三八七九	四五一六	九三五二一	一〇四五〇一	二、二三
石川	一一八〇二	三一二五二	六四一七	五一四三	六一九一	六〇八三	六二八九	六〇一四	一一六三二一	一九〇八二	二、六七
富山	六六五〇九	三九四一六	六〇六六	三五〇七	二〇一〇	四九三一	五四七八	七二九九	八八四四	一四四〇六〇	二、〇八
鳥取	四九九七四	五二六二	二九九二	一七九九	五八八八	九八九	三六一六	二六七一	七四三二	八〇六二四	三、〇三
嶋根	五七五〇六	四〇五三四	七六八六	三八四二	三〇五九	三一〇一	七四一六	五九八〇	一四八二七	一四三九四一	二、七一
岡山	一〇〇九一八	五九七五五	八二八八	一五九四	二〇六七	三九五八	一二〇六九	一四四四五	一三〇〇九	二三六〇三	一、九二
廣嶋	八六九二六	二二七五三	三九〇六	四〇二三	三三二九	三四八四	八一三八	六八九四	一四一二七	一五二四八九	一、六二
山口	七二三六一	六六五三二	六六六五	七三四	三四四八	二七五六	一三四六三	五六四二六	二二八五九	二五〇六三	四、一三
和歌山	六二六二四	八三三五	五三一七	一二〇一	五九二五	一五〇二	五三七八	三八七〇	八七七六	一〇二九二八	二、五五
徳嶋	四三三七五	一七二六三	三九〇六	二五二二	一五八二	一六三六	五八一六	三六三二	六三七九	八六二一一	三、五六
愛媛	一〇三九一二	六八四七一	八〇三二	六七四七	二七六五	三九四九	一一七七	二七〇三八	二二五四八	二五三六四〇	二、三一
高知	三八九八九	三四三三五	五八三五	二〇九一	一二二	七二一	三一七二	六二九〇	六九一〇	九八四六四	二、五八
福岡	一三〇五四六	六三七六一	九五二三	六九七三	一三九一	二三九九	一一三三二	一二四五三	一五六五九	二五四〇三七	四、〇九
大分	四一七八三	三九四五二	四八〇〇	五〇六四	二〇六六	一一二五	五一五三	五三六四	九六三九	二一四四四六	二、一四

佐賀	五八六一九	二七〇七九	二九八四	三九〇二	一八〇二	六二七	六四五〇	八三六九	七九七四	一一七八〇六	二九五
熊本	五五四七〇	六六一七七	一二〇三一	四六四〇	一九	九二三	九五四三	一〇〇〇八	一七二四三	一七六〇五四	二六一
宮崎	九〇一五	二八六九一	四五七	一九四八	一六一五	一八六	二五二八	四三一九	三三七三	五二一三	二四六
鹿兒嶋	三八六二七	五〇六二三	一四四六七	三〇二七		八四	五八二八	一〇七八八	一四八六五	一三八三〇九	三五八
北海道	五八四八一	六四八六	九六四三	五一三三	八八一三	二七八	四九五一	一二三〇三	一九一一七	一二五二〇五	七七一

日本圖經廿下終

游歷日本圖經二十一

奏派游歷日本美利加秘魯巴西等國英日屬地加納大古巴知府用兵部郎中臣傅雲龍述

日本藝文志一

漢班固本劉向七畧作藝文志後世述者輒以詩文受藝文志之名其於漢書例合耶否耶志中國書目已不免言微義乖遑問別國耶雖然誦訓掌方志以詔觀事以知地俗周制然矣今豈有異中國固然矣外籍豈或有異茲分類二一爲中國人紀錄日本事之書然非專書不錄一爲日本人箸述或刊或寫椄本索籍目錄家學所不廢也就雲龍所游言之同文國獨此耳或道分東魯或文譯西書舍短取長未始不可以見聖王之道之無不貫而欲通萬方之畧或亦有取於斯班固曰安其所習毀所不見終以自弊此大患也旨哉是言欲約先博庶其免乎述藝文志

中國人紀錄日本事之書

明

日本考五卷李言恭○結明史藝文志　日本風土記四卷侯繼高○據同　備倭圖記一卷卜大同

據同 日本考畧一卷 薛俊○得月簃刊本

國朝

使東述畧○何如璋刊本 日本雜事詩二卷 黃遵憲活字本○ 使東奏議二卷 黎庶昌○寫本 使東文牘二卷○黎庶昌寫本 日本地理兵要 姚文棟活字本○ 扶桑遊記三卷 王韜○活字本 東槎聞見錄四卷 陳家麟活字本○ 東瀛詩選四十卷補遺四卷 俞樾○光緒九年刊 東瀛詩記二卷 俞樾○光緒九年刊入春在堂全書

凡十有三書明前靡有傳述嗣是寖滋矣所錄以游歷前之箸書為斷然或已成未見或略見轉引而卷題未詳與其譌述曷若闕如之為愈也

日本人箸述

周易古義一卷 伊藤維楨○寫本○日本訓估學始于維楨故私謚古學稱仁齋先生 大極論 同○寫本 周易參考十二卷 太田元貞○寫本 周易會通纂要 同○寫本 繫辭詳說四卷 同○寫本 周易經傳通解十卷 伊藤長允維楨子○寫本○ 周易解六卷 物雙松○寫本○學於伊藤維楨為經學最人稱徂徠先生本姓物部氏慕中國單姓遂去部字 周易反正十二卷 ○太宰純○寫本 易道撥亂一卷 同○寫本 易占要畧 同○寫本 周易相錯記八卷坿圖說筮義

一卷釋慧憶○安永九年刊　冢注周易八卷冢田虎○文化十三年刊　周易約解六卷高剛秀成○寫本　讀易餘論一卷同○寫本　周易釋解六卷皆川愿○刊本　易原一卷同○寫本　易學開物一卷同○寫本　耆卜耆誤辨正同○寫本　復古周易真勢中州○寫本　左國易一家言三卷同○寫本　範圍圖說一卷同○刊本　周易象義十卷太田錦城○寫本　繫辭詳說六卷同○寫本　周易古占法二卷海保漁邨○刊本　周易校勘記舉正一卷同○寫本　周易程傳鈔說中邨之欽○寫本　讀易要領同○寫本　大極圖說解同○寫本　易學啓蒙翼傳同○寫本　學易要領中村蘭林○寫本　周易說疏八田繇○寫本　周易彙攷續貂原公逸○寫本　周易啓蒙圖說同○寫本　周易說統細合離○寫本　易啓蒙古合解評林毛利瑚珀○寫本　讀易小言增島固○寫本　周易講義真勢達富○寫本　周易象徵同○寫本　周易象徵音義松井暉晨○寫本　象徵樞機同○寫本　解故同○寫本　解故翼同○寫本　象圓變通同○寫本　象變辭古考同○寫本　立象盡意同○寫本　活用解同○寫本　感通方諸同○寫本　感通掌故範圍秘鑰同○寫本　神武不殺精義入神篇同○寫本　周易考證山中恕之○寫本　周易發蘊同○寫本　周易彙攷井上立先○寫本　易學辨疑同○寫本　入易門庭荻生道濟○寫本　讀易雜抄同○寫本　讀易草同○寫本　周易古傳小田煥章○寫本　周易拾象稿村瀨熙○寫本　周易新疏室直清○寫本　太極圖述同○寫本

朱易行義山崎嘉○寫本　易象義解山本信有○寫本　周易解岡千里○寫本　周易象徵赤松鴻○寫本　讀易會澤安○寫本　古易一家言新井祐登○寫本　古易一家言補同○寫本　古易斷坿外篇同○寫本　古易時言坿外篇同○寫本　古易通同○寫本　周易精蘊同○寫本　周易精義同○寫本　易學小筌同○寫本　易學類編同○寫本　廣易學必讀同○寫本　梅花心易評註同○寫本　周易本義考同○寫本　周易啓蒙考同○寫本　周易經翼通解伊藤長胤○寫本　讀易私記同○寫本　易乾坤古義同○寫本　讀易圖例同○寫本　周易義例同○寫本　周易卦變考同○寫本　周易傳義考異同○寫本　周易古傳小田煥章○寫本　周易解片岡基戊○寫本　易學啓蒙解同○寫本　易林圖解同○寫本　易術傳同○寫本　易術手引草同○寫本　易術妙境同○寫本　易術便蒙同○寫本　易術夢斷同○寫本　周易折衷要削水谷君龍○寫本　周易衡同○寫本　周易聚象徵同○寫本　周易正字考同○寫本　定本洛新說同○寫本　非易學啓蒙同○寫本　易占通同○寫本　易占的同○寫本　歷代占例考同○寫本　中華龜卜考同○寫本　日本龜卜考同○寫本　易道撥亂辨森鐵○寫本○刊本　太極圖說大意講義二卷石王明誠○寫本　易學流論阪本俊豈○寫本　易經小解熊澤伯繼○寫本　周易欄外書十卷圖考一卷佐藤坦○寫本　易學啓蒙諺解桃玄補○寫本　周易手記林忠○寫本　周易本義

首言林恕〇寫本　洪範指要蟹維安〇寫本　尚書孔傳纂註十二卷太田元貞〇寫本　尚書精義同〇寫本
尚書補註十三卷冢田虎〇寬政十三年刊本　書經二典解二卷岡龍洲〇寫本　書經繹解皆川淇園〇寫本　壁
經辨正十二卷岡龍洲〇寫本　書經集傳中村之欽〇寫本　書經解疏八田繇〇寫本　洪範孔傳辨正河野
子龍〇寫本　書說統細谷離〇寫本　尚書精蘊山中恕之〇寫本　尚書疑孔編井上立元〇寫本　書十一篇傍
訓荻生道濟〇寫本　洪範筮法同〇寫本　尚書古傳小田煥章〇寫本　今文尚書定本纂南宮岳〇寫本　禹貢
地理指掌圖考同〇寫本　古文尚書考山本信有〇寫本　書經通考國字箋新井祐登〇寫本　書經
諺解宇野東山〇寫本　尚書類考片山世璠〇寫本　尚書考疑同〇寫本　書經考戶崎元明〇寫本　洪範全書
坿續三宅重固〇寫本　南書考古序翼龜井昱〇寫本　毛詩品物圖攷七卷岡元鳳〇天明五年刊本　詩經
小識八卷稻義〇寫本　詩經繹解皆川淇園〇寫本　詩經毛傳補義十卷岡龍洲〇寫本　詩經集傳
中邨之欽〇寫本　詩經古義解八田繇〇寫本　詩說統細谷離〇寫本　毛詩翼松本秀雲〇寫本　毛詩撰說井上立元〇寫本　詩經毛
毛詩知原山中恕之〇寫本　毛詩古傳小田煥章〇寫本　詩經國風衍義松本秀雲〇寫本　詩經
傳補義岡白駒〇寫本　毛詩證龍公美〇寫本　詩經解新井祐登〇寫本　翼詩解詩名物伊藤善韶〇寫本
毛詩鄭標注宇野成之〇寫本　詩經國字解同〇寫本　朱注詩經標解同〇寫本　詩精義太田元貞〇寫

本　毛詩六義考同○寫本　詩學庸解龜井昱○寫本　毛詩合解櫻井篤忠○寫本　讀詩要領中村明遠○寫本　詩經古義解八田繇○寫本　詩說統細合離○寫本　詩問同○寫本　冢註毛詩二十卷冢田虎○寫本　毛詩名物質疑七卷井岡冽○寫本　詩經名物辨七卷江村如圭○享保十六年刊　典禮考澁井孝德○寫本　周禮說筌加藤矩直○寫本　儀禮解箋同○寫本　禮記鄭注補正同○寫本　周禮解清水江東○寫本　周禮詁訓同○寫本　儀禮解同○寫本　儀禮詁訓同○寫本　禮記纂成同○寫本　儀禮繹解八卷皆川淇園○寫本○按日本人治禮罕甚　筆記禮記集說十五卷中邨欽○活字本　春秋胡傳中邨之欽○寫本　春秋三傳南宮岳○寫本　春秋釋例圖久野俊明○寫本　春秋孔志山本信○寫本　春秋講義賴襄○寫本　春秋胡傳辨義語伊藤長久○寫本　春秋大義一卷藤川忠猷○明治十六年刊本　春秋左傳例事一卷源文卿○刊本　左傳觿十卷岡龍洲○寫本　左傳輯釋安井息軒○寫本　左傳考三卷宇野明霞○寫本　左傳讃考龜井暘明○寫本　孝經儒錘二卷貞享五年刊本　孝經發揮一卷津坂孝綽○明治十六年刊本　孝經纂釋一卷土屋弘○明治十六年刊　古文孝經私記定本三卷朝川善庵○寫本　增攷孝經鄭氏解補正一卷東條一堂○寫本　孝經改觀唐公愷○寫本　論語集義邨瀨默○寫本　論語博議原公逸○寫本　論語箋注原田直○寫本　論語啓發細合離○寫本　論語證解松浦交翠軒○寫本　論語拔萃三宅邦○寫本　論語定書同○寫本　論語發蘊山中恕之○寫本　論語集說

井上立元○寫本　論語鈔解井上潛○寫本　論語翼大成小田煥章○寫本　論語師說述義南宮大湫○寫本　論語古義四卷伊藤維楨○寫本　論語徵十卷物雙松○刊本　論語古訓五卷太宰純○刊文久四年本　論語古訓外傳十卷　附錄同○延享二年刊　論語考六卷宇野明霞○寫本　論語一貫五卷片山兼山○寫本　論語徵解十卷中根紀○寶曆十二年刊○此就物雙松論語徵而解之　論語徵考六卷宇佐美惠○寫本　論語徵集覽二十卷源賴寬○寬曆十年刊　冢註論語十卷冢田虎○文政三年刊　論語羣疑考十卷同○文政五年○刊　論語繹解翼十卷武井簡○寫本　論語約說一卷　仁說一卷高岡秀成○寫本　正平本論語札記一卷市野光彥○刊本　論語繹解十卷皆川淇園○寫本　論語集說安井息軒○寫本　論語集解考異四卷吉田篁墩○寫本　論語折衷唐公愷○寫本　大學定本一卷伊藤維楨○寫本　大學解物雙松○寫本　古本大學講義七卷千葉繁伯○享保十八年刊　大學私衡一卷龜田興○寬政十一年刊　大學或問中邨之欽○寫本　大學章句新疏二卷室直清○天明六年刊　大學雜義中井履軒○寫本　大學辨錦一卷葛因是○寫本　中庸章句新疏二卷室直清○文政七年刊　中庸發揮一卷伊藤維楨○寫本　中庸解一卷物雙松○寫本　中庸發揮標一卷伊藤長胤○寫本○就其父維楨中庸發揮標之　中庸考二卷太田元貞○寫本　中庸首章發蒙圖解一卷附錄十二說藤孝肇○刊本　學庸繹解二卷皆川淇園○寫本　學庸管規一卷高岡秀成○寫本

學庸原解六卷 岡龍洲○寫本 孟子古義四卷 伊藤維楨○寫本 孟子義標注 伊藤長胤○寫本 孟子口
解十四卷 皆川淇園○寫本 孟子考二卷 太田元貞○寫本 讀孟子二卷 高岡秀成○寫本 孟子解七卷
岡龍洲○寫本 孟子精蘊四卷 同○寫本 孟子補注二卷 海保漁村○刊本 孟子約解 大槻清○寫本 論孟字義
二卷 伊藤維楨○寫本 四書示蒙句解廿七卷 仲欽○享保四年刊 四書辨論 中江一貫○寫本 四書鈔說
中邨之欽○寫本 四書集注 同○寫本 四書精意鈔說 蟹江安○寫本 四書考證 山中恕之○寫本 經義諸說
井上潜○寫本 四經標註 宇都宮的○寫本 四書集注標注 伊藤長胤○寫本 詩書古傳三十四卷 太宰純○寫本
七經孟子考文補遺一百九十九卷 山井鼎○物觀補遺○刊本○中國阮元校刊本○校考文原卷三十有三餘詳阮序 七
經雕題 中井履軒○左傳雕題刊本餘皆寫本 七經逢原 同○寫本 七書講義通考 菊地東匀○寫本 九經述
赤松弘○寫本 九經談四卷 太田錦城○寫本 古經文視 大槻崇○寫本 小學句讀集疏五卷 貝原篤信○明治十
六年刊 小學雕題二卷 中井履軒○明治十五年刊 和名類聚抄五卷 源順○天文寫本 和名類聚抄二十
卷 同○寬文七年刊 箋注倭名類聚抄十卷 同○明治七年活字本 類聚名義抄十卷 寫本 和名釋義
二十卷 高津阿闍梨○寫本 和爾雅八卷 貝原好古○元祿七年刊 和訓栞四十五卷 谷川士清○文政十三年刊 和訓
類林七卷 和訓指掌略一卷 寫本 日本釋名抄一卷 貝原篤信○寫本 東雅二十卷 新井

君美○寫本 下學集二卷釋破衲○刊本○寫本 下學集類字一卷寫本 洪韻解鑑五卷圓明院阿闍梨○寫本
磨光韻鏡二卷釋文雄○天明七年刊 冠辭考十卷加茂真淵○寬政七年刊 續冠辭考二卷別記一
卷平高保○寫本 字音假名遣一卷本居宣長○安永五年刊 類字假名遣七卷荒木田盛徵○明和七年刊 漢字三音
考一卷本居宣長○天明五年刊 假字類纂關根為寶○嘉永七年刊 倭字通例書八卷橘成員○元祿九年刊 熟字便
覽七卷梅隱○元祿十二年刊 發字便蒙解一卷平野幹等○明治十五年刊 傭字例一卷附錄關政方○刊本 雜
字類編七卷柴貞穀○明治七年刊 詞之敷波十卷寫本 言葉寄一卷刊本 成語字彙三卷
寫本 經史摘語二卷鈴木煥卿○刊本 事物類字七卷釋了阿○寫本 語學新書二卷中橋宜岑○刊本
新撰字鏡一卷考異一卷丘岬俊平○享和三年刊 物品識名二卷拾遺二卷水谷豐文○刊本 名物
摭古小識三浦義德○天保三年活字本 物類稱呼五卷越谷吾山○安永四年刊 鄉談雜字寫本 譯點一卷寫本
轉注說一卷狩谷望之○嘉永七年活字本 體格字府二十卷凡例序目等一卷寫本 節用集
二卷慶長二年刊 合類節用集八卷若耶三胤○延寶八年刊 合類大節用集十卷槙郁○明和三年刊
真草二行節用集三卷刊本 增字早引節用集一卷山下重政○明治八年刊 字貫節
用十六卷高井伴寬○寫本 真草和玉篇五卷慶安三年刊 倭玉篇三卷慶長十八年刊 增續大廣

益會玉篇大全十卷毛利貞齋○明治十六年刊　廣益正字通一卷鎌田禎○明治九年刊　增補文選字類引一卷風月莊左衛門○明治十七年活字本　運步色葉集寫本　以呂波字類十卷寫本　以呂波字類抄寫本　以呂波韻一卷享保十九年刊　名乘指南一卷黑河芳蘭○文久二年刊　桑家漢抄十卷楊梅顯直○寫本　經音畫索寫本　麗本一卷釋行智譯○寫本　諳通類略五卷岡孝祖○寫本　雅俗語類五卷岡島援之○享保十一年刊　梵漢對譯字類編一卷釋行智○天保六年刊　西音發微一卷　西洋字原考一卷大槻玄幹○文政九年刊　倭名類聚鈔田本十卷源順○寫本　新撰字鏡十二卷今本一卷僧昌住○寫本　平他字類抄四卷釋迦院實守○寫本　和注切韻一卷藤原敦光○寫本　海藏略韻十卷今本二卷虎關禪師○寫本　真草下學集二卷寬文六年刊　增補下學集六卷山脇道圓○寫本　伊京集一卷寫本　書言字考二十卷槙島昭武○寫本　多識篇五卷林道春○寫本　羅浮涉獵抄多識篇一卷林道春○寫本　東雅文通考四卷源君美○寶曆十年刊　倭楷正訛一卷太宰純○明和三年刊　漢字和訓八卷井澤長秀○享保三年刊　勅撰和訓十卷共房○寫本　以呂波字考錄二卷僧全長○寫本　以呂波聲母傳一卷多田義俊○寫本　以呂波訓義一卷同○寫本　本語口傳一卷同○寫本　語意考一卷加茂真淵○寬政元年刊　假名文字遣一卷行阿○寫本　和字解一卷貝原篤信○元文丁巳刊　和字正濫鈔五卷

沙門契沖○寫本 和字正濫要略二卷同○寫本 假名字例四卷橘成員○寫本 和字大觀抄二卷桑門文雄○寶曆四年刊 古言梯一卷揖取魚彥○寫本 字音假名用格一卷本居宣長○寫本

〔補錄〕孝經定本松本豐多○明治二十一年刊○黎庶昌有敍 孝經外傳村瀨觀○寬政五年刊

右經類日本伊藤維楨治漢魏傳注有古學之稱彼國漢學椎輪歟後起如物雙松不數數見其講程朱學自藤原肅始嗟嗟孔孟之學一而已自末至一貫者爲之不至派別不止微獨彼國然也雖然末裔亦衣也既非違離道本則見仁見知有足多者

日本書紀三十卷紀清人○慶長四年刊 日本紀私記十五卷寫本 日本紀竟宴歌二卷寫本 釋日本紀二十八卷卜部懷賢○寫本 日本紀纂疏二卷藤原兼良○寫本 日本紀通證三十五卷谷川士清○寫本 日本書紀註三十一卷寫本 日本書紀考四十一卷八重垣翁○寫本 日本書紀通證三十五卷谷川士清○寶曆十二年刊 書紀集解三十卷河村秀根○刊本 日本書紀或問私考二卷多田義俊○寫本 日本書紀文字錯亂備考三卷大關增業○刊本 日本書紀歷考一卷保井算哲○寫本 日本書紀私抄三卷寫本 舊事本記歷考一卷安藤有益○寫本 神武

卷一卷寫本神武紀集解二卷龍煕近○寫本續日本紀四十卷菅野眞道○明暦三年刊續日本紀考證十二卷村尾元融○刊本續日本紀綱要一卷寫本續紀歴朝詔詞解六卷本居宣長○刊本日本後紀二十卷寫本日本後紀纂一卷寫本日本後紀鈔本十卷藤原等○寫本日本逸史四十卷鴨祐之○享保九年刊續日本後紀二十卷藤原良房○寫本文德實錄十卷都良香管○寛永六年刊三代實錄五十卷寫本三代實錄故事考三卷足羽敬明○寫本編史凡例二卷寫本古事記三卷太安麻侶○寛永廿一年刊古事記傳四十四卷目錄三卷附錄一卷本居宣長○天保十五年刊古事記頭書三卷賀茂眞淵○寫本訂正古訓古事記三卷本居宣長○寛政十一年刊古事記傳說八卷藤以正○寫本舊事紀十卷聖德太子等○寛永十一年刊鼇頭舊事紀十卷寫本鼇頭古事記三卷寫本舊事紀僞撰考一卷多田義俊○寫本先代舊事本紀七十二卷寫本舊事本記剥僞一卷伊勢貞丈○寫本類聚國史二百卷菅原道眞○寛平五年寫本類聚國史六十三卷考異三卷仙石政和○文化十三年刊本朝世紀三十卷僧信西○寫本本朝世紀拔萃三卷寫本扶桑略記十四卷拔萃一卷僧皇圓○文政三年刊扶桑略記殘冊摘要一卷阿闍梨皇圓○寫本日本紀略十一卷寫本本朝通鑑二百七十三卷林道春○寫本本朝通鑑提要三十卷林恕○寛文十年

國史實錄八十卷林恕○元祿十六年 大日本史二百四十六卷西山○寫本 大日本史贊叢二卷寫本 本朝通紀五十五卷長井定宗○寫本 日本春秋五十卷僧日初○寫本 古史通五卷○源君美○寫本 讀史餘論九卷源君美○寫本 假字日本紀三十卷寫本 山問文神代卷二卷賀茂真淵○寫本 大日本史刑法兵法三卷德川光圀○刊本 本紀論贊二卷寫本 大日本史贊藪五卷明治二年刊 倭史後編三卷栗山愿○寫本 本朝編年祿十六卷王代系圖一卷林道春○寫本

本朝通紀前編二十五卷後編三十卷長井定宗○刊本 國史略五卷岩垣松苗○文政十年刊 皇朝史略十二卷青山延于○刊本 續皇朝史略五卷青山延于○刊本 日本政記十六卷賴襄○刊本 國史紀事本末四十卷青山延光○刊本 國史纂論十卷山縣禎○刊本 神皇紀略五卷賴復○刊本 日本野史二百九十七卷飯田忠彥○寫本 六國史曆考六卷安藤有益○寫本 神字古事紀四卷藤原政興○明治四年刊本

神道五部書五卷寫本 神道十二部書十二卷寫本 倭姬世紀一卷寫本 御鎮坐次第記一卷寫本 御鎮坐本紀一卷寫本 御鎮坐傳記一卷寫本 寶基本紀一卷寫本 倭姬命世紀抄二卷秦信慶○寫本 葦水草一卷寫本 神道五部書抄六卷寫本 五部書說辨十二卷源士和○寫本 太神宮儀式帳二卷寫本 太神宮心御柱記

一卷寫本神宮實錄一卷藤原國人○寫本天地麗氣記十八卷寫本神別記十卷本居宣長○寫
本天書紀十卷藤原濱成○寫本古語拾遺一卷齋部廣成○寫本古語拾遺言餘抄五卷龍尚舍○
貞享三年刊古語拾遺句解二卷寫本唯一神道名法要集二卷卜部兼延○寫本神道深秘二
卷天台僧徒○寫本神道大意一卷卜部兼直○寫本神道大意一卷卜部兼俱○寫本神道秘説一卷寫本神懷
錄一卷寫本類聚神祇本源十五卷度會家行○寫本元元集八卷北畠親房○承應二年刊東家
秘傳一卷北畠親房○寫本廿一社記一卷北畠親房○寫本神風和記三卷僧慈遍○寫本舊事
玄義十卷僧慈遍○寫本自從抄一卷山崎垂加○寫本古老口實傳一卷寫本寶鏡
開始一卷寫本神祇秘抄三卷寫本神祇拾遺一卷寫本諸神記二卷寫本十種神
寶圖一卷寫本十種神寶問目一卷寫本瑚璉集二卷寫本神道集八卷寫本大裏
神道一卷寫本兩部神道口決鈔六卷源慶安○寫本兩部神道口訣心鏡錄五卷
僧風潭○寫本神道八重垣傳五卷藤齋延○寫本神道名目類聚抄六卷正德四年刊陽復記二卷
出口延佳○寫本神宮秘傳問答一卷出口延佳○寫本古今神學類聚抄百卷眞野時綱○寫本神國決
疑編三卷玄賢○寫本神風記五卷匹田以正○寫本神家常談三卷眞野時綱○貞享年中刊本朝神社考六

卷林道春○寫本神社考詳節一卷林道春○寫本神社啟蒙八卷白井宗因○寫本春日權現驗記二十卷寫本春日神社記攷正三卷祐舍○寫本日吉社神道密記一卷行丸○寫本住吉秘記一卷寫本墨江紀畧二卷巨妙子○享保三年刊八幡宮本紀七卷貝原好古○元祿十年刊太子流神秘卷一卷寫本橘家蟇目口傳九卷寫本興名草前後編一卷淺井重遠○寫本玉籤集八卷玉木正英○寫本原根錄三卷玉木正英○寫本宗廟社稷答問二卷源幸和○寫本喪葬記一卷寫本神儒問答一卷寫本和學通二卷留守友信○寫本神璽辨一卷多田義俊○寫本神拜恐惶抄一卷多田義俊○寫本創禊辨一卷多田義俊○寫本葵祭記一卷多田義俊○寫本直字辨一卷多田義俊○寫本三種神器辨書一卷多田義俊○寫本神明憑談二卷多田義俊○寫本獸肉論一卷多田義俊○寫本神道辨惑二卷持寶院聖應○天明五年刊神京問答一卷大江吉利○寫本天祖都城辨辨一卷寛永本居宣長○寫本神代卷二卷寫本神代口訣五卷忌部正通○寫本日本紀神代抄十一卷十七年刊日本書紀神代合解十二卷寛文四年刊神代講述抄五卷山本廣足○寫本神代評注四卷龍熙近○寫本神代紀上秘解十五卷源雅胤○寫本神代卷風俗抄五卷秦信廣○寫本神代卷剿義箋二卷高屋近文○寫本日本書紀三元卷四卷横山當永○寶永四年刊日本紀三元卷

鈔解八卷 横山當永○寫本 神代卷藻鹽草五卷 玉木正英○寫本 神代卷藻鹽草一卷 玉木正英○元文己未刊 神代小囊草十七卷 寫本 日本書紀神代卷統節五卷 寫本 神代卷風葉集十卷 山崎垂加○寫本 神代卷私語草二卷 寫本 神代卷日蔭草一卷 岡田正利○寫本 神代卷鹽土傳五卷 谷重遠○寫本 日本神代卷口義十卷 多田義俊○寫本 神代卷秘要抄二十卷 多田義俊○寫本 神代卷髻華山蔭一卷 本居宣長○寛政十二年刊 神代正語三卷 本居宣長○寛政元年刊 中臣秡一卷 寫本 中臣秡抄二卷 常盤大連○寫本 中臣秡考索一卷 和田宗允○寫本 中臣秡瑞穗抄二卷 出口延良○寫本 中臣秡纂言一卷 宮木春意○寫本 中臣秡白雲抄二卷 白井宗因○寫本 中臣秡風水艸一卷 山崎垂加○寫本 中臣秡風水草管窺一卷 玉木正英○寫本 中臣秡大全十卷 淺利太賢○寫本 六根秡松風鈔一卷 藤原永弘○寫本 中臣秡松風鈔一卷 藤原永弘○寫本 中臣秡古義三卷 松崎義亮○享保辛亥刊 中臣秡氣吹抄三卷 多田義俊○寫本 六根清淨大秡淺說一卷 宮木春意○寫本 大秡解一卷 源安範○寛政十二年刊 祝詞解五卷 賀茂真淵○寫本 祝詞考三卷 賀茂真淵○寛政十二年刊 大秡詞後釋一卷 本居宣長○寛政八年刊 出雲國造神壽後釋二卷 本居宣長○寛政八年刊 水鏡三卷 藤原忠親○寫本 水鏡異本三卷 活字本 大鏡八卷 藤原爲業○寫本 增鏡十卷 一條冬良○寫本 榮花物語四十卷目錄系圖一卷 明曆二年刊

榮花物語拔萃九卷寫本續世繼十卷寫本世繼物語一卷寫本保元物語三卷
葉室時長○寫本平治物語三卷葉室時長○寫本參考保元物語九卷寫本參考平治物語六
卷元祿六年刊保建大記二卷栗山愿○寫本保建大記打聞三卷谷重遠○享保五年刊源平盛衰記
四十八卷葉室時長○寫本平家物語十二卷前司行長○寫本平家物語長門本十六卷寫本
平家物語嵯峨本十二卷寫本東鑑五十二卷慶長十年刊東鑑脫漏一卷寫本愚管抄
七卷慈鎮和尚○寫本承久記二卷寫本保曆間記三卷寫本神皇正統記六卷北畠親房○慶安二年刊
續神皇神皇記一卷明和丁亥刊櫻雲記三卷寫本南朝紀傳四卷寫本梅松論
一卷寫本伯耆卷三卷寫本舩上記一卷寫本吉野拾遺四卷寫本一卷太平記四十
一卷寫本參考太平記六十四卷寫本明德記三卷寫本應永記一卷寫本嘉吉記
一卷寬文九年刊椿葉記一卷道欽親王○寫本應仁記二卷寫本宂太記寫本鎌倉大艸子一
卷寫本神明鏡二卷寫本文明一統記一卷一條兼良○寫本日本王代一覽七卷林春齋○寬文
四年刊本朝編年小史七卷鵜飼石齋○寫本本朝歷史略評註四卷元祿三年刊和漢合運
圖四卷圓智重○寫本和漢編年干支合圖一卷虎關和尚○寫本皇帝年代記一卷慈鎮和尚○寫本如

是院年代記六卷寫本 和漢年契一卷高昶○寬政九年 掌中和漢年契一卷寫本 雍州府志十卷黑川道祐○刊本 京羽二重六卷孤松子○貞享二年刊 京童子六卷中川喜雲○明曆四年刊 都林泉名勝圖會五卷秋里湘夕○刊本 京之水二卷秋里湘夕○刊本 花洛名勝圖會四卷川喜多真彥木村明啟○文久二年刊 詩仙堂志四卷三橋成烈○寬政年中刊 大和名勝圖會六卷秋里湘夕○寬政三年刊 堺鑑三卷衣笠一閑○貞享元年刊 難波鑑一無軒道冶○延寶年中刊 住吉名勝圖會五卷秋里湘夕○寬政六年刊 兵庫名所記二卷寶永七年刊 伊賀風土記一卷寫本 勢陽五鈴遺響七十七卷首卷三卷安岡親毅○明治十六年活字本 勢州古今名所集五卷寫本 伊勢名所參考抄二卷坿錄別記二冊松坂常守○寫本 伊勢參宮名所圖會五卷 巡島勝覽一卷寬政九年刊 尾張國風土記一卷寫本 尾張名所圖會前編七卷武田啓野口道直○天保十五年刊 尾張名所圖會後編六卷岡田啓野口道直○明治十三年刊 甲斐國志百十八卷坿錄五卷松平定能○明治十七年活字本 甲斐叢記前輯五卷大森快庵○嘉永四年刊 富岳寫真小泉斐○弘化二年刊 芙蓉圖說一卷 禹稷碑圖附莊田允益○寬保三年刊 伊豆海島風土記三卷寫本 三浦志二卷寫本 新編鎌倉志八卷序目一卷河井恒久○刊本 江島大草紙二卷釋因靜○寶曆九年刊 武藏風土記一卷寫本 紫之一本二卷遺佚入道○寫本 武藏野話初編一卷附錄一卷鶴磯樵夫○文

化十二年刊　武藏名所考四卷晃嶠陳人○文政七年刊　江戶沙子六卷菊岡沾涼○刊本　續江戶沙子五卷菊岡沾涼○享保廿年刊　新編江戶志十一卷懷山子○寫本　西苑記一卷菊池純○明治十七年刊　江戶名所圖會七卷齋藤幸雄○天保七年刊　江戶名所記七卷寬文二年刊　江戶名所話六卷元錄七年刊　繪本江戶土產一卷刊本　江戶雀十二卷延寶五年刊　江戶鹿之子六卷藤田理兵衛○刊本　江都總鹿子名所大全七卷奥村玉華○寬延四年刊　江戶年中行事一卷刊本　南向茶話一卷寫本　武江披沙五卷太田南畝○寫本　都鳥名所字類一卷寫本　多濃武之雁一卷陽盛亂○寫本　四神地名錄古松軒○寫本　淺草志二卷寫本　元吉原之記一卷寫本　葛飾志二卷寫本　古河志二卷寫本　香取志二卷小林重規○天保四年刊　鹿島名所圖繪二卷北條時鄰○刊本　常陸風土記天保年中刊　水戶温古錄一卷寫本　飛州志九卷坿錄一卷藤原忠崇○寫本　下野國志十二卷河野守弘○文久元年刊　日光山志一卷植田孟縉○寫本　日光雜話四卷寫本　陸奥郡鄉考二卷關元龍○天保五年刊　奥羽觀蹟聞老志二十卷佐久間義和○明治十六年活字本　越前名所指南草二卷釋祐可○寫本　北越雪譜三卷二編三卷鈴木牧之○刊本　佐渡事略二卷別錄中原廣通○寫本　播磨名所巡覽圖會五卷秦石田○文化元年刊　備陽國志寫本　出雲風土記一卷寫本　出雲風

風土記一卷寛政十二年刊長崎聞見錄五卷廣川獬○安政三年刊日向經緯記一卷佐藤信淵○寫本薩藩經緯記二卷佐藤信淵○寫本麑藩名勝志三卷寫本日本總國風土記寫本風土記逸文土記考一卷荷田春滿○寫本訂正出雲風土記一卷文化三年刊懷橋談二卷寫本南紀名勝略志七卷寫本愛媛面影五卷半井梧庵○明治八年刊豐後國風土記一卷寫本肥前國寫本風土記釋文附攷出雲陸奧○賀茂眞淵○寫本先代國造本紀一卷寫本地勢提要二卷橘景保○寫本國花萬葉記上下二十一卷方寸子○元祿十年刊日本輿地通志畿內部六十一卷關祖衡○享保廿一年刊攷正人國記二卷北條時賴○刊本國分記一卷神谷八右衛門○寫本三都雀延寶六年刊道中記一卷刊本懷之友一卷臨翠軒○享保廿年刊武跡譚十五卷貝慶子○寫本游囊賸記二十五卷大鄉良則○寫本遊方名所略十四卷寫本名所便覽寫本觀瀑圖誌二卷鎌田政舉○刊本御陵考寫本谷陵記一卷奥村正明○寫本前王廟陵記二卷松下見林○元祿十一年刊天祖都城辯辯一卷本居宣長○刊本蝦夷島物語一卷寫本邊要分界圖考七卷近藤守重○寫本續日本史及紀畧重野安繹藤野正啓巖谷修長松幹等○新修寫本未見先朝紀畧二十卷藤野正啓○寫本支那通信始末五卷總叙附錄二卷同尊攘紀事四十篇岡千仞○刊本黎庶昌有叙國史紀事本末七

十四卷青山延光○寫本 野史纂略五卷同○刊本 海軍歷史廿五卷勝安芳○寫本 陸軍歷史三十卷同○寫本 吹塵錄四十卷 坿圖五十卷同○寫本 日本紀事名倉信敦○寫本 紫宸清涼二殿及太政官圖考一卷紀宗直○寫本 元明史略後藤世之山○寫本 職原抄考同 和漢年鑑一卷同 皇朝史略十二卷 續五卷青山延于○刊本 帝都雅景一覽四卷刊本 日本里程總覽一卷吉田晉○刊本 江戶外史十五卷青木可笑○寫本 求言錄六卷源定信○寫本 元寇紀略二卷大橋順周○嘉永六年刊 東京府志藤野正啟○寫本 地方沿革略譜一卷保科保○活字本 長崎縣地理小誌一卷師範學校 明二直隸十三省考定圖一帖寫本 明律國字解三十七卷物雙松 善鄰國寶三卷僧周鳳○刊本寫本 鄰交徵書初編二卷 二編二卷伊藤松貞 偉人傳十八卷蒲生重章○刊本 佳人傳同 孝子傳三卷伊藤藏○刊本 近世孝子傳城井壽章○刊本 唐土名勝圖會初集六卷岡田尚友○刊本 西洋紀聞三卷 坿錄一卷新井君美○刊本 西京全圖池田東籬亭○刊本 新增細見京繪圖大全文久三年刊 花洛細見圖元祿十七年刊 伏見桃山御殿御城之圖寫 石山古城圖寫 太門御代大坂御城天守圖寫 浪速古圖寫 浪速古圖後考寫 正德大坂地圖正德五年刊 輿地之全圖

秋山永年○刊 武藏國全圖 菊地修藏○安政三年刊 古代江戶御繪圖 元和二年刊 江戶大繪圖 寬永
十三年刊 江戶大繪圖 元祿元年刊 江戶大繪圖 延寶九年刊 調布玉川繪圖 相澤伴主○刊 船路圖
自筑後九艘泊至筑後川○寫 船路圖 自藝州下黑島至肥前平戶○寫 大日本道中行程細見記 醉雅子○明和七年刊 大日本
國細圖 玄玄堂綠山○元治二年刊 朝鮮國全圖臺灣全島之圖 林子平○明治七年刊 海島風土記一卷
寫本 坪碑考 林子平○明治十年刊 款識百例一卷 畑時習○刊本 好古小錄二卷坿錄一卷 藤原貞幹
○寬政七年刊 好古日錄二卷 同○刊本 好古雜錄 未見 集古十種 松平○刊本 徵古圖錄一卷 藤原
美波留○文化八年刊 求古圖譜一卷 高島千春○刊本 觀古雜帖初篇 穗井田忠友○刊本 集古一滴一卷 寫本
鑑識錄 寫本 漢倭奴國王金印考一卷 上田秋成○寫本 扶桑鐘銘集三卷 岡崎信好○刊本
金石年表一卷 西田直養○天保九年刊本○潘氏滂喜齋叢書本 埋麝發香 刊本 史徵墨寶考證 內閣修史局活字本
六卷 尾崎雅嘉○刊本 博物館書目解題略三十卷 村山德淳○刊六卷 足利學校書籍目錄一
卷 寫本 經籍訪古志六卷補遺二卷 澀江全善森立之○徐大臣承祖活字本 史籍年表一卷 伴信友○刊本 右
文故事十六卷 近藤守重○寫本 正齋書籍考經部二卷首卷一卷 近藤守重○文政六年刊 掌中
群書一覽一卷 多田直洪○文化九年刊 群書備考二十卷 寫本 倭版書籍考五卷 元祿十五年刊 書

籍名數三卷（中村治重○天明元年刊）番外雜書解題十七卷國字分類書目二卷譔者小傳六卷（戶田氏德○寫本）物語書目備考一卷（伴直方○寫本）辨疑書目錄三卷（中村富平○寶永七年刊）地理書目一卷（寫本）御請來目錄一卷（釋空海○正保四年刊）國朝書目三卷（藤原貞幹○寬政三年刊）合類書籍目錄大全十二卷（多田勘兵衛○享和元年刊）彙刻書目外集六卷補遺一卷（松澤老泉○刊本）官府書目六卷（寫本）九條家藏書目錄（寫本）林崎文庫書目三卷（寫本）所藏書目錄一卷（寫本）五十槻園藏書目錄一卷（寫本）春迺屋藏書目錄四卷（中根長章○寫本）運籌堂藏書目錄一卷（平山剛藏○寫本）輶軒書目一卷（齋藤正謙○活字本）伊吹能舍著譔書目（刊本）

右史類日本神代史籍大氏荒邈難可徵信其正史以源光圀日本史為大畧而賴襄外史政記諸書其彰彰者近日重野安繹等編年與紀略有告成之說所未見也厥類滋多著要而已

養壽廬所著書

日本圖經廿一終

奏派游歷日本美利加秘魯巴西等國兵部郎中臣傅雲龍述

博覽古言十卷 菅原道真○天明五年刊 六諭衍義大意一卷附錄二卷 勝田知鄉○弘化四年刊 六諭衍義大意一卷 室直清○明治十五年刊 前輩諸說一卷 同○寫本 春鑑抄一卷 林道春○寫本 藤樹精言一卷 橘明○文化十年刊 宇佐問答一卷 熊澤伯繼○寫本 素行記一卷 山鹿高祐○寫本 鬼神論二卷 新井君美○寬政十二年刊 不亡抄四卷 室直清○寫本 大疑錄二卷 貝原篤信○明和四年刊 初學知要三卷 貝原篤信○明治十七年刊 復性辨二卷 伊藤長胤○享保十五年刊 辨道一卷 荻生茂卿○寬政元年刊 辨名二卷 荻生茂卿○寬政元年刊 續辨名二卷 杜敎○寫本 非物篇六卷 非徵八卷附○五井純禎○天明四年刊 草茅危言五卷 中井積善○活字本 竹山先生答豬飼倫藏書一卷 中井積善○寫本 竹山國字牘後篇五卷 中井積善○寫本 復讎論一卷 野公臺○刊本 席上腐譚一卷 原田直○寶歷二年刊 柳子新論一卷 山縣昌貞○明治十七年刊 山子垂統三卷 後篇三卷附○片山世璠○安永四年刊 喑嚶錄一卷 盧草拙○刊本 今書一卷 蒲生秀實○文久三年刊 價原一卷 三浦晉○寫本 迂言二卷 同○寫本 洗心洞劄記二卷 附錄一卷附○大鹽後素○明治十七年刊 執中論一卷 附錄一卷○丹羽貴明○文政八年刊 名實大意一卷 權論附○丹羽貴明○刊本 芻言七卷 藤森大雅○寫本 及門遺範一卷

會澤安○明治十五年刊 辨妄一卷 安井衡○明治六年刊 標註辨妄一卷 安井衡○明治十四年刊 佐氏遺言 佐久間象山○明治十七年刊 喪祭略冊一卷 神山貞規○寫本 寛文釋菜次第一卷 延寶釋菜儀式一卷 寫本 寶訓集鈔三卷 古寫本 十訓抄十二卷 享保六年刊 十訓抄略書三卷 寫本 最明寺教訓一卷 北條時賴○刊本 神君御文章一卷 寫本 東照宮御遺訓一卷 附錄一卷○寫本 黑田長政遺言並定則一卷 寫本 義公命令一卷 寫本 求言錄一卷 松平定信○寫本 和論語十卷 清原良成等○寛文九年刊 和小學六卷 辻原沙水子○寶曆九年刊 假名性理一卷 藤原肅○寫本 五倫談五卷 源勵○寛政四年刊 五常訓四卷 貝原篤信○寶永八年刊 刪定初學訓二卷 貝原篤信○明治十七年刊 松翁道話十五卷 布施道矩○文化十一年刊 道二翁道話十五卷 中澤道二○刊本 鳩翁道話九卷 柴田鳩翁○文久二年刊 心學道話廿四卷 奧田在中○刊本 童子通一卷 山本蕉逸○明治十三年刊 子弟訓一卷 寫本 飛鳥川三卷 釋識丁子三卿○慶安五年刊 我守 高田重光○天明四年刊 寤寐記六卷 承應二年刊 婆心錄一卷 刊本 民家分量記五卷 常盤貞尚○安永六年刊 食時九思御代恩一卷 寫本 物覺早傳授 兵門○天明四年刊 金玉根地帛紗八卷 章花堂○寶永七年刊 姬鑑十二卷 中村歡○正德二年刊 壺石文十三卷 元祿十一年刊 鐵醬訓一卷 三自晉○寫本 新堪忍記七卷 白梅園鷺水○寶永五年刊 世中百首繪抄 荒木田守武○享保七年刊 民間諭草一卷

竹田簡○享知元年刊菜根百事譚五卷無荒道士○活字本咬菜百做錄五卷大草公弼○寫本道樂一卷

河上市之丞○明治六年刊傍訓實語敎並童子敎一卷明治十六年刊女今川一卷明治十六年刊孝諭一

卷明治十六年刊管子纂詁二十四卷安井衡○慶應元年刊老子道德經補註二卷宋林希逸○明治十七年

刊老子本義二卷近藤舜政○享保十六年刊析玄一卷賀瀨政○天保十二年刊莊子口義大成俚諺鈔

廿一卷毛利貞齋○元祿十六年刊郭註莊子考六卷埼允明○寫本讀莊子一卷市川匡子人○寫本晏子春秋

集解八卷大關惟孝○寫本孫子讀本三卷保岡孚○明治十六年刊韓非子解詁全書二十卷津田

鳳卿○刊本註釋韓非子全書二十卷藤澤南岳○明治十七年刊說苑纂註二十卷關嘉○寬政五年刊劉

向說苑考二卷桃源藏○寬政十二年刊寶石類書一百卷紀宗直○寫本莛響錄二卷草廬漫錄一百

卷同○寫本盍簪錄二卷伊藤長胤○寫本寶貨通用事略一卷刊本北清聞見錄六編二禮

敬之○半刊半寫日本古代儒學因革考黑木安雄○寫本賓館縞紵集祇園南海○刊本蓺苑日涉十

二卷村瀨熙○刊本常山紀談湯淺元禎○寫本佩弦齋襍著八卷青山延光○刊本隔韓論一卷鹽谷世弘○安

政六年刊本兵要錄二十二卷長沼宗敬○刊本銃戰必携地圖論一卷菊野善谷○寫本銃戰必携

行軍論一卷同○寫本歐米鐵道經濟論榊原浩逸○明治十八年刊和漢研譜二卷石橋聰○寬政九年刊古筆

鑑一卷（古筆了佐○慶安四年刊）新撰古筆名葉集二卷（刊本）古今名家真蹟集三卷二編三
卷（赤松香雲等○慶應元年刊）和漢名畫苑六卷（大岡春卜○寬政九年刊）繪本會寶袋九卷（橘有税○元治元年[illegible]）畫圖醉
芙蓉三卷（鈴木光遠○文化六年刊）光琳百圖二卷後篇二卷（刊本）諸職畫譜一卷（北尾蕙齋○寬政六年刊）
一蜨畫譜三卷（鈴麟松○明和七年刊）名人蘭竹畫譜二卷（澤景山○明治十二年刊）竹田畫譜二卷（田能
村孝寬○明治十六年刊）東谿畫譜二卷附冊一卷（[illegible]東谿○刊本）百老婆圖（養雲[illegible]筆○寫本）百華鳥五卷（守範[illegible]享保十
四年刊）一掃百態一卷（渡邊崋山○明治十七年刊）本朝畫史五卷本朝畫印一卷（狩野永納等○元祿六年刊）本
朝畫史三卷續二卷（同○明治十七年石版本）本朝古今新增書畫便覽七卷（河津山白○文久二年刊）養
德錦顯文鈔一卷（嘉永六年刊）墨林今話人名錄二卷（明治十五年刊）書畫便覽（新井白石○寫本）畫
乘要略二卷（白井廣○天保三年刊）無聲詩話一卷詩蛆一卷（金井馨○明治十七年刊）題畫詩冊二卷附
錄（森川世黃○明治十三年刊）浮世繪類考一卷（杏花園山東庵○寬文十二年刊）錦繡一覽一卷（文化[illegible]年刊）[illegible]
五卷後編四卷三編六卷（小内[illegible]繁○安永二年刊）操觚清供六卷（一名四寶三友○寫本）雜放漫錄六卷
（大枝流芳○文化九年刊）觀古雜帖初編（穗井田忠友○天保十二年刊）辨道一卷（物雙松○[illegible]本）辨名一卷[illegible]國字[illegible]
十三卷（同○刊本）呉子國字解四卷讀荀子四卷讀韓非子二卷讀呂氏[illegible]四卷讀[illegible]

文筌蹄八卷　蘐園隨筆五卷　樂制篇一卷　樂律考一卷　鈴録二十卷　坍三卷　幽蘭譜抄一卷　琴學大意抄一卷　葬禮略一卷　詩題苑三卷　南留別志五卷　廣象基譜一卷　文罫一卷　古文矩一卷同○寫本　相刀劍書五卷三河前川司○刊本　傳箏論理學二卷清水友輔○寫本　儒學本論上下編長尾楨太郎○寫本　江亭記一卷宮島誠一郎藏寫本　傳箏系圖卷子寫本　體源鈔十二卷豐原統秋○寫本　樂家録五十卷總目一卷安倍季尚○寫本　神樂東遊考一卷　催馬樂考一卷賀茂眞淵○寫本　梁塵愚案抄二卷刊本　梁塵後抄四卷熊谷直好○万延元年刊　神樂入綾三卷橘守部○刊本　催馬樂入綾三卷同○刊本　樂章類語鈔四卷目録附言一卷高田與清○文政二年刊　樂部小録一卷鴨村野人○寫本　狛氏新録狛近寛○寫本　田樂法師由來之事一卷寫本　謡曲内百番金剛右近○明治十五年刊　幸正能口傳言寫本　能之圖式六卷元祿十年刊　能脇侍所作鑑一卷寫本　脇仕舞抄一卷寫本　舞樂圖一卷高島千春○文政十一年刊　舞閑大全二十二卷愛水子○貞享四年刊　笛會釋附四卷　狂言會釋一卷　諸流能名寄一卷政香○寫本　花傳書八卷刊本　謡表題一卷寫本　五尺手拭一卷元祿三年刊　照葉狂言杪子定木一卷　後編一卷中井恒次郎○明治十六年刊　須磨譜一卷　今樣在原行平等○寫本　須磨之枝折

原書闕

原書闕

香六卷寫本十炷香十種香傳書一卷寫本十種香暗部山二卷寫本聞香辨一卷寫本香字抄一卷寫本眞花月香相傳式法書一卷寫本富淺抄二卷市村勺水○寫本香木生成論一卷寫本仙傳抄一名萬花活樣一卷刊本立花圖勢澁圖三卷秘傳抄五卷富春軒仙溪○貞享五年刊立花正道集一卷刊本正風插花墨江卷五卷岸松齋一貞等○寫本古流活花出生卷一卷同分體秘傳同口傳集各一卷寫本古流活花再撰百瓶圖松盛齋理游○天保十一年刊遠州流挿花口傳一卷寫本石刪流活花口傳一卷寫本替花傳秘書一卷寬文元年刊築山庭作傳一卷刊本築山庭造傳前編三卷北村援琴○刊本梅品二卷松岡玄達○刊本花譜三卷貝原損軒○元祿十一年刊花壇綱目三卷刊本花信風一卷十千亭○寬政七年刊櫻史新編一卷青山春夢○明治十三年活字本怡顏齋櫻品松岡玄達○寶曆八年刊怡顏齋蘭品二卷圖同○明和九年刊松葉蘭譜一卷刊本常盤草集一卷寫本紫陽三月記二卷木陳居士○元祿四年刊花壇朝顏通二卷壺天堂主人○文化十二年刊朝顏水鏡前編一卷秋水茶寮撫菊○文政十二年刊朝顏譜初編一卷同○文化十五年刊朝顏花譜一卷紅葉花譜一卷寫本千代見草三卷西京園丁○元祿十二年刊秋菊二卷寫本百菊譜二卷兒素仙○享保二十一年刊當世風流後之花三卷濟月堂丈竹○正德

五年刊　菊花羽二重一卷志水閑事○享保元年刊　北野花大會享保二年刊　九山菊大會享保二年刊　秋野七草考一卷北野秋芳○文化九年刊　增補地錦抄十六卷附錄四卷享保四年　春鳥談一卷隅田舍主人○刊本　諸禽萬益集三卷左馬介○刊本　鳥韻鼓吹抄一卷藤村如皐○安永四年刊　鶉書一卷蘊生堂○安永二年刊　鷴尾圖譜一卷寫本　鷹之書一卷寫本　百千鳥一卷泉花堂三蝶○寬政十一年刊　喚子鳥寬永七年刊　貝盡浦之錦大枝流芳○寬延四年刊　文字之知畫一卷十返舍一九○刊本　碁經衆妙三卷附錄一卷船橋元美○明治十五年刊　將棊精妙二卷伊藤宗印○明治十六年刊　將棊新撰圖式二卷福泉藤吉○明治十六年刊　旅下筌二卷年刊　拳獨稽古一卷山擇漣漣等○刊本　投扇新興一卷葵岡○安永三年刊　相撲勝負附一卷寫本　診病奇侅二卷丹波元簡○王仁乾活字本　傷寒論國字解十卷靈蘇院了作○明治八年刊　傷寒名數解五卷中西惟忠○安永三年刊　傷寒論集成十一卷山田宗俊○天保三年刊　傷寒論輯義七卷丹波元簡○文政五年刊　傷寒論述義四卷坿補丹波元堅○天保十五年刊　傷寒啓微三卷片倉元周○寬政五年刊　傷寒精義六卷原元麟○刊本　傷寒論寳笈五卷早川宗安○文政八年刊　傷寒論正解八卷中莖謙○文政九年刊　傷寒論抄註一卷福井楓亭○寫本　金匱要略述義三卷丹波元堅○嘉永七年刊　和劑局方發揮諺解六卷岡本爲竹○寬永五年刊　十四經絡發揮和語鈔六卷岡本爲竹○元祿六年刊　溫疫論解五卷明吳又可○文政七年刊　古今方彙四卷刊本

和方一萬法四十一卷村井純○寫本和方經驗錄二卷大淵堂元○寫本觀聚方要補十
卷丹波元簡○安政四年刊醫心方三十卷丹波康賴○刊本醫略抄一卷丹波雅忠○刊本醫賸四卷丹波元簡○刊
本醫官玄稿三卷望月三英○刊本本朝醫考三卷黑川道祐○刊本本朝醫談一卷奈須恒德○文政五
年刊古訓醫傳二十五卷宇津木益夫○明治十六年刊皇國醫系一卷万年純○文久三年活字本合類醫方入
門十七卷八尾玄長○享保年中刊新增愚按口訣集三卷土佐道壽○延寶九年刊牛山方考三卷香月
啓益刊本牛山活套三卷香月啓益○刊本普救類方七卷林良適等○享保十四年刊經絡發明一卷
菊池玄藏○寶歷三年刊疝徵積聚編一卷大橋尚因○天明七年刊徵癘新書二卷片倉元周○天明六年刊產科發
蒙六卷片倉元周○刊本青囊瑣探二卷片倉元周○刊本靜儉堂治驗三卷片倉元周○文政五年刊療治
茶談十卷津田玄仙○文政六年刊蔓難錄七卷柘彰常○文化三年刊經穴纂要五卷小坂元祐○刊本校正
方輿輗十五卷有持桂里○嘉永六年刊病家須知八卷華谿道人○天保三年刊圖學穴法二卷石坂尹○天保
六年刊德本翁遺方二卷齋藤貴○刊本蘭軒遺稿一卷伊澤信恬○明治七年刊桃洞遺筆八卷小原
良直○天保七年刊脈原三卷大西篠光○文久元年刊貝原養生訓九卷貝原篤信○天保五年刊按摩手引一卷
齋藤良伯○寬政十二年刊導引秘傳指南鈔一卷一愚子○寬政五年刊藥治通義十二卷丹波元堅○天保十

年刊 藥能真柱三卷 大淵棠主人○寫本 藥徵三卷 吉益爲則○文化九年刊 藥徵續編二卷坿圖錄 邑井純○文政八年刊

大和本草二十卷坿錄一卷 貝原篤信○正德五年刊 大和本草紀聞二十卷 寫本

本草和名二卷 深江輔仁○刊本 康賴本草二十七卷 丹波康賴○寫本 本草綱目啓蒙四十八卷 小野蘭山○享和三年刊 重修本草綱目啓蒙三十六卷 小野蘭山○天保十五年活字本

本草綱目纂疏十三卷 曾槃○寫本 本草啓蒙名疏七卷 小野職孝○文化六年刊 本草圖彙十二卷 寫本 本草正譌三十二卷 鎌井正壽○寫本 本草藥名備考和訓鈔七卷 丹波賴理○天保二年刊 救荒本草啓蒙十四卷 小野職孝○天保十三年刊 救荒野譜啓蒙二卷 小野職孝○刊本 南紀採藥志一卷 小野蘭山○寫本 勢州採藥志一卷 小野蘭山○寫本 甲駿豆相採藥志一卷 小野蘭山○寫本 常野採藥志一卷 小野蘭山○寫本 廣參說一卷 小野蘭山○刊本 廣參品 熊谷愼憲○寶曆十一年刊

採珍堂日摘三卷 行方清溪○活字本 西州木狀一卷 植村政勝○寫本 本朝食鑑十二卷 野必大○元祿十年刊 薰類或問一卷 岩永兼英○寫本 耋筵小牘一卷 小野蘭山○文化五年刊 十品考一卷 小野蘭山○寫本

拾品考一卷 野田青葭○刊本 魚鑑 武井周作○天保二年刊 蛸志三卷 喜多村直○嘉永二年刊 物類品隲六卷 平賀國倫○寶曆十三年刊 醫家千字文一卷 惟宗時俊○刊本 農家益三卷 大藏永常○享和二年刊 農家益續編

一卷大藏永常○刊本 農家益後編二卷大藏永常○文化八年刊 再板農業全書十一卷宮崎安貞○刊本 農
具古持籠二卷飯塚生清○延享五年刊 農具古蘿一卷飯塚生清○延享五年刊 除蝗錄一卷大藏永常○文
政九年刊 草木育種二卷岩崎常世○文化十五年刊 草木育種後編二卷阿部喜任○文化十五年刊 草木錦葉
集七卷水野某○文政十二年刊 千草根指二卷岩村常久○刊本 製葛錄一卷大藏永常○天保十一年刊 蕃藷考
一卷糸川某○文政六年刊 二物考一卷高野長英○明治十六年刊 藍葉寐方寫本 煙草百首一卷橘薰○弘化三
年刊 諸菜譜三卷貝原篤信○享保十九年刊 山相秘錄二卷佐藤元伯○寫本 勸農備要田俊年中行事三
卷佐藤信淵○明治十年刊 致富小記一卷佐藤信淵○明治十四年刊 養蠶秘錄三卷上垣守國○享和三年刊 機織彙
編五卷刊本 海之幸二卷龍水○刊本 皇和魚譜二卷栗原某○刊本 水族寫眞說奧倉辰竹○刊本 金
魚育艸一卷安達喜之○弘化三年刊 河蝦考二卷源眞楫○刊本 怡顏齋介品二卷松岡玄達○寶曆八年刊 介
私記寫本 加佐佐仗考一卷伴信友○寫本 橐駝考一卷唐公愷○刊本 菌譜阪本浩然○刊本 怡顏齋菌
品二卷松岡玄達○寶曆十一年刊 和漢絹布重寶記一卷田雙洲○天明九年刊 新撰紙鑑一卷木村青竹○安永六
年刊 染物早指南一卷好染翁○嘉永六年刊 手鑑模樣節用一卷梅丸○刊本 繪本衣服雛形
模樣享保十二年刊 樂燒秘囊二卷中田瀞龍子○元文元年刊 古今陶甕攷一卷寫本 温古甍彙二卷

春て永年○寫本　陶器樂草一卷茶顛庵主人○寫本　陶器窑法草一卷寫本　製油録二卷大藏永常○天保七
年刊　鉢酒驚印三卷寫本　酒菓等掎方之書一卷寫本　御蒸菓子圖八卷虎屋伊織○寫本
江戸町中喰物重寶記天明七年刊　多識鑑七卷寫本　菩多尼訶經宇田川榕菴○文政五年刊　武江產物
志一卷岩崎常正○文政七年刊　長防產物名寄三卷田智庵○寫本　世寶大成萬金產業袋三卷三宅也○刊本
日本山海名物圖會五卷平瀨徹齋○寬政九年刊　山海名產圖會五卷法橋關月畫○寬政十一年刊　廣益
國產考八卷大藏永常○刊本　大工規矩尺集三卷元祿十三年刊　增補軒廻棰雛形立川富房○明
治十六年刊　初心雛形一卷大賀範國○明治十六年刊　和漢船用集十二卷金澤兼光○明和三年刊　內洋經
緯記一卷佐藤信淵○明治十三年刊　石川銀山紀聞寫本　改正增補頭書長麻三卷小泉松卓○貞享五年刊　天
朝無窮曆一卷坿錄一卷平田篤胤○寫本　歲時釋名三卷丘思純○寫本　民用晴雨便覽一卷中西敬房○明
和巳年刊　風雨賦國字辨二卷中西如環○弘化三年刊　日次記事四卷黑川道祐○寫本　改正月
令博物筌十六卷鳥飼洞齋○天保十二年刊　十二月品定圖菱川吉兵衛○元祿四年刊　水戸歲時記一卷
寫本　東都歲時記五卷齋藤幸成○天保八年刊　歲華一枝一卷補遺一卷端安○刊本　因歸算歌一卷今村知商○寬
永十七年刊　萬用不求算二卷寬永二十年刊　童蒙算梯十九卷原田萬山○刊本　本朝度量權衡

攷四卷 狩谷望之○寫本 赤縣度制考三卷 平田篤胤○寫本 簠簋五卷 安部清明○寬永九年刊 簠簋秘傳
抄一卷 安部清明○貞享貳年刊 簠簋抄三卷 正保四年刊 卜法類書一卷 寫本 龜卜秘傳一卷 寫本
古易精義指南 新井篤光○天保十一年刊 推命書三卷 櫻田虎門○明治十七年刊 方鑑秘傳集二卷 松浦琴宦○明
治十七年刊 九量圖說 日用精義大成二卷 松浦琴宦○明治十五年刊 家相方位指南三卷 宍戶賴母○明治十五年刊
大雜書一卷 寬永十三年刊 萬麻大雜書三世相大全一卷 刊本 安政雜書萬麻大成一卷 銅版
古事談六卷 寫本 古事談類字一卷 寫本 續古事談六卷 寫本 續古事談類標一
卷 寫本 和事始六卷附錄一卷 貝原好古○元祿十年刊 漢事始六卷 同○元祿十年刊 藻鹽草二十
卷 寬文九年刊 壒囊鈔十五卷 釋行譽○正保三年刊 塵添壒囊鈔二十卷 刊本 開宗事類一卷
寫本 珍書一卷 寫本 學山錄六卷 藤原明遠○刊本 口遊一卷 源為遠○寫本 十三部類語十一卷
類聚三代格○內裏式○新儀式○憲法十七條○意見十二事○封事三箇條○建麻宣旨○世俗淺深秘抄○弘安禮節○二判問答○三內口決○貞永式目抄○類聚符宣抄○寫本 十略類
考四卷 釋日本紀○神代口決○日本紀纂疏○神代合解○西宮記○貞觀儀式○北山抄○朝野群載○政事要略○百鍊抄寫本 近代世事談五卷 菊岡
沾涼○天保七年刊 箋注桑華蒙求三卷 豐臣公○明治十五年刊 藝林蒙求初編六卷 松田順之○嘉永四年刊 蒙
求抄十卷 寬永十五年刊 蒙求詳說十六卷 宇都宮由的○天保二年刊 補註蒙求國字解六卷 田興甫○明治

十六年刊 蒙求拾遺三卷江廣保○寶曆二年刊 世說訂正二卷附錄[illegible]宰○安永三年刊 世說新語補
系譜二卷附錄一卷柚木太玄○天明五年刊 和漢駢事二卷釋[illegible]○享保五年刊 和漢名數一卷
續編一卷三編一卷上田元周○弘化四年刊 和漢古諺二卷貝原篤信○寶永三年刊 和漢三才圖會
百五卷目錄二卷寺島良安○刊本 訓蒙圖彙二十卷目次二卷中村惕齋○刊本 唐土訓蒙
圖彙十四卷平住專庵○享保四年刊 和漢訓蒙故事要言五卷文政十二年刊 訓蒙要言故事十
卷宮川道達○明治十七年刊 人倫訓蒙圖彙七卷元祿三年刊 女用訓蒙圖彙奧田松柏○刊本 故事成語
考集註二卷三宅元信○刊本 如不及齋別號錄四十八卷鈴木汪等○文政十年刊 淵鑑類函纂
要六卷藤江浩○明治十六年刊 廣益俗說辨自正編至殘編四十五卷井澤長秀○文化九年刊 萬寶全
書十三卷刊本 萬寶鄙事記八卷貝原篤信○寶永二年刊 日本居家祕用十二卷三宅建治○元文二
年刊 錦囊智術全書十二卷目次目錄一卷刊本 妙術博物筌十九卷目錄一
卷刊本 祕事思案袋三卷刊本 祕傳世寶袋三卷不錄子○明和二年刊 開卷得寶一卷定
主人○寫本 百工祕術之拔書一卷寫本 方書寫本 丹鶴叢書三十三種源忠央○刊本 中古叢
書別本三十四種寫本 明遠館叢書五十六種寫本 羽陽叢書廿棠編五十三

種翹楚篇（新貝卓次○明治十三年刊）五事略五種（新井君美○明治十六年活字本）耕儼錄二十九種植守袋五十五種（寫本）百瀨川五十七種（太田覃○寫本）怡顏齋日纂一名稗說摘抄十二種（松崗玄達○寫本）嚶鳴館遺草十二種附錄（細井德民○天保六年刊）介壽詩集叢十四種弊函一掃四十四種二掃二種（寫本）般若心經闡註傳一卷（釋玄海○明治十七年刊）法華經大意八卷（釋日法○明治十六年刊）觀音懺法（六象寺讀點附明治十一年刊）甘露門（明治十六年刊）當麻曼陀羅搜玄疏聽書九卷（經直禪○明治十七年活字本）金剛錍科解一卷（釋癡空○明治十七年刊）橫超直道金剛錍三卷（荷園大浴○明治十二年刊）碧巖錄方語解一卷（服部門○明治十六年活字本）註解參同契寶鏡三昧一卷（釋指月○明治十六年刊）菩薩戒謗註一卷（釋淨嚴○明治十三年刊）悉曇藏八卷（釋安然○寬政年中刊）悉曇字記真釋八卷（釋行智○寫本）悉曇微細字一卷（寫本）原人論便蒙一卷（釋廣潤○明治十五年刊）鼇頭原人論發微錄五卷（釋淨源○明治十二年刊）冠註教觀綱宗會釋二卷（明釋智旭○明治十二年刊）冠註略述法相義三卷（小林大空○明治十六年刊）十住心論十卷（釋空海○慶安四年刊）垂虹館詩稿（島山宗茂○寫本）性靈集便蒙十卷（釋運敞○刊本）增註鼇頭寶慶記一卷（釋道元○明治十三年刊）訂正鼇頭學道用心集一卷（釋道元○明治十一年刊）註永平元禪師清規二卷（釋道元○明治十五年刊）註解永平衆寮

清規一卷吉田覺仙○明治十五年刊 正法眼藏辨註二十二卷釋天桂○明治十四年刊 增註信施論一卷野野部至遊○明治十四年刊 立正安國論一卷明治十五年刊 毒語注心經一卷釋白隱○明治十七年刊 因陀羅網十五卷釋空宣○元祿十二年刊 從容錄辨解二卷釋天桂○明治十六年刊 釋辨圍錄一卷釋智明○明治十七年活字本 訓誨寶海一卷釋梅巖○明治十七年刊 三歸法語一卷葛城慈雲○明治十一年刊 永平假名法語一卷梅村舉山○明治十五年刊 鹽山假名法語一卷釋拔隊○明治十五年刊 入出二門偈大意一卷釋慧然○明治十七年刊 宏智禪師偈頌斷壁閒解二卷釋鉄斧○明治十五年刊 永平承陽大師頌古聞解一卷釋鉄斧○明治十六年活字本 標註永平元和尚頌古一卷釋詮慧○明治十七年刊 七祖聖教三卷南條神興○明治十二年刊 三部假名鈔言釋二卷賀茂真淵○安永四年刊 淨土三部妙典延書三卷明治十六年刊 淨土宗略名目見聞三卷釋明秀○明治十七年刊 改悔文講義一卷釋深勵○明治十五年刊 圓光大師行德和讚明治十六年刊 真宗三帖和讚方軌會本十一卷釋僧鎔○明治十五年刊 帖外現益和讚啓蒙錄一卷內田實量○明治十五年活字本 現世利益和讚莊嚴讚導續編二卷釋大行○明治十六年刊 敎行信證大意略釋一卷遠藤玄雄○明治十五年刊 真宗和語聖敎正信偈大意一卷明治十[illegible] 偈句題和歌一卷釋超然○明治十五年刊 白骨御文法話二卷[illegible]○明治十六年刊 刻御文章御[illegible]

加一卷釋蓮如〇明治十□年刊 御文明燈鈔十五卷釋道隱〇明治十六年刊 寶章訓函一卷釋□□〇明治十□年□
□□□□□□□蓮如上人九十箇條一卷釋選悟〇明治十四年刊 裁斷申明書信順□□
卷釋□□〇明治□□□□ 歸命本願鈔諺注六卷釋湛澄〇元祿二年刊 西要鈔諺注四卷釋湛澄〇元祿二年刊
刊 父子相迎諺注四卷釋湛澄〇元祿二年刊 如來十力得勝論一卷釋自穢〇明治十七年刊 念佛
醍醐秘要藏一卷釋諦忍〇明治十七年活字本 聖人一流法話三卷法周寺〇明治十六年刊 七祖聖教宗假名聖教
要類文二卷釋斷鎧〇明治十五年刊 和語安心定鈔二卷明治十五年刊 和語一念多念證
衣一卷明治十五年刊 和語尊號眞像銘文一卷明治十五年刊 和語出世元意二卷明治
十六年刊 和語唯信鈔一卷明治十六年刊 和語最要鈔一卷明治十六年刊 和語執持鈔
一卷明治十六年刊 眞宗和語聖教親鸞聖人御消息集一卷明治十六年刊 眞言和語聖教願願鈔一卷
十六年刊 和語本願鈔一卷明治十六年刊 和語女人往生聞書一卷明治十五年刊 觀心本
尊鈔一卷釋日蓮古寫本 增補御義口傳鈔二卷釋日選〇明治十七年刊 高祖遺文錄三十卷釋日
明〇明治十五年刊 高祖遺書三卷齋藤日一〇明治十五年活字本 祖書綱要錄外微考二卷釋日好〇明治十五年活字本 祖書拾
遺和語記二卷釋日性〇明治十六年活字本 □華禮誦要文集補遺一卷釋日□〇明治十七年刊 法華歎
心贊一卷釋日輝〇明治十五年刊 法華即身成佛義一卷釋日導〇明治十五年活字本 法華信心道知音

一卷釋日春○明治十七年活字本 法華要解碾調記三卷釋天梭○明治十七年活字本 法華宗略名目一卷釋日
運○明治十七年活字本 和解法華十王讚嘆繪抄二卷釋日敬○明治十六年活字本 改補毘玉撮要集二
卷小林時純○明治十六年刊 五種法師解說法則二卷釋日輝○明治十五年刊 校訂八宗綱要抄二卷
釋凝然○明治十九年刊 勅會御式略圖一卷寫本 白隱禪師假名韓二卷明治十七年刊 改正歎佛洞上唱禮
法明治十五年刊 首書湧解普勸坐禪儀不能語一卷釋本光○明治十二年刊 僧侶三罪錄二卷釋德竜明治十
七年刊 僧尼令一卷釋雲照○明治十五年刊 重正大布薩講式明治十六年刊 重函歎佛會法式釋彈山○明治十六
年刊 地藏菩薩講式釋觀道○明治十五年刊 諸寺塔供養記二卷 報恩講私記二卷明治
十五年刊 護摩私鈔二卷刊本 東大寺大佛殿緣起一卷天明三年刊 江島辨財天緣起
一卷寫本 桂川地藏記二卷寫本 八尾地藏通夜物語明治八年刊 標註扶桑伽藍紀要
一卷田島象二○明治十七年刊 東要記一卷寫本 紀州寺之事寫本 四國八拾八箇所山開
一卷井上佐七○明治十七年銅版本 府內諸宗寺鑑集一卷守野清兵衛○享保十六年刊 興福寺英俊法印日記
一卷寫本 山門三塔碓亂起圖卷寫本 天台坐堂記四卷寫本 妙宗先哲本尊
讚三卷村上書信○明治十七年刊 空海大師傳記一卷釋真清函本 叡山大師傳二卷寫本 梅尾䏧

□上人傳記三卷 釋寬□○刊本 慈惠慈眼兩僧傳記五卷 釋亂海○寬政元年刊 鎮西禪師繪詞傳十八卷 釋了吟○刊本 西山鑑知國師圖會全傳五卷 釋實導○刊本 本願寺親鸞傳繪二卷 明治十七年刊 惠燈大師御傳記二卷 明治十六年刊 惠燈大師御傳記勸誘錄五卷 淨信房○明治十五年刊 元亨釋書便蒙三十一卷 釋師鍊○享保二年刊 東國高僧傳十卷 釋性激○貞享五年刊 本朝高僧傳七十六卷 釋師蠻○寶永四年刊 紫巖譜略一卷 刊本 羅漢圖讚集三卷 釋徹定○文久年中刊 墨蹟祖師三卷 釋□□○文化二年刊 水鑑二人比丘尼一卷 釋一休○刊本 二人比丘尼二卷 刊本 七人比丘尼三卷 □刊 三人懺悔册子二卷 寫本 日本靈異記攷證三卷 狩谷望之○刊本 日本靈異記標 寫本 靈異記索引一卷 伴信友○寫本 寶物集七卷 平康頼○元祿六年刊 撰集抄九卷 釋西行○慶安三年刊 夢中問答三卷 北朝康永年中刊 沙石集十卷 釋無住○正保四年刊 長明發心集八卷 鴨長明○慶安四年刊 閑居友二卷 寬文二年刊 月見之友三卷 松雲子了意○元祿十六年刊 往生捷徑集一卷 釋圓信○明治十一年刊 和字繪入往生要集三卷 釋惠心原○明治十六年刊 往生傳類語一卷 寫本 成佛示心二卷 □□○明治十五年刊 □神本懷集二卷 釋源實○明治十五年刊 雜談集十卷 釋無住○明治十五年刊 衣裏寶財一卷 釋□□○明治□□年刊 海上物語二卷 寬文六年刊 老人心得草二卷 釋□晃○寬永二年刊 秋之初風一卷 釋□□○明治十□年刊 三世之光八卷 釋時日尼○明治十九年刊 通俗三世因果實驗錄四卷

釋義讓○明治十六年刊因果可咲說一卷丹羽貴明○天明六年刊他利利他辨一卷釋大潙○明治十六年活字版十六
鐘鳴二卷釋奥龍○明治十六年刊幸心鈔四卷寫本赤倮倮二卷服天游刊本三河雀四卷刊本出
定後語二卷富永仲基○文化二年刊釋教王林和歌集一卷釋辨惠○明治十五年刊梵語千字文二
卷釋義淨○安永二年刊弘法大師正傳刊本高山寺法鼓臺聖教錄中川實範錄慧範
錄刊本秘藏寶鑰三卷空海○下同辨顯密二教論二卷寫本即身成佛義一卷寫本聲字實
相義一卷寫本吽字義一卷寫本般若心經秘鍵一卷寫本秘藏記二卷有廣畧二本廣本者
大唐文秘撰畧本空海撰秘密曼荼羅教付法傳二卷寫本畧付法傳一卷寫本三教指歸三
卷寫本遍照發揮性靈集十卷真濟撰中古散逸纔有七集濟暹續集三卷今合成十卷大日經儀軌三卷寫本大
日經略釋一卷寫本大日經秘釋一卷寫本大日經開題五卷寫本大日經開題
寫本金剛頂經開題二卷寫本金剛頂經略釋一卷寫本金剛頂一字頂輪王儀軌
音義一卷寫本秘音義一卷寫本教王經開題五卷寫本秘釋一卷寫本義記三卷
寫本理趣經開題五卷寫本經釋四卷寫本真實經文句一卷寫本仁王經開題二
卷寫本法華經開題五卷寫本密號一卷寫本十不同一卷寫本秘釋一卷寫本梵網

經開題一卷寫本最勝王經開題二卷寫本畧釋一卷寫本伽陀一卷寫本金剛般若經開題一卷寫本心經略釋一卷寫本諸經開題一卷一作一切經大佛頂經開題一卷寫本孔雀經開題一卷寫本阿彌陀經開題一卷寫本無量義經釋一卷寫本千手經開題一卷十一面經開題一卷浴像經開題一卷瑜祇經行法記一卷守護經釋二卷金剛王經秘密伽陀一卷文殊讚法身體注釋一卷如意輪菩薩觀門義注秘訣一卷釋摩訶衍論指事二卷大日經疏文次第二卷上新請來等經等目錄一卷真言所學經律論目錄一卷三摩耶戒序二卷授三摩耶戒文一卷灌頂文一卷表白一卷平城天皇灌頂文一卷嵯峨天皇灌頂文一卷真言宗灌頂御願記一卷結緣灌頂表白集一卷遺告一卷遺誡二卷遺告真然大德等文金剛峰寺遺記一卷五部陀羅尼問答宗秘論一卷陀羅尼義釋一卷諸尊真言梵字句義一卷阿字義釋一卷真言二字義一卷萬字義略記一卷持念真言理觀啟白一卷十二真言王儀軌一卷真言傳授作法一卷真言問答書四卷真言雜

問答書一卷四種曼荼羅義三卷口訣一卷問答一卷五種供養義一卷梵字悉曇字母釋一卷大悉曇章一卷悉曇雜傳鈔一卷兩部大法緣起一卷傳法問答一卷秘書鈔記四卷顯文集一卷慧日寺叉徵一卷高野往來集二卷高野雜筆集二卷文鏡秘府論六卷文章肝心鈔一卷玉造小町壯衰記一卷自高山寺法鼓臺聖敎錄以下皆空海譔

右子類日本儒家之書唐後頓起至今寖微矣以道肇之以釋乘之雜家蓬蠡涌蠏文變習然舊籍亦弗焚也

菅家文章十二卷菅原道真○刊本　菅家後艸一卷同○刊本　羅山詩集七十五卷林忠○刊本　梅洞詩集三十卷林春信○刊本　古學詩文集八卷伊藤維楨○刊本　覆醬集四卷續集二十卷石川巴○刊本　錦里文集十五卷木貞幹○刊本　芝軒吟稿六卷鳥山輔寬○刊本　徂徠文集三十一卷物雙松○刊本　白石詩草一卷源君美○刊本　鶴臺遺稿十卷瀧長愷○刊本　南郭文集四十卷服元喬○刊本　東野遺稿三卷安藤煥圖○刊本　樵漁餘適十五卷富滉□○刊本　紹述文集三十卷伊藤長胤○刊本　芝荷園集五卷石正猗○刊本　蘭亭詩集十卷高野惟馨○刊本　草廬集三十五卷龍公美○刊本　生駒

山人詩集七卷孔文雄○刊本鳩巢集十三卷室直清○刊本蜺巖集四卷梁田邦美○刊本北海詩鈔
二卷又二編五卷江村綬○刊本蹈海集八卷服元雄○刊本元圃集五卷大江資衡○刊本藍水詩草
六卷谷友信○刊本熊耳集十六卷餘承裕○刊本藍田文集東龜年○刊本東陽集五卷守屋元泰○刊本栲亭
初稿六卷源之熙○刊本滄洲詩集六卷源義質○刊本東海上下篇十五卷岳融○刊本龍川詩鈔
五卷清田勳○刊本錦城百律一卷大田元貞○刊本嶰谷詩集七卷岸鳳質○刊本愚山詩稿二卷松本
慎○刊本觀海樓小藁一卷小栗孝允○刊本鵬齋詩鈔龜田興○刊本獅巖存稿二卷藤必賀○刊本鉅野
詩集六卷牧野履○刊本蘭室詩文集十卷赤松勳○刊本黃葉夕陽村舍詩八卷菅晉帥○刊本恥庵
詩草一卷菅晉寶○刊本嚶鳴館遺稿紀德民○刊本詩牛鳴草一卷牧畏犧○刊本臥牛山人集十卷
赤田元義○刊本春草堂詩鈔八卷賴惟柔○刊本春水遺稿十一卷賴惟完○刊本新甫遺詩一卷賴元
鼎○刊本愛日樓文三卷詩一卷佐藤坦○刊本寬齋遺稿五卷市河世甯○刊本帛川詩稿三卷
藤田安正○刊本桂林遺稿五卷繩惟直○刊本琴峯集八卷江源高朗○刊本稻川詩草七卷山梨治憲○刊本
清音樓集五卷山邨良田○刊本桐陽詩鈔一卷尾池槃○刊本星巖集二十有五卷閏集一
卷梁緯○刊本梅磵初集一卷森田居敬○刊本春樵隱士家稿二十卷琴希聲○刊本米華遺稿二

卷中島大賚〇刊本遠思樓詩鈔初編二卷二編二一卷廣瀨建〇刊本聿脩館遺稿四卷松平定通〇刊本獨喻集二卷澤徵〇刊本淡琴山房集六卷菊池保定〇刊本棕隱軒集六卷金帚集六卷水流雲在集二卷中島規〇刊本詩聖堂集初編十卷二編十三卷三編十卷大窪行〇刊本琴鶴堂詩鈔三卷古賀燾〇刊本坤齋詩存三卷西島長孫〇刊本致堂詩稾八卷橫山孝〇刊本昇平樂事集一卷久家朗〇刊懷風藻一卷淡海三船〇寶永二年刊寬政年刊和漢朗詠集詩私註六卷大夫房覺明〇寬政年中刊梅花無盡藏七卷寫本皇朝正聲一卷物生茂卿〇明和八年刊搏桑名賢詩集五卷首卷補遺各一卷林義端〇寶永元年刊扶桑名勝詩集三卷吉田元俊〇延寶八年刊松陰詩集一卷釋琴齋〇寫本元元唱和集二卷釋元政陳元贇唱和〇明治十六年活字本稱心病課一卷聖風唱和一卷釋元政〇明治十六年活字本北禪詩草六卷釋大典〇寬政四年刊北禪遺草八卷釋大典〇文化四年刊六如庵詩鈔六卷二編六卷遺編三卷釋慈周〇天明三年刊遺編文政六年刊仙巢稿三卷釋玄蘊〇寫本白石詩草一卷新井君美〇正德二年刊名山樓詩集初篇三卷詠物百首一卷島津天錫〇寬政十一年刊南溟詩集原名滄浪居文集四卷江忠囿〇安永四年刊淇園詩集初編三卷皆川愿〇刊本寬齋遺稿五卷市河世寧〇刊本梅坡詩鈔一卷寺崎書〇明治五年刊靜軒詩撰一卷寺門良〇明治十五年刊兜城詩

輯初編五卷（高橋利貞○寫本）漫遊詩草三卷（小畑行簡○天保十二年刊）日本詠史新樂府一卷（中島子玉○明治十二年刊）日本樂府一卷（賴襄○明治十年刊）新居帖解一卷（桑原元吉郎○明治十三年刊）竹外二十八字詩評本二卷後篇二卷（藤井啓○明治十六年刊）月瀨詩鈔二卷（森田礀○明治十七年刊）畫錦行一卷（冢田虎○刊本）松陰詩集二卷（吉田寅○明治十六年刊）慨士遺音二卷附錄一卷（吉田寅等○明治二年刊）奎堂遺稿二卷（松本衡○明治二年刊）藜園遺草二卷（橋本紀○明治三年刊）蕉廬詩鈔四卷（佐藤信古○刊本）塡詞圖譜二卷（田能村孝憲○文化三年刊）古詩大觀二卷（津坂孝綽○文政十二年刊）中華若林詩鈔二卷（釋如月○正德四年刊）唐詩選國字解七卷（服部元喬○明治十五年刊）唐詠物詩選十卷（平信好○安永五年刊）唐土歷代絕句類選二卷（市川王民○明治十五年刊）弇州七絕解考證四卷（宇佐美惠○明和七年刊）思玄亭遺稿（菊地禎○寫本）市隱艸堂集初篇二篇遺篇（安達修○寫本）淇園詩話一卷（皆川愿○天保九年刊）竹田莊詩話一卷（田能村孝○刊本）淡窓詩話二卷（廣瀨謙○明治十六年刊）淡唐詩選一卷（市川寬齋○文政二年刊）詩本草一卷（柏昶○万延元年刊）詩律兆九卷餘考一卷附錄一卷（中井積善○安永五年刊）詩律法門二卷（菅晉帥○明治十四年活字本）詩律論一卷（小野達○明治十六年刊）詩藻行潦四卷（山本北山○刊本）詩語金聲二卷詩礎王振二卷（明治十六年刊）掌中詩韻異同辨二卷（沖冠嶺○明治十一年刊）詩韻幼學便覽二卷（天保十三年刊）幼

學詩韻一卷續篇一卷 成德隣等○明治十二年刊 朝野群載廿一卷 三好爲康○寫本 朝野群載類標
一卷 寫本 南浦文集三卷 釋玄昌寛○寛永二年刊○慶安二年刊 小雲棲稿十二卷 釋大典○寛政八年刊 南海集
初篇五卷 祇園瑜○天明四年刊 不動尊詩一卷 釋空海○見弘法大師正傳 不能詩一卷 同 東洞遺
稿三卷 吉益爲則○寛政十二年刊 邀翠館集五卷附錄 伊藤縉○天明五年刊 淇園文集三卷後編三卷
三編十二卷 皆川愿○刊本後篇以下活字本 洗心洞詩文二卷 大鹽平八○明治十二年刊 小竹乙未文稿 篠崎弼○自筆
本 大峯文集六卷 冢田虎○刊本 尚不愧齋存稿四卷 原忠成○明治十七年刊 青谷遺稿四卷 宮崎
憲○明治十七年活字本 韡村遺稿文二卷詩一卷 木下業廣○明治十七年刊 詩山文草二卷 小畑行簡○慶應元年刊 遜齋
文鈔一卷 巽世大○明治十一年刊 江月齋遺集二卷附錄 久坂實甫○明治十年刊 松濤文鈔一卷 家里衡○明治十三年刊
飯山文存二卷 松林漸○明治十一年刊 奎堂文稿三卷 松本衡○明治四年刊 蒲生君平遺稿三卷 口門口○明治
十二年刊 東畡文集十卷 藤澤東畡○明治十七年刊 節齋遺稿一卷 森田益○明治十五年刊 幽室文稿六卷 吉田
寅○明治十四年刊 竹堂文鈔三卷 齋藤馨○明治十二年刊 續竹堂文鈔三卷 同○明治十六年刊 鶴梁文鈔續
編二卷 林長孺○明治十三年刊 杷山遺稿一卷 口羽德祐○明治十六年刊 新川詩集 土肥元成○寫本 柏原集 多湖安○寫本
小竹齋詩鈔五卷 筱崎弼○刊本 山陽詩鈔八卷 賴襄○刊本 象山詩鈔二卷 佐久間啓○刊本 艮齋

詩略一卷安積信○刊本 湖山樓十種共十六卷鄭僧餘意一卷小野長愿○刊本 梅墩詩鈔十二卷廣瀨謙○刊本 壎篪小集青山延光等○刊本 珮川詩鈔四卷草場韡○刊本 春雨樓詩鈔九卷藤森大雅○刊本 佛山堂詩鈔三卷村上剛○刊本 得齋詩文鈔三卷長戸讓○刊本 五山堂詩稿菊池桐孫○刊本 海紅園詩稿野田逸○刊本 鐵硯齋存稿齋藤謙○刊本 松陰餘事後藤機○刊本 虎山詩稿坂井華○刊本 竹外二十八字詩二卷藤井啓○刊本 渭水詩鈔十卷福田思恭○刊本 小山堂詩鈔二卷奧野純○刊本 雲如山人集二卷遠山澹○刊本 它山存稿文二卷詩五卷唐公愷○刊本 綠芋村莊詩鈔二卷劉翥○刊本 真齋遺草一卷高野進○刊本 石桂堂集二卷萩原承○刊本 梅外詩長允○刊本 才田詩鈔一卷蒲池鎮俊○刊本 樂山堂詩鈔四卷拾遺一卷金本相觀○刊本 鍊石餘響一卷廣瀨満忠○刊本 蘭齋遺稿五卷藤仲導○刊本 丹生樵歌八卷山田信○刊本 無所苟齋詩鈔一卷天浦□○刊本 復堂遺稿一卷芳野長毅○刊本 枕山詩鈔三卷大沼厚○刊本 遷喬書屋集鷲津宣光○刊本 竹雪山房詩鈔二卷宇都□□○刊本 磐溪詩鈔四卷二編二卷大槻清崇○刊本 鐵心遺稿八卷別錄一卷小原寬○刊本 蕉廬詩鈔四卷佐藤信古○刊本 樸堂詩鈔六卷中内惇○刊本 蓉塘詩鈔二卷橋本寧○刊本 三洲詩鈔一卷長炗○刊本 龍泉遺稿一卷川路利良○刊本 東旋詩紀一卷岡千仞○刊本 超

海集一卷鱸元邦○刊本南泉遺稿二卷宇野義以○刊本藜園遺草二卷橋本紀○寫本春濤詩鈔四卷森魯直○刊本棧雲峽雨詩草一卷竹添光鴻○刊本南海詩集初篇祇園南海○寫本一夜百首同○寫本後編同○寫本耕齋詩集菊地東句○寫本秀餐梅集菊地保定○寫本觀鵞詩集永田忠原○寫本蓬蒿舍集西川瑚○寫本拙齋詩鈔西山正○寫本東溟詩稿林義卿○寫本六石亭詩文鈔二卷片山直造○明治十六年刊吾愛吾廬詩六卷山田亥○寫本講筵餘吟二卷餘吟追加一卷五樂園詩鈔一卷別鈔一卷元田永孚○活字本皆山閣詩鈔二卷隈正勝○明治十八年刊靖獻遺言八卷淺見正安○刊本宮詞百首後藤芝山○刊本菁莪館詩集一卷附文七首江松柏○寫本蠖堂詩鈔三卷山田政苗○寫本楯溪詩鈔千坂琢磨○寫本三餘堂詩鈔八卷窪田茂遂○寫本黃石齋詩一集二卷二集二卷三集二卷四集三卷五集三卷六集三卷岡本迪○刊本震齋遺稿一卷長尾直○寫本浪跡小藁一卷宇津木靖○刊本雪堂詩鈔二卷中川艴○寫本樹堂遺稿二卷青本可笑○明治廿年刊海南遺稿四卷藤野正啟○刊本敬宇文集十六卷中村正直○前六卷有別刊本餘皆寫本五龍文抄一卷詩鈔一卷玉乃世履○明治廿二年刊海外集中島雄○寫本飬浩堂詩集五卷續集二卷宮島誠一郎○刊本最齋詩稿宮島大八○寫本覆瓿餘稿城井壽章○寫本萬葉集二十卷橘諸兄○文化二年刊萬葉集二十卷權少

僧都成俊○刊本萬葉集總考一卷釋契沖○寫本萬葉集抄二十卷釋仙覺○刊本萬葉集略解二
十卷目錄上下一卷加藤千蔭○寬政三年刊萬葉集類句五卷藤原美波留○刊本萬葉集考證
六卷岸本由豆流○寫本萬葉問目六卷再問一卷本居宣長問賀茂真淵荅○寫本厚顏抄上中下六
卷釋契沖○寫本日本紀竟宴和歌二卷寫本八代集百四十卷正保四年刊十三代集二百
六十卷正保四年刊古今和歌集二十卷刊本古今和歌集二卷明治十七年活字本千載和歌
集二十卷藤原俊成○寫本拾遺和歌集增抄二十卷寫本僻案集藤原定家○刊本勅撰作者
部類三卷寫本續作者部類二卷寫本新撰和歌六帖六卷寫本古今和歌六帖
標注六卷天保十四年刊新葉和歌集二十卷宗良親王○寶曆元年刊榮葉和歌集八卷寫本松葉
名所和歌集十五卷目錄一卷六字堂宗惠○寬文七年刊新明題和歌集六卷刊本萬代
和歌集二十卷寫本月詣和歌集十二卷釋祐盛○寫本夫木和歌抄三十六卷藤原長清○寬
文五年刊夫木類葉抄十二卷寫本夫木抄類標寫本歌林拾葉集十二卷小幡正信○天和三年刊
和歌題林愚抄八卷元錄五年刊和歌呉竹集十卷寬文十三年刊掌中怜野集一卷清原雄風○刊
本類題和歌集三十卷公事一卷元祿十六年刊春之夜和歌集一卷刊本折桂和

歌集一卷冷泉爲村○寫本和歌鳥之迹六卷梨本茂睦○元祿五年刊和歌伊勢海一卷享保五年刊古今夷曲集十卷生白庵行風○元祿五年刊和漢朗詠集刊本倭漢十題集六卷釋立詮○寫本蒙求和歌集十四卷源光行○寫本三部抄寫本聖廟二十六家集寫本六家集長秋詠藻三卷月清集四卷拾玉集七卷山下集二卷拾遺愚草三卷同員外二卷壬二集三卷文祿三年刊古家集寫本歌仙家集一名三十六人集十五卷正保四年刊歌仙家集類標一卷寫本歌仙二葉抄三卷百川堂春幸○延享四年刊赤染衛門集一卷寫本左大臣高明集一卷源高明○寫本隆音家集拔書一卷寫本後鳥羽院御集一卷承應二年刊元厤御集二卷寫本鎌倉右大臣家集三卷一名金槐和歌集○源實朝○貞享四年刊散木弃歌集標註十卷源俊頼○刊本爲清卿歌書一卷寫本為家集八卷元祿七年刊清原雄風家集二卷刊本藤原親房卿集一卷寫本源淑野集一卷寫本松言葉一名月明集一卷藤原保之○文政十年刊秋篠月清集四卷後京極良經○刊本右京大夫家集一卷寛文元年刊林下集標註二卷弘化二年刊慕景集一卷太田道灌○寫本逍遊集一名貞德家集六卷松永貞德○寶厤四年刊宗祇和歌集一卷宗祇○寫本漫吟集二十卷釋契沖○寫本草庵集蒙求諺解十五

卷續五卷釋宣阿○享保八年刊岡之屋歌集二卷藤原土滿○刊本大澤信詮詠草一卷寫本千迺屋集初編二卷千種有功○安政二年刊縣門遺稿五集清水濱臣○刊本井上文雄翁家集七卷井上文雄○明治十七年刊千五百番歌合二十卷刊本六百番歌合十卷寛政十二年刊左大將家六百番歌合八卷寫本歌合部類三十五卷刊本職人盡歌合三卷明暦三年刊江戶職人歌合二卷刊本年中行事歌合三卷慶安二年刊年中行事歌合類語一卷寫本女房卅六人歌合一卷古六家○寫本御室撰歌合一卷寫本文龜三年歌合一卷寫本建保二年東北院之歌合一卷寛政元年寫本寶曆八年公宴御會始一卷同九年御會始寫本百人一首古說五卷賀茂眞淵○寫本百人一首嵯峨之山吹三卷藤原彥麿○刊本百人一首抄一卷刊本百人一首一夕話九卷尾崎雅嘉○天保四年刊百人一首時代鈔書一卷寫本常國百人一首一卷明治九年刊列女百人一首一卷綠亭川柳○弘化四年刊堀河兩度百首四卷寫本藤川百首一卷藤原定家○天和三年刊富士百首和歌一卷釋契中○寛政十一年刊寄人心述懷百首一卷寫本百首部類十五種目錄一卷刊本宇佐八八幡宮奉納千首和歌一卷寫本賀歌六十首一卷寫本後水尾院八十御賀

詩歌一卷寫本　大樹五十御賀之和歌一卷寫本　長雅居士追悼百首一卷寫本
左中將宗村朝臣五十回追善一卷寫本　蒼虬子追悼和歌一卷寫本　道歌一
卷寫本　夢想勸進一卷小川安房○寫本　心之空一卷寫本　東國風流一卷大野廣城○寫本　丙午
瓦礫一卷寫本　代代之榮一卷寫本　美濃之家裹五卷同折添三卷本居宣長○刊本　尾
張之家裹五卷石原正明○刊本　伊勢之家裹二卷井上文雄○刊本　八雲御抄六卷順德院○刊本　八
雲御抄類標一卷寫本　清輔與儀抄八卷藤原清輔○慶安五年刊　清輔袋草紙四卷藤原清輔
面授口決一卷烏丸光廣○寫本　基俊和歌口傳抄一卷藤原基俊○寫本　和歌口傳抄一卷一名片花一葉抄○春睡軒○寫本　俊賴口傳一卷源俊賴○寫本　懷中抄一卷寫本　袖中抄二十卷釋顯昭○慶安四年刊　愚秘抄二卷刊本　無名抄二卷鴨長明○刊本　無言抄一卷釋興山○刊本　古語深秘
抄二十一卷惠忠藤一雄○元祿十五年刊　國歌臆說十帖賀茂真淵○寫本　歌體約言一卷賀茂真淵○寫本　國
歌八論斥非一卷中養父糟美○寫本　國歌八論評一卷伴蒿蹊○寫本　八論餘言一卷　拾
遺一卷田安源公○寫本　宗祇法師和歌言葉一卷宗祇○寫本　耳底記別錄一卷寫本　東
野州聞書一卷寫本　歌袋六卷北邊成壽○寬政五年刊　歌林樸樕松永貞德○寫本　和歌色葉集九

卷寛文五年刊和歌入門相見之記一卷屋代詮賢○寫本明題部類抄七卷慶安三年刊增補和歌明題部類二卷尾崎雅嘉○寛政六年刊知題抄一卷寫本古今類句山本春正○寛文六年刊古葉類聚五卷村上真澄○寫本古葉略類聚抄五卷寫本和歌入學抄一卷雅親○寫本和歌初學抄一卷藤原清輔○寫本和歌梯一卷明治十六年刊和歌麓塵二卷有賀長伯○明治十四年刊詞玉緒七卷本居宣長○寛政四年刊詞玉緒繰分四卷序目一卷釋義門○刊本詞通路三卷本居春庭○刊本詞八衢二卷本居春庭○文化五年刊詞八衢補遺一名蔭踏道○中島廣足○安政五年刊詞八衢二卷清水濱臣○明治十三年刊

右集類漢藝文志載詩賦家而不名集隋經籍志序云別集之名漢東京所創也日本以空海菅原道真為較早亦不以集名後遂多矣

補錄篆隸字書三十卷空海○寫本○一名篆隸萬象名義有六卷本度量考二卷物雙松○寫本絕句解三卷拾遺一卷同高島易斷十卷高島嘉右衛門○刊本易占四編同篆體正續中井敬所○寫本○雲龍有紀星岡小記籾山逸也○石印本景蘊集向山榮○寫本日本八家文石川英編黃遵憲沈文熒黃錫銓姚文棟黎汝謙評

雲龍梭自來目錄家類聚一也而出入輒殊刻日本著述體例又自不同耶提要之述請俟它日玆錄書目聊備采覽云爾

奏派游歷日本美利加秘魯巴西等國英日屬地加納大古巴知府用兵部郎中臣傅雲龍述

日本藝文志二

中國逸藝文志

應神十六年百濟博士王仁傳論語十卷千字文一卷見日本國史紀事本末此中國書入日本之始時晋太康六年乙巳與宋史應神天皇甲辰歲始於百濟得中國文字亦符惟求於甲辰得於乙巳耳其得自中國始唐唐書云開元初粟田復朝貲物貿書以歸宋史云雍熙元年日本僧奝然云國中有五經書及佛經白居易集七十卷並得自中國文武天皇大寶三年當長安元年遣粟田真人入唐求書籍律師道慈求經天平勝寶四年當天寶中遣使及僧入唐求内外經教傳戒其國多有中國典籍奝然之來復得孝經一卷越王孝經新義第十五一卷皆金縷紅羅褾水晶爲軸孝經卽鄭氏註越王乃太宗時越王貞新義書記室參軍任希古等撰也又求印本大藏經詔亦許之明史云永樂六年請賜仁孝皇后所製

勸善內訓二書卽命各給百本成化十三年來貢求佛祖通記諸書詔以法苑珠林賜之此見正史者也國史紀事本末大寶元年春二月丁巳釋奠帝定大學之制凡經周易尚書周禮儀禮禮記毛詩春秋左傳各爲一經孝經論語令學者兼習之教授正業周易鄭玄王弼註尚書孔安國鄭玄註三禮毛詩鄭玄註左傳服虔杜預註孝經孔安國鄭玄註論語鄭玄何晏註天平七年遣唐學生吉備真備還自唐獻唐禮一百三卷大衍經一卷大衍厤立成十二卷景雲三年大宰府言本府人子弟但蓄五經未有三史敕賜史記兩漢書三國志晉書各一部類此數見彼籍難更僕數矣武臣抑文豐臣秀吉征韓之役和議尋破豈戰之罪哉不通漢文耳德川鑒之設學校重儒書久于豐臣諸氏其在是乎其在是乎西書沓來眎漢文如弁髦一二漢學老儒硜硜抱殘不置嗚呼尠矣自太康六年至于令不下一千六百有九年彼都人士于書善珍藏所繇野獲不虛求也出使黎大臣古佚叢書之刋籍彼抱遺資吾訂墜不其偉哉誰歟續蒐而盡付手民也輒徵厥目著要于篇述中國逸藝文志

論語義疏十卷　梁皇侃　舊寫本五　一藏求古樓一藏容安書院一藏足利學校一藏九折堂一藏弘前星野某家　根本刊本　黎大臣咨呈總理各國事務衙門云其書舊有爲日皆侃節錄邢疏至述而以下并邢疏亦無是原書之鈔存實在宋真宗咸平重修以後非唐卷子本可知因用鮑刻本比校除何晏敘疏文增多一十五條外其餘無甚出入惟分段時有不同間有一二異文於全書非關得失且缺皇侃原敘似不得以古本善本目之　雲龍按是書南宋後已逸乾隆間鮑氏據日本根本遜志所刊入知不足齋叢書亦竄改本也經籍訪古志云弘前星野舊鈔本每篇首引邢疏第二卷有裏云字乃知舊鈔原於唐卷子本承學者以邢疏錄之背紙而傳寫誤混之正文又記裏字以爲識別信斷言也足利本殆亦然歟非真面目矣其敘注多十五條一漢中壘注東西南北四人有將軍耳北方之夷官也校尉者考古以奏事官也二善言也注又曰劉者氏也向者名也中壘官名也校尉者官也校者數也尉安也校數中壘之軍衆而安之故曰校尉也漢世學者又有魯論齊論古文論三本之異也魯人所引論語謂之魯論吾則有二十篇如今之題目次弟也(論吾當爲論語)三傳之注又曰太子者漢武帝之太子衛也夏侯者氏勝者名也太子太傅夏侯勝常山都尉魯共伯也四頗多於魯論注又曰齊論者齊人所引論吾謂之齊論齊論則其中二十篇前題目次弟與魯論不殊以學而爲時習也章句者古之解書之名也分經文章句而說之也五有齊論注又曰王者氏也卿者尊之號也不審名也中尉者佐於中壘校尉者也故曰中尉也王者亦氏吉者名郎邪王卿及膠東庸生昌邑中尉王吉以教授也六得古文論語注又曰古文者則魯恭王壞孔子之宅於屋壁所得也案此論吾似孔子撰集便已其異本亦爲難解將亦遇秦焚學士解散失其本經口所授故致此異邪七多於魯論二篇注又曰齊論下章有問王知道二篇二篇成辭句與魯論亦微異也八古論亦無此二篇注又曰古文則篇名與魯論略同準也九凡二十一篇注又曰有孔安國注充傳學篇次弟不與齊魯同古文凡二十一篇而次弟大不同以鄉黨爲弟二以雍也爲弟三二十篇而內辭句亦大倒錯其微子篇充功言章子罕篇充主忠信章憲問篇充君子恥其言章述而篇充於是日哭則不歌子不食於喪側章鄉黨篇充色斯舉矣山梁雌雄時哉子路拱也三臭而立作文其餘甚多也十號曰張侯論注又曰侯者爵也張者氏也禹者名也安昌侯張禹從建受魯論兼說齊論又問庸生吉等擇其善者而從之號曰張侯論也十一孔安國爲之訓說注又曰孔安國者漢武帝時之人也訓說者文字解之耳十二以爲之注注又曰注者自前漢以前解書皆言傳去聖師猶近傳先師之義也後漢以還解書皆言注注已之意於經文之下謙不必是之辭也十三皆爲之義說注又曰近者道今之世辭也故者古爲司空而今不爲司空故曰古司空也太常者掌天下之書官名也義說者解其義辭也十四名曰論語集解注又曰集解者魏末吏部尚書何晏又因魯論本文集此七家兼取古文孔安國及下

已意名曰集解十五臣何晏等上注又曰光祿者掌秩祿之官之名故曰光祿大夫也散騎古以四馬爲乘也漢以來而散之爲騎也常侍中者掌內仕之官長也領軍世上書之官長也駙馬掌官馬官名也都尉兼總諸壘中之軍衆而安之故曰都尉尉安也何晏孔安國馬融苞氏周氏鄭玄陳羣王肅周生烈義等示已意思故謂之集解也

孝經鄭注 漢鄭玄　寬政五年刊本　岡田挺之敘

孝經有古文有今文孔安國爲古文作傳而鄭康成注今文孔傳世多有刻本鄭注則否南齊時國學置鄭玄孝經陸澄乃與王儉書論之曰世有一孝經題爲鄭玄注觀其用辭不與注書相類案玄自序所注衆書亦無孝經儉答曰鄭注虛實前代不嫌意謂可安仍舊立置據之則鄭注之行其來尚矣是本與陸德明經典釋文暗合無差其爲鄭注審矣頃者讀知不足齋叢書所載古文孝經鮑盧諸家序跋乃知唯得孔傳未得鄭注瀛海之西其亡已久嗚呼書之灾厄不獨水火斬祕之甚其極有至澌滅者豈不悲乎今刻是本予之志在傳諸瀛海之西與天下之人共之家置數通人挾一本讀之誦之則聖人之道由是而弘悠久無窮海舶之載而西者保其無恙冀賴神明護持之力鮑盧諸家得是本再附剞劂則流傳遍於寰宇當我世見其收在叢書中所翹跂以俟之也癸丑之秋　雲龍按孝經鄭注中國逸久矣鮑盧輯孝經鄭氏解輯一卷嚴可均輯孝經鄭氏注一卷皆蒐自它書日本羣書治要有孝經鄭注我乾隆五十八年日本岡田刊之旁加日本文蓋欲使其國人誦之也朱子曾以孝經分章爲疑茲本無分章目然則古本固如朱說歟雲龍獲是書於陳氏矩擬刻入養喜廬叢書

碣石調幽蘭一卷 寶素堂藏影寫唐本　古逸叢書本　經籍訪古志標首題口譜丘公傳蓋琴譜十一卷也首有小序稱碣石調幽蘭序一名倚蘭丘公字明會稽人也梁末隱於九疑山妙絕楚調於幽蘭一曲尤特精絕以其聲微而志遠而不堪授人以陳禎明三年授宜都王叔明隋開皇十年於丹陽縣卒冂年九十七無子傳之其聲遂簡耳次題幽蘭弟五卷尾又題碣石調幽蘭弟五注云此弄宜從消息彈之後記楚調千金調云云原本京師某氏所藏界長七寸八分幅六分每行二十一二字書法遒勁字字飛動行間細楷亦妙絕審是李唐人真蹟蓋昔時樂家傳藏祕卷雖非完帙實爲罕覯之書豈可不貴重乎孜現在書目樂家類載雜琴譜百廿卷亦或此類

幽蘭調手法並圖一卷 白河松平家藏舊寫本　按陳氏矩獲此本與世行琴譜不悳物雙松答問曰源氏物語諸書古亦有琴五六百年來廢而不傳矣嘗訪諸柏近寬某家有倚蘭琴譜予借而覽之乃隋人作桓武以前筆蹟其譜與明朝琴譜大異乃知古樂中華失傳而我邦有之按其譜而皷琴亦容易耳所悲臺閣皆不學不能讀其書況伶工乎

樂書要錄零本三卷 唐武后　舊寫本　經籍訪古志原十卷現存五六七三卷每卷首有子目此書世久失傳寬政己未林祭酒以活字印行收在佚存叢書弟一集林跋云史稱吉備真備靈龜二年爲遣唐留學生入唐天平七年歸獻樂書要錄十卷傳於國此時爲始年代邈遠佚亡過半予嘗得抄本一通無復他本可以勘對則誤以傳誤耳

急就篇一卷

玉烟堂法帖本　顏師古注本　宋太宗定本　僧高野真蹟本　皇本　古逸叢書本　經籍訪古志此篇有數本一玉烟堂法帖所收本所存僅三之一乃影摸石本者極爲善本也一顏師古注本凡三十二章無齊國山陽二章王應麟作補注以附玉海後一宋太宗定本凡三十四章有齊國山陽二章見王應麟所引王氏以爲二章並爲後漢人所續也一高野大師真蹟本爲讚州善通寺藏凡三十三章有齊國一章與顏本或本多合其爲摹唐本審矣而有齊國章全存則可知太宗所据亦係唐本也一皇本凡三十三章無焦滅胡一章即吳皇象所書宋時石刻猶完王應麟引以校同異者

玉篇零本四卷半　唐顧野王　舊寫卷子本　古逸叢書本　雲龍按中國行本自唐孫強加字而陳彭年等又重修之日本舊鈔雖非完帙其爲野王原卷無疑黎大臣刊之言部至幸部爲一卷即本書弟九卷也有闕放部至方部爲一卷即本書弟十八之後分也水部洽至洸爲一卷即本書弟十九卷有闕糸部至桒部爲一卷即本書弟廿七卷續得糸部後半已刊入古逸叢書

一切經音義百卷　唐僧慧琳　朝鮮刊本　日本白蓮社刊本　雲龍按日本依朝鮮本重刊之不無亥豕其原本藏增上寺别無副本此即宋高僧傳所謂大藏音義百卷也　四庫未收書目提要以爲今已不傳僅刊行於中國誠小學家拱璧也

續一切經音義十卷　遼僧希麟　日本北室院刊本

注千字文三卷　梁李暹　刊本活字本　求古樓藏舊寫本　經籍訪古志前有梁大夫司馬李暹注千字文序卷首題纂圖附音集注千字文上次行勅員外散騎侍郎周興嗣次韻其中下卷首題云纂圖附音增廣古注無界欄每半葉十二行行二十一字無界欄長六寸七分幅四寸七分又有活字板本取原於舊鈔者每卷題云纂圖附音增廣古注又有整板本依活字板按見在書目載千字文一卷李暹注今本作遲者恐暹訛但今本卷數不合蓋編目錄時各爲卷軸則不稱一卷中小目也周發殷湯注云妲己變作九尾狐狸他書所不載凡如此類不少其爲李唐以前之遺編無疑也　雲龍獲活字本於陳氏矩

韻鏡一卷　享祿戊子覆宋本　古逸叢書本　經籍訪古志首有紹興辛巳三山張麟之子儀識語其略云反切之要莫妙於此不出四十三轉而天下無遺音因撰字母括要圖復解數例以爲沿流求源者之端又有嘉泰三年麟之序云韻鏡之作其妙矣余年二十始得此學字音往昔相傳類曰洪韻釋子之所撰也有沙門神珙號知音韻嘗著切韻圖載玉篇卷末竊意是書作於此僧世俗訛呼珙爲洪爾次調韻指微次三十六字母歸納助紐字次歸字例次橫呼韻五音清濁四聲定位列圖末題韻鑑序例終次本文有內轉第一至第四十三識語後有慶元丁巳重刊木記卷末有享祿戊子清原朝臣宣賢跋謂泉南宗仲論鏤梓始末聞又有永祿刊本

龍龕手鑑八卷　遼僧行均　求古樓藏朝鮮刊本嘉

字本　雲龍按此較中國多四卷有蜣和五年沙門智光敘

歷代帝王紹運圖一卷　宋諸葛深　覆宋本　雲龍跋歷代帝王紹運圖中國逸書也賁筑陳君衢山錄六台徐君少芝得宋熙寧本將付梓人屬雲龍跋按晁公武郡齋讀書志馬端臨通考並云未詳何人撰陳振孫書錄解題紹運圖一卷諸葛深通甫撰元祐中人未詳爵里書頗行世而經籍訪古志稱歷代帝王編年圖一卷蓋所見爲日本重刊者也益熙寧後紀年以元終是本有熙寧九年會稽虞云敘曰友諸葛深字通甫綜集歷代帝王年紀斷自三皇至于宋編之爲圖名曰紹運訪古志易名編年圖何也其書成于元祐以前九載書錄解題謂爲元祐中人亦似未碻以名氏所出與德與節與作與在位與壽終分格旁行表例也偶亦系連諸體也而以圖名其十二諸侯戰國七雄沿革之系作牽綱形亦它書所未見半葉六行至十行字數有差殷匡敬貞恆字皆闕筆廢作癈號作号殺作杀昔作昔圖作啚古俗兼用覆而刊之不失宋本真面可寶也已光緒十五年夏五月二日

史略六卷　宋高似孫　昌平黌藏宋刊本古逸叢書本　首有寶慶元年自序　四庫書總目載高似孫子畧四卷而未言此蓋逸久矣

唐才子傳十卷　元辛文房　舊刊本重刊本　經籍訪古志首有目錄卷端題唐才子傳卷第一西域辛文房撰每半板十二行行二十二字左右雙邊界長七寸幅五寸卷末朱書文安己巳六月十八日申刻於瑞松西窓小點終即知此本爲應永前後所刊卷首有善慧軒印記　雲龍按　四庫書目八卷從永樂大典錄僅存二百七十八人今得日本重刊本所載三百九十七人與辛著原數合蓋舊本也指海足本可資斟斠

姓解三卷　宋邵思　北宋刊本古逸叢書本　書首有敘題大宋景祐二年上祀圜丘後五日以偏旁分部一百七十

玉燭寶典十一卷　隋杜臺卿　舊寫子本古逸叢書覆卷子本　雲龍按書錄解題以後無載此者爲日本人佐伯毛利氏獻本之一

琱玉集零本二卷　舊寫卷子本古逸叢書影刊本　雲龍按原卷十五所存十二十四兩卷通志藝文略云二十卷入類書然實小說家言撰人未詳

遊仙窟一卷　唐張文成　昌平學舊寫八行本容安書院舊寫九行本尾張真福寺舊寫六行本刊本　卷首題遊仙窟寍州襄樂縣尉張文成作小說家言也寍州注云屬關內道在去京三百里西北也日本人言是書作嵯峨天皇時累爾則唐元和間也陳氏知得刊本

冥報記三卷　唐唐臨　舊寫卷子本　雲龍按是書新舊唐志入於史部雜傳宋志入子部小說並云二卷本傳亦同然此本依唐本傳錄經籍訪古志謂史志倂誤耳諸家書目不載逸已久云

造菩薩願文零卷　舊寫卷子本　經籍訪古志現存第八卷零片七行首題造菩薩願文卷第八次垂拱二年十二月四日大唐皇太后奉爲高宗大帝敬造繡十一面觀世音菩薩一千鋪願文一首奉爲先王先妃造十一面觀世音菩薩願文一首奉爲(以下缺)此書史志諸家皆不著錄撰人卷數並不可攷特因其所存可得知編書概略與撰集時代耳紙背有良岑

大德天平廿一年天下感寶元年等記界長七寸四分幅六分強　雲龍按唐時日本寫經册頗支居多亦效唐一端也

黃帝內經太素 唐揚上善　仁和寫本　弟廿七卷刊本

雲龍按是書原三十卷日本仁和三年寫本缺第一第四第七弟十六弟十八弟二十弟二十一平安福井刊弟廿七卷

黃帝內經明堂 唐揚上善　唐卷子本影鈔本

經籍訪古志唐通直郎守太子文學臣揚上善奉勑撰注界行高四寸二分弱是書僅存弟一卷卷末有永仁中丹波長高題識五條其一云永仁弟六年仲夏以所讀之祕說授嫡男長高員外醫儒丹波朝臣其一云受嚴說了權侍醫長高按序云是以十二經脈各爲一卷奇經八脈復爲一卷合爲十三卷則舊唐志所載揚上善黃帝內經明堂類成十三卷者是也但此本旡類成字可疑惜所存僅一卷從無照對然今撿其體手太陰一經自肺藏形象以至經行腧穴纖悉具載更有注文解腧穴名義及主治病證極爲精審實係千金外臺等所不有　雲龍按日本又有黃帝明堂具經一卷此宋刊本躋壽館藏

黃帝蝦蟇經一卷 卷子本影寫本

經籍訪古志是書和氣氏奕世所傳櫟窓先生借之醫老白川侍從鈔而藏之以爲隋經籍志載黃帝蝦蟇忌一卷正即斯書支政中栁沜先生收入衞生彙編中刊行按是書與醫心方所引合然据校之所逸殆數十條因攷此係後人節略本恐非全帙也

新修本草十一卷 舊寫卷子本　籑喜廬叢書覆刊卷子本　陳矩跋神農本草三卷漢李氏重加修校梁陶宏景增注釋唐高宗顯慶

四年命司空英國公李勣等二十二人重脩增名醫別錄及新坿爲二十卷曰新脩本草宋後遂佚日本天平三年使臣入中國曾影寫新脩本草以歸久亦湮晦閒存者十一卷耳至於今僅獲其三一弟四一弟五一弟十五爲日本西京士人家舊藏天平三年當唐開元十九年距顯慶四年僅七十有一其爲唐本影鈔無疑明李時珍妄易名曰英公唐本草又謂顯慶中右監門長史蘇恭重加定注表請脩定帝太尉趙國公長孫無忌等二十二人與恭詳定案唐書長孫無忌削官封於顯慶四年四月傴令自縊安得七月與恭等重脩本草耶孔志約時兼太子洗馬弘文舘學士時珍則謂禮部郎中以新脩本草與時珍所引宏景注粗校亦多顛倒錯亂豈所据別有異本耶此本既非時珍所得見字跡亦非宋元槧所能髣髴德清傅懋元駕部至自美利加見而愛之遂贈之刊入籑喜廬叢書駕部樸學有聲著述千卷有奇所刊則猶有待然物以聚於所好此其一也

雲龍跋新修本草二十卷唐李勣等脩於顯慶四年越七十一年傳鈔日本而唐本宋後轉佚又久之日本亦逸其卷之十今觀舊鈔本書目存僅五卷是本居五之三雲龍得自陳君衡山即所謂卷子本也行十七八字注二十一字或二十六字字有差弟十五卷末結銜後有天平三年歲次辛未七月十七日書生田邊史十八字按經籍訪古志云當時遣唐之使所齎而歸今以唐氏證類校之異同錯出可互是正久晦不顯桂巖狩谷

卿雲西上觀一摺紳家舊鈔即五六百年前人據天平鈔本錄者存第四第五第十二十三十四十五十七十八十九二十凡十卷聿修堂藏今復佚其七然此三卷出唐天平中卷子本無疑在槧本未起以前其字體偏旁木手艸竹忄火示衣輙互通用他如熱作𤍠弱作𢏹臭作臰蟲作虫微作㣲煞作煞鹹作醎蛇作虵鐵作鐡珊作珊酒作酒國作囯囷作囷硇作硇棗作棗蠱作蛊福作福脩作脩類此大率爲秦漢後沿習俗字金石時有同者唐鈔蝕餘比於獲野古寫等字謹闕末筆餘嚴宻鼠易存真面也光緒十五年夏　又跋雲龍既從陳君得唐卷子本新修本艸四與五與十五凡三卷付手民矣一日書估踵門則經籍訪古志所云存凡十卷者闕卷具是爲小島知足家藏舊鈔本不第惟是十卷而外有第三卷補寫本行款一仿天平原鈔蓋有尚真者就廠文輯本手錄而以政和本艸大觀本艸一再校之亦一善本也同志求之久不獲今皆得之無誤剞劂中國佚書一旦歸璧可不謂會逢其適與日本之傳鈔唐卷子本自天平三年始時唐開元十五年也距顯慶四年新修本艸已七十有三年越五十九年其國內府遡有存本據倭漢三才圖會云延曆六年典藥寮奏新修本艸是其證也至于今存者半耳然中國宋嘉祐中已罕有完本尋佚無一卷存嘉祐三年有勅譔本艸圖經詔書又其證也是書修後三百餘年而佚佚後一千餘年而雲龍乃以日本之不絕如綫者刊之藉彼守殘聊增輶釆來始不與重九譯致殊俗相表裏也亦游歷書賁也米部上品卷第三玉部中品卷第四下品卷第五木部上品卷第十二中品卷第十三下品卷第十四獸禽部卷第十五果部卷第十七菜部卷第十八米部卷第十九有名無用卷第二十覆本關雕於夏五既望訖六月十三日

傷寒百問經絡圖九卷 聿脩堂藏元刊本　經籍訪古志此本不記刊行年月宋氏傷寒百問讀書後志外三卷其經絡圖一卷見於通志藝文略此本合二書更析爲九卷非朱氏舊也卷首有嘉定六年張松之序是弁於其所編究原方者不知何以移此張書失傳

大宋新修太平聖惠方一百卷目錄一卷 尾張藩藏宋槧本五十卷餘爲舊寫本　經籍訪古志半頁高七寸五分幅五寸十三行行二十五六字第一百卷末云福建路轉運司今將國子監太平聖惠方一部一百卷二十六冊計三千五百三十九板對證內有用藥分兩及脫漏差悞共有一萬餘字各已修改開板並無訛舛於本司公使庫印行紹興十七年四月日次有邵大寍宋藻陳畢黃鈞范寅賦馬□官銜六行按此爲南宋槧本每卷末有金澤文庫印密行細字字畫遒勁殆通汴京物其所存凡五十卷係第五第六第七第八第九第十第十七第十八第廿五第廿六第廿九第三十第三十三第三十四第四十五第四十六第四十九第五十第五十一第五十二第五十三第五十四第五十五第五十六第五十九第六十第六十一第六十二第六十三第六十四第六十九第七十第七十五第七十六第七十七第七十八第七十九第八十第八十一第八十二第八十三第八十四第八十七第八十八第九十一第九十二第九十五第九十六第九十九第百計五十卷其餘五十卷及目錄字行全同蓋據宋本補足者每卷首頁格頂鈐御本二字朱印乃駿

府秘府書本也寬政甲寅大朝借之尾藩使於醫庠影摹一本以備之延圖書修堂藏有宋本五卷序第七十三第七十四第七十九第八十第八十一卷亦有金澤文庫印蓋晉經絡散者也崇蘭館藏殘本五卷亦有金澤文庫印卷數有與尾藩本擬者蓋文庫所儲不止一部也醫方類聚所引亦同宋本可據以校鈔卷又案日精盧藏書志載零本眼論兩殺三卷而他書曰未見著錄者知其全袠闕已佚也

傳家秘寶脈證口訣並方三卷 孫用和鈔本缺上卷及下治雜病方經籍訪古志是書世久失傳天保壬寅小島學古獲鈔本眞瑰寶也

經效產寶三卷 宋槧本首二葉舊寫本陳氏巢足本雲龍醫經效產寶三卷中國逸書也衛山陳君影宋槧舊鈔本待付手氏如齋跋曰是書結銜首署節度隨軍咨殷撰律次署相國白敏中家藏舊本有丁巳秋八月周頲序云凡五十二篇三百七十一方兼拾咎氏之遺作小論三篇次於敘末校丁巳爲唐乾寧四年晁氏郡齋讀書志云唐咎殷撰殷蜀人大中初白敏中守成都家有免乳者訪醫或以殷對迎之殷集備驗方藥二百七十八周頲又作三論考唐書敏中爲劍南西川節度使當大中六年而宅書或云僞蜀殷撰以其蜀人而譏也或云僞蜀周頲撰以頲增論而誤也晁云二卷二百七十八方通考沿之然醫方類聚所收猶存三百二十方有奇足見二百之二當作三微獨三卷之數與宋志符已也半葉從六寸一分衡四寸二分十二行行十八字經籍訪古志訂爲南宋本其原槧本存誠藥室藏首二葉餘皆舊鈔然葉補闕先是日本人有影刊本曾於上海印行之闕方與序與目凡二十七葉半此本僅闕下卷十三至廿十六葉陳君跋已本欲補一如舊式既爲足本復懷殿觀可寶也已光緒十五年秋八月跋

婦人寤寐鹽簡集殘鈔 舊寫本是書原署蘇軾安撫蘇轍誅之格軾于三迻過而主撫畿史冊無徵是書夫婦啓答皆殘詞也起正月訖十二月有注其後跋稱小東擴云陳氏所傳鈔自向山榮而鈔較精亦未見書也

杜工部草堂詩箋四十卷 黃鶴集注宋刊元修本古逸叢書本

杜詩補遺十卷詩話二卷年譜一卷 舊鈔本古逸叢書本

謝幼槃文集十卷 求古樓藏宋刊本首有呂本中行書敘及紹興壬申茜昌喜題詞趙士鵬等官銜五名居易錄載宋謝邁幼槃竹友集十卷詩七卷雜文三卷謝方伯在杭手鈔本另有跋云幼槃詩文不傳於世此本從內府借鈔

文選集註零本 碣盧文庫藏舊鈔卷子本經籍訪古志舊鈔存第五十四第百十五第百十六每卷首題文選卷幾下記梁昭明太子撰及集注二字注引李善五臣陸善經音決鈔諸書注家往往有今案語與溫故堂藏舊鈔本標記所引合似分爲百二十卷集注不知出於何人或疑皇國紀傳儒流所編其所引陸

舊晉決鈔等書皆已亡已久小田切某又得零片二張於稱名寺殷藏中一爲第九十四卷一不知卷第今歸他淑定架中聞某氏亦藏第百二卷 **翰林學士集零本一卷** 尾張眞福寺舊寫卷子本傳鈔本 雲龍跋陳君衡山所藏傳鈔本蓋依舊鈔爲之者也存第二卷其目載四言奉陪皇太子釋奠詩一首應令銀青光祿大夫中書侍郎行太子右庶子弘文館學士高陽郡開國男臣許敬宗上其詩序一其詩六十大率侍宴應詔并唐太宗詩其作詩人許敬宗鄭元璹于志寧沈叔安張後胤張文琮陸暦長孫無忌楊師道朱子奢褚遂良上官儀高士廉劉洎岑文本鄭仁軌劉子翼等皆列書當時官爵而御製題云太宗文皇帝則編是書在永徽後矣據目錄下稱同作幾首參之結銜其爲許敬宗編上無疑翰林學士集非其自題也日錄家罕載及此兩其詩多可補全唐詩之遺尾張國眞福寺所藏卷子本今存首卷既行耳然則賴此鈔以傳其亦不絕如綫者歟 **文館詞林十三卷半** 唐許敬宗等 舊鈔本古逸叢書影刊本 文館詞林有二本一爲千卷本原修也一爲五十卷本摘錄也此則千卷本也刊入古逸叢書者第一百五十六卷詩一百五十七卷詩一百五十八卷詩三百四十七卷頌四百五十二卷碑四百五十三卷碑四百五十七卷碑四百五十九卷碑六百六十五卷(詔此殘卷)六百六十六卷詔六百六十七卷詔六百七十卷詔六百九十一卷敕六百九十九卷敕此十三卷半之內已有七卷本爲經籍訪古志所未舉而其所舉第六百六十二第六百六十四第六百六十八第六百九十五猶未獲也然所獲已多於經籍訪古志三卷有奇 **二李唱和詩集一卷** 北宋刊本陳氏刊本 陳田敘二李倡和集一卷家弟陳隨麟鈔齋藏八公奉使東國所得也嘗見錢蘀石文集云吾家子弟仕官者但以俸祿所餘購置書籍佳子弟也吾宗足當斯言矣余遍檢兩宋羣賢小集吳曹鈔存樊榭紀事均未見此本著錄家亦罕及可謂希如星鳳覆刊精審與西崑酬唱并行談藝家所樂觀也 陳榘跋二李唱和詩一卷趙宋文正明遠侍中言幾所作也首尾均有缺葉何人所刊不可攷然爲北宋槧本藏日本森立之訪古志中國佚此書久矣光緒己丑春余于東京書肆收獲識爲奇跡重價購還讀其詩體格并近香山晉籍紀所論未詳也余嘗謂二公當宋室均以詩稱文正爲識史傳至文正對太宗誦白香山詩怨女三千放出宮死囚四百來歸獄句觀其膽識遠過群臣敢以諷詠折服君心而以未讀遺詩爲恨今獲是集亟付剞劂工竣本與北宋本無毫髮異佚而不佚豈有神訶爲一快也校式行款均載傅懋元兵部跋中 雲龍跋二李唱和集中國逸此陳君衡山得北宋本覆刊之雲龍跋校之李昉至宋史東都事略並有傳昉與李至同宗同里時稱爲家家李昉爲西京李昉饒陽人至眞定人非同里矣是詩署昉上至上其爲唱和原委之式無疑昉文集白居易今觀二李詩皆與白近織稱昉諷白句緣太宗知己也行十九字至廿四五經籍訪古志云十九至二十槧存第五至廿五中間闕第十三葉字體纖細有差闕筆又字外有奪有蝕景雕一如殿得可貴也已餘詳陳君跋語光緒十五年夏 **督學文集四卷** 明孫應鰲 ○原刊本

黎大臣庶昌重刊敘云吾黔僻在西南隅自後漢時道真尹公從許慎應奉受經書圖緯還教鄉里以北學開南中之陋仕至荆州刺史歷有名德惜無傳書厥後士宇亦分黔服陷於蠻夷幾千餘年不能振拔遂無人焉能繼起以昌明聖學興起斯文然已任者至明乃得文恭孫淮海先生先生當明中世傳陽明王氏之學於貴谿徐樾波石即能洞徹良知之緊嗣又討論於蔣道林其學以求仁為宗以誠意慎獨為要以盡人合天為求仁之終始其於成己成物位育參贊天人一體之原心契纖助溫故知新浩然自得晚歲築學孔精舍以居尤致精於易理生平難進易退不以依違徇人亦不以激烈取異匡君德鋤巨璫論華除清國學競競焉惟以維持風教作育人才為急務物來順應沛乎有餘海內群以名臣大儒歸之可謂命世賢豪不待文王而興者也惜其身没之後傳業無人明史未為立傳雖有郭青螺表章於前田山薑揚摧於後而遺書湮晦行蹟無存三百年來通人學士幾至不能舉其名氏况於黔之後生小子乎先生之書見於明史志者淮海易譚四卷律吕分解發明四卷論學會編八卷莊義要刪十卷學孔精舍彙稿十六卷　本朝四庫著録已少論學莊義二種而其散見於黔書理學傳及溫純恭毅集毛在遺稿序黄虞稷千頃堂書目者復有春秋節要四書近語左粹題評教秦語録雍論學孔精舍續稿道林先生粹言教秦總録歸來漫興詩編道光咸豐中獨山莫友芝子偲搜求郘故蒐數十年之力僅得易譚四卷四書近語六卷左粹題評十二卷教秦緒言一卷幽心瑤草一卷學孔精舍詩稿六卷因為先生立傳詳載黔詩紀畧中光緒四年子偲之弟祥芝彙刊為文恭遺書別輯雜文一卷坿於其後餘皆不可復得今年夏庶昌偶於日本友人中村正直家獲先生督學文集四卷取以與雜文校增多八十四餘篇首末完備雖不能復還彙稿舊觀庶幾先生遺文粗具於是遂舉而刻之將使吾黔人士由先生之書以推知先生志業講明而昌大之使聖學復明於時又益知先生之文如星日之氣歷久彌光邏之三百年猶於海外遇之終不可磨滅然則士之有志於聖慨然以斯道自任者可以興已光緒十五年八月黎庶昌

舜水文集二十八卷坿録一卷

明朱之瑜○日本源光圀編○刊本○寫本○按是書首載明監國魯王敕諭貢生朱之瑜昔宋相陳宜中託諭占城去而不返背君苟免史氏譏之蓋時雖不可為明聖賢大道者當盡回天衛命之志若恝然遠去天下事伊誰任乎予國家運丁陽九幾脉猶存重光可待况祖宗功德不泯人心中興局面應遠過于晉宋且今吳蜀黔楚悉入版圖西粵久尊正朔即閩粵江浙亦正在紛紜舉動間非若景炎之代勢處其窮故宜中不復亦不聞有命往召其還也爾矯矯不折遠避忘家陽武之椎尚堪再試終軍之請豈竟忘情予夢寐求賢延佇以俟茲特召爾可即言旋前來佐予恢興事業當資爾節義文章毋負朕濡滯他邦欽哉特敕監國魯玖年叁月日

莽蒼園文藁

明張斐○刊本

筆語一卷

同

日本圖經 廿二 終

清末民初文獻叢刊

游歷日本圖經

（第四册）

[清] 傅雲龍 撰

朝華出版社
BLOSSOM PRESS

日本金石志一　　游歷日本圖經二十三

奏派游歷日本美利加秘魯巴西等國英日屬地加納大古知府用兵部郎中臣傅雲龍述

金石文一

往無中國人錄日本金石塼書翁氏方綱僅跋日本殘碑即所謂建多胡郡辨官符碑者是實未之殘徵信不其難歟日本人松平氏集古而撫之刋之然求如狩谷望之之能援古則百不獲一自詡故實者爲之又置真面目不一傳雲龍非好賈餘勇也同文寖微而欲救敝于後舍金石其奚以哉或久疑而忽信或求彼而獲此若法隆寺釋迦銅

立像背銘之類一似待之久待之又久而急以付託者而愈不敢不勉也訪古之助賴貴陽陳氏矩力居多生平友益極不能忘矧其受多聞益於海外尠昔歐趙録金石目跋尾成帙洪适隸釋有續嘗合一編雲龍既廣益集思依歐趙例箸跋尾文復參洪續例續録所見刀劍自有志然彼繫於工此重厥文而草薙劍無文時尚無文也彼重神器以類聚之難可分見惟行篋書尠舟車時促未克於經學史學有裨適滋媿矣述日本金石志

金石文一篇目 次弟

傳國神器三 一〇二上 天璽瑞寶十種 二下〇三 伊豫道後碑 四〇五〇六 如意輪觀音大士造像記 七 金堂藥師造像記 八 上太子藏聖德太子瑪瑙石記 九 釋迦佛造像記 十〇十一 法隆寺釋迦銅立像背銘 十二 宇治橋斷碑 十三 二天造像記 十四 敦賀常宮鐘銘 十五 船首王後墓志 十六〇十七 小野朝臣毛人墓志 十八〇十九 新田部碑 廿 那須直韋提碑 二十一〇廿二〇廿三 釆女墓所碑 廿四〇廿五 藥師寺東塔擦銘 廿六〇廿七 妙心寺鐘款識 廿八〇廿九 威奈大邨墓志 卅〇卅一 文忌寸禰麻呂墓板 卅二〇卅三 穗積碑 卅四 伊福吉部臣德足比賣墓志 卅五〇卅六 建多胡郡辨官符碑 卅七〇卅八 粟原寺塔鑪盤銘 卅九〇四十 近江新田邨 四十一 元明御稜碑 四十二 上野下贊鄉碑 四十三 興福寺觀禪堂鐘銘 四十四 天平銅鏡識 四十五 楊貴氏墓志 四十六 石浮圖文 四十七 山名邨碑 四十八 竹野王墓碑 四十九 佛足石圖記 五十至六十 東大寺聖武銅版 六十一〇六十二上 又銅版勅書 六十三 天平勝寶驛鈴識 六十四 東大寺枚幡鎮鐸款識 六十五 修造多賀城碑 六十六〇六十七 鑑真和尚墓志 六十八 東大寺甲銀壺銘 六十九 東大寺乙銀壺銘 七十 織田邨社鐘款識 七十一 高屋

連枚人墓志七十二　涅槃經摩崖七十三　紀廣純女繼墓志七十四　陸奥國大元帥社碑七十五　沙門勝道上補陀洛山碑七十六〇七十七　南圓堂銅燈臺銘七十八　慈尊院邨斷碑七十九　益山寺花盤款識八十　大和州益田地碑銘八十一　陸奥介高道墓碑八十二　神護寺鐘銘八十三〇八十四　牛島牛御前社造像碑八十五　鐵鉾款識八十六　東大寺銅鉢款識八十七　道澄寺鐘銘八十八〇八十九　遠江國長福寺鐘款識九十

(以上五代前)佛足石和歌九十一〇九十二　室生山畑中碑九十三　三城目邨碑九十四

(以上未詳年)

傳國神器三

草薙劍

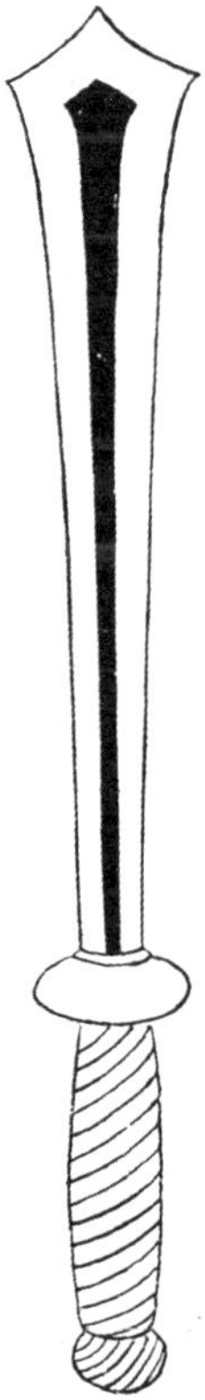

八咫鏡

八阪瓊之曲玉

雲龍按日本傳國神器三一八咫鏡亦曰神鏡二天璽亦曰八坂瓊之曲玉三草薙劍亦曰寳劍据日本國史往往言此三種天照太神授之皇孫天津彥彥火瓊瓊杵尊當中國黄帝時也傳至御閑城入彥天皇懔懔神威遂依舊鏡與劍別造之而傳世之八咫鏡草薙劍置倭之大和國笠縫邑立磯城神籬命皇女豐鋤入姬齋守焉而天璽則仍置宮中溫明殿鎮座内侍所爲護身御璽非出人爲是自然璽也厥後八咫鏡置伊勢國（今屬三重縣）五十鈴川即天照太神宮草薙劍置於尾張國（今屬愛知縣）吾湯市邨即天叢雲神宮也天璽在宮至今不替据神寳圖形神祕書（詳執文）云鏡日也玉月也劍星也仲哀天皇時有奏宜慎而莫忽者又按此三者無字時無文也中國劍始神農有管子越絶書可据潛確類書曰黄帝液金以作神物於是爲鑑豈物巳

流傳歟又按日本紀云素戔烏尊配於出雲州時持十握劍割大蛇尾尾中有寶劍初此蛇帶劍時其尾常有雲氣曰天蕟雲劍尊以此劍納皇太神宮神曰我所失劍也後名草薙劍或曰倭漢三才圖會神代令石凝姬神造寶鏡為三種之一於傳有之此類是也其人言之鑿鑿難可以削輒据圖說箸錄之

天璽瑞寶十種

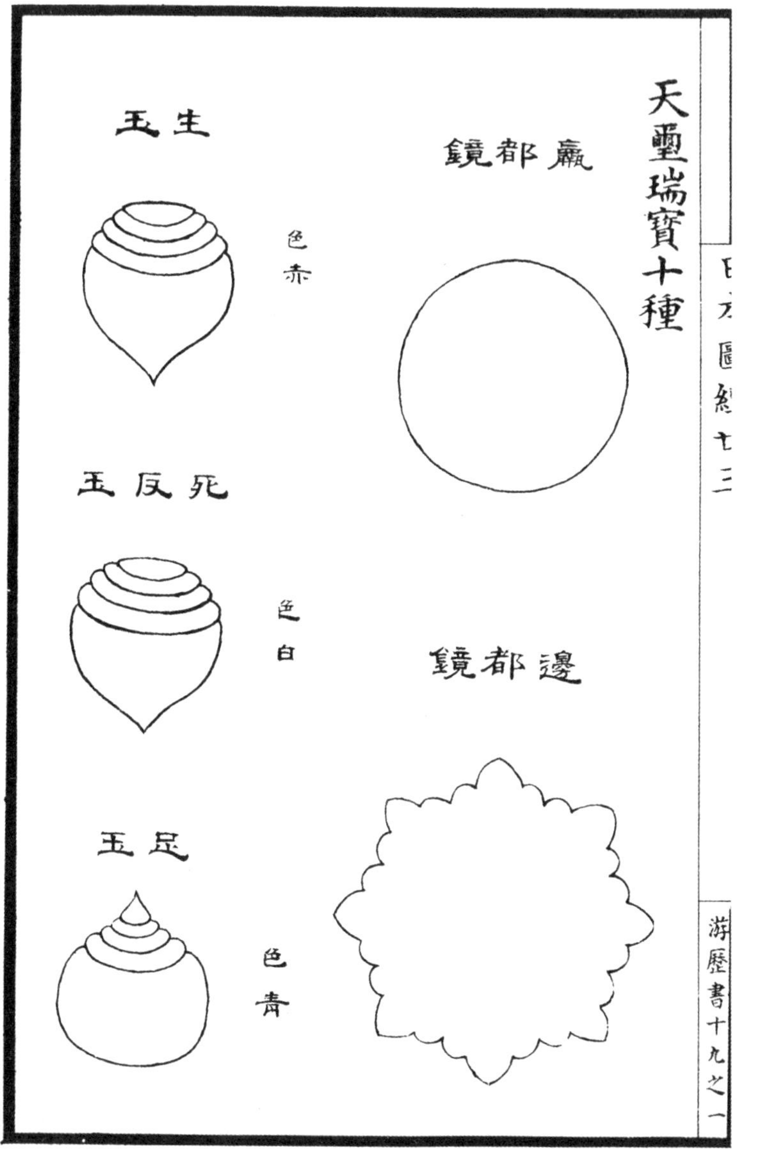

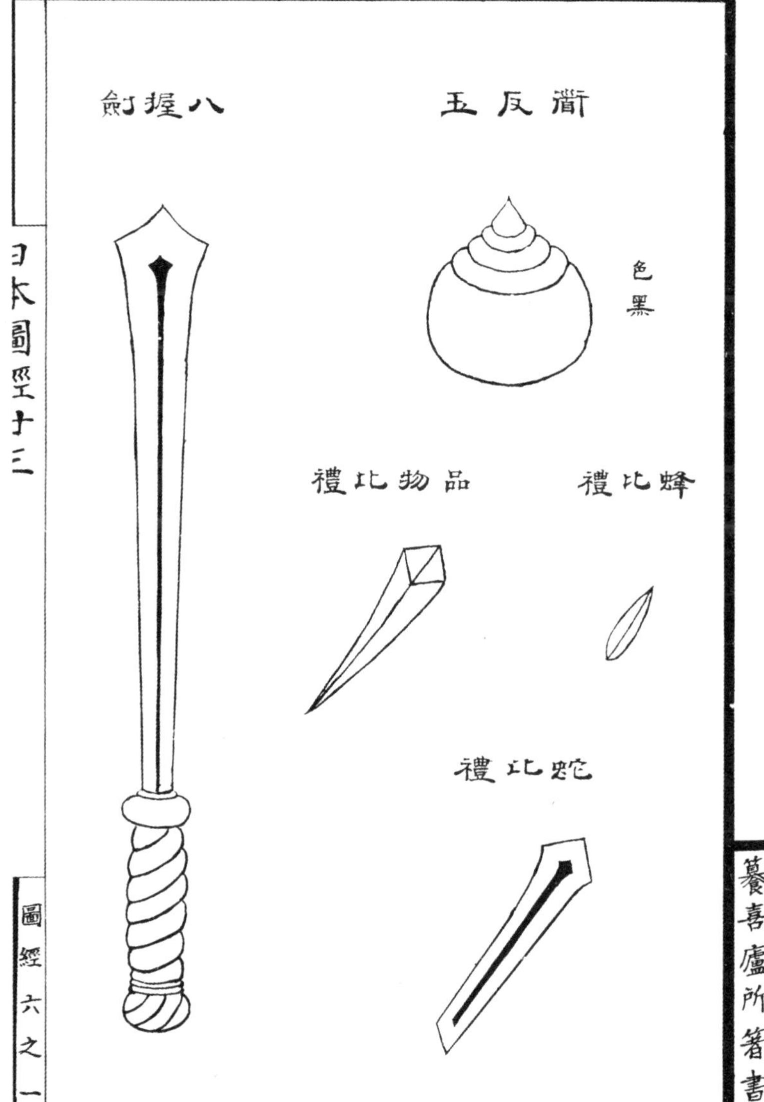
八握劍
衜反玉
色黑
品物比禮
蜂比禮
蛇比禮

雲龍棪日本所謂天璽瑞寶十種者一嬴都鏡亦曰圓輪鏡二邊都鏡亦曰八葉鏡三八握劍四生玉五死反玉六足玉七道反玉八蛇比禮九蜂比禮十品物比禮据神寶圖形神祕書言天神彥靈尊賜天孫櫛玉鐃速日尊（或謂皇孫天津彥彥火瓊瓊杵尊非是）其子宇麻志摩治命獻日本盤余彥天皇奉之皇殿行鎮魂祭教詔曰若有痛處者令茲十種謂一二三四五六七八九十而布留部由良由良止布留部如此爲之者死又反生矣（又云布留之言本）詔呪法也日本神武以前謂之神代其目後世易之未可知也比禮云者以毒薄刃之濫觴相傳已久存而不論可也

伊豫道後碑

法興元年十月歲在丙辰我法王大王與惠總法師及葛城臣道遥夷與村正觀神井歎世妙驗欲敍意聊作碑文一首　惟夫日月照於上而不私神井出於下無不給萬所以機妙應百姓所以潛扇若乃照給無偏私何異于壽國隨華臺而開合沐神井而瘳疹詎升于落花池而化溺窺望山岳之巖崿反冀子平之能往椿樹相廕而穹窿實相五百之旅蓋臨朝啼鳥而戲吐下何曉亂音之聒耳丹花卷葉映照玉菓彌葩以垂井經過其下可優遊豈悟洪灌霄庭意與才拙實慚七步後定君子幸無蚩咲也以岡本天皇并皇后二軀爲一度以後岡本天皇近江大津宮御宇天皇淨御原宮御宇天皇三軀爲一度此謂幸行五度也

豫州道后温泉記夫膚桑國雒陽之西南海中秀出而有四洲

之嶹𠂻一嶹號之曰豫州遺道后爲濫觴爲其靈地也溫泉涌出而已矣風土記如言之則大穴持命兼少名彥名命治斯國而撫育蒼生加慈悲恩重恰齊夏后氏之湮洪水有𠂻病則採求藥草教頤神妙術不异神農氏祭報田矣大穴持命忿怒威烈而不忍能國家自慚愧懺悔以絕入矣少名彥名命驚愕而爲欲活之一浴此溫湯則蹔而蘇甦蹈凿湯中玉石而起矣溫湯爲德也除万病延壽驪山不可言遼玉石之爲精也歷千刧莫泯崐崘亦如在茲豈虛發乎哉人皇十二代天皇以往諸君王凌海路風波進幸於溫湯之宮而浸聖躬澡室焉無弗靈驗則龍額無弗憘可謂嚞罷死雙靈湯也觭哉蓋臨西南則平田曠埜之中間有數百餘丈高山嶮嶐千尺兮石壁萬仞是窠山也賢君大守源朝臣拾遺補闕定行公寬永㫄紫大淵獻之厤

管領豫陽窠山矣自爾已降峕雖攝提格昝夏交之鄉所謂當金城東北之地鑿舊埜溫泉之池疊石於激流之上築垒於丘巔之畔兮士農工商者憩之以灌沐鰥寡孤獨者沐之以澡浴病者愈以忘憂詘者伸以潔心然而四顧有清絕佳景南浦之雲橫北窓半嶺東山月映西海之萬波矣亦復玄黙敦牂之間新脩營點城再疊連臣石普架舉高閣廣開闢法基矣或爲歌舞樓皆花光影之朝洋々乎盈耳者歌臺暖響也秋月清涼之夕飄々然如慕者舞殿冷袖也視聽之娛貺奏仙樂以何如之哉或欲雨欲晴而蒼波之渺茫於前者依俙寫滕閣筆端或籠霧籠烟而翠巒之崎嶇於後者彷彿望沃州於簾間其景象千變萬化不可勝計寔是萬古城郭也山埜竊慮五十六代清和天皇源家華胄前大相國公髙壹門貴族定行公家譜門埜不

痺累代高武雄之名者有所以哉源深者流徳根大者枝茂然則無不出群抜崪謌頁施愽愛之仁正忠恕之道而胷中甲兵文韜也武畧也全兼備繇是爲其幕下之臣者亦無不堅甲利兵矣古人豈不曰乎芳蘭所生其艸皆芳美玉所積其山有光其斯之謂乎如每父子有親君臣有義而誠其意正其心脩其身齊其家治其國是故遂日盛哉松保萬年之武運凮唱盛舉之大平矣閑暇之日左右侍醫家兩翁來告余曰賢君之命耆之道后温湯記製作也否余畣曰初學時嘗説凡記者大䜌錄其經歴所者云然余天性愚魯臯才慚懞他傍篙之嘲殊夫教外傳不立文字宗弄詩文豈爲家業兩翁云雖然恁麼文字是載道之器也豈不知拈華微笑以來門竿倒却之後才渉言句非文字無以傳余黙而思茲浄名曰但除其執不除其法若夫

無執則止何必捨文字余越不獲謙讓漫綴川八之鼻詞一絕已述道后溫泉之再記聶鈍大守延長之萬虬員爾伏乞趁讚后埊兼褢寓等上皇進幸隅東京賢君再建改其舊䝉客往來賀大平愛宕山高新築廟軟陀境勝勢連甍浴治萬病靈方術千古溫泉第一名雖旹寬永龍集閼逢涒灘蕤賓仲澣良日此住妙心現住天德雲巖埜衲漫誌焉

雲龍按伊豫道後碑好古小錄題伊豫國道後湯碑据言文云法興元年十月歲在丙辰爲推古即位四年丙辰元一作六誤也法興願盡五年復轉元年也碑佚文見釋日本紀所引伊豫國風土記令依錄文聊著綿蕞云爾伊豫國風土記述立碑之由其言曰湯郡大穴持命見悔恥而宿奈毗古那命欲活而大分速見湯自下樋持度來以宿奈毗古奈命而浴漬者蹔間有

活起居然詠曰真蹔寢哉踐健跡處今在湯中石上也凢湯之
貴竒不神世時耳於今世湶疹痾萬生爲除病存身要藥也天
皇等於湯幸行降坐五度也以大帶日子天皇與大后八坂入
姬命二軀爲一度也以帶中日子天皇與大后息長帶姬命二
軀爲一度也以上宮聖德皇爲一度及侍高麗惠總僧葛城臣
等也于時立湯岡側碑文記云服部元喬有道後溫泉碑蓋寶
厤中爲松山藩譔也近始上石藤野正啓作碑陰記云聖德大
子立碑湯岡信矣惜其碑不知所在天武十三年四國地大震
土佐田圃五十萬頃陷爲海伊豫溫泉壅塞意碑亦此時沒土
歟天武十三年當唐武后垂拱元年乙酉

如意輪觀音大士造像記

右金銅二臂如意輪觀音像藏在大和國法隆寺綱封庫記勒其座下按丙寅推古天皇十四年也正月生十八日謂正月月始見之後第十八日也當時未用曆書非依月之明晦莫知其更改故以月初見於西方爲朔訓爲月立猶尚書云哉生魄其後雖行曆法然邊鄙猶認月見而數日故天智天皇紀十年十一月對馬國司上言云月生二日是也是足以見古時素樸之風也高屋連河内神别神魂神十世孫伊己止足尼大連之後

見姓氏錄伊己止足尼舊事紀作五十琴宿称世系見其第五卷大夫名諱世代皆不可攷凡金石文之傳于今日莫有先於是者而又前人所未見余客歲西遊始得遇之一何幸耶狩谷望之古京遺文

雲龍桉大和國法隆寺有銅觀音像座之記二行第一行十四字第二行二十四字正書作於日本推古十四年當中國隋大業二年狩谷望之謂金石文之傳今不有先於是者今蒐伊豫道後碑在隋開皇十六年先此十年矣然金文莫前於是望之又云前人未見此拓本罕見之證其友松崎遊法隆寺使和田持正鈔望之文納之寺僧在文政己丑其記見之古京遺文及金石文字墨帖一覽丙作丙寅與多賀城碑同顛作頗禮作礼皆别體字無作无則古體字此精拓本得自中井兼之

金堂藥師造像記

池邊大宮治天下天皇大御身勞賜時歲
次丙午年召於大王天皇與太子而誓願賜我大
御病太平欲坐故將造寺藥師像作仕奉詔然
當時崩賜造不堪者小治田大宮治天下大王天
皇及東宮聖王大命受賜而歲次丁卯年仕奉

右藥師佛像在法隆寺金堂天平廿年法隆寺資財帳所載即
是像也記在光燄背池邊大宮治天下天皇後謚曰用明天皇

丙午其元年小治田大宮治天下大王天皇後謚曰推古天皇丁卯其十五年也太子及東宮聖王並謂廐戸皇子仕奉猶言奉造河内國西林寺僧總持記載天平十五年緣起云天忍羽廣庭天皇己夘年九月七日始大山上文首阿志高時率諸親屬等仕奉此寺并阿弥陁丈六佛像注云仕奉者造佛立寺之詞也即是与神代紀恐之仕奉語意自別（古京遺文雲龍）桉銅像在大和國法隆寺其記見火燄背五行正書長九寸三分寛四寸六分造像後於觀音像一年丁夘當隋大業三年記池邊大宮者用明天皇宮曰池邊雙槻也以丙午即位与記符其後推古天皇爲欽明天皇中女用明同母妹也其太子曰廐戸豐聰耳即記所謂東宮也西田謂之藥師如來其文御歳呂㘴皆干祿字書之俗體邊欲藥然堪夘皆別體字

上太子藏聖德太子瑪瑙石記

雲龍按瑪瑙石記在畿内道大阪國河内國獻福寺高四寸有奇寛五寸有奇正書六行弟一行泐弟二行存今年辛巳四字弟三行存足稱美政四字弟四行存千四百餘四字弟五行存王大臣寺四字考之日本史日本紀扶桑略記水鏡法王帝說大子傳厤太子傳補闕記聖德太子為用明弟六子母至馬官廐戶而産因名曰廐戶推古廿九年卒于班鳩宮卒之年為辛巳當唐武德四年与碑辛巳字合真耶贋耶非所敢知集古十種已箸録矣

釋迦佛造像記

法興元丗一年歲次辛巳十二月鬼
前太后崩明年正月廿二日上宮法
皇枕病弗悆干食王后仍以勞疾並
著於床時王后王子等及與諸臣深
懷愁毒共相發願仰依三寶當造釋
像尺寸王身蒙此願力轉病延壽安
住世間若是定業以背世者往登淨
土早昇妙果二月廿一日癸酉王后
即世翌日法皇登遐癸未年三月中
如願敬造釋迦尊像并侠侍及莊嚴
具竟乘斯微福信道知識現在安隱
出生入死隨奉三主紹隆三寶遂共
彼岸普遍六道法界含識得脫苦緣
同趣菩提使司馬鞍首止利佛師造

右釋迦佛像上宮廄戸皇子妃某氏為皇子造亦在法隆寺金堂記刻在光燄背天平廿年法隆寺資財帳云王后敬造者謂此也按上宮法王帝說載太子娶膳臣傾子女蘊我馬子女及尾張王女橘王而膳氏先太子薨則資財帳所云王后非蘊我氏則橘王也寺僧謂山背大兄王造者謬傳耳上宮法王帝說謂法興九卅一年者是時廄戸皇子與蘊我大臣謀興隆佛法故云爾非年號也辛巳推古天皇二十九年鬼前大后乃是穴太部間人女王而廄戸皇子之妣其謂之鬼前未詳何義明年即推古天皇三十年壬午王后廄戸皇子之妣膳部氏諱菩岐岐美郎女即傾子之女也翌日謂廿二日則知廄戸皇子以推古天皇卅年二月廿二日薨法隆寺繡帳文亦云歲在辛巳十二月廿一日癸酉孔部間人母王崩明年二月廿二日甲戌夜

半太子崩正與此合日本書記云廿九年二月己丑朔癸巳五日半夜廐戸豐聰耳皇子命薨者蓋史筆之誤當以是記及繡帳為正也癸未推古天皇卅一年也安穩即安穩說文新附云穩安也古通穩按穩字古所無鄭玄尚書注漢郙閣頌穩皆作隱佛經亦多用安隱字塠即岸字見北齊劉碑造像銘鞍首止利佛師推古天皇紀作鞍作鳥鳥祖司馬達等父多須奈而司馬達以繼體天皇十六年二月歸化見扶桑略記鳥為造佛之工見推古天皇紀按敏達天皇紀云鞍部村主司馬達等用明天皇紀云鞍部多須奈蓋司馬其本族而達等歸化之後賜鞍部姓也其云鞍首云鞍部村主云鞍作皆同古京遺文

雲龍按釋迦佛造像亦銅也正書一百九十六字在火燄背十四行高廣並一尺一寸一分推古二十九年皇子廐戸豐聰耳

卒當唐武德四年即辛巳也越二年癸未為武德六年据狩谷
氏云廐户之卒實在此年金石年表題大和法隆寺釋迦師如
來即此

法隆寺釋迦銅立像背銘

雲龍桉釋迦如來銅立像在畿内道奈良縣大和國法隆寺銘在佛背有字處高四寸有奇寬二寸許正書四行均十二字文

曰戊子年十二月十五日朝風文將其零濟師慧燈爲唄加大
臣誓頭敬造釋迦佛像以此願力七世四恩六道四生俱成正
覺戊子爲推古三十六年當唐貞觀二年先是雲龍致書半井
眞澄拓觀音座下字書發已得之矣而覆書以此易彼此古京
遺文所未逮適爲雲龍所得旁觀詫爲神助云

宇治橋斷碑

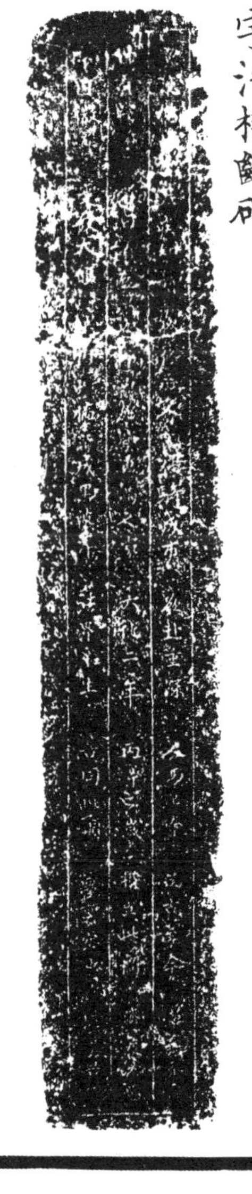

右斷碑在山城國宇治常光寺寬政三年四月發土獲之碑全碑全文載在歷代帝王編年集成據以補錄匡以別之道登見孝德天皇大化元年及白雉元年紀道登營宇治橋又見現報靈異記而續日本紀則云道昭造宇治橋按續日本紀又云昭以文武天皇四年物化時年七十二泝數之大化二年時年十八猶弱齡恐無有造橋之事蓋以登昭共元興寺僧名字亦相涉修史者誤認為昭也賴遺此一片石而得以糾千歲之謬亦

可喜也弘安七年二月太政官符云河上有一橋元興寺道登道昭建立之若登昭戮力造之則石銘豈特載登遺昭耶蓋彼欲據碑為道登則與史乖欲從史為道昭則據碑迕不能詳考審定歸之一人以兩存之則是言亦不足據也古京遺文

雲龍按碑在畿内西京府山城國常光寺行書三行文曰浼浼横流其疾如箭修修□人□騎成市欲赴重深人馬□命從古至今莫□□□世有釋子名曰道登出□□□□滿之家大化二年丙午之歲搆立此橋濟渡□□即因微善爰發大願結因此橋成果彼岸法界衆生普同此願夢裏空中導其苦□水湮入土尋出而失其半近人補之造宇治橋者道登非道昭也足證續日本紀之誤大化二年為唐貞觀二十秊去今一千二百四十五年或謂之菟道斷碑蓋日本方音語宇治與菟道同也

二天造像記

雲龍按二天造像記爲金石年表所未逮法隆寺金堂有四天像此在二像銅光燄背墨帖一覽題二天像造像記其記二一二行弟一行六字弟二行八字長四寸四分一亦一行弟一行七字弟二行六字長增前記九分玆正書二記次序依拓本與狩谷異其定爲白雉元年己詳古京遺文時唐永徽元年工首一爲德保而鐵師則手古也一爲大口而木閑次以閑爲閑段注說文閑下云王逸少書黄庭經三用閑字即閑也中从午蓋許書本作門午午所以距門舂字下云午杵者也然則午亦杵省距門用直木如杵轉寫昧其本始信如段說此記閑字猶存古體摹本誤開今從中井兼之獲精拓本入圖集古本題銅斛銘誤也好古日錄云百濟國造

敦賀常宮鐘銘

太和七年三月日菁州蓮池寺
鍾成內節傳合入金七百十三廷
古金四百九十八廷加入金百十廷
成典和上　惠門法師　緈糸憩法師
上坐　則忠法師　都乃法昧法師
鄉村主　三長及手　朱雀䭾柰
作韓舍　宝清軍師　龍碎軍師
史六　三忠舍知　行道舍知
[illegible]

成博士　安海[illegible]大舍　[illegible]大舍

節州坑　皇龍寺　覺明和上

雲龍按鐘在北陸道福井縣越前國敦賀常宮正書十行行字有差太和爲新羅年號其元年當唐貞觀廿一則太和七年爲唐永徽四年時日本白雉四年也東國通鑑新羅景德（唐至德二年）十六年十二月置九州改郡縣名以沙伐州爲尚州領一郡十縣三十歃良州領州一小京一郡十二縣三十四菁州為康州領州一郡十一縣二十七鐘文曰菁州在未改康州前一百有四年

船首王後墓誌

惟舩氏故王後首者是舩氏中祖王智仁首兒那沛故首
之子也生於乎娑陀宮治天下天皇之世奉仕於等由
羅宮治天下天皇之朝至於阿須迦宮治天下天皇之
朝天皇照見知其才異仕有功勲勅賜官位大仁品為第
三殯亡於阿須迦天皇之末歳次辛丑十二月三日庚寅故
戊辰年十二月殯葬於松岳山上共婦安理故能刀自
同墓其大兄刀羅古首之墓並作墓也即為安保万
代之霊基牢固永劫之寶地也

右銅版墓志藏在河内國古市郡古市村西琳寺王後推古天皇紀作船史王平王智仁姓氏錄作智仁君欽明天皇紀云十四年遣王辰爾數錄船賦即以王辰爾為船長因賜姓為船史王辰爾即王智仁始賜姓故此以王智仁為船氏中祖也乎娑陁宮治天下天皇後謚曰敏達天皇等由羅宮治天下天皇後謚曰推古天皇後遷御小墾田宮故或稱曰小墾田天皇阿須迦宮治天下天皇後謚曰舒明天皇大仁推古天皇所制冠位十二階之第三等故云品第三辛丑舒明天皇十三年也是歲十月帝崩故云天皇之末戊辰天智天皇七年也藤蒙齋以為孝德天皇時物何那此版以殯為葬伊福部氏墓志云火葬即殯此處及萬葉集以真弓岡陵為日並知皇子殯宮亦同禮記檀弓季武子成寢杜氏之葬在西階之下漢書哀帝紀載作杜氏之殯荀子禮論三月之殯何也楊倞注云此殯謂葬之也則知彼

亦有謂葬爲殯者

松岳山在安宿郡國分村往年山崩出是版云古京遺文

雲龍棲日本銅版墓志之存今者以船首王後墓志爲最古在大坂府河內國古市郡古市郷西琳寺天智七年當唐總章元年去今一千二百二十八年長九寸七分寬二寸二分面背各四行面第一行廿四字第二行廿三字第三行廿三字第四行廿四字背第一行廿四字第二行廿二字第三行廿字第四行十二字闕字十有二氏作氐等作䓁能作能寶作寳皆千祿字書通字千祿躰通聃俗此志作郎又兒作皃第作苐丑作丒牢作牢皆千祿字書所謂俗也沛作沛須作湏異作異葬作塟凡作兄靈作靈皆別體字

小野朝臣毛人墓志

面

飛鳥淨御原宮天下天皇御朝任太政官兼刑部大卿位大錦上

背

小野毛人朝臣之墓　營造歲次丁丑年十二月上旬即葬

飛鳥淨御原宮治天下天皇後謚曰天武天皇大錦上天智天皇所制冠位廿六階之第七等按山城名勝志載愛宕郡高野河北有崇道天皇社上方一許町踏之鏗鏗有響慶長十八年十二月村人高村政重者發之獲石槨内有銅版長二尺許濶二寸許面背有文伊藤東涯曰高野村一名小野版長一尺九寸濶一寸九分以元禄初年親往見此版後再訪之村人云自

掘得墓志之後村落衰弊疑是小野氏為崇取志埋藏舊處天武天皇紀十三年十一月小野臣等五十二氏賜姓曰朝臣此版以丁丑年造丁丑天武天皇之六年也而豫云朝臣與史不合毛人日本書紀無載續日本紀小野朝臣毛野傳云小治田朝大德冠妹子之孫小錦中毛人之子也則知毛人為妹子之子毛野之父今云大錦上亦與史異蓋西土碑碣與史不同者不一而足皆此類也愚謂小野臣等賜姓朝臣在天武天皇十三年此志六年所造而云朝臣者獨毛人先是而賜與同姓諸人不同也史所載是類不遑枚舉但大錦上可以糾史謬小野臣孝昭天皇皇子天押日子命之裔見古事記及姓氏錄名勝志引小野氏系圖以為敏達天皇曾孫妹子孫毛野男者非是蒙齋亦襲此誤撿部書類從所收小野氏系圖敏達天皇子春日皇子子妹子王子毛人子毛野紹運錄同名勝志作妹子孫

毛野男者偶誤耳然系圖紹運錄以為敏達天皇之裔者以小野臣同族有春日臣敏達天皇皇子有春日皇子遂誤也應以古事記姓氏錄為正好古小錄載此志脫治字誤古京遺文

雲龍桉小野朝臣毛人墓志在畿內道西京府山城愛宕郡高野河北山上一町許金石年表云今亾狩谷氏亦未之見輶軒小錄云銅版長一尺九寸寬一寸九分盍簪錄收之好古小錄云濶二寸圖依原式面文一行廿四字背文上八字下十四字少小正書所見撫本也天武六年丁丑當唐儀鳳二年後船首

王後墓志九年

新田部碑

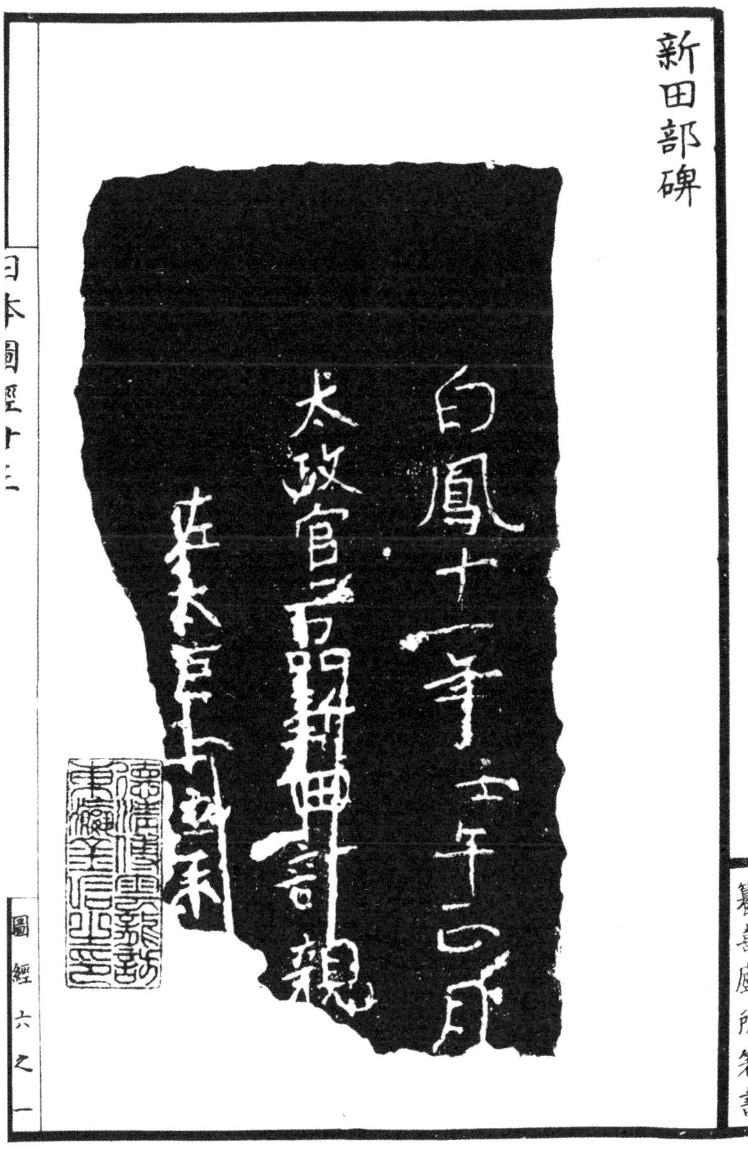

雲龍桉新田部碑集古十種箸錄之下截漫滅以穗積碑例此親下當是王字存者弟一行曰白鳳十一年壬午正月弟二行曰太政官二品新田部親弟三行曰左大臣口位口正書其立碑時當唐永湻元年

那須直韋提碑

永昌元年己丑四月飛鳥浄御原大宮那須国造
追大壹那須直韋提評督被賜歳次庚子年正月
二壬子日辰節殄故意斯麻呂等立碑銘偲云尓
仰惟殞公廣氏尊胤国家棟梁一世之中重被貳
照一命之期連見再甦砕骨挑髄豈報前恩是以
曾子之家无有嬌子仲尼之門无有罵者行孝之
子不改其語銘夏尭心澄神照乾六月童子意香
助坤作徳之大合言喩字故無翼長飛无根更固

碑在下野國那須湯津上村俗称笠石舊在荊棘中土人觸犯者必蒙殃祟有僧圓順以是事語梅平村人大金重貞者梅平在水戶府封内重貞以聞義公實貞享四年之秋也義公好古即命臣佐々宗淳就搨之元禄四年三月更命有司封築安碑於其上建亭以護之巋然存于今者公之賜也蒙齋曰永昌元年當作朱鳥四年蓋係洗者攺作今審觀之字㨾不類其說或似可存朱鳥四年五年六年七年見萬葉集朱鳥七年見現報靈異記不得據史斷言朱鳥之號止一年也飛鳥清御原宮天武天皇所營帝崩持統天皇嗣御是宮至八年朱鳥九年始遷都藤原故碑謂持統天皇之時猶称淨御原大宮猪名大村墓志所言後清原聖朝即是也追大壹天武天皇所制冠位四十八階之第三十三芈那須直姓也所謂胙之土而命之氏者姓氏錄

不載莫詳其祖韋提名也佐〻氏釋作那須宣事提非是評督須後世郡領既於妙心鍾跋詳之白石新井先生云評督是郡督之誤盖不知古時有是職耳康子即庚子係文武天皇四年借康為庚又見伊福吉部氏墓志及佘架中所挿天平二年都菩臣足嶋寫大般若經跋尾唯未見西土人以康為庚耳夘故猶言病死也殄字傍从夕下文殞字同漢李翊夫人碑殂字作殂與此同變夕為尒漢唐碑碣皆然佐〻氏釋作弥故疑為物故之譌皆非偲訓志奴布思慕其人之義萬葉集多用之蓋是間會意字非詩所謂美且偲之偲白石先生釋為德亦非是棟樑即棟梁連上字增木旁者猶鳳皇作鳳凰琅邪作琅琊也淮南主術訓魏崔浩沈法會文北魏文帝弔比干文唐虞世南書破邪論皆用是字銘文多不可讀合言喻字故為此艱讀亦黃

絹幼婦之類已諸家所釋皆強作解事不可據信今姑從佐佐氏釋碑末云無翼長飛無根更固與唐高宗三藏聖教記名無翼而長飛道無根而永固同一用管子戒篇語蒙齋以是碑為持統天皇時物則誤古京遺文

雲龍楼碑高三尺八寸五分寬一尺五寸八分文字所建高一尺九寸三分寬七寸七分正書八行行十九字在東山道橡木縣下野國那須湯津上邨俗稱笠石那須直其姓氏也韋提其名日本無永昌年號唐武后初元曰光宅明年改垂拱越四年改永昌己丑即永昌元年與碑正合日本人強謂為朱鳥四年係洗者改為永昌元年今碑石拓本具在無改作形日本對馬島八幡宮鐘為新羅國造而曰天寶四載朝鮮錢文偶鑄洪武類此可證也大和國興福寺有南圓堂銅燈臺銘云歲次景申諱丙

為景非唐制耶而日本貞金且从其諱國人無異辭何獨於紀年疑也一碑年號無關紀年輕重以信而疑安用金石為凡作曆物欲亂真也既無永昌年號改此何為改四為元又何為如曰隨意改作又安能與己丑無參耶原拓石印以質中東信古者臆說舌辨均非雲龍所屑為矣督作昝辰作辰乾作乹古通用字節作莭嬌作嬌尼作𡰥喻作喻古俗字千祿字書可覈也碎作碎髓作髓類皆別體

采女墓所碑

飛鳥淨原大朝庭大弁
官直大貳采女竹良卿所
請造墓所形浦山地四千
代他人莫上毀木犯穢
傍地也

已丑年十二月廿五日

古庭廷通用詩陟降庭止漢書匡衡傳作廷古今人表大廷氏注廷讀曰庭左傳釋文廷本又作庭皆可證弁亦辨字建多胡郡辨官符碑亦用之國策齊貌辨呂覽作劑貌辨古今人表作昆辨元和姓纂作昆弁則知辨辨弁古通用也直大貳天武天皇所制爵位四十八階之第十一等采女氏姓氏錄載在右京

及和泉國神別並云神饒速日命之後古事記所云亦同竹良
天武天皇紀作竹羅云直大肆此云大弁官直大貳皆可補史
闕形浦山蒙齋云在河内國石河郡春日村土俗訛云帷子山
碑今移在同村妙見寺代者古人量地之法見類聚三代格上
宮聖德法王帝說法隆寺資財帳等書萬葉集歌所謂五百代
小田亦是日本書紀項字亦讀與代同政事要畧載弘仁十三
年明法博士額田國造今足勘文云以大方六尺為步二百五
十步為五十代拾芥抄云田以方六尺為一步卅六步為一段
頭三百六十步為一段積一十二步為十代百四十步為廿代
百四十下恐脱四字二百六十步為卅代六十恐六之誤十二百八十步為四十
代八十下脱八字恐五十代為一段二說不同或時有沿革歟蒙齋釋
四千代為四十代釋毀木為致木並誤己丑持統天皇三年也

古京遺文

雲龍按采女墓所碑原高一尺七寸五分寬七寸文字所存高八寸文五行弟一行九字二三兩行𠀤十字四行九字五行三字六行九字為紀年低二字正書金石年表河內形浦山碑即此河內國石河郡春日郷形浦山在畿內道大坂府境土人謂呼帷子山碑後徙建同郷妙見寺不得仍沿河內形浦山碑之目矣古今遺文抄本見二一藏之中井曰采女氏塋域碑一藏之黄邨曰采女氏冢地碑雲龍則謂不如取碑中文定其目曰采女墓所碑已丑為持統三年當唐永昌元年庭作庭丑作丑干祿字書所謂俗字者也庭廷古通用采女其氏也卿作卿形作形毀作毀皆別體

藥師寺東塔檫銘

維清原宮馭宇
天皇即位八年庚辰之歲建子之月以
中宮不悆創此伽藍而鋪金未遂
龍駕騰仙大上天皇奉遵前緒遂
成斯業照先皇之弘誓光後帝之玄
功道濟郡生業傳曠劫式於高躅
敬勒貞金

其銘曰

巍巍蕩蕩藥師如来大發慘願廣
運慈哀倚𢂦聖王仰延冥助爰
餝靈宇莊嚴調御亭亭寶刹
森穽法棧福崇億劫慶溢萬
齡

右刻在大和國奈良西京藥師寺東塔剎柱上西面隅東那佐先生有擦銘釋精核可喜按清原宮即清御原宮當時文人厭冗長刪御字者藤原繼繩公上史表襲山肇基以降淨原御寓之前古事記序飛鳥清原大宮形浦山碑飛鳥清原大朝庭豬名大村墓誌清原聖朝皆是也以郡為羣出唐昭仁寺碑是銘造在文武天皇之時故謂持統天皇為太上天皇續日本紀文武天皇二年十月庚寅以藥師寺構作畧了詔衆僧令住其寺可見持統天皇之時未落成也蒙齋以為天武天皇時亦屬疎謬古京遺文

雲龍桉藥師寺東塔擦銘在今奈良縣大和國藥師寺東塔擦柱西狩谷氏云字所存高一尺三分濶一尺五分正書十二行弟一行六字二三兩行並十五字四行十四字五行十五字六

行十三字七行三字八行十三字九行十二字十行十一行並十一字十二行一字日本金石家定為文武二年据續日本紀也是為唐聖𪿅元年其文建作建此作此龍作龍傳作傅皆与干祿字書所通者合而作丙導作導業作業誓作誓式作式發作發願作願剎作剎寂作寂溢作溢齡作齡皆別體也書此銘者舍人親王舍人其名也持統九年授淨廣貳文武時為親王叙二品養老三年賜一品先是舍人修日本書紀四年五月成紀三十卷系圖一卷後於書此銘時二十有二年

妙心寺鐘款識

戊戌年四月十三日壬寅
收糟屋評造舂米連
廣國鑄鐘

戊戌文武天皇二年也以長麻推之四月十三日壬寅正合收謂取而收之也糟屋筑前國郡名扶桑鐘銘集釋為精屋者誤評造猶言郡領古時郡縣用評字太神宮儀式帳云難波朝庭天下立評給

續日本紀天平寶字八年紀載紀寺奴益人等訴云本國氷高評人内原直牟羅是也郡司亦称評督或称評督領文武天皇四年紀有衣評督衣君縣衣讀如頴今薩摩國頴娃郡是也神護景雲元年紀載阿波國百姓上言云評督凡直麻呂那須直韋提碑評督被賜太神宮儀式帳小乙下久米勝麻呂評督領仕奉皆可證繼體天皇紀韓地名有背評傍訓邉己富里本邑在内曰哆評則知注云背評地名亦名能備己富里新羅其評字又訓己富里並古時郡縣韓國方語用春米連左京神別神饒速日命之後見姓氏錄廣國書傳無載鍾即鐘字古書及漢唐諸碑皆通用干祿字書鍾鐘上酒器下鐘磬字今並用上字五經文字鍾鐘上樂器下量名又聚也今經典通用鍾為樂器是也鐘今在嵯峨妙心寺相傳舊法金剛院物徒然草所謂律中黄鍾者即是鐘也古京遺文

雲龍按鐘腹款識一行廿二字正書高一尺三寸八分初置大

和國藥師寺金剛院故金石年表謂之法金剛院鐘也後懸山城國妙心寺庫院西樓扶桑鐘銘集云古老傳世亂有壯夫數人擔此鐘來粥錢五千去蓋緑林客也豈天正慶長間耶知者謂此法金剛院鐘吉田兼好所謂黃鐘調者是也岡崎氏見本收評二字漫漶且誤糟為精不知糟屋為筑前國郡名也今見舊拓評字不泐糟亦分明戊作戊戌作戌寅作寅與觀音大士造像記多賀城碑同國不作国傳抄作国非也鑄作鑄戊戌為文武二年當唐聖歷元年去今一千一百六十三年也

威奈大邨墓志

少納言正五位下威奈卿墓誌銘并序
卿諱大村檜前五百野宮
御宇　天皇之四世後岡
本聖朝紫冠威奈鏡公之
第三子也卿温良在性恭
儉為懷簡而廣隅柔而成
立後清原聖朝初授務廣
肆藤原聖朝小納言闕於
是高門貴冑各望備員
天皇特擢卿除小納言授
勤廣肆居無幾進位直廣
肆以大寶元年律令初定
更授從五位下仍兼侍從
卿對揚宸扆參贊絲綸之

越後城司四年二月進爵
正五位下卿臨之以德澤
扇之以仁風化洽刑清令
行禁止所冀享茲景祜錫
以長齡豈謂一朝遽成千
古以慶雲四年歳在丁未
四月廿四日寢疾終於越
城時年卌六粤以其年冬
十一月乙未朔廿一日乙
卯歸葬於大倭國葛木下
郡山君里狛井山崗天潢
疏派若木分枝標英啓哲
載德形儀惟卿降誕餘慶

容範夕惟幄深陳獻替之
規四年正月進爵從五位
上慶雲二年命兼太政官
左小辨越後北疆衝接蝦
虜柔懷鎮撫允屬其人同
歲十一月十六日命綰除

在斯吐納絲綸贊路深陳規
位由道進榮以礼隨製錦
之蕃維令望攸屬鳴絃露
安民靜俗懍服來蘋遼荒
命是輔仁無驗連城折玉
空對泉門長悲風燭

右誌鐫於銅合子蓋上蓋大村真人在越後卒焚尸盛骨歸葬也天明中大和國葛下郡馬場村農夫墾而獲之今藏四天王寺□□院威奈古事記作韋那日本書紀作偉那續日本紀作猪名姓氏錄作為奈並同紀記並云惠波王之後姓氏錄以為火焰王之後惠波火焰並是宣化天皇皇子未知孰是也五百野宮古事記日本書紀三代實錄並作廬入野宮桉廬訓伊富利或省云伊富則知宮名亦或省稱伊富能也五百野宮御宇天

皇後諡曰宣化天皇後罡本謂齊明天皇之朝後清原持統天
皇藤原文武天皇也鏡公史傳無載紫冠孝德天皇所制冠位
十九階之第五六等務廣肆天武天皇所制爵位四十八階之
三十二等勤廣肆第二十四等直廣肆第十六等誌云大寶元
年律令初定更授從五位下（蒙齋誤釋史授作受文景祐亦誤作景祐）下續日本紀
大寶元年三月甲午始依新令改制官名位號看是也誌又云
四年正月進爵從五位上棲紀正月癸巳叙位大村真人進爵
蓋有是時然紀是日有授正四位上從四位下從五位下之事
無授從五位上之文疑紀有缺脫也誌云同歲（慶雲年也）三十一月
十六日命卿除越後城司紀云四年閏正月庚戌以從五位上
猪名真人大村為越後守與紀少異誌乃當時人之所書當據
以為正也仕小納言兼侍從左少辨叙正五位下紀皆失載是

誌少字皆作小盖古人通用大倭國即大和國天平勝寶四年改今字見神代卷口決及拾芥抄葛木下郡即葛下郡時未有國郡名二字為定之制天武紀葛城上郡亦是山君里未詳廣本倭名類聚抄葛下郡有山直鄉或是山君之誤西京遺文

雲龍梜威柰大邨墓志鐫於塗金銅合蓋盛骨器也圓徑八寸字居三寸九分題一行序銘三十八行行十字正書据好古小錄云明和中大和國葛下郡穴蟲山崩出此慶雲四年為唐景龍元年其文奈作柰岡作罡本作夲廉作亷藤作藤備作偹干祿字書以偹為俗以夲為通

文忌寸禰麻呂墓版

壬申年將軍左衛士
呂忌寸慶雲四年歲

墓版用銅造天保二年九月大和國宇陁郡八瀧村農夫於圃内堀得之按文忌寸者應神天皇十六年歸化百濟博士王仁之裔始賜文首所謂河内文首也日本書紀作書首其讀同祢麻呂日本書紀作根麻呂續日本紀或作尼麻呂皆同天武天皇之發吉野至伊勢也祢麻呂等二十餘人從之天皇遷美濃令祢麻呂等將兵討大友皇子於近江平之是年歲次壬申誌云壬申年將軍者謂是也天武天皇十二年改姓賜連十四年再改賜忌寸文武天皇大寶元年以壬申年功賜

食封一百戸又以中功賜功田八町傳二世見天平寳字元年十二月紀云先朝所定慶雲四年卒續日本紀云慶雲四年十月戊子從四位下文忌寸祢麻呂卒遣使宣詔贈正四位上并賻絁布以壬申年功也據誌云十月戊子者疑史筆之誤但正四位上是贈位靈龜二年四月紀天平寳字元年十二月紀亦云贈正四位上可以證也誌不曰贈者蓋書人之誤耳其為左衛士督史不載乃缺文也　文氏有二一即王仁之後世居河內文首號河內文首一即阿智王之後世居大和號大和文直河內在西大和在東故謂文首為西文謂文直為東

文其後東西二文皆為連又為忌寸又為宿祢但遷都平安西文隸左京東文隸右京是可以為别也古京遺文

雲龍校文忌寸祢麻呂墓版以銅為之長八寸三分寬一寸四分凡三十四字正書在畿内道奈良縣大和國宇陁郡八瀧邨文忌寸者百濟博士王仁之裔也祢麻呂狩谷已詳攷於前慶雲四年當唐景龍元年督作督禰作祢慶作慶卒作卆皆别體字

穗積碑

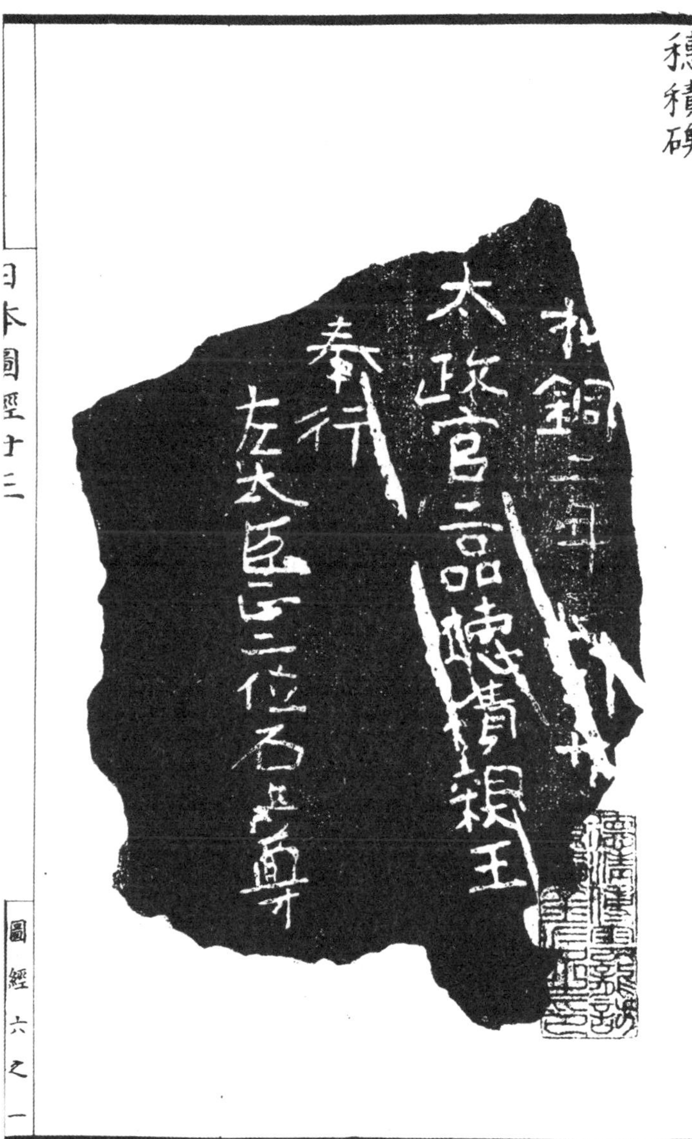

雲龍桉穗積碑見集古十種文四行一行曰和銅二年正月廿二行曰太政官二品穗積新王三行曰奉行四行曰左大臣正二位石上尊正書日本紀慶雲二年九月詔二品穗積親王知太政官事與此碑合石上尊不比等公也與建多胡郡辨官符碑太政官二品穗積親王左大臣正二位石上尊同此先於彼二年時唐景龍二年穗尊等字可互參也

伊福吉部臣德足比賣墓志

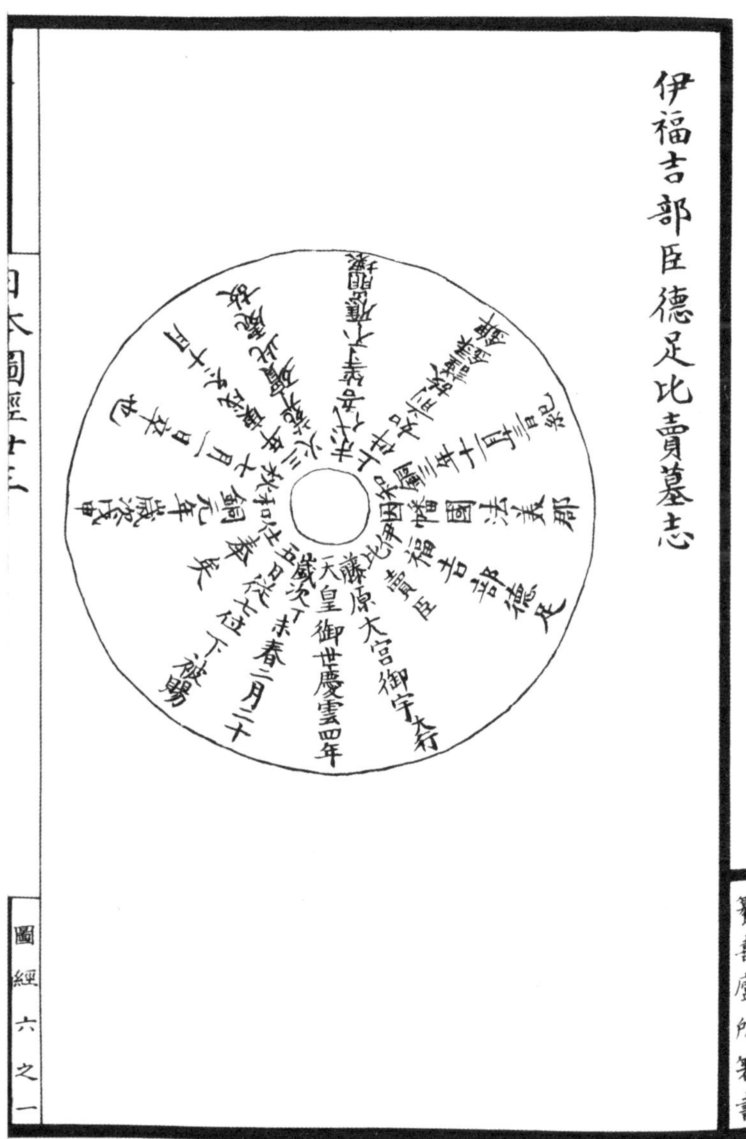

右盛骨銅合子文鐫在盖上制度與前器約畧相似安永三年六月廿六日因幡國府中山中發土獲之伊福吉部姓氏錄作伊福部或五百木部皆同火明命之後也德足比賣書傳無見謂文武天皇為大行天皇萬葉集亦同蓋當時誤認大行為先帝之義也末代君猶言後世諸君蒙齋釋為末代吾者誤矣碑即碑字器用銅造故變石从金耳非此金碑之字猶墓楬古以木作之周禮蜡氏職云若有死於道路者令埋而置楬焉書其日月焉漢書尹賞傳云楬著其姓名顏師古曰楬杙也椓杙於瘞處即書死者名也楬杙字並从木後世代以石故字亦从石作碣遂與東海碣石字混為一也然謂誌為碑所未有見恐謬也古京遺文

雲龍桉伊福吉部臣德足比賣墓志鐫於銅合蓋與威奈大邨墓志同此則好古小錄有原合圖可撫也器高七寸圖徑九寸厚一寸一分五釐十五行弟一弟二兩行𠀋六字三行三字四

行五行六行廿八字七行九字八行三字九行八字十行十一行十二行十三行廿七字十四行一字十五行八字十六行紀年十二字和銅三年當唐唐隆元年金石年表謂之因幡伊福吉部氏墓誌

建多胡郡辨官符碑

碑在上野國多胡郡池村續日本紀云和銅四年三月辛亥割上野國甘良郡織裳韓級矢田大家緑野郡武美片岡郡山等六鄉别置多胡郡此碑盖刻當時府文也按碑云九日甲寅則辛亥為六日碑史相差三日給羊字不可讀俗傳羊大夫之事不經甚矣蒙齋曰應作半義粗可通然文理不穩不如闕疑之為勝也太政官即知太政官事慶雲二年九月紀云詔二品穗積親王知太政官事是也石上尊麻呂公藤原尊不比等公也尊訓美古登古時尊重其人之稱谷川淡齋誤以為朝臣之省者可笑矣二公官銜亦皆與續紀合蒙齋曰多治比真人三宅麻呂也三宅麻呂為左中辨續紀不載然位階適合亦後為左大辨則或其人也古京遺文

雲龍桉碑在東山道羣馬縣上野國多胡郡高三尺九寸寬一

尺九寸正書六行弟一弟二兩行廿十三字三行四行五行廿十四字六行十三字金石年表謂之多胡郡碑今依狩谷箸目此碑曾流傳中國葉氏雙鉤刻本翁氏方綱跋云可與焦山瘞鶴銘並峙誠重之也呼爲日本殘碑實未之殘和銅四年當唐太極元年岡作罡寅作寅尊作尊穗作穗它碑字體往往同此

粟原寺塔鑪盤銘

寺壹院四至　限東竹原谷東岑　限南太谷
限樫村谷西岑　限北忠坂川
此粟原寺者仲臣朝臣大嶋惶惶誓
願奉為大倭國淨美原宮治天下天
皇時日並御宇東宮敬造伽藍之尓
故比賣朝臣額田以甲午年始至於
和銅八年合廿二年中敬造伽藍而
作金堂仍造釋迦丈六尊像
和銅八年四月敬以進上於三重寶
塔科鑪盤矣
仰願藉此功德
皇太子神靈速證无上菩提果
願七世先靈共登彼岸
願大嶋大夫必得佛果

粟原寺今廢大和志云廢趾在十市郡粟原村鑪盤今藏多武峯妙樂寺按仲臣即中臣姓氏錄中臣雷大臣或作仲臣又漢宣帝號中宗漢西嶽華山廟碑作仲宗孝廉柳敏碑五行星仲廿八舍柳宿之精亦以仲為中中仲古通用可知也中臣朝臣大島天武天皇持統天皇兩紀數見日並御宇東宮天武天皇皇子草壁太子也太子為文武天皇元正天皇皇考天平寳字二年八月追尊奉称岡宮御宇天皇但和銅時未上尊號而云御宇頗似可疑然天武天皇之時既為皇太子攝萬機至持統天皇三年薨雖未嗣皇統其實與天子之尊無異古以帝位比之大陽之精所謂天日嗣是也故當時称曰日並御宇東宮謂與帝相並統御天下也日並御宇當讀為比奈美志續日本紀

作日並知萬葉集作日雙斯皆可證讀御宇為志者與萬葉集八隅知訓為也須美志之志同或讀為比奈免志者非是以賣臣額田無玫甲午持統天皇八年也伽藍多度寺資財帳作伽濫皆是梵語對譯不必拘文字也余往讀崇峻天皇紀有鑪盤博士某時無辨鑪盤是何物今見之始知鑪盤今俗所謂伏鉢其狀似火鑪故以名之耳七科即七階猶云七層四天王寺本願緣起云寶塔第一露盤誓手鏤金亦謂露盤第一層也本願為託緣起係後人一條帝時則可以攷然其書出於中古制度故取證之古京遺文雲龍按文字所在高一尺寬一尺二寸五分正書題一行五字注兩行各十一字文十行弟六行十一字八行五字九行六字十行十二字餘皆十四字後三行其前二行並九字後一行八字集古十種本四至移後後三行移高皆非真面矣今依舊式

和銅八年即靈龜元年也當唐開元三年金石年表集古本皆
題露盤然文内作鑪不作露依狩谷本盤作盤粟字蝕半島作
咀倭作倭淨作淨日並半剝籃作檻爾作尔賣作賁頟作頌於
作於銅作銅科作枓顧作顧成作成

近江新田邨碑

雲龍按碑在東山道滋賀縣近江國草津驛西南新田邨正書

十四字養老元年當唐開元五年立上一字柏不可識明作明

元明御陵碑

長二尺六寸五分

廣二尺二寸五分

大倭國添上郡平城
之宮馭宇八洲〻
太上天皇之陵是其
所也

養老五年歲次辛酉
冬十二月癸酉朔十
三日乙酉葬

雲龍桉元明御陵碑狩谷謂剝落無存好古小錄碑字非真面矣舊撫本漫漶僅添城馭洲老歲玥數字碑高三尺寬二尺餘厚一尺文居碑十之四下段無字續日本紀養老五年十月庚寅大上天皇詔喪地者皆植常葉之樹即立刻字之碑癸亥詔謚號稱其國其郡朝廷馭宇天皇流傳于後世詔出元明陵碑浸多然傳今此其始也初没土後出置畿内道奈良縣大和國奈良坂春日社庭養老五年當唐開元九年續日本紀天平九年十二月改大倭國為大養德國十九年三月依舊為大倭天平寶字元年改為大和法隆寺所藏法華經義疏及醍醐地藏院所傳古記玆署大委國委䛇倭省與説文倭委聲倭委古通用此碑在改大養德前十七年故稱大倭國也陵所養育玥皆别體字坿狗裝隼人圖三一立二踞亦陵上物

上野下贊鄉碑

雲龍按上野下贊鄉碑集古十種謂之上野國山名邨碑在東山道羣馬縣上野國石高二尺有奇寬一尺七寸初末之見明和中山頽而出正書九行弟一行十二字弟二行十三字弟三行弟四行十六字弟五行十七字弟六行十五字弟七行十二字弟八行二字弟九行紀年十一字文多漫漶譯曰上野國羣馬郡下贊鄉高田里三家子孫為七世父母現在父母現在侍家刀自□□君□□刀自人紀□部刀自後物部君千足吹駄刀自次□□刀自合六口又知識所結人三家氏人□□次知万呂鍐師礒了君牛麻呂今三口如是知識結而天地誓願仕奉石文神龜三年丙寅二月廿九日凡可徵者一百有三字不可辨者十一字神龜三年當唐開元十四年

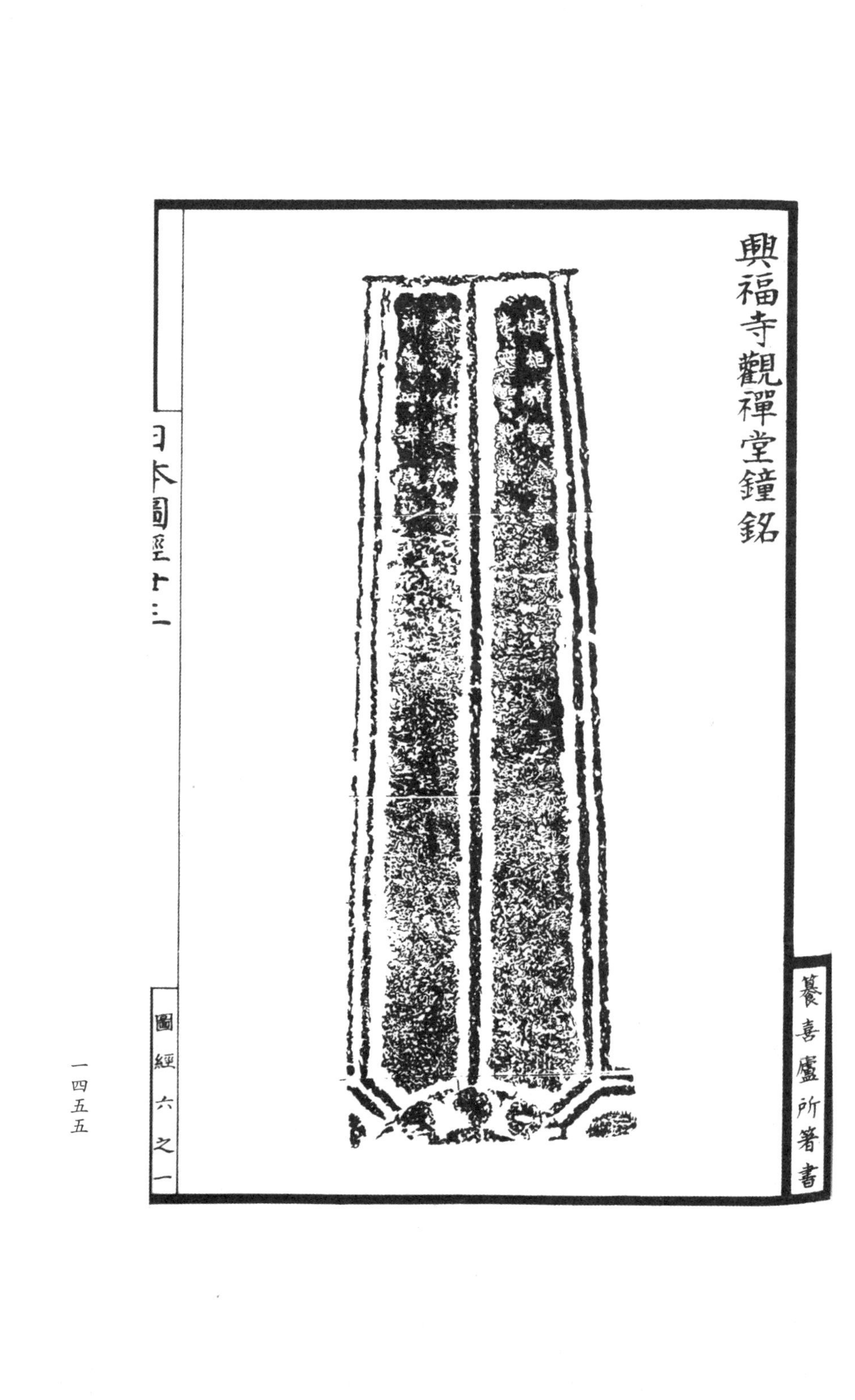

興福寺觀禪堂鐘銘

古昔鐘銘皆欵文此獨為識文銘多漫漶殆不可讀奈良人松井元孝精意釋文如斯德因時蓋願主人名疑是韓人也古京遺文雲龍按興福寺觀禪堂鐘銘集古十種謂之南都興福寺勸善院鐘銘金石年表謂之大和勸善院鐘銘注在興福寺其文所在高一尺八寸寬上三寸八分下五寸正書四行行廿字惟漫漶多難可辨識裁廿餘今以原拓著述輙据金石諸書譯文曰捷搥神器金鼔仁風聲振鷲岳響暢龍宮奉為四恩先靈聖躬遊神壽域晤言天衆釦輪息下折機清空芥城伊竭弘擔無窮鑄銅四千斤白鑞二百六十斤神龜四年歲次丁夘十二月十一日鑄□主德因時凡八十字鼔作皷響作響夘作夘鑞居銅四十之一据此可知鑄鐘法神龜四年當唐開元十五年也

天平銅鏡識

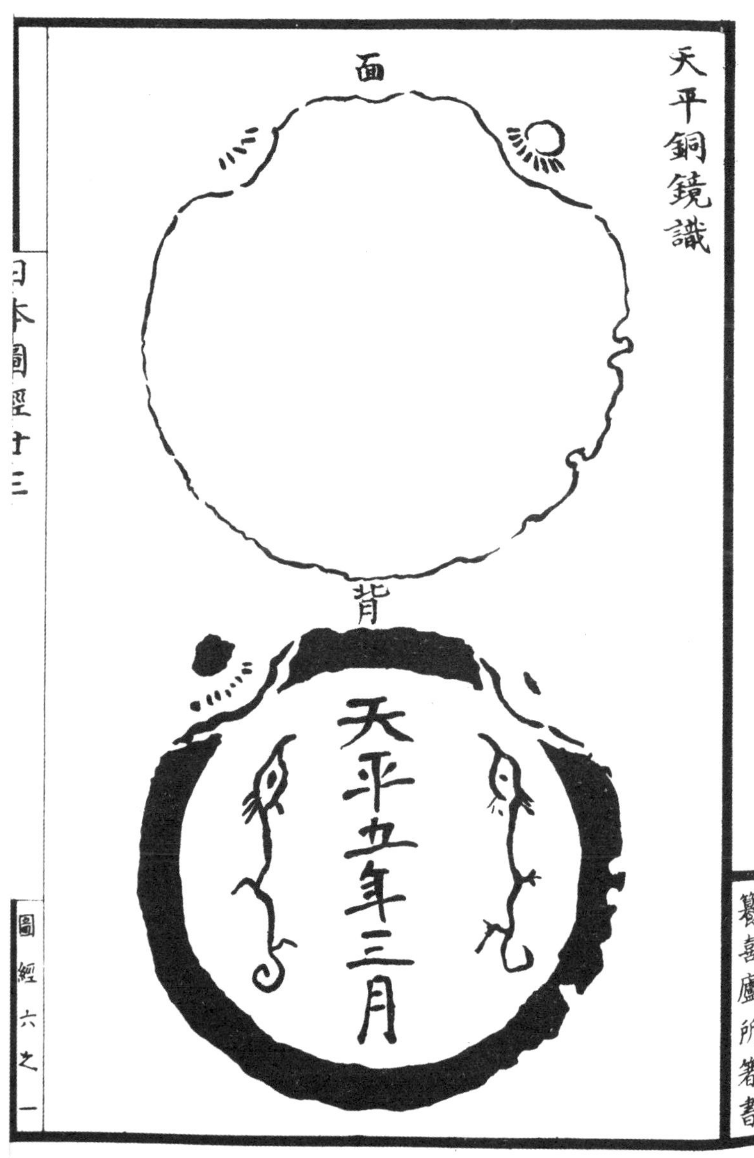

也雲龍於光緒十五年夏得自日本東京書坊爲摎訪者陳榘也三寸三算法每徑一寸合圍圓三寸有一分四釐一毫是鏡徑二寸行一分凡得圍圓七寸二分二釐五毫六忽八絲雙蟜夾正書一年曰天平五年三月當唐開元廿一年去今一千一百五十六年也五字闕上一筆日本人今俗體字猶然

楊貴氏墓志

從五位上守右衛士督兼行中宮亮下道朝臣真備葬亡妣楊貴氏之墓
天平十一年八月十二日記
歲次己卯

右墓志用瓦造刻字填以朱砂享保十三年大和國宇智郡大澤村民源八者堀地得之置之村中蓮花寺其地近時連不收或曰楊貴氏爲崇村老相議埋之舊處新井鳴門豹近在同郡五條里見其事爲余語如此真備公官位與續紀所載合楊貴氏姓氏錄右京蕃別所載八木造即此古京遺文

雲龍楼楊貴氏墓志在畿內道奈良縣大和國宇智郡享保十三年山頹而出或曰民掘也尋復入土墓志瓦製之傳今始此高屋枚人墓志紀廣純女吉繼墓志皆瓦造一後此三十七年一後此四十五年此瓦高六寸九分寬九寸厚二寸餘八行前四行文各七字紀年三行一爲八字一爲三字一爲四字天平十一年當唐開元廿七年氏作氏卯作夘其文正書

石浮圖文

雲龍椄石浮圖在畿内道柰良縣大和國龍福寺凡四層上第一層高九寸五分方一尺一寸有半葢石厚五寸方一尺四寸第二層高一尺五分方一尺三寸有半葢石厚五寸方一尺四寸第三層高一尺一寸有半方一尺四寸葢石厚六寸方一尺

四寸第四層高一尺六寸方一尺四寸五分蓋石厚七寸方二尺七寸惟此層有字据日本人云正面舊有天平字樣今未之見右側似有字五而不可辨左側僅存昔阿育三字下一字雖餘數筆不可知矣存此三字其為無垢淨光塔可知百万木塔所藏無垢净光經後此十有餘年

山名村碑

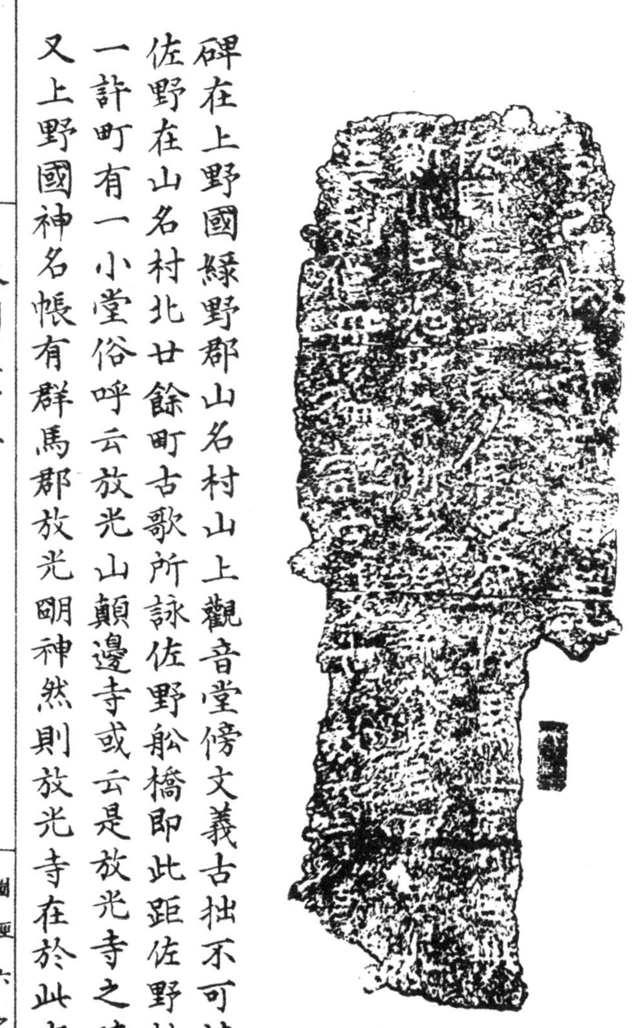

碑在上野國緑野郡山名村山上觀音堂傍文義古拙不可讀佐野在山名村北廿餘町古歌所詠佐野船橋即此距佐野村一許町有一小堂俗呼云放光山顛邊寺或云是放光寺之蹟又上野國神名帳有群馬郡放光明神然則放光寺在於此亦

未可知也蒙齋以其文似高田里碑其所在亦相近云或出一手定以辛巳為天平十三年余則謂高田里碑以神龜紀年此特不可舍天下之號以干支紀則辛巳當在天武天皇之十年也蒙齋曰集月又見古銅牌銘文疑是韓語古銅牌銘載在好古日録云横本傳在一友人家長一尺二寸濶二寸強厚一分弱陰識文云大邑利活一辯慶著師畫可來觀都我往還三倉利如寛忠良哉願望元九貞口口戊子集月銘文文不可讀亦莫知為何器蒙齋疑為韓物或然○古京遺文雲龍按碑在東山道群馬縣上野國緑野郡山名邨山上正書文曰辛巳歲集月三日記佐野三家定賜健守命孫黑賣刀自此新川臣兒斯多禰足邊孫大兒臣娶三兒長利僧母為記定文也放光寺僧凡五十二字文體似下賛碑好古小録西田金石年表均定為天平十三年果爾則時為唐開元廿三年

竹野王墓碑

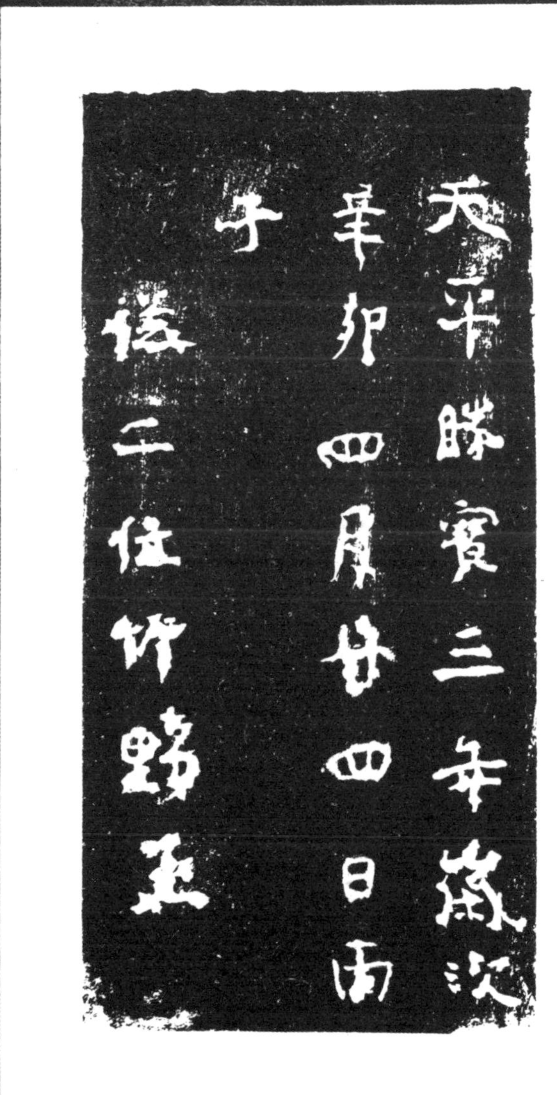
天平勝寶三年歲次
辛卯四月廿四日丙
子
從二位竹野王

雲龍按碑在畿内道柰良縣大和國高市郡稻淵邨龍福寺石浮圖處正書四行前二行各八字三行一字四行六字文曰天平勝寶三年歲次辛卯四月廿四日丙子從二位竹野王其年爲唐天寶十年据大和志云二位竹朝臣四月三日葬于朝風南然稱二位非也公卿補任云天平寶字二年三位亦誤續日本紀云天平二十一年四月丁未授從三位竹野王正三位是也距天平勝寶三年已十有八載据碑已授從二位可補史闕爲集古本所未及今以舊拓本縮影

佛足石圖記

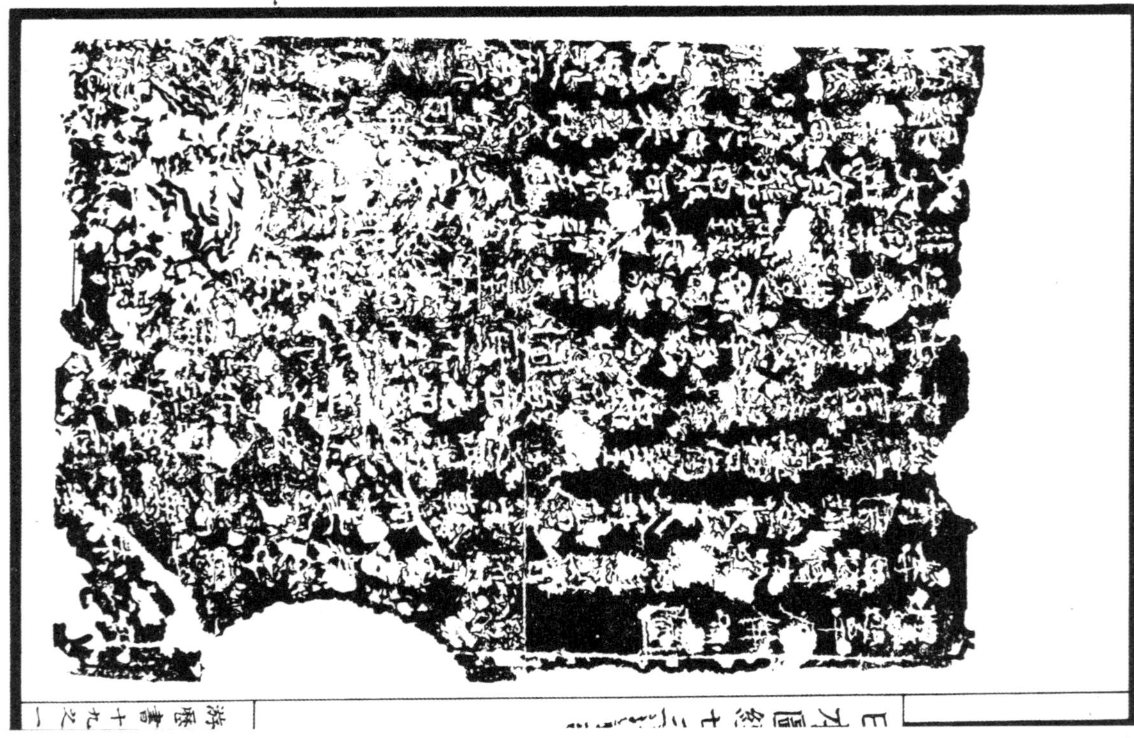

釋迦牟尼佛跡圖

案西域傳今摩揭陁國昔阿育王方精舍中有一大石有佛跡各長一尺八寸廣六寸輪相花文十指各異是佛欲涅槃北趣拘尸南望王城足所蹈處近爲金耳國商迦王不信正法毀壞佛跡鑿已還生文相如故又捐於河中尋復本處今現圖寫所在流布觀佛 三昧經云若人見佛足跡内心敬重无量衆罪由而滅今俱□非有幸之所致乎又北印度烏仗那國東北二百六十里入大山有龍泉河源春夏含凍晨夕飛雪有暴惡龍常雨水災如來往化令金剛神以杵擊崖龍□伏歸依於佛恐惡心起齊跡示之於泉南石上現其□跡隨心淺深量有長短今丘茲國城北四十里寺佛堂

中玉石之上亦有佛跡齊日放光道俗至時同住慶修觀佛三昧經佛在世時若有衆生見佛行者及見千輻輪相即除千劫極重惡罪佛去世後想佛行者亦除千劫極重惡業雖不想行見佛迹者見像行者步步之中亦除千劫極重惡業觀如來足下平滿不容一毛足下千輻輪相轂輞具足魚鱗相次金剛杵相足跟亦有梵王頂相衆蠡之相不遇諸惡是爲休祥

正面方圍外下方題字

知識家口男女大小

石臺前左側佛像漫滅不可拓

石臺前右側佛像

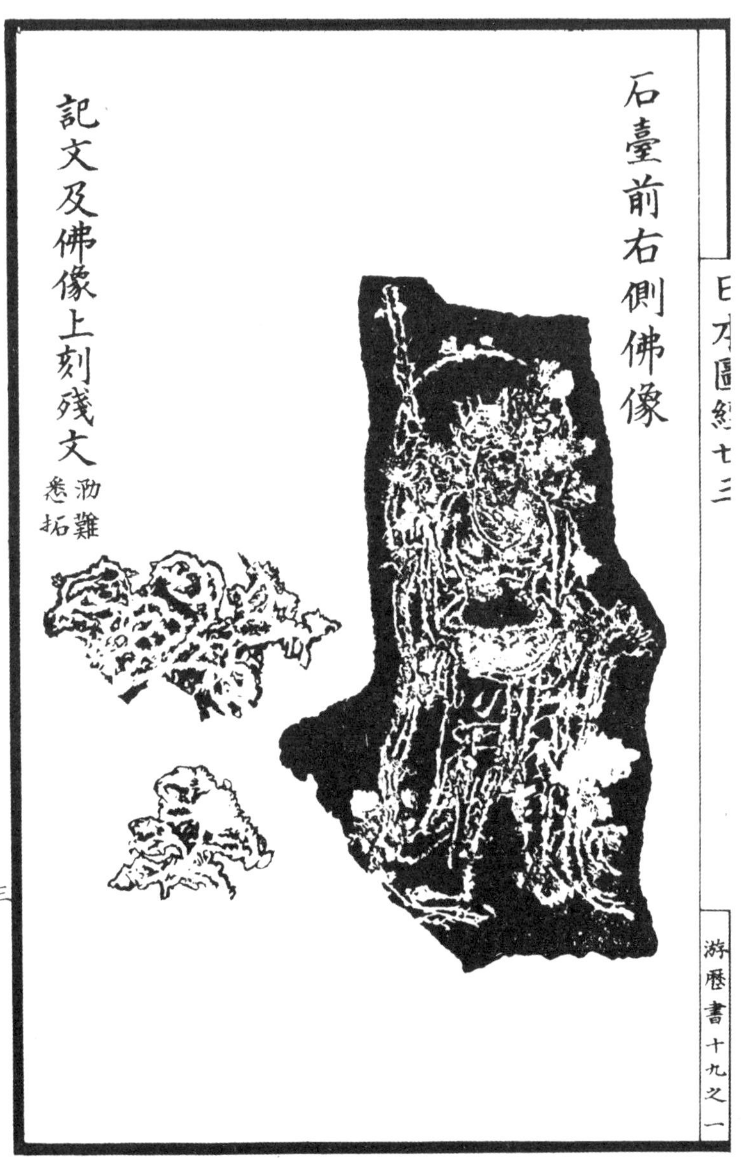

記文及佛像上刻残文 勠難惹拓

左側方圍外右方題名

三國真人淨足

石臺左側刻字在西

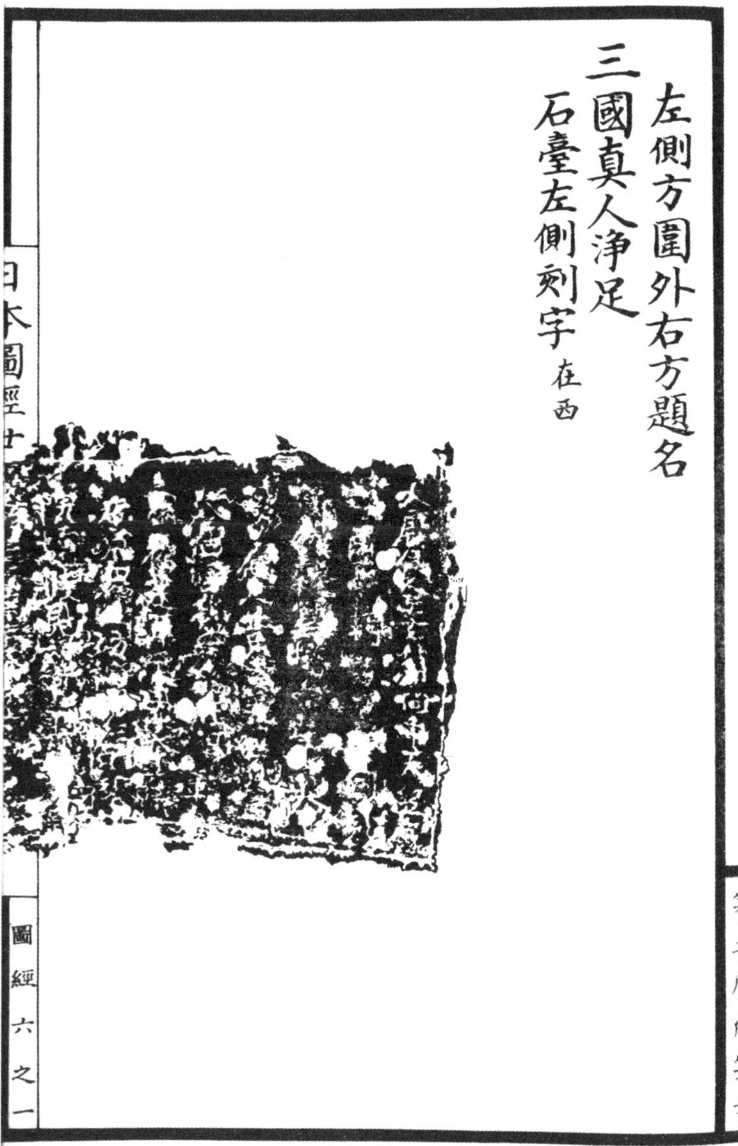

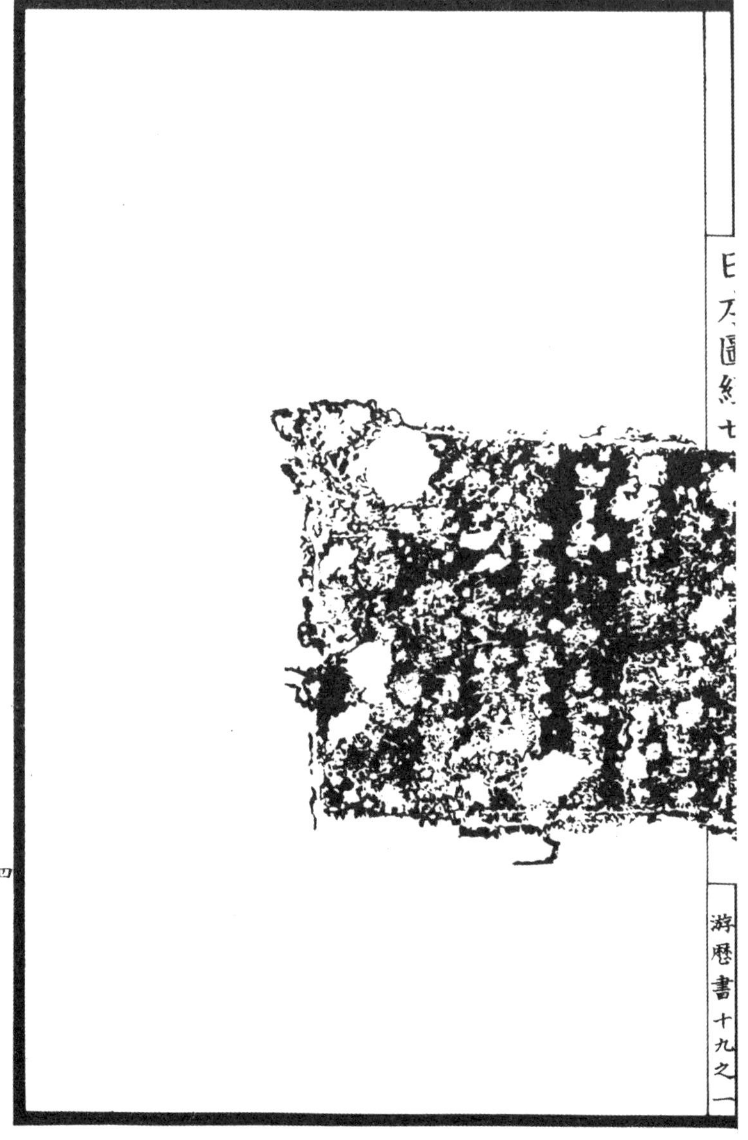

大唐使人王玄策向中天竺磨
□茲國中轉法輪□曰見
跡得轉寫搭是第一本□
日本使人黃書本實向
大唐國於普光寺得轉
寫搭是第二本此本在
右京四條一坊禪院向禪
院壇披見神跡敬轉寫
搭是第三本從天平勝
寶五年歲次癸巳七月十五日盡
廿七日并一十三箇日作□檀
主從三位智努王以天平勝

寶四年歲次壬辰九月七日
改王寫成文室真人智努
畫師越田安万書寫□石手
□□□呂人足□仕奉□□□人

譯文

左側方圍外題名在第十行下方

三國真人淨足

五

石臺背面刺字

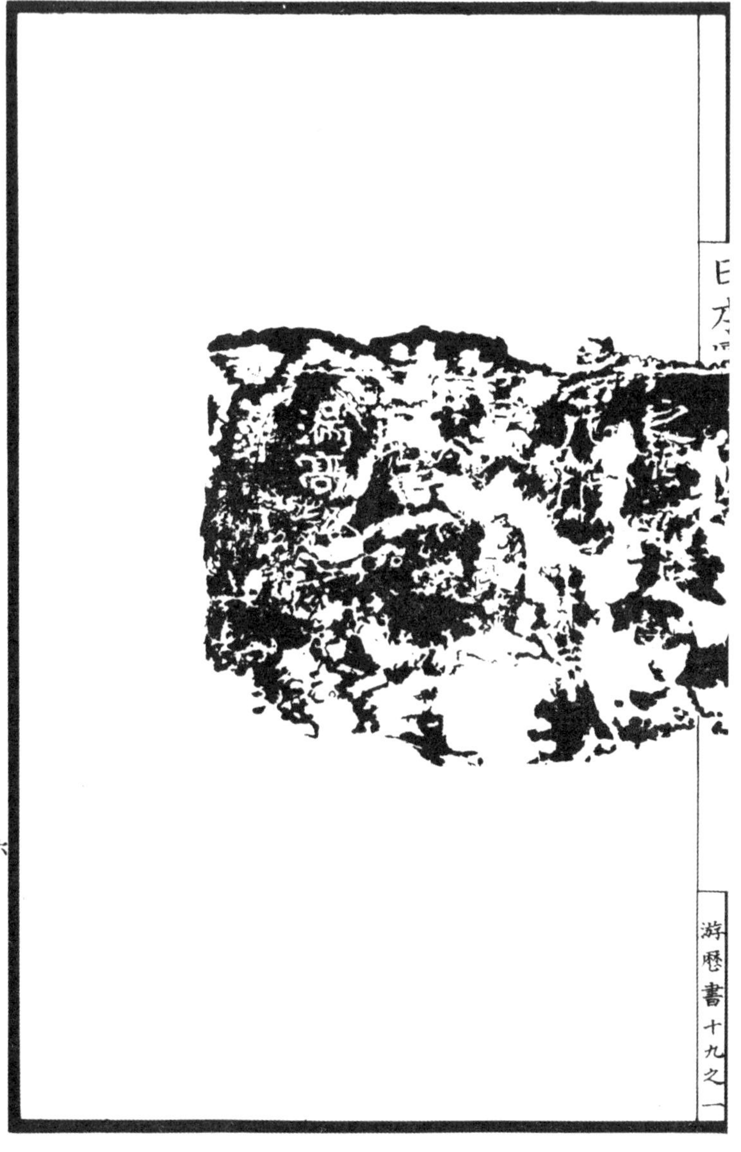

至心發願爲
亡夫人從四位下
次田郡王法
名良式敬寫
釋迦如來神
跡伏願夫人
之靈駕遊入
旡勝之妙邦
受□□□□之
聖訁□永□脫有
漏高證旡爲同
霑三界共契一真
文譯

石臺右側刻字在東

七

諸行無常
諸法无我
涅槃寂靜

譯文

佛跡圖石在西京藥師寺所引西域傳文與西域記法苑珠林畧同所記佛跡尺寸西域記釋迦方誌慈恩寺三藏傳續高僧傳皆同今以唐大尺度之其廣正合其長慊二寸不知何謂棠齋以記中一尺八寸爲一尺六寸之誤未撿西域記諸書也所引觀佛三昧經校之藏本事同文異蓋係操觚者之纂節王玄策使天竺見唐書西域傳法苑珠林云貞觀廿三年有使圖寫跡者即是也左側磨下二鈌字當是揭陁輪下鈌字蓋處字黃文連出自高麗國人久斯那王見姓氏錄本實天智天皇紀持

統天皇紀文武天皇紀並載而無向唐國之事史逸也按天智天皇十年紀黃文造本實獻水臬豈非得於唐國而獻之耶普光寺唐貞觀五年爲太子承乾建見佛祖統記禪院道昭所建初在飛鳥後移平城詳見續日本紀三代實錄按續日本紀智努王天武天皇之孫長親王之子天平十九年正月授從三位天平勝寶四年八月乙丑賜文室真人姓（按以長曆推之八月無乙丑九月廿二日即得乙丑然不與此記云九月七日合可疑）天平寶字五年改名淨三授正三位六年正月爲御史大夫八年正月敘從二位九月致仕寶龜元年十月薨野呂氏摹刻是文卷末所附淨三卿履歷訛謬頗多故余爲正之亡夫人㳒田郡王法名良式未詳按續紀云天平十一年正月丙午授無位㳒田女王從四位下位階適合或其人也三國真人繼體天皇皇子椀子王之後見姓氏錄淨足無攷

文中石字王字休字磨滅不可讀野呂氏摹本有之疑係意增
令匡以分之又野呂氏摹本案作尋十指作帶相商作商相作
彩指於河中脫於字內心作恩由其而滅作由共滅有暴惡龍
脫有字以杵擊崖崖上行山字龍□□伏作纍龍出伏寺佛堂
作在佛堂迹作跡不遇作不異天竺磨□□國脫磨□二字因
見作回見此本作日本四條一坊作四行坊盡作至一十三箇
日脫一字畫師安万作安方三國真人浄足作文室真人浄三
皆誤末本石手字呂字足字仕奉字人字野呂氏不刻蓋闕疑
之意不足責也野呂氏摹本不及背後右側二面豈不獲搨本
邪是記石質頑堅不易深刻高畀坳垼字隨其勢筆畫隱晦難
讀故世罕有搨本余親至西京經七日之久精撫一通纔得釋
之其方圍下方二題字埋在壓土中余磨㳙數日之後始獲之

前人所未嘗見也古京遺文

雲龍按佛足石圖記在西京藥師寺上面佛足圖花文作方字形通身之文寶劍雙魚瓶螺千輻輪相梵王頂相長一尺六寸寬計其中六寸足四隅有紋前面一行題字曰釋迦牟尼佛跡圖其文十九行第一行廿一字第二行廿二字第三行廿三字第四行廿廿字第五行十九字第六行廿字第七行廿一字第八行廿字第九行廿字第十行廿字第十一行廿二字第十二行廿字第十三行十九字第十四行十八字第十五行廿字第十六行十八字第十七行廿二字第十八行廿字第十九行四字四面高一尺七寸四分寬一尺九寸左右佛像下方題八字左側字十七行第一行十二字第二行十字第三四五六行並九字第七行十字八九行並九字第十行十三字第十一行十二

九

字十二行十三行並十一字十四行十字十五行八字十六行
九字十七行七字四面高一尺九寸寬一尺九寸四分上有垂
雲左有花紋其外右方題名六字第十行下方題名六字背面
十二行第一行五字第二行七字三四五六七八九十行並五
字十一行六字十二行七字四面高一尺八寸寬二尺三分上
有花紋右側三行行四字方圍高五寸五分寬三寸七分左右
佛像二有花紋石輒凹凸文泐滋多傳譯又互有異同今以狩
谷望之古京遺文本爲主擇長補闕而以它本異同校而著之
備互糾也佛足石臺前面刻文第一行釋迦牟尼佛跡圖文字
第二行棊野呂本白田本茲作尋石据野呂本補第三行十指
野呂本云帶相松屋本作□相白河氏集古本無是字第四集
古本闕城字處在近上商下無迦王二字第五行相它本作彩

無於字第六行集古本關昧經云三字狩谷本無云字据松屋本補第七行内心松屋集古本作恩集古本無由其而三字倶下無□松屋本其作此第九行闕有暴惡第十行闕崖龍第十二行無□寺作有闕堂字第十三行闕慶第十四行闕及第十五行闕相第十六行闕見第十七行者下云出步之□來作平第十八行闕次第十九行闕家遇作異惡作西第二十行狩谷据野呂本補休字其石臺左側刻字第一行集古本闕磨無□第二行狩谷本闕茲据集古本補第三行集古本有□第五行於字据狩谷本第六行此集古本誤日狩谷本不誤第七行條一集古本作行院作院第八行集古本闕轉寫第十行集古本云元年歳次己巳天寶元年己丑非己巳也松屋本作己丑而狩谷本定爲五年癸巳是也金石年表列之四年蓋以下文四

年壬辰而誤盡松屋集古本竝作至第十二行努松屋集古竝作奴無以字第十三行七松屋集古竝作十第十四行王松屋本作之第十五行万松屋野呂集古竝作方而狩谷定爲万畫松屋集古本竝作書松屋本石作神第十六行呂人云作主仕云匠集古本此行僅云杉原甲注曰以下漫滅其石臺左側刻字三國真人淨足野呂本云文室真人淨三其石臺背面刻字第一行集古本闕至心二字發作伏第三行王松屋作主第七行駕松屋本集古本作高第八行邦集古本作絆第十行訁□名本無惟狩谷本有之永狩谷本存其半然松屋本集古本作永据補其右側刻字三行各本無異下方二題字獲入箸錄自狩谷始拓本有明滅拓時有先後拓手有精麤而譯文則繇學識而有異同也剝落久矣非資舊譯漫同沒字故互斟之

東大寺聖武銅版勅書

菩薩戒弟子皇帝沙弥勝満稽首十方三世諸佛法僧去天平十三年歳
次辛巳春二月十四日朕發願稱廣爲蒼生遍求景福天下諸国各令敬
造金光明四天王護国之僧寺并寫金光明最勝王經十部住僧廿人施
封五十戸水田十町又於其寺造七重塔一區別寫金字金光明最勝王
經一部安置塔中又造法華滅罪之尼寺并寫妙法蓮華經十部住尼十
人水田十町所冀聖法之盛与天地而永流擁護之恩被幽明而恒滿天
地神祇共相和順恒將福慶永護国家開闢已降先帝尊靈長幸珠林同
遊寶刹又願太上天皇太皇后藤原氏皇太子已下親王及大臣等同資
此福倶到彼岸藤原氏先後太政大臣及皇后先妣従一位橘氏太夫人
之靈識恒奉先帝而陪遊淨土長顧後代而常衛聖朝乃至自古已来至
於今日身爲大臣竭忠奉国者及見在子孫倶因此福各継前範堅守君臣
之礼長紹父祖之名廣洽群生通該庶品同辭愛網共出塵籠者今以天
平勝寶五年正月十五日莊嚴已畢仍置塔中伏願前日之志悉皆成就
若有後代聖主賢卿承成此願乾坤致福愚君拙臣改替此願神明効訓

右銅版詔書藏在東大寺二月十四日續紀天平十九年十一月己卯詔所云亦同然於十三年紀則係之三月廿四日未知何謂也是詔在讓位後數年而言皇帝又謂既崩元正天皇為太上天皇謂太皇太后宮子為皇太后謂今上寶字稱德孝謙皇帝為皇太子謂皇太后光明子為皇后者皆是天平十三年發願時之語非勝寶五年落成時之文先後太政大臣鎌足公不比等公橘氏大夫人縣大養宿祢東人女三千代也適不比等公生光明子和銅元年十一月賜橘宿祢姓天平五年正月薨天平寶字四年八月贈正一位為大夫人然此詔豫曰大夫人殊不可曉（古京遺文）

雲龍按聖武銅版敕書（大日本紀注稱勅書集古十種金石年表合）在大和國東大寺高一尺七分寬六寸八分其文凡十四行行廿八字唯第一

行廿九字正書天平為聖武年號天平勝寶為聖武子孝謙年號聖武之發願在鐫勅於銅前十一年也觀勅云天平十三年發願語而知大日本史注云東大寺所藏勅書為元年閏五月二十五日正與第二勅書後署元年合此勅原文至共出塵籠者而止其下五十九字孝謙續也既言以天平勝寶五年正月十五日莊嚴已畢仍置塔中願前日之志悉皆成就其為刋於五年當中國唐天寶十三年夫奚疑金石年表列之天平勝寶元年則天寶八年也殆未審第二勅書標年而誤與薩作薩彌作弥滿作満稽作稽國作国經作経置作置尼作尼冀作兾與作与永作永恩作恩恆作恒靈作霊剎作刹等作等橘作橘衛作衛守作守禮作礼辭作辞網作網塵作塵字體之古俗通用者承作羕則日本相沿俗字國君而有法名往往然也

又銅版勅書

施

封五千戸

水田一万町

以前捧上件物遠限日月窮未来際敬納彼三寶分依此發願太上天

皇沙弥勝満諸佛擁護法藥薫質万病消除壽命延長一切所願皆使

滿足令法久住抜済群生天下大地人民快樂法界有情共成佛道以

代代国王為我寺檀越若我寺興複天下興複若我寺衰弊天下衰弊

復擅其後代有不道之主邪賊之臣若犯若破障而不行者是人必得

破辱十方三世諸佛菩薩一切賢聖之罪終當道大地獄無數劫中求

無出離十方一切諸天梵天讃塔大善神王及普天率土有勢威力天

神地祇七廟尊靈先帝命立功大臣將軍靈共起大禍永滅子孫若不

犯觸敬勤行者世世累福終隆子孫共塵域早登覺岸

天平勝寶元年

平城宮御宇太上天皇法名勝満

右刻在前詔背按續日本紀天平感寶元年閏五月癸丑捨諸寺絁綿布稻墾田地詔文略同遠江國相良平田寺亦藏是日勅書蓋是所賜大安寺寺廢後在于此也其紀年云天平感寶與史同按是歲七月讓位於皇太子改元勝寶然今詔在閏五月而云勝寶者是刻蓋同在刻勝寶五年詔之時故記以故號耳其在帝位而稱太上天皇續紀及平田寺勅書皆同疑不能明也又按續紀是日所捨東大寺墾田一百町七月乙巳定諸寺墾田地限亦大倭國分金光明寺四千町並不與此詔合續紀又曰天平勝寶二年二月壬午益大倭金光明寺封三千五百戶通前五千戶此詔豫曰五千戶亦蓋追刻時所改增也古京遺文

雲龍按高寬與前勅同十四行前一行一施字二行封五千戶

三行水田一万町四行以下行廿七字第十三行紀年第十四行署名正書大日本史天平勝寶元年十二月二十七日丁亥幸東大寺施封四千戶二年二月二十二日辛巳幸東大寺益封爲五千戶今敕先云五千戶矣狩谷氏言刻時改增其信以万爲萬不用假借字也分作分發作發願作願壽作壽彌作弥快作快㕜作㕜濟作濟復作復弊作弊國作国越作越邦作邦永作永薩作薩率作率勢作勢離作離廟作廟靈作靈尊作尊功作功臣作臣孫作孫觸作觸隆作隆登作登御作御類多別體與唐寫經本往往而符以佐爲佐則日本俗字相沿至今

天平勝寶驛鈴識

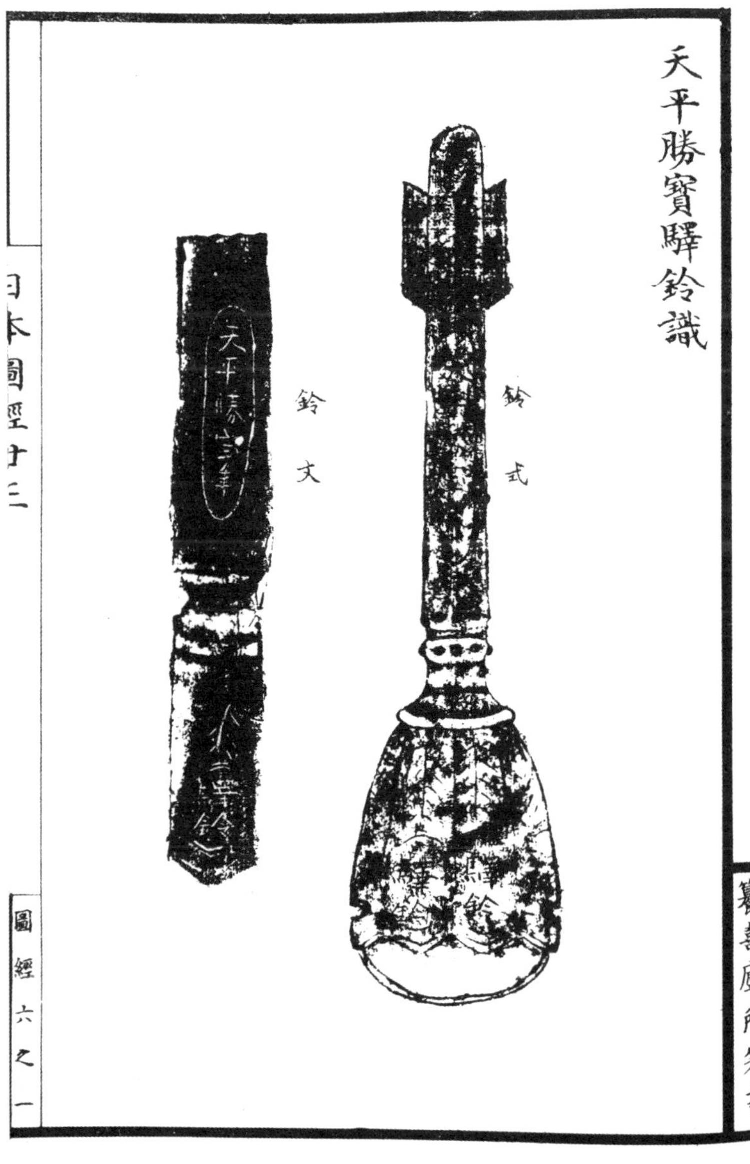

雲龍枝銅驛鈴長七寸八分鈴寛處一寸九分柄三出如矢羽然文居柄中一行曰天平勝寶年鈴六面有驛鈴二字炏正書銅舌尚存其音律中黄鍾天平勝寶當唐天寶間後天平銅鏡十有餘年今亦歸雲龍矣所見日本驛鈴率多無字有之亦莫前於此

東大寺枚幡鎮鐸欵識

東大寺枚幡鎮鐸
天平勝寶九歲五月二日

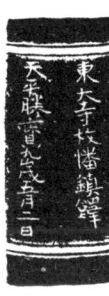

雲龍按此爲枚幡之風鎮銅鐸十有奇刻字𣸪同藏東大寺正書二行前行七字後行十字有字之處高二寸寬一寸二分所謂天平勝寶九歲者即天平寶字元年也當唐至德二年其五月二月則已酉也有聖武周忌御齋道場幡可据幡之銘簡白綾朱字枚幡之銘簡緋絁墨字並天平勝寶九歲歲次丁酉夏五月二日已酉書其幡尚存東大寺

修造多賀城碑

西

多賀城 去京一千五百里
去蝦夷国界一百廿里
去常陸国界四百十二里
去下野国界二百七十四里
去靺鞨国界三千里

此城神龜元年歲次甲子按察使兼鎮守將軍從四位上勳四等大野朝臣東人之所置也天平寶字六年歲次壬寅參議東海東山節度使從四位上仁部省卿兼按察使鎮守將軍藤原惠美朝臣朝獦修造也

天平寶字六年十二月一日

碑在陸奥國宮城郡市川村即多賀城廢趾也多賀柵始見天平九年三月紀碑上有西字其義未詳按續日本紀東人神龜元年二月授從五位上二年閏正月授從四位下勳四等天平三年正月授從四位上其為鎮守將軍見天平元年九月紀為按察使見九年正月紀碑所書冠位皆得于置是城之後其後十一年四月為參議十三年閏三月敘從三位十四年十一月薨于職碑不言參議從三位者何也若以置城之時言之未嘗為勳四等從四位上疑朝獦暗記之誤耳朝獦官銜與續紀所載皆合但寶字五年十一月丁酉紀曰為東海道節度使不曰東山然紀載其所管國有上野下野則知東山兼在其中也又據六年十二月八年七月紀及九月押勝傳並云從四位下不載至從四位上是碑為自己署名當以史為遺漏也古京遺文

雲龍桉修造多賀城碑在東山道青森縣陸奥國宮城郡市川邨高五尺二寸寬二尺四寸餘正書十一行前五行紀里而題多賀城三字於前二行上弟六行至十行其文也行十七字惟弟十行十三字弟十一行紀年十一字皆在方圍中圍外上端有西字較大多賀城舊址猶見市川邨也蝦夷國今爲北海道五代史勃海本號靺鞨高麗之别種又曰黑水靺鞨本號勿吉後魏時見中國其國東至海南界高麗西接突厥北鄰室韋蓋肅慎氏地也分數十部黑水靺鞨最北勁悍無文字其兵角弓楛矢此靺鞨之見正史者是碑京蝦国龜桉將勲所寘卿兼惠美修等字古俗兼用

鑑真和尚墓志

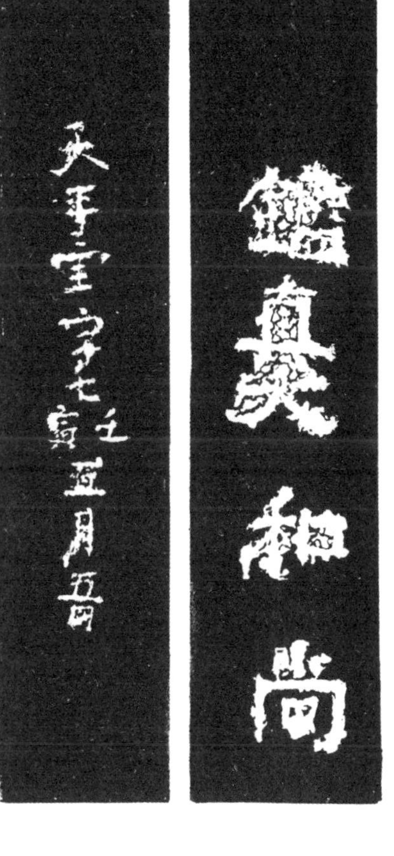

雲龍桉鑑真和尚墓志在東山道橡木縣下野國藥師寺邨龍興寺墓作塔形正面題鑑真大和尚五字長凡二尺四寸字寬約五寸許側書天平寶字七壬寅五月五日十一字長凡二尺二寸餘皆正書也當唐廣德元年寶作室餘無別體字

東大寺甲銀壺銘

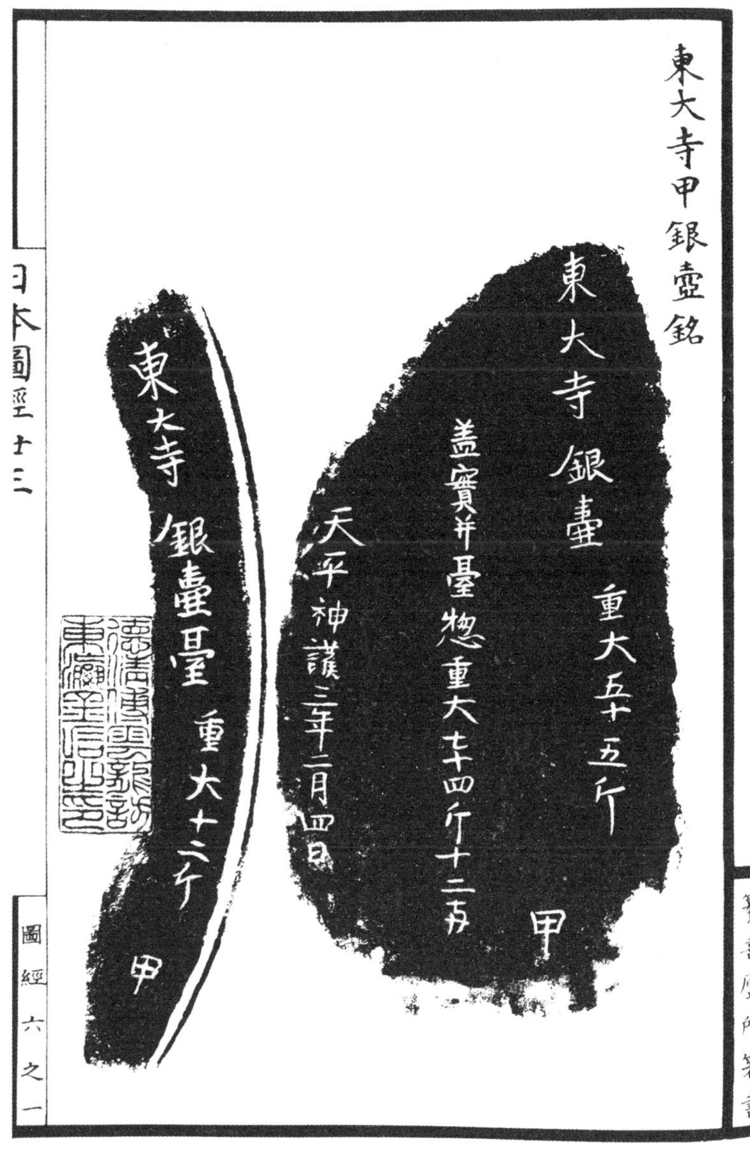

東大寺銀壷 重大五十五斤
盖寳并臺惣重大七十四斤十二両
天平神護三年二月四日
甲
東大寺銀壷臺 重大十二斤
甲

雲龍桉東大寺在畿內道奈良縣大和國銀壺有甲字為第一壺高一尺四寸口徑一尺四寸圍七尺四寸此日本曲尺量也銘云重大五十五斤合日本今秤二貫百六十匁又云蓋實并臺惣重大七十四斤十二匁合日本今秤二貫百六十匁甲壺臺重大十二斤徑一尺四寸二分高四寸据觀古雜帖今權衡二十四銖為兩三兩為大兩之一十六兩為斤銀銅為大此外用小金貴於銀鐵賤於銅貴者用小其大者一斤今秤之一百八十匁小者一斤少二十匁續日本紀天平十一年四月令諸國改馱馬一匹所負之重大二百斤以百五十斤為限蓋三十六貫改減廿七貫云漢文無匁字日本謂一錢之重為匁壺蓋已佚拓本亦未之見中國貞金以銀箸錄如此銘者尠

東大寺乙銀壺銘 壺形視甲

雲龍椄乙壺銘重大五十二斤少於甲三斤壺臺銘重大十斤
八𠕋八𠕋云者半斤也少于甲六十四斤四𠕋觀古雜帖亦未
及蓋天平神護止二年此日三年即神護景雲元年
當唐大厤二年二壺銘紀年然同

織田邨社鐘欵識

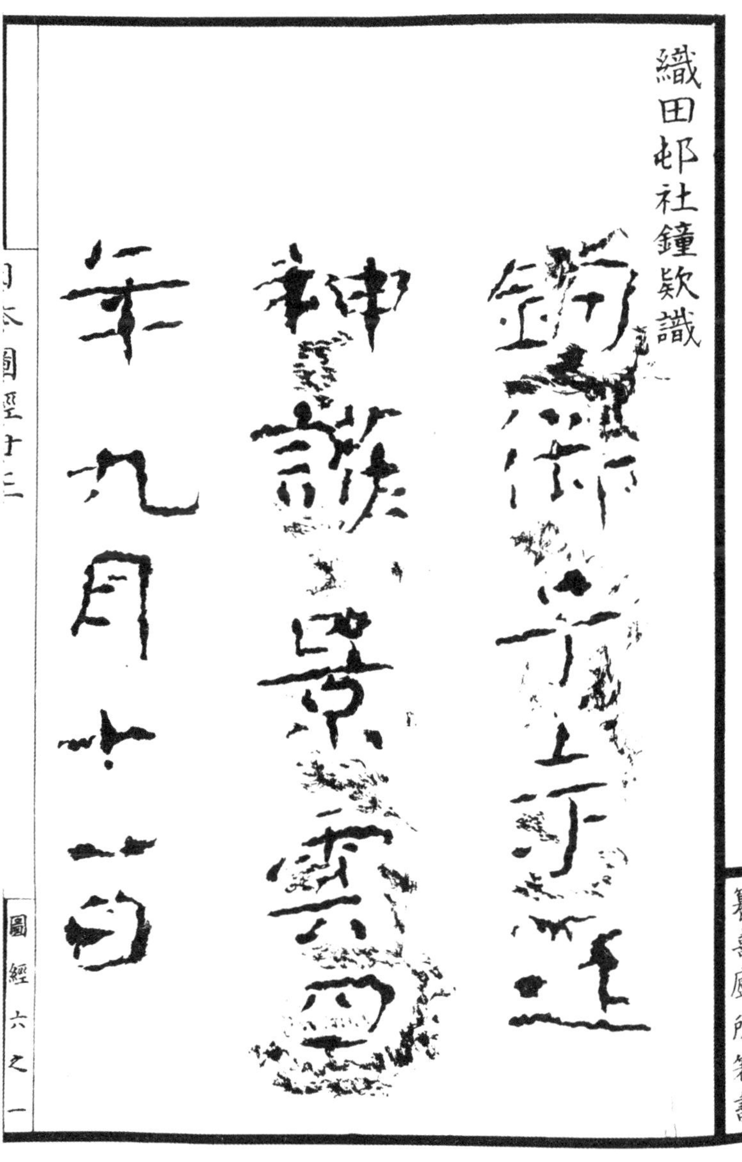

雲龍按鐘在北陸道福井縣越前國織田邨社正書三行高四寸五分寬三寸五分前二行各五字後一行六字譯文曰釼御宇寺鐘神護景雲四年九月十一日沕者釼鐘雲三字其年即寶龜元年當唐大厤五年也精拓本假自中井兼之

高屋連枚人墓志

故正六位上常陸国
大目高屋連枚人之
墓寳龜七年歳次丙
辰十一月乙卯朔卅
八日壬午葬

河内國石河郡□□山崩而出此志志似石非石似瓦非瓦土沙合成未經火化者其制與紀氏墓志全同今藏在郡中叡福寺按高屋氏為河内國神别故歸葬于此也古事記云安閑天皇御陵在河内國古市高屋村延喜式有河内國古市郡高屋神社皆可證高屋之為河内地名也枚人史傳無見古京遺文

雲龍按高屋連枚人墓志在畿内道大阪府河内國石河郡瓦石莫辨墨帖一覽高八寸三分濶五寸七分好古小録云長八寸濶六寸厚二寸餘度自國人已參差矣或曰藏叡福寺東南院寶龜七年當唐大厤十一年朔作朔與紀吉繼墓志同

涅槃經摩崖

右刻在大和國宇智河就崖書按諸行無常偈及如是偈句一章出聖行品如來證涅槃偈及若有書寫一章出高貴德王品其就崖書者蓋本於□□品我於爾時深思此義然後處々若石若壁若樹若道書寫此偈之文也後彫佛像一區未完似鐫鏤不卒業者字頗漫漶以碑首有大般字或謂大般若經碑者誤碑書寂滅為寐威按毛詩赫々宗周褒姒威之昭元年左傳

及韋昭國語注引作滅則知威滅通用古京遺文

雲龍桉此在畿內奈良縣大和國宇智川金石年表稱大和宇智川磨崖碑古京遺文稱宇智河崖涅槃經碑集古十種稱摩崖碑皆有未安今為定厥目曰涅槃經摩崖正書居崖高三尺二寸寬二尺四寸五分題一行文五行紀年二行凡八行文蝕多矣据舊譯曰大般涅槃經題一行　諸行无常是生威法生威已寂威為樂文一行　如是偈句乃是過去未來現在諸佛所說開空法道文二行　如來證涅槃永斷於生死若有至心聽文三行　常得无量樂文四行　若有書寫讀誦為他能說一經其身於劫後七劫不隨惡道文五行　寶龜九年二月四日工少□□□紀年一行　知識□□紀年二行　大般之般不从木摹手多譌寶龜九年當唐大厤十三年无威寂墮惡等字古俗兼用

維延曆三年歲次甲子朔癸酉丁
酉參議從四位下陸奧國按察使
兼守鎮守副將軍勲四等紀氏
諱廣純之女吉繼墓志

河內國石川郡妙見寺有一丘陵土人呼爲茶臼山往年出此墓志志瓦造堅緻如唐製澄泥古硏上下二片片各厚三寸餘一片刻志一片爲蓋今藏在本寺按延厤三年正月癸酉朔丁酉廿五日也然不言正月直書朔癸酉別屬一例廣紀卿官銜皆與史合詁諒

雲龍按紀廣紀女吉繼墓志在畿內道大阪府河內國石河郡春日邨妙見寺是瓦造也上下二片長八寸三分寬五寸三分厚三寸有奇延厤三年當唐興元元年書朔癸酉不書月宂碑尠見延作延朔作朔酉作酉國作囯兼作兼副作副將作將諱作諱繼作継古俗兼用體雜篆隸

陸奥國大元帥社碑

雲龍桉碑在東山道青森縣陸奥國高五尺一寸寬三尺六寸有奇正書剝落然大平寺大同四年己丑歲三月十二日町田碑陰有供曰建等字分明可辨時唐元和四年也拓本係出分摹

沙門勝道上補陀洛山碑

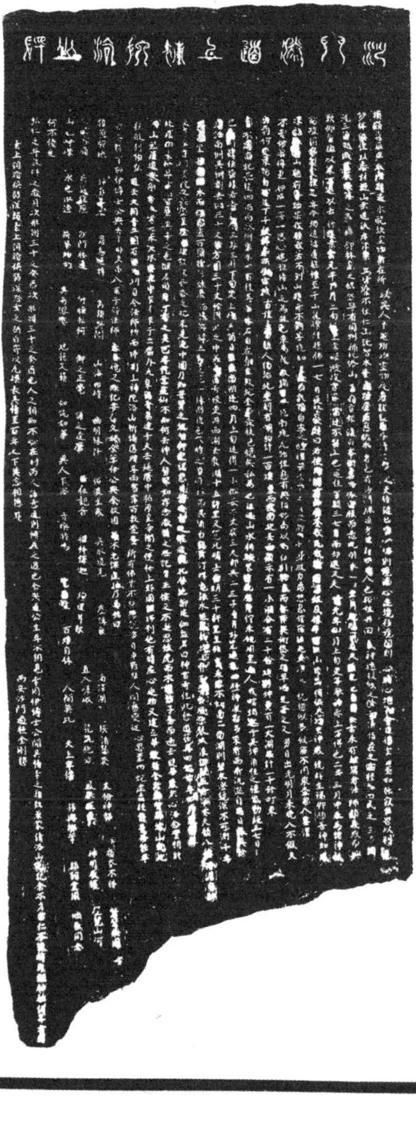

雲龍桉沙門勝道上補陀洛山碑在東山道橡木縣下野國補陀洛山集古十種僅目為日光山碑失之疏漏矣高三尺九寸寬一尺七寸横額篆曰沙門勝道上補陀洛山碑正書文十七行第一行第二行均七十二字第三行七十一字第四行第五行均七十二字第六行七十一字第七行至第十二行均七十二字第十三行七十一字第十四行至第十六行均七十二字第十七行四十九字銘四行前三行均五十六字後一行八字又文一行一百廿七又署欵一行九字沙門勝道者俗姓若田氏開補陀洛山者也先是開二荒山神護景雲元年天應元年再登再阻延厯元年漸達于頂為文與銘且書之碑者僧空海也遍照金剛空海法號也弘仁之年敦牂之歲弘仁五年甲午也月次壯朔三十之癸酉九月三十日也時唐元和九年弘法

大師正傳云八月晦為沙門勝道撰上補陀洛山碑文即此先是閏七月八日獻梵字并雜文于廷梵字悉曇字母并釋義一卷古今文字讚三卷古今篆隸文體一卷梁武帝草書評一卷王右軍蘭亭碑一卷曇一律師碑銘一卷大廣智三藏影讚一卷善書有聲用狸毛筆是碑篆書正書皆有法

南圓堂銅燈臺銘

銅燈臺銘

弘仁七載歲次景申伊
豫權守正四位下藤原
朝臣公等追遵
先考之遺敬志造銅燈
臺一所心不乖靈器斯
於撲慧景傳而不窮慈
光燭而無外遺教経云
燈有明明命也燈延命
譬喻経云為佛燃燈後

世得天眼不生冥靈普
廣経云燃燈供養嗤諸
幽冥苦病衆生蒙此光
明緣此福德皆得休息
灸則上天下地匝日不
明向海入冥進人不服
是故以斯功德奉翊丿
先雪七覺如遠一念孔
沱麻幾有心有色並超

於九横無小無大共獨
於八苦昔光明昔燈燃
燈說咒善樂如來供油
上佛居今豈古豈不美
哉火標良因貽厥來者
古大雄降化應物開神
三乘分轍六度成章百
非洗滌万善惟斯東畀
佑利示以祭無薰於揭

右銅燈臺在興福寺南圓堂前燈臺六方銘亦六版末二版逸失今所存四版耳景申即丙申唐人為太祖諱丙為景此襲用之孝謙皇帝所寫一切經跋亦去神護景雲二年歲在戊申五

月十三日景申與此同藤原朝臣名諱不可知俟後攷或謂冬嗣公非是冬嗣以弘仁二年正月為參議見日本後紀弘仁五年四月辛冬嗣閑院授從三位見類聚國史與此云弘仁七年正四位下伊豫權守不合追遵先考之遺敬志造銅燈臺一所按敬志恐倒置匪大不照亦應作火皆書者偶誤也古奈遺文雲龍按銅燈臺銘在畿內道奈良縣大和國興福寺南圓堂其臺六方銘原六版今存銘版四耳董修福以下闕如存字二百四十有五弘仁七年當唐元和十一年日本無諱景之說其為遵唐諱無疑也等笂福休迹薩来度倏等字古俗兼用藤與它文異同滋多賀城碑从禾道澄寺鐘銘从禾又从木古印章亦有从木者光明后寫經跋从系古延喜卷从氺

慈尊院邨斷碑

雲龍按碑在南海道三重縣紀伊國高野山慈尊院邨正書石斷僅存五行凡一百六十字弘仁七年當唐元和十一年文有大師入李唐其為述入唐之僧無疑

益山寺花盤款識

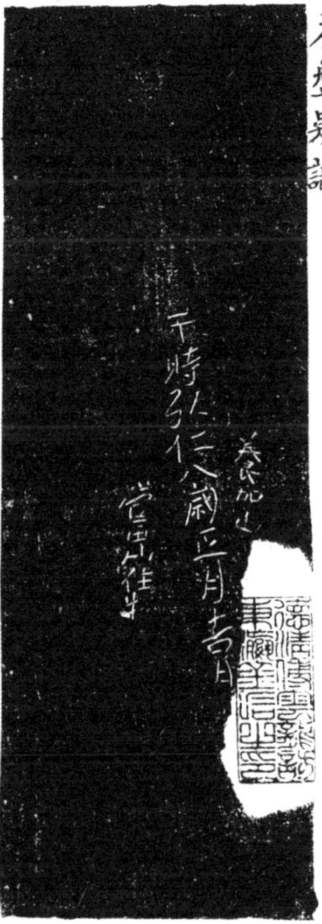

雲龍按盤在東海道靜岡縣伊豆國君澤郡增山邨益山寺文三行第一行曰養加山第二行曰于時弘仁八歲正月吉日第三行曰當山住持凡十七字弘字原闕末點蓋省筆也渾日數曰吉日持字闕寺金石年表所謂伊豆益山寺金剛盤即此集古十種謂之花盤銘實非銘也弘仁八歲時當唐元和十二年丁酉君澤郡分自那賀其西濱海

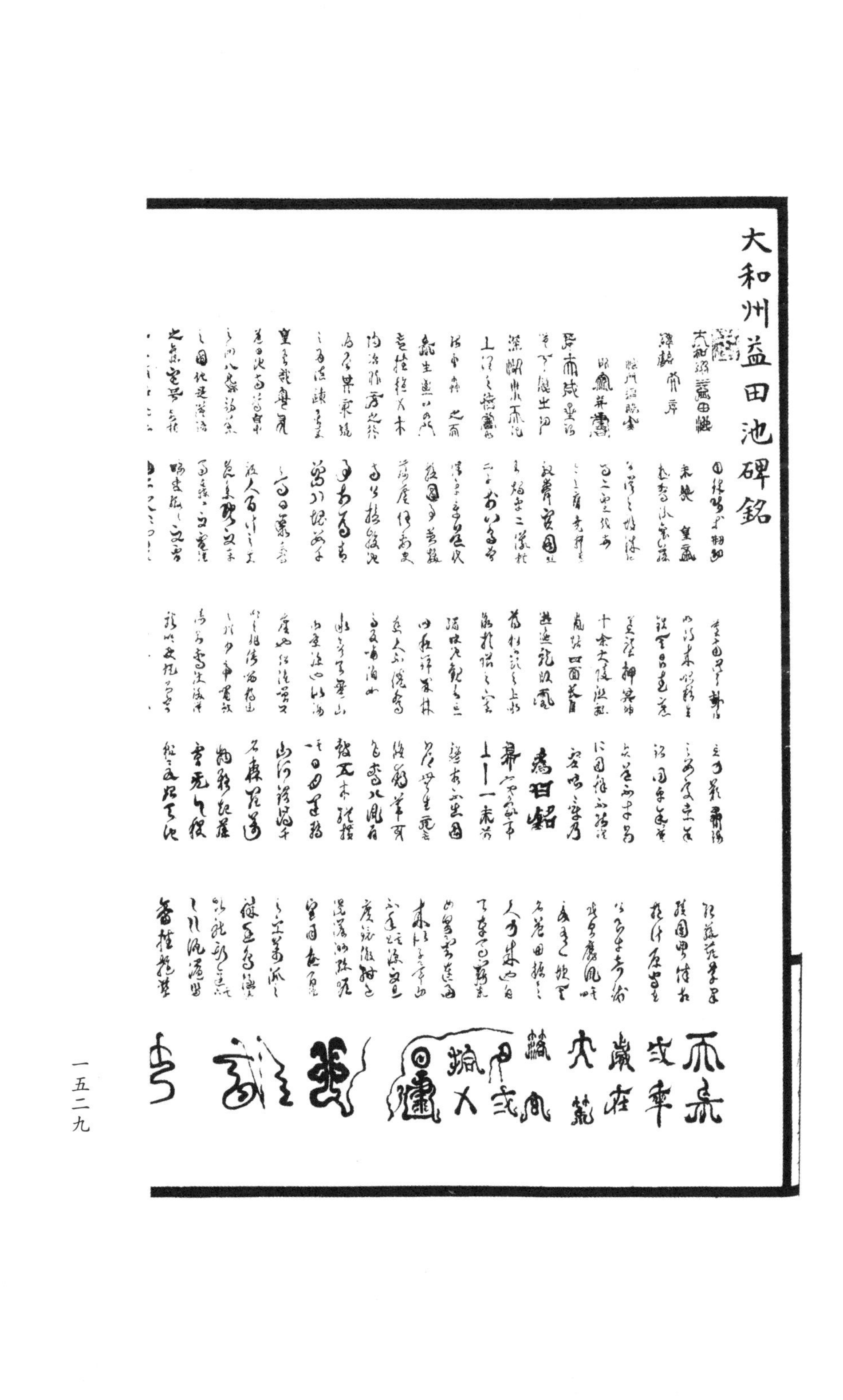

大和州益田池碑銘

雲龍桉益田池碑舊在畿内道奈良縣大和國空海書也體兼篆隷國人多之益田池湮倉夫析碑以砌高取城其石垣裁露一雷字拓者睎如吉光片羽其真跡草本藏高野山上智院白田氏撫刊集古本中据知碑巨字亦大草本頗小匪當時摸入石者雖然較之轉冩猶勝茲將石拓雷字列前以草本縮印坿箸于篇天長六年當唐寶厤二年目仍碑舊曰太和州益田池碑銘國亦曰州相沿久矣

陸奥介高道墓碑

雲龍桉陸奧介高道墓碑在東山道青森縣陸奧國槻木邨土
人相傳高道與蝦夷戰死文德實錄云天安二年正月甲申授
正六位上坂上大宿禰高道從五位下己酉爲陸道介貞觀五
年當唐咸通四年癸未碑字凡九正書

神護寺鐘銘

愛當之山神護之寺
三寶既備六度無虧
唯所有梵鐘形小音
窄故禪林寺少僧都
真紹和尚始發弘願
有心改鑄鎔範未成
衣裓早化檀越少納
言從五位上和氣朝
臣彝範悼和尚之遺
志尋先祖之舊蹤以
貞觀十七年八月廿
三日雇冶工志我部
海継以銅一千五百
斤今鑄成焉恐年代
久遠後人不知仍聊
記扞鐘側右少辨橘
朝臣廣相之詞也
銘一首八句
傳音在器　語果惟日
介祖初業　厥孫聿遵
宿皆三尺　今日千斤
雖有寬窄　功無舊新
山聲萬歲　谷響由旬
聞宜覺夢　知即歸真
茲聞世界　感及非人
雕琢勝趣　蒙叟當仁
參議正四位下兼
解由長官兼式部
大輔播磨權守菅
原朝臣是善銘
圖書頭從五位下
藤原朝臣敏行書

神護寺在山城國葛野郡高雄山舊號高雄寺天長元年九月和氣朝臣真綱等請以為定額名曰神護國祚真言寺見類聚國史元亨釋書云釋真紹幼事弘法大師長受灌頂于實慧齊衡之間建禪林寺貞觀十五年七月七日滅序云鎔範未成衣裓早化者是也按系圖彝範清麻呂公四世之孫真綱之曾孫真典之孫時盛之子也廣相是善敏行並是顯人俗稱為三絶鐘銘非虛也序仍聊記於鐘側山城名勝志脫聊字銘厥孫聿遵名勝志鐘銘集並釋作幸遵又慈周世界鐘銘集作沙界皆誤彫瑑勝趣瑑即琢字荀子彫琢刻鏤陸賈新語彫琢刻畫古本羣書聚要並作瑑漢書東方朔傳琱瑑刻鏤即與彫琢刻鏤同顔師古曰瑑音篆非是文選司馬子長報任少卿書彫瑑曼辭以自飾漢書司馬遷傳載作雕瑑顔師古又曰瑑音篆非是莊子彫瑑復朴列子載

其事亦作雕瑑毀敬順音特充及亦非是隋杜乾緒等造象銘瑑鏤契崖唐張旭書郎官石記序微進瑑之良工此用詩追琢其事之字也皆是也與啄字或作瑑同義俱書家故求茂美耳干禄字書瑑琢上珪璧文音篆下琢玉竹角反又云喙啄上許穢反下丁角反唐人瑑啄字多作琢喙故顏氏正之也按說文瑑圭璧上起兆瑑也廣韻璧上文也特兗切周禮典瑞瑑圭瑑璧琮繅是禮記禮器大王不瑑鄭玄曰瑑當為篆字之誤也釋文字亦作瑑漢書董仲舒傳良玉不瑑似得義通然瑑字所不多用雄瑑這瑑後世熟用字面此竟非瑑字也撿說文家字古文作家又漢孔謙碣作家孔龢碑豕作豙張納功德頌遯作迌後魏中岳嵩陽寺碑喙作喙隋洺州南和縣澧水石橋記豚作豚則豖作瑑亦有由而來古京遺文

雲龍桉神護寺鐘銘在東山道西京府山城國葛野郡之高雄山神護寺改自高雄寺雄一作尾雲龍游西京時半井真澄晰

鐘銘初拓本曰寺刱於其祖先是鐘橘廣相文菅原是善銘藤原敏行書世所謂三絕鐘者是貞觀十七年造鐘當唐乾符二年去今一千四十五年也旗㕓發鑄繼曰帰瑑等字古俗兼用

牛島牛御前社造像碑

雲龍桉牛島牛御前社造像碑在東海道東京府武藏國牛島

高三尺九寸八分寬一尺九寸五分正書四弟一行八字弟二

行七字弟三行三字弟四行七字貞觀十七乙未天當唐乾符

二年以天為年不弟唯是以釈為釋則日本俗字

鐵鉾欵識

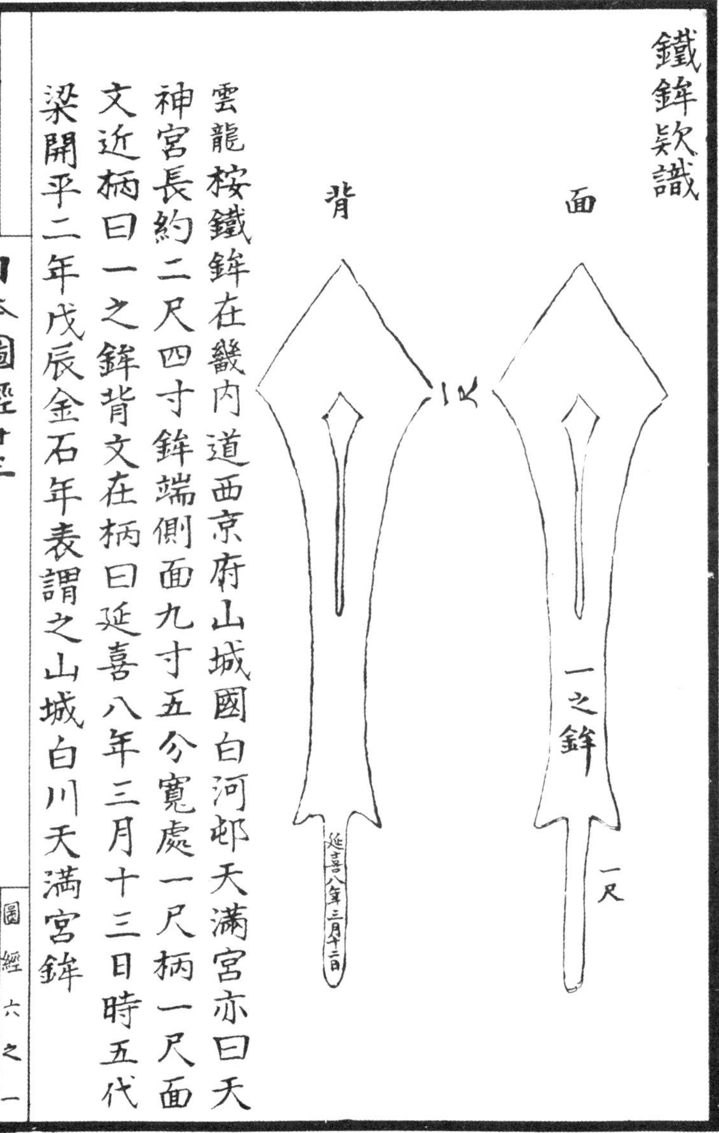

雲龍桉鐵鉾在畿内道西京府山城國白河邨天滿宮亦曰天神宮長約二尺四寸鉾端側面九寸五分寬處一尺柄一尺面文近柄曰一之鉾背文在柄曰延喜八年三月十三日時五代梁開平二年戊辰金石年表謂之山城白川天滿宮鉾

東大寺銅鉢欵識

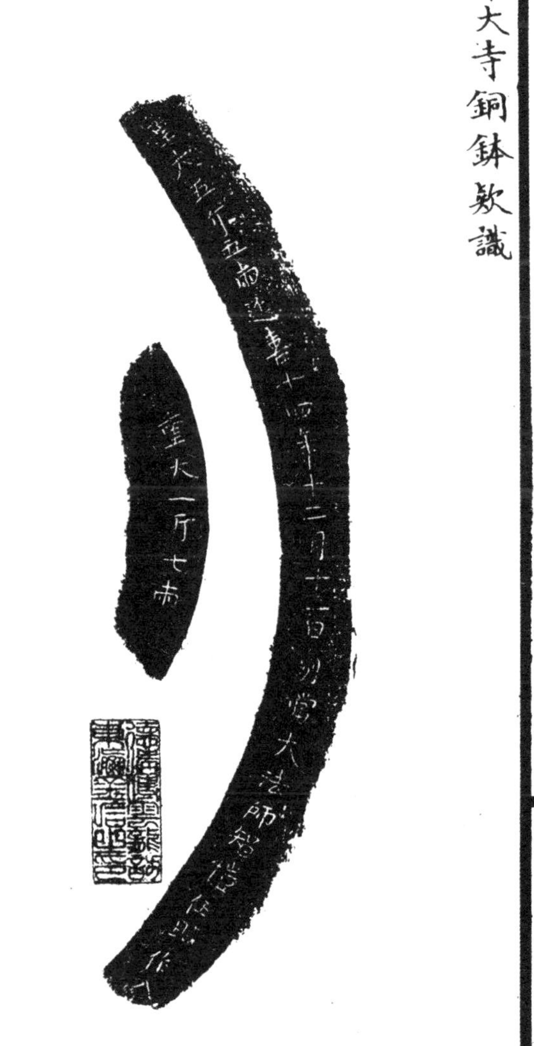

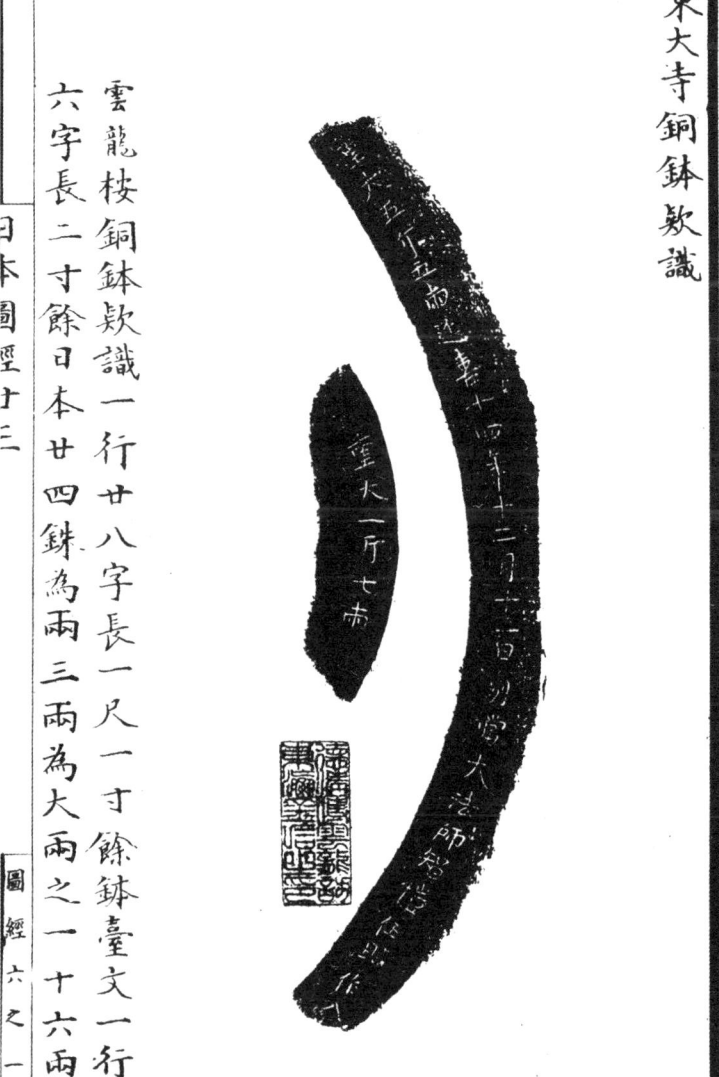

雲龍楼銅鉢欵識一行廿八字長一尺一寸餘鉢臺文一行六字長二寸餘日本廿四銖為兩三兩為大兩之一十六兩

為斤量銅例也此曰大兩視此五斤五兩合今日本秤九百五十六錢二分五釐一斤七、兩合二百五十八錢七分五釐

雨廷書别體字延喜十四年當五代梁乾化四年鉢在畿内道西京府山城國東大寺今東京大藏省印刷局撫圖矣

道澄寺鐘銘

道澄寺者從三位守 貽本緣於來代期同
大納言兼右近衛大志於他生也藤亞相
將行皇太子傅藤原爰命鳥匠乃鑄鴻鐘
朝臣參議左大辯從且將令長夜昏迷闇
四位上兼行勘解由妙聲而知曉苦海沉
長官播磨權守橘朝濁驚梵唄而通津延
臣爲報四恩濟六趣 喜十七年十一月三
合誠勠力所建立也 日銘之其詞云

堂宇比甍南北輪奐尊像接座前後跏趺兩相公宿殖香火之緣生爲於葛之戚非唯現世結契闊之情亦欲淨刹與安養之樂故各取其名首字以爲此寺額題所以

僧師施治菩提催緣
靈感必應響高自傳
從夕至曉斑定入禪
傍唱衆聖遂響大仙
法書增感耶夢驚眠
通阿鼻獄達有頂天
劫數億萬無界三千
一音利益無限無邊

道澄寺中古廢絶今時再建在山城國紀伊郡針橋傍鐘今在大和國宇智郡小島村榮山寺蓋道澄寺廢時移此也拾芥抄云道澄寺道明澄清二人合力建立則知藤原朝臣道明卿橘朝臣澄清卿也按系圖道明武智麻呂公五世孫保蔭之第二子澄清諸兄公六世孫良基之第五子也鐘序所載官銜皆與公卿補任合又按良基之女適保蔭生道明則澄清與道明舅姪序云生爲瓜葛之戚者契闊約束也韓詩説見經典釋文陸機贈馮文羆詩云安得攜手俱契闊成䏻服從梁陳詩誰謂伏事淺契闊踰三年江淹雜體詩契闊承華內綢繆踰歲年又盧諶姻媾久不虛契闊豈但一皆當以約束解之李善或引毛傳勤苦也爲注非是後或以爲疏遠之義亦非此義也銘云契闊鄉高自傳高郎甚字楊貴氏墓版智證大師寫經亦作此體序

島字作島亦同法鐘銘集釋為高非是大田南畝覃曰格古要論云趙景安雲麓漫抄引會稽志云智水與其兄惠欣本住郡之嘉祥寺右軍舊宅也梁武以二僧能從釋教合二名改賜額永欣云以道澄為寺額蓋本于此小島靜齋知足云道澄二公並預撰延喜式見忠平公序世知有二公賴此鐘銘耳竟不知其文學為當時之器也是言誠然故余為表出之古今遺文

雲龍按是鐘今在畿內道奈良縣大和國宇智郡小島邨榮山寺蓋道澄寺廢而移之此金石年表謂之山城道澄寺鐘道澄寺初建於山城國也延喜十七年當五代梁貞明三年澄從兼衛將藤藤權菅冕座急依来禪書去邊古俗通用

遠江長福寺鐘欵識

遠江國佐野郡原田鄉
長福寺鐘
天慶七年六月二日

雲龍按鐘在東海道靜岡縣遠江國佐野郡原田鄉長福寺凡廿一字正書佐野郡在周智郡東轄邨九十有五町一亦巨郡也天慶七年當五代晉開運元年鐘文欵識耳集古十種謂之鐘銘非以佐為佐日本俗字遠國卿慶年皆别體也

佛足石和歌

右歌碑建在佛足石之後所鐫歌廿一首其十七首咏贊佛跡四首呵責生死碑嘗罹灾以故四邊有剥脱者中亦有磨滅不存者其剥脱而後人取舊文補刻者今圈以别之其磨滅不存者從野呂氏摹本填入亦匡以識之第二首歌拾遺和歌集載之云光明皇后自書于山階寺佛蹟皇后崇奉佛教其吟咏想當如此桉義楚六帖載西域記云佛在摩揭陁國波吒離城石上印留跡記奘法師親禮聖迹自印將來今在坊州玉華山鐫碑記讚皇后蓋倣此也帬冲律師曰山階寺即興福寺或云佛跡石及此碑古昔在興福寺後移置藥師寺然第十五首詠藥師佛則似從來在於此方外友西教寺潮音駁之曰第十五首使用客醫舊醫之事見涅槃經亦喻釋迦之敎勝於餘教非謂藥師佛帬師之言非是愚按第九首第十四首並云舍加乃美

阿止非謂藥師佛明矣雖是寺安藥師像又有釋迦佛跡亦何害拾遺集在山階寺之說恐傳聞之誤或以爲移建者以碑見在藥師寺不與拾遺集合臆度為說不足據也潮音近日考證記文注釋和歌並精審可據以有專書此不贅古京遺文

雲龍楼光明后和歌廿一首第二首自書碑高六尺二寸寬一尺五寸五分文居四尺六寸五分上段十一行下段十行每行一首恭泐上半作尒松屋本作恭狩谷本脫呵責生死四字癹後補刻佛跡二字及上段一首美十首麻須良乎能下段一首注字礼志久毛阿留可十首理師毛止牟與伎比止毛止乎佐麻佐牟我米尒今影拓本其泐字見摹本者上段一首礼下知〻二首志下阿止止可下毛三首與下伎比祁下牟乎下和多是多字四首豆上呂六首乃須下為須重文七首已下礼利八

首弟一字己弟十四至十六字與仗比弟廿八字毛十首與下波字下都利下伊其注麻多下乃与乃□□十一首弟七字阿弟八字止下段一首麻佐下米尓弥祁牟阿止乃止毛志佐乎其注宇礼志久毛阿留可二首注都下利三首仗米之間木無字四首可上止其注利下鷄五首志上奴非如注末一字可六首弟九字久弟十字留閇下保呂支其注止下麻仗七首弟四字嶶弟八字多其注須下重文八首伊下都〻奈上有多字奈下仗九首伊下加波上嶶祢下尓十首弟二字都弟十字至弟十二比多留尚可辨也十五至三十一乃多尓久須理師毛止牟與仗比止毛无其注佐麻佐牟我多米雖為補刻亦難盡識

和歌集古本猶稱倭歌歌載石始此萬葉集有歌仙歌聖目長短靡定然三十一言之體輙以為率

室生山畑中碑

大界外相四字每字長五寸六分側有未申二字据集古十種注云弘法大師真蹟雲龍梭碑在畿内道奈良縣大和國室生山高一丈餘正書

三城目邨碑

雲龍桉碑在東山道青森縣陸奥國白川郡三城目邨高二尺七寸寬一尺八寸右半有梵文一左半日本文上二行前一行クハンヽ譯音爲廣ヽ不可詳也合之爲古地名フツ其義爲北ハウ其義爲方後一行力詳音曰哥ヽ未詳又レリ三字譯音曰奴列利合五字爲一地名タウ之義爲東ハウ亦方也下二

行前一行亦日本文カチイニ子ノユ譯其音曰喀治以宜勤
口奴葉其義所未詳也廿八之義爲申或曰是爲紀年干支其
信然與後一行正書六月二十六日凡六字日本文古碑不輕
入錄錄此聊備一格

金石文二篇目次

大重院碑一　三鈷寺門碑二　天養瓦經自三至七　廣隆寺鐘銘八　基衡室安倍宗任女墓碑九　中川寺鐘銘十　八幡神宮寺鐘款識十一　平重盛公墓志十二　建保磁鈴款識十三　鹽竈燈款識十四　譽田八幡宮鐘款識十五　極樂寺鐘銘十六　如法寺碑十七　日光山中禪寺鐘銘十八　如法寺釜堂碑十九　千光院鐘銘二十　光德寺雁林堂鐘銘廿一　觀心寺鐵燈爐銘廿二　鴻橋寺鐘銘廿三　世尊寺鐘銘廿四　金剛山寺鐘銘廿五　建長寺鐘銘廿六　六所明神鐵佛銘廿七　野本寺鐘銘廿八　建長寺鐘銘廿九　北條寺時賴墓志三十　眞言院鐘銘卅一　新長谷寺鐘銘卅二　金峯山藏王堂鐘款識卅三　法華堂銅瓶款識自卅四至卅六　般若寺鐘銘卅七　如法寺碑文卅八　陸奥山王社碑三十九（以上宋）燕澤碑四十四十一　一宮燈臺款識四十二　榮山寺燈臺款識四十三　蓮華寺鐘銘四十四　信田小太郎古館跡碑四十五　長福寺鐘款識四十六　慈雲寺碑四十七　陸奥守山道坂妙音寺碑四十八　定仙和尚塔碑四十九　圓覺寺鐘銘五十　陸奥天王寺碑五十一　長勝寺鐘銘五十二　御島碑五十三五十四　鎌倉八幡宮燈臺銘五十五　愛宕山碑五十六　醫王寺碑五十七　巨鼇山

清見寺鐘銘五十八　鶴岡八幡宮鐘銘五十九　安福寺鐘六十　椎津邨古墟碑
六十一　如法寺碑六十二　下總國八幡宮鐘銘六十三　日蓮書名號碑六十四　奈良
招提寺金堂鮪字六十五　天王寺碑六十六　善願上人舍利瓶記六十七　松浦碑
六十八　潮來長勝寺鐘銘六十九　久米邨將軍塚碑七十　東明寺鐘銘七十一　東
慶寺鐘銘七十二　金色院款識七十三　西念寺鐘銘七十四　多福院山吉野碑七十五
泉福眞福二寺鐘銘七十六　陸奥中尊寺鐘銘七十七　毛越寺鐵燈款識七十八
藤澤寺鐘銘七十九　稻邨碑八十　地藏堂鐘銘八十一　(以上元)　三島社鐘銘
密寺鐵燈扉識　為尼上智造石塔款識　布留社鐘款識　行者溝田碑　盛福
寺鐘銘　淺草寺鐘銘　清澄寺鐘銘　藏王權現鐘銘　廣國寺鐘銘　妙覺
寺鐘銘　棚倉馬場鐘銘　觀音院鐘銘　岩峯寺鐘款識　明王院鐘銘　鉢
峯山長福寺石燈款識　西琳寺鐘款識　中禪寺應永釜款識　高藏寺鐘銘
此當宋時誤印於此　舛屋重藏半鐘識　新熊野山鐘銘　普照寺鐘銘　藏王堂鐵燈款識
清水寺鐘銘　南都般若寺鐘款識　鹽竈宮鐘銘　光明院碑　一品吉備津宮
童名鐘銘　最勝寺鐘款識　舛屋水鉢識　龍華寺鐘銘　道明寺鐘銘　上太子

歙福寺鐘款識（以上明）
此十葉明一八十二明二八十三明三八十四明四八十五明五八十六明六八十七明七八十八明八八十九明
九九十明十九十一
忍海原連魚養碑九十二 古碑九十三 勝手明神古鐘銘九十四 猿丸太夫墓志九十五 苔清水碑
九十六 二階堂墓九十七 法隆寺銅斗識九十八 永手墓志九十九 ■（以上未詳年）
鍔口款識五百 研款識十三百一百二 瓦當文十七百三（以上雜錄）
此二十葉續一四百續二五百續三六百續四七百續五八百續六九百續七十百續八一百十續九二百十續十三百十
續十一四百十續十二五百十續十三六百十續十四七百十續十五八百十續十六九百十續十七十百二續十八一百廿續十九
二百廿續二十三百廿
青砥郵古城跡碑四百廿（又續）
附錄金石文焰硝
吉祥院鐘銘 元慶寺鐘銘 右大臣劍銘 壽安鎮國山碑 僧佛光塔銘
僧大鑑舍利塔銘 山州橋本新造橋銘 重建和歌浦菅神廟碑銘 子元新造瓦
研銘 紫石荷葉研銘 星槎研銘 水戶城鐘銘并序 文庫銘 研銘二首 琴研
銘 勉亭林春信碑

大重院碑

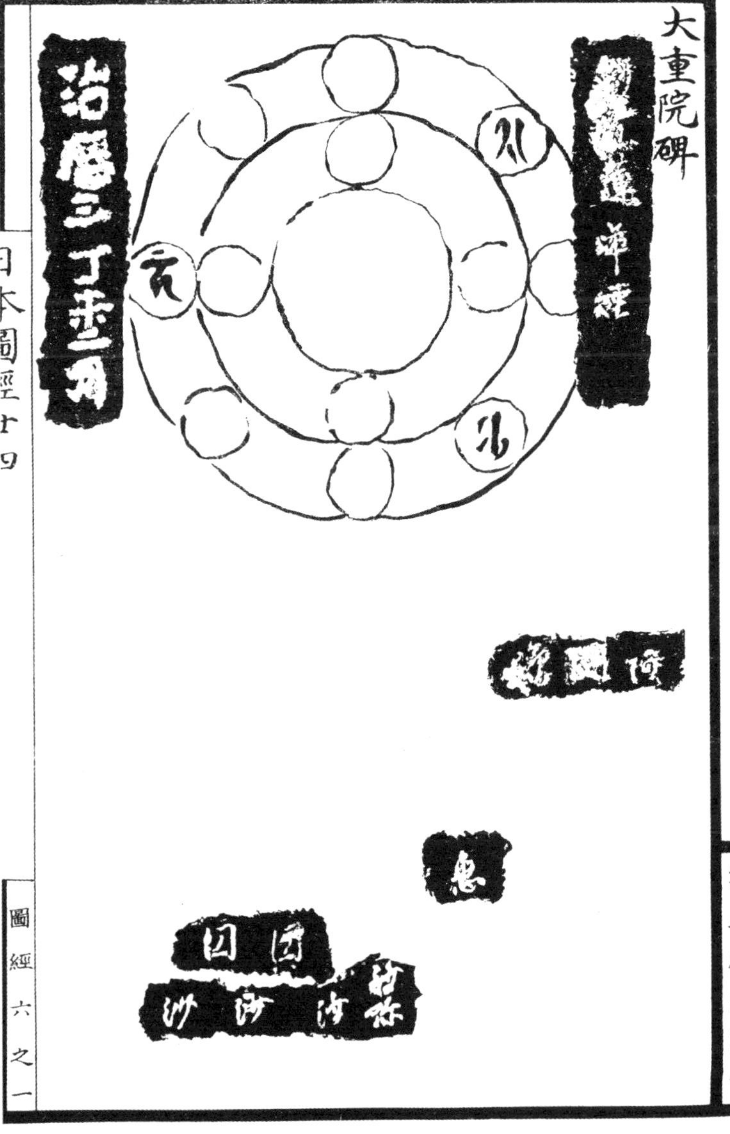

饕喜盧所著書

雲龍按碑在東山道青森縣陸奧國安積郡大重院石銳頂高二尺四寸正面高四尺八寸下寬四尺上狹於下六寸行書漫漶存者不及廿字矣其頂梵文不存一字治厤三丁未二月蓋省年字時當宋治平四年

三鈷寺門碑

嘉祿元甲申年
不許女人魚肉五辛等
三月廿九日

雲龍桉碑在西京府西山三鈷寺門正書三行二十字承保元年即宋熙寧七年甲寅以兼爲承日本俗字以刀爲寅今無用者殆省文與元年甲寅而曰元甲刀年亦一俗例也

天羲瓦經

大千願功德及聞名号當知是處无復橫死
復不為諸惡鬼神奪其精氣設已奪者
還得如故身心安樂
[illegible]
精氣
[illegible]佛世尊告阿難言如我稱揚彼佛[illegible]
師琉璃光如來所有功德此是諸佛甚深行處
難可解了汝為信不阿難白言大德世尊
我於如來所說契經不生疑惑所以者何一
切如來身語意業无不清淨世尊此日月輪
可令墮落妙高山王可使傾動諸佛所言无
異也世尊有諸眾生信根不具聞說諸佛
甚深行處作是思惟云何但念藥師琉璃光
如來一佛名号便獲爾所功德勝利由此不
信反生誹謗彼於長夜失大利樂墮諸惡
趣流轉无窮佛告阿難是諸有情若聞世
[illegible]
施果報愚癡无智闕於信心多聚財寶勤加

[illegible]
[illegible]有[illegible]見多[illegible]
[illegible]不[illegible]佛行諸[illegible]
得聞[illegible]
復次曼殊室利若諸有情慳貪嫉妬自讚毀
他當墮三惡趣中无量千歲受諸劇苦受
劇苦已從彼命終來生人間作牛馬駝驢
恒被鞭撻飢渴逼惱又常負重隨路而行或得為
人生居下賤作人奴婢受他驅役恒不自在
若昔人中曾聞世尊藥師琉璃光如來名号
由此善因今復憶念至心歸依以佛神力眾
苦解脫諸根聰利智慧多聞恒求勝法常
遇善友永斷魔羂破无明㲉竭煩惱河解脫
一切生老病死憂悲苦惱
[illegible]施者一切所有悉无貪惜漸次尚能以頭
目手足血肉身分施來求者況餘財物
復次曼殊室利若諸有情雖於如來受諸學處
而破尸羅有雖不破尸羅而破軌則有於
尸羅軌則雖得不壞然毀正見[illegible]

守護見乞者來其心不喜設不獲已而行施
時如割身肉深生痛惜復有無量慳貪有情
積集資財於其自身尚不受用何況能與父母
妻子奴婢作使及來乞者彼諸有情從此
命終生餓鬼界或傍生趣由昔人間曾得暫
聞藥師琉璃光如來名故今在惡趣暫得憶
念彼如來名即於念時從彼處沒還生人中
得宿命念畏惡趣苦不樂欲樂好行惠施
念受持如其所好即得種種上妙衣服亦得
一切寶莊嚴具華鬘塗香鼓樂眾伎隨心所
翫皆令滿足
曼殊室利是為彼世尊藥師琉璃光如來應
正等覺行菩薩道時所發十二微妙上願
復次曼殊室利彼世尊藥師琉璃光如來行
菩薩道時所發大願及彼佛土功德莊嚴我
若一劫若一劫餘說不能盡然彼佛土一向
清淨無有女人亦無惡趣及苦音聲琉璃為

見而棄多聞於佛所說契經深義不能解了
有雖多聞而增上慢由增上慢覆蔽心故
是非他嫌謗正法為魔伴黨如是愚人自行
邪見復令無量俱胝有情墮大險坑此諸有
情應於地獄傍生鬼趣流轉無窮若得聞此
藥師琉璃光如來名號便捨惡行修諸善法
不墮惡趣設有不能捨諸惡行修行善法墮
惡趣者以彼如來本願威力令其現前暫聞
名號從彼命終還生人趣得正見精進善調
佛學處以此善根願生西方極樂世界無量壽
佛所聽聞正法而未定者若聞世尊藥
師琉璃光如來名號臨命終時有八菩薩乘神
通來示其道路即於彼界種種雜色眾寶華
中自然化生或有因此生於天上雖生天中
而本善根亦未窮盡不復更生諸餘惡趣
天上壽盡還生人間或為輪王統攝四洲威德
自在安立無量百千有情於十善道或生剎
帝利婆羅門居士大家多饒財寶倉庫盈

佛告曼殊室如是如是如汝所說曼殊室
利若有淨信善男子善女人等欲供養彼
世尊藥師琉璃光如來者應先造立彼佛形像
敷清淨座而安處之散種種花燒種種香
以種種幢幡莊嚴其處七日七夜受八分齋戒
食清淨食澡浴香潔著新淨衣應生無垢濁
心無怒害心於一切有情起利益安樂慈悲
喜捨平等之心鼓樂歌讚右遶佛像復應念
彼如來本願功德讀誦此經思惟其義演說
開示隨所樂願一切皆遂求長壽得長壽求
富饒得富饒求官位得官位求男女得男女
若復有人忽得惡夢見諸惡相或怪鳥來集
或於住處百怪出現此人若以眾妙資具恭
敬供養彼世尊藥師琉璃光如來者惡夢惡
相諸不吉祥皆悉隱沒不能為患或有水火
刀毒懸嶮惡象師子虎狼熊羆毒蛇惡蠍蜈
蚣蚰蜒蚊虻等怖若能至心憶念彼佛恭敬
供養一切怖畏皆得解脫若他國侵擾盜賊反

[illegible]形[illegible]端嚴見者歡喜聰明智慧[illegible]
擾如大力士若是女人得聞世尊藥師如來名號
至心受持於後不復更受女身
爾時曼殊室利童子白佛言世尊[illegible]
藥師琉璃光如來名號至心受持不生疑惑墮
惡趣者無有是處阿難此是諸佛甚深所行
難可信解汝今能受當知皆是如來威力阿
難一切聲聞獨覺及未登地諸菩薩等皆悉
不能如實信解唯除一生所繫菩薩阿難人
身難得於三寶中信敬尊重亦難可得聞
世尊藥師琉璃光如來名號復難於是阿難
彼藥師琉璃光如來無量菩薩行無量善巧方
便無量廣大願我若一劫若一劫餘而廣說
者劫可速盡彼佛行願善巧方便無有盡也
爾時眾中有一菩薩摩訶薩名曰救脫即從
座起偏袒一肩右膝著地曲躬合掌而白佛
言大德世尊像法轉時有諸眾生為種種患
之所困厄長病羸瘦不能飲食喉脣乾燥

忘亂憶念恭敬彼如來者亦皆解脫
復次曼殊室利若有淨信善男子善女人等
乃至盡形不事餘天惟當一心歸佛法僧受
持禁戒若五戒十戒菩薩四百戒菩薩二百
五十戒若苾芻尼五百戒於所受中或有毀犯
怖墮惡趣若能專念彼佛名号恭敬供養
必定不受三惡趣生或有女人臨當産時受
於極苦若能至心稱名禮讚恭敬供養彼如
來者衆苦皆除所生之子身分具足形色端
嚴歡悅聰明超越衆男之所不害
渴所困不得飲食而便横死是為衆惡所說當
死有此九種其餘復有无量諸横難可具說
復次阿難彼琰魔王主領世間名籍之記若
諸有情不孝五逆破辱三寶壞君臣法毀於
信戒琰魔法王隨罪輕重考而罰之是故我
今勸諸有情然燈造幡放生脩福令度苦厄
不遭衆難
尒時衆中有十二藥叉大將俱在會坐所謂

同前恭敬供養
尒時阿難問救脫菩薩言善男子應云何恭
敬供養彼世尊藥師琉璃光如來續命幡燈
復云何造救脫菩薩言大德若有病人欲脫
病苦當爲其人七日七夜受持八分齋戒應
以飲食及餘資具隨力所辦供養苾芻僧晝
夜六時禮拜供養彼世尊藥師琉璃光如來
讀誦此經四十九遍然四十九燈造彼如來
形像七軀一一像前各置七燈一一燈量大
如車輪乃至四十九日光明不絕造五色綵
幡長四十九搩手應放雜類衆生至四十九
可得過度危厄之難不爲諸横惡鬼所持
復次阿難若剎帝利灌頂王等災難起時所
星宿變怪難日月薄蝕難非時風雨難過
時不雨難彼剎帝利灌頂王等爾時應於一切有
情起慈悲心赦諸繫閉依前所說供養之法
供養彼世尊藥師琉璃光如來由此善根及
彼如來本願力故令其國界即得安隱風雨
順時穀稼成熟一切有情無病歡樂於其國

宮毗羅大將伐折羅大將迷企羅大將安底羅
頞你羅大將珊底羅大將因達羅大將波夷羅大將
摩虎羅大將真達羅大將招杜羅大將毗羯羅大將
此十二藥叉大將一一各有七千藥叉以為
如來說有九橫死耶是故勸造續命幡燈
修諸福德以修福故盡其壽命不經苦患
難問言九橫云何救脫菩薩言有諸有情得
病雖輕然無醫藥及看病者設復遇醫授以非
藥實不應死而便橫死又信世間邪魔外
道妖孽之師妄說禍福便生恐動心不自正卜
問覓禍殺種種眾生解奏神明呼諸魍魎請
乞福祐欲冀延年終不能得愚癡迷惑信邪
倒見遂令橫死入於地獄無有出期是名初
橫二者橫被王法之所誅戮三者畋獵嬉戲
耽婬嗜酒放逸無度橫為非人奪其精氣
四者橫為火焚五者橫為水溺六者橫為
種種惡獸所噉七者橫墮山崖八者橫為

中元有暴惡之等神惱有情者一切惡鬼
皆因信受而剎帝利灌頂等壽命色力無
病自在皆得增益何況若帝后妃主儲君王
子大臣輔相中宮綵女百官黎庶為病所苦
及餘厄難亦應造立五色神幡然燈續明
放諸生命散雜色花燒眾名香病得除愈
眾難解脫
爾時阿難問救脫菩薩言善男子云何已盡
之命而可增益救脫菩薩言大德汝豈不聞
[illegible]同時舉聲白佛言世尊我等今者蒙
佛威力得聞世尊藥師琉璃光如來名號不復
更有惡趣之怖我等相率皆同一心乃至盡
形歸佛法僧誓當荷負一切有情為作義
利饒益安樂隨於何等村城國邑空閑林中
若有流布此經或復受持藥師琉璃光如來
名號恭敬供養者我等眷屬衛護是人皆使
解脫一切苦難諸有願求悉令滿足或有疾
厄求度脫者亦應讀誦此經以五色縷結我名

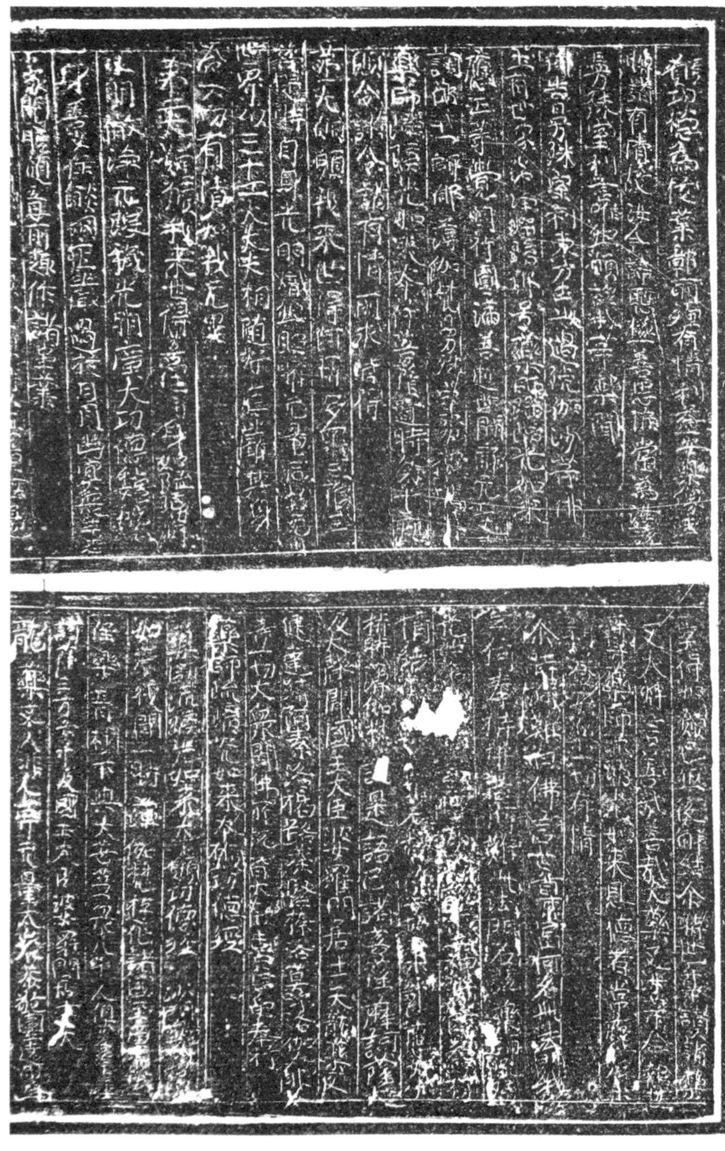

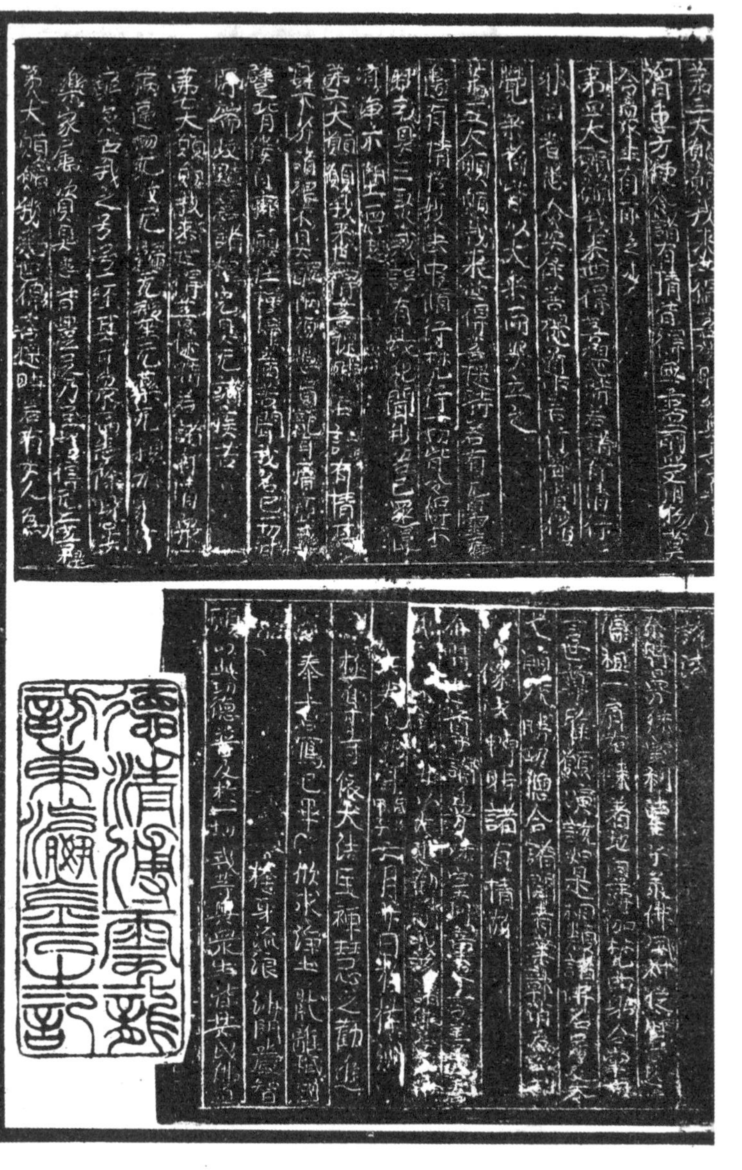

雲龍按天養瓦經拓本今存三百八十行有奇中有二行裁餘字邊其目曰藥師經一至十二凡六行皆正書也既非覆紙亦異書丹葢呂錐畫坏然後燒之丹波元簡之受自夏姬路侯者五百片瓦之文散佚久矣今存十不逮一日本人大淵棟莽得此贈向山氏榮癖古者也顧氏澐至日本見之耆瞞甚易以齊刀雲龍假而影之入志有元簡跋寛政己未年播州神西郡須賀院邨瑞雲山常福寺僧搖寺後山得瓦版佛典凡可五百片表裏鐫字側面記卷頁數而多破碎不可辨者乃天養元年極樂寺大法師禪慧所書有顧文十頁詳載其顛末云〻未燒之時以錐書之畢積薪燒之蓋是八百年前物古色佛〻遍人何啻汲冢之佚篇甘泉之遺瓬哉享和辛酉夏姬路侯与侍臣手自拂拭勿論其完好即湊破碎零斷之餘遂版聯接詳其文理摹搨得若干部其片〻追尋之苦心殆類乎瘞鶴仆石焉噫侯既有好古之癖而其封内出如是法寶豈得非有大因緣乎侯賜予是經一部予頂戴喜躍將裝潢適有一友贈楮素冊子尺度頁數正與此相稱如故製者是亦有因緣邪遂連屬而盡上之以加護云是歲孟蘭盆日記櫟蔭拙者簡崖畧可藉證也据言寛政辛未播州神西郡須賀院邨

瑞雲山常福寺僧掘寺後山得瓦版佛典五百片表裏鐫字側面記卷頁數蓋瓦經出土在嘉慶四年播州即播磨國也夏姬路侯拓若干部以其一賜元簡在享和辛酉距出土時二年元簡又言天養元年極樂寺大法師禪慧寫有願文十頁其年為宋紹興十四然据願文實沙門嚴智所書非禪慧也元簡誤耳向山氏榮已碻鑿言之元簡病間紀談記瓦經一事亦誤為禪慧書所當辨也元簡瓦經跋署櫟蔭拙者簡印二一曰丹波元簡一曰櫟窗病間紀談署櫟散生問之此方人云元簡字桂山號櫟窗拙者散生皆別號也為德川侍醫文政七年卒好古其次子元堅即跋經籍訪古志者也通稱多記樂春院多記其氏也丹波其姓也樂春院猶中國俗稱某堂也

廣隆寺鐘銘

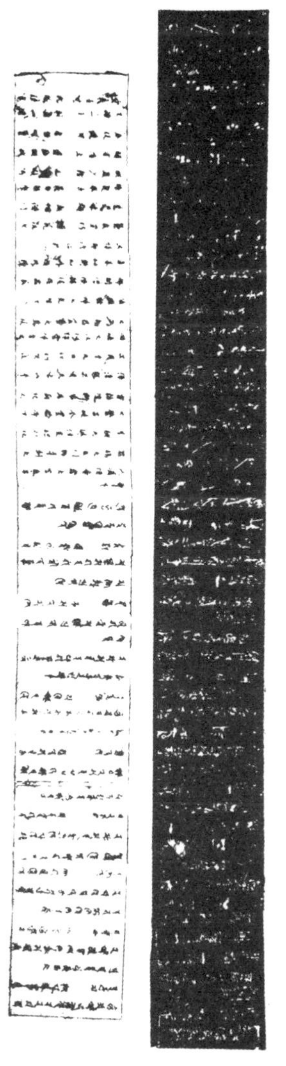

雲龍桉鐘在畿内道西京府山城國太秦莊廣隆寺字具二體文判陰陽前三十餘行爲陰文梵字又十八行爲陽文梵字又正書一百七十九字亦陽文也鑄於久安六年當宋紹興二十年正書内訛呈成等字半雜俗體

基衡室安倍宗任女墓碑

雲龍桉比墓碑也金石年表謂爲墓志在東山道青森縣陸奥國盤手郡平和泉邱高三尺八寸二分寬九寸三分正書三行中一行曰前鎮守府將軍基衡室安倍宗任女墓左側一行曰仁平二壬申年右側一行曰四月二十有日凡廿七字以壬申入二年間未著奇而用有字殆俗例與仁平二年爲宋紹興二十有二年壬申

中川寺鐘銘

戊見阿彌大治四年
四月七日鑄作佐伯
造比頼安壽女願
次益吾俗於孫淨行
就於人智乃言科

共成佛道矣以
既經卅六季破損仍
以寛元二年甲辰六月
十日以有勝合力改
鑄奇聖人寄之

雲龍梭鐘在畿内道柰良縣大和國吉野山中川寺吉野山即
所謂南都者也正書陽文十行行各八字据鐘文大治四年鑄
當宋建炎三年改鑄於長寛二年宋隆興二年也中間相去三
十有六年秊賴善群卅寬等字有古有俗

八幡神宮寺鐘款識

宿院極樂寺鐘
治承二年六月朔日

雲龍桉鐘在畿內道西京府山城國八幡神宮寺內正書陽文二行第一行六字第二行八字治承二年當宋淳熙五年宿院極皆別體字樂非原闕承日本俗字作𠄘此作承

平重盛公墓志

雲龍桉墓志在畿內道兵庫縣攝津國正書三行十九字不無漫漶然治承三年猶可識也時宋淳熙五年戊戌日本金石承輒作兼此則作承不用俗字也

建保磁鈴款識

雲龍樓磁鈴為顧氏澐獲自東海道愛知縣尾張國名古屋其大如圖正書陽文四行一曰筑前國二白宇佐神寶三曰建保三乙亥四曰九月日凡十五字筑前國屬西海道福岡縣是鈴為宇佐社神之寶建

保三年乙亥其省三年日本金石往往然也時宋嘉定八年鈴以磁為之罕見物也佐作佬日本俗字

鹽竈鐵燈欵識

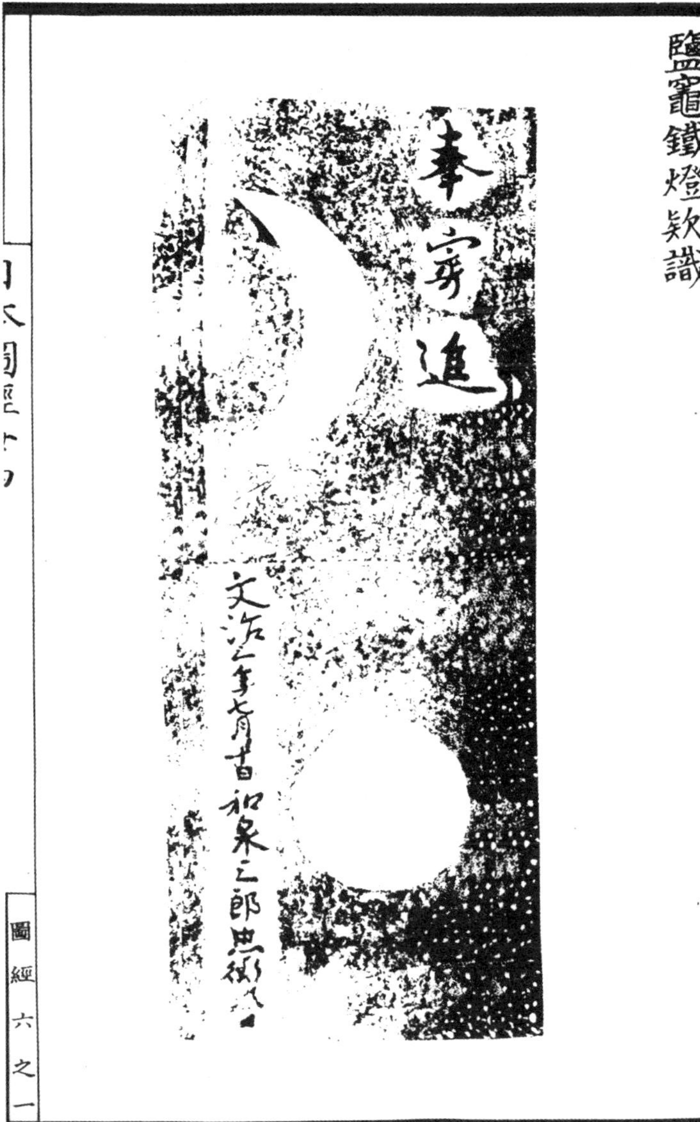

雲龍桉鐵燈在東山道陸奥國草書二行一曰奉寄進二曰文治三年七月十日和泉三郎忠衡敬白凡十有九字時宋淳熙十四年也有欵識而無銘集古本曰鹽竈大明神鐵燈銘所不敢沿

譽田八幡宮鐘欵識

八幡宮
譽田山陵鐘也
建久七年丙辰七月日
鑄之

雲龍桉鐘在畿內道大坂府河內國譽田八幡宮正書陽文四行凡二十字八幡其神也文內明言山陵鐘也故金石年表曰鐘極是而集古本目為燈籠銘非也建久七年當宋慶元二年

播陵鐘皆俗體字

極樂寺鐘銘

極樂寺鐘銘 并序 [illegible]

相摸国之内大住郡之邊有一伽藍
名極樂寺濫觴年舊効驗日新蓋
乃曾祖父藤原識子之福田也
弟子左兵衛尉有[illegible]尊先祖之本
願思當寺之興隆遂致脩複添以莊
嚴道場之具於此備焉真俗之望亦
復足矣然国中依闕洪鐘而已是以
殊課鑄工乘抽微力一音初報十方
驚聞[illegible]忽消發露先切修頼以
此善鷰迴向于彼界[illegible]有[illegible]
開[illegible]枝苔之[illegible]遍被[illegible]
興樂之誠[illegible]時建久七年歲次

丙辰夏四月十八日丁卯作銘曰
乾坤正和　遐邇無違　夜漏將曉
晨更破夢　緣隨聲滅　福應響豪
一念投信　三時撞叩　諸大有福
悲地無空　居肆屠者　臨流釣翁
開撤業障　忽識圖籍　拔苦云洽
利生無窮　但昭遲化　禽獸異虫
遍猶牧及　良緣可同　誰輕此器
已用多銅　便是神力　豈思鑄工
作銘者[illegible]
清書金剛[illegible]
鑄師廣階宗[illegible]

雲龍桉鐘在東海道神奈川縣相摸國秋山郡極樂寺建久七
年當宋慶元二年正書陽文廿五行行六字至十六字有差極
鐘銘国遏季福左興致以鑄嶶遠歲夘乹邇疑揑迷蝕獸蟲韻
金古俗兼用

如法寺碑

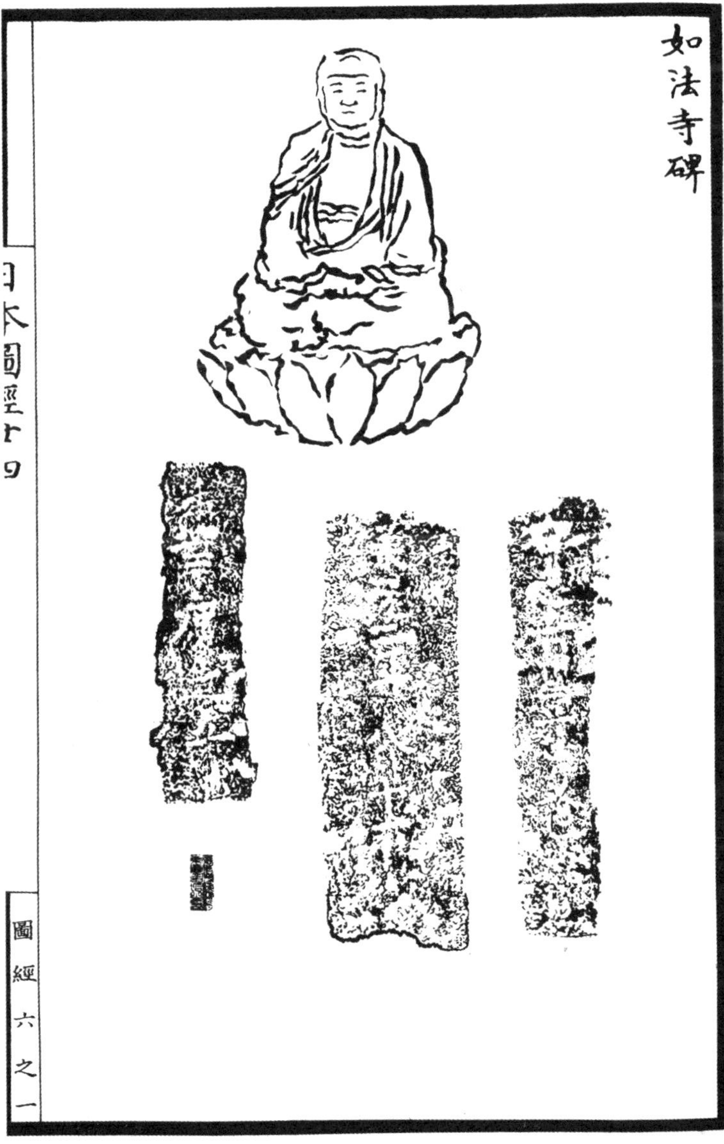

雲龍桉碑在東山道青森縣陸奥國郡山如法石形長方上段佛像一下段正書三行中行曰兼元二年八月十□□前行曰右志者為慈父也後行曰□□壬慶造立凡廿二字以兼爲承承元二年當宋嘉定元年戊辰

日光山中禪寺鐘銘

日光山權現御寶前

奉施入鑄金一口事

右志者為右衛門尉藤原政綱

為藤原并所生男女子孫御息

災延命福壽又現我心中所念

決定成就之也

建保三年丙子三月廿二日

願主右衛門尉藤原政綱

雲龍按鐘在東山道橡木縣下野國日光山中禪寺銘正書陽文八行以中為中以三為四皆與古合供定建半左類此為俗體字建保四年當宋嘉定九年

如法寺釜堂碑

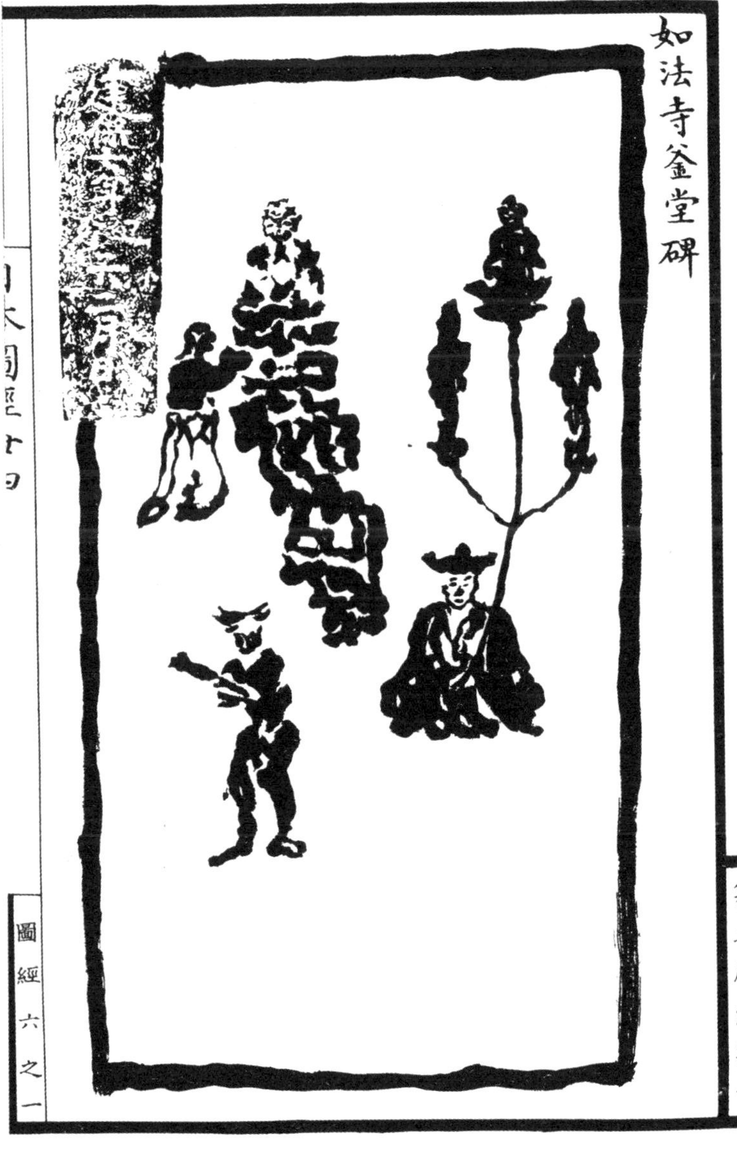

雲龍桉碑在東山道青森縣陸奥國郡山如法寺釜堂高三尺寛二尺六寸鐫像七其右角正書曰建寶七年巳卯天二月日凡十字葢當宋嘉定十二年巳卯以天為年而先曰七年亦一俗例也撫其碑像

千光院鐘銘

奉鑄
讃岐國屋嶋寺千光院鐘壹口
右此鐘者勸進聖人當國住
人沙門道阿弥陀佛為所濟
郡生發可吞聯當院鐘之
願云以泉文元年四月上
終於六孫所勸小方遍挑以
貞應二年癸未十月廿六日
創進聖人道阿弥陀佛
鑄師散位上師宗成

雲龍桉鐘在南海道愛媛縣讚岐國屋島峰千光院銘爲正書
陽文十行貞應二年當宋嘉定十六年島作嶋承作羕久作久
條作絛彌作弥土作圡古俗兼用

光德寺雁林堂鐘銘

南無无量壽佛
夫松谷者風水地靈而登東廣
臨眺春日山兀　朝陽照軒窗西
渺入松帆夕月　北倚貴寶殿兩
色法喜金剛靈山集四時美景
後雁林堂傍有一井泉名曰龍
木福井一汲頸延壽福德甄味
不捨其樂佛法　成德以可敬信
干時寬喜己丑　別當俊圓誌焉
冶工　藤原家綱

雲龍桉鐘在畿内道大坂府河内國雁田尾畑邨光德寺雁林堂其銘正書陽文一百有八字寬喜己丑是其元年當宋紹定二年无靈跡船傍延壽叺毋等字古俗兼用

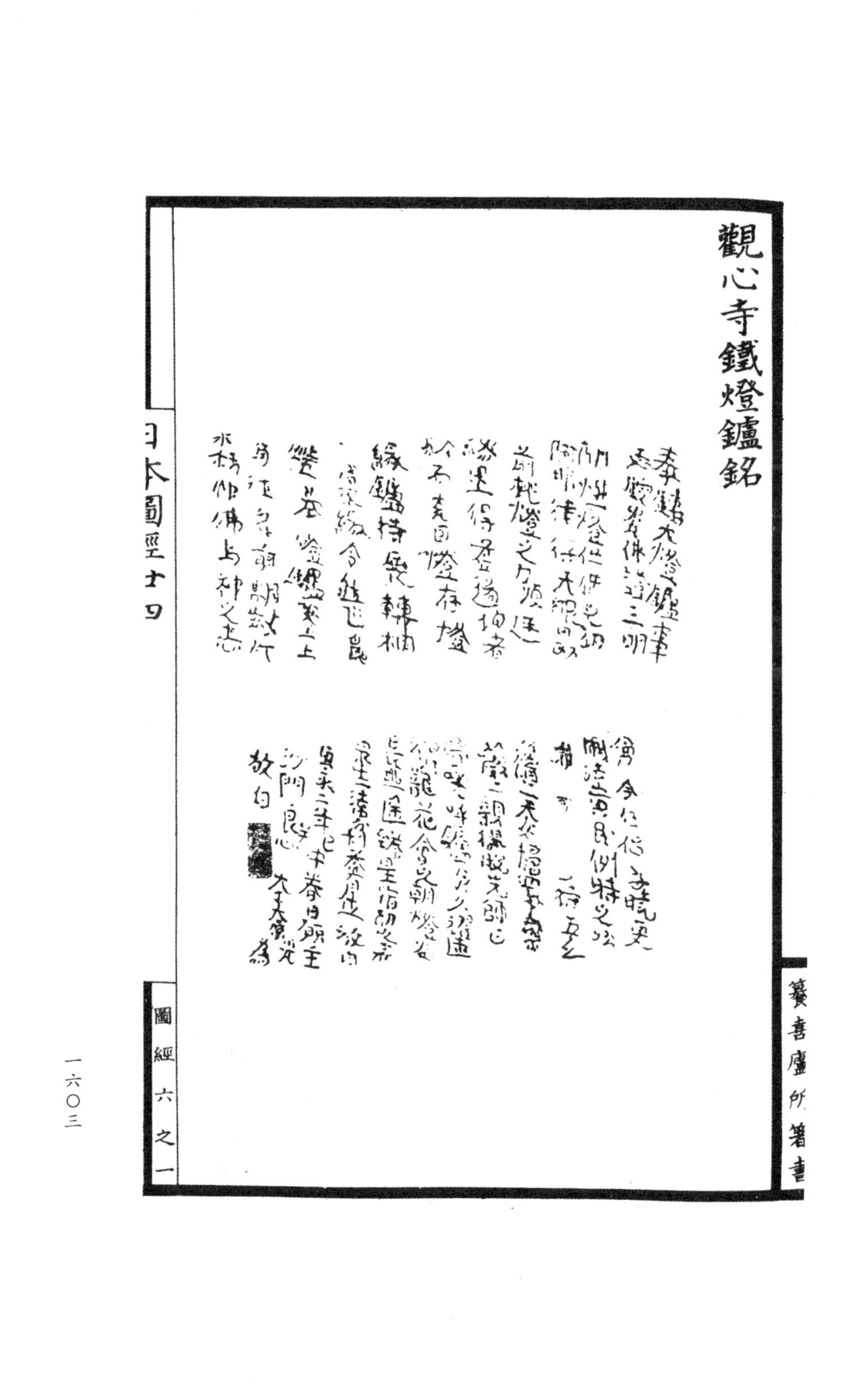

觀心寺鐵燈鑪銘

[illegible]

雲龍桉鐵燈鑪在畿内道大坂府河内國觀心寺正書陽文廿四行文内明言鑄大燈鑪集古本目之為燈籠何耶貞永二年即天福元年當宋紹定六年光与等字動與古符事曰燈眷頗類皆别體

鴻橋寺鐘銘

夫覩賓呢脆脫刀　元二年乘刹九日
輪於十願消朝智　作銘曰
則足夢絹於十匹　銅是土予鐘為
播錫之判益遠徹　金鑿鳥代物合
于梵漏佛子卜阿　燃乳餅成應實
練若而排堂舍以　之韻　如霞兮鳴
淨鴻寺而為題額　聞於百里　器以
仍命曷氏有錢鑄　五田　梵音所及
鐘此器之為軆隨　氣澍曷鑄　比累
意之擊應物兮答　以能　非方無傾
然則每鳴之舍那　傳之三會　利其
淨滿之衣躰普納　㷄生
得衆頌每叩之弥　南無阿彌陀佛　願主沙門
陀誓願之名聲廣　諸聖
法傳三有于時究

雲龍按鐘在畿內道兵庫縣攝津國多田莊鴻橋寺正書陽文
寬元二年當宋淳祐四年五代延喜卷子本文選昵作𦙶此銘
有𦙶字遠躰每弥韻皆别體字兵庫縣今有多田邨

世尊寺鐘銘

金峯山寺洪鐘龍頭鑄缺
霓元二年　甲四月九日
而師寄進王之代永田二叛
奉入左大仁開吾野郡栗師寺
庄之内宇牛歷奉白一叛大稻
吉野郡栗師寺辰之四合卄田
一叛大和國高市廊吉屋居壇
里叛奉入立仍吉陸生寺都費
佛遺乃生熊吏玉卄年刻盆
勧進聖願行沙伽仲

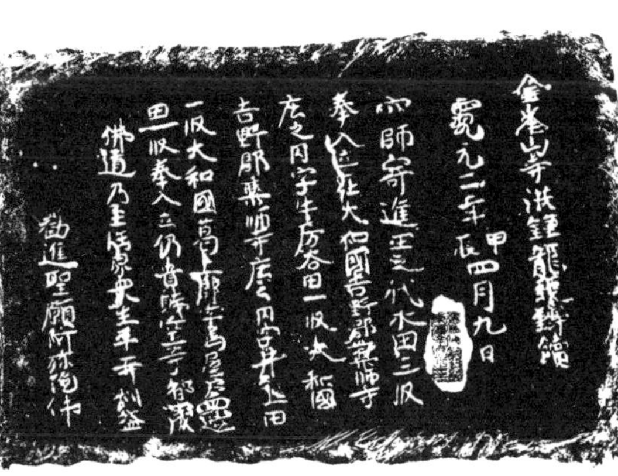

雲龍桉鐘在畿内道大和國吉野郡世尊寺行書寬元二年甲辰當宋湻祐四年龕辰宂㑼皆别體字

金剛山寺鐘銘

諸行無常
是生滅法
生滅滅已
寂滅爲樂

寛元四年丙午六月
大勸進 大法師聖義
金剛山寺 矢田寺

雲龍案鐘在畿内道奈良縣大和國矢田山金剛山寺陽文十四行前五行梵書後九行正書寛元四年當宋淳祐六年以寛爲寬

建長寺鐘銘

雲龍桉鐘在東海道神奈川縣相摸國鎌倉巨福山建長寺正書寶治二年當宋淳祐八年鑴倭禪道隆瞿曇坐号刹休傌韻遠以以後夆諱敖佗詞氏舊罕響似鑄福古俗兼用字也

六所明神鐵佛銘

大勧進[illegible]道大工藤
原助近 □ 二丙□行
□乃至法 家□
□長乃鉢一丈二尺佛寺也 建
嘉元□□八月廿日 誌俊和尚
藤原[illegible]氏

雲龍桉鐵佛在東京府武藏國多麻郡六所明神地内其文正書陽文八行弟六弟八二行全泐餘多漫漶依集古本目曰銘建長五年當宋寶祐元年其佛一丈二尺猶見之文中云

野本寺鐘銘

奉鑄鐘一口二尺七寸
野本寺
諸行無常　是生滅法
生滅滅已　寂滅爲樂
右紀忠清并橘氏女爲大
施主爲佛法興隆爲衆生
利益也
建長六年　二月十五日

雲龍桜鐘在東海道東京府武藏國野本寺正書陽文八行弟一行八字弟二行三字弟四行五行皆八字弟六行七行皆十字弟八行三字弟九行九字建長六年當宋寶祐二年鑄鏜本窲紇橋陞衆皆俗體字

建長寺鐘銘

巨福山建長禪寺鐘銘
南閻浮提各以音聲長
為佛事東州勝地相陽
榛莽闢此道場天人影
向龍象和光雲斂霏開
万機觀百尺嵐數翠掃
方勢壓諸方事既前定
法亦所張圖範洪鍾結
千人之緣會宏撞高架
撼四海之安眠自一
撞重而難舉圖成大器

鳴則非常補牢籠乳壘
斗擻群峰吞響心境
俱亡扣之大者其聲遠
徹扣之小者其應難量
東迎素月西送夕陽
寐未惺攪之則寤宴安
猶恣警之而莊被虛勞
之大夢息物類之顛狂
妙覺見覺空根塵消殞
返聞聞盡本性全彰兴

證圓通三昧永臻檀施
千祥回此善利上祝
親王氏豐歲稔地久天
長。
建長七年乙卯二月二十一
本寺大檀那相模守平朝臣
時賴 謹勸千人同成大器
建長禪寺住持宋沙門道隆
都勸進監寺僧 禪長
大工大和權守物部 重光

雲龍桉鐘在東海道神奈川縣相摸國鎌倉巨福山建長寺正書陽文三十一行建長七年當宋寶祐三年徒作徏聊作聉恭作𢌬翠作𦐼難作難答作荅寐作寐寤作𡨦豐作豊類此皆別體字大工即治工首也

北條寺時頼墓志

雲龍桉碑在東海道東京府武藏國品川海晏寺正書存陽文三行陰文一行弘仁三年為宋景定四年癸亥

真言院鐘銘

東大寺真言院者加法大師之聖跡
樂於倚待之靈地也而遠忌之後送
春秋頹廢以來涉星霜更依高祖之
冥助以大神之加護忽遂中興之構
願再祈上乘之靈場利勵一身之力
營鑄九乳洪鐘頌三有驚凡夢六趣
感妙聲于時文永元年甲子卯月五日
鑄物師新大佛寺大工丹治久友
真言院再興沙門聖守謹記

雲龍桉鐘在畿内道奈良縣大和國眞言院正書九行凡百廿三字文永元年甲子當宋景定五年卯月葢二月也先於金峯山藏王堂鐘六月院有空海舊跡集古本目曰南都眞言院鐘銘者大和國吉野為後醍醐南朝之都也弘作加廢作癈護作讙遂作遂興作興卯作夘鑄作鑄皆别體字鑄物師即冶工也

新長谷寺鐘銘

新長谷寺

椎鐘威力　十方施主

偕除不祥　偕除災難

心中所願　決定成就

檀波羅密　具足圓滿

文永元年甲子七月十五日

當寺住持真光

勸進沙門淨佛

大工物部季重

雲龍桉鐘在畿內道神奈川縣相模國鎌倉長谷寺正書陽文九行凡六十四字文永元年當宋景定五年㝉之檀嵡圍永等字古俗兼用

金峯山藏王堂鐘款識

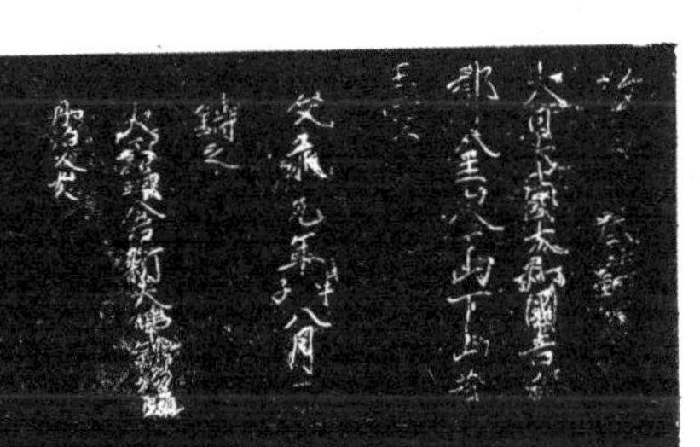

雲龍梭鐘在畿内道奈良縣大和國吉野郡金峯山藏王堂正書九行是其款識集古本以銘目之未安文永元年甲子當宋景定五年藏文鑄類皆別體字

法華堂銅瓶欵識

瓶一

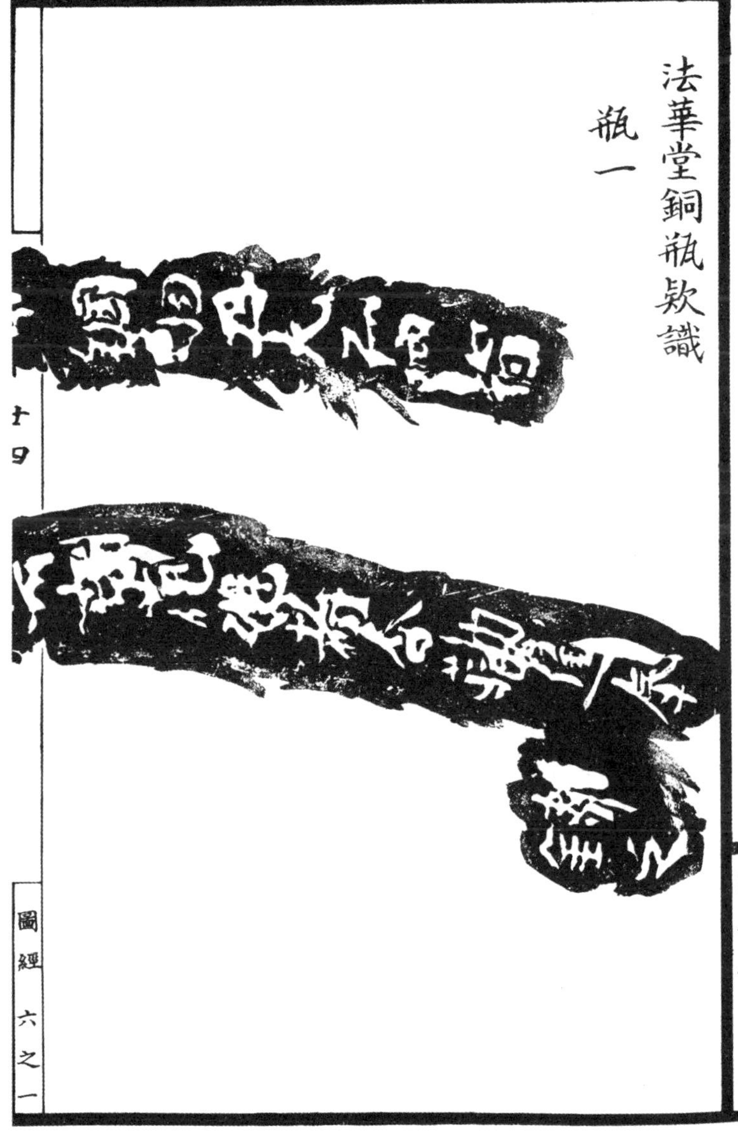

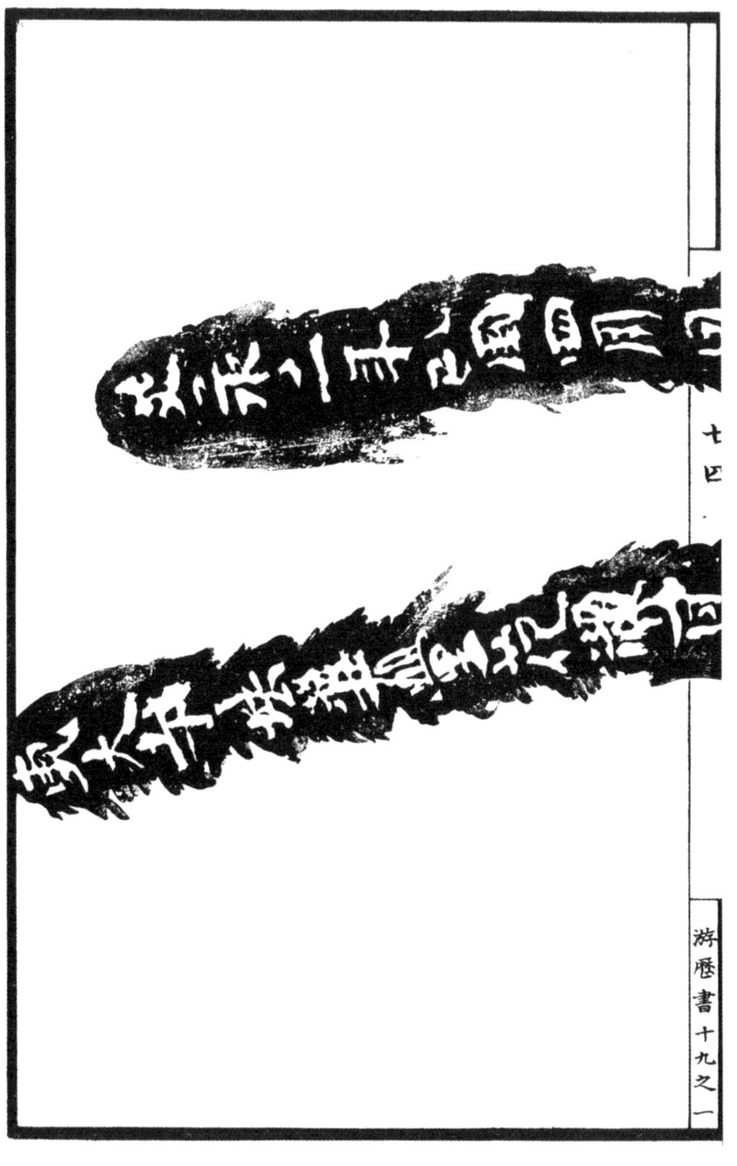

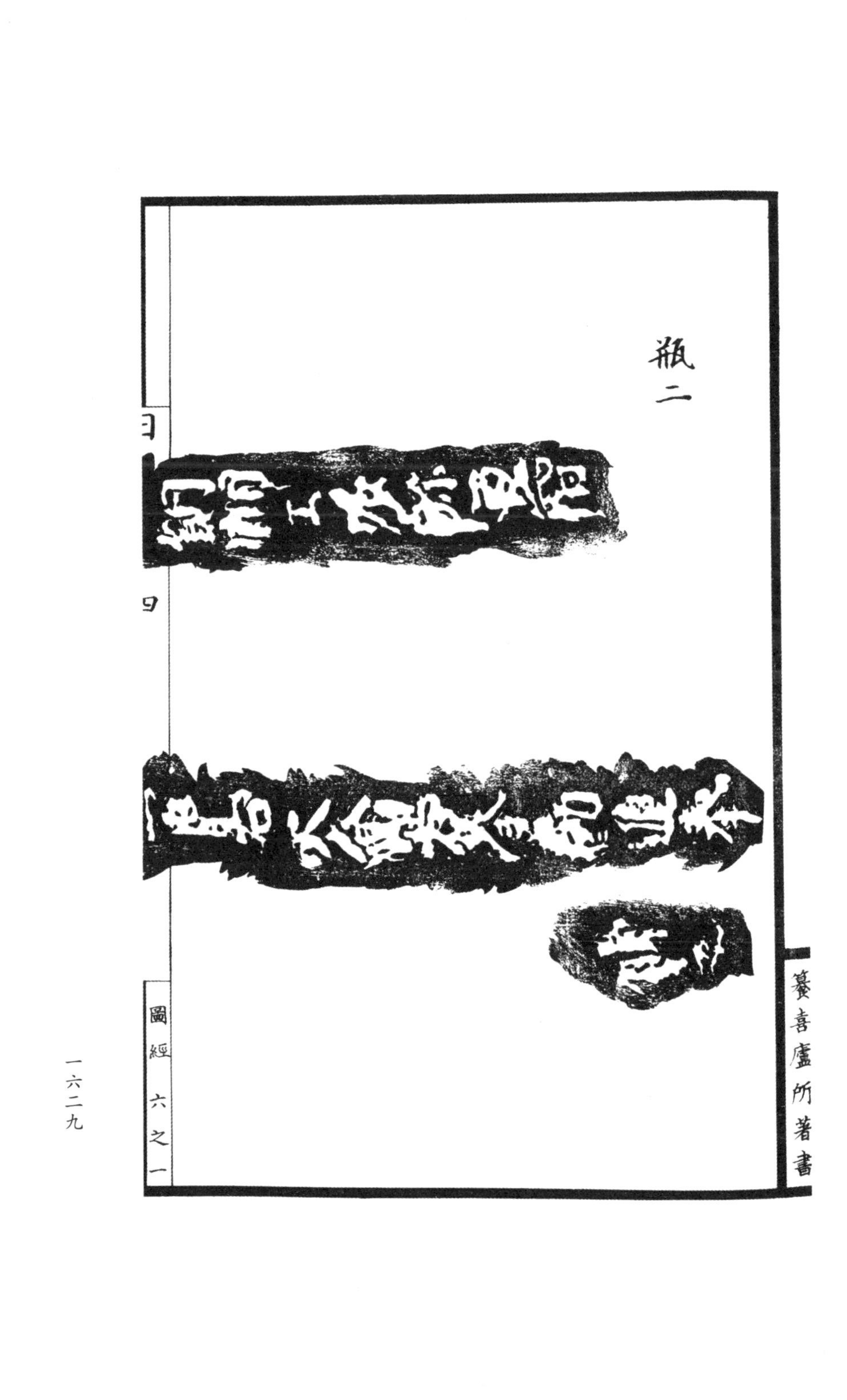

瓶二

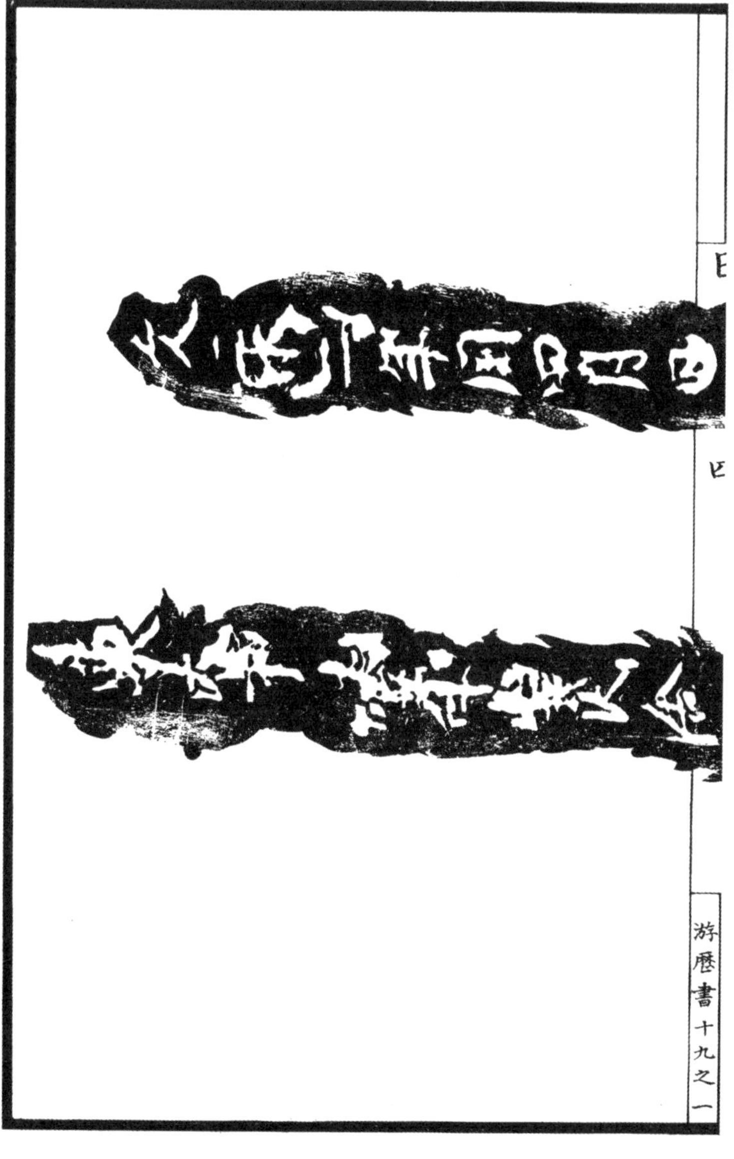

雲龍桉銅花瓶二皆在畿内道奈良縣大和國東大寺法華堂
集古本謂之南都東大寺法華堂花瓶銘實無銘也文永二年
閏四月七字二瓶同第一瓶有乙丑二字或疑文字似延精審
之文字無疑特有蝕迹耳以巳為丑與巳異法華堂鑄二瓶之
年月日炊同時宋咸湻元年也而西田表列之文安三年誤矣

般若寺鐘銘

大日本國常州信太庄般若寺
建治元年乙亥八月廿七日 第二
大勧進 源海
願以此功德 普及於一切
我等與衆生 皆共成佛道
大工 丹治久友
大工 平門重延

雲龍梫鐘在東海道茨城縣常陸國土浦宽冢邑般若寺正書

七行庄達重皆俗體字建治元年當宋德祐元年

如法寺碑文

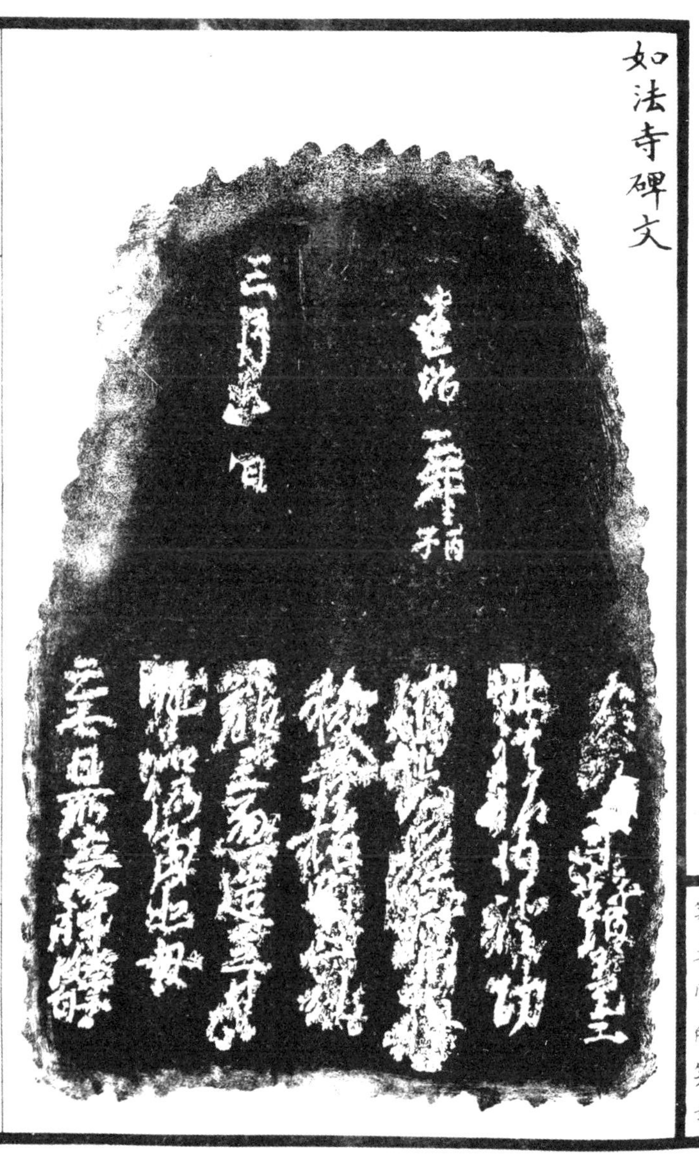

雲龍椄碑在東山道青森縣陸奥國安積郡高三尺六寸寬二尺三寸正書上截左一行曰建治二年丙子右一行曰三月□日下截七行第一行曰夫□□□□三第二行曰世諸仏内證功第三行曰德得道群□類第四行和□苦指□□礼第五行曰離三遂造立□第六行曰凡品仍當悲母第七行曰三七日所立如件孝子敬白凡五十有七字泐十字建治二年當宋景炎元年先於天野道知碑八閱月金石年表謂之陸奥如法寺鐘謚也

陸奥山王社碑

雲龍桉碑在東山道青森縣陸奥國信夫郡宫城邨山王社地

高四尺三寸有奇寬三尺七寸有奇石形如山有梵字一行書

八行有羌弘安元年當宋祥興元年戊寅

燕澤碑

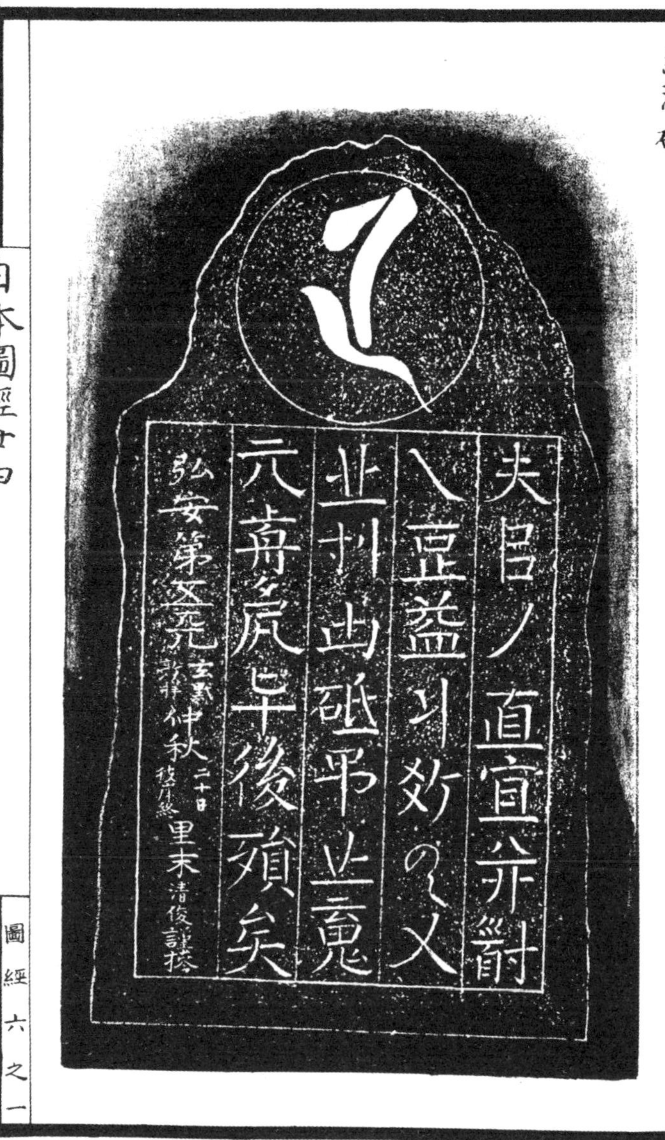

夫以發語辭以意也人直宜弁道人直者不邪曲則宜從道也并者相從也人正益舉教人正

者從道教令益舉揚也自就有道而正焉可思蓋聰明正直者

神之德以所稱歸入之化乎正直教道之麗語回照肯死後壇

也此文雖不雅馴亦有意云言辭刈丘斷囪砥刈丘者芟上毛除荊蘇也斷囪砥者丘頂之砥石如脳蓋斷斷底

而營墳樹碑也今之兆域非舊隴五十年前鄉民請釋天嶺於

此碑背銘大乘妙典之數字勒而為今碑面舊隴在今地之以

北此說親聞邨老附于此弔亾魂追悼死亡之魂魄也元前死元或國名本前死者元冠之戰死有前後也大

日本史卷六十三曰弘安四年六月四日元兵侵大宰府十三

日大破元兵殺獲千餘人是可謂元前死也又國名隱蘖為辭

意許遁顯露之忌諱也次後殞矣元史卷二百八曰八月一日風破舟五日文虎等諸將各自擇堅好船乘之棄

士卒十餘萬于山下衆議推張百户為主帥號之曰張總官聽

其約東方伐木作舟欲還七日日本人來戰盡死餘二三萬為

具虜去九日至八角島盡殺蒙古高麗漢人謂新附軍為唐人

不殺而奴之閶輩是也蓋行省官議事不相下故皆棄軍歸久

之莫青與吳萬五者亦逃還十萬之衆得還者三人而耳弘安第五天皇朝後宇多天皇統御當元世祖至元十

九年玄黙敦祥爾雅云大歲在壬曰玄黙在午曰敦祥仲秋彼岸梵語波羅密此翻云到彼岸論曰依

彼岸作小善一切羣類自然成佛云云里末清俊謹拜五家為鄰五鄰為里末若端也草野里端之緇廬對

叢林之大刹則為謙辭

碑額刻梵文羅字以代小浮圖大日經九字秘譯云羅字金剛火大成日輪觀復次譯若觀日月輪凢成佛救迷途狂䰟者要有此一字矣譯文私注

雲龍枝燕澤碑在東山道宮城縣陸前國仙臺之燕澤邨長六尺有奇寬三尺石面從欄五行弘安五年當元至元十九年壬午故曰玄黓敦牂元師東伐在前一年撰文并書者元人僧祖元也陸前國人藤塚知明燕澤碑考云祖元所使托空門子清俊對與碑不毛地也故其文難解祖元弘安二年依北條時宗遐招東航五年相州開瑞鹿山圓覺寺後謚佛光禪師先是元兵颶風覆艦五年卯立碑年仲秋因以彼岸功德之佛日樹浮圖弔焉藤塚氏之考碑也在天明三年為我乾隆四十八年有譯文

私注爰箸于篇碑文以吕為以以㷊為道以豆為正以𠬝為云以乂為刈以丠為丘以𡴭為囟以冓為前以歺為死以兲為天以五為五以攀為拜與古文多合犿為敎之古文省犿䜣皆闕末筆也丿瞥也乀弗也合之為人𠂉與糺糾通刋之言斷𠦄之言相次也謂年曰天日本金石往往然也

一宮燈臺欵識

雲龍桉集古本謂此為一宮燈臺銘實欵識也正書兼行書五行弟一行三字餘兿七字弘安辛未其六年也當元至元廿年造尊能化弘章皆别體字

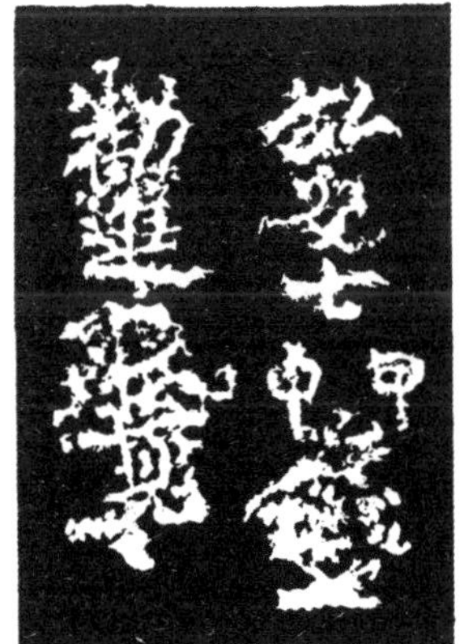

榮山寺燈臺款識

圖經六之一

養喜盧所箸書

雲龍楼燈臺二在畿内道奈良縣大和國宇知郡榮山寺皆正書也其一惟榮山寺三字其二字二行曰弘安七艸□□一行勸進□□二行弘安七年為元至元二十一年甲申

蓮華寺鐘銘

敬白
奉鑄　江州馬場宿蓮華寺突鐘
事
右當寺者弥陀安置之道場念佛勤
行之靈砌也仍近隣諸人卜寺中之
勝地更無鳥鐘逆韻之聊可憂哀能
歎此事迴思慮之處禪定大法主恭
為大壇那有[illegible]大御助成亦[illegible]門
生勸諸檀那大然我[illegible]既滿[illegible]
亦足伏請堂宇勢平領鐘落音無
縋庄内靜謐諸人泰平乃至法界平
等利益
弘安七年十月十七日　勸進當寺法師
大壇那沙弥道日　鑄主僧[illegible]能

雲龍桉鐘在東山道滋賀縣近江國番場蓮華寺正書凡一百五十四字弘安七年當元至元廿一年呼近江為江州今日本人猶然曰突鐘亦俗稱也鑄塲宿華祢靈隣逸韻悳禪衆望勢庄叓芋勧堙類此多别體字

信田小太郎古館跡碑

弘安十年當元至元廿四年丁亥此先於元貞二年碑九年

雲龍椄碑在東山道青森縣陸奧國宮城郡信田岩切山正書

長福寺鐘欵識

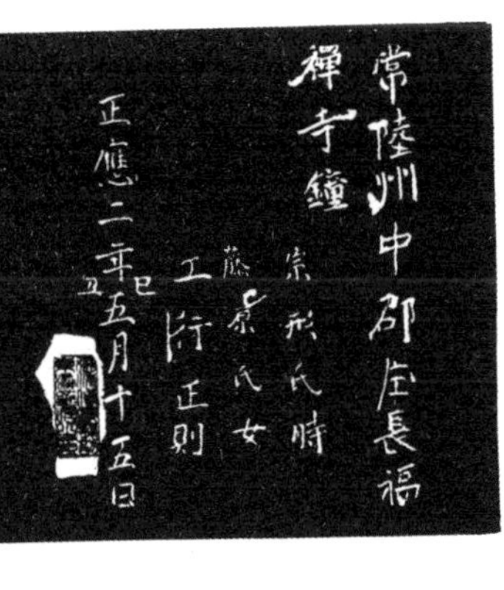

雲龍按鐘在東海道茨城縣常陸國中郡莊長福寺正書六行三十四字正應二年為元至元二十有六年己丑莊作庄餘鮮別體

慈雲寺碑

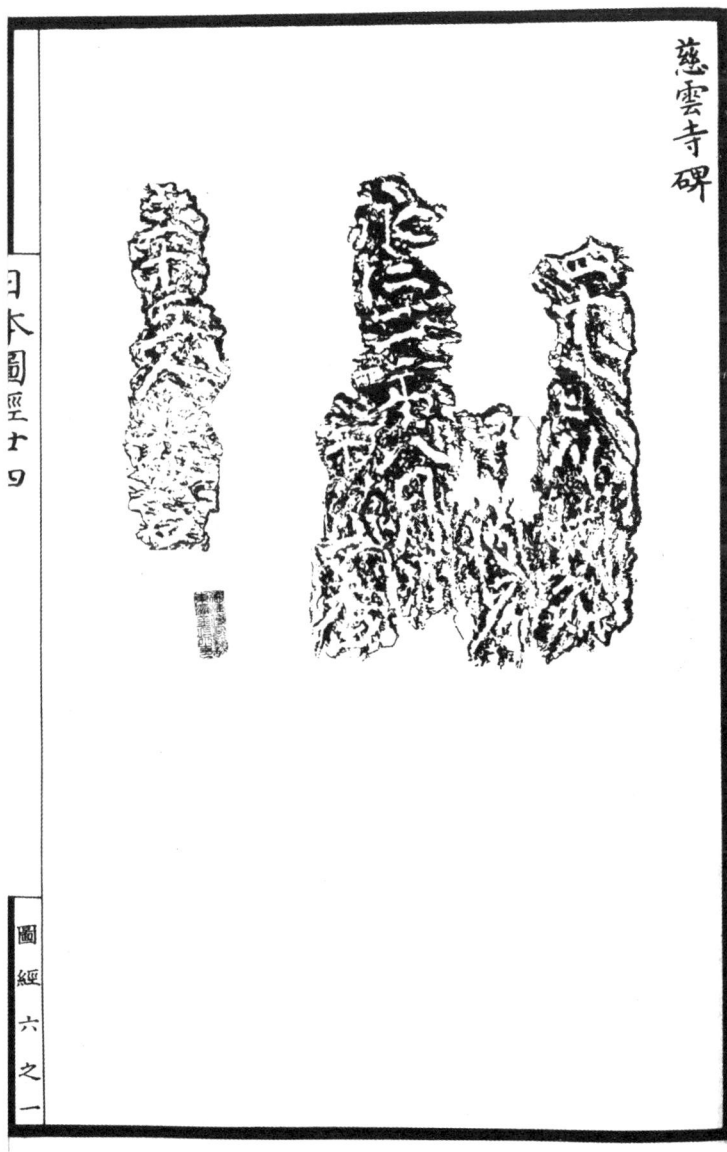

雲龍桉碑在東山道青森縣六奥國宮城郡南宮邨慈雲寺高一尺三寸寬一尺五寸正書第一行八字曰四十□□□□□第二行八字曰永仁二年八月□□第三行□□一番第四行七字曰三十五人□敬白泐者十一字永仁二年為元至元三十一年

陸奥守山堂坂妙音寺碑

右

正安二年庚子八月日

[illegible][illegible]三丈

雲龍梫碑在東山道青森縣陸奧國守山堂坂妙音寺高三尺五寸寬一尺九寸上有梵字一下有正書其可辨者十有七字曰正安二亦省年字當元大德四年

定仙和尚塔碑

雲龍按碑在東海道靜岡縣伊豆國田方郡善名邨高一尺五寸寬二尺二寸其碑表字中一行曰定仙大和尚塔左一行字曰承慶僧都右一行字曰左金吾政□碑裏字十行曰□□万□□□永□一行釋迦如來滅後□□□□二行二千五百五十□□三行二歲正安壬寅四行卯月二日奉為□□五行報謝師恩自他六行□道金剛佛子□□七行權律師□項□□八行遂造立供養矣九行□□□妙尊光如十行皆正書也正安壬寅是其四年然正安無四年也即乾元元年當元大德六年壬寅集古本所謂善名邨碑即此

圓覺寺鐘銘

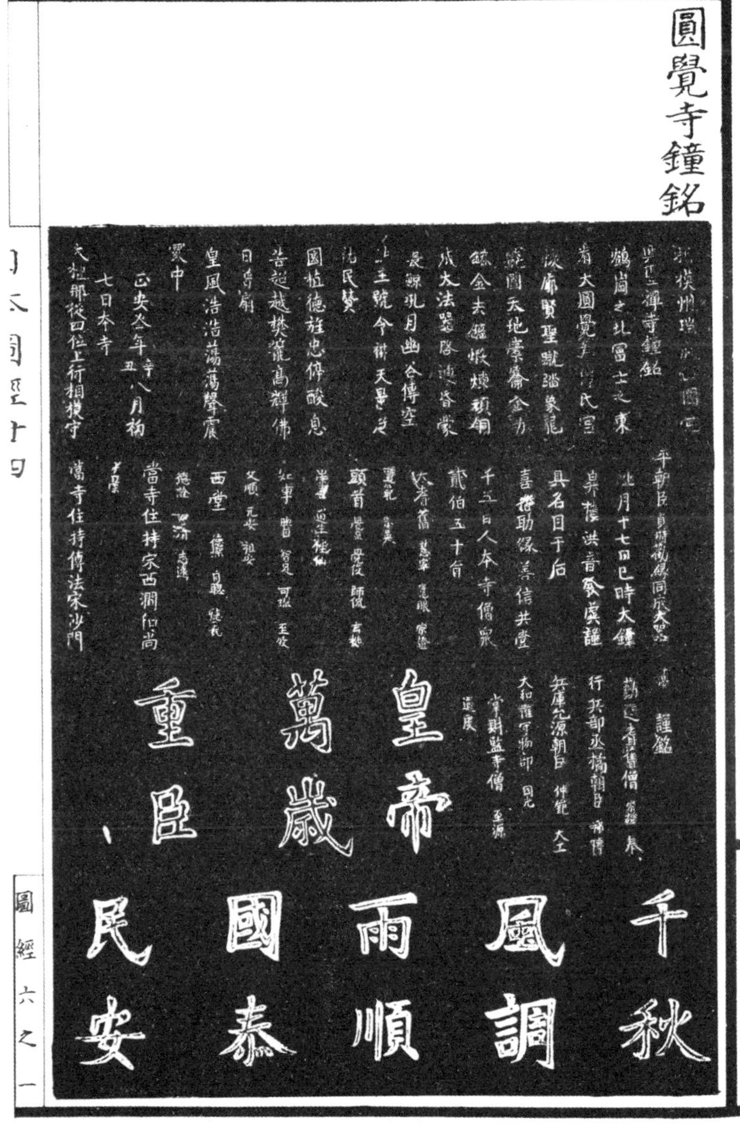
相模州瑞[illegible]山圓覺
興聖禪寺鐘銘
鷲嶺之北富士之東
有大圓覺[illegible][illegible]氏宮
[illegible]廊賢聖龍蹴象龍
鏡圓天地橐籥金力
鎔金去鑛煅煉頑銅
成大法器啓迪昏蒙
晨鯨吼月幽谷傳空
[illegible]上主號令衛天壽之
洗民贅
國植德旌忠伸酸息
普超越樊籠高禪佛
日尊崩
衆中
皇風浩浩蕩蕩聲震
正安三年辛丑八月初
七日本寺
大檀那從四位上行相模守
平朝臣貞時[illegible]同成大器　謹銘
此月十七日巳時大鐘　勸進者[illegible]僧　[illegible]
鼻樓洪音發廣謹　行共部丞橘朝臣　[illegible]
具名目于后　兵庫允源朝臣　仲範　大工
喜捨助緣善信共壹　大和權守物部　國光
千五百人本寺僧衆　掌財監寺僧　至源
貳伯五十員　道度
大眷舊　慧[illegible]　[illegible]
[illegible]　[illegible]
頭首　[illegible]　[illegible]　師[illegible]　[illegible]
[illegible]　[illegible]
知事　[illegible]　[illegible]　可[illegible]　[illegible]
文[illegible]　元安　祖安
西堂　[illegible]　[illegible]
[illegible]　[illegible]
當寺住持宋西澗和尚
[illegible]
當寺住持傳法宋沙門

千秋
風調
雨順
國泰
民安
皇帝
萬歲
重臣、

雲龍桉鐘在東海道神奈川縣相模國鎌倉瑞鹿山圓覺寺正
書有銘無叙銘者住持傳法宋沙門子曇也助貲者一千五百
寺僧二百五十正安三年當元大德五年癸亖初旬愽等字類皆
俗體相摸之摸俗从手此鐘从木

陸奥天王寺碑

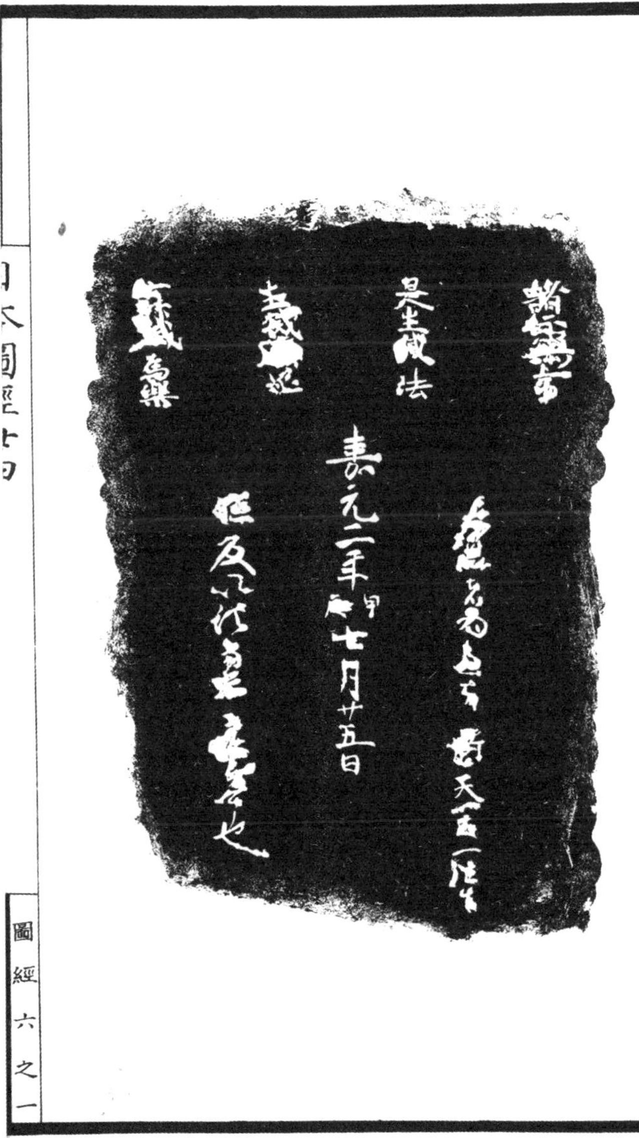

雲龍桉碑在東山道青森縣陸奥國信夫郡飯坂高三尺八寸寛二尺頂有梵字一其下行書四十五字嘉元二年當元大德八年甲辰

長勝寺鐘銘

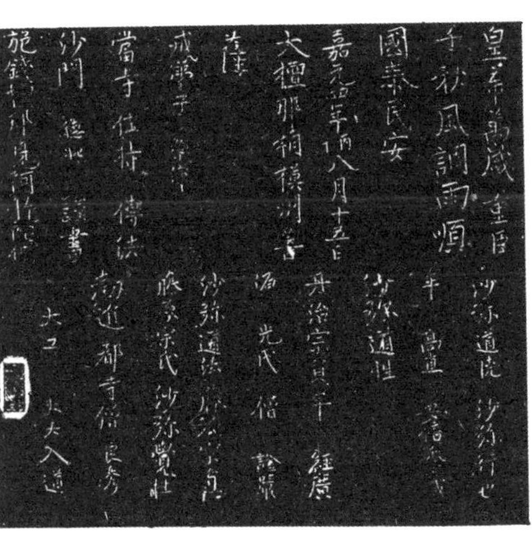

皇帝萬歲　重臣

千秋風調雨順

國泰民安

嘉元四年丙午八月十五日

當寺住持　傳法

雲龍桉鐘在東山道青森縣陸奥國津輕弘前長勝寺正書嘉元四年為元大德十年丙午風民檀鼎濵傳祢貟皆别體字

御島碑

接上為一碑

巨福山建長禪寺住山[illegible]一山一寧撰

德治丙午予受命住福山丁未春有僧[illegible]孤運來謁[illegible]來自興州[illegible]其師行實一通[illegible]是謂予曰予鄉興[illegible]有松島其傍有沙島有菴曰妙覺乃是我見佛上人棲居[illegible]見佛[illegible]經先十二年中[illegible]八十二入滅[illegible]計也[illegible]道乃[illegible]鶴[illegible]尊[illegible]其島[illegible]見佛[illegible]人乃[illegible]今名見[illegible]左[illegible]列島僅百[illegible]獨氏名家[illegible]由見佛之[illegible]也[illegible]之所名[illegible][illegible]父母[illegible]家乃依長[illegible]成福寺[illegible]子十五[illegible]天[illegible]久之[illegible]自[illegible]謂[illegible]字之[illegible]四十二[illegible]圓覺[illegible]福寺[illegible]子[illegible]二十[illegible]福大覺于[illegible]見佛[illegible]壽福[illegible]和[illegible]仍四圍福[illegible]老焉[illegible]乃[illegible]年光大[illegible]完[illegible]備之[illegible]心住禪[illegible]二十二年[illegible]不出山[illegible]人謂見佛上人之[illegible]世也[illegible]天[illegible][illegible]化[illegible]世壽今八十二僧臘六十七居處如平居[illegible]弟子三十餘人道心孤運等[illegible]師之德之功[illegible]我之責也相與議立窣堵[illegible]記之[illegible]其[illegible]又[illegible]古之[illegible]道[illegible]者[illegible]由是道[illegible]師[illegible]傳有興福一[illegible]師[illegible]門[illegible]為銘之銘曰

人[illegible]德[illegible] 地由人興 [illegible]島之[illegible] 見佛[illegible] [illegible]師[illegible]居 乃[illegible]

清[illegible] 開[illegible]醒 [illegible]力 克[illegible] 弟子[illegible] 為銘

是歲三月十五日書 小師三十餘人匠心孤運同立石

雲龍桉碑在東山道宫城縣陸前國松島高一丈二尺四寸有奇寬三尺八寸有奇分計之碑首未刻處高一尺有奇額上花紋高五寸額高二尺五寸八分額下雙龍處高七寸碑文正面高七尺有奇其下花紋六寸許其寬額面二尺六寸五分碑面三尺二寸五分額正書曰奥州御島妙覺庵賴賢庵主行實銘廨碑行書十八行字有差德治丙午是其元年當元大德十年

据古城郡人言其郡古碑凡三一多賀城碑一燕澤碑一即此也

鎌倉八幡宮燈臺銘

雲龍桉燈臺在東海道神奈川縣相摸國鎌倉八幡宮正書十一行行二字至十五字有差延慶三年當元至大三年庚戌鑄
鑄邑寶龕亟成規黍邉皆別體字

愛宕山碑

母為一百ケ日
孝子ホ
慶長二年五月
敬白
朱仏造立之

雲龍桉碑在東山道青森縣陸奥國須賀川愛宕山高一尺六寸寬一尺一寸草書五行第一行奉為一百百日第二行孝子等第三行應長二年五月第四行敬白第五行成佛造立之月廿二字以尗為等以仏為佛皆俗體字應長二年元皇慶二年也歲次壬子

醫王寺碑

雲龍桉碑在東山道青森縣陸奥國佐場野醫王寺高二尺八寸有奇寬一尺七寸有奇行書横額四字曰識除理如中一行曰正和二年癸十月上旬日左一行曰右造立之□忍王逆三字漫漶據舊譯□右一行曰□業兼法界拜明正葵故也其時為元皇慶二年癸丑集古本譯為正和三年誤也

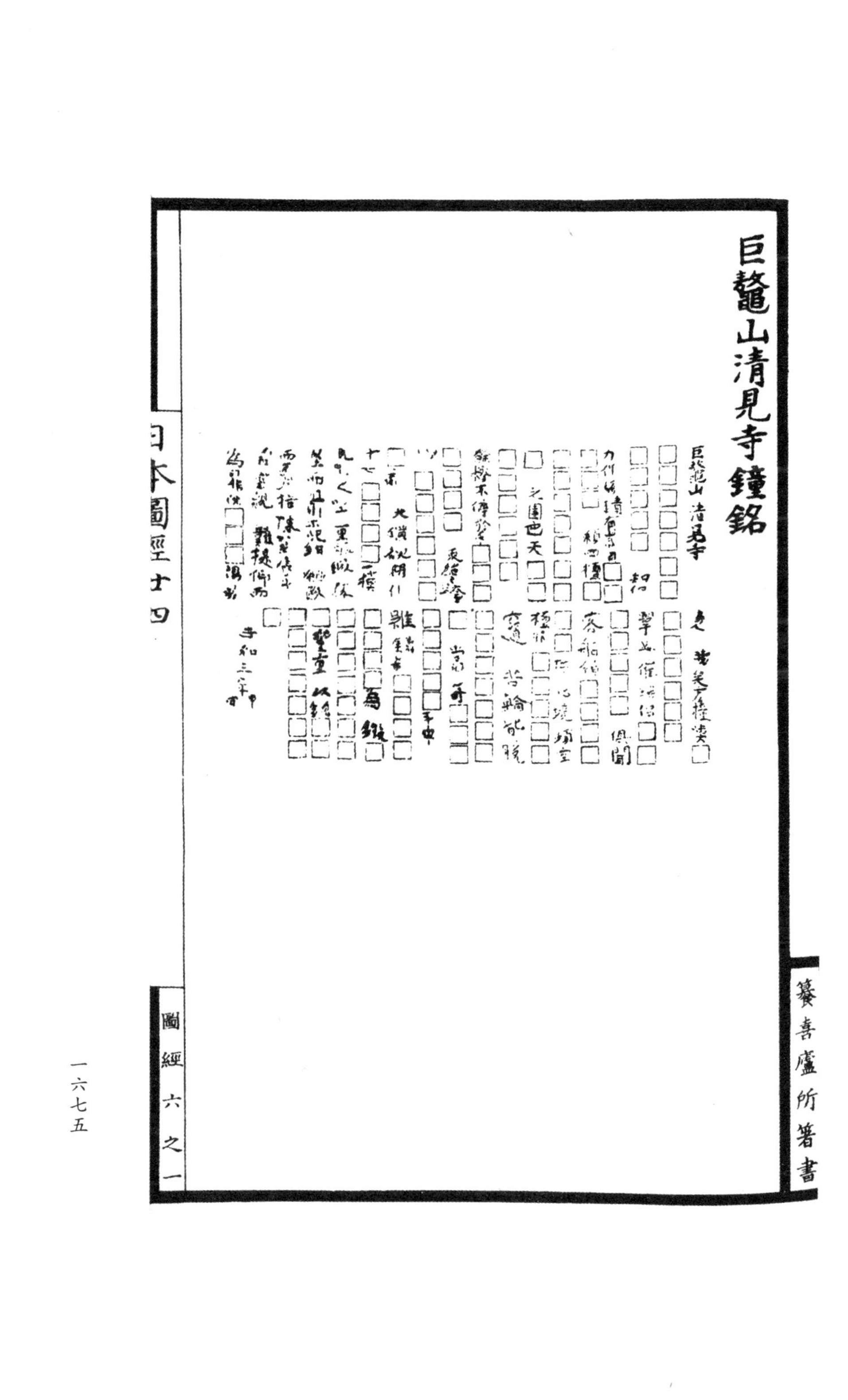

巨鼇山清見寺鐘銘

雲龍按鐘在東海道靜岡縣駿河國巨鼇山清見寺正書陽文剝蝕過半僅餘一百十七字其中全字亦尠永和三年之永字已難可辨幸有甲寅二字可据也蓋當元延祐元年

鶴岡八幡宮鐘銘

既雖及而記[illegible]介之功
鶴岡八幡宮鐘銘并序　殆可謂不日偷斯[illegible]壇
夫當宮者　焉[illegible]東成　而[illegible][illegible]基先[illegible]于蒲牢
之州[illegible]岳中匾之[illegible][illegible]而[illegible][illegible]音乃作銘曰
[illegible]山之宗桃[illegible]　尊[illegible]　[illegible]鐘[illegible][illegible]　[illegible]器[illegible][illegible]
之權[illegible]以降[illegible]之門　龍文[illegible][illegible]　先巧奇[illegible]
須[illegible]之[illegible]壽禮[illegible][illegible]　形[illegible]修[illegible]　聲[illegible][illegible]憲
春[illegible]之[illegible]秋[illegible]之[illegible][illegible]　應[illegible]陽律　入[illegible][illegible][illegible]
春秋幾迴鐘護年尚　小大[illegible]振　清濁[illegible][illegible]
答晚日新　[illegible]聞去[illegible]　[illegible]帶[illegible]和　隨風自[illegible]
始[illegible]不[illegible][illegible][illegible]詞[illegible]深　[illegible][illegible]千[illegible]　高[illegible]九[illegible]
[illegible][illegible][illegible][illegible][illegible][illegible]　梵[illegible]無斷　[illegible][illegible]三合[illegible]
[illegible][illegible]足[illegible][illegible][illegible][illegible]　正和五年二月日
[illegible]不[illegible]不忘[illegible]不[illegible]勤

雲龍按鐘在東海道神奈川縣相摸國鎌倉鶴岡八幡宮正書一百一十九字正和五年當元延祐三年丙辰鶴鶴搖断皆别體字以商為商則音誼迥異矣

安福寺鐘欵識

常州鹿嶋郡宝雲山
安福禅寺 撞椎
正和丙辰三月十四日鑄
大工完戸鳴井善性
大檀那菩薩戒尼觀心
資助當国住沙弥善明
幹縁住持僧 光琛 識

雲龍桉鐘在東海道茨城縣常陸國鹿島郡安福寺正書兼草書五十有八字正和丙辰是其五年當元延祐三年宝福鑄檀国弥善皆别體字以嶋為島則日本俗字

推津邨古墟碑

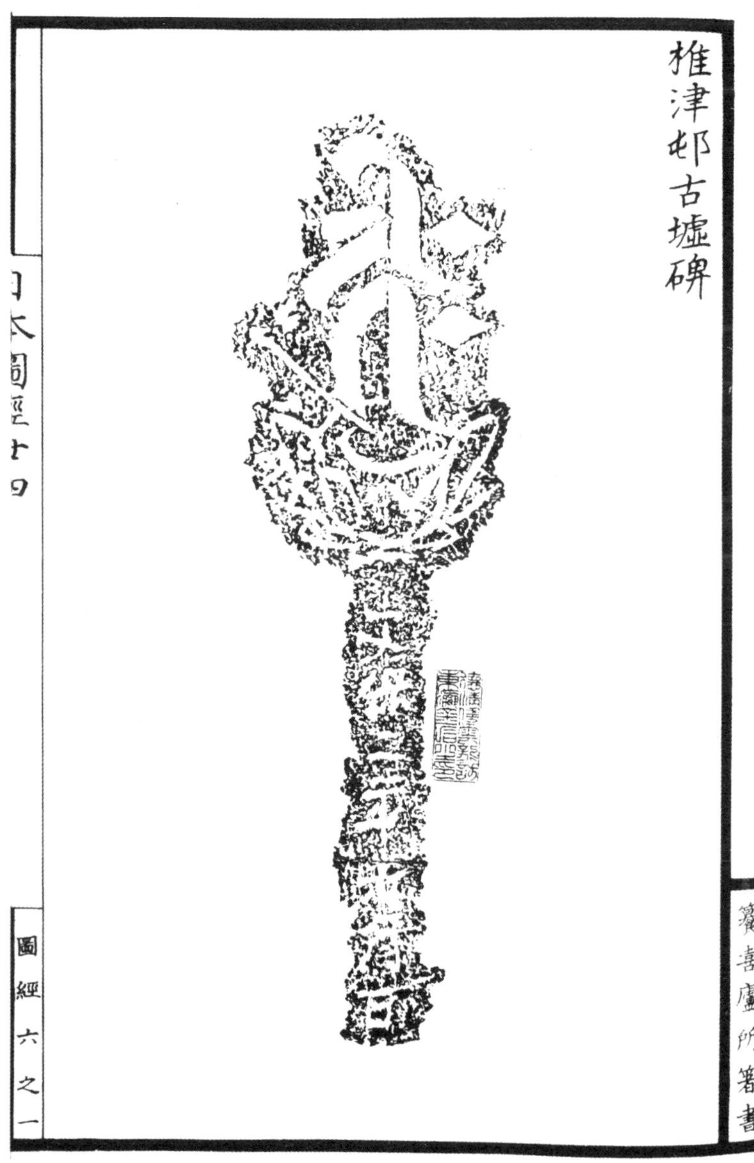

雲龍按碑在東海道千葉縣上總國市原郡椎津邨初湮沒土中邨人掘墟間地出之僅存文保二年六月日七字正書也其上有梵文其年為元延祐五年戊午

如法寺碑

八郎
元亨元
誓阿

雲龍桉碑在北陸道新潟縣越後國蒲原郡如法寺高一尺九寸寛一尺五寸近上居中有梵文一其下有元亨元三字左有八郎二字右有誓阿二字正書畧兼行書元亨元為元至治元

年辛酉以亭為亭與天王寺碑同

下總國八幡宮鐘銘

敬
奉冶鑄銅鐘
大日本国東州下総第一鎮守
葛餝八幡是大菩薩傳聞寛平
宇多天皇勅願社壇遠久以来
右大將軍崇敬沐勝天長地久
亀鐘既發人微眠覺金啓夜響
前槙巨海後連遠村惠惡性勤
衣除煩惱 能證菩提
元亨元年辛酉十二月十七日
願主右衛門尉丸子真吉
別當法印智圓

雲龍按鐘在東海道下總國弟一鎮守葛餝八幡宮正書元亨元年當元至治元年辛酉鑄綂播薩寃宇社逹亷永㭊證百圓俗字居多

日蓮書名號碑

雲龍桉碑在東山道橡木縣下野國那須山高四尺五寸有奇寬一尺九寸有奇正書中一行曰南無妙法蓮華經左行曰右志者為一結衆現安穩另坿一行曰元亨貳年壬戌卯月十三右行曰後生成佛乃至法界另坿諸衆二字元亨二年當元至治二年壬戌

奈良招提寺金堂鮪字

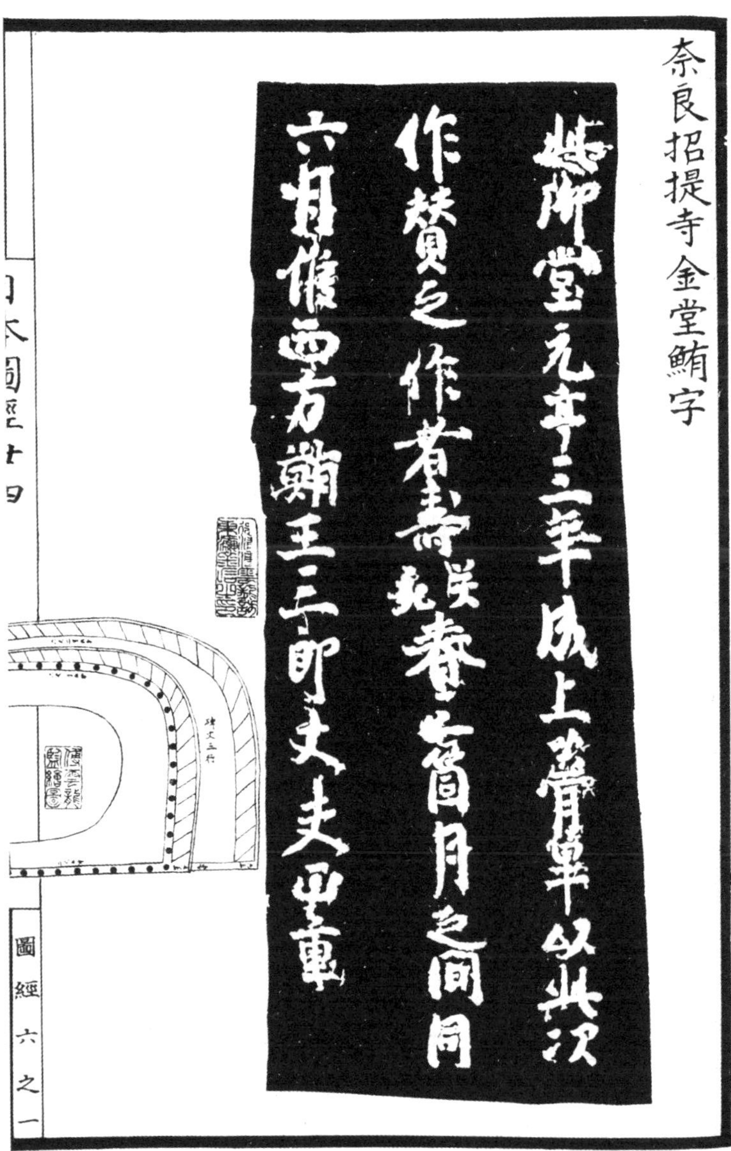

雲龍桉鮪者如中國屋脊之首所謂鼇頭者也集古本入碑類
蓋瓦簣也日本人謂瓦為煉化石此鮪在畿内道奈良縣大和
國奈良招提寺金堂正書三行第一行十四字第二行十五字
第三行十三字文曰此御堂元亨三年成上葺畢以此次作贊
之作者壽癸亥春三箇月之間同六月候西方鮪王三郎丈夫
正重其意謂三閲月之功與六閲月等堂西之鮪作自王三郎
丈夫也正重殆鄭重意歟御堂猶言尊堂也今影字而坿鮪圖
玆詳尺寸著異製也元亨三年為元至治三年癸亥成無點與
松浦碑同次作汉贊作賛壽作壽箇作箇鮪作鮪皆别體也

天王寺碑

雲龍桉碑在東山道青森縣陸奧國信夫郡飯坂天王寺山高一尺二寸有奇寬五寸行書一行曰元亨弟四甲子一月十三日敬白凡十四字其年為正中元年正月猶未改元也當元泰定元年甲子亨作亭弟作第

善願上人舍利瓶記

極樂寺第二代長老善願上人
舍利瓶記
先師大德諱順忍俗姓藤原
建久幕府士辛加藤判官景廣
孫也父加藤五郎其母又藤氏
冬旅二十一廿七誕生弘安三十六歲
隨忍性大德出家受具衛興正菩薩
刑受公家專崇敬侍大守梁成佛
万人崇顯忍之行化一朝遂滴主之
悲願 青嘉曆元年八月十四辰赴
端坐入下俗年六十二夏臈四十二

雲龍按此即集古本所謂骨壺銘也而實非銘今依瓶文定其目曰善願上人舍利瓶記其字所在高三寸五分寬四寸八分正書十一行行四字至十五字有差嘉麻元年爲元泰定三年其出土在東海道靜岡縣伊豆國田方郡牧野邨蓋掘地者獲之也第善願建薩𡨥鵑皆别體字文永二十一廿七云者二十一年廿七日也文體亦異

松浦碑

華嚴如来成正覺時於其
身中普見一切衆生成正
嘉曆弍年丙四月日敬白

雲龍桉碑在東山道青森縣陸奥國宮城郡松浦正書每字長三寸有奇三十一字惟丁卯二字雙行華来夘皆别體字成字有二一無點一有點替闕一筆嘉麻二年當元泰定四年

潮來長勝寺鐘銘

雲龍桉鐘在東海道茨城縣常陸國潮來邨海雲山長勝寺正書兼行書二十六行行字有差元德庚午其二年也當元至順元年去翔寺之始已百二十年有奇矣乃為是鐘勒四言銘二十有八句徽皋鯨祊禪定類此皆別體難枚舉也

久米邨將軍塚碑

飽間齋藤三郎藤原盛貞生年廿六 於武州府中五月十五日令打死 勧進[illegible]
同孫七家行年廿三 同所討死
元弘三年癸酉五月十五日 敬白
飽間孫三郎宗長卅五 相州村岡十八日討死 執筆[illegible]

雲龍按碑在東海道武藏國入間郡久米邨上段梵書五行前四行五字後一行三字下段正書五行中一行紀年曰元弘三季癸酉五月十五日敬白前二行一為十九字一為十三字後二行一為十四字一為廿一字以季為年蓋肖唐武后所制字而小變者也唐書后作埊𠀑埊㔔囝〇𤯔恧𡔈𠡦𡆠𠦚十有二文自名曌宣和書譜以乖為武后造十九字之一通志以乖為武后十八字之一集韵乖與通志同與唐書異佩觿作乖金石文字記作埀王觀國學林作乖然制字本恉謂千千万万為年當以作季為是空海所書益田池碑年作乖與唐書符此碑作季與諸書略異元弘三年當元元統三年

東明寺鐘銘

[illegible]
[illegible]
寺舊樓鐘壓弗[illegible]
久湯者久之住山
天外志高禪師
謀於
檀門施財之外往
謂難矣[illegible]奇偶
偈見[illegible]不眠乃命
工領[illegible]鑄就功
詔銘[illegible]閣覺比丘
自抑止發音而贊
曰昔梁武帝因
[illegible]禪師之
[illegible]寺[illegible]鐘
昔[illegible]

猶聞而息苦然則
鐘之功大矣哉然
予宜為銘曰
惟前巨錦　厥功在音
觸令晨昏　禮樂山林
下徹空輪　上[illegible]有頂
傳醒息苦　警[illegible]者
聞齋於鉢　出定命容
得句狂和　悟禪夜春
音唯一聲　機乃萬應
其聞則同　各證所證
如來亦爾　一音演揚
隨類得解　咸超真常
又如天鼓　普告天衆
聲出自然　十方任動

特放禪師　淨智妙圓
以鐘說法　密暢遐宣
情與無情　聞聲清淨
聲來耳往　返我聞性
皇風浩蕩　佛日昭朗
兵戈永息　國界隆平
九刹[illegible]興　檀門光大
保我檀衆　億千萬代
奉行[illegible]
藤[illegible]信
大歲壬申正慶元
平朝衛前一日
小[illegible]
幹緣比丘
知事比丘

[illegible]首比丘
當代住持比丘天外[illegible]
本寺大檀那菩薩戒
弟子　慧清
大檀那前相模守善
護持弟子　崇鑑
[illegible]
[illegible]
大日本國豆州
走湯山東明寺檀
鐘一口御寄進
大檀那主君公遂棟
從四位[illegible]京大夫
史平氏康
木食[illegible]大僧都

[illegible]
天文十九年庚戌
閏五月十八日　大
工　李吉
正執事權大僧都[illegible]
榮[illegible]代[illegible]
當修造奉行　　檀
大僧都[illegible]　大
德真[illegible]　長[illegible]
皇帝萬
萬歲[illegible]
守藤原[illegible]
大田[illegible]

雲龍梵鐘在東海道靜岡縣伊豆國走湯山邨東明山正書正
慶元年為元至順三年壬申子兼古俗僧命僖贊歸萬皷明闃
重氏康之類難更僕數

東慶寺鐘銘

羽陽尚松岡山東慶禪寺鐘銘
梵剎置鐘親令人天休息論音利益大
哉松岡住持[illegible]其志寺用下錫鑄
此鐘[illegible]松岡豐光消此建銘曰

松岡名山　臺星木慶　鐵石[illegible]
木山善君　龍澈州羅　禪[illegible]
鐵失鐘　鑄鐘旋全　孔方[illegible]
正禪是命　[illegible]泰功　龍積母正
其[illegible]張　[illegible]　晨[illegible]
朝晚夕諫　梵音一吼　聾[illegible]

老迎西國　天近揆道　新[illegible]
迷[illegible]過　房奥開[illegible]　石[illegible]
十壓消殘　五[illegible]清[illegible]　[illegible]
鐸[illegible]開[illegible]　[illegible]門[illegible]　[illegible]國[illegible]勝
千秋萬年　國[illegible]
壬申元德[illegible]年[illegible]結制後十一日

邦寺比丘尼　[illegible]性[illegible]
當庵比丘尼　[illegible]
住持比丘尼　梁[illegible]
大檀那[illegible]

雲龍桉鐘在東海道神奈川縣相摸國相陽山内松岡東慶寺正字陽文二十行行八字至十五字有差元德四年當元至順三年壬申鐘識輒以三為四與古文符此則以二為四别一體也陽脩彭彥屋首道善古俗兼用

金色院鐘欵識

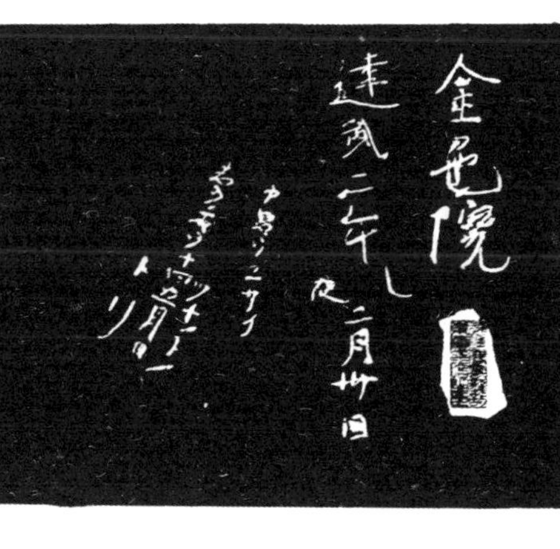

雲龍桉鐘在畿内道西京府山城國宇治白山金色院行書二行凡十有三字建武二年為元至元元年乙亥鐘文亥字蝕後四行字數有差雜伊呂波文

西念寺鐘銘

雲龍桉鐘在東山道滋賀縣近江國西念寺正書八行弟一行目也弟二行至五行銘也後三行紀年署欵建武二年之二字漫漶然猶可辨金石年表列之二年是也當元至元元年乙亥謂近江曰江州

多福院山吉野碑

奉勅

吉野先帝御葬

延元 年 月廿四日

雲龍椄碑在東山道宮城縣陸前國牡鹿郡石巻水門里多福院山正書三行中一行二字左一行存七字右一行十有一字延元四年己卯當元至元五年以ニニ為四

泉福眞福二寺鐘銘

雲龍桉鐘在東海道埼玉縣武藏國豐島郡赤塚為泉福寺眞福寺同用鐘 正書一百九十五字厤應三年當元至元六年庚辰以豊豊為豐以鳥鳥為島以釱為鈌以迹為邇

陸奧中尊寺鐘銘

[illegible]

雲龍按鐘在東山道青森縣陸奥國平泉中尊寺正書陽文十八行行字有差康永二年之康字少泐然猶可辨雲龍斷為康永與日本人小林辰手錄金目合葢元至正元年癸未也其敘曰長治二年為宋崇寧四年曰建武年為元元統年皆前事也

毛越寺鐵燈欵識

奉安置　中尊
平泉觀自在王院御
前[illegible]前部　[illegible]
與燈[illegible]
壹基鐵燈鑄立
[illegible][illegible]
[illegible]主　邊氏仏
道
文和第四[illegible]月上旬
[illegible]
[illegible]
[illegible]
[illegible]
[illegible]
勸進衆
[illegible]
衆徒　[illegible]敬白

雲龍桉鐵燈在東山道青森縣陸奥國平泉毛越寺正書陽文
謂文和四年曰文和年四亾一俗例也當元至正十五年乙未
置作量自作皀衆作衆

藤澤寺鐘銘

夫鴻鐘者天地爲鑪陰陽之炭開我惟子撰種等將重溫前文枝毋之衰乃至高和滿月遠洗嚴霜
爲銅萬物爲鈞造化爲工欲法燈於兆梵響遠傳函合靈周鐘雕雕之花衰止風思破夢非感起行
以成大極之器者其德常使龍雀烈實宮之忠級寵濟開而卻魔林朋鯨鯢之響人民福湊村里吉祥
住而洪大虎兮自得兮裁風八萬部之蝶鑄山之變鐘鑄剛避甘露而虎精仍以書曆重万世祚續百王
韻相照之中有過天之響響之功甫就經疏之經略銘曰真宗運久精舍庠長
者何物若之故梵宮之所磨於戲師子乳以足謂之東流佛法則得過相結緣刷法共滿願望
要有之者也伏以發塵世蘇分晉餘若得之者師曠奉開藤澤清淨之光佛家春馬同壽無量
界者妙觀察智能所攝化嘆而可爲明染帝若得之而前湛海光彼守陽時也范文元年七月五日
也是以宗祖曰於鐘聲若陳府教而可爲樂何莉梵風慈悲法水洋洋沙彌 宣存
必待和而方鳴大聖新懿涅槃者常非然之德楊嚴松青納日雲熱夕陽治天和權守
必待請而當說以恰謂於者嘆不愛之轉然則明王卜之彫池鐵被樂方住持他阿彌陀佛
未是推發即無生之玄旨驚眠之月秋遠和四海八不離米浴以界花藏願主沙彌陀阿等
耳爰相州藤澤山清淨光寺之洪大守鐘民之鼎花鳳鐘瞰響雄拉傲枕
院爲守基久而此鐘未有白毫蓋映金色迷擴

南無阿彌陀佛

雲龍桉鐘在東海道神奈川縣相摸國藤澤寺正書陽文五十四行行字有差延文元年為元至正十六年陰銅恰鷹飜鑄躰万世捺弥等字别體居多

稻邨碑

雲龍椄碑在東山道青森縣陸奥國盤瀨郡稻邨高二尺五寸寬一尺六寸上段梵文一下段正書一行延文五七月日凡六字延文是日本北朝年號時為南朝正平十五年當元至正廿年庚子

地藏堂鐘銘

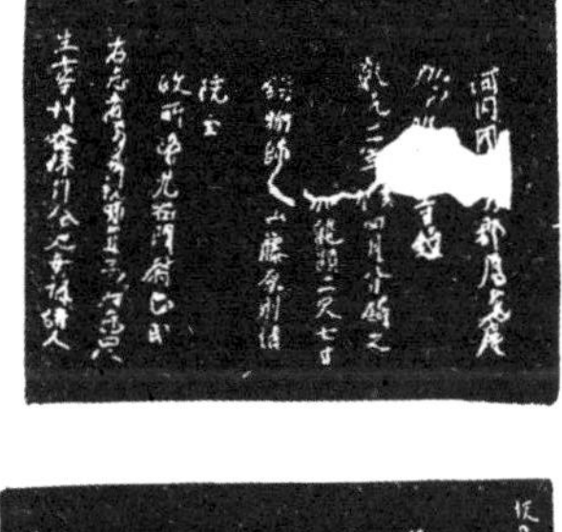

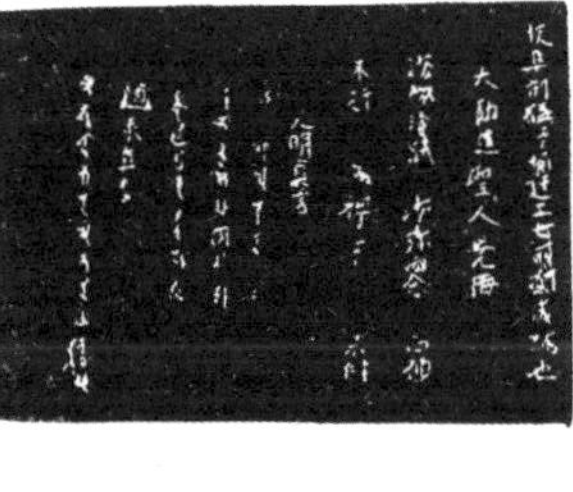

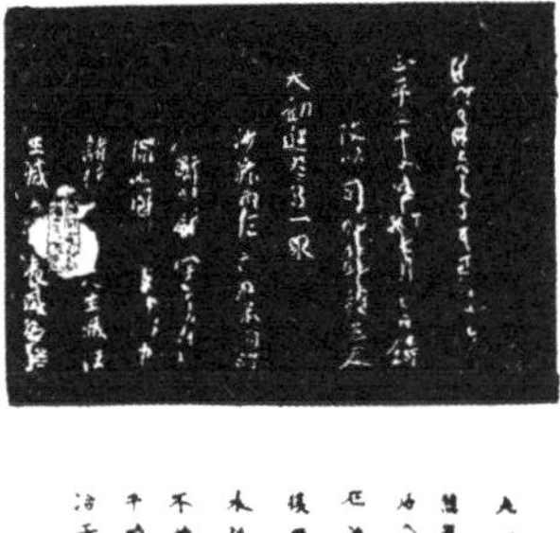

雲龍桉鐘在畿內道大阪府河內國大縣郡雁田尾正書行書梵書三者凡二十有八行行字有差初鑄於乾元二年當元大德七年癸卯改鑄於正平二十一年當至正二十六年又陽文二層こ各九行

三島社鐘銘

雲龍桉鐘在東海道東京府武藏國金澤鄉瀨戶邨三島社益神社鐘也有銘無敘其後署款紀年正書陰文應安七年爲明洪武七年

密寺鐵燈扉識

永和太年

二月吉日

雲龍按鐵燈在南海道和歌山縣紀伊國密寺其扉正書陽文二行識年月而已永和元年為明洪武八年

為尼上智造石塔款識

為禪尼上智奉造
立沙彌聖靈蓮阿
永和元年乙卯七月

雲龍按石塔在南海道和歌山縣紀伊國高野山正書陰文三行其文曰為禪尼上智奉造立沙彌聖靈蓮阿永和元年乙卯七月　而集古本目為永和年間石塔銘所不敢沿永和元年爲明洪武八年

布留社鐘款識

雲龍梭鐘在畿內奈良縣大和國布留社行書陽文五行永和二年爲明洪武九年其社名布留者殆本神詛歟詳天璽瑞寶十種

行者講田碑

雲龍梭碑在畿內大坂府和泉國山邊郡梵文一正書十八字曰龍福役行者講田永和二年乙卯六月十日皆陰文也永和二年是日本北朝年號時其南朝天授二年也爲明洪武九年

盛福寺鐘銘

雲龍椄鐘初在畿內攝津國西成郡盛福寺今徙大坂府攝津國武庫郡西宮六湛禪寺塔中茂松菴然稱名輙沿厥舊文永十一年為宋咸湻十是初鑄之時再鑄於嘉慶元年當明洪武二十年即其南朝元中四年

淺草寺鐘銘

雲龍椄鐘在東海道東京府武藏國豐島郡淺艸寺正書陰文至德四年即嘉慶元年爲南朝元中四年當明洪武二十年

清澄寺鐘銘

雲龍椄鐘在東海道千葉縣安房國千光山清澄寺寺開自僧慈覺鐘久剩蝕不可鳴更鑄於明德三年壬申有銘有序正書陰文廿一行行字有差其年爲明洪武二十五年

藏王權現鐘銘

雲龍栜藏王權現鐘在東海道武藏國池田郡井頭鄉御嵩山行書陰文十八行明德四年癸酉為明洪武廿六年澄覺虛發聖壽疆李皆別體字

廣國寺鐘銘

雲龍栜鐘在東海道東京府武藏國兜率山廣國禪寺正書陰文十二行行字有差應永四年丁丑為明洪武三十年

妙覺寺鐘銘

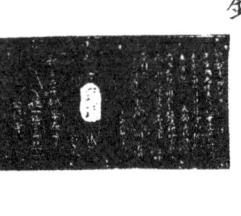

雲龍梵鐘在畿內京都府平安城高辻大宮法華堂右妙覺寺行書陰文十四行行字有差長享二年戊申為明弘治元年其銘則在應永八年為建文三年以辻為衢是日本俗字

棚倉馬場鐘銘

雲龍梂鐘在東山道岩手縣陸奥國棚倉馬場行書陰文應永八年為明建文三年

觀音院鐘銘

雲龍梂鐘在西海道長崎縣肥前國觀音院正書陰文應永十年癸未為明永樂元年以乖為年猶沿唐習

岩峰寺鐘款識

雲龍椄鐘初在東山道青森縣陸奥國石河莊大賓山岩峰寺後移三春藩行書陰文八行行字有差應永十一年為明永樂二年

明王院鐘銘

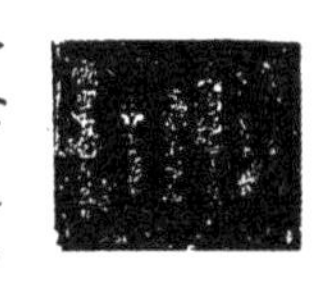

雲龍椄鐘在東海道神奈川縣相摸國鎌倉明王院葢佛寺鐘也正書七行行字有差應永十二年乙酉當明永樂三年

鉢峯山長福寺石燈款識

鉢峯山應永十九年

五所權現勸進良秀

長福寺三月十七日

雲龍按石燈在畿内西京府和泉國鉢峯山長福寺正書陰文三行曰鉢峯山應永十九年五所權現勸進良秀長福寺三月十七日其年爲明永樂十年壬辰

奉行所應永廿二

新坊之興福寺

未

西琳寺鐘款識

雲龍梾鐘在畿內西京府河內國西琳寺行書陰文應永廿二乙未為明永樂十三年

中禪寺應永釜款識

雲龍梾釜在東山道栃木縣下野國日光中禪寺施之者藤原朝臣也正書陽文三行應永廿三年丙申為明永樂十四年

高藏寺鏡銘

雲龍桉鐘藏畿內京都府和泉國高倉郵高藏寺行書陰文曰久安五年己巳十月八日造之大修惠院凡十六字時宋紹興十九年此當宋時誤印於此

外屋重芳藏半鐘識

宝德二年

庚午

雲龍桉鐘在畿內大坂府正書陽文三行寶德二年庚午為景泰元年

新熊野山鐘銘

雲龍桉鐘在山陽道岡山縣備前國兒島兒林莊新熊野山凡日本佛寺皆别有山名此並寺字省之也新者對舊寺言正書陰文康正三𠡠𦬁省年字為明天順元年以巳為丑往往然也

普照寺鐘銘

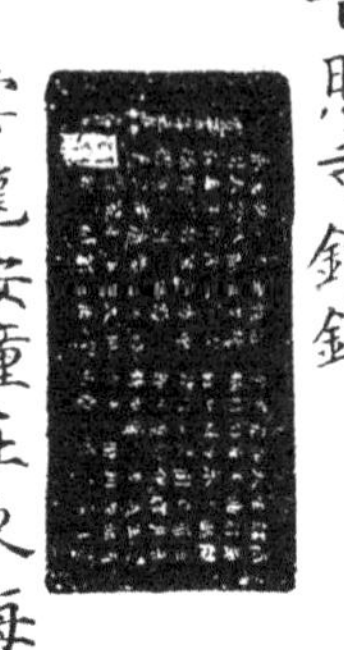

雲龍桉鐘在東海道静岡縣伊豆國伊濱邨普照寺正書陰文十七行寛正五年甲申為明天順八年

明七

藏王堂鐵燈款識

雲龍桉鐵燈在畿内奈良縣大和國吉野郡金峯山行書陰文

文明二年為明成化六年

清水寺鏡銘

雲龍桉鐘在山陽道愛媛縣播磨國清水寺行書陰文六行文

明十四年壬刀即明成化十八年壬寅以刀為寅不自此始也

南都般若寺鐘款識

雲龍椄鐘在畿内奈良縣般若寺而鐘前署目曰南都般若寺鐘所謂南都者即奈良縣別名也往昔其國君都此而又在西京之南故名延德三年辛亥為明弘治四年延灾頽壽弥皆別體字

盬竈宮鐘銘

明八

雲龍梵鐘在東山道宮城縣陸奥國宮城郡鹽竈宮行書陰文

明應六年爲明弘治六年

光明院碑

雲龍梵在南海道和歌山縣紀伊國高野山光明院梵文一左

右正書各二行永正八年辛未爲明正德六年

一品吉備津宮鐘銘

雲龍椄鐘在山陽道岡山縣備中國一品吉備津宮正書陰文

永平十七年庚辰為明正德十七年

最勝寺鐘款識

雲龍椄鐘在東山道福島縣陸奥國白川鹿島最勝寺行書陰文十五行行字有差然非銘也集古本誤矣天文十三年為明嘉靖廿三年此當移龍華寺鐘銘之下

明九

外屋水鉢識

寄進　水鉢

宝珠庵

天文五歲丙申六月日

雲龍桉鉢在畿内大坂府外行書陽文三行行字有差天文五歲丙申

為明嘉靖十五年

龍華寺鐘銘

雲龍桉在東海道東京府武藏國六浦莊金澤鄉知足山龍華寺正書陰文天文十年辛丑當明嘉靖二十年

道明寺鐘銘

雲龍桉鐘在畿內京都府河內國道明寺行書陰文三十二行永祿十二年己巳為明隆慶三年

上太子敵福寺鐘款識

雲龍桉鐘在畿內京都府河內國石州郡敵福寺行書陰文慶長八年為明萬麻三十一年

忍海原連魚養碑

虚妄分別有於此二都无
此中唯有空於彼亦有此
故說一切法非空非不空
有无及有故是則契中道
名事互為客其性應當遣
於二亦當及唯量及唯假
實智觀无義唯有分別三

彼无故此无是則入三性
我法非有空識非无離有
離无故契中道觀遍計所執唯
虚妄起都无體用應正遣空
情有理无故觀依他圓成諸法體
實二智境界應正存有理有情
无故　彼
訶　思　正

雲龍枝碑在畿內道奈良縣大和國奈良十輪院境正書無年

分据裝冊拓本箸述

古碑

雲龍按古碑集古本著錄未詳何所正書五行行五字又梵書五字一行在正書下

勝手明神古鐘銘

雲龍桉鐘在畿內道奈良縣大和國吉野正書存十四行行字有差多漫漶不可識識者數字耳

猿丸太夫墓志

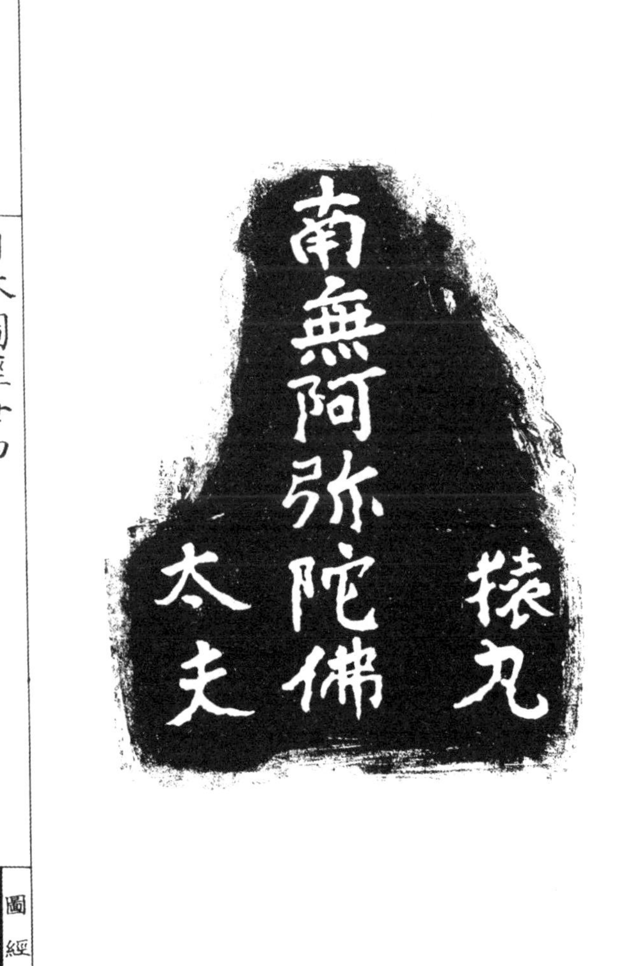

雲龍按墓志石在畿内道兵庫縣攝津國蘆屋邨高三尺三寸四分寬一尺七寸正書猿九太夫分為左右各二字中書一行曰南無阿弥陀佛字與多胡郡碑相似下有石紋如蓮

苔清水碑

苔清水

雲龍桉碑在東海道奈良縣大和國吉野山正書一行三字字長四寸許碑字之無俗體無省筆似此蓋寡

二階堂墓志

雲龍桉墓志在東海道武藏品川海晏寺字餘二行然皆漫漶

法隆寺銅斗識

重大廿六斤

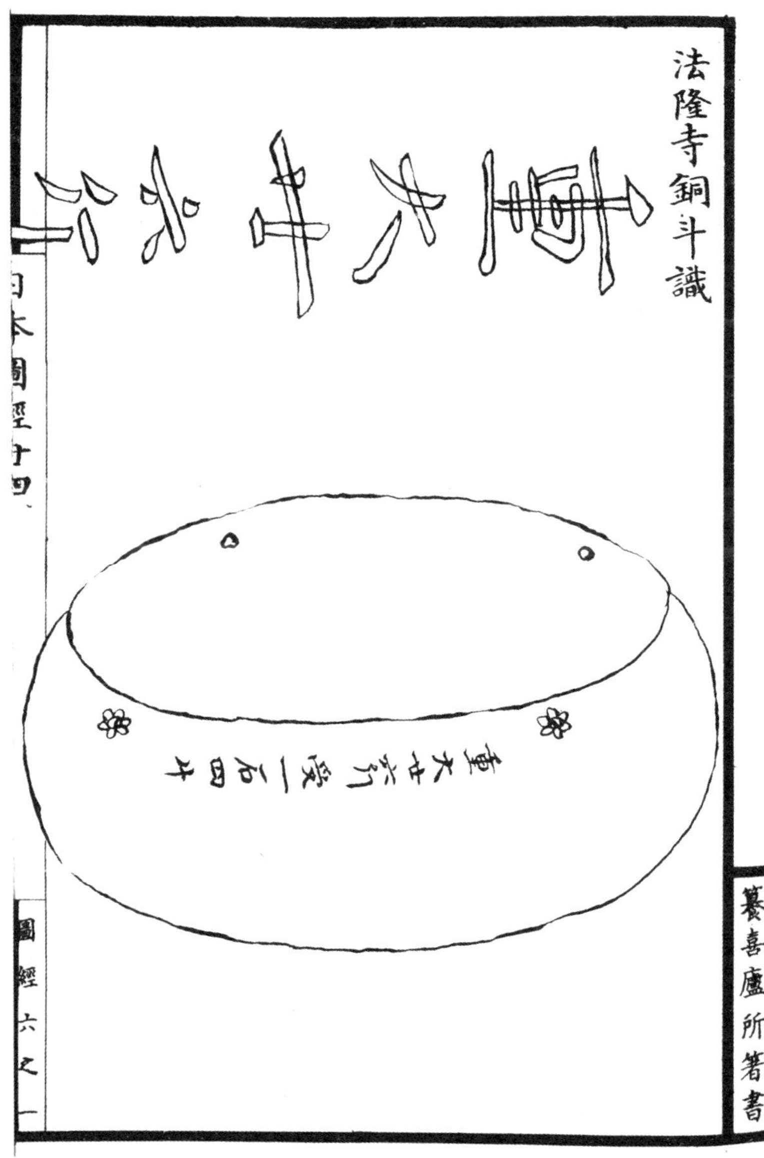

雲龍楼銅斗藏法隆寺口圓徑二尺二寸五分腰圍七尺八寸三分深一尺四分底破環逸斤兩之不詳職此其文曰重大廿六斤受一石四斗凡十字以斗為升今撫文圖形

永手墓志

雲龍桉墓石在畿内道大阪府河内國古市郡駒嚮谷邨金剛輪寺境内篆書四字曰永手之墓然日本似此絶少真贋非所敢知矣姑入録俟攷

鍔口款識五

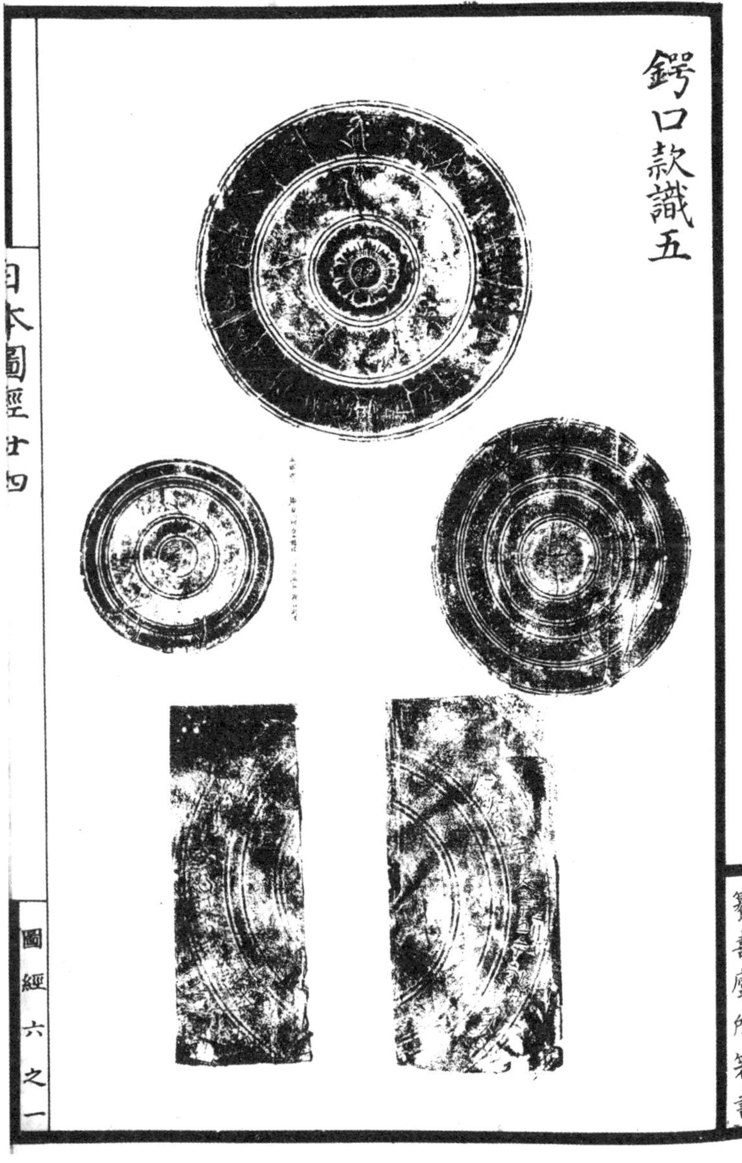

雲龍按此鰐口皆舊拓本也其一文曰金峯山寺天平十五年河内國古市郡飛鳥郡下郡尚有數字難可悉辨它皆陰文此文獨陽時爲唐天寶二年其二文曰京法華寺金堂建長八年丙卯七月十日鑄立之此宋寶祐四年物也其三文曰大和國山邊郡布大明神御靈前永正九壬申年八月二日施主正屋十郎益明正德七年物也其四文曰金峯山寺守社鰐口豐富朝臣秀賴卿再興御建奉行建部内匠頭慶九甲辰歲三月吉日此又明萬厤三十二年物也鰐玉篇訓刀刃廣韵訓劍端而日本所謂鰐口者鰐當作鰐背面如鏡中空其口向下懸神社門祀者鳴之乃踞而摶掌以鯨鐘木魚例之則名鰐口爲宜鰐鱷古通用○東海道東京府伊豆國八丈島藥師堂前鰐口行書陰文明德元年庚午益明洪武二十三年物也然拓本略具其字故未寫圖

圖經六之一

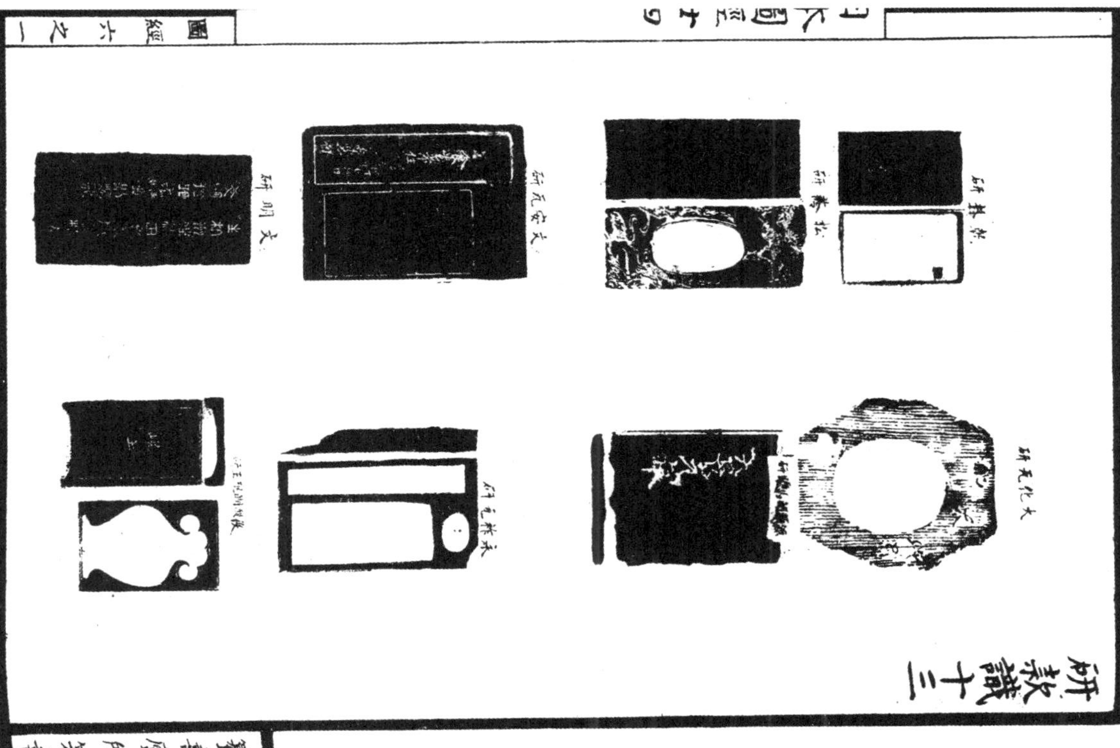

研款識十三

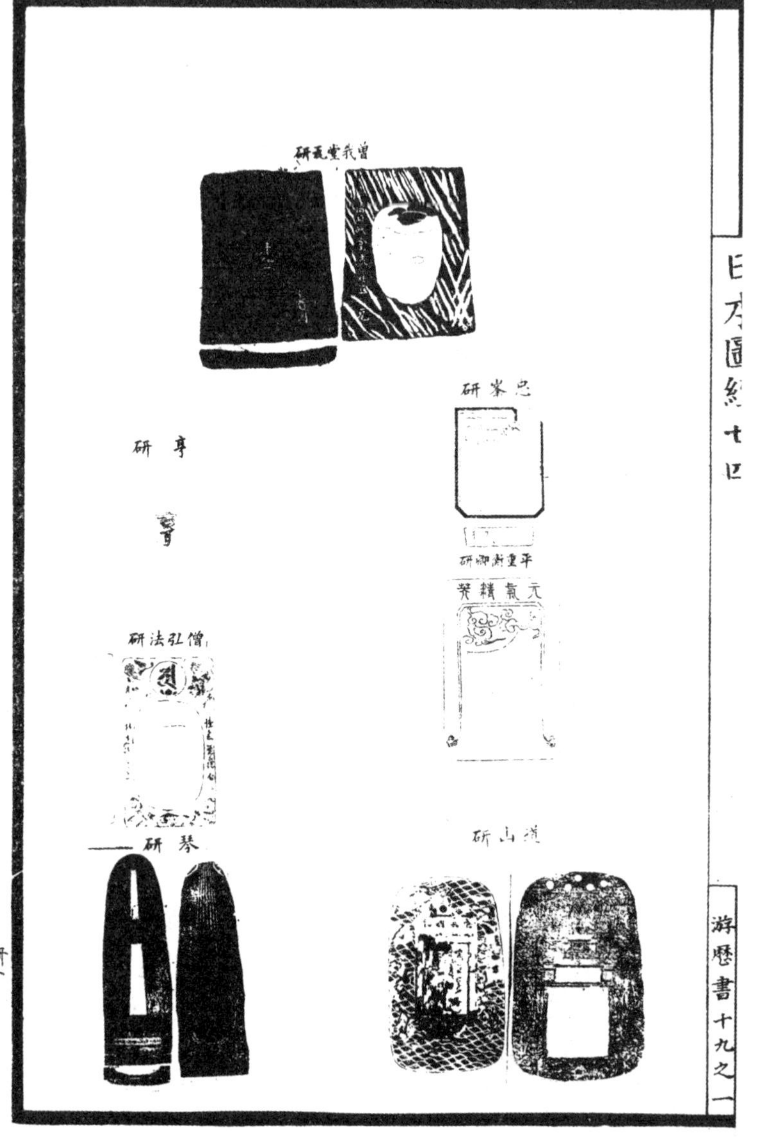

曾我堂畫研
亭研
忠家研
平重衡卿研
元氣精英
僧弘法研
琴研
道山研

雲龍按日本研有石有瓦有磁錄近古者一曰大化瓦研其面行書陽文大化二字猶可辨也唐貞觀時物二曰源賴朝馬蹄研背有天長元年四字陰文東海道神奈川縣相摸國鎌倉八幡宮藏時為唐長慶四年三曰永祚瓦研正書曰永祚三年辛卯六月日陰文蓋即正曆二年為宋淳化二年四曰後醍醐琨玉研背有琨玉二字正書陰文蓋元延祐至治間製五曰乾卦研其質紫石也面畫乾卦陽文背有正書曰天授柔兆執徐仲夏自造陰文是永和二年為明洪武九年六曰松蔭研背有正書曰永享四年十二月二十五日陰文時明宣德七年七曰文安瓦研好古小錄云古瓦研背有行書曰食堂常住文安二二年丁卯七月日兵衛太郎陰文以二二為四時明正統十二年八曰文明研背有分書云主相川住松田中衛門尉賴秀文明十四年壬寅弗劂燭龍陽文時明成化

十八年九曰曾我堂瓦研面行書曰曾我堂虎建立瓦背有虎瓦二字又有押皆陰文十曰忠峰研側有行書忠峰二字畿内京都府山城國壬生寺藏十一曰平重衡卿研面篆書有元氣精英四字陽文 西京百萬篇藏十二曰道山研其端五眼下有道山二字背文沕惟識宮蟾蜍等字陰文僧佛乘研也鎌倉報國寺藏十三曰亨研背有正書亨字飛白文畿内大坂府河内國譽田八幡宮藏日本研譜之屬錄中國研居多彼産不第唯是而舟車往徠莫遑枚舉也

瓦當文十七

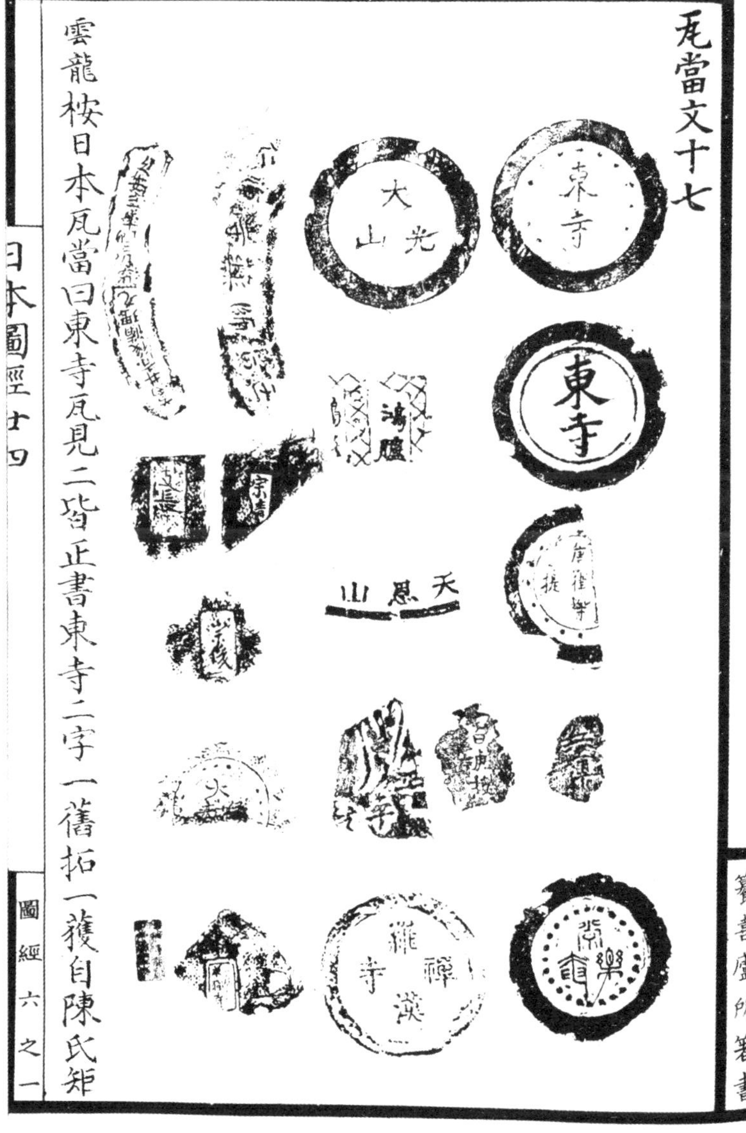

雲龍桉日本瓦當曰東寺瓦見二皆正書東寺二字一舊拓一獲自陳氏矩

曰唐招提寺瓦陳得大半正書鈌招字寺在奈良縣大和國曰葛井寺瓦正書一行而交互之云葛井寺後修理瓦久安三年丁卯六月十七字時宋紹興十七年寺在大阪河內國曰藥師寺瓦西京府藥師寺造正書曰壬寅師藥寺治仁互讀為仁治壬寅藥師寺時宋淳祐二年曰常樂菴瓦篆文常樂菴三字僧聖一塔瓦也建于寬元元年當宋淳祐三年据顧拓本曰大光寺瓦正書大光山西京本國寺瓦建于興國六年為元至正五年曰鴻臚瓦正書鴻臚彼大內裏瓦也謂宮曰大內裏曰天恩山瓦正書天恩山曰白虎樓瓦正書白虎樓彼亦大內裏瓦曰菊地古城瓦行書正平元城在熊本縣肥後國元至正六年物曰兵庫瓦正書兵庫二字出治承古城治承當宋淳熙間又於鎌倉僧海雄古瓦譜得五曰宗清正書賴朝屋瓦也曰支長正書足利屋瓦也曰宗俊行書曰大慈寺正書泐半矣曰口居口永福正書又得瓦當一曰羅漢寺正書皆陽文

武智麻呂墓志

雲龍稜武智麻呂墓志在畿內奈良縣大和國榮山寺山中權餘五字其可辨者天平乙三字耳乙下為亥字無疑弟五字丁真耶賸耶所未詳也然集古十種已入錄乙亥為天平七年

八幡宮鐘銘

當唐開元廿三年

天寶四載乙酉思仁大角干為賜夫只山村死盂寺鐘戌教受内戌巳時

傾助在衆卧僧村宅方一切壇越并成在願旨者一切衆生者苦離樂得

教受成在節雀乃秋長幢主

雲龍按鐘在西海道長崎縣對馬島八幡宮為新羅所造俗呼楊妃化

妝鐘蓋緣天寶四載而傳會也大角干云者新羅位階名也二天造像

記傳云造自百濟已箸錄矣依例箸此然未見拓本輒依好古日錄述

文天寶四載為日本天平十七年時號大和國也

僧空海所造陶佛掌圖款識

雲龍桉佛掌圖款識顧氏霻拓自愛知縣名古屋此陶佛也正面佛與侍者像凡十有九車一馬一背則佛掌圖也正書陽文其可辨者曰天長七□月七日旅江嶌□□秘密護法□□空海一万座□修此形像□者地然則此為万座之一天長七年當唐太和四年造像以陶者多而範文如鏤如鑄罕見物也謂與佛足圖對待也亦宜

天長經筒

勅從一位右大臣兼行皇太子傅御衛
大將藤原朝臣[illegible]天長七年春三
月十五日

雲龍桉經筒陳氏明遠藏正書三行製之者藤原朝臣也天長七年當唐太和四年

昌泰經筒

雲龍桉經筒顧氏澐藏其質銅高七寸二分徑二寸有口八行書三行其第二行曰菅原氏其第三行昌泰二年可辨也當唐光化二年

白峯寺古瓦款識

雲龍桉瓦在南海道愛媛縣讚岐國白峯寺遍照院弘法大師堂長尺餘寬八寸餘正書飛白文凡五行第一行七字第二行

八字第三行十一字第四行三字第五行六字讃条廿皆别體也空海别號遍照金剛院名遍照以此天治元年當宋宣和六年

伊都岐島鐘銘

伊都岐嶋　祢山
水精寺
奉施入
治承元年丁酉二月六日

雲龍桉鐘在山陰道廣島縣安藝國伊都岐島正書陰文治承元年丁酉爲宋淳熙四年以嶋爲島以祢爲彌以兼爲承以秊爲年以苜爲酉以施爲施以將爲將以㦹爲盛

法然上人行業碑

空公行狀

雲龍椄碑在畿内西京府山城國西山二尊院額曰空公行狀文十四行行書空公智恩院僧名法然字源空姓漆氏元祿十年其君勅贈圓光大師寶永八年加東漸二字其卒在建厤二年當宋嘉定五年碑年已剝蝕後題大宋慶元府打石梁成覺蓋其立碑僧也宋慶元府在兩浙路今浙江甯波府鄞縣治也

日光山新宮佛器欵識

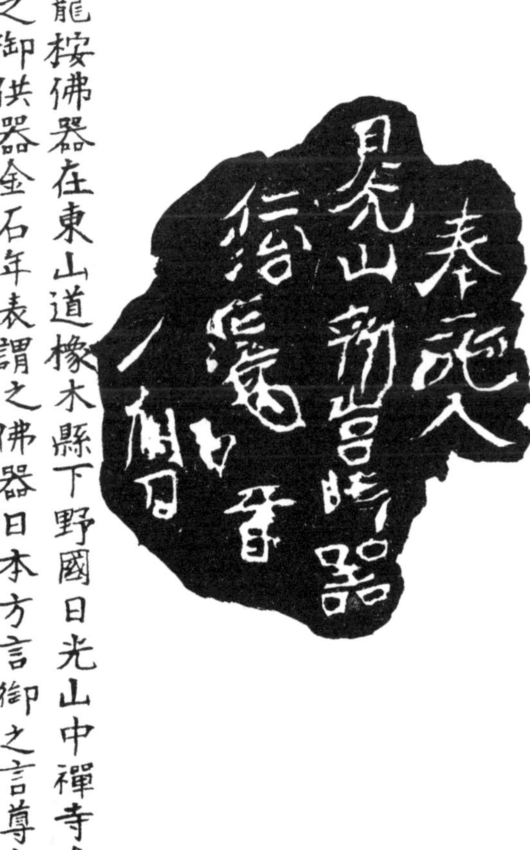

雲龍桉佛器在東山道橡木縣下野國日光山中禪寺集古本謂之御供器金石年表謂之佛器日本方言御之言尊也尊佛故曰御器也正書四行凡十有九字仁治三年當宋湻祐二年

以治為治殆出工手不足責也

驛鈴款識

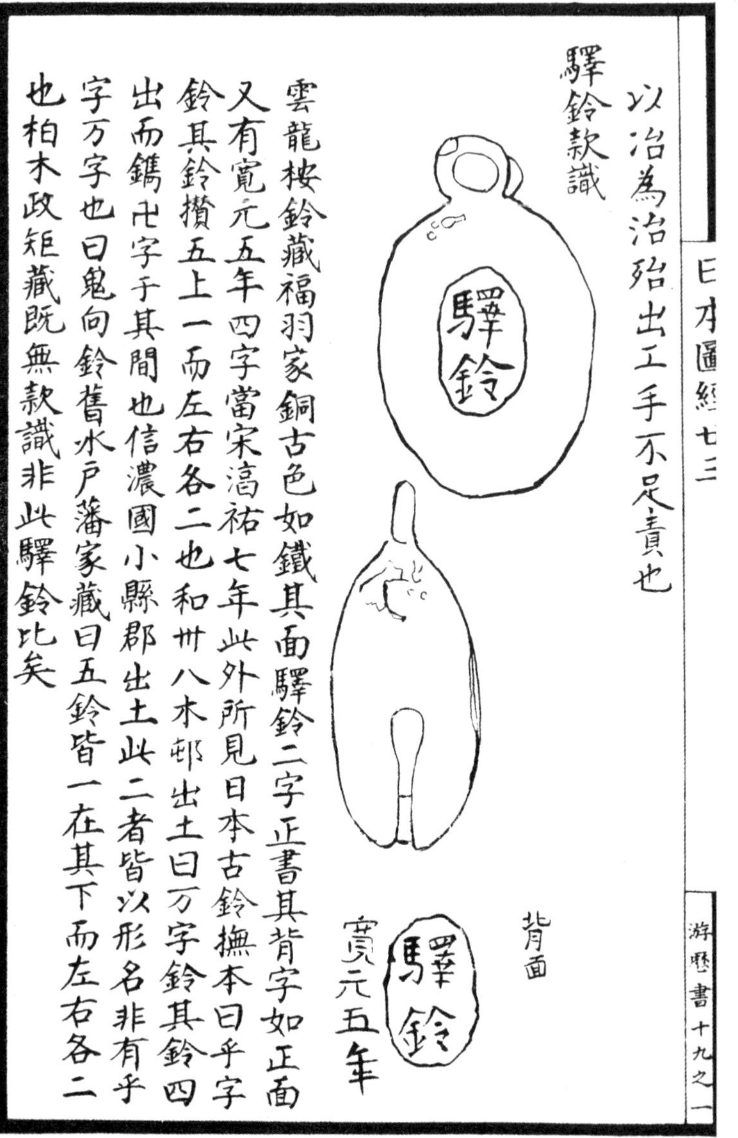

雲龍梭鈴藏福羽家銅古色如鐵其面驛鈴二字正書其背字如正面又有寬元五年四字當宋淳祐七年此外所見日本古鈴撫本曰乎字鈴其鈴攢五上一而左右各二也和卅八木郡出土曰万字鈴其鈴四出而鐫卍字于其間也信濃國小縣郡出土此二者皆以形名非有乎字万字也曰龜向鈴舊水戶藩家藏曰五鈴皆一在其下而左右各二也柏木政矩藏既無款識非此驛鈴比矣

般若寺碑銘

雲龍桉碑在畿内道奈良縣大和國般若寺正書第一行銘曰大界外相第二行年號凡十字建長三年當宋湻祐十一年字

勢別體惟以界爲界

法性寺廢趾鐵燈欵識

[illegible]

[illegible]

[illegible]

雲龍按鐵燈舊在西京淺草法性寺荒廢湮没尋掘出土正書四行第一行四字第二行第三行皆六字第四行四字第五行二字凡二十有二弘長二年當宋景定三年

秩父碑銘

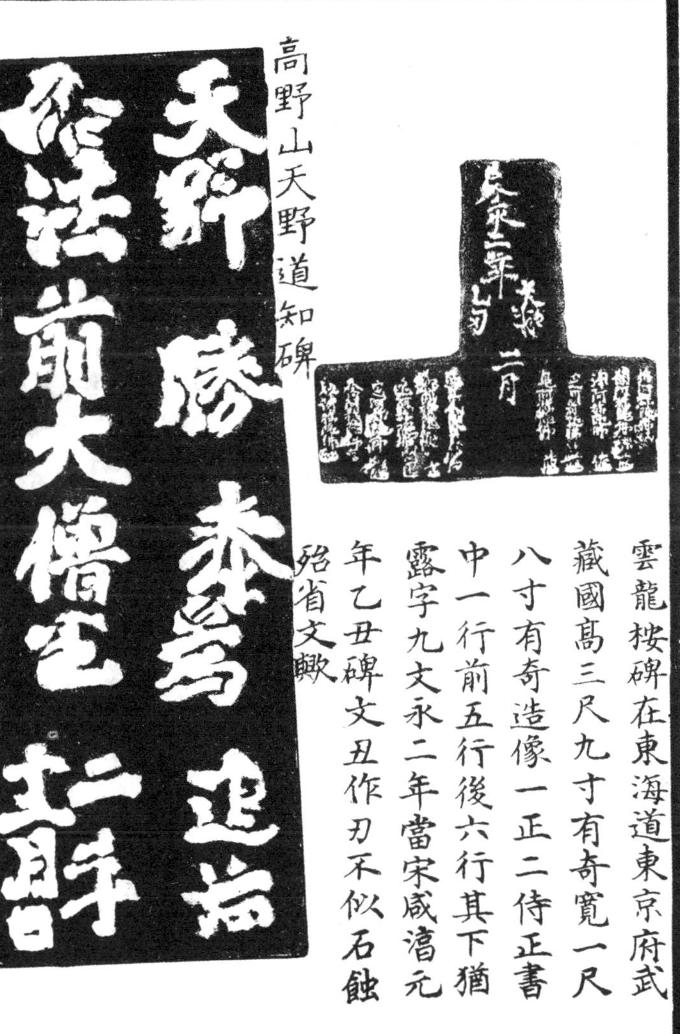

高野山天野道知碑

雲龍楼碑在東海道東京府武藏國高三尺九寸有奇寬一尺八寸有奇造像一正二侍正書中一行前五行後六行其下猶露字九文永二年當宋咸淳元年乙丑碑文丑作刀不似石蝕殆省文歟

雲龍桉碑在南海道和歌山縣紀伊國高野山正書刋石三面正面六字左側九字每字從衡四寸餘右側八字大小有差勝為僧逮治年皆别體字建治二年當宋景炎元年

瑞泉寺碑

雲龍桉碑在東海東京府武藏國葛飾郡寺島邨瑞泉寺高一尺六寸寬七寸上有梵文一下有行書曰弘安二年口月日皆陰文其年當宋祥興二年己卯明年元矣

野火留平林寺碑

雲龍桉碑在東海道東京府武藏國野火留平林寺正書六行

弘安〻年以〻爲四當元至元十八年辛巳

稱念寺鐘銘

雲龍桉鐘在東山道橡木縣下野國都賀郡小藥邨稱念寺鑄鐘者藤原氏加賀國其籍也正書廿五字永仁四年當元元貞二年丙申陋岐堙弥皆別體字

相應寺碑

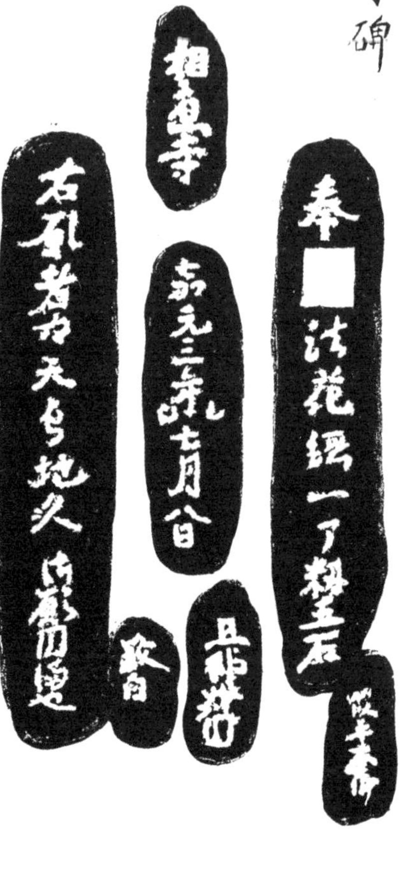

雲龍梭碑在東山道青森縣陸奧國安達郡西内郵相應寺高三尺有奇寬一尺九寸有奇正書三行中一行曰相應寺嘉元三年乙巳七月八日旦那妙田敬白旦至白字雙行六前一行曰奉施法花經一部籾五石□平太郎下四郭書字後一行曰右願者為天

長地久御願以滿也凡四十有四字施字今見拓本已泐据舊本補以花為華用今字也以了為部省文也以囗為圓日本人今謂銀錢一圓為一円體少異也以乢為願以𠂤為長以淸為滿雜草書也嘉元三年當元大德九年而集古本譯為二年無乙巳二字奪且譌也

海藏寺造像碑

雲龍桉碑在東海道神奈川縣相摸國鎌倉扇谷海藏寺佛像中有嘉元四年八月六字可辨時元大德十年丙午

山目邺碑

雲龍椄碑在東山道青森縣陸奥國山目邨行書三行紀年居中延慶二年當元至大二年以界爲界與般若寺古碑銘大界外相之界同集古本曰山之目邨葢日本地名輒增虛字今依地誌諸書

蓮花寺鐘銘

雲龍桉鐘初在東海道茨城縣常陸國久慈郡戶崎邨蓮光寺鐘文可證今置東山道椽木縣下野國都賀郡小藥邨稱念寺正書十一行延慶二天猶言延慶二年當元至大二年己酉鑄鐘為穗男鎮韵延弥壽皆別體字

清巖寺鐵碑

八葉白蓮一肘間　夫以父母者四恩之先也孝者百行之源也爰當一千
炳現阿字素光色　二忌之忌辰率[illegible]之治講弥陀之種子三尊之
禪智倶入金剛縛　蓋[illegible]之菩提則孫諸佛之悲願見果而六趣之
召入如來寂靜智　皆存逆至九品之淨刹乃至法界平等利益故也
正和元年壬子　月日　孝子[illegible]

雲龍桉鐵碑在東山道椽木縣下野國宇都宮清巖寺高九尺五寸寬一尺有六分厚一寸六分跗石方三尺頂作人字形正面梵字一佛像三其下正書陽文四行行字有差其文曰八葉

白蓮一肘間夫母者四恩之元也孝者百行之源也因茲當一
十行一柄現阿字素光□二□□□率都□之治□弥陀之種
子三尊之禪智行二倶入金對縛□□□先妣之菩提則持諸佛
之照覽早出六趣之行三以入如來寐静智若域連生九品之淨
□乃至法界平等利益祇白行四正和元年壬八月日孝子別一
行列下段四行之間凡一百十有七字祇之言敬或譯為敬非
碑字矣正和元年為元皇慶元年

和田邨碑

續九

雲龍按碑在東山道青森縣陸奥國安達郡和田邨高三尺六寸有奇寛一尺九寸有奇行書三行中一行曰元應三辛酉二月時正前後各一行其文相聯曰右志爲先考口口之位也行各五字上段梵字一元應三年省年字時元至治元年辛酉

橘正成鏡銘

愛

建武元

敬神●橘正成

國

甲戌年

雲龍樓鏡爲陳氏矩藏陽文正書楠正成爲左大臣橘諸兄之裔故是

鏡曰橘正成其母禱志貴山毘舍門而生小字曰多聞据日本人言凡命名輒鑄鏡祀神敬神愛國正成之志已見建武元年甲戌當元元統二年

馬場近津明神地内碑

雲龍棲碑在東山道青森縣陸奥國棚倉場近津明神地内掘土者出之土中高二尺二寸有奇寬一尺五寸有奇上銳右斜石任尺然梵文一具下正書五行中一行紀年戊寅二字孝子

續十

敬白四字皆夾注也凡十四字泐日字前二行各八字後二行一行七字一行四字末二字泐建武五年即麻應元年也當元至元四年戊寅西田氏表僅有陸奥馬場社鐘無此

供養碑

曆應四年歲次辛巳二月廿四日

願主僧祐尊

右志者爲法界衆生幸

菩利益也

雲龍梭碑在攝津國野間邨高五尺有奇寬三尺二寸有奇石具天然上有梵文一正書四行文曰麻應四年辛巳歲次二月廿四日願主僧祐尊右志者為法界衆生平等利益凡三十一字麻應為日本北朝年號即南朝興國二年也當元至正元年辛巳咸辛頣尊㝹苐多俗體字

掘氏所藏鐘款識

祐尊

勸進人

曆永元年戊寅八月日

沙彌鐘也

剣同國某荷 和田十一町

雲龍桉碑在畿內奈良縣大和國吉野郡正書陽文五行行字有差康永二年壬午當元至正二年

高野山佛號碑

雲龍桉碑在南海道三重縣紀伊國高野山高四尺四寸有奇寬二尺六寸有奇正書署兼行書五行長短有差凡五十字康

永三年是日本北朝紀年爲南朝興國五年當元至正四年甲申以頊爲順以迫爲追以善爲善以康爲康以季爲年

中禪寺貞和釜欵識

貞和二年
丙戌
二月日聖純
阿彌陁佛奉
施入中禪寺

雲龍按釜在東山道橡木縣下野國日光山中禪寺正書陽文每文約二寸有奇曰貞和二年丙戌二月日聖純阿彌陁佛奉施入中禪寺凡二十一字時元至正六年也

地藏堂石階銘

貞和三年　二月十五日施

雲龍按石階在畿内道奈良縣大和國矢田地藏堂正書一行廿三字貞和三年為日本北朝紀年是其南朝正平三年當元至正八年戊子碑文三剝落為二撫本譌三為三非戊子矣

久米邨碑

貞和五年　月八日

雲龍按東海道東京府武藏國入間郡久米邨正書一行貞和五年□月已八日猶存月上一字泐邨人以碑跨流為梁謂之念佛橋云貞和五年當元至正九年己丑

法明碑

法明上人
貞和五年九月廿二日

雲龍椄碑在南海道和歌山縣紀伊國高野山正書第一行曰法明上人第二行曰貞和五年九月廿二日凡十三字貞和五年是日本北朝年號當以南朝為正時正平四年也當元至正九年

西金堂長尾水船 文和二年癸巳三月日置之

南都水屋長尾石水船款識

雲龍梭水船在畿內奈良縣春日山水屋長七尺七寸五分有奇寬二尺二寸深九寸正書陰文曰西金堂長尾水船文和二年癸巳三月日置之凡十八字時元至正十三年

延福寺鐘銘

雲龍梭鐘在畿內兵庫縣攝津國兵庫經島延福寺行書陰文十四行行字有差延文丙申卽其元年爲元至正十六年

勝願寺舊地碑

雲龍桉碑在東海道東京府武藏國足立郡登田郡松岡山勝願寺舊地高三尺四寸有奇寬一尺五寸有奇上段佛像六居石十之六下段正書五方中一行紀年曰康安二年十一月廿五日五日二字附側前二行一書光明遍照一書十方世界下有性佛道四字後二行一書念佛衆生一書攝取不捨下有八郎五郎契祐六字不以字行限也康安二年即貞治元年當元至正廿二年壬寅

酒見寺鐘銘

雲龍桉鐘在山陽道兵庫縣播磨國酒見寺正書兼行書九行銘行八字其餘行字有差貞治三年當元至正廿四年甲辰鐘文辰字半蝕稱播磨國曰播州酒見寺之見作皃亦奇

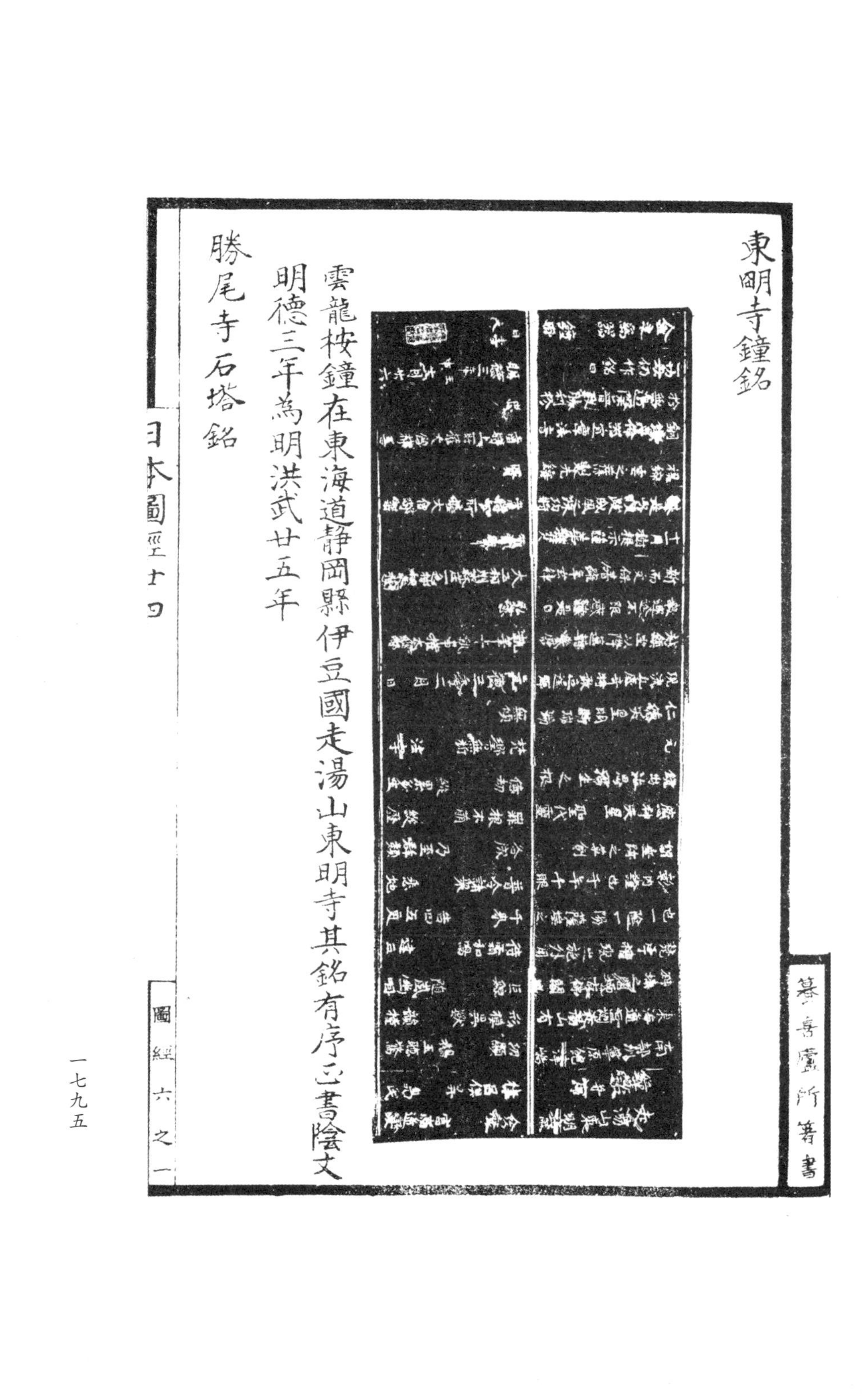

東明寺鐘銘

雲龍按鐘在東海道静岡縣伊豆國走湯山東明寺其銘有序已書陰文

明德三年爲明洪武廿五年

勝尾寺石塔銘

雲龍桉石塔在畿內大坂府攝津國勝尾寺四面鐫文由前而左而後而右每面文二行皆正書陰文永享三年為明宣德六年

南都藥師寺銅佛背款識

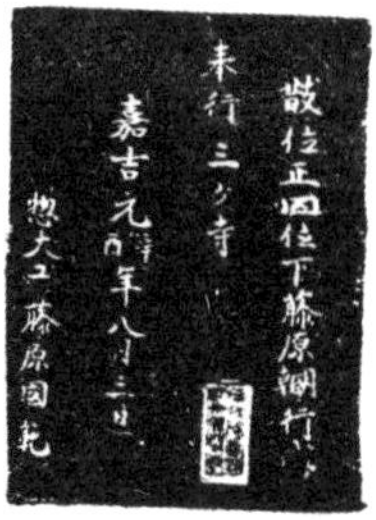

雲龍桉銅佛背款識在畿內奈良縣大和國藥師寺正書陰文四行嘉吉元年辛酉當明正統七年以臣字入朝字中亦罕見也

辻地藏碑

雲龍梫碑在畿內奈良縣大和國奈良永正十四年當明正德十二年

三條橋銅柱銘

雲龍梫銘在畿內道西京府三條橋天正十八年庚寅為萬厤十八年長盛為豐臣秀吉造此初之云者刱此議也本之言柱此文鐫于紫銅柱弟十有八

南都東大寺燈臺銘

雲龍棲鐵燈臺在畿内奈良縣東大寺正書陰文凡九十六行行字有差其寺建于天平十五年為唐天寶二年是日本最早寺也其君聖武所建

宇知川磨崖

雲龍梭摩崖在畿内道奈良縣大和國宇知川正書三行凡二十二字字多漫漶字右有像一

江島碑

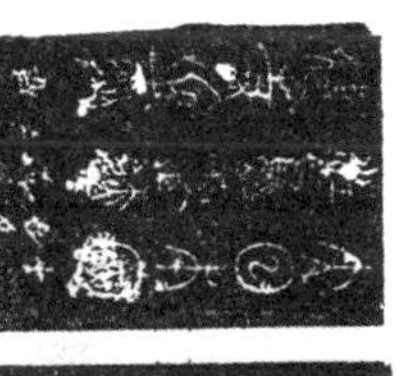

雲龍桉碑在東海道神奈川縣相摸國高四尺三寸五分寬二尺三寸七分篆額曰大日本國江島靈跡建寺之碑左右縷龍其下正面碑文正書約十餘行漫漶不可識僅餘十人上三字十在第一行人在第三行上在第四行皆第一字也以(乙)為日是唐武后自制之字見唐書通志諸書

桃尾山門院石壁銘

雲龍桉石壁在畿內奈良縣大和國桃尾山門院一行陰文曰歸命本覺心法身南無大□功德天

楠正成墓碑

嗚呼忠臣楠子之墓

忠孝著乎天下日月麗乎天天地無日月則晦蒙否塞人心廢忠孝則亂賊相
尋乾坤反覆余聞楠公諱正成者忠勇節烈國士無雙蒐其行事不可概見大
抵公之用兵審強弱之勢於幾先決成敗之機於呼吸知人善任體士推誠是
以謀無不中而戰無不克誓心天地金石不渝不為利回不為害怵故能興復
王室還於舊都諺云前門拒狼後門進虎廟謨不臧元兇接踵構殺國儲傾移
鐘簴功垂成而震主策雖善而弗庸自古未有元帥妒前庸臣專斷而大將能
立功於外者卒之以身許國之死靡佗觀其臨終訓子從容就義託孤寄命言
不及私自非精忠貫日能如是整而暇乎父子兄弟世篤忠貞節孝萃於一門
盛矣哉至今王公大人以及里巷之士交口而誦說之不衰其必有大過人者
惜乎載筆者無所考信不能發揚其盛美大德耳

右故河攝泉三州守贈正三位近衛中將楠公贊明徵士舜水朱之瑜字
魯璵之所撰勒代碑文以垂不朽

雲龍楼碑在畿內兵庫縣攝津國神戶隸書署前其文正書延元元年楠正成受後醍醐命與足利尊氏決戰被創死之時元至元二年也明徵士朱之瑜于明季至日本譔文并書

阿彌陀寺阿彌陀經碑

雲龍楼碑在西海道福岡縣筑前國阿彌陀寺鐫阿彌陀經三藏鳩摩羅什譯正書 据裝冊拓本

肥後石敢當碑

石敢當

雲龍按碑在西海道熊本縣肥後國高三尺八寸四分寬一尺三寸一分正書石敢當三字一行此亦效華俗之一端也漢史游急就章石敢當顏師古注衛有石碏石買石惡鄭有石制皆為石氏周有石速齊有石之紛如其後以命族敢當所向無敵也輟耕錄今人家正門適當巷陌橋道之衝則立一小石將軍或植一小石碑鐫其上曰石敢當以厭禳之

佛頭山碑

雲龍椄碑在畿内奈良縣大和國橘寺一名橘寺碑正書廿二字陰文

高貴寺下乘碑

雲龍椄碑在畿内河内國高貴寺高二尺五寸寛一尺七分正書

高野山町石縮圖文

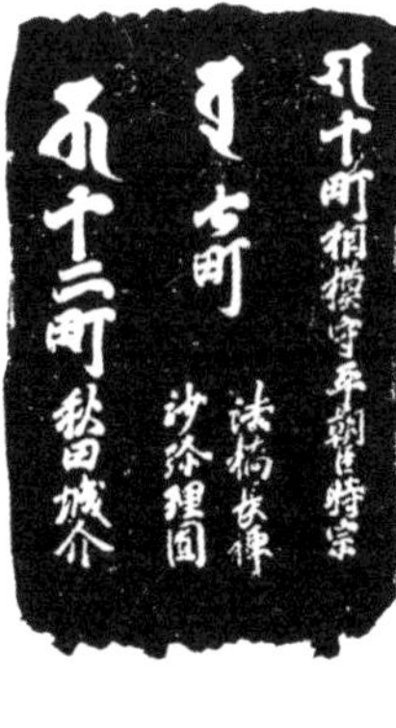

雲龍椄石縮圖文在南海道和歌山縣紀伊國高野梵文三行書二十七皆陰文

八稜驛鈴字
六稜驛鈴字

雲龍按二驛鈴𠀤藏山陰道島根縣隱岐國若玉酢神社一爲八稜古製也一爲六稜不知何時摹製各鐫驛鈴二字篆書見好古小録

駒谷邨碑

雲龍按碑出土於駒谷邨正書陰文三行

陸奥宫城郡坪碑

雲龍桉陸奥風土記殘篇云陸奥宫城坪碑在鴻之池今廢為故鎮守門碑恵美朝獦立之見雲真人清書也記異域東邦之行程令旅人不為迷

弘川寺下馬碑

雲龍桉碑在大坂府河内國弘川寺高二尺九寸五分寬一尺有二分正書下馬二字陰文上有梵文一

信田小太朗古館跡碑

雲龍桉碑在東山道青森縣陸奥國宮城郡岩切山正書四行弟一行六字弟二行十一字弟三行七字弟四行一字永仁四年當元元貞二年丙申

筥根山鐘銘

大筥根山鐘銘并序

筥山者蓋山嶽之神秀者也

孝謙皇帝御宇天平寶字年中萬卷上人負錫岩[illegible]攀躋三所權現於壇並[illegible]佛降鎮坐餘五百歲鏡[illegible]應被十二州衍[illegible]之德外現風聲圓通之願內證月明

口

希[illegible]之道心言語[illegible]及因若[illegible]洽之歷仰冬嚴[illegible]之天幽德成[illegible]祠壇[illegible]基是以便[illegible]土木之[illegible]功將微瑞[illegible]之[illegible]光[illegible]鐘[illegible]備[illegible]宜達遠音於遊[illegible]勝利於[illegible]仍作銘

鳥[illegible]治鑄功新聲[illegible]晚夕韻徹霄旻[illegible]後萬和嵐壓遠塵普利三界遍[illegible]芥城[illegible]劫石[illegible]

永仁二二年五月日

大工[illegible]權頭[illegible]安[illegible]

雲龍按鐘在東海道神奈川縣相摸國筥根山正書陽文廿八行行字有差惟弟十三行嚴字下忽出一陰文字所未詳也永仁四年為元元貞二年譔字乎創坐明粵曆迻韵三等字古俗通用

青砥邨古城跡碑

雲龍按碑在東海道茨城縣下總國西葛飾郡青砥邨正書文餘三行漫漶居多然前一行文龜三年隱隱可辨後一行三月二字無蝕中一行餘妙祐進等字所餘不過十二字而已立碑在明弘治十六年

坿錄金石文

雲龍既述金石文復雜采彼籍若菅原道真若藤原肅落落如晨星矣雖物雙松服元喬輩金石之文有足多者然其生晚故不入錄中國文之爲彼人作者壽安鎮國山碑而外揭傒斯文固難可遺而朱之瑜所箸爲其士夫誦之不置不獨楠正成墓碑已也述坿錄金石文

吉祥院鐘銘

科限非器遠覃是仁和心播響應手成因他利弘誓我歸至真魔降伏刀劒解摧輪

元慶寺鐘銘

此寺之有此鐘弘誓甚深至心無等元胎發願遇其人之開八萬藏九乳翹誠待彼力之及三千界是故日融內應霜氣外催皇帝

馭麻之四歳己亥月建庚午八日丁酉金火用事治鑄施功謹禪器也唱梵音也欲使有縁行道之徒窺圭漏以知警誡無明受若之宅逐槌風以證菩提如是功德不可思量國土衆生同大歡喜乃有勑勒銘曰鳳麻無限龍銜有機脣情一往九識三歸念發丹愍功成翠微令辰器備旁午聲飛動自虛揩盛於漸稀見聞踊躍幽顯庶幾滿恒沙界超大鐵圍累劫離縛長夜排扉合應皆是知音孰非以無礙意施彼神威

右大臣劍銘

曉霜三尺秋水一條利器惟服飛揚在腰

雲龍棲吉祥院鐘銘作於貞觀十七年當唐乾符二年元慶寺鐘銘作於己亥當唐乾符六年右大臣劍銘作于元慶六年當唐中和二年皆菅原道真譔据菅家文章

壽安鎮國山碑

朕惟麗天而長久者日月之光華麗地而長久者山川之流峙麗於兩間而永久者賢人君子之令名也朕皇考太祖聖神文武欽明啓運俊德成功統天大孝高皇帝知周八極而納天地於範圍道貫三星而亘古今之統紀恩施一視而溥民物之享喜日月星辰無逆其行江河山岳無易其位賢人善俗萬國同風表表茲世固千萬年之嘉會也朕承鴻業享有福慶極所覆載咸造在近周爰咨詢深用嘉嘆迺者對馬壹岐諸小島有盜潛伏時時出寇掠爾源道義能服朕命咸殄滅之屹為保障誓心朝延海東之國未有賢於日本者也朕嘗稽古唐虞之世五長廸功渠搜即叙成周之隆庸蜀羌髳微盧彭濮率過亂略光華簡冊傳誦至今以爾道義方之是大有光於前哲者也日本王之有源道義又自古以来

未之有也朕惟繼唐虞之治舉封山之典特命日本之鎮山號壽安鎮國之山賜以銘詩勒之貞石榮示於千萬世

雲龍按壽安鎮國山碑明成祖為源道義所製文今碑未見其文載殊域周咨錄據隣交徵書云成祖所封阿蘇山也明一統志云日本壽安鎮國山國之鎮山永樂初自製文賜之刻碑立其地

僧佛光塔銘

佛法入中國至宋末莫盛於吳越之間簡公奮響於淨慈範公揚英於徑山月公擢穎於靈隱閒公揭照於育王靈鷲則愚公建其標大慈則觀公振其軌天童則一公抗其旌升其堂入其奧并包翕受融液暢朗則佛光禪師師會稽鄞人許伯濟之子也初母陳夢一僧抱嬰兒來遂有娠將產夜見白衣女子登其牀端妙殊麗不類常世人忽不見俄頃而產白光滿

室及晬試以百玩唯笑取佛書一卷而已七歲入小學沈鷙寡言功兼諸生平居與姊妹坐必異席遇酒肉如見惡臭惟聞入山寺聞禪誦聲即欣然慕之年十三遭父憂遂祝髮淨慈事簡禪師為弟子明年入徑山禮範公語輙不契居五年忽夜四更聞廊前板響乃大悟遂下靈隱見月公之育王謁聞公聞公移淨慈以記室召辭再上徑山還淨慈留知藏參愚公於靈鷲叩觀公於大慈一日見井上轆轤大發無碍機凡昔聞諸老言未契者皆脫然若固有不假磨礱自出光澤不待剷劑自入規矩於是師之道益隆德益尊四方傾企慕向者日益衆里人羅季勉治萍鄉辟主白雲居七年終母喪再還靈隱貫太傅悅其道請主台之眞如又居七年歸之如水赴壑德祐初辟地鴈峯大兵忽臨白刄交師頸師堅坐説法不顧衆斂兵作禮而去明年還天童依一公而宋亡明年夏五月日本有賢大夫曰平將軍者遣使來迎慨然赴之六月至日本平將軍而下傾國郊迎入

主建長寺平將軍躬執弟子禮越五年平將軍建寺曰圓覺復延師主之一據講席群鹿咸集因號其山曰瑞鹿之山正平十八年庭前桂樹忽萎枯師曰吾將逝矣九月三日手書別諸方至夕舉偈竟端坐而逝後三日葬其骨建長之後山壽六十一僧臘四十九後四十有一年其徒惠廣來遊袁之仰山道過余乞銘余聞西域諸國去中土至遐遠然車馬可計日而至而其人不知有孔氏者諸佛之所興也東南諸國邈在海中而皆言孔氏蓋去中土近人居巽離文明之方然尊信佛法與西域同特以海路不能限之耳佛光禪師起會稽其道甚尊顯平將軍得以坐致之者其地近又適其時也嗚呼佛光亦忠孝人哉師諱祖元字子元又自號無學云銘曰邈矣前聖萬化之宗孔釋雖異忠孝則同有聞佛光其德靡晦以德既徹東入于海孰知我元參天配地孔釋並隆無遠不至東望大海混混茫茫惟師之道其大莫量載瞻扶桑杲杲出日惟師之德照耀四溢師其

往矣國人具來惟師之化永世弗摧應奉翰林文字登仕郎同知制誥兼

國史院編修官揭傒斯撰并書資政大夫禮部尚書全岳柱篆額

雲龍桉僧佛光塔銘揭傒斯譔載佛光錄佛光本鄞人許氏子宋亡至日本爲圓覺寺住持至正平十八年當元至正二十三年卒越四十一年即明永樂二年也其銘作於此時所謂平將軍者北條時宗也

僧大鑑舍利塔銘

佛之爲道以心爲宗身有滅没心無變遷圍裹十虚而不爲者心之體也普應群機而不膠者心之用也凡生有識者悉皆具之豈居異域習殊俗者不有心之與道乎達磨大師自乾竺傳是道而來震旦以裨梁魏卒弘五宗羅什法師亦自西天傳是道而來東土以裨姚秦卒弘三藏大鑑禪師今自大元傳是道而之日本期弘佛宗裨國化豈外古耶師諱正澄字清拙稿唐連江邑劉氏子世業儒母孫氏夢僧伽授以神珠有娠咸淳甲

戊正月十三日生白光滿室幼敏不群至元丙戌年十三父母知其志送依城南之報恩伯父月溪圓禪師下髮既受具卽參方造杭之淨慈佛心愚極惠禪師之室語契機俾執侍極入寂方山寶禪師補處改典法藏職滿巡禮至袁之仰山虛谷陵禪師嘉其造詣延以第一座谷遷徑山晦機熙禪師嗣席舉以雞足出世偈佛心之道立三關語透者難之既謝事復吴淛省其同伯氏月江印禪師于真淨因留以養高泰定丙寅三月日本慕其道聘以法禮舟由高麗遭風濤變師惟長哦自若以安衆心天為開霽是年十一月達相州館于建長正中丁卯正月便請開法百辟交會群衲交參故者更新廢者並舉帥府為施貨積莊田以廣食鉢又給山前官地以為菟裘榜曰禪居庚午移金山之淨智明年補瑞鹿圓覺皆改前作建武癸酉文保聖主復寶位敕關東道起師住都城之建仁法化左加建長丁丑復敕主瑞龍之南禪召對稱旨前羽林征夷武衛大將軍與其仲

氏左典厩源公及諸僚屬咸以師禮共事公又獨建開善仁祠以報德己卯正月黙世匪堅記以衰病引退乃自着表進謝主上及遺語諸殿諸檀諸山交舊手書兼垂誡諸徒語尤切至即以是月十七日書偈示衆泊然而逝前典厩藤公既聞亟馳至前泣拜仍張目視之為授戒法衣號即開目如初龕奉七日顏色如生稟命於禪居舉闍維禮公侯子男緇素士庶莫不哀慕追送如失怙恃火餘設利五色大如菽者不以數計塔于建長謚曰大鑑嗚呼師自元國至于本國六坐道場色笠共謚之者無虛往車騎共扣之者無虛還惠珠應現又若爾得不為嗣佛宗隆國化者之良師歟俗壽六十有六僧臘五十有三依法祝髮稟戒弟子人總若干予與師生同里傳同宗弟子堅瑤出師事狀以請銘故不讓勉為其要者序而銘之銘曰猗歟覺皇善啓覺場炎炎三界濯以清涼幽幽六趣燭以淨光飆飆窮子導以寶方鑿大知識得寶王力既贊皇元復昌王國宰執効忠兇頑

化德軍旅解嚴安邦安域雲山蒼蒼雲海茫茫木兮可折水兮可量惟施法雨彌滿八荒澤物無端壽君無疆國界法界無邊無外土廣穹高何載何蓋日東月西何明何昧潭北湘南同小同大骨相斯壓光明何敝上貫三辰下徹三際宗嗣繩繩燈傳世世萬祀千靈式呵式衛大元至正四年歲次甲申四月己巳朔一日庚申佛通禪師淅西道鎮江路金山龍游禪寺住侍傳法沙門釋契了文并書篆

雲龍按僧大鑑舍利塔銘見大鑑錄坿大鑑於元時從中國至止日本其銘文保云者後醍醐也師府云者北條高時也大將軍云者足利也左典廄源公云者小笠原貞宗也契了讃銘并篆在元至正四年爲日本南朝興國五年北朝康永三年

山州橋本新造橋銘

惟地之險莫過乎江河之大也江河之大莫如乎橋梁之備也然則橋梁

之備者守土者一日可廢之哉前傳陸公將有事乎大明命諸國開道路作舟梁而欲得往還轉運之便事絕古今慶傳遐邇時哉矣山州八幡橋本之津華夷出入之咽喉也百川之合流九重之深淵而黿鼉魚鼈之所不能游也故行旅雖數有漂溺之患竟無胥謀者於是山口玄蕃頭豐臣宗永奉武命主其役作長橋速取材于伊丹之二州集匠氏設奇巧自同勞苦與齊俱入與汨偕出從水之道而不為私脩梁峻址以架以植矣其長一百八十間其廣五間柱數一百三十八柱根入地丈餘規模之宏壯偉麗罕見其比八月九日資始十二月初四日以成僅數月之間而畢大功者不亦奇乎蓋經始勿亟庶民子來者也耶嚮所謂江河之險卻成闤堂之安夫是政教之所化智巧之所施可觀焉維時士女和會闤郭溢郛相共賀之宗永因請予記其功勞而將貽來者其詞曰國屬寬仁笑子產乘輿之惠渡憂覆沒施杜預建橋之工勝茲萬代雄基寔是一時壯觀深

則厲淺則揭未若得步於長空近者悅遠者來正好免勞於艱險不求刻舟劍何浮帶帛環雞聲月殘時誰歟吟霜之客馬蹄雷生處彼豈問津之人天公呈祥河神受職懷哉治水聖智政化無疆奇矣濟川奇才功勲不朽

重建和歌浦菅神廟碑銘

於乎神姓菅三其字諱道真世胄儒宗也天生岐嶷多材多藝幼年章章焉竟甄拔登甲科居翰林也在試局也調於右相也經術史學之博敷奏議論之詳職業履歷之實班班乎遺文殘稿矣百千載之後廟食於京師而祀典肅肅也上而王公搢紳下而厮徒負養信奉欽慕而不敢止載在口碑不朕勒彝鼎何其盛也哉雖然窺測其家乘立論遣辭之際如不免雜駁于寂滅之教人或疑焉彼　大道宜攘斥拒絕之不遑而從湧之若儒名何矣讒口嗸嗸竄紫陽都府樓之瓦觀音寺之鐘幽鬱無聊之懷不

可掩矣蓋素位之學未明而然乎非耶當時之有職者詠赤舃几几有乎無乎不少概見者奚也人亦疑焉何其劣也哉於乎神可欺一人而不可欺衆人可欺一世而不可欺後世豈無有其中而長可飾其外哉豈無有其實而久可為其名哉必有所以令人信奉之故也睠吾邦上下渾殽陷溺釋氏者由來遠矣神其無意哉時其不可得焉犯人主之怒濟天下之溺談何容易故以漸然消潛奪其邪辟之氣而欲使之歸至正域乎非耶其若儒名何神必不然齊王好貨色孟子不直掃之而先導之魯人為獵較孔子不卒改之而小同之於乎神意果在茲乎姬旦其亦不可學哉彼一時此一時憂君憂民雖欲無不豫色不可得焉是亦不可為非素位之學宜矣人欽慕不止矣復何疑之有矣南紀和歌浦置菅廟者遞代尚矣今國主豐臣姓浅野氏幸長君就胙土之封之五年相舊制之隘陋而於邑不措焉然神乏主先成民而後致力於神鑿開兆域依崖壁疊鉅石躋

攀崢嶸百工子來廟堂不日以落矣刻畫華彩丹漆黝堊延袤之宏壯照顏奪目昔狄梁公毀江淮淫祀一千七百區所存者惟夏禹伍子胥二廟君子猶以為存伍子胥廟未是國主之於此廟可毀乎以新焉可廢乎以崇焉所為可知而已維時世道公辟日甚矣列國侯伯達官唯有倭賣瞿曇衙耶蘇者之壽張為幻而未聞有崇儒教者彝倫攸斁是之懼偶因衆人之信奉此神之有善名而作振以擴充其秉彝之德降衷之性不亦韙哉賴之士知所學民得所由國主為之倡則列國嚮風慕化有如日矣此舉豈淺淺哉然則今日神廟則他日聖廟也今日國政則他日天下之政治也夫神之所學之道先聖之道也所欲之教先聖之教也於乎神其道屈于昔日而伸于今日其教晦于昔日而顯于今日於是神始得為神神若有知則可謂國主者千載之知己矣神其安焉神其饗焉於乎神千載之精爽也何其幸也哉初余應國主之佳招入國境縱觀焉徒矼舟梁以

得往還轉運之便列樹以表道立鄙食以守路塘于池沼陂于川澤以備水旱民高其閈閎厚其墻垣倚畚揭而無縣耜食力樂生含哺鼓腹熙熙然以安矣暇則講罛罶設穽鄂魚鼈禽獸不可勝用也雖不佃作而足矣凡朕田之饒園圃之利乎千樹棗栗橘柚梨柹千畝漆枲桑麻竹葦卮茜千畦老芋母薑衣食於是乎生梗枏櫲樟松柏檜杉有周迴數十里之山也材器於是乎成積雪百里之鹽惟金三品銀及鉛與汞怪石綠青財用於是乎出有大洋也荒服異域之產重寄象鞮譯而來貢奇貨於是乎居此皆所取給仰足也可謂天府國也豈哉秦徐福逃難而投化明太祖題詩而想像矣紀之為州雖鄰京畿地迫南裔嘗聞前世其民恃嶮潛幽爭捷於獶狁比猛於犲狼狡猾暴悍不可測有事則枯木朽株盡為難矣守土者以為憂而至不可奈何焉今也曶爽闇昧得耀乎光明而化為樸魯質直之民想是教養兼施刑賞並設駕御之術有在矣由是見之敬神之

至誠實出聖教若其托荒誕迂僻奇怪恍惚卜祝禳禱之說而扇惑善良
者得逞其淫巧則有愧狄公之手段於乎神雖獨豐其何福之有矣余適
抵和歌浦浦之勝古今風人韻士不絕口然獨山部明人之歌載乎萬葉
集僉曰雋永無窮矣先是因歌而以知斯地之絕景今也因地而以知斯
歌之警策試高歌數闋不覺此身遊此地歟此心在此歌歟憑欄繞廓逍
遙徜徉矣山之偃蹇而長也橫或側圓或尖更斷復連如笑如睡如延竚
如俛仰水之汪洋而遠也如走如逐如遊如倒如狂似驚似怒地勢坼而
島嶼出潮聲退而岩石高飛鳥之為聯翩風破烟跳魚之為撥剌波碎月
或一望千里曙雲共遠帆消少頃多時歸牛載寒鴉過遠淡近濃雨抹晴
糚一日千態四序萬狀不可具述焉至若人事絡繹蕙烝椒漿迎神送神
有來集而祭者山酒海物上交下交有相伴而遊者攜幼扶老夫唱婦隨
主先奴從漁者樵者耕牧者商賈者雜遝盤桓矣開眼人之與物倫理炳

焉本無隱百姓之日用知者之知仁者之仁先覺覺之後覺亦覺之東西海之聖人同之南北海之聖人亦同之是以八政得用五倫得敘四民安業是乃神之歌詩也文章也史論也經義也命性道敎也豈外求哉於乎神孰無此心一撥轉一提醒信其所可信盖知有信疑其所可疑終至無疑然後神人以和是所以我敬神而所以神助我歟於乎神以爲何如人其欽哉國主屬余書斯事其辭曰據海堧兮封神㠯廟貌嚴兮遺徽猷名而實兮人焉庚數敎化兮使民由綿歷邈兮涵天休

子元新造瓦研銘

貞順子元鈞軸轉過陶于嵯峨水土和火爲硯精工堅潤多可嗚呼貞元之間造化在我哉

紫石荷葉研銘

洞庭紫波轡峯王井有蓮盧中盧中石靜類聚群分斯文壽永

星槎研銘

片石之泓研而是水黑質白章天潢雙起天地人文渾然一理旋乾轉坤造化在己

雲龍桉藤原肅明時人也輯所譔五一曰山州橋本新造橋銘文祿元年當明萬厯二十年一曰重建和歌浦菅神廟碑銘一曰子元新造瓦硯銘子元名貞順一曰紫石荷葉硯銘一曰星槎硯銘

水戸城鐘銘并序

夫鐘者所吕警君臣之逸豫而鼓勵上下於明作者也洪鐘聲動遠邇咸聞天子諸侯興求衣問治之思孤卿百僚振佩玉鳴騶之度賢妃不必釐會歸之憎群工不必聽絳幘之籌爲益弘己是故天子之都邑、及侯封宮省膠庠省會莫不建焉下而郡邑莫不建焉況於水戸大邦哉今水戸侯參議公好學博古知此爲邦家重器君民之急需於是鎔精金㠯鑄之懸於城中㠯警有位㠯警庶士庶民㠯警庶人之在宮者而先㠯自警其志亦大矣特其制度之長短大小弇哆聲音之宏亮悠揚清咽手揣輕重未必盡協然而鐘簴不移夫故物勤民蚤戒於夙興他日之爲效豈淺鮮哉銘曰天開地闢斯鐘則鳴萬籟猶寂鍧鍧震驚宵衣求治噦噦鸞衡君曰洛爾如何民生臣曰吁哉王田民情文王追蠡適駿有聲適求厥寍適觀厥成垂謨萬禩永勒鴻名

文庫銘

兵有機呼吸變化爭於希微兵有要奇正循環窮神盡妙晉將首推頳祐叔子緩帶輕裘而元凱號庫爲武武庫之中縹緗萬帙是故陳之則丙丁甲乙斂之則卷藏於密

研銘二首

筆與墨運動役役惟茲靜安而自適然欲紀績已庸勳必藉乎他山之石

硯已文重文巨人重參贊經綸龍蛇揮縱勒名旂常瑚璉伯仲苟違斯義瓦礫無用

琴研銘

靖節蓄琴無絃曰但得琴中趣何勞絃上聲蓋研磨得趣則腹中之徽軫自調擲地即作金聲矣孔子所謂無聲之樂意在斯乎意在斯乎

勉亭林春信碑

謚者朝廷易名之重典自天子天子之子已及公侯卿大夫蓋棺之定論也其他優䘏特予不在此限是故一字之褒榮於華衮一字之誅嚴於斧鉞所已錫泉壤之光所已操激揚清濁之柄所已

通慶賞刑威黜陟之窮者也例呂屬纊之後既殮之厥明成服喪主與典喪哀輯其父祖生前行事不文不飾不次謂之行實喪主率諸子若孫捧冊匍匐稽顙泣血懇請於鄉先生之德業隆備言足為當世所尊信者呂為之狀鄉先生辭之不獲而後允其請據其事實又復考覈鄉評采其實而信者補其逸者芟其冗者削其虛而闕其疑者撰次而潤色之謂之行狀上之撫按監司撫按官具題特請一面咨呈禮部禮部牒儀制祠祭等司一面咨送吏部及太常寺移會禮科等衙門吏部牒行考功稽勳等司一面移會吏科一面按行本官生平歷任之所各該撫按考覈其在任有無政績遺愛有無貪殘瘝類各該撫按官詳細覈實咨呈吏禮二部必南北兩京吏禮二科各無評駁抄參然後申呈內閣移咨翰林院議謚議既定然後知會會集內閣翰林院五府九卿吏禮二科

及河南道御史等官公議於中朝松棚之下松棚者亦猶前古之三槐九棘也凡枚卜凡推轂及會推諸大臣及婚喪諸大典皆於此議爲故有朞功之親見任當路則引嫌迴避懼干請也懼撓權也議既定然後具疏上請奉旨俞允然後頒發該司依勅奉行其間少有齟齬違錯遂不可得考按若斯之密集議若斯之公何地可容其私是故繆戾厲靈朝臣不敢以阿天子之父幽剌昏荒天子不得以私其子魏武追痛蒼舒吳王悼登無已二公不難舉神器而睥睨之而獨不敢犯天下之公議是以義斷恩也何人敢庇其私王文成爵列通侯其父海日公華以殿元冢宰而無謚殿元科名之大魁冢宰百官之冠冕緣人子不敢以勢力求宰執不敢以私恩市故不議謚也何代可殉其私如以私謚爲可也則孔子顏淵不宜無謚如以私謚爲必不可也則展禽索讓不宜有謚況

其後文中康節節孝紛紛不一乎今者勉亭林君厭世其友野節
宜卿坂嘉之其門人某等其弟藼傷其志而悲其亡謂九原不可
作也吕無聊之極思羣為議謚謚之曰頴定先生介野子而請文
於余謂欲垂之不朽也余先已先機而逆拒之而野子請之不已
其意切其容慘其言懇懇欵欵余不得已應之内翰君姓林諱春
信亦諱慤字孟著號勉亭又稱梅花洞主其大父羅山先生文名
播於邦域弘文院學士紹述其緒當今現掌文衡而林君則羅山
先生之嫡長孫而弘文學士之冢子也吕寬永癸未八月十一日
生於武州吕寬文六年丙午九月朔日卒年二十四越三日辛已
葬於忍岡别莊艮隅林君生而頴異大父期之為千里之駒生六
嵗初讀大學唐宋詩若干首皆成誦又三年大父口授論孟中庸
讀過輒不忘乃祖愈喜明年口授毛詩又明年癸已中秋勉亭初

試賦詩大父喜而和之年十二讀尚書禮易左氏傳明年冬侍學士往晤朝鮮使臣李明彬即賦詩再爲酬答李大奇之李爲朝鮮兩榜大父復口授文選東坡山谷諸集而篤好遷固史語人曰孫年十三讀書十倍吾幼時次年謁大君復爲作中庸孝經聯珠詩格等諺解口授之復授後漢書曰汝既有志班馬吾并以此授爾勉之哉又明年正月大父捐館舍學士儼然衰絰之中旋以公事埤遺繼又以講授經書故就季父讀耕子學季父視之猶子勤勤督課如秋題百品藝餘千題或押難和之韻或限刻燭而成無不揮洒立就時髦賡和郵筩往來於是聲名籍甚壬寅讀耕子物故勉亭不勝悽愴厚撫其孤以報叔父恩先是學士病餘編本朝一人一首俾作評註口授而草立成一字無改今梓行於世復代學士評隲諸生詩文皆服其博贍曰君年猶弱而工於屬文如此自

是年冬賜學料若干其後癸卯賜宅地甲辰台德公忌日奉命紀事復蒙寵賚列侯班瑞循職効勞叨沐恩澤乙巳有事於日光山事竣奉旨慰勞賜黃金衣服恩寵頻承侈爲異數及其據皐比累重席論議風生雄辯足驚四筵如姬路故拾遺如加賀羽林聞其講貫莫不推服而勿齋藤子默尤爲莫逆至忘形骸往時吟詠日繁著述日富輯錦囊蠹餘惟患其少旋復嚴較舊作搜之剔之號行餘雕蟲惟患其多或問其故答曰樂天三千首或嗤俗體信明五字邪老七字人皆寶愛由是觀之孰多孰少然猶有素所撰輯詩文各十卷其弟竊不忍棄捐復彙詩集二十卷暇則臨摹古帖手錄諸詩甲辰冬命編輯本朝通鑑學士總裁之而勉亭充分較敘述百餘年事遺佚能考損益從宜饒有史才蓋有得於馬班左范也休沐則講杜律課諸生選本朝三十六將作爲小傳當宁甚

爲賞鑑敏而能勤至於如此五月學士設家塾五科分經史詩文倭學署大員長左右員長實特秀萠等生吕勉亭爲左員長而虛其大員意蓋有爲也而勉亭心猶嗛之然而善者懲（按善者下疑有缺誤）上述箕裘下開來學未嘗少倦也秋七月娶故因幡守源資爲女吕爲之配下旬畢姻逾月五日罹瘧痢之災煩悶譫語亦惟言詩言學無一語他及終吕是不起矣臨終念念不忘君恩不忘父母恩惓惓於其弟暨從弟憲至於親友門生叮嚀告戒一皆勉之吕正既而曰近來學者惟要一超直入憚於自漸做來又曰余平生酷嗜詩賦文章未究四書六經蘊奧志既墜矣遺恨如何汝等宜切思之或曰詩賦文章垂名不朽答曰汝言非也雖垂名何益予唱曰似拙不拙似弱不弱奄然而逝其爲人沉潛貞靜和惠愛人寬裕亮直不迫不阿好揚人善勤改己愆孝友誠信顧行謹言余初

至東武於逆旅主人見其二詩清新流利灑灑出群一月之間接之者四初見於竹洞齋中論議之次偶及杜少陵元次山勉亭曰少陵詩聖翁奈何與次山並稱奈曰少陵特擅名詩壇耳其他無少概見抗章論救既失之於房琯倚毗留連復失之於嚴武次山遠謫道州未嘗放情詩酒拳拳愛君化民憂公靖位繇此言之殆不及也豈特並稱乎勉亭不復枝梧一語其見已及此矣人不間於父母閔騫之所㠯爲孝議不私於弟友程子之所㠯爲明卽其所議文辭貞敏曰穎純行不爽曰定謚曰穎定過而非黨矣昔者孔圉敏而好學得謚爲文漢帝營表未作遂謚爲成豈爲溢美也哉今勉亭英英未見而晚年卓識乃欲窮搜六經身體大道是究是圖誠足輔翼當世斯人不死騣其有興乎蓋天而不欲日本之興於斯文也何爲而生若人天果欲日本之興起於斯文也又何

爲而翦若人既知浮華瀚漫之非學已則其學必有所歸既知敦行漸進之爲學已則其學必有所立夙悟方開趨向既卓雱雪飛霜芝摧蘭萎訃音初至莫不驚疑父母於斯呼天搶地然此智愚賢不肖之所共哀之非獨戚黨親暱之私哀之也吾方爲日本學道之機傷之非爲學士階庭之樹傷之也水户宰相上公初聞其疾稔稱其學業繼聞其喪矜惜其行誼上公最爲憐才而不輕爲許可其必有吕動之矣余初允墓碑之請野子不勝欣抃轉戚爲歡徐謂之曰碑文則不敢吕固陋辭然撰文例當署銜則不敢爲也野子復極力慫叟曉譬多方余深自痛悔又可自食其言卒勉强成之俄頃之間失於三思遂詒伊戚二十三年之自同於販屨織席者何爲也哉人之有言也信於金石堅於貞珉埀之千古使感發而興起可不慎乎銘曰鼎新革故必生才賢秀實修短夫豈

偶然余厚望於是邦也俗可易而聖可傳何爲其於若人也縱之
吕脱頴而斬之吕永年吾低徊而不得其解歎曰何然也而帝何
然也而天

雲龍桉明徵士朱之瑜所譔日本金石文續攈厥六一曰水戸城鐘銘
一曰文庫銘一曰硯銘有二一曰琴研銘一曰勉亭林春信碑

清末民初文獻叢刊

游歷日本圖經

（第五册）

［清］傅雲龍 撰

朝華出版社
BLOSSOM PRESS

游歷日本圖經二十五上

奏派游歷日本美利加秘魯巴西等國英日屬地加納大古巴知府用兵部郎中臣傅雲龍述

印志

史記世紀曰黃帝合符於釜山注今之印章也然則印始黃帝歟或謂時有璽章春秋斗樞黃帝時黃龍負圖中有璽章文曰天黃符璽河圖周禮璽節注印章如今斗撿封史記蘇秦傳佩六國相印通典三代之制人臣皆以金玉為印龍虎鈕漢書百官表諸侯王黃金印盭綬徹侯黃金印紫綬凡吏秩比二千石以上銀印光祿大夫無秩比六百石以上大夫博士等皆銅印師古曰刻文其官之印此中國漢前印制也日本印文傳今以漢光武賜委奴國王為最倭漢三才圖會曰文武天皇慶雲元年始印令鑄諸國時中國唐長安四年也謂令諸國鑄印而曰印令鑄諸國其國文之顛倒大率類此今萃厥大要影而印之漢倭奴國王及親魏倭王兩印大小

其亦印證見端歟述印志（如圖錄皆縮其半）

漢委奴國王印

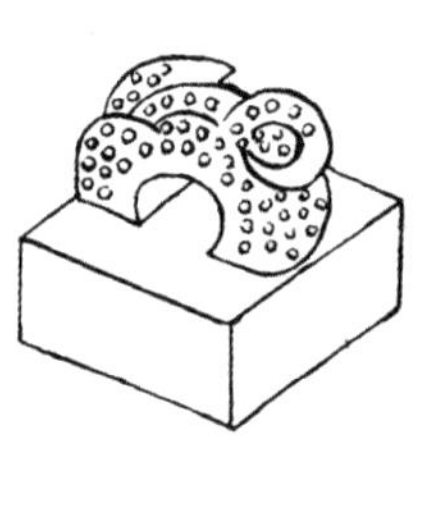

雲龍桉印曰漢委奴國王五字白文其質黃金其鈕蛇据好古日錄云曲尺度方八分弱厚二分五釐重二十九錢天明四年甲辰二月廿三日筑前國那珂郡滋賀島土中巨石下掘出蓋印之出土在我乾隆十九年而賜印之年後漢書可攷也倭傳曰建武中元二年倭奴國奉貢朝賀使人自稱大夫倭國之極

南界也光武賜以印綬其即此印歟說文倭从人委聲然則倭委初無異聲古通用以此其印黃金與漢書百官表王印之制符漢書禮樂志曰漢據土數五故五字為印文此印漢委奴國王五字其文之數又與禮樂志符建武中元二年是其國垂仁八十六年

親魏倭王印

雲龍樓印曰親魏倭王四字白文載在宣和集印史日本好古日錄亦載之其鈕未詳魏志景初二年六月倭女王遣大夫難升米等詣

郡求詣天子朝獻大守劉夏遣吏將送詣京都其年十二月詔書報倭女王曰詔親魏倭王卑彌呼以爲親魏倭王假金印紫綬來使難升米爲率善中郎將牛利爲率善校尉假銀印青綬正始元年太守弓遵遣建中校尉梯儁等奉詔書印綬詣倭國拜假倭王四年倭王復遣使伊聲耆掖邪狗等八人掖邪狗等壹拜率善中郎將印綬惜兩賜使印今皆不見其文見者此耳景初二年即蜀漢延熙元年爲日本神功后攝政之三十有八年與魏志倭女王符

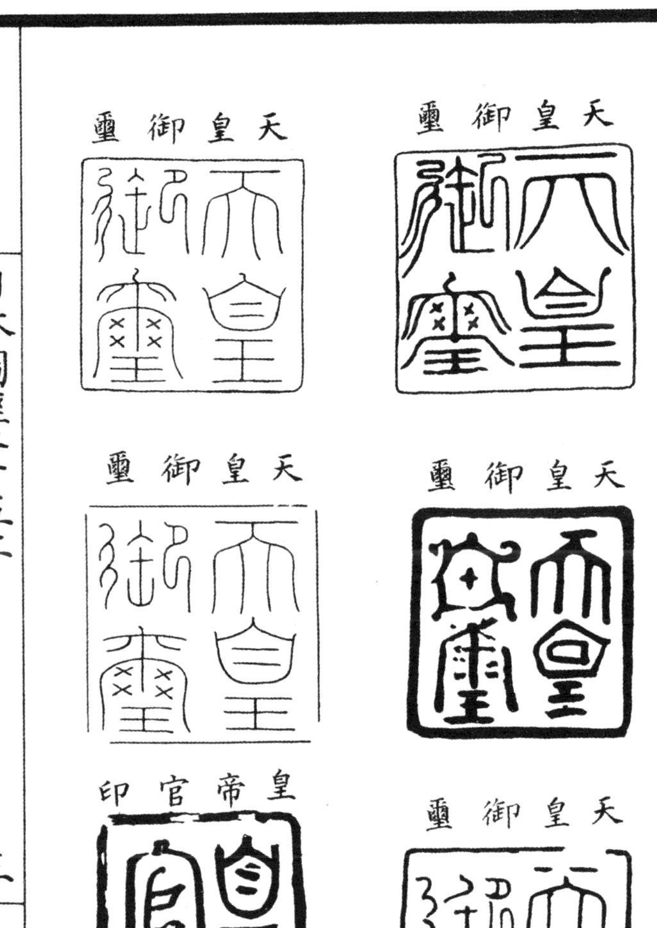

天皇御璽

天皇御璽

天皇御璽

天皇御璽

天皇御璽

皇帝官印

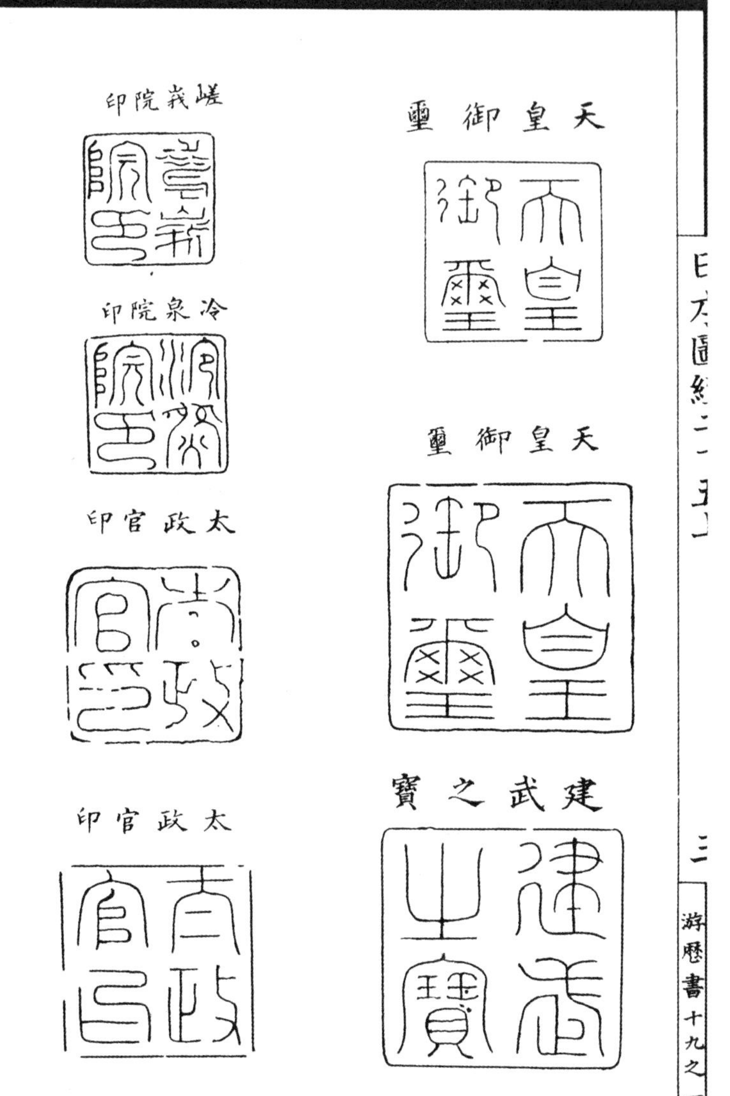

天皇御璽

天皇御璽

建武之寶

嵯峨院印

冷泉院印

太政官印

太政官印

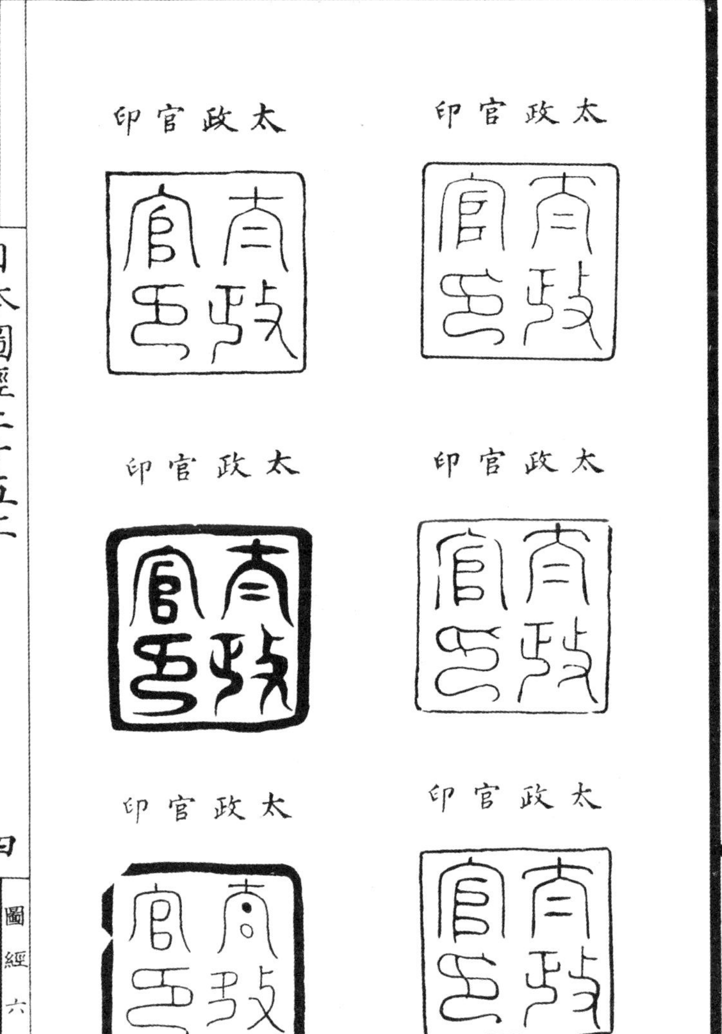

太政官印　太政官印

太政官印　太政官印

太政官印　太政官印

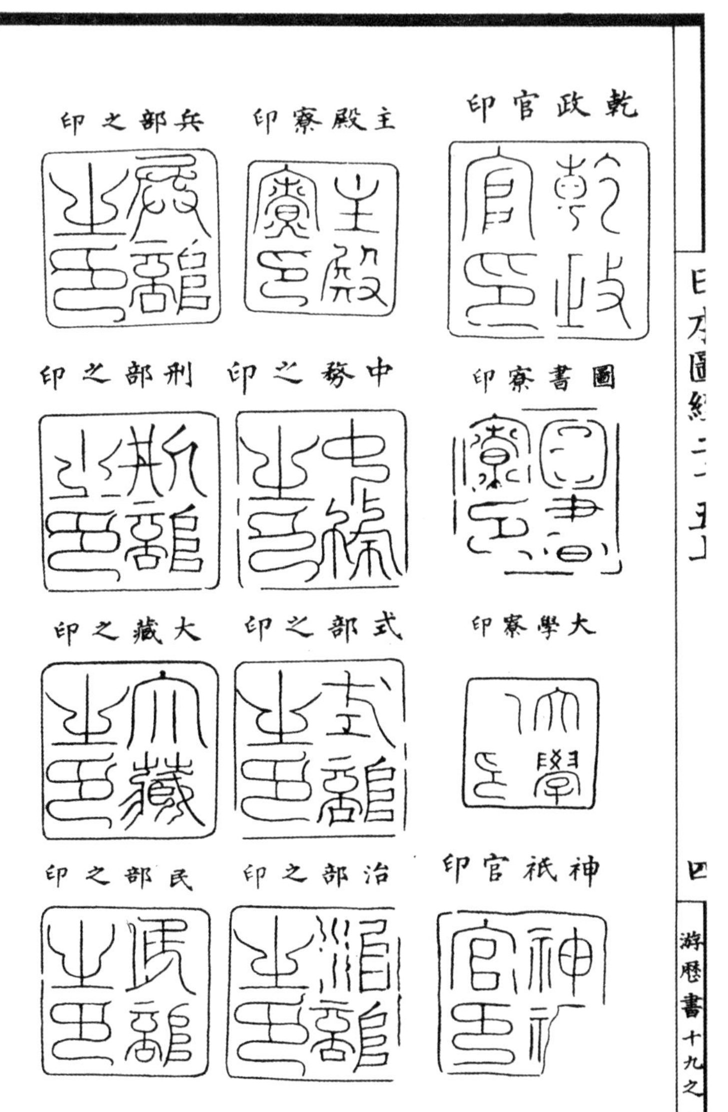

乾政官印

圖書寮印

大學寮印

神祇官印

主殿寮印

中務之印

式部之印

治部之印

兵部之印

刑部之印

大藏之印

民部之印

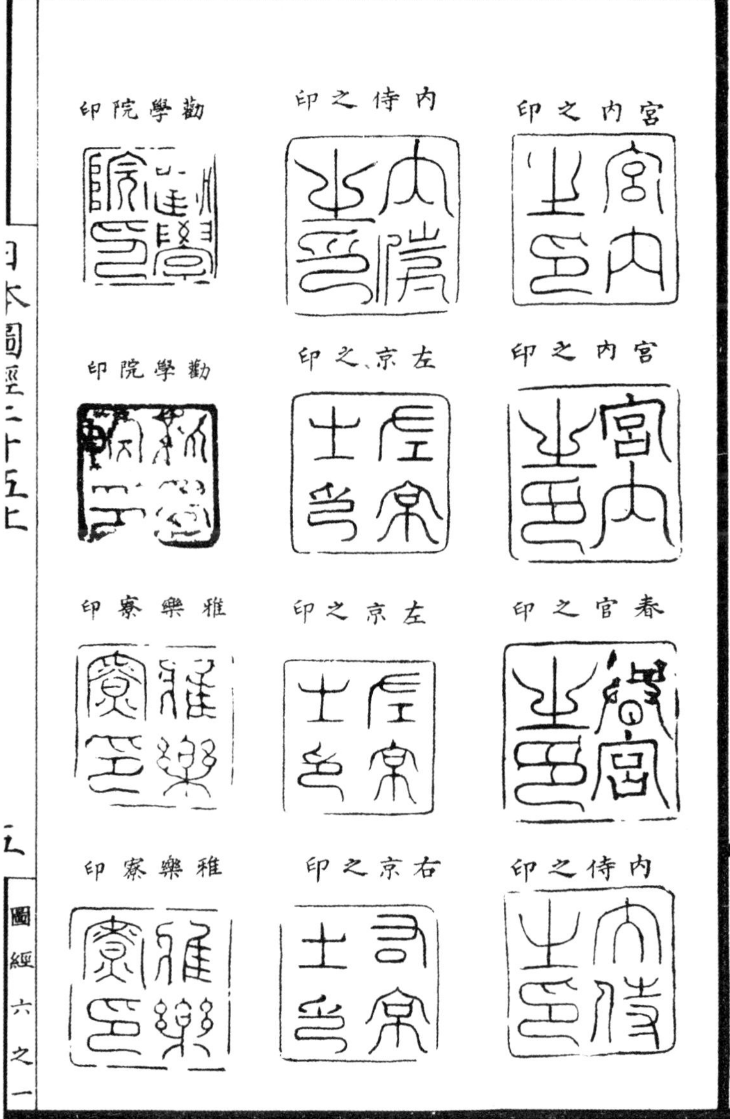

宮內之印

宮內之印

春宮之印

內侍之印

內侍之印

左京之印

左京之印

右京之印

勸學院印

勸學院印

雅樂寮印

雅樂寮印

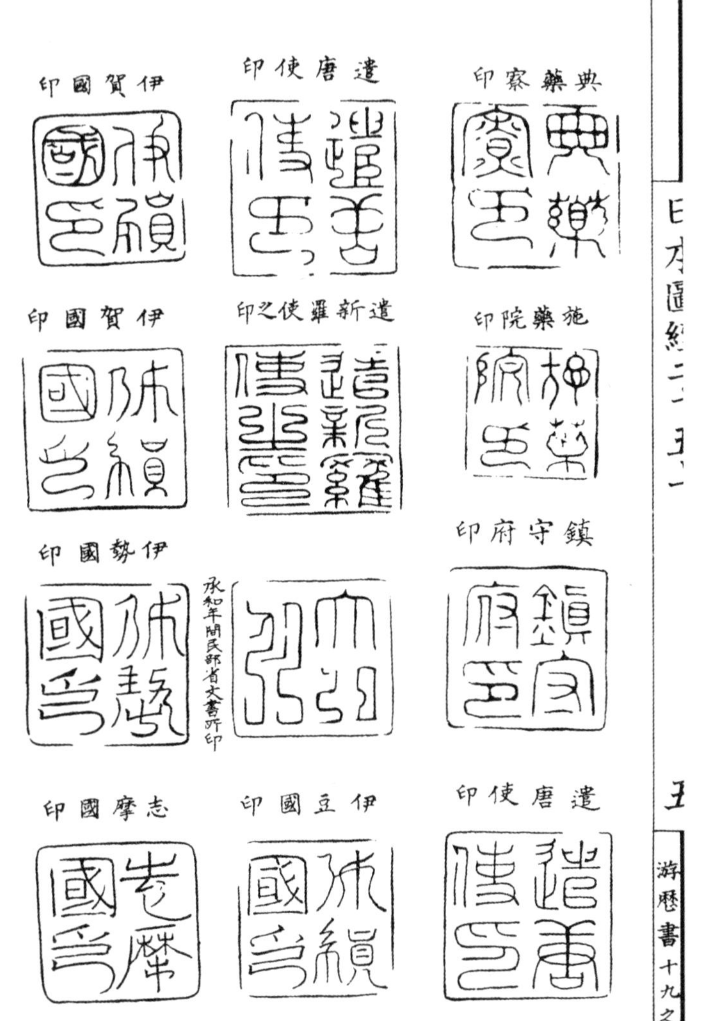

典藥寮印

遣唐使印

伊賀國印

施藥院印

遣新羅使之印

伊賀國印

鎮守府印

承和年間民部省文書所印

伊勢國印

遣唐使印

伊豆國印

志摩國印

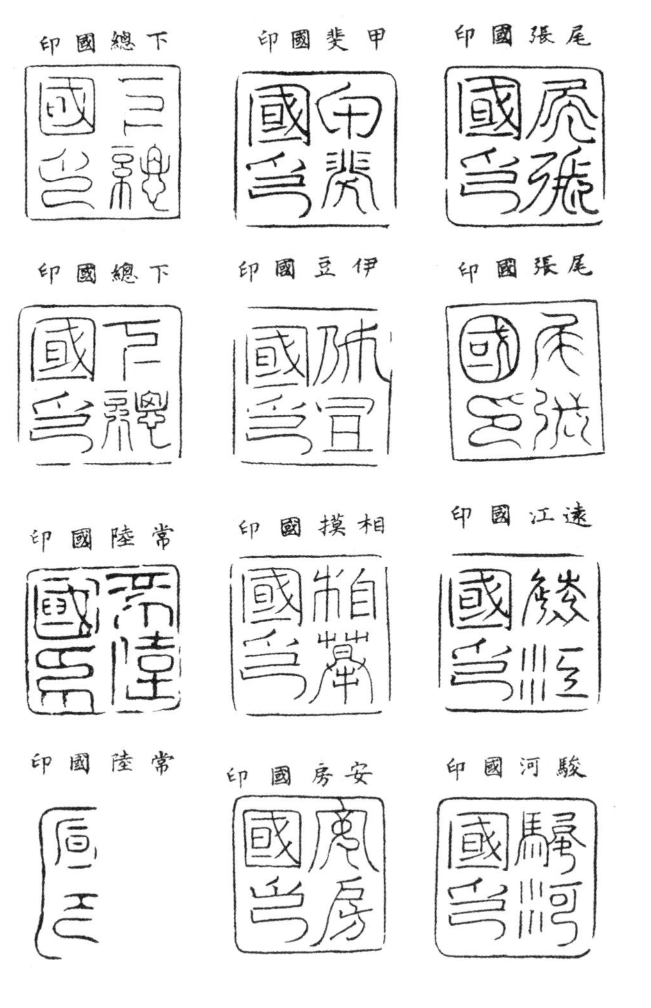

尾張國印　甲斐國印　下總國印

尾張國印　伊豆國印　下總國印

遠江國印　相摸國印　常陸國印

駿河國印　安房國印　常陸國印

山背國印
山城國印
大和國印
山背國印
山城國印
大和國印
山城國印
大倭國印
大和國印
山城國印
大和國印
大和國印
山城國印
大和國印
大和國印

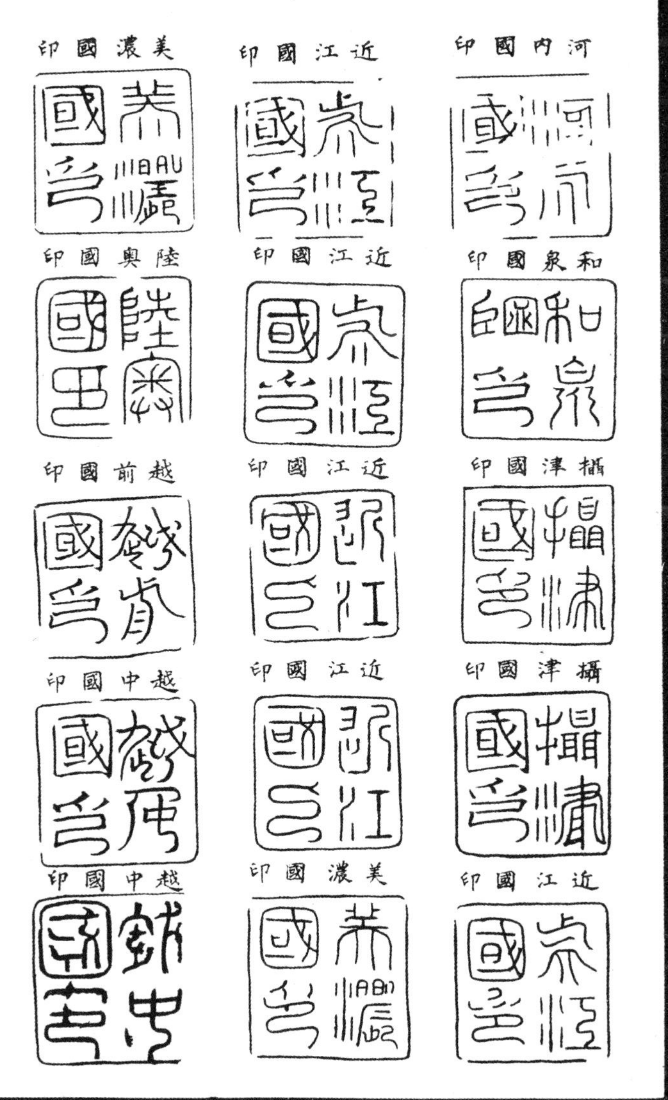
河內國印
近江國印
美濃國印
和泉國印
近江國印
陸奧國印
攝津國印
近江國印
越前國印
攝津國印
近江國印
越中國印
近江國印
美濃國印
越中國印

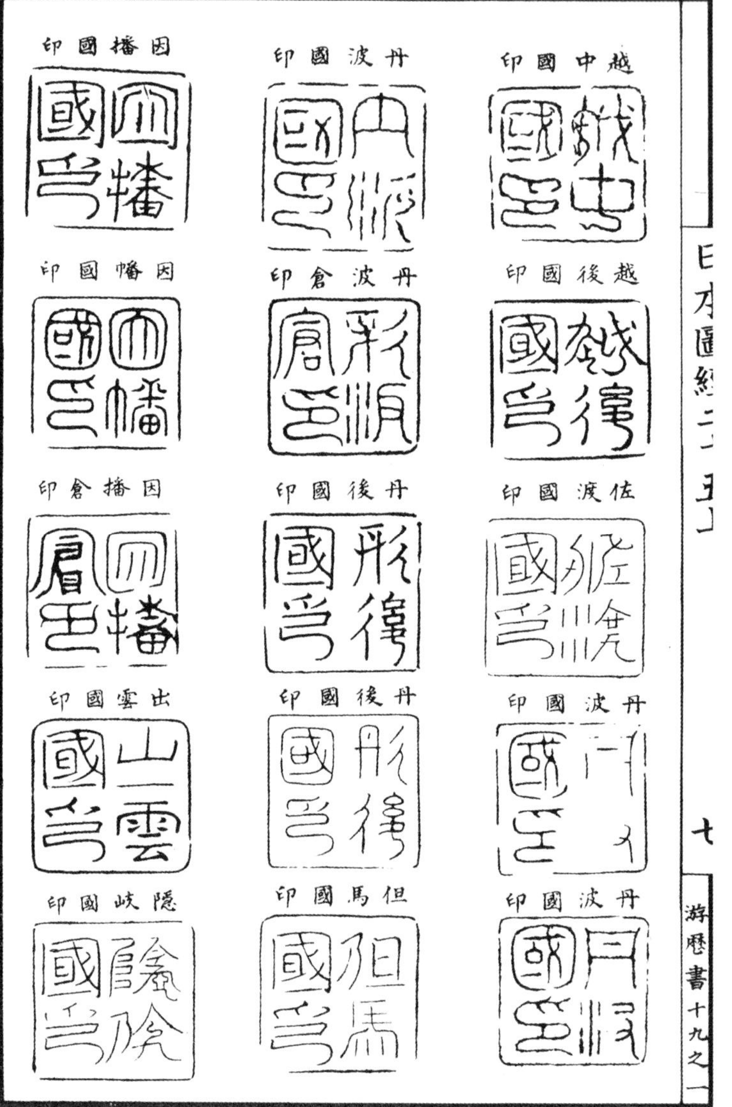
越中國印
越後國印
佐渡國印
丹波國印
丹波國印
丹波國印
丹波倉印
丹後國印
丹後國印
但馬國印
因播國印
因幡國印
因播倉印
出雲國印
隱岐國印

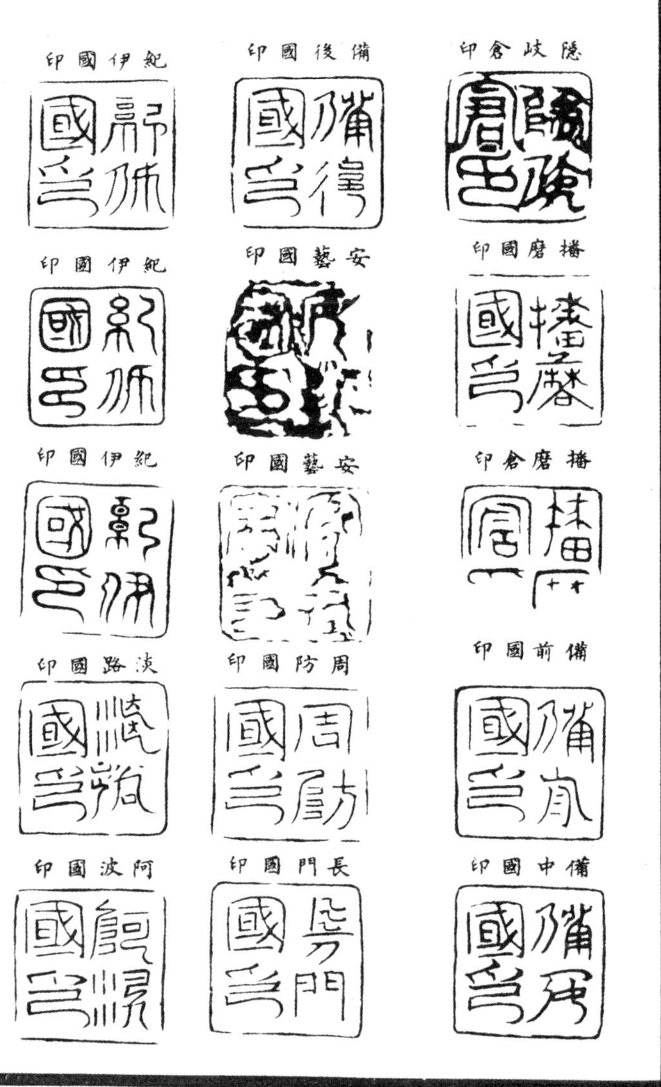

隱岐倉印

播磨國印

播磨倉印

備前國印

備中國印

備後國印

安藝國印

安藝國印

周防國印

長門國印

紀伊國印

紀伊國印

紀伊國印

淡路國印

阿波國印

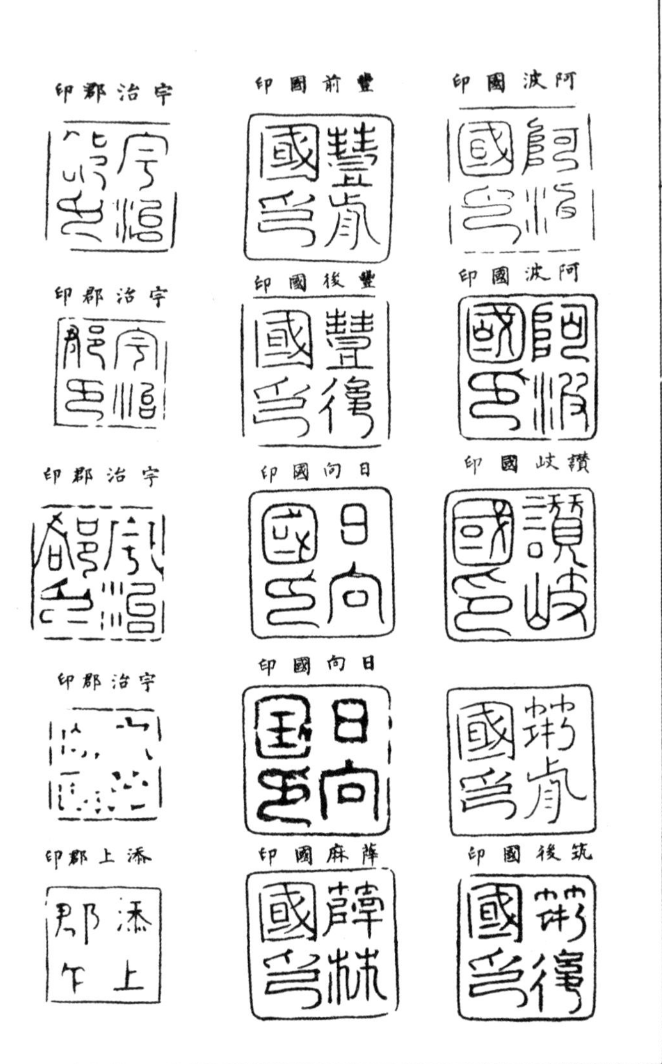
阿波國印
阿波國印
讚岐國印
筑後國印
豐前國印
豐後國印
日向國印
日向國印
薩麻國印
宇治郡印
宇治郡印
宇治郡印
宇治郡印
添上郡印

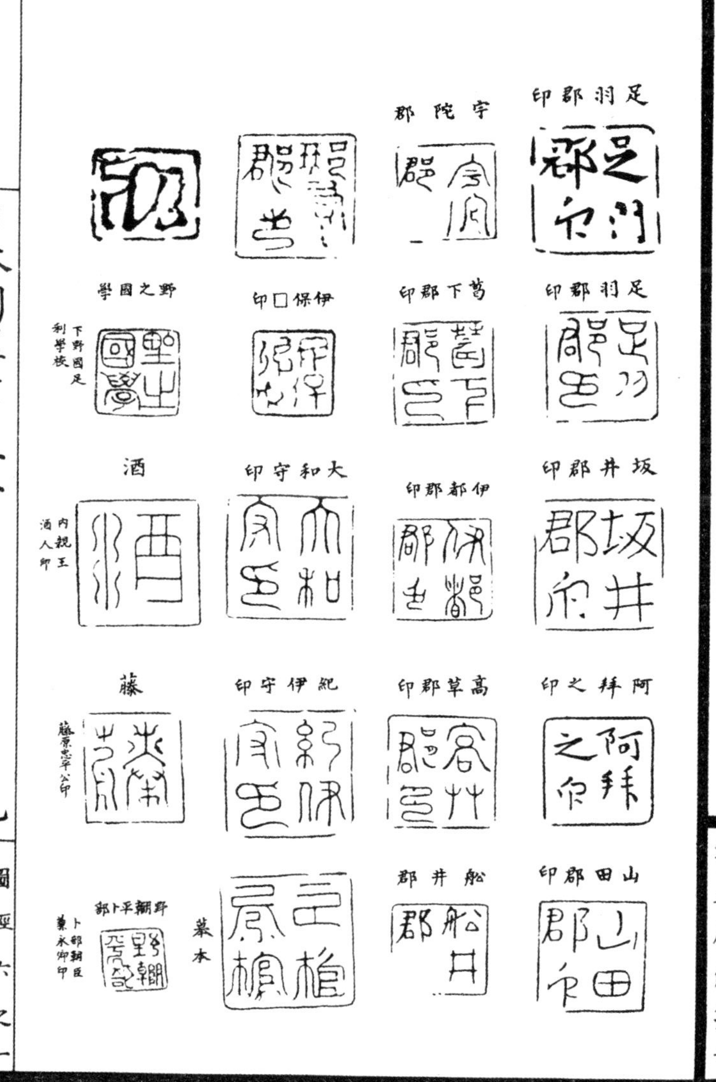
足羽郡印
宇陀郡
足羽郡印
葛下郡印
伊保□印
野之國學
下野國足利學校
坂井郡印
伊都郡印
大和守印
酒
內親王酒人印
阿拜之印
高草郡印
紀伊守印
藤
藤原忠平公印
山田郡印
船井郡
摹本
野翻平卜郡
卜部朝臣兼永卿印

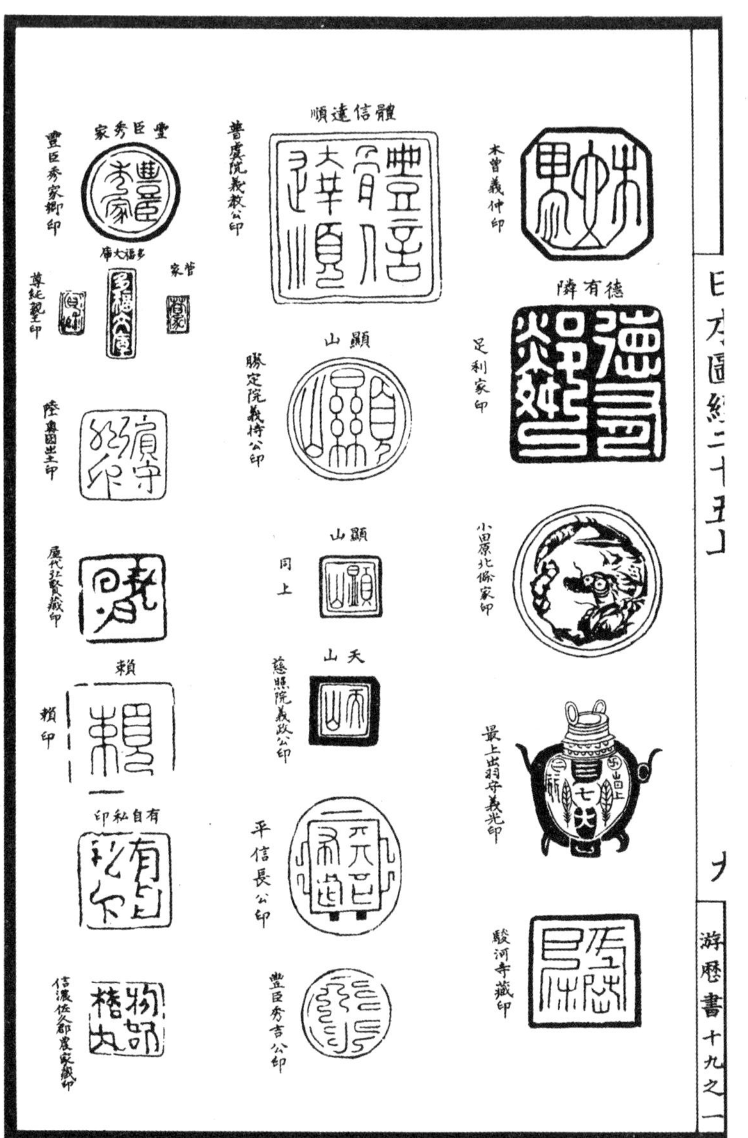
木曾義仲印
德有隣
足利家印
小田原北條家印
最上出羽守義光印
駿河寺藏印
體信達順
曾虞院義教公印
顯山
勝定院義持公印
顯山
同上
天山
慈照院義政公印
平信長公印
豐臣秀吉公印
豐臣秀家
豐臣秀家卿印
多福文庫
菅家
尊純親王印
陸奧國出生印
歷代弘賢藏印
賴
賴印
有自私印
信濃佐久郡農家藏印

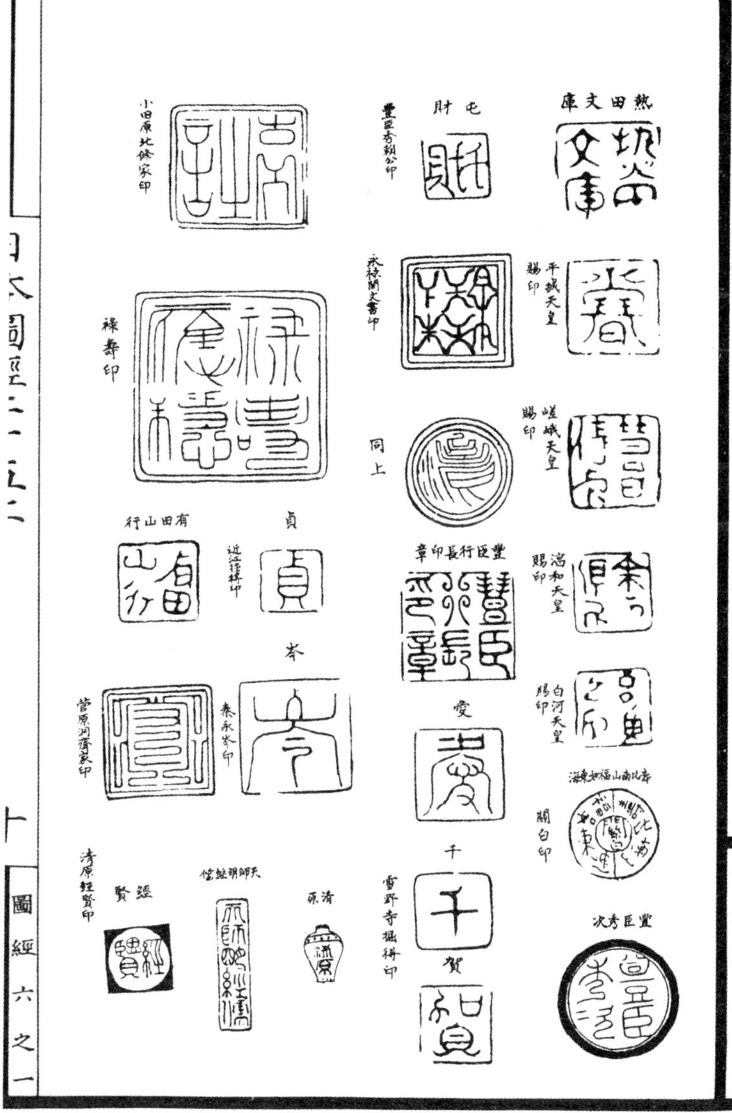
熱田文庫
平城天皇賜印
嵯峨天皇賜印
淳和天皇賜印
白河天皇賜印
壽比南山福如東海
關白印
豐臣秀次
屯財
豐臣秀賴公印
永祿間文書印
同上
豐臣行長印章
愛
千
雪野寺掘得印
賀
貞
近江樣印
岑
泰永岑印
清原
天師明經信
經賢
清原經賢印
小田原北條家印
祿壽印
有田山行
菅原洞齋家印

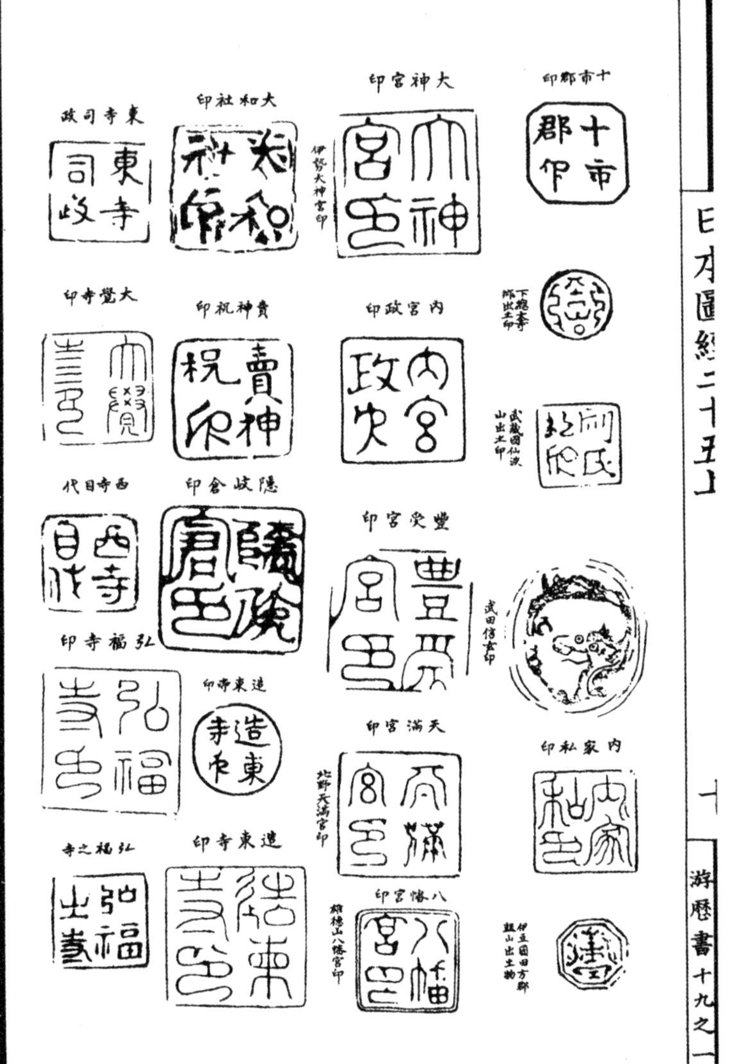

十市郡印
大神宮印
伊勢大神宮印
大和社印
東寺司政
下總香取郡出土印
内宮政印
貴神祝印
大覺寺印
武藏國仙波山出土印
豐受宮印
隱岐倉印
西寺目代
武田信玄印
内家私印
天滿宮印
北野天滿宮印
造東寺印
弘福寺印
八幡宮印
箱根山八幡宮印
造東寺印
弘福之寺
伊豆國田方郡韮山出土物

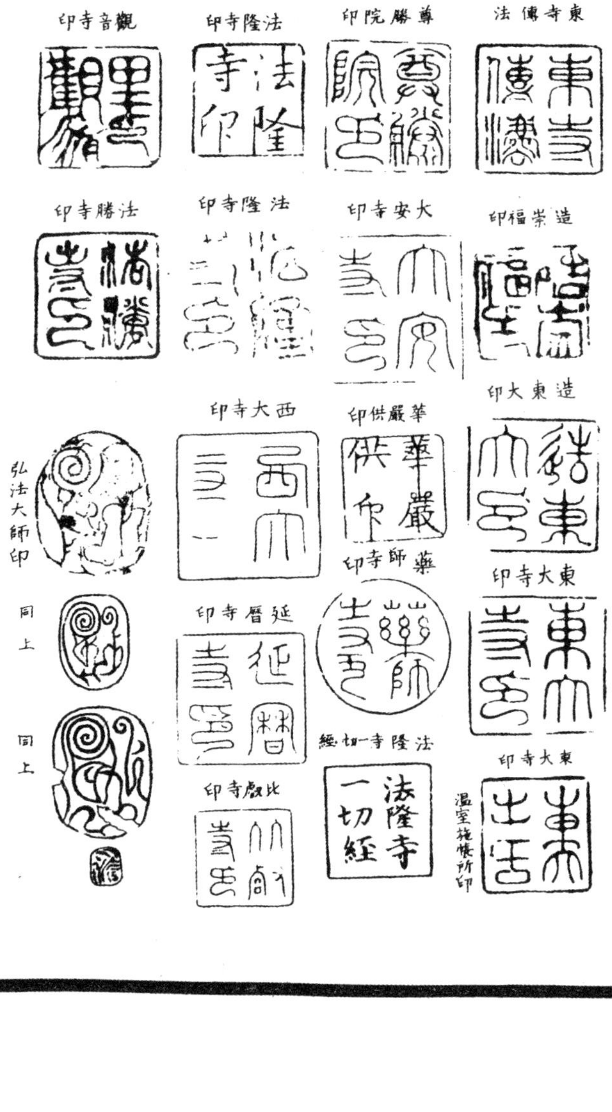

東寺傳法

造崇福印

造東大印

東大寺印

東大寺印

溫室施帳所印

尊勝院印

大安寺印

華嚴供印

藥師寺印

法隆寺一切經

法隆寺印

法隆寺印

西大寺印

延曆寺印

比叡寺印

觀音寺印

法勝寺印

弘法大師印

同上

同上

詮傳燈印

僧綱之印

僧綱之印

元三論印

一休

一休和尚印

鵤寺倉印

勅

周文

鹿島根本寺藏印

天下正成 異國歸化

周文六世孫

曾我直庵印

同上

曾我

日蓮僧印

同上

小田原最乘寺印

岡寺孝謙天勅作印

同上

同上

曾我秀文印

佛乘禪師印

夫容

慧廣

同上

石山寺印

同上

天海藏

見雲龍所藏唐寫經

高山寺

經

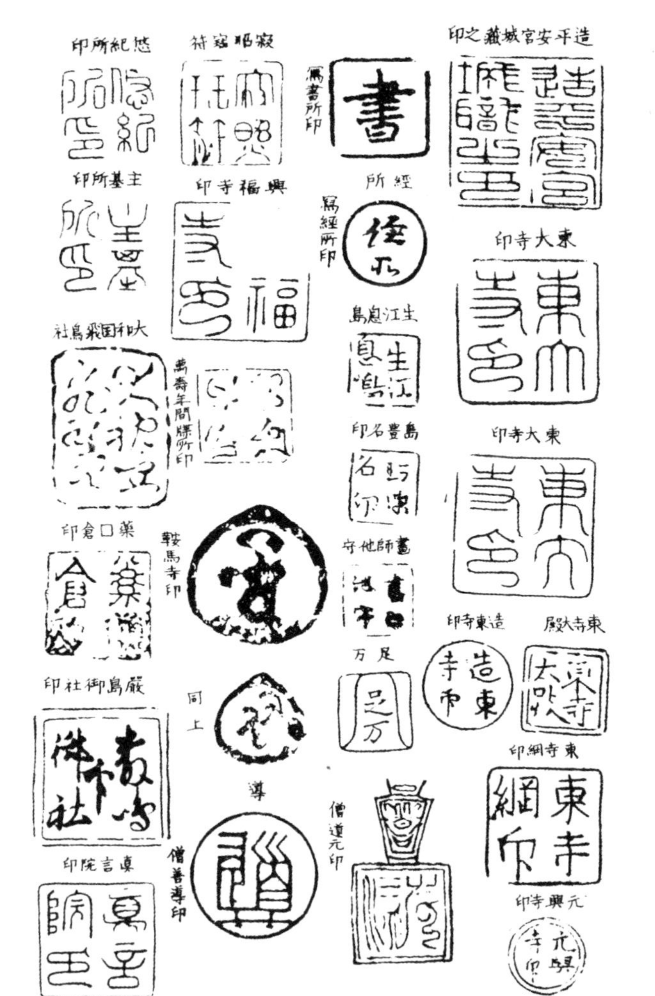

造平安宮城藏之印
寫書所印
穀昭寫符
悠紀所印
東大寺印
經所
寫經所印
興福寺印
主基所印
東大寺印
生江息嶋
嶋豐名印
萬壽年間膳所印
大和國飛鳥社
畫師他守
鞍馬寺印
藥口倉印
東寺大殿
造東寺印
足万
同上
嚴島御社印
東寺綱印
導
僧道元印
僧善導印
眞言院印
元興寺印

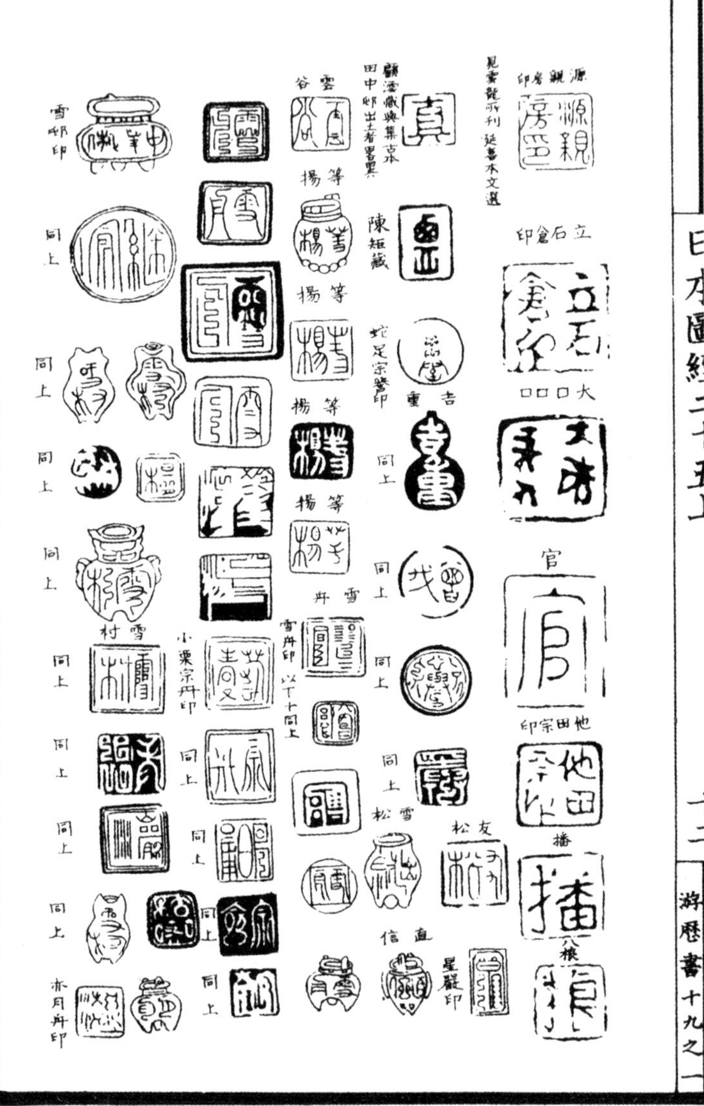
源親倉印
見雲龍所刊延喜本文選
顧澐藏與集古本田中邨出者署異
雲谷
雪邨印
立石倉印
陳矩藏
等揚
同上
大口口口
吉重
蛇足宗鑑印
等揚
同上
同上
等揚
同上
官
同上
雪舟
雪舟印　以下十同上
小栗宗丹印
雪村
同上
他田宗印
同上
同上
同上
同上
松雪
友松
播
同上
同上
同上
八根
直信
星巖印
赤月舟印

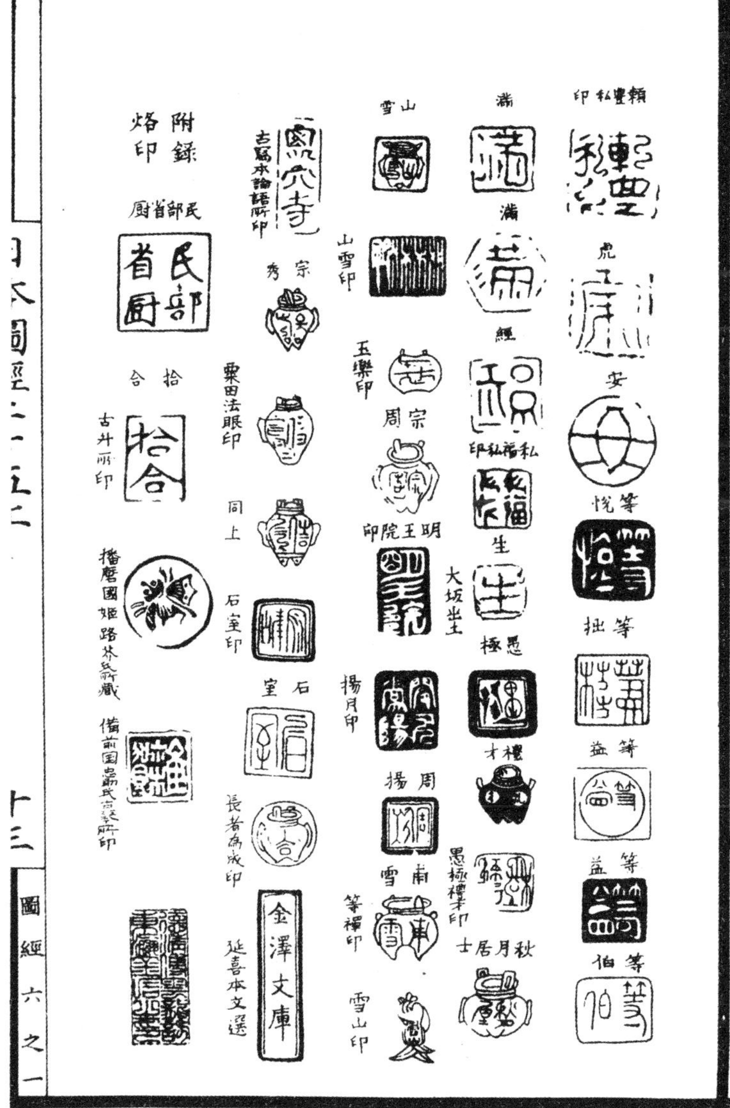

附錄
烙印
民部省厨
拾合
古井所印
播磨國姫路芥氏所藏
宗秀
粟田法眼印
同上
石室印
石室
長者為成印
金澤文庫
延喜本文選
雪山
山雪印
玉樂印
宗周
明王院印
揚月印
周揚
等禪印
雪山印
滿
滿
經
私福私印
生
大坂出土
愚極
樏才
秋月居士
賴豐私印
虎
安
等恱
等拙
等益
等益
等伯

雲龍桉日本亦仿中國曰璽曰印有篆有隸有正書有朱文有白文今据集古十種博古堂集古印譜埋麝發香與夫日本戶籍地券稅簿倉冊書札神社寺院牒文經籍所印者錄璽而省院印而國郡印而社寺印萃而影之外此非柄政與著聲者概从畧焉烙印亦坿箸近古者綜計所錄凡三百八十有九中有大倭國印一是倭未改和以前印它印櫃一堆漆而飾之以七寶玳瑁集古本謂為佛乘禪師請自宋朝者也藏之圖之其見重類此匪獨印文酷肖而已助訪者陳氏矩也聞之日本先是朱印墨印二品墨為上見倭漢三才圖會今以朱印為萃它色偶用非其正矣

日本金石志三下

游歷日本圖經二十五下

奏派游歷日本美利加秘魯巴西等國兵日屬地加納大古巴知府用兵部郎中臣傅雲龍述

刀劍志

日本草薙劍有鑽燧縱火之功爲三神器之一又曰天羽斬即十握劍也此外曰大葉刈曰師靈曰頭椎曰裍中曰川上此皆漢哀帝以前倭劍之著者也自時厥後尚刀而劍寖微刀以鬼斬小烏二者爲尤著其國後鳥羽天皇聚工而躬與之鍛謂之御所鍛後鳥羽院御番鍛冶之次第正月則宗二月貞次三月延房四月國安五月恒次六月國友七月宗吉八月次家九月助宗十月行國十一月助成十二月助延閏月番久國御太刀硎國弘刑清爲貞後鳥羽院御宇二十四人番鍛冶次第正月包道國友二月師實長助三月重弘行國四月近房行平五月包近眞房六月則次吉房七月朝助宗隆八月章實實經九月包末信房十月朝忠實經十一月包助則宗十二月則眞是助於隱岐國定置給番鍛冶次第正月二月則國三月四月景國五月六月國綱七月八月宗吉九月十月信正十一月十二月助則後鳥羽院御師德參鍛冶久國宗吉吉國眞利貞次行吉次家則房爲次眞守忠國信房皆名工

於是鍛冶良工若正宗貞宗出於相摸若義弘則重出於越中若源左出於筑前若兼氏出於美濃豈生是使篤欸抑時尚然也今鏡西刀而良工飲泣矣鍛礪之精難可湮沒原劍第一原刀第二雜刀雜卅刀派及欵識第三形略第四述刀劍志

原劍第一

草薙劍[日本紀]天祖既遺經津主武甕槌二神平葦原中國詔皇孫天津彥彥火瓊瓊杵尊治之賜以八坂瓊曲玉八咫鏡及天叢雲劍是爲天朝三神器天叢雲即草薙一劍也初素盞鳴尊斬八岐蛇於出雲簸川上至尾刃少缺割之獲一劍曰是神劍也獻之天祖[日本紀][古語拾遺]以蛇之所處常有雲氣名天叢雲[古語拾遺]崇神畏瀆神器詔摸造之聞上古造刀劍者有天目一箇神求其裔令造之祀天祖於大倭笠縫邑藏叢雲劍以新造者爲神器[日本紀]後遷大神宮於伊勢景行遣皇子日本武尊征東夷皇子經伊勢拜大神宮其姑倭姬命取叢雲劍授之進至駿河賊紿之曰此地多麋鹿請臨而獵焉皇子從之賊遂縱火於野[古事記][古語拾遺]皇子擬劍刈撥野草鑽燧縱火火反向賊皆焚死[劍録][古語拾遺]因名草薙[日本紀]皇子旋師至尾張娶宮簀姬[熱田社緣起]授劍而去宮簀姬後祀此劍於熱田[日本紀]天武不豫卜草薙劍爲崇即日送熱田社[神皇正統記]寶劍沒而天祖眞器

則萬古依然

天羽斬

日本紀素盞嗚尊至出雲簸川上國神脚摩乳撫其女哭曰女將爲蛇所嘅素盞嗚尊釀酒以待果有蛇至頭尾各八飲酒而睡於是拔十握劍寸斬之古語拾遺古語謂巨蛇爲羽因名劍曰天羽斬藏石上社

大葉刈

日本紀大葉刈一名神戶劍

韴靈

日本紀神武東征抵熊野有神作毒武甕槌平國劍置庫中獻之衆悉起初武甕槌神征出雲至五十田狹拔十握劍倒植地大己貴降出雲平神皇正統記以宇摩志麻治命有大勲賜此劍褒之初在石上社後藏鹿島神宮

頭槌

日本紀神武既滅八十梟帥餘黨熾命道臣命誘虜殄之道臣設宴忍坂選鋭雜處約曰酒酣吾歌則發虜醉道臣歌衆拔頭槌劍殺虜

裍中劍

日本紀日本武尊征熊襲魁帥曰川上梟帥宴飲皇子解髮爲童女裝藏劍裍中伺梟帥醉臥刺殺之

熊鰐五十迹手獻劍鏡瓊

日本紀仲哀八年西征抵筑紫岡縣人熊鰐乘船迎之周芳沙磨浦立五百枝賢木於舳上枝掛白銅鏡中枝掛十握劍下枝掛八尺瓊獻之伊觀縣人五十迹手亦乘船迎於穴門引島立五百枝賢木於舳艫上枝掛八尺瓊中枝掛白銅鏡下枝掛十握劍獻之賜號伊蘇志初景行親征熊襲次周芳娑麼有女子神夏磯姫樹素幡於船歸順又拔磯津山賢木上枝掛八握劍中枝掛八咫鏡下枝掛八尺瓊獻之熊鰐等儆之也

川上部一名裸伴

日本記垂仁時皇子五十瓊敷命居茅渟莵砥川上宮造劍一千口名曰川上部又曰裸伴藏石上社仁德時吉備川島河有虬縣守拔劍入水斬虬河水盡赤天智將誅蘇我入鹿抽劍斫

播磨獻寶劍

日本紀天智時播磨國司岸田麻呂等獻寶劍言於

狹夜郡人禾田穴内獲焉

諸劍

中右記 宜陽殿寶劍三十四柄中有二神劍曰破敵曰守護鏤日月五星十二神破敵則每大將出征必授謂之節刀 禁秘抄 又有號大刀契者十柄長三尺或二尺其一鏤北斗龍虎傳爲百濟所獻二寶劍之一 帝王編年記 又有應神寶劍安貞二年盜入内藏寮竊之劍有光盜怖取其裝具欲折劍誤傷其額遂被擒 續古事談 又有壺切寶劍本藤原氏寶器醍醐爲東宮時經基獻之 西宮抄 是後每立皇太子必賜之 增鏡 又有田村寶劍坂上田村麻呂所佩 古事談 銘曰坂上寶劍醍醐嘗置劍輿中失鞘尾裝具有狗嚙之至敦實親王傳之白河時詔獻之相傳雷鳴則劍自脫 源平盛衰記 又有晝御座寶劍平氏擁安德走西海晝御座劍亦遺之

朝日丸

西行物語 佐藤義清工和歌鳥羽命題障子畫十首賜御劍朝日丸

獅子王

源平盛衰記平家物語十訓抄 高倉時有鵼夜鳴殿屋上詔源賴政射之賴政令從兵懷名刀骨食闇中一發應弦而墜賞以御劍獅子王 兵家茶話 獅子王備前朌平所造 土岐系圖 傳在播磨齋村氏石田三成之亂齋村敗死東照公賜劍於土岐賴勝以土岐氏與賴政同宗也 鶖峰集 刺鵼刀傳在太田資宗家長五寸五分血濳表裏洞透銘曰國吉蓋骨食也

骨食

詳上

青江劍

伯耆卷 後醍醐自隱岐幸船上適備中青江劍工造劍持至帝取大仙寺寶劍佩之乃送其劍於大仙寺

後光明御劍

鳩巢小說 後光明嗜酒德大寺某諫以御劍賜之

原刀第二

刀 佩弦齋雜著上古專用劍而刀不多見垂仁二十七年令祠官下兵器爲神幣告乃納弓矢横刀諸神社神后將征高麗久之兵卒采聚乃立大三輪祠以奉刀矛神幣用刀劍此時已重刀而出雲振根之殺飯入根武內宿禰之擊忍熊王皆以木刀欺之外丹治見史者應神壬申歲百濟使其臣久氏獻七枚一口垂仁八十六年詔曰朕聞新羅王子天日槍初來之日多携寶器令在但馬國人崇重朕欲觀之即日遣使詔天日槍曾孫清彥獻之中有小刀名出石清彥以爲比不必獻乃匿袍中賜酒昨刀自袍出自獻之皆藏實府其後刀無故自失遣告清彥清彥曰昨夕刀子自至臣家曉復失之既而刀在淡路島人以爲神立祠祭之刀之見史者不可勝數雄略十三年播磨人文石小麻呂暴掠遣小野大樹討之火其宅白狗突出大樹挺刀斬之乃小麻呂也十八年遣物部目伐伊勢賊朝日郎朝日郎善射目提大刀徑進斬之欽明六年膳臣巳提使使百濟忽失小兒雪中尋有虎抽刀刺之中古以降專用刀良工以大和天國爲鼻祖云

鬚切膝丸

平家物語劍卷 中古將師源氏多蓄寶刀而鬚切膝丸最著源滿仲嘗命劍工造刀不稱意筑前三笠郡有良工禱八幡神七日鍛鍊六旬造二刀長二尺七寸試斬死囚銛利無比餘勢一斷其鬚一斷其膝因名鬚切膝丸子賴光傳之呼鬚切爲鬼丸已而病瘧拔膝丸斫巨蛛呼爲蛛切子賴基傳之及賴光姪賴義征陸與詔傳二刀於賴義賴義子義家再伐陸與亦佩二刀孫爲義傳之二刀夜自鳴乃呼鬚切爲獅丸膝丸爲吼丸爲義嘗與平氏構隙女埒熊野別當教眞率衆助爲義爲義感喜援以膝丸教眞藏之神祠及義朝反以鬚切援賴朝義朝敗走賴朝從而後土兵將擒之賴朝拔

刀御之獲免匿近江以鬚切重器使送之尾張熱田及起兵佩之義經之討平氏熊野教真子湛增贈以膝丸義經呼曰薄綠凱旋至鎌倉賴朝拒不納義經乃祈箱根神奉膝丸建久中曾我祐成與弟時宗謀復父仇箱根別當行實授之膝丸兄弟既死賴朝獲膝丸二刀復合【太平記】其後新田義貞傳鬼切刀即鬚切也延元中義貞將赴北國奉鬼切而去

小烏拔丸

【源平盛衰記】平氏有二寶刀曰小烏拔丸【小烏圖】小烏大和天國所造【平治物語】拔丸伯耆大原真守所造忠盛傳小烏於子清盛拔丸於次子賴盛郁芳門之戰敵以鉤鉤賴盛兜鍪賴盛揮拔丸斷鉤柄逸

微塵石切

【曾我物語】源義仲寶刀曰微塵子義高奉之箱根神僧行實贈之曾我祐成【平治物語】源義平佩刀號石切義朝既死義平偵平氏敵來圍義平拔刀斬數人登屋逸【曾我物語】二刀皆古之利器不知何人造其他失名多矣源賴朝獵富士野有野猪奔突仁田忠常忠常躍而跨猪刀刺之祐成與弟時宗襲幕府忠常殺之刀亦利器【源平盛衰記】粟津之戰內田家吉與義仲妾鞆繪搏鬭鞆繪拔刀截之利如劃水【曾我物語】失名可惜況忠臣孝子之寶刀乎初時宗幼時在箱根會賴朝拜箱根神仇人工藤祐經從焉時宗持小刀潛往偵祐經祐經覺取赤木轔刀授之後殺祐經乃以其刀刺喉時宗既就擒衆傳祐成折刀觀之或曰刀則不稱時宗怒曰此即平知盛佩刀屋島之戰遺之舟中曾我太郎獲而獻判官判官賜之太郎所謂奧州丸者也【太平記】延元中楠正成禦足利尊氏子正行授菊作刀

鵜丸

【保元物語】白河嘗幸神泉苑放鵜捕魚其一最建忽啣一物而出墜而復啣竟獲之乃大刀也號鵜丸保元之難後白河法皇賜源爲義

東鑑壽永之亂源範賴獲之西海獻法皇古刀銘鑑蓋三條吉家所造也

大津越

十訓抄古事談白河以藤原師綱爲陸奥守時押領使藤原基衡掠信夫郡以爲私邑師綱檢括公田基衡大懼季春曰斬臣頭以謝事必解季春顧斬者曰用何刀斬者曰毘次郎大夫大津越也季春曰善遂見殺毘次郎大夫蓋劍工也大津越謂斬人時并斷雙臂也

鬼丸

太平記鬼丸北條氏寳刀陸奥眞國所造時政嘗病爐有銀鬼刀斷其頭尋愈周名焉授之子時行戎獲刀獻義貞義貞自是佩鬼切鬼丸二刀湊川之戰義貞持二刀戰死敵將足利高經獲鬼丸尊氏索之不與遂搆隙名物牒後豐臣秀吉獲之授本阿彌光德

神息

大友興廢記平氏走西海緒方惟榮擊之有功源義經授以神息刀古今銘盡神息豐前宇佐社僧也興廢記兵家茶話又傳巴造刀寛永中藤堂高次請而觀之康如陷

高平助平包平

古刀銘鑑劍工備前最盛武備志平壤錄外國謂之備前刀古刀銘盡大全高平助平包平皆古良工世謂備前三平源平盛衰記畠山重忠佩高平刀號秩父高平刀廣四寸長三尺九寸宇治河之戰敵將長瀨義員提刀進重忠挺刀邀擊義員逃太平記藤原保昌佩助平刀號懷劍傳在高師直家師直贈之赤松則村尾張名勝志平景清亦佩助平刀號靨丸兵家茶話以刀有黑斑名焉信長記織田信秀兵千秋紀伊獲而佩之後千秋戰死美濃人陰山掃部介獲其刀大柿之戰陰山倚胡庹麾衆飛矢中右目方拔之又有矢中左目遂爲誓丹羽長秀獲其刀又患目疾時人謂靨丸爲崇奉之熱田社明良洪範松平光政傳包平寶刀號大包平光政幼時松平忠雄託光政老臣日置豐前

友成

古今銘盡

一條永延三年召備前友成造刀【古刀銘盡大全】良工也將如源義經平教經皆佩其刀【古今銘盡】友成刀或銘君萬歲三字【古刀銘鑑】豐前劍工長圓刀亦銘千秋萬歲云【雲龍按】中國之劍銘壽萬歲者見西京雜記銘萬年者見唐李嶠寶劍篇

正恒【源平盛衰記】源義經討義仲進臨宇治河佐佐木高綱揮鞭截流水底有繩乃揮刀駛流中悉斷之而濟【名物牒】其刀備前正恒所造長二尺四寸餘人呼繩切正恒【相國寺供養記】佐佐木氏世傳其刀【相良系圖】相良氏亦傳繩切刀相傳承久之役斷繩於宇治河【古刀銘鑑】備前三平及友成正恒等刀後世謂之古備前

大原安綱【刀劍祕寶】足利氏傳伯耆大原安綱寶刀號童子切傳言源賴光以此斬酒顛童子【名物牒】長二尺六寸八分【老談一言記】刀鋒有瑕傳爲童子齒痕【刀劍祕寶】豐臣秀吉贈東照【太平記】新田義貞之攻鎌倉夜進至極樂寺坂賊列戰艦於海岸義貞祈海神解佩刀投海遲曉潮退十餘町敵艦漂去遂滅北條【刀劍祕寶】或曰義貞刀即安綱也安綱造此刀投海江豚吞之爲人所獲至是又投海云【古刀銘鑑】安綱子眞守亦良工【元親記】長曾我部元親佩眞守刀號八幡毎戰必佩初命八幡祠官左近卜授眉尖刀左近乃獻所佩眞守刀因名

御所鍛【古刀銘鑑】後鳥羽好刀劍召工更番造刀山城則國友國安備前則則宗延房宗吉助宗行國助成助延備中則貞次恒次次家【武備志】謂之上庫刀【承久記】令次家造刀撲親粹之號御所鍛【古刀銘盡大全】刀莖影菊花謂之菊御作【承久記】快利無比承久之役軍敗於大炊渡八田知尚擬賜刀擊之逸

一文字【古今銘盡】一文字刀以銘一字名焉自備前則宗始也則宗居福岡爲後鳥羽所親愛彫

菊花於刀莖號菊一文字子助宗號大一文字孫助則號小一文字其他子弟或號居福岡或居吉岡皆銘一字因有福岡一文字吉岡一文字之目【古刀銘盡大全】後鳥羽有菊丸雁丸二寶刀助宗所造【名物牒】日光社有一文字寶刀北條氏茂既取伊豆請而佩之號日光一文字長二尺二寸四分及秀吉來伐黑田長政議和氏政贈以此刀【武家閒談】氏政將北條氏繁用備前助包力【古刀銘鑑】助包所謂吉岡一文字也【信長記】織田信長之攻淀城細川氏兵下津權內搏敵將岩成主稅於水中斬之【名物牒】其刀即一文字信長呼其刀曰荒波【藩翰譜】毛利輝元亦傳千鳥荒波二寶刀千鳥獻之秀吉荒波獻東照公【名物牒】千鳥蓋一文字也【島津系圖】島津家久亦佩千鳥一文字刀朝鮮泗川之戰家久衝盪陷陣明兵揮槊來進家久下馬舞刀斫折其槊逕進之斬之【淺井軍記】信長嘗以一文字宗吉刀贈淺井長政【名物牒】加賀有淺井一文字刀【古刀銘鑑】宗吉事後鳥羽於隱岐【太閤記】小牧之役奥平信昌擊森長可破之東照公賜一文字刀【足利季世記】天文中木澤長政攻游佐長教於高屋城長教兵三木牛之助臺戰長教賞以吉房刀【古今銘盡】吉房即福岡一文字也

行平

【古今銘盡】行平稱紀新大夫豐後劍工【古刀銘鑑】事後鳥羽【濳泊集】摺紳佩刀貴行平及菊一文字常陸吉田社藏行平刀穴山信君士雨宮筑前所佩【刀劍錄】行平寶刀東照遺物奉之原廟

粟田口國綱

【古刀銘鑑】北條氏之據鎌倉也招致劍工國綱自京師往助真國宗自備前往【古刀銘盡大全】北條時賴佩國綱刀長二尺三寸號鎰切【明德記】內野之戰細川詮範望見山名氏清挺佩刀泥丸擊之氏清墜馬詮範子滿範拔國綱刀斫之截脛鐙斷其脚遂

殺之此刀足利義滿所賜也義滿有二銘篠作二寶刀是日佩二刀及小刀藥研徹山名滿幸來進義滿抽二銘刀擊破之【梅松論】足利直義佩篠作刀【刀劍錄】義滿所傳此刀也

助真

【刀劍祕寶】備前助真在鎌倉惟康親王問其技助真曰百鍊之剛精神鍾馬倉卒鍛治不異鎰基【伊勢國司傳記】伊勢赤堀氏傳助真寶刀長二尺五寸長野藤定襲赤堀城取之其士野間小六摶一老翁釋之翁曰我赤堀卜月也取助真刀授小六遂自殺小六後獻刀也於織田信包

光忠

【太平記】備前長船多劍工世謂之長船鍛治【武家間談】光忠長光爲巨擘織田信長好光忠刀蓄二十五口其一號實休【名物牒】長二尺三寸【武家間談】三好實休佩刀也實休與畠山高政戰而敗敵揮刀擊實休實休拔刀刜之剖其脛鎧信長嘗召界商人木津屋悉示其刀曰汝辨實休刀否商指其一曰鋒端少缺得非斬鐵耶【明良洪範】秀吉嘗賜光忠刀於伊達政宗【聞書雜和集】關原之捷竹中重門擒小西行長行長佩刀即光忠東照公賜之重門

長光

【北越軍記】河內金胎寺之戰宇佐美政豐有功足利義政賞以長光刀【武家間談】政豐玄孫孝忠事越後上杉氏川越之役孝忠佩其刀赴援孝忠傳之子定行定行後奉上杉定實討長尾爲景乃獻其刀定實寶愛號宇佐美傳之養子實元實元贈之兄伊達晴宗【古今銘盡】長光光忠子也薙髮稱順慶【藩翰譜】上杉輝虎朝京賜長光刀【常山紀談】箕形原之役大久保忠次被創東照公賜長光刀【四戰紀聞】姉川之捷信長服東照公英武贈長光寶刀刀本足利氏重器號大般若長篠之役賜之奥平信昌【總見記】信長嘗以鮑切長光賜丹羽長秀【名物牒】長一尺九寸九分或佩之經伊吹山遇一匠變異形或斬之匠扞以

鉋鉋墮地不見因名【武家間談】織田信忠之攻高遠侍童山口小辨佐佐清藏先登信長召二童謂清藏曰汝真成政甥也手賜長光刀謂小辨曰汝果不負吾兒鑒賞賜山城國久刀【神功皇后】秀吉之征朝鮮親師諸將謁山城御香社【武家間談】奉長光寶刀而後發【淺川聞書】立花宗茂佩長光短刀【省庵集】宗茂又有長光刀號水田朝鮮之役宗茂兵風斗就澄奮戰宗茂賞以長光元祿中江戶大火柳川郎中寶庫亦罹災就澄曾孫就秀請獻此刀庚曰此是卿家至寶不可失就秀請安藤守約為之銘【尾羽記】上野人海野能登佩長光刀號茶礑破長三尺三寸真田昌幸既取沼田令能登守之衆忌能登勇歡昌幸除之乃遣兵襲木之內八右衛門追及之能登拔長光斬之遂與其子相刺而死【常山紀談】紀藩有長光寶刀號腰帶斬人斷而不僵撞以刀欛乃仆【佩弦齋雜錄】本藩有長光寶刀號香西細川政元士香西某佩刀也

來國行

【古今銘盡】來國行稱太郎【太平記】長崎為基令國行造刀撣鍊一百日而成長三尺三寸精光溢發賞錢十萬名曰面影及新田義貞攻鎌倉為基提刀苦戰所觸鍪鎧皆斷義貞兵不能近【關東兵亂記】其後足利義明獨取佩面影國行刀【足利季世記】桉全浙兵志曰鐵匠能制利刃非獨取鋼為利生鐵久鑄久煉成而復毀毀而復成朝專煉煅暮入濕泥如此一百二十日工成其刀可以吹毛削鐵也佐佐木定賴初為僧足利義植走丹波定賴佩木刀義植賜國行刀【備中集成】山中幸盛佩國行寶刀【秀元記】號新身輝元獲其刀後獻秀吉秀吉嘗謂輝元曰卿獻新身國行清水藤四郎二寶刀我常佩服【名物牒】新身謂鎈鍔若新鍛者吉光國光一刀亦有號新身者云【名物牒】不動國行以刀上鑿不動像名焉長一尺九寸

九分【信長記】松永久秀獻之信長【武家閒談】明智光秀敗死其將明智光昌逃入坂本城乃以衣裹不動國行二字國俊刀擲之其樓下自殺【秀吉譜】秀吉後贈之東照公

來國俊

【武家閒談】上杉輝虎有三寶刀一號谷切來國俊造【古今銘盡】國俊國行子稱孫太郎其刀銘國俊二字者世號二字國俊【立花系圖】立花宗茂既送欵秀吉秀吉賜金裝刀即國俊也【古今銘盡】子曰國光備前光包號中堂來攝津國長號中島來皆國俊弟子光包最著

來國光

【藩翰譜】參河一向宗之亂東照公攻上宮寺城戶田忠次爲軍導拔之賜來國光小刀【明良洪範】板倉勝重罷京師所司代子重宗代之勝重授國光寶刀曰愼勿授柄狂人【水府系纂】常陸牛久城主岡見治廣嘗與多賀谷氏戰其士塚崎肥後戰甚力治廣賞以國光刀治廣孫治政仕本府肥後子孫攜刀來曰此刀在家人盡病請還之治政受而寶焉

來國次

【細川系圖】正平中細川賴春與楠正儀戰於四條大宮敗死會其臣町田某等持賴春寶刀國次至自阿波自殺刀頓枯燥【古今銘盡】國次國俊女婿號鎌倉來【淺野考譜】小田原之役淺野幸長年十五攻忍城有功秀吉賞以國次刀【武家閒談】浮田秀家佩國次寶刀號鳥飼【關原大全】關原之役秀家走美濃欲赴薩摩從臣進藤三左衞門曰臣有一策請賜寶刀秀家授之乃往見本多忠勝進刀曰此即浮田氏寶器所謂鳥飼者也寡君自殺請宥妻子秀家遂得往薩摩【名物牒】稻葉氏亦傳鳥飼國次短刀

延壽

【古刀銘鑑】肥後延壽國村來國行女婿居菊池【太平記】南北之亂菊池氏闔族勤王雄於西海【古刀銘鑑】故國村子孫造刀皆彫南朝年號【豫章記】大和劍工亦有號壽命者元冦之變河野通有奮刀鏖戰刀即

壽命成俊子孫世傳之

後醍醐御刀

西遊紀程吉野賀名生和田村堀氏藏後醍醐御刀刀長一尺餘把纏紫韋首尾彫鏤菊花竹葉鞘及鐔皆渾金製之其所副莽子亦金質而彫荔枝蝴蝶軍器考古刀銘鑑山城吉久所造也

粟田口國吉

難太平記今川範國佩粟田口國吉刀名其刀曰八八王俗語謂胄爲鉢鉢八訓讀相通謂剖二胄也觀瀾集近世源君美亦傳名刀獅子初其父正濟有寮友藤四者出一顱骨破爲兩半曰吾兄少時擊而斷之者刀猶在名以獅子正濟乞而佩之俗語謂顱爲鉢斷顱爲二猶折八得二四獅子即四四蓋得八八之半也折燒柴記又傳國清腰刀古刀銘鑑國清亦粟田口劍工也名物牒赤松滿祐將弑足利義教請臨其第義教將往佩國吉短刀自挺使人堅鞘口猶挺拔再三遂遭害世呼國吉嘉吉記初滿祐命造刀三百口云太閤記北條氏政聞秀吉來伐命諸將援山中城以國吉刀賜間宮好高

粟田口國光

大友興廢記大內義弘佩國光寶刀號防長言周防長門二國不足以易也及山名氏清舉兵足利義滿使義弘衛之豐後入田原親村從義弘苦戰義弘賞以國光

吉光

刀劍錄後鳥羽好刀劍後宇多時粟田口藤四郎吉光精妙無傳蓋後鳥羽之餘澤也粟田口素多良工吉光祖國友國友第久國國安國清有國國綱皆爲世所重而父則國兄國吉國光至吉光以絕藝鳴海內然所造不過小刀云尾張名勝志熱田社有吉光寶刀號蛛切刀背金鏤鞘繪兵家茶話以爲源氏蛛切誤矣大友興廢記大友氏傳吉光寶刀號骨啄名物牒長一尺九寸六分本眉尖刀改製以爲佩刀興廢記足利尊氏之走西海大友氏時迎見獻刀曰切骨如泥永祿中

松永久秀弑足利義輝獲刀大友義鎮聞之遺毛利鎮實厚贈久秀索刀授之天正中秀吉遣使索骨喙獻之〔名物牒〕大坂滅或獲之獻東照台德請而佩之賜獻者銀三千錠〔兩夜燈〕秀吉嘗誇東照以庫中寶器而吉光刀為弟一〔足利季世記〕明應中畠山政長為細川政元等所圍力竭將自殺拔吉光寶刀三劃腹不入怒投之中藥研洞貫政長歎曰重器不忍殺主敕丹下備後挺信國刀授政長自殺世呼政長刀曰藥研藤四郎〔信長記〕松永久秀獻之信長〔名物牒〕長八寸三分刀本能寺之變此刀亦焚云〔朽木系圖〕永祿中足利義昭以吉光刀賜元綱〔名物牒〕多賀豐後佩吉光刀或請割鶴置鐵箸於腹并著斷之因名庖丁〔信長記〕信長嘗以鎬藤四郎授子信孝〔太閤記〕豐臣秀次之死近臣請殉者皆授名刀授厚藤四郎於山田三十郎鎬藤四郎於不破萬作後賜鎬藤四郎於伊達政宗〔伊達系圖〕子忠宗獻之大獻〔名物牒〕厚藤四郎本足利氏寶刀後在界黑田孝高獲而獻秀次秀次死秀吉賜之毛利秀元秀元獻之〔國恩錄〕東照既與秀吉和遣本多忠勝使大坂秀吉以藤原定家書及吉光刀賜之曰定家天下名家吉光天下名刀吾以贈天下名士〔關原大全〕關原之捷黑田長政謁東照手賜吉光刀〔老談一言記〕長政又有寶刀令近臣執之近臣假寐刀墜鋒少折長政召研工示刀工曰此名刀唯鋒重大今少折幸也若磨礱之天下無雙磨之一夜成形果美〔刀劍錄〕吉光既擅名關西其後關東有正宗刻意鍛冶志在集大成乃周游諸國問名工家法遂與吉光齊名

正宗

〔正宗始見尺素往來〕論刀劍者語利曰剸犀切玉語文曰龜文龍藻正宗無所不能世傳三好長慶所佩號三好蒲生氏鄉所佩號會津本多忠勝所佩號中務此類甚多

朝倉系圖正平中東寺之戰朝倉氏景提正宗刀斫敵中臂鎧應
手而斷乃銘曰籠手切籠手臂鎧也名物牒長二尺二寸六分朝
倉系圖或曰貞宗刀也北條五代記三浦義同傳正宗刀長五尺
八寸及北條氏茂來圍城將陷子義意提刀鏖戰常山紀談兵家
茶話上杉景勝驍將本莊繁長與最上義光戰於千安破之敵將
東漸寺右馬頭挈一首級雜繁長兵給曰我獲敵將直馳斫繁長
剖其兜鍪繁長被創擊殺之視其刀乃正宗也景勝賜之繁長武
家閑談繁長資財鬻刀東照之獲之號本莊名物牒長二尺一寸五
分武家閑談賜之紀藩又獻之名物牒蒲生氏鄉佩正宗刀長二
尺一寸六分氏鄉傳記氏鄉臨陣舞刀鈴錄尤好小刀令其兵皆
佩一尺八寸刀臨戰鳥銃一發挺刀跳盞蒲生軍記或獻僧辨慶
刀長三尺七寸氏鄉召外池甚五左衛門試舞此刀賜之名物牒
氏鄉子秀行卒獻正宗於幕府所謂會津正宗也秀吉賜宗茂書
立花宗茂獻正宗刀於秀吉多賀豐後所佩名物牒號豐後正宗
淺川聞書秀吉誤以為淺野長政所獻石田三成辨之武德安民
記朝鮮泗川之戰東照賜正宗力於義弘名物牒後紀藩獻島津
正宗刀於幕府刀劍錄亦島津氏佩也越前黃門行狀石田三成
還佐和山東照令結城宰相護送三成獻正宗刀名物牒刀長二
尺二寸二分號石田正宗武家閑談大垣之戰水野勝成斬敵獲
短刀即正宗因號大垣長八寸三分後獻紀藩永井道存事蒲生
氏鄉後去居上野板倉勝重招之京師道存與一客俱往客偷道
存副刀棄已刀而去其刀紫鏽無寸輝道存令工去鏽利若投虛
乃命磨礪光芒豔發銘即正宗工相之曰此正宗刀之絕佳者也
後獻之幕府號永井正宗常山紀談上杉景勝將岡左內佩正宗

刀〔碎玉話〕真田幸村佩正宗刀〔諸家興亡記〕台德臨上杉景勝第景勝獻正宗刀即輝虎遺物裝飾奇偉鞘尾作蘿蔔形〔管窺武鑑〕景勝驍兵夏目舍人助亦佩正宗短刀〔老圃堂集〕美濃人澤田常長嘗游伊勢松坂宿民家主人示佩刀常長曰是正宗也乃告松坂城主古田大膳買之寬永中台德命常長相名刀十口中者凡八〔刀劍錄〕海內劍工受業正宗者山城有長谷部國重美濃有志津兼氏金重石見有直綱備前有長義兼光筑前有源左越中有鄉義弘則重而義弘尤得其妙正宗父行光子貞宗皆有聲而相摸秋廣廣光亦受業正宗父子云

行光

〔武家閑談〕上杉輝虎佩行光刀長三尺一寸號赤豆粥越後三寶刀之一也川中島之役以此刀擊武田晴信〔常山紀談〕織田信秀士飯沼小勘平以驍武聞所謂四天王之一也佩行光力及菊一文字小刀新加納之戰池田氏兵森寺四郎兵衛斬之獲其雙刀〔古今銘盡〕行光兄爲僧號大進坊善造刀工彫鑿〔鎌倉志〕鎌倉荏柄天神祠有正宗寶刀鑿梅花及龍即大進坊鑿也

貞宗

〔藩翰譜〕最上義光年十六從父義守游高湯義守傳貞宗寶刀初義守年十七有戰功父義定傳此刀云〔鍋島直茂譜〕朝鮮之役秀吉召還鍋島直茂賜貞宗刀〔常山紀談〕姉川之役小笠原氏助兵渡邊金大夫負朱傘先登信長賜貞宗刀〔聿修錄〕關原之役脇坂安治就藤堂高虎納歎後贈貞宗寶刀〔關原大全〕石田三成既爲田中吉政所擒吉政遇之厚三成有切刃貞宗短刀秀吉所賜遂贈吉政〔常山紀談〕長東正家在水口城池田輝政遺船戶帶刀諭降正家贈貞宗小刀〔關原大全〕島津家久攻琉球東照賜貞宗大刀左文字小刀〔伊達系圖〕元和三年台德朝京師伊達政宗先導賜別所貞宗短刀

名物牒長一尺二分伊達系圖又嘗以六鼓鐘貞宗刀賜政宗子
忠宗名物牒界商人大鼓鐘所蓄長八寸三分古刀銘盡大全初
秀吉遍索名刀名物牒吉光則學藤四郎正宗則道意岡本二刀
貞宗則奈良屋大鼓鐘二刀兼氏則界志津藩翰譜鳥居元忠佩
貞宗小刀軍器考相劍之術論工拙辨真偽正宗始得其妙傳之
貞宗貞宗傳秋廣秋廣傳齋藤彈正彈正傳宇都宮三河軍器考
老談一語記三河事足利義政命三河相古今名刀定價以賜將
士刀有定價自此始也軍器考又有妙本阿彌陀佛者事足利氏
善相劍工磨礪子孫世傳其業營膳令古之制營造軍器皆令鑄
題年月及工匠姓名刀劍錄而後世刀劍多無銘識相劍之術盛

鄉義弘

武家閑談義弘越中松倉鄉人武夫而造刀者也然工不
能及世稱吉光正宗義弘曰三作甲陽軍鑑甲斐武田氏
有義弘左文字二寶刀武家閑談紀伊人松本助持佩義弘寶刀
號三好鄉名物牒三好長慶佩刀也長二尺三寸武家閑談及秀
吉攻根來助持獻刀乞降秀吉與東照公和贈之清正記秀吉封
加藤清正肥後賜義弘刀名物牒清正佩刀號肥後鄉者此刀也
二尺三寸四分後獻之紀伊南龍鍋島直茂譜鍋島勝茂嘗爲江
上家種所子養家種傳義弘刀關原之役獻之東照太平記長二
尺二寸六分號鍋島鄉前田利光獲義弘刀於北野號北野鄉長
二尺三寸富田知信佩義弘刀秀吉獲之號富田鄉後賜前田利
長利長獻之台德又賜之利光初其刀頗長截而短之長二
尺一寸四分古之長刀三尺餘元弘中丹波人佐治孫五郎佩五
尺三寸刀前此未有其後南北分爭驍將佩長刀見野史者名和
長年畑時能篠塚伊賀木寺相摸野木賴玄四尺三寸刀和田正

朝阿部忠實四尺六寸刀藤原康長四尺八寸刀頓宮父子五尺二寸刀粟生顯友妻鹿長宗五尺三寸刀大高重高南部六郎土岐惡五郎五尺六寸刀赤松氏範五尺七寸刀禰津小次郎六尺三寸刀時稱弟一安田彈正亦佩六尺三寸刀至因幡人福間三郎七尺三寸刀蓋弟一長刀也[太閤記]織田信長令步兵持三尺餘刀柄長四尺置之前隊謂之長卷刀[北條五代記]關東有長柄刀[南部集]然刀亦有長者山中幸盛刀四尺[古今城主記]江上家種刀四尺八寸[四戰紀聞]眞柄直隆刀五尺三寸[懲毖錄]朝鮮之役兵荷長刀碧蹄館之戰刀皆三四尺[碎玉話]東照游獵步士伏見彥大夫佩長刀謂之曰知長刀之利乎伏見曰知鏖擊曰可以代槍[黑田老士物語]黑田長政嘗曰士苟提槍長刀何為

則重

[北越軍談]上杉輝虎將略關東安中春綱請為前導輝虎授則重刀[古今銘盡]則重居越中御服山下從鄉義弘學造刀號御服鄉後從正宗學其刀酷肖正宗義弘云[加加江彌八郎]堀尾吉晴佩則重短刀

源左

[續明良洪範]今川義元佩筑前源左刀[名物牒]世呼源左曰左文字信長獲此刀呼曰義元左文字長二尺二寸一分[信長聞書]常佩之[古刀銘鑑]左祖曰西蓮父曰實阿皆為僧善造刀[安西軍策]毛利氏攻立花元就賞以左刀[元親記]長曾我部元親既遂歎信長信長以左刀賜其子信親薩摩之役信親戰死後薩人攜刀曰此遺物也元親視之果信親刀[關原大全]朝鮮蔚山之戰三刀谷孝和有功毛利秀元賜左刀[武野燭談]黑田長政嘗以左刀贈阿部忠秋號入道切忠秋受而不佩至孫忠鄰佩之[名物牒]土井利房傳左短刀長八寸一分號小夜中山遠江人嘗以此刀復母仇初其母過中山為賊所殺

兼光

[常山

〈紀談〉〈武家閑談〉上杉輝虎佩備前兼光刀號竹俣越後三寶刀之一也農夫佩之路遇震雷挺刀揭之額天齊刀鋒濺血又嘗擔豆而行囊綻裂豆墜纔鞘輒斷鞘破刃微露輝虎將竹俣參河守閭之曰利器也乞而佩之後獻輝虎弘治中川中島之戰敵以鳥銃伺輝虎輝虎躍馬突進斬之併斷銃筒即兼光也景勝嘗使京師人磨之示人曰磨以京師水竹俣熟視曰贋也彼刀鐔上有孔可貫馬毛景勝乃遺竹俣索之獲真刀請石田三成窮治贋工斬十三人後獻秀吉及大坂滅東照購之不獲〈名物牒〉刀長二尺八寸鑿血漕及劍〈淺井軍記〉淺井長政傳兼光寶刀號石破祖亮政愛之長政贈之信長〈松府重器譜〉信長以兼光刀賜明智光秀光秀奉之愛宕祠秀吉祈之神代以他刀號太郎坊長二尺三寸後賜青木紀伊守青太贈之加藤嘉明〈淺川聞書〉立花鑑連常佩兼光刀子宗茂傳之後與豐臣秀秋有隙秀秋欲酖之宗茂造之直接秀秋座令不得起其計遂沮是日佩兼光刀〈大友興廢記〉鑑連畫寢雷震其家拔名刀千鳥一擊騰身避去名其刀曰雷切〈甲陽軍鑑〉武田信虎常佩兼光刀〈武家閑談〉福島正則常佩朱鞘大刀亦兼光也〈名物牒〉二將殘暴利器不幸矣豐臣秀次亦佩兼光刀嘗斬人水濱其人泅而去登岸乃斷因名刀曰浪游長二尺一寸四分鑿龍及血漕〈秀吉譜〉秀次殘忍好殺時人呼曰殺生關白〈太閤記〉就死命近臣進刀授以此刀〈名物牒〉傳在柳川立花氏〈備陽國志〉兼光備前刀最利者也世傳足利尊氏走西海路經備前召兼光造刀試兜鍪應手斷呼曰胄剖〈小笠原系圖〉世之利刀不減兼光而失其名者往往有之小笠原長時寶刀曰胄剖上野原之戰斬十八人多斷其胄因名〈鳩巢集〉天正中越前人山崎間齋與

敵戰於長泉寺敵手銃擬間齋間齋拔刀逆擊銃口隨手而墜尺許并殺其人名刀曰切銃〔武家盛衰記〕朝鮮之役立花宗茂士戶次統直提刀奮戰斫中一鉅石石輒中斷乃名曰研斧〔武家閒談〕近江人百百內藏助當斬一囚囚不覺唱佛名而僵呼其刀曰念佛

長義〔關原大全〕〔小松軍志〕酒井八右衛門事前田利長其父兄皆事丹羽長重兩家搆兵酒井請與父兄同死長重賜備前長義刀〔雜話筆記〕大久保忠世傳長義刀號老杖忠世嘗斬盜三人一揮悉斷其股乃呼曰六股

志津兼氏〔水府系纂〕織田信安兵前野加賀傳兼氏寶刀〔信長記〕號小志津〔系纂〕信長乞而佩之〔信長記系纂〕及信安謀逆信長令川尻青貝等殺之授以此刀〔古刀銘鑑〕兼氏初名包氏大和劍工後從美濃〔武家閒談〕慶長中大坂奉行小出秀政鋼一囚其支五人縱馬因踰牆逃松本助持拔同田貫刀鬪於橋上追斬之秀政賞兼氏刀〔刀鑑錄〕兼氏居美濃志津村稱志津三郎田儀山一大石方十餘間兼氏常詠一石上人呼志津石

長谷部國重〔名物牒〕信長佩長谷部國重刀長二尺一寸四分〔古刀銘鑑〕國重鎌倉劍工後從京師父曰新藤五國光〔刀劍錄〕蒲生氏鄉佩國光短刀號會津新藤五子曰國信國平〔關原大全〕石田三成之亂古田重勝遺小瀨某等援富田知信小瀨令從兵發銃知信贈國信刀〔常山紀談〕毛利元就將浦宗勝攻三村高德於備前常山城城將陷高德妻脫佩刀呼宗勝曰此國平所造吾以父遺物執佩不去身聊以相贈

廣光〔兵家茶話〕朝鮮之役黑田長政兵與敵相搏墜溝中乃斬之其人提首來謁福島正則謂之曰卿宜以堀爲氏乃贈相摸廣光小刀其人稱堀平衛門

當麻〔太閤記〕秀吉佩村雲當麻短刀

〔刀劍錄〕長七寸八分〔敬公行狀〕台德公賜之尾張敬公〔古刀銘盡〕當麻大和當麻劍工以國行爲始祖〔名物牒〕彥根有蛇切當麻刀

青江

〔松府重器譜〕志津嶽之戰丹羽長秀將長東正家擒柴田勝家長子國九獻其佩刀青江於秀吉秀吉賜之長秀子長重長二尺三寸餘〔古刀銘鑑〕青江備中青江劍工以安次爲始祖〔碎玉話〕淺野長政當使人於伊勢其人夜遇鬼物微笑而來抽刀斫之滅明日視一石佛頭有刀痕而刃不缺秀吉觀之曰名刀也名曰珥加理蓋俚語謂笑容也刀長二尺五寸即青江刀傳在京極忠高家〔武家閒談〕大坂之役井伊直孝驍將庵原助右衛門獲木村重成謂安藤長三郎曰大坂滅則無兵革吾當成卿名乃以首級及佩刀授之安藤獻東照賜青江刀〔駿話本別集〕重成刀長二尺三寸五分古備前刀也銘曰道芝露〔備中集成〕備中之水名青江者三不一有池有井有鎔流〔史記注〕疑方言謂水之清者爲青江也淬刀劍西土龍淵劍用龍淵水〔雍州府志〕京師圖山有水極澂傳爲宗近造刀時所用〔鎌倉物語〕鎌倉正宗宅址有井曰上金水造刀多用之

信國

〔水府系纂〕箕形原之戰甲斐兵長某來進注目東照野中重政攬轡退某無及重政殺之〔系纂常山紀談〕賜所佩信國小刀〔古刀銘鑑〕信國來國俊曾孫也祖曰了戒亦善造刀〔慶長年錄〕大坂之役佐竹氏兵梅津半右衛門力戰有功台德賞以信國刀

波服

〔細川家譜附錄〕細川忠興寶刀曰波股備前信長所造嘗命斬人海濱因躍水斬之水中斷其雙股因名後以此刀殺一色義有一時爲利器豐臣秀次欲獲之忠興不敢獻秀次更索信長刀獲之一傳曰謂諸將曰吾獲一刀不減忠興刀試斬人不利

南山

〔志士清談〕朝鮮之役虎屢來軍中食馬黑田長

政等乃獵近郊有一虎菅正利帥二卒逐之虎啣卒擲地躍搏正利殺之〔常山紀談〕其刀備前清光所造〔黑田臣翰譜〕長二尺三寸血痕在刃刃皆剝蝕試之精利〔羅山集〕林信勝為之作銘名曰南山〔征韓錄〕島津義弘亦在朝鮮一日獵虎安田次郎兵衛挺刀刺其口刃出於背

篠雪

〔明良洪範〕池田信輝嘗使人斬死囚驗刀劍利鈍有一囚刃交下而體無痕捷近臣片桐與三郎以佩刀斫之應手而斷信輝命以竹貫尸再斫之又斷信輝愛其快利乞而佩之名曰篠雪長二尺三寸三分美濃兼定所造也信輝寶此刀小刀亦用兼定〔太閤記〕〔羅山集〕〔藩翰譜〕長湫之役信輝為永井直勝所殺東照以篠雪賜直勝

兼元

〔信長記〕姊川之役青木一重斬朝倉氏驍兵真柄十郎〔松府重器譜〕其刀美濃兼元造長二尺三寸三分後贈丹羽長重〔武家閒談〕一言坂之戰櫻井勝次屬本多忠勝提兼元刀鑿闘刀折東照賜兼元刀牧野勘八乞折刀製為小刀

月山

〔蜺岩集〕梁田鬼九郎事東照以勇聞〔武德編年集成〕公有出羽月山刀長三尺五寸鬼九郎因井伊直政請乃賜之〔神祇考〕月山西南今猶號鍛治小屋蓋劍工造刀地〔古刀銘鑑〕弟子從陸奧者故陸奧亦有月山刀〔尺素往來〕京師人甚重月山刀與天國並稱

二王

〔古刀銘盡大全〕清綱周防劍工也敵嘗縱火杉森佛寺或揮清綱刀斷巨鐵索救二王像因號二王三郎子孫皆以二王為號〔淺川聞書〕立花宗茂善相劍弟高橋直次嘗來訪宗茂相其佩刀曰此必二王也驗銘果然其士戶次治部適來謁相曰不足用也凡刀劍鑒易其主者不足寶也

法城寺

〔關東兵亂記〕國府臺之戰足利義明提法城寺眉尖刀馳突敵兵安藤挺大刀來進義明下馬橫擊截鐙鍛斷其頭

古刀銘鑑法城寺佃馬劍工國光也國光受業貞宗本多系圖長湫之役織田信雄劍服本多忠勝雄武贈法成寺刀

吉則 信長記常山紀談松永久秀既弑足利義輝遣平田和泉偽迎義輝弟周暠害之於途侍童美濃屋小四郎拔三條吉則刀斬平田

波平 源平盛衰記一谷之戰東兵猪股則綱斬敵將平盛俊揭首刀鋒大呼其刀薩摩波平刀也古刀銘鑑波平以行安爲始祖

三池 名物牒東照有三池寶刀二口大者號大博多台德時前田利光女有病借刀輒愈遂賜之古刀銘鑑三池筑後三池劍工稱典太落穗集世傳東照疾篤謂近臣曰取三池刀來乃命曰以此試死囚又呼還曰不有死囚不必試之已而近臣還報曰此刀極利置之枕旁

宗近 桃源遺事義公年十二從威公游三叉河截流而濟威公賜三條宗近小刀神社便覽宗近京師三條劍工以稻荷山黏土淬刀每往取必祈焉刀劍錄世傳稻荷神助宗近造刀以此武野燭談莫府有宗近眉尖刀傳爲源義經妾靜遺物大猷嘗以此刀截飛雁刀折乃令名工補之銛利無比前田利常亦傳宗近眉尖刀又傳爲靜刀名物牒薩摩有鷹巢宗近小刀或入山見巨樹有光採之獲刀於鷹巢因名南郭集守山有宗近寶刀東照遺物也矦傳之世子曰不可褻瀆亦好造刀新刀銘盡世呼慶長以後刀劍曰新刀新刀則山城國廣肥前忠吉大坂井上真改爲巨魁朝鮮之役秀吉慮諸將士之或乏兵器令國廣忠吉從軍

兒手柏 刀劍錄寶刀曰兒手柏東照公遺物也初細川藤孝佩之獻之賜威公二尺二寸八分大和包永造

附錄 槍

助宗槍 諸家系圖松平親次稱三郎二郎參河善德從弟也常用鐵槍呼曰槍三郎二郎春臺集其槍備前

助宗所造也【太閤記】當時猛士以槍爲號者多中村新兵衛號槍中村林又兵衛號槍林【平家茶話】長坂九郎號血槍九郎【常山紀談】渡邊半藏號槍半藏【甲陽軍鑑】保科彈正號槍彈正【南郭集】親次家世傳其槍服部元喬爲之銘【春臺集】太宰純爲之歌

來國光槍【武德安民記】參河一向宗之亂東照與賊戰於上和田細井勝久先登有爭功者賊聞之揭榜書曰細井喜八郎先登公賜來國光槍

長吉槍【常山紀談】蜂屋貞次之善用長槍即山城長吉所造刺必洞貫二連木之戰爲本多忠勝所先乃投槍執刀奮戰而死

志津槍【常山紀談武家閒談】加藤清正助小西行長攻志岐城賊將天草民部兵鋒甚銳清正奮十字槍血戰遂獲民部其槍橫刃折奉之佛木坂祠志津兼氏所造

友成槍【松府重器譜】佐佐成政族人某十字槍號篠切備前友成造刃長八寸餘【武德編年集成】榊原康政槍亦號篠切

信國槍【武家閒談】姊川之役小栗忠政先登東照賜山城信國槍【黑田臣翰譜】黑田長政勇將林掃部亦用信國槍刃長二尺餘

兼辰槍【鳳岡集】松平忠景嘗命美濃劍工兼辰造槍子忠定孫好景失槍百餘年再歸其家

蜻蜓切【老談一言記】本多忠勝槍號蜻蜓切參河正實造長一丈餘蜻蜓觸刃斷因名

當麻槍【碎玉話】小田原之役豐臣秀勝攻山中城秀吉賜當麻槍【古今銘盡】當麻劍工善造槍者曰戈光

廣次槍【鶖峰集】朝鮮之役加藤光泰每戰提一鐵槍應手仆刃長一尺二寸銘曰廣次【古刀銘鑑】廣次備前劍工

正宗槍號蜻蜓不留

箭鏃槍造鏃劍工

夏目吉信槍【常山紀談】

鴟觜【常山紀談】龜田高綱用螺細槍忠親造鞘如鴟觜

刀派及欵識第三

宗派

宗近（永延）吉家（寛弘）
眞利（長久）宗（永）
則—宗利—眞（宗忠）
則—宗安—近（宗延）
村（長久）有國（寛弘）兼
永（長元）國永（天喜）兼
次（永承）兼安（永承）
國家國友（建久）則
國（國寶）友（末）久
國（建久）國（寳）國安
國（正治）國清（建仁）家（則）國秀
有國（建仁）國（久）國
綱（建仁）國吉（寳治）國
光（建長）國延吉光
正（元）正光（吉正）吉國
國吉（仁治）来太郎
國行（正元）来國俊
来國光（嘉元）来光
来國来國眞（正和）
来倫國（正和）来國

刀欵識

山城國

城州住家俊○了戒家能作○来家真○了戒家光○
了戒春行作○来友安○利延○時信○近則○了戒
量能作○了戒勝能○滿前國長舩勝光○了戒景能作○山
城國伏見住藤原兼常○来兼泰作○包次○賴家○賴近○
賴實作○仍房○三條吉則子仍久○義國○信國吉包作○
鞍馬住吉次○平安城住三條吉次作○吉長○永正吉永○
應安吉宗○三條吉則作○京都三條住吉則○平安城住吉
則○了戒吉國○信國吉保○信國吉正作○三條吉房作○
了戒吉行作○信國吉光作○城州住吉光○吉重○信國吉
久○三條住人吉久○三條吉廣○藤原吉廣作○應永吉弘
○信國吉本作○信國吉助作○了戒能量○了戒能次作○
了戒能真作○了戒能定作○了戒能貞作○了戒賢重○應
永慶定○為義○承元爲真○油小路忠家○建武忠吉○了
戒經能作○恒遠○平安城長吉○平安城三條長吉○平長
吉長光○散位永昌○来直宗○了戒直能作○三條宗親○
埋忠宗吉○了戒宗能作○三條住宗次○宗信○宗國○三
條宗光○来宗光○備前國長舩宗光○了戒氏能作○長岡
信家○長谷部信家○信國○信定作○山城國住信貞○文
永信行○了戒信行作○了戒信光○弘安延光○建厤延秀
○了戒宜光○平安城則家作○應安則兼○三條則吉○平

宗・来國末（元亀）来
國次（正慶）（来國）秀
来國泰・来國安
来國長
・了戒・久信・定國
（永禄）信光・信貞・信
國
・綾小路定利（文永）
定則（正和）定業（嘉暦）
定家（嘉暦）（國）（信）定
次（貞和）家安
・光長吉長（元衛）長
吉國長・友長
・長谷部國重・國
重國信國平・信
行・宗信國重
・天國（大寶）天座
・千手院行信（仁和）
行吉（元應）吉行（建保）
有行・千壽院（治暦）
定重（文禄）信真・真
宗（永仁）家宗行正
（元應）
・重弘（正和）重永（永和）

安城住則長○則永○天福則清○平安城則光○平安城住
則重○麻應則守○了戒德能作○来國年○来國歳○弘安
國近○左馬允源國賴○来國吉作○承久國長○来國永○
國直○来國村○来國延○来國泰○國房○来國房作○應
安國明○國眞○来國行○了戒國行作○國光○来國拜○
来國久○来國廣○洛陽一條住信濃守國廣○承元國弘○
國守○永萬國盛○建保國盛○安俊○安永○正眞○應永
正光○平安城房吉○是正○長保在國○建長有家○建長
有隆○有忠○貞應有永○有延○栗田口有國○有清○貞
應有光○貞應有元○弘安眞隆○康元眞宗○眞清○了戒
實能作○正應定俊○了戒定時作○定景○了戒定能作○
了戒定行作○三條住貞包○了戒貞能作○来貞光○菊○
来行宗○了戒行宗作○應永行眞○應永行秀○来光吉○
光長○来光定○永仁光重○了戒重能作○建保重高○鞍
馬住重次作○長谷部重信○重國○貞應重房○重行○城
州達磨住入重光○了戒重光○了戒秀能作○来秀次○秀
延○承久久吉○建保久元○了戒衛能○来廣國○了戒弘
能○弘次○了戒基能○三條彌太守家○了戒守能○了戒
守實○應永守助○元麻盛家○天福盛近○了戒盛光○應
永来友○建保来正○来行○文永助友○三條小鍛治助宗
○建久助盛○文永介定○了戒相能作○平安城雲生○信
國祥雲

大和國

永正家久○友吉○友吉作○友忠○友則○和銅友
光○利光○長俊正作○大和國壽命○大和國住人

包長―包真
包真―助氏―助長
包真―家長―包真

有成―有―有
氏―有綱―有
光―為吉―為成
為朝―有正

都金房兵衛尉政次○南都住藤原金房政長○南都住人金
房左衛門尉政定○南都住金房政重○長昌亮○大寶藤戸
○天仁是高○應永是高○應永是宗○千壽院是重○有利
○有俊○長有俊○有依○正元有幸○寛弘有國○元弘有
正○有光○正中直家○真景○正和真忠○正長真宗○貞
和真光○大和國塔本真光○建武真元○真未○麻仁定利
○定宗○文保定村○貞家○大和國住貞次○正應貞守○
貞未○大永清利○享德清包○大和國住清長作○貞和清
宗○清正○清光○寛弘行國○行安○行光○大和國行平
作○行瀨○應安光友○光吉○永延光長○大和國光夫○
重春○重利○重吉○重業○大和國重業○大和國住人越
智朝臣重安作○正和重泰○貞和重泰○重真○重守○茂
真○奈良住秀真○正應弘直○建長弘村○師宗○文保元
真○建武元清○基近○基真○基行○守經○手手院守久
○千手院盛房○千手院盛久○千手院盛廣○千手院○助
利○大和國助吉作○建武助次○助成作○大和國漆上郡
南都住助廷○助則○正安助光○正長助平○元麻介成○
應永未利○未國○康安未行○正元日王○嘉元日光○忠
義○忠香○忠秀○忠雲○康和僧定生○和州奈良住入道
乘戒作○興福寺○文保勸壽太郎

河內國

應永家安○永延兼平○秦兼平○永延包平○包平
作○河州住藤原吉次作○河內國茨田郡出口正重
作○有經○河內國住有國作
河內國住有重作○有氏月氏

重村—安村
金王—力手
瀧
國行—俊行
國清—友俊—友清
友綱—友長
友行　有法師
友光
則弘—則長—則
成—則國—則
真—助弘—助長
家光—則長—則
長—則永
國光—貞宗
貞吉—貞清—貞興
貞行—貞光—貞
村
包永—包永
包清—包吉—包光　包行—包國
包次—包次—包
永—包利
包氏—包氏—包
友—包友
國次—包長

時未○萬壽近則○大和國踊作○包家○包治○正中包遠○
包俊○包時作○近○包高○包成○南都住人藤原四郎
兵衛包直○包宗○包村○包信○藤原包則作○元應包國
包安○包正○藤原包政○南都住藤原包房○包定○包貞
○包清作○南都奈良手搖住藤原包清○大和國藤原包光
○包重○包林○包久○藤原包久○包弘作○包持○包守
○包助○包末○建武義廣○大和國添上郡千手院義弘○
大和國住吉友○吉真○吉行○大和國住吉光○大和國千
手院住源吉廣○藤原吉廣○吉久○建武善廣○為清○和
州法龍寺為本○天仁高包○戈光○恒利○恒真○正應仲
真○嘉元中光○大和國吉行子龍門山本長吉作○建武長
則○長光○千手院長季○永包○藤原住永行○丈保永光
○千壽院永道作○正中直忠○元亨直宗○宗經○宗則○
大和國住宗廣○千手院信包○大和國住人長信吉○信正
○南都藤原住信清○延吉○南都住藤原延清○大和宜貞
○則常○應永則直○大和國住則永作○正長則貞○和州
住則光○弘長國治○國友○文則國門○國繼○和○國長
作○國永○國宗○和州高市郡住耒國安○和州高市住國
安○國定○大和國國貞○國清○國行○大和國住幸玉國
光○文保國光○國廣○應永國弘○國助○國末○廣繼○
康道作○千壽院康重○藤原住安友○永延安則○延文安
清○南都金房兵衛尉正次○和州住正恒○和州住正長○
藤原住正宗○正則○大和國藤原正國○藤原正真作○金
房隼人佑藤原正實○南都住金房正清作○金房正重○南

嬛有元吉氏有
行文延
國長元德國長應安
善國宗長應永吉
房友氏
宗近建長宗隆貞治
村正貞治村正應永
村正永享村重長祿
正重
國盛應永國綱永享
國吉文明國守長享國泉
吉貞吉延德貞久

和泉國

和泉國住支次○近正○和泉國住景重○泉五郎兼
正○和泉國包真○三條吉則泉國作○三條吉房於
泉國作○和泉住吉定作○和泉國吉廣作○賀正作○常清
○泉次郎國兼○和泉住國次○和泉住正次○正清作○真
賀○清常○和泉住光正○和泉住
助延作○資公○資利○資正資貞

攝津國

應永友綱○應永吉綱○應永吉氏○攝津住直正作
○國安○攝津兵庫住人國安○攝津於天王寺長谷
部國重○備州長船
祐光於攝津竹原作

伊賀國

包真○伊賀國住信
久○國綱○國久○

伊勢國

於伊勢山田是作和泉守藤原兼定○兼貞○勢州雲
林院住包長造○於勢州一志多氣郡宗重廣次作○
備前國長船則光於勢州作○雲林院正盛○雲林院
攻盛○天文廣次○守正○勢州三重郡住未長作

尾張國

若狹守氏房正長梅利○康正梅忠
貞永安則○相模守藤原政常入道作

三河國

三州八名郡兼常○參河國住人吉弘○藥王寺孝壽
○文明業宗○三州住平安城長吉○中原國宗○三
州矢作住藥王寺○文龜正真○小原真守○小原實守○三
河國住定吉○正慶光宗○藥王寺大友助吉○藥王寺助次
作○助長作○藥
王寺助七○盛次

·友安—元安—友光
有正 友光
宗次
·義助—義助—義
綱—定廣
廣次—輝吉

·國宗
·國綱—國光—國光
光—國光
國廣—國重
·大進坊—行光
正宗—秋廣
秋廣—行光—貞
宗—廣光

遠江國
元暦友綱○元暦友安○天仁友行○遠州住兼依作
○高天神兼明○遠江國義綱○遠州住國綱○平治
安行○建保伊平○平治
有行○遠州蓟川住盛吉

駿河國
駿河國富次○友清○駿州富士郡下方住虎明作○
駿州島田住兼明○義重作○駿州住氏房○則宗○
天文國助○元亀政俊○永禄趣助○廣國○廣光○弘治元
助○助宗作○駿州島田住助宗作○助宗作○天正助信○
助光○天
正助守

甲斐國
○甲州身延山住廣
舍○甲州住元成
甲州住兼舍○甲州住義綱○甲州城内義助作○甲
州住有重作○甲州住真屋○行長○甲州住重宗作

伊豆國
豆州北條
住秀長作

相模國
正應家宗○永仁家村○相州住春善○相州住春重
○相州住東正○相模國住富次○相州住富廣作○
相州住俊次○相州住周廣○景總○相州住賴宗○吉宗○
義綱○建武義明○建武義行○義重作○相州住義助○相
州吉廣文保二年○相州住吉廣康安二年○相州住吉廣應
永九年應永廿六年○元仁善行○相州惠國○建武為吉○
相模國住為貞○山内住為貞○相州住隆廣長祿二年○相
州住藤原左衛門尉隆廣文明十年○相州堯國○相州住五

廣正
正廣　正廣
助真　國廣
助綱　國助
助國

國重　康重　照重
重

郎入道忠廣○永仁忠家○夫保忠村○相州住次廣○相州
住綱家作○相摸國住人綱宗○相州住綱宗○相州住綱廣
○相州住綱光○相州住長吉作○寶治宗幸○山内住宗幸
○相摸國住宗重○相摸國住人則重○相州住國次作○藤
原朝臣國次作○相州住國泰○新藤五國光○相州住國廣
○相州住國弘○相州住康春○相州住康國○相州住康重
作○相州住康廣作○相州住桐谷住正知○正俊○相州住正
次○相州住正則○相州住正國作○相州住正真作○相州
住正光作○正久作○相州住五郎入道正廣○相摸國住人
正廣○相摸國住政淩○相州住政國○相州住政廣○相州
住冬廣○相州住總宗文明二年○相州住總宗永正二年○
相州住秋忠○應安秋正○山内住真幸○真廣作○相州住
定吉○相州住定廣作○正和貞國○相州住貞助○行重○
弘安光吉○相州住光吉○曆應光良○光宗○弘安光房○
山内通光○相州住重業○相州住重廣○廣家○相州住人
廣賀作○建武廣次○應安廣次○相州住廣次應永○相州
住廣次明應九年○相州住人廣行作○相摸國住人廣光○
相州住廣重作○相州土塚住弘房○相州住元近○應安基
次○相州住守重○相州住盛重○貞和助廣○應永助廣○
相州住藤原助廣○相州住介重○相州土塚住資芝○雲藤
○相州住廣
次孜覺坊

武藏國
建武爲吉○武藏住信國○高麗定家作
○天文廣綱○武州於駒橋元近作

貞宗 俊長 有正 高弘 兼氏 兼次 兼友 俊 兼氏 兼久 兼永 利 金重 金重 金行 國行 宗吉 壽 命 兼吉 兼吉 兼光

安房國

安房國道中相州住秋廣於上總國真里谷作○

上總國

常陸國

常州住家善○常州東條住兼廣○常陸國府中住吉貞○常州住綱吉作○常州住綱貞○常陸東條高田住月山○常州高田住英定作○廣家

近江國

甘露守友長○俊光○兼延○建武吉包○建武吉近○来賴繁○弘治自國○近江安土住高天神○近江守山住高弘○近江國住人長基○永正村吉○國城寺信國○近江来則包○来源國俊○安○應永安次○安元○近江高木住正則○甘露顯光○長祿助吉○永享助次○應永助長○近江蒲生住助長作○近江住蒲生助光○永享助久

美濃國

濃州關住家次○濃州關住家久○宿光○外藤作○濃州岐阜住吳衛○兼家作○濃州關住兼舍○兼屋○兼宿○兼宅○濃州關住人兼岩○濃州關住兼岩作○濃州關住兼春作○關兼春作○兼治○兼晴○兼豊○兼富○兼福○和泉守兼友○兼倫○濃州關住兼知○兼朝○兼公○濃州関住兼伴作○兼供○濃州關住兼奉作○濃州關住兼付作○兼具○兼等○兼流○濃洲關住兼歲○兼年○兼時○濃州關住兼辰作○兼言○近江守兼近作○兼周作○濃州關住兼集○兼女○兼及○兼主作○兼雄○兼周作○濃州關住兼若作○兼分○兼涌○兼員○兼量○濃州關住

兼光（嘉吉）兼光（文明）
兼光
兼貞（右衛門尉）
兼貞（明應六年）（大永二年）
兼貞（関）
兼宗（應永）兼宗（嘉吉）
兼基（文安）兼元 兼元
元斫 兼元 兼元
天正
兼常 兼常（嘉吉）兼
常（文明）兼常（大永）兼
常（天正）
兼房 兼房（永正）
氏房（若狭守）氏房
氏貞（左衛門尉）
兼定（明應）兼定（和泉守）
守 兼定（関住）
國長（貞和）國長（應永）
國長（文明）國光
千手院（文明）
道永 道印 康
道 康道（千手）
定重 康繼

○作里兼丸兼保洲奥藤○濃村○仲○兼州濃○関濃兼
○兼○○章○町○作○原兼州○兼○濃鶴関州兼住州勝
濃州大兼兼○兼○兼○兼介則関兼榮濃州○住閑由兼關作
関○崎仙濃藤兼益兼音右○住氏○州四濃兼住小義住○
住兼○○州○正○邦○衛濃兼作濃関郎州綱兼二○兼濃
兼道兼濃関濃○濃○兼門州信○州住兵関○武郎兼代州
茂作清州住州兼州兼帶尉関作兼関人衛住濃○○幸○關
○○○関兼関政関郡○兼住○植住兼尉兼州兼兼○兼住
兼兼関住明住○住○兼法兼應○兼長兼辻関竹高尋賴兼
林見住兼○兼兼兼兼興作則永應直○作作住○○賀○景
○作兼真兼船昌升城○○作兼安作濃◎○兼兼兼○兼作
濃○白○同○○○○濃兼○延兼○州濃兼綱種孝兼仍○
州兼作兼○兼兼兼兼州法兼○信濃関州貫作作○嘉○濃
関峯○實濃舟方増藏兼○則兼○州住関○○○濃平濃州
住○兼○州○○○○國兼天延應赤兼住濃兼兼州三州岩
兼兼玉兼関兼兼兼濃○德正○永坂永兼州恒住関郎關捲
秀嶺○前兼枝松卷州濃○十濃兼住作得関○○住作住住
作○関○在○○○関州兼七州信兼○作住兼兼兼○人兼
○濃住濃○兼濃兼住関伯年関○宗濃○兼經龍上兼兼景
兼州兼州濃秋州待兼住○○兼永○州濃成○○作良自○
英関行関州作住○安兼兼濃宜享兼関州作濃兼○作作兼
○住○住関○二濃作國憲州○兼棟住関○州繼兼○○門
兼兼兼兼住関郎州○○○関兼信○兼住兼関○忠兼濃作
尚重蒸先兼住兼関兼兼兼住順○兼永兼生住濃○能州○

〇兼衛〇濃州岐阜住兼衛〇兼平〇濃州関住兼廣〇兼弘
〇兼寛〇兼用〇兼持〇兼本〇兼守〇兼盛〇兼森〇兼杜
〇濃州関住兼助〇濃州兼介〇兼祐〇兼亮〇兼左〇兼貞
〇濃州関住兼未作〇濃州関住兼杉〇兼住作〇濃州関住
包永作〇濃州関住包町作〇千手院包行〇濃州関住金高
〇金弘〇濃州清水住岩攖〇濃州不破郡住藤原為次〇濃
州住藤原為纖〇次兼〇長節〇長後〇濃州住長勝作〇長
包〇長吉〇長正〇長真〇濃州赤坂住長廣作〇長基〇長
守〇長遠〇濃州関住大知作〇陸奥守大道〇濃州岩捲氏
信〇清水住氏信〇氏宜〇藤原信舎作〇千手院信貞〇延
次〇延光〇國吉作〇國次〇國宗〇應安〇國重〇安重〇美
濃國住德永〇濃州赤坂住正利〇酒藏正吉作〇正善〇正
次〇濃州住正國〇正光〇濃州関住房伯〇真光〇貞正〇
濃州関藤原貞光〇行光〇行満〇行平〇光長〇光真〇光
定〇満吉〇重永作〇濃州平賀法華重信〇天正重道〇関
住廣則〇廣長〇廣貞〇弘家作〇濃州関住弘長作〇弘光
〇藤原寛近〇元兼作〇濃州関住元氏〇美濃國河邊元信
〇元重〇盛光〇関定作〇助次〇天正助房〇来次〇美濃
國住人
来光

飛驒國

飛州白川
住吉次

信濃國

信州住藤原勝家〇信州飯田住兼舎〇
信州住長治造〇貞和有常〇天正重髙

安房雄安
森房光長
森戸世安有
正有行
寶壽寶壽
寶壽
鬼王丸月山
近江行恒
雁宇丸我里
馬玉有秀
安家時賴
安賴宗
家長宗長宗
次宗重宗吉

上野國
上州住成國○上州住成重○上州住憲
重作○上州住正信○上州住正重作○

下野國
野州足利住勝重○野州住足利莊勝廣○武吉○下
野國足利莊安但作○重勝○明應廣宗○廣久○下
野得次郎
住守勝○

陸奥國
家則○幡房　舞草友長○奥州舞艸友長○奥州住
兼安○奥州谷住包重○吉綱○高基○武里○奥州
田村郡小野住綱家造○長久○宗吉○奥州仙臺住宗弘○
氏房○信房○貞治安光○諷誦正廣○奥州舞草政長○房
安○是安作○真次○真國○實次○覽長○清房○建久行
重○重高○重永○建武師宗○基高○奥州津輕住人森近
○奥州津輕住波岡森宗○應永森光○森弘○奥州住月山
○壽永諷誦○奥州住月山諷誦○文壽○建久上一丸○上一丸

出羽國
友安○月山利安作○月山利光○出羽國村山之部
北寒河郷谷池谷住人俊吉作○月山谷池俊吉作○
月山俊安作○羽州住近則○羽州住月山近則○月山兼永
作○月山兼國作○長久○月山宗次○宗長○月山宗光○
月山信重○月山國俊○月山國定○安綱○月山正俊作○
月山正次作○月山正信○月山昌利○月山定宗作○月山
貞行○月山光長○月山重吉入道作○月山重宗作○月山
久利○出羽住月山寛安○軍勝作○羽州住月山

若狭國
小濱住平七郎家次○若州住仍房○吉次○小濱住
吉廣○次吉○若州住次廣○小濱住次廣○若狭國

宗清

國安 國安
守重 守弘 守
弘 森弘

真景 真景國
次 家次 家次 家政 家
次 家次 次 家
永 家次

左衛門尉藤原長吉〇若州本郷住泰行作〇泰久作〇若州住泰久〇冬光〇若州住冬重作〇若州住冬廣作〇若州住冬廣作〇久右衛門尉冬廣〇若州藤左衛門尉冬廣作〇宗延〇宗光〇實綱〇若州小濱住守長

越前國

〇越州住家俊〇家吉〇家善〇越前國住家次〇家永〇家安〇越前住家正作〇友安〇越前國友行〇藤島友重應永年〇藤島友重（文安三年 永正三年）〇藤島友重（延德元年 永正二年）〇藤島俊重〇越前國住兼則〇越前一乘住兼法作〇越前一條谷住兼法〇越州住兼法〇越前國住兼廣〇義真〇吉家〇三條吉則越前作〇越前國敦賀郡吉真作〇越前國藤原爲繼〇貞治嚴淨〇次家〇越州石塚右衛門尉直長〇越州住直長〇宗義〇宗吉〇越前國住左兵衛尉兼宗光〇越前國〇應永越前國左兵衛尉兼宗光〇文明宗光〇宗廣〇越前國敦賀郡水津住人三郎左衛門尉宗元作〇日下部敎景造〇建武國長〇越前住藤原國行〇國重〇國秀〇國守〇應永正永〇正宗〇有俊〇藤島有綱〇行信〇應永行真〇藤島行光康正二年〇藤島行光大永年〇光忠〇越前敦賀光行〇越州敦賀住光久〇重國〇越前國持滿〇盛光作〇越州住盛重〇森家〇永正森宗〇森重〇越前國森弘〇越州北莊住助光

加賀國

人加州住家俊作〇加州藤原家吉作〇家成〇加州住家長〇家氏〇家正作〇加州千代鶴家正〇家定〇家清〇加州藤島家重〇家助〇加州住堡真〇友家〇友景〇加州友次〇藤島友次〇加州友長〇加州藤原友定〇

友重 建武 友重 嘉慶
文應 景光 行光
永享 行光 近則 清
光 曆 清光 永秋 清
光政 行光

鄉義弘 元應 義真
延文 爲繼 爲次
則重
國房 康安 國宗 應安
國宗 永應 國宗 友國 宗
國久 應永 國久 寶德
國清 貞和 國吉
國久 應永 國久 文明 國
房 應永 國弘 國次
正長 國正 國次

友清○加州住藤島友重○友久○勝家○出雲寺勝家○
景吉○景則○彤光○天正兼春○天正兼囊○天正兼則○
加州住包永作○吉家○加州藤原吉次○吉長○次家作○
加州住次廣○宗春○加州中田住宗吉作之○加州藤島住
宗重○信家○和泉守藤原信屋○信友○信長應安○信長
應永○信長聚正三年○加州住人信長○信永○加州住人
信房○加州住藤原則家○則長○則光作○藤原則光○國
兼○藤原康清○加州住藤原正清○正重○加州住定俊作
○貞光○加州住藤原清行○雪光○加州富借住人藤島光
長○重信○廣家作○廣吉○加州住廣次○守吉○盛常○
助家○
助定

能登國

能州笠師國長○國長作
○寶來國近○真元

越中國

家國○友吉○友次應永○友次應仁○友次作○友
長○友行○友則貞治○友則永正○友安○應永友
光○友久應永○友久應仁○友弘○宇多勝國○越中國兼
則○賴國○賴郡○義則○義國○吉國○建武善弘○宇冬
長信○宗吉○宗友○宗秀○宗久○宇多國家○國一○越
國高作○國彌○宇多國成○國中作○宇多國長○宇多國
信○國安○宇多國政○國定○國貞○國行○宇多國光○
宇多國重○宇多國平○宇多國守○宇多國盛○宇多國森
○安久○宇多真景○宇多真國○真光○真元○宇多定行
○枋原貞次作○宇多貞國○貞宗○越中國佐伯莊枋原住

正信（貞治）——安信（應永）
安幸——信重——重信
（永正）正重（文明）
國定（文和）——正次（正應）
正國（延慶）
幸次（建武）——幸貞（延文）
幸真（明德）——光包（應永）
光助（永享）
國俊（元應）
國光（貞和）——國光（應永）
景長（嘉元）——景長（建武）
景長（應安）
安綱（大同）——真守（貞觀）
守綱（寬平）——真綱（承平）

貞住作○越中住清光○光世○光盛○宇多重國○宇多重
房○久家○越中國富山住弘次○守重○盛次

越後國
越後國春日山住兼辰作○越後國春日山住人兼則
作○越後國兼定○越後住兼光○桃川住次吉越
州桃川住續吉作○越後國住秦長義○貞治長吉○桃川住
長吉○桃川長次○津川住宗定○越後國府中住國吉作○
越後國藤原行光○越後國
行重作○越後住月心作

佐渡國
佐州五十
里住兼先

丹羽國
應永吉次○佐伯住長以○佐伯長末○丹波佐伯住
則長○國貞○國實○丹波國住正次○佐伯住正國
丹州宮田兵衛尉有吉○有正○丹州宮田住
清光○幸國○永享重利○丹州住人重宗作

丹後國
丹州田邊住大道作○丹後國宮○
津莊住人宗忠○丹後國住則重○

但馬國
長信○但州糸井住長房實○重○應永貞
次○貞治貞興○應永光俊○應永重貞

因幡國
因州住壽實○因州小幡住景家○景仲○因州住景
幸○康應兼長○康應上基○長景○因州住宗長作
○應永則清○因州住太郎左衛門尉行景作○
應永行忠○行長○因州住幸景○久長○未次

伯耆國
伯州住利助作○景國○伯耆國延住兼義作○兼長
○建武包次○伯耆國住人包長○大同武保○伯州

安守·貞綱·爲清
文安 文正·吉守·貞宗
有綱 天爲 彌吉
助 家安 天德 家
持 正 家時·家長
壽 菖
元重 貞治·元應 近
範安 應·光信 成近
光正 應·光助 時 永
眞 應永 眞吉 應永
吉則·盛則·吉則
清則·正則·清則
永刻·清則 貞
清則 永 清則 祿永

住長義○作州住宗光伯州於淨島作之○伯州金市住氏吉
○文麻則恒○貞治則國○則光○弘安國宗○安家○伯耆
國住人安家○安則○應安安光○伯州住正廣作○伯州住
冬廣作永正六年○伯州住冬廣作天正七年○應永是重○
建武有包○貞治有國○伯州住有正○文永有行○真景○
真則○真清○真光○伯州住真光○貞真○倉吉住貞廣○
伯耆國大原住人行吉○伯耆國住行次○延文光重○文麻
光助○文應重利○永仁重永○應永重國○元應重守○伯
州久次作○伯州住廣賀作○伯耆國住見田五郎左衛門尉
廣賀作之○伯耆國津原住見田九郎兵衛尉廣賀作○伯州
住廣政○伯州石見住師景○伯耆國大原住守真作○伯耆
國倉吉住入道祖尾七郎右衛門尉守廣○伯州平盛行○日
照○伯耆國一宮
日乘○元麻天原

出雲國

雲州住家次○雲州住全道家正作○勝定○雲州住
勝貞○雲州住勝重○雲州住兼次作○雲州住兼常
作○藤原兼則○雲州住兼久○高實○高則○忠次作○雲
州住忠定○雲州仁田郡住忠貞○雲州住忠定作○雲州安
部住忠貞○雲州住安部忠末○雲州仁多郡住次貞○雲州
住浪貞作○雲州住宗吉作永正三年○雲州住宗吉作天正
伍年○氏重○正長則貞○寬正則清○雲州住冬廣作○森
山源兵衛尉冬廣作○真則○真久○雲州住定守作○雲州
住貞在○雲州住清貞作○清盛○月山重吉入道作○雲州
住重光作○雲州三澤內安倍守貞○雲州住守貞○文安助長

・直綱 兼綱
直綱 直重
直貞 行貞
貞守
正吉 未貞 貞未
祐未 未景 長祿
・貞綱 貞綱 應永
貞行 貞 應永
行 正長 貞未 祥未
祥未 長享 祥貞 明應

・國吉 近包
安賴

石見國

石州長濱住人豐弘作○石州住人利助作○石州和
貞作○兼繼○石州出羽住兼縄○石州兼長○石州
長濱住人兼長○石州長濱住兼貞○賴繼○石州住賴繼○
賴綱○石州住吉貞○石州住吉重○石州長長濱住忠繼○高
綱○次貞作○石州長濱住人次弘○石州長濱住綱貞○石
見國長濱綱久○恒貞○長舍○石州長濱住邑知郡長次○
石州住長正○石州住長廣○石州長廣住人直友○直真○
直守○石州住直未○石州住直助○宗俊○石州住宗吉○
石州長濱宗繼○石州住宗長○石州長濱住宗弘○石州長
濱住諶貞○則光○石州住國吉○石州住康平○石州住正
喜○文明正綱○石州長濱住正直作○正信○石州長濱住
正清○石州正弘○石州住正弘作○州正元○石州住增
重○出羽惟善作○石州出羽住惟善作○真綱○石州出羽
住真元○石州住實弘○貞俊作○石州住貞吉作○貞次○
貞繼○出羽貞羅作○貞則○貞國○石州住貞昌○坊所新
五兵衛尉貞孩○石州住貞重○貞廣○石州長濱住人貞弘
○石州長濱住清繼作○石州住清延作○石州住清則○高
津住宮行○石州長濱住人重正○石州長濱林喜○石州長
濱住林祥○秀宗作○石州李貞○季久○未次○未綱○石
州長濱住人未繼作○石州住未光作○未秀作○石州未久
作○石州
住助吉

播磨國

永延家時○永延家村○宗時行作○播州於三木淡
川莊住人兼國○兼久○包吉○播州大明石住人左

正包吉正元包重正
重包元

實經文秀貞正應
貞忠貞仁元
信則房實行嘉
行

實成文友成延永
介成友定寬弘宗
安弘寬助友助秀
長助近治

正恒長正恒長元
恒光保恒次長久真
恒近恒恒
則元恒元真則
永真定永真忠
仁平真綱元定則

衛門尉藤原吉長作之○播州大明石住人高吉作○播州大
明石住人高則作○作州宗光於播州千草作之○宗重○播
磨國國吉○國真○國直○備前國住人是光於佐用郡作之
○兵部少輔源朝臣政則作○從四位左京大夫源政則作○
應永定次○播州三木郡吉河住
清次○行俊○行宗○重高

美作國

於美作國大原莊備前國住人長船次郎左衛門尉勝
光○作州住兼光作○作州倉數住兼光作○備前國
長船彥兵衛尉忠光於作州飯岡鄉作之○作州住宗光美作
國塚谷住六郎右衛門尉宗光作○作州住宗久○備前國長
船住左衛門尉藤原朝臣則
光於作州鷹取莊黑坂造

備前國

建長家利○寶治家俊○備前國住家俊○正中家包
○正長家包○元應家吉○備州長船家吉○家忠作
○正應家次○備前國住家次○備前國住人家次○家直○
正安家長○天福家宗○家村○仁治家信○貞應家則○寶
治家安○備州長船家安○家保○家政○備州長船家真造
○備前長船家真○備州長船家行○備州長船家光○建武
家重○備州長船家重○備州小田住家重作○元縣家秀○
家弘○備州長船家守延文二年○備州長船家守應永十一
年○文永家助○備州長船家助文和二年○備州長船家助
應永二年○備州長船家助正長二年○備州長船家助文明
三年○備州長船次郎左衛門尉家助○備前國宅祖作○備
州長船住春繼作○天文春行○備前國住長船春光作○備

高平 應和
包平 永延
助平 寬弘
信房 元厤 延房 信
正信 包 行包 建長
則宗 元厤 安則 正治
助宗 元則
成宗 久
宗 仁厤 重久 文永
助房 元厤 助房
吉房
吉包 久承 吉
助吉 承久 眞吉 建長
吉用 文 吉貞 助
助綱 文 忠 吉
元 仁厤 吉元 建治
助行 元厤 行國 承元

前國住長船十郎左衛門尉源春光作○備前國長船住五左
衛門尉春光○備前國住長船孫十郎春光作○備州之住左
衛門七郎藤原春光作○天文春重○備前國長船住春祐○
備州長船治光○正安友利○友後○友景○友吉○友忠○
備前國友次○友綱○備前國友成嘉禎○年○備前國友成
建武二年○備前國住友長○友宗○備州長船友信○友則
應永友則○備前國友房○友定○備州長船友貞○建長友
行○備州長船友行○備前國友光○元亨友重○友弘○友
盛○備州長船友未○備前長船倫國○朝景○建仁朝忠○
備前國住人朝次○備州長船朝宗○康正朝重○建仁朝助
○承久遠近○遠政○備州長船杳光○利恒○應永利恒○
利長○利宗○利延○備州長船住岩野利行○備州長船利
行○備州住利行作○備州長船利光至德二年○備州長船
利光永享二年○備前國住利光○備州長船住利光○利守
○備州住利助○俊忠○應永俊宗○備州長船俊光○俊信
○豊則作○備前國時次○建長時眞○備州長船時光○備
州長船時光作○備州長船時滿○時基○備州長船女光○
備州長船周光○備前國近臣○備前國長船住近景○近包
元厤○近包○近吉○建保近忠○近次○備州近恒○近村
○建武近村○近信○近則○備前國近安○近正○近房建
久○近房作○近眞○應安近貞○近光○近秀○近助○備
前國新田莊住親依造○備前國長船左兵衛藤原親次○親
行○天文勝家○勝利○勝能○景家○應永景友○景依造
○備前國住人左近將監景依○備州長船景吉○備州長船

圓真（曆仁）圓真（建治）
圓真（嘉元）
行高—助成（建長）—助
助延（正應）助久（建治）—助
助村（建保）助守—助
村（正應）
•則房（貞應）則房（建長）
則包—則行—真利
（文曆）真利（文永）定利
（正應）定俊（文保）定則
•宗國（保元）宗吉（正治）
吉家（建久）宗長（貞應）
宗忠 長元（文應）
長元（永仁）長元（正中）
守忠 宗家（貞永）吉
平（建長）守安 吉宗
吉宗（正元）家宗 次
吉長
次家（文應）次信 吉
友吉景
•守近（建久）守家（貞永）

景良○貞和景高○應安景忠○備州長船景次○景綱○景
長○備前國長船住景長○備州長船景宗○備州長船景氏
○文應景則○元亨景國○備前國住人景國○元麻景安○
景安正和○備州長船住景政○備前國長船住左衛門尉景
政○備州長船住景真○備州　河住景定作○備州長船景
行○備州長船景光作○備州長船景秀○建治景久○備州
長船景久○備州長船景弘○景守○景助○備州長船景未
○兼次○應安兼繼○滿州長船兼綱○兼常○兼永○兼信
○備州長船住兼安○兼守○兼滿○備州長船住包家○包
友○承久包近○備前國住包吉○備州長船包吉天文二年
○包次○備州長船住包包長○包永○○正應包信○包貞作之
○備前包貞○永享包光○貞應包道○備前國住包平作○
包守○安貞包助○貞應包未○備前國金次○永正賴家○
文安賴景○賴正○寶治依宗○左兵衛尉依氏造○建長依
真○依光○備州長船自光○義家造○備州長船義家○義
景○備前國長船住義景○備州長船義景○備前國長船住
義景天文三年○備前國住義次○備前國義次○備州長船
義綱○義則○備州河田住義則○保元義憲○備州長船義
清○義行○文和義秀○備前國住義久○備州住人義弘○
義基○義憲男宗義助○義助○吉利○康麻吉近○備州長
船吉景○備前國住吉景○吉依○吉次○備州長船吉綱○
備州長船吉恒○吉成○備州長船住長田兵衛尉藤原吉長
○備州長船吉長○文麻吉直○吉氏○備州長船吉信○吉
延○吉國○元應吉康○吉安○備前國住人吉真造○備州

守家　守家　守重
守長　家助　眞
守　守恒　宗
恒　守重　守重
國眞　國眞
眞　國貞
眞　國宗
國　國安　眞
國　眞近
助眞　助貞
助時　助永　助
次　助安
助吉　助義　助
助光　助光　助
茂　助包
助次

長船吉清○備州長船吉行○元應吉光○備州長船吉光○
備前國住人吉光○備州長船吉光文明十二年○備州長船
吉光天文三年○應永吉秀○備州長船吉弘○備州長船吉
元○吉基○吉守○備州長船吉助○備州長船吉末○備州
長船幸家作○備州長船幸景嘉慶三年○備州長船幸景永
享三年○備州長船新兵衛尉幸景○備州長船幸氏○幸繼
備州長船幸政○備州長船幸行○備州長船幸光應安三年
○備州長船幸光○長禄二年○備前國住長船幸光○備前國
長船三郎左衛門尉幸光○備前國住長船孫三郎幸光○備前國
住長船弥三左衛門尉幸光○備前國長船與三左衛門尉幸
光○備前國長船住左兵衛尉幸光○備州長船幸久○幸平
○備前國住長船右衛門尉藤原賀光○備州長船賀光享德
三年○備州長船賀光文明十六年○備州長船賀光天文六
年○貞治良國○備州長船良貞○備州長船良弘○備州長
船良守○備州長船能光○備前國　河住兵衛尉菅原爲遠
○元厤爲利○爲利○延文爲近○爲景○應長爲依○元厤
爲義○爲吉作○爲次○備前國住爲長○延慶爲信○爲則
爲國○正治爲安○嘉厤爲是○建武爲貞○爲清○爲清文
保○嘉慶爲光○備州中路住爲道作○爲重○爲久○爲助
○高包○高友○高綱○高經○備州長船高長○高安○高
實作○高光○高重○高資○隆次○備州長船貴光○備前
國住貴光○備前國住長船平右衛門尉貴光○備州長船妙
光○備州長船忠利○忠近○正安忠次○忠恒○備州長船
征忠信○承元忠國○備州長船忠安作○實治忠貞○備州

·助重
·助秀
·高行
·高包
·吉氏（弘安）吉氏（貞治）
吉守（應安）吉守 吉
利（永和）吉定－吉久
（永德）
·光忠（仁治）安忠－長
光（文永）真長（文永）真
長（正和）長光（正應）
景光（正安）景（正和）俊
宗長 宗 為宗 吉
忠家 光則 光－俊
光（正和）宗長
真光（文保）光長（建武）
·兼光 倫光·倫光
倫光 兼光（嘉元）義

長船忠行作○備前國住長船貫光○文永次俊○永仁次賴
○永仁次吉○備州長船次吉○次恒○備州長船次貞○次
清○備前國次光○備州長船次光正長二年○備州長船次
光文明十二年○次秀○正應次弘○備州長船綱景○備州
長船經家應安六年○備州長船經家應永廿八年○備州長
船經家永享五年○備州長船經家文明五年○經遠○經義
○備州長船經次○經則○經房○備州長船經光應永廿八
年○備州長船經光文明十五年○恒遂○備州長船恒利○
恒能○備前國住恒次○備前國住左近將監恒次○備州長
船恒正○恒真○恒清○恒光○備州長船恒光○恒久○備
州長船恒弘○備州長船恒元○恒守○恒未○常家○常遠
○常依○常清○備州長船成景○備前國成包作○備州長
船成包作○成高○成忠○仁平成綱○備前國住成繩○成
恒○成信○備州長船成康○備州長船成光○備州長船住
成重應永○備州長船住成重應仁二年○備州長船成弘○
貞和成盛○業景○業高○業實○長利○長景○備州長船
長景作○正應長包○備州長船長次○長直○貞治長氏○
備州長船長信○備前國福岡住左兵衛尉長則造○備前國
長船住左衛門尉長則○備州長船長則○備前國住長則○
觀應長昌○長房作○文應長真○備州長船長光○長久○
備前國長船住長元嘉元三年○備州長船住長元正平年
○長基○備州長船住長守○長助○長未○永富○備前國
住人永包○永恒○備前國永馴○永國○備州長船永真○
備州長船永光貞治二年○備州長船永光永享十一年○備

光—兼光—兼光（應永）
兼光—基光—基光（元）
友光—政光
政光—重光—重光
景秀—景秀（正應）
重吉—重吉（元弘）
重吉—重家—成家
康光—康光—康貞
康永—康光—康（應永）
元重—元眞—重眞
重眞—元重—元久
元家—元行
長義—長義（建武）—長守
長重—長重
兼重—兼長（應安）
雲生—雲次—雲次

前國住長船次郎左衛門尉永光大永二年○備前國長船次
郎兵衛尉永光永祿二年○文永永重○永秀○備州長船永
弘○文應永守○備前國住永助○永仁永未○直家○直利
○正元直吉○直忠○直綱○直恒○備州長船直光○直宗
○康厤直正○尚宗○備州長船尚光○宗友○正和宗利○
貞和宗俊○備州長船宗近○宗包○宗依○長船住宗義作
○備前國長船住宗吉○備前國宗吉作○備州長船宗善作
○承元宗隆○文應宗次○宗綱○貞應宗恒○正中宗恒○
宗仲○宗仲○宗永○宗氏○貞應宗則○弘安宗安○建武
宗正○備州長船宗清○建長宗行○○州長船宗行○備州
長船宗重○宗秀○備州住人宗久○建久宗弘○備州長船
住人宗元○宗未○貞應宗助○應永村長○村宗○備前國
住長船村光作○應永村守○氏利○氏依造○正中氏則○
備州長船氏光○文永信家○信近○應永信兼○備州長船
信吉○信賀○備州長船信良○備州長船信長○信直○備
州長船住信宗○備州長船信氏○備州長船信國作○信安
○備州長船信安○備州長船信正○信政○永延信房○備
州長船信房○備州長船信房作○信眞○信實○備州長船
信心○備州長船信貞○備州長船信行○正應信光○備州
長船信光○備州長船信重○備州長信弘○備州長船信
元○備州長船信守○延家○文保延依○延吉○延延國○延
正○永正延房○延眞○延眞○延貞○延光○延秀○延助
○寶治則家○備前國住則家作○延文則時○則近○弘安
則景○備州長船則景應永十年○備州長船則景享德二年

雲生—雲重—雲次
雲生 頭
•爲則—景則—建武 真
則—則綱—則滿—景
則 景則 氏則 則光
吉則—清則 清則 永則
康則 盛則 盛則 盛次
•安宗
•定則
•助則
•師光 師光 盛光
盛久—盛光—盛光
盛光—盛光
•國盛 文應 助盛 正
盛助 永行 盛重 盛重
盛重 盛重 盛利
元衛 盛近—盛恒 文延
盛次—盛景—盛景

○應永則兼○文永則包○文永則依○弘安則吉○備州長
船則吉○應永則能○則高○承元則次○備前國住左兵衛
尉則次○則綱○則經○則恒○則恒○弘安則常○則成○
備州長船則長○備後國長船則長○則直○則宗○備州長
船則宗○則村○則氏○元麻則延○元麻則安○則真○備
州住則真○則實○○備前國則貞○備州長船則重○備州
長船住則重○備州長船則秀○則久○則平○備前國住則
廣作○備州長船則弘○正長則守○貞和則未○則助○備
州長船法光應安元年○備州長船法光應永廿五年○備州
長船法光文安三年○備州長船法光文明二年○備州長船
新左衛門尉法光○備州住長船法光○備州長船法助○備
州長船住範景○備州長船住儀邑○國家○國友○備州長
船國友○文保國利○國包○國善○弘安國忠○永麻國總○
國綱○國綱○國繩○國長作○備州長船國長○寶治國永
○應安國宗○備州長船國信○國則○應永國房○國定○
國行○國之○國光○備前國住人國光○備州長船國光○
國重作○備州長船國重○國秀○備州長船國久○國弘○
正應國守○備州長船國守○國盛○備州長船國未作○嘉
慶國助○康家○備州長船康家○應永康高○康行○應永
康道○應永康久○正安康守○安家○備前國住入安家○
安友○安後○安吉○貞治安高○安次○安綱○永和安成
○應永安永○備前國住人安宗○應永安信○安則○正應
安貞○安清○安行○備州長船安光應永廿年○備州長船
安光文安二年○應安安秀○正長安久○備州長船安元○

盈景 景政 景良
師景 師景 師景
師實
忠光 忠光 忠光
忠光 永和 忠光 忠
光 忠光 忠光
則光 則光 則光
則光
宗光 應永 宗光 宗
光 宗光 宗光 宗
光
祐光 祐光 祐光
祐光 祐光 祐光
勝光 勝光 嘉吉 勝

備州長船安守○泰家○泰次○備州泰光○應永保光○保
弘○備前國長船住左兵衛尉保弘○正俊○正景○正包○
正次○備前國新田莊住左近將監正次○正恒○正則○正
應正國○備州長船正安○正真○備州長船正真○備州長
船正行○正光○備前正重作○備州長船政吉○文永政宗
○政氏○備前國和氣莊住政則○政真○備州長船政則○
昌則○備州長船昌光○備前國冬廣○房則○是友○是友
弘安三年○備州長船是吉○是次○元應是宗○是安○備
州長船是光應永五年○備州長船是光明應二年○建久是
助○厥仁是助○貞治是介○應永顯則○備前國長船顯光
作○承元章實○備州長船在光○備州長船藤原朝臣在光
○備州長船出雲守在光○有年住備州○有忠○有綱○有
直○廷六有宗○有國○有正○有真○有行作○備州長船
有光應永○備州長船有光應仁○寶治真家○真俊○真近
○備州長船真近○厥仁真景○真景○應永真依○承安真
吉○真高○備州長船住真忠○備前國住真次○應永真綱
真經○真恒○真成○備州長船真長○備州長船真永○真
宗○備州長船真宗○備州長船真氏○真國○真則○延元
真宗○真政○義元真房○備州長船住真房○真貞○備州
任真貞○元弘真行○備州長船真行○備前國長船住真重
真秀○真久○真平○備州長船真弘○備州長船真元○應
永真未○備州長船真助○備州長船實景○備州長船實吉
○備前國住人實忠○建曆實經○實延○備州長船實正○
備州長船實光應永十三年○備州長船實光長祿三年○正

「光」勝光」勝光」勝
「光」勝光」治光」「小治光」
「勝光

應實守○備州長船實盛◡備州長船鄉光○定俊○定吉○
定善○備州長船定次○備州長船定信○觀應定延○定則
○備州定則○備州住左兵衛尉定真○定行○備州長船定光
○備州長船定重◡備州長船定秀○定久○定基○備州長
船定基○定助○定介◡備州長船貞家○貞利○貞近○備
州長船貞近○貞依○備州長船貞吉◡貞義○貞忠◡備前
國住貞次○備州長船貞次○貞成◡貞長○備州長船貞永
○貞直○備州長船貞氏○貞和貞則○應永貞正○貞清○
備州長船貞行康應元年○備州長船貞行永享十二年○備
州長船貞光○貞秀○文保貞守○備州長船貞守○備州長
船貞未應安二年◡備州長船貞未明應三年◡嘉吉蓮光○
備州長船住清景◡備州長船清吉○備州長船住清義作○
清則○備州長船清眞○備前住清貞◡備州長船清光○備
前國住長船清光◡備前國住長船五郎左衛門尉藤原清光
○備前國長船源五郎清光○備前國住長船與三左衛門尉
清光○備前國長船彥兵衛尉清光○備前國住長船弥右衛
門尉清光◡備前國住長船孫兵衛尉清光○備州長船弥兵
衛尉清光○備前國住長船八左衛門尉清光○備前國長船
源右衛門尉清光◡行治◡文縣行利◡備州長船行利◡行
景○備州長船行景◡備前國住長船藤三郎行包作之○備
前國長船住中川七郎右衛門尉行包○行吉○應安行忠○
元弘行次◡正應行恒◡永仁行長○行直○文應行宗◡備
州長船行氏○行延◡正應行安○行保◡應永行正○備州
住行真○行實○備州長船行貞○備州長船行清○行光○

備州長船行光○行重○行秀○行秀○備前國日笠御莊住
人進士行秀造○備州長船行久○行平○備州長船行弘○
備州長船行元○行守○行未○行助○備州長船住光家○
光近○備州長船光近○備前國光景○光包○光包○光包
○備州長船住光吉○備州長船光吉○建武光次○光恒○
延慶光恒○光宗○正慶光宗○光則○光則○備州長船住
光正○弘安光重○備州長船光重○備州長船光久○備州
長船光弘○光守○備州長船光守○備州長船光未永和二
年○備州長船光未應永廿一年○光助○應永光助○通房
○備州長船通光作○備州長船通光○正應重家○備州長
船重家○備州長船重利○重富○備州長船重近○備州長
船重景○應永重包○備州長船重代造○重依○備前國住
人重依作○備州長船重義○永仁重高○建武重次○重恒
○備州長船重恒○重永○備州長船重永○建武重直○重
村○備州長船重氏貞治三年○備州長船重氏○重延○重
則○備前國和氣莊住重則○備前國住重則○文應重國○
備州長船住重安○備州長船重正○左衛門尉重正作○備
州長船重政作○元德重房○備州長船住重有○應永重貞
○備州長船重行作○備州長船重光○備州長船重秀○備
州長船重久○正應重弘○備州長船重弘○備州長船重元
○重守○備州長船重未○重助○備前國和氣莊住人重助
○備州長船重助○備州長船秀利○秀近○備州長船秀近
○貞和秀景○備州長船秀景○備州長船平秀景○備州長
船秀景○應永秀包○備州長船秀幸○應安秀次○秀綱○

元守宗〇備州長船守氏〇備州長船住守信〇元久守國〇
守康〇備州長船守安〇備州長船守正〇備州長船守政貞
治三年〇備州長船守政應永廿年〇備州長船守政永祿三
年〇守眞〇備州長船守眞〇備州長船守貞〇備州長船守
清〇守行〇備州長船守行〇備州長船守光應安二年〇備
州長船守光應永卅三年〇備前國住守道〇備州長船住守
廣〇備州長船守弘明德三年〇備州長船守弘嘉吉二年〇
備州長船守秀〇備州長船守久〇備州長船守元應安二年
〇備州長船守元應永卅三年〇備州長船住守未貞治五年
〇備州長船守未應永卅一年〇守助〇備州長船住守助〇
備州長船守助〇備州長船盛家貞治三年〇備州長船盛家
嘉吉三年〇備前國住盛近〇盛包〇備州長船盛吉〇備州
中路住盛次〇盛繩〇盛宗〇備州長船盛氏貞治二年〇備
州長船盛氏文明十年〇盛康〇盛房〇盛行〇備州長船盛
秀〇盛元〇備州長井修理亮盛未〇備州長船盛未〇盛助
〇備州長船盛助應永　年〇備州長船盛助永享六年〇備
州長船森久〇助家〇備州長船平助友〇備州大宮住助友
〇備前國長船住人平助近〇備州助勝〇助包〇助包〇備
前國住助包〇備前助依〇備前國長船住助吉〇助良作〇
助高〇備前國住助次〇助經〇助繩〇助長造〇嘉元助直
〇備前國住助宗〇備州長船助宗作〇備前助村〇備前國
長船住助村〇助氏〇備州長船助氏〇備州長船住助信〇
備州長船助延〇助延作〇備州長船住人助則〇備州國分
寺住人助國作〇助正〇備州長船助政〇備州長船助眞〇

纂喜廬所著書

應永秀繩○秀恒○備前國秀恒○秀宗○秀則○備前國長
船秀則○秀延○秀正○秀正○秀真作○秀貞○永和秀貞
○備州長船秀行○秀滿○備州長船秀光○備州長船左衛
門尉秀光○備州長船秀光○備州住秀重作○秀平○備州
長船秀弘○秀守○備州長船秀助○英景○備州長船往英
法○久利○久景○備前國新田住久次○備州長船久次○
備前國住久宗作○元德久國○備州長船久正○久房○久
行○備州長船久光應永二年○備州長船久光嘉吉二年○
備州長船久光文明三年○備州長船久光永正　年○備前
國長船久光永祿五年○久守○元弘廣俊○廣次○廣綱○
應安廣直○廣光○嘉稱弘家○弘利○備前國左近將監弘
利○弘俊○弘次○文永弘繩○元弘弘經○文稱弘恒○弘
長○弘直○弘安○弘行○弘光○弘助○用吉○承元師實
○元包○應永元恒○貞和元宗○應永元安○應永元光○
元稱元重○備州長船元久○元弘○元守○元助○基近造
○基近○備州長船住基近作○備州長船基景○文保基包
○文保基次○文和基綱○文保基宗○備州長船基正貞治
五年○備州長船基正應永二年○備州長船基政○基真○
基定○文和基貞○備前國長船往基光○備州長船基重○
本恒○備州長船守家造○備州長船守家○守友造○守利
○守利○備州長船守利○元應守俊○備州長船住守景○
備州長船守景○守包○備州長船守吉貞治二年○備州長
船守吉應永廿三年○守忠○備前國住守次○備州長船守
次○守綱○備前國守綱○守繩○守經○守恒○守永○嘉

助貞○備前國助貞作○助定○備州助定○助行○備州長
船助行作○備州長船助光應永二年○備州長船助光永享
三年○備州長船助光作○助重作○備州長船助重○助秀
○助久作○助平○備前國助平○助弘○助茂○助守○備
州長船助守○助末○備州長船住祐定子祐家○應永祐次
○備州長船祐綱○備州長船祐永○備州長船祐宗○祐村
○備州長船與三左衛門丞祐貞○備州長船祐定○備前國
長船住與三左衛門尉祐定○備前國長船住彥左衛門尉祐
定○備前國住彥兵衛尉祐定○備前國長船住與左衛門尉
祐定○備前國長船住次郎左衛門尉祐定○備州長船三左
衛尉祐定○備前國長船五郎左衛門尉祐定○備前國長船
次郎九郎祐定作○備前國長船住二郎四郎祐定作○備前
國住長船源兵衛尉祐定○備前國住長船八郎次郎祐定作
之○備前國長船又兵衛尉祐定○備前國長船與左衛門尉
祐定○備前國長船九郎左衛門尉祐定○備前國長船新十
郎祐定○備前國住中川七郎左衛門尉祐定○備前國住長
船高木七兵衛尉祐定○備州長船祐久○備州長船佐光永
和三年○備州長船佐光永正元年○備州長船佐重○備州
長船介次○介真○備州長船介光○寶治介重○介廣○寶
治介弘○介盛○備州長船資則○備前國長船補定○末時
○元弘末景○元弘末兼○末包○備州長船末吉○末次○
正應末長○應安末永○末延○貞治末則○末貞○末行○
備州長船末行○末光○備州長船末重○末秀○備州長船
末久○正應末平○備州長船末弘○備州長船末元○末守

安次—守次
貞次—恒次
恒眞—次家
眞
次—康次—俊次
包次—爲次
成次
行次—家
次—信
次—吉次
則高
常遠
時眞—爲
信—守
遠—眞守—守貞
宗遠
則房—眞利

○備州長船季次○備州住季次○備州長船季光○備州長
船季久○季平○備州長船心哲○

備中國

備中國住家次○建長家綱○家恒○備中國家重作
備中國住家久作○延慶春次○弘安玄次○備中國
住治次作○弘安文次○備中國住朝次○俊忠○年次○建
武時次○時直○親次○備州住親次○近次○備前國長船
勝光○備中國住景次○應永景長○應永景重○兼次○備
中國淺口河田彈介源兼政○包永○文保包安○備中國青
江住賴次○依次○義次○備中國青井住義則○吉家○備
中國右衛門尉吉次○備中國住吉次作○備中國住人吉長
作○吉房○吉眞○吉弘○建武幸次○備中國住幸久○備
中國高山住石河左兵衛幸久作○寶治善次○爲遠○爲吉
○爲次○應永爲恒○爲長○應永爲清○應永爲守○忠次
○備中國住次家○次利○備中國住人次賴○弘安次依○
備中國住人左近將監次吉○備中國住次吉○次忠○次恒
○備中國住次直作○備中國住次直○延慶次植○次眞○
文保次定○建治次秀○備中國住次廣作○延慶次弘○備
中國万壽莊住次未○文和次助○恒家○恒依○恒次○備
中國万壽莊住左兵衛尉恒次○備中國住恒次○永仁恒則
○備中國次家二男恒眞○恒清○麻仁恒未○常次○成家
○承久成繩○備中國住長次作○備中國住長次○長直○
長守○直景○備中國住直次○備中國住人左兵衛尉直次
○備中國直次作○建武直信○宗忠○備中國住宗次○宗
貞○備中國住宗貞○貞和延貞○弘安則次○國家○國友

「依眞一則常ト作則」
「眞淵康則一安弘」
「治」

○備中國住國友○源國次○國宗○國信○國則○國清○
國行○備中國荏原住長房國重○備中國荏原住國重作○
備中國呰部住大月又三郎國重作○備中國松山住左兵衞
尉國重○備中國井原拾助國重○國秀○備中國住國久○
國未○國資○康家○康利○康次○康恒○康道つ安忠○
備中國青江住安忠○備中國住安次作○縣仁安恒○安行
○安弘○寶治泰次○建保正家○寶治正包○正次○政次
○政宗○備中國冬廣作○是重○延文有忠○弘安有次○
有信○應永有行○文和有弘○有末○眞景○備中國眞次
○眞恒作○眞長○眞信作○眞則○眞安○備中國住眞貞
應安二年○備中國住眞貞○眞行○眞平○寶次○備中國
住定次○備中青江住貞共○備中國住人右衞門太郎平貞
次作○備中國住大隅權介平貞次○備中國松山住大隅權
守平貞次○備中國住人青江貞次○備中國住人貞綱○備
中國住人貞長○貞永○備中國青江住貞守○備中國田之
口住新九郎清光○行家○應永行利○行後○行忠○行信
延文行安○行眞○應永行眞○行末○備中國住人如信作
○光次○重次作○延文重永○建武重則○備中國荏原重
正○重末○茂次○正長秀包○秀次作つ備中國万壽莊住
左衞門尉秀次○備中國住人秀次○備中國荏原住秀安作
○久次○弘家○弘經○弘恒○永仁弘直○師次○守利○
備中國住人守高○守忠○備中國青江守次○備州青江左
衞門尉守次○守恒○備州妹尾住守安○應安守光○守重
○備中國住盛家○備中國住盛次○助近○備中國住助吉

正家 中正 正光 正
家正重正清 清正
正廣 正廣 正信
政廣
一乘 一乘 實家
兼行 正兼 兼守
國家 盛家 盛行
貞家 貞次 貞弘 宗貞
家次 家次 覺 家
次
重光 重道 重光
重吉 重俊 重俊
重貞 重俊 重久
重勝 文明

作○備中國住人青江助次○備中國　莊青江助次○備中
國青居郡地頭助繼○助成○助永○助延○助正○建永助
眞○助重○助秀○文龜資則○備中國住資安○備中國住
未次作○未永○未國○未眞○備中國未行○未光

備後國

○備州三原住家次○三原住家永○備州住一乘家重
○一乘家久○備後國三原住貝家廣○備後國住春
光作○備州住友久○永享朝次○應安共重○文和親次○
備州景次○備州景重○景光○應永兼吉○延文兼次○兼
信作○備州住兼安○備州三原住兼安○備州三原住兼光
○兼未作○永享吉次○吉眞○永享吉行○吉光○三原住
吉廣○吉弘○備州住善次○高兼○高信○高行○備州住
高光作○備州住忠次○備州尾道住其阿彌忠行○備州住
次吉○備州次貞○備州尾道住五阿彌長吉○長次○備中
國榮安○三原宗近○宗繩○備州三原住宗長○三原住宗
重作○備州三原住宗久○信兼○信次○信平○信守○延
次○備州尾道住五阿彌宣行○則忠○備州尾道辰房則重
○備後國住人生得上手敎用作○一乘國家○永享國吉○
應永國正○備後國莊原住辰房國重○備後國西条住國重
○備州住康重○備州住安家○安永○宴至○備州尾道住
五阿彌宴行○三原住正家天文○三原住正家天正○備州
三原住貝正後○備後國三原住人正近作○備後國三原住
人貝正義○備後三原住人正義作○備州三原住人貝正吉
作○備後國三原住貝正賀○備州三原住正次作○備州三
原住貝正成○備後國三原貝正長○三原住正永作○備州

三原住人正直○備後國三原住人正直作○備州三原住正
宗作○備州三原住正信作○備州住正正演○備後國三原住
人正則長祿三年○備後國三原住人正則天文十五年○備
州住正法○備州三原住正國○住備州住正安○備後國住三
原平正房作○備州三原住正秋○備後國三原住貝正真○
備州住源兵衛尉正真○備州三原住正真作○三原住正定
○備州三原住正貞作○備州三原住正行作○備州三原住
正重作○備州三原住貝正久作天文元年○備後國三原住
貝正久作○備州三原住正廣○備州三原住人正守○備後
國三原住貝正盛作○備後國住人藤原貝正盛○備後國三
原住貝正盛作○備州三原住正祐作○備州三原住正佐作
○政家○政近○政長作○三原住政宗○應永增守○備後
國其阿彌房行○十八國冬廣作○三原住人有倭○備後國
森山住有吉○三原住有重作○備後國尾道五阿彌真次○
真信○真行○鹽野實義○實貞○備州尾道辰房○備州尾
道辰房實重○備州住定家○一乘定利○定吉○定信作○
備州尾道住人其阿彌定行○貞近○貞吉○備州三原貞次
○貞永○備州尾道住五阿彌貞信○三原住貞則○永享貞
國○備州住貞正○備州三原住貞廣○清正○備州尾道行
友○備後國住安久莊行吉作○備後國三原住行吉○三原
住光正○光行○備州住光重○備州尾道辰房光重○備後
國尾道重家○重利○延文重倭○備州住重義○備州住重
吉○隅州住波平重吉○備後國怒歌郡於西条保作○應永
重綱○一乘重氏○重延○濱崎住重則○備州住重安○備

二王清綱 久 元清
綱 貞 清綱 清光 清貞
綱 永 清光
清景 文 清長 治 建
清春 延 清忠 長 應
清真 貞 政清 清
政

後國住辰房重正作○辰房重行○重助作○備州住秀次○
備州尾道住五阿彌秀次○備州尾道住五阿彌秀行○備州
住秀重作○備後國住辰房秀重○備後國住久次○備州住
久光○備後國廣家房三原廣正○弘光○守俊○三原守信
作○備州尾道住辰房守重○三原住守久○永井修理亮盛
米○備後國尾道五阿彌盛行○未光○備後國安那郡東条
住右近助國作○備州住助光
備州尾道住祐法○應永日乘

安藝國

藝州山縣住朝廣○藝州住兼守作○藝州住包定○
藝州吉本作○藝州吉本住人能守作○二王膳清○
藝州山縣住二王膳清作○藝州大山住宗重作康正元年○
藝州大山住宗重作永正三年○安藝國大山住宗重作○永
享則安○建武國光○建武安吉○二王藝州三入住真清作
○藝州三入住二王真清作○佐伯莊貞安作○安藝國光世
作○安藝小春住光久○貞治重守○
建武守安○應永守重○安藝國入西

周防國

二王倫清○二王勝臣○二王勝吉作○二王勝清○
二王一清○二王景清○二王膳次作○二王長正作
○二王直清作○二王宗清○防州楊井津住清原右衛門尉
信貞○二王延清○二王正綱作○二王正清○二王政綱作
○二王政縄○政清○政廣○二王雅清○防州富田住是助
○次郎太郎作○二王真清作○二王實清○二王定清○二
王清　○二王清春○清雄作○二王清員作○二王清勝○
二王清景○二王清仍○二王清吉作○二王清忠○二王清

・安吉-安吉顯國
顯國 嘉吉 / 顯國 應永
顯義 / 顯長 信重

・實綱 應永 實綱 應永
實次-景實 應永 則
實 永享 貞實

・師久 氏房 房吉 氏舍 房吉
氏久 應永 氏吉 嘉吉
氏吉 文明 泰吉 文明
泰吉

種○清次○二王清恒○二王清綱○防州玖珂住清綱○清
仲○二王清長○二王清永○清政○二王清直作○二王清
尚○二王清宗○二王清則○二王清信作○清房○二王清
在作○二王清有○清真○二王清真○二王清實作○二王
清實作○二王清貞○清行○二王清光作○二王清道○二
王清重○二王清久作○二王清平○二王清元○二王清助
○二王清左作○清介○二王光清作○二王光重○二王道
清○二王重真○二王元綱作○二王元正○二王元清○二
王守清作○
二王住清作

長門國

長州住治劔作○高資○長州全光○長州住安行作
○長州住顯亮○行歲○行觀○長州岩倉住行觀○
長州住幸國○光吉○光
資○長州住重國○盛清

紀伊國

紀州住友次○永享俊實○熊野山住人吉重作之○
永享賀實○入鹿景綱○貞治景宗○永享景貞○仲
國○國次○實善○入鹿實可○實次○入鹿實綱作○入賀
住藤原實綱○應永實就○實正○延文實重○實守○實弘
○紀州太作
○文保本宗

阿波國

阿州藤原吉次作○阿州住人吉氏造○吉房○阿州
住氏善○氏次○阿波國助大夫氏宣作○氏安○阿
州住氏久○阿州住氏久作○阿州西宇住國吉作○大永泰
長○嘉吉泰永○應仁泰行○阿州住泰光作○永德有吉○

•清房建保業宗承久
景宗-國利寶治行
利-光宗弘安秀延
文保

•國吉正應國永-國
正建武國吉正國貞
安至貞治國本

•良西文曆西蓮建治
入西-實阿永仁孝
元亨安吉貞和吉貞
吉弘貞吉定行
建武國弘弘安行弘
弘行定吉
•盛高元仁盛高嘉禎
盛高吉盛高綱建武盛
綱盛清貞治盛昌
盛次應永盛秀應永
•方盛

應仁清泰○嘉吉久安○阿州住廣行作○文明助久

讚岐國

正和友利○文永友行○景光○業吉○讚岐阿闍利行圓作○康應光宗○讚州志度莊秀延作○讚州志度莊住秀行

伊豫國

豫州住仍房○豫州御莊住吉久作○豫州住隆安○伊豫國住内倉○國益○國久○豫州住安屋作○伊豫國住安至作○豫州住安長作○豫州住安定○豫州住人安定作○備州長船實光○豫州三テ作○豫州住行吉○豫州重定○豫州住平鎮久○豫州住久繼○豫州住守久

土佐國

吉光德治元年○吉光貞和○土州簸多住嘉光作○土州洲崎住隆吉○土州住宗長○土州住宗國源家盛○延文時行○筑前國樋口景兼○源賴舍○

筑前國

筑州住義則○源信國平四郎吉政○金剛兵衛吉盛○源吉盛○左源慶作○筑州住高吉○源種盛作○金剛兵衛尉源長綱作○筑州住國○國房○筑前國博多息濱住國光○國廣○安行○金剛兵衛源秦盛○政長作○筑前博多住是吉○筑前金崎住數房○金剛兵衛尉真綱○筑州住貞國○貞行○貞秀○貞弘○筑前國平貞守○筑州冷泉貞盛○左○筑州住行末○光真○筑州住弘宅作○弘吉作○筑州平守次○筑州博多住守綱○源盛宅○源盛利作○源盛包作○源盛吉○筑州太宰府住兵衛源盛高○源盛高○金

●元真
●家永 良永
資永 朝舍
●長圓 長圓
神息 正恒
●定秀 行平
重家 定慶
定則 行
真兼平 家重
●友行 友行 行
實守 友光 時行
●忠行 行政
行政 行政
●國宗 國俊
國時 國重 國安
國次

剛兵衛尉盛高作○盛綱作○盛永作○源盛信○盛國作○
盛康○盛安○源盛正○源盛匡○源盛實○盛定○源盛光
○源盛重○全剛兵衛尉源盛重○○源盛秀作○源盛元作○
筑前袖湊住盛廣○源盛弘○筑州住助長作

筑後國

筑後住藤原家長○利延○者長○良實作○筑後住
忠直○大石種則作○三池住典太次信作○筑後三
池住續信○大石住永家○筑後國住人永家○三池典太正
國作○三池典太政定○筑後住藤原是永○三池傳田○三
池典太作○三池住典田○三池住顯久作○三池實世○三
池住定守○三池傳多光世○光真○茂實○筑後竹野郡之
內廣次○三池住元光○守綱○筑後
住人濱田藤原盛次作○筑州住助永

豐前國

豐州住家員○豐前住家景○豐前宇佐住吉房○豐
前宇佐住信國吉助作○豐前國住了戒能真作○豐
前住人直宗作○豐州宇佐住信國長祿二年○豐州宇佐住
信國天正二年○豐前住兵衛尉國貞○豐州大野行久○豐
前國了戒
守安作

豐後國

家行作○家光○豐後國家重作○家久作○豐州平
家守○平家盛○豐州高田平治守○豐州高田治盛
藤原豐政○高田住豐盛作○友利○平勝宗○平勝守○平
勝盛○景久○平景守○平景盛○平陰守○平影永○高田
住平兼盛○平吉真○元麻良國○平賢守○平忠守○平忠
盛○豐後住藤原常行作○長則○藤原長行○平長鎮○平

長守○平長盛○藤原永行○豐後州永秀○永守作○高田
住永盛○高田住藤原宗正○平宗盛○豐州高田住藤原統
景○豐州高田住藤原統行○豐州高田住藤原統道○藤原
統久○藤原統盛○平信盛○豐後國住延行作○豐後國朽
綱鄉住則貞作○豐州高田住則行○藤原則重○國繼○國
綱○平國廣○豐後國紀新太夫安吉○豐後高田平安守○
豐後國系棚泰行作○平增行○平增守○豐州高田平增盛
○正勝○正綱○藤原正弘○正守○正盛○房守作○豐州
高田平房盛○鑑豐○鑑忠○鎮種○平鑑成○藤原鑑行○
平鑑秀○平鑑盛○鑑祐作○豐後高田住真守作○實續○
實久○實衛○定吉作○定次○藤原定行○定光○定廣作
○定守作○平定盛○清平○豐後州系棚行光○豐州高田
住藤原行秀○豐州高田住藤原行久○重勝○平重高○平
重行○重鑑作○重久○豐州高田重守○豐州高田住平鎮
豐○平鎮景○平鎮榮○平鎮高○平鎮孝○平鎮忠○鎮偵
○豐州高田住藤原鎮種○豐州高田鎮次○鎮繼○平鎮成
○藤原鎮作○豐州高田住鎮永○平鎮信○平鎮德○豐州
高田住平鎮敎○豐州住藤原鎮泰○鎮休○平鎮方○平鎮
重○平鎮定○藤原鎮清○平鎮行○豐州住源鎮光○高田
住平鎮秀○藤原鎮秀作○平鎮久○豐州住平鎮廣○豐州
高田住平鎮元○豐州高田住平鎮盛○豐後國住人秀吉○
豐後國朽綱住秀次作○豐後國高田住人秀守○豐後住藤
原久行○平久守作○久盛作○豐州高田平守家○豐州高
田守治作○守景作○豐州高田守次○守統○豐州高田住

盛廣-盛吉-號盛
鑑-號盛行
光世-光重
國村-國泰-國泰
國資-國資-國吉
國時-國村-國吉
國時-國清-國綱
國房-國信-國房
國綱

平守方○守房作○守定作○守貞○高田住平守重○豐州
高山住盛家○豐州高山平盛家○盛近○平盛勝○平盛吉
○豐州高田住平盛高○豐州高田盛忠作○盛種作○豐州
高田住源盛次○豐州高田平盛次○盛繼作○平盛綱○平
盛連作○豐州住高田盛常作○豐州高田住平盛常○平盛
成○豐州高田住盛長○盛氏作○盛信作○平盛康○平盛
正○豐州高田住平盛方○高田住盛房○盛真○高田住平
盛定○盛貞○平盛行○平盛光○平盛重○平盛鎮○平盛
秀○豐州高田住盛久作○平盛元○
平元秋○平助盛○豐州高田平末行
肥前國
應永治吉○利成○肥前國住近房○肥前國松浦山
代住宗貞○平戶住宗重○宗末○應永長行○肥州
住氏成○貞治則行○肥前國伊左早莊住人散位則末作○
肥前國住人國○肥前國住藤原國勝○平戶住國吉○國房
○肥前住有國○真助○天文貞宗○貞清○應安貞秀○肥前
大村住光近○建武光恒○肥州濱崎住重次○肥前濱崎住
重延○肥州濱崎住重則○濱崎住重貞作○應永秀貞○久
保○肥州元次作○平戶住守清○肥前國住金剛兵衛尉盛
高○肥州志保田住末則○塚崎住末貞康永二年○塚崎住
末貞應永州二年○肥州住末秀○肥州塚崎莊住末久
肥後國
肥州石貫治國作○時末○菊地住親國○肥州玉名
住石貫景介○菊地住門勝○菊池住門國○肥州住
義行作○肥州菊地住宗國○肥後國求麻郡人吉住人田雅
樂助○肥後國同田貫右衛門○肥後國同田貫延俊○則安

實昌、實久、實元
實正、實勝、實長
實、忠
•久吉 𠆧承 吉久 長實

○則末○肥州河尻住波平藏人○貞治國家○肥州菊池左衛門尉國治○肥州左衛門尉藤原國友○肥州菊池住國一○肥州菊池住藤原國勝○應永國賀○菊池住國高○左衛門尉藤原國次○國繩○應永國經○應永國永○肥州菊池住國宗○肥州菊池住延壽國村○肥州住國正○肥州菊池住國明○兵衛尉國定○應永國貞○國行○菊池住備前守國光○菊池住國重○肥州菊地住國廣作○肥州菊池住國元○國本○應安國守○肥州菊池住國守○延丈國末○肥州小國住鄉安作○菊池住正次作○九州肥後國田貫正國○日後國波平正祐○石貫正佐作○肥州住石貫昌國作○應代○肥州玉名石貫是吉○菊池住人冬國作○肥後國菊池住房賀○肥後州有國○菊池住貞則○菊池住貞國作○肥後國同田貫左馬助○清正○肥州河尻住波平行吉○肥州合志住行宗○行弘○行久○住行末○廣代○廣國○肥州元次作○助則○助貞○末遠○應安末秀○

日向國

日州住家隆作○日州住兼榮○日州住兼次○日州住平爲居○日州住人國吉○日州古屋住國廣作○日州住實長作安綱○日州住正勝作○日州住正次作○日州住正光○日州櫛間住正重作○日州住源貞行○日州福島住人光重作○日州藥師堂通吉作○日州藥師堂通英作○重學○日州住秀吉作○日州住盛尚作○日州住末次作

大隅國

隅州住隆經○九州住宗成○隅州住儀重作○隅州住貞德作○隅州住貞清○隅州大隅郡木下重近○

•行安、行安、安行
安行順行次行安 行綱
吉行吉宗正 行安行安行家
安綱國安綱安
家安光、安明、安
朝

•重純、重次、重吉
重長、重信、重氏

隅州住波平重吉○隅州住重並作○隅州
住重鑑作○隅州住左任○隅州住末次作
薩摩國
波平家利作○波平春行○波平治行作○友安○波
平利常作○文和利延○波平親安○波平近安○波
平近安作○波平勝宗○波平景行作○波平兼次○波平兼
清作○薩州住義次○波平義安○波平吉平○波平吉安文
明十七年○波平吉安大永二年○波平吉昌○波平吉光○
良貞○高安○波平次貞○長光○薩州住宗俊作○宗近○
宗吉○宗忠○波平宗則○薩州住宗法作○宗行○信光○
延利○則景○則重○安家○波平安友○波平安時作○波
平安一○波平安吉作○薩州住安吉作○波平安世○波平
安次作○波平安繼○波平安宗○波平安則○波平安信○
波平安延作○波平安興○波平安秋○波平安真作○波平
安積作○波平安玉○波平安滿○波平安重作○波平安秀
○波平安久○波平安平造○波平安弘○正國○波平正安
○波平正實○薩州住藤原正清○波平昌行○薩州波平藤
原篤倉○藤原真安○波平實世○波平實安○波平實行○
薩州住實重○波平實久○定安○薩州住貞家○薩州住貞
次作○波平貞安作○貞偶○薩州住貞清○薩州代清吉作
○薩州住清種○清長作○清安作○金兵衡尉清定作○清
行作○薩州住清秀○薩州住清助作○薩州住清佐○薩州
鹿兒島住清左○行家○行吉○行延○波平行安○波平行
康○波平行正○行真○波平行光○行充○行滿○波平行
久○光守○重治作○波平重安作○波平秀吉○波平久安

日本圖經十之　十一

圖經六之一

籑喜廬所著書

○波平久行○波平寛安○師久○○源合○○波平盛重○○波平
住安○薩州住純成○文保助近○○助次○○貞和助則○○應永
助正○薩
州住月山

未詳國

石塔作○富光作○友鶴○藤原左兵衛尉友長○倫
祐○高篠利元○近弘○勝滿○甲斐本○宇津左兵
衛尉源頼忠○寄正○小野義通○小松原住吉次○法藏寺
爲吉○高道作○高資○上吉作○河盛田住忠宗○常國○
長洞○永國作○直屋○藤原宗春○五郎入道良宗則○順
城○儀廣○國利○國良○八幡山內國理○石見守國房○
國光○國重○國平○正胤○正秀作○昌宗作○冬寶作○
藤光○滕道○大神惟增作○明光○貞光○桃光信○長光
坊重吉○源朝臣繁長○秀弘作○廣法作○廣總○廣明○
弘貞○禮樂○本近○幹吉○盛禮○長肥平助友○寶城寺
○寶山○實秀○千壽院○平和尚寸切

形略第四

日本金石志四

奏派游歷日本美利加秘魯巴西等國英日屬地加納大古巴知府用兵部郎中臣傅雲龍述

金石年表上

日本人西田直養金石年表所載五百二十有三種彼人士多之然如宇治川摩崖即涅槃經摩崖也刊於寶龜九年而列之七年此猶可曰拓本不可辨矣遠江長福寺鐘天寶七年字不一蝕而列之六年似此往往而有以土著之見聞安間之歲月猶難詳且精如此況迫不及審如雲龍之游歷而欲無一外耶雖然畏難恥也以避指摘為口實尤恥也賴同志陳氏矩襄蒐討力既志厥文矣餘皆錄目入表有年可紀者得八百九十有餘種無年可紀者今亦得數十種合之印文及刀劍款識不下四千八百有奇其質有金有銀有銅有石有瓦有磁（如伊勢大神宮正印宮以木為之西田入表類此所不敢沿）其文有篆有隸有飛白有行有正有梵有日本文其年以中國為宗非沿西田例也述金石年表

中國年	日本年	府縣	國	金石文目
丁巳 漢建武中元二	垂仁八十六			漢委奴國王印
戊午 魏景初二	神功三十八			親魏倭王印
丙辰 隋開皇十六	推古四	愛媛	伊豫	伊豫道後碑
丙寅 大業二	十四	奈良	大和	如意輪觀音大士造像記
丁卯 三	十五	奈良	大和	金堂藥師造像記
辛巳 唐武德四	廿九	大坂	河内	上太子藏聖德太子瑪瑙石記
癸未 六	三十一	奈良	大和	釋迦佛造像記
戊子 貞觀二	三十六	奈良	大和	法隆寺釋迦銅立像背銘
丙午 二十	大化二	西京	山城	宇治橋斷碑
庚戌 永徽元	白雉元	奈良	大和	二天造像記
癸丑 四	四	福井	越前	敦賀常宮鐘銘
戊辰 總章元	天智元	大坂	河内	船首王後墓誌
丙子 儀鳳二	天武五	西京	山城	小野朝臣毛人墓誌
癸未 永淳元	白鳳十一			新田部碑
辛卯 天授二	持統二	滋賀	近江	近江鬼室集斯墓石朱雀三
己丑 永昌元	二	大坂	河内	釆女墓所碑
		橡木	下野	那須直韋提碑
戊戌 聖曆元	文武二	奈良	大和	藥師寺東塔擦銘
		西京	山城	妙心寺鐘款識
丁未 景龍元	慶雲四	奈良	大和	威奈大邨墓誌 文忌寸禰麻呂墓版
戊申 二	和銅元			和銅開珍

己酉	三	二	岡山	備中	下道氏墓誌
					穗積碑
庚戌	景雲元	三	鳥取	因幡	伊福吉部臣德足比賣墓誌
辛亥	二	四	羣馬	上野	建多胡郡辨官符碑
乙卯	開元三	靈龜元	奈良	大和	粟原寺塔鑪盤銘 八和銅
丁巳	五	養老元	滋賀	近江	近江新田郡碑
辛酉	九	五	奈良	大和	元明御陵碑　楢山碑
丙寅	十四	神龜三	羣馬	上野	上野下贊鄉碑
丁卯	十五	四	奈良	大和	興福寺觀禪堂鐘銘
癸酉	廿一	天平五			天平銅鏡識
乙亥	廿三	七	奈良	大和	武智麻呂墓志
丙子	廿四	八	奈良	大和	安井寺碑
己卯	廿七	十一	奈良	大和	天平古鐘　楊貴氏墓志
辛巳	廿九	十三	羣馬	上野	山名郡碑
癸未	天寶二	十五	大坂	河內	金峯寺金堂鍔口款識
乙酉	四	十七			八幡宮鐘銘
辛卯	八	天平勝寶三	奈良	大和	竹野王墓碑
癸巳	十二	三	西京	山城	佛足石圖記碑
			奈良	大和	東大寺聖武銅版勅書　又銅版勅書
丁酉	至德二	天平寶字元	奈良	大和	東大寺枚幡鎮鐸款識
庚子	上元元	四			万年通寶　大平元寶　開基勝寶
壬寅	寶應元	六	大坂	攝津	石川年足墓誌

干支	中國紀年	日本紀年	今地	國	名
			青森	陸奥	修造多賀城碑
			橡木	下野	鑑真和尚墓志
乙巳	永泰元	天平神護元			神功開寶
丁未	大厤二	神護景雲元	奈良	大和	東大寺甲銀壺銘　乙銀壺銘
庚戌	五	寶龜元	福井	越前	織田郡社鐘款識
丙辰	十一	七	大坂	河內	高屋連枚人墓志
戊午	十三	九	奈良	大和	涅槃經摩崖
甲子	興元元	延厤三	大坂	河內	紀廣純女吉繼墓志
丙子	貞元十二	十五			隆平永寶
壬午	十八	廿一	熊本	肥後	淨教寺碑
己丑	元和四	大同四	青森	陸奥	陸奥國大元帥社碑
甲子	九	弘仁五	橡木	下野	沙門勝道上補陀洛山碑
丙申	十一	七	奈良	大和	南圓堂銅燈臺銘
			和歌山	紀伊	慈尊院郡斷碑
丁酉	十二	八	靜岡	伊豆	益山寺花盤款識
戊戌	十三	九			富壽神寶
甲辰	長慶四	天長元	大坂	攝津	地藏院碑
					源賴朝馬蹏研
乙巳	寶厤元	二	奈良	大和	大和州益田池碑銘
丙午	二	三	熊本	肥後	肥後碑
庚戌	太和四	七			僧空海所造陶佛掌圖款識　天長經筒
辛亥	五	八	大坂	河內	真念寺石佛文

乙卯	九	承和二			承和昌寶
戊午	大中二	嘉祥元			長年大寶
戊寅	十二	天安二	西京	山城	叡山西寶幢院鐘
己卯	十三	貞觀元			饒益神寶
癸未	咸通四	五	奈良	大和	佛隆寺鐘銘
			青森	陸奥	陸奥介高道墓碑
庚寅	十一	十二			貞觀永寶
乙未	乾符二	十七	西京	山城	神護寺鐘銘
			東京	武藏	牛島牛御前社造像碑
					吉祥院鐘銘
乙亥	六	元慶三	西京	山城	元慶寺鐘銘
壬寅	中和二	六			右大臣劒銘
庚戌	大順元	寛平二			寛平大寶
			大坂	和泉	犬鳴谷犬碑
己未	光化二	昌泰二			昌泰經筒
丁卯	天祐四	延喜七			延喜通寶
戊辰	五代開平二	八	西京	山城	鐵鉾款識
壬申	乾化二	十二	大坂	攝津	總持寺鐘
			高知	土佐	土佐寺山鐘
甲戌	四	十四	奈良	大和	東大寺銅鉢款識
丁丑	貞明三	十七	奈良	大和	道澄寺鐘銘 移於山城
己丑	天成四	延長七	奈良	大和	信貴山毘沙門堂飛鉢

戊戌	天福三	天慶元	大坂	和泉	安松郡石佛
甲辰	開運元	七	靜岡	遠江	遠江長福寺鐘款識
丙辰	顯德三	天曆十	高知	土佐	蓮臺寺鐘
戊午	五	天德二			乾元大寶
甲戌	宋開寶七	天延二			羅城門傍碑
辛卯	淳化二	正曆二 三永祚			永祚瓦硯
癸卯	咸平六	長保五	奈良	大和	僧增賀碑
戊寅	寶元元	長曆二	奈良	大和	春日社石燈臺文
癸卯	嘉祐八	康平六	山口	周防	茶湯原鐵札
丁未	治平四	治曆三	青森	陸奧	大重院碑
甲寅	熙寧七	承保元	西京	山城	三鈷寺鐘　三鈷寺門碑
丁卯	元祐二	寬治元	大分	豐前	西明寺經筒
庚寅	大觀四	天永元	大分	豐前	霜田菴經筒
甲午	政和四	永久二	奈良	大和	無量壽院鐘
甲辰	宣和六	天治元			白峯寺古瓦款識
己酉	建炎三	大治四	奈良	大和	中川寺鐘 長寬二改鑄于
庚申	紹興十	保延六	奈良	大和	金峯山寺鐘文
			大分	豐前	求菩提山經筒
辛酉	十一	永治元	奈良	大和	金峯山寺鐘文
壬戌	十二	康治元	大分	豐前	求菩提山銅版經
癸亥	十三	二	岡山	播磨	極樂寺瓦經
甲子	十四	天養元	秋田	出羽	立石寺碑

丙寅	十六	久安二	岡山	播磨	天養瓦經
丁卯	十七	三	和歌山	紀伊	小川卿八幡宮碑
戊辰	十八	四	大坂	河內	葛井寺瓦當文
己巳	十九	五	東京	武藏	平澤寺經筒
庚午	二十	六	大坂	和泉	高藏寺鐘 高藏寺鏡銘
			東京	武藏	淺草街頭佛碑
			西京	山城	廣隆寺鐘銘
			大分	豐前	求菩提山經筒
壬申	廿二	仁平二	青森	陸奧	基衡室安倍宗任女墓碑
己卯	廿九	平治元	奈良	大和	金剛山寺經筒
庚辰	三十	永暦元	奈良	大和	金峯山寺鐘
癸未	隆興元	長寛元	東京	武藏	松蓮寺經筒
			奈良	大和	玉置山祠鐘 中川寺鐘銘
甲申	二	二	奈良	大和	成身院鐘
乙酉	乾道元	永萬元	東京	武藏	松蓮寺經筒
甲午	淳熙元	承安四	三重	伊勢	菩提寺瓦經
			大分	豐前	足立山鏡
丙申	三	安元二	和歌山	紀伊	宮郷產土祠鐘
丁酉	四	治承元	廣島	安藝	伊都岐島鐘銘
戊戌	五	二	西京	山城	八幡神宮寺鐘銘
			兵庫	攝津	平重盛公墓志
			大坂	河內	譽田八幡別當石棺

			三重	伊勢	世義寺經筒
			新潟	越後	青海社銅器
甲辰	十一	壽永三元曆	東京	武藏	烏森稻荷社金鼓文
			大坂	河内	不忍寺鐘
乙巳	十二	四文治	東京	武藏	上行寺寶篋印塔
丁未	十四	文治三	青森	陸奥	鹽竈鐵燈款識
辛亥	紹熙二	建久二	神奈川	相摸	寶泉寺石燈臺
壬子	三	三	大坂	攝津	長田社鏡
癸丑	四	四	東京	武藏	松蓮寺經筒
丙辰	慶元二	七	神奈川	相摸	極樂寺鐘銘
			大坂	河内	譽田八幡宮鐘款識
			西京	山城	笠置般若臺鐘
丁巳	三	八	羣馬	上野	辛科社鏡
			山梨	甲斐	秋山經筒
			奈良	大和	聖峯寺塔鐘
戊午	四	九	奈良	大和	東大寺鉦鼓
己未	五	正治元	奈良	大和	法隆寺經筒
庚申	六	二	和歌山	紀伊	高野天野道智碑
甲子	嘉泰四	元久元	埼玉	武藏	熊谷寺碑
			櫔木	下野	高根石塔婆
戊辰	嘉定元	承元二	青森	陸奥	如法寺碑
庚午	三	四	大坂	和泉	一宮鐘

壬申	五	建曆二	西京	山城	法然上人行業碑
辛未	六	建保元			常行堂磬
乙亥	八	三	福岡	筑前	建保磁鈴款識
			奈良	大和	新樂寺鐘
丙子	九	四	橡木	下野	日光山中禪寺鐘銘
			青森	陸奧	如法寺佛像碑
丁丑	十	五	橡木	下野	日光山中禪寺磬
己卯	十二	承久元	青森	陸奧	如法寺釜堂碑
癸未	十六	貞應二	愛媛	讃岐	千光院鐘銘
甲申	十七	元仁元	奈良	大和	大福寺鐘
乙酉	寶慶元	嘉祿元	奈良	大和	千光寺鐘
丙戌	二	二	西京	山城	笠置石浮屠
丁亥	三	安貞元	神奈川	相摸	星谷寺鐘
戊子	紹定元	二	靜岡	伊豆	善名寺佛器　益山寺花盤銘
己丑	二	寬喜元	大坂	河內	春日山鐘　光德寺雁林堂鐘銘
庚寅	三	二	東京	武藏	真光寺鐘
			愛知	參河	樂勝寺鐘　羣馬　上野　小幡內窟石塔
辛卯	四	三	東京	武藏	慈光寺鐘
壬辰	五	貞永元	西京	山城	法隆寺阿彌陀佛
			大坂	河內	得勝寺鐘
癸巳	六	天福元	大坂	河內	觀心寺鐵燈爐銘
			奈良	大和	玉置山金鼓
			靜岡	伊豆	天福寺佛像

己亥	嘉熙三	延應元	奈良	大和	東大寺大佛鐘
壬寅	淳祐二	仁治三	櫔木	下野	日光山新宮佛器款識
			群馬	上野	甘樂大日橋石
					常樂庵瓦當
癸卯	三	寛元元	群馬	上野	高尾郵碑
甲辰	四	二	兵庫	攝津	鴻橋寺鐘銘
			奈良	大和	世尊寺鐘銘　金峯山寺鐘文
乙巳	五	三	東京	武藏	慈光寺鐘
			大坂	攝津	正法寺鐘
丙午	六	四	奈良	大和	金剛山寺鐘銘
丁未	七	寶治元	西京	山城	証空上人塔
					鐸鈴款識
戊申	八	二	神奈川	相模	建長寺鐘銘
庚戌	十	建長二	西京	山城	市姬宮鏡
			愛知	尾張	野間大坊鐘
辛亥	十一	三	西京	山城	清水寺鐘
			奈良	大和	般若寺碑銘
			大坂	和泉	善法寺鐘
壬子	十二	四	大坂	河内	天野金剛寺鐘
癸丑	寶祐元	五	東京	武藏	六所明神鐵佛銘　新曾觀音寺碑
甲寅	二	六	東京	武藏	野本寺鐘銘
			奈良	大和	東大寺石燈臺　大和山上郵石佛

乙卯	三	七	神奈川	相摸	建長寺鐘銘
			山口	長門	般若寺鐘
丙辰	四	康元元	西京	山城	法華寺金堂鍔口款識
丁巳	五	正嘉元	東京	武藏	騎西阿彌陀佛
			西京	山城	壬生寺金鼓
			鹿兒島	大隅	臺明寺鐘
戊午	六	二	西京	山城	佛生村石棺　鞍馬山鐵燈臺
己未	開慶元	正元元	西京	山城	蓮生塔
庚申	景定元	文應元	東京	武藏	河肥山王社鐘
			奈良	大和	金峯山藏王堂鐘款識
辛酉	二	弘長元	東京	武藏	南河原阿彌陀佛　勝樂寺鐘（文應二）
			奈良	大和	奈良笠卒都婆
壬戌	三	二	西京	山城	法性寺廢趾鐵燈款識
			新潟	佐渡	常樂寺鐘
癸亥	四	三	東京	武藏	北條寺時賴墓志
甲子	五	文永元	神奈川	相摸	新長谷寺鐘銘
			奈良	大和	金峯山藏王堂鐘款識　真言院鐘銘
乙丑	咸淳元	二	東京	武藏	秩父碑　南河原地藏造像
			福岡	筑前	彌勒碑
			茨城	常陸	凌霄寺經筒
			奈良	大和	法華堂銅瓶款識
丁卯	三	四	東京	武藏	騎西碑

戊辰	四	五	奈良	大和	康福寺金鼓
己巳	五	六	神奈川	相摸	東福寺釜
			東京	武藏	稱名寺鐘
			茨城	常陸	淩霄寺經筒
庚午	六	七	東京	武藏	多田藥師石函
辛未	七	八	東京	武藏	平郵碑
癸酉	九	十	東京	武藏	金剛寺金鼓
甲戌	十	十一	大坂	攝津	盛福寺鐘
			神奈川	相摸	法船寺碑
乙亥	德祐元	建治元	茨城	常陸	般若寺鐘銘
丙子	景炎元	二	和歌山	紀伊	高野山天野道知碑 杖詠
			大坂	河内	長樂寺鐘
			青森	陸奧	如法寺碑文　如法寺鐘
丁丑	二	三	和歌山	紀伊	調月社鐘
戊寅	祥興元	弘安元	青森	陸奧	陸奧山王社碑
			奈良	大和	善福寺鐘
			西京	山城	山城咋岡神社石浮屠
己卯	二	二	東京	武藏	瑞泉寺碑　忍井中所出碑
			奈良	大和	千光寺石佛
			長野	信濃	新善光寺鐘

日本圖經廿六終

日本金石志五

奏派游歷日本美利加秘魯巴西等國英日屬地加納大古巴知府用兵部郎中臣傅雲龍述

金石年表下

	中國年	日本年	府縣	國	金石目
辛巳	元至元十八	弘安四	東京	武藏	野火留平林寺碑
			靜岡	駿河	青山八幡宮鐘
			大坂	河內	小松寺斷碑
壬午	十九	五	青森	陸奥	燕澤碑
癸未	二十	六			一宮燈臺款識
			神奈川	相摸	東福寺釜
			山梨	甲斐	最勝寺鐘
甲申	廿一	七	東京	武藏	慈光寺碑 八條郎碑
			滋賀	近江	蓮華寺鐘銘
			奈良	大和	榮山寺燈臺款識
乙酉	廿二	八	和歌山	紀伊	西郎朝日寺鐘
丙戌	廿三	九	東京	武藏	騎西梵文碑
			西京	山城	宇治川塔島塔
			大坂	攝津	淨海石塔
丁亥	廿四	十	青森	陸奥	信田小太郎古館跡碑 高杉鄉主碑
			熊本	肥後	大慈寺鐘
戊子	廿五	正應元	東京	武藏	德泉寺碑 拟安

干支	年	年	府縣	國	金石
己丑	廿六		奈良	大和	寳生寺鐘
		二	兵庫	丹後	岩邊寺鐘
			茨城	常陸	長福寺鐘款識
			西京	山城	行願寺鐘
庚寅	廿七	三	山口	周防	春日社鉾
辛卯	廿八	四	青森	陸奥	高杉鄉主碑
壬辰	廿九	五	大坂	河内	慈光寺鐘
			奈良	大和	福智院金鼓
			櫔木	下野	日光新宮銅燈臺
			長野	信濃	臼井嶺鐘
					今熊野鐘款識
癸巳	三十	永仁元	東京	武藏	圓明寺斷碑
			西京	山城	悲田院鐘
			青森	陸奥	大鷹宮金鼓 六正應
甲午	三十一	一	青森	陸奥	慈雲寺碑
			大坂	河内	慈眼寺石塔
乙未	元貞元	三	新潟	佐渡	正光寺鐘
丙申	二	四	櫔木	下野	稱念寺鐘
			青森	陸奥	岩切山碑
			神奈川	相摸	筥根山鐘銘　路上釜
丁酉	大德元	五	長野	信濃	諏訪宮鐘
戊戌	二	六	青森	陸奥	高杉鄉主碑

干支	年	年號	府縣	國	金石
己亥	三	正安元	奈良	大和	多武峯石浮屠
			神奈川	相摸	筥根崎山鐘　法福寺鐘
			大坂	攝津	釋迦院石塔
			福岡	筑後	觀光寺石塔
			神奈川	相摸	磨崖六地藏
庚子	四	二	西京	山城	八幡藥師堂碑　金胎寺石浮屠
			青森	陸奧	守山堂坂妙音寺碑
辛丑	五	三	東京	武藏	稱名寺鐘銘
			神奈川	相摸	圓覺寺鐘銘
			青森	陸奧	堀越外崎碑
壬寅	六	乾元元	靜岡	伊豆	定仙和尚塔碑 正安四
			奈良	大和	多武峯六角堂鐘
			神奈川	相摸	筥根滿仲追福碑
			青森	陸奧	熊野新宮鐘 正安四
			千葉	下總	新宿郵碑 正安四
癸卯	七	嘉元元	東京	武藏	騎西斷碑
			大坂	河内	地藏堂鐘銘 己改鑄
			西京	山城	禪定寺鐘 正安五
甲辰	八	二	奈良	大和	多武峯摩尼輪塔
甲辰	八	二	青森	陸奧	天王寺碑　相應寺碑　松島五大堂金鼓
乙巳	九	三	青森	陸奧	相應寺碑
丙午	十	德治元	青森	陸奧	長勝寺鐘銘　御島碑

			大坂	攝津	安曇寺鐘
			神奈川	相摸	海藏寺造像碑 海藏寺鐘
丁未	十一	二	東京	武藏	總泉寺碑 御岳社鐘
戊申	至大元	延慶元			駒留社經筒 德治三
己酉	二	二	東京	武藏	施無畏寺鐘 埼玉碑
			橡木	下野	蓮光寺鐘銘 鄰酋
			青森	陸奥	山目邨碑 高杉鄉主碑
			大坂	河内	星邨石塔
庚戌	三	三	神奈川	相摸	鶴岡八幡宮銅燈銘
			滋賀	近江	日野碑
			和歌山	紀伊	六代御前碑
			西京	山城	大來院碑
			青森	陸奥	岩切斷碑
辛亥	四	應長元	神奈川	相摸	箱根山中碑
			大坂	河内	淨谷寺石佛
壬子	皇慶元	正和元	青森	陸奥	愛宕山碑 應長二
			橡木	下野	清巖寺鐵碑
			青森	陸奥	醫王寺碑 高杉鄉立碑
癸丑	二	二	大坂	河内	青谷寺石佛
甲寅	延祐元	三	靜岡	駿河	巨鼇山清見寺鐘銘
乙卯	二	四	奈良	大和	安樂寺金鼓
			大坂	河内	和田寺金鼓

丙辰	三	五	神奈川	相摸	鶴岡八幡宮鐘銘
			茨城	常陸	安福寺鐘款識
戊午	五	文保二	千葉	上總	椎津邨古墟碑
			滋賀	近江	寶光寺鐘
己未	六	元應元	静岡	駿河	三保社金鼓
			長野	信濃	阿彌陀堂鐘
庚申	七	二	東京	武藏	鳥栖觀音堂鐘　淨雲寺墓石
			静岡	伊豆	普照寺金鼓
			和歌山	紀伊	高野山犬墓碑
辛酉	至治元	元亨元	青森	陸奥	高杉鄉主碑　和田邨碑
			櫔木	下野	天寶寺鐘
			千葉	下總	下總國八幡宮鐘銘
			新潟	越後	如法寺碑
壬戌	二	二	櫔木	下野	日蓮書名號碑
			奈良	大和	下尾邨鐘 秘鼎
癸亥	三	三	奈良	大和	奈良招提寺金堂鏑字
			青森	陸奥	高杉鄉主碑
			和歌山	紀伊	藤代邨石佛
甲子	泰定元	正中元	青森	陸奥	天王寺碑　陸奥鹽竈碑 元亨四
			大坂	攝津	長田社鏡
乙丑	二	二	東京	武藏	万年寺鐘
丙寅	三	嘉曆元	東京	武藏	騎西梵字碑

干支	日本年號	中國年號	府縣	國	金石
			静岡	伊豆	善頼上人舍利瓶記
			新潟	越後	彌彦祠銅鉢
			宮城	陸奥	松浦碑 藤代小友碑 正中四
丁卯	四	二	山梨	甲斐	妙臺寺鐘銘
戊辰	致和元	三	大坂	攝津	今福寺鐘
己巳	二	元德元	西京	山城	建仁寺鐘 嘉曆四
庚午	至順元	二	茨城	常陸	長勝寺鐘
			神奈川	相模	法泉寺鐘
辛未	二	元弘元	青森	陸奥	名取斷碑
			奈良	大和	多武峯石燈
			大坂	和泉	神光寺鐘
			静岡	伊豆	東明寺鐘
壬申	三	正慶元	神奈川	相模	東慶寺鐘銘 元德四 淨智院鐘
			静岡	伊豆	東明寺鐘銘
癸酉	元統元	二	東京	武藏	久米郎將軍冢碑 德藏寺鐘 元弘三
			大坂	和泉	多奈恩山寺鐘
甲戌	二	建武元	西京	山城	廢園提寺石佛
			青森	陸奥	黑森社鐵鉢 仙海墓石
					乾坤通寶 楠正成鏡銘
乙亥	至元元	二	西京	山城	金色院鐘款識
			滋賀	近江	西念寺鐘銘
			大坂	和泉	禪興寺釋迦象

丙子	二	延元元（建武三）	東京	武藏	喜多院梵文碑　羋久保鹿島社鐘　窪田阿彌陀堂鐘
			大坂	攝津	極樂寺石燈臺
			奈良	大和	菩提寺鐘　元興寺石燈臺
			青森	陸奥	堀越外崎碑
丁丑	三	二（四）	熊本	肥後	金子塔（建武四）
戊寅	四	三（曆應元）	青森	陸奥	馬塲社鐘　馬塲近津明神地内碑
			羣馬	上野	東覺寺鐘
己卯	五	四（二）	奈良	大和	吉野先帝碑（延元四）　天川地藏石像（延元四）
			大分	豐前	求菩提山金鼓
			青森	陸奥	多福院山吉野碑
庚辰	六	興國元（三）	大分	豐前	淨土院鐘
			青森	陸奥	赤石甕松碑
			大坂	河内	尊延寺邮石佛
			埼玉	武藏	泉福真福二寺鐘銘
辛巳	至正元	二（四）	大坂	攝津	野間邮碑　供養碑
			西京	山城	竹田石佛
			東京	武藏	江戸清水御門所出碑
			青森	陸奥	中尊寺鐘
壬午	二	三（康永元）	東京	武藏	仙波碑（曆應五）
			橡木	下野	長光寺銅塔○鏡
			奈良	大和	堀氏所藏鐘款識
			西京	丹波	西院西縣鐘

癸未	三	四 二	大分	豐前	水町附冢
			石川	加賀	白山鐘
			青森	陸奥	中尊寺鐘銘　法花寺鐘碑
			茨城	常陸	中尊寺鐘　法花寺鏡碑
			羣馬	上野	極樂院塔　宗本寺墓石
甲申	四	五 三	東京	武藏	大聖寺碑
			和歌山	紀伊	高野山佛號碑
					僧大鑑舍利塔銘
乙酉	五	六 貞和	東京	武藏	慈光寺碑
			愛知	參河	鳳來寺鐘
			青森	陸奥	赤石深浦碑
			西京	山城	大光山瓦當
丙戌	六	正平元 二	青森	陸奥	赤石甕松碑
			橡木	下野	中禪寺貞和釜款識
			和歌山	紀伊	高野山奧院熊谷蓮生碑
丁亥	七	二 三	大分	豐前	德善院鐘
			奈良	大和	鳳閣寺石塔　地藏堂碑
			青森	陸奥	赤石甕松碑
戊子	八	三 四	奈良	大和	地藏堂石階銘
			西京	山城	下醍醐鐘
己丑	九	四 五	東京	武藏	久米邨碑
			和歌山	紀伊	高野法明上人碑

			青森	陸奥	赤石甕松碑
			羣馬	上野	甘樂梵文碑
庚寅	十	五 觀應	東京	武藏	新曾邨碑
			千葉	上總	藥師堂經筒
		八、二	大坂	攝津	觀音堂石佛 正平六
癸巳	十三	八 文和二	青森	陸奥	赤石金井碑
			大坂	和泉	蕎麥原祠金鼓 正平八
			奈良	大和	南都水屋長尾石水船款識
			千葉	下總	熊野若一王子鐘
			愛知	參河	福林寺鐘
乙未	十五	十 四	青森	陸奥	毛越寺鐵燈款識　赤石金井碑　藤代小友碑
					赤石甕松碑
			東京	武藏	慈光寺梵文斷碑
			奈良	大和	橋本大師講碑 正平十
			大坂	攝津	川尻邨石塔
			和歌山	紀伊	市脇邨石塔 正平十
丙申	十六	十一 延文元	神奈川	相摸	藤澤寺鐘銘
			青森	陸奥	三世寺碑 文和五
			大坂	攝津	延福寺鐘銘
			和歌山	紀伊	名倉西福寺塔 正平十一
丁酉	十七	十二 二	東京	武藏	新曾邨碑
			大坂	和泉	岸和田邨石佛

干支	年	年	府縣	國	金石
戊戌	十八	十三 三	羣馬	上野	光源寺五輪
			西京	山城	天龍寺鐘
			奈良	大和	長谷寺水盤
			青森	陸奥	高杉鄉主碑
			和歌山	紀伊	市場滿福寺鐘 正平
己亥	十九	十四 四	和歌山	紀伊	道成寺鐘　那賀白山權現碑
			青森	陸奥	高杉鄉主碑　万藏寺舊跡碑　赤石金井碑
			大坂	河内	光瀧寺鐘
庚子	二十	十五 五	東京	武藏	彌勒寺碑
			和歌山	紀伊	岩田氏碑
			青森	陸奥	稲邨碑
			静岡	遠江	大島觀音堂金鼓
辛丑	廿一	十六 康安元	東京	武藏	新曾邨碑 延文六　六角碑　普濟寺碑
壬寅	廿二	十七 貞治元	東京	武藏	勝願寺舊地碑　瑞泉寺碑
			大坂	攝津	管嚴寺碑　德林寺碑 文和十一
癸卯	廿三	十八 二	東京	武藏	仙波碑 延文八　武藏淺草寺石幢
			青森	陸奥	赤石金井碑 康安三
甲辰	廿四	十九 三	兵庫	播磨	酒見寺鐘銘
乙巳	廿五	二十 四	東京	武藏	慈光寺碑 二
			青森	陸奥	安養寺鐘　南部黑森社鐘
丙午	廿六	廿一 五	大坂	河内	地藏堂鐘銘
			大坂	攝津	須磨寺金鼓　住吉祠石幢 正平一　地藏堂鐘

			大坂	和泉	興善寺鐘 正平廿一
丁未	廿七	廿二 六	大坂	河内	雁多尾畑邨鐘文
			福岡	筑後	青天寺石佛 正平廿二
戊申	明洪武元	廿三 元應安	青森	陸奧	岩城忠教寺鐘
己酉	二	廿四 二	東京	武藏	甘棠院碑
			大坂	河内	新福寺鐘 正平廿四
庚戌	三	建德元 三	愛知	參河	菟足明神鐘
			奈良	大和	越智加賀守碑
辛亥	四	二 四	大坂	河内	獻福寺金鼓
			大坂	和泉	男里邨石塔 正平廿六
			西京	山城	勝持寺石燈
			和歌山	紀伊	押川不動堂碑 建德二
壬子	五	文中元 五	西京	山城	矢田寺鐘
癸丑	六	二 六	東京	武藏	國安社神體 白石佛碑
			群馬	上野	相生碑
甲寅	七	三 七	東京	武藏	三島社鐘銘
			青森	陸奧	赤石金井碑 龍泉院鐘 應安
乙卯	八	天授元 元永和	東京	武藏	比企題名碑 應安八
			奈良	大和	山田八幡祠石燈 檜牧邨石神殿 文中
			和歌山	紀伊	密寺鐵燈扉識 爲尼上智造石塔款識 高野
					碑
丙辰	九	二 二	東京	武藏	深大寺鐘 宮古經家碑

				西京	山城	叡山西塔鐘
				奈良	大和	布留社鐘款識
				青森	陸奥	岩切山碑　稻郁碑　古經冢碑
				靜岡	遠江	濱松長寶寺鐘
						乾卦研
				大坂	和泉	行者講田碑
丁巳	十		三 三	東京	武藏	澤村碑
戊午	十一		四 四	青森	陸奥	稻村碑
己未	十二		五 康曆元	西京	山城	琰魔堂鐘
辛酉	十四		弘和元 永德元	大分	豐後	盛福寺鐘
				青森	陸奥	赤石甕松碑
壬戌	十五		二 二	東京	武藏	慈光寺梵文碑
				福岡	豐前	求菩提山鐘
				奈良	大和	牧野祠石燈 弘和二
丙寅	十九		三 三	東京	武藏	江戶清水御門所出碑
				西京	山城	五条八幡水盤　京千本琰魔堂石浮圖
丁卯	二十		四 嘉慶元	東京	武藏	淺草寺鐘銘　平林寺鐘
				櫪木	下野	妙言寺碑 至德四
				青森	陸奥	多稻院碑 至德四
戊辰	廿一		五 二	千葉	上總	仁井田八幡宮金鼓
己巳	廿二		六 康應元	青森	陸奥	赤石金井碑
庚午	廿三		七 明德元	東京	武藏	新曹郡碑

			靜岡	伊豆	八丈島藥師堂鍔口款識　藥師堂鐘
			羣馬	上野	寶篋印塔
辛未	廿四	八 二	東京	武藏	圓福寺雲版
			大坂	攝津	牛頭天王祠金鼓
			千葉	上總	甘樂法花塔
壬申	廿五	九 三	東京	武藏	新曹邨碑
			千葉	安房	清澄寺鐘銘
			秋田	出羽	赤神山社銅鉢
			青森	陸奥	天台寺鐘 元中九
			靜岡	伊豆	東明寺鐘銘
癸酉	廿六	明德四	東京	武藏	新曹邨碑
			福岡	豐前	伊加利社鐘
			岐阜	美濃	藏王權現鐘銘
甲戌	廿七	應永元	福岡	筑前	千手寺鐘 明德五
			靜岡	伊豆	東明寺鐘
乙亥	廿八	二	東京	武藏	新曹邨碑
			大坂	和泉	梵光寺鐘
			大坂	攝津	淨土寺水盤
丁丑	三十	四	東京	武藏	廣園寺鐘銘　八條邨碑
			茨城	常陸	其神社銅器
戊寅	三十一	五	岐阜	美濃	南宮鐵塔
己卯	建文元	六	靜岡	伊豆	若宮八幡鐘

			和歌山	紀伊	志摩社石燈臺
辛巳	三	八	西京	山城	妙覺寺鐘銘
			大坂	攝津	延福寺鐘　小部郵石塔
			青森	陸奥	棚倉馬塲鐘銘
癸未永樂元		十	大坂	攝津	天澤寺石燈
			群馬	上野	星田石燈
			佐賀	肥前	觀音院鐘銘
			神奈川	相摸	明王院鐘
甲申	二	十一	福岡	筑後	三井石佛
			青森	陸奥	岩峯寺鐘款識
			羣馬	上野	冬〻郵五輪佛
					僧佛光塔銘
乙酉	三	十二	神奈川	相摸	明王院鐘銘
			福岡	筑後	久留米城中碑
丙戌	四	十三	奈良	大和	靈山寺金鼓
丁亥	五	十四	東京	武藏	長禪寺銅佛
			靜岡	遠江	佐夜勝黑宮金鼓
己丑	七	十六	東京	武藏	新曾郵碑
			大坂	和泉	國寶寺碑
			大坂	攝津	福嚴寺碑
庚寅	八	十七	西京	山城	賀茂郵鬮筒
辛卯	九	十八	山梨	甲斐	廣照寺鐘

					永樂通寶
壬辰	十	十九	福岡	豐前	黒田社鐘
			大坂	和泉	鉢峯山長福寺石燈款識
癸巳	十一	二十	東京	武藏	江戸清水御門外所出碑
			大坂	攝津	蓮花寺金鼓
乙未	十三	廿二	大坂	河內	西琳寺鐘款識
丙申	十四	廿三	橡木	下野	中禪寺應永釜款識
			愛知	參河	守公神社鐘
己亥	十七	廿六	奈良	大和	初瀨神宮寺鐘
			福岡	筑後	久留米石佛
庚子	十八	廿七	靜岡	遠江	佐夜兩櫻天王金鼓
辛丑	十九	廿八	福岡	豐前	彥山鐘
壬寅	二十	廿九	東京	武藏	永源寺鐘
甲辰	廿二	三十一	東京	武藏	新曾邨碑 又
乙巳	洪熙元	三十二	山口	周防	吉敷社碑
丁未	宣德二	三十四	奈良	大和	安禪寺金鼓
戊申	三	正長元	東京	武藏	新曾邨碑
			青森	陸奥	石卷妙光碑 應永三十五
庚戌	五	永享二	大坂	河內	二宮祠金鼓
辛亥	六	三	大坂	攝津	勝尾寺石塔銘
壬子	七	四	新潟	越後	神宮寺鐘
					松蔭研

癸丑	八	五	西京	山城	因幡堂鐘
乙卯	十	七	奈良	大和	達磨寺碑
			大坂	攝津	勝福寺碑
丙辰	正統元	八	大分	豐前	今井社鐘
戊午	三	十	奈良	大和	八幡宮金鼓
庚申	五	十二	新潟	越後	村上祠金鼓
辛酉	六	嘉吉元	東京	武藏	江戶清水御門所出碑
			西京	山城	藥師寺銅佛背款識
			和歌山	紀伊	中津川阿彌陀堂金鼓
壬戌	七	二	新潟	越後	岩舟神祠金鼓
甲子	九	文安元	静岡	遠江	土岐天王金鼓
丙寅	十一	三	静岡	遠江	粟島毘沙門堂打響
丁卯	十二	四	奈良	大和	玉置山金鼓
					文安瓦研
戊辰	十三	五	東京	武藏	河肥井中所出碑
			大坂	和泉	高藏寺鐘銘
			奈良	大和	榮山尼妙一墓碑
己巳	十四	寶德元	大坂	攝津	沜屋重芳藏半鐘識
庚午	景泰元	二	東京	武藏	江戶清水御門所出碑
壬申	三	享德元	青森	陸奥	平澤寺鐘
			愛知	參河	御津神社鐘
甲戌	五	三	福岡	豐前	求菩提山舍利塔

丙子	七	二	和歌山	紀伊	粉川寺畠山滿家碑　高野山彌勒堂鐘
丁丑	天順元	長祿元	奈良	大和	金剛寺石塔　川上陵石塔
庚辰	土		岡山	備前	新熊野山鐘銘
戊寅	二	二	奈良	大和	平安城西洞院石塔
			茨城	常陸	清音寺鐘
己卯	三	三	櫔木	下野	日光淨光寺鐘
			新潟	越後	觀音堂金鼓
癸未	七	寬正四	埼玉	武藏	男衾金山金鼓
甲申	八	五	東京	武藏	慈光寺重尊碑
			静岡	伊豆	普照寺鐘銘　普照寺碑
乙酉	成化元	六	東京	武藏	大井鹿島社金鼓
丙戌	二	文正元	東京	武藏	新曾觀音寺碑
			山口	長門	遊行上人碑
丁亥	三	應仁元	和歌山	紀伊	天野神社鐘
			奈良	大和	春日山石燈
戊子	四	二	岡山	備前	靈仙寺鐘款識
			埼玉	武藏	騎西伊豆祠金鼓
庚寅	六	文明二	奈良	大和	藏王堂鐵燈款識
			櫔木	下野	日光瀧尾鐵塔
辛卯	七	三	東京	武藏	金剛寺碑
壬辰	八	四	大阪	河內	倉治村石崖
甲午	十	六	群馬	上野	箕輪八幡石燈臺

			西京	山城	阿彌陀寺石佛
乙未	十一	七	岐阜	美濃	長冢宮鐘
丙申	十二	八	奈良	大和	榮山本光房逆修碑
丁酉	十三	九	和歌山	紀伊	神田郁御船明神鐘
戊戌	十四	十	福岡	豐前	求菩提山佛器
			千葉	下總	葛飾題目碑
己亥	十五	十一	東京	武藏	本行寺卅番神堂金鼓
			西京	山城	神宮寺石塔婆
壬寅	十八	十四	兵庫	播磨	清水寺鐘銘
			大坂	攝津	大廣寺碑　寶山寺金鼓
					文明研
癸卯	十九	十五	東京	武藏	地藏堂碑
			奈良	大和	宥秀碑　祐某碑　尼圓明碑　榮山妙因碑
甲辰	二十	十六	西京	山城	清涼寺鐘
乙巳	廿一	十七	東京	武藏	高巖寺碑
			福岡	豐前	不動院石燈臺
丙午	廿二	十八	奈良	大和	榮山寺碑
戊申	弘治元	長享二	西京	山城	金龍寺鐘
			奈良	大和	榮山寺碑
己酉	二	延德元	愛知	參河	永仁寺鐘 三長享
庚戌	三	二	奈良	大和	月瀨祠石燈
辛亥	四	三	奈良	大和	南都般若寺鐘款識

			西京	山城	北野天滿宮鐘
			大坂	河内	向莊村碑
壬子	五	明應元	奈良	大和	般若寺鐘 延德
			兵庫	河内	壺井八幡鐵燈臺
癸丑	六	二	靜岡	遠江	山内觀音堂金鼓
			奈良	大和	榮山釋行音碑
甲寅	七	三	大坂	河内	小松寺斷碑
丙辰	九	五	福岡	豐前	求菩提山碑
			山口	長門	游行上人碑
丁巳	十	六	青森	陸奥	鹽竈宮鐘銘
			愛知	參河	伊奈郡八幡鐘
己未	十二	八	青森	陸奥	月藏寺金鼓
庚申	十三	九	西京	山城	龍安寺鐘
癸亥	十六	文龜三	茨城	下總	青砥郡古城跡碑
			愛知	參河	永泉寺金鼓
甲子	十七	永正元	靜岡	遠江	東福寺鐘
			大坂	和泉	正覺寺石佛
丙寅	正德元	三	神奈川	相模	建長寺鈴
丁卯	二	四	靜岡	伊豆	善名寺金鼓
辛未	六	八	和歌山	紀伊	高明院碑
壬申	七	九	靜岡	駿河	富士大宮鐘
			奈良	大和	布大明神鍔口款識

癸酉	八	十	東京	武藏	金剛寺鐘
			奈良	大和	安樂寺石佛
甲戌	九	十一	長野	信濃	松本八幡鐘
乙亥	十	十二	奈良	大和	常樂寺金鼓
丁丑	十二	十四	奈良	大和	辻地藏碑 中川寺石佛
己卯	十四	十六	西京	山城	寶積寺鐘款識
庚辰	十五	十七	岡山	備中	吉備津宮鐘
			静岡	遠江	佐夜白山社金鼓
辛巳	十六	大永元	西京	山城	醍醐觀音堂鐘
甲申	嘉靖三	四	香川	讚岐	金藏寺鐘
			大坂	河内	常稱寺石佛 平松郵石燈
乙酉	四	五	櫔木	下野	日光別所經筒
丙戌	五	六	兵庫	河内	古野郵石燈
丁亥	六	七	奈良	大和	當麻寺石塔
			静岡	遠江	石上天王社金鼓
戊子	七	享祿元	東京	武藏	高巖寺碑 大永八
			大坂	河内	真念寺石佛 大永八
			奈良	大和	春日石燈 大永八
己丑	八	二	西京	山城	北白川天滿宮鐘
庚寅	九	三	大坂	攝津	春日祠金鼓
辛卯	十	四	東京	武藏	蓮生寺金鼓
			奈良	大和	春日山石燈

壬辰	十一	天文元	奈良	大和	乳待嶺地藏石像 享祿五
癸巳	十二	二	大坂	攝津	溫泉寺石佛
			和歌山	紀伊	阿彌陀佛碑
甲午	十三	三	東京	武藏	權大僧都碑
			大坂	攝津	地藏堂金鼓
			羣馬	上野	二宮祠金鼓
			大坂	和泉	道音冢　下出邨石佛
乙未	十四	四	大坂	攝津	神宮寺石燈
丙申	十五	五	大坂	攝津	升屋水鉢識
			岐阜	美濃	定勝寺鐘
			福岡	豐前	求菩提山金鼓
丁酉	十六	六	大坂	攝津	溫泉寺鐘
			和歌山	紀伊	總[illegible]寺碑
			奈良	大和	月瀨祠石燈
			大坂	河內	巨麻堂石佛
戊戌	十七	七	奈良	大和	高鴨明神金鼓
己亥	十八	八	靜岡	遠江	小胡桃地藏堂金鼓
庚子	十九	九	奈良	大和	春日山石燈臺
			大坂	河內	古野邨石燈
			青森	陸奧	岩崎住吉祠鐘
辛丑	二十	十	東京	武藏	龍華寺鐘銘
癸卯	廿二	十二	和歌山	紀伊	高野御影堂前銅燈臺

干支			府縣	國	金石
			奈良	大和	禪龍寺鐘　春日山石燈臺
			兵庫	河内	碓井郜石佛
甲辰	廿三	十三	青森	陸奧	最勝寺鐘款識
乙巳	廿四	十四	奈良	大和	春日山石燈
丙午	廿五	十五	兵庫	河内	平尾郜石佛
丁未	廿六	十六	和歌山	紀伊	高野四郎鐘
戊申	廿七	十七	奈良	大和	廣瀨郜石燈
己酉	廿八	十八	愛知	參河	神宮寺鐘
庚戌	廿九	十九	靜岡	伊豆	東明寺鐘
			奈良	大和	若艸山石佛
辛亥	三十	二十	東京	武藏	少林寺金鼓
			青森	陸奧	八幡祠鐘
			奈良	大和	榮山墓碑
癸丑	三十二	廿二	奈良	大和	櫻井寺鐘
甲寅	三十三	廿三	福岡	豐前	求菩提山碑
			大坂	河内	眞念寺石佛
			茨城	常陸	妙經寺金鼓
乙卯	三十四	弘治元	奈良	大和	春日山石燈（天文廿四）
丁巳	三十六	三	大坂	河内	巖涌寺石燈　明光寺石佛　明光寺碑
戊午	三十七	永祿元	兵庫	河内	東足代郜石佛
庚申	三十九	三	奈良	大和	善法寺石佛
壬戌	四十一	五	奈良	大和	春日山石燈

癸亥	四十二	六	奈良	大和	善法寺石佛
			大坂	攝津	靈松寺碑　普門寺碑
甲子	四十三	七	和歌山	紀伊	野上八幡宮金鼓
乙丑	四十四	八	奈良	大和	金峯勝手祠鐘
丙寅	四十五	九	羣馬	上野	近戸明神金鼓
戊辰	隆慶二	十一	橡木	下野	地藏院碑
			大坂	攝津	法花寺碑
己巳	三	十二	兵庫	河内	道明寺鐘銘
			羣馬	上野	今宮祠金鼓
庚午	四	元龜元	靜岡	遠江	氣多八幡金鼓
			奈良	大和	片岡氏碑
辛未	五	二	東京	武藏	吹上觀音堂金鼓
			奈良	大和	春日山石燈臺
壬申	六	三	福岡	豐前	愛宕山經冢
			石川	能登	富來八幡鐘
			大坂	攝津	清普寺碑
癸酉	萬曆元	天正元	奈良	大和	安樂寺石佛 元龜四
			大坂	攝津	善源寺碑
					永樂通寶　無名大判　拾兩大判
甲戌	二	二	和歌山	紀伊	邊土邺極樂寺碑
					拾兩大判　丁銀　五兩判　二分判　半兩判
乙亥	三	三	西京	丹後	成相觀音堂金鼓

					永樂通寳　文禄通寳
丙子	四	四	奈良	大和	佐久間信盛碑
丁丑	五	五	西京	山城	八幡神宮寺釜
			羣馬	上野	菅原天神祠金鼓
			奈良	大和	茅原郰石佛
庚辰	八	八	奈良	大和	正法寺碑
辛酉	九	九	大坂	攝津	森郰稲荷祠金鼓
			青森	陸奥	滿福寺金鼓
壬午	十	十	奈良	大和	辨才天社石燈
癸未	十一	十一	和歌山	紀伊	根來山碑
甲申	十二	十二	奈良	大和	來迎寺石佛　榮山寺地藏石像
乙酉	十三	十三	奈良	大和	八田寺地藏堂碑
丙戌	十四	十四	東京	武藏	山王社金鼓　芝崎八幡黄金佛
丁亥	十五	十五	廣島	安藝	嚴島社舞臺欄干擬寳珠
			静岡	遠江	佐夜八幡金鼓
					天正通寳
戊子	十六	十六	東京	武藏	八王寺八幡金鼓
			大坂	攝津	法國寺墓碑
己丑	十七	十七	福岡	豐前	求菩提山碑
			秋田	出羽	赤神山社銅鉢
庚寅	十八	十八	西京	山城	天瑞寺鐘　三條橋銅柱銘
			福岡	豐前	城井宇都宮鎮房墓碑

辛卯	十九	十九	鳥取	伯耆	大山寺稲荷社鐘
					拾兩大判
壬辰	二十	文祿元	西京	山城	山州橋本新造橋銘
					文祿通寶
癸巳	廿一	二	東京	武藏	乘蓮寺墓碑
甲午	廿二	三	西京	山城	本國寺鐘　曲直瀨道三碑
			和歌山	紀伊	高野山本中院谷明王院石佛
乙未	廿三	四	東京	武藏	新曾觀音寺碑
			大坂	攝津	大門寺碑
					一兩判
丙申	廿四	慶長元			高野山應其上人塔　文祿
					慶長通寶
己亥	廿七	四	和歌山	紀伊	高野山朝鮮戰死軍兵碑
			靜岡	伊豆	駒碑
					壹分小判　壹分金
庚子	廿八	五	大分	豐前	長圓寺水盤　求菩提山佛器
壬寅	三十	七	兵庫	河內	天野山月見臺欄干擬寶珠　上太子叡福寺
					鐘款識
甲辰	三十二	九	奈良	大和	春日山石燈
			大坂	河內	金峯山寺守社鍔口款識
乙巳	三十三	十	福岡	豐前	求菩提山碑
丙午	三十四	十一	大坂	攝津	法安寺鐘

干支	年	年	地	國	物
			奈良	大和	鷹鞭山石燧
			西京	山城	高臺寺鐘
					慶長通寶
丁未	三十五	十二	西京	山城	誓願寺鐘　毘沙門堂擬寶珠
庚戌	三十八	十五	西京	山城	玉鳳寺鐘　觀音院擬寶珠
			櫟木	下野	日光高木清秀墓碑
辛亥	三十九	十六	和歌山	紀伊	高野奧院玉川歌碑
癸丑	四十一	十八	福岡	豐前	清水寺石燈臺
甲寅	四十二	十九	西京	山城	西園寺鐘　方廣寺鐘

（未詳年）傳國神器三　天璽瑞寶十種　佛足石和歌　室生山畑中碑　三城目邨碑　忍海原連魚養碑　古碑　勝手明神古鐘銘　猿丸太夫墓志　呰清水碑　二階堂墓志　法隆寺銅斗識　青砥邨古城跡碑　永手墓志　南都東大寺燈臺銘　宇知川磨崖　江島碑　桃尾山門院石壁銘　楠正成墓碑　阿彌陀寺阿彌陀經碑　肥後石敢當碑　佛頭山碑　高貴寺下乘碑　高野山町石縮圖文　八稜驛鈴字　六陵驛鈴字　駒谷邨碑　陸奧宮城郡坪碑　弘川寺下馬碑　壽安鎮國山碑　勉亭林春信碑　大化瓦研　後醍醐琨玉研　曾我堂瓦研　忠峯研　平重衡卿研　道山研　亭研　子元新造瓦研銘　紫石荷葉研銘　星槎研銘　文庫銘研銘　又　琴研銘　東寺瓦當　又　唐招提寺瓦當　葛井寺瓦當　鴻臚瓦當　天恩山瓦當　白虎樓瓦當　菊地古城瓦當　兵庫瓦當　宗清瓦當　支長瓦當　宗俊瓦當　大慈寺瓦當　□居□永福瓦當　羅漢寺瓦當

日本文徵一

奏派游歷日本美利加秘魯巴西等國英日屬地加納大古巴知府用兵部郎中臣傅雲龍述

文徵上

往籍交涉條目與夫交涉之文具外交一科矣明前金石自有專門書籍敍跋詳藝文志雖然有中國人紀日本事之文有日本人紀事之文又有別國人論日本事之文同文既見源流變本輒關時務藥石之言未甞不可對觀也否則文雖蔚如難可概錄文徵之異於徵文以此與湖南文徵例同而不同彼猶爲文計此專爲徵計也采自集者較多非故略史史易撿也述文徵

中國人紀日本事之文

明

朱之瑜與孫男毓仁書

日本禁留唐人已四十年先年南京七拾同住長崎十九富商連名具呈懇留累次俱不凖我故無意於此乃安東省菴苦苦懇留轉展央人故留駐在此是特爲我一人開此厲禁也既留之後乃分半俸供給

我省菴薄俸二百石實米八十石去其半止四十石矣每年兩次到崎省我一次費銀五十兩二次共一百兩省菴先生之俸盡於此矣又土儀時物絡繹差人送來其自奉敝衣糲飯菜羹而已或時豐腆則魚鰯數枚耳家止一唐鍋經時無物烹調塵封鐵鏽其宗親朋友咸共非笑之諫沮之省菴恬然不顧惟日夜讀書樂道已爾我今來此十五年稍稍寄物表意前後皆不受過於矯激我甚不樂然不能改也此等人中原亦自少有汝不知名義亦當銘心刻骨世世不忘也奈此間法度嚴不能出境奉候無可如何若能作書懇懇相謝甚好又恐汝不能也

張斐至長碕告朱楚瑜文

登彼西山兮蹈此東海夷齊千古兮而有公在公之不死兮將有所待公而既死兮痛詎有艾嗟予小子兮有志未逮獨行寡和兮群刺爲怪天乎知我兮心則已憊旣竄域內兮復之海外初至國門兮閽者以戒憂從中來兮誰與爲解異方之人兮鬼神是賴公其佑我兮無即于殆

國朝

梅曾亮記日本國事

日本賈人舟膠於臺灣瀕海者虜其財事聞於閩浙總督方公公斬爲掠者三人償其財叩頭謝且固辭曰大將軍令不敢私入中國今以風故猝至此稍以貨歸舟中人無脫死者矣公歎異而遣之蓋方公自爲余言如此然余獨怪日本以蕞爾之彝法立於國而民聳然於萬里之外欲有所拾取則狼顧豈其有異術焉抑鱗介之民易爲理也又賈人所攜之書有紀國之年與事者其始祖曰天皇當隋唐之交後數百年而國有大將軍號曰尊公其同姓曰家尊公威權特甚有令以火遞傳之項刻百里大將軍尤惡天主敎嘗殺數千人而其敎絕他國有天主敎者皆絕不通有貨其地者問事何神館某廟舟無守貨人無

所失而入廟不拜者殺之以天主教不拜神也賈他國者分其贏於大將軍無他官府及胥吏假手故民不以分所有爲苦亦毫髮不敢欺嗟夫彼大將軍雖如王視中國不過一郡守耳何乃能若是階級少則事權一胥吏去則上下通然則彼之倔强一隅而役使如志者豈無故哉豈無故哉

黎庶昌教育會演說

丁亥冬日余重使日本至東京即聞有教育會甚盛心嘉創會諸君用意之勤且聞各國公使多列名其中其推戴之會員則以有栖川宮小松宮兩親王爲首未幾會長辻新次君來謁邀余入爲名譽會員余以亞細亞同洲人又兼修好之誼弗敢辭茲開第五屆總會與新會者幾五千人黎庶昌於是起而言曰日本維新以後通國設立男女公私學校類重語言文字藝術孜孜考求不二十年舉事改觀其學力之專精人才之奮起實爲環地球各國所尠見昌明國運有足多者夫漢學家之教人何嘗不視小學爲重孔子論童蒙首在養正禮記中之曲禮內則其教男女之法至瑣至繁管子書載弟子職漢班昭作女誡下至宋儒亦以洒掃應對進退等節文教人皆是由淺入深期諸實用特至今日而西法出研究更見精詳規模益形濶大此亦時會各有不同使然其教人用意則一也即如我國教子弟法其教習不由官設皆係自延是以士大夫家之有教習者十嘗八九頗得自主之權特西法未盛行耳若日本之於西學精神聚注此教育會是其一端矣大凡男女子當十五歲以前一切志趣未定教之易入如流水決之東則東決之西則西事半功倍故大學之教全恃小學爲基礎我國有常語云少成若天性習慣成自然即斯之謂矣余既入會深盼教育之法日新月盛使全國後起之英才秀女如出一轍即余亦與有光榮質之在會諸公其以此言爲當否

黎庶昌游日光山記

日光山一名二荒山又名黑髮山在日本下野國都賀郡距東京百七十里今為國幣中社國幣者明治維新創設官幣國幣分大中小等社始為此稱前世第曰二荒神社云爾當唐大厤初彼孝謙天皇神護慶雲間有勝道上人者登此山弘仁時(唐元和中)使唐僧空海弘法大師繼之佛敎遂盛山下為大谷川跨以橋名曰神橋或名菅橋橋之右折入一二里所有小倉山濱一湖極幽奥矮松離立亭亭若人若車蓋御門主(皇族為僧者之稱)別墅也日光中大瀑曰七瀧曰布引曰索麵曰裏見曰霧降曰般若曰華嚴皆數見異名大猷公廟在山之陽祀德川家康以還三代將軍東照宮又在其東今為別格官幣社頗相連屬後水尾天皇元和元年(明萬歷四十三年)天海僧正(僧正僧官名)遷德川先代葬此二廟相望於白雲綠樹間飛樓湧殿廻環馺沓金碧錯彩壁皆髹漆如明鏡楣切礎柱黃金塗飾之承塵各為井字函鏤刻龍鳳金雞孔雀圜紋雜以花竹卉木而檐牙多出猛獸形環偉奇兀窮極人巧大率一準唐制也門外華表高三丈餘塔五層層矗四五丈有朝鮮制蟲食鍾其他石燈號蓮葉蟲蛀輪廻等屬者重列以百數皆各國諸侯所進獻德川氏武威之盛如此俛仰財三百年兩國勢亟變大將軍降於庶人釋道亦落國人至結保晃會歲醵金錢營繕之抑何其黜之甚也予以光緒八年七月游此信宿飲泉坐石得養性之趣一日騎行入山十餘里觀所謂華嚴瀑者直下七十五丈果奇偉迤邐上至南湖南湖一名中禪寺湖近日光頂處泓水清淺直視可里餘衆峰圍之樹陰倒垂湖中幽秀移人下流即華嚴瀑湖西北二十里許聞有湯泉外國客所聚雨甚未能往游也

黎庶昌刻古逸叢書序

予使日本之明年得古書若干種謀次第播行屬楊君星吾任校刻惟夫古籍之僅存兵燹腐蠹之無常其勢不日趨散亡不止學士大夫雖病之而無術以免惟好之而即求求之而即傳差足救敝於後予非

苟爲其難也古書之流遺何幸復見於異邦而自予得之且以付刊焉予亦不自知所以然庸詎知非天之有意斯文而啓予贊其始也予患不學久矣今天假此使事歲月俾得從事讀書不可謂非厚幸予曰好古敏以求之請自兹始書成將斂其版運致之官局以與學者共之雖然卷帙之重而課成於再期校讎之繁而委積於一人或不免抵牾滋多而譾陋如予又不能精勘其誤失使讀者快焉其力僅足存此書而已古書之不亡古人之精神自寄之豈予所能增重而獨至蒐輯之責似若有默以畀予者固不敢不勉也書凡二百卷二十六種刻隨所獲概還其眞無復倫次經始於壬午告成於甲申以其多古本逸編遂命之曰古逸叢書而別條敘目如左光緒十年歲在甲申七月遵義黎庶昌敘　（敘目）影宋蜀大字本爾雅三卷此書末有將仕郎守國子四門博士臣李鶚書一行爲蜀本眞面目最可貴宋諱闕愼字其爲孝宗後繙刻無疑日本再繙之今又從再繙本影雕展轉摹撫僅存郛廓而已按後唐平蜀明宗命太學博士李鍔書五經刊板國子監中見王明清揮麈餘錄爾雅在五經外豈明清家有五經僅擧見本而言與鍔鶚不同據此可以訂誤　影宋紹熙本穀梁傳十二卷此與揚州汪氏問禮堂繙刻公羊傳同爲建安余氏家塾本二書均題紹熙辛亥孟冬朔日建安余仁仲敬書而此本第十二卷末有國學進士余仁仲校正國學進士劉子庚同校國學進士陳幾同校國學進士張甫同校奉議郎簽書武安軍節度判官廳公事陳應行參校五銜余氏萬卷堂藏書記又題癸丑仲秋重校訖則穀梁之成當後公羊二歲矣此亦撫刻俱精有取藍勝藍之妙附校札　覆正平本論語集解十卷此書根源隋唐舊鈔字句與今行本異同甚夥往往合於陸氏釋文字畫亦奇古卷末題堺浦道祐居士重新命工鏤梓正平甲辰五月吉日謹誌正平甲辰當元順帝至正二十四年其云重新鏤梓則以前有刻本可知然時代無考矣道祐錢遵王讀書敏求記及日本别刻題學古神德楷法日下逸人貫書者均作道祐予謂當從此本作祐是

又有津藩有造館本論語集解亦出舊鈔異同處尤爲近古皆卷子眞面目也天保中有縮刻本　覆元至正本易程傳六卷繫辭精義二卷程子易傳東都事略直齋書錄解題載六卷者是爲原本錢遵王猶及見之後卅通行本併作四卷大失程氏舊第近金陵局刻本董氏眞卿周易會通區作六卷實則未見原書此本雖元時坊刻然宋諱如貞恒桓愼敦等字多缺筆則元繙宋板也所有異同即坿於逐行字句下是東萊呂氏參定之遺尤爲難得原書無呂跋今從會通中錄出補刊於後繫辭精義二卷董眞卿云東萊集周子二程子張子諸家經說語錄及二程子門人共十四家之說以補之然則館閣書目以爲託名者誤也惟卷首諸圖爲坊賈增入　覆舊鈔卷子本唐開元御注孝經一卷孝經註疏序云明皇於先儒註中採摭菁英芟去煩亂撮其義理允當者用爲註解至天寶二年註成頒行天下仍自八分御札勒於石碑即今京兆石臺孝經是也自石臺行而世幾不知有開元十年之註其實石臺即用開元本略加修改而已此本元行沖序完然獨存惜未錄疏然於三才章格外注云疏中廣要道章注云疏下猶可見元氏分卷之遺經義攷引崇文總目云孝經正義三卷邢昺撰初世傳元行沖疏外餘家尚多皆猥俗褊陋不足行遠咸平中昺等奉詔據元氏本而增損焉與文獻通攷所引末句集諸儒之說異陳詩庭云叔明僅據行沖疏爲本未肯參採諸儒故今本猶止題邢昺校當以朱錫鬯所引爲正　集唐字老子注二卷日本有摹刻張參五經文字唐玄度九經字樣甚精與石本無異又有南總地名宇惠攷訂晁以道本王輔嗣老子道德經注今合以局刻華亭張氏本集張唐二家經字爲之　影宋台州本荀子二十卷朱子按唐仲友爲一重大公案其第四狀云仲友以官錢開荀揚文中子韓文四書貼黃云仲友所印四子曾送一本與臣臣不合收受已行估計價值還納本州軍資庫訖此即四種之一卷末有劉向敘目題荀卿新書十二卷三十二篇又有王子韶同校呂夏卿重校銜名熙寧元年國子監劄子及校勘官十五人銜

名又有仲友後序蓋湻熙八年繙雕熙甯官本板心所題姓名即第六狀云蔣輝供共王定等一十八人在局開雕者是仲友雖爲朱子所劾而此書校刻實精錢遵王稱爲字大悅目信然　影宋本莊子注疏十卷南宋槧本每卷首題南華眞經注疏卷第幾次題莊子某篇某名第幾郭象注次題唐西華法師成玄英疏分爲十卷與宋藝文志同又於每卷内題某篇某名第幾郭象注以還子玄之舊故分言之則爲三十三卷合言之則十卷也惟唐藝文志作注莊子三十卷疏十二卷　四庫未收書目依道藏本鈔作三十五卷斂求記又作二十卷均未知如何離析此本爲日本新見旂山所藏字大如錢作蝴蝶裝僅存十分之五予見而悅之以金幣爲請新見氏重是先代手澤不欲售願假以西法影照上木而留其眞予又別於肆中收得養生主一卷德充符數葉爲新見氏所無幷舉而歸之然尚闕應帝王以迄至樂因取坊刻本成疏校訂繕補而別集他卷字當之不足者命工仿寫蓋極鈎心鬬角之苦矣天下至大設異日宋本復出取以與此數卷相校字體多不類讀者當推原其故也成疏稱意而談有郭象注解之曲暢而不蹈其玄虛有林希逸口義之顯明而不至流於鄙俚且世傳老子西出流沙莫知所終疏以爲適之罽賓尚存唐以前舊聞如此類甚可喜也子書善本傳世日少世德堂六子久爲衆所稱貴讀此老莊荀三書更當快然意滿也　覆元本楚辭集注八卷辨證二卷後語六卷朱子注楚辭時年巳七十識解在詩集傳之上世行本雖多往往闕辨證後語此獨完整中間宋諱多缺筆亦元繙宋刻與程氏易傳同作讀本最善　影宋蜀大字本尚書釋音一卷武昌張廉卿所藏咸豐初年吳縣潘㽞侯手摹與士禮居蜀大字本孝經論語行欵同㽞侯詫爲黃蕘圃顧千里諸人所未見不誣也　影舊鈔卷子原本玉篇零本三卷半此眞顧黃門原帙逸千三百年而幸存注文之詳奚翅溢出大廣益會本十倍雖僅僅十分之一足可視爲瓊寶予別有跂篇中放部卷末有馬道二字馬道在大和國奈良興福寺旁古有學校當是出於

此學所藏也單行本已出日本紙幣局長得能良介始從高山寺搜獲系部卷首至線字半卷摹刻以印本見詒因另刊補完故一卷中有兩次第聞之柏木探古云西京某氏尚存一卷在此刻之外但未知何部無從羅致耳西京一卷後亦仿得續刻增入　覆宋本重修廣韻五卷此即張氏士俊澤存堂所出之本宋諱闕至桓字則徽宗時槧也日本町田久成所藏亦假用西法影照付刻張氏雖名影宋而據玉篇集韻改字頗多顧千里曾以無札記爲憾又行欵部位間有移易字畫俱一一排勻故明秀異常而遜其一種樸拙之氣今用張刻校其異同别爲札記附後　覆元泰定本廣韻五卷此即　四庫提要所謂原本廣韻注文簡當者也予以大中祥符重脩本比勘其視此書加詳者實祇姓氏地理兩門提要譏其冗漫亦良有以自重修本盛行此本傳世日希以顧亭林之博洽僅得見明內府中涓本況泰定時槧耶第不知提要所謂元初刻版又是何本也卷中匡朗等字時有闕筆其爲出自宋板無疑惟俗體頗多譌舛亦衆今擇其顯然太甚者正之餘悉仍舊予見楊君星吾所藏明永樂甲辰廣成書堂宣德年間清江書堂兩次繙刻即此泰定本注文遞有刊落别有元至順庚午刻本删節尤多然則此本益重可貴矣　覆舊鈔卷子本玉燭寶典十一卷隋著作郎杜臺卿少山撰原十二卷今缺第九卷其書用小戴記月令爲主博引經典集證之較周書月令解呂覽四時紀淮南時則訓加詳此爲專書故也開皇中奏上號爲詳洽陳直齋書錄解題猶載之其亡當在宋以後耳　影舊鈔卷子本文館詞林十三卷半文館詞林有二本一爲高宗顯慶三年原修一千卷一爲武后垂拱二年采詞涉規誡以賜新羅國王者五十卷此則一千卷本也今於林述齋佚存叢書外收得者第一百五十六卷詩一百五十七卷詩一百五十八卷詩三百四十七卷頌四百五十二卷碑四百五十三卷碑四百五十七卷碑四百五十九卷碑六百六十五卷詔此卷殘六百六十六卷詔六百六十七卷詔六百七十卷詔六百九十一卷敕六百九十九卷敕東土僅存之本獲已過

半其中亦有漢書文選所載不盡迻文也字分大小兩種當以類從未獲者附存目錄於後　影舊鈔卷子本琱玉集二卷通志藝文略作二十卷入類書日本見在書目作十五卷入雜傳此僅存兩卷其體例每類以二字名篇先撮所引人物爲耦語冠首再列故事書名於後畧似小傳實小說家言書法頗勁疑遣唐學生之所爲末題用紙若干張天平十九年歲在丁亥（玄宗天寶六載）某月可考見唐時卷子本舊式惟譌字頗多是必傳鈔之誤原纂不如是也　影北宋本姓解三卷雁門邵思纂首有序題大宋景祐二年上祀圜丘後五日其書以偏旁分部始人終暢凡一百七十部爲姓氏譜別裁原槧甚精頗類唐石經北宋本之極佳者向山黃村所藏　覆永祿本韻鏡一卷三山張麟之撰有紹興辛巳嘉泰三年兩序其說本之鄭樵以爲反切之要莫妙於此不出四十三轉而天下無遺音矣序末有慶元丁巳重刊圖記亦宋板也日本享祿戊子（明嘉靖七年）清原朝臣宣賢繙刻之至永祿七年（嘉靖四十三年）又以張氏的本重校　影舊鈔卷子本日本見在書目一卷此記從唐代齎來日本之書皆卷子本也原鈔出自大和國室生寺譌字甚多國人曾刻入群書類從中點畫與此悉同題云七八百年前之物蟲蝕數字餘亦多可疑者然一從原文不敢妄改疑以傳疑之義也又有近人飫肥安井衡書後云右書目中所收爲部千五百七十九爲卷一萬六千七百九十分爲四十家七緯不著卷數又據頭銜蓋寛平中（始唐昭宗龍紀元年訖乾寧四年）佐世在輿所輯距今九百六十餘年按史先是貞觀乙未（唐僖宗乾符二年）冷泉院火圖書蕩然蓋此目所因而作所以有見在之稱也據此則唐以前之書卷帙分明原委具在初無所謂古文逸書好古者當亦灼然知歐陽公百篇尚存之說其爲寓言無疑矣　影宋本史畧六卷宋高似孫續古修似孫有經史子緯騷五略子畧緯略四庫已著錄騷略見存目此史略其佚者也序云依劉向七錄法各彙其書而品其指意始寶慶元年十月十日畢十一月七日未及一月而書成蓋畧採衆家評隲之言以明史之綱領而已　影唐寫本漢書

食貨志一卷此食貨志之上卷民世治三字皆缺筆字體秀勁當爲李唐人書無疑往歲獨山莫子偲友芝徵君得唐寫本說文木部六紙驚爲奇寶撰箋異一卷余爲手摹以行與此可稱兩絶　仿唐石經體寫本急就篇一卷三十四章日本天保八年（道光十七年）小島知足所書字體摹唐石經工楷雅致作初學讀本最善　覆麻沙本草堂詩箋四十卷外集一卷補遺十卷傳序碑銘一卷目錄二卷年譜二卷詩話二卷此書前四十一卷宋麻沙本補遺十卷朝鮮繙刻本卷中惟題杜工部草堂詩箋卷第幾及嘉興魯訔編次建安蔡夢弼會箋者爲是餘或稱黃氏或稱集諸家注或云杜工部詩史補遺或題臨川黃鶴集注建安蔡夢弼校正或單加集注增修等皆坊賈妄爲竄文譌字不可勝糾蔡箋繁而寡要適如錢蒙叟杜注敘例所譏可取者編年本獨此耳攷陳景雲注絳雲樓書目宋板草堂詩箋云草堂詩有高麗刻本如水筒詩何假將軍蓋之句蓋高麗本作佩注引李貳師拔刀刺泉事錢受之謂較蓋字爲穩宜從之其爲善本可知似未窺見全體惟翁覃溪復初齋集有二跋論最允當今採附卷末當　四庫開館時覃溪爲纂修官此箋未經著錄僅收詩話一卷想其獲睹全書在提要告成後也　影舊鈔卷子本碣石調幽蘭一卷陳禎明中會稽丘公明所書琴譜之第五卷也予非知音不敢是正以待世之能鑒希聲者　影舊鈔卷子本天台山記一卷　唐道士徐靈府撰見直齋書錄解題及通志略其書與琱玉集皆小說家言以唐人書述日少仿　四庫著錄桂林風土記例收之　影宋本太平寰宇記補闕五卷半　四庫著錄原缺自一百十三卷至一百十九卷此宋槧從日本秘閣借出亦殘闕不完幸存闕卷自一百十三至十七及十八之半卷因影照刻補而以太政大臣往來函件附後以著同文佳話桂林陳蘭森補闕視此可廢矣　按日本存中土逸書古本如唐釋慧琳一切經音義一百卷希麟續音義十卷此乃小學之匯歸佚文之淵藪有白蓮社刻本最爲完整可據唐楊上善黃帝內經太素注原書三十卷今存二十一卷予

獲有傳鈔本又曾借閱祕閣古寫卷子本春秋經傳集解三十卷其書出自隋唐舊鈔經傳字句異同極夥錄有校本又北宋本杜氏通典二百卷卷末鈐大宋建中靖國元年大遼乾統元年高麗十四葉經筵藏書圖記槧刻甚精北宋本世說新語三卷南宋單疏本尚書正義二十卷興國軍本不坿釋音春秋左傳三十卷南宋本集韻十卷胥官庫物又有楊君星吾所收繙刻宋蜀大字本任淵山谷詩注二十卷皆以卷帙繁重未能謀刻姑坿記於此以餉好事君子庶昌又識

黎庶昌跋日本人唐寫卷子本注楞伽經後

此註楞伽經一卷闕首數行原卷子本改爲褶本余以金幣三百獲之東京大養寺國人號爲第一名筆余在日本見天平神護景雲寫經甚衆字體凝厚而大無出此卷右者末雖未有欵識年月以他經證之實天平中物無疑有松浦弘者藏寫經甚富精鑑別携所最珍賞者兩卷來謁一爲鞞婆沙經末題神護景雲二年歲在弋申五月十三日景申一爲增壹阿鋡經末題天平寶字三年十一月四日散位大初位上三島縣主眾麻呂寫余出此卷示之自以爲尚在前五六十年彼卷弗如也攷日本寫經之風唐代大行自慶雲和銅以迄天平神護景雲七八十年之間尤爲極盛蓋當其時彼國數遣信使於唐酷慕漢制靈龜二年玄宗開元四年八月遣吉備眞備阿部仲麻呂僧玄昉入唐留學至天平七年開元二十三年而還獻樂歷書佛經等十三年且下諸州寫經造塔之令其重視佛法如此至神龜延歷以後雖亦爲之而稍衰矣所寫經卷歷世相傳視爲奇寶明治維新之際西法代興始稍稍流出然士族之家收弆珍藏尚猶不絕多者至數十百卷舊傳有日本三筆曰嵯峨天皇曰橘逸成曰弘法大師又有三跡曰小野道風曰參議佑理卿曰大納言行成皆爲世所貴博古之士類能辨之因幷記其厓略俾後有攷焉

黎庶昌跋華嚴經私記

右華嚴經私記二卷日本町田君久成以原寫本見示古色斑然目爲瑰寶予先觀其體例第一行單題譯字下注餘石反云云第二行大周下注時云云字又序字下注京兆靜法寺沙門慧苑之作又製字下注之世反云云卷末一題八十卷花嚴經音義上卷一題大方廣佛花嚴經音義卷下別一行題云八十經私記上下二卷知非慧苑本書序音後錄則天皇后新字二十餘文又知其序出武氏御製矣第二卷面有馬道字樣與余所刊原本玉篇同馬道在大和國奈良興福寺旁其地古有學校當是同出一藏因以粤雅堂本苑氏經音與校正注兩文增省異同者可十之四又多將原注所引書名削落或亦注倭言某某則尤日本人著書之證然其佳處間有溢出原注外者如趨四大而高視句下有苞括二字一條注云苞字在草部亦爲包補發反果衣也婦懷任於己爲子也十月而生也又爲胞字在肉部胞補交反腹肉也親兄弟也其文與顧野王原本玉篇絕類疑是引顧氏原文而於果衣也下芟去野王案三字若此類不無遺憾至其書法遒挺佛嶺上人徹定以爲神龜天平間物不虛也（當唐玄宗開元時）有好古君子刻而傳之未嘗非苑音之一助末有徹定金邠及何子峩張魯生兩星使四跋予踵其後仍依作者原名題爲華嚴經私記云光緒九年十一月

黎庶昌書森立之壽臧碑後

古之自營兆域者曰石槨曰壽藏曰生壙自宋桓司馬漢趙邠卿以來世多有之皆達者所爲日本森君立之篤信好學喜聚鈔本古書點勘證訂自少至老手不釋卷迹其生平事業若隱若仕界於醫儒之間今年七十有六宦游東京且十年矣東京者所稱江戸者也立之別起冢先人墓側瘞其髩髮臍帶而題曰壽臧之碑文以志之自古游子悲故鄉森君其有感於是耶抑狐死邱首誼當以此爲正耶余意立之遭值承平仕不越境無去國之道要皆無取於是孔子曰身體髮膚受之父母不敢毀傷孝之始也立身

行道揚名於後世以顯父母孝之終也森君之爲其致若與古人同而志意則微遠已光緒八年壬午九月大清使者遵義黎庶昌

黎庶昌跋宮島誠一郎戊辰八月上闕書

書疏乃啓悟君上之體貴有一種忠憤悱惻之意流貫其間斯足動聽又必其人先有一段至理蓄藴在胸始能言之有物然此非可僞爲孔子曰修辭立其誠而已劉子政之論甘延壽谷永耿育之訟陳湯所以能見納者以其言眞也此書文氣樸直頗與漢人爲近中間指陳拒命本末情義兼至一以懇誠出之無策士詆譏氣習切而不流於激直而不失之野故能上感主知釋米澤仙臺兩藩之疑解會津之危脫奥羽二州之厄一舉而三善備文之爲用大矣哉光緒八年七月遵義黎庶昌

黎庶昌日本正六位藤野君墓志銘

君諱正啓字伯迪别號海南愛媛縣松山人藤野氏光緒九年余闕使署西慶修重九登高約以賓晉東人士時未識君有來告者曰藤野伯迪蓄道德能文章兹會不可失因不介而致之升吾堂貌愉德充漢行而唐服褎然君子儒也自是雅重君明年夏余往游伊香保邂逅遇之逆旅君挈妻女偕行般桓山中累日究論漢學興廢及礦泉之理之説甚備時時見君點勘荀卿書手不釋卷瀕行出女眞子彈琴作歌志别誼至懇篤眞子多文而栗余私謂君能型其家也君本以漢學著稱自國内改尚西法仕東京二十年不甚顯由昌平學校教授充編修官凡十遷至正六位勳六等與重野安繹巖谷修長松幹數輩先後同官始終不離修史局其年冬余奉諱返國越三年再使日本君方養痾去京未即見歸自熱海猶手書賀正且間一月耳君子漸來赴則聞君沒矣年六十三惜哉余以異國人而與君交既又與君游卒乃送君之死以臨其葬此雖本邦親故朋好猶不易致况海外萬里乎非偶然已是不可以不書銘曰書同文

百王揆情之親不隔海我爲銘播遐邇名在茲君不死大清欽差大臣遵義黎庶昌撰并書光緒十四年
二月

孫點芝公園觀角觝戲記

余駐東之明年初夏清和春花全謝枯坐斗室忽忽不樂新執政黑田君治東邀星使及余等觀角觝戲
於芝園駐車隨往遇巖谷修三島毅途次未及語比至門主人迎于階列邦使者咸集四王皇子先後至
百執事列就座次階前張彩幔環而觀者千餘人中爲方臺實以土上之左下之右倚柱設方茵坐二壯
士觀陣不發聲中立一古衣冠者執團板圓如鏡目灼灼然口呶呶然周旋指揮予角者之間又一人間
時舉扇左右招唱某某名即有二人自東西上赤體腰以下繫排帶綴絲縧蹲踞作勢久之始相角頗似
獸鬭命名當以此有一二合即負者有數十合或負或仍相持者久相持則共勝然無有逾兩刻者每登
臺之先諸力士著彩裙左右上稍立卽各下脫裙聽所招次第奏技凡角以首以手不以足與中原拳擧
大有異演數十次無或殊余覗之久有倦容井上陳政曰未數齣皆名手藝最佳盍觀其全余以中村敬
字別有約遂先去歸而問諸全見者則仍曰如向者之所爲越數日會巖谷三島等湖心亭重道及此二
子是日坐稠人中均覗余余均未見之言無足觀與余同川田甕江則言有三十六法重野安繹曰角觝有四十八法甕江蓋偶誤
解者始知之云余謂日本漢學師中土時習師歐羅巴惟是爲獨步目今五大洲均未之或有聞此技始
于垂仁天皇創其事者曰當麻蹶速曰野見宿禰皆以勇力稱當麻後爲野見所勝盡得當麻之地菽苑
日涉載其事甚詳七月有相撲節上御仁壽殿觀之左右各三十人烏帽狩衣徒跣不着袴左勝則奏拔
頭右則奏納蘇利右先勝則奏納蘇利左奏蘭陵王今綴其略大牽武夫健兒相以角力舒筋骨文士亦
有習之者久乃爲輿臺卒隸之技竟若與俳優雜劇等古今來名存實亡概若是也然其一線不絕識者

比之爲饟羊黑田君初秉國鈞百廢具舉演此劇以娛賓從之來自四方者若示人以當日武功固在此不在彼而隱以倡復古之機也余因以告曰　東漢學嗜古之士使之磨厲以須而相與角其所長也遂爲之記黎大臣庶昌曰角抵始于漢漢書武帝本紀元封三年春作角抵戲三百里內皆來觀又西域傳贊作魚龍角抵之戲以觀視之蓋爲外國客設也應劭曰角者角技也抵者相抵觸也文穎曰名此樂爲角抵者兩兩相當角力角技藝射御故名顏師古曰抵者當也非謂抵觸而余則以應說爲是

陳矩初名架　建武劍銘有序

日本刀劍爲中國所重久欲購藏未果戊子歲客東京使館士人有以舊刀求售者中雜短劍形製古雅長工部營造尺尺有一寸篋皮如古松枝作龍鱗狀色類赭石篋旁穴藏小刀長六寸柄亦鐵製上有黃金鏤建武二年十月□日造數字刀面刊曰於濃洲金生麓御勝山參根川邊包氏二十三代孫志津三郎兼氏造之二十八字蓋造劍人姓字及祖名地名也攷日本史建武二年當中國元順宗元統二年是時日本兵革相踵名工輩出兼氏其一也聞之長老曰人樸質非同他國人常以贋鼎謬爲三代兩漢物以炫售者則此劍爲五百年外物無疑矣屬劉君子貞以錢十千取之懸之壁間時加拂拭寒芒射人頗重之然余愧無班定遠傳介子諸人志寶此何爲聊取魏文帝詠劍詩除凶致福祥之意耳遂爲之銘曰朝撫此劍鋒利於霜夕撫此劍無月而光不斷犀象名喦空藏除凶致福佩以還鄉

陳矩記遵義黎欽使蒓齋先生刊古逸叢書

古逸叢書二百卷遵義黎蒓齋先生出使日本所刊也開雕於壬午告成於甲申以中多古本逸編命名曰古逸叢書蓋先生嗜古有年每嘆中國古籍半消磨於兵災水火日本向屬同文之國歐陽文忠公嘗致想於逸書百篇之存而皇侃論語義疏乾隆間竟得之長崎番舶故今持節彼都不惜金幣上自王室秘府下至寺觀日本寺觀多有藏書以及士大夫家所藏莫不網羅擇要而刊之凡二十六種其間半有軼編使中

國千數百年墜簡復還舊觀海內士大夫得者莫不驚爲祕笈吳縣潘尚書伯寅至詑爲刻板以來所未有矩亦承先生之賜出舊藏宋槧世綵堂韓文殘帙及李翰林集相較皆遠遜之亟置篋製銘藏之梧月山館友人華陽王雪澂泰和周伯方聞而來觀皆艷羨不置今游日本東京嗜古之士猶稱道收訪之勤刋刻之精（刋工以木村嘉平爲第一）紙墨之良（日本紙以美濃岳雪爲無上品而猶精益求精墨必須煙令工細磨日盡一丸）刷印之善（每工日印不及千葉微有指痕及一點一畫不明者卽棄之）無美不備宜海內有洛陽紙貴之譽也吾知數百年後好古者必更有孔廟虞書貞觀刻之嘆（山谷詩孔廟虞書貞觀刻千兩黃金那購得）雖千金不易矣因嘆世之重黃冶玉帛者收之惟恐不力藏之惟恐不富一旦子孫不肖歸於澌盡朽腐而已出使時値艱鉅乃節三年薪俸萬數千金耗二年心力獨成此書旋擧版畀蘇州書局與海內同志公其好視世之重黃冶玉帛者其度量度越賢不肖爲何如也昔賢謂盛德大業異人所任吾今益信之矣雖乏黃冶玉帛之富然千載而後知此書者卽知先生然自視猶以爲末惟其中尙有宜加審勘雖原本如是意在存眞然暇時當助訂之

日本人文

僧空海獻書表（按弘法大師正傳六月二十七日獻劉希夷集四卷王昌齡詩格一卷貞元英傑六言詩三卷及飛白書一卷皆所自寫也其文云）

劉希夷集四卷右伏奉小內記大伴氏上宣書取奉進但恐久韞揮翰筆不勝意不免強書空汙珍紙王昌齡詩格一卷此是在唐之日於作者邊偶得此書古詩格等雖有數家近代才子切愛此格當今堯日麗天薰風通地垂拱無爲頌德溢街不任手足敢以奉進庶令屬文士知見之矣還恐招恥遼豕貞元英傑六言詩三卷元是一卷緣書様大卷則隨大今分三卷文是秀逸之文書則褚臨王之遺體也比屬臨池之次寫得奉上飛白書一卷亦是在唐之日一見此體試書之虎變爲犬雖未成功夫比之獻芹伏願

天慈曲垂一覽不任葵藿之至謹遣弟子僧實慧謹隨狀奉進輕黷宸嚴伏深戰汗謹進弘仁二年六月二十七日弘法大師正傳

空海獻墨本十部表

德宗皇帝眞蹟一卷歐陽詢眞蹟一卷張誼眞蹟一卷大王諸舍帖一首不空三藏碑一首岸和尙碑一鋪徐侍郞寶林寺詩一卷釋令起八分書一帖謂之行草一卷馬獸飛白一卷右雖輕乏敢表丹誠但恐輕塵聖覽招耻遼豕謹隨狀謹進弘仁二年八月日沙門空海進同

獻貍毛筆表

空海貍毛筆四管眞書一行書一草書一寫書一

右伏奉昨日進止且敎筆生坂井名淸川造得奉進空海於海西所聽見如此其中大小長短强柔齊尖者隨字勢麤細總取捨而已簡毛之法纏紙之要深墨藏用竝皆傳授訖空海自家試看新作者不減唐家但恐星好各別不允聖愛自外八分小書之様搨書臨書之式雖未見作得具足口授耳謹附淸川奉進不宣謹進弘仁三年六月七日同

空海獻雜文表

急就章一卷王昌齡集一卷雜詩集四卷朱晝一詩卷朱千乘詩一卷雜文一卷王智章一卷讃一卷詔勑一卷譯經圖記一卷

右伏承昨日進止隨探得且奉進所遺表啓等零在他處今見令人覓取來則馳奉夫尺水本無萬里之鯤培塿何有千丈之幹空海瓦礫之人謬緘燕石不謂聖聰𥨊金聲於芻蕘訪華藤於朽楣雖喜聖綸之下徹還慚亨帚之愆過謹隨狀奉進輕黷聖覽伏深戰越謹進弘仁三年七月二十九日沙門空海進同

空海獻梵字幷雜文表

沙門空海言空海聞帝道感天則秘錄必顯皇風動地則靈文聿興故能龍卦龜文待黃犧以標用鳳書虎字俟白姬以呈體於焉結繩廢而三墳燦爛刻木寢以五典鬱興明皇因之而弘風揚化蒼生仰之而知往察來不出戶庭萬里對目不因聖智三才窮數稽古溫故自我垂範非書而何矣況復悉曇之妙章梵書之字母體凝先佛理含種智所以三世覺滿尊而爲師十方薩埵重逾身命滿界之寶半偈難報累劫之障一念易斷文字之義用大哉遠哉伏惟皇帝陛下貫三表號減五稱首道邁規矩明齊烏兎露沈文下六合無爲風動琴上一人垂拱玉燭調化金鏡照耀所謂輪瑞之運于今見矣空海人是瓦礫每仰金仙之風器謝巢許久臥堯帝之雲窟觀餘暇時學印度之文茶湯坐來乍閱震旦之書每見蒼史古篆右軍今隸務光韭葉杜氏草勢未嘗不野心忘憂山情含笑諺曰奴口甘郞舌甜敢因斯義欲獻久矣然猶猥藉汗穢還恐觸塵聖眼微誠潛遠先聞于天伏奉布勢海口勅欣踊繕裝古今文字讚右軍蘭亭碑及梵字悉曇等書都一十卷敢以奉進伏乞天慈不嫌涓滴一覽飛塵伏願陛下一披梵字梵天之護森羅再閱神書神人之衞逼側達水遙沛忽入封疆嵩山夐岫來受正朔常住之字加持不壞之體遂古之民擊耕于今辰矣龍瑞紀官永豫姑射鳳祥名職放曠金闕輕黷旒扆伏深戰越沙門空海誠惶誠恐謹言梵字悉曇字母幷釋義一卷古今文字讚三卷古今篆隸文體一卷梁武帝草書評一卷王右軍蘭亭碑一卷曇一律師碑銘一卷大廣智三藏影讚一卷弘仁五年閏七月八日沙門空海進同

空海獻詩表 按弘法大師正傳弘仁七年八月獻詩表文云

沙門空海言去六月二十七日主殿助布勢海將五彩吳綾錦緣五尺屏風四帖到山房來奉宣聖旨令空海書兩卷古今詩人秀句者忽奉天命驚悚難喩中略 對山握管觸物有興自然之應不覺吟咏輒抽十

韶敢書于後伏乞天慈宥其罪過幸甚幸甚謹所書屛風及秀句本隨表奉進輕黷聖覽伏增流汗沙門空海誠惶誠恐謹言弘仁七年八月十五日同

僧觀賢奉勘空海遺蹟狀延喜十九年十一月二日從內裏被給納件策子革筥一合有錦縫立兎褐袋又有左辨官下東寺之勅書一枚觀

勘申眞言根本阿闍梨入唐求得法文册子卅帖如本可納本寺經藏令宗長者代代相承之事右就眞言一宗伏撿舊迹根本阿闍梨贈大僧正法印大和上空海去延曆末銜詔入唐大同元年歸我本朝弘仁十一年十月二十日皇帝御書賜大法師位任內供奉十禪師天長元年祈雨有感超少僧都以同年六月六日任造東寺別當且行造寺之事且興眞言之敎卽表請東寺爲眞言寺入唐請來佛舍利法文道具及唐阿闍梨付屬物等收置東寺經藏傳法供家宛如私室以同七年轉任大僧都和尙能知終期東寺之事一向委付弟子律師實慧以去承和元年追終焉之地歸高野山同二年三月廿一日厭世間味樂寂滅理朝露永盡夜松獨遺惟時件册子法文等更不隨身厥後律師實慧爲宗僧綱守先師迹次轉少僧都具建行宗事次同弟子僧正眞濟爲宗之長進止宗事此兩代間堅收東寺都不移動次根本阿闍梨舍弟子貞觀寺眞雅僧正以慧宿大法師爲經藏預請度披見僧正以去貞觀十八年六月六日令權律師眞然請收件法文之日如本可返納東寺之□仰畢遂至元慶三年正月三日奄然入滅須件法文如僧正敎返納東寺而眞然僧正爲少僧都與宗叡僧正共行宗事兩人不和件册子法文不返納東寺稱是先師隨身法文隨身持去高野住山二三年此間轉任大僧都至元慶八年在京僧正永入寂滅住山僧都轉任僧正獨出守道無傍領宗正餘年晩暮寬平之初遂歸本山爰請申云公家初置山座主壽長大法師是其元也以同三年九月黃葉易散泉流難停也壽長堅閉山持件法文次座主權律師無空每常隨身往還山城無空去延喜十六年於圓提寺卒去之後觀賢件册子早可返納東寺之由

告知彼弟子僧等而左右遁申都不進納㕓具注事由奏聞河原院即召彼弟子僧殊下勘責取出所給也若非法皇御德於凡僧等中殆令紛失此即以根本重物置枝葉輕處之所致也觀賢去貞觀十年生年十五就貞觀寺眞雅僧正爲師承仕同十四年受具足戒然則十年以往之事依文書見以傳言十一年以後事仕貞觀寺所見聞也今或人申云件法文元來在高野者此後生人只見元慶以來近事不知貞觀以往舊事任心偏申也又如圓仁座主法文收彼私室不收延曆寺者此又不例何者圓仁是後出之座主吾師是在初闍梨彼山以最初座主傳敎大師入唐求得天台法文收延曆寺代代座主相承傳寺此宗亦爾以根本闍梨入唐請來眞言法文收東寺代代宗長相傳護來至後後人人所持法文收私室此尤可然何以他宗末人例同宗本師乎寔以根本一師之後枝葉繁茂別居之寺雖有其員東寺是根本自餘皆枝葉今以件法文置根本一所枝葉諸寺自然歸仰設令先師以件法文隨身雖云留山今至末世護持人乏門徒僧綱宗之長者取出護持更有何妨況元來收東寺今亦本所代代宗長者相承者此尤可叶先師本意也觀賢以愚昧之質忝爲宗長者就先師遺迹盍尋其本意乎以前依仰旨勘申如件延喜十九年十一月九日同

菅原道眞爲族曾祖姑大皇太后製服幷令素服議

檢開元禮曰皇帝本服大功以上親喪皇帝不視事三日又曰總麻三月成人正服爲族曾祖姑在室者報皇帝所絕傍親無服者皇帝皇子爲之降一等又案本朝令曰皇帝二等以上親若散一位喪皇帝不視事三日三等以上親百官三位以上喪皇帝皆不視事一日義解曰不視事三日者唯爲三月以上服故也然則大皇太后者皇帝之族曾祖姑天子之宜無服制者也故本朝不列五等之親親遠也唐制猶分義理雖及半分文辭甚以鄙劣者又准之不第然則上上之第令條可尋中上之科前例非昧不第之

絕三月之服服輕也明知皇帝綴事證據無文天下素服因循不例唯大皇后之尊名內親王之貴穜禮制雖無正文同家宜有別議元慶三年三月二十五日從五位上式部少輔兼文章博士菅原朝臣道眞定

菅原道眞定太政大臣職掌有無幷史傳之中相當何職議

臣某謹案記傳文書無大政大臣之文惟本朝職員令義解曰大政大臣即是有德之選非分掌之職爲無其分職故不稱掌如此文者先師之釋更無可疑又案漢書表云相國掌承天子助理萬機丞相同之大尉大師大保皆在其下後漢書志曰大傅上公一人掌以善導無掌職大尉司徒司空共在其下晋書志云丞相非常人臣之職相國同之太宰大傅大尉司徒司空並在其下宋書志曰大宰所以訓護人主導以德義也大傅大保同之就此等文案之相國大傅丞相大宰等位冠百僚掌殊常職本朝大政大臣可當漢家相國等又大唐六典曰三師訓導之官大抵無所統職無其人則闕之三公論道之官無所不統故不以一職名其官已曰無所統職又稱無其人則闕之可以唐三師當大政大臣唯我朝制令之意大乖大唐令條何者唐令三師三公獨專其官不備尙書省之官員我朝大政大臣雖無分掌猶爲大政官之職事斯其所爲大乖也元慶八年五月九日三代實錄

菅原道眞爲藤大納言請減職封半狀

右臣氏宗伏奉恩制忝授大納言身居非據位在具瞻銜膽棲冰懼無與二重以就列槐棘封戶八百割士之賞臣既知其不功欺天之罪臣未計其所避鬼神惡盈況於人乎望請職封之中半將資公府之禮節唯所遺歲入猶足又伏臘還恐朝家以臣爲不知分量矣不勝懇欵抗言以聞貞觀八年

菅原道眞爲右大臣請解左近衛大將狀

右臣氏宗言先修表狀辭讓重仍愚誠雖盡遂不聽省兢悚之深心肝如刻大將者國之弓馬君之爪牙也若無其人國失兵機君失武備𦾔氏宗泛覽官寺點閲府寮或有缺職連年猶無害者或有空官數月而無憂者至于宿衛豈夫可然古之聖人安不忘危先聲之談自備非常氏宗老病相迫筋力已衰月弦暗委埃塵霜鍔空懸蒲柳三思既畢十上何勞不獨嘗已專資患國伏願特蒙天鑑避路後賢貞觀十二年四月十二日

菅原道眞爲源相公請罷右衛門督狀

右金吾之職位望惟崇臣忝得居其任皇恩不可以測臣自去春首臥病私門未効藥石之一功已見風景之三改仰思鳳闕悲不重羇空撫龍泉恨無再帶伏望殊降鴻恩幸垂天量解罷臣職消損物譏若今遊魂可招以息殘氣得養而留然後輸懇誠於明時竭忠節於聖代不堪至情修狀以聞貞觀十二年

菅原道眞爲源相公重請罷右衛門督狀

右臣生去十五日修狀伏請罷右衛門督精誠不達天聽逾高臣之愚欵抑而不許臣病根差結藥石無功効之期魂氣既浮衣冠斷趨拜之望若帶官班空塡溝壑不唯貽譏於下地亦將得罪於皇天臣盡命重蘇之時枯骨重肉之日灰身粉骨是臣願也伏望特播弘仁再廻聖慮恩詔一降察臣累聞不堪懇至重修表狀貞觀十二年

菅原道眞爲右大辨藤原山陰朝臣請罷所職狀

右臣山陰謹奉去月廿九日詔命以臣任右大辨心肝失據冰谷增危臣業廢文學性無政事幸遇覆燾之包容久偷祿位之過溢況官惟崇望職即要機量其力思其列顯臣朱愚累臣白罪加之臣先上表狀請能右近衛權中將慮無他貳專志在侍太上天皇誠槪讒通適賜寛裕今當此重任更迫先請人臣之

節貴其有終犬馬之情何爲默止伏願殊廻照覽解能所職蒼天蒼天察臣懇欵不堪屛營之至冒昧以聞臣山陰誠惶誠恐頓首頓首死罪死罪謹言貞觀十九年閏二月十日

菅原道眞請參議之官定爲職事事

右伏見今之參議古之觀察使也考錄無法官位不明謹案續日本紀曰大寶二年四月從三位大伴宿禰安麻呂正四位下粟田朝臣眞人從四位上向朝臣麻呂從四位下下毛野朝臣古麻呂小野朝臣毛野參預朝政本官如故又省去大同二年五月四日問曰觀察使無官位相當仍不注兼字而或云可注兼字何以爲正明法博士讚岐廣直答曰雖無相當官員旣備仍須注兼字弘仁七年六月廿五日問曰未得解由之參議者預釐務□□判事物部敏久答曰參議之號不載令條但大政官去延曆八年八月廿日下民部省符偁得省今月十三日解偁被太政官去六月一日符偁參議正三位佐伯宿禰今毛人去月十日致仕已畢省宜承知依例施行者仍撿案內無有依致仕賜收參議封之例今不知行狀謹請處分者被右大臣宣偁奉勅宜准職封減半自今以後永爲恒例者今據此符參議准職事例然則未得解由不預釐務同十三年四月十三日問曰前太宰帥參議從三位多治比眞人身帶參議不預他職考祿之法未知所行明法博士興江繼人答曰大寶二年始勅任參議朝政然則可謂職事准據令條可預考祿但相准官位事須處分夫則大寶初置之日卽云本官如故大同決疑之時又曰須注兼字又未得解由之人不預釐務不帶他職之輩可給考祿之狀明法曹司勘申先畢加之頃年之例自職事拜參議者至兼本官必有宣旨遭喪解任之徒奪情復任亦降勅旨況所食者職事之封所載者除日之薄號之職事所據非少但格式未立考祿馬斷之法官猶無相當行守之文此其或可論非職事之故也若果謂非職事則三位參議不帶餘官者當無家司所以爲非職事三位也爰知可稱職事所據已多論非職事

或有抵牾望請被定官位考祿等之式永爲職事之官謹奏元慶六年七月一日爲式部少輔爲省修此狀

菅原道眞請秀才課試新立法例狀

策問徵事可立限例事

右考課令曰凡秀才試方畧策二條謹案此令問條有限徵事無期仍天長以往一問之中多者四事少者三事尤少者每問載一事纔足於二問通而計之遂留二事承和以來二條之內少則十二義多則十六義至多則一句含數義猶謂之一徵分以言之已及卅義後文前質理固雖然陳力展材何無程里請立新制將勸後賢

律文所禁可試問否事

右職制律曰凡玄象器物天文圖書讖書兵書七曜厤太一雷公式私家不得有違者徒一年注曰私習亦同然則律條所制不得貯其書亦無習其術已云不習何備試問唯年來之例被勅策問者題下問中時觸禁忌然而問者無辜對者無咎此問之事可謂生常今之學者動設巢窟不獨安己將又窺人假令問者依例適發其微對者固稱畏法不習則得否之決將至申訴訴者稍得其理問者反坐其罪罪科之間不可不愼請豫降處分令問答如流

對策文理可詳令條事

右考課令曰文理俱高者爲上上文高理平理高文平爲上中文理俱平爲上下文理粗通爲中上文劣理滯爲不第謹案文辭甚美義理皆通者所謂上上也文辭差鄙義理共滯所謂不第也又檢前例文辭雖非綺靡披讀頗無大害義理雖非全通所對纔及半分者謂之文理粗通文辭雖有可觀義理不及半

目則令條前例共無可欺唯至上中之文平理平上下之文理共平偏案令文難可會釋更據前例又無準的請詳釋令條明立流例不令詳定之官有所迷謬

以前條事如件臣某職忝銓衡官兼貢擧謂試評判苟居其任況秀才者國家之所重策試之道不敢爲輕至件三事迷途未辨伏請處分謹奏元慶七年六月三日菅家文章

菅原道眞勘奏神泉苑白鹿狀

右謹案史記平準書漢武帝時上林苑有白鹿以發瑞應又孝經援神契曰德至鳥獸則白鹿見宋均注曰應宴嘉賓然則神泉者古之上林苑嘉賓者今之渤海客以今稽古應在明時圖譜所存宜爲上瑞臣伏奉勅勘中如右謹奏同

菅原道眞爲侍從等請引駒日賜幄座狀

右侍臣之職陪從惟務大小宴遊座席隨設唯至引駒未有前例雖然當日早朝會集本所乘輿初出行列如常比至馬埸出居大夫高昇殿上辨少納言引就幄中諸衞府幷臨時候階下之輩各有所守容身就地自餘侍從東西分散及還本宮不遑赴集所司每加嚴㕸閉口不敢措詞尋其所以息由無座望請別賜幄座將備祗候送日之資儲在本局事須遞相往還不空幄下晩頭就列陳力無疲謹請處分元慶七年四月一日同

菅原道眞請被補文章博士一員闕共濟雜務狀

右謹撿大學諸道博士明經之學所習惟大故官無暫曠五人全備算明法書音等生徒雖少常補二員文章則學業非小於明經博士猶同於書算非唯乏少又闕一員某天性之暗一人難堪方今碩學成列既有其人伏望被補件闕共濟雜務元慶八年二月廿五日從五位上行式部少輔兼文章博士加賀權

守菅原朝臣 同

菅原道眞爲在中納言謝民部卿狀

右臣行平伏奉今月九日詔旨以臣爲民部卿恩随冬日懼切春冰三省而慙一身無厝臣謹撿人民損益倉庫盈虚雖繫國吏之常憂復闕所司之明察故旣往任此職者皆是詳通政事廣踏吏途僉曰之容具瞻所屬而已臣累佩銀魚久忍尸素縱期粉骨巳無才智之可施空叩丹心唯有老病之相迫上畏玄鑒下愧蒼生伏願陛下曲廻聖恩罷臣所職勿俾微臣爲天工之盜機要爲閑曠之官元慶八年三月廿一日 三代實錄三十五

菅原道眞請罷藏人頭獻狀

右臣某伏奉昨日任藏人頭之勅旨夢中之想經曉猶迷冰上之行向春欲陷臣謹撿近代之例天安藤原良繩貞觀藤原家宗同山陰仁和平正範藤原有穗源元當代藤原時平同高經源希等或出自淸流或生於鼎族其德也堪守芝蘭之種其威也足率鸞鳳之群未有凡夫儒士之能當此任以遺其名者矣臣罷官南海歸命北辰枯苑更華死骨重肉馴闕下而趨拜分巳無涯列侍中以周旋恩何不翅古人云服之不衷身之災也臣自謂褊衣短裳亦復憶之況其職之乖人望乎况乎其任之違天量乎伏願聖主陛下停臣所掌更選其人勿俾跛牂妄觸仙欄膨鼠初汗禁省而巳縱使臣凌崩浪於鼇頭臣豈敢辭命縱使臣蹈畏途於虎尾臣豈敢惜身唯此非據之職臣之所不知也寬平三年二月卅日 文粹五

菅原道眞重請解藏人頭狀

臣不堪件職之狀以去二月卅日上奏右少辨希傳勅旨云事須先擧可替之人然後辭退件職又奉口勅云早從職掌不得闕怠自爾以來漸六十日進退周旋莫不違禮奉行宣下皆斯失常加以某去三月

九日任式部少輔今月十一日兼右中辨此兩箇職過分踰涯況復直瀧口撰書之所候御前侍讀之喚所帶者二官所勤者兩役虛瑣之才難可兼濟望請特被殊優將解件職然則寵光之中暫全傷翅恩澤之下久養枯鱗不堪至誠重請處分寬平三年四月二十五日藏人頭正五位下左中辨兼式部少輔某菅家文草

菅原道眞請令諸公卿議定遣唐使進止狀

謹案在唐僧中瓘去年三月附商客王訥等所到之錄記大唐凋弊載之具矣更告不朝之問終停入唐之人中瓘雖區區之旋僧爲聖朝盡其誠代馬越鳥豈非習性臣等伏撿舊記度度使等或有渡海不堪命者或有遭賊遂亡身者唯未見至唐有難阻飢寒之悲如中瓘所申報未然之事推而可知臣等伏願以中瓘錄記之狀遍下公卿博士詳被定其可否國之大事不獨爲身且陳欵誠伏請處分寬平六年九月十四日同

菅原道眞請令議者反覆撿稅使可否狀

撿稅使始議之日臣奏曰臣所見只讚岐一國也以彼國之風論之若遣此使者頗有物煩歟其日大納言源朝臣以下二三人同有不快之氣其後令重議之場大納言奏所勘定剩物之內若半分若三分一適被返給於事無妨參議源希朝臣等意雖無所專許偏被引公益遂無所因難臣某亦復如是其後使定之日臣須暫諫止其黠使事盡愚心以窮可否而未得量決之間依有所疑猶豫不奏議畢之後伏思起慮欲罷不能其間一兩治國能知政術者乍聞此事無不愁悶越前守小野朝臣葛絃等是也又大納言以下雖奏無妨之狀于今猶有內歎臣厚蒙國恩早昇高官人之所不安曾不可隱忍凡此議初起之由爲勘出帳外之剩物以相補國用之不足也以名言之公益甚多臣始不固難之故是也以實論之物

煩不少臣今所重請是也何者天下諸國其俗各雖小異其政孰非一同況乎世衰國弊民貧物乏是故或國司乖文法以廻方略違正道以施權議雖動不爲己其事皆犯法臣今舉三條之否謹侍一覽之用臣伏惟假令或國有百万之正稅其見所勘收者五十万其遺五十万是返舉也收納之日其返舉之物只出利稻不出本稻使留在民身是又明年爲返舉者也如是之例歷年巳久不可忽變而其國百万正稅之外更有十万剩物惣而計之國中雖有百十万之官稻其所實在者六十万也出舉正稅五十万帳外剩物一十万其返舉之民不給見稻者專依借貸多成公事其借貸用件剩物爰借貸無利正稅有利給無利之實物克有利之虛物斯乃國司之所以成事百姓之所以均役也況當于損年補調庸闕克租稅欠之儲亦此物也天下分憂之吏不必有奸盜人適依有奸人私用之疑專被收頁吏非常之儲臣所大恐者後代有割股肉而療飢之喻是爲國司可失治術其否一也又假令依實將勘收件剩物凡剩物者多是穎稻也諸國穎稻者利稻用度之外皆是輕升也多者三升以下少者一升以上雖理不可令然而天下之風如此又收件物之後任色可克用其克用之間又須施百姓而已舂米則取欠之積自爲所負買物則受直之民隨成損弊事依有煩置而不用者勘收之謀可相違耳是爲百姓可致愁苦其否二也又今所點使者在京七人之中左中辨平季長者宮中要須之人也聖主所照不更具陳式部少輔紀長谷雄者北堂文選講說未畢諸道學生課試有員勘解由次官大藏善行者勘不與解由狀并修貞觀以來國史主稅頭善世有友者勘諸國公文之職不可一日無此人大膳大夫紀淸躬者是可爲官長者也而明年闕國其大者有數推計可任之人兩三人之內淸躬其一人也左大史望材者本職忽劇之上山崎橋事是急務也近日催促殊加恪勤今日如使者等取申者經一年餘僅可窮使事者件等要籍之人東西出去經一年餘假令万分之一無所實得各各取預之事共有擁滯人人所思之謗遂無排却是爲公私可無取

得其否三也望請未召出使等之前重令大納言以下反覆議定臣依此事之有公益不敢進狂昧之誅諍今所請者欲令群臣重辨議以聞愚臣之鬱結也使者未點之前不奏之怠臣不敢避罪雖然聖主收視反聽以叶古人一日三省之義寬平八年七月五日中納言從三位兼行左大辨春宮大夫侍從菅原朝臣同

菅原道眞復奏囚人拘放狀

右臣某月十三日謹奉口勅云去十日令撿非違使別當從三位中納言兼行左衛門督源朝臣勘錄左右獄中繫囚之數十一日錄奏旣訖須朕親到獄對放遣而德不及古事未宜今汝者朕之近習也大師也列見罪人依實拘放令如朕之所念者臣伏奉勅旨十三日早朝率從五位上守左少辨源朝臣唱大外記正六位上多治有友左大史正六位上大原史氏雄等會集右衛門府升殿于時左右撿非違使佐以下召列罪人等祗候南門外大路臣召使等先令辨申所犯輕重使等勘會日記過狀一一執申其犯重其罪明者十六人左十一人右五人二人先死其遺十四人即加防援各還本獄其犯有疑其罪未定者四十六人左二十八人右十八人令使等計列南門之前臣率辨以下及撿非違使等著門中壇上胡床即口宣曰奉勅罪人汝等或被疑殺人傷人強盜竊盜或被告僞印強奸投石放火如是等罪科法有限今如聞有司搜實情之間空送二三年獄官尋證驗之內縱經五六月須雖累年序雖積旬月愜定其犯明立其罪任理出入隨事拘放然而別有所念直以放免汝等更有所犯後日曾不寬宥者罪人等共稱唯或伏地嗚咽或仰天嗟歎勅使府官道路見聞不勝感泣拭淚而歸臣某頓首頓首死罪死罪伏錄事狀寬平八年七月中納言同

菅原道眞爲藤相公請罷職狀

右臣高藤謹言臣伏奉去年十月二十六日詔旨以臣被任參議之列臣激勵愚性扶持病身晨昏備員左右從事而衰老迫來宿痾彌倍計不上則拜除之後及三百日量其力則尩弱之中過六十年縱使皇恩忍以無咎如何天鑒明而不容思之顧之以畏以愼伏願特降寵光罷臣參議不勝至欵修狀抗聞寛平八年某月某日參議從三位行近江守臣藤原朝臣高藤同

菅原道眞請特授從五位上大内記正六位上藤原朝臣菅根狀

右臣某謹尋事意去寛平五年四月二日東宮之始太上天皇勅臣曰此般東宮每事省略仍二員學士闕而不補汝已任亮兼供執經云云臣須伏奉綸旨一身兩役而所守忽劇遂違勅命爰至于十月以臣不遑執經之狀奏聞太上皇卽擧件菅根令聽昇殿菅根晝夜恪勤上日明日每當顧問應對無私縱容之夾宿侍之間引經傳以發睿情抽章句以催文思其所奉授者曲禮論語後漢書等秩卷有餘以口奉習之類不可勝計加以菅根對策及第之後七箇年于今也准之前例謂爲晩成況年四十三多後等輩伏願特蒙天鑒叙之上階一補成業之舊功一明侍讀之新賞寛平九年七月日同

菅原道眞上太上天皇請令諸納言等共參外記狀

右臣某謹檢去寛平九年七月三日讓位詔命曰大納言藤原朝臣權大納言菅原朝臣等可奏可請之事且誨其趣奏之請之可宣可行之政無誤其道宣之行之者而諸納言等持疑以爲奏請宣行自非兩臣更不可勤臣再三反覆詔旨云云奏請之人雖稱所指尋常之務無止諸卿加以臣業有文書欲伺閑以傳授身非木石思寄暇而攝治藤原朝臣獨自從政何堪每日頻參之役伏願太上皇陛下述去年詔命之意祭今日申請之誠宣喻諸納言等相共令參外記然則庶務繁多暫無擁滯群臣激勵俱致恪勤昌泰元年九月四日權大納言正三位兼行右近衞大將民部卿中宮大夫菅原同

菅原道眞重上太上天皇决諸納言所疑狀

臣某謹言伏奉今月十八日勅旨諸納言之所疑一朝氷解讓位詔之攸指千載日明臣素性雖劣丹誠寂深奏請宜行盡忠不敢逥避養身傳業隨狀將得優遊臣悅至焉臣願足矣昌泰元年九月十九日同

菅原道眞請罷右近衞大將狀

右臣某出身儒館偸職武官三四年來罪深責重伏願聖主陛下曲降鴻慈罷臣大將不勝悃切之至修狀以聞昌泰三年二月六日同

菅原道眞爲藤大納言辭右近衞大將表

臣氏宗言臣伏奉恩制得備宿衞光寵自天懼心無地臣誠惶誠恐頓首頓首死罪死罪臣才非文武智謝股肱忝假納言之名空竊大將之號一以慙於過分一以耻於非據況乎桑楡景暮蒲柳氣衰僅可陪縉紳之臣何堪預陛戟之列仍先再修上表請解右大將遂無聞天之聲逾益伏地之恐臣以爲甲冑未必忠信忠信自爲甲冑望請解罷所帶避路於後賢臣尸素可以除臣愚丹可以盡不勝懇欵抗表以聞貞觀八年十一月二十九日從三位守權大納言兼右近衞大將臣藤原朝臣氏宗上表三代實錄十三

菅原道眞爲大政大臣謝加年官賜隨身第一表

臣良房言伏奉今月十日勅旨賜臣以食邑如舊命年官准三宮帶刀資人隨身兵仗等事荷恩不力銜謄無間謝中臣聞大政大臣者上理陰陽下經邦國一人有慶師範猶施四海無波儀形自用而先帝不弃臣庸瑣委以此崇班純陽未免履氷臘月逾添流汗自愧形影深執撝謙唯許減封三分有一又隨身兵仗等事雖舊貫臣不敢當其仁年官則恩是新情臣未堪爲其首故臣亟固辭以視不虛受今陛下更憲章先帝重宣慰鴻私忠誠不移先後惟一臣欲推賢以避路何私陛下公選之官將扶老以干城何分陛

下宿衞之士況比年調和不偶水旱重仍倉廩少禮節之資城池失金湯之險故去十一年六月二十六日聖主下勅曰服御常膳並宜減撤同年七月二日公卿上奏曰五位已上封祿亦暫減折其議未復其事猶存登君臣偏好卑謙蓋內外共待豐稔若以斯時全食彼邑欺耻格於先帝而取嫌猜於當時也且尸素者天奪其鑒充盈者鬼瞰其家温飽有餘何以忘止足年齡已暮暫欲養遊魂臣所以不奉遵公私兼濟而已不任懇欵屏營之至謹修表狀陳讓以聞貞觀十三年四月十四日大政大臣從一位臣藤原朝臣良房上表三代實錄十九

菅原道眞爲大政大臣重謝年官隨身第二表

臣良房言去十五日中使中納言藤原朝臣基經至奉宣聖旨返臣上表將遂先勅頻苦刻肌再黷蜚耳中謝臣自謂功之輕薄鴻毛則其重萬鈞賞之深淵鼈海則其淺三尺蓋荒年祭祀禮不必充豐嗛歲威儀事或從儉約今陛下藜羹自存王公茅土且減臣全不食邑之意將斷先己之嫌若事不得已義可必行五稼登年群臣復舊然後同享所減臣願足矣又陛下不許臣就私第賜直廬於禁中霜仗百重隨身何用虎賁千列帶仗安施臣所以固辭亦復在此臣所有一兩僕隸皆是陛下幼年之侍童也隨分得官者或年三四人陛下以爲慰舊功力臣以爲拜家數人未報萬乘之先恩何擬三宮以新制臣持心不重暫欲樂地中之山禀質猶輕恐不爲風下之草今不堪懇誠重表以聞貞觀十三年四月十八日同

菅原道眞爲大政大臣重謝年官隨身第三表

臣良房言丹欵無遺紫泥不測事之嫌志之執至于再至于三臣某誠惶誠恐頓首頓首死罪臣伏惟滿而不傾者未聞百器之一器貴而能久者誰見萬家之一家臣雲漢昭回位望斯極天顏咫尺恩寵有餘臣所以固辭崇賞亦復一如前表而已殊恨桑楡景薄蒲柳秋涤雖有肝膽之精勤而闕晨昏之供奉縱

使臣封至連城富爲潤屋歳入之多家門可無遊用甘充之費伏臘今有幾廻時不可留心不可轉臣輸陛下以忠誠無二陛下賜臣以眉壽且千又如勅旨則陛下自有忘德之嫌歸臣多以好謙之責昧死無地眉目何施而事爲國不爲身義向公不向私將分憂織婦何取笑樵夫臣枯骨之餘請訓蒼昊臣寸心之重願帶黄河今不堪精誠之至累表抗聞貞觀十三年四月二十日同

菅原道眞爲大學助教善淵朝臣永貞請解官侍母表

臣永貞言永貞當年負笈壯日成功乃心於王室之前叉手於黎民之下臣母妾今年八十有五飄風南吹薄暮西夕毉雖三世藥雖萬金施之遊魂有何一効臣聞侍養之道律令有文子孫盡之然後旁達臣破天摩折終鮮兄弟臣弟少外記愛成身居顯官才亦可用臣爲大學助教十五年來圓冠非中身之服函丈是遊手之資羊質虎皮名留實去夫人生於三事之如一居官以養異於委親然而君臣絶道愛敬不可兩全朱白殊門忠孝何以兼濟臣先是帝城之外有一小園茅屋數間草萊三逕樵蘇之費不傭力以何供藜藿之羮不假地而欲薦此是區區之尺土以待老母之餘年弟愛成出爲魏闕之臣臣永貞入爲寒閨之子或家或國共是王臣伏惟聖朝爲民父母以孝行治政不及旦暮之人恩先遍期頤之老昔令伯爲祖母辭官晋帝無不省覧臣今爲所生解侍陛下何敢依違縱謂臣去官請察多士之居於臣後謂臣專孝將見求忠之心於臣門若桑楡遂落骸骨長歸斂手足形乃盡臣節而已今不勝烏鳥之情昧死以聞貞觀十四年同

菅原道眞爲右大臣謝官表

臣基經言基經伏奉恩旨以去八月十五日任右大臣仰思注意望辰極以魂亡俯紆具瞻指烝黎而顔厚臣某誠恐誠惶頓首頓首死罪死罪臣銀黄濫服菽麥彌昏欲報光寵於昊蒼更累崇班於尸素况乎

禮之强仕臣齒未滿其期書之皐成臣能未及其事昔甘羅之一十餘二以多智不爲少年今微臣之三十有七以無才猶謂太早伏願陛下鴻慈聽臣愚悃退臣所帶俾槐路絕曠官之聲華門得稅駕之地不勝至誠上表以聞貞觀十四年十月十三日文粹五

菅原道眞爲小野親王謝別給封戶第一表

臣某言去九月二十一日勅旨賜臣百戶之封以助齋飦之費仰承温煦未悟比量中謝臣往年病發沈困不歸誦脅繫於帝城約香火於釋衆菩提一念身雖在草庵之中空觀六時心未離魏闕之下大致臣合門萬事皆隨省折灰冷之服備避風茱茹之湌資送日若更蒙新賞猶滿舊封水石幽閑之地有嫌於貯藏煙霞晚暮之家無節於遊用陛下寵光不翅恩之又恩甚深臣虛受非功過而再過惟重伏願陛下察臣丹欵照臣素情卷中綍於九重留上貺之百戶臣願足矣臣望稱爲貞觀十年十月十九日同

菅原道眞爲小野親王重謝別給封戶第二表

中使右近衞少將平朝臣正範至臣草廬宣傳口勅推心出言中情自見量分辭賞上表無聽臣葭莩屬貴磐石對高將繫欻電於殘魂奄趁玄流於遺敎王臣匪躬之義念念逾貞佛子行道之勤生生何慢至彼曉嵐蕭颯讀誦經行凋水潺湲優游自得斯則所以陛下不咎臣入道俾成臣本願之故也何更家蓄萬鍾室待山鬼之瞰室無懸磬長失野夫之聞陛下鴻慈願賜照察臣之幸矣不亦悅乎無勝欵重累以聞貞觀十三年十月二十五日同

菅原道眞爲小野親王重謝別給封戶第三表

去月二十六日中使左近衞少將藤原朝臣有實至謹奉勅答宣喻殷勤淚汗俱下中謝臣昔帶職從事之日冠蓋無非聖恩今移病出家之時衣鉢皆是官施一死一生或出或處若負恩德明神殛之臣伏案去

十月二十三日施行詔書勸督州吏掩水傷之尸骸收拾郡民復風害之徭役自古聖帝明王未聞無災唯在克己復禮謂之有道而已方今如綸命之旨養臣以孔懷之親陛下既憂國家小臣豈安寢夢嗟乎臣鄉栽松竹寒而不可裁衣產業香華飢而不可充食然猶庶幾手掬山椀以備租稅之逋懸肩舁野蔬以助黎民之炊爨曷爲當此有損之年空受無功之賞使陛下取名於私親小臣忘義於知止縱天下議不載于口而臣獨自不懼于心乎伏望特賜優恕察臣愚欵臣寄生者陛下將終始於一心臣師事者世尊何屈申於兩舌不敢飾謙恐處違勅慈悲哀愍必垂聽許不堪悃誠之至重以上表拜聞貞觀十六年十一月同

菅原道眞爲式部卿親王請罷所職表

臣忠良言中使官姓名至宣傳口勅抒臣退官之情加以温慰之辭臣位高二品年迫六旬寵光之恩甚深報國之力既屈亦氣離魂傀王毋甫降而不治病結膏肓扁鵲重產而何益望闕鳴咽冠帶不由命矣皇天使臣固疾伏願陛下內照睿情外顧人議以賜優放爲臣長生之術以察愚誠爲臣不死之藥不堪悃欵重累杭聞同

菅原道眞爲右大臣上太上皇重請被停攝政表

臣基經言中使右近衞權中將藤原朝臣山陰至奉傳勅旨抑止臣請不知愚欵之乖聖懷更疑微誠之逸天聽臣某誠惶誠恐頓首頓首死罪死罪臣位貴官重皆是陛下之殊私祿厚封高亦復陛下之絕寵殊恨淹引日月偷安非服不意綸命乍降屬以重寄縱令陛下責臣以有一割之刀而復臣訴陛下以無再全之錦不獨顧身亦能思國以臣忠國之慮將盡報主之情陛下推而察之莫重臣罪臣以爲春暮夏昊猶是一天朝東暮西未爲兩日伏願臣心不離魏闕將致今上臣子之忠臣身常侍仙階不失亡叔臨

終之命臣謹撿故事皇帝之母必升尊位乂察前修幼主之代大后臨朝陛下若實重天下憂思幼主則皇母尊位之後乃許臨朝之儀臣竭力施功不敢懈緩臣誠盡矣臣願足焉不堪悃欵之至累表上聞貞觀十八年十二月五日同

菅原道眞爲南大納言致仕表

臣年名言臣聞年滿致仕人臣之禮也氣衰發病人生之命也氣衰年滿臣旣知之知而忩之未免重責中謝臣位昇三品職至納言前兢却惕氷淵意危昨是今非犬馬齒截臣平生以爲性雖愚蒙止足之分不敢踰矩力雖喘息貪進之間不敢從心至千陛下即位春秋甚富臣不忍遂孤雲以歸骸骨苟且延數日而報國家豈圖心事不諧困病乍發淹沈未幾魂氣如離臣自謂茅土封高皇天降譴於陰罰康衢漏盡冥鑑結罪於夜行臣八百戶之恩死而不朽臣七十年之壽生以幾時伏願陛下賜臣放歸優臣告老以聞恩許爲藥石之効以蒙勅裕爲招復之方臣欲荷表函以奏闕下起居不便冠帶無由故謹遣男從五位下內藏助艮臣杭表以聞貞觀十九年四月八日同

菅原道眞奉勅重上太上天皇請不減御封表

臣譔言伏奉勅旨減折御封不恭承而止畏切棲氷欲柑默以從誠虧底露中謝臣聞天之與人孝子業在諧命事之隨理愚夫愼共有常故一天下之至尊臣不拒前勅於童稚二千戶之甚少臣能稽舊章於老成而今枉降中使重叙睿情纔納半封更增揺挹臣謹計入租伏量輸貢若任土非實恐支用或虛陛下縱損全數雖有撝謙之德臣遂從拆分旣忩變禮之義况皇天貴誠不貴物臣子爲道不爲身陛下臣之皇天也請將盡誠於方寸臣陛下之臣子也請不失道於小銖伏願鴻慈迴照鑒臣血誠仰雲霄以兢惕流汗臨淵谷以累表抗聞元慶三年二月十七日三代實錄三十五

菅原道眞爲公卿賀朔旦冬至表

臣基經等言臣聞潛鱗游泳樂春水於和風稚羽來賓拂曉雲於秋月彼微情之二物猶感奉天況在位之群臣誰忘欽化臣某等誠歡誠喜頓首頓首死罪死罪夫三象知程四騶得道斯乃寒溫之平也雙離合璧五緯連珠斯乃聖哲之事也臣等謹案厤曰十一月丙辰朔旦冬至稽之舊章理誠宜賀伏惟皇帝陛下欽若無掩昇惟馨於昊天敬授不偷襲其臭於黎庶蓋古先帝之所希有舊史氏之所罕言陛下得之明德至矣猗歟日則南至陛下向陽之美可觀星惟北共臣等詣闕之誠何切聖壽無疆明時有瑞不勝抃舞拜表以聞元慶三年十一月一日 文粹四〇三代 實錄三十五

菅原道眞爲尙侍源朝臣全姬請罷職表

妾全姬謹言妾先陳悃誠請解所職重年遠隔單素難通一二年來逾增顏厚今妾位崇三品齡迫七旬將假脂粉以從事紫闥非扶杖之庭欲催綺羅以勤公丹悃慙懸車之義妾不敢謙退白日惟明妾亦無飾詞蒼天在上伏願殊乖降鑒聽妾誠請避高班於賢路養殘氣於幽閨妾全姬誠惶誠恐頓首頓首死罪死罪謹言元慶四年 文粹五

藤原爲經欹案銘 竝跋○應玄同之求

爲書造案將訂吾頑學非口耳體身可閑優柔饜飫易簡不艱天地人物顯微無間有珠在此買櫝莫還數百千載而賢聖出蓋難矣數千萬里而賢聖處豈易哉縱生其世同其地僅止其人而已況乖逢不可測也哉書之爲書也會百千萬人乎一室縮百千萬里乎尺地終百千萬世乎少時益難矣書之所存者賢聖之所存也上臨旁質斯師在此斯友在此其時其地亦在此由是觀之此欹案上乃唐宮也虞廷也禹湯文武之朝堂也稷契皋益夔夷伊傅周召呂散道德政敎禮樂刑兵亦出此杏壇嘉會儼然宛爾四

勿一愚寄簞瓢于此三省一唯易華晥于此暮春春服童冠五六七浴風于此中和位育于此浩氣充塞乎此若夫避言避色避地之與世者箕山潁水流峙于此首陽薇蕨生于此秦風蒹葭蒼蒼于此或狂歌于此或稱耕于此或荷蓧于此或抱關擊柝于此閒磬聲于此醫魚鹽于此莫言無其地莫言無其時莫言無師友待文王而後興者凡民也方今競葩藻貪訓詁之徒犯名讀書而假求勢利萬卷百車入耳出口過眼喪志嗷嗷倘言我能讀書所謂發冢者歟書以自警且告夫同生辛亥九月二十五日惺窩文集

藤原爲經致書安南國代人

日本國□□□□致書安南國頭目黃公比年鴿舶往還二國之情好稍可徵矣感佩惟深甲辰六月我舟人亡恙歸辱復書添以嘉幣若干青具肆匹縧一瓶好五匹牙扇一件香白絹大囊香一瓶厚意不可言焉書中所謂一此於信之一語誠是家國治敎之要矣乎夫信者吾人性中之固有而感乎天地貫乎金石無以不通豈啻交隣通好而已哉雖是千里不同其風也所以五方皆不殊此性者也歟由是見之則其不同者特衣服言語之末而已然則千里萬里雖遠衣服言語雖殊有其不遠者不殊者而存是以所謂一信也前使不德販夫之徒而僅見小利則忘大辱其言多任喜怒之恣而不足取其信自今而後二國之信者在書書之往還彼此之間上下其手表裏其言而多誤事情故處之以國刑想在貴國亦如此乎凡舟人者命市兒信者在印以是爲證耳矣故今附舟人以今夏之復書貴國子細撿焉方物數事聊寓綏好之禮書中又言貴國者詩書禮義之國而非市貨會集之地苟市貨商賈之事惟利是務眞可鄙焉然亦通論之則四民孰非民八政孰非政安民爲政之外無詩書禮義詩書禮義之外無安民爲政是亦五方固有之定性而乃一信之所主在也貴國之所誡者在彼失信而屢生不好之事而已二國不失其信則縱雖有小人何至生不好之事乎然亦不可以不誡若生事則二國各有刑法乎哉舟中規約貞順運商舶于安南國因代之一凡回

易之事者通有無而以利人已也非損人而益己矣共利者雖小還大也不共利者雖大還小也所謂利者義之嘉會也故曰貪賈五之廉賈三之思焉一異域之於我國風俗言語雖異其天賦之理未嘗不同忘其同怪其異莫少欺詐慢罵彼且雖不知之我豈不知之哉信及豚魚機見海鷗惟天不容僞欲不可辱我國俗若見他仁人君子則如父師敬之以問其國之禁諱而從其國之風敎一上堪下與之間民胞物與一視同仁況同國人乎哉況同舟人乎哉有患難疾病凍餒則同救焉莫欲苟獨脫一狂瀾怒濤雖險也還不若人欲之溺人人欲雖多不若酒色之尤溺人到處同道者相共匡正而誡之古人云畏途在袵席飲食之間其然也豈可不愼哉一瑣碎之事記於別錄日夜置座右以鑑焉日本國慶長年月日回易大使司貞子元誌同

物雙松記松浦鹽冶飫沛事

峽史氏曰甚矣哉女色之爲禍也而建武鼎革之際莫慘焉大氏平安之地山水麗秀往往乎生尤物矣迺自桓皇奠都之後數百千年維民所止公卿鉅室世官世祿莫有不家平安者而富貴之娛聲色爲最生女之願人人而有之閨閤所習姆師所誨靡曼妖冶殫思窮巧遂能家出嬙施人擬姬姜延天而降平安麗人之盛淸紫赤染諸女史所記載可概見焉然猶尙文柔爲政風流成習微言佚行何所不有而爭奪之迹寥然乎未聞者是其時與俗爲然也方此時州郡控弦之士不無好色之人其歲時祗役上國執戟負弩宿直禁闈將相之府或道路所目亦豈無心歆而肉飛者迺我謂之神仙之人而彼視猶臧獲焉分素定也以故武人偶有所獲以爲得寶者乃唯閭里之選不過桃葉莫愁之倫耳間或一二桀驁若義仲義經者稍有所漁侵則衆咸驚譟咎之是豈東人獨操乎其廉耻亦積威之漸使然也及有相氏三廢天皇而武之人乃傲然自恣加以胡僧倡禪鑿其混沌畛封以壞風氣大變而上古敦慤之俗幾乎澌矣

於是乎始有覬覦于禁臠者蓋醍皇之西狩則高時流皇子士之畑秦武文從焉皇子思其妃弗措守者憫焉使迓則使武文迓武文還平安覓之不得其所物色於西山識琵琶聲以得之奉以行達于檽尼崎舍于逆旅主人會筑人松浦者阻風舍其鄰也見而說曰仙虖謫虖不者吾何得與仙耦是不可失矣夜率兵劫之武文武稱其名矣不可當乃火其鄰武文窘負妃以出扇舟于斥以逃也不幸而松浦之舟來不知而屬焉走還取其物逆旅之舍已灰又走覓舟則已發矣又扇之大嘑爲弗聽以去遙而聞閧笑之聲武文噏而怒弗可爲也罵曰吾死必爲厲立而剜其腹以死舟過鳴渡颸而厲見松浦懼使人送妃于淡之島武文之厲至于今化爲蟹猶在云亡何有相氏誅醍皇還都而皇子終得與妃處臠者當松浦獲妃大喜時妃則見以爲賤人矣是以弗從此一時也已醍皇急恢復往往以其宮人賜諸將別良賤之耦稍稍習以爲常然猶憾矣及尊氏作難而醍皇又幸南山也尊氏之諸將皆來家平安貴倨甚威福由己其豪富亦曩時公卿鉅室所弗如而曩時妃嬪夫人及宅諸公卿大臣子女皆流落人間丐憐於武人之家諸將旣已生長山東罕覯是妹麗臠以爲禁臠弗可近者一旦而得染指孰能不大嚼以逞諸惟人性變於習則諸妹麗亦稍稍說其壯武也宜淫弗耶攘奪于色蓋未有甚於此時耳於是乎有鹽冶氏事廼尊氏之宰高師直疾而不朝者數日其人置酒娛之召瞽歌佐酒所歌賴政射妖宮中天子錫以美人菖蒲事也聞者笑相謂不請邑而請美人賴政癡矣師直方湛於色也亦囅然曰窶人子吾而獲菖蒲邪數十城何之有有舊宮媼侍從者居恒來也是日亦來聞之排闥以出言曰賴政時天子列美人使自取其所請賴政不能擇是菖蒲未必尤也菖蒲而連城邪使公覩西臺翁主者將代以海內矣師直問何似則曰方翁主之在弘徽西臺也諸貴游以名花而喻六宮之人皆喻而不能喻焉是花弗如也問何在曰先皇以賜鹽冶氏也以翁主之美而椒房之選不齒矣乃高貞西鄙人烏言者得以尚之豈不惜哉師直色

動問往邪曰往也老妾自西臺時既已得奉其謦欬心乃謂在西日久色必衰矣日賽神以歸過諸則豔倍昔焉師直蹶然起謂曰奉夫人之教疇昔之疾良已而又獲宅疾也急呼繡衣十沈香枕爲嫗壽因逼使其媒嫗始之爲戲至于是焉則恐而心貪其賂也强往微風之亡可色師直乃使善書者兼好作柬且書貽焉庶可以挑也翁主執其柬棄諸庭師直怒曰吾素惡書善書者緩急果何用逐兼好更使公義者作柬公義不作柬代作詩曰我思美人貽之書美人弗讀棄庭除吾拾吾書歸十襲心讚美人手所觸翁主見之悄然者久之誦襲衣之什以入乃佛道中誠姦者辭也嫗還報師直喜獲美人一言輒大賞公義金錯刀而又素蠡鹵不識其所誦謂何也趣爲美衣服數十屬嫗而益責之嫗計亡所出妄意使其覘乎夫新浴未及粧時也必闌焉則語師直公思未見之人矣雖辭懇乎彼詎信之盍窺諸師直大喜與之往以窺出乎浴也魂奪乎猶死之人弗能起扶之歸時値源義助勤王于北陸而尊氏使諸將往擊之又使高貞海道襲其後也將歸國以理其舟楫而期漸逼矣師直心益急愈責嫗弗己嫗計窮以逃不可踪師直大怒如喪左右手而弗可奈之何遂讒諸尊氏事稍稍聞于外也高貞不得已以叛竊亡還雲使其親信護妻子間道以從之追兵及之其人殺翁主身殉之以死師直益怒遂躬討高貞以殲諸時厤應二年四月也厥明年又有飫浦氏事初菊亭公有美人阿才者豔而佻師直之族師秋與之狎頗昵矣久之將就封于勢欲與俱往强之留者三日乃許焉及期使其人輿迎之擁以來師秋大喜策馬輒發偕之行至于琵湖而風吹乎簾颺也見一老嫗八十許傴而無齒者坐乎輿也愕而詰乃爲美人誑矣師秋自途還以兵圍菊亭氏之第以搜焉亡有也捕女豎鞫之則匿於飫浦氏之所也大怒欲攻之飫浦氏者尊氏之舊勳將也然慴於師直遂亡之備奉源義助以叛余觀於玄慧所輯事僅此焉耳而宅可知焉當是時尊氏乃有事於四方以欲收其鷹犬之用是以弗問也及于恭獻之世孛賴之以禮率其下而后此風稍稍

哉君子蓋傷夫尊氏之諸將若是其暴乎色猶艴勃以與莫之能遏者時乎哉

物雙松峽中紀行

寶永丙戌秋余與省吾奉使適峽（國語謂峽爲甲斐地皆峽故得名而甲斐之名行久矣人不識其爲峽也）峽藩所封國也始藩主得封峽驪甚召計吏所往來者咨詢先公家世舊邑營壘丘墳所在處莫有能悉睹記者及營壽藏于治城北建寺曰靈臺（後改永慶）自撰碑文其所記述山川景象皆遣使圖致文成慮其或貽禹貢九江之議也遂有今命時邦乘及晉書梁書南齊書較讎適畢會九月三日大駕遊藩邸邸諸學士先生例當肄業于御前奉對拜賜以故不得輒發暨五日始召見申命以前事且俾西走駒縣泝武川訪青城柳澤一帶往蹟賜外套各一其夜風雨予憂行路之或濘而僕馬痛黃也省吾則曰開幽來莫有文人游峽者峽之士樸甚此行也將且丹雘其山谷錦繡其草木者峽之神而有知其亦無倩夫風伯雨師者爲吾二人淸道乎予笑其誕翼日之家君宅別叔達及僚友門生來謝藤生縣生有贈言其辭甚美口占一絕留別至七日果霽昧爽迺發轎二槍二繫本藩號帶傔三名僕從廿許輩行列整然頗有俗吏狀態唯轎簾間一柄麈尾風吹長毛毿毿然爲露本相耳左都城端門沿垣堞北出郭門經麴坊四谷至內藤驛天始明親鄰差人送行者皆還此處多侯家莊墅曠然已覺勝於都城中第宅使人生悶想也漸行茅舍竹籬漸入佳境則使從者先後取意而行在轎中覺身輕也回思十數年來跼蹐樊籠中足不出都城門仰面無非貴人腰間傲骨日就痿軟祇以文人無顯職無定局待以閒散稍少拘束足自存已一旦藉公事來此不免衝口稱快迺路傍柴門半掩鼾睡聲聞外自顧號帶閃閃頭上猶艴韜車客也惘然自失作詩嗚之歷高闥石原國領等驛蕎麥芋葉往往被路悉翁蕭然至府中驛午飯則故郡縣時州所治處也自五馬之不莅也三百餘年而僅僅乎三戶聚稍整於前後驛耳問故事則零落殆盡矣唯有八月朔馬市存也方今州陞而都而

猶且揭舊名逼于輦轂下雖上之謙讓未遑乎四代昇平猶之草創時一切權宜之制矣是何啻峽之俗爲樸也顧詰省吾不免唯唯道左一古祠頗幽邃路甚除數圍大杉樹矗立成行徒步循樹而入見石華表折三四臥地祠屋不蔽日木居士若枝解者狀則所謂六所明神者也廡上八景歌詩讀之不上口走出過日野余足跡之所涉州相房上下總皆有是名不知何謂渡玉河官渡也夫海內大川者何限此唯東都數十百萬性命所繫屬其功德亦大哉豈非無情物亦有天倖邪況人乎聞南山亦有玉河而能毒人然而彼迺載諸國風之什而此不顯也不啻人巳沿岸人家養鸕鷀爲生近年來禁殺之令如束溼也吾儕所未經見者則急下舟目屬者久之呑輒出之以口爲尻邪其腹甚傳舍邪所呑者毋迺勝之乎雖然能以其餘餕於人人有賤焉歟迺以鸕鷀所餘者餕於人獲其食也與其已餕之相距僅一間耳甚矣人之艱于生也不覺惻然去之宿八王子城廢久矣勝國時中山氏者守焉而爲其君死之其子孫振振有顯而侯者天道固不誣哉又有奉峽翁主來奔保焉者其裔所謂千槍兵者今猶家焉以故距都城百二十里而街坊脩飾如在郭門內者忽憶嘗見一劍於友人所其精光非常物脊上鐫唐人詩一聯字皆草書勢如飛動雅雋甚則此邑劍工所鑄也召逆旅主人問之曰非也在下原來往尚有數里路以暮故不能往爲之悵然省吾則曰鄕者所過玉河酷似六鄕川哉因思往歲陪板輿游相時事如目見之今則亡矣正其忌日也余亦泣簌簌下不能寢八日雞鳴辭逆旅路入山間頗險由河原驛至駒城嶺尚未辨色有關據嶮而設土人云非天明不得過而關吏旣啓鍵豈候紫氣者邪更入六七里小佛驛在山中出驛而路急險峻嶺四十八盤所謂小佛嶺也云是相武分界處都城至峽道中第一要害近麓有茶店距絕頂六里下嶺六里亦有之而中間十二里不得一滴潤吻山徑詰曲石角磨牙齧人足指一行人困甚而不可已愈上愈峭皆俯爨推轎夫臂在轎中傴僂而坐尚覺仰面跲余童丱時在房陵頗慣羊腸者且

叫未曾有省吾則可知矣時從轎中昂首看一傔在頭上向阪後而行迺悟古人如往而還之妙也山皆灌木蓊蔚無甚大樹山民皆採桑飼蠶左有溪流奇石怪巖峙立其間水衝石成響琤琤然鳴與省吾下轎緣崖而至其處佇立咏吟久之僕夫皆踞崖上吹烟而憩若知樂之者然自此徒步而上將近嶺頭忽聽鹿鳴呦呦然恍乎神往如將逐其群而去者狀崕右有採金處有榜禁帶劍人入洞故不可往視洞口棄黑石屑如炭者蓋金氣烈所燬云已至嶺頂回瞻南北百嶺層出如鵬翅斯張愈出愈開正東豁然遙見一帶遙碧橫附地上則總州諸山也其宅皆蒼濛一色不可識誰為都城矣昨日來懷土之情頗為野趣所奪及至此嶺迺始潸然以謂此其與函嶺鬱翠蓋天之所以限東西者邪此寧可踰而西哉佇轎半晌許不堪嵐氣來侵而後行下盤一二曲俯瞰谷深可千仞人家數楹空翠映發清麗可羨人物皆寸大如眸盤中物迺能活動佛經曰如來躍身虛空百由旬下覽十方國土無量衆生猶如掌中菴摩羅果亦如是邪忽疑青溪豈非郭璞詩中人邪急欲睹其人也則棄轎下忙甚不覺下路嶮似上路至則窮民家也闃茸不可言見一老嫗繿縷百結有孫八九歲菜色如鬼尙訝甚能人語皆愕然余獨癡想未消尙道石髓值叔夜則輒凝結不可餌是安知非雲房先生化丐人也頗見嗤笑過嶺西茶店登降阪路三四歷小原驛四瀨驛驛去小佛嶺十三里民戶頗整竹鼻阪貝皐阪皆下迺識嶺之極高也左側林樹間湘水隱見云是猿橋下流也水色頗恬過美稻驛想春月櫻花當盛開矣阪盡有小猿橋長十二丈跨阜猪川過橋而阪歷藤野村關野驛而又下湘水復見道左隔一小壟轎中可俯窺南崖懸者數丈亂石立水中不知其幾水激洶涌然不似嚮恬然者益下有界河河有小橋則相峽隔岸為界故名已過河行人相逢往往卸笠下馬為識藩號帶故也又上阪至諏訪睛暖轎中搖搖覺生睡皆步至上野原命炊驛舍雖繁不佳涉鶴川而山行過鶴川驛垈尻驛八坪驛蛇城新田狗目驛陟長岑阪阪右古壘跡機山時加藤丹後

者所築壘前一小池土人誇稱峽中八湖之一水旱不涸溢矣是箬井僅容甃者豈湖云乎哉壘亦不甚高而東自小佛西及篠籠南晝鶴縣皆可一眺蓋踰界河而來此足指皆仰漸行漸高不覺其地己與小佛之腹相值耳更前大松樹偃路左枝皆橫指長數丈千年外物也聞昔有一貴人欲捐錢千貫鄭致而不能故名曰千貫松五大夫毋乃嫌其銅臭乎雖然以清高之操而兼富有之稱得非揚州鶴邪踰狗目嶺有新田一名戀塚何物村嫗留此媚嫵之名哉以至鳥澤驛皆山路也日暮僕從疲甚民家遠無炬火前導轎夫脚探巖稜以進時或蹈虛而蹎轎輒跳其肩上不已杭隍欲墜者數遂下轎冥行以及所謂猿橋者處前行者還報橋版穿且梁橈如不支不可行躊躇久之會一傔探店者操炬來店主人亦來迓相語是猿王所架長十一丈達水際三十三尋而水深亦三十三尋則命傔跳身欄外而左手攎欄右手垂炬倒照從旁下瞰黑深火力短不及傔益俛伸其臂遂致火燄逆上欲燒手輒遽棄墜至水際迺滅予緣是得目送及其未滅而覩彷彿也皆如其言橋下無一柱從兩岸累鉅材架起上者必出下者外尺許愈累愈出以得相近而橋之誠神造也崖光滑無縫罅如削立然土人云崖腹有釜神蛇穴焉歲旱民聚汲竭其釜中水蛇見則雨驚問何以得至釜處迺云土人生于土長于水雖束其手足投橋下不死聞者皆吐舌又問崖石如無縫豈苔滑使然歟云連一驛百家在一片石上則是川亦一大石渠耳益駭異聞遂宿于驛夜寒甚九日晏發過駒橋大月二驛大月亦有橋長二十四丈五尺從橋上東北望長嶺連亘數里一巖突起如駝背橐號曰巖殿有七所權現及大士龕皆羽流所奉祠云更半里將近花崎驛路側民家墻上見如白幢蓋者問是何也芙蓉峰也一行二十餘人皆駭然嶽形端正可愛與昨日道中所見大殊朝暉與雪色相映發光彩浮欲流其去轎中甚近亦不甚高喚之欲膺似是村民庭中物問之云去此三十里駐轎探囊中取羅經測之正值午針所嚮則知芙蓉無嚮背者妄矣轎中輒買村醪引滿相迎是

何減尋常重九賞菊花也花崎驛有上下二站初雁驛亦有中下二站卒不知其上站所在豈年紀悠邈地名湮沒無文書可徵歟將別有以歟轎中忽得一聯見花已有東西崎問月何無大小村敲推不成推與省吾亦不能賡足經瀧河原激湍雷轟橋長數丈白野驛有嶺歷葦窪黑坔等驛陟篠籠山山高比小佛嶺未至嶺上二町許有箭立杉大可五圍絕頂有天神祠不知何所香火踰嶺則甘棠縣也數里至駒養驛州之以馬名海內過此以往亦多以命其土不啻此也又三里至鶴瀨驛驛口有川發源天目山龍門度橋有關藩之外門也歷橫吹險路達柏丘村左望柏尾山有大善院相傳長篠之敗合邦糜沸院僧亦懷詛楚之謀問之土人皆彈指詈不休可畏哉勝沼驛人烟繁錢甲峽道日已昃飢甚則使治具店主人報炊熟喚僕從不在皆在葡萄架下買錢亦州之名品也小佛嶺至此將近二百里大氐左大川右峻嶺巖徑崎嶇在亂山萬疊中皆謂信之岐岨紀之熊野不是若也皆目所未睹處亡論其孰爲上此則險矣哉出驛走府城三十里喜皆坦路也過栗原村田中村看將晻皦恐悔不宿勝沼也一更後詣石和驛宿昔藩主十六世祖五郎使君者以軍功食邑于是舊莊尙存夜黑不往十日蚤起涉一川甚淺俗傳昔有厲禁一遷客犯夜驅鸕鷀捕魚以罹顯戮而死冥讁不輕鬼頗見形愬于人僧日蓮者書妙經瀨中石薦之不復見今演劇中鵜養一齣是也逆旅主人送者謂其親親獲石于田中者四下平上圓形類不托摩濯皆有南字愈鮮右新善光寺西行入府城街坊莊麗不甚讓東都館定謁邦大夫具告奉使事偕巡視城中入城門昂視樓甍上無鴟吻怪訊之古爲爾不知以何故也州原監撫潛邸時所封故事親藩不之國以故城唯樓堞內不設殿閣及吾藩胙茅後不得無所營置也是時土木紛興人工蟻聚喧熱可憎趨而過端門內湧溫泉二所已疝已脚氣明人耳目有効竹林門東堤上産玄芝有輪奐勢誦瑞者口嘖嘖不已飯畢上城中最高處所謂天守臺也有垣繚之不可眺唯垣外二尺地若層出者四周之下則石

壁百尺亦眩發不可久立令人至今思之病悸也銃兵頭目清水某者先是奉命剪荆棘刊木通道四縣地人頗號稱識州中山川處所者邦大夫俾其來陪則擧其手歷指相語纚纚然也曰北之山其最遠最峻而岸嶴刺天者金峰也藏王宮之皆黃金地神所甚愛惜以故人往者還必棄其鞋山中跣足出不得拾其一塊石近此一層者爲觚陀爲王子爲冢原爲積翠峯巒倚疊鮮淡如畫更近而一二森又近而躑躅崎右卽藩主壽藏處又益近而夢山大泉寺夢山者僧疎石所咏爲蝴蝶之栩栩乎家山也後泰雲使君一日凱旋所由假寐山上則曾五郎托夢爲其子是爲機山土人游者採石若草木葉歸寘諸枕亦往往獲佳夢云蓋以石和後世以五郎爲字故傅會其說爾大泉寺者富士川之濫觴有池亦名富士卽機山生時所洗浴水也其右有愛宕荒神之山踰嶺則版牆山遠之篠籠山卽東來所道由也益右之驪駒山神坐山三阪嶺大石嶺迦葉阪弓卓嶺鶯嶺環匝以至南其迦葉之上皤然可觀者芙蓉峯小殊昨日所覩則載籍來必隷諸駿者蓋取海驛常時所貫視也其實州抱其半而所拱不合者駿與相迺共之是可不謂寃乎又其右身山綿絡數里而七面嶺覵乎視人皆爲法華僧所窟宅稍低者鰍澤口所在衆山左右東富士川而過此益張遂成灝瀚汪㵼兩州人得通其鑄山煑海之利者以有此又右楢田山益之右則農鳥農牛鳳皇地藏駒嶽次第遞列以北與金峯相接者州殆乎在壺中觀天也其巖然二農之上者謂之白嶺望之稜稜乎可畏鬅鬆之顚每冬時先雪以其皎皎乎莫有草木翳鬱之歟是所以最藉甚乎風人之口歟其皚然其前者謂之三勅使之川川流雖不甚漲獨長阜之彌望白砂湧銀夕陽映之明月借之此其奇觀或云爲地藏嶽之發靈皇華蓋三臨之云左此者山谷之間林木蔚然黑爲市川莊州最饒邑也要之一目千里四嶺層層艮田中闢皆爲膏腴遠之鶴駒縣其東西代棠接壤子午近之遂水爲青龍于左而信駿之驛右稱白虎國史所謂之兜巖之邦者豈不信然乎予與省吾㕁提其口目隨指

移一一應酬之弗暇也雖然風塵之勞一洗爲快而眩不遂發夜訪三宅氏謫居以在吾鼓盆後故喜不勝其悲也十一日觀舊治所邦大夫差小吏一名爲道近巳出館取道城北行四五里而至則方僅二三百步東都一關中侯第大耳壘石不存壍皆湮沒唯土城髣髴乎形勢若有也口凡四似其東者爲端門而內城一層臺址在其西北隅極庳矣嗚呼以機山之英武而擁五州兵威震東諸侯莫有敢抗者迺若是其陋也可謂能以國爲城者矣後主之不能學之宜哉乎導者指其西竹林中是當時夫人衆姬所居也唯隔一條路環以小塹南有部婁數尺登其臺榭或假山所設邪奇石幽葩往往點綴乎榛棘間使人潸然生姑蘇采香之想小吏語曰是竹也闊節而堅緻耐久不蛀大小勻莫有本末是宜旗竿視之果然東與躑躅崎亦隔一道菁莽不可往則沿田間逕而至新布金處上廠群有司皆在有啓行厨者喫松蕈美甚下廠工役雜沓予之所不堪者徑詣壽藏所地高敞景太勝懷中出藩主所製作碑文藁誦之予與省吾四目所眺視毫髮不忒皆嗟嘆以謂神矣藩主明能見千里外也予獨曰吾二人者祗役來此爲是故也而今而後可謂徒行矣皆大笑遂從背後陟山訪躑躅崎緣山脊行里許皆蓁蒙不蹊頗至突傷手足躑躅亦不甚盛及得稍坦處迺機山生平游賞處相傳嘗有小亭在焉唯見數四石頭依俙似柱礎者巳歸與邦大夫謀明日西游事寐則雞鳴矣

物雙松峽中紀行中

十二日平旦右隻羽口而出郭西行初覺轎簾微微搖也遙見前山白草遶峯茸茸然漸行草漸長沒巓迺悟其爲雲氣也頃之有風蓬蓬然北來簾益搖不已轎或欹側不安予怯寒過常人則轎中以外套套頭坐省吾時或見語不應但敎鄉道者報所過地名呻吟聲時時聞予外過冢原村覺轎底瀺灂有泉聲者再問之涉藍河與荒河皆小流也謂荒河古曰忘河壬忠岑所咏也字蓋由草書誤及富竹村又聞泉

聲苦河也經龍王村路稍折北行雖風不衰轎不復欹亦覺不甚寒也路側有二三茶店轎夫放轎大冢下而入店予尚坐轎中蒙頭忽聞冢上高哦日出三竿詩識爲省吾聲口急推外套出轎則誠已三竿矣遂同登冢上四眺芙蓉峯巘然巽上群嶺皆如佝僂然峯形與府城所瞻頗同秖覺右邊有缺登美人側面見頰上一渦歟身山楸澤口白嶺地藏鳳駒諸嶽亦轉分明也立談間肌膚已栗忙上轎路復轉西轎復欹而日色漸午不復蒙頭經幻谷村皆屠家也想烟而不得乞一星火出村踰潮河有橋頗危風轉急轎愈欹迺下轎過橋身著數領綿衣風來時殆不支吾也入薤崎驛風始柔從是信駿孔道驛頗佳不甚寂寞驛右人家竹林間似有小逕逕口有一小碣則走大士洞道也下轎訪之步僅半町許至洞處懸崖數十仞鑿崖腹爲龕龕凡二左安地藏右迺大士像皆空海造中間懸銅鐘一別無奇觀唯磴徑屈曲迺得至龕所甚峻難登磴口有一大石下垂者而磴爲其所蔽如無入處然石右與龕址連俯僂由石下進始得磴磴盡處右龕而左有洞始入洞黑暗左右摸壁而前陟降幾級欲躓者再洞腹稍寬右轉而得洞後口豁然迺明始識橫穿嶺身也口甚窄縱橫可三尺出頭以望新府城蹟在前下皆田疇也召鄉兵鄉道者問此可以詣青城邪則曰太迂矣迺還從入口出一僧年可二十拱立以竢蓋住持僧也庵在龕右平地上蕭然數楹欲相邀至庵進茶慮前途故不往行語出門云此龕八百年前有鬼神一夜鑿崖以奉大士像洞昔年士女進香路也時世替革後村人烟漸繁官爲置站驛而洞前地犁爲耕地故今迺反爲間道耳問癸未冬地震時事則不唯龕洞無恙連庵所亦恬然遂別歷一家村過釜無河灘迤邐北行風猶未已左眺白嶺上黑雲湧出如蒸甑烟憂明日或雨柳澤訪古之弗便也土人迺謂尚隔兩日至祖母石驛云田中有石如老嫗立狀非路所繇故不覩焉驛中有小逕左分薤崎至此爲官道從是取小逕西行涉釜無河身由桐澤而入澤皆石磧縱橫半里許後顧西森則後主移營處俗所謂新府也遥見長崖

數里崖皆懸乖成條矗然如數萬石柱湊成者狀其石飛落處往往嵌空殊爲壯觀澤口盡處右岸上人家數四隱見叢篁間迺折居村也循左岸上小逕南行又見芙蓉峰如笑迎轎前者右有德姓渠前此四五十年德島其姓者激釜無河始爲此渠身三十餘里頭在圓井村西郡皆賴其利云沿渠西行數里至常光寺門前皆田隔田而人家數十作簇即青城村也鄉有司來治餉者偕住持僧出迎揖而入登堂謁藩主先公神主而後往方文話得遺事三條觀機山時舊封劵人名門字皆作問蓋古時爲爾花押亦非時樣者古樸頗有趣頃之供湯餅冷硬不中喫鄉有司所治餉亦成僕從皆食粒寺僧覽先公墳墓碑制比諸今世都下士庶所用者極短小其時俗可想字皆剝落不復存辭出寺則先公莊在焉迺經來時路出桐澤口入折居村過入戶野圓井村果有德渠發源處水聲若雷渡小武川至宮掖村則日暮矣宿土豪家是日寒氣甚肅而村在山中夜出庭俳佪覺月痕頻小樹木蒼然忽視如鬼物怖人狀獨吟猛虎一聲山月高佇立久之入戶省吾既寐十三日出宮掖村經牧原右眺金峰艮方也北則谷鹿嶽西北行入山高村路側有數人俯伏訊之柳澤鄉民來迎也右大武川而西行川出自鳳皇山東南流與小武川合東注釜無河南自青城北至慶來一帶地號武川者由此得焉因憶藩主十二世祖源八府君分封十二子武川地事問其邑所則云三吹在艮六里而近白須在子界以山橫手在戌大武川限之僅可三里許慶來在乾有上下二邑上邑十二三里下邑十五六里上慶來有關曰山口迺信州接界處新奧在宮掖西南山中其東北而馬場東南而山寺各有多少路併來路所由青城牧原宮掖皆十二族所姓受者也忽睹金峰轉東則出府城已五十里州境之將窮也駒嶽亦來逼轎前望之山之不毛者三成似焦石疊起者巖稜角歷歷可數形勢巍然不似前此芙蓉峰笑容相逆者相傳豐聰王所畜驪駒飲是溪而生山上莫有祠宇山猱木客往往而逢以故土人不敢登昔有一人蘊而勇齋三日糧以躋絕頂見一老翁相

責曰此上仙福地非若曹所涉處捽其髮放巖下則恍然已在己家屋山後矣問鳳皇山則神鳥來栖處字或作法王法王大日也現瑞山上或曰法王謫東時陟此山望京師予疑其爲道鏡也語未已已至柳澤村口有星山故城左側忝田中插竹表識處謂是使君舊莊其西十步許昔時有大柳樹是邑所名者已枯矣問此去餓鬼嗌幾多則在邑西南山中十里許促邑民引至其處皆搖頭懲其險隘不可往也強而後可之濟石空川穿田禾中漸入山間石角碍轎荊棘曳衣左縈右廻不知其爲幾十百折也轎已不可行則皆步可五六里而至山姜澤迺見右畔崩崖中一種無名野草茁出也自此兩山夾徑徑稍險惡時時石尖砭足不可闊步後顧省吾尚隔一重巖隈頗如欲及者狀則輒興發欲小試登山脚迺跳躍以進邑民引路者亦喘喘然己至一巘突然橫在前者下謂是第一關巘上爲千里眼兵部君辟難餓鬼嗌時是其待暴客處也路左[illegible]過巘崖下半爲溪流谿極細水皆環繞亂磯間其聲可聽崖下路忽闊忽窄右眺山腹稍平處曰逸見壘處左指兩山相擁最深處謂是山高壘處名櫟平更行一二町無復蹊徑左崖崩可數丈亂石無數狼籍相倚勢殊可畏溪流皆右避而行崖根悉露路蓋爲其齧齧也云前此七年庚辰八月十五日大風雨山大震崖上大石飛落者不知數此至餓鬼嗌口皆爾毒水流出皆綠色味鹹酸螫舌下緣石空川注柳澤山高兩邑田禾皆爲醃漬荒廢不少是爲邑所最疾苦立談間省吾亦至則與邑民謀路所由得樵蹊緣山腹以至一崖上草蓁翳薈高僅六七尺下瞰小澗甚淺石頭出水者若干穿榛下崖擽石而蹈過澗至隘口處水果深綠似染家煮藍草汁崩石皆焦色其理縱橫裂石下有如瀝青者流出沕沕然乾者凝塊土人號曰巖礬不知爲何用也俯窺水中石間往往有金色砂水搖則鑠鑠然可愛前望瀑布三級珠奔玉響可以洗耳頗疑桃源辟秦人今尚在此中也左則餓鬼嗌也其高不知幾十百仞闊僅五六尺峻不可言皆石塊白沙無水欲流脚無可措手亦不得攀據仰視惘然久之邑人

亦勸還予與省吾奮然相謂銜命來此豈可徒還且也當昔避難者雖藩主先公是寧匪人哉相目直登砂果流墜脚不支者數迺得巖稜一脚踏而一脚探探有所得砂礫既沒後踝抽趾稍猛石轉擊在後者偶得樹根橫出者喜甚一行二十八人佝僂以進時時抽身輕跳身輕脚健者常得在前而後者每困沙石爭競相推不覺氣息弗接比及中途顧省吾憊甚迺問土人下路安在則云唯是耳因語省吾可以反命邪省吾激甚厲聲謂曰大丈夫等死當死冷石上言訖直前遂得至絕頂處崖崩壓路不可至壘所右登小壟壟上被以迷陽刺手傷足衣皆爲勾破所帶刀劍室亦悉作爪痕省吾即坐不言半晌許予探腰下葫蘆得艸還以啜之迺醒其恒苦葶食故飢憊也前望壘所迺峻嶺盤曲處中間稍平者可三四十步闊僅十數步後崇前庳腹寬口窄似地獄變相中谽口鬼細嗌大肚者狀故土俗命名爾遠視皚皚似亦皆砂礫也一巖突臨其右下嵌空如洞亦可容數人也聞兵部府君匿此以俟河淸而邑人祖先多產于此者不知當時婦女弓鞋緣何得登也豈世亂健婦皆娘子軍率然壟前隔一壑艸樹蓊蔚水聲洶湧不知高深召土人前行芟斬擬蹈壘地皆飢甚苦懟不已迺慨然曰使予二人不得躡桃花源頭處亦命矣哉下壟取原道投足砂阪五尺軀之所壓與砂相得而走走卒七八尺若丈許得石角方輟足頃之背後二十人相推而下砂礫爲其益急人砂之相爲勢如建瓴相似有仰偃以背乘砂走者有失一足愕然膝䩭就以臀代其趾者轉眄閒不覺至嚮潤處則振衣立澗中石出者上相顧謂上阪時將謂里許今則似不滿百步現成阪路緣何一脩一短豈山上實有神仙者爲嫌俗物來故驅逐出之邪俯就崖側採巖䔧及焦石裂紋者又就掬澗中金砂則閃閃如避人手者狀踰澗上壟行話問嚮者壘所嶺後則鶻𪁺澳者即大武川曲極奧絕處岸闊嶺峻唯鳥道在焉又云此去十二三里有一條故壘石室可受二三十人堂房㸌扃儼然可識而不審其的在何代爲何事意者譜牒中忠賴者隱也或行或語千里眼忽在頭上踞路

側樹根以憩見一傔後來喘息頗蟲曰試嘗毒水故後也驚問之則曰小人生于東輿而從少時習聞毛人氏事焉毛人造毒箭往山中採草擣泥置少許舌尖上以驗其毒猛者舌輒裂緩者裂亦緩始小人聞毒水時忽憶此事也下澗掬其水綠稍淺者以傅舌上半晌許而舌無恙但覺其味鹹酸耳則旋嘗其色稍濃者亦不裂淡濃等差凡五次而終無它異遂飲至斗許尙健若是也喘者爲其後故也人皆笑輿人憨其性爲爾而渠猶且詬責土人妄語無毒謂有毒不休也會邑人牽鞍馬二頭來候與省吾各騎眞歎段也渡石空川右村北行得柳灣寺及先公內眷觀花等處過里正家供饋餠卻之則云此今秋熟者小人未嘗敢先食也今弊村有天幸再籍藩封中而昨聞二官人來臨訪探先公時營壘處以知藩主奉祖宗之心亦不棄小民也故相聚炊饋治醴自相慶者是盍可薦乎迺舉一箸而出邑人送至界上膜拜別去至宮掖巳過午矣治僕人食山村不慣行人炊熟太遲比發將晡時也過釜無河灘轎夫困灘石放轎息其肩者不啻數次省吾乘間袖一石如帶雪嶺者相視而轎夫則不知迺苦轎緣何俄重邪爲其有阿章癖故也予則思昨游大士洞洞壁瑩白可題名而匆匆不題也與省吾擬再過洞中將近韮崎驛會僕從皆懣憊則命貸馬各跨之皆驩甚閴然過驛里許而後悟大士洞之在後也則憾甚不及日巳沈西轎夫益力轎益搖不已呻吟間不覺睡生遠樹中鐘聲開眼則月出東山上路傍樹葉石頭皆已露下人衣上亦覺有光晶熒相射疑是何境界也舉目遠眺倒峯側崖長嶺短巘奇狀千態千態如流皆與月露相爲色也入眼輒移無處捉摸思句欲成復爲別境撩亂忙謀更張巍巍湯湯之調迺變轎行如飛境不待筆景似避詩而逃也比及二更至府下館所而吟終不成矣館主人久立門首相勞慰而入亂甚猶且痴興之不可已也推窗引月偕清光同寢十四日僕痛故不發巡視府下街坊貨物山積其土産所冠它州者葡萄梨栗柹核桃烟草松蕈石耳凡百漆器疊席絹紬金鉛銅鐵錫良材怪石是爲最魚則多緌魚而

無鯉鯽海鮮亦從鰍澤口船致罕故貴往歲皇子良純謫居是州一日因聽杜鵑動其懷都之心作和歌一首自此不復鳴矣予疑其似鳥羽帝隱岐島事也近郊過一蓮寺游行僧所住持也昔朔日上人者紉之寺原在今府城處地名一條則所謂源八府君者所爲揷一莖草而神祖入州乞以置府別賜今地移寺居焉府君及上人墓見在城中訪之邦大夫皆不復識其處所也慕往新善光寺試其所謂燈臺佛者無復有輕重皆謂佛菩薩似不爲書生地也復遣僕人試之亦爾則見以爲書生所音奴邪夜詣邦大夫別告以使事已竣明日還也

物雙松峽中紀行下

十五日五更發取道板墻當過惠林寺訪鹽山上天目也天暗且雨憶武川人所言驗矣坐轎中油幕上覆眼界猶無處建立但足續枕上夢耳候吏高唱左有酒折宮當下轎則下入華表祠二云菅神與八幡也昔倭武東征還從筑波閱十日至是作歌歌之群臣不能和一操燭丈人賡成後世業聯歌者所崇祠事見國史古者廷臣之血食外州皆以天神稱而土官號國神以別之其以和歌著也亦謂之和歌宮而八幡神有少宮者而菅天神之名獨顯於海內少與和歌土音易淆則亦謬傳者爾行五六里至櫻井村而噐是機山時稱爲善聽訟者所食邑也稍離村左有舟山有大藏寺隱然乎見烟雨中也由山崎村而左循田中小逕逕甚曲轎頭或南或北雨益甚烟益濛疑在雲氣中行也忽見數十百株樹羅立道左但露去地以上三四尺其它則鴻毛一氣併與太虛空裏藏之右眺六七里長遙嶺如帶斜覺作兩層色皆縹碧而雨氣所映鮮發不可言則出頭轎中喚省吾指示也六吽一聲不覺絕倒路益而轎夫幾乎躓徐則曰安所倩少文時畫家子以爲終身臥游具哉蓋其癖又來也訪山梨岡何在北行數十步右眺鹽山左過鍼目寺前益左詣岡下有祠即祀典所載山梨岡社者也踰華表有橋穹窿然橋有屋覆積禾其中

不可行則躡闌干外寸許版而行機山時禁榜猶釘廊椽花押如鮮入廊祠祝出候殿甚古彤髹剝落柱皆成蠹蚌痕殿扉雕鏤頗纖巧云是武田番匠者造蓋曩時工人食禀者如它州稱飛驒匠也前有木刻獨足獸一祠祝不識爲何獸問祠奉何神即大山祇也傳云山之怪夔魍魎豈是邪觀機山賜其先人書及其時有司官劵二道辭頗懇視省吾撰劍首有倦態迺起送出指華表北一石大可五六尺而謂是郡之鎮石歲時有事祠中輒所徙神輿奠幣牲處就視傍作皺紋如綿絮狀厚纔數寸不能識其入地深幾百千尺也出村候吏報兜山在左方嶺上去予轎處里許雲霧封不得覩其眞形蓋兜鍪云更過一二小村又屈曲行田逕經萬力渡蓬水一名子酉川爲從府城北流而東而南西循行十二位與釜無合但缺戌亥不周故名爲其國語又有操音意故亦名歟行哉川乎川等邑有七日市三日市則嶺南亥市類耳至惠林寺謁視山門上有鐘僧快川入定大火聚處謁機山像相傳其時召工弘清者來洛對而爲之既成酷肖曼陀羅中不動明王者貌也遂命螺其髻跏其趺左手操索右手握劍燒頭髮調釆色之於今諦視但肉法及胸膺膊上有長毫爲非明王耳僧語此地爲牧莊或號馬城始爲源道蘊邑世所稱二階堂出羽入道者也道蘊請疎石開山芴室前心字池即國師遺蹟往視右二點爲沙土堋所沒矣及機山時從正法請快川來住持在永祿六年而封劵署七年請出觀之其文詞極恭量田帳籍心縫處印福祿二字圓徑八分許總計處精字亦圓一寸二分蓋當時鄉有司所用官印皆色朱今俗間所罕見也又云機山影原在小松下世後七年始從此壬午之亂兵燹燼殿閣宅佛像什物皆所掠盡唯此與所奉釋迦文拈華像僧末宗者負謁神祖寺迺復舊觀又覽牧溪畫羅漢唯存二幀則第九第十尊者也快川題署其背墨瀋若新可翁畫海島大士像亦佳筆也又云更入山十二三里有淨居寺奉天王像機山伐駿時夢藉其力高大夫軍鑑謂之上求寺不動尊者訛傳也話間忽移棒河漏粫至蕈爲羹皆芳潔適口知香

積之富也辭出門南行過東方村詣鹽山是和歌者流所稱爲名區者其與海相去遼遠豈芙蓉未從地出時潮汐所激邪將地產鹵鹽或如解池蜀井邪不啻此也州之與信連而及隸海道者皆疑矣問指出礙何則候吏失笑而後徐徐對曰此石和入府城道中可望焉予之緣名近而謂其在此也山門跨橋上扁向嶽寺三字又鐫慧光大圓禪師六字卽機山爲拔隊奏請也與吾府公所爲高泉請謚不差一字可怪堂後禪師像冷骨癯貌而有肫然愬至象目精嵌玉烱然如射人衣上漆光如鐵可想其人數十百年後名手造也像左袈裟一副摺疊處皆斷初看如淡黃翻其裏紅彩隱然乎絲理年久壞也哲那環徑三寸合笏剞其中裁而圓之膚皆向外其合縫處漆力盡皆綻矣右有拄杖一不知何材輕甚深黑色作皺皴狀長七尺二寸三分兩梢頗細上梢三寸七分下梢六寸處皆作貫珠形去上梢四尺處有探水繫棕櫚扇一拂子一扇闊七寸二分長一尺柄六寸七分拂唯柄長八寸五分存矣東有峻翁像亦頗肖矚殊甚其第二祖也西侍者像忘其名年二十四五許目銳皆指角英氣覺逼人皆戴帽五山諸寺一樣形制也從殿左至明白菴寺規榜文極陋住持僧頗似持律比丘矜持焉者子院四十州中菴院隸者百餘其在它州悉爲有勢力者奪取也出見古書畫閟山禪師二幅其一只無常迅速惜時不待人作二行書印在行間其一居一切時不起妄念於諸妄心亦不息滅亦二行印在尾上大下小皆無名欵字不惹塵埃其人胸中可想省吾則指只惜二字示予似疑笠上笠者峻翁一幅下火語也印亦上大下小在後二行間字弱甚畫達磨一幅上有蜀僧道隆賛題曰爲𪧐然居士拜賛寺僧謂其鎌府始主也是否又云是毗首羯磨畫夫巧匠天以筆墨代斤斵自昔未聞可謂時時出神通楊補之梅二幀皆五寸闊錢舜舉芙蓉雪舟雁皆佳僧又云昔寺藏東坡竹補之梅大幀爲一官人請去其人易以宅畫因剪原幀二寸許接在所易畫上以存舊物予笑其用心勤矣哉古銅磬一金山來也僧家常用如仰盂形者徑一尺五寸六分

厚六分銅色粹美不可言緣邊有題署細腳皆鎚痕作字不須刀鑿讀之湻熙三年十二月十二日造三字作癸為異僧奮腕作勢而打者三聲震山谷不絕半時許遂遍覽寺境堂後大士閣勝和尚鎖眞身處其西南垣內大杉樹三郎使君藏鎧處今移在於曾神祠其西無量壽佛堂南慈氏堂即葬峻翁處佛殿西有五司寮其南禪堂禪師以其師像代聖僧其師者所謂三光國濟禪師者也諸堂皆華樣如今黃檗規制也薄暮雨不已辭出門過鹽後村涉面川宿勝沼驛夜半地大震思親之心俄甚十六日衝雨東行路側葡萄架采摘殆盡蕭然似非復來路也上柏尾山石磴如都下愛宕高寺僧誇說福原鎌府室町世世霸主文券存又巨勢金岡畫不動幅廣丈二希代物也為急行故不請觀村口有大橋橫吹川也陰雨與溪流助勢喧豗然物候之驟殊疑取宅道還也至鶴瀨關吏迎謁擇店之可宿留一傔看裝還出關由橋前左山行一里許有諏訪祠始則與都道但隔一川行人之語驛豎之歌往往相聞衣皂白尚可辨識漸行所隔之川又隔山其水聲漸不聞寥寂甚土人指語云後主之棄新府東遁也鶴縣違順迺不得已將固天目山時猶莫有是路冒翳排薈緣前山以進鄉豪士兵處處屯結助逆盜賊蠭生聲勢相扇將校扈從士日日減竈夫人侍姬徒跣荊棘中路草為之色變父老目擊其事者傳言至今尚為潸然予與省吾不覺歔欷久之山徑忽東忽北足指稍稍向上過水垈村時有陟降右沿一溪則龍門下流也率行五六里而至景德院雨亦小歇山門南向入門謁後主廟後主郎君夫人影像皆新造者太俗不可觀僧麟岳圓首座將校從死者三十三人㒵氏輩十六人皆牌子也廟前有後主所踞自裁者石二竹落其外謁畢詣籌室與住持僧語似有道骨者問遺墳所在則云始後主兵解時闔州麻亂莫有為修後事者僧拈橋者在廣嚴院聞之來赴既過七日屍血淋漓君臣不辨迺同葬一壙即今建廟處以故別無窣堵所一二年後神祖命伊奈熊三者建寺奉祀特賜六七里地供香火而猶且草創寺莫有所名之州檄郡符但

以田野精舍爲稱七八年後始得成寺云拈橋巳順世後住者貪暴不作佛事迺採伐境內竹樹圖貨殖爲務則勝國遺臣來事神祖者皆憤甚更請良尊者居之而使寺境不復隸廣嚴矣良尊復推其師肯山者爲祖以故拈橋遂湮沒不傳焉後主廟貌皆二三十年前所營置而從死諸臣姓名亦緣小幡氏者作牌寄送然後可得而言也畧已斜則相訣下山行數百步有路右分似入村小徑者予不以爲意沿阪更下可百步行且覓走天目道逢樵子立語迺識嚮者是也反而道焉初見石田夾徑往往而在疑樵子之吾誑也愈行愈遠又疑其眞謫語邪更無隻影從誰而質之大氐八九里間左傍山迺右山稍闢阻之以水水左則左擔影可鑒左右遠近之迭代洗耳之聲皆水而娛目者無非山而後知其不入間地也山間稍坦者曰屋形平卽典厩使君者昔居之皆踞坦處憩息雨益歇頃之仰看雲裂處處見青天熱蒸倏甚皆袒膊而行至枕阪相傳古時有龍伯氏之子蹈蓬山而疲菌芙蓉而臥是其枕也右瞻龍門瀑響猛甚但匹練之色不懸于天而布諸地者豈陵谷之數福地弗免邪更行見人家數四騑椽實箔上問何爲也淪殺其味作爲餌也予憫然丐數顆袂之省吾顧曰知棲雲之非遠也以何故詩不云乎白雲生處有人家以是故也相笑而行果得寺門未至十許步路在側小亭安地藏像前有石名息壤始業海西歸行求山水之肖天目者至是罷甚趺石以睡忽開目見一磁椀因憶在茗源與其師中峰約遇天目輒止遂登山四眺果獲勝地出所背中峰像建龕若奉之則今棲雲寺土人云也以國言磁椀爲天目而傳益以空海三鈷事世俗所傳語率此類耳山門曰對嶽閣影堂曰傳燈菴有所背來中峰像豐胖覺有智福相哲那環作六角記鹽山拔隊像衣上者亦爾則其時尙之也右有業海像亦豐而少骨目視望羊然俱較諸鹽山諸師者精彩若在雁行爲其不嵌睛玉故也凡百工巧中華爲精是獨不然者豈物各有所長邪抑唐代之遺施之吾東方也入方丈啜苦茗喚僧語曰機山七世祖明菴使君造是寺山原名木賊山入更

深有使君養痾處寺罹壬午之災其所爲興復者莫有大有力戮助而陋樸如所見矣封租四十八貫今而廲廲乎四石二斗云訊所謂十境者出業海及使君歌詩一版相示愬其字畫漫漶予慨然誓捐背重新之僧合掌曰多少福田予曰是不爲福田亦不爲名高僧惘然其十境者雷鼺峽山神廟飛猿嶺梵音洞金剛窟忿怒巖天目井井龍門對岳傳燈爲十索其處僧指寺西長嶺如屏障然見百千王孫相負攜纍纍乎垂樹枝間熙也問其它六者則云路甚遠且荆棘鉤衣不可行矣予及省吾强之迺云無可觀色頗憚然向行童喃喃不休若將喚寺戶來芟路者狀慮其妨農收也意廢而止僧則云影堂前大樹每夏夜有三寶鳥來鳴又有神燈來往富嶽夕納涼人多見之又大風或失火必聖僧現瑞種種絮話似爲十境補興者頗猒之即出始上山時得一聯云凝鞋冷石如留我植杖白雲來媚人及還賡成覺歸興之轉佳也寧僧之敗興俾境之無僧者頓覺勝邪未暮至所擇宿鶴瀨人家宿家雖隘而主人頗能話話及天目事主人失驚云何得無宅問之則山中故嘗有木客善撩人迺悟嚮者僧憚爲導爲是故也嗚呼俾我不得[illegible]若源之奇者僧慈悲心也夫木客善吟詩豈必畏人哉雖曰畏人亦何怨吾儕是則可謂過慮矣且聞山與在浙者騈其奇絕而千載寥寥不施譽於翰墨間戞戞乎淨老十首寧足摅其烟霞之趣使山靈木客作詡詡面孔向世人哉雖然不啻吾二子者無山緣焉迺山之無詩緣也亦其護拙忌吾二子者也又問勝國間事今景德院門前處其時有二三人家後主之走至此追者旣逼則納夫人衆姬妾一民家其人名清右其子孫見在眴語其時事時會積茅于庭場命搬以擁塞其門口呼一炬火之侍女輩或有走出者皆砍投諸谿烟中南牟聲與哭泣俱聞後主曰今而心頭無罣碍其烈可知迺覔地稍高者得今構廟處出寶甲盾無者衣郎君土屋宗藏爲之師顚沛間其執禮不苟者如是後主則提偃月刀欲出奮戰宗藏諫曰主君則新羅三郎宗統所在承二十八世社稷之重上天之不吊一旦運移業巳至是而

豈可放匹夫之勇授首奴子輩哉後主抑憤解甲端坐石上使宗藏奉刃既終或云使小原丹後也從行將校皆耦互刺以死最後宗藏及僧麟岳在岳謂弓刀之士方其運刃自屠力或不足欲死而不能呼吸綫存是豈不大不可欲事哉僧則亡害也迺使宗藏先審睇其克襄事而後岳以口伏刀鋒貫其背死世謂後主殞於攢戟下者傳聞之誤也予始拜後主影像猶如不拜然至是不勝悚然十七日中夜蓐食迺發上篠籠半嶺天稍稍明深谷底人家雞聲遙聞山登比岱山之崇哉雖然意渴日觀之勝甚使從者推輴而上及至巔遠黛中往往亘紅濃淡相暈覺群山之豔於來時獨憾小佛蔽虧不得眺其虹旌澤旗後前導擁之繽紛鎔金之在冶其大幾十餘丈也輿之輿歸思相壯步而走飛而下嶺至麓顧仰之省吾尚在山腹喘吁吁然經黑岱初雁花崎諸站歇于猿橋予囊中典嚮所丐杍實甚索之不得省吾笑曰未聞公之爲狙公杍實遂何用曰嘻方我之在南豫章天譴未霽親覲及諸所知識厚祿者無半字相問是以日夜奔走窮山谷間與牧豎耕夫伍備嘗稼穡之所艱難十數年間其所餬口四方者大氐盤中堆盛藜藿芹藻荒歲則草根樹皮居其大半糅以半掬許菽麥其所貢公上香稻白秔悉皆眼飽而口未熟一霑大恩來所事之主雖有大小朝廷之分合而計之可得六七百石米其所下箸雖未能繪五侯之所贈遺如樓氏之子而亦不至借九許韭以諱其窶也況此行軺車之所經鄉有司戒前郵丞里正扶服道左遇者下馬言者鞠躬如遂忘昔吾自以固有之也及覩其人狙同糧者爽然自失忽復悟前身矣因思不啻我也其生長東都以老死恩澤中者則前身皆隔生哉故我懇丐四五還都後將以饋吾黨紈絝之子俾其獲所謂宿命通者是豈非四五善知識邪善知識而失之是豈不可求之太急邪足下何以笑諸則省吾唯唯腹笑其迂也逆旅主人不知何人年方冠介予所從傔乞留詩奇之甚需燈心紙展而書途中一二首又作五奇畢之經馬澤至狗目驛蓋驛戶自非綰海內之孔道巡逑所皆絲冠蓋相望蜚騎塵鶩若

東海一路者則其所朝夕資家口必旁資耕穡用供公上之需也況自有東都來幾十百年峽之成藩寔昉今日而就封之命未下國臣挈內屬于州者或鮮矣是乃本道之馬豈能昧爽裝鞍立槽終日仰秣以竢寥寥之人影邪毋怪其客至而喚馬于田之遲緩也要之非驛戶之資耕而耕夫之供驛者則亦其心厭驛之妨耕者已以故吾發府城後欠伸之聲必發于驛天目之游巳竣思家之心如火斯急而其身雖在轎中乎有馱包焉有罷僕焉不克棄而獨前悆悆不堪驛夫之若將終日于是也於是轎夫放轎驛側者久之予偷出轎獨行而省吾及從者不知也行蓋三四百步許陟一丘而竢而皆不至翹首以望林杪之間亦不見號槍之尖四顧皆青山興益佳慨然又謂寧且行矣此至笹尾道直如髮獨行不歧迷是何假嚮導者哉渠其即轎之輕而識吾之不在即吾之不在而直追以及之焉耳乎山谷間雖狐狸長兒孫處是何干茂卿事更有狼與封豕乎峽中是物故嘗不害于人景德寺僧云乎爾也悆益前行不顧矣時谿秋望烟凝山紫夕陽之借色霞霞之借色紅樹而紅樹之經幾霜于來時其色之與歸心益深也目以娛乎足留心以感也步急翁嫗在穫婦子戴餉田皆路左右夾之行語相答侶伴處處有之也黃雲多捲稻禾之大訊之年豐故歷笹尾至鶴川後顧尚杳然迺踞驛人家門傍石丐火吸烟二三管忽聞人語讙然者即諸人後至也眂之喘且汗相笑偕宿于上野原十八日始自予在藩邸中與省吾雅相善予今年四十一省吾三十九而顏色老矣然予多病善臥其於所噉食頗不及省吾性亦嬾甚又有子房疾行則鴻雁步不能致遠省吾則幼學擊劍甚口使氣忼慨舉止甚急促故予或有粥飯僧之誚而省吾不免名在儒俠間也素常每相見輒必善謔紛然競相誇其健壯以鬬其歲云及在此行涉歷峻危予業已性畏蓐食且便山行故省吾每爲所嬴不能莫所憒怪至是日以將踰小佛嶺中夜起治食凡醬豉峽中所造極臭惡味不佳爲其止幽菽不劑麴糵且貫索懸之屋頰帶塵煤故也曾行厨中者竭乏以取給店主人

是以予亦不復能健啖食而省吾暗喜甚巳出驛而過關野美稻等處右盼湘水上烟霧蒙蒙然皆云近冬水方洌也稍稍至小佛嶺技癢復發不得忍則下轎而徒省吾傴僂抱持馬背以下險其尻時時高如野鶴之啄衆皆危之不聽可下嶺三分之一予巳飢憊欲上轎則仰面視羊腸上省吾儼然據鞍以臨之恐其望見而嗤笑之也急取翳薈處喚轎而上之而省吾迺謂前去久不見影矣盡下嶺竊巳下轎踞路旁巖崖上故爲飛走下嶺者相迎而笑不已省吾以爲信然猶尙左支右吾陽誇不屈久之從行者鼻間微有若匿笑者態省吾迺悟驩呼云果然果然遂一行鬨然聲聞里許蓋本月初七發東都以至今日凡一十有二日省吾唯是時爲最得意云駒城嶺下中火而宿府中驛井水會竭而從者皆不得洗浴然皆困極臥輒熟寐十九日日晏迺起皆狼狽治裝輒發午時抵藩邸反命藩主欣然慰勞之且賜以一絕曰

明時爲客總無慙惹得風流使者名自此予家蓄風流使者印云

物雙松與富春山人書二

闊哉足下近況何似五月香老書至知足下浴痾温泉也方其時不佞亦伏枕者久矣藉是不能作報香老又不能問足下一字中間功令所驅輿疾移居復有喪女之戚加以虛名所使權貴側目流言盞涌不佞乃以定力勝之則丸止甌臾居室苟合秋冬之際疾亦漸瘥祗逝者不復返耳因思足下之喪鐵兒哀亦如之今與足下皆孑孑乎相望千里之外不知足下以何耗磨壯心邪不佞晚知天命業巳作身後計以足下舊交故悉諸別幅足下其知之東壁遺文未能上梓末永七郞竟不至又聞朴道師西還足下落莫可知巳孟光無恙井白之勞可想巳

不佞好古文辭足下所知也近來閒居無事輒取六經以讀之稍稍知古言不與今言同也迺徧采秦漢以上古言以求之而後悟宋儒之妄焉宋儒皆以今言視古言宜其舊沒理窟矣李攀龍王元美僅爲文

章之士不佞乃以天之寵靈而得明六經之道豈非大幸邪蓋中華聖人之邦孔子歿而垂二千年猶且莫有乎爾迺以東夷之人而得聖人之道於遺經者亦李王二先生之賜也足下吾黨祭酒故以告知

物雙松與藪震菴書 答問

承問本邦所傳樂爲三代之聲邪將秦漢耶魏晉耶其中亦必有雅俗之分也是豈予所能知哉雖然本邦之樂隋以前所傳謂之古樂唐時所傳謂之新樂而考其制則六朝以前之聲也何則古樂唯五調至於唐代始設八十四調而本邦所傳亦唯五調故知其然也或謂亦八十四調中僅傳其五者非矣驗諸箏法可知已是不佞所以斷爲三代遺音也至於其曲則五常樂蓋古虞韶之遺武昌樂亦大武之遺安世樂卽漢高祖時唐山夫人所作安世房中歌乃二南之遺也王昭君亦漢樂秋風樂乃魏鐃歌之一曲白柱卽白苧晉樂想夫憐卽南齊王儉相府蓮皆以音近悞採桑亦齊梁樂蘭陵王乃北齊樂其泛龍舟玉樹後庭花陳樂也秦王破陣樂慶雲樂赤白桃李花甘州傾盃樂夜半樂長慶子皆唐樂其它見於唐羯鼓錄者七十餘曲現存焉其曲雖雜乎唐然皆裁其聲以五調行之則皆三代之遺也樂器唯笙笛爲古觱篥箏琵琶羯皷皆俗樂器也但箏彈法蓋古彈瑟法要之衆曲衆器皆屬唐以前焉以今觀之雖非三代亦今之古也聞足下學觱栗觱栗卽笳萬一羅塲有事守城受圍月夜吹之必有劉琨却胡之妙矣

承問今人聞樂多是惘然是無它故乃其辭不傳故也其辭所以不傳之故乃華音不便於倭口耳其辭不傳則意義不可得而知之惘然者不亦宜乎夫唯以音而已矣則鳥語鶯啼風籟水聲是其類也叚使俗箏三絃不歌而奏之亦鳥語鶯啼之類然人或能愛彼而不愛此者雅俗之分也雅俗之分乃在習熟習乎雅則愛雅習乎俗則愛俗故聖人制雅樂以移人心豈有它術哉亦習而已矣足下所謂不稔熟者亦得此意矣竊嘗思之樂有和有應有節俗箏三絃無和俗謠併和與應亦無之唯有節而已矣而其所

謂節者樂與俗箏三絃俗謠亦皆不同也樂之節緩而簡俗箏三絃之節繁而巧俗謠之節迫人以勢也應者歌黃鐘則絃亦奏黃鐘歌南呂則絃亦奏南呂歌高則絃隨而高歌低則絃隨而低宛轉曲節歌與絃相依不離是俗箏三絃所以極近人情也和者謂以隔八隔六和之歌黃鐘則以林鐘或仲呂和之歌林鐘則以太蔟或黃鍾和之是俗耳所不能知而合異成文之道存焉故和者道也應者情也節者法也聖人之治立法行道以合人情三者備矣世俗不知道但喜合其情故俗箏三絃有應而無和也至於武人之治則本不知道亦不問人情一以法度驅迫之故室町作俗謠無和無應唯有鼓節耳◯承問箏和琴有譜乎否箏自有箏譜和琴自有和琴譜然其譜不可唱故以笙篳篥譜行之可也◯承問樂中只箏笙備呂律乎否和琴五律篳篥箏七律笛八律箏九律琵琶十律而大氏樂曲所用不過於五律七律所謂宮商角徵羽變宮變徵也◯承問十二調中何律本邦伶工家說一越調爲黃鍾斷金調爲太呂次第排布可知也不佞所見則不然黃鐘調爲黃鐘鸞磬調爲太呂次第排布至於鳧鐘調爲應鐘此求諸尺度及樂諸家說所得也而其所以誤之故則古時歌奏異調歌黃鐘則奏林鐘奏黃鐘則歌中呂而伶工家不知歌止知奏故直以黃鐘爲林鐘中呂爲黃鐘耳◯承問本邦亦有琴瑟乎否按源氏物語諸書古亦有琴五六百年來廢而不傳矣嘗訪諸狛近寬渠家有猗蘭琴譜予借而覽之乃隋人作桓武以前箏蹟其譜與明朝琴譜大異乃知古樂中華失傳而我邦有之按其譜而鼓琴亦容易耳所悲臺閣皆不學不能讀其書况伶工乎瑟本邦古書罕見矣◯承問語助助語辭有何差別尹公之他註曰之語助辭此外更有何義乎譬如和人名有權助有權之助耳◯承問熊澤集書不佞未見其書曾聞其人太聰明蓋百年來儒者巨擘人才則熊澤學問則仁齋餘子碌碌未足數也◯承問學則誠類爾圖送香洲序者也是古文中李于鱗體耳其實古文辭何必皆難讀客歲墨子歸時所奉書亦皆古文辭也要觀其行文如

何耳吾眎猶彼言吾邦視中國亦猶中國眎吾邦以爲侏離鴂舌者比也尙且象之言中國無象故以畫傳之象者像也字書有此說副墨之子指和訓洛誦之孫指廻環顚倒之讀句有須須者鬚也丁有尾出莊子借以言訓點也兜昧夷狄之樂也○承問五解古樂府謂章爲解出樂府諸書

又

鄕辱尺牘幷惠香蕈君子之言侑以大國之羙野夫何德而勞遠情之頻繁也伏惟足下健食之狀婾快哉如不佞者一臥十有餘旬猶未起加以第宅之令下都人士爲是騷然則輿疾以徙西郊人事旁午琴書狼藉與湯液之具相仍乎湫隘之中焉本月初七日又値哭女之慼於是乎懼人壽之難永天命之不遠約情節哀乃取平生所講論者著之篇日矻矻乎與二三子唔咿相讎庶以裨補聖道之萬一而答皇天之寵靈者是不佞知命之急務也其所以報足下之緩者以此願恕其罪焉水足氏之子神童哉亦豈以不佞而傳邪然以有足下之言而思所以弁其卷者而未之有得也請少斯須之其書未報足下其致意投筆頭岑岑然不備

又

辱華牘平安之報深可欣慰不佞亦劣劣依舊耳論語徵旋次修改亦必費一生之力也養姪爲嗣亦且從國俗何賀之有哉承問數件具別幅不旣

承問今所傳陵王破卽蘭陵王也否是此方或稱羅陵王蘭羅音訛耳破慢也樂有急慢此方訛慢爲破如菩薩蠻此方亦謂之菩薩破可見蠻慢破皆一音訛轉耳○承問此方彈箏法卽古彈瑟法者魏書載繼儒論彈瑟法正同故知其然也○承問笙九律千下二管南呂十管舞射乙八二管林鐘工言二管姑洗美管應鐘一七二管太蔟行乙二管黃鐘上几二管中呂比管夾鐘是十二律尙少蕤賓夷則太呂故

曰九律也觱栗第一孔清黃鐘第二孔南呂第三孔林鐘第四孔中呂第五孔姑洗第六孔太蔟第七孔黃鐘後孔與體中音皆舞射是有七律也橫笛干林鐘五南呂上舞射尺黃鐘中太蔟六中呂下姑洗工夾鐘是有八律也豈得有十二律乎◯承問此方所傳五調者宮調也商調也角調也徵調也羽調也是調名也與曲中宮商角徵羽別矣如所謂隔一律隔二律則曲中宮商角徵羽也黃鐘爲宮隔八生林鐘爲徵又隔八生太蔟爲商又隔八生南呂爲羽又隔八生姑洗爲角又隔八生應鐘爲變宮又隔八生蕤賓爲變徵是相生之序也以清濁高下爲序則黃鐘隔一律爲太蔟又隔一律爲姑洗又隔一律爲蕤賓次爲林鐘又隔一律爲南呂又隔律一爲應鐘是也假如五常樂譜十舞射爲宮下南呂爲變宮十舞射爲宮乙林鐘爲羽工姑洗爲變徵凡中呂爲徵一太蔟爲角是一曲之中五音七律皆備也此樂以乙終爲林鐘林鐘去黃鐘之徵故爲徵調然此以歌調言之在樂調則林鐘爲商調故本邦以平調爲商調者爲是故也向所謂歌黃鐘則奏林鐘者以琴調知之且本邦相傳一越爲鐘黃云云者皆以樂調言之故知其然耳祇樂歌不傳傳者辭耳至其聲音則不可得而知矣惜哉◯承問半律與變律有異乎否半律倍律其聲實同如黃鐘九寸半之爲四寸五分是半律也倍之爲一尺八寸是倍律也如變徵變宮是曲中名目有虛位而無定名也但律呂新書有變黃鐘足下豈謂是耶然此蔡西山不得算法故有此說耳謬之大者也

又

承問不佞嘗論陳平若徽學以語足下而足下云云是學問大關鍵處既承足下辱愛豈容默默乎不思所以啓發足下者乎足下以爲讀史記不如讀經是固然然經皆爲宋儒所壞盡今之讀經者皆從宋儒注解以求聖人之道何以能得之哉大氐宋儒之學主言之凡言之者貴盡理務明白其理使人瞭然於

其所言庶足以服人而無敵是其病根巳故其所謂某爲聖人某爲生聖人某爲亞聖某爲大賢某爲次賢者皆從其意中想像其次第等級以出之反求之六經都無實憑可謂杜撰妄說也加之不識古言不識古文辭是以其所解說言與理皆失之矣祇史記不經宋儒之手其時世又與三代相接風俗氣習不甚相遠故不佞敎人先讀史記者亦欲其藉此以離宋儒一種惡習也且苟不知其世安足以知其人且東京有清議六朝有淸談隋唐以後有科擧之習宋以後有好議論之弊唯西京之時衆疾未生故前漢人物大非後世所能及也且古者論人物皆擧其長而不言其短古聖人之道爲爾後世不識其意乃以爲有長而無短故其於三代人物也見以爲不可企及者却步顧視莫有所感興焉至於史記則長短兼具纖悉皆有故學者覺其不甚遠於今人而易於感發興起焉是不佞所以敎人先讀史記之意也足下之言曰用人之道與學殊是本於厚自責而薄責人焉然所謂厚自責而薄責人者本就與人交言之而非論用人之道與學矣夫聖人之道者平治天下之道也平治天下必須衆材而後成功學以成材材成而用之是皆成其所長豈有二哉故古稱人物必言其所長而不暴其短學問之道亦養其所長而不必責其短周禮六德孔門四科豈不然乎子路勇則孔子語之以勇曾子則孝子夏則君子儒小人儒子貢之言冉求之藝公西華之禮孔子未嘗抑黜之則古之學可知巳宋儒則異於是焉徒求爲聖人而不知從聖人之敎聖人之敎詩書禮樂如時雨之化大者大生小者小生苟能從其敎以學之則人各隨其性所殊以成德也夫聖人聰明叡知之德稟諸天豈可學而至哉故古者無學而至聖人之說矣今宋儒之說曰聖人之心渾然天理人之性其初皆與聖人一矣但爲氣質人欲所害則有知愚賢不肖之差故必裁有餘補不足變化其氣質以成中和之德而復其初焉夫聖人不自言其心孰能知之六經不言天理唯樂記有之亦曰人欲盛而天理滅而未嘗求無人欲求必無人欲者自宋儒始則宋儒所言實與樂

記殊焉故以天理論聖人者不信六經而信宋儒者也豈足謂之古聖人之道哉人之氣質與生俱生故古無變氣質之說觀書傳所載以大稱堯以和稱舜禹則恭儉不伐湯則寬文王則敬周公則多材多藝孔子則學是各有所長也有所長斯有所短皆氣質之所使也故必求變氣質者死而後已矣豈不妄之甚哉其所謂裁有餘補不足者吾未知其欲無長無短邪將求兼備衆長邪若以爲無長無短則碌碌庸人已若以爲兼備衆長則天下無此人矣論語曰君子不器謂能用器也辟諸椎鑿刀鋸器也良匠能用之補瀉温涼皆器也良醫能用之故君子不器猶之良匠與良醫已不知者猶謂已必備衆器而後能用器果其說之是乎則舜必兼二十有二人之長而高祖併擅三傑之能故曰妄之甚者也夫高祖僅可將十萬是亦器也然不欲以器自見故能將將韓信項羽則否是器與不器之辨也故君子知道則雖器亦不器也求必備衆器則雖不器亦器耳故知道者能以人之長補己之短故仲弓問焉知賢才而擧之則孔子語以擧其所知宋儒乃以視觀祭爲未足而補以居敬窮理足下以此二者對觀則其於古之道思過半矣蓋宋儒所謂聖人亦唯萬德圓滿如來耳然成佛必歷無量刦則其說猶爲不窮矣乃以此爲極而使學者必求至於此可謂强人以其所不能者已足下其思之

又

承問律呂上下生之說大氏律管之制長短相敘以次而殺長者居上短者居下故其相生之數由長之短三分損一是謂下生由短之長三分益一是謂上生蓋因律管之形有長短而建之名稱本爲伶工家至膚淺之語而非別有奥妙之理也其實曰損者益之亦可曰益者損之亦可損則半律益則倍律倍半之聲相飲不忒故上生下生可以移易耳後世儒者不習管中之音徒泥紙上之文苟有不通輒引陰陽東西等之義附會文飾以求其通逐末沿流愈精愈舛其說雖若可聽皆無當於聲音之道而祇足以增

人惑可謂無用之贅論也已如三分損益之說其初亦大槩言之至其精微則定之以耳故伶工之言如斯而足矣儒者乃昧於聲音而求精其數布算益繁曼衍無窮然至於執刀截管則目力所及至分而止釐毫杪忽目力無及刀不可施故必欲求其至當者決之於耳而已蔡元定輩不知其如此而固執三分損益之文遂妄立變黃鐘之目殊不知律之有十二本以其十二生而復其初也不則少之五律七律多之百律千律莫有窮極尙何十二之有以此觀之其妄可知已又如古論律呂皆以管長短言之至於元定乃更定其圍數以求勝於古人亦不知音之失也又如隔八隔六其實隔六隔四耳伶工家倂姦聲以數之故云云祇求諸言語之道極爲不順然古來無人能論之者何邪是無它律呂諸說皆出樂工之家其文本不雅馴司馬遷班固輩亦不習其事是以不察其如斯徒采其語著之篇耳凡此之類非足下所問而言及之者爲欲足下由此以得讀樂書之方故也足下其思諸

又

春鶯轉無所見疑是唐樂入破是樂中節目今詩餘有之賀殿無所見命名以倭胡飲酒唐有小飲酒此方伶工不識字如張胡子或作朝小子可見鳥唐有鳥歌萬歲樂廻盃樂唐有回波樂北庭樂無所見承和樂唐雅樂河水樂唐樂河水清菩薩破唐樂李白有菩薩蠻蓋蠻慢破一音訛轉酒胡子無所見疑是酒家胡之義凡曰子者多是唐樂武德樂六朝歷世有之皆擬武舞羅陵王卽蘭陵王北齊樂澁河鳥應是倭樂安樂鹽唐樂凡曰鹽曰豔一音訛轉樂中節目十天樂未詳三臺鹽宋樂萬歲樂唐樂五常樂無所見疑是五行舞卽周太武漢謂之五行舞甘州唐樂又有最涼州卽西涼州胡渭州卽小伊州金彎無所見慶雲樂唐樂想夫憐南齊樂裹頭樂無所見夜半樂唐玄宗樂陪臚疑是伴侶北齊樂春楊柳疑是折楊柳唐以前有之扶南外國樂勇勝無所見老君子疑是郎君子唐樂小娘子唐樂雞德疑是景德唐

樂越天樂唐樂殿字爲是林歌作臨河爲是孔子琴操王昭君漢樂春庭樂一名和風樂唐有火風柳花苑未詳喜春樂唐有喜春鶯赤白桃李花唐樂安城樂安世爲是即漢唐山夫人所作周房中樂遺聲河南浦未詳央宮樂同上海青樂同上平蠻樂唐樂拾翠樂未詳青海波同上千秋樂唐樂蘇合香唐樂出外國鳥向樂疑是鳥白出六朝宗明樂未詳採桑老應是娘字六朝樂輪臺唐樂岑參有歌白杜即白苧六朝樂竹林樂未詳劍氣褌脫氣或作器即張旭悟筆法者杜子美有歌行散手疑是三州乃六朝樂傾盃樂唐樂太平樂北齊樂打毬樂隋樂仙遊霞未詳乾鼓褌脫未詳還京樂俗訛稱還城樂玄宗樂拔頭唐樂一作鉢頭出自外國蘇芳菲唐樂長慶子同上一團嬌同上一弄樂未詳感城樂未詳秋風樂漢樂蘇莫者唐樂作蘇幕遮大人樂無所見賀皇恩宋樂萬秋樂未詳頌者風火驟起家人荷擔而立書庫不可開也祇記予所記耳

服元喬皇侃論語義疏新刻序

往者根伯修與神君彝俱遊下毛足利學足利之藏昔稱石室中遭散失而廑廑乎存於今海外後世所不傳異書猶多矣君彝乃與伯修讎校七經孟子而還考文既刊行於世矣伯修與功爲多矣而又伯修所寫而還皇侃論語義疏即亦海外後世蓋無傳焉據馬端臨考乃目論語疏十卷而晁氏云梁皇侃引衞瓘某某十三家之說成此書其引事雖時詭異而援證精博爲後學所宗又云皇朝邢昺等亦因皇侃所採諸儒之說刊定而撰正義正義因皇疏則然也未知馬氏所考即所親覩而云歟抑將徒耳所傳而勦說歟夫邢疏出而後迄幾程朱諸氏經生之學紛紛輩出雖別成家弁髦猶傳於其所校皇本異同無一及焉者泜焉可知況復後繼無覩而非宋說者時乃益遠其書不傳必矣獨焦弱侯云公冶長辨鳥語具論語疏以駁楊用修其他匏瓜爲星一二若覩皇疏者然不可以一信百道聽相傳文獻不足徵也

因此視之海外後世今亡矣夫要之世好事唯新是貴乃積薪之情率以後世爲尙而作者不厚亦不欲存其舊宋人之弊乃爾則蓋邢疏出而皇疏廢矣廢以至亡無聞焉爾亦其勢耳夫邢氏所疏比諸他正義旣屬丙科皇疏雖詭援證復博觀聽不决寸有所長兩立而並行非過存也焉可附之烏有氏哉惟我皇和神明扶持物亦與世代永久於是可知也唯是足利之藏我不可保今而不傳後世恐復散失是可惜也乃伯修氏之志如斯則鐫刻之擧其可緩歟近有請鐫焉者伯修旣再校以授之矣此擧也余惟非獨海以內行旣弘矣即傳之海外而俾知吾邦厚固有關文明則伯修之勤有功於國華哉乃復伯修氏志余亦喜其足以酬焉遂爲之序南郭集

太宰純繼橋記

東都之東入下總州四十里所其地曰繼里因橋名也繼之爲名區尙矣自山赤人橋蟲生歷世詞人皆詠歌之何詠歌詠歌氏胡氏胡者何女子名也曷爲詠歌氏胡其說未詳以里人所傳氏胡早喪母繼母不慈氏胡事之孝繼里瀕海井水皆不食唯有一井寒泉可食氏胡日汲焉以養繼母有少年見而從之闞其人就闞氏胡家者數矣繼母覺之以爲淫而氏胡爲之內應於是毆氏胡辭弗釋毆之幾乎死氏胡乃走自投橋下而死里人哀之取而葬之封土樹松以識之謂其橋曰繼橋謂其井曰繼井以懲繼母之惡也墓也橋也井也于今猶存云其後僧空海東遊留乎此里人因造寺焉海謚弘法故號弘法寺後廢有僧日蓮修之今見存繼橋在其下繼井與氏胡之墓皆在其東北百步之內自數百年之後海變爲田繼里今南去海可二十里登弘法寺則平野漫漫東不見其所極西望東都則城市人煙盡在目中實勝槪也弘法之西北有總寧禪寺亦巨刹也未至弘法里所有關河焉東岸赤壁數仞可觀矣余與藤東壁以丁酉之十月遊繼里東壁之季父爲僧在弘法寺因宿其房而歸旣悉其故事矣於是乎記

大宰純登富嶽紀事

日本之國多名山焉而富士最顯富士之所以顯者以其高也以其大也以其形特異也夫山高則多寒凡山之高者自八九月雨雪迄明年三四月乃盡富士則彌四時而不消至高也凡山之大小必稱其高庳如富士之至高也蟠根所據蓋可知也凡山以岩亭巉嶭嵒嶵屹𡾊爲奇常也富士則堆若塏埋四方視之無有向背遠而望之人未見其峻險也自圖書所載蓋未有可比類者云是豈非特異與有義勇師者峽人浮屠也姓高山氏與余素相善歲甲申夏勇師將省其父母於峽中謂余曰吾知子好遊也今子不欲登富嶽乎卽欲之盍與我偕我且爲東道主余曰偕哉六月己巳朔越戊子黎明發東都道多廱抵駒城關下而宿焉己丑早出關門過小佛嶺徑相地三十餘里而入都盧是謂郡內有都盧河焉勇師省其姊於巖𣪠巖殿者故武田氏之臣小山田信重之邑也信重嘗城山上而居云基趾猶存山中有神祠主其祀者道士迺勇師之姊夫也信宿而行辛卯抵谷邨郡內之治也勇師之兄仕爲邑宰勇師省之遂行到暮地里得勇師之家而主焉是日也雨午後雨止自谷邑至暮地二十里而近至則日方下春暮地去富嶽不能數十里而其間無有丘山爲之屏障於是雲散天霽富嶽當牕戶屹而立矯首望之翠靄射眼秀艸可摘始視不見其高且相去尚遠譬如培塿在數十步之內一舉可到漸見其峻峭插天者焉且其崎嶇曲折殆可以詳之其與平昔在東都望諸數百里之外者豈不萬萬哉余謂勇師曰旣已至此不宜遲留請息足一日遂行勇師曰可也越翌日壬辰又雨累日弗止重陰冥冥流潦縱橫雖林泉在數里內者尚不得尋討且地乏佳味麥飯之外時啖麪銜杯酒於茅屋之下以消日而已矣七月己亥朔越翌日庚子乃得晴余與勇師喜而相謂曰可因趣治裝辛丑早發暮地與勇師之弟及一鄰人俱一奴裹糧齎酒以從主人送以二馬皆有馭夫余與勇師騎之西南行十餘里所得一聚落曰吉田有富嶽廟焉木

華表甚高大署曰三國第一山皇子某沙門書云廟頗壯麗過此西披荊榛行二十餘里其地名鈴原有廬舍十餘所皆具飲食以待客過此入大麓余與勇師舍馬而徒茂林蓊薈徑路崎嶇上有枝柯交加藤蘿蔭翳下有神木梗塞根抵偃蹇仰恐拘礙俯恐蹉跌或傴僂或跳躍以行可十里而得一佛閣焉乃祀役小角所也俗謂之室中有僧守之上下山者皆憩于此過此而上猶行林中途則漸峻又可十里所林盡而岵矣岵屺之際俗謂之中空山下之民於此爲倚廬以待客是日向晚復雨比至中空雨甚日亦暮乃投宿廬舍舍葺以蓬甚矮偃而入藉以柴席而坐於是人各出所齎糗糒餅麨酒漿任意食飲之然後枕肱而伏屋漏則以笠蓋首襏襫蓋身夜寒且寢不安故雖體實疲而弗能寐輾轉反側以待旦壬寅天晴遂行自中空以上無復草木唯有石楠叢生高數尺往往而在巨石巉嵒塗愈益峻土乾燥色赤如焦循岡度嶺邐迤而躋愈躋愈峻山上無水行客乏飲有齎水者民於巖側爲倚廬而賣飲乃雪水也客患渴者就而求飲一椀直數錢自中空之上十餘里而得平處可以息足有池焉周匝數里中多鯢魚過此而上巖險不可言胸喘口渴蹩躠焉勃窣焉前不顧後魚貫而行又十餘里而盡則絕頂矣八峰環列若芙蓉狀中一大坎是昔出火颶煙者也嵓之不見底有氣如霧谷多投錢於其中者坎上嶺道崎嶇尤甚一登一降旁臨深谿或緣巖角以上或跳躍以過或者梯之或者梁之衆相扶持前者唱于隨者唱喁乾喉焦脣蹩躠以行蓋周行十餘里而復故處于時天晴四面無雲日方禺中自嶺上而四望薄海內外可一目而盡也特恨無離朱之明耳觀其衆山在數百里之內者譬猶登丘陵而瞰田壟也不能復審其大小高下也於是乎同人坐石上而酌酒以助疲困皆題名字於巖側余獨賦五言詩以自娛訖則首歸路降非登之所由也其爲道也比向者不甚艱險而峻則甚焉且也沙土拉攦隨履隨頹足下如流可走下不可徐步故唯降者由此云不食頃而盡二十餘里比登之艱其勞不特三之一於是還反中空則亭午

矣過盧而愒焉遂下行復過大麓而抵鈴原就前舍而息且食飲焉下山至是則險阻既遠無復烈風雷雨之虞矣同人因皆逞顏色欣然相勸以酒乘醉趣行從故路還暮地曛黃至高山氏主人問故具以答之主人曰吾聞之凡高山之巔陰晴不常風雨暴作況乎富嶽之高也觸石而出膚寸而合太山之雲不啻俄爾而起則六合窅冥加以急雨如寫大風飛沙礫客若遭之跬步不可行且沙礫撲面或立而顛仆或轉谿谷莫知死所即幸而免者尚多昏眩卒倒故遊客見風雲之起則旁尋廬舍而投之以避害舍人則乘急索錢此遊客之患也是故登富嶽者至山下必占陰晴必待天色晴朗四無雲氣乃可發然山中事猶不可必也此登嶽之所以有遇不遇也今公等一發至崔嵬究覽諸勝而歸可謂遇矣我是用賀余曰然余少在東都每望富嶽於數百里之外而願一遊陟非旦夕矣今年何年今日何日迺得酬平[illegible]之願無復遺憾雖曰天幸實亦主人之賜也敢謝嘉惠是夕也沽酒而張宴於高山氏高歌談笑盡歡而罷翌日癸卯又雨余與勇師高枕而臥因相謂愈益喜昔之遇於是息足三日以得晴甲辰乃晴乙巳天色甚佳余乃見主人而告辭遂與勇師同發高山氏從谷邨城下過猿橋涉都盧河抵芳野驛而宿焉是驛也西距暮地百里所而東去武都百餘里云丙午早過小佛嶺而入駒城關薄暮歸東都

大宰純書松井婦植村氏碑陰

女之不尚才固也非惡才也所以閑邪也其苟孝順貞淑無失於婦道何惡於才乎以余所聞松井氏之婦其庶幾乎婦姓植村名精子父曰政房婦其中女也初政房事姬路故本多侯以元祿戊寅六月十四日生婦於姬路及侯早夭無後國人淪喪之四方政房亦以其家徙關東既而婦適松井勝長其爲婦也事舅姑晨昏未嘗廢離修容儀勤女紅暇輒讀書居數歲舉一女當其有孕毋論愼動止自言古有胎敎所謂令聲誦詩道正事者豈如躬親之乎誦讀加於平日旁及此方記載且日作和歌比及月辰成三百

餘篇云產後數月不幸嬰疾荏苒困憊自知不起視死如歸將終之日朝從容呼其女兒寘諸懷撫循頊之又把杯酒摘瓶中菊花以泛之與勝長獻酬以爲訣並不見戚容以是夜二鼓終焉實享保六年辛丑九月二十六日也得年僅二十三葬于某處長勝下館侯大夫某之長子

大宰純服部保菴先生碑

先生諱景忠姓平自其先居伊賀州爲服部氏云家世武人父弘保仕故濵松侯乘春不遇迺致仕家居先生少弗仕好讀方書而爲方甚精遂以善方聞于遠邇自號幽竹子其室號保菴先生之姊夫曰渡邊友益業醫於濵松不幸蚤世而有三子長曰操卽友節尙幼次直之少存忠及二女皆小於是三子之母見其弟而泣曰吾良人者濵松世醫也今未及傳業於其子而沒我未亡人雖竭力紡績夜以繼日何能持門戶乎先生曰寬之小人昔得夫子輔道以至成立爲德也大未有以報今不幸夫子卽世遺孤皆小以貽伯姊憂此小人圖報之秋也予雖不肖敢不盡心迺寄其田宅於鄰里而與其妻寓於渡邊氏與姊及甥同爨而食出則爲人治病入則攝渡邊氏家長營理甚力事姊致其敬養視甥如子教育毋倦及友節等既長就學講業先生日督課之不少假貸後友節奮西游學京師留三歲卒業而歸居無何濵松先君召見賜之祿食以列醫員其二弟亦皆習醫而季爲坂輪氏所乞養及二女弟出嫁友節娶婦悉出先生營辦也始先生有妻桑原氏多病久無子乃請去從之人或勸再聘先生曰方今寓居且仰我養者多矣如之何更求累哉得吾復家而室之未晚矣遂不復娶以故無子未及歸舊廬而以疾終焉時享保丁未六月十三日戊戌也年五十七狀云友節與其二弟欲不朽其德而乞余文余與友節有故於是爲之銘銘曰命乎適其所如胡不懷永圖唯是孫謀之貽在邊氏之孤

大宰純爽鳩子墓銘

爽鳩子者田原大夫也諱正長字子方其先本石川氏田原侯賜之姓爲兒島氏比公族也祖父正時父正親子方其女子也以元祿庚午八月二十一日己卯生於參州田原爲鷹見君定重所乞養因妻其女鷹見君歿而子方嗣享保乙卯四月十二日辛巳暴病卒年四十六無子以鷹見君晩所生爲子名定興以其嗣鷹見氏故因自號爽鳩子銘曰鄰哉維臣能致其身學而不厭文章以成立功不朽雖死如生爰勒斯石以示後人

太宰純琴鶴丹墀公墓碑

享保二十年乙卯三月二十六日丙申故列相中大夫拾遺沼田侯琴鶴丹墀公薨越閏三月十八日戊午葬于武州高麗郡加治鄉多峰主山世子使純誌其墓四月世子襲封沼田侯越明年丙辰諸大夫群臣議立碑於其墓曰我先公琴鶴府君以特秀之姿歷事四朝奉職唯謹晏子所謂一心可以事百君者豈是之謂與公孝友慈仁其天性也自少爲官出入朝廷五十餘年亟蒙國恩進爵增秩卒至侯善地有名城可謂富且貴矣然公自視欿然不敢以貴富加於人可謂恭矣好施不問有亡親屬故舊咸被其澤可謂惠矣爲鴻臚行官政十歲聽訟折獄民人莫敢不服可謂明矣是以每列相闕衆皆願以公補之後公果爲列相傅儲君朝野相慶以爲得人而未有一人害之者也非有德能如是哉至若公之陰德在人而人未之及知者抑何限也古人有功德者必刻諸金石公不可以無銘宜勒諸石以示後世嗣君曰大夫議是遂命有司立碑於其墓左使純銘之純固辭不獲命乃叙其事以爲銘公諱直邦姓丹墀中山氏旨毌姓黑田氏琴鶴其別號也銘曰於戲丹墀宣化苗裔千有餘載匪絕復繼昭穆相承三十一世維公修德其興勃焉修德伊何禮儀不愆樂道好善孝奉祖先維孝維友施于有政尊賢下士臨事能敬匪驕匪吝愛育百姓公之忠誠知無不爲民之所服天斯福之能終令聞永固厥基

大宰純故醫官余吾瑞善法眼墓銘

余吾瑞善諱元長瑞善其字也本姓中川氏平安人大父曰隆玄父曰養玄母石川氏瑞善少來東都依舅故侍醫喜多村安齋先生時故侍醫古菴余吾君有二子其長守三以無行見放其少元孝先出嗣橘氏即今侍醫宗仙院法印也於是乞瑞善以爲嗣元祿五年壬申十月進見憲廟十二月余吾君告老瑞善嗣歲俸米三百擔入羽林軍襲號古菴十一年戊寅十月爲直醫員寶永元年甲申四月有命媵水戶世子婦藤氏藤氏者憲廟妃之姪憲廟所鸞降也九月加賜俸二十口食五年戊子春藤氏生女憲廟有命增俸米二百擔賞其勞也於是與故所食共五百擔例改爲田祿五百石二十口食如故今朝享保元年丙申十二月拜法眼位二十年乙卯夏有疾請免更直朝廷賜黃金三大板尋乞骸骨長子瑞碩嗣請以二十口食分次子瑞芳令稱本姓中川氏既而謂瑞碩及其家人曰吾疾篤將遂不起吾家貲雖不多亦有財賄吾欲及生之日遺親故以盡吾歡與死後儻使爾曹紛爭因命陳其所有財賄於前而親自撿閱令簽記其所遺遂遣使偏遺親故有所差遺者來謝則喜當是時疾日益劇秋七月十五日壬子午時卒去生寬文四年甲辰七十二歲歷事四朝更直六年媵藤氏二十年未嘗有過配淺井氏二丈夫子一女侍藤氏在水戶邸越十八日乙卯葬于城北駒籠原龍光寺先塋側銘曰惟人之良克纘先緒早執藝事奉直有所出媵主家恪勤于府兼有祿位聿光厥祖康寧且壽緊天錫予澤潤三族永篤其祜

太宰純匹田子業碑陰

是匹田君之墓也君諱進脩字子業號九皐羽州大泉莊內人本姓松平氏藤八郎某之次子也家世仕莊內君年二十餘而爲大夫匹田帶刀君所乞以爲嗣故冒其姓於是以大夫嫡子數從役於東都及帶

刀君既老而君襲其祿起爲番長元文二年丁巳從莊內侯朝東都今歲戊午五月廿五日丙子暴病沒于淺草門外下邸年三十九葬于增上寺清光院君少好學初從東都佐藤先生直方受業後從徂徠先生問古文辭遂悉棄其所學而學焉莊內之士興於文學君實爲之先云配匹田氏即所後帶刀君之女二子長甫成童次十一歲二女皆小君之同僚鈴木子特來請純銘其墓純與君誼等兄弟微鈴木子之請固不可已也於是爲之銘曰骨肉歸復於土魂氣則無不之士固有志四方寧以客死爲悲若問靈柩所在其來視茲石碑

太宰純了源寺鐘樓碑

東都淺草鄉了源寺故有鐘樓懸洪鐘焉享保丙戌四月廿日罹災鐘幸無恙云住持僧某拮据營建佛堂已成有釋匡眞者前歷遊海內諸州而皆藏經於其名藍巨刹及歸恨了源寺鐘樓未復欲爲募檀家初眞之未爲僧也嘗庸保於山下里賈人家於是主家以眞爲忠因爲出數十緡以應其募遂起屋如故時元文己未之夏也眞主家號伊勢屋稱藤右衛門住持上人釋白詮欲刻其功於石因予友人以乞予文純不敢拒記其大畧且爲之銘曰洪鐘必有樓懸之大功必有文傳之鐘乎樓乎聲其流乎勒銘於石以表勳績

太宰純故大衛騎郎內藤君碑陰

元文庚申二月二日故大衛騎郎內藤君病沒于大坂城官法不得歸葬東都即葬浪華傳長寺從者治任而歸二子伯南敬仲謀棺君衣屨以葬淺草鄉新光明寺因請余銘其墓君先藤秀鄉之苗裔曰義清居參州仕德川氏子重宗事神祖死于小牧之役重宗曾孫重次有七子其六曰重之重次請以四其祿之一與重之因爲衛士重之三子長重形次重玄少重常重形無子以弟重玄爲嗣即君之父也娶原田

氏生君及一女君生二歲喪父逾月喪母爲外王父種茂所撫養數歲外王父亦沒君幼孤入羽林童稚穎敏好讀書能屬文及長博覽史籍兼善和歌爲人恭儉廉貞愼而寡言享保九年調爲大備騎郎在備十七年三戌平安三戌大坂君好著述詩文和歌共若干卷甞惜前世國史之闕也乃錄自永享至慶長百八十餘年事未成而沒年四十九君諱贍字君望一字之廉元配阿知波氏生五男一女長曰之周即伯南次夷吾即敬仲次百介其二男一女並夭阿知波氏先君沒再娶渡邊氏生一男又先沒後娶松平氏生一男天敬仲前出爲族人正方後銘曰年幾半身不可謂夭四丈夫子足以有紹維人無厭哀傷未了

太宰純曉山上人墓碣

上人者下毛宇都人也姓高木氏鄉故家也上人生十四年出家歸釋氏自投於同鄉慈光寺剃髮爲僧從雲頂和尚受佛戒法諱亮徹字雲洞別號曉山初適結城弘經寺就衆位中在新田大光院東都傳通院皆數歲後掛錫於增上寺元文中本師項和尚受命住持磐築淨國寺上人從行居三歲獲疾而就醫於東都寓於增上寺僧舍遂終焉時寬保二年壬戌二月二十二日也年五十僧臘三十七於增上學席位在第二班上人少好學銳志精進於佛道無所不明穎敏超群器識宏遠自老師耆德莫不推其傑出上人蚤聞古文辭之說於太宰純而用心修辭其於詩自風雅以至唐詩無所不爲業成而以其所作詩若文就示服子遷子遷亦稱頌不容口云後又好國字文辭而有所撰著識者稱善增上三千之衆莫敢抗之者然而上人爲性謙虛不以才智自高不以臘次自居其事本師也如孝子事親人亦以是稱之越月日葬于增上寺清光院項和尚使其徒於純請銘墓碣於是銘之銘曰遁跡檀林歸心玄津覺悟四諦排遣六塵恢恢德宇養素葆眞尊事師長與衆闇闇學通內外廣覽博聞定慧餘力遊戲斯文屬辭摛藻

才識冠倫天不假年命止中身惟謀不朽責在後人後人有懷展此丘墳

太宰純故内給事穀齋木村君墓銘

君諱高敦字世美號穀齋武州豐島人也本姓根岸氏親父營繕官暫軒翁諱直利之第三子也親母一色氏以延寶八年庚申十二月二日生君元祿十五年壬午大衞騎郎木村翁義久無子乞君爲嗣因以其妹妻之寶永四年丁亥木村翁歿君嗣爲後享保四年己亥爲大衛騎郎九年甲辰爲新衞騎郎十八年癸丑擢爲世子宮大官奉職克敬寬保元年辛酉遷爲世子宮内給事命六品君先世未有位六品者君乃如是人以爲寵君親父暫軒翁好紀載因稍稍纂神祖事實君童齔亦好之及長讀其父書始覺世之紀載者多雜俗説殆失其實慨然志於編纂暫軒翁嘗著四戰紀聞三卷四戰謂姊川三方原長篠長湫四處之役神祖之大事也君從加訂正又纂武德安民記三十一卷錄關原之役神祖受命之事又記神祖時人美言偉行著武家閒談三十卷又更博訪旁搜得神祖一世之事實而著武德編年集成九十三卷書成而進之於朝賜時衣二領以賞之時辛酉之夏也尋又進四戰紀聞皆副上意云君又博綜武藝最善擊劍騎馬自諸郎朝士以下從學者無慮數百人然君之所好在紀載雖直宿官曹必以書策紙筆自隨曹事小暇且抄且筆其退食在私家夜獨坐一室篝燈烱烱事於撰著倦則臥一睡而覺則興復執業家人莫知其臥起云其精苦如此爲内給事歲餘壬戌秋忽寢疾不起冬十一月一日丙辰終於家年六十三無子前乞養淺香氏子以爲嗣名高章亦習擊劍騎馬皆熟自君爲内官而後命高章代已敎授門人君臨終謂高章曰吾受親母之恩殊深願從其柩於地下吾死葬於其塋側故葬於芝浦原泉岳寺親母一色氏塋側太宰純前以君請序編年集成於是高章使人致書具狀稱先君子遺命以乞墓銘純既受君知愛不敢拒其請遂爲之銘銘曰嗚呼世美生于羽林孤兒孽子克操厥心出爲人後保守

祀奉公無私居家亦理紀載是好文史自娛國初之事大小必書成卷成帙藏于祕府龍門如作其將有取嗚呼世夫材官之傑博綜衆技武術最絕乃如之人埋骨山原不朽惟業終榮其門

太宰純河津君碑陰

河津君者大瀧先君之庶孫也大瀧先君曰正久其庶子名倫忠賜族爲船越氏自號素賤即君之父也君以正德元年辛卯四月十四日生于東都城北礫川里大瀧族下邸初生素賤君以與醫師河津翁取而養之遂名之爲子冒以其姓爲河津氏翁名祐篤故名君曰祐之而字吉甫君性孝順事其所養莫不盡心十五始仕渥美侯二十三列下大夫二十九謝病致仕以所弟畜河津翁子祐章爲嗣而傳其祿三十二病卒時寬保二年壬戌十二月十四日己亥也君爲人溫雅瀟洒少好和歌嘗爲渥美侯使京師因見藤亞相爲久而學焉既歸數歲從一師學兵法後又從太宰純學古文性嗜茶愛萬壑松風供一啜句因扁其室曰啜松齋自號湯谷子因其所居也君以無年與多病也夙志未遂齎恨而沒哀哉君無子有一女尚幼弟祐章主喪而葬諸城北敎安寺祐章亦從純遊者稱君遺言來求誌其碑陰於是飲泣誌之幷銘銘曰天與之才不假之年無年不可以成才有才不得全其天嗟乎命邪自傷性邪

太宰純子艮犬塚君墓碑

犬塚子艮者莊內之士本姓加賀山氏也犬塚氏之先參州人大岡氏之別也莊內先君之時犬塚安盛始仕莊內食祿三百石長火器隊有二子安盛臨終請於其君分所食祿與長子正盛二百石與少子某百石正盛後增秩五十石爲謁者及告老子盛庸嗣爲行人既納婦而久無子正盛取其長女適加賀山氏所生男而爲盛庸養之正盛歿後三歲盛庸死遂無子乃請以其所養甥男爲嗣是爲子艮遂冒舅姓大塚氏名盛傳而字子艮親父曰安繩子艮以享保四年己亥生於莊內鶴阜幼養於母家事外王父母

孝外王父好客居無閒日子艮事之供命趨走未肯怠惰性聰慧早識字外王父喜覧載籍倦則使子艮讀之而隱几聽之或命錄事一如其意成童志於學孜孜讀書能作詩屬文交游皆推其國器元文二年己未莊內侯受上命修日光陵寢子艮從役役罷反東都因執束脩以見太宰純而請業焉寬保元年辛酉莊內侯又受上命使於皇京子艮爲行人以從竣事反東都遂歸莊內明年春寢疾一歲歿實寬保三年癸亥二月七日辛卯也年二十五妻服部氏生一女一男男裁三歲外王母七十餘尚無恙親戚以孤兒弱不克嗣立也議請於其君乞子艮姻親相良氏子以爲嗣使子養孤兒於是葬子艮於城東都長圓寺大夫水野子慤子艮之不幸爲其孤兒請純銘其墓純固哀子艮之死又重大夫之請故爲之銘銘曰少孤煢煢養于舅氏舅氏既歿遂奉其祀入孝出弟黽勉敬止譬如嘉穀秀而不實溘先朝露奄忽相失不可不識子艮之室

太宰純速水象之墓碑

速水子諱恒則字象之本姓山田其先江州人也佐佐木氏之別蓋居江山田因氏焉高祖王父某稱民部時佐佐木氏既喪國民部君猶守先人故居於江芝原曾太父某稱傳右衛門初仕丹羽氏後仕有馬氏於丹福知大父重由有故去福知仕安藤彥四郎氏於東都爲家老有三子長曰重盈次曰重恒代父爲安藤氏之老即象之之父也季曰重供生年屬牛世俗忌其害於父故冒其曾大母姓爲速水氏仕紀相南田邊侯氏於東都食祿二百石無子乃以象之爲嗣象之之父有二子長曰恒仲少即象之於是立爲叔父之後從事吏職於南田邊侯邸四十年遂爲家相以勤勞之久累增秩至三百石爲家相之十年延享元年甲子十二月廿三日丙寅無病暴歿距生貞享二年乙丑十二月廿五日爲年六十初娶山口氏先歿有一女適久保勝興東都弓手隊騎吏也後娶稻垣氏生子男恒孝象之爲人謹敕初未學問年

四十始折節讀書則從純遊其居近於純紫芝園每同志會業象之未嘗不與焉且能晨夜孜孜修明經術職事之暇手不釋卷遂能通大義施諸職事亦有成績云越月日葬城北本鄉昌淸寺先塋旣側葬嗣子恒孝因其舅稻垣穉明以請純銘其墓純於象之以一日之長受兄事之隆二十年今象之先歿哀哉純雖不肖交義不可廢也乃可其請而爲之銘銘曰聞道而悅忘年不足斃而後已其人如玉

太宰純莊内先大夫水野君墓銘

是莊内先大夫水野君之墓也君諱重次稱内藏助以天正十一年癸未生于參州吉田少以父任起爲騎士食祿二百石及其父告老襲食其祿六百石除其故所食擢爲騎將增秩四百石與故所食共千石寛永三年爲大夫增秩三百石與故所食共千三百石君娶陶山氏生二子正保四年君有故致仕將其二子而去寓東都麻布鄉光明寺承應三年反國邸復祿位明麻元年君告老長子重久嗣稱武兵衞次子重士特賜祿三百石稱市左衞門無後君特賜祿千石而聽居東都是歲乙未五月十日甲午病卒于東都年七十三葬光明寺重久後增秩二百石與故所食共千五百石爲騎將卒于莊内子重治嗣爲大夫稱内藏助卒長子三重嗣稱武兵衞有廢疾弟重誠代爲後字信甫爲騎將稱内藏助延享元年爲大夫二年來東都展曾大夫君墓於光明寺憫其蕪穢命工修之以其表不可改故新其跗石因請予書其事予嘉信甫能追遠乃可其請且作銘曰三河耆姓大泉世家勤勞職事七十懸車安茲郊原歿而有嘉子孫奉祀德音不瑕

太宰純郡山故記室荻生先生墓誌銘

先生諱茂卿姓物部荻生其氏也其先居三河大給實荻生因氏焉累世材官父方菴君諱篤憲廟侍醫母兒島氏生三子先生其中子也爲兒岐嶷五歲自識字幼不與群兒遊昻昻焉十餘歲能屬文辭喜與

長老該論如成人十四從父播遷南總不隕穫於貧賤執志彌固爲學彌勤雖祁寒盛暑乎蕭燈燗燗未嘗知倦居無何文章大進在總一紀而反東都從遊者衆故甲斐侯之興也人或薦先生焉乃辟掌書記當是時也憲廟與世子更過侯邸則必召見侯家諸從文學者令進講經書輒有賞賜而先生爲之魁侯好編修先生每爲總裁用是累益其食比侯之捐館舍至五百石嗣君今郡山侯亦優待之先生少學于其家後讀古文辭家書而悟文章之道乃盡棄其學而治古文辭及成益知其舊所爲文之非是因歎曰豈惟我若是哉滔滔者天下皆是也豈惟今日哉千古以來皆是也遂不復屬目於東漢以後書云晚節郊居養病英才自遠方來者從遊如雲號曰徂來先生先生嘗言道者文章而已矣六經亦唯是物舍是而他求後儒所以不知道也故先生之治經也炳若日星使先王之道可行于今者實自先生始也先生學甚博才甚富卓乎有識觀其所著可見矣尤長經濟惜也不得行耳若夫雅樂象胥軍旅法律旁及百爾名物莫不精覈是皆其緒餘已享保六年國家命句讀清帝六論成則召入賜衣於闕下後數以文學之事應教十二年三月再有入朝之命四月一日寔召見未有後命今茲正月十九日庚午以疾沒自生寬文丙午二月十六日至是爲年六十三元配三宅氏生一女夭次配佐佐氏亦先沒無子兄子道濟嗣月日葬于東都城南三田原長松寺先考墓側遺命屬純銘其墓銘曰南方之原長松之下之子于歸于安其土勿覬勿觖君子之宇蟲獸攸去永固門戶

太宰純故執政治田侯琴鶴府君丹墀公墓誌銘

公諱直邦初名直重姓丹墀中山氏其先出宣化天皇皇子上殖葉上殖葉之子十市十市之子多治比古其初生也家人熚湯將洗之有虎杖浮於釜中以爲異國人謂虎杖多治謂彥比古故以命之云多治比古之十曰隝天武天皇詔賜姓多治比眞人因其父名也隝之四子季曰廣成聖武天平中使唐因自

改多治比爲丹墀廣成之子貞峰清和時爲武藏守子峯信爲武藏介子峰時生長於任所因家焉後世遂爲武州人而宗族滋蔓于高麗秩父二郡之間峰時之子峯房稱丹貫主乃武州丹氏之宗也峯房之玄孫基房有五子其季經家居高麗加治鄕稱高麗五郎實加治氏之宗也有六子次子家季稱加治二郎十一世孫家勝小字助六後稱勘解由居中山里實爲中山氏之近祖子家範即公高祖當北條氏之興於關東以宗强屬之數見戰功卒死于八王子城子照守即公曾大父從勘解由君事北條氏蚤以驍勇知名北條氏亡而歸我神祖因改加治爲中山氏子直定乃公大父有四子長直守延寶中捕盜有功次直張即公父以父祖之廕爲騎郎有五子公其第三子也母黑田氏故館林相朝散大夫直相之女以寬文六年丙午十二月二十七日癸酉生公小字三五郎公少長于母家朝散君愛之因冒公以其姓爲黑田氏延寶七年館林侯擧子以朝散君之故辟公侍之時年十四明年嚴廟殂館林侯以宗藩入承國統是爲憲廟是年十一月立儲君公遂事之天和元年賜歲俸三百苞三年儲君薨公罷歸羽林貞享二年徵爲少府郎遷郎中加俸二百苞四年拜朝散大夫元祿元年加俸千苞四年加俸千五百苞與故所食共三千苞五年改廩米爲田祿三千石更益二千石八年加祿五百石是歲憲廟因出遊過飮公處賜及家人後又數過九年加祿千五百石十三年加祿三千石與故所食共萬石由是列侯十六年加祿五千石封下館寶永元年拜中大夫四年加祿五千石賜騶從荷兩槍六年憲廟殂文廟立公免侍中正德二年春賜告就封秋朝請自是每歲如之今朝享保八年爲謁者兼鴻臚十七年春加祿五千石徙封沼田秋復加祿五千石拜列相傅儲君二十年乙卯三月二十六日丙申以病薨年七十公少好學博覽群書兼理衆技爲人恬靜寡欲慈仁能敬睦親戚厚故舊贍貧振窮不可勝數事憲廟侍中三十年未嘗有過其小心謹愼可知矣及其就封也不喜佚遊以讀書養性爲事扁其堂曰琴鶴取諸白氏之語也爲吏

在官十餘年進退以忠及疾上遣近臣就問之侍醫日視之諸君亦如之及薨上使參政忠直諸君使參政秉堅來賻令海內停音樂營築三日皆如故事越閏三月戊午葬于加治多峰圭山公以憲廟命娶于柳澤氏故甲斐侯吉保之女源姓也無子養外甥瀧川某以爲子名直基不幸夭更乞養田中侯藤正矩之子名直純是爲嗣子四女長適桑折侯源忠曉次配嗣子次適綾部侯藤隆恢季許磐城子侯藤政令側室生二子其長早夭其少尙幼外孫凡十二人銘曰深者公之壙固者公之藏龍蟠虎蹲作寢槃園惟神護之聿福後昆

太宰純湯淺母瀧孺人墓誌銘

孺人姓瀧氏名瑠璃其先淡海人高祖諱資就曾祖諱某慶長中始委質於池田氏其後遂爲備前人云祖父諱如次父諱陳貞娶野村氏以寬文庚戌十月十六日生孺人孺人生而瀧君有東都之役以妻孥行居數歲歸乎備孺人時八歲所歷山川頗能識之其夙慧如是元祿丁丑適湯淺君時年二十八嘗受敎於其母及嫁敬事其良人如事君湯淺君亦待之如賓寶永戊子三月十二日生子元禎及湯淺君爲監察官數往東都孺人居守其室門內之事大小皆有法度湯淺君出則從政入則弗問家事一委孺人人或欲因孺人以有請於湯淺君者一無所聽不徒弗肯聽且面斥其非用是頗爲人所毀云湯淺君爲官十八年其所以得專心致身於職事而不傾於內謁苞苴孺人實有助焉湯淺君老免後寢疾孺人衣不解帶而養扶持抑搔唯其所欲莫不盡心久之至右臂痹痛猶且不懈凡六年如一日湯淺君終天年而孺人亦老矣元禎未室孺人視事如故性行端愨居處未嘗有惰容日夜執婦功不敢荒寧暇則讀女史誦國風或時鼓箏以自娛不聽淫樂不詣佛寺不近僧尼巫祝惡奢華好施予聞人之窮則無親疎恤之其弟出繼中村氏者家貧妻死而三子少孺人愍焉取而養之皆至成立初元禎之少也湯淺君命之

讀書孺人自旁贊之嘗語元禎曰昔者天皇雪後望山誦曰香爐峰雪侍女淸氏起而卷簾不亦慧乎當時婦女尙爾文雅况丈夫乎今苟爲士而椎魯不文豈不可恥哉元禎亦能卒業云元禎旣長有所從遊孺人審問其益損而定其可否有客至則必留之而爲設酒饌唯恐失驩未嘗厭倦雖愛元禎未嘗以姑息及其有過則不少假貸其嚴正如是元禎娶婦而孺人老未幾寛保元年辛酉九月二十八日庚寅以疾終年七十二孺人性好圖書病中猶置貝原先生岐岨紀行於牀上以其少時所經也狀云越十月二日合葬于備城東南平井山湯淺君墓旣遺太宰純書於東都以狀乞誌純因爲之銘曰天胙湯氏予此內助淑人宜家中饋無慮婦德匪虧母儀可度所天逝矣唯子是顧保室沒世歸藏有處于以同穴永安其墓

伊藤維禎青山石銘并序

濃州一士人獲奇石盌許於梓河原珍焉其狀靑質黑紋上尖下平宛然有岡巒巖谷之勢可以置諸几席之上可以充於燕間之翫眞書齋之物也頃者士人持其石來于京師見前右丞相藤公請其名與詞公視之愛翫不置遂賜以倭歌及靑山佳名且遍命諸搢紳先生之間屬其賦詠吾曹鯫生又辱與其列感愧數番義不得辭繇繫以銘其詞曰谿間之英炁鍾其精光琢璀璨綠成崢嶸堅而有理立而不傾維德可紀用命楮生 寛文七年丁未仲春初九〇古學先生文集

伊藤維禎八尾君玄長墓誌銘

君諱苓字玄長姓八尾氏號淡室以延寳改元癸丑冬十月廿七日病卒于家享年四十不幸無嗣其弟正守及正雄皆賢而有行正守尤以道德學問名赫一時以父從尾陽公在江府私主葬事乃葬于洛東鳥樂岡之南今爲浮屠之地號紫雲山者也棺椁衣衾雖頗隨時宜其意乃以循古禮爲本可謂善處者

也頃又以誌文見屬予屢謝不得因畧述其術業之所由曰君生甚岐嶷以其世業亦爲醫奏功取驗不可殫記自祖暨父竝嗣大醫壽昌院玄琢及子三竹琢嗣延壽院玄朔朔嗣翠竹院道三三始闡明元朱彥修之旨而宋朝局方之陋爲之一滌實爲當今醫門之宗匠君迫來京師又授素難靈樞於饗庭東菴廣究諸方書兼通諸子百家之言自遷固之書及司馬公通鑑至於野史小說和歌諸集皆有鈔錄公之於業其不惑旁徑而精詣博取若此曾祖諱某字彌三郎後號祐誓以武遊宦于攝河二州之間不遇徙於丹波遂爲丹州人祖諱正重字玄竹始爲醫活人甚多父名正名字道節自丹徙京師拜法橋位尾藩源公雅聞其能辟爲侍醫母上山氏時父母俱無恙君爲人襟宇曠達不事矜持欲言則言欲行則行然至於人之不善未嘗出諸口雖一事之細亦未嘗與人爭故人皆親愛焉而未嘗知其所以爲厚也嗚呼痛哉銘曰猗嗟吾玄長以醫世其家纂輯研磨比祖有加業既勤矣人未知其成學既富矣人未識其宏其惟不我識兮斯厥所以爲厚銘諸幽堂兮敢垂于不朽同

伊藤長胤正庵先生渡邊君墓碑銘

君諱宗臨字道生姓渡邊氏號正庵產于日向州延岡其先世仕于土持氏土持氏既滅居于州之東海祖曰圓秀始遷于大武時郡守高橋右近使監大武清高島考曰益西隱德不仕有馬侯直純致于延岡咨遇之妣長末氏君其長子也幼而沈默好學成童遊京師就時名師通儒醫術時承戰爭之餘文教掃地且鄙處僻遠人不知學君孜孜教導久而信服受業百人日誦詩書君之力居多至侯子康純欽其術業使侍嗣君日勸講經籍裨益弘多既而嗣君寵昵嬖臣中外離心君與其傅切諫不聽遂逐其傅併錮君居二年遷于本莊遂歸鄉不許適他邦接士人君亦不樂宦仕茅屋三間鬻藥自業時年四十餘奉母導子弟日徜徉乎花塢清泉之中以待終焉之期其詩曰活計田三畝羲皇千古心十年何所得松竹四

隣深又曰半畝丘園半畝池更無塵事到茅茨山間明月淸風外一二病夫來請醫元祿己卯八月十日終壽六十九葬于善正寺君天資篤實孝恭廉退不苟詭隨行義著聞鄕邑欽慕嘗書忠信篤敬玩物喪志等語以自警雖其流離顚沛之際未嘗忘其君也娶黑木氏子男五人長曰茱嗣其業次曰玄隆繼叔父玄俊之後餘皆夭女一人亦夭茱在洛受業于家君與予有雅素之故使予叙其世系行義之大槩予亦及識君也故不辭而系之以銘云西海之隅兮爰毓偉人欲稽厥德兮質諸貞珉 ○元祿十四年 紹述文集

伊藤長胤磯野竹巖墓碑銘

先生諱員政字竹巖姓磯野氏初曰彥兵衞其先出於六條判官源爲義第十三子淡路守義次義次之裔刑部員友方明德應永間始城于江州磯野而居因姓磯野世爲江北著姓其後若干世丹波守員昌於君爲高祖從于佐和山城以武幹名員昌生員次字勘三郎娶海北氏元龜中父子從淺井長政與信長公戰于姉川大爲所敗退住于磯野員次生吉次字新右衞門娶橫山氏吉次生和乃字新兵衞娶佐野氏始上都住新在家乃君之父也以承應三年甲午九月二十三日生君子新在家宅君長而篤志勉學聞古學先子之講道往而受業旣而從壽元院法印生島道竹學醫能精其術延寶庚申之歲以尾州大塚性海寺住持賴景君之叔父也往而寓焉遂徙于名讓屋其術大行元祿十五年賜法橋位娶太田氏先卒子男二人員重員元女一人寶永五年戊子十一月十三日終于家享年五十五員重請予題其□□因係以詞云誅暴夷亂武之善經救夭愈痾仁術斯成其業雖殊其施乃宏惟君之先世以武名君承厥後醫藥以精嗟善順時乃播家聲同

源之熙遊嵐峽記

己亥之春余與存允白約嵐峽遊亡何余與允白同罹痾殗殜卒歲迄今春又同起余促允白將踐前約

允白辭以氣力猶怯既而香山吉甫來曰昨與白士光諸人遊嵐峽櫻花既已十分有記及詩見示余聞之神飛即約武紹光清水君彝堀士復沖子温諸子幾望以爲期前期一日余買花於嶽翁家晡後密雲西奔袂衣尙覺燠溽余曰此雨候也明日之約將寒嶽翁曰嵐峽風色不以無花減價雨霽花墜之候未嘗不佳因謂曰汝識松師否曰未也翁曰師見住三秀院汝欲乘月而宿我折簡以屬汝余曰幸甚然每仰空眉頭屢蹙翌日果雨紹光至曰今日天使雨師風伯淸塗請期以明日余含糊應諾以明日晴未可必也是夜風烈警馬東東數破睡五更起排窗箕尾在霤及日出又乍陰乍晴日午風生開朗如拭乃出門出四條街而西此行也不隨一奚唯携小提爐一爲渴一爲烟已上途各爭爐代勞聚訟不止因訂之約曰請每見緇徒輪流代之咸曰善行十數町非兒女挑菜則牧僮田翁耳士復曰西遊記中說西方有滅法國豈得非此條一路乎言未訖遙見一僧彳亍來士温代携之已邇則禿髮花子迎人跪下乞錢衆哄然笑至西院憩村店後園一樹殘櫻風起雪舞出村間田生荷花紫草若鋪紅氍毹彌望則菜花遍野遠近一色行人在金界中路左一小亭有石造地藏長殆等身涅黑可醜君彝曰土人還願必以油灌之是以如斯之穢余笑曰闕下地藏嘗蒙僧狂雲之禪意使吾儕爲地藏禪與油孰爲勝紹光曰今士學聖人之道抱經世之材欲研行樹德者往往被俗輩輕侮折辱有甚于茲者先生何異彼之爲余憮然謝失言已絕高陽水一名仁和又名紙屋至梅宮梅宮楳祠也過祠前盤廻出村園間西至葛野水又名西河上爲大堰下過桂里鳥羽入澱水者爲桂步頭招舟站立前面長巒透迤南趨者爲松尾嶺嶺下林莽中飛甍參差者爲松尾祠上古丹州豬澤不可國有神曰大山咋寶津底續注爲大堰於是丹之土其藝大寶中剏祠于茲爾後香火日熾云乃舟上西埠抵松尾村沿小渠且北且西過法輪寺出度月橋東投酒店打酒老媼串腐炙之更問有何下酒小饔取一碟香魚膾來然調理摸稜甚不可口强傾三杯行西得徑轉折數十步有小祠爲櫟谷又行數

十步水北櫻花映波二三茅舍隱隱其間此日以昨雨故遊人頗罕然有幕于碕圍于沙絃歌進醉者有棹小舫者有臨深臂撒網者亦山水中一種佳致既而山溜溢徑草樹露滴衆乃躡石稜進右邊山拓可丈一道瀑布雲際下被怪嵒奇卉劃斷爲級者三爲三級嵒凡度月橋而西遍山皆櫻所憾雨餘殘豔差似微雲點綴耳到千鳥潭建禮門院冢僮橫笛爲情頌之處漸進步則截然壁立乎水北者爲龜山山脇有響石呼萬歲則應萬歲儻使漢武聽則將以三百戶封近日山僧禿山不留一毛風景頗減往年俗物不解趣乃爾從此往翠屏閉闔水勢亦千百其狀大抵水之奇在石石不奇水無所取態如山則以樹爲膚以土爲肉而石爲之骨故膚薄無澤肉少乏態有膚肉無骨則猶之崔季珪雖聲姿高暢竟不如牀頭捉刀人焉峽自櫟谷距丹之龜頸一里而遙其間幽者爲觀音堂堂在半嶺奇者爲觀瀾石爲浪花灘（舊名大難）嶮者爲叫猿峽（舊名猿飛淸瀧水合流之處）爲群書巖（舊名出合）爲石門關爲烏船灘（舊名鸕鷀河水尾川合流之處以上諸勝皆惺窩先生所命）大都膚肉不過二三分而有七八分骨格所以爲奇巳余嘗遊丹之龜山舟自寶津下迅流若箭山不待盼是以不得其詳而今欲窮搜諸勝故不上觀音堂沿溪行徑極仄每値樵者背立粘巖如壁錢徑斷續以腕大松兩三枚爲橋者二至觀瀾石飛瀑激射如回飈捲雪如亞父碎玉斗洶洶琤琤咫尺不辨人語是爲浪花灘西顧兩山廻合如襟白雲峰臨其間如神仙雲冠霞臉長揖迎人者有白鷺來立磯上其貌甚閑且行且憩峽漸闊波漸靜乍聞丁丁之響行數十武前嶺橫亘水爲架樵者三數人或斧或束水沚產奇石其色青黎可磨以代墨各拾數枚子温於水中得一硯材理甚緻密粗似土佐石試鑿之似石王寺石余曰中古淸瀧出硯材元僧闓肯聘于我得淸瀧石硯歸事見戴良集今時淸瀧多出砥石十八以其稍堅者制硯固不中用此峽與淸瀧山脉相屬則此石豈得非闓所携之種哉又行數折水高徑斷或揭或厲稍望叫猿群書石門諸勝然水益深不可涉山益峭不受踵偶有石可席者乃賞詠竢時顧峽間已昏

黑悵然而返則星斗漸見至千鳥潭波迸金光如千螢低飛仰瞻月巳離山遂跨度月橋投三秀院松帥激余叙禮罷飯香積閑話數刻至正廳有復道斜通佛龕倚檻眺之峽中烟嵐得月幽邃可掬乃出後門尙羊乎河濱朗誦坡公赤壁賦因嘆曰此景應不減赤壁都被坡公屏當盡更無下筆處不如讓他獨步時菅莽中倏發悲栗聲劃然山石爲之裂旣而瀏然凄然山靈河伯悄不成聲諸人咸曰何等人解趣如斯曲將闋顧不見君彝乃知其所爲三更方歸院就寢其明起排亮槅嵐光逼面旭影麗甚已辭院西上龜山山腰有寬元陵及中書王之墳絕頂稍坦處有亭曰七老嵐山前拱洛城東迤下覗削壁碧潭如琉璃使人目眩脚軟西眷峽流回折前日所經石之可坐數人者僅如錢大出沒于滾白澄碧中艑艖數艘旋轉其間遠者若桃葉稍近者若蓮瓣下嶺經小倉山下東過廣澤至仁和寺遍境皆櫻花都人士女絡繹接蹤然衆疲甚草草過去時已午投茶肆飦乂東過北野歸旣歸窅然如有失之三日稍稍次爲之記

源之熙　堀楓亭墓碣銘

堀貞恒字士輝楓亭其號也本姓菅原氏其先近江人自曾祖元龍君以醫住京師凡海內之醫靡然稱堀氏學者蓋創業於太公北渚先生而先公廻瀾先生祖述之也先公棄世士輝猶幼母氏鈴鹿先沒而士輝零丁孤苦幸獲紹緖業者繼母下村氏之力也余嘗受醫經於廻瀾先生是以士輝從余之數歲業成非余不佞所及自十六七歲巳下帷敎授生徒者于茲十年所嗚乎哀哉志業垂成而中道折矣士輝所厚莫余若焉非余孰知士輝者余悲其志之不遂也士輝篤學精敏事繼母孝精研草木之學傍工詩賦兼好劍槍頗究其術所著有草木正名醫方三器便覽杏林摘英等書弟貞幹才器頗肖兄冀有成士輝志云士輝以寶曆二年壬申十一月七日生安永六年丁酉六月廿一日卒年廿六葬于洛汭誓願寺中先塋之側之熙銘其碑陰曰蘭根生蘭毖茀其芳其芳兮將遠而倏委秋霜物孰不歸其根若魂則無

不存原之右爲考爲妣泉之中或可以事

柴邦彥自撰墓誌

柴爲姓邦彥爲名智不周挈缾志存蒼生道不行妻子業任遺經壽於顏淵富于原憲斂有虞氏棺葬君子國野雖不得大葬不死於道路文化四年冬十二月柴邦彥自誌栗山文集

倉安世重修三十神祠堂記

蓋此祠之初營也自平山氏之先平山氏下總匝瑳縣豪族建久中平山武者署季重之胤室町氏世有季德者新邑於匝瑳其裔子季邦屬相北條氏及北條氏亡有季家者義不事豐臣氏就其故邑而隱焉其子孫爲總人在國初有東里翁諱季光就縣淨妙寺崇基立祠以合三十神贊釋氏主祀歲時解祠以歸福孫子且其舊記繫之以平山武者署之裔自土于總緋如綫之嗣世世收食以戾爰茲雖俗在民間猶有所進昨云蓋有託而傳焉此爲其志自祠之成百年于茲土木幾於傾圮曾孫子信懼委其祖先之貽於艸莽因而再之雖基則因蓋構丹雘無不新修儼然象設以安如在祭祀之奠則釋氏存蓋聞神之名號肇乎睢盱之覔或自天而神之或自人而明之祠官典之自類禋乎王者而順等而下之家之所主先祀而外有五祀之類焉古之禮也逮于叔世執今爲故自朝夕乎太上函及家人禮己沽矣家人相逐其趨靡事而不聽神獲若右云唯恐禋祀不謦弗能聆其殷云然杜主稱靈則亦震乎其精爽之所赫使人主伏謖胥相告加額以爲與媚竈之弗克得答立祀何古之有唯其威福也神之名號於是乎嬪然部分以兩異哉所聞之禮祠官者蓋不道余觀祠之所列設未知悉與古祀典之所載合邪否邪余非祝氏未云明見之不敢斥言之置之而已姑記其祠所自剏有託而傳焉辭其所以紀世冑以示不忘者有託而傳焉則誰不恤厥子若孫若不可知何人一旦判渙中廢弗肯構堂耶爲人之後以此思之則因以出

入可也人子有何心寧肻其先自我作臧否忍改於其道耶雖各有所見弗敢專也唯其舊之仍與失於薄寧陷而入於厚觀之斯知爲子矣如厥之有繼能則底法本之則致慤著存庶乎追遠亦有取其本而已子信名季忠自爲武者署者至子信二十五世請余作記

釋大典遊石山記

戊申五月余與中谷世繼二生約遊石山期以十二日會天陰猶豫而發比至大津日巳午買舟雇一郎櫂之俄而天霽上下一碧湖山四歛中流汲清煮茶櫂郎率爾呼曰小人不飲酒而好茶幸賜一碗且曰湖心之水誠美下瀨田數里近山而汲倍美而宜茶坐皆愕曰何物櫂郎有韻如是驟斟飲之過膳所城南折下瀨田橋青山彌揖目隨舟移櫂郎又指名某山某谷中谷生能畫此行也欲以作圖一一記認置諸胸臆舍舟而上即爲石山北口逆旅十數家因登八幡屋者樓俯水面山足以怡適心目遂定宿焉浴罷詣石山寺路南而西至樓門雙王像頗蒼古忿怒之形如呵禁塵俗然肅肅乎入天仙之境奇石怪岩參差峉嵺層墻梵宇竦立其間左詣大殿禮拜觀自在梵誦少時東廂有一室相傳紫式部作源語處周旋臺殿間東北得一亭山水寥闊蓋爲月而設也然闌不可入徙倚其傍縱目而還登樓晚食月已升矣乃復命舟南下數里至大日山之下此河水折旋處正爾月懸長天清流瀰漫放舟乎中流信手而洄酌用試茶芳鮮不可言分一椀爲賞櫂郎則又曰幸勿棄殘葉而與小人明日再煎得以澆飯是其所好倍可憐哉大抵石山多螢每四五月之交遊觀尤多方其盛也群聚水上若相鬭然然逐時稍減且遇月光奪不能顯見余則謂螢火之夥孰與月光之得晴也猶且崖樹翳薈際如衆星燦爛亦足賞矣夜既過甲興未盡而反登樓尋寢翌十三日昧爽獨興開戶倚檻東方既白霞曳烟披平流如鏡飛鳥度之亦可以怡悅而傍人不覺猶鼾齁齁朝餔畢相謀曰舟而歸耶將遊于鹿飛耶中谷則志鹿飛慫慂不已蓋欲以

入圖也詢之櫂郎曰鹿飛距此十有餘里半可以舟半可以陸而路不太嶮小人請道之於是裹粮具茶而舳已發矣至於關津舍舟而徒見數舫繫在岸問之曰自信樂輸茶如陶器或鬻薪者從此而舫載以達大津云以故山路頗兒往往有店且憩且涉至于鹿飛鹿飛者峽水束隘處鹿可飛而越也兩厓淺瀨而中極深然待水至減而後鹿飛之名可徵焉翠屏千仞林谷幽邃杜鵑之啼響且不絶使人生蜀川之想南去得叢祠名櫻谷息其廡間而飯焉沿路而反遡洞至八幡屋則日正午矣朴與二生再詣石山余則倦不能石山多石率皆礧砐類磨礱可以爲硯釆二三以歸遺余一卷壽將歸而既已厭舟矣步而出瀨田之西過栗津歷膳所道大津而入京與二生別徑還寺則既初更矣中谷生意匠略成往來所覩悉入畫中壽當拂絹素世繼生雖年少閑靖樂山水大異乎市井遊冶之倫余今年政七十幸而足猶健與少壯步趨不後從朴子往還一時雅遊不可以無紀詩云駕言出遊以寫我憂蓋自罹祝融之災目眡耳聽無非憂者汗漫之遊姑所共適也至如石山之靈即所謂薩埵實報土敎吾輩舍妄而歸眞尙何區區懷缺減畧是爲哉

釋大典河內四條畷楠公正行墓碑

嗚呼是爲楠公正行之墳云方元應天皇出居芳野也足利氏立延元天皇而奉之於是南北朝分北強南弱諸爲南者多叛而歸北其爲南終始不渝者獨稱新田與楠氏而新田與足利有隙實爲亂階是其爲南不足稱也已楠中將初奉詔笠置首擧義兵據孤城却天下之敵其功烈蓋居第一與義貞尊氏以私忿興勤王之師者異矣及尊氏自西海來寇中將有策不用卒戰死兵庫之湊川矣公時年十三從至櫻井驛中將以天皇所嘗賜菊水刀與公叮嚀遺誡使歸河內撫親族殘黨待年之壯致身王事己而尊氏送中將首公哀慟欲自裁母苦尼之及長仕歷二朝官至撿非違使左衞門尉兼河內守智勇不減父

數出兵破敵尊氏病之遺高師直師泰帥兵八萬伐之公與弟正時族正朝等一百四十三人同盟誓神自決直詣行宮奏言先臣正成臨末也屬臣以討賊綏國之事臣雖幼銘於心矣恒恐終不得效尺寸而一旦病而就木也今賊率大軍來寇於是不能自決致命則上以失忠下以失孝此行也不能殲敵則臣請殲焉幸一拜天顏而訣言與泣下帝親諭曰爾朕之股肱其可失乎可進而進可退而退愼勿自輕辭出謁先帝陵過如意輪塔同盟各以鏑勒名於殿扉末紀倭歌一首又皆薙髮投于殿內眎自決也已而二高率大軍至陣于伊駒飯盛外山四條畷而公兵僅三千詔使中納言藤隆資援之其兵三千汎聚野伏輩號二萬爲向飯盛山勢公則由四條畷而進直衝中軍固決死奮戰一莫不當百殺傷太多至馬創不可乘則又步而前縱橫衝突其心一欲獲師直師直在後軍自備及幾逼上山高元裝師直服自號師直戰死以紓師直而師直終不獲也自辰至申連戰崩敵陣無數我軍亦死亡殆盡於是聚殘卒負楯作弅以誘師直師直不親使裨將追之公回戰所斬五十餘人餘兵敗走又逼師直迺使射手射之矢如蘆亂然甲冑以著體久稍輭中莫不貫而集於公身者五它將士皆創莫能輿公忽呼曰事畢矣莫爲賊所獲與正時交刺而斃宗族同盟並自殺其他士卒一莫生而反云實正平四年正月五日也公年二十六有子多門丸先夭正時弟正儀仕有功名世稱楠氏三代其事實載在史傳茲不枚擧余嘗歎以爲使先帝用中將之策則無湊川之敗中原亦不失守也使公從後帝之詔可退而退則身不喪而王室亦賴以存焉之二者豈非天哉抑公之明知皇綱之終不振不忍徒長逝於枕席之上耶其志誠可悲也唯是凜凜忠烈照于千載而不泯矣公之墓在河內之六鄉乃爲戰場跡蓋爲南朝者封之且恐有所祔焉其兆方篤有餘步四陲壘石頗高在田畝之際歸然尙存中有一楠樹老且大前立一碣所刻刓滅一不可識曾十字士厚河內人也頃與有志者相謀欲立公之碑以圖不朽請余銘之余雖方外嘉其名實略叙其

狀系以銘曰身輕鴻毛名重泰山功泯志立維石永堅

武欽繇河合周佐墓誌銘

河合君周佐歿葬于京師本國寺中其邑宗族某某及外舅世民之徒以洛泉阻脩蘋蘩澆奠之難也相謀藏其禮服於父塋之兆樹石以修歲時之奠也是得禮意矣請其文余以余少也同學之故習周佐君是以不辭記其畧君姓河合名嘉則周佐其字號恕齋先生別稱理右衛門和泉國泉縣府中人也父宗次母高橋氏宗次頗好學常曰人而不學非人也乃使君親炙東涯先生于京師其學頗有成自謂得仁齋先生所謂孔孟血脈東涯先生易簀後因人推奬爲京兆令屬士値黄蘗山有爭訟上其狀諸吏不能讀之令乃使君而其事乃明爾後委任文翰事且以某爲人明斷果決令破常格擢巡防監督之職而平反無濫而轉擯典之職一切治辨二督叡嶽土木事皆稱能勝任君平生節儉耳目不營於事存太體不苛細其於官暇手不釋經比在病牀亦然君居職二十有八年無有纖髮之失矣屬士隊中未嘗聞有若人也是乃不學之力乎君娶竹田氏生一女適左衞門志飯室元義君生于正德三年癸巳冬十月歿于寶麻十一年辛巳九月八日得年四十九君歿之前年嘗訪余曰乃今昇平百數十年然而箠楚不措訟牘委塡於是任其職者居今執古小大由之有所不行況乎東方自有東方之制未必合聖賢之典於斯乎原情依仁從宜權事唯義之視耳非薄於道不可於時也足下以爲何如余曰此乃得聖意矣神武帝曰夫大八立制義必隨時苟有利民何妨聖造其庶乎君欣然曰他年胸懷乃今洒然其悅色猶在目而今也亡矣嗚呼使君而在轉聽訟之職蓋有可觀矣不亦惜乎銘曰通變制宜才之德勝任合義學之力厥志符聖音庶貽從政則

鈴木恭瀧溪紀游 享和辛酉

余於都下諸勝最愛瀧溪瀧溪境不太廣而幽有餘水泓深而粗無險危繆戾之態每春時賞花於日暮飛鳥輒必抵瀧溪覺城市湫隘之氣爲一洗也然未嘗以秋冬之交游焉想其幽深清寂宜加倍常以爲憾今玆孟冬余與渡邊至和岡橋子良約觀楓之游會余新營居于靈岸島長崎巷十四夜二子爲來爰房因遂促余欲以明日果之約余詢其游之方至和云都下名楓者東海弘法二寺爲稱首但東海游人寂盛頃間挈酒榼擁絲竹而游者不啻玄都觀裏紅塵拂面之比也夫楓之可賞取其幽爽若以觀美固讓春芳俗子無韵殆以楓爲花乎駢闐如彼豈耐逐風弘法則僻而近幽然子良前日既游矣明日之游宜始自東山行觀日暮飛鳥最後抵於王子瀧溪而止僕請爲前導余亦欲一以秋冬之交游於瀧溪也久矣即相訂而散十五辰牌余出舍往渡邊氏家至則主人迎謂曰吾弟來何晚也子良待久矣余既與子良通寒溫欲即行主人曰亦呼新散雅欲相伴已差人未知能來否請少佇矣言間蒼奴報命將繼至厨下忽進豆豉湯皆飯飯畢敬雅適至於是四人相伴而出渡邊氏時晨耀映射暄甚比至楊柳堤已近午出郭門經御成街吾友吉川甫新卜宅于此至和敬雅亦皆其莫逆因勸子良訪之適投其閑遂拉行是日得川甫實出望外云距川甫家僅數里早望東山林端微露霜紅色余意躍如既入寺門丹楓如織火爛錦掩映乎青松朱閣之間却想今春觀花之時已屬昔遊令人不免逝川之歎豈止憐秋色而已乎余欲留賞至和以前途尚遙不可揮策而先沿中堂左行于枯林中落葉布逕簌簌有聲子良云初詣斯境徒謂規模比叡山耳今日窮搜不謂宏壯如此矣子良攜人近者客居都下故云然已而出北門貫感應寺而到日暮里近未牌路左寺曰妙龍寺衆入之門內地即山椒西南延望白山遠翠巒近紅楓迭相映發白塔朱軒點綴其間若列錦屏然方下山廻逕曲磴營設殊勝既下則有庭廣袤數百步春則一望綠蕪今獨睹其塗凍合剔起成片耳有亭翳焉寂寞可知回顧山上躑躅霜葉正熾揷岩映樹竦竦可愛

旋復攀舊巡登山椒穿寺門而出大路已又入右邊寺就山店憩凡東北數十里景勝盡供目睫近繞山麓者三河島村也田塍繡錯茅舍碁置人馬蠢蠕歷歷可睎亘北而彌漫者曰上尾久曰下尾久晴景遠開層靄障望眞若一幅横披畫云既出日暮里將入道灌山兩境分割之際横通一條巡路是走根岸村之路也至和川甫皆曾家根岸二子因相與話其往年秋夜游此聽蟲鳴之事令人健羨既入山左隴右壑右設樊垣行里餘樊垣旋輟望更敞豁至和謾指一處示子艮云正東一帶莽岡偃臥者是鴻臺也子艮領之蓋子艮前日游弘法之次登焉時愛日煥煦余脫外套而肩之至和則云老境快樂唯有享喧之美耳衆皆笑行十餘里至飛鳥岡岡上碑享保中鳴島某奉官命所建殊膾炙人口子艮則貪讀不置有楓數十株色尤殷乃知境之漸幽也下瞰則翠樹蔚茂中白色一點若鏡掩匣蓋微露側面之狀者所謂豐島渡是荒川下流也至和云每官家出狩羽旄兹臨焉則輒地方吏先日命虞司使伐林條除蔽翳以令川形全見添豫遊之觀矣出狩較久闕則林條漸修長以致此蔽翳也徘徊間聞水聲淙淙然乃知瀧溪之不遠也下岡入王子村村中酒店運釐修整至和指其店上植偃松者靡衆而入是日同遊五人咸不甚好飲意專在啜飯杯僅二三行命徹去急呼饌既供甘脆芳潔衆不免饕餮店故以好酒肉聞于都下是日吾輩不齎一盒食者豫策館穀也飯畢余往屋後溪湍而潄冽極出店日既晡謁稻荷祠轉後謁事解王子廟廟門南向仍自廟門前南行里許村巡左轉則達瀧溪矣蓋其爲地也兩山對立勢如合抱中東溪川先就其前山而望焉有臨壑而搭竹棚者意是賣茶店衆將坐怪亡主須臾一村婦自側茅舍中出接客供烟茶衆方纔坐亦山中幽景之處也下瞰則溪流委蛇水色瀯洑澄波沈鏡淸響鳴珠楓倚崖生者其枝裊裊然上承晚霞而下映溪面宛若一段爛錦蕩漾也可謂奇觀矣隔溪山上楓亦尤多又多銀杏樹其葉爲夕陽所輝射金彩鮮明衆皆叫奇絕不已留賞者久之余得潭心疑濯錦之句屬川

甫求對未就恐昏黑而去已緣阪路螺旋而下壑至溪口踏畧彴而度沿壁轉有窟安龍女祠又復扳阪路螺旋而出壑者猶下前山之狀乃已出乎向所望之山上矣此處又置茶店余與子良懇其老姥要得楓枝老姥云不妨獨患樹逼崖邊難扳耳二人因同往崖邊楓樹下左手握樹幹躬垂崖外而竦右手向上折之殆似獼猴摘果之狀二人更代遞攀各得數枝衆既先行追而及之初衆謀歸途過染井於是不復返來路而取途於東南經曠原而行者十里許稍入細逕笆籬夾路行數百步逕窮而大路出此染井也見一衡門極修潔此盖花師家也從此連東比屋皆是將入門余與子良各手楓枝恐人猜奪此庭中物即置之門外而後敢入庭上築菊塢束胡麻稭作欄花正盛開錦團玉簇含芬吐芳品類万殊靡能得目余平生不檢芳譜爲之一恨有假山衆登而憩焉遶下植金松數十株蒼翠可愛已而出門余與子良乃各取向所置之楓枝而行衆意欲每戶而窺之至和云止止斯地花師之家不下十餘家今所入西隅角花師名呼五三之家與東隅角呼茂右之家唯此二門獨爲巨擘餘不足煩觀且日逼虞淵奈歸途何衆乃止由大路東行數里至明神祠已舉燈矣祠門之外莽蒼廣闊時淡烟襯地万景朦朧一隻玉兎已走乎林樹之端矣至和云此地有間道可以達東山側矣衆因推至和爲先導從之逕明神祠中而出其背過邸園側云是官飼鷹之所益行村舍斜連竹逕幽邃殆疑避秦人猶在月益光朗如畫左右樹影婆娑蔭地行之如步萍荇流水中途過所謂東山御林者凡行者十里遂達于谷中里轉東山側過篠池至御成街與川甫訣至郭門雇小舟而上時潮漲流駛瞬息抵二洲余及至和敬雅舍舟而上又與子良訣子良則乘流而下也抵渡邊氏浴湯喫飯余又先敬雅而謝去歸舍則已二皷矣明日有客來余舍覩插楓枝於瓶中而置之床頭者詢所由得余告以昨遊瀧溪之所折取且詫曰昨遊嘗有三適而觀楓不與焉客問其說曰時惟小春景晴風暖雖曳筇郊外不異曝背軒前以歸途有月即短景無碍不妨對景留

賞一適也日暮飛鳥故自係士女駢闐之境以非花時也車轍馬泥一空如掃塵濁世界頓作淸凉境况也瀧溪秋冬之景平生之所庶幾焉而得良伴償宿志二適也同遊中惟筌和最年長最好事最精細最老練旣以爲先導故行路間絕無迂迴之差乃若歸時之所由旣改來路更得佳境終日不覺興盡三適也有三適而觀楓不與焉客曰善哉曷不記焉因以記實享和改元辛酉冬十月十五日也

鈴木恭伊香保游記

家慈抱積結之疾有年矣疾與年俱老數年不痊多方醫藥粗無一效或有慫慂浴伊香保溫泉者恭請之家嚴家嚴許待秋凉之日而往乃拴行李飾板輿以待丁巳之秋閏七月炎蒸稍退風物淸凉家人共議宜迨此時而往身體必輕穩道塗必可進過此風露之爪角可畏矣遂使其議卜二十日而發自初發江戶比抵高崎直往二百許里一條官路無可記凡三舍而抵此尙距伊香保六十里而遙明二十有四日出店路從邑中石橋右折從此以往往往來行旅皆游浴者也逕唯一綫在田塍間左右瞰香稻黃粱曉光方媚白鷺閃閃如雪如柳絮如梨花散翻飛乎其中行誦杜牧之詩而賛其妙逕窮則村曰小鳥村中成岐左轉而行數十步有溪泉錯道者二皆揭而度余戲謂未浴溫泉先浴冷泉家慈胡盧而笑然其深不及脛又數里至井出村從此以往地勢隆起田皆如岡如壟又數里至中座村地頗平衍從中座而原神田而今宮地勢復隆忽見峯巒簇簇對面而攢立爲之一快余因問村人伊香保在何處即答在其背進而憩于柏木村盖自高崎抵伊香保六十里此適當其半時日在午乃飯又數里稍入山足逕仄林密身向暗中而行一登一下步亦極艱路徑大澤榛棘鉤衣四顧闃然無見時聞山鳥之磔磔喚人而已已出澤中又涉石澗石滑而不受履吾母子及從者爲之委頓甚已而抵嶺林有兩茶店入店而前後莫有一人家又復登下迂曲而行者數里林稍稍豁而地稍稍曠矣俄出山之半腹眺望益開闊意亦始暢不

覺叫快而進初望之巍然尤秀者曰水澤山與赤城山相並而見立稍近而貫其中則山忽闢而赤城在東迤北曰抱兒曰雄山其寂遠曰野股山連巒疊嶂競勝獻美吾傍澤山而繞焉下臨則山麓窮處廣田千頃鋪彩設色與山翠相發揮交錯如繡一帶利根川曳練而流余與家慈俱嗟不得家君之手而圖之也繞山而行者數里出其正面有村曰水澤山所以名也仰望矗然挺立山皆喬木蓊薈藤蘿膠葛而彌縫其隙山下有寺寺安觀音所謂坂東三十三番此其一位云假道於寺中而又行數里草稍樹復遮映廻顧則澤山已在後矣路轉而西忽聞泉聲淙淙然鳴意謂溫泉之村不遠矣相呼而進家慈連日局束輿中至此而慈顏之喜可知也

其二

伊香保之巔一名二岳以其屹然雙立也二岳正南面而抱兒雄山拱其前東與水澤隣南與榛名接其西北曰舟坂嶺其村值山復而家焉村後最高稍類一小山山上有藥王堂溫泉窟距此三里所涌乎小山與後山相接處橫流而至堂至堂而下流緣流而修磴夾磴而成村市廛具列高下相臨架屋構樓於山罅間出入無戶皆直由其樓家家架木制如承霤縱橫引流注之槽中以成瀑布槽大方丈家各二三槽業浴之家凡十二戶世爲隣伍長浴者至則主人延之請處何房房中竈突釜甑百事什器具備若夫稻米豆豉及燈膏柬薪之類皆市廛各舖給之殆若有司存云土人說五六月之交浴者尤多自都人士女以逮近郡大腹賈蓄名託於養痾而實辟一時之暑因是絃歌遺興粉黛獻笑譊譊之聲繼晷徹旦西舍暫歇東鄰復發及秋稍寒此輩皆散余之游也雖曰初秋候長一閏猶是繁華不同他年之例湯莫有臭氣性亦極柔滑溫溫然如蒙狐裘云此最妙於調血以故浴者概多婦人余之奉家慈而來亦非徒游也先是與友生半文卿遊於相之畵島其地形人居模樣與此鄉酷相似使人憶文卿但彼地不乏擊鮮

割美此地枯魚且不供是可恨若夫朝夕登樓則赤城之霞充吾饔飧欲與文卿分此味偶會盬生文貞追余而到旅舍中置酒謦欬語及都下諸友中酒出井生餞詩相眎後數日文貞有赤城之行余有草津之游

鈴木恭將游草津路歷村上村宿於澤渡記

既居伊香保五日喧猥可厭意欲一浴嘗聞草津之泉海內無雙其觀奇甚二十七日下伊香保則多折山路稍甚於前日來路行二十里許而度吾妻川則利根川之上流也焦石無數昔年信之淺間崩沸騰之勢雨石於百里外蓋此物云橋上擡首有山㟼然名曰兜鍪山眞若覆冑然從此以往其地負山臨川而風景奇絕都名曰村上村云已傍川而行數十步三石鼎立皆高可十尋呼曰大小昌臺其中立者上坦而類臺松植其上臺上有木謂之槲可乎仰睹松身極矯登石之高故耶其右者豐上而銳下若鵬翼將擊而待風躊躇焉其左者石狀極頑粗類蝦蟇凡此三石突兀臨道而成門窺其奧亦皆巨石魁岸如猛獸奇鬼者森然成列余望而過焉三石已去一山復來未至而望之蔚然深秀稍近而仰之維石巖巖蓋山皆純骨巉如劍戟而草樹森蔚覆被其面彩布金碧美超画圖自是李思訓寫眞之眞也益行益奇其圖一頁妙於一頁凡山之多膚者傷於草樹隱蔽而失奇拔之勢多骨則不毛亦乏幽深之致唯此村之山可謂兼之矣至乃峰巒斷續岸逕邐迤與川流曲曲相俯仰而轉焉奇勝極矣大抵此際石積成山石橫滿路石之拔愈高者其出愈危過其下則伺僂循墻而走幾爲所壓焉擡首仰之大如垂天之雲其餘龍蟠虎踞之石不可勝數其路創奇乎大小昌臺而全巖堂而盡矣所謂巖堂者一野廟也而構之乎石窟中屋宇爲巖腹所箝而其不被卵壓者抑神之力也歟距村上而二十里有青山村前此山與川流乍迫乍讓迫則壁側之讓則田間之至此遂大讓則人家出焉又數里稍涉一川原蓋吾妻之源發于信

濃而廻流至此而東自其西而順飛者爲山田溪至此而合又數里抵中條驛驛爲北走越之通路踰驛更沿山田溪而行無復巉巖飛壁但聞泉聲之鏘鏘而已又數里溪益深其聲亦漸振岸上多松杉葱倩與潤碧相映窺其淵則龍蟠虎踞之石或偃或立水之繞岩下者泓然如黛時爲石激則飛虹噴雪故其相交之文如曳數匹素練于潑墨淋漓中殊態萬狀殆不可言從此往往見瀑布焉稍入山路則其溪益深而至不可復窺也縈紆轉折可三十里更有一溪水曰澤水橋而度乃澤渡之村也村居極小亦一座温泉也泉頗有硫黃氣此夕遂宿此村尙距草津六十里餘也日間目朦於觸巉嶺口啞於叫奇絕而足疲於行嶮巇因欲得全於酒乃浴而飲飲而醉醉而寢村醪尤美故一醉達曉

澤元愷登富士山記

維昔地湧而山出焉遂滙爲淡海屹若富士淡海之大千里富士跨四國山高四十里海之最深處耶自沙走村至回馬夷陵十有二里阪有衡門過此可三里途窮北折而六里抵中宮祠登者受杖於此雜樹茂草蓊然森布是爲山腰嵲嵥邐迤以登又十里許曰沙篩坂自坂巳上所謂四十里削成而四方者也望之兀然壁峭無草樹無正路沙石處處見山骨可踰者不可踰者羊腸萬折但守先導之武以轉趾鬆脆之石或泐而碎於脚底步步輪退將僵而杖扶焉仰之三峰在巓上一跳而可至矣余神先飛足之不進十弓幾十里爾日夕入石室而息導者出纊衣以授脤時維七月尙寒於十月矣余適出室而瞰雲間燦燦然正是玉兎浴海之時也不覺大呼稱快須臾三竿世界變爲銀地是不知白雲停而不動但見積素三尺萬有爲白玉巳而此山孤立于太虛眞如一朶芙蓉湧出大銀海中也豈又有如是觀哉又登五六里愈寒愈疑積雪耳乃宿第七合之室合猶言級也四十里爲一升十析爲合每合置室室大丈許高五六尺板屋四柱磚石固封所置遠近倚巖勢之可倚登者以息以宿以辟風雨云夜半飰畢乃發山愈

壁而曲悉過前者後者頂踵不能尺也八合九合峻極伛偻匍匐且登且息呼吸將通帝座耶悚然疑立顧曰我無仙骨韓子之哭不可誚也反顧東方初如發丹竈比至絕頂丹流不知幾千萬里非烟非雲蓋海影與顥氣相映也喘定神王振衣瞪然以縱觀焉意亦何壯乃入室以憩頂上之室十餘連簷皆小於路傍者記曰貞觀十一年最頂建祠今唯存衡門導者告報曰曦車將出溫谷急起望之紫赤之中晴氣煇煇金縷萬條倒射余衣熟視之輪轉如飛金縷棼亂眼睛將熏實一大奇觀也漸升大如盤盂而下界猶且朏明縹緲之際海色淡黃始知古人登岱詩有黃海句遂行八葉此山一名芙蓉故有此稱三峰隆起正中陷爲池乃傍池而行也相傳初有水而竹木蔭蔽實永焰發之後水涸今唯窊窅而已約徑二十餘丈深數十仞一覽意盡三峰最高爲中臺又名雷電巖不可攀也巖下南轉而行數百步巀嶭相連又不可攀者名曰駒峯有石窟置金馬余詫曰聖德太子騎甲斐驪始登此山故事歟不然陸遜所得巴滇馬類己守者茫莫以荅焉懸梯以登下則銚子口也池缺而沙流故名東南之角寶永峯在脚下寶永年陽熖噴發雨沙石於千里外歇則山之瘤見云俯臨咫尺傍有發焰之穴問之曰距此六里嶮甚未嘗聞有至者以沮人意故不果往也西南絕險有劍峯手捫石坎而踵半外垂者二十餘步過此平坦蹈凍雪而行嗚乎萬古雪尚存耶身在水晶宮裏詎知人間苦熱池邊處處置金人又構小堂堂側有玉井僅僅盆大不竭不溢人以爲靈乃破堅冰而飲洌甚寒氣徹骨几骨竟不得久留欲下復驚睥四面猶且銀海唯甲之二山見其顛如島嶼然問之不知蓋聞黑駒白嶺之胝椒富士於正南是耶下而二三合雲間覘函根之湖尚在屝履〻間卜路嶮急足之使目不遑應接時一回首田塍維衆山如線者酒川導出所齎草鞋以授厚可二寸大如盤着之似杻矣若或一躓鋋走數十丈欲止不止僵而後止六合已下繩路一條直下十有餘里曰沙拂坂即沙篩南也植杖以瞰前行人一瞬十里忽如嬰兒杳如鏡中之象疾於走

盤之丸比下回馬坂日正晡時適昨躋扳之時也擡頭回顧三峰崚嶒而立天表未嘗不悦然自失也聞之群嶽之長爲岱宗封者七十以爲至極其記云自下至顚凡四十里日觀峰觀日於鷄鳴此山中宮而上四十里睒顯於半夜何況容貌絶美其孰企及蓋天地間獨我天皇萬古一姓莫有革命者是其無疆之鎭亦有與于兹哉特立于天下而無比倫不亦宜乎

澤元愷登金華山記

吾聞之天神氏之世大造四𡶶以鎭大東之國乃金華之山是其一也云古昔未有山名天平年陸奥國始貢黄金改元天平勝寶大伴氏作國歌以獻焉其名金華自伴氏之歌矞爾其山在奥之極東屹然于海上矣高不過百數丈周回亦僅三十六七里要一孤島而已然爲奥東之名山不翅在我一統之志亦載以稱焉但地之僻遠游奥之履罕至余以戊戌首夏望後五日游初發自富春六十里而石卷自石卷至金華又六十里許山路巇嶇越嶺涉溪或沿海岸而行不復見行客時聞犹𤜵之聲經一宿而抵鮎川村村距山數里尙不見山出村登一嶺名曰駒嶺嶺上始見海山疑非金華已嶺下海津曰山鳥海路約六里許似可一跳而至矣是日日夕渡海而宿山寺臆明有雨余向在鹽坎偶作禱晴詩徒復擧其句耳既而雨歇雲收沾沾無措急請鄉道而發自寺至山顚七里而遥雨後苔滑屢失足步步唯傾耳山中多麋鹿不必辟人濯濯可愛絶頂有小祠曰龍藏祭海龍也寺傍亦有祠乃是古所稱黄金山神社是也絶頂唯望大洋焉淼茫遠與天合余嘗閲西纍輿地圖自此而東幾千萬里無有國土實天下之東極也瞪乎疑立膚寸之雲自脚下起海氣氤氳莫所睹者西北唯諸島出沒于雲裡而已久而意盡乃下則歡逕愈滋奇險石華表臯立予山腹高十餘丈周亦如之相傳初高二十餘丈海龍觸而摧其半矣豈上古立此石柱以定東極者耶所謂四𡶶者是耶俗呼做水晶石不知何謂也益下益嶮時或捫蘿扳枝而後下

足鄉道之僧輕捷如獮猴多不能從也水濵有名大小匣者大匣最雄壯石壁圍三面廣十數丈高數十仞風浪自千萬里來激怒而騰揚玉碎雪飛若怒甚將衝天而冲如百千百龍爭先而登然小匣則大石重疊而已大抵東邊皆巨石大如夏屋積而作壁不則甃而砌莫非奇觀也不然不足以鎮大東之國焉爾

脇長之長保棉布記

我西海道織品之產博多之縎小倉之棉布最有名焉二物並良久而不敗世便之而棉布儉宜于中下故其用益廣小比賀子爲崎陽縣吏十數年矣私憂其俗醨而愉仰西客互市之贏不務生產婦女往往有不業者因欲誘導之乃試賃婢十餘人使其配松原氏敎以功事松原氏性慧取法於博多小倉織以寧樂機經緯皆染色棉絲間道花紋隨意成章而纖緻綢密終始一貫命曰長保織其意以爲世間趨利惟外是衒或羊質虎皮或金外絮中其敗傚可立竢也此豈益人而化俗之道哉居歲餘諸婢咸熟所織稍稍四出會官諭父老興作產事時機暗合婦女請受業者接踵於門輒使諸婢授其法無所顧吝云今玆壬子秋小比賀子偶過於我因得觀夫長保織者余嘆且謂之曰昔者公儀休相于魯見其家織布好而疾出其家婦燔其機曰令工女安所讎其貨乎今也子家首事紡織得如是好布語其所爲則甚異矣而推其心則亦惟公儀子之意而有加焉譬之水彼恐其有所壅而害其流也比慮其無所資而至其涸也故闢其原而導之若莫之夭閼待以歲年其澤必遠果然邪奚翅婦女就業之利於夫國家制產之道豈無所補若子者可謂循吏也已矣小比賀子欣然曰人或意我爲利而吾子能知我心請爲我記之余不能辭於是乎書小比賀三字姓名時肯余之外族也

脇長之遊湯泉記

乙卯春二月二十有六日將觀湯泉道高平山大陰風收海色澹然微瀾不起丘山堤連者倒影可辨由小徑而下曲折幽邃如陷坑中既達于塗田畝相屬麥華未吐行數百步得湯泉曰貫見蓋溫水方言轉訛也分爲二泓一方六七尺深二尺許一差小苴屋之色青蒼少帶硫氣凡數里間諸湯臭色率相類似餘流入渠猶煖而小魚游微草華澤中寒泉冽潔可鑒白砂輕動泡珠如貫咫尺間寒溫具呈造物之巧可謂妙矣又行數百步出古市村其西南爲竈門爲野田爲龜川中間淤田平衍萬畝宜席草我聞曩昔海潮達竈門山下今海濱之防曰八町堤距山足凡五六百步蓋桑滄之變無足恠者麓有溫泉四其一施石幹徑二尺許爲八幡宮盥水禁盥浴餘概方六七尺露泉也山上有祠頗古葺以銅瓦盜剝取百餘枚猶未補修三邊樹木映帶前則俯瞰海面陰靄眇茫且雨且止下山行至湯泉隣近土石皆赭蒸氣雲興熱渦輪旋獸肉泉麻裁淪輒熟湯色淡青潭深無底投石若大喚則怒煙欝發目不見山繩而度之延袤凡五十餘丈風土記曰赤湯泉周廻十五許丈湯色赤而有泥土予十年前來見猶如渥丹所以有血盆地獄之號也而濁亦不如今天明之季南畔激沸田陷山裂盪擊雷鳴淤泥騰躍本色盡變去歲山又崩壞石杉松湮沒無迹其曠深可想也唯川首處稍遺血痕其委則否水亦冷上山頂徑纔容足左通渠右則壁立十仞俯見白煙勢甚危殆意崩墜未止也度一溪湯泉三穴一出田隴紫石中清而熱沐川郎解二出路傍下者可浴土俗傳景行帝西征日浴之猶呼天皇湯有巨石鑿之見木葉文理宛然或曰浸木枝於此二三歲能化爲石果然否又雨不可進回步入長泉寺團欒喫摶飯烹茗吟詩寺上山名姬山有古墳或曰宮人也夜間或髣髴聞管絃或曰源爲朝愛姬也其實不可識風雨愈甚不能躋因題一絕句曰長泉寺裡墜花時春雨無情啼鳥悲漠漠山雲難踏破何能覽古吊靈姬乃取塗華房阪而還從游者冠童十數人

脇長之椎谷瀑布記

椎谷在北豐之野有瀑布二焉西爲雄東爲雌予之所遊其東者也蓋三面峻壁闘類竄突高四十丈嶺則松檜楓枘雜植交蔽糾紛轇轕巖腹光澤淨潔如拭危絶峭直紫翠照映下則芳卉新苔蔚然行布淸氣馥郁秀發可愛瀑懸最頂截然灌下勢如奔馬逸駕如降龍歸淵如瓶裂壺倒而沛乎傾瀉者如舞雪飛霰之生於寒空也有風觸焉則蕩搖欹側如繒帛之飄珠璣之碎可謂壯觀矣聲響所及山谷互應殷殷洶洶不可細語潭廣四百餘步深與瀑高相如云鑑光藍色激而成瀾其委則爭走石間冽淸甘美石之橫渠上者皆滑而平小者如榻大者可坐十人近瀑之地隱霧濕嵐凉冷徹肌夏日可挾纊也稍距潭處氣融象辨好景足翫焉予則踞巨石掬流泉攀嘉樹搴香草悠爾而望恬然而樂飄逸若遺塵寰者怳惚若入仙之鄕者叅恨來游之晩也而又且想西者之奇不能已也未知曷日克得探其境乎雖然旣觀其雌豈有不觀其雄者哉姑記以竢丁巳孟夏下浣

脇長之甘藷說

我無草綿而其有草綿中葉自朝鮮來也大爲絲麻之助甚利斯民矣我無甘藷而其有甘藷近世自琉球來也故一名琉球藷彼屬薩其種之傳首薩故又有薩藷之稱藷而二肥二豐漸漸滋蔓延及五畿達于山東其流播速矣哉其爲物也有四德便於民焉何謂四德不太勞培養一也不專擇土宜二也不必須調和三也甘美而無毒四也加之易殖而直廉窮民貧氓雖艱食之極亦可以家蓄人給也流播之速不亦宜乎近歲饑饉荐至困阨之徒槪仰食於此故農圃之業亦多用力於此是以其行殆敵于穀矣余因推奬之謂其利斯民亦夫草綿之亞也噫嘻古者無草綿甘藷而猶得飽煖後世有此二物而往往不免饑寒蓋苟不盡養於原則雖有百綿藷亦末如之何也已矣然盡養於原其責豈在民乎哉

脇長之扶竹說

伊南生來書問曰家生扶竹觀者咸曰獨立孤直竹之常也今也同本而雙莖此必祥矣不知信然否願吾子斷之余以謂此偶然耳非祥也然聞之生之父孝乎其親意者生亦有世濟其美乎果然則祥也非偶然也凡禽獸草木之稱祥瑞者苟得其時與其人則爲祥矣失其時與其人則爲不祥矣祥不祥不在其物而係時與人今夫扶竹之祥不祥亦顧其家之睦不睦其主之善不善何如耳其主善而其家睦則雖無物之祥乎爲其父子兄弟夫婦皆人之祥也况夫同本而雙莖非常之物生於其家謂之爲祥固不誣矣若無有乎爾則亦無有乎爾何貴彼偶然者爲生試以余說正之有道至喜談災祥禍福者不能知其說之當否生其愼勿問焉

日本圖經廿八終

游歷日本圖經二十九

奏派游歷日本美利加秘魯巴西等國英日屬地加納大古巴知府用兵部郎中臣傅雲龍述

日本文徵二

日本人文

頼襄廣邑新墾碑

藝之東山勢彎環與海相出入農蠶樵居稻魚之利生齒之繁甲於諸郡而廣邑居一焉邑之水注海海口沙泥積成廣斥因而隄之以爲田鹹鹵沮洳漸化膏腴者數處其最新成曰彌生新田成於邑里正多賀谷翁宗親多賀谷氏姓平本貫蒲刈島支派來家本邑者二翁爲其一三世相承及翁當最於宗族翁嘗助其父圖田三區今役最大叙工於文化辛未二月之季告竣於其三月有閏焉爲日總五十九日役夫每一日率二千爲夫總十二萬人既成籍其阡陌疆場之略上於藩府得田三十九町有奇分隷數家課耕勸作租額未立有命特賜一町於多賀谷氏世世勿有所與焉嘉其功也蓋他邑亦有墾闢者糜官錢鉅萬延以歲月幾能底成翁此舉出於已策取乎已貲未嘗有煩於官雖因其地勢或易爲力抑亦偉矣余自吾父已識翁省總之次過得相見翁足跡不出其總無他嗜好獨以春上游物爲心自奉儉朴不類豪民所以能成此偉舉也翁請余記其事于石余以病廢仕放浪客土不能報涓埃於父母之邦視翁所成寧不愧恧然因翁以得不朽其隻詞於本土亦所自幸也於是不辭而爲之銘其詞曰維潮與水日戰交綏弃海弃陸厥地棄遺爰鋤爰理畚鍤雲飛非潔於家唯家國之滋遏潮延水祭土之神伐鼓鏜鏜百吏臨焉公曰汝功錫汝一阡嬰萬子孫莫之或刊彼汰弗思湎酒漁色失厥舊業新之敢得克菲乃食致力濃澁噫乃孫子視茲所述

賴襄西大寺新作石門碑

西大寺因寺成邑舟船所輻湊在前備爲一都聚著稱遠近西大舊爲犀戴相傳後鳥羽朝改之或曰不然足利尊氏東上時所改蓋武人不識字認音濫呼或文檄副急苦其點畫稠密故從簡耳寺安觀音像像造於天平勝寶寺建於寶龜之八年僧安隆者遇異人兒島海中授以犀角曰投之水隨其所沈可以興寺從之卽今地是備前二水皆自伯作來南抵兒隝其東者襟州治而西者帶寺波水衝齧日夜不休而基礎屹然邑屋鱗次倚寺而宅者千餘家犀之戴焉非虛言也當烈公之汰諸佛塲此在所不廢烏知非資其堅全以鎭壓方面也哉寺四更造最後疊石于岸益固其垠今寺主正翁又與諸檀越謀新作石門于南岸上柱桷梁楣皆石爲之而起樓架其上柱周丈有六尺高稱之取材近邑一柱載須舟二隻助貲者七十有二人槩係邑人泐工於文化丁丑今茲己卯粗成嶷立雄峙遠望可識自今而後凡舟船之上下者認焉繫泊高帆危檣群聚於慈雲之下不慮風水之患犀戴之名於是益實而邑與寺相須其稱益著可知也夫天平寶龜邈矣足利氏改寺名而降兵亂相踵宰備之士者更赤松山名浦上浮田數氏寺牒所紀歷歷可指而寺獨依然如舊大士像一木片能閱千載之治亂况石門乎未可知其更歷幾千祀也余故不辭正翁之請而書其事于石亦將自託不朽焉爾昔蘇子瞻作蜀都大悲閣記謂其官四方未得歸而想見其處備鄰吾藝省覲所由余無官羈得以涉其處而睹其成寧可無紀耶遂繫之以詩曰南海大士騎犀之背坐鎭斯邑經於百代維犀頭角嶄焉其出其影照水罔兩逃逸角一而已析爲四柱猶之大士一身千手

賴襄玉堂琴士碑

琴士姓紀浦上氏諱弼字君輔世仕備前藩屬其支封內匠君數役江戶雅解音律最善琴偶見古琴傾

橐購獲蓋明人顧元章物背有玉堂清韻字遂自號玉堂琴士琴士常謂漢謠不入國耳因欲被琴以催馬樂樂廢既久取之村野所傳又考舊志參互相驗更得數曲焉寬政甲寅辭仕得肆志四方初娶市村氏先卒有二子選遜於是攜琴與二子東遊會津侯客禮聘待改其廟樂乃留遜仕焉置選江戸而獨攜琴漫遊東窮奥羽西至筑肥最喜平安山水召選共居焉日事遊覽椎髻褒衣鬚髯鬑然負琴而行雖士女雜沓處逢倦輒憩人環指目之不顧也衣必綿布無副嗜酒不多飲朴器瓦皿肴核隨有醉則鼓琴又寫山水請畫者以酒潤筆輒欣然點染氣韻高渾猶其琴也以文政庚辰九月四日病沒年七十六葬本能寺而建碑于嵯峨其所常遊也所著有琴譜及詩集雜記傳世而琴藏於選家選字春琴善畫遜字秋琴解音皆淵源於琴士琴士自獲琴行住坐臥無不與琴俱嘗爲人誤墮地損其一角即痛哭累日蓋以琴爲命也故以自號又字其子琴在琴士亦在也何以銘爲而吾所以銘者與春琴交久其請不可辭也銘曰人邪琴邪抑水邪山邪山水之韻寓於琴而著於人人雖亡耶不亡者存焉峨峨焉洋洋焉何病吾文之不能傳其人耶

賴襄大塚鳩齋翁墓碑銘

伊丹之酒主乎醇醲一變而爲清淡峻冽者昉於鳩齋翁翁諱信雅字子明稱與右衛門老稱與助攜上野人富田氏養於伊丹酒家大塚探古君君娶住友氏生一女以妻翁翁性質直豪邁疎而不失嗜飲妙悟釀法屬家中徽新造清醥曰泉川其名終大噪江都評伊丹者指必先屈於泉川佗名醞殆乎避席至或窺而擬之云文政己丑五月廿九日病沒年六十二葬于邑杜若菴側室一女養京人中村氏子配焉爲嗣曰信行信行請銘墓於余余雖未識翁而識泉川而親愛之久矣不可謂昧平生因不辭而爲之銘銘曰水穀之精合爲清物造之在人若泉始達人如其酒懦夫聳骨

賴襄箕浦東伯墓銘

予嘗寓備後菅先生家其門人有秋月藩醫之子佐谷惠甫頗秀邁可愛先生指而謂予曰恨子未見乃父已而乃父士信來相得甚驩乃知惠甫之秀邁肖士信也士信有豪氣喜相刀劒得長光者所鑄寶刀示予曰此西海一將所嘗佩有故歸我子爲我銘之余諾而未果也無何獲疾西歸病漸篤召見惠甫自知不起卻藥不服以文化庚午九月十八日沒于豐前長洲之寓享年四十七葬於邑之妙滿寺以弟生民承後云後三歲余客京師惠甫來見請銘其父墓告以平生所履歷曰僕父諱順士信其字通稱艮山後改東伯本貫筑前林田人爲箕浦氏幼喪父弱冠來秋月養於佐谷氏配以其女東遊京師學醫於和田翁既歸成婚生一男乃僕是矣已而喪偶又自知其性不堪羈絆也謝其義父以佗人自代以次及僕而自復箕浦氏出遊寓備後三年多請治者復適京師和田翁欲養爲嗣賦一詩辭之去遊江戶以生母齡老不欲久遠遊歸寓赤馬關請治者蟻傳爲妬者所毀去寓長洲娶溝口氏又生一男曰竹次郎久之攜妻孥遊伊勢其歸也得見先生也臨終謂僕曰曩以刀銘託賴子是不必復相煩煩以吾墓銘予謂知士信者莫若菅先生士信不敢請焉耳然菅氏兄弟集各有送士信詩所稱述頗悉足以不朽士信又何以余文爲至於刀銘余已諾於士信矣雖士信有言不敢不果乃今而後作刀銘以附古人挂劍之義雖然銘刀所以銘士信也銘曰百鍊之鐵工精器珍截妖斷邪可以防身脫室而飛所至吐光非如鄭刀還地不艮中道鋒折化歸黃泉雖乃沈埋其氣衝天

賴襄北村孟溟墓碣

美濃人學於我者其才皆可育育而各有成其可有成而中道斃者北村孟溟是也孟溟生穎敏髫齡從後藤世張受句讀能讀舶來書無和訓者課之詩有奇語勸之就我學又學醫於河越氏來我塾不過月

一再所作史論立意超卓行文明晳詩雖不甚刻意能言其所欲言吾望其有成也已而數月不來今聞其獲疾歸其鄉岩手村死年厪二十二而已實文政丙戌四月廿日也葬邑之東光寺先塋聞北村氏以農豪於閭里寺亦其祖所建有美竹佳樹環擁其北而南則良田瀰望皆北村氏族有也孟溟之疾請其父養病讀書於寺而不能起云其父曰維德請於世張及神田實甫曰吾家自父祖未嘗有讀書者也今得此兒吾雖不知其才與否聞諸君屢稱之心竊喜焉今則已矣或得賴先生之銘其墓可以慰兒志而吾亦可以忘憂二人因來請且曰孟溟學醫非其志不敢違父也及病篤父來猶勉言笑嗚呼吾惜孟溟惜其才而無年也今聞其有至性如此可惜更甚悽然成銘銘曰美其貌粹其神而薄其氣之分天賦之有縮與伸乎平疇交風艮苗懷新有秀而不實如若人乎

賴襄小野櫟翁墓碣

余少小從父閒備中有拙齋先生者而其傍豪農有小野氏宗族寔繁已未歲入京路由備中過長尾村宿小野櫟翁家翁亦嘗從先生者子弟扶之出意甚愛客而不屑屑待遇酒食隨有一委家人終日對談不數坐起余就寢夜五鼓眠醒翁復明燭摸索而來就余枕側理前話所言不涉凡俗獨於和漢之興廢忠孝節義之跡慷慨往復忘倦而時雜以諧謔余安而樂之甲戌省鄉亦宿焉歡如平昔至丙子忽聞其訃孤子孝卿葬之邑之堂山先塋以墓銘見屬吾常謂今世鄉俗好讀書者少矣好讀書而能不以文滅質如小野氏者爲最少矣豈非翁所率哉抑亦拙齋先生遺風也余與翁交雖日淺相聞已久而相得如此當速應請而是歲余亦喪父在制三年已卯展墓歸至岡山孝卿與其叔泉藏就我館茲申前請因得詳其狀曰翁諱方字仲直通稱猶吉祖考諱寬正無男養侄爲嗣諱正竝翁其第三子屬二兒皆夭遂當家爲人和毅靖曠與人議論不合至形辭色而事過乃坦然御家人不咎小過不褒小善無他嗜好唯嗜

書壯歲喪明猶使兒輩誦讀聽之逢澀滯處輒覆審析其義往往精當傍喜作國詩又善棋凹凸其子之脊以分黑白摸而下焉不慾一道黠客或暗亂行試之未嘗受濫云配山田氏生二男一女長爲孝卿名務次男夭一女適藤井氏喪配繼以其妹生三男嚴佳令二女一夭翁沒於丙子七月五日實爲文政十三年年五十八翁雖喪明其優游和易宜享壽考而止於此何哉因銘之曰唯味於目故明於心壽雖欿乎子弟如林天之乘除誰道不均安此佳城利汝嗣人

賴襄廣江殿峯翁墓碣

赤馬關當西道咽喉海陸商旅所輻湊而廣江翁獨以文雅知名海內凡槖囊而東西行者自狹一藝以上莫不容於翁翁家不甚富而好推獎人邺其窮困余意翁風流自喜者及西遊往來主翁家然後知吾向淺翁爲人也翁汎容衆而其中有所鑒別自奉朴素性不飮酒日著粗布蔽膝雜奴僕理事暇輒與客對談笑揮洒客安之留滯動經旬月而其妻子亦不之厭也吾聞翁嘗以孝褒其藩旌賞事在享和癸亥蓋其仰事俯育一本誠實各有條理施及朋友無新舊皆得其歡心焉爾世學者浮躁無實以文與事爲二途甚至以好事廢務敗產聞翁之風可以警矣余與翁別三年而得翁訃實文政壬午九月六日享年六十七葬于邑興禪寺翁諱爲盛字文龍號殿峯通稱吉右衞門有三男長爲禎仲爲尙皆先死季鐘二女長適中野氏次在家鐘嘗從余遊今爲嗣以書來請曰先子在時每言吾眼所閱遍天下而晚得賴先生焉則先生宜銘其墓矣翁善畫多從學者又善刻印公卿矦伯時徵其篆雕世多知者故不著著其最大而人不及知者遂銘之曰居商之衢爲文之郵不澳不流獨勸衆愉吾在翁廬見賓友書與米鹽薄如獺祭魚翁與吾別書月一臻催報如逋必得乃欣嗚呼可以知其爲人矣人謂之敏吾服其篤所以使人不諼況骨肉乎

賴襄渡橋翁墓碣銘

方今列藩皆有銀鈔如山陽一道數鈔錯行我藝鈔流通最廣然行之既久不無壅滯及其交換有司不時給銀是以富商相顧亦不肎置鈔鈔日賤銀日貴尾路爲藝大港船沽貿易皆資於銀而銀不足以運物文政甲申港長老聚議有渡橋翁決策請貸公庫銀自保以某月返納乃榜於牙場大收鈔給銀銀出厘十五萬兩而鈔價卽昂起私藏銀者四萃商旅開通公私共濟盡如翁所策褒賜銀蓋特典云翁有心計善斷其所籌畫人或危疑及見效皆服多此類也翁諱忠良通稱貞兵衛其先藝㒩郡人曰彌三郎者據宮原砦因氏焉屬小早川氏有戰功後隱爲民世代不詳至考傳兵衛幼孤流寓尾路冒母氏渡橋貧甚翁自童年爲人僕役纔得生存既長主管一行鋪鋪三易主翁据拮廿餘年未嘗失誼於各家主多其勞擧鋪業歸焉乙酉歲七月十四日病沒年五十六葬于邑千光寺配細谷氏亦賢助翁成家有八男二女長子茂兵衛嗣次榮助爲倉田氏所養一女適川北氏餘在家翁爲人恂恂然而其中精明沈毅汎容衆好爲人救難賑困而口未嘗言故雖狡猾難使者常效用焉而不能欺也臨終戒嗣子曰吾所爲在我可耳汝勿傚焉抑財不可常守欲守者非愚則陋也吾特欲有積尺寸効涓塵於國而百不償一汝尙體此志嗣子謂諸弟父所愛因請之處分翁曰是在汝及葬會送者千餘人其爲衆所畏愛如此邑橋本元吉嘗謂余曰如蛟龍居池不得大展其才是或然也翁使其第三子謙藏就余學以狀來請銘銘曰訥而辨萬口皆瘠積而散厥量海涵市厥門水厥心其謂若人歟有書塡於胸無毫補於父母邦吾其無忸怩乎翁哉

賴襄大倉翁墓銘

余嘗謂古豪傑皆善治產如馬文淵雖不遇光武亦能自樹殖士之口經濟而不能自活者非實才也今

聞大倉翁事益自信云翁越後芝田人諱道貞稱卯一郞後襲父稱定七其先京畿人來寓蓮潟祖父時分田產於少子居本邑卽翁父也後視兄家落返其田曰吾可賈以計活也性喜施而貧無以逞有二子長卽翁次喜八住江戶翁於是慨然誓必成富以逞父志日夜勤厲而父逝矣貿劵萬金乃益感奮邑爲北地一都會多大賈每物價高下人人聚議翁笑曰我盍以身不以口輒親赴其所驗虛實可取取可與與未嘗遲疑而要彼我兩利曰知已而不知人者愚也遂至累鉅萬藩侯賜許謁然自奉儉素雖多僮指猶躬薪水至沒不改無佗嗜好好野史使子弟讀而聽之辨興亾之由曰古英雄皆敦信義信義始於骨肉其弟窮且無子遣少子嗣助殖其產文化中越大饑餓死者多翁陰賑救之私語其子曰今而得成父志爾恨不使目之因泣天保庚寅臘月十九日病沒年六十九娶本間氏生十二子長男利安稱儀兵衛次盲次養於弟曰喜七五女其三嫁米氏乙川氏加茂氏其二贅壻分產一男二女夭鄕人安田幹伯識余佐藤德裕學於余竝請余銘其墓德裕父嘗謂翁商賈中之良將也惜不使據大都通衢則所成當不止此德裕亦記翁言曰人老當益厲精不當以貧富易節易節是牽子孫汰也信乎其言之彷彿文淵也余則惜其才之用之商賈而已銘曰尙空談而不實試學所以棄也多議論而少成事政所以墜也吾安得起與翁語古今之異耶

賴襄鏡背輿圖記

北野菅神廟龕前大鏡相傳加藤肥州所獻蓋在慶長庚子之後未詳其年月鏡背鑄輿圖好事者懇之廟祝搨以爲珍玩六十六國國署其名旁及諸嶋略備以波紋周之而四角有桐花章其下各以桔梗三花爲品字者承之隱起代鏡鼻故所搨紙微破焉桔梗其家號桐號豊家所賜也源金吾孟仲得一本示我而言曰子謂肥州何如人也當時英雄人有爭心肥州莫乃亦然乎否則鏡背豈無他圖可畫而摸此

大物以己徽號四維之何哉安諸神廟以嘗禱詛其志不可測也余曰不然假使肥州有異志庚子之亂何所不爲物情既定乃規非望禱祠而求之是庸人所不爲曾謂肥州聰明英雄而爲之乎而菅神忠臣之靈而受之也孟仲曰或云肥州忠於豊氏桐花爲豊氏號是祈其主恢復舊物也是亦不然豊家之不可再興亦不待智者而知之愛而禍之肥州必不爲也肥州佐豊臣氏耀武海外既而天下有所歸則去逆就順佐其撥亂之功其於功名可謂成矣銘之金石寘於神廟謀不朽焉耳豈有他哉吾想當日工成撿視必指其壹與對曰彼我少時所艦而渡也指其豊與筑曰彼吾中年所騎而橫行也既而自鑑於其面曰吾老矣蓋如此而已孟仲笑曰子猶親見肥州也遂屬我爲之記因書其所問荅於圖下返之

藤田彪七郎衛門川瀨君墓表

知兼衆人力雄萬夫此常人之所驚而所謂材能之士或能爲焉至於富貴利達隨我後刀鋸鼎鑊列我前則材能之士率皆顧望逡巡而惟純明剛毅之士斷然不疑確乎不變矣以余視之七郎衛門川瀨君蓋其人也君諱教德木戸人田丸君諱直方之次子母白石氏川瀨君教雄無子養君爲女婿君弱冠既有奇節寬政中爲徒目附累歷吏職轉寺社役決疑事斷滯獄一府肅然遷郡奉行管石神部抑强撫弱猾吏束手姦民屏息而處事持法不阿巨室又屢建正議大忤權貴黜爲馬廻是日同僚酒井喜昌直詣政府辨君之寃亦見黜一時共事者相尋悉罷方是時奢侈日長財利之競國家之事蓋有不忍言者君忠憤慷慨欲奮士氣以維持紀綱每與二三同志往來辨難上下其議論而世愈尙軟弱力斥剛直之士君愈與之抗毫不回避遂奪祿秩被禁錮居七年遇赦而出今公立不數月以君爲郡奉行管紅葉部君之蒙罪也艱苦困阨僅免死耳而公一旦擢之族廢黜之餘班次祿秩悉復其舊一國愕然小人尤忌之公排衆議聽用其言君亦誓感激報効不遺餘蘊庚寅辛卯間國事一新翕然復視祖宗之治者君與有

力君初君治石神部也視民力日衰察豪猾兼并之害以爲仁政必自經界始古人不吾欺也乃專主其議公爲公子亦嘗用心於民事至是屢責有司以均田君建議謂昔者威公丈量封內也郡宰僅不過三人皆居府下協議同心然後從事今七郡之宰出居各所事極繁雜文移往返動涉歲月齟齬守尋常則可也苟欲大有爲則臣決不見其成功矣時郡制之議衆論喧然公遂移郡廳於城下復四宰之制以君治南郡當時多事未遑及經界也期年之間君之盛名赫灼於一時讒讟亦從而興焉遂出君爲關白藤公夫人傳夫人公之同母姊也君既徙於千里之外而公猶思之不已屢問近臣以兵消息丙申歲天下大飢關左尤甚公謂非常之災不足以應非常之變以君爲勘定奉行君請運西州之糴以備後患公許之乃躬從海至九州淹留數月頗極艱苦而歸當時諸州賑給不繼餓孚相枕於路而本藩闔境晏然無一人死者君之力又亦居多焉君在西海也途患舌疽及歸益劇公親臨官舍視之又屢使侍醫訪之輿而歸水戶宅漫淫數月終不起實天保九年戊戌五月二日也享年六十有二君爲人容貌魁偉氣燄壓人勢若不可近者然亦温然善和無賢愚盡其懽人畏而愛焉處事神速決斷如流文政末哀公疾病世子未定人心洶々有志之士間行赴江戶伺動靜者數十人君實爲之倡也其遭禁錮也忠愛之念未嘗一日忘有親友訪之者則必期以礪名節振士氣恒言丈夫之志須百折不撓假使大鋸鑽我頭從容自若斃而後已耳因大聲叫呼聽者爲之震動四郡新復也君與余及同僚會議廳事適有一老吏持蹟遽來曰南郡之民不欲新制父老相率而來訴事當奈何君瞋目叱曰汝敢抗公命耶今命令既布小民愚昧結黨越訴而汝身爲郡史不能制之乃反黨愚民抗公命耶老吏恐怖不能出蹟而去當時民習故習闔鄉騷然使郡宰少有沮色則公之盛意殆不司行而吏民安堵者賴君之一怒云君不甚讀書而能明物理上自國家政事下及一身急務據義推類鑿々言之論農政則必以經界爲本論風俗則必曰學校

君有二男曰教忠曰教孝教孝出嗣金子氏君沒之明年公丈量封內教孝以西郡宰奉行其事其明年公就國大興學校於大城之外教忠以普請奉行督其事嗚呼君雖不逌面見盛事亦可以瞑矣悲夫

長戸讓佚齋丹羽君墓碣銘

白河藩致仕佚齋丹羽君以病歿於江都麻布邸舍嗣子成德自白河來奔喪限於藩制不能久留二弟貞翰艮翰代襄其事余昵於艮翰故嘗與君相證於此二人胥議求余文以表其墓乃敘其行件曰君諱成功稱久馬右衛門佚齋其號濱田藩小寺伊野毋諱則廣之第二子出爲丹羽富右衛門諱成明之嗣年甫二十二蔭仕後襲祿二百石尋命爲火器隊長又爲持衛弓隊長先是隊卒慢不奉法君莅職反覆告喩遂皆遵約束事聞特蒙賞賜入爲近習頭侍光覺公左右時公尚幼夏月步內園捕蟬君進言曰夏蟲命矩是可愍惻今乃捕之以爲嬉非人君養德之方也公竦然聳聽君益感激以輔導爲任最後擢爲奧用人兼理民事別加賜粟五十苞君乃條上數事皆獲旋行恒國心於民瘼隨歲之豐歉以制其宜是以國度不縮而民租常寬既而君民病辭職遂優遊自恣惑垂釣或往來女子之家得以樂餘年餘君爲人狷介自守性好讀書以得大爲義要常自然慨思欲達諸施爲以圖報效故歷事四世其間四十四年所在皆以副職著稱晚而屬侯家多故又有官命移寺群臣各自懷異議而君獨維持於其間終始不渝多所裨補上下倚賴之故及其去職則雖賞與君乖異者感莫不惜云呼嗚自世道之下也士大夫率皆以嬖婀柔媚相尚靡然成風而求其志操之確事迹之偉卓卓可稱道者其有幾人則若君者所謂空谷足音矣豈不可嘉尚哉君疾病遺囑子姪曰異端之教吾所深惡吾死之後莫用浮屠之法享我也世之祭先者徒知不啖肉爲孝而不知修其身之爲孝汝輩方祭我之日啖肉固可也但勿忘修身耳言畢溘然逝實天保七年十一月十七日也得齡七十六窆於麻布妙善寺前配即成明女先歿後配秋田氏育

五男二女長成德稱英二郎家督次白圭稱鐵三郎嗣藩士淺倉氏殤前配出也次貞雄稱助九郎承舅秋田氏之後爲矢田部藩老次次篤稱轍嗣須長氏爲高槻藩老因病辭職號休齋次良幹稱總兵衛嗣服部氏亦爲高槻藩老女長適藩士酒井與左衛門重樹次適秩父土豪笠原源八郎爲仁後配出也孫男女若干人銘曰所學斯履克秉忠直夷險一節不懈于職遺訓可誦永世維則托之貞珉風霜不泐

芳野長毅古今教法沿革圖跋

學足以明道而後其言足以興道于悠久東涯先生蓋其人也先生生乎孔聖二千二百年之後憤悱淬厲攻實學而成實德排異端斥邪說以紹述家學其功于聖門德于將來非誠尠少也予固儒種也崇其學慕其德者久異甞得此圖而閱之歷代教法之沿革諸家學術之異同不待饒舌至約至簡盡之于一販蓋古今學變之圖解也豈非道明于已之所致耶乃手寫一本揷之架上云復堂遺稿

安井衡金井橋銘幷序代

武之爲州古稱莽蒼之野自開府於江戶五方之民悉聚屋櫛比而人肩摩百貨輻湊無不充足獨地瀕於海聞其水鹹澁不中欲某年中有某君某者欲引玉河水而致之江戶建議得允乃徧相地勢厮渠於羽村邐迤東北流千里以達西郭溝承伏之支分爲數道以徧域內外於是鹹澁之味變爲甘冷之飲都下百萬之民手額相慶至今未衰仁者所爲其澤遠矣哉顧渠旣飲於半都之民不其上流者不散徒涉之每逢徑路南北輒橋而通之東西凡數十橋而金井村處其中當南北之衝享保中官又命植櫻於兩堤約千餘株長殆一里每至花時皎然如雲都人士女聯騎竝輿麗衣袪服以逍遙於其間者日數百人以故金井橋之名最顯焉而橋制樸陋遠遜其名雖非利害所關識者竊以爲不宜加之橋材易朽約十餘年乃一便民之病其煩嘉永辛亥里正會議改架石橋而又恐其厲民乃課闔村二百餘戶月積錢若

干將以漸而成之鄰近聞而義之亦醵金若干以助之安政丙辰金旣聚矣遂以某月起功至某月而成橋長一丈有二尺廣十三分長之九護以木欄以防墜陷所費凡二百金其議周其工堅始與其名稱而民亦一勞而永逸雖未敢謂仁者之舉抑亦策之善者也橋旣成掌其事者欲詔之後世使予銘之予世居是里與有慶焉雖則不文義不可辭乃敢銘之銘曰滾滾玉渠灌于伏溝畏敬所存不敢亂流橋而通之屢敗屢修其煩可厭觀又不優敦彼耆老久藏厥謀易木以石其功千秋積我錙銖以奏丕休于嗟美矣朱欄有梂與花映發春色載浮彼都人士爰優爰游百貨以聚田野豐收誰其爲之維天之庥息軒遺稿

青山延光旌櫻寺觀花記

寺以櫻名以有櫻也櫻以旌名以類旌也寺接瑞龍山往瑞龍者必經焉而余未嘗及其花時故過其門而不入今茲己亥春三月余來過而適遭花時入門則老櫻兩株蟠縈鬱屈宛然如蛟龍而艷雪瀰漫淸馨撲面微風一起紛如雪濤噴灑眞名花也世傳八幡公東征凱旋駐軍於此斯花即公所植花心有一瓣類旌旗因名焉先君義公實始祀公於此云夫公之遺迹以花顯者唯此地與勿來而勿來之花則公固嘗詠之顧其地峭壁聳天驚風卷花蓋亦絕景而公乃擁貔貅操麾旄將爲天子屠翦醜類掃平東陲雖有絕景恐不暇一顧而公能賦歌詞於鞍馬之間文艷足以動百世威猛足以鎮四海眞名將也名將而賞名花名花而遇名將此古今之所歆艷而其花則不復存唯其盤根猶有化石者云嗚呼公之所詠者不可復見得見其所植者亦奇矣意公之過此鐵騎滿野旗旌蔽空所在鉅家豪族迎謁擁路委蛇蒲伏頌功上壽公於斯時回憶勿來之事或有所感則詠於彼而植於此無非奇者而花之豐艷可以想公之文樹之老勁可以想公之武況數百歲之久風颷搖撼而不能拔霜雪摧壓而不能僵不可謂非公之威靈此義公之所以祀公於此歟雖然自今而後數千百歲安知斯樹之不化爲石耶則後世之人或欲

見斯花而有不可獲者矣斯可記也遂爲之記 塤篪小集

青山延之日光從駕圖記

余兄仲卿爲扈從隊接武侍臣從駕陪遊者於茲有年其意謂吾公天下之英主雖一事之微出人意表吾幸得見之不畫以傳之則與夫不得見者奚異吾畫雖不巧其可已乎自公就國以來悉圖其所見裝潢呈覽公稱善焉今茲天保癸卯之夏四月公將謁日光神廟特命扈從乃作從駕圖三卷以上之一日示之余余受而展之騎士步卒導前擁後樹干旄羅弓矢老少雲集拜觀如堵是公發江都也樓船破浪旗幟飄空舟楫相望往來如織是公渡利根川也燈火綿亘出沒樹間乍明乍滅殘月在西曉色可想是公赴養源院也神輿出遊伶官奏樂或臂鷹或肩猿有持矛而騎者有擐甲而步者儀衛之嚴俾人起敬近村隣邑雜然駢集是所謂日光大祭也僧徒著法服吹螺供飯其禮不一是所謂日光強飯也其他諸侯之所獻石萃表鐵造燈之類皆盡一國之力以窮天下之雄偉焉至於神廟則宏壯鮮麗非畫之所能髣髴蓋闕如也若夫鬼怒川之自西而來觸巖斗折奔放駭逸銀翻玉碎是爲仲巖奔湍急瀨迅激震蕩驚瀾駭沫瀉珠篩雪崖石突出虬盤虎驤是爲籠巖石峰對峙雜樹被之群猿騰趠是爲小二荒湖光藍碧亂峯環抱風起浪涌怒騰噴雪是爲雪浪湖銀條玉縷瑩然傾瀉是爲素麪瀑霧降瀑則飛流千仞奔注於蒼巖翠壁之際裏見瀑則從巖頂瀉虹飛龍矯棧道苔滑沿崖委蛇以達瀑背人之來往如行水晶簾中而箭竹之奇子種石之恠以至於紅櫻石楠之濃艷及鬘髮釋迦白根如寶之巉峻摸寫之巧各極情態使覽者魂飛心往於山川丘壑之間猶身歷其境而目擊其景焉余嘗謂目前光景昨日所見今日不可復見今日所見明日不可復見何況百歲之上千里之外乎雖千里之遠百歲之久了然乎咫尺之間者唯畫圖爲然謝氏所謂人之技巧至於畫而極非虛語矣嗟夫今日之盛事不可復見是此圖之所

以作歟於是乎記

青山延壽櫻花賦

鬱神州之氣鍾於人爲俊英在山爲富嶽在草木爲斯櫻三者皆冠絕宇內實殊方之所驚如人之與山前脩已述之至於斯花或闕品評小子不敏請狀其形夫其生也幽磵兮茂林嵯巖兮穹谷或輪囷虬盤兮垂陰百畝或芳柠嫩條兮埋逕照屋夫物以希見貴斯花雖多所珍天然之妙質超出於儔倫其爲木也無碩果之可食取良材之堅緻琓室是資梨棗是利榮頳隨時異於松柏之後彫錦繡燿秋侔乎霜楓之鮮媚若夫春日載陽萬木敷榮蜂蝶飛舞兮如狂黃鳥睍睆兮奏簧於是時仙種含笑氷肌玉澤單葩先開重萼後發或纖而穠或淡而白疎如曉星密如雲霧灼灼妖妖盈盈脉脉枝稠密以霧合蘂璀璨而珠奕異香芬苾兮凝楚畹之蘭秀色煥炳兮瑩和氏之璧膏雨瀉兮花瓊瓏霄露繁兮光妖豔放精彩於月夜哂艷桃之暗弄晴色於朝曦嘲凡李之淡擁砌兮幄張當戶兮帷垂照渟泓兮鵷鸞舞烘山椒兮彩霞迷近而察之灼若玉屑之輝日遠而望之爛如虹霓之欲谿其體萬狀誰能窮之試評其幽趣或如名媛淑姬兮曼頰皓齒不施脂粉兮芳澤可喜或如名賢才輩兮高堂讌坐神氣清儁兮笑言瑳瑳或如豪將勁騎兮率百萬軍鉳鉥蔽野兮旌旗簇雲或如明王聖主兮端衣冕旒羔裘後陪兮豹飾前趨或如瑤樓瓊臺神仙宴集可望而不可接或如端人良士溫良寬裕可愛而不可狎或如海露島霧一離一合或如景星祥雲奕奕曄曄於是牡丹之艷望風而引卻海棠之秀候色而潛開如木蘭與芍藥又焉得趨陪若乃天晴氣朗輕颸徐激則玉龍夭矯兮舉首彩鳳翱翔兮奮翼驚風一鼓則怒濤兮蹴空水珠兮亂濺繡氈爛兮覆地玉霙繽兮飄天又如銀蛇騰跳又如粉蝶聯翩丹青不能圖其奇詞藻不能摸其逸才士於是輟賦太史於是閣筆若乃室上之樹傳嘉名於皇都芳野之林護鸞駕於一方源將之雄尙爲之留

連歌詠豐公之豪猶爲之褎徊徜徉實三春之秀百花之王可謂天地之奇觀也嗚呼神州之冠萬國何啻卉木之微然賦其徵者大者亦可推而知矣

釋紹岷送參政紀公經畧蝦夷序

今夫國家設鎭臺于崎陽戍以肥筑二侯國之兵以備海外萬國之不虞焉北則對府以一國之賦脩三韓戎好之交南控中山薩藩爲之管鑰我既臣妾畜之矣東漸于海乃有毛人焉隷松前氏雖阨以海水欵塞內附貢獻不絕云其俗無文字卉服腥食鳥言蓬行其地積陰便牧畜而不宜耕桑隨畜移徙亡常處焉地之闉蓋千有餘歲而未嘗猾我捍我若古稱蝦夷孔熾者奥羽之兵爲之帥也已方今右文之治烝烝覃乎遐方海內鄉風者且二百年而蠢爾毛人猶尙壅遏未洽至治之澤可不憫哉蓋唐虞三代之治世一以敎化爲先道愚化嵓惇倫睦俗百王必由之常典也今也國家使群吏彊理其土啓廸頑民而後遣一大臣奉璽書巡行其土以鎭安之參政紀公實命焉蓋自有毛人淑有此柔綏之擧也則幾何其不慕義而遷善乎先時奸商征利自肆衒鬻彼稍稍知之乃應以機詐而狙黠始萌陽服而陰怨焉由此觀之彼本樸愚易治其獷馴由我耳夫安邊之制柔夷之策不過以恩信羈縻之所謂非勝之將安之也今毛人業已服屬於我則不唯羈縻之亦宜漸化之以埒於內地矣然人情非匹敵不相爲安非地著不能其水土今先擇於其種立之大人以攝其部落置校尉於塞以領護之禁姦商黜墨吏奠其貢時其朝懸利以誘之設禁以威之時遣吏存問其疾苦交相往來安如其類然後乃募皁人及免徒復作與之雜處與冬夏衣給田器爲室屋毛其土履其跣變鴃舌馴侏儒則廉耻其心禮讓其行亦未爲難焉夫如此則深仁厚化可以被弱水瀚海之外矣何止一毛人耶若其不然而威稜陵之虛喝懾之一有緩急以軍法從事則彼累足圜視之不暇猶何慕義遷善之有彼已不懷而我棄之則安知不有海外之國欲闚其

間而略其土者乎夫毛人之於我爲東垂之一屏障而一日屬於彼其所關係非小也近聞發明旨一以寬和從事可弗貴且慶哉乃知公能體國家深仁之意力宣敷德惠克擾衆夷俾毛之氓感且格焉彼阻閟閭習者一朝得披雲霧而睢於天日咸手額望皇華使欣欣然頌曰是聖朝之化而公之靈也然則覆載之所及永世亡畔可與夫崎陽對府及薩藩而稱四邊艾安矣若夫瑣瑣焉楛矢魚服海錯之末產亡輕重於國家者與極星之高卑土氣之寒燠弗急於今日者則當待彊理既奠夷情既化之日然後徐議之而已矣南山外集

釋紹岷鹿門宕岳諸遊記

余之始住南山首問仙臺諸勝鹽浦松嶋以至金華玉水將不曠跡於其間焉然相距數十里若百餘里既局於藩法或錮於叢規不可數遊也況金華之山特峙洋中時乎有天吳之虞人亦從而河漢其說則猶之望蓬瀛於海上云偶得滕冲卿鹿門記讀之揄揚其勝津津極口且云其地與瑞鳳一飛雞可相及也未及卒業投袂而起游懷飄飄足下已生風驟命侶戒徒趣迨游具皆哂余之躁於遊也時有土藩客萬里壯遊姑館吾山拉之俱遊乃出南山南山既載左貞宮而下曰六戸街守廟者家焉雞犬數屋閒如洞民取逕左術地差平衍草天木高山田相錯人家落落不爲村荳棚爪區南東其畝畝盡得崗所謂鹿門之丘也余獨心語於乎忽近覬遠比比皆爾賤家雞愛野鶩於此丘乎見之矣丘以右澗壑紆呀雲樾映蔚壑以南崇巒疊嶂逶迤接城山東北割切直抵大海丘之下曰廣瀨一水派流滙于琵琶口繞丘而東兩岸葭菼蒼蒼松石爭奇園亭水榭每各異趣北岸之上竹樹蒙邃茅茨低昂者爲米囊谷雞聲薄午炊烟漠漠盱衡遐睇則平野綿亘雲天一蒼往往見白片點綴少選日景橫射澄晶浮盪方知布帆駕潮也七嶷白石叢崿刺天金華聳突雄視群峰下瞰則行樹離立列第櫛比街衢高低寺觀隱見車馬往來

其間乎但聞繫互嘈雜之聲耳蓋城郊之勝幾得其槩也據石小憩客與僕指矚嘖嘖不已臨河茗飲分勝賦詩微風度波游魚不滄林葉水聲琮琤滌耳此地河壖其土捽善崩加以密邇貞宮脩築苦役若河潦衍溢每有懷襄之患是勝之一慨巳豈吏昧御水之術歟將意在姑息歟東轉而上曰園丁街掌公園者居焉路碎硝細礫翳足前得岐右赴兩足山左上宕岳勝不可兼得問客禮佛乎謁神乎謁無適莫於神佛勝之與比也笑而左宕之背也得大滿寺香火虛空藏客曰遍界皆佛孰能禦之上而禮焉老松一株偃蓋竟庭取涼美陰出門蓋上巖磴觝面屼勢壓人秀石林立雲蘿轇轕屢奮屢息客皆惙惙磴窮得門峰頂延袤僅十數畝一瞬萬象無復遺勝相視稱快而登陟崎嶇主客顣頷呼厨命湌有喰其饁背勝笑食息心目也勝同鹿門曠矚倍蓰之所謂古城丘小泉壯郭諸山歷歷集於寸眸七穉可撫金華可攀雉堞縹緲闤闠洞達亭亭秀者孤松岡乎童而宛中者勢邱乎屬而嶧者獨而嶠者隋者再成者更獻狀於杖屨之下飄然自疑爲畫中人也蓋雖土著而稔于勝者猶且數於此况斷接者安得不忭舞於疊蒼積翠之間乎頃之玄雲滃滃騰東北凄風在樹陽鳥和鳴客曰雨候也盍遄歸乃跟蹌而下及鹿門擧目東北諸峰若阿閦佛國不復再見矣已而雷聲殷殷雨從而至繖要于路屐迓于門委頓而還爾後淫雨彌日足不出戶庭游懷帖然臥聞檐溜縱縱耳鳴乎微向之躁安得今之恬有嚋昔之艱而今日之臥始高矣儻夫哂躁者耶非耶同

佐藤垣記洋製測時器

余嘗藏洋製測時器一儀漢上名之儀時辰表凡泰西諸國所出器玩率無不精巧而獨以足儀爲最今畧狀之形圓用白金爲殼盤面銅質金鍍徑一寸二分强厚七分弱邊鑿池周之函銀牌十二以識時辰子午二牌釘牢不動其餘皆活可案候前却以定晝夜長短周圍外鐫百刻內鐫十二時以便牌之移動

此式經本邦改造者如舊式則銅質白磁外紀六十分數內紀二十四小時皆用洋字漆書之是也盤用鐵方軸爲樞軸揷套管出頭以受短長兩鍼鍼尖皆外指短鍼簸圓管受之在下長鍼簸方軸受之在上短鍼拓尖下鑽兩眼爲識平貼盤面左旋晝夜一周指十二時長鍼形弧亦左旋晝夜二十四周以備短鍼運轉之用此亦與舊式異舊式短鍼晝夜二周而其用以長鍼爲重長鍼指刻一刻四周爲一時則晝夜二十四時爲九十六刻而鍼凡二十四周短鍼則指時以紀長鍼之數耳外作白金合盛之空其當盤面處旁有突臍重櫎可開盤面冪以玻瓈中隱起起當合之空呼表曰泡殼旁有環挈銀鎯鐺如綬然呼曰表帶鑰垂其端轂底有小孔直殼內揄輪項可納鑰以運軸盤面當子位有暗鎖用拇爪搯起可以觀其胎矣乃發而觀之盤背更有承板與盤相比用活銷牢定又有夾板間植四柱以支之柱亦皆銷定內藏機軸小大相錯其在酉位近盤背者曰大輪四十八齒外鄉餘輪以次漸小其在中位襯盤背者曰二輪五十四齒外鄉有長軸貫入承板內軸齒十二與大輪相直其在子位襯夾板者曰項輪四十八齒外鄉有軸軸齒六與二輪相劚其在丑位中立者曰側輪四十八齒側鄉有軸軸齒六與項輪相劚其在卯位稍近中側立者曰爪輪十五齒側鄉尖如鋸有軸橫設軸齒六與側輪相劚夾板外設圓擺板鑽方簸擺軸植於內與爪輪相直下作槽承之軸項絡以鐵線鬈曲如鬚呼曰遊絲軸齒二上右下左令其與輪相銜輪推而擺逗擺送相制移順逆相制不得輕轉擺乃左右搖動往來叩擊而有遊絲承以齊其快慢之度此於機關爲重矣更有二機曰腸殼曰塔輪轉擺之力資焉腸殼在午位形如小合中植鐵軸軸端貫出殼下內藏發條發條或呼曰腸其製用鋼鎚薄長尺餘緊捲鐵軸數匝不拆則不能見殼外又纏鐵繩數匝長亦尺餘殼下軸端又套小輪別橫螺軸以爲發條收放不常用塔輪或呼曰旋螺輪刓深大輪面上套此輪輪形上窄下廣如塔然其受鐵繩處作螺痕塔項有鐵軸穿夾板出頭塔旁又作一鬪以

壓縟塔基更釘牢一輪呼曰閘輪有齒外鄉尖如牙其與大輪接處夾墊挺簧倒繳閘輪挺簧兩端相壓令輪可左旋而不可右轉又當盤背與承板之間夾藏三輪曰刻輪曰時輪曰接時刻輪第二輪長軸頭在板內者以刻輪緊冒之刻輪有方軸穿出盤心爲樞即受長鍼者是也其齒與接時刻輪齒相齶接時刻輪軸齒與時輪齒相齶時輪中心作管套刻輪方軸上即受短鍼者是也刻輪從第二輪速轉而套管則相承漸遲此盤面短長鍼之所以遲速不同也不拆則不能見夾板外擺上有圓金冪徑六分用螺鑽牢之冪鑿雜花文玲瓏可窺旁平置小銀輪周鐫洋字自一至十二中有鐵方軸輪下別套半輪有齒相齶端有小鉤受遊絲以鑰左右鐵軸則小鉤往來以取遊絲之緩急蓋諸輪快慢之所由不常用半輪小鉤不拆則不能見冪旁酉位橫鐫洗字譯爲龍動亞而子龍動即諳厄利亞國都名亞而子其工人名云測法先撿曆本知晝夜長短度數乃就盤面整排牌子各當其處次用子午線測午晷卽就盤面整鍼尖正指午位以鑰納底孔運螺頂鐵軸以收繩繩既移繞螺痕則諸輪皆活遲速各隨其法試以十二時算之大輪凡六周二輪凡二十四周項輪凡二百十六用側輪凡一千七百二十八周爪輪凡一萬三千八百二十四周而圓擺往來凡二十萬七千三百六十動既閱十二時則鐵繩漸盡諸輪歸於一寂再以鑰收繩活動如前此其測法也蓋此器正倒俯仰未嘗錯亂或放之案上或搭之壁間之或袖之或佩之皆無不可徐而聽之輪擺叩戛響如蠶嚙就而觀之兩鍼遲速移如蠶步及剖其而殼觀其胎則一切機關順逆轉捩如明堂腑位森然羅列脉絡貫通其巧思精妙殆乎不易名狀今戲記之以貽好事者欣賞焉

愛日樓文 廣瀨謙歌詠橋碑

一水出於豐北群山之間南至大肥之鄉過高野祝原二村西入筑後川者是大肥川也東岸爲高野西岸爲祝原中有激湍是茶屋瀨也瀨上有橋是歌詠橋也捐財造橋者豆田街人廣瀨嘉貞千原鎮正關

村醫師行德元遂周旋其役者嘉貞之弟貞基高野祝原村長及村人也橋名歌詠縣府所命謂行路之人歌詠其惠也此地豐筑孔道也公私往來東至江都西至長崎者無不由此道渡此川此川清淺可揭而涉古來架以徒杠若雨潦一下群山之水盡會其中波勢奔激如建瓴於高屋杠之不存舟亦難施有犯險而涉者往往損命元遂之居近水常見行人艱苦欲不惜勞費以建永世之圖畜志多年未果至嘉永紀元池田府君始涖我縣百度維新元遂乃介貞基謀於嘉貞鎮正終請縣府三人一忠亘二年而功成府君有褒賞之命焉衆乃請予曰天險之設實自開闢今而有此舉是聖世德澤豈我輩力乎但此橋起於嘉永欲表其所始於後代然年號不可以命橋故縣府賜歌詠名取於同音也今欲請吾子明以此意且勸後人繼焉而修傚焉而作不亦善乎於是以孟夏之望往而觀焉誠奇構也橋下不用一柱以石疊起石之與石相支相持實實枚枚不騫不崩離水十尋橫岸二十尋望之穹窿長虹之跨空也新月之卿山也我聞甲之猿橋防錦帶橋與此同制此具體而微然彼木此石論用功則轉難矣過橋者傍觀者扶老攜幼雜還爭先皆欣欣相告曰使我無揭厲之勞無沒溺之憂春秋朝暮任意往來者是誰力歟我見名歟實相稱也乃復歌以詠之辭曰渡長橋之夭嬌兮臨逝川而蜘蹰瞻驚濤以駭魄兮哀往者之爲魚何鄭僑之役役兮行小惠於乘輿欣杜氏之施巧兮超前古而馳譽維陵遷以谷轉兮豈斯橋而無渝冀來者之繼善兮聊詠歎以容與淡窗小品

廣瀨謙石阪修治碑

我西人之東也戴殘月履曉露凄凄肅肅以至石阪纔上崔嵬流汗如雨喘如吳牛東人之西者至此輙愀然曰行百里者半於九十非以有此阪耶既降九折馬則玄黃僕則痡矣返照未沈豆隈在眼而稅駕焉若暮夜之際泥濘之候馬旋而止人躓而顚王陽之畏何獨在孝子耶日田之地四面背山也苟欲出

境無不踰險而往來之繁此路爲最東往上國與魚鹽百物從海來絡繹相接及至近世風敎大敷邑之豪右競捨私財以報國恩或道於山或梁於川而石阪獨以屬森府封內無敢輸力焉有山田常良者素抱濟物志慨然以爲四海兄弟苟利於人而已乃請以修治之擧森府許之及歲之庚戌其功竟成阪以石名其險在者也於是乎罄人足軋馬蹄者皆裁而用之否則運而去之登登山路八千餘尺疊之以石爲數百級急者使緩狹者使濶仄者使平危者使安坦乎蕩乎以遠層巓矣阪道屬一瀨邑邑長梶原景履欲建碑記之求文於予顧此擧也我日田與東人實享其利若在森府爲國偏陬非所必急特爲他方耳行路之人誰不謳歌其惠此可銘也常良播名鄰境吾黨榮也何憚操觚勞乎常良稱作兵衞號時中館主人隈街人也銘曰衆庶殉貨錙銖猶爭誰捨千金糞土維輕民之好德實上之化不有同聲豈能相和新碑有傑悠久無疆匪我辭美維德之芳同

廣瀨謙遊綿溪記

天保壬寅之歲予遊大村留賓館數月府城之下有琴湖風景明媚苟有暇日必出遊焉今茲乙巳再往問藩中諸子喜遊者曰琴湖之外猶有佳山水乎對曰有綿溪者人未及知也予欲往皆曰境僻途險不足勞嘉賓之駕予意未已乃曰我爲之導凡百餘人以味爽發行色蟬聯洋溢林塢四十里至千綿邑始入溪口降轎而步溪凡九曲十里而遠有四十八潭因導者指示得識其大者曰古木潭曰赤泉曰雌雄之泉曰抱巖曰蓮潭曰白泉曰摩惠曰木葉不浮之潭曰八丈曰三郎皆巖泉飛落而成潭也巖則丹崖翠壁錦繡交錯尖而如削者平而如截者如岑樓之獨秀者如屛風之迤邐者古松蒼柏奇花異草點綴其間泉勢隨巖形而變爲瀑布爲水簾爲烟之空濛爲雪之飛翻蓄而爲潭溢而爲溪大抵一奇未了一奇已至實使人應接不暇也八丈最爲偉觀瀑高潭深傍多盤石平曠可坐諸子張筵於其上相議曰溪

勢蜿蜒殆一龍也八丈其頭三郎其髯蓮潭腹而古木尾也乃改八丈泉爲龍頭泉他因舊稱而加修飾品評既定請予曰此境僻陋未有人知幸辱君子一來請作之記以爲溪之光榮予曰山水待人而著者也浣花於杜少陵永州於柳子厚皆然今綿溪因諸君而著也若建者不能使溪有光而托其餘光巳抑琴湖近在城府一邦所瞻猶諸君佩玉立朝乎綿溪幽僻亦蒙賞鑑猶建也窮陬鄙人賓於大邦乎故不辭不敏而作之記將以爲溪賀又以自賀夫我文固不足以盡溪之美然此記之出文士騷客自四方來遊必有奇偉麗特之辭與之相配是諸君命建亦所謂自隗始也何必辭之爲諸子逌然而笑曰賓巳許言主豈可默於是賦詩裁歌各奏其技作流觴之戲設金谷之罰行杯不停揮翰如飛四座同唱千巖爭應忽見異氣一道自潭底升爲虹爲蜺紫綠變幻驚而視之夕陽在山與泉光相射也予起曰歡樂極矣何不歸來乃收宴而去時弘化二年季春十九日也豊後廣建記同

齋藤正謙順正書院記

平安新宮涼庭翁以喎蘭醫法雷鳴海內而篤信聖人耽讀墳典嘗歎曰京師首善之地而學校久廢豈非大缺典歟乃出私財營書院於洛東瑞龍山下建祠祀宣聖及醫祖講堂生舍以下悉具多貯漢蘭書籍於其中以待生徒之乏資者京尹間部侯嘉之親書扁曰順正書院林祭酒又書名教樂地四大字贈之幷揭其楣並翁之志也翁本山陰人學醫徒於京師其業大行稍入山積而惡衣菲食自奉甚儉積而能散賙急救困者不可勝計今又有此舉殆費萬金拮据未已謀廣置學田傳之久遠非好學之篤信道之深安能如是哉夫學有道有藝非道則本不立非藝則用不周本末兼舉體用幷修而後其功乃全故古者學校教士以孝弟爲先以修齊治平爲歸而其藝有禮樂有射御有書數凡供家國天下之用者莫不講貫習熟焉是以其士一旦服官任事皆稱其職所以致濟濟之美也及漢唐以後漸失古意以記覽

爲學以辭章爲業其取士或以詩賦或以經義帖括或以八股時文其事虛而不實於是所學非所用所用非所學人材之及古不勿惑也已蓋聞泰西諸國設學教士皆以適用爲主自天文地理曆筭醫藥至銃炮之術航海之技皆講於學中蓋有支那上古之風而其業歲修其用日精是豈非所謂道失而求於夷者耶今翁所營一書院耳軍國諸技非可悉備焉唯技之關人命切國用者莫若醫藥故先首講於之院中以存一端抑亦泰西設學之意已夫泰西諸國之於天文地理以下之技並非支那所及獨其所爲道妖邪怪誕不可方物比之我聖人繼天立極光明正大爲萬世標準者猶如爝火之於大陽鬼魅之於麟鳳學者豈可捨此而取彼哉今翁修嗝蘭之學至於其道則擯棄之以爲異端獨篤信孔孟而尊奉之無他岐之惑所謂由順正以行其義者蓋在於此是其所以名書院歟書院之建己十餘年諸名士以文記之者累十餘篇今翁又欲得某之文某以爲寵書院者有間部侯林祭酒之筆賁書院者有一齋小竹諸先之文莫以加焉欲使某如何措語如何著筆耶辭之再三翁猶以書促之不已乃述平生持論書以爲記贈之

齋藤正鎌後南朝遺蹟碑記

南朝之事豈忍言哉前南朝猶然況後南朝之式微乎後南朝何謂後龜山帝之後也帝之子某號小倉宮宮之三子爲天基王圓滿院空因王空因有二子兄曰尊秀王弟曰忠義王初足利氏患南朝擁神器竦動人心勸帝講和傳神器於北約兩統遞立如先代故事其後及禪代之際負約不立南胤小倉宮志憤糾伊勢國司北畠滿雅等起兵兵敗滿雅死而宮遜於嵯峨嘉吉中天基王與圓滿院謀率楠氏遺孽夜入禁中収神器去據叡山追兵圍而攻之天基王與楠二郎死之圓滿院抱神器逃竄於吉野川上久之如紀國擧兵亦不捷而死空因初匿近江後來於川上久之殂尊秀王遷於小瀨龍泉寺招集義徒守

神器焉足利氏患之陰許赤松餘黨之請入仕於小瀨伺間戕王奪神器去其士覺追之不及神器遂北時王年僅十八長祿元年十二月二日也乃葬王於神谷金剛寺謚曰自天親王忠義王兎難不死義徒又推戴之築宮於高原號岡室御所奉王遷焉翌年正月四日俄獲疾殂年僅十六南朝正統之胤絕矣遺民不堪惋惜乃葬王於御所側以其傍近福源寺爲拜奠所至今四百有餘年香火不絕川上鄉有二十三村小瀨高原並在其中每歲二月五日闔鄉之民祭祀二王出其所遺金鎧寶刀拜視稱爲朝拜高原之墓僅存小石佛而其遺宮至弘化戊申秋爲大風破壞福源寺主紹接恐其久之弗可識欲立碑表之謀之於篠田定勝定勝吾勢下川村人從余遊有好古之癖以其居隣北畠氏遺阯好談舊事遂及南朝事跡屢遊吉野以撿覈之及寺主之請慨然許之以北畠氏爲南朝忠臣取其墟礎石遠輸之於高原磨治爲碑請文於余余亦平生感念南朝至二王事尤悲之但南山乏記載事有異同無由證正今以定勝所錄遺民口語參攷之以書其概略云於戲北畠氏擁護前後南朝不以炎涼變志大義伸於天下是固當大書者也定勝感於北畠氏遂及南朝以發潛闡幽爲已任亦不得不牽連書焉故倂書之以爲記

齋藤正謙南木祠碑陰記

忠臣義士之出譬如麟鳳之瑞宜人人欲識其所出也楠中將之生於皇國實爲儀鳳祥麟然世人徒識其授命之處而或不知其降誕之地可耶中將降誕之地在河內國石川郡水分社側中將既死湊川祀以爲神以水分爲楠氏土地神建祠於社之域內建號曰南木大明神蓋出於後醍醐帝之勅旨其地今屬若狹守石川侯之封今茲候准臣民之請建碑於祠前手書請寡君伊賀中將題署碑面曰楠中將降誕之地又徵謙文爲之記謙嘗歷覽畿內名勝至湊川謁中將墓因憶建武之難中將之謀不被用去險要就平原以少衆當賊之大軍力不支授命於川上南風遂不競爲之歔欷涕泣心中作惡者累日反至

河內過金剛山下因憶元弘之亂中將舉兵據此麓以孤城抗天下之兵數出奇計撓之使賊不敢過此而北義軍因得以成功今望山色鬱鬱蒼蒼高聳雲外中將遺烈猶有存者意甚快之破涕爲笑而去抑元弘之舉以簪纓換介冑雪列聖之辱而洩烈士之憤王室中興天下改觀是數百年來所絕無而僅有雖其業不終而一旦克復之功可以跨周宣王而侔漢光武抑亦偉矣而中將之力實居多至乎論功誰出其右哉且中將之降誕亦爲此山下其地與赤阪千劍破咫尺相望而中將成功於其間則此山猶如崧高之降申甫以佐周宣之業實爲中興名蹟忠臣靈蹤過者孰不感歎而仰慕可無一碑表之哉侯准臣民之請寡君許侯之囑亦宜矣而謙之么麼預撰文之任豈非多幸歟乃謹書其由係以頌曰金剛維嶽靈淑氣鍾其神降止篤生楠公帝之夢卜獲此非熊公之召對比彼隆中世推智勇千古英雄士化純德一門精忠中流底柱百萬環攻出奇不屈應變無窮瀾狂既倒障之使東頹日將沒麾之當空民歌復旦人知朝宗中興翼運赫赫厥功

齊藤正謙陰山居士碑陰記

百餘年前紀國有佐野翁者蓋奇士也名正意早辭仕隱於北山因號陰山歌咏自娛祇伯玉爲記草堂詳其爲人時翁年已過古稀其後八十二歲盜入其室翁追斫之以死寶曆二年七月十四日病歿享年九十有七數年前親書平生之志以爲卷遺於子孫歌詩並溫雅手筆亦遒美不類大耋之作矍鑠哉此翁實爲希世之人也然性恬退不求聞達故世無傳之者伴蒿蹊輯畸人傳不及之外玄孫葛西友親恐其名湮滅介小浦來青請余表墓翁之沒有偈及和歌亦足以知其平生乃勒於碑面以代銘余識其由以寘於碑背實安政七年三月也

林長孺力壽姬碑

故三河刺夫大江定基有寵姬曰力壽三河赤坂驛長彌太次郎女也定基在三河數年任滿將歸京師姬臨別自刄以明不見二夫定基深痛悼焉葬諸驛中長福寺建一石以表之今所存上藹石是也既而定基感激姬之貞操悲歎不巳遂辭官爲僧改名寂照登比叡山從惠心僧都頗極浮圖氏之奧後航海臻宋宋主眞宗召見大悅賜以紫衣束帛館於上寺賜號圓通大師與一時名流蘇軾米芾之徒友善所謂西園雅集圓通以方外之徒與其會可見其論談風趣與蘇米諸人分鑣而馳不啻能服宋主之心也於是乎名聲大顯嗚呼使圓通至于此者蓋亦姬之貞操有以激諸也余之令斯州也距姬時殆一千年矣偶閱地志知其舊迹然世皆知圓通之名而詳姬之事者蓋鮮矣頃者御油驛長某有感于此乃與赤坂驛長某某等相謀將建碑于長福寺中請余文記之余曰自古丈夫殺身以立節義者往往載於史策歷千百歲之久猶想像其爲人或發之歌詠歎稱不措者非其遺風餘烈之所感歟今姬以巾幗女流其行出於丈夫之所難能使圓通感憤興起以振名聲於海外而後世無稱道姬之事者獨何也又思當時蘇米諸人以文墨鳴於天下旣與圓通友善而不得知姬之事故無一辭及之終使其貞操義烈之跡湮沒無聞豈非千古之遺憾耶今幸有建碑之舉不獨慰其貞魂亦使闔州之民生節義之心以助教化是縣令之責也余安得不任其責許其請哉鶴梁文抄續編

林長孺豈止快錄

嘗有青梅里人原精一者來說里西南溪山絕奇諒爲海內僅見惜世不多知盍試探勝吾聞之起舞欲往時以職劇不能也及賜骸則四方干戈起不得酬宿志前後殆三十餘年今且淸閟豈可不一遊乎昔人云秋冬之際山川尤美遂與指月道人拉塾生藤田直二以辛未歲九月晦日上途東方赫曦閃閃射人辰刻抵內藤驛右折青梅路小憩六里中野村亦憩七里田無村飯畢出有詩云野草凋殘桑柘黃秋

風一路總荒凉唯看苗麥强人意凜凜抽心氣傲霜十二里小川村申刻投逆旅隘甚三人一床連枕而寢亦客中一適也　十月朔日曉雨發小川村衝雨西行十八里野蕪繚繞想是萊牧之所古者分田必有萊牧地故牛馬壯長助農功後世無遠識者妄意墾闢厚斂瘼民今此地不然乃知民牧有人亭午飯箱根崎村六里憩新町村又六里西分村路右數十步創建卿學一宇蓋先聖祭儀所設處遙拜而過申刻至青梅首間精一則亡已久矣悵然投宿傳舍青梅距東京七十里一市聚也家屋櫛比畦圃衍沃又內藤驛以西所未有居民舊以織土布爲產布質緻密世稱青梅布近時織以洋絲故服用不耐久論價甚賤余乏勝具肩輿發京至青梅乃聞西南路險非京輿可濟改命山轎爲明日濟勝之計　二日新晴晨發山轎甚窄以余肥大幾不容膝入金剛寺親所謂青梅者一幹骨立苔蝕蒼然梅氣薰人乎十步之外里人云青梅古樹白花青實實既結期年乃標其色不變可謂奇種里所以名焉然古樹者十數年前已枯後諸沙門取他樹能類者復栽其所展轉相承到今尙存舊態出寺數里日向和田村群山夾路一溪中貫山睨溪而立溪顧山而走走者蹴石揚波鳴如琴筑號如皷鼙立者擁丹楓翠松而煙霞風雲披拂成趣左顧右盼應接不暇嗚呼山靈引人入勝此爲第一門既入頓覺冷然與人世逈隔六里二俣尾村黃柚紅柿顆顆玲瓏皆大如拳藤田生採一柿供余乃噉味逾甘露行六七里間桃數千樹參差路旁隔溪曰下村梅林延亘五六里武陵羅浮鬱然相對花時盛觀可想數里澤井村奇石磈礧福島金藏宅前尤多金藏指曰某名鶴鶴張兩翼欲飛某名龜龜曳尾塗泥某牛某馬馬嘶牛睡某龍也潛身蟄伏終非池中物皆克肖又一石與龍偶而順金藏乞名余曰雌龍哉金藏曰善遂飲金藏氏既出步數里左即御嶽祠路板橋架溪橋影溪光幽邃有趣或云峽中最佳處睥睨而過六里川井村七里小丹波村土人刊木結筏投溪流運達都下亦山民一經濟六里棚澤村三里白丸村瀕溪諸村厥田下下播種五穀率

難繁殖一年唯麰麥一收僅免饑餓幸有薯芋之類足以果腹窮民疾苦使人慘然村西境曰數馬切通聞昔人數馬者病山逕狹塞鏟巉巖開路至今嚴然一石門矣出門有一大石俗呼曰鏡石形圓質明行人留杖照形門右石山六朶並立山甚卑樹甚疎而巖石錯落位置得宜似待人之經畫制作而巧者門左則群巖厲色脅人石溪激怒又作叱咤聲宛然鬼怪圖抑上峽溪山色色莫不奇絕轎窓賛稱殆不絕口到茲間則三人相見瞪眙唯呼奇奇耳而全溪無佳名可憾轎夫曰楓甚美可以名皆曰善嗚呼楓溪之名眞不負是溪溪之得佳名自轎夫始二里氷川村一瀨涓涓自北來曰日原溪橫截村腹奔流而西其下與楓溪會矣有板橋樹石蒼然清輝可喜度橋農商雜居數十家投宿已夜矣　三日晨雨起四山雲烟一望模糊恰如米家潑墨圖食頃雨歇乃發天風下降若迎人前導旣烟雲四散天色一淨嗚呼此山得雨而粧得雲而容得風而笑一朝得三美不亦快乎旣行數里山廻溪縈林舞水歌紅楓翠杉繽紛錯落怪禽之語異蟲之音與樵夫野郞之唱雜然相答於遊眸數里之外於是踞石藉草賞心之諧留戀不忍去自此而進地勢益高石峽險窄僅容單人人與驅馬牛者相逢路上遙相呼應暫避便地肩背相摩以行況一雨後沙柔石滑不堪置足下闞深溪股慄目眩投石於崖中石轉走下須臾遙聞崖底驍然之聲孫武云善戰人之勢如轉圓石於千仭於山可謂善喩矣行人至此皆失人色而無別路不得不由此抑峽岷每驅馬牛負重度險鞭撻趁逐馬牛皆羸余謂是必多斃非命可憫也如加愛顧牧養不啻爲馬牛又便人役六里堺村有白髭祠倚山而立石磴百級極斗峻舉足撐頦盤跚乃登祠前一大白巖縱橫各三十間許伏臨深溪望之若神僊技鶴氅釣大澤中觀畢迂路穿林附枯藤而下始反原路七里原村飯孤店六里達小河內村古多藝麻亦稱麻里今居民多織麻爲服按鹽鐵論云古者庶人耋老而後衣絲其餘則麻枲而已今視此里風俗近古訪里正原島古逸古逸古心古貎耽古典一古人也余嘗聞

眞田謙山話故來訪一見服其爲人又怪殊無禮待繼稍欸洽坐談之頃乃知其眞卒坦易無復有他意里故有溫泉相傳昔一鶴傷箭來浴即癒人效以治疾金瘡最奏奇効因命鶴湯云蓋神泉也里人多引泉其家迎客饗浴古逸亦具浴焉我輩雖無一痾澡泉再三頗起疲紈古逸家群山環擁一溪當軒雪之夕花之晨山色水光莫不獻秀而呈美焉古逸目飽書典心醉山水可共評山水矣吾自青梅至麻里一路溪山五十餘里正視之成壯厲側視之成幽淡俯視之成淸輝明爽仰視之成偃蹇峻嶮高低曲直姿態不同人以爲非一山矣余審視之藕斷絲連骨脉一體嗚呼奇矣試質古逸曰誠然今先生創評一箭中的可謂破天荒乃作絶句云群巒元是一螺靑巧幻人來費品評誰識廬山眞面目白雲深處亦分明夫麻里溫泉聞于世舊矣來浴者莫不見此勝而勝之不顯者山水無媚態故不入俗眼也抑溪山之奇余聞之精一楓溪之名余得之輿夫而溪山之論評余決之古逸嗚呼溪山得三子可謂千古知已矣若夫贊成之任則吾亦有不可辭者時有客又說溪源之勝問古逸則曰源發于甲州丹波村雲取山其勝乃勝矣今視楓溪率無別致儻遊意未慊則自此而北日原村山水絶奇與楓溪局面大異於是歷歷指陳其言有實際我翻然又生望蜀想因請古逸爲前導遂約明日日原之行古逸有一息名賀從僧玉隱研精文墨翩翩一佳兒也夫玉隱京人駐錫山中四十年常耽詠言今爲時事所扼不得來見可恨乃寄詩云禪機悟眞趣卌載避塵埃吟嘯山間寺推敲月下門心中無物在方外唯詩存想合多佳句何時對榻論時夜寒就寢更覆一綿衾聞此地夏月無蚊氣候不齊如此　四日牢晴廻轎前路古逸從行晚投氷川村原島道太家古逸姪也自入峽食無魚今始得枯魚枯甚不可噬但芋魁蘆服根味皆美此夕道太亦艷稱日原之勝娓娓可聽三人遊意益急欲以夜發道太云山路多狠乃止倚杖假寐以達晨　五日遲明發北入十餘里嶂疊澤匯山路紆折沿溪而行溪多石激湍噴雪作颼颼聲隔溪巨巖並立各長

數丈其紺白二色者間道直下作川字形若雲錦片段自天上落眞偉觀也又有白若脫兎者有赤若鼬鼠者龜顧鼈步皆石矣蝦蟆俯獅子仰皆石矣獨立如老僧呼之不應方知其爲石矣造物之巧有如此者又古木千章每風觸奮然竦動使人一見欲駭走偶逢山婦椎髻跣足背負薪炭來言妾等自山中往氷川賣薪炭易酒醬及膏油其憔悴若動眞可憐大抵山婦負物率著背不獨薪炭也此間路尤險下轎曳杖以行於突崖懸棧之中殆三十里得一詩云險途瀕死貪奇遊踏遍溪山盡處頭古樹千年陰若夜殘楓十月赤於秋面前絶壁危峰立脚底深崖層壑流此境留筇何可久而風徹骨氣淸幽忽聞鷄犬鳴雲中則日原村也茅屋竹籬山輝水映廓然一幽境可以避世焉欵里正原島巖彥家亦古逸舊族進藷菜一器乃飯而出門外鳥道數里頑石突兀雖壯夫不得不腓動膝折況以余老脚人皆止而焉不可則道人與佐藤生皆杖策相從欵遇一澗水極淺然澗承群山麓每山雨百潦急注輒暴漲民乃橋獨木于其上以備雨水今朽腐不可度轎夫褰裳入水脊余而揭既上岸扶筇一丘一岡或陟或降蹩躃顚頓五六里許遂至一石山趾地稍平濶屐履劣通喬木蔚然水聲琮琮出自林杪有一宇前立一木表曰女人禁制處仰見一石山氣象雄偉絶壁天懸竹樹迸根交絡其間嚴彥指曰山有七洞下臨石溪懸崖千尺無逕可通人或失脚乃粉碎矣土人聯鐵鎖便於攀躋以達洞口口皆狹入則深遠莫知所極或云洞潜通羽之湯殿山不知實否洞中黯闇人持炬以入高山靑矣巨川白矣宛然仙窟不復見一行人昌黎云洞門無鎖鑰俗客不曾來其不信乎一石山左曰六巖山余視之巖唯存二耳土人云昔一婦猥踵山麓山神震怒四巖裂墜豈其然哉神如怒六巖與一婦俱震裂無遺矣余謂是偶遭雷擊耳夫雷之破山壞廟折樹殺人者先儒以爲陰陽之怒氣也氣鬱而怒方爾奮擊偶或値之則遭矣今所存二巖傑然聳立澤澤蒼古政如銅柱禹貢底柱恐此類又一巖曰燕巖石壁峻挺雜樹聯絡有窟可避風雨燕燕差池頡

頑巖達人喚山燕形不異燕但差大耳巖彥遙指曰立巖巖距此十八里一劍倚空高輝于雲日之表巖背峨峨翠黛皆秩父山矣但望其遙嵐摩天耳嗚呼此際靈洞幽巖異樹怪石皆楓溪所不見而奇特尤饒每遇一奇無不發狂大呌巖彥請探勝殆遍然頃刻涉遊一瞥難盡況歸路修遠暮色欲來因錄其最佳者遂謝巖彥割愛而去日暝還氷川　六日早微雨乍歇與二原叙別復踏來路險棧梅至青乃坦夷矣塵囂雖可壓又有馬頭米囊想薄暮達西分村客舍轎夫辭去乃探囊報勞抑山路崎嶇頑石崇踵一日百憩連日皆然唯道人高屐跋涉毫無倦色又作詩篇篇衝口而出吾因有半旬風月詩千首百里溪山屐一雙之句七日晴命舟行主人曰玉川舟買每月非三八之日不敢放舟乃滯一日倦極命酒酒味殊惡使子瞻飲復發虀湯蜜汁之戲初此遊同行者將爲吾齋京酒然同行三人二人不飲飲止吾一人乃謂豈忍以一人口煩一人手耶到處村釀乃可耳然飽眼溪山絕好下物一斗不足多今纔出山乃茅柴苦硬不下咽强飲數爵頹然徑醉不復覺疲倦之在身也　八日薄陰不開上辰步至玉川舟買並舟待客一舟容客三十人余與二子升舟則解纜玉川即楓溪末流顧眄遙望宮殿嵯峨依約乎白雲間余爲之悵然揖手告別山靈順流而下玉川故以武勝區聞今源入甲版圖前日聞於古逸云甲武田氏全盛時聞武多摩村山中多產沙金遠令人來採鑄金凡四十萬兩餘命曰甲金然惡名不稱因蠶食大菩薩嶺東北諸村私滑國界又以多摩邦讀近丹波遂改多摩爲丹波傅會了事世人沿襲不察耳至是舟子語亦及之乃摘記存異使後之修地誌者有所攷六里羽村折入支川所謂玉川上水者川幅始狹一掉十四里小金井村時風從背後起舟走十二里兩岸櫻林一時皆搖須臾風正雨至午下開行厨於是同舟人皆行商各矜龍斷甚譁我輩閑談山水厠坐其中亦一奇十五里新町篙工云近時玆川創舟行沼川村驛或訟舟行不便今舟止于此云捨舟就陸時雨青杖履過青山迄赤坂分袂道人昏黑與藤田

生歸家抑此行素意在楓溪而又得日原可謂快矣然日原之勝楓溪之所無而楓溪之奇亦日原之所不有也特怪此勝近在邦畿之內而都人士尙鮮知者二子請余紀勝傳世以闡幽嗚呼余老矣向時閱歷如雲煙過眼今求胸臆百不得一二但三十年間夢寐者與一朝耳食者皆得之于此頓覺胸中塵氛皆向毛孔而散去豈止快云爾哉因第標舉臆記自賀山水緣深耳非敢傳天下曰可以闡二勝之幽也抑世有隋駕隱士唯此溪山距都近矣而不顯于世蓋有肖於昔賢僻世者之操嗚呼可嘉也二子欲顯之陋矣同

吉田寅二郎送六人者叙

萬無是事也而且策之者鑒古或有之而不及事焉也無事而策之或受世怪有之而不及噬臍無益忠臣義士之立事寧受世怪而不辭必以無益乎噬臍爲憂者也古之有之而不及者兒島高德也而宋有宋澤者亦善似焉吾深敬慕二人寧得不以其不及爲惜哉今彥根之事萬無是考也然一得之流傳吾徒策之流傳之果訛也天下之幸何以加焉而吾之策之非矣故此策也吾不敢公言之獨私之六人者六人者曰傳之輔曰松介曰利輔曰千吉其二人者吾未知之雖則未知見四人者皆與之交最深則知其可與私矣見在京者福原中村中谷萩野生田之倫共五人皆與吾同志矣六人者其往與之謀焉往矣六人本藩方以飛耳長目爲務所以使爾等爾等奔走驅役他日爲俗吏輩奴僕視焉一旦遭遇變故以文武志氣擇事雖輕哉亦可以少吐其氣燄矣爾等不各思飛其耳長其目報所之見擇以意將安以六人者爲哉吾常嘆都會之弊坐收四方之見聞偏應天下之事務志足意滿不以探索爲急似博實陋似偏實徧往々而然五人者固已飛長其耳目今更飛六人之耳長六人之目亦或有益于京師也京師天下之中也近則五畿環之遠則七道繞之凡其耳目之所及人物形勢皆可識而存焉大坂自古稱財

粟之邦而兵庫新爲吾藩信地山田熱田神器所寓名護屋和歌山居三藩之二而名護屋主近爲幕府受辱新宮爲紀藩奸相邑峀有民心不安之聞民心懷古而不忘者近畿最推芳野焉抑聞彥根與京師相距十八里驛亭六七其間盖有武人有俠客有富于財者有周于智者矣往與之締交以備緩急耳目在焉手足在焉萬一有事高德不足言矣何況宗澤乎合言矣送六人併語在京五人者二十一回猛士叙○幽室文稿 七月二十六日

吉田寅二郎投獄紀事

余既嚴囚于家之六日十二月五日戌牌支配書至家君披而讀之則曰吉田寅次郎有罪宜上請投獄焉家君時病疫在蓐急召余余聞之召直塾生作間忠三郎及榮太郎告由二人走報諸同志而富永有隣至與家兄謀作稱寅二羅病請囚諸家書急走造中村道太郎議事而還已而杉藏至佐世八十郎岡部富太郎福原又四郎有吉熊次郎及彌次郎皆隨二人至有吉先是爲俗議所逼以外叔命嚴囚于家岡部往告以由蹶然而出云松島瑞益小田村伊之助亦至會者共十名直八居遠不能報知久保清太郎爲巡番撿使有故稱病家居日久是日甫出直在藏元以故二人皆不會焉時夜寒月沒余置酒唱言于衆曰吾之投獄保首領于今日收聲名于天下何幸加焉而復何悲之有所可悲者君公建白幕府頒示臣下攘夷勤王之旨洋溢于上下一旦奸吏弄權囚繫寅二寅二囚繫夷不可攘王不可勤則使天下之人曰長門獨有一吉田寅次郎而已且如國事何十名皆默然久之佐世杉藏抗言曰急往行府請先生罪名如聞行府向言先生學術不純果以學術獲罪吾輩受業者皆不可免也一座蹶然曰然々各傾一大盃走出是夜小田村未知余投獄之事有別議訪御政務座周布政之助周布稱病拒之心頗不平而不知其由去造兼重讓藏兼重亦周布同僚云松陰隱士不可濟也今日已有投獄之命矣僕實草之

小田村愕然曰罪名何如曰不可語也小田村因具語寅次感激公旨侃直盡言行府欺妄誣陷正士狀每發一語兼重輒愕眙已而曰吾與井上周布雖在同署百不知其一也小田村於是走來吾家而松嶋及八人在焉先是玉木叔父巳與政府謀嚴囚余于家出巡其管吉田下關蓋政府約不投余於獄也小田村乃與松島謀曰前日政府與玉木翁言言皆屬妄是不可不詰也如罪名諸君問之爲可八人先往周布周布復稱病不出佐世岡部因閤人謂曰公果有病在蓐不必衆見一二人密就蓐下有所陳白閤人復出曰吾主有急事外出諸君宜去八人不堪不平皆上就座曰公輔不歸徹曉不去勵聲曰急持燈燊火盆來於是放吟劇論旁若無人男兒死耳松柏後凋衝口亂出一無非苦節精忠所鬱積也彌次郎獨立小門側周布冒帽將出見彌次郎郤避蓋從後門出也佐世榮太去訪中村具語以由中村曰余向往周布反復詰問周布遂不語罪名諸君往問則可而周布必不語也二人復歸而周布妻弟粟屋半次郎至面八人云政之助有故外出事若僕可代聽者也則謹聽之矣八人均云今日吉田寅次郎有下獄之命寅次郎吾輩師而忠義人也下獄何罪八人是問粟屋曰謹諾語之政之助八人引去往行府御用談役井上與四郎井上亦稱病使嫡子壯太郎出面八人進言如前且曰子知寅次郎者以爲何如人壯太郎聲頣面如土曰雖僕以爲忠義人唯政府議非阿爺所獨任衆議所決阿爺蓋不能奪也八人曰如聞政府議寅次學術不純是或其所獲罪也歟果然吾輩將有所一言焉壯太郎出入反復遂無明對八人慍曰與此區々者問答終無由得要領矣不如直往兩相而問之皆走歸吾廬而天明矣周布脫去往行府手元內藤萬里介走書井上告急書蓋與八人後先而達云又書招中村中村策曰八人問師罪名非甚可拒當散遣餘人特留一人明告以所以乃可周布曰終不可語也會井上書來云八人者來議及學術豚兒應接頑然不退願出一奇退之內藤拈出一計書召佐世彥七彥七八十郎父岡都福原輩皆

親戚長者尊稱爲丈者也見爲御輿奉行直在殿中謂八十輩憤懣積久今夕必有粗暴之爲矣但殿中直夜不可輙往焉復書辞之小田村歸明倫館呼起赤川直次郎曰義卿下獄子未知乎赤川驚起曰咄義卿同志士義卿下獄吾其同之小田村深然之自是小田村反復往來政府劇論抗議實以下獄自期赤川往周布受其蜜意來慰余曰罹病囚家之請不可公勉強赴獄爲可前日物議僉起皆指公及前田周布目附連請推之苟許推之事連兩相及屬員爲禍不細及今投公于獄事猶可止矣且公輔始終援公々等始終排之不亦負乎余曰公輔奸猾々々不除國事不可濟吾爲國排奸猾寧顧私恩乎赤川顧杉藏等曰聞汝輩爲組預急速歸家爲可余引佐世杉藏于別處密語曰公輔奸猾而回護如彼赤川不可信也且目附能撓政府權如此近時大快事也吾復何恨而目附必不能也吾之獲罪所由甚明公輔欺赤川々々乃信其欺吾則不信赤川之欺也二人頷之已而八人稍々散歸々則皆囚于其家而亦無罪名政府盖目八人謂暴徒云是夜小田村檄諸同志會議吾家而八人皆囚獨佐世彥七久保至首及罪名議々方半松島赤川突然而至吾輩與内藤謀緩赴獄一日議囚家事公等勿劇論小田村久保素不信赤川疑二人撓正議頗有不平之色赤川勵氣怒聲喋々辨說佐世温慰曰淡水勿怒吾等非以子爲政府赤狗子也終不懌而散獨小田村久保留密議久之而去於是小田村久保益以問罪名自任余作書與二人曰政府以僕投獄而無有罪名矣僕切謂天下有眞勤王有僞勤王不肖矩方與同志諸士皆眞勤王也政府各位則僞勤王也今眞勤王爲僞勤王所忌諱以至于此眞勤王斃矣僞勤王遂將爲眞賊軍眞賊軍之天眞勤王固不共戴焉則僕之投獄盖歿其身矣豈可草草哉雖然吾非畏獄誠使罪名明白欣然以往焉耳若其眞僞邪正天下後世之議將有不可欺者也且附詩一章云吾原爲國生爲國死豈避死且所不避何況叢棘寘然而罪不名酷負平生志野山罪人居寧可混善類賊子奸夫人博

徒與奸吏瓦礫埋明珠牛槽食天驥天下將傳之公家非美事萬世將書之汗青得無累嗚呼投獄生寧死全其義於是久保與書國府手元前田孫右衛門云佐世八十郎以下八人皆囚干家而不載其罪名八人皆僕門人朋友具悉其平生矣决非不忠不孝獲罪于名教者所以獲罪之由甚可怪也如聞前夜八人均造井上周布問寅次罪名是其罪也果以是爲罪雖僕所切願切願速免八人罪且明示寅次罪名二者皆不聽願議僕罪僕義不可獨完也此事原當問之井上周布而井上布布待吾輩以仇敵雖往不面是以請諸足下足下其有處之且自往口陳其委曲前田不堅對小田村則曰造兩藤兼重爲余請罪名甚力復與前田中村反復商議又屢造井上井上固拒不見則與書曰八人者皆性忠義不顧利害者也速未減所犯之罪僕當代寅次益養成其性以報國家也至于寅次行事有其著嚴囚紀事一卷相見之日取以對讀可以驗其無重罪矣足下何以屢拒僕爲小田村久保已不得罪名而政府促余赴獄甚急是時家君病日益危篤醫云是腸胃熱兼神經疫者數數嘔吐食不下咽哀憊日甚性命不可測也而猶屢促余赴獄事余驚與家兄謀與書前田云僕之初意欲罪名明白然後赴獄同志皆以爲然如長井詔眞僞待來原歸國究詰之而行府不白罪名而促赴獄甚急僕以死自誓焉豈圖家爺疫疾危篤性命難保事已至此僕安區區以前事爲意哉足下幸與行府謀允僕數日看護待父病少間而後赴獄僕何幸尙焉則僕之罪名同志之憤怒及請詔之眞僞一倂解除不復究終矣僕向則夜叉今則菩薩重愧且負于同志之士然事不可以代父子之至情唯足下諒之前田好人深哀余意急謀諸行府行府亦以爲然而允其請於是罪名之議始止而促獄之命稍緩玉木叔父在郡聞事且怪且憤急速竣事而還還則井上巳去役江戶矣直造周布反復詰責周布不復堅對徒供酒茶叔父曰酒茶燕安之具耳非余所樂也坐有山田亦介叔父素不喜西洋火技陣法因顧山田曰聞遣數人于長崎學火技陣法是蓋出

公建議也數人學成歸敎一國然後勤王而攘夷事不亦甚緩乎山田默而不答叔父抗言曰前年與公輔諸君相共講究經史意氣甚盛慨然以實踐爲志今知其皆虛矣久矣夫吾之不與諸君語也吾去矣快々而出數日周布亦去役江戸矣已而家君之病稍有善徵余以十二日念六日斷然投獄來別者親戚門生共二十餘名酒酣興發告別家君家君欣然曰一時之屈万世之伸庸詎傷焉家兄家弟久保富永玉木彥介倉橋直之助馬嶋甫仙國司仙吉妻木壽之進藤野荒次郎安田孫太郎岡田耕作增野德民浮屠提山不忍別去皆隨余輿至獄而別提山投輿以糖薑一囊沿道叩榮太郎彌次郎杉藏岡部兄弟佐世父子一面而去或與糖薑一握爲別皆無不欣然稱快矣獨小田村在別筵中悲惋慷慨頻傾大杯曰是不平之酒也百杯不醉矣義卿忠義士也上奉天勅中仲公旨下掃胡虜之塵是其素志耳黜觸奸吏之齒牙投身岸獄吾自任曰其罪名々々不白義卿往矣吾其何如是夜耿々不眠幾悶絕者數衆交慰之則自奮曰大丈夫當有報不平之時何必今日初今余書前田曰同志之憤怒吾則解除之蓋行府所憚者憤怒而已憤怒解除勢宜速放其囚焉余已下獄餘囚未放吾切怪焉行府豈欲益增其憤怒多自取禍敗也歟同

川北重憙嶋崎先生墓碣銘

先生諱知盈字若虛一字元次嶋原人其先嘗仕有馬侯侯之移封隱居不從寛文中島原爲吾侯封邑曾祖諱勝易出仕祖諱勝珉考諱盈祥皆繼在仕籍妣永尾氏生四子先生其長也自幼工書調任書記移在江戸邸累遷侍史居十八年以父老歸養後解職無何復任掌書記前後通三十年恪勤奉職賚賜不可數嘗命校公室系譜遂建白叙諸士家系等其品流以便選擧並稱詳審爲人嚴毅少所屈撓誠厲子弟毫不假借門人數百人多成立者初受業於小篠氏其在江戸邸師吾華沼先生生明和五年戊子

四月九日沒天保三年壬辰七月十五日享年六十五葬島原域南快光院先塋之側先生在江戶邸娶田邊藩横川氏生四男一女長元吉次女皆夭次知命字士勳嗣次信義出冐尾崎氏季陽之助亦夭後娶澤氏生二子知德成美既葬門人願捐貲表其墓謀之士勳士勳狀其行郵寄乞余文余與先生有舊亦善士勳故不敢辭銘曰豈翅善書復以學優經紀有法史職是修綿綿世次本枝表揭濟濟士流門地序列嗟爾遺業永久鑑衡弟子弗諼標斯幽坑

藤森大雅天石笛銘 幷序

石質粗硬作淺碧色狀椭匾頭廣尾狹旁一孔其中洞然含一石丸如金橘大亦中空有孔吹之則石丸輥轉於中其聲寥亮逸發山石可裂皆成自然不假人巧造物之妙何所不至哉此笛前橋吉川生所藏天山眞逸作之銘曰渾々沌々孰鑿其竅急聲劃然大壑龍嘯緩聲鏘然幽淵泉繞以爲天籟乎吹噓成調以爲人籟乎天發其妙其妙自然雲月朗照天清地肅物止浮叫 如不及齋文抄

藤森大雅渡邊先生刀法碑

武州葛飾有村名西大輪村有奇士曰渡邊先生諱邦伸通稱邦藏善神道無念流刀法世之善武技者大率麤闞自喜輕蔑文事而先生溫恭退讓嗜讀書講大義論古今成敗得失之要皆鑿鑿有據學者無能及是以人多奇之夫溫恭退讓嗜讀書講大義人道之常耳然世之善武技者如彼而先生獨如此則其謂之奇豈不可哉抑是奇之小者予徵之其行事有深知先生之奇有大焉先生雖溫恭退讓其志氣則超群初欲奮於武事曰今世稱士人者佩雙刀事君父執刀而進致死扞難固其分也其技不可不精乃從戶賀崎喜道子學焉祁寒暑雨未嘗少懈遂究其秘蘊又好交天下之士尤篤友誼見過則諫見急則救事有不可則侃然執正不肯詭隨輕財赴義有古人之風焉世日澆季競錐刀之利忠孝節義之風

不講久矣而先生獨行古道處今世是非其奇之大者乎初喜道子之祖以刀法爲世之聞人設教場於州之淸久授其徒從游者一千餘人至喜道子三世箕裘相承不墜家聲喜道子後徙江都神樂坂乃屬先生以教場先生移之於西大輪竭力教督其技既精人亦服其爲人是以弟子益進渡邊先生之名震於遠邇矣而享年四十有七安政紀元甲寅十二月四日罹疾歿惜矣哉父諱義榮母關根氏世農家其先有渡邊越後朝綱者臣事北條氏以武顯矣先生志刀法蓋本於此娶酒井氏生二子曰祐之曰祐朝今其徒欲碑其本末而表仰慕之誠以示後昆來乞文於余余善先生之奇足以起頑戒薄樂爲天下稱道之因叙而銘之銘曰恭謙自牧接物盡情奇士非奇人道之常厥常維踐學技斯誠能誠能明能明能精究精入神駿發其聲展也若人武人之師來者取法視於茲碑 同

川田剛天山藤森先生墓表

安政戊午黨人獄興自公卿大夫以迄士庶人株連蔓延獲罪者數十百人而吾天山先生與焉當是時權臣專政忌正議者冠讎不啻以先生一代名儒言論文章足鼓動人心爲其所惡尤甚酷吏承風鍛鍊羅織欲處以重刑而事無絲毫實乃指摘言語爲誹謗時政以逐之居數年權臣斃黨禁弛先生特赦歸臥病於家人皆謂進用有日而遂不起悲夫先生諱大雅字淳風姓藤森氏通稱恭助號弘庵晚更天山江戶人其先出自信州諏訪神祠大祝五世祖諱岑興以善劍擊仕笠間城主井上侯曾祖諱艮整傳公子及公子出嗣酒井氏傳家長子以隨子孫分仕各襲其祿祖諱良武父諱義正去酒井氏更仕小野邑主一柳侯母堀越氏先生少好學磨勵志操雖在下位不忘天下之憂甫弱冠承父後爲右筆兼世子侍讀世子嗣立論事忤權貴致仕去會年穀不登物價騰踊先生帑累數口家無擔石儲而舌耕筆芸講讀不懈意晏如也天保甲午土浦侯延爲賓師委以學政旋兼治郡務興文教革吏弊功効漸見然以先生

寄寓用事俗士不喜流言沸起乃謝病去侯思其舊勞給廩三人弘化丁未移家江戸聚徒教授弟子益進侯伯執贄問道諸藩執政往往有就詢國事者嘉永癸丑墨夷遣軍艦來乞互市有司疑懼頗爲其所凌壓先生憤激著海防備論二卷既而水府烈公有旨建白時務先生著芻言六卷上之議論明快切當時病公嘉奬焉當是時先生名播海內大國或有厚祿招之者固辭不就人問其故曰吾不欲事二君公聞而益賢之乃給廩十人有所疑則使人就問焉世以爲優遇以寬政己未三月十一日生以文久壬戌十月八日歿享年六十有四是月十三日葬於麻布曹溪寺先塋之次先生博覽洽聞於書無所不窺然不屑屑乎訓詁特以氣節文章自許嘗曰士不幸不得志當時則宜立言傳不朽若夫一身存歿無所輕重於世不足取也初寬政三博士起於古文壞滅之日推尙韓柳歐蘇以矯蘐園餘習而碧海柴氏豐山長野氏實承其傳先生師事豐山氏周旋於碧海穀堂侗庵諸賢間益講求而加精焉以故其文嚴於法度而語言流暢氣格淵雅蓋得唐宋大家之旨詩亦參酌歷代兼取其長寄託深遠鬱有古色尤妙於五言古風又善筆札晚隱居田野聲價益重四方之士識與不識聞風欽慕爭趨其門先生坦夷待之論文吮筆言笑啞啞終日不倦人服其雅量然而中心有確乎可拔之節先是先生下獄物議洶洶禍在不測先生泰然不動曰吾得與范滂偕遊於地下亦一快矣且死生有命吾將委命以待天定之日嗚呼先生之言在耳猶昨日而今則世局一變黨人赦歸而嚮之用事者削封奪秩貶黜殆盡豈非所謂天定者耶然則先生遭際一浮一沈有足以徵世運隆替者其跡固宜錄於太史氏況文章傳世不朽者在焉尙何待剛輩表章但世之稱先生者或訛傳失實故剛從遺命略撮其行事以揭於墓上云先生先娶池田氏後娶三阪氏三男一女長曰遜承後次有連出嗣尾江川氏竝仕幕府次曰建早亡女適前園氏所著有弘菴文集春雨樓詩集及雜錄若干卷采訪冊

鹽谷世弘不盡河修堤碑

不盡河發源於信之八岳南流經甲州與笛吹諸水合繞不盡嶽麓乘高注下以入駿州悍急犇猛勢如激箭及其漲也潮決四出患害最鉅安政甲寅冬駿河地大震河身綻裂噴沙成洲高二三丈其東岈然地陷河流忽徙明年六月大水堤坊決壞丁巳之歲自夏涉秋風雨數作河水溢溢七月廿九日風益猛雨益暴崩坊二百餘步民皆流亡轉遷翌月計吏露木邦憲工吏佐藤嘉長自江都適與工吏嚮在駿者六笠敬明等按視各處謀曰民急矣奚遑俟命乃發徒即役審地勢鑿溝渠長三百五十餘步使水勢有所釃河濵有大石可周千餘尺因築堤一百八十餘步以距大石又就水衝列壘石延袤十有八步以捍水怒明年三月功竣堅牢如天造於是曩之流亡轉遷者扶老攜幼以歸復業田畝漸墾桑麻漸殖是役也計曹長構津守土岐朝昌首決議以總理工事父老翕然相謂曰吾民得免爲魚復鄉里者壹賴土岐公之仁公家章用桔梗花請名是坊曰歸鄉堤以桔梗與歸鄉邦音相通冀子孫累世莫忘桔梗公之澤也父老又謀創祠於河於以祭水神建碑以表其功來請余文顧前三十餘年予西征經駿州濟所謂不盡河河之左右彌望數十里白沙黃茅絕不見人烟問之則由客歲戊子之灾云爾時嘽嘐之狀昏墊之態躬親覩聞爲之慘然丁巳之害蓋鉅於戊子焉夫防河大役也濟民鴻澤也是堤之成非內外官司上下吏胥悉獲其人而民皆勸事樂功競竭其力烏能如斯之丞且牢也哉凡用工九萬六千人用財若干萬金前後董役者除邦憲等外計吏小高助堅保田謙乃工吏稻田忠室小林儀型而請予文者里正彌兵衛也銘曰凡厥即功匪勇靡決匪智靡籌匪仁靡達堤之始壞民艱偪卒能吏明斷工徒卽發乃堵乃梂乃築乃實素期弗愆課程秩秩土跳石盤神造鬼設繄㡰挐倪繄姑從姪載來載歸爰安家室田疇此菑秔稻斯茁鷄犬照照馬牛駜駜吾侯之惠人免魚鼈寔仁寔智神鑒惟佛勒諸貞珉千古芳烈謂吾言

疇問之皦日

壚谷世弘坂井堡蹟碑

坂井舊堡在越之蒲原郡坂井村慶長五年二月芝田城主伯耆守溝口侯所築焉以遏其將淺野政久政邇也東北襟苅谷田川西南佩蛇湖福田川自南來貫湖以流于北稱爲形勝之地先是豐太閤遷越後國主上杉景勝於會津以其地賜左衛門尉堀秀治及溝口侯等堀侯居春日山兼治三條下倉諸城而溝口侯居芝田以坂井地勢阻阨外控會津內通春日山爲奧越要衝特選政久父子守之是歲秋石田三成與會津將直江兼續謀使上杉侯起兵將挾擊我德川烈祖兼續啖越土豪蜂起以擾北陸八月安田柿崎宇佐美諸豪集兵八千餘人攻下倉斬城將小倉政熙吏糾合土兵得二萬許人以攻三條鋒銳甚坂井距三條三里環其側皆上杉氏舊將之墟土豪多竄焉於是政久鎮撫百姓繕修守備告急芝田侯慮封內有應賊者質氏子弟淸野峙糧使我有餘畜而彼無所掠又出師援三條政久留政邇守躬率兵馳入芝田軍與堀侯師合擊賊賊潰未幾三成等敗於關原會津師亦綏越之土豪禽竄獸遁不留隻影既而氛埃靖息天下益無事元和四年侯命廢坂井堡於是淺野氏從卒散佃其旁邑侯就賜其地以爲淺野氏采地乃闢釋迦塚地用堡廢材營宅寬永十三年政邇率舊臣五十人遷此至明麻二年政久四世孫政綱辭祿退耕於野爲里正今釋迦塚村田五百石編氓六十戸皆淺野氏君臣之遺裔也政久十一世有孫曰政憲將表乃祖之蹟自狀其顛末千里走書幣以請予文按狀政久始寺本氏山城人系出鎮守府將軍藤原朝臣利仁公考諱直壽爲極樂寺城主兵庫頭忠直第三子仕德川烈祖積戰功至從五位下內膳正娶彈正大弼淺野長政妹舉男即政久溝口侯之居若州高濱政久率其臣屬來客侯以養女配之命冒逸見氏後辭之自稱淺野氏侯再轉封大聖寺又轉今地政久父子皆從往遂以爲

臣云予嘗謂關原之役古今治亂之一大關紐也夫豐公逞威海外人厭兵革而石豎子狂妄燭動諸侯舉兵於幾何當是時盜賊橫野孤寡泣路寒者號飢者籲寃者慍悒而病者窘而屈者車載而斗筭自是役以定之浸之以仁盜賊匿跡孤寡獲安寒者暖飢者飽寃者伸悒者愉窘者樂如膏雨降而百穀蘇也此果誰之德哉□□自足利氏竊柄彜倫斁滅人不知禮義虐下者畔上者凌弱侮寡者弑父者戕君者僭王章者蔑皇命者山積而谷量從是役以掃之導之以義上惠其下下親其上彊安其土而弱保其封弑者絕戕者滅僭者潛蔑者熄如旭日昇而魑魅伏也此果誰之功哉語云千尋之堤壞於蟻穴大凡機之未發者難察而懕之既起者易蔓安田柿崎等皆上杉舊將之遺孽素號慓悍善戰使之蔓延連結則在彼有風火之勢在我有掣肘之害雖天佑吉人其功德之成或將不至如此之速也溝口侯之經略於此乎不爲無佐於覇朝而政久父子亦爲與有力焉余既嘉政惠之意又感其祖先之勞有所關係也采而叙之令紀之石以宣驩虞之所由來云

安積信陸奧國安積郡郡山八幡祠碑

吾邦自古稱爲神國天神地祇聖帝明王及勳臣賢牧之廟建置於連州而王侯縉紳以至於士庶黔黎莫不趨謁敬禱焉其祭祀之官昔在邦畿則有神祇官郡國則有祝部而國造亦兼攝之及後代王政之變惟爲史祀所司然人心之敬神祇奉禋祀則今猶古也陸奧國安積郡郡山八幡祠係阪上田村麻呂所剏置焉相傳延厤中田村麻呂東征過阿賀岐山山舊有安積國造祠因祭應神帝於此而寄藏旌旗弓矢於祠其鏃至今尚存永承中源賴義東征亦次于此故號其地曰幕內天和三年徙于今地及文化四年罹災邑民胥謀營建之其七年始竣功堂廡寢殿煥乎莊嚴視舊有加焉郡山本一小墟市也百餘年來戶口日滋田野日闢豐饒富衍今爲諸郡之冠蓋應神帝千古之聖主田將軍一代之英傑其精爽

翁霍威靈昭明洋洋乎充塞於寓內而無不在也故邑民之致奠饗盡崇敬其精誠所感神庥庇而冥護之凡疾癘之所籲號旱潦之所請禱皆有靈應古人所云有誠則有神者不信然哉邑人阿部貞宜貞明之弟也寬政九年別成家資產日殖子孫繁育以爲神之所祐其於營建之事既竭其力又欲建碑以勒功德而徵文而余余先比止禰命安積國造也民思其德建祠於阿賀岐山子孫遂爲史祝綿連相承至父安藤親重兄重滿今皆奉先職凡五十餘世矣則其昭著神德諏揄威靈固吾分也然才謭學膚不足以圖盛事乃請於因幡支封冠山老矦而爲之銘是則亘千祀而不朽與貞珉同其壽者也因叙之略其銘曰皇祖神聖國造良翰武人東征肇祀廼壇政禮具擧顒若可觀祀典綿亘萬古不刊文畧

安積信三口橋碑

上總大瀧城南有川曰三口川此地當總房孔道往來者咸出焉平時水清淺可揭衣而涉暴雨一至輒驟漲奔流迅激如雷勢不可航行旅爲之淹滯土人亦有墊溺之虞大瀧賈人與兵衞憂之乃與衆胥謀壘石于岸立杜于水亘梁比版締造堅緻廣五尺長二十五丈又列杙於橋外以防浮楂經始於文政六年六月至九月乃成蜒蜒如虹霓之臥雖霖潦怒漲而來屹然不少動於是行旅無淹滯之憂土人無墊溺之虞其功德所及遠矣夫以市井間人而一倡群應遂能立百世長利可不謂賢哉頃者介菊池道意請予文因叙其事使勒焉同

積信自阿久津下絹川記

文政己卯正月予歸省二本松居僅五日而還北風峭冷兩耳如著針鍼行數日至阿久津村將駕舟達于都覓旅亭宿亭下有川曰絹川水聲淙淙近在衽席下睡中聞之屢以爲雨至也翌早從流而下同載者數人皆俗漢獨有禪僧可與語是日天霽東風始和川原迢曠流水清駛囓石濺濺有聲坐舟而眺西

北諸峰自那須高原以連于日光蜿蟺磅礴嵐光晴翠欲與人衣袂相接東則筑波山巉然突起旁無附麗烟鬟霧髻濟碧浮空宛如行山陰道上應接爲之不暇予詩其景以示僧僧亦和答倍有佳趣僧曰萍水相遇盡是他鄉之客而君之逸韻太可喜恨餘子碌碌不足談也予曰餘子雖不足談亦自有佳友在焉而師不之知所謂瞋目不見泰山者也僧瞪視踧踖予乃指點諸峰曰雄峻奇拔如偉丈夫之端冕立于朝者日光山也偃蹇踞肆如高士之抱膝而坐者那須山也峙乎其兩間而氣岸軒揭如奇男子之長揖不拜者高原山也至於筑波之秀峭纖麗則雅人之風彩照映人也凡此諸山高可仰清可挹奇可駭秀可餐使人襟懷洒脫鄙悋之心自消則謂之佳友不亦可乎於是僧撫掌笑曰子以無情爲有情是能成變化入吾上乘者歟予亦大笑舟行已五六十里東岸赭壁如屏怪松生其上枝皆倒懸臨潭作獼猴飲溪狀其西平沙淺渚鳧鷺淩亂蘆葦蔽虧漁舍隱見極有佳致又行三四十里水漸深湛碧挼藍舟頗遲抵窪田村則暝色不辨人同

安積信遊松連高雄二山記

去歲董莆田遊松連寺說其勝甚悉又聞高雄山爲一州靈境而距松連寺不甚遠乃與井愛二君暨鈴生相約以九月八日啓行曉起雨霏霏下二君有故不得偕以此躊躇而遊意沛然不可遏遂與鈴生決策上道出四谷西行二十里雨始霽抵府中驛雇卿導謁六所祠堂廡古雅蓋千年百六舊祠云涉玉州一宮渡平時水極淺積雨一漲渺漫數里兩涘之間員不辨牛馬是日秋水始退厮爲二流皆一葦杭曰沙路迤邐一前一却榛菅沒入無嚮導殆陷大澤矣過一宮祠蒼邱青林相接右顧茅屋隱見樹閒曰百草村又行數百步華門如竇堂宇在山腹是爲松連寺相傳天平中道慈律師所建堂前巖桂二大樹童童如羽葆花已老剩馥襲人自堂數十步黛柏蒼松迷禽闇日八幡祠在焉從祠東而登有亭翼然峙乎

山頂曰清涼臺關左八州之山環列起伏擁翠疊碧若蹲若奔舉不逃於一覽而玉川縈錯紛糾若銀蛇關然實近郊勝境也予顧鈴生曰今晨陰雨自謂不能遣茲觀而天色俄霽群峰可歷指殆似山川英靈有以相之者坡翁所謂信我人窮非天阸也因撫掌大笑臺之東一邱突起老松離立有草舍焉曰歡喜亭眺亦佳俯仰之閒暮色蒼色遂下山詣寺見住持僧僧延予小閣玉川縈流於樹杪可坐玩天陰月暗漁燈數點明滅杳靄中談論至夜分乃寢闔境寥閴山氣淒寒不能交睫翌重陽復登清涼臺雲霧滃勃如海濤洶湧千山萬峰皆滅沒唯聞水聲淙淙少焉紅暾閃爍雲霧解駁諸峰如踴躍而出晴翠與日輝相映發有金碧畫致是日欲登高雄山割愛下山出寺折而北過高幡不動祠涉玉川抵八王子驛有同心千人所居皆衡門短垣相向稱千人巷西行二十里駒木根驛驛東蒼山矗立陟降各十里是爲高雄山東距江都百五十里西距小佛嶺二十里嶺卽武相之界也自四谷而西百餘里皆平衍無有山巒巖嶂之險地勢自日野漸高至小佛嶺最峻絕重岡複巒相屬故設關於此置衛士於八王子葢有遠算云山下有門門內左折路甚險左右皆榛莽擁蔽手兩排身中行愈登愈峻息促甚踞巖休歇復作氣以躋挽藤板葛猨其臂上下相引造山腹下視深谷喬木皆在履底仰觀山頂有堂詡既造其極一躍而登堂爲金毘羅祠東南望鎌倉諸山絕佳相撲川滉瀁木末若澡帛而曝之賣茶者云高雄廟距此猶四里於是自失又鼓勇而進路稍平廣老杉刺天大可數十圍得忽一大門拾石磴可百級堂宇綺拱丹艧奪目榜曰飯繩宮吳門沈草亭書堂側又石磴可百級極峻仰視之鼻孔朝天喬杉森挺葢絕巔也予疲氿不果登磴西禪廬一區爲眞言宗從此循故道而還忽聞水聲訇訇在脚底路傍小祠署曰琵琶瀑右折而下徑最欽石齒嚙足棘針鉤衣鞠躬窘步既下數十步而水聲仍在谷底矣予雅乏勝具至此疲極牒牒欲頓地然觀瀑之意益奮復作氣而下始達谷底兩山並峙數百仞瀑泉懸焉高三丈餘幅七八尺出巖

項屈折如曲項忽直下如紘索鏘然落于潭潭圓如槽腹而其聲之豪嘈激越則撥鵾絃而商徵間作不啻得琵琶形狀亦幷與其音響而得之名洵不虛矣兩傍石壁峭立雜樹嵲㠑陰寒慘骨疑有奇鬼乖龍伏藏其間潭水流而爲㶁㶁中多怪石可供盆玩沿岸東行八九里茅檐竹落桑柘蔭映雞犬之聲相聞使人窅然有入仙洞想旣出山日啣西峰途中與鈴生聯瀑泉詩還八王子宿焉一丈夫來語自言爲八王子同心祿少不能自給耕田而食同僚凡千名其祖皆係武田氏麾下往昔武田氏敗𠭊棲山天目山織田氏攻之甚急竟自裁將士無一降者皆力戰而死其妻五百人挈嬰孩竄于八王子迨區宇無外官諭之使降皆不肯因賜稍食賙焉後復諭之遂降爲同心云翌十日冒雨出舍二十里日野驛驛外有渡爲玉川上流空水澄鮮川原淸曠白沙黃蘆鳧雁游泳江卿風物可愛抵高井戶村雨甚至從四谷雇竹兜子歸家燈下淬筆作記 同

安積信霧島山記

橘南溪東西遊記山川物產之奇粲如列眉其中霧島山尤倬詭讀之不勝神往因譯國字爲漢文以充臥遊與同好者共焉　霧島山在日向州高四十里周廻三百六十里相傳鴻荒之始册諾二神從天橋俯視見海霧中有小島乃以鉾探之遂降臨因以名焉其鉾至今倒立山頂世稱之天倒鉾誠神聖之靈蹟邃古之遺器也但峰巒崇峻巖谷深阻多風火雷電之異登者往往失所在故能極其巓而觀所謂倒鉾者少矣南溪遊西州抵甑島因欲登觀焉而非有膽力者不可偕會一少年乞結伴意氣甚可壯乃以仲冬初八發大抵日薩隅三州瀕南海氣候溫煖雖嚴冬不見氷雪是歲最暖惟御一綿衣經水陸二日始達山下陟八里許有廟甚宏麗晚投祝史家詰朝倩嚮道俱登喬木摩天蔭翳晝晦惟踐導者之迹而進直上十五里童然無草樹四望空闊三州諸山環拱起伏如翠浪遙見海水汪洋中孤峰突起儼然琉

璃盤上一點螺也導者云是薩之櫻島山又登十五里山益峻燒石大如栗者撒布路上天忽晦冥暴風揚沙怪雨霎霎自谷底倒捲而上不覺毛髮森豎又登八九里路稍夷而左則絕壑萬仭雲烟密布黑不見其底右亦涘谷數十丈中開通人處如行馬鬣上曰馬脊越稍進燒石隨步崩下鑿鑿有聲須臾猛火炎熖發于谷中雷電殷輷山鳴谷應腥臭之氣撲鼻或玄雲如潑墨澎湃匝地咫尺不辨往來翕霍倏聚倏散作鬼神佛陀諸靈異之狀或白虹一道自脚底起直上天半或光怪閃爍天地變爲黃金色步武變幻不可方物蓋硫黃芒硝之氣鬱積谷中陽火自燃陰氣應之爆然震激現種種變怪爾特可畏者橫風時來勢如奔馬稍不愼則爲所捲去頓爲火坑之鬼所謂登者失所在皆是物也導者切加警誡每風至即全體俯地旣過復起行如是者數次心悸骨驚疑入阿鼻獄少年尤震懼五色無主蹞步不能前導者曰此子震懼如是不亟返禍不可測矣遂扶掖而下僅三里許天氣淸朗如初相與探橐中摶飯啖之少年色始定南溪獨咄咄以不覩天鉾爲至憾因問從此至絕頂幾里曰不過十里南溪笑曰是不難到予與年少待之可也投袂獨往抵馬脊越天色俄變震電發作滋甚備歷辛艱遂以達于巓果有物焉質如精鐵大如鉅竹長丈餘倒立地中其鐓鏤若鬼面者碧鏽沈蝕古色可掬雖未可必其爲太古遺器而決非五百年來物也巓無堂宇無草木徘徊四顧天朗日麗碧漢萬里凡敷州山川城邑攢簇沓疊若覆簣若聚米神氣浩然有羽駕凌雲之懷但靈境不可久駐急覓來路而歸過馬脊越數百步遙見導者與少年地坐偶語長僅寸餘如畫中所覩旣至皆欣幸加手於額相扶下山大都天下名山刊木通路自役小角釋泰澄始故爲緇流所占據梵唄之聲相屬獨此山以諾册二神爲開山祖眞天下之靈境也哉山中多奇樹異草水精之屬大池五十餘池畔多蚺蛇聞人語輒出噬雖雖樵夫畏而不敢過多野馬形極詭異而鬣長委地多大蝦蟇大蜘蛛焉同

室直清送岡島仲通序

伯樂求騏驥之材必於冀北之野而後得之何者冀北乃馬群之所聚也至於君相求英俊之材亦於雄都大縣而後得之何者雄都大縣獨爲人物之會而四方之精鋭所聚也方今四方之求仕者輻輳於東都而列國諸侯之聘士者必取於此焉不然君亦無得材能之士而用之士亦無得賢明之君而事之信乎韓子之言東都固士大夫之冀北也當是之時士往往有身仕窮遠之國以至子孫遂不歸於卿者此豈人情之所願也哉計出於不得已也孔子之去魯遲遲而行柳下惠之仕魯三黜不去君子之眷眷於父母之國也如此今也去父母之國離墳墓之地千里而就官於他邦鄉信動輒踰年不至欲問其親戚故舊孰存孰亡猶不可得此雖仕者之當然無足恠焉者然其實則人生可悲之甚也唯吾友仲通則不然仲通世爲我賀州人先是懷抱利器揚揚適東都以求仕於諸侯者幾年於茲矣度其初心義苟可仕也雖佗邦千里之遠固將往而就之適我侯聞其學行之素招而致之閣下於是仲通以祿歸養其親日與兄弟族人相聚於家以盡朝夕之歡有仕官之慶無去國之戚此世之仕者取所幸而遇之而不得者今於仲通乎觀之旨朱買臣司馬相如皆以窮阨之後一朝膺仕而歸故鄉亦使後世誇而稱之至與夫衣繡而晝行者比焉然買臣之歸會稽也以郡守相如之歸蜀也以奉使吾考漢史當時守令郡縣者率以五六歲代夫奉使四方者所過循行其境而已安有如仲通之守墳墓而長不去其鄉者哉由是觀之二子之榮不如仲通之仕爲最榮也若夫高車駟馬赫奕閭里以眩耀鄉人之耳目則有識之士固無取焉昔人有之末爲多也今人無之末爲少也何足加喜戚於其間哉歲之季秋仲通復役於東武其色有若不懌然者蓋自憂連年奔走於世靡也故吾道其嘗有幸於仕者以慰之仲通與越中南南山友善吾聞南山好學能文明達人也其行過越中試以嚮之所稱者問之末必不以吾言爲然也寶永二年八月

日英賀室直清序

韶光卿小天台山石記

有客語予曰山之高者莫如五岳高而靈者先稱天台爰有山焉曰小天台子知之乎予曰夫天台葛仙之所下劉阮之所遊其高四萬八千丈浸景於重溟拔峰於千嶺故至于今神仙寄跡玄聖駐錫幽窟深洞異艸奇木難言殫而筆錄焉如子所言其高幾乎其靈何若客袂出一石示予曰此所謂小天台也予哄然一笑茫如有失取而視之巉岸傑峙杳翳隆領峭頂高危蟠根下壯如斷如削似屏似壁眞有分割陰陽呼吸烟霧鳥難及頂雲難踰嶺仰而眺則天闕在近登而臨則人寰可盡之象又彷彿乎巨溪大壑深洞懸岩松蘿相翳而暗泉洩韻猿抗互嘯而龍虎共震予謂客曰吁一拳石而有此象此非人間物想趙枕葛杖之類乎諸子語之客曰此石也松平氏宗俊於遠江州天龍河邊所拾得也予之所素知家業武而汰于祿然不特事于弓劍忝于帷幄而樂江山以逍遙嘯詠愛頑石以珍玩襲藏其瀟洒風流高人幽客之流而非塵間俗子之所爲也其趣可嘉而其人可尙矣夫以人之觀物有大有小知其大而不知大之可小知小而不知小之可大若夫莊周爲泰山私毫彭椿槿之說則不知孰是大孰是小想夫藏天地於方寸宙觀宇宙於俯仰則大可以爲小小可以爲大然所居狹則所觀亦小而能得令小大齊乎故孟子曰居移氣養移體孔子上泰山而小天下如宗俊其居廣養驍故所觀亦當大然則天台與一拳石亦何小大之有以此石爲小天台不亦可乎客乞余記且銘焉銘曰山之尤者有小天台雲霧萬仞几席一堆有力夜半巨鰲蓬萊吁方之外孰此遊來

鹽谷誠宕陰鹽谷先生行述

先生諱世弘字毅侯號宕陰一號九里香園以文化六年四月十七日生於江戸愛宕山下其生也有以

箬金兜鍪遺者因稱曰甲藏祖南江君諱某字松盛伊豆人業醫住江戸先考諱時義字松生號桃蹊羽
州大館人先妣壚谷氏南江君之次女先考本姓林氏嗣壚谷氏仕濱松城主水野侯先考幼有志節欲
以文學興家而值國難流離落魄遂冒他姓刀圭終身非其志也先生爲兒嬉戲常裝軍容執麾踞床群
童俯伏莫敢譁先考奇之口授句讀朗朗上口稍長誦四子五經出就外師嶄然見頭角十六歲入昌平
校與四方俊髦交刻苦勉勵夜以繼晷先考恐其生病數以爲言先生陽從而陰勵歲二十一遊關西千
里單行文章滿囊歸呈先考先考說曰兒能成吾志吾無憾矣越二年先考暴病捐館舍先生哀毀骨立
殆不欲生服除下帷教授以養先妣先生既喪家嚴風樹之感不能自已承顏先意定省溫凉色養備至
而家道窮縮不能具甘旨焉松崎慊堂者當世碩儒也先生嘗師事之於是深憫其窮爲說藩侯乃擢爲
文學賜十五口俸適藩侯爲首相勵精勤職改革弊政先生備顧問知無不言言無不盡嘗上書極諫其
過失自意必獲嚴譴閉戸不出數日侯回光自照嘉納其言賜物賞之一日侯讀宋柴望所著丙丁龜鑑
韙之命先生倣其體以編輯本朝事蹟名曰丙丁炯戒錄又命重修家譜先後數年先生獨力任之及侯
退老嗣君幼沖以先生爲輔導先生感其知遇啓沃輔弼鞠躬盡瘁以積勞增俸至二百石與聞國政先
是二十年清國有阿片亂先生聞之愓然起曰剝膚之漸實在此矣作阿芙蓉遺聞著籌海私議始譏邊
釁終通絕始末凡十篇備論海防至是墨夷進口有所要請廟議不決人情恟恟荷擔而立先生日夜憂
念殆廢寢食數作書疏以上當路又疏造軍艦便宜二十條以進焉當是時慷慨論事者往往穫禍咎或
爲先生危徵諷說焉先生奮然曰吾爲國家盡心焉耳禍咎非所顧也最後著隔韡論竟不復言時事先
生以文章名每一篇出人爭傳誦之天下之士識與不識咸曰宕陰我歐陽氏也文久二年十二月幕府
有徵命十二日初見昭德公尋爲儒官賜二百苞別支十五口俸於是先生以紀列祖政績以報國恩乃

請修史見允纂述經年纔迄大猷公而罹末疾以慶應三年八月廿八日易簀於私第之正寢年五十有九葬於幕北谷中天王寺初先生病皇國史乘之未備欲記織豐二氏以迄當代其在舊藩也嘗請開史局編國史不行而止及其得伸志亦無幾罹疾淹淹伏枕手猶不釋稿而天不假年呑憾而歿悲矣哉先生之學經經緯史以爲實用蘊爲德義發爲文章其治經不墨守宋學原諸漢注參諸唐疏必得其是而後止矣然不屑屑乎訓詁不膠膠乎衆說要以經解經平易的當不失經旨其敎人先立志立志期爲人聖人人倫之至也事親致其孝事君致其忠推之夫婦長幼朋友之間而皆致其理如是而已矣程明道十四五歲便學聖人朱晦菴八歲題孝經曰不如是便不做人學者自期宜如二先生然前後入門者數百人邦君諸侯亦多執弟子之禮後或有爲閣老參政者先生不復通謁先生雖以文學興家不喜以儒被目嘗語人曰儒學人道者也人孰不爲儒上而天子諸侯下而士農工賈皆儒也世豈別有一種儒者乎予士非儒學槍技於上原氏受兵法於淸水赤城覃思研精頗窮蘊奥作長沼澹齋傳嘗賦詩曰不願死入儒林傳輕甲一聯藏在家蓋實錄也然平生不對人說兵人亦不知其通兵法也先生容貌端莊寡言笑嚴以持己寬以待人與物不設畛域無貴賤一以誠信接之某公子賢而厄先生多方周旋終致顯達屢傾資財以賑族人推轂人材振恤窮厄皆此類也初娶十東氏先沒生男夭繼配鈴木氏亦死後娶黑河內氏皆無子以誠爲嗣先生一姊一弟姊適佐野某弟即誠也姊不幸寡居迎處於家先生事之猶事先妣愉乎其色婉乎其容而其於誠不假詞色過失必規怠惰必戒誠之不肖得不失其身以承家祭者皆先生之賜也自今而後予將誰從而聽誰從而問也哉噫所著丙丁烱戒錄二卷丕揚錄九卷阿芙蓉彙聞七卷籌海私議一卷隔韡論一卷大統歌一卷鞭駘錄二卷祝志緒言二卷學制彙集二卷文集若干卷日乘若干卷享保叢書若干卷昭代記若干卷二書未脫稿宕陰有稿

尾藤孝肇廣輿圖記

四方之國以萬數而大小強弱蓋莫不相陵相奪焉吾大八洲獨立乎天地之間萬古一統異類不雜是以五畿七道六十六州建置一定其名號不復易也獨柰中古多事秘府典籍多罹乎災輿地舊圖不可復見慶元建櫜文明之理由此以起迄今二百年所教化益盛於是博雅之士相踵而興互有所考乃國史令格及百家之書復行焉間有善言地理者其圖又先後並出而稱爲精覈者亦不尠然至于山川鄉曲之小名則未遑周舉也客歲余從稻葉侯邸偶見一圖即侯之所玩也裝在于一大屏徐而覽之山川鄉曲及邪徑小灣皆可指點而知舊圖之詳恐無踰焉余進告侯曰吾大八洲環以大海幅員如是其廣萬古一統不受外邦之侵寔天地間神明之邦也侯以斯圖爲朝夕之玩其意何爲也無乃思一統之所以然邪夫推斯所思以事上則忠義之心凜然乎立以莅民則仁愛之情油然乎生斯圖之玩豈無所益於侯之德哉某也不敏敢以是爲祝侯莞爾曰爲我記之與圖置諸左右時觀時省以味博士之言於是退綴其語貽之若夫壤地廣狹之分道里遠近之差圖既粲然余復何贅

羽倉用九八丈島西山卜神居記

藐南海絕島其鎮曰西山單椒孤竪頂有天地能出雲雨山陰小丘曰元乘曰手石二丘之間坦而饒樹俗以爲海神所栖止呼曰神止山文化中島人與一建白斬樹伐石墾爲麥田歲果增收其民以飽天保紀元以來洪颷屢作害及舟楫人咸駭曰神失其居故有此變請舉向所闢歸之榛莽牒入余謂不然島之險遠遭運難恃每遭闕乏輒開口待哺有類轍鮒父老相傳民及五千必有飢者今也口僅一萬開墾不加又欲併其既闢者廢之不亦謬乎夫災降有數認數爲神不可且神以濟庶爲心吾知其所愛惜在此民而不在此丘也雖然神無定居民乃迷瞻仰茲命吏胥源爲民等卜西山佳處以爲享食所其樹而

不廟者仍舊貫也盖此舉出九獨斷島人不與如有神責殃咎宜在九身九不敢逃九遙管此地恐其或有後言乃刋貞珉以告來茲天保甲午歲四月朔

佐久間啓書賴子成邊防諸策後

迂濶固陋爲世學之通弊久矣求其辨博縱横究知當世之利病如賴子成者殆絶無而僅有也然其力不及兼攻海外之學而通觀大塊之表故規局褊狹而其立論有如此數策者譬諸碁低者見滯一隅而不能灼照全局固無足道已雖其在高者滯深全局之利害而今遽令連屬碁局五六以爲一大局則平日以爲全局者又在其一隅而亦感於所以下子焉夫本邦與漢土小碁局也五大洲大碁局也外蕃航海之術至近日滋精截洪瀾絶窮溟如一葦水而本邦在海中央凡東西南北之虜皆可航而抵豈非向之所云全局者又在一隅也耶子成今則已矣嗚呼安得識此一大局碁者與之抵掌論邊防之略哉嘉永紀元冬十二月既望象山外史平啓書

中井履軒記阿王事

南北之時赤松光範爲津守護屢爲楠正儀所窘憤懣不知所出其隷宇野氏之子阿王父死于墨江之役年十歲告光範曰楠氏父讐也請往事之待以歲月必可得志矣光曰汝年少耳死事者之子也吾弗忍矣阿王曰年大豈得事焉乃遣之阿王抵赤坂獨與一僮彷徨城下有人訊之應曰我爲宇野六郎之子父死而族人奪宗躬無所容將殺丘壑自托緇流也其人以歸告于正儀正儀哀之置于左右正儀素仁惠推心善視之阿王亦勤敏服役居數歲正儀益器之嘗授以邑阿王辭以未有軍功浮屠氏之法爲死者祈福以七紀數於是宇野六郎死之七年遭其忌阿王感念將欲以是夜刺正儀適正儀以阿王年大也召而冠之賜名曰正寛慶以御賜兜鎧阿王感激無地侍坐抵夜得間既起身而平日恩義弗可弃

也加以晝日之遇弗忍也正儀又從容背坐無復防閑勉强自厲竟弗能也出而哭之慟衆愕共視之阿王具告之實曰吾唯有死而已矣抽刀自刺爲所奪乃髠髮爲僧入山中以正寬爲其號以終身云履軒幽人曰嗚呼阿王之志可哀夫楠氏之子亦可尙也推仁惠于羇族之僮能使冠讐消其戕害之心非誠孚足動物者弗能焉宜哉忠義三世而不隕其家聲也阿王之事微矣故人未有論之者然使今之學者論之其必曰貪小惠而忘父讐非子也感讐之恩而廢主之事非臣也墮志而失信非夫也是未識仁義之源惻怛之實者之言也且也其死王事于鋒鏑之間雖曰楠氏讐也不亦有間乎即以阿王爲義之盡者是亦世俗之論耳嗚呼豫季子之不委質趙孟有以也哉余故不以阿王之事微表而出之使學者思之

帆足萬里鼠戒

帆足子徙居東郭患鼠晝走梁棟間者相屬也夜則穿橐穴筐家不可藏粮嘐嘐聱聱寢不能寢客請畜猫帆足子素惡猫以其柔而賊物也且帆足子事親二十餘年家多鼠其爲患未嘗如此之暴固不畜猫也俯思其所以然喟然嘆曰噫我得之我親之家大小三百餘指誠多事粒米漏於橐囊之與夫餘食棄味者鼠得以飽因不爲竊自予徙居廡無遺粒廚不舉火者竟日鼠固已飢雖欲無竊不可得也乃散粟於廡下食之鼠患小止故曰禦鼠不在畜猫禁盜不在用刑要使其無窮耳作鼠戒

松本衡源賴義

吾嘗怪源賴朝以孤蘖流竄之餘一振臂八州響應終能殪木曾氏殲平氏數年之間戡定四方官至右大將職統征夷將軍何其起之暴也又嘗怪賴朝開府鎌倉諸將趨走儼然如朝廷儀又置守護地頭於諸國使天下之權悉歸于已何其僭之甚也今而知賴朝之所以起與其所以僭皆由祖先之餘烈遺謀

而莫足怪者也雖然賴朝之起爲其祖先之餘烈世已知之賴朝之僭爲其祖先之遺謀世未知之故吾特表而出之史稱天喜四年安部賴時反朝廷命源賴義討之至康平五年寇悉平七年賴義始歸京師其間蓋十一年矣噫以賴義之英武藉朝廷之威靈受閫外之寄行鈇鉞之誅名正事順於擒豎子何有然而遷延依違彌九年之久始克平之猶不即還待任滿而後歸是其中必有不樂爲京官而樂外任者也何則當時朝廷權歸戚畹政出私門取青紫者皆藤原氏之屬而非其屬者視之不啻奴隸輿儓故諸官之於藤原氏非阿諛求容則韜光晦跡或捨身於桑門或竄反不肯爲其下而賴義家世武弁且爲相家所驅使顧其心必不屑之但因襲至此亡如之何及其奉命東征而後喜可知矣恩威并行寬猛兼施關東八州奥羽之土豪稍稍來之懷之得之盡爲我爪牙數万之兵可立聚而縱之收之靡不如意持此而行奚翅奥賊之可滅雖曰衡行天下而无歒可也豈不快乎故賴義一日在京師則相家之奴隸一日在外則三軍之主師人誰不知奴隸之卑主師之尊卑則不樂尊則樂人情之常至于賴義獨不然哉山嶽之高其始一拳石爾江河之大其始一勺水爾賴義之樂外任其心不過取一時之快然而其子孫之僭竊皆依放其祖而作俑之罪賴義固不得辭則曰賴朝之僭出於賴義之遺謀不爲過矣雖然賴義之心正大明白固非如賴朝之貪惏猜忍也使賴義居賴朝之地必不肯爲賴朝使賴朝居賴義之地必不能爲賴義何也不能爲者其心私也不肯爲者其心公也

巖村秩平重盛

經稱子事父母之道備矣蓋子之於父母有天屬之親無可去之義故父母有過知可諫而不諫非孝也知不可諫而不諫亦非孝也必也知可諫而不知不可諫反復委曲盡其敬愛不幸而至於逢親之怒撻之流血亦不敢疾怨必納父母於善而後止然後可以爲孝矣非有深愛於其父母者而能之乎吾讀平

內府重盛之事至於祈死一節未嘗不悲其志而又深惜其不聞道也以爲淨海之兇悍極矣而內府未嘗失其愛也逆節暴行日夕相屬而內府驟諫之未嘗一逢其怒也何必逆意來者之不可諫憂戚咨嗟以至於祈死也父母之有過猶其有疾病也爲之子者必將愼醫藥針灸之方盡保抱撫摩之力不幸而劇猶且祈神呼佛哀號狂犇以求其必活安可逆意其不起乎又安可不忍見其屬纊臨絕之狀而殺身以先之乎且內府未嘗失愛於父也猶尙如此設使失愛於父則其祈死將在於若干年之前矣是父未必不聽於其子而子先絕其父於善也可謂有深愛者乎嗚呼內府亦可謂善諫矣乘大義明禍福指陳剴切而父不以爲謗已死以要之而父不以爲忤已舉兵聚衆而父不以爲脅巳蓋其忠愛根於內而和順發於外故能如此假如內府能得其壽則淨海雖暴必不至於幽君雖狂必不至於遷都禍亂不作平宗可保焉使孝子仁人處之將求千百其齡以保護之之不暇而又安以祈死爲哉內府之祈死此其不聞道之過也或曰子之責人亦無巳夫內府之世學術不明雖欲聞道何所從而受也余曰不然孝子仁人値父母有過必將盡心力以求救之之方求方而得斯謂之道而此豈可望之於衆人哉春秋之法責備賢者夫唯賢如內府而後可以責其不聞道也

菅野潔大江廣元

有希世之才者能樹非常之功而亦能造非常之禍爲人君者不可不察也我之材可以用也而不見用焉時可以有爲也而不得有爲焉其性柔則悒鬱死于病其性剛則憤激而思亂其死于病者固無足以慮而思亂者誠亦不可測乃使之一旦得其志而逞其材乎其功洵足以濟一世而其禍適足以蠹人之家國何則其所以蹶然出力奮振發揚者盡出于其前日憤鬱不平之餘以此報睚眦以此市私恩其所施行雖偉也美也要之非光明正大之義也矣是以功禍雖相半而其所貽則禍多於功猶夫薰蕕之不

相濟吾嘗以此相亂世之士百不失一二而如大江廣元其尤也廣元歷世爲王家之臣夙有挺衆之才抱大有爲之資而沈滯不用駒畜轅下其志蓋謂大丈夫處世當有偉業何爲奄息于小朝廷而碌碌老死哉及賴朝擧兵于東其喜可知也一朝之間履徙棄紳笏接踵武弁張膽裂眥鞅掌拮据移檄之文功令之草贇贇乎得以盡其材而莫不可觀焉如夫置守護地頭以啓封建之端量民力定稅額而革農田之制則其功不獨顯于當代而足以摹擬于後世也抑亦偉矣既而又助老姦跋扈之北條氏以造王家板板之禍是則何也或曰廣元身雖依覇府而其心未嘗不存王室也但其時勢變移騎虎之勢可乘而不可止耳予曰否否廣元蓋性剛而思亂之士也其前從賴朝之心乃後助北條氏之心而俱出于其累憤積鬱之所發洩焉而其心豈復存王室乎哉即使之果存王室耶颺言獻替維持皇綱可也時不可則爲執箕執鞿之君子亦可也否則弼覇尊王爲齊桓之管仲猶之可也何爲弋已富貴張人覇威以致王室之日傾乎何自汙蠛賊類而紊亂名義乎吁希世之材也不用之於正而用之於邪不獻之于順而獻之于逆雖有樹功之美而不得掩造禍之罪非可惜之甚乎雖然天下有非常之主而後能用非常之材苟有其材而無其主不朽則逸矣昔日有人家藏千金之劒而不知其爲良也假之隣里惡少年夜半來刼其主人奪其財儻使主人夙知劒之艮而講用之之術必無害矣當時王家之遺失人材大抵類此是以王權一去覇威猖獗又不可復挽回有志之士不勝其慨也然則吾亦何獨尤之于一廣元哉噫

德川西山炊烟知民富

仁德天皇登臺見烟氣多起謂皇后曰朕既富矣復何憂乎皇后曰今宮室朽壞不免暴露何謂富乎天皇曰天之立君本爲百姓故君以百姓爲本古昔聖王一人饑寒顧之責身百姓貧則曰朕貧也百姓富則曰朕富也未有百姓富而君貧者矣

尾藤二洲武夫自薦

加藤清正嘗選保呂騎二十人令部下擧其可用者有坂川者而自薦清正及老臣皆怪問之坂川曰臣父爲君執銳摧堅非不善戰者而臣不能識其果堪保呂否知人之難父子猶然況敢薦他人耶若我身則知之熟信之厚此臣所以自薦也其言從容其色自若清正歎稱用之

賴春水丹釀男山

有鴻池菀道者以風流知名嘗傾家產新開酒肆其酒本係伊丹釀名曰山井菀道更曰男山用其故里名云男山大售釀主遂欲運諸江戶海運之酒每桶以藁席苞之烙印名號於苞上菀道請諸善書者十餘家余一日過鳴門鳴門使余書男山二字余始不知何由率然應之菀道寄諸釀主使其擇而用之獨取余所書爲印後男山大售於江戶矣菀道因鳴門饋一苞桶爲潤筆余柬諸友取數十日醉諸酤戶傳聞之以余書爲吉兆來乞者接踵余盡辭之

長野豐山公判無私

防州板倉公尹京一日出行雖嬰兒皆避匿屏息竢其過有一兒可十歲獨不避且從而罵之公聞之命問其父姓名里居還謂府吏曰民某嘗訟乎吏撿之嘗訟而弗克者於是再召而按之果寃乃賜金謝之嗚呼公判無私官吏之所難知過能改聖人之所貴今防州一擧而兩美具焉豈不賢哉

蒲生君臧魚商止茶毗

後光明帝以痘瘡崩時朝議依舊將火葬有一民鬻魚爲業者呼八兵衛常聽命於宰夫出入宮門聞之大悲慟歎曰嗚呼聖天子何天命之薄也可奈之何且夫火葬者非聖人之道也況今大行在天之靈蓋嘗疾浮屠之虛誕斥異端最甚而其送終尙猶從事於其所斥邪吾小人苟目人不瞑不肯從朝議敢諫

爭止之不能則身死之於是奔走於仙洞及執政之門所至號哭悲泣敢請止火葬以從大行之志朝議輒爲之改而火葬止焉蓋感八兵衛忠誠也

藪孤山滑稽止微行

豐臣將微行近臣諫不聽相謀曰非曾魯利不能止公也廼命之曾魯利以滑稽寵於公於是曾魯利入見公面覆于地咯咯作聲公怪問焉曾魯利曰臣適食怪物心甚惡焉故欲嘔耳公曰何食昔者臣遊北山逢一鬼長丈餘人形而翼鼻長數扶即世所傳天狗也將攫噉臣無脫足乃試問曰我聞子有翻術請一觀而就死天狗曰唯爾所欲臣曰子旣魁然我欲觀子眇然耳於是倏乎一翻飛止臣掌則惴惴如蟻矣臣因一口吞之以歸天狗神獸也一失其威則爲臣食矣不然臣葬乎其腸胃之間也久矣公笑曰善孰使女說遂止微行

山縣周南惠美堂記

海爲萬寶藏萬貨出焉而惠美子所資不過一釣竿之利然世則有福神之名是何說乎古之善處富者陶朱爲首而猶不保其子富之難處哉故厚積若抵出焉如泉可謂諸富未足以爲福者人各自適所居自樂其天則寍而壽壽考矣苟繇斯道也富貴有以行貧賤有以處天下無不可者是可以爲福矣余覩惠美子像豐肥寬裕猶然而笑蒙叟曰除病瘦憂患開口而笑者一月之中不過四五日而已矣夫笑也者人身之和氣祥風也惠美子身有祥風和氣雖有憂患疾病莫之能侵故能終日開口而笑眞福神哉或曰惠美子之笑也則有意焉蓋笑世之專心壹力唯富是務不復知財物之累已耳

室鳩巢隣花樓記

有客來告余曰春將半而花向盛吾子無意於觀花乎若欲待爛熳之時則其後開者獨盛而先開者將

半謝枝矣況寇風賊雨有不可計者乎請與子出遊以取一日之樂不亦可乎余曰諾遂與客游歷鄉曲觀人家花殆乎遍矣既而造一茅屋而登其樓則四隣之花猶在庭中自樓上下視之其美而艷也如少年之人頭著縞巾飄飄于春風之中曳曳如雲皎皎如雪於是酌酒賦詩而樂之久乃知造化之妙使人忘勢利消鄙吝悠然優游自得于塵世之外雖所謂春風沂水之樂亦庶幾乎因名其樓曰隣花之樓夫以四隣之花爲家庭之花隣家之花則我花矣其在彼與在我亦何擇乎苟推此義而充之則君子取人之善以爲已之善者如此爾吾於是得大益矣斯義也吾將表而出之以附大舜取善於人之遺意豈唯一時名樓云爾哉遂爲之記

森田節齋種龍園記

園何以名種龍所種松皆作老龍鱗也種之者誰門人井上子靜之祖善充翁也自翁至子靜三世八十有餘年家與松榮所以名也一日子靜招余置酒園中酒酣屬筆曰此松僕朝夕所撫而盤桓也願先生記記之余肅然正色曰子家之松不可不敬愛也何翫而狎之乎夫松之爲物當衆木摧殘之時逞後凋之色使人敬而畏之其節義如此當其迎素月引清風使人愛而慕之其韻致如此有兼有節義韻致唯松爲然余不及知翁然以其種松察之其人必尙節義而有韻致者也詩曰維其有之是以似之翁之於松之謂也則此松謂之翁之肖像可也余知尊考甚熟其人亦尙節義而有韻致者也然則此松不獨翁之肖像謂之尊考之肖像亦可也昔者召伯聽訟於甘棠之下民愛之不敢剪拜況此松可翫而狎之乎子靜再拜曰僕過矣自今而後將敬之愛之終身焉請書賜之余乃援筆之於松影婆娑之下爲種龍園記

樺嶋石梁贈高山仲繩序

高君仲繩其由之勇而點之狂者耶可謂奇士矣爲人魁岸悪悪如讎語及忠孝必泣其行天下如適莽

蒼性不避貴權曰七尺之軀三尺之劍無嚴諸侯非勇而何不拘拘於禮俗不汲汲於名利嘗喪其祖妣廬冢上四年學者嗷嗷君斷然行之好風鑒而不妄假人坐酣舉豁眼引大觥上下千古嘐嘐然非狂而何今歲官徵君於都蓋由其升聞也於是士之苟與君同氣類者皆揚眉抵掌莫不啨啨爲賀焉既而視君之歸落莫空囊如有失者於是士之苟與君同氣類者又皆張目怒膽莫不憤憤爲吊焉夫高君卑犖不屑一世者也斯徵也遇固無益損于君不遇豈足輕輶于君哉然則遇與不遇於君何賀何吊雖然由我觀之褒貶黜陟國有常典不可易矣抑何官徵君之如彼而遺君之如是也不知官之以毀譽待人猶漢之於河東守耶抑君之所爲實孚于此而有未孚于彼耶將天之抑屈君乃欲使君勉其所不足而要玉成於中行耶嗚呼高君仲繩其由之勇而點之狂者耶可謂奇士矣孔子曰由也好勇過我無所取材又曰狂簡斐然成章不知所以裁之然則古之所貴于勇于狂者裁焉而已矣夫子逝矣誰歟今之裁仲繩者

芳野匏宇阿經傳

阿經松澤氏鹽谷艷治之妻也艷治業醫居下谷長者町阿經嫁未出月艷治發癲狂忽而笑噱忽而叫哭勿論罵詈畏怕溺壁屎床走屋上入牀下或夜間裸體走十數里凡汚穢危殆厭苦之事無一不爲也而遇阿經尤暴或白刄逼之捉火投之捽髮折齒軀不絕毀傷如有宿怨深仇者然親爲危懼欲絕婚阿經每嗚咽謝曰是豈非宿業所致歟朝而去夕去餓妾不忍雖不幸至撲殺而妾之情義則全矣事之婉順毫無厭苦之態祈神禱佛救療百方無不盡心也方來嫁食已貧至此生理益艱憂以老年三十而髮盡白矣貨一敗屋于角田村而徙挫針治綳㢧得以糊口居數年陰陽燮和心神稍復故後舉一子焉於是再還下谷無幾艷治歿旗下德山五兵衞義慨之士也嘗與艷治友善爲與百金以立生業乃買襲官

坊主某氏子名梅長而痴呆人因稱梅坊主好人役使朝出暮歸致簡汲水負重視病凡人所託受而不拒與錢則辭隻言慰謝欣然而去於是又養人爲嗣野史氏曰夫者婦之天也而義因情而生今阿經之嫁未及回鸞所天發疾而艱楚萬狀聞之猶且危彼坦然安命天其天以終其義非貞得之天資深知從一之道者何能然哉夫臣之於君猶婦之於夫其所爲天一也世之爲人臣者能以阿經之心爲心則何艱不忍何事不濟若夫危而不持顚而不扶忽然如不于預者果何心哉于嗟乎阿經之事益有可感焉者

奥野小山鶴堂藪翁墓碣銘

翁諱平字大平稱平三鶴堂其號淡州福良人少小養於大坂布商某氏遂傳大坂籍嗜讀書受業於京儒佐野氏後產業衰替退隱於城南駒池始有以儒興家之志其友勸焉下帷於鰻谷後徒長濠生徒饗集絃誦不絕其講書低聲徐說辨以俚言故雖婦人小子皆能領其旨好賦詩最喜白香山陸放翁故其詩沖澹雅麗絕無羞澁態翁長余二十七歲而每作詩必示余使言其疵瑕其不恥下問皆此類嘉永己酉十月朔病歿享年七十七葬於梅松院翁爲人脫洒不脩邊幅與人對酌滑稽百端旁人絕倒而翁自若也晚歲付家事於嗣子晴日携一瓢而出看花聽鳥醉哦逍遙所著有鶴堂詩集若干卷配星野氏生一男一女男名艮字大藏號長水即嗣子女未笄大藏不嗣儒業而以善畫稱不愧爲翁之子云大藏以狀來請銘銘曰逃商爲儒是翁之賢混俗尙志是翁之眞磊落其胸矍鑠其身翰墨優游七十餘年

大槻清崇齋藤公恕招魂碑

天保八年丁酉八月八日齋藤公恕以病終于江戶昌平阪之學舍年僅二十八其弟子德同學在舍乃克經紀後事葬之城南東禪寺後山而博士增島先生辱撰序銘以表其墓斯足以不朽公恕矣旣而

德欲別建招魂碑於其鄉之塋域焉依神以來徵文於余顧余非其人也雖然子德之請不可峻拒而公恕之行尚有可錄焉者初公恕之將游江戶余適寓在仙臺乃千里相携遵海而南一路上品山評水不覺長途之勞也既入昌平以余爲相益之友每研究經史商確文詩輒來質其得失而余之素行苟有所不歉公恕則盡言忠告懇懇不倦也嗟夫公恕之於朋友求益盡信如此之厚則其所以孝於父母友于兄弟者皆可推而知也已乃若公恕者殆不愧乎朝聞道夕死者矣是足以報諸鄉里而慰乃父母之心歟遂書以付子德又作招魂之歌曰魂兮歸來舍君之樂處何爲異土之託些異土洵美誰與娛樂些仙臺之東松島之北一片貞珉是君之兆域些歸來歸來某水某丘可以彷徨而游息些

小畑行簡越川由儀仙臺國中漆木種蓺記

夫國家之政治以養民爲第一養民以富國家爲基富國家之益豈特五穀種蓺乎哉如諸木菓亦不爲無益矣昔李衡種木奴董奉種杏秦邵平種爪宋林逋種梅皆有能所贍資雖然如諸木菓則隔歲有有無多寡之異至如漆木則年年取其脂膏湧出平均無有無多寡之異凡漆液之爲塗飾諸器棚櫃或樓閣梁楹類丹黑青白之彩山水卉木之繪皆保壽之久經千秋而不銷磨不變不朽之品故以漆液爲至寶我日本生漆木太多蕃國生漆木太寡是天亦賜膏腴地於吾扶桑而下顧左袒者也耶是以諸蕃人競購覓之萬里航海船齎歸然則我邦於富國家之益可不謂莫大哉越川由儀本是越後蒲原郡荒井濵之產某年月日來寓于江戶數十季出入仙藩有故而願新裁漆木百萬株於奥州仙臺國中賴蒙許準於是也每歲課十萬株積而經十載至百　萬株倩游手逸夫栽之業已至五六年許不論土地高卑有空間寸隙則無一遺之天然繁殖與新畬相同一栽之則幾千載無寒耕熱耘之勞又無水旱風雹之災其功幾勝新畬遠矣由儀之志於富國家之益可謂英杰液士也蓋漆液之湧出經千秋而不盡塗飾

之堅固彌千秋而不朽越川氏富國家之益與物俱偕不銷磨則是其卓出豪邁豪之志與天地不磨滅必矣詩山文草

齋藤馨小笠原太仲墓碣

小笠原氏不詳其先爲何許人戰國之際有將監者始住奥之加美郡南澤子孫相襲者蓋數世矣有香火院罹兵燹而不復存但有古墳一基土人今尙稱將監塚耳奥地文献零落遺績泯沒類此比比可慨也將監之裔某明和中爲岩手山臣某養子不相協遂去而住於志田郡古川生父某亦自南澤來同居焉父常撫其孫(玄)貞曰乃爺出身已誤矣汝努力能與二百年衰廢之家愼勿忘誨督備至(玄)貞乃從松山佐佐樂浪學醫業既成鄉閭乞藥者盈庭戸而本藩醫員中目氏爲其族戚故天保三年請以(玄)貞爲無足醫員更稱太仲七年奥中荐飢疾疫大行太仲請於官而奔走于大崎五郡之地以施療焉於是窮羸疲頓將爲道路之餓莩溝壑之倀鬼者得以生厥死肉厥骨皆太仲之力也八年官召賞之賜書及條紬七端嗚呼醫仁術也而太仲能施之于不報之地其爲仁也更大且夫遠祖將監以來戔戔欲絕之家於是乎有興其亦可謂於家有光矣嘉永三年九月七日以病沒年七十有二名好文字子與號賜王齋幼字万太郎太仲其通稱也子大進持狀乞銘銘曰奥有名族亂離皆泯家聲既墜孰能一新苟矣南澤中興有人竹堂文鈔

古賀撲贈茶博士序

小大之事未嘗不始於儉而終於奢故曰禮與其奢也寧儉儉非中道而猶不失其本夫子之言蓋欲世人去末而反本是憫世之君子所宜留心也賞茶之有儀不過閑適一事而已其始尤儉而其流之遠則至侈濫滔天而不可救自儉入奢何其易也茶家之所用屋庳而室狹劣容數人罌鐺筅匙包袱花斛之

類必用苦窳缺滌敝敗之物至於珠璣玳瑁金翠綺繡之華煥鮮縟者屏斥弗置其結社也多羽流墨客畸人隱者方袍而圓頂葛巾而野服蟬蛻于塵壒之外與之暢情適意於風月之吟嘲寓趣於茶以樂餘閑即有驕泰汰靡之人宜無所施其奢豪及觀輓進世之所爲則有大繆不然者室屋誠庳狹矣然不庥於先人之廬別構一齋珍木怪竹朽株癭枝購募搜訪極其知力而後已其煩費不減大厦高堂器具誠苦窳敗敝矣然必求諸古代以歲月久近工匠顯晦相誇尙相訾病乃至一破甌一折匙與周鼎殷彝同其貴重積金撐北斗猶不可償比之珠璣玳瑁金翠綺繡之難得什百不啻侈濫極矣是猶室屋器具之奢耳其害有甚焉者凡好此儀者大抵富貴有權力之人而結社多異色人得託茶社以見親昵承奉諂諛其左腹牢不可拔通請謁鬻權勢求官訴屈無所不至而主人恬然不悟其或敗露亦猶以其風流韻士不加罪責敗家亡國之釁或由而起是末流之極弊也然茶社莫先於室町氏當時政綱不振風俗頽壞叛亂相踵無可稱者天下後世獨稱其賞茶之盛耳則其源已濁何咎乎流唐山之茶周公制禮之時已有之其供欣賞則陸盧伊始自時厥後千有餘歲未聞侈濫之害有如本邦者可怪也夫本邦之有茶種僧千光游宋齎歸栽之背振摘贈明惠久而後滿海內方是之時執政北條泰時得無欲之說於惠崇節儉去奢侈以致小康其在當時以茶消食無復後世之彌文可知也今距室町氏數百年而賞茶之毒流於世莫之能除亦獨何歟竊見吾子稟清明特達之資錙銖軒冕土木形骸而又慨然有憫世道之陵夷之心偶存嗜於此爲茶社宗盟富貴權力者慕仰高風如蟻逐羶得聞謦咳以爲欣幸固非閉門踰墻之所能免及今之時明陳茶社之末失反之於儉同好之會唯談風月不及世事使陸盧僧惠免作俑之誚若反覆手之易者非吾子而誰歟果爾則賞茶數百年之弊習自初植茶之地剔刷洗滌遂及海內非獨爲陸盧僧惠忠臣背振山神亦得伸其寃英靈炳燿兼增大藩之光輝也吾子勉乎詩云他人有心我

忖度之此蓋吾子心下事而僕云云者爲世道謀爲大藩謀又彰吾子與人爲善之美云

鈴木魯與友人論詩書

魯啓頃者與足下會於某生許論文當以氣爲主次及于詩僕又有所云云而草率未盡也今爲足下畢其辭可乎夫文以氣爲主詩何獨不然凡吟詠感動人者亦氣爲之主也若使氣不爲之主則其言詞雖華且壯矣而非土偶之蒙金即優孟之衣冠謂之形似則可也安足以動人耶自漢魏以下至近代諸家其詩苟足動人者皆有所得於氣也而其最得於氣者莫如李杜韓蘇四子宜乎其嗣響於騷雅而後世不得不奉爲榘矱焉然所謂氣云者非一時襲而取之固立於言語文字之外而發於言語文字之間也李氣高逸故其詞縱恣不羈可以驚人杜氣沈鬱故其詞感愴悲涼可以泣人韓氣雄直故其詞峻拔奇矯蘇氣豪放故其詞瀏利痛快皆其氣之流露於不及覺者如此吾邦之於聲詩如中世尊奉白氏之風固不足道距今二三百年來文運漸旺蘐園諸家之唱明詩六如寬齋之唱宋詩皆才學絕倫風靡一時不可謂不盛矣而觀其所爲倚聲調事塗飾均之形似而止及近時山陽星巖二子出變之以清初名家之風雖未能到全脫落皮毛之域要皆機杼在手組織成文一則風神高華一則骨格老蒼有不可徒以形似言之者無他亦其得於氣故也蘇子云論畫以形似見與兒童隣畫且然況於詩乎作者其可知所以自處矣雖然文之以氣爲主古人已言之詩之以氣爲主古人未言之而僕獨言之僕獨言之而所以特爲足下詳陳之者抑又有說焉僕聞可與言而不與之言失人嘗觀足下之詩清而不浮堅而不劌至詠古諸篇寄託幽深往往有不可言之隱因竊念苟使足下無所得於言語文字之外豈能若是然則僕不與足下言之而與誰言之耶足下以爲何如若以僕所言爲謬則其幸勿惜一二見教

阪谷素答友人

承規僕濫爲洋語交洋學社厚矣然僕洵好漢又好洋好其道而已特其人其眼目語不記熟則道不可通者漢然洋然僕少知漢語非才窮忙無暇學洋書姑爲學語小兒之態以習之耳切欲寡過於桑榆擯虛榮就實益日晚道遠固知讒毀焉而不能顧也嘗以爲漢洋皆學天憲物則去鄙野入雅正其道一而已區區爭文字言語風習之異同如咎人面以不適吾好則陋矣以洋賢所謂克己不爲私欲奴隸者審其自主自由之眞理明其權利義務之界規則浩然正大之氣塞乎天地之間其事與漢相發明無絲毫間隔喻之山春峰秋巒佳處同歸若較其弊處則彼此同醜贅疣耳頑鑿耳僕惡乎取焉惡乎拘焉諒察是祈不宣

片山達細川賴之論

吾讀史至足利氏曰十三世中可以人理論者獨有細川賴之而已其他鬼蜮豕蛇無不得罪於天下後世者也義詮臨終謂義滿曰與汝一父又謂賴之曰與汝一子時義滿甫十歲賴之竭心輔導擧方正勵文武屏便佞於是士風大革又作五箴以授將士命諸禮家定幕府儀式於是官事益辨義滿漸長頗忌賴之近臣從而譖之遂罷職就國賴之即日上途既而義滿思舊勳召還之以養子賴元爲管領而賴之決之足利氏之盛蓋以此也或曰有眞天子在焉而賴之盡力於足利氏是北朝之忠臣而南朝之不忠臣也曰賴之爲足利氏同族之魁父祖世仕北朝亦猶里見大舘諸族之仕新田氏於南朝也是不得不然者矣昔者子張問令尹子文何如子曰忠矣說者乃言子文之相楚莫非僭王猾夏之事吾謂是不知時勢者耳賴之之忠於北朝猶子文之忠於楚也或又曰細川淸氏與賴之同宗也其歸南朝爲徇四國賴之以計滅之是鋤南朝之羽翼也楠正儀爲南朝所依賴一旦背南向北賴之遣賴元援正儀入寇是煽北朝之聲焰也賴之不忠於南朝則天下後世之罪人矣曰賴之之志在混同南北以安海內也自後

醍醐帝之南遷天有二日干戈日尋生民塗炭者五十餘年南弱北強混北於南難同南於北易必也南朝益弱益衰至不能自立而後混同可期矣是故同宗之淸氏而滅之向北之正儀而援之要皆莫非混同之意焉耳嗚呼此意不唯北朝諸將不能知雖則義滿亦不之知也獨正儀明智忖度而得之故先見賴之所謂目擊道存莫逆於心者乎及正儀歸順與山名氏淸戰敗績後十年所正儀已沒而賴之再任職乃誅滅山名氏閒歲而南北之和成矣蓋賴之慫慂義滿以畢其事恨其不見南北二帝授受之儀而即世也吾故斷之曰賴之不獨忠於北朝亦忠於南朝矣

竹添進一郎可棲園記

碧流一帶蜿蜒如龍走白沙之上者爲高瀨川川上竹林如幄築茅舍其中讀書之聲琅琅出窗牖是爲可棲之園吾友友枝庄三居焉余也東西南北之人年甫十五負笈辭家及其壯鎭西之山東奧之水無不跋涉又浮海抵淸國循渤海而北徘徊京城之下問政治察風俗遂西吊洛陽之故都觀長安之形勝南入棧道蜀山之嵬峨岷江之盤礴以鼓我氣以壯我懷快則快矣何其役役也今茲三十又七歲二分其歲月則半盡于馬蹄櫓聲閒矣顧在鄕之日卜居丹津衡門半掩左圖右書講學自修倦則提携妻子訪庄三於玉名之郡隔水呼三四聲庄三則棹小艇來迎相見而笑莫逆於心釣細鱗摘新蔬釃酒對酌陶然而醉往往信宿而反不復知世閒有榮辱事也今庄三獨全其棲遲之樂而余則纏繞風塵進不能立功名退不能養其素有愧於庄三多矣庄三嘗屬余記其園余諾而不果頃寄書促之曰知吾者獨有子而已吾園非子記之而誰余爲之悵然者久之園名以可棲者取諸國風衡門之詩室中無長物槁梧蕭然庭前橡樹歲寒不凋其大十圍鬱葱蔽天蓋百年物矣露凉月白之夜風葉披拂素影紛紛亂墜其下有人悄然而立如有所思是懷其寶而自晦者邪將不容於時煢煢無依而寓目於世道者邪

神山述袖雲石記

友人江馬正人歸自美濃來訪焉余問彼地人才多歟曰無多矣山水美歟曰美矣有山水之美何以歸歟曰無可與語之人且既獲一奇石髣髴其山水者是余所以決然歸也其石名曰袖雲有詩見示余受而讀之字字句句縹緲如雲而未知其石果稱此詩否正人徐探袖出石置諸几上曰子美濃人孰知其地形山水請記之余兢而諦視之縱三寸橫半之重疊起伏有若群峰矣有若連巒矣白理數條彌縫其間而爲懸泉野水之狀或洞或鑿其數不可枚舉也少焉復座望之峰巒洞鑿如縷縷焉起雲浮浮焉生煙者乃概舉全國之山水指石曰其北隅最高者爲金生山即此石所產也山脈赴西一道素練劃斷兩山者爲養老瀑其東西隱然對峙者金華山也繞山穿野委蛇分合同歸西南者非岐蘇則鳳皇呂久諸川也而我故山亦在雲煙縹緲之中於是乎悄然發懷鄉之情矣嗚呼石乎雖小具數百里之景謂之袖美濃全國之勝亦可也豈止袖雲而已哉顧此石當歸於余而歸正人余豈無憾哉抑化工秘之待其人而授者耶正人莞爾而笑袖其如雲詩與如雲石而去遂記贈焉

市村水香遊天王山記

吾高槻四面皆山也其最近而著者爲天王山山屬城州即豐臣公討叛賊明智光秀之地也歲己巳春二月初七日余偶登遊昧爽出家東北行里餘至櫻井驛址實楠公父子所訣別之處路傍有一大松樹盤鬱老蒼見千古之色余乃徘徊松下緬懷當時欽慕感嘆殆不能去也既而北行里許抵山崎是爲天王山麓遂登至寶寺由堂後左折攀磴者數十步得一華表側有枯松號曰太閤懸旗松朽幹中折其高丈餘疊石護根株尚有蚪龍拏攫雲中之勢又上數百武抵八王子祠側有小院院主邀余進茶款晤如舊相識爲導余至山頂指一故墟語曰某丘則豐公所陣也某山則光秀所營也曰此某址也曰彼某蹟

也余隨而縱覽形勝懋懋如覩其當時對壘布陣之狀松風飂飂若聞其昔日叱咤鼓譟之聲慨然者久之既而還院乃出所携瓢酒貽院主以報嚮導之勞時日方晡山氣冷峭不可久留乃辭院下山復至懸旗松下而小憩回顧前所見諸峯奔青走碧氣象萬千而男山隔河屹立笠置川自東桂川自西北皆與淀河合流滾滾滔滔南入浪華而沿川有翠壁一帶隱見於翠松間即淀城也北望京師南望浪華宛然若一村落然余屢往來京阪間觀都會之盛人家之稠而今反如此此尼山之所以有東山小魯之歎也歟於是予將賦詩紀遊適山雨雲至匆匆下山至觀音寺寺頗宏敞無復可記者途購一硯形圓如月挈而歸遂用其硯以記一日之遊云

小林卓藏京都博覽會記

博覽之爲會無論天造與人作不問海之內外博蒐新古物品之可賞鑑者排列諸一場以使衆庶縱觀蓋是舉也淵源於泰西而本邦亦倣之漸行於各地如我京師既以故禁內爲其所每歲開場限以自三月至六月凡一百日及期鎖鑰解禁開日華月華之各門掖庭四達仰紫宸清涼之諸殿畫棟雕楹珠簾玉階煌燿生光佳氣瑞雲爲之映帶使人肅然起咫尺天顏之想也時都下士女及僻鄉遠陬人履綦相逐絡繹如織爭來皆入場凡目之所注手之所指各不能無異或有評古者或有賞新者或有熟視甲器以發明乙製者至天造之妙人作之巧則有一見勝百聞之歎所謂即物而窮其理者於是乎在焉則知識不得不開藝業無不進矣乃知博覽會之於衆庶係國家育才之一端其取法外國良有以也若徒徘徊指顧終無所著目銘心則雖百回入此場與彼看花弄月同一間事而已其効果安在哉其負育才之盛舉亦甚矣況禁門固非遊步地也觀者其可不思哉

佐治太郎墨吐雲煙樓記

晴湖女史者女中丈夫也命所居曰墨吐雲煙樓蓋謂其纖絲之手能吐呑雲煙於紙箋素絹之上也女史下總人舊古河藩士之女幼慧悟通經史而不屑尋章摘句善書畫而不屑塗紅抹綠淡淡着筆而鋒穎雄放神韻活動雖鬚丈夫不及也嘗與清國秦淮魏昭手翰往復其技益進既卜居東京下谷四方就求畫者足音屐響喧於戶外綾光箋影閃於架上其名益著朝紳華族家掛畫裝軸一半係女史之筆都下以書畫立門戶者往往避三舍焉女史標格清高不帶脂粉氣所交非名公鉅卿則風流儒雅之士常杯酒獻酬詩篇唱和不知顏之將皺苟怫其意則雖貴戚紳士重幣招之固辭不應酒後耳熱談論風發乘興一揮則草書淡畫氣象勃勃精神奕奕創意之奇運筆之勁饒有張臨池鄭板橋之風致矣夫近世閨秀以文雅風流有聲者前有玉蘭采蘋之流後有紅蘭秋蘭之徒前者余不及見之後者余嘗見之於京師於伊勢亦皆奇女子也然而風神雄濶姿貌俊邁者以女史爲最焉昔者小野小町咏歌致雨傳爲美談今女史以寸筒揮萬絹雲吐煙呑龍躍蛟舞萬目眩惑小町致雨比之女史末足爲太奇宜其爲藝林所珍重也於是乎書

龜田保重修公家冢碑

公家冢在下總香取郡名古屋村周回百有五十餘步崇可尋有四尺蓁蒙翳蔚四面環合樵蘇畏無蹐者土人相傳尹大納言文貞藤原公之墳也此地世繫乎稻葉越智氏之封土矣謹按舊史元弘帝紀元歲帝震怒北條氏之兇暴且振天戈加王誅公與從臣數人首慫慂之既而事洩賊發兵數千犯闕此時帝用大塔宮策俾公著袞服爲車駕還幸之儀賊蠢銳急尾擊之帝因幸笠置公尋至行在其後二年春車駕遷於海島於是公亦以其五月囚於下總千葉氏公在流離艱難之中恒慷慨大息曰主憂則臣辱主辱則臣死葅醢糜裂固所甘心也其壯氣忠憤往往著歌詠者尙儼存于今是歲十月廿九日以疾薨

配所齡三十有二公諱師賢歷事花園後醍醐兩朝官至正二位大納言後贈太政大臣賜謚文貞嗚呼當天步艱難之際不問成敗利鈍之所在大義著心從容赴死者公與廷尉楠公特有西東前後耳今越智公夙慕公之大節且聞知公家冢事遍搜古籍細即土老翳祛蹤顯可以能補史傳之闕矣嚴課有司重修公之塋域焉而崇奉之又別礱一碑石走价保所命識其事若夫廷尉公往歲水府義公勒明人朱之瑜贊語於石建諸湊川上今也越智公既追蹤義公而保陋卑誠匪其人雖然公之大節焜燿史策亘古不滅則後之礪磨忠孝節義者亦有以稽於保之斯文矣哉明治紀元歲在著雍執徐月

岡千仞仙臺三好清房墓表

明治己巳某月某日朝廷勅我藩攝知事伊達宗敦上先臣三好清房殉節事狀宗敦具狀以聞聖上嘉歎賜祭資二百金宗敦涕泣語臣岡修曰清房當賊焰衝天之日守義不屈遂爲凶徒所害其精忠大節固宜爲百世人臣之龜鑑況以倍隷之賤辱聖朝之褒典非獨清房一人之榮抑又我藩之榮也子宜表章其節傳之不朽修對曰清房之嬰禍修亦下獄而修幸得免至今日則表清房之大節者固修之責也修敢不勉旃乃退敘其事曰曩者將軍慶喜之奉還政權也朝廷召薩長土等藩參大議尋召我前陸奥守慶邦而我藩僻在一方暗于上國事情異論紛起一二執政不知所措慶邦以清房有大略擢爲參政清房慨然曰我藩始祖以來積勞于王家今日之事可獨委關西諸藩乎勸慶邦西上慶邦乃先命清房率兵入護禁闕會伏見變起四方義師輻輳輦下爭先東伐而朝廷以我藩雄一方特詔討會津命九條道孝爲奥羽鎮撫使澤爲量爲副督醍醐忠敬爲參謀海道東下清房令兵護三使兼程輿歸復命先是執政阪英力至江戶宣言曰薩長二藩利聖上幼沖奪德川之政權其心不可測衆以其言爲實然一唱百和牢不可拔清房指陳大義百方辨論議遂决候迎三使駐牙於藩贊慶邦總軍督隣近諸藩伐會津

士氣大奮而英力以下私結黨與通會庄二賊爭放訛言煽動人心而害清房固執正義讒搆無所不至清房知勢難爭引病辭職清房既去凶徒無所忌憚遂至要輿狥諸藩拒王師清房視國事不可爲退寓某采邑既而王師拔白川磐城諸城賊鋒日鈍衆心疑懼凶徒恐清房再起伏兵召清房清房知不免慨然曰事至此不若斷然引決也視母氏訣別母氏欣然曰汝殉王事吾復何恨乃作上醍醐參謀書付二子曰六師臨彊汝宜持之爲王母請命一家掩泣清房從容命酒作書畫詠和歌談笑自如夜半屏左右端坐自刃氣未絕瞋目大息曰咄凶賊輩不知詔勅爲何物如斯頑獷何乃絕實明治戊辰八月十五日也凶徒猶意其僞死輿尸使其黨撿之又收諸與清房同志者下獄既而王師臨疆申諭慶邦始知爲凶徒所罔蔽逮捕英力以下謝罪闕下悔不用清房之言而無復及也嗚呼使當時衆論委清房以討會之事則勦絕賊巢誅鋤亂魁不必須上國之兵也其言不用其志不伸橫嬰荼毒可勝歎哉抑我藩雄東北而一旦爲凶徒所誤有一清房固守大義百折不撓遂以身殉節此亦可少說天下也清房字顯民稱監物其先出于阿波十一世祖義元以善銃術見藩祖於大坂藩祖祿以五百石祖曰義徧父曰義明母菅原氏清房以文化十一年十二月二日生幼喪其父母氏教以義方擧動詳雅如成人長娶菅野氏生七男曰清熙先沒曰清篤曰長親曰清高曰清德二子猶幼四女長夭次適小野氏次適三浦氏次在家卒翌月諸子奉遺命禮葬磐井郡東山黃海松柏山皇德寺享年五十四歲清房爲人果決議論侃侃不求苟合海內多故以來慨然以身許國苟益國家無所不爲前後在職廿年可紀者不一今特表殉難大節庶幾百世之下有聞風而起者矣

横井忠直佐藤元狩墓碑

大日本明治九年即西厤一千八百七十六年米利堅合衆國設博覧會於費拉特費府遍告之宇内我

政府乃爲送方物派遣審査官三名京都府大屬佐藤元狩實爲其選首元狩受命感喜曰斯行可以酬平生之志矣既而航海舟中罹疾至桑港而没時四月三十日也享年三十八葬于港內麥東呢克同行事務官田中芳男鹽田眞二君相謀將建石表其墓事務總裁大久保利通君副總裁西鄉從道君以下至僚屬及日耳曼人華那氏英倫人窩文氏等賻金助費二君又報京都府權知事植村正直君曰元狩爲國盡力不幸殞身殊域聞者莫不哀傷焉顧君之於元狩信任有年斯行所期蓋非近小矣而今若此君之惋惜可知也今胥議建石欲傳元狩之名於久遠則所謂記念塔者也敢請爲題其額且令僚友敘其事植村君善之乃與府員某某亦賻以若干金而命文於橫井忠直忠直按元狩幼字麟太郎佐藤其姓長崎縣士族也博聞強記尤善英語慶應中入京都教授生徒明治元年徵充外國事務局員二年轉大坂府員六年遷京都府掌勸業學務二課遂任大屬元狩爲人溫厚詳雅喜怒不形於色其在官刻苦勵精日夜不懈特用意勸業府下工藝物產之日趨殷盛元狩與有力云嗚呼元狩平生以利用厚生爲己任及其奉命海外欲徧考覈萬國之工藝物產以大資我開明而一旦溘逝不獲酬其志悲夫我邦人之航桑港者過其墓思其人慨然爲國盡力以元狩之所任而自任則元狩之志業於是乎遂矣

依田百川墨水看花小引

墨水之櫻冠絕於大都今不必饒舌也而余獨寓居乎此行住坐臥莫不與花共則有不得不贅一辭者蓋看花之候有五絕而又有三可厭焉朝暾昇於東露光的皪萬花欲活一望十里目爲之眩何等快絕既而霧散露晞午影撩亂遊人闐至紅裙翠袖緩步徘徊如與花貌相映發何等艷絕夕陽始沒煙波杳然晝間喧雜之聲既絕獨留明月醉踏花影四顧無一人何等悄絕春陰稍合夜枕聽雨曉起而望花房露滴如出新沐出步花間紅雲濕垂林下寂寞唯聞鳥聲何等幽絕東風一陣蓊然而來萬花迎之飛舞

動搖花片如雨繽紛撲面何等奇絕若夫醉奴惡謔狂舞高歌東歪西倒不顧人譏咲一可厭也花下結棚塗面戴釵妖冶成態强人賣茶二可厭也奔馳車馬狂突倒人傲然自以爲快三可厭也今去彼可厭而得此五絕蓋自非身在墨水者不能全領其眞境余豈得巳乎贅評

野口常共浴沂風詠引

冠童六七詠於沂風於舞雩古人所樂而未若奉毋之爲樂焉余與岳谷大史舊屢至其家毋夫人含飴弄孫家庭雍穆殆有殆春風駘蕩之氣象何必待此著而後表其咏歸之趣乎然人孰不愛親身貴矣益欲其親壽親壽矣益欲其康寍大史孝養有素而以爲未足奉板輿浴靈泉所以養其氣健其體者至矣仲尼倘在必曰吾與大史也

藤田九萬本田氏二女傳

本田氏二女長曰芳少曰熊長州北浦島人逸父名兄虎之助爲奇兵隊士丙寅七月長兵入豐前虎之助與小倉兵戰於赤坂死之芳年二十一熊年十九深傷兄死誓欲復讐共請入戰隊隊將不許固請乃屬之輜重皆著白衣袴帶長劍杖眉尖刀出入行間八月二十三日姉妹過豐後橋小倉兵四十八許俄至望見二女銃射之二女橫刀厲聲曰若非丈夫乎與婦女子鬪何用火器可執劍來共決死敵怒將進迫之會我斥兵來橫擊走之斬四人獲八人二女奮曰願親斬此八人頭以報兄之仇拔劍三躍盡斬之於是隊將激賞二女且喻之曰汝所以報兄者亦至矣顧汝有老母待汝嘗食汝而死將使老母誰之依言未畢二女泫然泣下即日謝恩歸家野史氏曰語曰精誠所至可以貫金石信哉二女所以能奮亂丸之下而纖手能斷八人頭者非獨其膽大其孝悌篤摯之出於天精神一往而不可遏也世之有鬚髯者其膽豈皆小於婦人臨戰往往有愧於二女者何也傳曰戰陣無勇非孝也吾今而後知孝子臨陣必勇

也

芳野立藏牧大信歸去來帖跋

牧大信受書訣於卷菱湖鉤指回腕必踐其規模旣而放浪江山數年參變化乎流峙會眞理乎風雲色相化而天機張矣此帖筆力遒勁字字入化境洵可嘉尚也於戲生年壯氣銳烟霞之情未可回則其化豈特止乎斯化之又化之可以入神矣

巖谷修八稜研齋題榜自跋

東嶼內史近獲古紫端硯層質潤美光彩鑑人其形八稜背鐫心太平庵字蓋放翁遺物云內史鍾愛不啻劉玄德於玉人竟以名齋屬余書匾余與內史職同翰苑居隔一墻晨夕過從每觀之流涎三尺欲攫去者數回今題此字不免帶幾分妬氣也

巖谷修題習志野練兵圖卷

右習志野練兵圖卷畫師某所筆將校號令兵卒進退與夫整列撒隊之狀斫營突陣之勢細圖曲寫無復遺憾披展之際神旺氣勇使人有投筆從戎之慨可謂妙手矣古人云畫與六籍同功果信因連呼三太白而題會有電報曰官軍破薩賊於南關時明治十年二月某日

股野琢書杉田觀梅詩卷後

此行二十八人皆今世名流各自品題以成此卷爲梅花之幸多矣余嘗游月瀨短蓑衝雨菽鞋跋險詩成無和者又嘗過三原時屬亂離據鞍顧望不得呼酒留賞今則詩酒盛游對梅花無慚色抑杉田之勝不及月瀨三原而嘗游如彼今游如此豈非遭遇之所致哉則此卷也不特爲梅花之幸而已也

高銳一題群盲評器圖

周鼎殷盤磊落滿前盲者六七人手摸之口品之而其於眞贋似有終不能分者余攷洋籍有年乃雖一二執其理趣而論辨率皆按皆死象之骨以想其生者況地隔萬里人異言語耳目之所未聞見安知其不爲郢書燕說今及觀此圖則知爛爛具眼者亦與黮然不辨五色之群盲無異

木下眞弘予乘四載集跋

昔晁卿遊唐與李白王維諸子交詩賦應酬載在史冊今友人竹添漸卿凌渤海之瀾北拒燕京經歷中原西踰棧道入巴蜀泛江而下探名山之秘究勝地之奧所至唫咏蔚然成卷蓋漸卿才敏學博而足跡所及遠超於晁卿不知彼土諸大家與之應酬又有如李王者否果然則斯卷探秘究奧豈止賦名山勝地而已哉

松岡時敏史評乙集跋

評史猶治獄地持心光明正大而助之以氣擊斷不過乎剛平恕不流於柔發奸摘慝如神而使正人君子之寃白於天下嘻史豈易評哉簡堂羽君學通古今其爲中泉尹年力兩壯日坐廳事閲訟牒裁決需然闔邑無寃滯入爲內署司無幾間退孤燈夜雨掃几焚香移夫片言折獄者以斷史案辭簡而理暢自周至淸數千年間前人所未論及悉揭而出之鑑空衡平物無遯情豈非所謂光明正大而剛柔得中者乎頃積成冊顏曰史評蓋戲名之也君齡方七旬神爽體健嚮使君自縣而朝漸陞要職則於世道必多所底績焉乃當天下多事之時徒執翰墨以老矣惜夫

矢上勝之讀觀梅詩卷題其後

此詩此梅相得咸宜雖有此梅無此詩則不能傳淸芬于千里外而此詩不藉此梅未必如此靈妙也花天詩地猶有遭遇之不可已者朗吟一過不覺齒牙生香也

島津久光辨妄序

我邦服西洋百工技藝之靈巧者必併信耶蘇教或乃欲敷其教於國中是大患也夫耶蘇教之妄誕固不足辨然其言甘美尤易惑人苟以爲不足辨而不辨之則彼徒煽動其氣燄盡誘天下之民而歸之其勢將不可撲滅矣夫耶蘇教者以拜上天爲其道天即理而已矣子之拜親臣之拜君是即理也從理則吉逆理則凶天之報施於人而不爽者也今臣子而拜天置君父於無有欲以求福是誣天也夫君臣道息父子情絶禍亂何所不至然則辨之不可不早辨也日南安井氏有憂於此著辨妄一編以辨耶蘇之妄誕不經乃遠寄一本以請序余受而閲之辨駁攻擊鑿鑿中窽使讀者心服首肯是書之出吾知如大陽出而群陰散足以奪彼徒之氣而祛我民之惑豈不美哉豈不快哉安井氏今之老儒既絶意仕途其憂世距邪之志纚纚不能自已猶如此此其心與孟軻之距楊墨韓愈之排老佛何異焉而其功蓋亦不在其下矣余雖不文亦與安井氏同憂者安得不樂而序之

木戸孝允萬法精理序

禮之何兄之嘗與余在歐洲也屢語余曰歐洲諸國之學術工藝非叩一端而可盡也而近時譯西書者日增月多而百科之譯本其行于世者概斷篇單牘首尾不串不足以見其全彪可甚歎惜焉耳吾輩從事譯述宏全一科期其周備斯可矣余深是其言頃日何兄以官暇譯佛國孟德斯鳩氏萬法精理欲以公于世而請序於余余聞孟德斯鳩氏者通國之碩學而尤精于法律爾來諸國囘其書而舉治績者蓋不尠矣今也何兄之譯此書首尾串全果不食前言也學者苟就此書而求法理之妙用焉其所以與元氣相流發其所以與邦土風俗相變更其所以與人事百爲相動息者森然具中有幹有條足以盡治體之本末矣如何兄此擧不獨盡課業之責其亦足以助國家之治績也歟明治八年七月松菊木戸孝允

撰并書

大久保利通英國院章程序

公天下之道莫善於議院而設議院之可否則存於人民之智不智蓋人民既智而不設之者是賊民也人民未智而設之者是亂政也賊民與亂政皆不可爲而論事概持一偏言其可者未嘗問其否也說其否者未嘗謂其可也曰之可曰之否要之非瑾瑾論者所能議定若夫一國之公衆至於略能辨知理國經世之爲何物不糜示諭而其實始見矣本邦王政一新日尙淺教育未洽今之時乃設議院之時乎予之不得其說也久矣幸遇村田氏之有此譯焉試隨此卷之發兌欲卜人意之所向

三浦梧樓贈前原一誠書

前原一誠足下不相見六七年忽有今日之事得足下書足下嘗擧重職辱顯位雖退臥草野廟議所不合宜極言論陳何有所慊而甘爲叛亂賊乎率無賴兇徒流毒州郡生靈何罪所過慘虐放火爲盜國憲所不赦僕奉鎭臺司令之命來督軍士地方鎭臺之備方爲誅兇徒如足下者耳僕將不日指揮陸軍操旗鼓相見以答

鷲津宣光與大垣藩老小原栗卿書

宣白小原栗卿足下僕在江戶二十二年客冬應聘始歸國雖有親戚情話之樂然一朝辭人文之淵藪又不能無離群索居之嘆忽辱誨諭若欲激勵勸掖以納諸古君子之域者何幸加之來諭云昔者紀平州在在米澤有治名後仕吾尾與聞國政其所爲止於振學政不能復如米澤僕以爲不然夫天下之書生人人皆謂一邦之君與聞其政吾能强兵吾能富國無不自許管仲季路者果得其君未幾幾蹉躓不能行其志之萬一者往往而在何則年少氣躁輕易視事故也孟子曰不得罪於巨室人君猶然況新進

乎夫新進欲行其言者如蘇子所云上得其君下得其大臣優游浸漬而深交之使之不疑不忌而後可以得志矣蓋平洲之見及於此且米澤之與吾尾其國之大小逈異其施治之遲速不可以一例視故欲待優游浸漬之後而發之惜乎暮年就仕未及悉發其蘊而沒是平洲之功業所以隆於在米澤之日而衰於歸尾之後也今僕未有官銜雖平洲之所能者尚未得下手而足下期望於僕以平洲之所不能者何以異於見卵求時夜然吾藩之收僕若但以生於封內則不過待以斗升之俸耳而今優禮待僕者其意非他是郭隗僕也死馬骨僕也六十萬之提封跨於五州之地其間不可謂無神駿之才吾國家誠求之惡知不有振鬣掉尾來聚者乎豈唯封內爲然天下之神駿又惡知不有不遠千里而至者乎僕雖駑駘年僅過强壯前路尚邈自加鞭策與夫神駿者爲國家馳驅奔走然後足下之所期望或可以塞矣然事大責重非一朝所能辨必寬以日月而可也倘僕以此藉口沈溺廩給之富剏方即圓與時俯仰一無所表見則果負國家也負師友也而僕豈其人耶願足下姑竢之且夫沃土之民逸逸則惰惰則難變瘠土之民勞勞則思思則易從自昔而然吾尾爲天下之沃土化俗移風較諸米澤固有難易然當織田右府豐臣太閤覇天下之日一時英傑翕然輩出均之一尾國非前日之土瘠而今日之土沃顧其鼓舞振作之何如爾足下論之實中肯綮敢不承教僕與足下結交不爲不久然唯知其好文墨而未知其用心於實學著着如此是交臂而失之者也吾那古射距尊藩纔一日程封疆犬牙相接左子所謂脣齒之邦不可不緩急相救從今以後僕之於足下匪獨文墨交而已足下從政之暇不惜時賜書幸甚藩各有禁不得出境相會晤望風企想不宣

三島毅夢淸樓記

伊勢川北梅山夙以才學文章名于拙堂齋藤先生之門余少從遊先生而兄事梅山梅山爲余卜寓其

隣隔竹籬相呼應風晨月夕輿來則擿園蔬烹藜祁招余同斟上下議論至爾汝罵詈而止如此數年獲其誘掖者不少既而余釋褐於鄉士梅山爲津藩教官會世故多難各鞠躬所事雁魚不相通者殆二十歲王政維新之初梅山徵爲史官余遥聞之想其必石樓鐵柱婢妾滿前賓客沓至門如市非復淸儉舊梅山也後數年余拜官于東京一日訪之門庭蕭然絶人跡梅山聞余聲驚喜出迎把手上堂藺席筠榻圖書山積宛然儒者之居也既呼酒小鮮半盂蔬筍滿盤供給淡如乃曰吾每退食謝賓客儉素自養蓋不忘舊巳是以俸餘所積亦足以養殘年矣余於是悔前日想像覩梅山之淺也醉後引余登園中一小樓樓不甚華而結搆瀟洒疎梅横焉密樹環焉宛然隱者之棲也曰是吾他日終老之地請子記之余諾而去今茲丁丑春朝廷節經費減官員梅山與焉乃寄書余曰吾老而倦勤今日解綬實爲優恩宜以文酒風流終斯生姚武功有句云休官夢正淸蓋似爲吾言者遂取以名樓曰夢淸請子果前諾夫王政廢封建士無恒產熱中求官者滔滔皆是既得之豪華奢侈靡所不至一旦失之非坐待飢渴則奔走乞憐豈不亦醜乎今春解官千百何限而能高枕安眠結一場淸夢如吾梅山者果有幾人雖然此非一朝夕所能襲而取之也余故歴述梅山平素所養者以爲夢淸樓記

山田敬直遊保津川記

水也者動而周流不息者也石也者静而剛堅不磷者也以周流不息值剛堅不磷是以觸爲波擊爲飛沫激爲狂瀾怒濤其爲態也瀺灂玉碎雪蜚其爲聲也㵎瀄雷吼虎嘷淺而爲瀨急而爲湍爲瀧奔而爲灘懸而爲瀑布爲水簾皆水石相値之狀也故水非石不成態石亦假水以成趣砥柱之廻瀾石鐘之發聲龍門呂梁之艱險皆是物也嗚呼天下之至奇孰若水與石哉天下在在處處有水有石而奇者鮮矣其奇多在邊境僻地若余老嬾不能寓一目近京師而奇者二曰宇治曰保津余弱冠嘗步自石山沿流

出宇治罄水石之奇觀至今不忘如保津渴想四十年未果一遊焉丙辰之冬從二客買溪鼠遡大堰經大悲閣下自是以西流益疾石益多輓卒三牽百丈一長年執篙在船首遇石撞之石皆有篙眼凡船上下者各撞篙眼左右以避之一篙若誤則船忽破裂長年手熟左右舞篙如飛鳥遷樹篙細徑寸撑石以屈如弓而不折猶之庖丁解牛遊刃有餘地矣其巨石立中流飛瀾激射者爲觀瀾石灘急而水響噌吰聾人騰波散花者爲浪花灘既而豁然峽闢水勢稍平傍岸如蓮辨者爲蓮華巖其清瀧川入峽處爲叫猿峽溪彎環而嶮猿飛可踰其崖石裂紋層層如積書冊爲群書巖次爲石門關舟人呼之屏風巖屈曲似摺屏又類門扇次爲鳥船灘一名鸊鷉河即水尾川入峽處峽中之至奇者止於茲遂回舟下奔流駛若飛箭瞬息間還大堰余顧謂二客曰百丈牽船着力僅進少息則退吾於是曉學之難進易退既退則乘流如飛欲挽回而勢有所不能吾於是知急流勇退古罕其人也水石相搏飛沫起瀾峽窄石多而流迅峽濶石稀而水平吾於是悟文詞有波瀾開闔抑揚之法也而是猶未也抑石之靜者仁之體也剛堅則剛者之中立不倚也不磷則廉士之介於石也水之動者智之用也周流則敎而不倦也不息則學而不厭也觀水與石如是然後始可謂吾輩之遊已矣二客曰善

菊池純白瀧山觀瀑記

辛未六月余寓常陸土浦劇暑如燬不克危坐讀書思欲避暑于山中會有語白瀧山瀑布之奇者乃拉塾子游焉此日炎威尤烈道上沙石悉熱如坐洪爐中汗珠津津浹背口喘肺渴不止吳牛䀹道傍有茂樹清泉可憩者乃走而就之如斯者數始抵筑波山下登十餘町折從祠傍東下登頓下上行里許縴道崎嶇愈下愈邃如鄭姜與篬生誓于大隧中如三良殉穆公臨其穴惴惴其慄也又下百余步仰而四顧峰巒環抱萬木攙天雲霧晦冥不見白日山上安小祠榜曰白瀧明神磴道頹圮苔蘚被之人跡所罕至

委之山猶木魅但六七月之交士人避暑者往往麕至云忽聞風雨大作側耳聽之則大瀑跳而投深潭也乃下山而觀之大石盤陀水穿山腹來曲折而下下至潤口有一巨石大如臥牛水爲其所遏不得進步拗怒鬱勃欲抒弗暢奮躍上石分爲百道水聲喧豗相馳逐而下下未七八步又爲石所遏每遏益激一激而爲細霧再激而爲劇雨三激而爲密雪爲飛霰爲楊白花三激之後如玉簾下垂如銀河倒懸如百川歸海汪汪滔滔遂投無底深潭凡從初層至此總十一轉每轉異趣千態萬狀弗易方物傍多怪石皆作怒猊渴驥之狀其背坦廣可坐十數人予解衣箕踞傾瓢酒痛飲塾子吟詩予顧而笑於是吟聲笑聲水聲風聲參錯交互與山壑相應窾坎鏜鞳如聞魏獻子之歌鐘意甚適也既而風大作瀑大漲濆沫四散爽氣襲人嚮道上如坐洪爐者乍變如洗于氷海而登于雪山毛骨寒沍使人思御纊衣也乃結束上歸塗行未里許仰見曦景未至申牌如鄭姜出大隧又如讀三良之殉其一喜一懼之情亦可以供異日一噱也抑予觀天下大瀑不爲不多類皆自絕壁而下者如讀一氣呵成文不可謂不壯快也然至其汪餘曲折千轉萬回靡坎不盈後竟歸一壑而止或未能及也獨斯瀑如讀六一得意之文一意往復如合如離如窮如達婉轉而下曲折而進來龍過脉去路結穴條理井然不失其本領豈不曠代奇觀哉予雅素好讀歐文今由觀瀑併悟作文方法欣然援筆記舊游時明治六年七月某日也

南摩綱記黃石記

張子房佐劉季以復韓仇定漢天下而不居其功從赤松子而游以全其終是黃石公敎之也岡本氏之祖半助君老事務練兵法佐其主直政直孝二君而靖天下之難成東照公之業而不居其功歸美於其主子孫累世奉職盡忠至黃石翁當國步艱難之際拮据鞅掌出百死獲一生大有功業而勇退高蹈遊京都以詩書風流自樂嘗獲一奇石竪尺餘横減十之二太湖之產其質堅滑其色黃赤頭豐脚殺有數

𡾰峯巒起伏雲烟吞吐之狀口不能叙之況筆能記之乎翁安之几上終日相對賦詩揮毫悠然與世相忘其詩之骨格猶峰巒起伏其書之變化猶雲烟吞吐吁此精妙翁獲之石邪將石學翁而成此狀邪何其相遇之奇哉雖然是皆翁之末技石之皮相不足復論也抑不居其功勇退高蹈從黃石而游以全其終是翁之所以爲翁也嗚呼翁遠學石公子房而然邪將近奉其祖之教也邪

江馬聖欽新塾記

友人神山古翁新築私塾命曰新塾囑記於余余以爲新有內外蓋徇外之新世俗之所喜而非學古嗜道者之所與也夫不內省而徒外求者滔滔皆是衣者欲錦綉之新食者貪魚鼈之新居室者喜雕樸刻桷文窻綺疏之新是數者衆人之所汲汲不能已也而學者之於詩文亦競辭藻之新杜少陵曰清新韓昌黎曰陳言之務去夫二子之賢而尙有此言況不及二子者乎蓋視諸嚮之數者其求雖異要之皆徇外之新也若夫志乎道者心意之情僞言動之敬肆徵諸聖經賢傳以身之不修爲懼焉昨日所爲今日見其非省而新之今日所行明日知其非察而新之無有間斷得之於心施之於用耳若彼詩文之去陳競新粉句飾辭於我乎何與況於居室衣食乎其用力如此是之謂徇內之新也苟不務此唯徇外求新則讀充棟汗牛之書才鋒穎出意氣蓋世亦虛焉而已藝焉而已非君子之學也古翁學古嗜道以終始一誠不自欺爲歸乃其所命在於內而不在於外也可知矣余懼其生徒或以新爲徇外之新故代古翁言之使知所警戒以自新焉

石津賢勤游嵐峽記

丙子淸明後七日府僚淞北中村君支峰賴君柴溪立花君及余皆在署辨事是日天霽氣暄春光盎然淞北乃颺言曰良辰難得花候易失今日放衙直赴嵐峽諸君盍偕來支峯欣然余亦䰟飛獨柴溪未應

叩之則云今夕有別約吾意惑焉衆乃譃曰紅樓解語之花孰若青山天然之美人柴溪哂曰寃哉雖然請從約遂定既而鼓拆鏘然遍報退廳衆乃曰可矣投袂而起買車上路自城北行未數十輛西入郊坰彌望萬頃極目無際而菜花方盛開麥莖稍長花黃莖翠區劃井分犂然若鋪綵氈放眸則羣巒四圍倚伏綿亘皆在烟靄中淡粧濃抹嫣嫣欲笑獨愛宕一峰巍然聳乾隅稜威逼人衆遙揖而去徑漸低昂轍或不接險焉而徒夷焉而軒忽榮忽辱略與世途相似既而入一村路右有一大祠隱見花簇木叢中乃太秦神社也不謁而過磬折西出則人影較稠往來旁午衆相顧曰近矣近矣呼嚮未畢車已抵渡月橋矣橋下一帶水是爲大堰川川之東涯酒肆櫛比綺羅塡咽殆無立錐地衆將下車車夫矯健力挽不已左喝右叱掉臂馳突行人皆爲之辟易亦今日之樊舞陽也既而得一亭虛席無人若爲吾輩設者衆乃稅駕而憩焉亭面西北正與嵐峽相角對宇高軒潤最適眺矚時花候微早後先爭一兩日然爛開已至七八分簇簇溢峽乍而白雲施曳乍而絳霧堆疊翠松彌縫其隙澄潭蕩漾其影千姿萬態不易名狀衆意躍然拍掌稱妙急呼盃命饌亭婢請所供衆閧曰有香魚邪曰有曰足矣命而羹之香清味淡尤爲好下物酒巳酣衆皆醺然抱膝唫哦翩翩相唱和偶有一老人白髮丹顏率衆過亭下呼曰支峰先生支峰先生一揖而過即草塲船山也社友市村强堂亦自亭後出亦匆匆分手二人皆屬邂逅不得同賞衆以爲憾焉有妓數輩擁客而過柴溪目逆而送之余問美而艷耶柴溪大息曰亦不及天然之美人一坐哄然時殘陽漸低暮色蒼然山黝花晶人散境靜一日之擅塲反在此際衆意留連難於割愛支峰坐中之著宿乃振鐸曰花在半開酒在微醉淞北亦戒曰亭榻匾曰時鳥是不如歸也二人應聲曰洵然遂束裝出亭時舞陽尙在擁車待歸衆乃分乘二輛淞北與支峰余與柴溪每輛一雙先後相驅路漸昏黑余亦坐睡俄而一覺則巳至城北從此兩轅南北各自指家柴溪與余仍在一車柴溪曰今日之游何其樂也

余問與解語之花何如答曰既飫太牢矣不復思其他一噱而別即夜走筆記此且以示柴溪

橫山正邵千代崎記

千代崎在東京行人坂上永峯之北舊島原藩邸中舊稱槍之崎相傳新田義與之夫人千代子者聞矢口之難率兵赴之至此聞義興既亡悲悼不自禁脫裝衣掛之松樹自投潭死故後人謂其地曰千代崎謂其潭曰千代潭謂其松曰掛衣松嘉永癸丑之夏余年二十遊學于府下嘗遊于此合抱之樹參差蓋天窈冥晝晦西岸竹樹蓊鬱間掛飛泉直下丈餘如曳白練瀦爲潭潭廣數十畝淵涵渟滀色如碧玉潭上仰天宛如管窺風爽爽生蘋末於納涼最宜北穿樹間得一岡岡勢迤邐望富岳雲際遠近諸勝碁置繡錯爭呈奇于下所謂千代崎是也潭之南旁幽徑行數十步雙松樹植立千尺黛色接天所謂掛衣松是也潭上安辨財天祠蓋祭嚴島大神以千代女配之者極有威靈舊藩先侯殊崇敬之其出入于府必謁此祠然後至絕景館而行告至之禮世奉以爲恒例絕景館者藩侯之館號也今茲丙子之春余養疾於邸中病間再至此樹皆伐爲薪地皆鋤爲畦潭皆埋爲田瀑亦潺潺不絕如綫唯松與岡依然仍舊而已追憶前遊殆二十餘年舉目蕭慘不堪滄桑之感聞二三年前邸吏割此地獻于官故其荒蕪亦極矣祠今移合祀于邸中稻荷神云夫忠孝義烈之蹟雖田畯紅女之微人皆知愛惜而保存之況於千代夫人之事乎夫人之事雖史無明文口碑所傳不可誣況於義興而有此夫人理之當然者哉又況百歲之下其神不散赫赫有威靈者哉恭惟方今文明爲治尤留意于風教內務省新設保存故跡之制當不久而有復此祠與潭之盛舉然物換星移靑史無徵口碑易滅則恐其或歸泯滅姑記所聞見以待有司之採云

松平慶永贈從一位山內豐信公墓誌

公名豐信山內氏豐著君長子也嘉永元年大宗豐惇公有病養公讓封而逝矣三年敘從四位下土佐守五年任侍從公莅位勵精爲政憂皇室就衰圖翼贊以興之迄在江戸有所建議屢忤幕旨安政六年諭使請病致仕今公嗣封而公屏居鮫洲者四年萬延三年幕府更命使公視國事明春朝京孝明帝詔參朝議辭而歸藩是歲勅令入勤元治元年敘從四位上任左近衛少將三年夏復勅入勤既歸公遺重臣建白請使幕府還大權于朝破鎌倉以後陋習而政歸於一立憲採衆議新與洋外諸國同盟示信義以輝皇威於四表迄冬今上召公謀其事公速入朝議乃決矣於是元帥解職明年則明治紀元賊兵敗于伏見而公輔朝廷任議定釁重臣亦參與焉公又別遣朝臣率藩兵討東北賊所向奏捷此豈得不謂之今日維新之政由公首議耶公夏敘從二位任權中納言冬先鳳輦來東京總裁創立議院學校事明治年巳就緒博知學事未幾以病去官直麝香間備咨詢尋敘正三位賜祿三千石然公從之不論時事謂國體確立無復勞顧慮公襟靈爽快敏於材藝能書書法尤遒逸淨掃一樓披書畫陳漢唐古器延好事士品評而晚必呼歌妓侑酒又或謠舞自娛放浪適意以養性朝議將再舉公公固辭而不復朝公誕文政十年十月十九日薨明治五年六月二十日享年四十六葬于府南大堰村塋域母妾平岩氏公幼字輝衞後稱兵庫之助改容堂妻三條氏先逝公有一男三女曰光曰於菟丸曰辰天曰八重皆妾出公薨月詔贈從一位明治五年歲次壬申夏六月

川路利良寺本義久川合好直碑銘

明治九年十月西陲變起衆有戒心二十九日夜警部補寺本義久率二等巡查川合好直三等巡查木村清三四等巡查黑野巳之助撿舟於思安橋下賊十有三人卒然揮刀亂斫義久與好直奮鬭死之清三重傷巳之助得間走報四面傳警賊悉就縛蓋長岡久茂等計舉兵東北以應西也將先襲千葉縣至

此遂無事大警視川路利良壯焉揭之警視廳彰功錄且樹石銘曰以身殉職千秋名馨匪謀悉毀幾旬
清宏

長芙內閣顧問木戸公石棺銘

木戸公諱孝允初稱桂氏山口縣人世仕長門藩明治元年登朝爲徵士顧問累遷參議轉內閣顧問叙從二位勳一等賜旭日大綬章以天保癸巳六月廿六日生明治十年丁丑五月廿八日薨于官年四十四贈正二位配岡部氏無子以外姪來原正次郎爲嗣越四日葬公于京都靈山之塋

重野安繹近衛公老女野村氏墓銘

有崎女子焉名瀨崎仕近衛公夫人郁君終身絕穀食羶肉年六十三而歿郁君我大慈公女也近衛左府公諱基前爲其世子君諱忠熙聘之時郁君尚髫齡隨從難其人瀨崎自十四歲入本府後宮左右郁君慧而克愼因擢爲保傅文化丙子二月郁君赴京師瀨崎進職中﨟從焉四月君入堀川第見左府公暨世子君遂與華族縉紳群姻戚相覿贄見有禮進止有容瀨崎出於西裔之鄙奉幼君周旋其間不取嗤笑於失儀京人異之翌年左府公薨郁君孩心悲悸以爲喪依怙日夜啼泣索歸于鄉百方曉諭不可解瀨崎憂惧無可奈何乃自禱于神明誓絕穀食及魚肉以終身所飲食獨酒與菽乳之類而已然卒不語其由於人君意稍解既而納采禮成瀨崎進若年寄尋有合卺君起爲元妃瀨崎陞老女職賜紅袴小掛以賛其儀例也是時瀨崎年三十一文政戊子今左府公有疾危瀨崎又爲郁君憂之則烟酒之類亦絕之以禱焉十二日昏絕幾死官醫福井氏知其性以酒洒之甦施之湯藥僅得起而公病亦瘳大慈公聞之恐其傷性命命止禁食全軀以終保傅之功賜金供養病資於是復烟酒而穀肉尚依舊瀨崎在京三十餘年老而多病天保戊戌歲乞暇歸國明年致仕築室其鄉隈城居焉官歲給廩米二十五苞嘉永庚戌

郁君薨于京師遺命賜金及所御被褥子安政三年丙辰七月四日病終于隈城葬邑中某寺僧謚曰清鏡院妙尼貞壽以寛政六年甲寅四月某日生幼名千鶴稍長稱喜佐陞若年寄時改今名父野村源藏隈城鄉士母武滿氏其進老女也本府徵父源藏班小姓組累遷番頭班新番報瀨崎之勞也其在京公卿賜賚之物不可枚舉今皆存別祿瀨崎性俊爽清廉施予不吝處事部判明决絕無婦人呫嚅之態人有過則面告之而不復腹誹後言以故人皆畏而敬之奉職深宮數十年身任重寄能始終其事乃辟穀一事亦可以見其堅忍不拔之操矣今夫士太夫一衣一食之不能自克而欲以濟其所任難矣觀於瀨崎氏之爲其亦宜知少媿哉銘曰裙釵而夫夫也寔難樹聲洛瀣崎行終天

加藤熙贈正四位錦小路君碑銘

今上踐祚之明年朝權新復百廢俱舉勅復今右府三條公等七人官位故從四位下大和權介兼右馬頭錦小路君爲其一越四年庚午勅贈正四位賜祭粢金若干初君遭癸亥之難客死長州未有以表其墓條公與諸公謀碑之命文于熙熙惶悚謝不敏公曰當時知錦氏者莫子若子其勿辭熙於是再拜奉命謹誌曰神州治平日久積衰不振米使初來海內騷然幕府倉黃失措國家之事日多一日而其能出氣力以身許國如君者蓋亦鮮矣方此時先帝屢下詔旨勵精圖治君乃憤然與條公同心以恢張國威爲已任而遂爲幕府所忌奸奪投隙發兵遽停君等參朝且奪長藩禁衛事生倉猝無復所愬長藩兵乃奉君及條公中納言三條西季知少將東久世通禧侍從四條隆歌修理大夫壬生基修主水正澤宣嘉避難於國追從者數十人熙亦與焉實癸亥八月十八日也既而黨議益熾誣以不軌遂貶君等爲庶人君無毫沮色與條公及長州父子竊圖回天聰復國威明年夏君患嘔血遂以四月二十四日沒于馬關享年三十長州候葬之周防山口朝妻山建祠祀之後三年朝權復古條公出贊萬機諸公皆得顯職顧

使君束帶竝立吁喻於朝其必有爲于今而垂于後者而君獨留樞遠鄉呑寃地下何其不幸也雖然朝廷𨔵其才錄其勳進贈爵位祭祀不諼諸公亦計之不朽君之業於是乎有光於萬世君其可以無憾矣君爲人忠慨果决臨事而不惑不爲勢怵深爲條公所知流寓之際旦夕言談所以爲憂者特在國家而不及其私將死命加淨衣束嚮拜手賦歌數首其辭哀而其情切使人感動蓋君操持之厚出于天性有古忠臣之風云君諱賴德字一貫號翠園以天保六年乙未四月二十四日生嘉永四年辛亥敍從五位下任大和權介累遷從四位下兼右馬頭娶故參議唐橋在久女生一男二女男賴言敘從五位上長女適正五位東久世通暉次女尙幼銘曰朝妻之巓榮兆嚴然犧牲鷄卜且予且薦英靈千載陟降於天

小野長愿臺山勝野君墓碣碑

嗚呼此吾友臺山勝野君之墓也癸丑甲寅以來君之致力於國事也可謂盡矣當戊午之獄起君與日下部伊三次賴三樹梅田源二郎等居其首名三樹源二郞被捕于京師伊三次被縛于江戶而君獨逃脫晦跡幕吏百方搜索終無能獲時人以比張子房避秦余亦竊有所庶幾焉後十餘年勤王兵起皇威日盛而君名不復聞于世余心怪之今得其狀則君入地下旣久矣豈可不嗚咽大息哉君諱正道通稱豐作臺山其號其先出于信濃仁科氏承久建武之際屬于官軍有聞焉及其家衰蓋有所避假稱勝野氏寬永年間有諱正淸者君之家祖也剛强好義與旗下士阿部四郞五郞友善四郞五郞豪俠愛客世稱白柄黨一時倜儻之士多歸焉而正淸爲其上客四郞五郞分其祿百五十石給之後有托孤之言因遂客事其家數世以至于君君爲人慷慨有奇節與水戶藤田東湖安島帶刀高橋多一郞大野謙介等最相親善景山公手書盡忠報國四大字賜之褒其志也君謂幕吏橫暴親外夷而蔑朝廷余輩世受恩幕府不禁幕吏之橫無以救幕府之亡親藩中唯水戶君明臣良非假水戶之力無以成吾志而水戶亦

非藉朝廷之力無以成此大事於是與安島帶刀等謀親間行詣京師與其水戸邸留守鵜飼父子及賴三樹等協議竊建言乞下攘夷勅于水戸事既行而幕吏不奉命目以謀不軌大索其黨與戊午之獄於是乎起矣君既脫難潛匿于大野謙介家人絕無知之者翌年己未十月十九日病沒享年五十有一謙介密托遺骸于水戸城南大戸村人大野內藏太內藏太瘞之於此云君之晦跡也妻子皆下獄長子森之助謫于三宅島妻松井氏女勇季子正滿見赦今森之助及松井氏已死勇嫁于通家安藤氏正滿官于教部省頃正滿來乞銘蓋以知君者莫余若也乃掩淚爲之銘曰嗚呼臺山豈空與艸木同朽而止者也哉其必爲忠義鬼存乎天壤間也十七士之舉事於櫻田也其鬼必出沒隱見以濟其艱難矣乎王師之東也其鬼必在先鋒隊中盡其心力以奮揚激厲矣乎而其在今日其鬼必冥冥擁衛王宮夙夜無懈矣乎嗚呼臺山豈空與草木同朽而止者也哉

賴復阿長傳

阿長者丹波小林邑木匠某妻也有二女皆幼嘗江戸大災某思獲土木之利往江戸更娶妻遂往江戸不通音書然阿長守操能養二女爲人縫裁澣濯以爲活母子煢煢貧窶逼骨庭有一櫻樹謂是吾夫之手植也猶視其夫日培漑其樹殆二十年矣樹益茂二女皆嫁既而阿長病沒實元文三年四月也無幾樹亦枯矣人稱之曰操櫻邑人長谷川士常携阿長狀來曰操櫻根株今猶存焉邑人皆恐根朽名亡也請子記之使邑人知所警戒焉賴復曰阿長可謂貞婦也哉二十年之久獨養其二女與櫻樹毅然不變其操豈有涵養而然乎然一貧匠婦必不暇聞婦教蓋其貞操出乎天姓也余觀古來忠臣節婦不以遇不遇變其志阿長亦不媿焉世之遠役及客商數年不還則其妻往往棄其所生子走依私夫使阿長有知則必將怒罵地下矣余聞南朝之亡其忠臣義僕多竄匿小林邑噫嘻阿長亦其後裔耶

副島種臣魂神說

垂仁紀曰天照大神治高天大國主神治大地皇御孫尊治葦原國八十魂神魂神者何謂人民也何不謂人民而謂魂神蓋皇御孫尊職掌治人民之魂神而非治人民之形體故謂魂神也

土井恪御悍馬說

莫神於龍有擾而豢之者莫猛於虎有騎而役之者何況於馬馬之有悍由御不得其術故耳伯樂逝矣九方皐不世出天下擾擾以父敎子而有不率敎之子況馬則殊類之物聲氣不通使之屈千里之足老且死於皂機間時出而駕之則又與駑馬比其尾鬣齊其磬控彼亦何不詭御竊轡以小洩其伊鬱御者從而咎之輒命以悍噫寃矣所謂得其術者則不然豐之芻秣以盈其腹責之千里以展其力時其勞逸鼓其喜而殺其怒而後磨斬馬之劍懸而示之光鋩奕奕以折姦心於未萌一不從命則殺而棄之如剖瓜剉芻不復顧惜其爲術不亦雄乎天下雖有至悍之物未有不畏死者蠉蝡之蟲亦各樂得所欲既得所欲又畏於其所畏猶曰有悍馬者吾不信矣以騏驥御駑馬則驕以駑馬御騏驥則怒怒不可制驕亦不可制乃悍之所由名也嗚呼御悍馬吾猶人也必也使無悍馬乎

中村正直重建狹山茶場碑記

關左之以茶名者曰狹山與宇治東西相頡頏而或曰狹山茶香氣超出其上狹山者在武藏入間郡其始不過一荒僻之地耳然種茶逐歲增殖其名漸既彰著藕潢林君文可徵也蓋自海關禁弛互市盛行我國茶葉爲出口品之冠其每歲輸將于海外者蓋千有萬斤矣如宇治之製昔獨擅美于邦內者今則著稱于歐亞而如狹山之茶後起爭雄至于洋賈之旅于東者非其名號不顧可謂盛矣抑利之所在其民之所趨也昔關左地曠人希彌望黃茆白葦如那須野原者所在皆然而今則武藏上下毛以及相模

嘗爲豺狼狐兎之所窟宅者亦盡巳墾闢爲沃壤膏土其所出之茶莫不題簽曰狹山狹山之名於是乎廣矣原夫舊碑建碑建于天保三年是時未有海外互市之事然而人民勤勉倡導以致產物熾盛若豫立今日輸出品之基礎者其功豈淺尠哉前事之不忘者後事之師也夫既知今日狹山茶場之盛實由于其父祖勤勉之力則又當知後來雲仍之福在于今日人民之繼續不怠益恢弘前緒焉且予聞之人民之克勤職業務富一家者其利於全國更大于一家之利余既嘉狹山人民之勤勉于昔日以致昌盛于今則又更望其堅忍耐久不屈撓于小利害能先前而啓後益有以崇殖邦國之福利也熊谷縣人村野彌七者承其鄉人之意來求余文將欲勒諸石以追配舊碑余深喜其舉故應其請而系之以詞曰茶產武陽味甘且香狹山闢塲規模恢張製法精良樹幟一方聲名丕彰蒐道頡頏洋客競嘗日購萬箱沾彼胃腸富我橐囊昔人謀臧邦國之慶繼嗣克昌福利无疆

中村正直重建石燈碑記

有功德於世者久而人益思慕焉如德川氏之祖東照公是也攝州大坂建國寺舊有公祠明治之變祠廢一切器具皆被販賣時有志之士相謀買得石燈二十五基既而東京忍岡祠廟修造功竣因建之祠前實明治九年丙子九月也建國寺舊有百餘基皆係諸侯所獻今幸存其殘餘于此後人之思慕亦有託而存焉乃作之祠曰公之精靈滿於天下何用石燈此區區者乃人有思非物莫寫親賢樂利視此廟社

中村正直古瓦記

信濃國小縣郡上鹽尻村有佐藤八郎右郞門君者事母孝方正廉直能爲人謀而忠嘗被選爲縣會議員今爲常置委員其家傳古瓦灰色蓋本赤質經火而變也好古家謂元和時代物也家祖少兵衛信近

寛永十五年築居宅別爲一家則此瓦係宗家所分可知矣至四世信邑之時延享二年家宅災瓦亦沒第七世考信糾之時安政五年十二月二十六日再災文久二年八月建築之時得此瓦於土中君慨然曰嗚呼使余思祖先而弗已者此瓦也夫使余恐火災而弗已者此瓦也夫遂价松本氏請余文以戒將來余曰書云天作孽猶可違自作孽不可活君之家屢災屢築而君今選爲委員則其榮多矣試觀其隣里鄉黨不罹火災者何限其榮不悉愈于君也人之禍福家之存亡豈火之所命哉書云作善降之百祥作不善降之百殃爲君之子孫者務行善而不自作孽則福祥之集其家可得而期也火災何由而復至乎遂書以爲記

中村正直記念碑

討薩之役東京警視第四方面第四分署警部巡查從軍戰死者二十人其同僚悼之建記念碑於小石川區音羽護國寺以表其忠烈徵余銘余曩應東京各區長請作招魂碑文小石川爲余住區於其曾視分署官僚之請豈可得辭哉銘曰不有死者何得克敵士卒善戰將師有績維時明治十年丁丑西南妖氛白日昏黝賊兵環攻孤城堅守將士合志忍苦持久官出援兵警視聯隊敵占要害我失地利屢經敗衂勇氣益振自春涉秋勝負未分砲丸雨注火光獨夜營壘互奪死尸枕藉我軍正正師出以律奇兵挺刀神出鬼沒植木田原荐擢阻險圍城脫危勁敵喪膽自是百戰勢如破竹三軍凱旋風塵靖肅雖曰天意亦由人力戰死有功可不追憶爽塏擇地寺曰護國銘刻貞珉千秋不渝

中村正直旅團小隊長及巡查戰死之碑

明治十年二月鹿兒島亂作第三旅團隊受討代之命赴九州轉戰有功五月二十四日戰于熊本矢羽津嶽陸軍少尉兼一等少警部田中君近憲死之巡查死者若干事平警部相謀立碑于下總葛飾郡午

頭天王祠前以弔死者之魂嗚呼熊本若陷于逆徒則亂何所底極哉乃一城獲全勝算遂定死者之功爲多矣爲之銘曰榛榛狉狉生不異死死光照汗靑死而生矣

中村正直東京警視萩原隊戰死之碑

明治十年二月鹿兒島逆徒舉兵反天兵西下各隊將校士卒忠勇善戰遂能戡之而指揮官三等大警部萩原君貞固隊與在其中焉是隊也暴露山野衽席干戈者始于五月訖于八月其所戰之地屬豐後國者曰星珠山曰鏡邨曰竹田曰臼杵曰葛葉屬日向國者曰三河內曰古江曰市尾死者五十三人傷者百二十一人君既還自戰地惻然追念死者建碑於豐後府內及佐伯囑余以文蓋戰陣之捷雖由于將校之艮亦士卒效死之功也有所表章以傳不朽豈可已乎作之銘曰睹一勝以鞭撻寰宇逆徒之亡自取之也輕萬死以掃蕩鯨鯢王師之捷天開之矣

弔四士碑

明治十年九月廿四日涌谷邑四士殉王事于城山之役是歲二月鹿兒島逆徒圍熊本鎭臺勢甚猛王師海陸齊發征討之逆徒據險拒戰會諸縣徵兵至四方合擊逆徒大沮逃于大隅日向奔于鹿兒島殲于城山夫平定之功雖由于廟算之得宜而徵兵與有力焉初徵兵之命下前縣令宮城氏令舊邑主亘理肩元諭邑中子弟應徵以松浦保治平塚義造爲首唱召募五十餘名既而衆皆凱旋四士不反鄉人之情有不勝悲嘆者於是松浦平塚二氏相謀樹石於赤心猛雄命社傍以表其忠四子者木村軍記也佐藤運藏也大越和右衞門也遠藤常也也肩元介山村艮助詔余銘其辭曰人有一死均所不免死而獲所莫此爲善吁嗟四士殉國而殞赫赫千載其名不泯

中村正直八王子兩社祠道記

武藏國多摩郡八王子兩社者祀素戔嗚尊及譽田尊郡中古祠之冠也世故變遷道路隨改迂折不便落合忠平林義柴田彌田野倉數氏欲開一祠道明治十六年六月請官得允以所募之金千有餘圓購地畢功自是祠道坦廣往來者便之余因其請爲之記系以辭曰瑞穗國兮神所產靈蹟彰兮由來遠風雨若兮百穀登無疵癘兮無水旱神之德兮不可忘修祠道兮思報本行孝弟兮勉稼穡民樂康兮福無限

中村正直畠山莊司君冢碑

武藏國久良岐郡二股村有孔道自秩父赴鎌倉所由也道左灌莽翳薈中有大塚穹如而高土人相傳曰畠山莊司君重忠之塚也傍近塚稍小者曰首塚又有小塚六錯落相望曰六臣之塚昔者鎌倉氏之創覇也莊司君特以忠勇顯及右府薨嗣君闇弱母氏擅私外戚握權當是時君以遺老元勳忠直自勵挺立不屈權姦忌而憚之誣以謀反闔族悉亡自是而奸邪無所復憚權日下移而宗祉之事不可復問矣使君依阿模稜作保身之計乎讒何由起身何由亡然而其忠操則不得而終也距冢數十武有一水支分而流東鑑所謂二股川即此也又曰二男重秀本田近常榛澤成清已下百三十四騎陣于鶴峯之麓今冢北有一山突然隆起者即鶴峯也土人所傳與前史合確然無可疑矣村有清來寺前住持欲爲莊司君建碑石未果而沒某恐其志之無繼也介宮本某欲求予文勸諸貞珉以垂將來余嘉是擧不敢辭而爲之銘銘曰勇敵萬夫忠冠一世覇業之輔誰與作對牝鷄司晨惟臣玉食遍地枳棘孤根松柏君死死如生照耀竹帛奈何荒墳埋茲莽澤迺今有人誅茅表石終古對峙芙蓉雪白

中村正直福島貞雄墓表

余嘗得福島貞雄所著贍民錄而讀之其大意以謂年歲之不能無凶歉猶人之不能無疾病故農家以

備凶歉爲首務所以備凶歉者莫善於以雜炊爲食焉蓋民俗謂菜蔬和飯煑以爲食者曰雜炊此事雖若甚微而爲益極大嘗推其數一日一度食雜炊十口之家得羨穀一升推之百萬口一歲羨穀三十六萬石天保中比歲大饑因約四十四村共食雜炊是時四方有餓死者而鄰近村邑皆賴以得濟焉故知一人減食可救一人之飢一村減食可救一村之飢等而大之至於天下遍行此法豈亦有饑荒之可患乎哉其論深切懇至國字書之印送于府內八州凡三千部其用意之厚洵可嘉尚已矣貞雄通稱耕八武藏橫見郡荒子村成內丈助之次子也養於足立郡大間村人福島知雄爲子地頭大學頭林君命爲七村取締役繼父職最受知於快烈公稱爲有才幹或召詢民事貞雄有所對公莫不稱善貌魁梧有膽略好賑人窮困築堤防蓄山泉備患水旱皆有法度文久辛酉五月三日病沒葬於鴻巢勝願寺享年七十七釋謚曰大悟院覺譽孝順圓信居士林君之臣鈴木繁善與貞雄善其沒也以狀來請余表其墓有子貞恭嗣其家

中村正直紀恩碑

伊賀國阿拜郡今爲三重縣第九區天嶽直其南長田川界其西而東北則服部柘植二川環之至于郡西三川會合是爲木津川上流當其匯流之衝巨巖橫焉水不能順流而奔注也每遭霖潦逆浪汎濫安政地震以後其害更甚津藩主藤堂氏以郡屬其封內念民瘼疏濬淤塞起隄防鑿巨巖竭力糜財百方施功而水害猶未巳也及至明治三年九月水大溢流屍蔽野邑市田廬蕭條一空於是始有徙民之議會藩廢爲縣今縣令岩村君始至首察民害聽衆庶請遂以舊城址一萬二千步餘爲徙居之地又請于官金四千圓給其費民歡愉趨功小田村人村田順造奉命董役十年七月功竣自是厥後嚮被災之諸村如上野市小田木與淺宇田與市幸阪馬苦勞淸水盡皆化爲良田收獲數倍而城址之新邑比屋連

棟烟火蕃童盛鷄犬相聞民得聊其生較諸曩時蕩產失財死亡且不能救其苦樂災祥之相去奚啻霄壤宜乎闔郡人民之頌道恩德而不能已也順造與衆謀欲立碑以錄其事傳之無竊請余作銘辭曰惟昔之災水浸阡陌下民昏墊每葬魚腹惟今之祥安居聚族孝弟力田天降豐熟粒我育我緊誰之力令我不錄終忘恩德藩政惻怛疏濬盡策縣治忠厚遷徙相宅轉災爲祥易苦以樂厥謀允臧厥恩罔極

藤野正啓與人論漢洋二學得失書

某甲足下乃者於某公席上見足下擯斥洋學生力主張漢學如欲使彼輩改轍者某以爲足下之見亦謬矣邇年洋學盛行彼輩投時好僅僅誦數卷蟹行書乃揚揚有得色慢罵漢學者爲迂腐爲無用足下以好漢之故不能相容忿于色惡于口是相猶也尤而傚之者也某請試舉兩者之得失以正之漢之爲學一言蔽之曰修已治人六經四子之書千百萬言不過教修其德以治國平天下而已以天下一家之世言之國治而天下平此外復何求若夫與萬國相對立彼是不能合一則强凌弱智侮愚强一毫有不如則一毫取辱知一分有不如則一分受侮德行治平未足恃也西洋之爲國智齊德等國勢强弱大小相似者地聯疆參是以機器技術競相夸推天文究地理務欲凌駕他出其上其術由是以精矣其學由是以博矣我已與之相交不得不奪其所長以挫之氣不則取屈辱是洋學之所以不可緩也雖然修已治人之道亦豈可闕邪天文地理機器技術者與人競爭之具也不可以養德性無德人不服何以治國古人以文武譬車兩輪不可偏廢漢洋兩學亦復如是若析之言文右武左則漢洋亦自似焉蓋漢之爲學非每事教之每物訓之經子史集皆以誘發其才性耳長養其識力才性既發識力既長則臨未曾聞之事遇未曾見之物時措而莫不宜其功有活用西學則就形迹事物講之學一事則了一事修一科則能一科而已於其所學之外不能復加一事一科其能發前人未發之言者千百萬中偶有一則人皆仰

以爲開祖譬如講天學者創見一星即以其名命之講地理者發見一島則亦如是究明一物創造一器亦復如此故雖有大英才不能兼通百科僅能精一科以求一分長耳然以其修一科則能一科習一藝則爲一藝之用也其功易見其學近實學漢者不至自得不爲用講理學者病空疎事考據者病迂腐修辭章者近游戲宜爲彼輩嘲笑以爲無用也是皆不能深造之弊也非漢學本旨也要之漢學體也洋學用也漢學用也洋學器也用與器實而易執中人以下可與體與道虛而難捉非才性超凡不可能足下何必尤彼輩舍漢就洋邪

藤野正啓星岡表忠之碑

南海有土居得能氏猶西海有菊池氏地既僻遠身又在覇府之下而一朝聞天子蒙塵擧兵勤王土居得能氏以元弘三年二月起於伊豫菊池氏以三月起於肥後此時四隣皆賊黨三氏亦非受王命而首倡擧義非忠義根于天性安能如此哉土居氏諱通增得能氏諱通綱皆河野氏支族也二氏已唱義長門探題北條時直來擊二氏邀戰敗之星岡時北條氏族赤橋重時在烏帽子嶽城占要害二氏討之三日陷之及足利尊氏反二氏入援值尊氏西走逆擊之兵庫敗其先鋒大友貞宗復擊走直義尊氏再闚闕從新田氏力拒於湊川不利還扈車駕入叡山及天子納尊氏欵二氏則奉太子從新田氏赴北國土居氏戰死于鹽津得能氏死于金崎史稱二氏勇毅好義執節終始信矣嚮以二氏之勇武留鎭四國四國永可保也而忠義之所激宼暴骨於異鄉而不顧而其子姪又起兵應官軍請奉脇屋義助軍勢復振不幸義助尋卒細川賴春乘之二氏子大戰于千丈原敗走備後自是西南官軍不振後數年南帝在男山二氏族又入援聞男山陷返四國遂歸賊徒獨二氏族不屈後皆不知其所終嗚呼擧族勤于王事父死子代兄死弟繼其精忠義烈與日月爭光宜哉與楠新田菊池諸族並稱以爲南朝柱石也而其維持

一方之正氣使僻陬民知王室尊者尤與菊池氏相類也今經五百歲王政復古楠氏新田氏首忝朝廷之祟祀菊池氏亦廟食于其土獨土居得能氏以戰沒于客地子孫亦絕無祀之者是豈所以勸忠義乎哉陸軍少尉仙坡太郎土居隣村福音寺人也慨二氏忠績不著以爲星岡二氏始敗賊之地而近土居氏古墳因謀建碑于此以表其忠節募國人醵金乞文余余亦豫人也嘗以地勢考之山脈橫斷中豫山東五郡曰道前山西五郡曰道後道後道前界有高繩山河野氏世據之道前有得能村道後有土居村河野通信承久之役屬官軍抗北條氏因喪其國得能氏土居氏繼起分掌東西伊豫也得能村有常石山得能氏城據之土居村無城蹟史亦不記所據星岡在土居村北十町許占西豫上游控括五郡沃野土居氏蓋以是充城壁所以敗時直於此也且我聞之慶長中加藤嘉明將移松前城相地以天山爲第一勝山次之御幸山又次之及請之幕府以爲第一形勝恐不得允故以勝山置第一以天山爲第二而幕府可其一是爲松山城也天山與星岡及石井山三邱鼎峙吉木川流其間置牙城于中聯三邱爲郭眞天然之名城也余少時古老猶語之今則恐無知者故附記此

藤野正啓奥平君貞幹墓碑

君諱貞幹奥平氏家世仕松山藩食祿百五十石考一有坐事削秩時君尙幼賜廩米七十苞承家既長任代官宰周布桑村二郡郡界山林在關屋田瀧間二村爭之累年不決君始莅任諭以爭爲凶德讓爲美德其言惻然二村民感動息爭相讓君中分其地關屋民曰我邑多山林田瀧乏材因割所得地讓田瀧田瀧民德之爲積財供其旱荒君嘉之出倉穀百苞加之敎關屋民鑿山作洞導山背水以灌田關屋故陸田地瘠民貧至是變爲沃壤爭地不加斧斤者五十餘年田瀧民伐其木鬻得餘財君又出百苞加之通長渠引遠水田瀧亦得沃田數千畝周布海濱有地稱新田床床猶質謂可以耕種也與隣藩小松

接壤疆界不明相爭數十年君又以推讓定界墾田得二千四百畝轉管久米久万山山產茶紙藥材諸物乏穀藩制不稅物而租其地租必納米山民病之或流離或凍餓戶口年減君請官革制折米徵錢山民由是蘇息改知和氣溫泉二郡郡接城市民黠訟繁例以首班任之兼聞諸郡事古三津新濱二村煑鹽爲業自蒲生氏時許專鹽利禁他鹽入村民閉放任意道前五郡不能給鹽藩欲除其弊經數世不能革君諭說百端竟變舊習山西村海岸山嘴陡出海中其旁成灣君謂是可以塡爲田築堤截海議者謂寫鹵則可塡今此海深丈餘波濤衝激寍能成功乎既成得田六千七百畝藩主嘉功命曰大可賀新田藤原村有徒塲集封內犯罪者使役之前之徒人情不執事或逃走重罪君命畫工繪勤勉免罪與家和樂者與怠惰遁逃飢餓可感之狀懸塲中日夕指示訓誨徒人自是向善君存心忠恕其息爭訟解紛糾皆以恕道諭之常曰能以禮讓治國乎何有先聖豈欺我哉其興業創功亦唯在利民故民皆樂赴之積勞食百三十石遷勘定奉行慶應三年坐事停仕子彈三襲秩既而別賜俸復任勘定奉行明治改制爲會計主事兼民政及藩廢告老謝事明治十五年四月九日病終于家享年六十有六室土屋氏無男養早水某子配以女是爲彈三側室某氏舉一男一女以女配淸水某子牛三分產別成家告老後携幼子貞利亦立一家貞利後君一歲亦歿牛三次子貞敏嗣其後君雖老家居寤寐不能忘國事思而有得或筆或刪草稿堆積予嘗以藩命與君同抵長崎計互市得失也往返三旬君獨談濟世方無一語及他其酌酒說平生所自得軒眉聳肩口角噴沫旁若無人予於是知君以吏事爲性命矣明治十六年十月撰

藤野眞子扶桑木記

扶桑木者不知爲何樹相傳皇祖神武天皇時稱本邦曰扶桑國蓋取此以爲名樹產豫州松山西南其根半在陸半延入海樹身大不知幾百千尋直立衝天枝葉茂繁遮蔽曦陽陰森特甚西方九州不得接

旭光東方諸國不能受夕輝五穀兪以不登居民憂苦謀除之執斧往伐自甲部而及乙部則甲部復生
皮及丙部則乙部亦然於是擧火焚之亦不死人以爲神不復再矣後値大風俄然經樹梢而九州宛如
橋梁歷年漸久摧折沈于海底遂化爲石狀今所出樹黑色有淡濃者蓋因其受火深淺也後神武天皇
十二世景行天皇巡幸豫州間諸古老以載之方冊又後六百餘年舍人親王作日本記亦採而錄之云
是說雖怪要非無稽余鄕松山獨出此樹他則無有因屬鄕人致其一片以納之左右或亦足爲異朝考
古之一證邪明治廿一年小春日 此先致黎大臣

生野克長總持后醍醐天皇祠堂碑

佛法之歷千古爓乎天下者不翅藉哲師高僧用之以自任亦必藉王公相將之外護夫非藉外護也其
流不遠非藉自任也其源不淵不淵不遠奚以歷千古爓乎天下然則後世刻意斯法者不翅報法乳之
恩亦不可不圖其外護之報也的矣若夫密宗之於宇多帝天台之於桓武帝洞宗之於后醍醐帝則皆
不可不報之祠典也昔者道元高祖身以宗室子弟苦學辛參遂究單傳閫奧然而外寵辱得喪纒緇布
食蔬糲終身不闚王公相將之丹墀以爲扶桑洞宗之率先眞可謂以斯法自任者矣紹瑾國師親汲高
祖法流反不沿其派乃纒紫裳踐瑤階對一人之疑問以荷其渥恩泰然居之不疑者何哉蓋及于師之
時四海鼎沸姦雄咆吼互相魚肉斯法與時秦塞熒熒將熸滅苟非藉王公相將之外護也奚以使斯法
復爓乎天下是以不顧世之毀譽自居之不疑以此觀之其蹤雖則若與高祖相背馳然其實若與高祖
合左契亦可謂以斯法自任者矣方是時后醍醐帝震怒武臣橫暴將以誅鋤之其始也雖西狩于隱島
一且能築鯨觀復辟魏闕其終也適失駕御之術蒙塵南山臨崩不瞑目夫唯然故蓐食旰飱雖尊信斯
法而不遑接師問之然廟謨之餘時或決疑於師爾往尊信不措遂裂土壤貺封璽命以洞家出世之道

場迨至于後世雖或饕餮之輩屢升論縡之宏旨懃兩祖之懿箴叨利姤寵將以褫出世道場之秉鈞然聯綿不失之至于今日者豈非藉王公相將外護之力乎然則後世刻意斯法者不翅報法乳之恩亦不可不圖其外護之報也亦的矣然而幸捴持龍象既圖其報將營其祠堂脩其報祀長也適來焉姑稅吟笈於是管寺等咸屬長述其事彫之貞珉歌以祀帝之靈辭曰覺皇獨嘯龍象如雲爲羽爲翼咸萃靈山乃唱藏通乃唱別圓渡卵濟胎化洽人天化終緣盡倏示涅槃其法東漸普播九寰岐爲南北南則青原激爲洞山爰溢湖濱迸爲永平式溉東垠東垠無人獨登其壇垂訓遺箴懇付兒孫兒孫甡甡孰爲其冠捴持開祖寔爲其人振頽扶衰鼎轉法輪既慮濁世覲款天閽身襲紫袍手攀龍鱗法音闐闐轟乎八埏此亦誰力曰維之君綿綿聯聯度幾百春倘微之君安能臻旃苟參玄者孰遺其勳爰營祠堂爰脩明禋筥筐蘋蘩悉致厥虔羞列乎俎酒盛乎罇磬管鏗鏘其聲盈筵走獸停蹟飛禽翔簷皇帝藹然欸解怂顏被髮握劍獨降雲間 自得文鈔

信夫粲內匠孺人當舍氏碑

父母之恩喬嶽大海豈容輕重於其間哉而母恩或有重於父者焉蓋自胚胎以至於分娩惡阻嘔逆困悶苦痛或坼或副以乳以哺三年然後免其懷可謂勞劬矣況敎誨爾子式穀似之如內匠孺人其人者乎孺人名喜利當舍氏下總境町人性靜婉寡言初學書於青柳元達又景慕太田南畝之風善俳諧體歌詞年二十四歸江戶梓人大久保小三郎因私自號曰內匠孺人萬延中其社友胥謀選諧歌數十首題之金龍山白衣大士龕壁孺人亦與焉明治二年當舍氏本宗罹災家道甚難孺人請良人俱往嗣其家乃守淡茹苦拮据營理寢食之不遑未幾家道鬱然復興十二年五月得肺疾綿惙彌留遂以九月十六日沒距其生文政九年四月二十日享年五十有四葬于其鄉日枝神社麓先塋之次生一子曰八十

吉恒侍膝下受其教誨嘗謂之曰諺有之曰茄圃不生瓜汝勿以我故受此謗毀又曰鳶產蒼鷂我願因汝而獲其賞譽嗟夫立身興家男子之職誨兒傳道嚴父之責也而孺人一身任之可不謂才且賢乎孺人爲人慈惠好施予窮民因全活者亦多故其葬知與不知皆來會焉八十吉悲慟不措建碑于其廬東北數十步之地徵文於余余近承乏大學教授應酬詩文率謝絕旃唯八十吉之請而弗允則傷孝子之心亦竊有感於先妣之事是以不敢辭爲筆之併以洩其哀云

島田重禮上黎公使書

島田重禮再拜蒓齋黎君閣下重禮聞古者士大夫相見必執羔雁雉鶩以爲贄又加之以虎豹之皮繪畫之布所以致權情而將厚意也今重禮之見將以何物爲贄致之以羔雉之類乎閣下之庖餘粱肉矣薦之以皮布之屬乎恐其華而過於文也無已則有一焉請以弊邦文獻之略爲贄是亦古人縞紵之意也上古文運之開昉於仁德中於天智至弘仁天長爲最盛次而爲延喜天曆是時學校如林科分四道課之以策試又遣使隋唐取其長而斟酌之典章制度爛然備具是以俊彥應運並出清原夏野菅原道眞寅工熙載炳燿史冊善道眞貞以經述著春澄善繩以博洽聞小野篁之文章都良香之詩賦皆其選也至經義則恪守漢魏傳注專門授受師承有法文章雖沿駢體氣象渾厚不失古格如三善清行意見封事剴切核實尤中時病綽有賈晁之遺是上代簪纓諸儒之梗概也自此其後干戈相尋斯道幾乎熄矣迨德川氏開覇府首延藤原惺窩而禮遇之又擢林羅山以備顧問制度律令多出其手一代風氣之開以二子爲嚆矢但運屬草昧文辭間有轇轕不通者時使之然也其後伊藤仁齋出焉初專心宋學既而有疑於程朱性理之說著語孟古義中庸發揮以攄獨得尙書取今文而不取古文以爲古文後人僞託所云人心道心等語出於荀子則非堯舜授受之本語也其識見之卓殆不減亭林閻百詩矣其子東

涯博物洽聞當世無比其古今學變中述堯舜以來教道之源委議論醇正絶無時流偏僻之説又有秉燭談盍簪錄等辨析精確可與洪景盧王伯厚相伯中矣繼仁齋而起者爲物徂來徂來負絶異之才濟以浩博之學夙喜李王古文辭高談秦漢俯視一切聲華意氣牢蓋海内一時翕然隨而附和之經義雖非所長至其精詣處往往有先儒所未發者貴國錢梅溪校辯道辯名二書而翻雕之近人俞曲園亦頗稱贊之此可以觀槪矣同時有新井白石其人天分極高學問極博毅然以經世自命奮身儒素卒參機政所著數十種其於典故援據詳洽貫穿古今眞爲有用之實學但率以國字爲文而不能通於他邦此可惜已及寬政中伊物流弊滋甚異説紛興幕府患之舉柴埜栗山古賀精里尾藤二洲爲教官嚴設異學之禁學必程朱文必韓歐非此一切不取於是學術一定文體漸趨正而學力則大遜前矣其在下者如山本北山皆川淇園太田錦城各立標幟掉鞅文壇而錦城尤邃於經著述等身頗有所發明近代儒流未能或之先也其他經義則有朝川善庵猪飼敬所安井仲平海保漁邨文章則有頼山陽佐藤一齋藤拙堂鹽谷宕陰皆其傑然者是元和以降諸儒之本末也嗚呼自經籍始傳千有餘年雖文運盛衰不一而其間鴻儒碩學雋才異能之士彬彬輩出或奮發於事業或用心撰述立功立言以扶植世道啓迪後學至其最下猶能摛藻振芳以潤色休明之治者何可勝計流風餘浸延至於今不絶先皇之澤其所及遠矣抑重禮因竊有感焉自古世變與時推移學術亦因之而變今宇内大勢所趨世道之變駸駸乎不知所底止則其於學術亦安能保其無變此憂世者之所宜深慮也閣下學羅古今才資文武歷中外屢使異域宇内之形勢四方之情僞洞如指掌其於世道學術升降之故必思之熟而講之精焉重禮雖不似竊有志於斯敢贄鄙文以獻之左右閣下若取其意而略其禮教以其所蘊蓄則幸甚不宣戊子陰厤九月九日

蒲生重章岩崎彌太郎傳

司馬德操曰儒生俗吏不知時務知時務在俊傑其彌太郎之謂邪彌太知航海之爲急務大起運漕之業遂爲世之大益余偉其功績也立之傳彌太郎名寛號東山岩崎氏彌太郎其通稱也父曰彌次郎母小野氏世爲土佐國安藝郡井之口村名族年七歲始就學十四歲藩主養德公召見彌太詩賦以獻公歎賞以爲奇童賜金若干人以爲榮矣彌太遂留高知入岡本疊浦門益勉學安政元年到江戸執贄於安積艮齋門明年聞父爲村吏所誣罹禍晝夜兼行以十三日達鄉是時道路之便未開雖藩急報猶不費十日不能達高知而彌太乃能如此人驚其捷且感其至孝彌太直詣郡奉行廳訴父寃奉行既納村吏賂言不聽彌太怒乃大書廳門柱曰官以賄賂成獄因愛憎決奉行覩而怒使劖去之彌太復潛大書廳壁如初奉行益怒命吏捕彌太鞫問彌太默而不言奉行再三詰之彌太毅然荅曰僕所書也因罰之禁到城下周圍四村彌太乃移居神田村杜門讀書自是其名籍籍於士大夫間與從藤象次坂本龍馬諸子結交尤爲吉田東陽所知東陽土藩碩儒也安政五年奉藩命之長崎探訪外國形勢事情慶應二年出仕藩奉職開成館掌勸業事務明年以藩命再之長崎管通商事務遂航朝鮮既而歸藩任少參事爲大坂邸留守專掌會計當是時藩船多要費用殆不可支因委之於彌太彌太乃創九十九商會以大開運漕之業蓋以藩船用於通商一旦有事則還之藩而充軍艦之法也明治四年朝廷廢藩置縣彌太乃辭官解商會還船舶其所得金數萬圓悉還納更購船舶數艘於藩廳創汽船運漕業於大坂於是始爲自已獨立之業即三菱會社是也七年甲戌佐賀兵起奉朝命運漕庶物於戰地是歲移會社於東京茅場坊既而台灣役起朝廷購汽船數艘以委付彌太運漕貨物於戰地十年丁丑西南兵起彌太又奉朝命掌運漕役罷賞其功敘勳四等後益盛運漕之業於是本邦航海之權實落其手云十八年乙酉疾

發二月六日叙從五位其明七日遂卒年五十二疾革也大聲曰東洋男兒看護者皆喫驚問所欲言彌太曰東洋男兒平生所計畫未成十之二三嗚呼已矣乃瞑彌太爲人豪宕豁達好儒學厚乎人倫克耐艱難平素勤儉不苟費然至於輿世益周人急則往往擲萬金而無吝色朝廷褒賞其善行者前後恭數十回至於賜金杯二銀杯五十之多云病中自知不起遺囑家人曰余沒則新築邸宅以與社員舊故某某其仁厚如此善諷子曰余不知彌太然觀其寄萬金於斯文會而知其有志於斯文學也又聞其通家岩崎直馬說其逸事又嘗遊塑生館觀其塑像覺精悍之色秀英之氣猶溢乎眉間也嗚乎眞東洋俊傑也哉

龜谷行古鈴記

日向人勝浦鑾山携一囊來吾肱之有物銅其質黝然有光圜其形呀然半裂其腹空洞錮銅珠於內搖之錚然有聲吾曰此古鈴也何處獲之鑾山曰吾國宮王丸村有農夫嘗穿地見一坎坎方六尺强高三尺許探之獲鈴三口鏃四十許齋瓮一口此鈴其一也吾乞而獲之鑒古者曰蓋不降二千年松浦弘藏白鳥陵所出之鈴酷與此類省軒子曰案周禮春官大祭祀鳴鈴以應雞人本邦亦用諸祭祀此鈴也鳴之者果何人聽之者果何神皆不可知然其黝然而光錚然而鳴者千古如一矣夫神武帝發迹於日向經營八洲至今二千餘年矣蓋鈴之隱晦在於神武創業前後其間陵谷變遷何限而蕞爾此物依然獨全豈不奇哉今也皇家中興揭神武紀元於天下而此鈴乘運而顯益奇也嗚呼一顯一晦有數存焉故瓦釜雷鳴黃鐘棄毀何獨怪於鈴今吾見此鈴亦安知非有數乎乃不辭而記之

杉村武敏古刀記

丁亥十月山田儀卿示古刀一口囑余記曰是吾傳家之器也家祖鈴木重教爲織田氏客將守寺部城

永祿元年爲德川氏所破戰死其二子二弟亦死事載在史乘德川氏之開覇府也遺孫應徵爲旗下士終改姓山田此刀傳至今顧得記以證焉余受而觀之長一尺口有寸廣一寸口分兩面鑿血漕長三寸口分漕中一鐫劍身一鐫老龍纏劍之狀鐵英百鍊色如秋水斜而視之焠華成文如雲如霧滃濛逼眼一見知爲良工之作也脫欛撿之莖長二寸口分兩面有欵識分刻文和八年八月日相模國住人廣光十四字廣光曠代之良工距今五百三十餘年也夫世之稱至寶者凡金石書畫珠玉器皿之屬難覯難得之物何限然吾邦以武建國流風遺俗尤崇兵器而兵器中所重莫若刀蓋以刀之利冠萬國也然而至其以爲至寶者則不一或曰是即英雄豪傑之所佩也或曰是忠臣義士手澤之所存者也又或曰是助吾祖百戰之功者也夫英雄豪傑忠臣義士之所佩者雖非容易可得然天下廣而一家狹非如吾祖遺物之不易得也且其可愛可重之物固不與吾相關何異愛鄰家之寶乎獨至祖先遺物一物之微猶吉光片羽一失之不可復得況於功績可誇之器乎況於邦俗尤所重之刀乎且夫家世廢興不常經年之久或落商賈之手或歸他人之愛往往而然是雖謂至寶所以爲至寶者已失不獨其家之不幸抑亦寶器之不幸也而此刀長不失其主至今而存蓋鈴木重敎之盡力于織田氏一敗不屈捨生取義一家殆盡千載之下使聞者膽壯故忠義之所憾將家垂恤遺孫繼緒家道連綿不衰此刀亦得因傳其勝英雄豪傑忠臣義士之所佩也萬萬矣何可不十襲藏之乎余與儀卿爲斷金交而未知家世之所由今因此刀聞其詳因應其請云

小山朝弘祭藤田東湖先生文

明治二十二年二月十一日朝廷行憲法發布式特追褒有勳勞國家者三人贈之位階藤田東湖先生居其一敘正四位越三月某日故舊門人相謀設祭於水戶某所余作文遙祭之曰夫士負非常之才遭

有爲之主古今所難纔已相遇言聽謀從成績赫然大有可觀而庸俗驚異宵小群議讒簧因乘焉於是君臣廢黜正邪易地可勝歎哉迨外事切迫騾起君幽蟄始見白日青天當是時四方仰瞻宛如北斗泰山維幕府衰運天災地變荐臻城郭震盪淹奪斯人時耶命耶抑神州之不幸誰不悲酸嗚呼哲人雖已正氣磅礴凝不散況有貽謀遺言長留不刊明治中興政屬維新駸駸開明維二十二年之春宣憲法大典寔曠古所未曾覩聞萬民抃躍都鄙呼懽特賞君之前烈褒贈之榮實降于帝宸嗚呼非遭聖明之世雖君之英邁絶倫烏得一朝如斯之大伸哉伏惟充塞之氣岳峙川流綱常倫彝永不湮淪民物益殖皇基益堅而君之英靈始當開眉粲然弘也私淑多年竊欽此褒典爰陳不腆之辭以薦芳醇尙饗

村山德淳印人小傳

町田久成號石谷又號心庵薩摩人以博雅著于朝野襟情高逸有嗜古之癖善書法精音律旁能篆刻而尤喜延攬汲汲如不及人有一技寸長者以禮羅致窮乏者輒贍之毫無德色尊酒常盈門多雜賓殆有孔北海之風其所藏鐘鼎古器金石書畫凡數百種傾囊倒橐不少慳吝暇則把玩竟日商搉古今鑒識精審世比歐廬陵之博居在鷗渡樓檻俯水四時之景無不宜月夜風淸蘆花亂發吹簫弄笛聲飄雲外則亦宛然王子喬之流矣君以薩藩閥閱負異才少入鶩溪林氏門講習經史後游海外略涉洋書多能如此至其篆刻之妙特餘事耳我邦古來講說文者寥寥矣文政間狩谷掖齋精通是書老儒松崎慊堂從而受教相與切劘二先生已歸道山世無復講之者濱村薇山以篆刻爲業深研六書義於段玉裁本多所釐正會同人講究討論每月數次近遇淸人楊守敬質音韵併及古篆考徵歷守敬亦服其精敏君之於鐵筆根抵深矣故一點一畫無不本古著有晚悔室印識天資曠淡善談論方其說古篆論印法仰面張唇津津不休嘗畫許愼像祭之其風流如此君名大澥字觀侯薇山其別號也備前人本性臨見

次第三世濱村藏六後胃其性亦號藏六居濹上門庭蕭寂業餘蓺蘭種竹悠然自適中井兼之字資同號敬所東京人與余少小相識天才敏捷學書法於小島成齋門性嗜篆刻就叔父三世藏六受其指授後入益田遇所門刻苦自强業大進戊辰之變去之靜岡品山評水之外益專力于鐵筆聲價日上居數歲復歸東京予逢於墨水徵志堂不相見殆二十五年言語恂恂淸羸如不勝衣而予亦早衰鬢髮種種縱談往事相與一笑而已卜居小西湖上小樓翠幙蘋香水影之間欣然皷刀來請者戶屨恒滿近奉命篆紫玉御璽三顆恩賜優渥洵印人之至榮也小野湖山賦七古一篇贈之有三寸鐵筆千鈞力九重恩光萬人驚之句益田厚字士章號香遠東京人父遇所翁以篆刻鳴於一世自幼侍側耳染目濡有不期其精而精者家富印譜一涉其源流故其所刻莫不存乎古法性曠放洒落酷好觀劇俳優團十其所尤愛也杯酒徵逐歡然莫逆葢團之妙乎技豈有所契合乎尾張衕衕車馬雜遝市聲囂囂君居其間恬然樂易如在村落有人乞篆者頃刻立就而一點不苟各滿意而歸於是名聲隆隆日起其造詣不易測也前田了白號對山東京人爲人長軀偉幹而氣韵恬愉慕陸鴻漸之風然煑湯點茶都有定式中存古道兼精於古器鑒賞又邃思篆籀金印玉章信手而成奏刀雅正遠追秦漢近取文何予嘗過骨董鋪有印譜一帙以爲古人作諦視則君手鐫也乃大驚其巧力平生愛酒方其浮太白玉山忽倒有飄然不群之致田口乾三號逸所東京人爲人溫厚閑雅種學績文有儒先生之風而嗜雕蟲技從中井敬所受刀法矻矻不倦又參旦評戲鐵社求益不已社中五子皆樹赤幟一方者君周旋其間別占風趣奏刀運腕饒有慧心夫段盤周鼎秦籀漢隸其事豈容易君則於人所難而易之恢恢有餘地余斷之以一語曰天分高而學力深

栗本鯤淺草花園森田六翁碑記

陰六乘三而中陽九之二陽九倍一而遇陰六之三是奇偶各得配而數理俱完者無恠于一寸八分之靈居十有八間之堂占大都之上流而香火盛無比也然而昔者西隅千畝之地猶有草昧未闢爲狐兎之窟者嘉永初年輪王寺法親王深憂之知翁精種藝富心計必有所爲徵問可之任其施爲翁感奮指揮衆丁拮据三歳汚壞淨而清泉涌焉惡木伐而美花列焉始爲一大名園而與夫高塔鉅閣相適親王大快之許翁以永爲園主人蓋特典也予竊謂翁家世通稱六三郎是不期而應奇偶得配之數噫嘻易理幽深佛因玄妙默而契者蓋親王夙識之也歟

高橋貞書水戸藩武田耕雲借軍資劵後

余嘗有吊水戸藩士武田耕雲齋之詩其一聯曰報國此心指天日浮雲何處望皇京並木德信讀之泫然泣下余謂曰此詩能知耕雲心事者矣蓋耕雲等奮戰衝那珂港重圍將訴于京師也間道出上野破高崎藩兵進而入信濃實元治元年十一月十八日也耕雲及田丸稻之右衞門藤田小四郎等其徒千有餘人過吾鄉佐久郡野澤村就乞借軍資詰其故則曰醜虜陸梁運屬危厄宸衷殷憂祈誓神祇以舉膺懲之典吾輩將西上請先鋒之命也見其行裝則奉白櫃於床上以次拜起其禮甚恭蓋櫃中安烈公木主也一軍皆雄爽槍鋒滴血或額髮鬖髿被面或髩毛皤然戴雪乃知梳風沐雨經日既久戰袍了鳥不辨色彩余竊義之許以貸金五百兩耕雲謝辭慇懃留劵而去余之與耕雲義而許之德而謝之業已有契約何劫掠之有而幕吏誣以亂賊嗚呼余獨悲耕雲等橫罹殺戮不得踐償還之約其劵猶存爲觸憲之證則不能能瞑于地下也子其表之以雪其寃乃寄劵謂書其後余曰烈公首唱尊攘之義天下靡然從之其忠烈義氣能皷舞天下之士風遂爲中興先鞭耕雲等能服烈公遺訓未嘗一日以尊攘爲念而蕭牆禍起正奸相軋斃而已矣然事皆關於國家大義其心足以質天地感鬼神矣今也逢遺聖世

龍駕北巡封其宋墓以褒忠臣之節皇澤隆渥恩及朽骨死有餘榮又何憾焉抑豪傑之士必持廉介之志宋謝坊得傾財償軍資萬紛英將乞林登不能償債主之門雖細其不苟如此則德信之於耕雲亦能察其志者也歟乃書之還之德信通稱衛七世爲豪農尊王之志尤篤云

城井壽章書素行始末後

明治十年春薩人作亂大舉長驅圍熊本城也海內騷然矣既而賊軍不利解圍而去退據日州延岡高鍋諸城因遙想阪田君動止何如時予數奇在東京脊人或疑予形迹於是奉祠而去赴南總以避之今年春以事至東京訪君々置酒相談々及熊本役君出非卷相示座上一讀悚然想見當時危惧窮苦之狀蓋君以奉祀都濃免焉予亦以奉祀玉前免焉與予同盟同志而半世數奇應亦略相同未知後來遭遇亦相同如此否乃掩卷慨然質之彼蒼氏云

城井壽章跋藤田小四郎遺墨

余聞宋文信國之死燕獄也隻履敝屣人爭傳以寶之豈非以有其精忠大節與日月爭光者歟今如藤田生以少年一書生唱大義於天下事不成而死之乃得其片紙隻字者信國隻履敝屣不啻也嗚呼天假之以年龔磨其事業或有與信國媲美異代者惜夫

中島雄擬米利堅人上書

外臣曩游大日本國又游大清國頗熟兩國之形勢有不能已于懷者請試陳之外臣竊觀大日本國自今上皇帝陛下踐萬世一系之寶祚舉七百餘年之墜典于今十有五年廢藩置縣改正朔易服色唯善所在務期日新初也編纂改定律例而頒之今又編纂刑法治罪法而頒之外臣嘗把歐羅巴文明史讀之末見有開化上進之速如大日本國者也則宜與歐羅巴諸國對峙而有餘而效不至於此上下之財

力漸以窮海陸之軍備猶有所欠故使歐羅巴人得行治外法權而未之能禁遏也外臣聞之公法家曰邦國之主權有五自立政體也自定律例也自行治理也自選臣工也自遣使臣也凡此五者行之不違公法則他國不得擅預今大日本國皇帝陛下所定之律例出于地球公法之外者乎據外臣之所見非出于地球公法之外者也大日本國皇帝陛下所行之治理出于地球公法之外者乎據外臣之所見非出于地球公法之外者也定非出于地球公法外之外之律例行非出于地球公法之外之治理而使歐羅巴人得行治外法權而未之能禁遏者豈非損所謂主權者歟是外臣所爲大日本國皇帝陛下恥者也外臣又竊觀大清國自世祖章皇帝定鼎於燕京東踰烏蘇里河北跨黑龍江南至於閩粵控台灣瓊州西達於天山兩路拒前藏後藏外臣嘗披輿地圖觀之三分歐羅巴大小十六國所共有之地大清國殆有當其一之地則宜鞭笞歐羅巴諸國而有餘而效又不至於此常民溺於習俗學者沈於所聞茫茫乎不知今日之大勢故道光二十年定海廣東爲英人所破二十二年江南亦爲英人所破至咸豐十年都城爲英法所陷文宗顯皇帝行幸熱河使恭親王搆和約蓋當是之時雖謂行幸其實蒙塵也雖謂和約其實城下之盟也城下之盟與蒙塵所不忍言是外臣所爲大清國皇帝陛下恥者也秘露南亞米利加之一小國而其馬利也爾士船主敢于地球之公法販大清國之臣民入大日本國之海港猶行無人之境豈非大日本國之耻乎而大清國之耻則更甚焉凡是皆外臣所爲兩國皇帝陛下耻者也外臣所爲兩國皇帝陛下耻者兩國臣民亦非不耻之也輒曰宜日本國與清國合從以防歐羅巴諸國之跋扈也有以之說王公大人者有以之說鄉黨朋友者嗚呼此說也外臣知其不行而已夫六國之合從不行於昔時兩國皇帝陛下之所熟知者自中古法蘭西王富蘭刷第一世會羅馬敎皇威尼弗斯祿倫斯密蘭諸侯於客納結聖盟以來史之載稱聖盟者指不暇屈而其能行者十中蓋無一二近世普相俾思麥

說魯西亞皇帝亞歴山得第二世結合從之約遂能破法蘭西及亞歴山得第二世旣崩皇太子即帝位漸厭普國然則俾思麥之說又將變乎蓋人心之不同如其面而君相又代異欲以代異之君相合不同之人心是所以上下二千餘年合從之能不行也故大日本國與大清國合從之說非外臣所爲兩國皇帝陛下願者也外臣所爲兩國皇帝陛下願者在兩國之不起事也抑使當今元之於北條氏豐臣氏之於明之時那兩國千百起事外臣又何言但今非元明北條氏與豐臣氏之時欲取北條氏之地者不獨元也欲取明之地者不獨豐臣氏也則歐羅巴大小十六國皆是也故兩國若起事何異乎使數十卞莊子坐乘兩虎之弊哉蓋觀夫魯西亞乎往者魯西亞當大日本國政府征長防之時旣竊定取樺太之謀當大清國政府討洪秀全之時旣竊定取黑龍江北與烏蘇里河東之謀夫當今之時一國中起事之弊旣如此兩國間起事之弊果如何也曩使臺灣之役不至兩國之起事者非得兩國祖宗神靈宜護五畿八道二京十八省滿蒙兩藏之地乎兩國皇帝陛下違其祖宗神靈之所宜護起事可也乎況今兩國豈起事之時也哉有各當務之事在也外臣請爲兩國皇帝陛下言各當務之事蓋今日之大日本國殆秦孝公之時乎當孝公之時河山以東彊國六淮泗之間小國十餘楚魏與秦接界皆以夷狄遇秦擯斥之不得預中國之會盟於是孝公發憤耕織之本富其國强其兵遂使其子孫囊括四海并吞八荒敝邦亦當有似焉者當華盛頓初操國命之時承喪亂之後民力彫弊國帑耗竭外邦有疑其獨立之不成者華盛頓務本之效致興工業通商賈使敝邦有今日然則當今之時大日本國當務之事在務本而已矣詢以皇帝陛下之聰明睿智與夙興夜寐之勞鑄可鑄之山烹可烹之海闢可闢之田與野以務其本昔日之秦何足言且不難及今日之敝邦而後何損主權之事之有大清國則殆趙武靈王之時乎當武靈之時趙東有河薄洛之水與齊中山同之而無舟楫之用自常山以至代上黨東有燕東胡之境西有樓其

其俗之效遂僻地千里復中山之怨魯西亞亦當有似焉者當彼得大帝即位之時其民矇矇昧昧不知開化文明之爲何物於是彼得大帝躬親遊荷英日耳曼取其政度文物與兵制器械以變其俗致破瑞典并波蘭略西伯利與堪察加使魯西亞有今日然則當今之時大清國當務之事在變俗而已矣洵以堂堂宇內之大帝國取他邦之長與日新之學以變其俗昔日之趙何足言且不難及今日之魯西亞而復何爲蒙塵與城下之盟之事之有則使如馬利也爾士船主者有數百千人不能復于地球之公法販大清國之臣民入大日本國之海港猶行無人之境當是之時外臣雖欲有所爲兩國皇帝陛下恥者而當不有所復恥者也敢盡布之兩國皇帝陛下惟兩國皇帝陛下察之

會澤安論兵制

古者用來目物部之兵而參以民兵國造縣主亦各有兵一變爲軍團再變爲募兵於是兵皆世業號爲弓馬之家而兵農之分始此及爲戰國割據遂成封建之勢論其大勢其變三古藏兵器于神社必裂祭神祇是天神兵也及身毒法入國兵爲人事一變也源賴朝而後鎌倉室町相繼而管轄兵馬再變也古兵皆地着及海沸亂平兵聚都城而上無兵兵無上三變也鎌倉室町之統兵權也豪族大姓據有國郡末年交攻兵猶未離地也豐臣氏患天下之太强擧有上之君處之大坂或役土木或用戰伐俾不得養强于其國東照宮之興務在强本令武士聚都城俾不得養强于其邑於是兵寡民愚然有弱勢無弱形何也東照宮之立基專以節義磨勵士衆知借不虞夫盡膏血以養武士武士所聚貸則亦聚商賈亦聚趨時遂利所以使攖勇忘戰伐者固宜如是而其浮樊則僭居是以富溢生貧貧與弱相依貧而奢利營生顧貨財見利忘義上下交征利無復廉恥國無廉耻則無生氣而弱形見矣擊刺爲私門弓銃充演具馬徒供儀容故兵家選兵鄉野老實有土作色者爲第一而游滑佾便者其忌也養非所用弱矣民既出

五倍之稅以養兵士不可復點爲兵而無兵將何以守夫兵以守地地以養兵戸倍于古而兵寡專得不思

長尾槇太郎儒學本論敘論

余以明治十八年乙酉之春入大學修古典講習科以今年戊子六月將卒業有客來曰子在大學四年備修功課閱年不爲不久讀書不爲不多而其所學者何學其所道者何道其所行者何行余曰吾所學者儒學也吾所道者儒道也吾所行者儒行也曰所謂儒之所宗者何人曰昔仲尼祖述堯舜憲章文武儒之所宗仲尼也言未半容變色叱曰子亦夫纍纍者之徒歟當今之時洋學盛開世趨文明人談數理家修工藝富強是講財利是興有政治學有法律學可以治天下有耶蘇教有倫理學可以修其身駸駸乎世皆倣西法之風而子獨欲爲儒者豈不異哉余曰所謂文明何獨在西洋且夫生乎今之世志乎古之道非溫故知新之術耶嗚呼世道日微周孔之道寖衰雖非無遺書多是斷簡殘編言微理深淺學之徒恐難求繹且今之時非古之時今之學非古之學古之時鎖國不交今則五州萬國絡繹往來古之學一而足今之學百科端繁以有數之日講無際之學恐難得要領於是約要摘義著學儒本論爲篇二爲章六將逐目論述先自儒學定義始

別國人述日本事之文

姜沅是尙窩記

是尙窩者日東儒者斂夫之窩也其所謂是尙者何也予嘗聞孟子之言曰一鄕之善士斯友一鄕之善士一國之善士斯友一國之善士天下之善士斯友天下之善士以友天下之善士爲未足又尙論古之人是以論其世也是尙友也夫以一鄕一國天下有其士孟子猶以爲未足爲友況以一鄕一國天下無

士乎夫以孟子之時去古未遠而猶且尚友古人況以今之時與孟子之時又加相遠乎所賴古昔聖賢之生去我者雖遠而古昔聖賢之心迹布在方策今歛夫盡得以誦說之諷詠以體之涵濡以得之晨夜於其中坐臥乎相對與稷契臯陶伊虺周召揖讓進退於典謨誥命之中與駑牛雍賜游夏由師升降切磋於洙泗杏壇之上欲聞入德之門質之於孟子欲得性命之原問之於子思左手拍濂洛肩右手挹紫陽袂和風慶雲泰山巖巖盡爲責善輔仁之益友則地之相去也雖隔萬有餘里世之相後也雖隔萬有餘歲而吾之所聞者惟古人之言所見者惟古人之事所行者惟古人之道吾之一心即古人之心也一身即古人之身也所居窩之者古人之窩也則是窩之得名是尚其知有所取於斯也予嘗聞日東四大姓藤爲之宗又嘗見宋太史景濂詩有曰聯城甲第競豪華者是也自曠世攝國政以至道長長五世孫京極黃門定家以道德文章顯十一世孫參議爲純是歛夫父也以王綱不振亂賊橫恣自幼隱居不仕以道自樂阿堵一世人物渺然則歛夫之所友舍古人其誰哉嗟乎余是遠人也自結髮則對聖賢黃卷中嘐嘐然嘗曰古之人古之人而今者不幸旅寓於絕域之中偷生假思所闕一死則於古人成仁取義之道何如哉幽明之間大宮良友聞子之道汗顏哉故爲之記發揮是尚而因以自憚焉萬厤己亥朝鮮刑部員外郎菁川姜沆記

口口口入西論日本水師

水師之用三一守邊二攙敵三戰時保護屬土及本國商業務法英水師有大巡邏船堅而捷以新闢之地坿屬之埠倫於五部不如是不足保屬土護商務也備邊有大鐵甲戰艦船中有極大之礮極熟之兵兩大情形貴國無有無邦外屬土若千島若小笠原島亦人所不取則不必置鐵甲巡邏船鎮守也爲守邊計足矣水師船二千五若與中國開釁可用者不過十號扶桑金剛比叡東艦龍驤筑波日進清揮天

城磐城是也餘皆不中用且中國要口有可怕之礮臺足力之礮船縱無水雷尙難闖入況有水雷乎若與外國開釁用以鎭守東京海灣猶嫌不足建堅固礮臺其費甚鉅況礮臺必俟敵船行至始能轟擊不若以礮攻船也現有之船留爲水師之本藉以成就官兵之學擇數船爲旗船（謂水師提督坐船）分鎭各處數號爲行船往來別國數號爲潛船分布海口數號爲護船遇米加多（謂國主）航海則用以隨從數號爲練船訓練水師後備兵以及守邊之義勇餘則存於船塢夫木船不足供戰將來兵船最得用者即輕捷行遠之巡邏船與內空外實之極快鐵船或鋼船船中安置巨礮多煤船上不用桅帆如斯而已若論貴國則此種船二三十年後仍可無需故不如專自守也水師宜分五鎭一曰北二曰東北三曰中四曰西南國曰西北北路則鎭箱館包括北海道與久米島東北則鎭東京包括全股與坿近地方東北至仙臺西至鳥羽中路則鎭大坂包括全股與坿近地方西至逸見峽與富島東至若山南至四國包括內海與備後至下之關海峽西南則長崎包括九州與對島及沖繩西北則鎭那那阿包全岸與安藝佐渡兩島自依鵝郡海灣（阿布喇他尼港山口縣海岸）以至亞烏木慮海灣每鎭設塢以備修船類乎中國守邊之礮船者置五十號每號裝亞木斯著朗新式三十五噸重後膛礮一門巨木斯著朗新式十二噸重後膛礮兩門加德林或挪丹非次礮二門多置新式軍器已上所言大礮距三十八町日本一里餘（當中國七里餘）可穿入英寸之鐵甲船前行每點鐘可行十英里後行可九英里半前行後行其功相等船兩端有活舵用則安置不難船即駕礮之輪車也乘礮之板在乎堅硬有活機以可進退爲妙每船官兵五十人船五十號只需二千五百人號東京曰第一鎭以扶桑戰艦爲總統旗船鎭守別撥現有之船數號以練後備兵及守邊之義勇再添礮船十二守岸此外布置水雷可也大坂亦曰第一鎭以金剛艦爲旗船號箱館曰第二鎭以龍驤艦爲旗煩秦韓之邊而無騎射之備中山嘗貢齊之強兵侵掠趙地係累趙民引水圍鄗而武靈王胡服騎射變

船鎭守號長崎曰第三鎭以比叡爲旗船號那那阿亦曰第三鎭以筑波爲旗船撥添船隻布置水雷皆如東京第三鎭各置二等提督一第三鎭置老成船長可也礮船較巨艦得用乃不磨之論譬如敵船欲進東京灣貴國有礮船十二號與水雷布陣聽提督指揮留有後路應進應退操縱在我而巨艦無此靈便也礮船矮而小敵船之礮未易中能擊一不能擊二況靈捷退回灣內其船中小礮亦敷應用入灣則敵船不能前進而敵人水雷無計可施縱礮船沈一二號所失不過百人易於補救礮船每年置十號五年可齊連礮火計較扶桑戰艦價洋元九十六萬七千五百所多無幾約亦扶桑價可買礮船五十一意謂每礮船一隻有十一萬五千元可購也可抵扶桑十二也至于錢財專賴地土格致之學精耕種百工貿易之事熟則西國金銀必將流入則破敵具皆可購耳天下海面皆有船旗市廛皆有商旅可稱第一自守之邦

日本圖經二十九終

奏派游歷日本美利加秘魯巴西等國英日屬地加納大古巴知府用兵部郎中臣傅雲龍述

敘例

自敘

皇帝御宇之十三年雲龍應游歷試引見派同刑部主事顧厚焜游日本美利加秘魯巴西等國及英屬地加納大日斯巴尼亞屬地古巴而以日本始先是雲龍游雲南而貴州而四川而湖北而河南而江蘇而山東而直隸而京師當駱文忠總督四川時與阮兵備道祐守潼川府城解敘永廳圍克復長寧等縣艸檄不少輟然年少弗欲早進甙代言禄輒辭之堅試京兆躋郎署廿年碌碌無所短長而以曠分陰爲懼於經嗜小學於史嗜地理兵制而苦尠心得舟車所至又深以虛此一游無裨

國計萬一為懼方游歷總理各國事務王大臣勗之至再道出天津合肥伯傅中堂前此未一面也見則教慰良深雲龍自問當何如游哉初至日本徐大臣承祖屈瓜期矣然照料罔滯以畫游夜記聞黎大臣庶昌實事求是者也雲龍性差近所銖受益宏多竊謂今之都邑地志皆古圖經體奉使高麗圖經微乎其微者也先述游歷日本圖經于十五年夏屬艸廿六卷倉猝難可定稿將有南北阿美利加洲之行黎大臣入

告謂體例甚善俟從他國回至日本詳核明年航海東旋奪者補之譌者正之未見未聞者譯之訪之欲微而顯故圖欲簡而賅故表然視纂順天府志則難何也古籍爭學漢文而晚出之地理海誌兵法商學藝術諸籍半雜片假平假之字譯文譯義難一西字依聲無定文日本句讀顛之倒之一字輒三四音衍之而本字未可借音難二非涉兵機轉思炫目吝則

陽就陰避情勢然也難三曰本抄胥動攙俗體難四圖非鏤銅不精鐵道電綫非別之以朱不易指掌而疵輒毛舉難五活字可代寫官然非一再録槀無以定也難六讐校人尠而期迫難七排印工寡非以鉛版匡其未逮不能刻日成也難八而以行路之歲月倍于閉戶著書汽船纔泊筆不得停一紙未終火車復上難九況其學與技由西而東積年乃成而欲以一游再游測厥奥窔難十或曰要領足矣奚勞勞為雲龍則謂挈綱先綜以洞其取法非問椒仍之官無以鑑其流弊非攷物產之盈虛出入之會計無以判得失而酌損益非究文學之源則漢學幾忘其祖非志藝文與目非掺沿革猶夜行無燭也非測地度猶窺天以管也非別海陸之軍無金石則今古之同文經史之異詞無以徵且無以辨也求志則然如識淺何雖然末膚之咎非所敢避畏難之見不敢或萌即疑即問即譯即筆於是録者圖者排字者鏤銅者刊鉛者石印者萃厥技藝期于成書而非黎

大臣導之勗之泂甘苦而慰勞之幾何不疑懼交迸也乏兼人之勇而欲
縮十日之功于一日豈不自知其難哉雲龍勉為其難既以日程依史家
編年體入游歷圖經餘紀而此圖經者文不襲古惟其時也然遷表固志
桑經酈注之體不欲與之或舛辭不取縟欲其實也而如稗史小說家言
亦不采也為類十有四曰天文曰地理曰河渠曰國紀曰風俗曰食貨曰
攷工曰兵制曰職官曰外交曰政事曰文學曰藝文曰金石曰文徵曰敘
例為子目一百八十有三為卷三十篇第相承自為敘曰航海之經而度
起英非記載體爰測自京述經緯表第一　東紀改西不夏時齊非董理
之披籍滋迷述中國日本月朔表第二　地形橢圓環日而旋東行日速
十七分遷述中國日本較時里差表第三　晴雨何始寒暖何止曆力為
之皆空氣耳作晴雨寒暖表第四　涼燠視潮而風視日謂南北分豈曰
其實述沿海氣候表第五　風向奚分就實測云述偏多風向表第六

漲縮風偏時測海天述沿海偏盛風表第七　月吸則潮風熱度超述潮
候表第八　分合視圖而說與俱鐵道電綫朱以判之述地圖第九　東
高西下形勢孰假述疆域第十　廣袤斜寫離海蓋寡面積而外元和例也
述四至八到表第十一　沿革靡記奚見今地疇舊疇新孰同孰異述沿
革表第十二　府縣界尋瑞穗非今述府縣分疆表第十三　郡邨離即
繫之以國述郡邨繫國表第十四　帶水襟山表裏海灣述疆域險要第
十五　蜻蛉一洲環海四周述海道險要第十六　港灣論千小者畧焉
其深實測淺異品川述港灣測深表第十七　燈質其常計里測光中國
八十未讓扶桑述燈臺表第十八　曰浮曰立見標者習述晝標表第十
九　商賈民收燈明舊留諸標坿箸亦立亦浮述民設舊燈明臺諸標表
第二十　其形圜錐南北風岐述暴風信號標表第二十一　厥都屢遷
橿原其先述國都表第二十二　茀茨意遺西京見之述宮室表第二十

三　樞密院增餘舊貫仍述官署表第二十四　碎石抵輪無泥無塵其
涂厥舊其議則新述城市第二十五　里門元標曰日本橋述府縣廳至
東京里表第二十六　孔道車指支道異此述府縣孔道支道表第二十
七　本蝦夷耳其闢未已述北海道闢路表第二十八　九港非新其最
橫濱述商港繫年表第二十九　海里互參倭七英三述中外名港里表第
三十　與國之疆厥里毋忘述聯約國里表第三十一　析言則多棊布
星羅述島表第三十二　國東瀛閒而亦多山述山表第三十三　火井
寥寥火山燭遙述火山表第三十四　水經與注體微而具述河渠志第
三十五　源流紛紜合中有分述水道分合表第三十六　泉性與質測
之得實述礦泉表第三十七　引水資工其用不窮述東京神奈川引用
水道表第三十八　湖沼起止輒逾廿里述湖沼第三十九　謂瀑曰瀧
川源或雙述瀑布第四十　吾妻橋新餘問水濱述橋梁表第四十一

一姓相傳二千餘年述世系表第四十二　明治以前擁器何權述權臣柄政年表第四十三　實陪臣耳封建異此述藩國表第四十四　其語近圖其情易遷述人情第四十五　貌取何為而恥不知述形體第四十六　華士族殊民彝同乎述族類第四十七　厥黨非一主入奴出述黨目第四十八　如寢衣類製與古符作獲野觀注補宋儒述服色第四十九　不歌無魚食肉非初述飲食第五十　圭竇非鄙雅潔有餘今則效西而恐不如述居處第五十一　暹昏則那火化猶多述俗禮第五十二　問歲己酉而農懼迷述節令第五十四　語譯音翻例續輶軒揚子而起不易吾言述方言第五十五　人與代遷魏志其前述日本前代人口表第五十六　琉球而外民數可會述戶口表第五十七　其險漸平其人猶生述北海道土人表第五十八　屯田曰宜漢制之遺述北海道屯田兵表第五十九　公私分列謂之地別述官民地表第六十　肥瘠減

加田賦有差述地租表第六十一　東方易生水產易蠃述物產第六十二　孰多孰寡舉其要者述動植大要表第六十三　錢瀛湖前而紀今錢述貨幣表第六十四　錢料防侵謂之地金述造幣局金銀料表第六十五　瀛在機先而器亦全述造幣機器表第六十六　其幣流通鑄數非同述貨幣鑄發表第六十七　古金亦及出多於入述貨幣出入表第六十八　藩札濫觴厰利轉長述紙幣表第六十九　商物猶是而直或否述通商物直增減表第七十　商重於農華其大宗述中國出入日本物直表第七十一　所至一途所自則殊述出入物直繫地表第七十二　新潟商疏非八港如述八港稅關物直表第七十三　日本行一國立次之正金又次曰兌換宜述銀行表第七十四　行非會社有相類者述私立銀行分類表第七十五　店正而支百萬有奇述商賈數表第七十六　商亦有屬領標者錄述商標表第七十七　貌襲靡杜心得悔苦東法效西此其可

取述許嫥賣表弟七十八　其農遜商而田靡荒述農表弟七十九　絲
不如湖而出入輸述蠶絲表弟八十　鹽豈無稅煮海歲計述鹽濾表弟
八十一　茶得自唐宇治其良述茶表弟八十二　葡萄釀新它酒例陳
述酒表弟八十三　菜蘆亦糖蔗製者良述糖表弟八十四　曰他巴苛
其音轉倭述淡巴菰工商表弟八十五　船形西東汽颿非同述舟表弟
八十六　車類有四倨句中地述車表弟八十七　三萬餘燈煤氣轉承
述瓦斯燈表弟八十八　獵山漁水食亦賴此述漁獵表弟八十九　礦
不皆山質詎一般述礦表弟九十　製非產比炭礦則否述官礦表弟九
十一　卝人之遺工其可知述官礦工表弟九十二　售礦自官歲同則
難述官礦售數繫年表弟九十三　出入有章礦務加詳述官礦出入表
弟九十四　民礦因仍而類則增述民礦金屬非金屬表弟九十五　其入孔
多如其出何述民礦出入表弟九十六　曰官曰民礦行則均述官民礦行

合表第九十七　水火時聞荒政亦云述備荒表第九十八　保物保生險若可平述保險表第九十九　勸學勸工其會從同述博物館博覽共進會表第一百　土木費支歲亦不貲述土木費表第一百一　其債歲會有內有外述國債表第一百二　王制量入豫計出述歲計出入表第一百三　旁觀者清對鏡則明述歲計比較表第一百四　工同技獨用孜工目述孜工第一百五　兵器課堅以造幣先述官工表第一百六　利器溯原不外聖言述工器表第一百七　日傭計日它工歲出述工直表第一百八　罪人亦工與西役同述罪人工表第一百九　無益無損其則不遠述製度量衡工表第一百十　或造或修聊舉其尤述橫須賀造船表第一百十一　水跨山闢狹我一尺述鐵道計里表第一百十二　鐵軌其同在經營中述鐵道資本表第一百十三　費出自公官董廠工述官立鐵道局費表第一百十四　會社何為猶言公司述民立鐵

道會社費表弟一百十五　飛車起止刻期例視述停車里數表弟一百十六　車等有差厥數浸加述鐵道車數表弟一百十七　所至利生歲計其羸述鐵道計入表弟一百十八　民可使由厥闢未休述鐵道年表弟一百十九　史言無戰時移法變述兵制沿革弟一百二十　兼人者誰入伍有時述徵兵已未入伍表弟一百二十一　應召而來固無棄材述徵兵分類表弟一百二十二　海陸之軍求志亦云述徵兵志願表弟一百二十三　視身視齒技猶後矣述徵兵身格表弟一百二十四　既往不追而亦識之述徵兵本業表弟一百二十五　其地師管用長舍短述陸軍分管表弟一百二十六　非屬不使陸行臂指述陸軍人屬表弟一百二十七　大小隊充其間曰中述陸軍隊表弟一百二十八　士卒相維生徒學之述陸軍士卒生徒表弟一百二十九　豫備之備是為後備述豫備後備士卒合表弟一百三十　騎步縱橫亦有工兵述豫備後

備兵分數表第一百三十一　陸軍從行糾以憲兵述憲兵表第一百三十二　其局馬盤有教導團述軍馬表第一百三十三　乘組者流不屬則浮述海軍人屬表第一百三十四　水師進止其練視此述海軍士卒生徒表第一百三十五　馬力之實誰歟第一述兵船表第一百三十六　扼險未全晚造者堅述礮臺表第一百三十七　封藩非初改官非疏述職官舊制第一百三十八　樞密長增餘舊貫仍述官制第一百三十九　再閏月支西紀省之述官祿表第一百四十　重武輕文兼者仍分述武官祿第一百四十一　爵亦有五勳章遞受述爵表第一百四十二　既居其職亦食其食述有位人表第一百四十三　秦使至否不可詳矣漢書樂浪非後漢始述中國交涉前事第一百四十四　錄不可勝出處聊登述往籍交際條目詩目坿第一百四十五　零落故紙欲徵視此述交際文第一百四十六　互市款關矢信往還述中外訂約通商年表第

一百四十七　駐東
欽使自丙子始述中國使臣表第一百四十八　交質非歟來使紛如述別國使日本表第一百四十九　厥使自東絡繹道中述日本使別國表第一百五十　徐福其先寓公名編述中國流寓表第一百五十一　借異地材或亦自來述別國人在日本表第一百五十二　初尠分馳僑居浸滋述日本人在別國表第一百五十三　分寶星光而曰勲章述互受勲章員表第一百五十四　呂記例沿如指掌然述大事編年表第一百五十五　權量類通庶其大同述度量衡比較表第一百五十六　導道置郵書以函收述郵便表第一百五十七　通字錄音何慮海深橫濱其始績之至今述電信局數綫路表第一百五十八　刑始解除西法異初述刑略第一百五十九　儒學自華支派有差述學派源流第一百六十　片假平假民無疑者五十字音翻切例也述日本文表異字音學坩第一百

六十一　儒學之起以論語始西學流倭格致轉多述學校合表弟一百六十二　近墨近朱不學者無述已未入學表弟一百六十三　等判初中高等見功述小學校師弟子表弟一百六十四　日高日初厥等非虛述尋常中學校表弟一百六十五　教學時移而學為師述尋常師範學校表弟一百六十六　炊鶩者荒博愛者忘述專門學校表弟一百六十七　婦學之遺而在于斯述高等女學校表弟一百六十八　校皆官立兵商亦習述官立學校表弟一百六十九　非府非縣誨亦不倦述雜學校表弟一百七十　厥學寖多而亦有科述雜學校科弟一百七十一　未入學者亦有園也述幼稚園表弟一百七十二　圖書森羅亦不厭多述書籍館表弟一百七十三　多以學游此則官留述日本人留學別國計費表弟一百七十四　問越高名學費前贏述公學費歲入表弟一百七十五　其出有名亦經亦營述公學費歲出表弟一百七十六　七略

意遺班志沿之中國所逸不圖在茲述藝文志第一百七十七　豈無重輕正史翼經臣能刻畫敢忘樂貞述金石文第一百七十八　漢魏鑄金賜印傳今它刻層見非玩物尋述印志第一百七十九　歐陽刀歌如未見何劍微刀熾效西則那述刀劍志第一百八十　其樂其貞一千餘名較之彼表孰絀孰贏述金石年表第一百八十一　文豈無徵寓勸寓懲述文徵第一百八十二　自序聊存豈擬龍門敘例二字本史通言述敘例第一百八十三

凡例

國名地名與夫書爵書官不以古飾今紀實也人書名史法也載記亦徵具史體有游歷責又非漫游比也　紀傳從畧游歷圖經在此不在彼也

妄誕之說與其濫收曷若闕如之為愈也　紀年計里以中國為宗籍非大要厥文從省　文不必已出惟其是而已間錄異說勸懲交資意也

據事直書公是非于天下也不捐細大未有不博而能約者也

嫥例

同治十一年十一月三日以前紀年告朔一如中國二千五百餘年矣改用陽厤乃與西同載籍之徵未可一例也　雲龍游歷別國美利加之言即英言也加納大無論已他若秘魯國與夫古巴島皆沿日斯巴尼亞言巴西則仍葡萄牙言其自成方言者獨日本也是以方言為其嫥例　寢衣明衣之類可以翼經金石之中有漢魏賜印其分器贈器亦幾與土地丝重可以補史此亦別國所得未曾有也　鐵道電綫近用英里然日本一里約中國六里有八六尺為間六十間為町即三十六丈也三十六町為里即一千二百九十六丈也六尺方地曰坪又一貫云者中國百兩也一円云者中國一圓也一匁云者中國一錢也

日本圖經三十終

懋元傅君譔游歷日本圖經余善其體例已嘗爲之敍矣今年五月懋元歸自亞墨利加將出草稾重訂以時促爲慮余謂果成完編雖踰限無傷也於是懋元倚余言爲壯發篋陳書晝夜排比朱鈎墨校用力益勤又得隨員陳君衡山頗與同志佐之蒐討未及四月圖經三十卷告成余雖不敢謂東倭事蹟遂已囊括無遺而巨細精粗條理燦秩亦極著書之能矣夫游歷官事也懋元不肯視爲官事直以千秋著書之業寓乎其間宜其成書之既詳且速也推是心以治天下事則亦何適而不辦哉懋元采中西之法用聚珍銅石諸版合印工將竣以余之能鑒其甘苦也屬題其後故又識之如此己丑八月中秋黎庶昌